2012

中国电力年鉴

《中国电力年鉴》编辑委员会

中国电力出版社
CHINA ELECTRIC POWER PRESS

本年鉴连续三届荣获中央级年鉴
评比一等奖

图书在版编目(CIP)数据

中国电力年鉴. 2012 /《中国电力年鉴》编辑委员会编. 北京： 中国电力出版社，2012.12
ISBN 978-7-5123-3557-8

Ⅰ.①中… Ⅱ.①中… Ⅲ. ①电力工业－中国－2012－年鉴 Ⅳ. ①F426.61-54

中国版本图书馆CIP数据核字(2012)第228214号

中国电力出版社出版、发行
(北京市东城区北京站西街19号 100005 http://www.cepp.sgcc.com.cn)
北京盛通印刷股份有限公司印刷
各地新华书店经售
*
2012年12月第一版　2012年12月北京第一次印刷
787毫米×1092毫米　16开本　44.75印张　1507千字　20插页
印数 0001—3500 册　　定价 **280.00** 元

2011年3月5日，国家主席胡锦涛（右一）在第十一届全国人大四次会议期间听人大代表、国网电科院名誉院长薛禹胜院士（右二）介绍智能电网。（国网电科院 提供）

2011年2月22日，在国家主席胡锦涛（后排右五）和哈萨克斯坦总统纳扎尔巴耶夫（后排左四）的见证下，中广核集团与哈萨克斯坦国家原子能工业公司在北京人民大会堂签署合作备忘录。

（中广核集团 提供）

2011年4月19日，在国家主席胡锦涛（后排右六）和乌兹别克斯坦总统卡里莫夫（后排右七）的见证下，中广核集团与乌地质和矿产资源委员会在北京人民大会堂签署了铀资源开发领域合作框架协议。

（中广核集团 提供）

2011年6月16日，在国家主席胡锦涛（左二）和俄罗斯总统梅德韦杰夫（右二）的见证下，华电集团与俄罗斯第二地区电力公司在俄罗斯首都莫斯科签订关于华电捷宁斯卡娅燃机项目公司股东协议。

（华电集团 提供）

2011年3月14日，全国人大常委会委员长吴邦国（右二）参观在北京举行的“十一五”国家重大科技成就展国电集团展区。 （国电集团 提供）

2011年4月28日，在国务院总理温家宝（左二）和马来西亚总理纳吉布（左三）的见证下，中国华电工程（集团）有限公司与Janakuasa控股公司在马来西亚总理府共同签署越南沿海二期2×600MW燃煤电厂EPC总承包合同。 （华电集团 提供）

2011年7月10日，全国政协主席贾庆林（前排中）考察丰满发电厂。

（国网公司 提供）

2011年8月12日，全国政协主席贾庆林（左二）视察陕西华电榆横发电厂。

（华电集团 提供）

2011年8月20日，国家副主席习近平（前排中）视察了国网公司四川成都高新供电局共产党员服务队。

（毛漫丁　丁　勇　摄）

2011年3月22日，国务院副总理李克强（左三）考察内蒙古大唐国际再生资源开发有限公司。

（大唐集团 提供）

2011年5月6日，国务院副总理李克强（左二）视察由中国电建所属水利水电建设集团承建的平潭综合实验区基础设施工程。

（中国电建所属水利水电建设集团提供）

2011年6月7日，国务院副总理李克强（右一）在北京中国国际展览中心参观“十一五”环保成就展国电集团展台。

（国电集团 提供）

2011年12月9日，世界上海拔最高、高寒地区建设规模最大、施工难题最多的输变电工程——青藏联网工程提前1年建成并投入试运行。工程投入试运行仪式在人民大会堂举行，国务院副总理李克强（右二）宣布工程投入试运行，并慰问广大工程建设者。

（西北电网公司 提供）

2011年1月11日，国务院副总理回良玉（左一）视察由中国水电股份公司承建的刚果（金）金沙萨中心医院项目工地。

（中国电建所属水利水电建设集团 提供）

2011年1月20～21日，2011年电力监管工作会议在北京召开，电监会主席王旭东作工作报告。

（电监会 提供）

2012年1月10日，电监会2012年工作会议在北京召开，电监会主席吴新雄作工作报告。

（电监会 提供）

2011年1月10日，中电联本部2011年工作会议（总结表彰大会）在北京召开，中电联常务副理事长孙玉才作工作报告。

（中电联 提供）

2012年2月1日，中电联2012年工作会议（职工大会）在北京召开，中电联常务副理事长孙玉才作工作报告。

（中电联 提供）

2011年1月7~9日，国网公司第二届职工代表大会第一次会议暨2011年工作会议在北京召开，刘振亚总经理作了题为《努力超越 追求卓越 为加快建成“一强三优”现代公司而奋斗》的工作报告。

（国网公司 提供）

2012年1月4~7日，国网公司第二届职工代表大会第二次会议暨2012年工作会议在北京召开，刘振亚总经理作了题为《全面深化“两个转变” 加快创建世界一流电网、国际一流企业》的工作报告。

（国网公司 提供）

2011年1月19~20日，南方电网公司2011年工作会议暨一届四次职工代表大会在广州召开，钟俊总经理作了题为《推进战略管理 强化集团管控 实现“十二五”良好开局》的工作报告。

（南方电网公司 提供）

2012年1月16~17日，南方电网公司2012年工作会议暨一届五次职工代表大会在广州召开，钟俊总经理作了题为《坚持稳中求进 全面提升管理 为五省区经济平稳较快发展作出积极贡献》的工作报告。

（南方电网公司 提供）

2011年1月16~18日，华能集团2011年工作会议在北京召开，曹培玺总经理作了题为《加快转变发展方式 推进做强做优做大 为建设具有国际竞争力的世界一流企业而努力奋斗》的工作报告。

（华能集团 提供）

2012年1月11~12日，华能集团2012年工作会议在北京召开，曹培玺总经理作了题为《加快转型升级 推进做强做优 努力创建具有国际竞争力的世界一流企业》的工作报告。

（华能集团 提供）

2011年1月20~21日，大唐集团2011年工作会议在北京召开，陈进行总经理作了题为《真抓实干 攻坚克难 为全面完成全年工作任务而努力奋斗》的工作报告。

（大唐集团 提供）

2012年1月15~16日，大唐集团2012年工作会议在北京召开，陈进行总经理作了题为《强化管理 提升效益 为全面完成2012年各项工作任务而努力奋斗》的工作报告。

（大唐集团 提供）

2011年1月18～19日，华电集团2011年工作会议在北京召开，云公民总经理作了题为《加快转型促发展 狠抓落实见成效 全面推进集团工作做强做优》的工作报告。

（华电集团 提供）

2012年1月9～10日，华电集团2012年工作会议在北京召开，云公民总经理作了题为《加快战略转型 全力提升效益 为创建世界一流能源集团而努力奋斗》的工作报告。

（华电集团 提供）

2011年1月23～25日，国电集团一届三次职工代表大会暨2011年工作会议在北京召开,朱永芃总经理作了题为《加快企业转型 深入挖潜增效 为实现“十二五”战略目标而努力奋斗》的工作报告。

（国电集团 提供）

2012年2月15～17日，国电集团一届四次代表大会暨2012年工作会议在北京召开，朱永芃总经理作了题为《坚持稳中求进 深化转型升级 开创一流综合性电力集团建设新局面》的工作报告。

（国电集团 提供）

2011年1月24～25日，中电投集团2011年工作会议在北京召开，陆启洲总经理作了题为《牢牢把握发展机遇 坚持依靠职工群众 为实现“三步走”第二阶段目标而努力奋斗》的工作报告。

（中电投集团 提供）

2012年1月16～17日，中电投集团2012年工作会议在北京召开，陆启洲总经理作了题为《巩固改革发展成果 加快转变发展方式 朝着“三步走”战略目标继续前进》的工作报告。

（中电投集团 提供）

2011年5月13日，由电监会和中电联联合举办的2011年电力可靠性指标发布会在北京召开。

（中电联 提供）

2011年12月18日，中电联第五届理事会第三次常务理事会暨2011年电力企业高峰会在海口召开。

（中电联 提供）

重要电力事件

2011年1月19日，国电集团总经理朱永芃（右一）在华盛顿举行的“第二届中美清洁能源务实合作战略论坛”上介绍国电集团清洁能源发展成果。

（国电集团 提供）

2011年2月20日，中电投集团与广西壮族自治区政府在北京举行“十二五”时期加强能源战略合作协议签字仪式。

（中电投集团 提供）

2011年2月24日，国资委副主任邵宁出席大唐集团建设规范董事会工作会议。

（大唐集团 提供）

2011年2月28日，宁夏自治区主席王正伟（左）和国网公司副总经理郑宝森（右）在宁东能源化工基地共同为宁东直流外送工程投运剪彩。

（宁夏公司 提供）

2011年4月23日，国电集团党组书记乔保平（左三）与内蒙古自治区党委书记、人大常委会主任胡春华（左二）出席内蒙古自治区兴安盟大型央企投资建设重点项目开工奠基仪式。

（国电集团 提供）

2011年5月9日，神华新疆准东煤电基地电源项目启动仪式在新疆维吾尔自治区昌吉回族自治州木萨尔县准东经济技术开发区举行。

（神华集团 提供）

2011年5月11日，神华集团董事长张喜武（左）、江西省省委书记苏荣（右）在九江湖口县共同为神华国华九江发电有限责任公司揭牌。

（神华国华电力 提供）

2011年5月19日，国家能源委员会专家咨询委员会主任、全国政协经济委副主任张国宝（中）考察神华国华呼伦贝尔发电公司。

（神华集团 提供）

2011年5月30日，老挝能矿部副部长宋本（左三）到广西电网公司考察。

（潘方强 摄）

2011年6月30日，大唐集团总经理陈进行（左）与河北省委常委、常务副省长赵勇（右）在石家庄进行了会晤，双方就“十二五”期间的能源开发、合作等事项进行会谈，并签订了战略合作框架协议。

（闫晓蒙 提供）

2011年8月10日，国有重点大型企业监事会主席熊志军（左二）考察广西电网电力调度控制中心和南宁供电局东方明珠营业厅，并听取了广西电网公司工作汇报。

（潘方强 摄）

2011年8月11日，国家发改委主任张平（右二）视察神华国华呼伦贝尔发电公司。

（神华国华电力 提供）

2011年9月1日，国家电监会主席吴新雄（左二）到华电集团总部调研。

（华电集团 提供）

2011年9月20日，中央第三企业金融巡视组进驻中电投集团开展巡视工作动员会在中电投集团总部召开。

（中电投集团 提供）

2011年9月29日，中国电建集团、中国能建集团揭牌暨电网分离企业划转移交大会在北京人民大会堂举行，国资委主任王勇等领导为中国电建集团、中国能建集团揭牌。中国电建集团总经理马宗林、中国能建集团总经理丁焰章与国网公司副总经理曹志安、南方电网公司副总经理王久玲签署电网分离企业整体划转移交协议。

（中国能建集团 提供）

2011年10月24日，中广核集团董事长贺禹在于深圳举办的世界核运营者协会（WANO）双年会上致辞。

（中广核集团 提供）

2011年10月31日，国电集团1亿kW装机暨风电装机容量突破1000万kW授牌仪式在江苏如东举行。国电龙源江苏如东15万kW海上潮间带示范风电场成为国电集团发电装机突破1亿kW、风电装机达到1000万kW标志性工程。

（国电集团 提供）

2011年11月4日，四川省委、省政府与国网公司共同举行“十二五”四川藏区电网项目集中开工暨启动仪式，四川省委书记刘奇葆（前排中）、省长蒋巨峰（前排左）与国网公司总经理刘振亚（前排右）在成都参加了启动仪式。

（丁 勇摄）

国际交流与合作

2011年6月12日，ABB（中国）有限公司与国电南京自动化股份有限公司在北京举行ABB—国电南自合资成立南京国电南自自动化有限公司签约仪式。

（华电集团 提供）

2011年7月13日，国电龙源电力所属龙源加拿大可再生能源公司与加拿大梅兰克森电力公司在北京举行加拿大100MW风电项目收购协议签约仪式。此次签约是国电集团在海外实际投资的第一个新能源项目。

（国电集团 提供）

2011年8月23日，华电集团与美国通用电气公司在上海举行航改型燃机合资合同暨合资项目落户上海签约仪式。

（华电集团 提供）

2011年9月7日，华电捷宁斯卡娅燃气—蒸汽联合循环供热电站项目在俄罗斯雅罗斯拉夫尔州正式开工建设。

（华电集团 提供）

2011年10月13日，华电集团与印度尼西亚达莫水电公司在北京签署印尼水电项目合作框架协议。（华电集团 提供）

2011年11月10日，国电联合动力首个海外项目——美国德克萨斯州9MW项目顺利完成首台风机的第一段塔筒吊装工作。

（国电集团 提供）

2011年11月3日，印尼南苏发电公司2号机组顺利通过96h满负荷试运行。

（神华国华电力 提供）

2011年1月12日，由北京国电龙源环保工程有限公司承建的国内首台冷却塔、烟囱、脱硫岛“三塔合一”的脱硫工程——陕西国电宝鸡第二发电厂5号机组（66万kW）与主机组同步完成168 h满负荷试运行。

（国电集团 提供）

2011年4月25日，华电集团宁夏灵武发电有限公司二期工程4号机组顺利通过168 h满负荷试运行，至此，宁夏灵武公司二期工程两台百万千瓦超超临界空冷机组全部建成投产。

（华电集团 提供）

2011年8月22日，江苏华电句容发电有限公司“上大压小”2×1000MW机组工程开工典礼在句容临港工业园区举行。
（华电集团 提供）

2011年10月25日，河北省电建二公司承建的华电石家庄鹿华热电有限公司2×330MW热电工程1号机组圆满完成168h满负荷试运并投入运行。
（闫晓蒙 提供）

2011年12月31日，神华集团所属国华徐州发电公司百万工程2号机组圆满完成168h满负荷试运并投入商业运行。
（神华集团 提供）

2011年10月15日，巴基斯坦尼鲁姆—杰鲁姆水电站截流仪式在巴基斯坦克什米尔举行。

（中国能建集团 提供）

巴基斯坦尼鲁姆—杰鲁姆水电站主驱与刀盘。

（中国能建集团 提供）

2011年11月24日，国家重点工程、云南境内装机容量最大的水电站——华能糯扎渡水电站通过初期蓄水验收。该项目总装机容量585万kW，总投资约450亿元，是澜沧江流域工程规模和调节库容量最大的水电站。

（华能集团 提供）

2011年11月12日，向家坝水电站1号水轮机组（80万kW）转子吊装成功。

（中国电建所属水利水电建设集团 提供）

2011年12月9日，南方电网公司董事长赵建国（左四）在深圳参加国家“十二五”能源重点项目深圳抽水蓄能电站开工仪式。

（南方电网公司 提供）

中国电建所属水利水电建设集团承建的马来西亚巴贡水电站工程荣获2011年度国家优质工程金奖，该工程是马来西亚迄今规模最大的水电项目。

（中国电建所属水利水电建设集团 提供）

发电·核电及新能源发电

2011年4月15～17日，清华大学原校长、中国科学院院士王大中（左一）在岭澳核电二期1号机组应急柴油机厂房检查。

（中广核集团 提供）

2011年10月24日，国际原子能机构总干事天野之弥（左三）访问大亚湾核电基地。

（中广核集团 提供）

2011年12月21日，中电投核电技术中心（北京）有限公司揭牌仪式在北京隆重举行。

（中电投集团 提供）

2011年1月26日，浙江省首批30辆纯电动出租车在杭州西湖文化广场举行发车仪式。

（浙江公司 提供）

2011年6月24日，青海地区装机容量最大的光伏发电项目——龙源电力格尔木一期20MW光伏项目全部投产发电。

（国电集团 提供）

2011年12月12日，南方电网公司总经理钟俊（前排中），副总经理贺锡强（后排左一）在广州出席南方电网公司电动汽车换电客户体验中心启动仪式。

（南方电网公司 提供）

神华国华电力分公司投资建设的山东荣成风电场。

（神华集团 提供）

输配电工程

2011年2月25日，国网公司总经理刘振亚（左一）在无锡考察国网公司首座智能变电站——220kV西泾智能变电站。

（付旭峰 摄）

国内首座新建220kV智能变电站——无锡西泾智能变电站。

（潘正光 摄）

2011年10月30日，由湖北公司承建的±400kV拉萨换流站实现双极投运。该工程是青藏联网工程的重要组成部分。

（胡跃刚 摄）

2011年11月1日，镌刻着青藏联网工程建设者丰功伟绩的“青藏联网工程纪念碑”在海拔5231m的唐古拉山口矗立，西藏自治区人民政府副秘书长王维杰、青海省人民政府副秘书长姚海瑜和青藏交直流联网工程建设总指挥喻新强共同为雕塑揭幕。

（西北电网公司 提供）

2011年11月13日，河北省电力公司首个机器人“巡视员”在超高压分公司廉州500kV变电站正式上岗。

（闫晓蒙 提供）

2011年12月1日，云南普洱—广东江门±800kV直流输电工程和溪洛渡右岸电站送电广东双回±500kV直流输电工程开工仪式在云南普洱举行，南方电网公司董事长赵建国（右五）出席仪式。

（南方电网公司 提供）

2011年12月27日，西北电网举行青海—西藏750kV/±400kV交直流联网工程首次联合反事故演习暨联合应急演练。

（西北电网公司 提供）

2011年12月28日，黑龙江500kV输变电工程集贤变电站500kV系统正式投运，图为建设中的500kV集贤变电站。

（张廉慈 摄）

2011年4月29日，青藏交直流联网工程——±400kV直流工程首基铁塔组立顺利完成。

（任　劼摄）

2011年5月20日，南方电网公司2010年社会责任报告暨南方电网绿色发展报告发布会在广州召开。南方电网公司董事长赵建国（右三）和嘉宾为报告揭幕。

（南方电网公司 提供）

2011年7月1日，中电投集团纪念建党90周年暨“两优一先”表彰大会在北京召开。

（中电投集团 提供）

2011年8月26日，广西电网公司“为民服务 创先争优”社会日活动启动仪式在南宁举行。

（潘方强 摄）

2011年9月17日，大庆市让胡路供电局高级客户经理张浩洋（右一）到新潮汽配城天泉超市主动上门服务，记录客户提出的需求。

（孙建明 摄）

《中国电力年鉴》编委会

《中国电力年鉴(2012)》

《中国电力年鉴》编辑部

特 约 撰 稿 人(按姓氏笔画排列)

刁　宏	于　荣	马大庆	王　历	王　庆	王　聪	王　巍
王华峰	王红亮	王怡萍	王振清	王新波	车丹军	方　立
尹兰英	卢宏亮	叶爱民	冯有维	朱　锋	朱任翔	乔仁贵
刘志坦	刘抒彦	刘前卫	刘富长	安华云	安晓滨	许　旻
许为宁	孙　铮	孙占奎	孙剑炜	孙德安	苏发亮	杨　倞
杨文春	杨吉深	杨剑非	李　龙	李　帅	李　艳	李　谅
李天一	李创军	李连存	邴凤山	肖兴立	肖克勤	吴国健
时　伟	旷路明	邱晓伟	但　刚	余　芸	张　建	张　猛
张长生	张文俊	张立先	张永军	张会福	张庆伟	张志伟
张国伟	张建扬	陆远兴	陈　云	陈　玮	陈　琛	陈晓亮
易建山	岳　赢	金成生	周　强	郑洪华	孟继东	赵大青
赵艳玲	郝晓文	胡宏伟	胡耀斌	修　建	侯　毅	姚建国
姚惠珍	娜日斯	贺金照	原增光	顾　典	党亚利	钱永兵
徐剑荣	徐桂红	郭贤珊	郭泉辉	黄龙春	黄米娜	黄雪梅
戚大安	梁　建	葛　俊	董是烈	蒋方帅	韩　冰	程军生
程彦韬	谢兴发	蔡靖波	管廷福	廖业明	戴宗宝	

编辑说明

1.《中国电力年鉴》（简称《年鉴》）于1993年创刊，已连续出版18期，是一本融史实性、资料性为一体的专业年鉴，也是一本全面实用，文、图、表并茂的综合性大型年刊。其主要服务对象为从事电力科研、生产、建设、经营管理的有关人员，以及与电力相关的政府和企事业单位的有关人员。

2. 本《年鉴》的编纂指导思想为：围绕电力工业改革与发展的主线，全面记载电力工业改革与发展、生产与经营、科技与进步、国际交流与合作等各方面的成就和工作。

3. 本《年鉴》是在国家电力监管委员会和中国电力企业联合会的指导下，由国家电网公司、中国南方电网有限责任公司、中国华能集团公司、中国大唐集团公司、中国华电集团公司、中国国电集团公司、中国电力投资集团公司共同组织编写的。《年鉴》编委会由国家电力监管委员会、中国电力企业联合会、两大电网公司、五大发电集团公司、两个建设集团公司，以及其他电力相关企业的主要负责人为委员组成，并作为《中国电力年鉴》的领导机构，决定《年鉴》编辑出版的指导思想和主要内容。

4. 本期《年鉴》主要收录了2011年中国电力工业各方面所取得的成绩，重点反映了2011年电力工业发展和电力生产的内容。本期《年鉴》的框架结构由篇目、栏目、条目3个层次组成。设有特载，电力发展，重点工程，电力工作报告，专家论坛，电力监管，行业管理，科技发展与创新，国际合作与交流，文化建设，电力企业，各地区电力，科研、教育与学术团体，大事记，重要文献，统计资料，企业风采等17个篇目，53栏目，546条目。本期《年鉴》仍采用文章和条目两种体裁，以条目为主，并配有具有史料价值的彩图92幅。为方便读者检索和查阅，本《年鉴》正文前有中、英文目录，正文后有内容索引。

特载：通过党和国家领导人关注电力、能源·政策、体制改革反映2011年中国电力工业的大事、要事。

电力发展：介绍了2011年电力工业概况，全国电力供需与经济运行形势，能源发展概况，“十二五”规划。

重点工程：介绍了2011年中国建设工程鲁班奖项目和国家优质工程项目，收录了2011年重大电源建设和电网建设工程项目。

电力工作报告：通过电力主要工作会议报告反映电力工业生产和发展的重大脉络。

专家论坛：本篇目通过专家的专题报告对2011年电力工业生产与发展的部分重大问题进行了深入的解读。

电力监管：按照国务院授权，国家电力监管委员会行使行政执法职能，依照法律、法规统一履行全国电力监管职责。

行业管理：全面介绍了中国电力企业联合会的行业管理和服务工作，并介绍了中电联分会和电力行业协会、研究会。

科技发展与创新、国际合作与交流：通过这两个篇目及时了解电网技术、发电技术以及电力设备制造技术的科技进步情况，了解各电力企业国际合作与交流的情况。

文化建设：本篇目是本期《年鉴》新增篇目。本篇目全面反映了电力行业的核心价值、电力企业的社会责任、新闻宣传和出版工作。

电力企业、各地区电力：全面反映了2011年度全国电力工业生产和建设的实际情况。

科研、教育与学术团体：本篇目在本期《年鉴》中作了较大调整，其中有关新闻出版的内容调整到文化建设篇目，学术团体篇目整合到本篇目中。

大事记：通过2011年的重大事件和部分电力企业的主要事件全面反映了电力工业改革与发展、生产与经营的脉络。

重要文献：收录了国务院、国家发展和改革委员会、财政部、国务院国有资产监督管理委员会、国家能源局、国家电力监管委员会，以及其他部委和企业有关电力的重要文件。

统计资料：给出了2011年电力行业各项统计资料。统计资料的数据未包括我国台湾省和港澳地区。

企业风采：本篇目通过展示电力设备制造企业的实力，较好地反映了电力工业技术进步的部分内容。

5. 本《年鉴》实行文责自负。《年鉴》框架设计及文章类条目均由编委会审定，条目内容、数据、彩图等均由撰稿单位校核及审定。

篇　　目

目　　录

编辑说明

特　　载

电　力　发　展

重 点 工 程

电 力 工 作 报 告

专　家　论　坛

电　力　监　管

行　业　管　理

科技发展与创新

国际合作与交流

文　化　建　设

电　力　企　业

各地区电力

科研、教育与学术团体

大　事　记

重　要　文　献

统　计　资　料

企　业　风　采

索　　引

Contents

From Editor

Special Contributions

Development of Electric Power

Key Projects

Working Reports of Electric Power

Experts Forum

Electricity Regulation

Electricity Industry Management

Scientific & Technological Development and Innovations

International Cooperation and Exchanges

Culture Construction

Electric Power Enterprises

Regional Electric Power Industry

Scientific Research, Education and Academic Organization

Major Events

Important Documents

Statistics

Enterprises

彩　图　目　录

党和国家领导人关注电力

2011年3月5日，国家主席胡锦涛（右一）在第十一届全国人大四次会议期间听人大代表、国网电科院名誉院长薛禹胜院士（右二）介绍智能电网。

（国网电科院　提供）

2011年2月22日，在国家主席胡锦涛（后排右五）和哈萨克斯坦总统纳扎尔巴耶夫（后排左四）的见证下，中广核集团与哈萨克斯坦国家原子能工业公司在北京人民大会堂签署合作备忘录。

（中广核集团　提供）

2011年4月19日，在国家主席胡锦涛（后排右六）和乌兹别克斯坦总统卡里莫夫（后排右七）的见证下，中广核集团与乌地质和矿产资源委员会在北京人民大会堂签署了铀资源开发领域合作框架协议。

（中广核集团　提供）

2011年6月16日，在国家主席胡锦涛（左二）和俄罗斯总统梅德韦杰夫（右二）的见证下，华电集团与俄罗斯第二地区电力公司在俄罗斯首都莫斯科签订关于华电捷宁斯卡娅燃机项目公司股东协议。

（华电集团　提供）

2011年3月14日，全国人大常委会委员长吴邦国（右二）参观在北京举行的“十一五”国家重大科技成就展国电集团展区。

（国电集团　提供）

2011年4月28日，在国务院总理温家宝（左二）和马来西亚总理纳吉布（左三）的见证下，中国华电工程（集团）有限公司与Janakuasa控股公司在马来西亚总理府共同签署越南沿海二期2×600MW燃煤电厂EPC总承包合同。

（华电集团　提供）

2011年7月10日，全国政协主席贾庆林（前排中）考察丰满发电厂。

（国网公司　提供）

2011年8月12日，全国政协主席贾庆林（左二）视察陕西华电榆横发电厂。

（华电集团　提供）

2011年8月20日，国家副主席习近平（前排中）视察了国网公司四川成都高新供电局共产党员服务队。

（毛漫丁　丁　勇　摄）

2011年3月22日，国务院副总理李克强（左三）考察内蒙古大唐国际再生资源开发有限公司。

（大唐集团　提供）

2011年5月6日，国务院副总理李克强（左二）视察由中国电建所属水利水电建设集团承建的平潭综合实验区基础设施工程。

（中国电建所属水利水电建设集团　提供）

2011年6月7日，国务院副总理李克强（右一）在北京中国国际展览中心参观“十一五”环保成就展国电集团展台。

（国电集团　提供）

2011年12月9日，世界上海拔最高、高寒地区建设规模最大、施工难题最多的输变电工程——青藏联网工程提前1年建成并投入试运行。工程投入试运行仪式在人民大会堂举行，国务院副总理李克强（右二）宣布工程投入试运行，并慰问广大工程建设者。

（西北电网公司　提供）

2011年1月11日，国务院副总理回良玉（左一）视察由中国水电股份公司承建的刚果（金）金沙萨中心医院项目工地。

（中国电建所属水利水电建设集团　提供）

工作会议

2011年1月20～21日，2011年电力监管工作会议在北京召开，电监会主席王旭东作工作报告。

（电监会　提供）

2012年1月10日，电监会2012年工作会议在北京召开，电监会主席吴新雄作工作报告。

（电监会　提供）

2011年1月10日，中电联本部2011年工作会议（总结表彰大会）在北京召开，中电联常务副理事长孙玉才作工作报告。

（中电联　提供）

2012年2月1日，中电联2012年工作会议（职工大会）在北京召开，中电联常务副理事长孙玉才作工作报告。

（中电联　提供）

2011年1月7～9日，国网公司第二届职工代表大会第一次会议暨2011年工作会议在北京召开，刘振亚总经理作了题为《努力超越　追求卓越　为加快建成“一强三优”现代公司而奋斗》的工作报告。

（国网公司　提供）

2012年1月4～7日，国网公司第二届职工代表大会第二次会议暨2012年工作会议在北京召开，刘振亚总经理作了题为《全面深化“两个转变”加快创建世界一流电网、国际一流企业》的工作报告。

（国网公司　提供）

2011年1月19～20日，南方电网公司2011年工作会议暨一届四次职工代表大会在广州召开，钟俊总经理作了题为《推进战略管理　强化集团管控　实现“十二五”良好开局》的工作报告。

（南方电网公司　提供）

2012年1月16～17日，南方电网公司2012年工作会议暨一届五次职工代表大会在广州召开，钟俊总经理作了题为《坚持稳中求进　全面提升管理　为五省区经济平稳较快发展作出积极贡献》的工作报告。

（南方电网公司　提供）

2011年1月16～18日，华能集团2011年工作会议在北京召开，曹培玺总经理作了题为《加快转变发展方式　推进做强做优做大　为建设具有国际竞争力的世界一流企业而努力奋斗》的工作报告。

（华能集团　提供）

2012年1月11～12日，华能集团2012年工作会议在北京召开，曹培玺总经理作了题为《加快转型升级　推进做强做优　努力创建具有国际竞争力的世界一流企业》的工作报告。

（华能集团　提供）

2011年1月20～21日，大唐集团2011年工作会议在北京召开，陈进行总经理作了题为《真抓实干　攻坚克难　为全面完成全年工作任务而努力奋斗》的工作报告。

（大唐集团　提供）

2012年1月15～16日，大唐集团2012年工作会议在北京召开，陈进行总经理作了题为《强化管理　提升效益　为全面完成2012年各项工作任务而努力奋斗》的工作报告。

（大唐集团　提供）

2011年1月18～19日，华电集团2011年工作会议在北京召开，云公民总经理作了题为《加快转型促发展　狠抓落实见成效　全面推进集团工作做强做优》的工作报告。

（华电集团　提供）

2012年1月9～10日，华电集团2012年工作会议在北京召开，云公民总经理作了题为《加快战略转型　全力提升效益　为创建世界一流能源集团而努力奋斗》的工作报告。

（华电集团　提供）

2011年1月23～25日，国电集团一届三次职工代表大会暨2011年工作会议在北京召开，朱永芃总经理作了题为《加快企业转型　深入挖潜增效　为实现“十二五”战略目标而努力奋斗》的工作报告。

（国电集团　提供）

2012年2月15～17日，国电集团一届四次代表大会暨2012年工作会议在北京召开，朱永芃总经理作了题为《坚持稳中求进　深化转型升级　开创一流综合性电力集团建设新局面》的工作报告。

（国电集团　提供）

2011年1月24～25日，中电投集团2011年工作会议在北京召开，陆启洲总经理作了题为《牢牢把握发展机遇　坚持依靠职工群众　为实现“三步走”第二阶段目标而努力奋斗》的工作报告。

（中电投集团　提供）

2012年1月16～17日，中电投集团2012年工作会议在北京召开，陆启洲总经理作了题为《巩固改革发展成果　加快转变发展方式　朝着“三步走”战略目标继续前进》的工作报告。

（中电投集团　提供）

2011年5月13日，由电监会和中电联联合举办的2011年电力可靠性指标发布会在北京召开。

（中电联　提供）

2011年12月18日，中电联第五届理事会第三次常务理事会暨2011年电力企业高峰会在海口召开。

（中电联　提供）

重要电力事件

2011年1月19日，国电集团总经理朱永芃（右一）在华盛顿举行的“第二届中美清洁能源务实合作战略论坛”上介绍国电集团清洁能源发展成果。

（国电集团　提供）

2011年2月20日，中电投集团与广西壮族自治区政府在北京举行“十二五”时期加强能源战略合作协议签字仪式。

（中电投集团　提供）

2011年2月24日，国资委副主任邵宁出席大唐集团建设规范董事会工作会议。

（大唐集团　提供）

2011年2月28日，宁夏自治区主席王正伟（左）和国网公司副总经理郑宝森（右）在宁东能源化工基地共同为宁东直流外送工程投运剪彩。

（宁夏公司　提供）

2011年4月23日，国电集团党组书记乔保平（左三）与内蒙古自治区党委书记、人大常委会主任胡春华（左二）出席内蒙古自治区兴安盟大型央企投资建设重点项目开工奠基仪式。

（国电集团　提供）

2011 年 5 月 9 日，神华新疆准东煤电基地电源项目启动仪式在新疆维吾尔自治区昌吉回族自治州木萨尔县准东经济技术开发区举行。

（神华集团　提供）

2011 年 5 月 11 日，神华集团董事长张喜武（左）、江西省省委书记苏荣（右）在九江湖口县共同为神华国华九江发电有限责任公司揭牌。

（神华国华电力　提供）

2011 年 5 月 19 日，国家能源委员会专家咨询委员会主任、全国政协经济委副主任张国宝（中）考察神华国华呼伦贝尔发电公司。

（神华集团　提供）

2011 年 5 月 30 日，老挝能矿部副部长宋本（左三）到广西电网公司考察。

（潘方强　摄）

2011 年 6 月 30 日，大唐集团总经理陈进行（左）与河北省委常委、常务副省长赵勇（右）在石家庄进行了会晤，双方就“十二五”期间的能源开发、合作等事项进行会谈，并签订了战略合作框架协议。

（闫晓蒙　提供）

2011 年 8 月 10 日，国有重点大型企业监事会主席熊志军（左二）考察广西电网电力调度控制中心和南宁供电局东方明珠营业厅，并听取了广西电网公司工作汇报。

（潘方强　摄）

2011 年 8 月 11 日，国家发改委主任张平（右二）视察神华国华呼伦贝尔发电公司。

（神华国华电力　提供）

2011 年 9 月 1 日，国家电监会主席吴新雄（左二）到华电集团总部调研。

（华电集团　提供）

2011 年 9 月 20 日，中央第三企业金融巡视组进驻中电投集团开展巡视工作动员会在中电投集团总部召开。

（中电投集团　提供）

2011 年 9 月 29 日，中国电建集团、中国能建集团揭牌暨电网分离企业划转移交大会在北京人民大会堂举行，国资委主任王勇等领导为中国电建集团、中国能建集团揭牌。中国电建集团总经理马宗林、中国能建集团总经理丁焰章与国网公司副总经理曹志安、南方电网公司副总经理王久玲签署电网分离企业整体划转移交协议。

（中国能建集团　提供）

2011 年 10 月 24 日，中广核集团董事长贺禹在于深圳举办的世界核运营者协会（WANO）双年会上致辞。

（中广核集团　提供）

2011 年 10 月 31 日，国电集团 1 亿 kW 装机暨风电装机容量突破 1000 万 kW 授牌仪式在江苏如东举行。国电龙源江苏如东 15 万 kW 海上潮间带示范风电场成为国电集团发电装机突破 1 亿 kW、风电装机达到 1000 万 kW 标志性工程。

（国电集团　提供）

2011 年 11 月 4 日，四川省委、省政府与国网公司共同举行“十二五”四川藏区电网项目集中开工暨启动仪式，四川省委书记刘奇葆（前排中）、省长蒋巨峰（前排左）与国网公司总经理刘振亚（前排右）在成都参加了启动仪式。

（丁　勇　摄）

国际交流与合作

2011 年 6 月 12 日，ABB（中国）有限公司与国电南京自动化股份有限公司在北京举行 ABB—国电南自合资成立南京国电南自自动化有限公司签约仪式。

（华电集团　提供）

2011 年 7 月 13 日，国电龙源电力所属龙源加拿大可再生能源公司与加拿大梅兰克森电力公司在北京举行加拿大 100MW 风电项目收购协议签约仪式。此次签约是国电集团在海外实际投资的第一个新能源项目。

（国电集团　提供）

2011 年 8 月 23 日，华电集团与美国通用电气公司在上海举行航改型燃机合资合同暨合资项目落户上海签约仪式。

（华电集团　提供）

2011 年 9 月 7 日，华电捷宁斯卡娅燃气—蒸汽联合循环供热电站项目在俄罗斯雅罗斯拉夫尔州正式开工建设。

（华电集团　提供）

2011 年 10 月 13 日，华电集团与印度尼西亚达莫水电公司在北京签署印尼水电项目合作框架协议。

（华电集团　提供）

2011 年 11 月 3 日，印尼南苏发电公司 2 号机组顺利通过 96h 满负荷试运行。

（神华国华电力　提供）

2011 年 11 月 10 日，国电联合动力首个海外项目——美国德克萨斯州 9MW 项目顺利完成首台风机的第一段塔筒吊装工作。

（国电集团　提供）

发电・火力发电

2011 年 1 月 12 日，由北京国电龙源环保工程有限公司承建的国内首台冷却塔、烟囱、脱硫岛“三塔合一”的脱硫工程——陕西国电宝鸡第二发电厂5号机组（66万kW）与主机组同步完成168h满负荷试运行。

（国电集团　提供）

2011年4月25日，华电集团宁夏灵武发电有限公司二期工程4号机组顺利通过168h满负荷试运行，至此，宁夏灵武公司二期工程两台百万千瓦超超临界空冷机组全部建成投产。

（华电集团　提供）

2011年8月22日，江苏华电句容发电有限公司“上大压小”2×1000MW机组工程开工典礼在句容临港工业园区举行。

（华电集团　提供）

2011年10月25日，河北省电建二公司承建的华电石家庄鹿华热电有限公司2×330MW热电工程1号机组圆满完成168h满负荷试运并投入运行。

（闫晓蒙　提供）

2011年12月31日，神华集团所属国华徐州发电公司百万工程2号机组圆满完成168h满负荷试运并投入商业运行。

（神华集团　提供）

发电·水力发电

2011年10月15日，巴基斯坦尼鲁姆—杰鲁姆水电站截流仪式在巴基斯坦克什米尔举行。

（中国能建集团　提供）

巴基斯坦尼鲁姆—杰鲁姆水电站主驱与刀盘。

（中国能建集团　提供）

2011年11月24日，国家重点工程、云南境内装机容量最大的水电站——华能糯扎渡水电站通过初期蓄水验收。该项目总装机容量585万kW，总投资约450亿元，是澜沧江流域工程规模和调节库容量最大的水电站。

（华能集团　提供）

2011年11月12日，向家坝水电站1号水轮机组（80万kW）转子吊装成功。

（中国电建所属水利水电建设集团　提供）

2011年12月9日，南方电网公司董事长赵建国（左四）在深圳参加国家“十二五”能源重点项目深圳抽水蓄能电站开工仪式。

（南方电网公司　提供）

中国电建所属水利水电建设集团承建的马来西亚巴贡水电站工程荣获2011年度国家优质工程金奖，该工程是马来西亚迄今规模最大的水电项目。

（中国电建所属水利水电建设集团　提供）

发电·核电及新能源发电

2011年4月15～17日，清华大学原校长、中国科学院院士王大中（左一）在岭澳核电二期1号机组应急柴油机厂房检查。

（中广核集团　提供）

2011年10月24日，国际原子能机构总干事天野之弥（左三）访问大亚湾核电基地。

（中广核集团　提供）

2011年12月21日，中电投核电技术中心（北京）有限公司揭牌仪式在北京隆重举行。

（中电投集团　提供）

2011年1月26日，浙江省首批30辆纯电动出租车在杭州西湖文化广场举行发车仪式。

（浙江公司　提供）

2011年6月24日，青海地区装机容量最大的光伏发电项目——龙源电力格尔木一期20MW光伏项目全部投产发电。

（国电集团　提供）

2011年12月12日，南方电网公司总经理钟俊（前排中），副总经理贺锡强（后排左一）在广州出席南方电网公司电动汽车换电客户体验中心启动仪式。

（南方电网公司　提供）

神华国华电力分公司投资建设的山东荣成风电场。

（神华集团　提供）

输配电工程

2011年2月25日，国网公司总经理刘振亚（左一）在无锡考察国网公司首座智能变电站——220kV西泾智能变电站。

（付旭峰　摄）

国内首座新建220kV智能变电站——无锡西泾智能变电站。

（潘正光　摄）

2011年10月30日，由湖北公司承建的±400kV拉萨换流站实现双极投运。该工程是青藏联网工程的重要组成部分。

（胡跃刚　摄）

2011年11月1日，镌刻着青藏联网工程建设者丰功伟绩的“青藏联网工程纪念碑”在海拔5231m的唐古拉山口矗立，西藏自治区人民政府副秘书长王维杰、青海省人民政府副秘书长姚海瑜和青藏交直流联网工程建设总指挥喻新强共同为雕塑揭幕。

（西北电网公司　提供）

2011年11月13日，河北省电力公司首个机器人“巡视员”在超高压分公司廉州500kV变电站正式上岗。

（闫晓蒙　提供）

2011年12月1日，云南普洱—广东江门±800kV直流输电工程和溪洛渡右岸电站送电广东双回±500kV直流输电工程开工仪式在云南普洱举行，南方电网公司董事长赵建国（右五）出席仪式。

（南方电网公司　提供）

2011年12月27日，西北电网举行青海—西藏750kV/±400kV交直流联网工程首次联合反事故演习暨联合应急演练。

（西北电网公司　提供）

2011年12月28日，黑龙江500kV输变电工程集贤变电站500kV系统正式投运，图为建设中的500kV集贤变电站。

（张廉慈　摄）

2011年4月29日，青藏交直流联网工程——±400kV直流工程首基铁塔组立顺利完成。

（任　劼　摄）

精神文明建设

2011年5月20日，南方电网公司2010年社会责任报告暨南方电网绿色发展报告发布会在广州召开。南方电网公司董事长赵建国（右三）和嘉宾为报告揭幕。

（南方电网公司　提供）

2011年7月1日，中电投集团纪念建党90周年暨“两优一先”表彰大会在北京召开。

（中电投集团　提供）

2011年8月26日，广西电网公司“为民服务　创先争优”社会日活动启动仪式在南宁举行。

（潘方强　摄）

2011年9月17日，大庆市让胡路供电局高级客户经理张浩洋（右一）到新潮汽配城天泉超市主动上门服务，记录客户提出的需求。

（孙建明　摄）

特　　载

党和国家领导人关注电力

胡锦涛听取人大代表薛禹胜介绍智能电网

2011年3月5日，十一届全国人大四次会议在北京人民大会堂隆重开幕。当天下午，中共中央总书记、国家主席、中央军委主席胡锦涛在人民大会堂西大厅与出席会议的江苏代表一起审议政府工作报告。在薛禹胜院士发言后，胡锦涛总书记认真询问了特高压电网在江苏的规划布局，并仔细探讨了坚强智能电网建设的有关问题。他强调，我们一方面要注重节能，不能走过去的发展老路；另一方面要积极调整能源结构和产业结构，加快智能电网技术与设备的研发制造。胡锦涛总书记明确提到发展特高压和智能电网已列入国家“十二五”规划。

吴邦国批示强调要更加注重核电安全

2011年8月26日，广东大亚湾核电基地建设经验总结大会暨岭澳核电站二期2号机组投产仪式在深圳举行。中共中央政治局常委、全国人大常委会委员长吴邦国作重要批示，对岭澳核电站二期2号机组投入商业运行表示祝贺，要求广大核电建设运营工作者更加注重核电安全。

全国政协常委、全国政协经济委员会副主任张国宝，国家能源局副局长钱智民，国务院国资委监事会主席张德霖，中广核集团公司董事长贺禹出席会议。

吴邦国、温家宝等领导为南方电网公司作重要批示

2011年1月19～20日，南方电网公司在广州召开2011年工作会议暨一届四次职工代表大会。中共中央政治局常委、全国人大常委会委员长吴邦国，中共中央政治局常委、国务院总理温家宝，中共中央政治局委员、中央书记处书记、中组部部长李源潮，中共中央政治局委员、广东省委书记汪洋，中共中央政治局委员、国务院副总理张德江对南方电网工作作重要批示，充分肯定南方电网为五省（区）经济社会发展作出的重要贡献，肯定了南方电网公司“十二五”发展思路。

会议宣读了国务院国资委主任王勇，国家电监会主席王旭东，广东省委副书记、省长黄华华对南方电网工作的批示。

广东省副省长招玉芳，中组部、国务院国资委、国家电监会、中电联、国有企业监事会等相关负责同志出席会议。

南方电网公司董事长、党组书记赵建国在会上作了发言，南方电网公司总经理钟俊作工作报告。

温家宝主持召开国务院常务会议 决定实施新一轮农网改造升级工程

2011年1月5日，国务院总理温家宝主持召开国务院常务会议，决定实施新一轮农村电网改造升级工程。

会议指出，农村电网是农村重要的基础设施，关系农民生活、农业生产和农村繁荣。自1998年实施农村电网改造、农村电力管理体制改革和城乡用电同网同价以来，我国农村电网结构明显改善，供电可靠性显著提高，农村居民用电价格大幅降低，为农村经济社会发展创造了良好条件。但受多种因素制约，目前我国农村电网建设仍存在许多矛盾和问题。中西部偏远地区农村电网改造面低，农业生产供电设施以及独立管理的农场、林场、小水电自供区等电网大部分没有改造，部分地区还没有实现城乡用电同网同价，一些改造过的农村电网也与快速增长的用电需求不相适应。必须按照统一规划、分步实施，因地制宜、突出重点，经济合理、先进适用，深化改革、加强管理的原则，实施新一轮农村电网改造升级工程。

会议提出，在“十二五”期间，使全国农村电网普遍得到改造，农村居民生活用电得到较好保障，农业生产用电问题基本解决，基本建成安全可靠、节能环保、技术先进、管理规范的新型农村电网。为此，一要按照新的建设标准和要求对未改造地区的农村电网进行全面改造。二要对已进行改造但仍存在供电能力不足、供电可靠性较低问题的农村电网，实施升级改造。三要因地制宜地对粮食生产区农田灌溉、农村经济作物和农副产品加工、畜禽水产养殖等供电设施进行改造，满足农业生产用电需要。四要按照统筹城乡发展要求，在实现城乡居民用电同网同价基础上，实现城乡各类用电同网同价，进一步减轻农村用电负担。五要深化农村电力体制改革，全面取消县级电网企业“代管体制”，建立有利于促进农村电力健康发展的体制机制。六要加大资金支持力度。中西部地区农村电网改造升级工程项目资本金主要由中央安排。继续执行每千瓦时电量加收2分钱的政策，专项用于农村电网建设与改造升级工程贷款的还本付息。

会议要求，各地区，各有关部门、单位要高度重视，强化组织领导，科学编制规划，加强工程质量管理，确保农村电网改造升级工程顺利实施。

温家宝、贾庆林、李克强、张德江对青藏联网工程投入试运行作出重要批示

2011年12月9日，世界上海拔最高、高寒地区建设规模最大、施工难题最多的输变电工程——青藏联网工程投入试运行。中共中央政治局常委、国务院总理温家宝，中共中央政治局常委、全国政协主席贾庆林，中共中央政治局常委、国务院副总理李克强，中共中央政治局委员、国务院副总理张德江对工程作出重要批示，肯定国家电网公司工作成绩，要求确保工程安全稳定运行，发挥好工程作用。李克强出席了在北京人民大会堂举行的仪式，并宣布工程投入试运行。

贾庆林考察丰满发电厂

2011年7月10日，中共中央政治局常委、全国政协主席贾庆林到丰满发电厂考察。贾庆林一行详细查看了丰满大坝现场，听取了丰满大坝治理工作和防汛工作准备情况的汇报。贾庆林强调，丰满大坝的安全十分重要，是关系下游城市和几千万人民生命财产安全的大事，要认真贯彻中央水利工作会议精神，把各项要求落到实处，做好丰满发电厂防汛工作，确保丰满大坝和上下游安全。国家电网公司副总经理、党组成员栾军陪同考察。

贾庆林考察华电榆横煤电公司

2011年8月11～16日，中共中央政治局常委、全国政协主席贾庆林先后来到榆林、宝鸡、西安等地，深入工厂企业、农业基地、科研院所和文化设施进行调研。

在华电榆横煤电有限责任公司，贾庆林听取了榆横煤电一体化项目有关情况汇报，详细询问了项目在节能减排、循环经济、资源综合利用和煤化工产业链等方面采取的方案和措施，对华电在榆横煤电化循环经济的发展模式给予充分肯定。贾庆林勉励华电集团继续做强做优，为能源企业、能源化工业作出新的贡献。

习近平考察丰满发电厂

2011年1月20日下午，中共中央政治局常委、中央书记处书记、国家副主席习近平来到东北电网丰满发电厂，详细了解了建厂历史、电厂机组设备运行情况。2010年吉林省防洪度汛期间，丰满电站起到关键的调峰作用，大坝建成70年来首次连续13个小时“滴水不放”，保障了下游安全。习近平对丰满发电厂通过技术更新充分利用老设备，以及电站在罕见洪灾发生时起到的重要调峰作用表示肯定。

习近平亲切慰问一线值班人员，并兴致勃勃地同干部职工、共产党员岗位标兵进行交流。他强调，要创新体制机制，把政府推动与充分发挥企业主体作用有机结合起来，着力推动重点技术、关键技术、战略技术的研发与应用，为加快经济发展方式转变提供有力支撑。他指出，共产党员的先进性就应该体现在工作岗位上，创先争优是一项长期任务，要体现在日常工作中，体现在党员的不断努力奋斗中。

习近平强调，要继续抓好党的建设、队伍建设和人才培养，把丰满水库建得更好，把整个电力系统建得更好。他向丰满电厂及国家电网系统的广大干部职工致以新春的问候，勉励大家再创佳绩，作出更大的贡献。

习近平考察四川成都高新供电局

2011年8月19～22日，中共中央政治局常委、

中央书记处书记、国家副主席习近平深入绵阳市、德阳市、成都市的农村、企业、社区和科研机构，调研了四川经济社会发展、灾后恢复重建和党的建设情况。

在成都市高新供电局，习近平详细了解企业党建和创先争优活动情况，高度评价该局“共产党员服务队”十年如一日开展便民服务活动，勉励他们始终牢记宗旨、心系群众，立足岗位、奉献社会。

习近平、李克强等领导为中电投作重要批示

2011年1月24日，中国电力投资集团公司2011年工作会议在北京召开。这次会议是在中电投集团胜利完成“三步走”第一阶段主要目标任务，进入发展第二阶段的关键时期召开的一次十分重要的大会。中共中央政治局常委、国家副主席习近平，中共中央政治局常委、国务院副总理李克强，中共中央政治局委员、全国政协副主席王刚，中共中央政治局委员、国务院副总理张德江分别对中电投集团工作作出重要批示，对中电投集团2010年各项工作取得的成绩给予充分肯定，对中电投集团未来发展提出殷切希望。

李克强为电监会作重要批示

2011年1月19日，中共中央政治局常委、国务院副总理李克强对电监会工作作出重要批示指出，电监会认真贯彻落实党中央国务院决策部署，切实履行职责，着力保障电力安全，积极推进市场建设，加强市场监管和行政执法，各项工作取得明显成绩谨向全体干部职工致以诚挚问候和良好祝愿新的一年，希望电监会深入贯彻落实科学发展观，进一步加强电力安全监管和市场监管，做好电力供需分析和监测预警，推进电力体制改革，维护公平公正市场秩序，加强队伍建设，创新监管方式，提高电力安全运行保障水平，为经济社会发展作出新的贡献。

李克强出席青藏联网工程投入试运行仪式并宣布工程投入试运行

2011年12月9日，青藏联网工程投入试运行仪式在北京人民大会堂举行，中共中央政治局常委、国务院副总理李克强宣布工程投入试运行，并慰问工程建设者。

在工程投入试运行仪式现场，李克强与参与青藏联网工程的代表握手并亲切交谈。李克强说，建设投运青藏联网工程，对于实施扩大内需战略，完善能源输送通道，提高西藏自治区供电能力，改善西藏、青海各族人民生产生活条件，保护生态环境等将发挥极为重要的作用。他希望有关方面再接再厉，扎实工作，精心管理，精心维护，保障工程稳定运行，保障输电安全可靠，保障能源稳定供应，为青藏高原生态建设和经济发展提供电力支持。

李克强考察大唐再生资源开发公司

2011年3月22日，中共中央政治局常委、国务院副总理李克强来到大唐国际再生资源开发有限公司考察。李克强考察了生产现场和设备运行控制室，与在场的干部职工亲切交谈，并对该公司的项目研发、规模建设给予了高度评价，提出了殷切希望。

考察中，李克强听取了大唐集团公司可再生资源研发方面的工作汇报，对取得的成绩给予了充分肯定。

李克强参观考察了DCS集控中心，了解粉煤灰预脱硅及活性硅酸钙制备流程、熟料制备流程、铝酸钠制取与氧化铝制备流程。

李克强强调，再生资源粉煤灰提取氧化铝项目作为国家循环经济项目，具有综合经济效益和综合社会效益，要加大项目的推进力度，积极发展煤炭、发电、氧化铝、铝深加工、造纸等系列产业链，努力提升综合效益，同时要求国家、社会和各有关部门积极支持和扶持项目的开发建设。

李克强、张德江等领导为国电集团作重要批示

2011年1月23～25日，中国国电集团公司一届三次职工代表大会暨2011年工作会议在北京召开。中共中央政治局常委、国务院副总理李克强，中共中央政治局委员、国务院副总理张德江分别作出重要批示，对国电集团2010年各项工作取得的成绩给予充分肯定，对国电集团未来发展提出殷切希望。

会议全面总结了国电集团2010年工作和近年来的经验，分析了面临的形势，并部署了“十二五”和2011年工作。会议提出，“十二五”期间，国电集团将加快推进企业转型，实现建设一流综合性电力集团

的目标。

李长春为国家电网公司开展向江小金同志学习活动作批示

江小金是浙江宁波电力设计院原院长、浙江省电力公司宁波电业局原副总工程师，在日常工作中全心投入、忘我奉献，最终积劳成疾，不幸于2011年逝世。他的先进事迹得到了中央领导的高度评价。2011年8月10日，中共中央政治局常委李长春为国家电网公司开展向江小金同志学习活动作出批示；指出江小金同志的事迹很感人，具有鲜明的时代特色，有普遍意义。中共中央政治局委员、中央书记处书记、中宣部部长刘云山也对宣传江小金先进事迹作出批示。

8月25日，国家电网公司召开学习宣传江小金同志先进事迹暨深入推进为民服务创先争优电视电话会议，强调要贯彻落实中央领导同志的重要批示精神，号召广大干部员工学习先进，深入推进为民服务创先争优。

周永康考察新疆电力企业

2011年5月5～6日，中共中央政治局常委、中央政法委书记周永康，中共中央政治局委员、中央政法委副书记王乐泉先后到新疆750kV哈密变电站和国网能源大南湖电厂考察，慰问坚守在生产一线的广大电网员工。周永康强调，要从战略高度认识新疆的发展问题，加快“疆电外送”工作力度，确保“疆电外送”特高压工程等重大项目早投产、早见效，尽快把新疆的资源优势转化成经济优势，解决中、东部地区的缺电问题。10日，周永康在企业参与支援新疆工作座谈会上听取了国家电网公司“十一五”期间援疆工作主要情况和“十二五”新疆电网发展的汇报，要求按照中央关于把新疆建设成为国家大型油气生产加工和储备基地、大型煤炭煤电煤化工基地、大型风电基地和国家能源资源陆上大通道的决策，发挥自身优势，切实把新疆的资源优势转化为经济优势。

回良玉到新安江水电厂检查指导防汛工作

2011年6月21日上午，中共中央政治局委员、国务院副总理、国家防汛抗旱总指挥部总指挥回良玉到新安江水电厂检查指导防汛工作。回良玉一行在坝顶泄洪现场、220kV开关站等地详细查看行洪情况，听取新安江水电厂防汛工作汇报，并在该厂召开现场工作会议，研判钱塘江流域防汛抗洪形势，进一步动员和部署防汛抗洪抢险救灾工作。

张德江等领导为华能集团公司作重要批示

2011年1月16～18日，中国华能集团公司2011年工作会议在北京召开。

中共中央政治局委员、国务院副总理张德江，中共中央政治局委员、北京市委书记刘淇，中共中央政治局委员、国务委员刘延东，国务委员、国务院秘书长马凯分别作出重要批示，肯定华能集团公司2010年取得的成绩，希望华能集团公司在“十二五”时期再接再厉，再创新业绩。张德江在批示中希望华能集团公司抓住战略机遇，以科学发展为主题，以加快转变发展方式为主线，以安全、质量、效益为中心，深化改革开放，加强科技创新，大力实施“走出去”战略，做强做优做大企业，为建设具有国际竞争力的一流企业而努力奋斗。

国务院副秘书长尤权，国务院国资委主任王勇，国家电力监管委员会主席王旭东分别作出批示，充分肯定华能集团公司各项工作，并提出新的希望和要求。中国电力企业联合会理事长刘振亚发来贺信。

国家电监会副主席王禹民、国务院国资委派驻华能集团公司监事会主席国一民、中国能源化学工会主席张成富、中国电力企业联合会专职副理事长魏昭峰出席会议并讲话。

李鹏、邹家华等老领导为《中国电力报》创刊30周年题词

2012年1月1日是《中国电力报》创刊30周年纪念日。李鹏、邹家华等老领导挥笔题词，祝贺《中国电力报》创刊30周年。李鹏同志的题词是“坚持正确舆论导向，推动电力科学发展”。邹家华同志的题词是“解放思想、实事求是、改革创新、服务行业”。

原国家能源部部长黄毅诚、原电力工业部部长史大桢、国家开发银行原行长姚振炎、国家电监会原副主席邵秉仁，以及王文泽、贺恭、祝新民等电力老领导也纷纷为《中国电力报》题词，庆贺《中国电力报》创刊30周年。

能源·政策

国家能源局提出“十二五”时期国家能源发展思路

2011年1月6日，2011年全国能源工作会议在北京召开。国家能源局局长张国宝介绍了“十二五”时期国家能源发展的思路：加快转变能源发展方式，合理控制能源消费总量，大力调整能源结构，推动能源生产和利用方式变革，构建安全稳定经济清洁的现代能源产业体系。他提出：

一、煤炭、石油等化石能源仍将是能源供应主体

“十二五”时期，煤炭、石油等化石能源仍将是中国能源供应的主体，特别是煤炭在保障中国能源安全中，仍将起着基础性作用。未来5年，中国将继续建设大型煤炭基地、大型油气基地、优化火电发展，以推动传统能源的清洁高效利用。

在煤炭开发利用上，国家将按照“控制东部、稳定中部、发展西部”的原则，有序推进14个大型煤炭基地建设，加快推进煤矿企业兼并重组，力争“十二五”末，大型煤炭基地产量占到全国总产量的90%，基地内大中型煤矿生产能力占到90%，全国形成10个亿t级和10个5000万t级特大型煤炭企业。在石油开发利用上，国家将有序推进国内原油勘探开发，努力使国内原油产量稳定在2亿t左右。

在天然气产业发展上，加大鄂尔多斯、川渝、塔里木等重点产气区的勘探开发力度，加快建设塔里木、西南、长庆3个年产量200亿m^3级大气田，积极开发海上天然气资源，加快开发煤层气、页岩气等非常规天然气资源。

“十二五”时期，火电虽仍然是中国的主力电源，但结构将得到优化。国家将通过优化火电开发布局、继续淘汰落后小火电机组、发展热电联产等方式，合理控制火电建设规模，为水电、核电、风电等新能源发展留下足够空间。据初步测算，“十二五”时期新开工建设火电规模将被控制在2.6亿～2.7亿kW。

二、调整结构是转变能源发展方式的主攻方向

大力调整能源结构是中国转变能源发展方式的主攻方向，中国已向国际社会承诺，到2020年非化石能源占一次能源消费比重达到15%左右。为此，到“十二五”末，中国非化石能源在一次能源消费中的比重要争取达到11.4%。未来5年，中国将在保护生态和做好移民工作的前提下积极发展水电，在确保安全的基础上高效发展核电，积极发展风电，稳定发展太阳能，开发利用生物质能和地热能。

实现2020年非化石能源消费占一次能源消费比重达到15%左右的目标，一半以上需要水电来完成。中国水能资源技术可开发量是5.42亿kW，当前水电装机容量刚突破2亿kW，仍有较大开发潜力。争取到“十二五”末，水电在一次能源消费中所占比重达到6.5%左右。

在核电建设上，将优先安排沿海核电建设，稳步推进内陆项目。在风电方面，将重点发展内蒙古、甘肃、新疆、河北、江苏、山东、吉林及东北地区等千万千瓦级风电基地建设，加快海上风电开发，并下力气解决好风电接入电网和市场消纳问题。未来5年，太阳能产业有望成为中国新兴能源支柱产业。下阶段，中国将通过继续推广利用太阳能热水器、稳步启动国内太阳能发电市场、加强行业规划和准入管理等措施，努力将其培养成中国先进的装备制造产业和新兴能源支柱产业。到2015年，中国太阳能热利用面积将达到4亿m^2。

三、加快现代能源储运体系建设步伐

中国能源资源主要分布在西部，能源消费主要集中在东部。未来5年，中国将按照“加快西部、稳定中部、优化东部”的原则，统筹东中西部能源开发，优化能源发展区域布局。在西部，将建设大型煤炭基地和现代化矿井，发展大型煤电基地和坑口电站群，大力发展风能和太阳能。山西、鄂尔多斯盆地、蒙东、西南、新疆等5个区域的煤炭、油气、水力资源蕴藏量占全国的70%以上，将被打造成为支撑中国经济长期发展的五大国家能源战略基地。在东部，则要严格控制新增火电项目，控制煤炭资源开采，加快海上油气带建设，稳定陆上海气生产，大力发展核

电、风电等新能源和可再生能源。

长距离、大规模的北煤南运、西电东送、北油南运、西气东输是中国能源运输的基本格局，“十二五”期间国家将加快现代能源储运体系建设步伐，不仅加强北煤南运的水陆通道建设，还将完善区域500kV和750kV主干网架，加快油气管网建设，全面推进国家石油储备二期项目建设，加紧建设一批天然气储备库。

随着中东部能源资源的衰竭，中国能源发展战略西移的特征越来越明显。中国将打造山西、鄂尔多斯盆地、蒙东、西南、新疆等5个国家能源战略基地，以支撑中国经济长期发展。要进一步优化能源发展区域布局，统筹东中西部能源开发，构筑区域能源优势互补、资源高效配置、能源开发与环境相和谐的能源发展布局，原则是“加快西部、稳定中部、优化东部”。

山西、鄂尔多斯盆地、蒙东、西南、新疆5个区域煤炭、油气、水力资源蕴藏量占全国的70%以上，要统筹做好开发规划，把握开发强度、节奏和时序，把这5个能源资源集聚区域打造成为支撑中国经济长期发展的国家能源战略基地。

国家发改委、电监会发布2010年1～9月可再生能源电价补贴和配额交易方案

2011年1月21日，国家发改委、电监会以发改价格〔2011〕122号文，发出《关于2010年1～9月可再生能源电价补贴和配额交易方案的通知》。

通知中说，根据《可再生能源发电价格和费用分摊管理试行办法》（发改价格〔2006〕7号）和《可再生能源电价附加收入调配暂行办法》（发改价格〔2007〕44号），就2010年1～9月可再生能源电价附加调配、补贴等有关事项通知如下：

一、电价附加补贴的项目和金额

可再生能源电价附加资金补贴范围为2010年1～9月可再生能源发电项目上网电价高于当地脱硫燃煤机组标杆上网电价的部分、公共可再生能源独立电力系统运行维护费用、可再生能源发电项目接网费用。对纳入补贴范围内的秸秆直燃发电项目1～6月继续按上网电量给予临时电价补贴，补贴标准为0.1元/kWh。

二、配额交易与电费结算

（1）继续通过配额交易方式实现可再生能源电价附加资金调配，不足部分通过2010年全年征收的附加资金中预支，配额卖方向买方出售配额证，配额买方应在收到配额证后10个工作日内，按额度将款项汇入卖方账户，完成交易。

（2）可再生能源发电项目上网电价在当地脱硫燃煤机组标杆上网电价以内的部分，由当地省级电网负担；高出部分，通过本次电价附加补贴解决。本次补贴方案使用2009年11月20日调整后的当地脱硫燃煤机组标杆上网电价，作为由当地省级电网负担的标准。

（3）2010年1～9月电价附加有结余的省级电网企业，应在本通知下发之日起10个工作日内，对可再生能源发电项目结清2010年1～9月电费（含接网费用补贴）。2010年1～9月电价附加存在资金缺口的内蒙古、黑龙江等电网企业，应在配额交易完成10个工作日内，对可再生能源发电项目结清2010年1～9月电费（含接网费用补贴）。

（4）对2010年1～9月公共可再生能源独立电力系统的电价附加补贴，按本通知所列的项目和金额，由所在省（区）的价格主管部门会同省级电网企业负责组织实施。

三、有关要求

各省（区、市）政府价格主管部门、电力监管机构和各区域电力监管机构要加强对可再生能源电价附加征收、配额交易、电费和补贴结算行为的监管，坚决纠正和查处违反本通知规定的电费结算行为，确保可再生能源电价附加补贴按时足额到位。

国务院召开节能减排电视电话会议

2011年9月27日，国务院召开全国节能减排工作电视电话会议，全面动员和部署“十二五”节能减排工作。国务院总理温家宝作重要讲话，他强调，要从战略和全局高度认识节能减排的重大意义，全面落实节能减排综合性工作方案，下更大决心、花更大气力，打赢节能减排持久战和攻坚战，建设资源节约型、环境友好型社会。

国务院副总理李克强主持会议。国务院副总理张德江、王岐山出席会议。国务委员兼国务院秘书长马凯在会上宣读了《国务院关于对“十一五”节能减排工作成绩突出的省级人民政府给予表扬的通报》。

温家宝指出，“十一五”时期，中国节能减排取得显著成效，我们以能源消费年均6.6%的增速支撑了国民经济年均11.2%的增长。节能减排工作有力促进了产业结构调整和技术进步，为应对全球气候变化作出了重要贡献。当前，节能减排形势还相当严峻。必须充分认识节能减排的极端重要性和紧迫性，增强忧患意识、危机意识和责任意识，以科学发展观

为指导，坚持节能减排思想不动摇，工作不松懈，力度不减弱，步伐不放缓，全面落实“十二五”节能减排综合性工作方案，务求取得预期成效。

温家宝提出五点要求：①着力调整优化产业结构，促进节能减排。②坚持以科技创新和技术进步推动节能减排。③完善节能减排长效机制。④加强节能减排能力建设。⑤推进重点领域节能减排。

国务院发表《中国应对气候变化的政策与行动(2011)》白皮书

2011年11月22日，国务院新闻办发表《中国应对气候变化的政策与行动（2011）》白皮书，全面介绍中国“十一五”期间应对气候变化采取的政策与行动、取得的积极成效以及“十二五”期间应对气候变化的总体部署及有关谈判立场，其中多项政策涉及电力行业发展。

白皮书指出，要加快淘汰落后产能。截至2010年，电力行业累计关停小火电机组7682万kW，火电供电煤耗由370g/kWh降到333g/kWh，下降10%；30万kW以上火电机组占火电装机容量比重由2005年的47%上升到2010年的71%。积极利用合同能源管理、电力需求侧管理、节能自愿协议等市场机制推动节能，加强对节能服务产业的支持。加快推进能源价格形成机制改革，对高耗能行业实施差别电价，对超能耗产品实行惩罚性电价。加强水能、核能等低碳能源开发利用，完善风力发电上网电价政策，推行大型光伏电站特许权招标，完善农林生物质发电价格政策，加大对生物质能开发的财政支持力度。推动可再生能源和新能源开发利用技术、智能电网关键技术等领域的研发。

2011年资源节约和环境保护主要目标公布

2011年3月31日国家发改委公布了2011年资源节约和环境保护主要目标，其中单位国内生产总值能耗比2010年下降3.5%。

根据国家发改委公布的目标，2011年二氧化硫、化学需氧量、氨氮和氮氧化物4项主要污染物排放量均比2010年减少1.5%；万元工业增加值用水量比2010年下降7%；工业固体废物综合利用率比2010年提高1%；城市污水处理率达到80%；城市生活垃圾无害化处理率达到74%。

2012
中国电力年鉴

体　制　改　革

电网主辅分离取得重大进展

国务院2011年2月批复了电网主辅分离改革方案，其中，除送变电企业外，勘测设计与修造企业都将从电网中分离，分离工作将在一年内完成。

公布的电网主辅分离方案与2007年提出的方案略有出入。在原方案中，国家电网与南方电网公司下属的勘测设计，火电、水电、送变电施工以及修造企业都将从电网公司剥离，并入重组而成的中国电力工程集团与中国电力建设集团两大电力辅业集团。

2007年，由国资委牵头制定了《电网主辅分离改革及电力设计、施工企业一体化重组方案》，该方案在各大部委间达成一致以后上报国务院，在2008年雨雪冰冻灾害过后，两大电网公司要求重新界定辅业范围，认为送变电企业和设计院都不应作为辅业分离出去，在国务院批示“进一步论证”后，电网主辅分离改革暂时陷入沉寂。

2010年9月3日，电力体制改革工作小组通过了国资委制定的主辅分离方案。11月，方案上报国务院。2011年初，国务院同意该方案，并明确由国资委组织实施。至此，从2002年国务院5号文启动电力体制改革以来，时断时续的电网主辅分离改革一锤定音。

2011年9月29日，中国电力建设集团有限公司、中国能源建设集团有限公司在北京正式挂牌成立。国家电网公司、南方电网公司与两家新集团签订了分离企业整体划转移交协议。至此，历时多年的电网主辅分离改革取得重大进展，中央电力企业布局结构调整迈出重要步伐。

电 力 发 展

概　　况

2011 年全国电力工业综述

（欧阳昌裕）

2011 年，中国国民经济继续朝着宏观调控预期方向发展，实现了“十二五”时期经济社会发展良好开局。国内生产总值实现 47.16 万亿元，比 2010 年增长 9.2%，其中第一、二、三产业分别同比增长 4.5%、10.6%和 8.9%。工业生产平稳较快增长，规模以上工业增加值比 2010 年增长 13.9%。固定资产投资比 2010 年实际增长 16.1%，增速有较大回落，但仍保持较快增长，投资结构继续改善。全社会消费品零售总额比 2010 年实际增长 11.6%，全年居民消费价格比 2010 年上涨 5.4%。外贸进出口总额 3.64 万亿美元，比 2010 年增长 22.5%；全年累计顺差 1551 亿美元，比 2010 年净减少 264 亿美元。能源消费总量达到 34.78 亿 t 标准煤，比 2010 年增长 7.0%，能源消费弹性系数为 0.76。

面对复杂多变的国际形势和国内经济运行出现的新情况和新问题，电力行业深入贯彻落实科学发展观，努力克服各种困难，推进发展方式转变，推进结构调整，保持了平稳较快发展势头，供应能力稳步增强。在用电需求快速增长的情况下，电力工业克服来水偏枯、电煤供应紧张、火电企业大面积亏损、体制机制不畅等困难，维持了全国电力供需总体平衡偏紧局面，有效应对部分地区、部分时段供需矛盾，为经济社会平稳发展作出了积极的贡献。

一、2011 年全国电力供需总体平衡偏紧

2011 年，全国电力供需总体平衡，受水电出力下降、电煤供应紧张、电源电网结构失调、电力需求增长较快等影响，部分地区、部分时段供需矛盾比较突出。全国共有 24 个省级电网相继缺电，最大电力缺口超过 3000 万 kW。通过组织跨区跨省电力支援、积极保障电煤供应、加强需求侧管理和实施有序用电等措施，有效缓解了电力供需矛盾，保障了经济社会平稳健康发展。

全国电力供需状况总体可以概括为前紧后缓、淡季电力缺口扩大、旺季缺口缩小，用电增速由东向西递增，区域性、时段性、季节性电力短缺，部分地区持续性缺电的特点十分明显。由于大范围电煤供应不足、负荷上升较快、来水偏枯等影响，1 月全国最大电力缺口超过 3000 万 kW，江苏、河南、山西等省份缺口较大。4～6 月，缺电地区向水电比重大的省份集中，缺电比例不断扩大，全国最大电力缺口 2000 万 kW 左右，其中江苏、浙江、湖南、重庆、贵州等地缺电严重。迎峰度夏期间，由于未出现长时间、大范围的高温闷热天气导致空调负荷没有完全释放，加上各项准备措施比较充分，电力缺口略低于 3000 万 kW；但是，浙江、江苏、重庆、山西、湖南、江西、广东、贵州、广西等地供需矛盾比较突出。四季度，随着电力消费需求明显放缓、各项准备措施比较充分、部分省份秋汛来水情况好转，全国电力供需形势明显改善，12 月全国电力缺口缩小到 600 万 kW 左右。据初步测算，全年全国累计限电量约 352 亿 kWh，占全社会用电量的 0.8%。

分区域看，华北电网区域供需总体平衡，其中山西电网受煤炭供应影响电力供需持续偏紧，11 月以后情况好转。华东电网区域供需持续偏紧，其中浙江、江苏前三季度电力供需持续紧张，第四季度供需总体平衡。华中电网区域电力供需紧张，前三季度因缺煤或来水偏枯，大部分省份供需偏紧，第四季度供需形势明显缓解。东北电网区域电力供需平衡有余，吉林、黑龙江富余较多。西北电网区域电力供需总体平衡有余。南方电网区域受来水、电煤供应等因素影响，电力持续紧张，全网最大电力缺口 1500 万 kW 左右。

二、电力消费需求旺盛，产业结构调整乏力

2011 年，全国全社会用电量 4.70 万亿 kWh，比 2010 年增长 11.97%。人均用电量 3490kWh，首次超过世界平均水平。第一产业用电量比 2010 年增长 3.73%。第二产业用电量比 2010 年增长 12.20%，增速比 2010 年回落 3.68 个百分点，但其用电量比重仍处高位，达到总用电量的 75.04%，比 2010 年提高 0.16 个百分点。第三产业用电增长最快，达到

14.03%，但占总用电量的比重仍然较低，仅为10.85%。城乡居民生活用电增速放缓到10.33%，比2010年回落1.01个百分点；用电比重为11.95%，比2010年降低0.18个百分点。

随着经济结构调整和产业转移，地区用电增长差异拉大。2011年，西部地区用电量比2010年增长17.61%，增速远高于其他各地区；中部地区用电量比2010年增长12.54%，略高于全国平均水平；东部和东北地区用电量增速分别为9.61%和8.34%，均低于全国平均水平，占全国的比重以及贡献率均比2010年有所下降。各省（区、市）用电增速差异也较大，全社会用电量增速超过15%的有宁夏、新疆、内蒙古、青海、江西、云南、海南、西藏、福建，除江西、海南、福建以外，其他全部位于西部地区，西部地区所有省（区、市）份全社会用电量增速均高于全国平均水平；增速低于10%的有北京、上海、黑龙江、天津、广东、辽宁、湖北、湖南、吉林，绝大部分位于东部及东北地区。

最高发受电电力（最高用电负荷）增速放缓。2011年，全国电网统调最高发受电电力（最高用电负荷）比2010年增长8.8%，增速比2010年低6.9个百分点；统调发受电电量（统调用电量）比2010年增长11.5%，增速比2010年低5.6个百分点。分区域来看，西北区域最高发受电电力增速远低于最高发电电力（最高发电负荷）增速，净外送电力1739万kW，比2010年多1152万kW，对支撑其他区域电力供应作用突出；华北、华东区域最高发受电电力增速偏低，与夏季未出现持续高温天气关系密切；东北区域需求增长缓慢，发受电电力以及发电电力增长缓慢；华中区域电力供需比较紧张，最高发受电电力增长快于最高发电电力增长。

三、电力供应能力进一步增强

2011年，全国基建新增发电生产能力9436万kW，连续6年新增超过9000万kW。其中，水电1283万kW，火电6241万kW，核电175万kW，并网风电1528万kW，并网太阳能光伏发电新增196万kW。2011年全国新增110kV及以上输电线路66 903km，其中，220kV 24 129km，110kV 30 698km，两者合计新增占到全国新增110kV及以上线路长度的82%。年底全国全口径发电设备容量10.63亿kW，比2010年增长9.95%，发电装机规模居世界第二，逼近美国；电网110kV及以上输电线路回路长度、变电设备容量分别为96.63万km、35.86亿kVA，分别比2010年增长6.84%和10.60%。加强了电网改造，提高了输送能力，中国电网规模连续3年居世界第一，全国电力供应和配置能力进一步增强。

发电装机结构不断优化，清洁能源比重上升，火电装机增长趋缓。2011年底，水电、核电、风电、太阳能等清洁能源比重达到27.70%，比2010年提高1.13个百分点。火电设备容量占全国发电设备容量的比重为72.31%，比2010年降低1.12个百分点；火电机组中天然气、煤矸石、生物质、垃圾、余热余压等发电装机所占比重进一步提高，2011年底已达到8.31%，比2010年提高1.45个百分点；大容量火电机组中，大容量高参数高效机组比重上升，30万kW及以上机组占全国火电机组总容量的74.44%，比2010年提高1.76个百分点；火电平均单机容量为11.40万kW，比2010年提高0.52万kW。

从地区分布看，西部、中部、东北、东部地区装机容量分别增长15.54%、8.11%、7.83%和6.89%，西部远高于东、中部，并且东、中部装机增长分别低于用电量增长2.72和4.43个百分点。由于电力统一规划的缺失，跨区资源配置能力没有同步建设，使东部电力供应更加紧张。

四、电力生产形势严峻，系统运行安全平稳

2011年，全国发电及供热生产用煤19.87亿t，比2010年增加了2.3亿t，由于来水偏枯，水电设备利用小时比2010年减少385h。面对电力供应紧张、煤价攀升、煤质下降、运力紧张、来水减少、灾害频发等严峻形势，电力企业加强生产运行管理，科学调度，努力增加电力供应，全国全口径发电量47 306亿kWh，同比增长11.89%，已超过美国成为世界第一。其中，水电6681亿kWh，同比减少2.71%；火电39 003亿kWh，同比增长14.16%；核电872亿kWh，同比增长16.67%，并网风电741亿kWh，同比增长49.94%。全国发电设备利用小时4730h，已连续两年回升，其中，水电设备利用小时3019h，是近30年来最低的一年；火电设备利用小时5305h，比2010年提高274h，提高幅度是2004年以来最大的一年。同时，电力企业努力提高运行效率、减少消耗、增加供热，2011年实现供电煤耗329g/kWh，比2010年下降4g/kWh；发电厂用电率5.39%，其中，水电0.36%，比2010年下降0.02个百分点，火电6.23%，比2010年下降0.11个百分点，供电煤耗、厂用电率均处于世界先进水平。

电力生产始终坚持“安全第一”的方针，狠抓安全生产管理，深入开展核电、大坝等重要设施和施工现场安全检查，全年没有发生重特大安全生产事故，保障了电力系统的安全稳定运行和电力可靠供应，圆满完成了党的十七届六中全会、建党90周年庆典、世界大学生运动会、全国城运会、世界园艺博览会、

亚欧博览会等重大活动保电任务，最大限度满足了经济社会发展的用电需求。

电力全行业加强合作，加强厂网协调，提高风电等并网运行水平，发挥特高压和跨区电网的作用。全年完成跨区送电量1679亿kWh，比2010年增长12.82%；跨省送电量6324亿kWh，增长7.95%。其中，西北送出电量426亿kWh，增长164.61%；东北送华北100亿kWh，增长13.95%。由于来水偏枯以及电煤问题，贵州送广东电量下降24.75%，导致南方电网“西电东送”电量下降13.23%。受跨区跨省输电能力限制，东北、蒙西以及西北地区仍有3000万kW左右的电力无法输送到华东、华中等电力紧张地区，造成“缺电”与“窝电”并存。

加强电网运行管理与技术改造，电网运行技术经济性不断提高。2011年，全国电网线损率为6.52%，比2010年下降0.01个百分点；城市、农村用户供电可靠率提高，分别达到99.920%和99.790%，分别比2010年提高0.003%和0.076%。

五、电力建设成绩显著，后劲尚需加强

2011年电力投资略有增加，全国电力工程建设累计完成投资7614亿元，比2010年增长2.65%。其中，电源工程建设完成投资3927亿元，比2010年降低1.06%；电网工程建设完成投资3687亿元，比2010年增长6.92%。电源投资中，火电投资仅为2005年的46.4%，已经连续6年同比减少，火电投资占电源投资的比重下降至28.4%，清洁能源投资比重明显提高，发电机组结构不断优化，电源结构调整取得新成绩。但是，电力在建规模严重不足，特别是煤电基地与电网统一规划工作滞后，影响工程开工建设和更大范围内能源资源优化配置战略的实施；核电在日本福岛事故后恢复启动缓慢，将危及2020年核电建设目标以及减排目标的实现。

火电建设继续向着大容量、高参数、环保型方向发展，2011年新增百万千瓦超超临界机组8台，全国在运百万千瓦超超临界机组达到39台。三峡地下电站等大中型水电站部分机组相继投产；云南澜沧江糯扎渡等一批大中型水电站共计1268万kW水电装机核准建设。岭澳核电站二期2号机组、秦山核电站二期4号机组先后正式投产，全国在运核电装机容量达1257万kW。内蒙古、甘肃、山东、河北四大风电基地新增并网风电装机容量均超过百万千瓦，江苏如东15万kW海上（潮间带）示范风电场一期工程并网发电，全国并网风电装机容量达到4623万kW。太阳能光伏发电进入大规模并网投产阶段，并网太阳能光伏发电容量已达222万kW。

一批输电大通道工程、新能源外送工程和科技引领示范工程建成投运，电网优化配置资源能力大幅提升，技术装备水平全面提高。特高压输电创造多项世界纪录，智能电网建设继续走在世界前列。晋东南—南阳—荆门1000kV特高压交流试验示范工程扩建工程正式投产，皖电东送淮南—上海特高压交流输电线路核准建设。青藏直流联网工程投入试运行，实现了大陆地区的全国联网。区域和省级主网架建设继续加强，新一轮农村电网改造工程扎实推进。

六、节能减排工作成效显著

电力行业按照国家统一要求与部署，不断优化电源结构，加快电网建设步伐，持续提高能源效率和管理水平，加大污染物治理力度和资金投入，继续为全国节能减排作出重要贡献。全国火电机组供电标准煤耗329g/kWh，比2010年降低4g/kWh，达到世界先进水平，相当于全年节约标准煤1560万t，减排二氧化碳4337万t；全国线路损失率6.52%，比2010年下降0.01个百分点，相当于全年节电4.28亿kWh，节约标准煤11万t，减排二氧化碳29万t。火电厂除尘效率显著提高，电力烟尘年排放量155万t左右，单位火电发电量烟尘排放量降低到0.4g/kWh，下降约16g/kWh。电力二氧化硫排放量继续下降，根据中电联初步统计分析，2011年全国电力二氧化硫排放913万t，比2010年下降1.4%；单位火电发电量二氧化硫排放量为2.3g/kWh（美国2010年为2.9g/kWh）；截至2011年底，全国已投运燃煤机组烟气脱硫装置容量6.3亿kW，占煤电机组容量的89%，比2010年的美国高34个百分点。电力氮氧化物排放量增长明显放缓，全国已投运烟气脱硝机组容量约1.4亿kW，占火电机组容量的18%，规划和在建的烟气脱硝机组已超过1亿kW。此外，积极发展水电、核电与风电、太阳能发电，为节能减排作出了贡献。2011年，水电、核电、风电、太阳能发电共计完成发电量8294亿kWh，相当于少用标准煤2.5亿t，减排二氧化碳7亿t。电力行业在应对气候变化工作中积极主动承担社会责任，发布了《电力行业应对气候变化工作指导意见》，成立了电力行业应对气候变化协调委员会和专家委员会，加快了绿色发展步伐，取得了巨大的成就，电力行业碳排放强度从2005年开始呈下降态势，碳排放总量增速放缓，为全国温室气体减排作出了重要贡献。

七、科技创新取得新突破

根据国务院有关科技创新的总体精神，电力行业以企业为技术创新主体地位不断加强，逐步建立了企业主导产业技术创新的体制和机制，形成了以企业为

主体，产、学、研相结合的技术创新联盟，企业创新能力建设不断加强。国家电网公司、南方电网公司特高压交、直流技术和装备研究试验基地，智能电网研究与示范工程等建设以及发电集团公司的新能源、节能减排、清洁发电研究基地与工程建设极大地推动了科技创新能力和自主创新水平。2011 年，电力行业获得国家科学技术进步奖项 8 项（其中，一等奖 1 项，二等奖 7 项）。

特高压和智能电网实现新的突破，柔性直流输电（上海南汇）、中新天津生态城、750kV 延安智能变电站等一批智能电网示范工程投运，建成了一批电动汽车充换电示范工程。世界上第一个集风力发电、光伏发电、储能系统、智能输电于一体的国家风光储输示范工程在河北省张北县建成投产。天津 25 万 kW 等级的整体煤气化燃气蒸汽联合动力循环（IGCC）发电示范工程进入系统调试阶段。大型核电站专项 100 万 kW 非能动压水堆（AP1000）建设全面推进，高温气冷堆核电站示范工程正式开工建设，实验快堆（CEFR）实现临界和并网发电。解决了海上风电机组安装、电力传输、机组防腐蚀等技术难题，海上 3MW 双馈式风电机组已小批量应用，6MW 机组已经下线。世界上首个百万千瓦级光伏电站群——柴达木盆地光伏电站群成功接入电网。中国国电集团新疆吐鲁番 0.18MW 槽式太阳能热发电实验电站和中国科学院北京延庆太阳能塔式热发电站 1MW 示范项目已经建成投入运行。

八、电力企业经营困难

2011 年，全国共有规模以上电力企业 4376 家，国家电网公司、中国南方电网有限责任公司、中国华能集团公司、中国大唐集团公司、中国国电集团公司五家公司进入世界五百强，且排名稳步上升。全国电力企业资产总额为 78 527 亿元，占全国规模以上工业企业资产总额的 11.93%，比 2010 年降低 1.03 个百分点，企业利润总额仅为 1433 亿元，比 2010 年减少 10.90%，销售利润率为 3.33%，比 2010 年降低 0.99 个百分点，电力企业利润总额仅占全国规模以上工业企业利润总额的 2.63%。2011 年，在全国 4376 家规模以上电力企业中，亏损企业 1117 家，亏损面达 25.53%，经营形势十分严峻。虽然各电力企业积极应对通胀压力、货币政策紧缩及电价机制没有理顺、电煤价格持续上涨等困难，健全内控机制，提升管理水平，严防经营风险，特别是各发电企业在保证主营业务发展的同时，加快战略转型和结构调整，积极加快综合业务发展，在一定程度上缓解了企业经营困难，但 2003 年以来，电煤价格一路上涨，涨幅超过 150%，电价调整时间滞后、调整幅度不到位，火电企业资不抵债、资金周转困难，经营风险日益加剧，整体陷于严重的发展能力不足，如不及时扭转，将危及今后的整体电力供应安全。电网企业由于和发电企业共享一个电价空间，面临“两头受挤”的困境。

九、国际合作取得新进展

电力企业紧密围绕行业发展重点及企业发展战略，加大与国际同业组织、电力行业及企业交流力度，推进电力监管国际合作，加入全球可持续电力合作组织和世界工业可持续发展理事会等国际组织，加强了与大湄公河区域组织的沟通与协调，推动国际项目合作，取得了明显成效。积极实施“走出去”战略，抓住投资机遇，取得了新的进展。境外投资规模增长，投资区域扩大，投资模式多样，投资地区涉及东南亚、非洲国家及美国、澳大利亚、俄罗斯等国，投资形式有股权并购、BOT、BOOT 等；投资领域涉及电力全产业链和煤炭、矿产等。国际工程承包项目规模不断扩大，承包方式从分包向 EPC 总承包转变。电力行业出口产品和技术集中于核心技术领域，在国际市场上的竞争力进一步增强，品牌和规模效益更加显著。

十、主辅分离改革基本完成

作为中国电力体制改革的重点任务，有关电力企业及其员工认真贯彻落实国家决策部署，讲政治、顾大局，相互支持、相互理解，共同推进电力设计、施工一体化重组。经国务院批准，中国水利水电建设集团公司、中国水电工程顾问集团公司与国家电网公司、中国南方电网有限责任公司所属河北、吉林、上海等 14 个省的勘测设计企业、施工企业、修造企业重组，组建中国电力建设集团有限公司；中国葛洲坝集团公司、中国电力工程顾问集团公司与国家电网公司、中国南方电网有限责任公司所属北京、天津、山西等 15 个省市的勘测设计企业、施工企业、修造企业重组，组建中国能源建设集团有限公司。新成立的中国电力建设集团有限公司和中国能源建设集团有限公司是按照《中华人民共和国公司法》登记注册成立的国有独资公司，由国务院国有资产监督管理委员会代表国务院履行出资人职责。两家新集团公司的组建，实现了规划设计、工程施工、设备制造、项目运营一体化整合，使中国电力建设企业具备了全产业链的国际竞争能力，有效增强了电力建设企业的综合实力和开拓国际市场能力。同时，对于进一步优化资源配置，妥善解决历史遗留问题，增强综合实力和发展能力，实现中央企业战略性调整，培育具有国际竞争力的世界一流企业具有重要意义。

十一、电力行业核心价值公约体系构建成型

2011年，电力行业文化建设取得重大成果，中电联在全行业企业和员工的大力支持、积极参与下，形成的《全国电力行业核心价值公约》于2011年7月28日向全行业、全社会发布，成为全国第一个行业性的核心价值体系。全国电力行业核心价值体系是社会主义核心价值体系的生动实践，是探索电力行业在精神和价值层面的本质属性的重要标志，是一项重要的文化建设。各电力企业相继发布了社会责任报告、公司价值白皮书，涌现出一批先进组织和优秀人物。“忠于国家、服务大众、奉献社会”成为电力行业宗旨，“奉献绿色电能、创造美好生活”成为行业使命，“诚信、负责、合作、创新”成为行业核心价值观，“勇于先行、追求卓越”成为行业精神。电力行业走上了文化自觉、文化自信、文化自强之路。

回顾2011年，展望未来，电力行业发展面临着更加严峻的形势和诸多挑战：一是保障能源电力供应任务艰巨。能源需求快速增长，能源资源日趋紧张，电力供需紧张局面还在延续。二是能源电力结构性矛盾突出。中国能源资源以煤为主，主要一次能源资源大多集中在西部和北部地区，距离东部和中部负荷中心800～3000km，甚至更远。核电发展停滞，天然气发电比例偏低，风电发展无序、电网电源失调，电网配置能源资源的能力不足。发电用煤比例偏低，输煤输电比例失调。高排放低效率现象突出，电力消费占终端能源消费的比例较世界发达国家有较大差距，能源利用水平和效率较低。三是电力科学发展机制亟待建立。缺乏统一的电力发展规划机制，缺乏合理的电价机制，缺乏高效的市场调控机制。四是电力企业经营困难，电力行业整体发展能力不强。这些问题的长期存在和积累，将严重制约电力行业的健康发展，影响中国经济社会的可持续发展。面对上述挑战，电力行业必须深入贯彻落实科学发展观，全面把握宏观经济发展趋势，从全局的高度出发，充分认识加快电力发展的重要性和紧迫性，坚持能源发展要以电力为中心、电力发展要适度超前的方针，实现绿色可持续发展战略，以更大的决心、更有力的措施推进发展方式转变和结构调整，在发展中解决好企业所面临的各种问题，以优异的成绩迎接党的十八大召开，为实现“十二五”规划目标、为全面建成小康社会作出新的贡献。

2012年全国电力供需形势分析预测

2011年，电力工业保持平稳较快发展势头，全国电力需求旺盛，2011年全社会用电量4.69万亿kWh，增长11.7%，增速逐季平稳回落；西部地区用电增长明显快于其他地区。年底全国发电装机容量10.56亿kW，供应能力进一步增强；电力行业克服来水偏枯、电煤紧张、火电企业大面积亏损、体制机制不畅等困难，有效应对了全国电力供需形势总体偏紧、部分地区、部分时段供需矛盾突出的不利形势，电力运行总体平稳。

2012年，国家宏观调控预期效应将进一步显现，预计国民经济继续保持平稳较快发展，增速在8%以上。全国全社会用电量增速进一步回落至8.5%～10.5%，推荐9.5%左右，且可能呈“前低后高”分布；年底全国发电装机容量11.4亿kW左右。受装机特别是火电装机增长慢、电煤供应不足、水电来水不确定性大等因素影响，预计全国电力供需仍然偏紧，区域性、时段性、季节性缺电较为突出，最大电力缺口3000万～4000万kW。

一、2011年全国电力供需情况分析

2011年，主要受水电出力下降、电煤供应紧张、电源电网结构失调、经济和电力需求增长较快等因素影响，全国电力供需总体偏紧，部分地区、部分时段缺电比较严重，全国共有24个省级电网相继缺电，最大电力缺口超过3000万kW。

（一）电力消费需求旺盛，地区用电增长差异大

根据中电联2011年度初步统计（下同），2011年，全国全社会用电量4.69万亿kWh，比2010年增长11.7%，消费需求依然旺盛。四个季度用电量分别增长12.7%、11.7%、11.5%和11.1%，增速逐季平稳回落；其中，第四季度用电量环比第三季度下降6.9%，与2010年同期环比降幅基本持平，大于常年下降幅度。人均用电量3483kWh，比2010年增加351kWh，超过世界平均水平。

1. 第二产业、第三产业用电保持较快增长，所占比重有所上升

2011年，第一产业用电量1015亿kWh，比2010年增长3.9%。

第二产业用电量3.52万亿kWh，比2010年增长11.9%，占全社会用电量的比重达到75.0%，仍是带动全社会用电量快速增长的最大动力，其贡献率

达到75.8%，但比2010年贡献率降低4.1个百分点。工业、制造业用电量分别增长11.8%和12.6%，反映出工业生产相对比较平稳。轻工业用电量增长9.2%，低于重工业增速（12.4%）3.2个百分点，说明工业结构调整相对缓慢。化工、建材、钢铁冶炼、有色金属冶炼四大重点行业用电量保持较快增长。

第三产业用电量5082亿kWh，比2010年增长13.5%，高于全社会用电量增速1.8个百分点，四个季度分别增长15.5%、15.0%、11.9%和12.1%。其中，交运（交通运输、仓储和邮政业）、信息（信息传输、计算机服务和软件业）、商业（商业、住宿和餐饮业）和金融（金融、房地产、商务业）分别增长15.4%、17.6%、16.4%和14.3%，反映出第三产业具有较强的增长活力。

城乡居民生活用电量5646亿kWh，比2010年增长10.8%，分季度分别增长14.1%、10.7%、7.5%和11.6%。第三季度增速偏低的主要原因是2010年迎峰度夏期间持续高温而2011年同期持续高温天气较少。城镇和乡村居民生活用电量分别比2010年增长8.2%和13.2%，延续近年来乡村居民用电增长快于城镇居民用电的格局，城镇居民生活用电量占城乡居民生活用电量的比重为57.0%，比2010年降低1.1个百分点。

从用电比重看，2011年第二产业和第三产业占全社会用电量的比重分别比2010年提高0.1和0.2个百分点，而第一产业和城乡居民生活用电比重分别降低0.2和0.1个百分点。

2. 地区用电增长差异大，西部地区增速高于其他地区

西部地区用电量较快增长。随着经济结构调整和产业转移，地区用电增长差异拉大，2011年西部地区用电量比2010年增长17.2%，增速远高于其他地区；中部地区用电量比2010年增长12.1%，略高于全国平均水平；东部和东北地区用电量增速低于全国平均水平，占全国的比重以及贡献率均比2010年有所下降。2011年各地区用电量见表1。

表1　2011年各地区用电量

地区	用电量（亿kWh）	用电量增速（%）	各区域用电量比重（%）	用电量比重比2010年同期（个百分点）	对全国用电量增长的贡献率（%）	贡献率比2010年同期（个百分点）
全国	46 928	11.7	—	—	—	—
东部	22 966	9.6	48.9	−1.0	40.7	−6.9
中部	9071	12.1	19.3	0.1	19.8	0.6
西部	11 609	17.2	24.7	1.2	34.6	7.8
东北	3281	7.9	7.0	−0.2	4.9	−1.5

各省用电增速差异较大。2011年，西部地区所有省份的全社会用电量增速均高于全国平均水平，其中在增速超过15%的9个省区中，除江西、海南、福建外，全部位于西部地区，它们依次是宁夏、新疆、内蒙古、青海、云南和西藏。增速低于10%的省份有北京、上海、黑龙江、天津、广东、辽宁、湖北、湖南、吉林，除湖北、湖南外，均是东部及东北地区省市。

3. 统调最高用电负荷增速放缓，统调用电量增长快于统调最高用电负荷

根据国家电力调度通信中心统计，2011年，全国电网统调最高用电负荷（即最高发受电电力，下同）比2010年增长8.8%，增速比2010年降低6.9个百分点；统调用电量（即统调发受电电量，下同）比2010年增长11.5%，增速比2010年降低5.6个百分点，但高出统调最高用电负荷增长2.7个百分点。分区域电网来看，西北电网统调最高用电负荷增速远低于统调最高发电负荷（即最高发电电力，下同）增速，净外送电力1739万kW，比2010年增加1152万kW，对支撑其他电网电力供应作用突出；华北、华东电网统调最高用电负荷增速偏低，与夏季未出现持续高温天气关系密切；东北区域需求增长缓慢，用电负荷以及发电负荷增长缓慢；华中区域电力供需比较紧张，统调最高用电负荷增长快于统调最高发电负荷增长。2011年分区域最高发受电电力见表2。

表2　2011年分区域最高发受电电力

电网名称	最高用电负荷（最高发受电电力）		统调用电量（发受电电量）		最高发电负荷（最高发电电力）	
	2011年（万kW）	比2010年增长（%）	2011年（亿kWh）	比2010年增长（%）	2011年（万kW）	比2010年增长（%）
华北	15 754	6.85	9995	12.25	14 933	5.62
华东	17 144	5.86	10 152	10.27	16 924	8.24
华中	12 250	13.27	7465	12.71	12 365	10.41
东北	4173	4.12	2971	9.80	4706	3.28

续表

电网名称	最高用电负荷（最高发受电电力）		统调用电量（发受电电量）		最高发电负荷（最高发电电力）	
	2011年（万kW）	比2010年增长（%）	2011年（亿kWh）	比2010年增长（%）	2011年（万kW）	比2010年增长（%）
西北	4379	7.99	3219	18.10	6118	31.79
南网	11 323	8.50	7218	9.70	10 920	9.14
全网合计	64 022	8.84	41 040	11.54	64 911	12.45

（二）电力供应能力进一步增强，来水偏枯对电力生产供应影响显著

1. 电力供应能力进一步增强，装机结构出现新特点

2011年，全国新增发电装机容量9041万kW，连续6年超过9000万kW。其中，新增水电1225万kW、火电5886万kW（其中，单机容量30万kW及以上燃煤机组5202万kW，分别占新投产燃煤机组和火电机组容量的95.3%和88.4%）、核电175万kW、并网风电1585万kW、并网太阳能发电169万kW，并网太阳能发电进入大规模投产阶段。年底全国发电装机容量达到10.56亿kW，其中水电2.31亿kW（包括抽水蓄能1836万kW），火电7.65亿kW，核电1257万kW，并网风电4505万kW，全国电力供应能力进一步增强。

2011年底，全国水电、核电、并网风电、并网太阳能发电等非化石能源发电装机容量达到2.9亿kW。发电设备供应能力增长持续低于发电出力，全国发电装机容量增速比发电量增速低2.5个百分点，而火电设备容量增速比火电发电量增速低6.2个百分点，说明火电装机增长相对缓慢，火电等常规能源机组保障电力平衡的压力加重。发电装机向西部转移的趋势较为明显，年底西部、东北、中部、东部地区装机容量分别增长14.5%、7.8%、7.3%和6.4%，东部和中部装机增速分别低于相应用电量增速3.2和4.8个百分点，在跨区资源配置能力不能完全配套的情况下，东部电力供需更加紧张。

2. 水电发电量同比明显减少，火电发电量增加较多

2011年，全国全口径发电量4.72万亿kWh，比2010年增长11.7%，增速比2010年回落3.2个百分点。

2011年，全国平均降水量比常年偏少9%，为近60年来的最少年份，水电发电量完成6626亿kWh，比2010年下降3.5%，近20年来首次出现负增长。在水电装机容量较大的省份中，福建、浙江、江西、广东水电发电量下降幅度超过20%，湖南、广西、贵州下降幅度超过12%，湖北下降6.5%。全国火电发电量完成3.90万亿kWh，比2010年增长14.1%，且绝大部分月份火电发电量均超过3000亿kWh。从占比来看，水电发电量占全部发电量的比重为14.0%，比2010年降低2.2个百分点，而火电发电量比重达到82.5%，比2010年提高了1.7个百分点。

2010～2011年分月火电发电量及其增速见图1。

3. 水电设备利用小时下降，火电设备利用小时快速攀升

2011年，全国发电设备平均利用小时达到4731h，比2010年提高81h，为2008年以来最高水平。

全国水电设备平均利用小时3028h，比2010年下降376h，为1979年以来的最低水平。绝大部分水电生产大省的水电设备利用小时均比2010年有所减少。

全国火电设备平均利用小时5294h，比2010年提高264h，为2008年以来最高水平，反映出当前电力供需形势快速趋紧的趋势。火电设备利用小时增加较多，一方面是水电出力下降所致，经测算，2011年

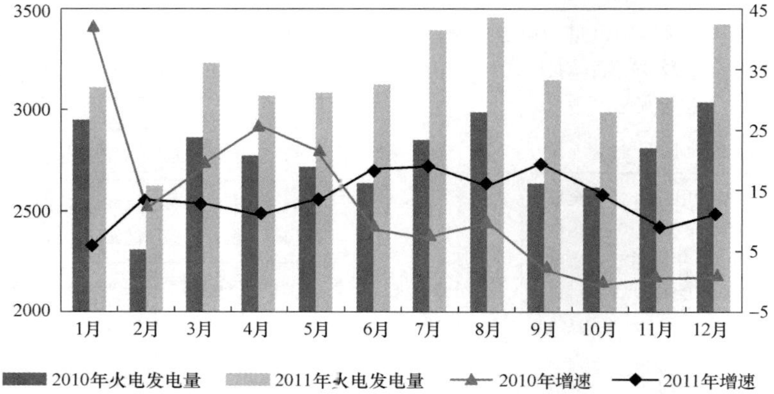

图1 2010～2011年分月火电发电量及其增速

水电减发带动全国火电设备利用小时回升 100h 左右，且各省影响程度不同；另一方面则是电力需求快速增长而有效供应能力有限所致。

与 2007 年相比，华中、华东及南方区域大部分省份火电设备利用小时有不同程度的提高；东北各省以及华北、西北大部分省份低于 2007 年，反映出不同区域火电设备利用状况的明显差异，也显示出电力供需地区性差异较大的特性。

4. 电煤矛盾仍然突出，电煤价格高位运行

根据中能公司统计，2011 年，全国重点发电企业累计供、耗煤分别比 2010 年增长 15.78% 和 15.3%，日均供、耗煤分别为 381 万 t 和 374 万 t，各月电厂耗煤持续保持较高水平。受限于煤炭供应量、运输瓶颈、煤质下降、煤炭价格持续高位以及水电偏枯导致火电出力增加等多种因素，导致电煤矛盾仍然突出，电煤库存的地域分布不均，电煤市场偏紧，部分省份在局部时段煤炭供应紧张，影响了电力供应。

2011 年，全国电煤市场价格总体经历了持续上涨、略微回调后又上涨、年末环比回落的走势。以具有代表性的秦皇岛港 5500 大卡山西优混煤炭为例，11 月平均价比 1 月上涨 76 元/t，虽然 12 月环比回落，但 2011 年持续上涨趋势仍然非常明显。据调研，华能等五家发电企业平均到厂标准煤单价比 2010 年提高 90 元/t 左右，导致火电业务亏损严重。

秦皇岛港 5500 大卡山西优混动力煤月平均价格及其同比、环比变化情况见图 2。

（三）电网配置资源能力增强，跨区跨省送电稳步增长

1. 电网新增规模有所减少，送电能力仍显不足

2011 年，全国电网建设新增 220kV 及以上交流变电容量 2.09 亿 kVA，比 2010 年减少 4907 万 kVA；新增 220kV 及以上线路长度 3.51 万 km，比 2010 年减少 9654km。特高压交流实验示范工程扩建、宁东—山东直流、三峡地下电站送出等跨区跨省重点工程竣工投运，电网远距离、大规模输电能力大幅提升。青藏直流联网工程投入试运行，标志着中国大陆地区省级电网全面实现互联。中俄直流联网黑河背靠背换流站工程投入试运行。

2011 年底，全国 220kV 及以上输电线路回路长度、公用变压器设备容量分别为 48.03 万 km、21.99 亿 kVA，分别比 2010 年增长 7.88% 和 10.50%。但是，受跨区跨省输电能力限制，东北、蒙西以及西北地区仍有 3000 万 kW 左右的电力无法输送到华东、华中等电力紧张地区，造成“缺电”与“窝电”并存。

2. 跨区、跨省送电稳步增长，西北外送电量大幅增加

2011 年，全国完成跨区送电量 1680 亿 kWh，比 2010 年增长 12.8%，其中西北送出电量 426 亿 kWh、比 2010 年增长 167%，东北送华北 100 亿 kWh、增长 13.9%；跨省输出电量 6323 亿 kWh，比 2010 年增长 9.7%，跨区跨省送电对有效利用能源和支援用电紧张地区发挥了突出作用。

水电发电量下降对跨区跨省输电及电力平衡影响较大，造成华中及南方电网区域电力供需平衡困难，成为 2011 年电力供需矛盾最为突出的地区。2011 年，三峡电厂累计送出电量比 2010 年下降 7.3%；华中送出电量下降 15.1%，其中送华东、西北、华北、南方分别下降 11.0%、16.3%、69.6% 和 12.1%；由于来水偏枯以及电煤问题，贵州输出电量下降 11.5%，导致南方电网“西电东送”电量下降 13.2%。由于南方电网区域电力供需紧张，南方电网增加了从香港购电（增长 13.4%）和减少向越南送电（下降 20.6%），全国进口电量增长 24.6%，出口电量下降 2.1%。

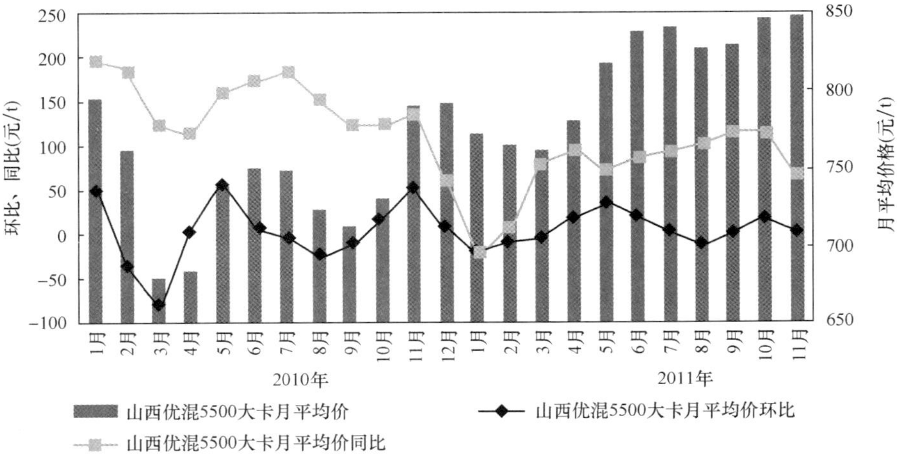

图 2　秦皇岛港 5500 大卡山西优混动力煤月平均价格及其同比、环比变化情况

（四）电网和清洁能源投资所占比重继续提高，火电投资比重明显下降

2011年，全国电力工程建设完成投资7393亿元，与2010年基本持平。其中，电源、电网工程建设分别完成投资3712亿元和3682亿元，分别比2010年下降6.5%和增长6.8%，电网投资占电力投资的比重比2010年提高3.3个百分点。电源投资中，火电投资仅为2005年的46.4%，已经连续6年同比减少，2011年火电投资占电源投资的比重下降至28.4%，清洁能源投资比重明显提高。

（五）全国电力供需总体偏紧，部分地区、部分时段缺电比较严重

主要受水电出力下降、电煤供应紧张、电源电网结构失调、经济和电力需求增长较快等因素影响，全国电力供需总体偏紧，部分地区、部分时段供需矛盾比较突出，全国共有24省级电网相继缺电，最大电力缺口超过3000万kW。通过组织跨区跨省电力支援、积极保障电煤供应、加强需求侧管理和实施有序用电等措施，有效缓解了电力供需矛盾，保障了经济社会平稳健康发展。

2011年全国电力供需形势总体呈现前紧后缓、淡季电力缺口扩大、旺季缺口缩小的态势，区域性、时段性、季节性电力短缺、部分地区持续性缺电的特点十分明显。由于大范围电煤供应不足、用电负荷上升较快、来水偏枯等影响，1月全国最大电力缺口超过3000万kW，江苏、河南、山西等省份缺口较大。4～6月，缺电表现由点到面，缺电原因更为复杂，缺电地区向水电比重大的省份集中，缺电比例不断扩大，全国最大电力缺口2000万kW左右，其中江苏、浙江、湖南、重庆、贵州等省份缺电严重。迎峰度夏期间，由于未出现长时间、大范围的高温闷热天气导致空调负荷没有完全释放，加上各项准备措施比较充分，电力缺口略低于3000万kW。但是，浙江、江苏、重庆、山西、湖南、江西、广东、贵州、广西等省份供需矛盾比较突出。四季度，随着电力消费需求明显放缓、各项准备措施比较充分、部分省份秋汛来水情况好转，全国电力供需形势明显改善，12月全国电力缺口缩小到600万kW左右。据初步测算，2011年全国累计限电量约352亿kWh，占全社会用电量的0.8%。分区域来看，华北电网供需总体平衡，山西电网受煤炭供应影响电力供需持续偏紧，11月以后情况好转。华东电网供需持续偏紧，浙江、江苏前三季度电力供需持续紧张、矛盾突出，第四季度供需总体平衡。华中电网电力供需紧张，前三季度因缺煤或来水偏枯，大部分省份供需偏紧，第四季度供需形势明显缓解。东北电网电力供需平衡有余，特别是吉林、黑龙江富余较多。西北电网电力供需总体平衡有余。南方电网受来水、电煤供应等因素影响，电力持续紧张，全网最大电力缺口1500万kW左右。

二、2012年全国电力供需形势分析预测

预计2012年全社会用电量增速在8.5%～10.5%，推荐方案9.5%，2011年用电量5.14亿kWh，可能呈现“前低后高”分布；年底全口径发电装机容量达到11.4亿kW左右。综合平衡分析，预计2012年全国电力供需仍然总体偏紧，区域性、时段性、季节性缺电仍然较为突出，最大电力缺口3000万～4000万kW。

（一）宏观经济及电力需求增速进一步放缓

2012年，中国经济社会发展面临的环境比较复杂，不确定因素较多，但国家“稳中求进”的工作总基调和更有效的宏观调控能够确保中国经济继续保持平稳较快发展，国家宏观调控预期效应将进一步显现。综合分析国内外机构的预测结果，2012年全国国内生产总值增速在8.0%～9.0%，推荐方案为8.5%。

综合考虑2012年宏观经济运行态势及投资、消费、出口情况，以及2011年电力消费增速前三季度平稳增长、四季度有所回落的运行特征，2012年中国电力消费需求将继续稳步增加，但增速将比2011年有所回落，预计全国全社会用电量5.09万亿～5.19万亿kWh，同比增长8.5%～10.5%，推荐方案为5.14万亿kWh、同比增长9.5%左右，可能呈现“前低后高”分布。

分产业看，第一产业用电量低速稳定增长；第二产业用电量受节能减排政策、房地产调控、铁路建设放缓、电价上调对高耗能行业产生的抑制作用等因素综合影响，增速将略低于全社会用电量增速；第三产业和城乡居民生活用电量较快增长。分地区看，东部和东北地区用电量增长将低于全国平均水平；西部地区用电量增速继续居各地区首位，但受节能减排以及高耗能产品出口下降影响，增速明显低于2011年；中部地区增速略高于全国平均水平。

（二）电力供应能力进一步提高，火电增长放缓的影响将逐步显现

为加快促进电力工业调整结构，国家有关部门在2012年拟安排开工水电2000万kW，组织实施“十二五”第二批规模为1500万～1800万kW的风电项目建设计划和第一批规模为300万kW的太阳能发电开发计划，核电项目也有望开闸审批。根据测算，全国电力工程建设完成投资可望超过7300亿元，其中，电源3500亿元左右，电网3800亿元左右；虽然投资规模总量较大，但火电完成投资将比2011年有所减少。

预计2012年全国基建新增发电装机容量8500万kW左右，其中水电2000万kW，火电5000万kW左右，核电100万kW（另有福建宁德核电站1台机组具备投产条件），并网风电1400万kW，并网太阳能发电100万kW左右。年底全国发电装机容量达到11.4亿kW左右，其中水电2.5亿kW，火电8.15亿kW，核电1357万kW，并网风电5900万kW，并网太阳能发电300万kW。

受国家核准滞后影响，加上火电盈利能力差、企业投资能力严重受损，造成火电投资不足、建设速度放缓，预计2012年火电新开工规模将继续小于投产规模，火电投资额和火电新增规模也将比2011年下降。预计年底火电装机容量比2011年增长6.5%左右，仍低于发、用电量增速，对电力供需平衡保障能力减弱，未来影响将进一步显现。

（三）电力供应的影响因素较多、风险较大

1. 运输瓶颈制约较为严重，部分地区电煤供应仍将紧张，电煤价格高位运行

根据各类型机组发电量发展趋势等因素判断，预计2012年全国电煤消耗量将超过21亿t，比2011年增加1.5亿t左右，煤炭需求仍然强劲。按照目前电煤耗量占煤炭消费量的比重在50%左右计算，需要新增原煤供应量3亿t左右，与国家有关部门预计新增煤炭产量仅为2亿t有明显差距，将会对2012年电煤供应和电煤价格造成更大压力。同时，2012年全国铁路新增运力偏少，电煤运输瓶颈仍将是制约电煤有效供应的突出矛盾之一，部分省份受运力制约十分明显，在枯水期或来水偏枯年份更显突出。因此，预计2012年电煤总量和运力仍然偏紧，地区性、季节性偏紧问题仍然比较突出，如遇水电偏枯或需求大增，供需矛盾在局部地区、部分时段仍将比较突出，将会给电力供需平衡产生明显影响。

2011年底以来，国家出台了一系列政策措施，将在一定程度上减轻火电企业的经营压力，对保障电力供应非常有利。但是，考虑重点合同煤比重下降、捆绑销售、煤炭价格调节基金收费等因素，2012年电煤市场价格仍不容乐观，全国电煤到厂（场）价格将继续面临较大的上行压力。

2. 极端天气和来水总体偏枯对供需影响较大

随着城镇化水平及其居民电气化水平的提高，空调负荷占最高用电负荷比重大大增加，北京、长三角、珠三角等经济发达地区已经超过30%，其他地区空调负荷水平也在逐步提高，度夏期间气温对用电负荷的影响越来越显著。从近几年极端气候频繁出现的情况看，中国极端气候频发并有连续出现的倾向。考虑2011年没有持续高温天气而尚未释放的负荷有可能在第二年得到释放，因此2012年仍需重视迎峰度夏期间极端高温天气出现的可能性以及对电力保障能力和电力供需平衡的影响。

2011年底，全国重点水电厂可调水量与蓄能值同比分别下降14.2%和27.2%，水电形势不甚理想，蓄能值的大幅下降将给2012年的水电生产及电力供应带来不利影响。初步预计，2012年全国来水总体情况比2011年略好，但仍然总体偏枯，特别是迎峰度夏前来水形势仍然比较严峻。

（四）2012年全国电力供需总体偏紧，区域性、时段性、季节性缺电仍然较为突出

在保证电煤供应及来水正常的情况下，2012年全国电力供需总体偏紧，地区间富余与缺电情况并存，特别是考虑到受火电新增装机规模减少、新增装机区域分布不平衡、电源和电网建设不协调等结构性因素和气温、来水、电煤供应和煤质下降等随机性因素的影响，预计2012年全国电力供需仍然总体偏紧，区域性、时段性、季节性缺电仍然较为突出，最大电力缺口3000万～4000万kW。

分季节来看，一季度受春节及需求放缓等因素影响，全国电力供需形势缓和，缺口较小；迎峰度夏前，水电偏枯等因素影响比较显著，华中、南方等地区电力供需矛盾突出，缺口较大，全国最大电力缺口接近3000万kW；迎峰度夏期间，随着高温天气、空调负荷释放，华东、华北、南方地区供需矛盾突出，正常情况下全国最大电力缺口3000万kW左右，如遇持续高温、干旱少雨等情况，电力缺口很可能进一步扩大到4000万kW。预计2011年发电设备利用小时将在4750h左右，比2011年略有提高；火电设备利用小时在5300～5400h，比2011年提高100h以内。分区域来看：

华北电网电力供需总体偏紧。气温、电煤对电力供需平衡影响较大，夏季高峰期全网最大缺口在700万kW左右。京津唐、河北南网、山东电力供需基本平衡，夏季高峰期有少量缺口；山西电力供应能力基本充足，但供需形势仍取决于电煤供应情况；内蒙古西部电网供需平衡有余。

华东电网电力供需紧张。迎峰度夏期间尤为突出，全网最大电力缺口超过1200万kW。浙江、江苏电力供需紧张，其中浙江供应能力不足，夏季高峰期电力缺口较大；上海、安徽电力供需基本平衡，夏季高峰期存在一定缺口；福建电力供需平衡有少量富余。

华中电网电力供需偏紧。供需情况受来水及电煤供应情况影响显著，枯水期电力缺口1000万kW左右，夏季电力缺口有所缩小，缺口主要取决于汛期来水情况。河南在夏季高峰期电力供应偏紧，缺口大小取决于电煤供应情况；湖北夏季基本平衡，枯水期存在一定缺口；湖南、江西夏季高峰期间供需偏紧，枯

水期供需紧张；四川大部分时段电力供应略有富余，枯水期存在一定缺口；重庆电力供应能力不足，2011年电力供需紧张。

东北电网电力供应富余。辽宁电力供需平衡有一定富余；吉林、黑龙江电力富余较多；蒙东电网电力供需平衡有余。全网火电设备利用小时低于4000h，供热期间风电消纳困难。

西北电网电力供需平衡略有盈余。陕西电力供需基本平衡，但供需形势受电煤供应影响较大；甘肃电力存在一定富余；宁夏外送任务重，供需基本平衡；青海电力供需总体偏紧，枯水期电力供需紧张；新疆电力供需总体平衡略有盈余；青藏联网后西藏电力供需平衡。

南方电网电力供需紧张。来水不足及电煤供应紧张是影响电力供需平衡的关键因素，全网在汛前最大缺口超过1000万kW，度夏期间缺口略有减小。其中，广东电力供需紧张，二季度更加突出；广西枯水期电力供应紧张；贵州外送减少，电力供需仍然紧张，供需形势受来水情况及电煤供应制约严重；云南电力供需偏紧，丰水期电力供需基本平衡；海南电力供需总体平衡。

三、几点建议（略）

中国能源发展报告2011（摘要）

第一章 中国能源发展状况与展望

一、2010年能源供需形势及特点

2010年全国GDP实现了10.3%的增长，增幅比2009年加快1.1个百分点，接近1978～2009年平均9.9%的长期增长趋势线，延续了平稳较快增长的发展态势。受宏观经济拉动，能源经济回升向好态势不断巩固，一次能源生产总量29.9亿t标准煤，比2009年增长8.7%，供应保障能力进一步增强。能源消费持续回升，初步核算2011年一次能源消费总量32.5亿t标准煤，比2009年增长5.9%，2011年能源运行总体保持平稳。

（一）煤炭产销快速增长，价格波动中调整

（1）煤炭价格阶段性波动特征明显。

（2）行业管理部门加强宏观调控，稳定市场煤价。

（二）电力供应能力不断增强，需求增速逐步回落

（1）电力供应持续增长。

（2）电力需求增速前高后低。

（三）成品油消费增长较快，四季度柴油出现时段性短缺

2010年原油产量稳步增长，首次突破2亿t，达到2.03亿t，比2009年增长7.1%，为近年来最高增速。

（四）天然气消费快速增长，冬季用气高峰平稳度过（略）

二、2010年中国能源发展特点

2010年，在努力构建安全稳定经济清洁现代能源产业体系目标的指引下，能源行业深入贯彻落实科学发展观，加大行业管理力度，加快转变发展方式，提升科技创新能力，为保障国民经济平稳较快增长和改善人民群众用能条件提供了有力支撑。

（一）行业管理力度加大

（1）能源立法步伐加快。

（2）能源战略规划加快编制。

（3）行业科技管理不断加强。

（4）前瞻性、综合性能源重大问题研究深入开展。

（二）能源结构调整步伐加快

（1）清洁能源发展态势良好。

（2）传统行业积极转变发展方式。一是大型煤炭基地建设稳步推进。二是煤矿企业兼并重组取得重大进展。

（三）节能减排深入推进（略）

（四）保障民生工程扎实开展（略）

（五）能源科技创新成效显著

（1）研发掌握了一批核心技术。

（2）科技装备水平快速提升。

（3）装备国产化工作取得突破。

（六）国际合作成果丰硕

（1）合作领域不断拓展。积极开展双多边能源对话交流，主动参与国际能源事务，利用高层互访的时机，推进与资源国的务实合作。

（2）“走出去”战略成效显著。加强与油气生产国政府间的合作，为中国石油企业“走出去”创造了良好的外部环境。

三、2011年中国能源发展展望

2011年中国国民经济开局良好，投资、消费、出口稳定增长，内需支撑作用增强；财政收支增长较快，经济增长的主要拉动力逐步从政策刺激向自主增长转变；中央财政用于民生方面的支出大幅增长，合计占财政支出总额的2/3左右，有助于推动居民用能结构和用能水平的改善。中国发展的有利条件很多，各方

面发展的积极性很高，能源供应和需求增长的动力依然较强，能源形势持续向好的发展态势没有改变。

总体上，2011年中国能源发展既存在不少有利条件和积极因素，也面临较为严峻的考验，受宏观经济拉动，能源需求将稳中有升，但增速趋降。

（1）煤炭。2011年山西、内蒙古等主要产煤省区将进入产能集中释放期，包西、太中银、集张等多条铁路运输通道的投运和改造，将加快陕西北部、内蒙古西部煤炭产能的释放。国际市场上，受国际原油价格持续攀升、西亚北非局势不稳定、日本灾后重建以及新兴经济体需求增长拉动，国际市场动力煤价格高位运行，预计年内持续高位波动的可能性较大，中国煤炭进口量将会受到影响。2011年煤炭消费仍将保持适度增长，但需求增速将有所放缓。

（2）电力。2011年是"十二五"开局之年，各地发展的积极性普遍较高。受需求拉动和产能结构的影响，主要用能行业用电需求将出现一定幅度反弹。随着新一轮农网改造工程的实施以及农村家电产品普及率的提高，农村生产生活用电也将较快增长。但在加强宏观调控和促进节能减排的背景下，盲目铺摊子、上项目的冲动将得到有效抑制。总体上，电力需求将保持平稳增长，预计全国全社会用电量4.61万亿～4.69万亿kWh，比2010年增长10%～12%；新增电力装机8000万kW，年底累计装机达到10.4亿kW；2011年全口径发电设备平均利用小时将达4700h左右。2011年电力供需总体平衡，迎峰度夏和迎峰度冬期间，用电负荷将会增长较快，华北、华东、华中和南方电网电力供需存在偏紧可能。

（3）成品油。经过前两年销售量井喷式增长后，尽管一些鼓励汽车消费的优惠政策已经停止，部分一线城市出台了乘用车限购政策，但二、三线城市正在成为汽车消费的主力。预计2011年全国汽车销量将接近2000万辆，比2010年增长11%，对汽油消费形成支撑。"十二五"时期，民用航空建设步伐将加快，2011年航空煤油消费仍将较快增长。受工农业生产、基建和物流运输业的拉动，柴油消费将保持平稳增长。预计2011年成品油表观消费量将达到2.65亿t左右，比2010年增长8%左右。

（4）天然气。随着地区性输气管网加快建设，城乡居民用能结构不断改善，天然气消费将继续保持快速增长，消费区域将进一步扩大，产地及周边、环渤海、长三角和东南沿海经济发达地区将成为最主要的消费区域，消费结构继续向多元化发展。预计2011年天然气产量1040亿m^3左右，比2010年增长7.5%左右。

（5）新能源和可再生能源。"十二五"时期新能源和可再生能源将迎来新的发展机遇期。水电重点流域开发力度继续加大，预计开工规模超过2000万kW，2011年底总装机容量将达到2.2亿kW。新疆哈密、内蒙古开鲁、吉林通榆、甘肃酒泉、江苏海上风电等项目开工建设，预计2011年新增风电装机超过1400万kW。西部地区的光伏电站特许权超标项目继续开展，预计2011年将新增装机50万kW。生物质能产业将更趋多元化，产业创新模式和产业链加快培育，利用规模继续扩大，综合利用水平将进一步提高。

第二章　"十二五"能源发展基本思路

一、"十一五"能源发展情况

（一）能源发展取得的主要成就

（1）国内供应保障能力显著增强。

（2）能源结构不断优化。

（3）科技装备水平快速提升。

（4）节能环保成效明显。

（5）国际合作取得重大进展。

（6）能源行业管理得到加强。

（二）能源发展存在的矛盾和问题

（1）能源消费增长过快。

（2）能源资源环境约束压力突出。

（3）能源结构调整进展缓慢。

（4）体制改革相对滞后。

二、能源发展面临的形势

（一）有利条件

（1）和平、发展、合作仍是当今时代的主流。

（2）世界主要发达经济体能源需求趋于稳定。

（3）新一轮能源变革方兴未艾。

（4）中国经济保持平稳较快发展。

（5）经济发展方式转变进一步加快。

（二）不利条件

（1）国际金融危机影响深远。

（2）保障能源安全面临新挑战。

（3）节能减排和应对气候变化的压力日益增大。

（4）能源发展不平衡不协调问题日渐突出。

三、"十二五"能源发展基本思路

（一）指导思想

"十二五"中国能源发展的指导思想是：高举中国特色社会主义伟大旗帜，以邓小平理论和"三个代表"重要思想为指导，深入贯彻落实科学发展观，适应国内外形势新变化，以能源科学发展为主题，以转变能源发展方式为主线，加强能源体制改革和科技创新，大力实施能源结构的战略性调整，全面提升能源安全保障能力，加快构建中国特色的现代能源产业体系，为国民经济和社会可持续发展提供安全、稳定、经济、清洁的能源保障。

（二）发展目标[1]

(1) 能源消费总量。确定2015年一次能源消费总量控制目标为41亿t标准煤，其中，煤炭、石油、天然气的实物消费量分别为39亿t、5.3亿t、2300亿m^3。

(2) 能源消费结构。在一次能源消费中，煤炭、石油、天然气、非化石能源消费量比重分别为62.6%、18.5%、7.5%和11.4%。

(3) 能源供应保障能力。为提高能源安全保障水平，增强应急调节能力，遵循基础产业“基本均衡，适度超前”的原则，2015年一次能源供应能力总体按照43亿t标准煤安排，全国电力装机按14亿kW安排。

(4) 节能环保。2015年，单位GDP能耗较2010年下降16%，单位GDP二氧化碳排放较2010年下降17%。2015年，火电供电标准煤耗比2010年下降10g/kWh，煤矸石利用率达到70%。

(5) 民生改善。天然气普及率显著提高，全国90%县级城市通上天然气。完成新一轮农村电网改造升级。

(6) 体制机制改革。能源财税、价格机制进一步完善，电力、油气、煤炭等重点领域和关键环节改革取得新突破，能源法律法规和标准体系进一步健全，行业管理水平显著提升。

（三）主要任务

(1) 夯实能源供应的基础保障。

(2) 大力培育和发展新兴能源产业。

(3) 优化能源区域资源配置和布局平衡。

(4) 提升能源科技装备自主创新水平。

(5) 强化能源消费总量控制和环境保护。

(6) 推进能源普遍服务。

四、重大工程和项目

（一）大型煤炭生产及转化基地建设

加快陕北、黄陇、神东、蒙东、宁东和新疆煤炭基地建设，稳步推进晋北、晋中、晋东、云贵煤炭基地建设，稳定冀中、鲁西、河南和两淮煤炭基地开发。

（二）油气增供工程

加大煤炭矿区煤层气抽采利用，推进四川、鄂尔多斯、松辽等盆地低渗透天然气、岩岩气勘探开发。

（三）先进核电工程

坚持安全有序发展核电的基本方针，稳步推进辽宁、山东、江苏、浙江、福建、广东、广西、海南等沿海省区核电发展。

（四）可再生能源工程

启动金沙江、雅砻江、大渡河等重点流域大型水电站建设，争取5年开工水电1.2亿kW。

（五）油气管网工程

开工建设中哈原油管道二期、中缅油气管道境内段、中亚天然气管道二期、中俄西线天然气管道、萨哈林供气管道项目，以及西气东输三线和四线工程。

（六）电网建设工程

加快大型煤电、水电和风电基地外送电工程建设，形成若干条采用先进特高压技术的跨区域输电通道。

五、重大政策措施

（一）合理有效控制能源消费

（二）推进重点领域和关键环节改革

（三）完善市场运行机制

（四）加强财税政策调节

（五）改进能源投资管理

（六）强化能源行业管理

第三章 电　　力

一、电力工业发展现状

2010年，中国电力工业继续保持平稳较快发展。

2010年，电力消费需求总体保持旺盛，2011年全国全社会用电量41 923亿kWh，“十一五”期间年均增长11.09%。

2010年，中国电源、电网继续保持较快发展。全国发电装机容量达到9.6亿kW，“十一五”期间，全国电力装机连续跨越6亿、7亿、8亿、9亿kW大关，年均增长13.22%；装机供应能力总体充足，水电突破2亿kW，非化石能源新增装机比重继续上升。全国电网220kV及以上输电线路回路长度、公用变电设备容量分别达到44.27万km、19.74亿kVA，电网规模五年实现总体翻倍，大范围优化配置的能力进一步提高。

2010年，全国电力供需总体平衡。

2010年，电力行业利润继续增加。

（一）电力发展情况

(1) 电源发展情况。截至2010年底，全国发电设备容量96 219万kW，比2009年增长10.08%。

2010年底全国发电装机结构见图1。

(2) 电网发展情况。截至2010年底，全国电网

[1] 鉴于能源发展“十二五”规划尚未经国务院批准同意，文中涉及2015年的目标数据如与以后批准规划有出入，以国家批准发布规划为准。

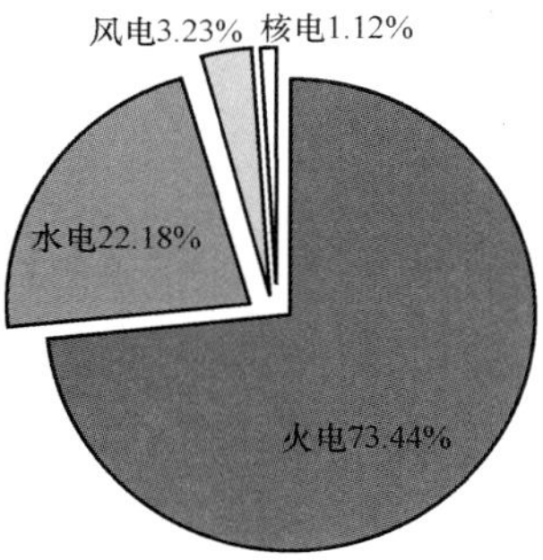

图 1　2010 年底全国发电装机结构

220kV 及以上输电线路回路长度、公用变电设备容量分别为 44.27 万 km、19.74 亿 kVA，分别比 2005 年底增加 18.90 万 km、11.31 亿 kVA，实现了变配电能力的翻倍增长。

（二）电力生产运行情况

（1）发电生产情况。2010 年，全国发电市场总体旺盛，全国发电量超过 4 万亿 kWh。

（2）发电设备利用情况。2010 年，各月度发电设备利用小时总体呈现缓慢减少的趋势。

（3）火电厂燃料供应情况。2010 年，全国火电厂燃料供应总体平衡。

（4）电网输送情况。2010 年，全国跨区送电完成 1492kWh，同比增长 21.71%。

（三）电力消费情况

2010 年，电力消费需求总体保持旺盛，但国家宏观调控作用明显。

（1）全社会用电量继续增长，但各月增速持续回落。

（2）第二产业用电量增速下滑带动全社会用电量增速快速回落，第三产业和城乡居民生活用电受天气影响明显。

（3）重工业用电量回落快于轻工业。

（4）四大行业月度用电量增速持续下降，对全社会用电量增长的拉动作用明显减弱。

（5）“十一五”期间西部地区用电量年均增速较高，东北地区年均增速相对偏低。

（四）电力供需形势

2010 年，全国电力供需总体平衡。其中，东北、西北电网电力供需平衡有余，华北、华中、华东和南方电网受电煤供应不足和气温变化影响，部分地区部分时段电力供需偏紧，煤炭供应成为电力供需紧张的主要原因。通过加大跨区跨省电力调剂，有效缓解了电力供需矛盾，确保了电力有序供应。

（五）科技与节能环保情况

2010 年，云南—广东以及向家坝—上海±800kV 特高压直流输电工程建成投运，为世界特高压直流输电技术的最高水平，将中国电网技术提升至新台阶。宁夏灵武电厂二期工程百万千瓦机组建成投产，成为世界上首个百万千瓦超超临界空气冷却发电机组项目，将促进中国富煤、贫水地区电力工业的可持续发展。上海东海大桥海上风电场 34 台风机全部正式并网，成为亚洲首个大型海上风电并网发电项目。

（六）电力投资建设情况

1. 电力投资完成情况

2010 年，全国电力工程建设累计完成投资 7051 亿元，比 2009 年降低 8.45%，总体仍然保持较大规模。其中，电源工程建设完成投资 3641 亿元，比 2009 年降低 4.25%；电网工程建设完成投资 3410 亿元，比 2009 年降低 12.53%。

“十一五”期间，全国电力工程建设累计完成投资 32 020 亿元，投资规模远超各时期。

2. 电力建设情况

2010 年，全国重点电力建设项目进展顺利。华能云南小湾水电站、中电投拉西瓦水电站、国电大渡河瀑布沟水电站实现机组全部投产，标志着西部大开发和水电西电东送已取得重要阶段成果。云南小湾水电站 4 号机组成为全国水电装机突破 2 亿 kW 的标志性机组。火电继续向着大容量、高参数、环保型方向发展，2011 年共有上海漕泾电厂、宁夏灵武电厂二期等共计 12 台百万千瓦超超临界火电机组建成投产，年底全国在运百万千瓦超超临界火电机组已经达到 33 台，还有 11 台百万千瓦火电机组在建。岭澳核电站二期工程 1 号机组建成投产，是中国发电装机容量突破 9 亿 kW 的标志性机组。2011 年新增风电并网容量 1399 万 kW，其中内蒙古新增风电装机超过 400 万 kW。全国首个特许权招标示范项目——中广核敦煌 10MW 光伏电站正式投产。

除±800kV 特高压直流输电工程投产外，还有±500kV呼伦贝尔至辽宁直流输电工程、±660kV 宁东至山东直流极Ⅰ系统以及新疆与西北 750kV 联网等一批跨区跨省重点工程建成投运，进一步提升了电网更大范围优化配置能源资源的能力。青藏电网联网工程开工。

（七）电力企业生产经营情况

（1）电力行业整体利润继续增加，但火电企业经营异常困难。

（2）电力行业销售利润率整体偏低。

（3）电力企业资产负债率同比提高，火电企业尤为明显。

二、存在的主要问题

（一）电力结构性矛盾仍然突出

（二）电力工业发展与自然资源、生态环境的矛盾突出

（三）电力科技装备核心技术尚未完全掌握

（四）电力体制、机制尚待完善

三、2011年电力工业发展展望

2011年是“十二五”规划的开局之年，按照国民经济“十二五”规划纲要关于“十二五”期间“国内生产总值年均增长7%，非化石能源占一次能源消费比重达到11.4%，单位国内生产总值能源消耗降低16%，单位国内生产总值二氧化碳排放降低17%。主要污染物排放总量显著减少，化学需氧量、二氧化硫排放分别减少8%，氨氮、氮氧化物排放分别减少10%”的目标，电力工业应在保障电力安全可靠供应的基础上，进一步调整电源结构，加快清洁电源的发展利用，发展特高压等大容量、高效率、远距离先进输电技术，推进智能电网建设，增强电网优化配置电力能力和供电可靠性。

四、解决电力发展问题的政策建议

（一）加大电煤等要素协调，做好电力供应保障工作

（二）加快电网建设，在全国范围内实现资源优化配置

（三）尽快落实煤电联动政策，进一步疏导电价

（四）科学制订“十二五”电力发展规划

第四章　煤炭（略）

第五章　石油天然气（略）

第六章　燃料（略）

第七章　可再生能源

一、概述

（一）新能源快速发展格局初步形成

水电建设积极有序推进，投产规模创历史新高。

风电产业快速发展，规模多年翻番增长。

太阳能发电市场有效启动，经济竞争力不断提高。

生物质能多元化发展，综合效益显著提升。

到2010年底，水电、风电、生物液体燃料等计入能源统计的可再生能源量约为2.62亿t标准煤，在能源消费总量中约占8.06%。

（二）政策体系进一步完善

（三）明确了战略性新兴产业的定位

（四）编制“十二五”发展规划

二、水电

“十一五”是中国水电实现全面跨越发展的重要时期。5年间，水电开发坚持科学有序发展，以民生、绿色、生态、和谐为创新式发展的目标，水能资源开发利用规模不断迈上新台阶，水电建设技术水平显著提升，科技创新能力明显增强，装备制造水平不断提高，国际合作逐步深化，以三峡工程建成为标志迈入了大电站、大机组、高电压、自动化、信息化的新时代，完成了“十一五”规划确定的目标和任务，取得了发电、防洪、航运、灌溉、供水以及促进地方经济社会发展的巨大综合效益，为保障能源供应、调整能源结构、应对气候变化、促进可持续发展发挥了重要作用。

（一）开发利用规模稳步增加

（二）重大项目建设有序推进

（三）主要流域规划科学开展

（四）安全质量管理进一步加强

（五）移民、环保工作不断创新

（六）政策法规不断完善

（七）2011年工作重点和“十二五”展望

三、风电

中国风能资源十分丰富。据中国气象局最新风能资源评估成果，全国陆域50m高度风能资源可开发潜力约23.8亿kW，近海海域50m高度风能资源可开发潜力约2亿kW。“十一五”时期中国风电实现了开发规模的突破，累计并网风电装机超过3100万kW，年发电量达到了500亿kWh，风电设备制造能力也快速提高。

2010年，中国风电继续保持快速发展势头，新增安装容量和累计安装容量都位居世界前列。

（一）开发建设规模持续增加

（二）大型风电基地建设有序推进

（三）海上风电开发迈出重要步伐

（四）风电并网和市场消纳研究取得新进展

（五）加强风电预测和质量安全管理

（六）开发建设管理进一步加强

（七）存在的主要问题

（八）“十二五”展望和2011年工作重点

四、太阳能

（一）太阳能产业发展综述及特点

（二）太阳能光伏发电市场持续扩大

（三）太阳能热发电发展进入新阶段

（四）用户侧并网光伏发电初步发展

（五）积极推进分布式综合利用示范工程

（六）太阳能热利用规模持续扩大

（七）存在的主要问题

（八）“十二五”展望和2011年工作重点

五、生物质能

农林生物质能资源主要包括农作物秸秆、树木枝桠和粮食、木材加工剩余物。能源化利用是农林生物质综合利用的重要途径和方式，据初步统计，全国农作物秸秆年产生量约8亿t，其中约3亿t可作为能源利用。

（一）生物质发电进一步推进

（二）存在的主要问题

（1）部分省区生物质发电规划布局不合理。

（2）农林生物质资源收集难制约了生物质发电发展。

（3）现有收储运机制难以满足生物质电厂运行的需要。

（三）2011年工作重点

（1）组织开展全国资源评价，确保生物质发电有序发展。

（2）统筹协调，解决生物质发电与非能综合利用之间的资源冲突。

（3）积极推进生物质分布式发电试点工作。

六、农村能源

（一）新一轮农网改造升级工程启动实施

（二）绿色能源县建设取得新进展

（三）存在的主要问题

（1）对农村能源工作的重要性认识不足。

（2）农村能源基础设施薄弱。

（3）农村能源管理体系不完善。

七、地热能

地热能是指储存于地球内部的能量，一方面来源于地球深处的高温熔融体；另一方面来源于放射性元素的衰变。按照发热属性，地热能可分为四种类型：一是水热型，即地球浅处（地下100～4500m）所见的热水或水热蒸汽即浅层地热能；二是地压地热能，即某些大型沉积盆地（或含油气）盆地深处（3000～6000m）存在着高温高压流体，其中含有大量甲烷气体；三是干热岩地热能；四是岩浆热能，即储存在高温（700～1200℃）熔融岩体中的巨大热能。在上述四类地热资源中，只有第一类浅层地热能开发较早、技术成熟，目前已得到很好的开发利用。其余三种地热能在开发利用方面仍处于探索阶段。

八、海洋能

海洋能是指海洋中所蕴藏的潮汐能、潮流能、波浪能、海流能、温差能、盐差能、海洋生物质能等可再生能源。中国管辖的海域面积约300多万km^2，陆岸线长1.8万km，面积大于$500m^2$的岛屿6500多个，蕴藏着丰富的海洋能资源。据估计，中国近海海洋能理论装机容量的总和超过20亿kW。

第八章　能源科技装备（略）

第九章　能源国际合作

一、国际能源形势

（一）2010年国际政治总体形势及特点

2010年，国际形势总体趋于平缓，世界力量对比朝着渐趋均势的方向发展，和平发展依然是世界的主题。

一是传统安全问题和非传统安全问题互相交织，世界面临的安全威胁更加多样化。

二是金融危机、气候变化与能源安全、核扩散等领域的全球治理仍需更多国际社会的共同努力。

三是传统大国仍主导国际规则的更新和主要话语权，新兴力量在国际机制中的话语权仍然有限，国际体系的转型虽在各种因素推动而加快，但阻力依然不小。

（二）2010年世界经济发展状况及特点

一是“一超多强”的世界经济格局未因全球金融危机而发生本质转变。

二是新兴市场经济体在世界经济中的地位和作用日渐凸显。

三是世界经济可持续发展仍任重道远。

（三）2010年国际能源发展特点

一是能源国际合作空间有所增大。

二是国际原油价格呈现震荡上行趋势。

三是全球能源资源竞争加剧。

四是低碳经济成为世界经济新的增长点。

二、2010年国际能源合作成效

（一）创新合作思路，推动合作全面发展

（二）加强机制建设，充分发挥合作机制平台作用

（三）抓住机遇，顺势而为，推动能源务实

合作

三、2011 年国际能源合作展望（略）

第十章　能源法规建设（略）

中国华电城镇供热报告（摘要）

一、供热发展概况

（一）中国城镇供热概况

供热是指以热水或蒸汽作为热媒，由一个或多个热源通过热网向城镇或其中某些区域热用户供应热能的方式，主要包括热电联产、区域锅炉、分散锅炉、电热地膜、热泵技术等。

中国城镇主要供热方式如图 1 所示。

中国地域辽阔，传统的采暖地区主要包括严寒和寒冷地区的 15 个省（市），占全国陆地面积的 70%，绝大部分位于北方地区。随着经济社会发展和人民生活水平提高，逐步向非传统采暖区的过渡地区和南方地区发展。

经过多年发展，集中供热以其热源集中，便于消除烟尘，减轻大气污染，改善环境质量，易于科学管理，提高供热质量等优势，逐步成为中国城镇主要供热方式，形成了以热电联产为主，集中锅炉房为辅，其他方式为补充的供热局面。

2007～2011 年中国新增及改造供热面积见图 2。

热电联产是国内外公认的节能减排的重要手段，与热、电分产相比，热效率提高 30%，集中供热比分散小锅炉供热效率高 40%。“十一五”期间，中国热电联产机组向高参数、大容量方向迅速发展，新建 30 万 kW、改造 20 万 kW 和 30 万 kW 供热机组快速增加，多台 60 万 kW 机组改造实现热电联产运营。

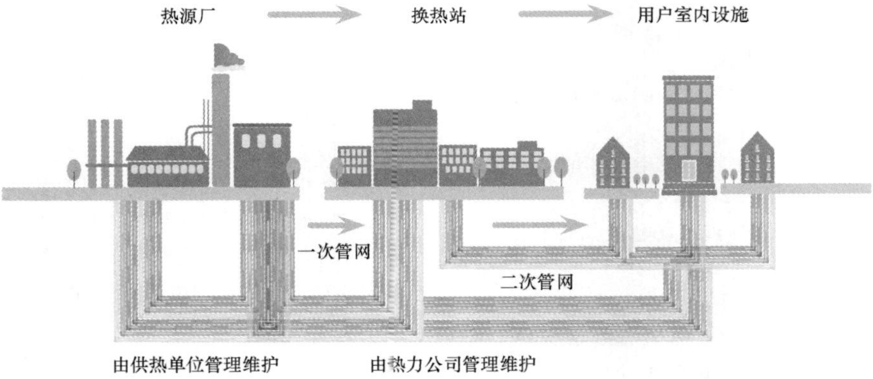

图 1　中国城镇主要供热方式示意图

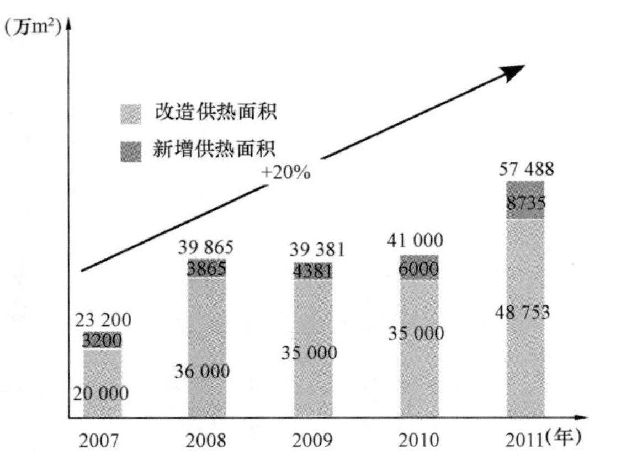

图 2　2007～2011 年中国新增及改造供热面积规模

中国供热产业热源总热量以热电联产为主，占 62.9%，其次是锅炉供热，占 35.75%，其他形式占 1.35%。中国供热机组发展情况见图 3。

城市热网是供热的重要组成部分。长期以来，中国采暖热网工程作为一项基础设施是由政府管控的企业经营。随着经济发展和企业管理体制改革，热网工程投资主体逐渐呈现多元化。有近 40%热电联产企业投资建设并经营城市热网。全国城市集中供热总面积中，热电厂提供的采暖供热量达到了 30%。

中国正处于工业化、城镇化加速发展阶段，供热需求增长迅速。预计“十二五”期间，北方采暖地区大型城市建筑物采暖集中供热普及率平均达到 65%，其中，热电联产在集中供热中的比例达到 50%。全

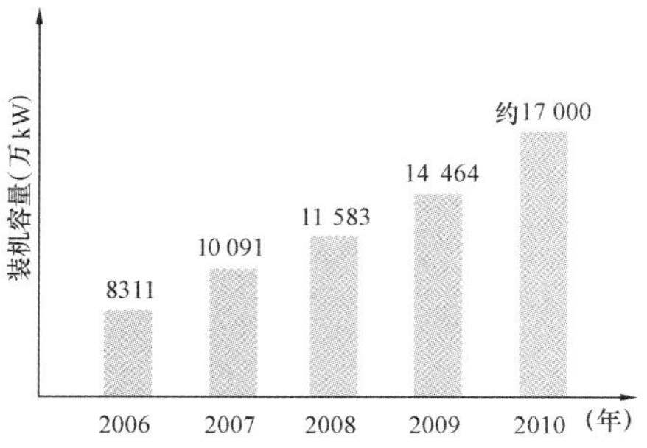

图 3　中国供热机组发展情况

国工业生产用热的 70%以上由热电联产机组提供。“十二五”新增热电联产装机规模约 1.1 亿 kW，拆除小锅炉 5 万台。到 2015 年，中国热电联产装机规模规划达到 2.5 亿 kW，占火电装机规划的 32%～35%，可使电力行业单位 GDP 能耗减少 3%～5%。

（二）中国华电供热概况

作为中央骨干电力、热力供应企业，中国华电集团公司始终坚持以科学发展观为指导，认真贯彻落实国家能源产业政策，大力发展热电联产、集中供热，积极承担供热设施建设、设备管网养护、生产运营管理的社会重任，确保供热工作安全稳定、节能环保、优质服务，为经济发展、民生改善、环境优化发挥了重要作用。

公司所属供热企业分布在全国 18 个省级行政区、直辖市，共有 59 家企业。燃煤企业 49 家，燃气企业 2 家，热网企业 7 家，秸秆供热 1 家。在公司 59 家热电企业中，全部采用趸售方式的企业 25 家，全部采用直供方式的企业 28 家，两者均有的企业 6 家。截至 2011 年底，公司供热机组装机容量达到 2878 万 kW，供热面积达 2.85 亿 m^2，年供热量达 1.52 亿 GJ。自 2003 年公司成立以来，累计供热量达 6.61 亿 GJ。华电公司供热经营主要指标见图 4，不同类型机组供热比例见图 5。

“十二五”时期，公司将继续在东北、华北、西北等集中供热发达地区投资建设热电联产机组和热网，力争到 2015 年供热机组装机容量超过 3000 万 kW，为建设资源节约型、环境友好型社会作出积极贡献。

（三）挑战与责任

中国城镇供热面临的挑战：

（1）安全稳定尚存隐患。由于热源供热能力与热网负荷发展不匹配，造成供热经济性不佳或安全裕度不足；煤价大幅攀升、煤质下降对供热企业安全生产造成影响。

（2）节能减排尚有空间。“热”作为商品，尚未真正实现可计量、可控制，人们在采暖方面低碳意识不强。由于政策执行不到位，小锅炉房关停缓慢，城市热网未按计划建设，导致热电机组的供热能力没完全发挥，机组经济性不佳。

（3）优质服务尚需完善。因热网设计不合理、热

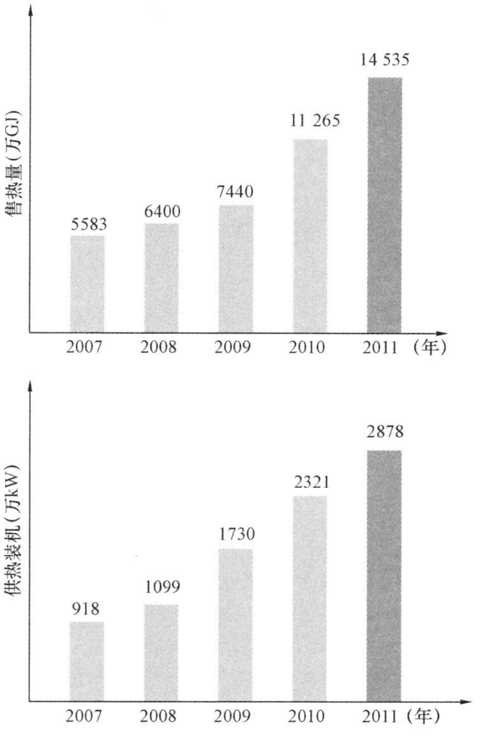

图 4　华电公司供热经营主要指标

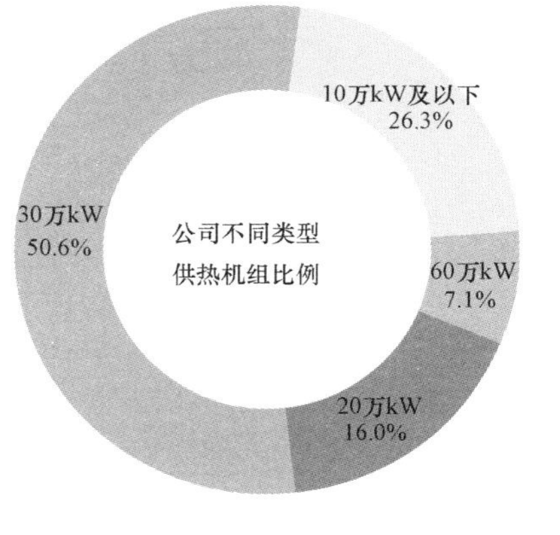

图 5　不同类型机组供热比例

源温控调节性能不佳、供热负荷不均衡等原因造成供热参数不达标；积极主动为热用户排忧解难的沟通渠道有待完善。

（4）利义矛盾尚待破解。供热企业积极履行社会责任，确保居民和工业供热安全达标。但受煤炭价格上涨、热价联动不到位、热费收缴率低等因素影响，有相当数量的热电联产企业长期处于供热亏损状态。

中国华电供热责任：

中国华电集团公司紧跟中国城镇化建设及经济社会发展需求，积极贯彻落实国家节能减排政策方针，大力发展热电联产、集中供热，勇担供热设施建设、

设备管网养护、生产运营管理的社会重任，致力于实现供热工作的安全稳定、节能环保、优质服务。

二、责任与行动

（一）安全稳定

公司不断加强热源建设与改造，加大设备管网治理力度，优化热源结构。强化安全管理，完善应急机制，保证人身、设备及热网安全，向社会提供安全、可靠热源。

1. 建设管理

公司加快推进热电联产项目扩建及机组改造工程，使热源建设与国家能源战略相配套，与生态资源环境相协调，形成规模集聚、资源集约、优势集中、效益凸显的大型热源集群。截至2011年底，公司供热企业装机容量2878万kW，占总装机容量的30.58%，占火电装机容量的38.42%，供热机组装机容量在五大发电集团中名列前茅。主要分布在山东、黑龙江、河北、新疆、辽宁、内蒙古等地，供热面积达2.85亿m^2，同比增长21.79%。

华电能源哈尔滨第三发电厂投资12亿元，完成了两台20万kW和两台60万kW纯凝机组改造，建设供热首站一座、中继泵站一座，换热站34个，实现供热面积1500多万m^2，年减排二氧化硫7526t。供热区域内227台小锅炉将陆续关停，169个烟囱将与市民作别。

2. 运行管理

把依托电厂成立的热力公司纳入电厂统一管理，建立了由热力公司自身负责安全管理、生产管理、工程管理和市场营销，各电厂对热力公司进行日常经营管理活动全面监督的管理模式。

切实加强供热安全、设备、应急建设管理，以供热企业安全可靠性评价、供热调研、季节安全检查和隐患排查治理活动为载体，切实抓好供热安全和质量管理，供热安全生产保持稳定，打造华电供热企业品牌，推进本质安全型企业建设。

（二）节能环保

依托大容量、低能耗热电联产机组为安全、优质、可靠的供热热源，积极参与城镇集中供热热网建设，扩大热电联产和清洁能源供热范围，逐步取代燃煤供热锅炉，减轻大气污染。强化技改实施，加强燃料管理，全面提升供热节能管理水平，实现热电节能效益最大化。

1. 热电联产

大力发展绿色环保的热电联产项目，替代了大量城镇供热取暖用的能耗高、效率低、污染大的陈旧小锅炉。实行热电联产后，机组能源综合利用效率自40%左右提高至45%以上，发电煤耗率降低约30～50g/kWh。至2011年底，公司热电联产机组装机容量2878万kW，较2003年增加了2547万kW，增幅达769%。拥有供热量和供热规模居国内领先地位的大型集中供热企业——石家庄热电有限公司。

热电分产与热电联产的能效比较见图6。

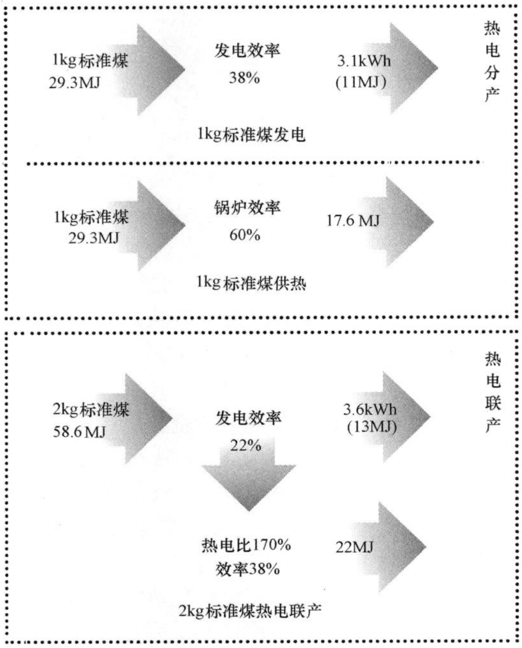

图6 热电分产与热电联产的能效比较

2. 集中供热

全面推进热电联产集中供热方式，替代城镇供热中小型锅炉，集中供热比小型分散锅炉供热节能40%以上，比区域锅炉供热节能25%左右，整体供热效率增大20%～30%。大同一热电厂成功应用“基于吸收式换热的热电联产集中供热新技术”对机组及热网实施了改造，是世界上首个采用此项专利的工程，也是全国最大的余热回收利用工程。

3. 科技创新

加大供热机组节能技术改造，大力推广节能新技术的应用。科学规划热网布局，改造一、二级管网构架，优化热网首站和各级换热站整体设备运行方式。发挥热网自动化控制管理、热力调度中心的指挥中枢作用，提升供热系统节能力度，降低供热整体能耗。十里泉电厂5号机组开创了国内13.5万kW等级机组“低压缸双背压双转子互换”供热改造的先河，整个供热期的总供热量为159.9万GJ。

4. 低碳环保

强化脱硫、脱硝设施建设及运行监督管理，新建、改建的热电联产机组同步建成脱硫、脱硝、高效率除尘器等环保设施，采取高空排放方式，二氧化硫、氮氧化物、二氧化碳、粉尘、灰渣排放量大幅度减少，充分利用生产余热，生产废水回收利用率达100%。采用秸秆、城市污泥等清洁可再生能源替代煤炭原料供热。集中供热热源点选址尽可能远离居民区，减少噪声对居民生活的影响。

（三）优质服务

公司牢固树立"供热工作无小事"的思想，创新服务模式，出台了《供热营销管理规定》、《供热服务管理规定》等服务规范性文件。在公共关系、客户服务、应急保障等环节，采取有力措施，强化有效执行，为用户提供稳定达标热源和优质高效服务。

1. 用户至上

公司开展以用户需求为中心的供热营销服务工作，严格微笑供热服务规范，向社会公开供热服务标准：开通24小时服务电话确保沟通顺畅。建立居民室内温度检测跟踪系统，为用户提供稳定、不间断热源，实现居民采暖室温不低于18℃，保证热网安全经济运行，用户环境舒适。精心经营供热服务品牌，以良好供热服务品牌赢得社会美誉度，打造政府放心、用户满意的优质热源企业。树立"保供暖是保民生"的政治意识，认真履行社会责任，强化应急处理能力，配备用户应急取暖设施，积极应对大面积停热事故发生。

2. 沟通反馈

规范服务标准：对用户反映的问题积极妥善处理，做到服务"零距离"。制定信息发布标准，公布室温测量、供热面积计算、采暖费用收取等办法，及时公告停暖原因，确保沟通顺畅。积极走访用热单位和用户，进行供暖用户满意度调查，主动解决用户采暖问题。严格按照微笑服务的标准和规范，实行供热报修"首问责任制"和处结反馈"一条龙"服务，24小时热线服务及时处理用户投诉，打造"1小时服务保障圈"，让用户感受到品牌供热服务带来的温暖与便捷。

三、发展展望

国家"十二五"规划中明确提出："十二五"期间，中国将大力推进发展清洁高效、大容量燃煤机组，优先发展大中城市、工业园区热电联产机组以及大型坑口燃煤电站和煤矸石等综合利用电站，热电联产工程在此期间将大量投产。

发展战略：公司将根据各供热区热负荷发展情况，建设大型集中供热热源和热力网，以集中供热取代分散供热，确保热源建设与城市发展同步并适当超前；加强工业供热负荷多、政策环境好区域的热力市场开发，拓展延伸公司发展产业链。

发展目标：到2015年，预计供热机组装机容量超过3000万kW，供热面积达3.69亿m^2，年供热量达2.07亿GJ。

2012 中国电力年鉴

"十二五"规划研究

电力工业"十二五"规划滚动研究报告（摘要）

一、电力发展成就和存在问题

2011年，全国电力需求旺盛，全社会用电量增长11.74%，受水电来水不足及电煤供应等因素影响，全国电力供需形势总体偏紧，局部地区出现结构性缺电，最大电力缺口达到3000万kW，对经济社会发展和人民群众生活产生一定影响。

预计2012年全社会用电量同比增长9.5%左右，达到近5.14万亿kWh。由于开工和在建规模萎缩，新增装机规模继续缩小，2012年底装机容量达11.4亿kW左右，同比增长8.5%左右，难以满足新增用电需求。受到水库来水、电煤价格持续高涨、大量火电机组环保技改减少发电，以及大型能源基地和特高压等跨区电网工程建设滞后等因素影响，2012年全国电力供需形势将更加紧张，最大电力缺口将扩大到3000万～4000万kW，如遇极端天气矛盾将更加突出。华北、华东、华中和南方区域电力缺口将进一步加大。

预计2013年全国用电增长在8.5%左右。若近期再不增加开工规模，特别是水电和煤电开工规模，加快特高压等跨区电网工程的前期核准和建设进度，2013年全国电力缺口有可能超过5000万kW。特别是华东地区电力供需矛盾将十分突出，供电紧张将呈现程度深、范围大、时间长的特点，而水电比重较大的华中、南方地区在枯水期的结构性缺电矛盾将进一步加剧。

二、未来电力需求预测

综合考虑能源消费总量控制影响、2011年全国经济运行与电力供需实际情况，预计：

2015年全社会用电量将达到6.02万亿～6.61万亿kWh，“十二五”期间年均增长7.5%～9.5%，基准方案推荐为6.31万亿kWh、年均增长8.5%；最大负荷达到9.66亿～10.64亿kW、“十二五”期间年均增长7.9%～10.0%，基准方案推荐为10.11亿kW、年均增长8.9%。

2020年全社会用电量将达到7.90万亿～8.69万亿kWh，“十三五”期间年均增长4.6%～6.6%，基准方案推荐为8.29万亿kWh、年均增长5.6%；最大负荷达到12.85亿～14.13亿kW，“十三五”年均增速为4.9%～6.9%，基准方案推荐为13.48亿kW，年均增长5.9%。

“十二五”期间电力弹性系数为1，“十三五”为0.80左右。西部地区电力需求增速高于东部地区。

三、电力工业发展思路与规划目标

基本原则：坚持统筹协调、节约优先、结构优化、科技驱动、绿色和谐、市场导向的原则。

基本方针：以转变电力发展方式为主线，以深化改革和科技创新为动力，坚持节约优先，优先开发水电，优化发展煤电，安全高效发展核电，积极推进新能源发电，适度发展天然气集中发电，因地制宜发展分布式发电，加快推进坚强智能电网建设，带动电力装备产业升级，促进绿色和谐发展。

“十二五”规划目标：全国发电装机容量达到14.63亿kW左右，年均增长8.6%，其中，水电3.01亿kW，抽水蓄能4100万kW，煤电9.28亿kW，核电4300万kW，气电4000万kW，风电1亿kW，太阳能发电500万kW，生物质能发电及其他500万kW。按照装机容量可能达到15亿kW左右来规划安排电源前期工作，根据实际市场需求滚动安排年度开工规模。非化石能源发电装机总规模将达到4.95亿kW，占总装机的比重为33.8%，比2010年提高6.9个百分点。非化石能源发电量1.59万亿kWh左右，占总发电量的比重为24.9%，比2010年提高5个百分点左右。非化石能源发电可替代化石能源5.2亿t标准煤，占一次能源消费的比重达到12.4%左右，为全国非化石能源比重达到11.4%的贡献率超过100%。全国110kV及以上线路达到133万km，变电容量56亿kVA。

2020年规划目标：全国发电装机容量达到19.35亿kW左右，年均增长5.8%。其中，水电3.6亿kW，抽水蓄能6000万kW，煤电11.7亿kW，核电8000万kW，气电5000万kW，风电1.8亿kW，太阳能发电2500万kW，生物质、潮汐、地热等1000万kW。按照装机容量可能达到20亿kW来规划安排电源目前期工作，根据实际市场需求滚动安排年度开工规模。非化石能源发电装机总规模将达到7.15亿kW，占总装机的比重为37.0%，比2015年提高3.1个百分点。非化石能源发电量2.3万亿kWh左右，占总发电量的比重为27.3%，比2015年提高2.4个百分点左右。非化石能源发电可替代化石能源7.3亿t标准煤左右，占一次能源消费的比重达到14.5%左右，为全国非化石能源比重达到15%的贡献率达到96.7%。全国110kV及以上线路达到176万km，变电容量79亿kVA。

四、电源优化与布局

（一）优先开发水电

实行大中小开发相结合，推进水电流域梯级综合开发；促进绿色和谐开发，充分体现以人为本的发展理念，使地方经济和人民群众真正从水电开发中受益；扩大资源配置范围，积极推动周边国家水电资源开发和向中国送电；加快抽水蓄能电站发展，提高电力系统运行的经济性和灵活性，促进可再生能源发电的合理消纳。

继续加快开发、尽早开发完毕开发程度较高的长江上游、乌江、南盘江红水河、黄河中上游及其北干流、湘西、闽浙赣和东北等7个水电基地，重点布局开发金沙江、雅砻江、大渡河、澜沧江、怒江、黄河上游干流等6个规划装机容量合计超过2亿kW、开发率仅为13%的水电基地。重视境外水电资源开发利用，重点开发缅甸伊江上游水电基地。

到2015年，全国常规水电装机预计达到3.0亿kW左右，水电开发程度达到58%左右（按技术可开发容量计算，下同），其中东部和中部水电基本开发完毕，西部水电开发程度在48%左右。到2020年全国水电装机预计达到3.6亿kW左右，全国水电开发程度为69%，其中西部水电开发程度达到63%。抽水蓄能电站2015年规划装机4100万kW左右，2020年达到6000万kW左右。

（二）优化发展煤电

推行煤电一体化开发，加快建设大型煤电基地，贯彻落实国家西部大开发战略，加快山西、陕西、内蒙古、宁夏、新疆等煤炭资源丰富地区的大型煤电基地建设；鼓励发展热电联产，统一规划高参数、环保型机组、符合国家政策的热电联产项目；推进煤电绿色开发，大力推行洁净煤发电技术。

以开发煤电基地为中心，重点建设山西（晋东南、晋中、晋北）、陕北、宁东、准格尔、鄂尔多斯、锡盟、呼盟、霍林河、宝清、哈密、准东、伊犁、淮南、彬长、陇东、贵州等16个大型煤电基地。

2015年中国煤电装机容量达到9.28亿kW。"十二五"期间开工3亿kW，其中煤电基地占66%；投产2.85亿kW，其中煤电占53%。2020年中国煤电装机容量达到11.7亿kW。"十三五"期间开工2.6亿kW，其中煤电基地占62.7%；投产2.65亿kW，其中煤电基地占55%。

（三）安全高效发展核电

高度重视核电安全，强化核安全文化理念；坚持以我为主，明晰技术发展路线；统一技术标准体系，加快实现核电设备制造国产化；理顺核电发展体制，加快推进市场化、专业化进程；建立立足国内、面向国际的核燃料循环体系。

规划2015年核电装机容量4294万kW，主要布局在沿海地区。2020年规划核电装机规模达到8000万kW。

（四）积极发展风电等可再生能源发电

非水可再生能源开发要在充分考虑电价承受能力和保持国际竞争力的条件下积极推进。

风电开发要实现大中小、分散与集中、陆地与海上开发相结合，通过风电开发和建设，促进风电技术进步和产业发展，实现风电设备制造自主化，尽快使风电具有市场竞争力，力争2020年中国风电技术达到世界领先水平。在"三北"（西北、华北北部和东北）等风资源富集地区，建设大型和特大型风电场，同步开展电力外送和市场消纳研究。发展海上风电坚持海洋规划先行，避免无序发展。充分利用各地的风能资源，因地制宜地发展中小型风电场，发展低速风机，就近上网本地消纳。在偏远地区，因地制宜发展离网风电。规划2015年和2020年风电装机分别为1亿kW和1.8亿kW。

促进发展太阳能发电，规划发电装机2015年达到500万kW左右，2020年达到2500万kW左右，确保2030年中国太阳能发电技术达到世界领先水平。

因地制宜发展生物质能及其他可再生能源发电，2015年和2020年生物质发电装机分别达到500万kW和1000万kW。2015年和2020年地热和海洋能发电装机分别达到1万kW和5万kW。

（五）适度发展天然气集中发电

天然气（包括煤层气等）发电要实行大中小相结合；结合引进国外管道天然气和液化天然气在受端地区规划建设大型燃气机组，主要解决核电、风电、水电季节性电能对电网的调峰压力。在气源地规划建设燃气机组解决当地用电问题。2015年和2020年大型天然气发电规划容量分别为4000万kW和5000万kW。

（六）因地制宜发展分布式发电

结合城乡天然气管道布局规划建设分布式冷热电多联供机组2015年和2020年天然气分布式发电装机分别达到100万kW左右和300万kW左右。在电网延伸供电不经济的地区，发挥当地资源优势，建设分布式发电系统。推动分布式发电和储能设施结合的分布式能源供应系统发展。

（七）促进更大范围资源优化配置

华北京津冀鲁、东北辽宁、华东沪苏浙闽、华中豫鄂湘赣渝、南方两广等16个省（市、区）受端地区，2015年外电送入合计约2.44亿kW，约占受端地区最大负荷的31%，"十二五"期间增加外电送入1.6亿kW；2020年外电送入合计约3.57亿kW，约占受端地区最大负荷的38%，"十三五"期间增加外电送入1.13亿kW。

2015年大型煤电基地跨区跨省送电规模17 050万kW，"十二五"期间增加11 400万kW；2020年27 050万kW，"十三五"期间增加约1亿kW。

2015年大型水电基地跨区跨省送电规模6690万kW，"十二五"期间增加4490万kW；2020年7990万kW，"十三五"期间增加1300万kW。

2015年风电跨区跨省输送规模约3000万kW，2020年约5000万kW。

五、建设坚强智能电网

（一）建设大型电源基地外送通道，构建坚强网架

"十二五"期间，在特高压交流试验示范工程的基础上，结合加快建设西部、北部大型煤电基地，西南水电基地，酒泉、蒙西、张北等大型风电基地以及未来大核电基地的接入系统，重点加快华北、华东、华中特高压交流同步电网建设。2015年华北、华东、华中特高压电网形成"三纵三横"主网架，锡盟、蒙西、张北、陕北能源基地通过三个纵向特高压交流通道向华北、华东、华中地区送电，北部煤电、西南水电通过三个横向特高压交流通道向华北、华中和长三角特高压环网送电。

2020年，将建成以华北、华东、华中特高压同步电网为中心，东北特高压电网、西北750kV电网为送端，联结各大煤电基地、大水电基地、大核电基地、大可再生能源基地，各级电网协调发展的坚强智能电网。华北、华东、华中特高压同步电网形成"五纵六横"主网架。晋陕蒙宁煤电和四川水电通过特高

压交流通道向华北、华东、华中电网送电；新疆、呼盟、锡盟、蒙西、宁东、彬长、陇东能源基地电力和金沙江、锦屏、西藏水电通过特高压直流向华北、华中、华东送电；俄罗斯、蒙古、哈萨克斯坦电力通过特高压直流分别送入东北、华北、华中电网。在受端建设一定容量的支撑电源，淮南、皖南、徐州坑口电站和沿海核电接入特高压电网。

西北电网作为重要的送端电网，“十二五”期间，在已有的750kV电网结构基础上，合理加强省区间联系，提高电网交换能力和抵御严重故障能力，保障风电等可再生能源的接入和消纳。通过多方向、多通道、多落点的直流工程，实现与华北、华东、华中特高压电网紧密相联。

“十二五”期间，南方电网规划建设糯扎渡电站送电广东±800kV特高压直流工程、溪洛渡电站送电广东同塔双回±500kV直流工程和金沙江中游梨园、阿海电站送电广西直流工程。2015年西电东送主网架在2010年“五直八交”的基础上形成“九直八交”送电通道，各省（区）形成坚强的500kV骨干网架。配合海南核电，建设海南与广东联网二期工程，实现海南与南方主网500kV双回路联网。支持港澳特区绿色发展，结合香港调整优化电源结构、逐步关停燃煤火电，加强与港澳特区联网，保障港澳电力供应。

加强省级500（330）kV电网建设，建设坚强协调的省网主网架。

（二）促进城乡电网协调发展

进一步加强各电压等级配电网建设，做到网架结构合理，运行方式灵活，电压层次简化，供电安全可靠。大部分城市形成220（或110）kV双环网架，500（或330）kV变电站深入城市负荷中心并形成500（或330）kV环网结构，实现500/220（或330/110）kV间电磁环网解环运行，中低压配电网络具备“手拉手”环路供电或双电源供电。初步建成220kV电压等级为中心枢纽，110kV（66/35kV）电压等级为主网架的坚强农村配电网，县城中压配电网实现环网供电，电网整体供电能力、技术装备水平和可靠性进一步提高，满足农村地区经济社会发展和新农村建设用电需要。城乡配电网容载比满足导则要求，推广小型化、无油化、绝缘化、少（免）维护、节能型、智能型设备，配电网智能化水平显著提高。

到2015年，全国城市用户供电可靠率达到99.943%以上，农村用户供电可靠率达到99.765%以上。2020年城市用户供电可靠率达到99.955%以上，农网用户供电可靠率达到99.810%以上。

（三）推进电网智能化

中国电网智能化发展将以坚强网架为基础，以通信信息平台为支撑，以智能调控为手段，包含电力系统的发电、输电、变电、配电、用电和调度六大环节，覆盖所有电压等级，实现“电力流、信息流、业务流”的高度一体化。

“十二五”期间，重点加强技术创新和试点应用，在系统总结和评价智能电网试点工程的基础上，加快修订完善相关标准，全面推进智能电网建设，实现各环节的协调有序快速推进。到“十二五”末，中国智能电网技术和关键设备实现重大突破，智能化标准体系基本完善，电网智能化达到较高水平。

“十三五”期间，中国智能电网技术和设备性能进一步提升，力争主要技术指标位居世界前列，智能化水平国际领先。

六、科技创新目标

要坚持自主开发与引进消化吸收相结合，完善产学研用机制，注重具有自主知识产权技术的开发及产业化，实现电力产业的技术提升和跨越式发展。到2015年，使中国发电技术整体接近和部分达到世界先进水平，前沿技术的研究与发达国家同步；特高压、大电网和自动化等电网技术保持国际领先水平，占领世界新能源发电及接入技术制高点，引领世界智能电网技术发展方向。到2020年，使中国发电技术整体位于世界先进水平，部分技术领域处于国际领先水平；继续保持电网技术整体引领世界发展。

七、绿色和谐发展目标

通过发展非化石能源、降低供电煤耗和线损等途径，与2010年相比，2015年电力工业年节约标准煤2.70亿t，减排二氧化碳6.69亿t，减排二氧化硫578万t，减排氮氧化物254万t；与2015年相比，2020年电力工业年节约标准煤2.35亿t，减排二氧化碳5.84亿t，减排二氧化硫504万t，减排氮氧化物221万t。

与2010年相比，在燃煤装机增加41.7%的情况下，2015年电力工业二氧化碳排放总量增加30.6%，排放强度降低12.5%；二氧化硫排放总量降低13.6%，排放强度下降40.7%；氮氧化物排放总量降低21.1%，排放强度下降46.4%；与2015年相比，在燃煤装机增加26%的情况下，2020年电力工业二氧化碳排放总量增加27.1%，排放强度降低4.2%；二氧化硫、氮氧化物排放总量与2015年基本持平。

与2010年比，2015年电力工业单位GDP减排标准煤0.061t/万元，对实现2015年单位国内生产总值能耗下降16%目标的贡献率达到37.03%；年碳减排量对实现单位国内生产总值碳排放下降17%目标的贡献率达到36.51%。

电力工业在“十二五”期间将带动社会总产出年均增加3.2万亿元左右，每年提供就业岗位310万个左右。"十三五"期间将带动社会总产出年均增加3.67万亿元左右，每年提供就业岗位360万个左右。

八、电力工业规划经济性

按照滚动规划基准方案，"十二五"期间，全国电力工业投资达到6.1万亿元，比"十一五"增长88.3%，其中电源投资3.2万亿元、占全部投资的52%，电网投资2.9万亿元、占48%。"十三五"期间，全国电力工业投资达到7.1万亿元，比"十二五"增长16.4%，其中电源投资3.6万亿元、占全部投资的51%，电网投资3.5万亿元、占49%。

在考虑煤价上涨、弥补历史欠账和电力企业净资产收益率8%的条件下，2015年平均销售电价为728.7元/MWh，比2010年上涨157.5元/MWh，增长27.6%、年均增长5.0%；2020年销售电价为831.7元/MWh，比2015年增加103.0元/MWh，增长14.1%、年均增长2.7%。

根据滚动规划电源方案，假设2015、2020年火电、风电、生物质、太阳能价格按照目前的标杆电价水平不变，在仅考虑发电补贴，不考虑电力系统补贴的情况下，可再生能源补贴额2015年为486亿元，需要征收可再生能源电价附加8.62元/MWh，年均增长16.6%。其中风电补贴额385亿元，需要征收附加6.82元/MWh，占总可再生能源电价附加约80%。2020年补贴额1081亿元，需要征收可再生能源电价附加14.68元/MWh，年均增长11%。其中风电补贴额728亿元，需要征收附加9.89元/MWh，占总可再生能源电价附加约67%。

九、保障措施和政策建议

（一）强化电力工业统一规划，建立科学的电力规划管理机制。建立健全政府电力规划管理体系，建立规划依法上报、审批和公布制度。完善电力规划研究协作体系和滚动调整机制。

（二）改革与完善电力项目前期管理机制。规范前期工作程序，推行项目业主市场招标制和项目备案制。

（三）优化电源结构布局，促进绿色电源发展和生态环境改善。重视水电移民和环保工作，促进一批大中型水电项目尽快开工；统一核电技术路线，开放核电投资市场；加强风电统一规划，促进风电消纳，提高风电技术装备水平；扶持推进风电、太阳能等可再生能源产业化；优化煤电布局，积极推进煤电一体化。

（四）加快推进电力系统智能化建设。把智能电网正式纳入国家发展战略并给以政策和资金扶持，加快研究制定新能源、特高压电网、智能电网等技术标准。

（五）采取切实有效措施，积极促进节能减排。适当提高电价水平，用经济调节手段促进节能减排。制定严格的节能减排标准，培育节能减排商业模式，促进节能减排技术创新和推广。

（六）加强技术创新能力建设，促进电力装备和产业技术升级。注重行业科技资源整合和有效利用。出台重大装备示范工程（首台套）鼓励政策。高度重视并积极扶持电力装备基础研究。

（七）深化电力体制改革，加强电力市场体系建设。完善法律法规体系。加强电力市场体系建设。深化电价体制改革。深化农电体制改革。

"十二五"电力发展规划目标调整见表1，全国分地区全社会用电量及最大负荷预测调整见表2。

表1 "十二五"电力发展规划目标调整表

电力发展规划指标	单位	2010年报值	2015年			2020年		
			规划原值	滚动规划调整后值	差值（滚动－原值）	规划原值	滚动规划调整后值	差值（滚动－原值）
装机容量	万kW	96 639	143 610	146 300	2690	188 500	193 500	5000
水电	万kW	19 913	28 400	30 100	1700	33 000	36 000	3000
抽蓄	万kW	1692	4100	4100	0	6000	6000	0
火电（除气电、生物质）	万kW	67 982	93 300	92 800	－500	116 000	117 000	1000
燃气	万kW	2642	3000	4000	1000	4000	5000	1000
核电	万kW	1082	4300	4300	0	9000	8000	－1000

续表

电力发展规划指标	单位	2010年报值	2015年			2020年		
			规划原值	滚动规划调整后值	差值（滚动一原值）	规划原值	滚动规划调整后值	差值（滚动一原值）
风电	万 kW	2958	10 000	10 000	0	18 000	18 000	0
生物质、垃圾、潮汐、地热	万 kW	344	300	500	200	500	1000	500
太阳能	万 kW	26	210	500	290	2000	2500	500
电网建设								
其中：110kV 以上线路	万 km	90.4	133	133	0	176	176	0
变电容量	亿 kVA	32.4	56	56	0	79	79	0
非化石能源比重								
其中：装机容量	亿 kW	2.6	4.74	4.95	0.21	6.85	7.15	0.3
占总装机容量比重	%	26.9	33	33.8	0.8	36.3	37	0.7
供电煤耗	g/kWh	333	330	325	−5	320	320	0
供电可靠性								
其中：城市用户供电可靠率	%	99.923	99.935	99.943	0.008	99.955	99.955	0
农村用户供电可靠率	%	99.714	99.765	99.765	0	99.810	99.810	0
社会效益								
其中：带动社会总产值增加	万亿元		2.8	3.2	0.4	3	3.7	0.7
提供就业岗位	万个		270	310	40	300	360	60

表 2 全国分地区全社会用电量及最大负荷预测调整表（中方案）

地区		2005年（实际）	2010年（实际）	“十一五”年均增速	2011年（预计）	同比增速	2015年（预计）	“十二五”年均增速	2020年（预计）	“十三五”年均增速	中10年年均增速	2030年（预计）	后10年年均增速
全国合计	用电量	24 746	41 999	11.1	47 040	12.0	63 150	8.5	82 930	5.6	7.0	118 120	3.6
	最大负荷	38 681	66 070	11.3	73 210	10.8	101 190	8.9	134 780	5.9	7.4	193 830	3.7
华北电网	用电量	5827	10 162	11.8	11 330	11.5	14 930	8	19 060	5.0	6.5	26 620	3.4
	最大负荷	8943	16 050	12.4	17 720	10.4	23 910	8.3	30 660	5.1	6.7	43 260	3.5
华东电网	用电量	6096	10 375	11.2	11 550	11.3	14 960	7.6	18 920	4.8	6.2	25 920	3.2
	最大负荷	9938	17 416	11.9	18 520	6.4	26 670	8.9	34 700	5.4	7.1	49 420	3.6
华中电网	用电量	4498	7732	11.4	8700	12.5	11 950	9.1	15 990	6.0	7.5	23 220	3.8
	最大负荷	7611	12 910	11.1	15 630	21.1	20 980	10.2	28 610	6.4	8.3	43 170	4.2
东北电网	用电量	2165	3321	8.9	3640	9.5	4950	8.3	6530	5.7	7.0	9390	3.7
	最大负荷	3386	4683	6.7	5310	13.3	7540	10	10 050	5.9	7.9	15 300	4.3
西北电网	用电量	1835	3357	12.8	3940	17.5	5790	11.5	8500	8.0	9.7	13 590	4.8
	最大负荷	2785	5050	12.6	5940	17.6	8470	10.9	12 560	8.2	9.5	19 510	4.5
南方电网	用电量	4323	7051	10.3	7870	11.6	10 600	8.5	13 920	5.6	7.0	19 450	3.4
	最大负荷	6497	11 663	12.4	12 120	3.9	17 700	8.7	23 350	5.7	7.2	33 260	3.6

注 用电量单位为亿 kWh，最大负荷单位为 kW，年均增速为百分比。

重 点 工 程

2010～2011 年度中国建设工程鲁班奖电力行业工程项目

序号	工程名称	施工单位
1	河南周口500kV变电站工程	郑州市第一建筑工程集团有限公司；河南第一水电建设公司
2	青藏交直流联网工程日月山750kV变电站	青海送变电工程公司
3	河北国华定洲发电厂二期2×66万kW工程	河北省电力建设第一工程公司 北京电力建设公司
4	福建莆田燃气电厂4×35万kW新建工程	山东电力建设第三工程公司 广东火电工程总公司
5	黑麋峰抽水蓄能4×350kW电站工程	中国水利水电第十二工程局有限公司 葛洲坝集团第一工程有限公司 中国水利水电第八工程局有限公司
6	江西石钟山（湖口）500kV变电站新建工程	江西省水电工程局

2011 年度国家优质工程奖电力行业工程项目

金奖

序号	工程名称	施工单位
1	向家坝—上海±800kV特高压直流输电示范工程	上海送变电工程公司 安徽送变电工程公司 华东送变电工程公司 东北电业管理局送变电工程公司 上海电力建筑工程公司 浙江省送变电工程公司 四川电力送变电建设公司 山东送变电工程公司 山西省电力公司送变电工程公司 福建省第二电力建设公司 江西省水电工程局 浙江省二建建设集团有限公司 陕西送变电工程公司 吉林省送变电工程公司 山西省电力公司供电工程承装公司 江西省送变电建设公司 江苏省送变电公司 湖南省送变电建设公司 河南送变电建设公司 黑龙江省送变电工程公司 重庆渝能建设集团有限公司 湖北省输变电工程公司 北京送变电公司

续表

序号	工程名称	施工单位
2	绥中发电厂二期（2×1000MW）工程	上海电力建设有限责任公司 东北电业管理局第一工程公司 东北电业管理局第四工程公司 东北电业管理局烟塔工程公司 辽宁东科电力有限公司
3	上海漕泾电厂2×1000MW工程	上海电力建设有限责任公司 浙江省火电建设公司 上海市基础工程有限公司 上海市机械施工有限公司

银奖

序号	工程名称	施工单位
1	河南漯河热电厂新建工程	山东电力建设第二工程公司 河南第二火电建设公司 华电重工装备有限公司 四川电力建设三公司
2	马鞍山当涂发电有限公司一期（2×660MW）工程	安徽电力建设第一工程公司 中国能建江苏省电力建设第三工程公司 安徽电力建设第二工程公司
3	江西新昌电厂“上大压小”新建工程	江西省水电工程局 中电投远达环保工程有限公司 江西省火电建设公司 北京电力建设公司 湖南省火电建设公司 中国核工业第二建设有限公司 江西省第二建筑工程公司
4	华能井冈山电厂二期扩建工程	江西省水电工程局 北京电力建设公司 浙江省火电建设公司 江西省火电建设公司 河南省第二建设集团有限公司
5	广东大唐潮州三百门电厂3、4号机组工程	广东火电工程总公司 浙江省火电建设公司 华北电力科学研究院有限责任公司 广东电网公司电力科学研究院
6	甘肃永昌电厂“上大压小”（2×300MW级）改扩建工程	东北电业管理局第二工程公司 甘肃火电工程公司 甘肃第一建设集团有限责任公司 八冶建设集团有限公司

续表

序号	工程名称	施工单位
7	江苏大唐吕四港电厂“上大压小”新建工程	江苏省电力建设第一工程公司 中国能建江苏省电力建设第三工程公司 北京电力建设公司 中交第二航务工程局有限公司 中交第三航务工程局有限公司 江苏兴亿达建设有限公司 江苏方天电力技术有限公司 美国常净环保工程公司 华北电力科学研究院有限责任公司
8	大唐哈尔滨第一热电厂2×300MW新建工程	黑龙江省火电第三工程公司 黑龙江省火电第一工程公司 东北电业管理局烟塔工程公司 中国大唐集团科技工程有限公司 黑龙江惠泽电力科技有限公司
9	华能九台电厂一期工程	黑龙江省火电第三工程公司 东北电业管理局第四工程公司 吉林省电力建设总公司 东北电业管理局烟塔工程公司 东北电业管理局第三工程公司
10	华能同江99MW风电一期工程	富锦市华夏建筑工程有限责任公司 牡丹江市安装工程有限公司 同江市电力安装公司 伊春兴安岭风电设备安装有限公司 佳木斯华为电力（集团）有限公司 黑龙江华锐风力发电技术服务有限公司 华锐风电科技（集团）股份有限公司
11	华能昌邑第一风力发电(49.5MW)工程	中建三局建设工程股份有限公司 中铁二十四局集团有限公司 中铁电气化局集团第二工程有限公司 上海励志工程建设有限公司 昌邑市电力工程有限公司 通辽光远电力安装有限责任公司 长岛县电力工程有限责任公司 山东五洲电气股份有限公司
12	江苏如东二期风电特许权项目一期(100.5MW)扩建工程	中国水利水电第八工程局有限公司 广东火电工程总公司 通州建总集团有限公司 江苏兴亿达建设有限公司
13	江苏大丰风电场200MW风电特许权项目	江苏省电力建设第一工程公司 浙江省火电建设公司 浙江省地质矿产工程公司 葛洲坝集团电力有限责任公司
14	华电内蒙古辉腾锡勒2号（库伦）200MW风电场工程	中铁三局集团有限公司 金坛市建筑安装工程公司 呼和浩特市建筑工程有限责任公司 乌兰察布电力工程有限责任公司 内蒙古送变电有限责任公司 中国核工业中原建设公司
15	华能通辽珠日河风电一场147MW工程	北京城建三建设集团有限公司 厦门安能建设有限公司 中铁十八局集团第二工程有限公司 通辽光远电力安装有限责任公司 中电大型设备安装工程有限公司 北京金港机场建设有限责任公司 通辽沈通电力安装有限责任公司 中船重工（重庆）海装风电设备有限公司
16	大唐扎鲁特197.5MW风电场工程	北京电力建设公司 天津电力建设公司
17	阿旗道德49.5MW风电工程	中国大唐集团科技工程有限公司 四川省输变电工程公司 东北电业管理局第一工程公司 四川省岳池电力建设总公司 赤峰通源电力输变电维护有限责任公司 吉林省诚信电力工程有限公司
18	围场竹子下风电场工程(49.5MW)	承德华宇建筑安装工程有限责任公司 本溪电力安装有限责任公司 陕西电力建设总公司 国电联合动力技术有限公司 承德华生电力工程有限公司
19	500kV密州变电站工程	山东电力研究院 山东送变电工程公司
20	河南平顶山南500kV变电站工程	河南省第一建筑工程集团有限责任公司 河南送变电建设公司

续表

序号	工程名称	施工单位
21	500kV 庐桐（文都）变电站工程	安徽省送变电工程公司
22	福建龙岩（卓然）500kV 变电站工程	福建省第二电力建设公司
23	220kV 舟山与大陆联网输电线路工程	浙江省送变电工程公司
24	500kV 陆桥（江阴东）变电站工程	南京市第六建筑安装工程有限公司 江苏方天电力技术有限公司
25	500kV 苏州东变电站工程	江苏省送变电公司 苏州二建建筑集团有限公司
26	永州南（紫霞）500kV 变电站工程	湖南省电网建设公司
27	500kV 海港变电站工程	广西送变电建设公司
28	贵州贵阳东（醒狮）500kV 变电站新建工程	贵州省送变电工程公司
29	大同电厂—房山Ⅲ回 500kV 线路工程	吉林省送变电工程公司 安徽送变电工程公司 山东送变电工程公司 北京电力工程公司 山西省电力公司供电工程承装公司
30	瓦房店 500kV 变电站工程	东北电业管理局 送变电工程公司

2011 年度中国安装工程优质奖电力行业工程项目

序号	工程名称
1	上海漕泾电厂（2×100 万 kW）安装工程
2	江苏大唐吕四港电厂“上大压小”新建安装工程
3	福建莆田燃气电厂新建安装工程
4	华电漯河一期（2×33 万 kW）热电安装工程
5	神华神东电力郭家湾电厂（2×30 万 kW）安装工程
6	大唐哈尔滨第一热电有限公司新建工程
7	华能九台电厂一期工程（2×66 万 kW）1 号机组安装工程
8	安徽华电芜湖电厂一期（2×66 万 kW）干煤棚网架安装工程
9	大连甘井子 2×30 万 kW 等级供热机组新建安装工程
10	绥中发电厂二期（2×100 万 kW）安装工程
11	四川绵阳 500kW 变电站安装工程
12	平成 110kV 智能变电站安装工程
13	河南许昌 500kV 变电站安装工程
14	220kV 枣东输变电安装工程
15	220kV 安康（大桥）变电站安装工程
16	220kV 明集变电站安装工程
17	广利 220kV 变电站安装工程
18	山东电力集团公司 220kV 沭山变电站安装工程
19	河北建投新能源东辛营 20 万 kW 风电安装工程
20	大唐扎鲁特 19.705 万 kW 风电场安装工程
21	华能通辽珠日河风电一场 14.7 万 kW 安装工程
22	大唐依兰晨光风电场安装工程
23	贵州北盘江光照水电站安装工程
24	四川大渡河沙湾水电站安装工程

2011 年度中国电力优质工程奖项目

（排名不分先后）

序号	工程名称	施工单位
1	向家坝—上海±800kV 特高压直流输电示范工程	上海电力建筑工程公司 上海送变电工程公司 安徽送变电工程公司 华东送变电工程公司 浙江二建建设集团有限公司 江西省水电工程局 湖南省送变电建设公司 吉林省送变电工程公司 四川电力送变电建设公司 北京送变电公司 四川电力送变电建设公司 山西省电力公司送变电工程公司 东北电业管理局送变电工程公司 重庆渝能建设集团有限公司 华东送变电工程公司 山西省电力公司供电工程承装公司 福建省第二电力建设公司 江苏送变电工程公司 浙江省送变电工程公司 陕西送变电工程公司 河南送变电建设工程公司 江西省送变电建设公司 湖北省输变电工程公司 山东送变电工程公司 黑龙江送变电工程公司

续表

序号	工程名称	施工单位
2	青藏交直流联网工程日月山750kV变电站工程	青海送变电工程公司
3	江西石钟山（湖口）500kV变电站新建工程	江西省水电工程局
4	龙岩（卓然）500kV变电站工程	福建省第二电力建设公司
5	河南平顶山南500kV变电站工程	河南省第一建筑工程集团有限责任公司 河南送变电建设公司
6	500kV密州变电站工程	山东电力工程咨询院
7	瓦房店500kV变电站工程	东北电业管理局送变电工程公司
8	220kV舟山与大陆联网输电线路工程	浙江省送变电工程公司
9	大同二电厂至房山Ⅲ回500kV输电线路工程	山西省送变电工程公司 山西省供电工程承装公司 山东送变电工程公司 北京电力工程公司 安徽送变电工程公司 吉林省送变电工程公司 甘肃送变电工程公司 北京送变电公司 河北送变电公司
10	500kV陆桥（江阴东）变电站工程	江苏省电力建设第三工程公司 南京市第六建筑安装工程有限公司
11	500kV庐桐（文都）变电站工程	安徽送变电工程公司
12	500kV苏州东变电站工程	江苏省送变电公司 苏州市第二建筑安装工程有限公司
13	永州南（紫霞）500kV变电站工程	湖南省电网建设公司

续表

序号	工程名称	施工单位
14	武汉军山500kV变电站工程	湖北省输变电工程公司
15	500kV漕泾变电站工程	上海送变电工程公司
16	500kV胪岗变电站工程	广东省电力第一工程局 广东省输变电工程公司
17	500kV海港变电站工程	广西送变电建设公司
18	500kV永丰输变电工程	云南省送变电工程公司 广东火电工程总公司 湖北省输变电工程公司 黑龙江送变电工程公司
19	500kV嘉应至上寨第一回线路工程	广东省输变电工程公司 江西省水电工程局 广东省电力第一工程局
20	贵州贵阳东（醒狮）500kV变电站工程	贵州送变电工程公司
21	500kV江门圭峰变电站工程	广东省输变电工程公司 广东省电力第一工程局
22	中电投黑麋峰抽水蓄能4×300MW电站工程	中国水利水电第十二工程局有限公司 葛洲坝集团第一工程有限公司
23	龙滩水电（4900MW）工程	中国水利水电第七工程局有限公司 中国葛洲坝集团股份有限公司 中国水利水电第八工程局有限公司 广西壮族自治区水电工程局 中国水利水电第十四工程局有限公司 江南水利水电工程公司
24	大渡河沙湾水电站4×120MW枢纽工程	中国水利水电第七工程局有限公司 广东省水利水电第二工程局

续表

序号	工程名称	施工单位
25	中电投广西长洲 630MW 水利枢纽工程	中国水利水电第四工程局有限公司 中国水利水电第七工程局有限公司 江南水利水电工程公司 中国水利水电第四工程局有限公司机电安装分局
26	贵州北盘江光照 4×260MW 水电站工程	中国水利水电第十六工程局有限公司 中国水利水电第四工程局有限公司 中国水利水电第十二工程局 中国水利水电第八工程局 中国水利水电第十一工程局有限公司 中国水利水电第九工程局有限公司 江南水利水电工程公司 中国水利水电第七工程局 中国葛洲坝集团机械船舶有限公司 水电九局贵州机电制造安装有限责任公司
27	华能通辽珠日河风电一场 147MW 风电场工程	北京城建三建设集团有限公司 阜新鼎兴电力安装（集团）有限公司 江西中电安装有限公司 厦门安能建设有限公司 中铁十八局集团第二工程有限公司 中集建设集团有限公司 通辽光远电力安装有限责任公司 北京金港机场建设有限责任公司
28	中电投江苏大丰风电场 200MW 风电特许权项目工程	江苏省电力建设第一工程公司 浙江省火电建设公司 浙江省地质矿产工程公司 葛洲坝集团电力有限责任公司
29	内蒙古辉腾锡勒（库伦）200MW 风电场工程	中铁三局集团有限公司 金坛市建筑安装工程公司 呼和浩特市建筑工程有限责任公司 内蒙古乌兰察布电力工程有限责任公司 内蒙古送变电有限责任公司 中国核工业中原建设公司
30	大唐（通辽）霍林河新能源有限公司扎鲁特 197.05MW 风电场工程	北京电力建设公司 天津电力建设公司
31	江苏如东二期风电特许权项目一期 100.5 MW 扩建工程	江苏兴亿达建设有限公司 中国水利水电第八工程局有限公司 广东火电工程总公司 南通苏源天电检修安装工程有限公司
32	华能同江 99MW 风电一期工程	富锦市华夏建筑工程有限责任公司 牡丹江市安装工程有限公司 同江市电力安装公司 伊春兴安岭风电设备安装有限公司 佳木斯华为电力（集团）有限公司 黑龙江华锐风力发电技术服务有限公司
33	围场竹子下 49.5MW 风电场工程	承德华宇建筑安装工程有限责任公司 本溪电力安装有限责任公司 陕西电力建设总公司 承德华生电力工程有限公司
34	华能乐亭风电场一期 49.5MW 工程	中铁十四局集团有限公司 中铁十局集团第二工程有限公司 新疆鑫风安装有限公司 唐山市中房建筑安装工程有限公司 唐山市永合电力安装工程有限公司
35	中电投北票北塔子风电场一期 49.4MW 工程	中国石化集团第四建设公司 辽宁安泰电力建设有限公司 辽宁凯程路桥有限公司 东北电业管理局送变电工程公司

续表

序号	工程名称	施工单位
36	华能启东风一期 91.5MW 风电场工程	启东建筑安装工程有限公司 中国水利水电第八工程局 中国十八局集团第二工程有限公司 南通市通启公路工程有限公司 中国石化集团第四建设有限公司 上海励志工程建设有限公司 启东市电力安装工程有限公司
37	阿旗道德 49.5MW 风电工程	中国大唐科技工程有限公司 赤峰通源电力输变电维护有限责任公司 四川省岳池电力建设总公司北京中合富力分公司 四川省输变电工程公司 东北电业管理局第一工程公司
38	华能昌邑第一风力发电场 49.5WM 工程	中建三局建设工程股份有限公司 中铁二十四局集团有限公司 中铁电气化局集团第二工程有限公司 上海励志工程建设有限公司 通辽光远电力安装有限责任公司 昌邑市电力工程有限公司 长岛县电力工程有限责任公司 山东五洲电气股份有限公司
39	河北建投新能源有限公司东辛营 200MW 风电工程	河北电力建设第一工程公司风电公司 湖北宏源电力工程股份有限公司 张家口输变电工程总公司
40	华能内蒙古科右中旗高力板 49.5MW 风电场工程	长春市政建设（集团）有限公司 吉林东煤建筑基础工程公司 吉林省送变电工程公司 吉林省六合通信网络工程有限公司 中国石化集团第四建设公司
41	大唐依兰晨光 49.5MW 风电场新建工程	佳木斯第二发电厂建筑工程公司第二工程处 白城城原电力工程有限责任公司 佳木斯华为电力（集团）有限公司配电分公司 佳木斯华为电力（集团）有限公司送电分公司
42	内蒙古兴安盟牤牛海二期 49.5MW 风电场工程	绥化远大电力建设有限责任公司 内蒙古第三电力建设工程有限公司 内蒙古鑫泰建筑安装（集团）有限公司 吉林省百强电力工程有限责任公司

续表

序号	工程名称	施工单位
43	华能阜新风电场一、二、三期工程	中铁十四局集团有限公司 中铁十八局集团第二工程有限公司 天津送变电工程公司 广东火电工程总公司 吉林省电力建设总公司 内蒙古送变电有限责任公司 中铁十三局集团第五工程有限公司 河南第二火电建设公司 上海腾发建筑工程有限公司 阜新鼎兴电力安装（集团）有限公司 北京城建三建设集团公司 北京城建九建设工程有限公司 东北电业管理局送变电工程公司 河南中天风电安装有限公司 中电大型设备安装工程有限公司 中国石油天然气第七建设公司 广东力特工程机械有限公司 黑龙江省安装工程公司 中铁二十二局集团电气化工程有限公司 上海励志工程建设有限公司
44	中电投上海漕泾电厂 2×1000MW 工程	上海电力建设有限责任公司 浙江省火电建设公司 上海市机械施工有限公司 上海电力安装第二工程公司 上海市基础工程公司
45	绥中发电厂二期 2×1000MW 工程	上海电力建设有限责任公司 东北电业管理局第一工程公司 东北电管局第四工程公司 东北电业管理局烟塔工程公司
46	河北国华定洲发电厂二期 2×660MW 工程	河北省电力建设第一工程公司 北京电力建设公司
47	福建莆田燃气电厂 4×350MW 新建工程	山东电力建设第三工程公司 广东火电工程总公司
48	广东大唐潮州三百门电厂 3、4 号 2×1000MW 机组工程	广东火电工程总公司 浙江省火电建设公司
49	大唐哈尔滨第一热电厂 2×300MW 新建工程	黑龙江省火电第三工程公司 黑龙江省火电第一工程公司 东北电业管理局烟塔工程公司 大唐环境科技工程有限公司
50	永昌电厂“上大压小”2×300MW 改扩建工程	甘肃火电工程公司 东北电业管理局第二工程公司 甘肃第一建设集团有限责任公司

续表

序号	工程名称	施工单位
51	华能九台电厂一期2×660MW工程	黑龙江火电建设第三工程公司 东北电业管理局第四工程公司 吉林省电力建设总公司 东北电业管理局第三工程公司
52	华能长春热电厂2×350MW机组新建工程	东北电业管理局第三工程公司 江西火电建设公司 吉林省电力建设总公司 河南省第二建设集团有限公司 中国大唐集团科技工程有限公司
53	华能金陵电厂二期1000MW工程一号机组	浙江省二建建设集团有限公司 江苏省电力建设第一工程公司 上海电力建筑工程公司 上海市基础工程公司 江苏省电力建设第三工程公司 中交第三航务工程局有限公司
54	华能井冈山电厂二期2×660MW扩建工程	江西省水电工程局 北京电力建设公司 浙江省火电建设公司 江西省火电建设公司 河南省第二建设集团有限公司 江西地方铁路开发公司
55	江苏大唐吕四港电厂4×600MW"上大压小"新建工程	江苏省电力建设第一工程公司 江苏省电力建设第三工程公司 北京电力建设公司 上海市基础工程公司
56	华能白杨河电厂2×300MW"上大压小"供热机组工程	山东电力建设第一工程公司 河南省第二建设集团有限公司 东北电业管理局第二工程公司 浙江浙大网新机电工程有限公司
57	马鞍山当涂发电有限公司一期2×660MW工程	安徽电力建设第一工程公司 江苏省电力建设第三工程公司 安徽电力建设第二工程公司
58	河南漯河热电厂2×300MW新建工程	山东电力建设第二工程公司 河南第二火电建设公司 中国华电工程（集团）重工装备有限公司 四川电力建设三公司
59	中电投江西新昌电厂"上大压小"新建2×660MW工程	江西省水电工程局 湖南省火电建设公司 江西省火电建设公司 北京电力建设公司 中国核工业第二建设有限公司 江西省第二建筑工程公司 中电投远达环保工程有限公司
60	国投北疆发电厂一期2×1000MW工程	天津电力建设公司 山东电力建设第二工程公司 山东电力建设第一工程公司 东北电业管理局第一工程公司
61	天津军粮城发电厂五期2×350MW扩建工程	东北电业管理局第一工程公司 河北省电力建设第二公司 中国建筑第六工程局有限公司 天津电力建设公司 中国华电工程(集团)有限公司 中铁六局集团天津铁路建设有限公司 北京铁路局天津工程项目管理部
62	神华神东电力郭家湾2×300MW发电工程	山东电力工程咨询院有限公司 山东电力建设第二工程公司
63	华能平凉电厂二期2×600MW机组空冷岛设备安装工程	甘肃火电工程公司
64	华能长春生物质热电厂新建2×15MW工程	东北电力设计院 中国十五冶金建设有限公司 迪尔集团有限公司
65	神华神东上湾2×150MW煤矸石发电工程	山东电力工程咨询院有限公司 山西省电力公司建设三公司 东北电业管理局第四工程公司 内蒙古第一电力建设工程有限责任公司 榆林神东矿山工程建设有限公司
66	中电投南阳方城风电场一期23.25MW工程	河南三建建设集团有限公司 中国建筑第二工程局第二建筑工程公司 中电投电力检修工程有限公司 中建七局安装工程有限公司 南阳飞龙电力集团有限公司 河南第二火电建设公司 新疆鑫风安装工程有限公司
67	唐山郭家屯220kV变电工程	唐山建设集团有限责任公司 北京送变电公司
68	港东220kV变电站工程	秦皇岛福电实业集团有限公司 天津电建公司
69	黄河乌金峡140MW水电站工程	中国水利水电第三工程局 中国水利水电第七工程局

注　序号63～69为中小型项目。

电 源 建 设 工 程

2011 年水电、火电新投产重点项目

序号	项目名称	建设地址	机组类型	台数（台）	容量（万 kW）	投产时间（月）
1	三峡地下电站项目	湖北省宜昌市	水电	4	280	5、7、12
2	金安桥水电站	云南省丽江市	水电	3	180	3、5
3	银盘水电站工程	重庆市武隆县	水电	4	60	12
4	草街水电站	重庆市合川区草街镇	水电	4	50	10
5	四川泸定水电站	四川省甘孜州泸定县	水电	2	46	10
6	功果桥水电站	云南省大理州	水电	2	45	10、12
7	西龙池抽水蓄能电站	山西省忻州市	水电	2	60	6、9
8	四川大渡河深溪沟水电站	四川省雅安市	水电	2	33	6
9	蒲石河抽水蓄能电站	辽宁省丹东市	水电	1	30	12
10	宝泉抽水蓄能电站	河南省辉县市	水电	1	30	6
11	惠州抽水蓄能电站工程	广东省惠州市	水电	1	30	7
12	响水涧抽水蓄能电站	安徽省芜湖市	水电	1	25	12
13	徐州发电厂一期项目	江苏省徐州市北郊茅村	火电	2	200	12
14	嘉兴发电厂三期工程	浙江省嘉兴市	火电	2	200	6、10
15	上都电厂三期	内蒙古锡林郭勒盟	火电	2	132	8、12
16	广东粤电汕尾电厂“上大压小”3、4号机组	广东省汕尾市	火电	2	132	5
17	宁夏京能宁东发电有限责任公司水洞沟电厂一期工程	宁夏回族自治区灵武市临河工业园 A 区	火电	2	132	3、6
18	菏泽项目	山东省菏泽市	火电	2	120	4、10
19	岳阳电厂三期	湖南省岳阳市	火电	2	120	1、7
20	恒益项目	广东省佛山市	火电	2	120	7、10
21	四川珙县电厂	四川省宜宾珙县孝儿镇	火电	2	120	2、8
22	兴义发电厂	贵州省兴义市	火电	2	120	5、12
23	宁夏灵武二期	宁夏回族自治区灵武市	火电	1	106	4
24	海门一期 3、4 号机组	广东省海门市	火电	1	103.6	1
25	江苏谏壁“上大压小”工程	江苏省镇江市	火电	1	100	5
26	铜陵皖能 1×100 万 kW“上大压小”项目	安徽省铜陵市	火电	1	100	5
27	惠东平海电厂一期 1、2 号机组	广东省惠州市	火电	1	100	4

续表

序号	项目名称	建设地址	机组类型	台数（台）	容量（万 kW）	投产时间（月）
28	威海三期	山东省威海市	火电	1	68	1
29	左权电厂一期	山西省晋中市	火电	1	67.3	1
30	福建南埔二期	福建省泉州市	火电	1	67	12
31	合山 1×60 万 kW“上大压小”工程	广西壮族自治区合山市	火电	1	67	12
32	江苏望亭油改煤项目	江苏省苏州市相城区	火电	1	66	7
33	射阳港电厂 2×66 万 kW 超超临界燃煤发电机组工程	江苏省射阳县	火电	1	66	10
34	安徽芜湖五期项目	安徽省芜湖市	火电	1	66	12
35	景德镇“上大压小”扩建项目	江西省景德镇市	火电	1	66	5
36	湖南宝庆新建	湖南省邵阳市	火电	1	66	12
37	广西南宁新建（投一台）	广西壮族自治区南宁市	火电	1	66	12
38	陕西宝鸡二电厂扩建	陕西省宝鸡市	火电	1	66	12
39	秦岭 7 号机组	陕西省华阴市	火电	1	66	12
40	鸳鸯湖电厂 2 号机组	宁夏回族自治区银川市	火电	1	66	6
41	江西贵溪“上大压小”扩建项目	江西省鹰潭市	火电	1	64	7
42	天津渤海化工集团天津碱厂	天津市	火电	1	60	4
43	西山煤电古交新能电厂	山西省太原市	火电	1	60	6
44	鲁能河曲电厂 3 号机组	山西省河曲县	火电	1	60	8
45	西山煤电古交新能电厂	山西省太原市	火电	1	60	3
46	伊敏电厂三期	内蒙古呼伦贝尔市	火电	1	60	1
47	鄂温克发电厂 1 号机组	内蒙古呼伦贝尔鄂温克旗	火电	1	60	11
48	燕山湖发电厂新建工程	辽宁省朝阳市	火电	1	60	12
49	辽宁清河二期项目	辽宁省铁岭市	火电	1	60	11
50	大唐鸡西 B 厂工程	黑龙江省鸡西市	火电	2	60	10
51	孟津电厂 2 号机组	河南省洛阳市孟津县	火电	1	60	8
52	孟津电厂 1 号机组	河南省洛阳市孟津县	火电	1	60	2
53	登封二期扩建项目	河南省登封市	火电	1	60	12
54	调顺电厂 2 号机组	广东省湛江市	火电	1	60	9
55	调顺电厂 1 号机组	广东省湛江市	火电	1	60	8
56	四川福溪火电项目	四川省宜宾市	火电	1	60	10

2011年在建部分重点电源项目

序号	项目名称	类别	建设地址	机组类型	在建规模	
					台数（台）	容量（万kW）
1	金沙江溪洛渡工程项目	上年结转	云南昭通市、四川凉山州	水电	18	1386
2	金沙江向家坝工程项目	上年结转	云南昭通市、四川宜宾市	水电	8	640
3	糯扎渡水电站	当年新开工	云南省普洱市	水电	9	585
4	四川锦屏二级	上年结转	四川省凉山州盐源、木里、冕宁三县交界	水电	8	480
5	三峡地下电站项目	上年结转	湖北省宜昌市	水电	2	140
6	四川锦屏一级	上年结转	四川省凉山州盐源县	水电	6	360
7	四川大渡河大岗山水电站	上年结转	四川省雅安	水电	4	260
8	长河坝水电站	上年结转	四川省甘孜州康定县	水电	4	260
9	四川官地	上年结转	四川省凉山州西昌市	水电	4	240
10	金安桥水电站	上年结转	云南省丽江市	水电	1	60
11	云南金沙江中游阿海	上年结转	云南省丽江市	水电	5	200
12	浙江仙居抽水蓄能电站	上年结转	浙江省台州市	水电	4	150
13	清远抽水蓄能工程	上年结转	广东省清远市	水电	4	128
14	内蒙古呼和浩特抽水蓄能电站	上年结转	内蒙古呼和浩特市	水电	4	120
15	蒲石河抽水蓄能电站	上年结转	辽宁省丹东市	水电	1	30
16	仙游抽水蓄能电站	上年结转	福建省莆田市	水电	4	120
17	江西洪屏抽水蓄能电站	上年结转	江西省靖安县	水电	4	120
18	深圳抽水蓄能蓄工程	当年新开工	广东省深圳市	水电	4	120
19	贵州乌江沙沱水电站	上年结转	贵州省沿河县	水电	4	112
20	嘉陵江亭子口水利枢纽	上年结转	四川省广元市	水电	4	110
21	响水涧抽水蓄能电站	上年结转	安徽省芜湖市	水电	3	75
22	四川泸定水电站	上年结转	四川省泸定县	水电	2	46
23	功果桥水电站	上年结转	云南省大理州	水电	2	45
24	四川大渡河黄金坪水电站	上年结转	四川省康定县	水电	6	85
25	托口水电项目	上年结转	湖南省怀化市	水电	6	83
26	岩滩水电站扩建工程	上年结转	广西壮族自治区大化县	水电	2	60
27	四川桐子林	上年结转	四川省盐边县	水电	4	60
28	马马崖水电站	上年结转	贵州省关岭县	水电	3	54
29	藏木水电站	上年结转	西藏自治区山南地区	水电	6	51
30	四川木里河卡基娃水电	上年结转	四川省木里藏族自治县	水电	6	45
31	毛尔盖水电站	上年结转	四川省阿坝州	水电	3	42
32	白市水电项目	上年结转	贵州省天柱县	水电	3	42
33	沙湾项目	上年结转	四川省凉山州	水电	4	28
34	南通电厂三期	当年新开工	江苏省南通市	火电	2	210

续表

序号	项目名称	类别	建设地址	机组类型	在建规模	
					台数（台）	容量（万 kW）
35	徐州发电厂一期项目	当年新开工	江苏省徐州市	火电	2	200
36	江苏华电句容项目	当年新开工	江苏省句容市	火电	2	200
37	浙江浙能舟山六横电厂	当年新开工	浙江省舟山市	火电	2	200
38	山东莱州一期	上年结转	山东省莱州市	火电	2	200
39	湖北汉川三期	上年结转	湖北省汉川市	火电	2	200
40	湖北二期	上年结转	湖北省赤壁市	火电	2	200
41	贺州项目	上年结转	广西壮族自治区贺州市	火电	2	200
42	左权电厂一期	当年新开工	山西省晋中市	火电	1	67
43	烟台八角电厂“上大压小”工程	上年结转	山东省烟台市	火电	2	134
44	江西九江四期“上大压小”	上年结转	江西省九江市	火电	2	132
45	湖南宝庆新建	上年结转	湖南省邵阳市	火电	1	66
46	广西南宁新建（投一台）	上年结转	广西壮族自治区南宁市	火电	1	66
47	陕西宝鸡二电厂扩建	上年结转	陕西省宝鸡市	火电	1	66
48	河北建投沙河发电公司	上年结转	河北省邢台市	火电	2	120
49	山西霍州“上大压小”	上年结转	山西省临汾市	火电	2	120
50	山西神头“上大压小”项目	当年新开工	山西省朔州市	火电	2	120
51	大板电厂新建工程	上年结转	内蒙古赤峰市	火电	2	120
52	燕山湖发电厂新建工程	上年结转	辽宁省朝阳市	火电	1	60
53	皖能马鞍山公司“上大压小”扩建工程	上年结转	安徽省马鞍山市	火电	2	120
54	登封二期扩建项目	上年结转	河南省登封市	火电	1	60
55	岳阳电厂三期	上年结转	湖南省岳阳市	火电	2	120
56	恒益项目	当年新开工	广东省佛山市	火电	2	120
57	海门一期 3、4 号	当年新开工	江苏省海门市	火电	1	103.6
58	四川福溪火电项目	上年结转	四川省宜宾市	火电	1	60
59	贵州桐梓电厂	当年新开工	贵州省桐梓	火电	2	120
60	贵州清镇异地扩建	上年结转	贵州省清镇市	火电	2	120
61	云南镇雄电厂	上年结转	云南省昭通市	火电	2	120
62	江苏天生港	当年新开工	江苏省	火电	1	105
63	江苏新海电厂 100 万 kW“上大压小”工程	上年结转	江苏省连云港市	火电	1	100
64	铜陵皖能 1×100 万 kW“上大压小”项目	上年结转	安徽省铜陵市	火电	1	100
65	沁北电厂三期	上年结转	河南省济源市	火电	1	100
66	北京东北热电中心京能燃气热电厂工程	上年结转	北京市朝阳区	火电	1	90
67	北京草桥燃气联合循环热电厂二期工程	当年新开工	北京市丰台区	火电	1	90
68	吉林双辽二期扩建	上年结转	吉林省双辽市	火电	1	66

续表

序号	项目名称	类别	建设地址	机组类型	在建规模	
					台数（台）	容量（万 kW）
69	辽宁红沿河核电厂一期工程	上年结转	辽宁省大连市	核电	4	447.52
70	三门核电一期工程	上年结转	浙江省三门市	核电	2	250
71	秦山一期扩建工程	上年结转	浙江省嘉兴市	核电	2	200
72	福清核电项目二期工程	上年结转	福建省福清市	核电	2	216
73	福清核电项目一期工程	上年结转	福建省福清市	核电	2	216
74	宁德核电一期工程	上年结转	福建省宁德市	核电	4	435.6
75	山东海阳核电项目（含3、4号）	上年结转	山东省烟台市	核电	2	250
76	阳江核电站项目	上年结转	广东省阳江市	核电	3	325.8
77	台山核电站一期工程	上年结转	广东省江门市	核电	2	350
78	广西防城港核电项目	上年结转	广西壮族自治区防城港市	核电	2	200
79	海南昌江核电厂	上年结转	海南省昌江县	核电	2	130

中国首个高倍聚光太阳能发电站并网发电

2011年1月，由青岛哈工太阳能股份有限公司建设的200kW高倍聚光太阳能示范电站并网发电。这是国内第一个按照商业化运营建设，且并网发电、投入运营的高倍聚光太阳能电站，也是目前国内转换效率最高的并网太阳能发电站。

高倍聚光太阳能发电技术被称为第三代太阳能发电技术，与目前广泛采用的晶体硅、薄膜太阳能发电技术相比，具有发电成本低、土地使用面积少、发电效率高、工作温度宽、能量偿还时间短、效率可持续提升等优势。

青岛哈工太阳能公司的这一发电系统采用光学组件将阳光聚集到面积小的高效率三结砷化镓太阳能电池面上，聚光倍数高达500倍以上；大功率跟踪控制技术控制精度可达0.1°；能对风速进行精确测量，抗风能力强，这些技术都达到了国内领先和国际先进水平。

1月15日，国家计量科学院鉴衡认证中心太阳能认证部为电站颁发了国内第一个“200kW金太阳认证高倍聚光光伏示范电站”牌匾。

世界首台AP1000核电机组压力容器完成吊装

2011年9月22日，作为中国第三代核电自主化依托项目、世界首台AP1000核电机组，中核集团三门核电1号机组反应堆压力容器成功吊装，表明三门核电工程进入到关键主设备安装阶段。

压力容器被誉为核电站的“心脏”，是核电站数万套设备中最关键的设备之一。它位于反应堆厂房中心，能够包容和支撑反应堆堆芯。AP1000压力容器必须能够保证安全使用60年。由于其特殊位置和作用，还被称为核电站最重要的一道安全屏障。

三门核电工程采用土建、安装、调试等工序进行深度交叉作业提高施工效率，缩短工期。反应堆厂房内部本身结构复杂，对压力容器吊装作业技术要求极高。

业主单位中核集团三门核电有限公司协同核岛承包方国家核电技术公司所属的国核工程有限公司、建设方中国核工业第五建设有限公司对吊装方案进行了反复论证和优化。国家核安全局组织专家对吊装方案进行了多次审核。吊装过程中，参建各方精心组织吊装作业，确保了吊装过程的安全无误。

三门核电工程是国务院于2004年7月21日批准实施的首个国家核电建设自主化依托项目。2004年9月1日，国家发改委批复三门核电一期工程项目建议书，批准三门核电按6台百万千瓦级核电机组规划建设，一期工程建设2台，并明确将通过招标引进国际上先进的第三代压水堆核电技术。

华能秦岭电厂安装国内首台国产化总线控制系统

2011年12月26日，华能陕西秦岭电厂四期扩建工程 7 号机组正式投产发电。

秦岭电厂现装机容量 132 万 kW，由华能集团公司投资建设的四期扩建工程建设 2 台 66 万 kW 超临界间接空冷机组，投资额约 47 亿元，7 号机组于 2010 年 3 月开工建设，同步建设脱硫、脱硝装置。工程是华能首个集空冷塔、烟囱、脱硫塔为一体的“三塔合一”工程。塔高 179.8m，是亚洲最高的冷却塔，具有烟气排放指标好、占地面积少、工程造价低等特点。

该工程是国内首台采用国产现场总线控制的燃煤电厂，电厂主辅机控制系统全面采用西安热工研究院研发的具有自主知识产权的 FCS165 现场总线控制技术，实现了大容量火电机组数字化控制、监视、管理的自动化。在电厂信息化管理、实时诊断、运行维护、节省投资等方面具有显著的优越性，技术达到国际先进水平。

华电宁夏灵武发电有限公司二期空冷机组工程

2011 年 4 月 25 日，华电宁夏灵武发电有限公司二期工程 4 号机组顺利通过 168h 满负荷试运行，国家“西电东输”重点电源支撑项目——灵武二期 2×1060MW 工程胜利竣工。至此，华电灵武公司装机容量跃至 3320MW，成为全国最大的空冷发电公司。

该工程建设安装具有国内独立知识产权的 2 台全球首套百万千瓦超超临界空冷机组，是中国百万千瓦机组空冷技术装备自主国产化示范项目。工程同步建设烟气脱硫装置和烟气脱硝装置，具有节水环保、高效节能等显著特点，与湿冷机组相比，节水率可达 80%，年节水量达 2600 万 t，相当于近 80 万人一年的用水量。工程自 2009 年 3 月 16 日开工建设以来，3 号机组作为全球首台百万千瓦空冷机组，创造了国产化程度最高、整体质量最优、节能环保性能最好、工程建设时间最短等多个国内第一，改变了中国空冷机组技术、设备依赖进口的历史。

江苏华电句容发电有限公司一期工程

江苏华电句容发电有限公司规划建设 4 台 1000MW 超超临界燃煤机组。一期工程建设 2 台 1000MW 机组，2011 年 8 月举行项目建设开工典礼，计划于 2013 年实现投产。该项目计划静态投资约 74.32 亿元，总投资约 78.9 亿元。项目采用超超临界燃煤发电技术，同步安装脱硫、脱硝装置，年发电量将达到 100 亿 kWh。该项目是目前国内单机容量等级最高、效率最优、各类设计参数均达国内领先水平的机组。其供电煤耗国内最低，设计供电煤耗低于 280g/kWh，比全国同类型机组平均煤耗低 8g/kWh 左右，两台机组 2011 年可节省标准煤约 9 万 t。

作为国家能源局选定的国产化示范项目，所有主辅机全部使用国产设备，其中，作为超超临界火电机组关键阀门国产化示范项目，机组改变了高端阀门采购和应用长期依赖进口的历史，可降低造价上千万元。在国内首次应用“移动电极”技术的除尘系统，使烟粉尘排放浓度降低到 30mg/m^3，每年可减少烟尘排放量 370 余 t。同时，该项目循环利用效率最优。充分利用周边大型建材、化工企业对供热、粉煤灰、脱硫石膏等需求，实现灰水零排放和发电副产品 100%循环利用，开创并形成句容临港煤炭—发电—供热、其他副产品能源综合利用的特色产业规模，实现企业社会多赢。

国电猴子岩水电站工程

国电猴子岩水电站位于四川省甘孜藏族自治州康定县境内，是大渡河干流规划 3 库 22 级的第 9 级电站，上游接丹巴水电站，下游接长河坝水电站，坝址上游距丹巴县城 47km，下游距泸定县城约 89km。坝址控制流域面积 54 036km^2，占全流域面积的 69.8%。坝址处多年平均流量 774m^3/s。

猴子岩水电站是一座以发电为主的特大型水电工程。水库正常蓄水位 1842.00m，相应库容 6.62 亿 m^3，总库容 7.06 亿 m^3，死水位 1802.00m，调节库容 3.87 亿 m^3，具有季调节性能。电站装机容量 1700MW（425MW×4 台），单独运行多年平均年发电量 70.15 亿 kWh，上游双江口水库形成后多年平均年发电量 73.64 亿 kWh。枢纽建筑物主要由混凝土面板堆石坝、两岸泄洪及放空建筑物、右岸地下引水发电系统等组成，面板堆石坝最大坝高 223.5m。

猴子岩水电站工程于 2007 年筹建动工，2011 年 4 月完成河道分流，计划 2016 年底首台机组投产发电，2017 年全部机组投产发电。

中国首例槽式太阳能热发电中试装置并网试运

2011 年 6 月 13 日，国电青松吐鲁番新能源有限公司 180kW 太阳能热发电中试装置成功实现并网试运，标志着国电集团公司在新疆太阳能热发电领域实现零的突破。

吐鲁番槽式太阳能聚热发电项目在国内尚属首例。该项目计划按照中试装置—示范电站—规模开发的技术研究路线实施开发，先期进行 180kW 中试装置的建设，于 2009 年 8 月开工建设，集热器 24 台，总集热面积 1728m^2，项目将为太阳能槽式聚光热发电站大规模商业化运行提供技术依据和参考。

龙源如东 150MW 海上示范风电项目

龙源如东 150MW 海上示范风电项目场址位于江苏如东环港至小洋口海堤外侧潮间带区域，是国内首个海上示范风电场项目。项目首期 100MW 于 2011 年 6 月开工，2011 年 12 月投产，至此龙源建成国内最大海上风电场；后续 50MW 工程将于 2012 年 9 月底建成投产。项目全部竣工投产后，每年将为当地提供清洁能源 37 481 万 kWh，年上网等效系数 2499h，与同等规模的燃煤发电厂相比，每年可节约标准煤 10.99 万 t，节约水资源约 105 万 t，减排二氧化碳 24.7 万 t，经济、生态和社会效益明显。

中国首座核电站实验快堆成功并网发电

2011 年 7 月 21 日 10 时，中国第一个由快中子引起核裂变反应的中国实验快堆成功实现并网发电。这一国家“863”计划重大项目目标的全面实现，标志着列入国家中长期科技发展规划前沿技术的快堆技术取得重大突破。这也标志着中国在占领核能技术制高点，在建立可持续发展的先进核能系统上跨出了重要的一步。

中国实验快堆是中国快中子增殖反应堆（快堆）发展的第一步。该堆采用先进的池式结构，核热功率 65MW，实验发电功率 30MW，是目前世界上为数不多的大功率、具备发电功能的实验快堆，其主要系统设置和参数选择与大型快堆电站相同。实验快堆充分利用固有安全性并采用多种非能动安全技术，安全性已达到第四代核能系统要求。

快中子反应堆是世界上第四代先进核能系统的主力堆型，代表了第四代核能系统的发展方向。以快堆为牵引的先进核燃料循环系统具有两大优势：一是能够大幅度提高铀资源的利用率，可将天然铀资源的利用率从目前在核电站中广泛应用的压水堆的约 1%提高到 60%以上；二是可以嬗变压水堆产生的长寿命放射性废物，实现放射性废物的最小化。快堆技术的发展和推广，对促进中国核电可持续发展和先进燃料循环体系的建立，对核能的可持续发展具有重要意义。

目前，中国全面掌握了快堆技术，取得了一大批自主创新成果和专利，实现了实验快堆的自主研究、自主设计、自主建造、自主运行和自主管理，形成了完整的研发能力，并培养了一批优秀的技术人才队伍。在此基础上，中核集团公司已经着手研发百万千瓦级商用快堆电站技术。

中广核岭澳核电站二期全面建成投运

2011 年 8 月 7 日，大亚湾核电基地岭澳核电站二期 2 号机组完成 168h 稳定运行，各项技术指标符合设计要求，经电网确认，比计划提前 8 天正式投入商业运行。至此，大亚湾核电基地在运核电机组数量由 5 台增至 6 台，以总装机 610.8 万 kW、年发电量超过 450 亿 kWh，成为目前中国最大的核电基地。

岭澳二期拥有 2 台百万千瓦级压水堆核电机组，采用自主品牌核电技术 CPR1000 建设，是中国“十五”期间唯一开工建设的核电自主化依托核电项目，也是“十二五”期间首台建成投产的百万千瓦级核电机组。

2011 年 1 月 6 日，岭澳二期 2 号机组堆芯首次装料；2 月 25 日，首次成功临界；5 月 3 日，首次并网成功；7 月 23 日，该机组核反应堆功率首次提升至满功率平台，调试工作进展顺利。

岭澳二期 2 号机组商运后，大亚湾核电基地年发电量相当于香港特别行政区全年用电量，可满足 1875 万个家庭 1 年的基本用电需求。同时，大亚湾核电基地供应环保、清洁电力的优势将得到充分体现：6 台百万千瓦级核电机组每年可减少标准煤消耗约 1530 万 t，减少向环境排放二氧化碳约 4400 万 t，二氧化硫约 23 万 t，氮氧化物约 18 万 t，环保效益相当于种植了近 30 万公顷的森林。

中国电建集团四川雅砻江官地水电站

2011 年 11 月 5 日，经过中国电建集团广大设计者、建设者近 5 年的艰苦奋战，四川雅砻江官地水电站成功下闸蓄水，标志着水电站主体工程即将全面完工，为发电目标的提前实现奠定了坚实基础。

官地水电站位于四川省凉山彝族自治州西昌市和盐源县交界处，是雅砻江水电基地下游卡拉至江口河段规划的5个梯级水电站之一，是国家实施西部大开发战略的标志性重大项目。主体设计单位为中国电建所属水电顾问集团成都勘测设计研究院。水电站装机容量240万kW，水电站枢纽由拦河大坝、泄洪消能系统、右岸地下厂房等建筑物组成。大坝为碾压混凝土重力坝，最大坝高168m，最大坝底宽153.2m，坝顶轴线长516m，整个坝体共24个坝段，混凝土浇筑总量约360万m^3。中国电建所属水电四局和水电十一局组成的“四一一”联营体承建了大坝主体工程，水电十一局承建了其中的12个坝段，同时还承建了金属结构安装、基础处理、锚索、拌和厂安装运行等工程。创造了日浇筑混凝土1.16万m^3、月浇筑混凝土15.23万m^3、年浇筑混凝土104万m^3的好成绩，混凝土成功取芯18.28m，涉及下闸蓄水30个分部工程验收优良率达到100%，工程施工按期具备下闸蓄水条件。

中国电建所属水电四局、六局、七局、八局、十一局、十二局6家单位承建了电站地下厂房、大坝、机组安装、导流洞、砂石系统等工程，成为工程建设的主力军。

中国电建集团南水北调东线穿黄隧洞工程

2011年11月10日，中国电建集团承建的南水北调东线穿黄隧洞主体工程胜利完工。穿黄隧洞工程是南水北调东线的关键控制性项目，工程开挖洞径8.9～9.5m，洞长585.38m。隧洞为有压圆形隧洞，采用钢筋混凝土衬砌，内径7.50m，设计规模100 m^3/s。该工程在黄河主河槽隐伏山梁下穿过，最大埋深达70m，岩石最小厚度38.53m。穿黄深洞勘察揭露断层14条，岩层较风化，构造裂隙发育，黄河水、孔隙水和岩溶裂隙水“三水连通”，地质条件复杂、安全隐患多、工程技术难度大，尤其是斜井段衬砌，成功采用针梁钢模台车，斜井坡度20°，是目前国内坡度最大的斜井，施工技术国内领先。

澜沧江下游糯扎渡水电站

中国电建所属水电顾问集团设计的糯扎渡电站是澜沧江下游水电核心工程，也是实施“西电东送”及“云电外送”的主要电源点之一。电站拦河坝为心墙堆石坝，最大坝高261.5m，居同类坝型世界第三，国内第一。总库容227.41亿m^3，电站总装机容量585万kW，保证出力为240kW，多年平均发电量239.12亿MWh。核准批复电站概算总投资为350亿元。

工程于2004年4月正式开工，2007年11月4日实现大江截流，2011年10月22日，大坝整体填筑至750m高程，提前一年达到下闸蓄水要求。计划于2012年首台机组发电，2014年机组全部投产。

中国能建集团承建的世界上规模最大的风光储输示范工程投产

2011年12月25日，集团公司承建的世界上规模最大，集风电、光伏发电、储能、智能输电于一体的新能源综合利用平台——国家风光储输示范工程在河北省张北县建成投产。该工程位于张家口市张北县和尚义县境内，规划建设50万kW风电场、10万kW光伏发电站和11万kW储能电站，总体规划用地约7500亩，总投资近120亿元。工程一期建成风电10万kW、光伏发电4万kW、储能2万kW，配套建设风光储联合控制中心及一座220kV智能变电站，占地2641亩，投资约33亿元。在工程建设中，集团公司所属天津电力建设公司针对现场施工地区地形、地质条件复杂的特点，聘请地质专家，联合工程管理人员与施工队伍，提前制定针对性的施工方案，采用潜孔钻机实现了在狭窄的区域内的快速钻孔作业，比人工开挖钻孔效率提高50～100倍。

电 网 建 设 工 程

2011年投产的部分重点输变电建设项目

序号	项目名称	所在地	电压等级(kV)	规模	
				线路长度(km)	变电容量(万kVA、万kW)
1	晋东南—南阳—荆门特高压交流试验示范扩建工程	湖北—河南—山西	1000	1.43	1200
2	宁东直流工程	宁夏—山东	±660		400
3	三沪二回直流输电工程	湖北—上海	±500		600
4	青海—西藏直流联网工程	青海—西藏	±400	1038	120
5	750kV延安输变电工程	陕西	750	346.2	210
6	玛纳斯—乌北输变电工程	新疆	750		100
7	吐鲁番—库尔勒输变电工程	新疆	750	337	150
8	西宁—日月山—乌兰—柴达木输变电工程	青海	750	1422	210
9	陕西750kV榆横输变电工程	陕西	750	540	210
10	唐山北输变电工程	河北	500	92	240

2011年在建部分重点输变电建设项目

序号	项目名称	类别	所在地	电压等级(kV)	规模	
					线路长度(km)	变电容量(直流输电容量)(万kVA、万kW)
1	淮南—上海特高压交流输电工程	当年新开工	上海—安徽	1000	1312	2100
2	锦屏—苏南特高压直流工程	上年结转	四川—江苏	±800	2090	1440
3	中俄直流背靠背联网工程	上年结转	黑龙江	±500	5	150
4	云南普洱—广东江门±800kV直流输电工程	当年新开工	云南—广东	±800	1434	500

续表

序号	项目名称	类 别	所在地	电压等级(kV)	规 模	
					线路长度(km)	变电容量(直流输电容量)(万 kVA、万 kW)
5	溪洛渡右岸电站—广东双回±500kV 直流输电工程	当年新开工	云南—广东	±500	2×1251	640
6	赣州南输变电工程	当年新开工	江西	500	190	150
7	兰溪—信安输电线路工程	当年新开工	浙江	500	185.6	
8	扬州西输变电工程	当年新开工	江苏	500	178	200
9	岱山升压输变电工程	当年新开工	江苏	500	70.8	200
10	盐城北输变电工程	当年新开工	江苏	500	16.8	200
11	亭子口电站送出工程	当年新开工	四川	500	202	
12	抚顺输变电工程	当年新开工	辽宁	500	188	150
13	海淀输变电工程	当年新开工	北京	500	47	240
14	滦县输变电工程	当年新开工	河北	500	35	240

宁东—山东±660kV 直流输电示范工程

宁东—山东±660kV 直流输电示范工程是中国自主设计、研发和建设的直流输电工程。该工程于2011 年 2 月成功实现双极投运，线路全长 1333km，输送容量达到 400 万 kW，工程将宁东及西北地区电力集中输送至山东，对于构建现代能源综合运输体系，实现能源资源的大范围优化配置，促进区域经济协调发展，发挥了重要作用。

宁东—山东±660kV 直流输电示范工程主要包括银川东±660kV 换流站、青岛±660kV 换流站、宁东—山东±660kV 直流线路、银川东±660kV 换流站接地极及接地极线路、青岛±660kV 换流站接地极及接地极线路和配套光通信工程。

1. 银川东±660kV 换流站

银川东±660kV 换流站位于甘肃省银川市东南约 46km 的灵武市临河镇，与已投产的银川东 750kV 变电站同址建设。全站总征地面积 $27.91hm^2$，总建筑面积 22 $393m^2$。额定直流功率为 4000MW，额定直流电压±660kV，额定直流电流 3030A，换流变压器 14 台（2 台备用），每台容量 400MVA；低压电抗器 2×90Mvar，直流开关场主接线采用双极典型直流接线，换流阀组接线采用双极、每极一个 12 脉冲阀组的接线方式。换流变压器交流侧直接在站内接入银川东 750kV 变电站。750kV 出线远期 10 回，本期 6 回；220kV 出线远期 13 回，本期 7 回。

2. 青岛±660kV 换流站

青岛±660kV 换流站位于山东省青岛市东南约 46km 的胶州市胶西镇，与青岛 500kV 变电站同址同期建设。围墙内占地面积 $12.336hm^2$，总建筑面积 12 $508.6m^2$。额定输送容量 4000MW，额定直流电压为±660kV，额定直流电流 3030A。换流变压器（单相双绕组）14 台（其中 2 台备用相），每台容量 386.4MVA；直流开关场主接线采用双极典型直流接线，换流阀组接线采用双极、每极一个 12 脉冲阀组的接线方式。换流变压器交流侧直接接入青岛 500kV 变电站。500kV 出线远期 6 回，本期 5 回；220kV 出线远期 14 回，本期 8 回。

3. 宁东—山东±660kV 直流线路

宁东—山东±660kV 直流线路起于银川东±660kV换流站，止于青岛±660kV 换流站。线路全长 1333km，途经宁夏、陕西、山西、河北、山东 5 省（区）46 县。铁塔总数 2807 基，其中耐张塔 414 基，直线塔 2393 基。该线路工程宁夏段亘长 105.893km，铁塔总数 226 基；陕西段亘长 307.621km，铁塔总数 617 基；山西段亘长 304.742km，铁塔总数 616 基；河北段亘长 200.221km，铁塔总数 425 基；山西段亘长 414.751km，铁塔总数 923 基。全线路基础混凝土用量达 187 $677m^3$。线路沿线地形比例为：高山大岭 7.3%、一般山地 27.3%、丘陵 10.3%、平地 53.5%、沙漠 1.5%。线路经过区域最高海拔 1900m。

线路导线采用 4×JL/G3A-1000/45 型钢芯铝绞线，地线采用 JLB20A-150 型铝包钢绞线，全线架设

OPGW 复合光缆 1 根。

宁东—山东±660kV 直流线路黄河大跨越工程跨越点位于山东济阳，跨越段长度为 3.3km，采用“耐—直—直—直—耐”跨越方式，最大跨越档距 1260m。

4. 接地极线路及接地极

银川东±660kV 换流站接地极线路起点为银川东换流变电站，途经灵武市、盐池县，终点为位于盐池县东约 40km 高沙窝镇南的红柳沟接地极极址，线路全长约 63.93km，共设铁塔 160 基，其中共塔段为 80 基，新建段为 80 基，新建段中设直线塔 68 基，耐张塔 12 基。其中部分杆塔首次有效尝试采用格构式复合材料杆塔。

青岛±660kV 换流站接地极线路起点为青岛换流站，途经胶州市、高密市、诸城市，终点位于诸城峡山水库南部的接地极极址，线路全长 46.879km，共有铁塔 144 基，其中转角塔 19 基，直线塔 125 基。

5. 配套光纤通信工程

宁东—山东±660kV 直流输电示范工程配套光纤通信工程 OPGW 光缆长度为 1401.8km。全线共设光通信站 8 个，其中光纤中继站 6 个，分别是龙州（西北）、吕梁（山西）、左权（山西）、北张（河北）、德州（山东）和淄博（山西）。光缆容量以 24 芯为主，部分线路采用 36 芯。各中继站至线路交叉点的线路共 5 段，OPGW 光缆长度 69.1km。

宁东—山东±660kV 直流输电示范工程于 2008 年 12 月核准开工建设，2009 年 6、7 月两端换流站实质性开工，经过各参建单位和广大工程建设者历时 18 个月的艰苦奋战，2010 年 9 月 30 日完成线路全线架通，2010 年 11 月 8 日工程极Ⅰ系统投入试运行。2011 年 2 月 28 日工程双极正式投入商业运行。

工程首次独立实现了新电压等级直流系统的自主设计、自主研发、自主成套、自主建设和自主调试运行；在世界上首次成功研制出单台容量最大的换流变压器（403MVA）、容量最大的单 12 脉动换流阀（200 万 kW）、耐受电压最高的单 12 脉动换流阀组（660kV），丰富和完善了中国直流输电电压等级标准序列，提高了中国电网发展自主创新能力和电工装备制造核心竞争力。

葛沪直流综合改造（三沪Ⅱ回直流）及三峡地下电站送出工程

葛沪直流综合改造（三沪Ⅱ回直流）及三峡地下电站送出工程是为满足三峡地下电站送出需要，加大华中与华东联网规模，促进资源优化配置的关键工程。工程采用常规±500kV 直流输电技术，继承了三峡输变电工程建设的技术和经验，实现了直流设备 100%的国产化，首次尝试 2 个直流线路同杆并架和 3 个直流系统共用接地极技术，充分节约了土地资源，是技术先进、经济适用、环境友好型输电工程的典范和代表，是中国±500kV 直流输电工程历时 10 年技术引进、消化和创新的典范与代表。

一、葛沪直流综合改造（三沪Ⅱ回直流）工程

1. 工程概况

葛沪直流综合改造（三沪Ⅱ回直流）工程线路利用原葛洲坝—南桥直流输电线路老走廊通道进行线路改造，工程西起湖北荆门±500kV 换流站，东至上海枫泾±500kV 换流站，新建同塔双回直流线路 918km、新建单回直流线路 100km（其中 40km 与接地极线路同塔架设），线路途经湖北、安徽、浙江、江苏和上海 4 省 1 市，额定输送容量 3000MW，工程静态投资估算为 82.451 1 亿元，动态投资为84.230 4亿元。

2. 工程进度安排和实施

2008 年 12 月工程经国家发改委核准，2009 年 3 月线路工程正式进场开工并于 2010 年 4 月投运，有效支撑了上海世博会用电；2011 年 4 月，工程双极投运。

二、三峡地下电站送出工程

1. 工程概况

三峡地下电站送出 500kV 线路工程包括三峡地下电站至荆门换流站 500kV 线路工程、荆门换流站至荆门特高压站 500kV 线路工程、荆门 1000kV 变电站 500kV 间隔扩建工程 3 部分。

（1）三峡地下电站—荆门换流站 500kV 线路工程。该工程西起位于三峡大坝右岸的三峡地下电站 150 平台上的 500kV 升压站出线龙门架，终点为荆门换流站龙门架。工程分为一般线路和长江大跨越两个部分。其中一般线路Ⅰ回为单回路架设，全长 159.153km；一般线路Ⅱ、Ⅲ回为双回共塔设计，线路全长分别为 157.137、157.125km。长江大跨越单回线路为烟灯坡长江大跨越，线路长度为 1.454km；长江大跨越双回线路为黑岩子长江大跨越，线路长度为 1.827km。

（2）荆门换流站—荆门特高压站 500kV 线路工程。该工程起自荆门特高压站，止于荆门换流站，分为一条单回路和一条同塔双回路架设，单回线路全长 27.963km，双回线路全长 27.982km。

（3）荆门 1000kV 变电站 500kV 间隔扩建工程。该工程本期至荆门换流站方向扩建 3 回 500kV 出线间隔。

2. 工程进度安排和实施

三峡地下电站送出工程于2008年12月开工建设，荆门换流站—荆门特高压站500kV线路工程、荆门1000kV变电站500kV间隔扩建工程于2011年1月投入运行，三峡地下电站至荆门换流站500kV线路工程于2011年4月投入运行。

中俄直流背靠背联网工程

中俄直流背靠背联网工程作为国家电网公司第一个国际直流输电项目，是目前规划建设的中国从境外购电电压等级最高、容量最大的输电工程，是为贯彻落实国家能源"走出去"战略，促进中俄能源和经贸合作的重点项目。

1. 工程概况

中俄直流背靠背联网工程位于黑龙江省黑河市西南部约3km，属黑河市爱珲区幸福乡辖区。当地气候条件特殊，冬季严寒，最低温度达－44.5℃，冬季漫长且严寒干燥，夏季有效施工期短。黑河换流站容量1×750MW，中方侧500kV出线1回（至绥化变电站），俄方侧500kV出线1回；换流变压器6＋1台，平波电抗器2＋1台，中方侧交流滤波器2大组（10小组50Mvar），俄方侧交流滤波器2大组（10小组50Mvar），500kV主变压器1×360MVA，中方侧220kV出线2回（至黑河变电站），500kV高压并联电抗器1×210Mvar，35kV静止无功补偿装置（SVC）100Mvar［100Mvar固定电容器组（FC）＋100Mvar晶闸管控制电抗器（TCR）］。

中俄直流背靠背联网线路工程包括俄方侧线路和中方侧线路。俄方侧500kV阿黑线是中俄跨国联网线路，中方境内包括一般线路和黑龙江大跨越，线路全长8.429km。

2. 工程进度安排与实施

工程于2007年7月获得国家发改委核准，2007年7月12日正式开工建设，2008年7月直流区域暂停缓建，2009年1月26日中方侧交流部分正式投入运行。联网工程2011年5月复工建设，8月线路竣工，12月31日完成系统调试成功投入试运行。

3. 工程意义

工程的成功实施，促进了中俄双方地方经济发展、为扩大中俄两国间能源项目合作积累了成功经验，有利于中、俄两国经济发展和优势互补，促进两国能源工业、制造业的快速发展，具有现实的合作空间和重要的战略意义。

甘肃酒泉风电基地一期送出工程

酒泉风电基地一期送出工程是国家电网公司2011年重点工程之一，建设主要目的是为酒泉地区水电、火电、风电电量外送提供坚强的网架支撑。

1. 工程概况

酒泉风电基地一期送出工程主要项目包括酒泉750kV变电站扩建工程、安西750kV变电站扩建工程，金昌750kV变电站、酒泉750kV变电站、安西750kV变电站330kV配套送出工程，北大桥东、北大桥西、干河口东、干河口西、干河口北、桥湾、昌马风电送出等工程及新建330kV线路。

安西750kV变电站扩建6回330kV出线间隔，酒泉750kV变电站扩建1组330kV60Mvar高压并联电抗器，玉门镇330kV变电站扩建1台240MVA主变压器及1回330kV出线间隔，瓜州330kV变电站扩建1回330kV出线间隔。新增电气设备均采用通用设备，330kV断路器采用瓷柱式SF_6断路器。

新建北大桥东风电场—瓜州变电站、北大桥西风电场—安西变电站、昌马风电场—玉门镇变电站、玉门镇—瓜州330kV线路Ⅱ接入安西变电站、干河口东风电场—安西变电站、干河口西风电场—安西变电站、干河口北风电场—安西变电站、北大桥东风电场—瓜州变电站、瓜州—玉门镇330kV线路Ⅱ接入安西变电站，高台—嘉峪关Ⅰ、Ⅱ回330kV线路Ⅱ接入酒泉变电站，金昌—凉州Ⅰ、Ⅱ回330kV线路Ⅱ接入金昌变电站，永昌电厂—双湾双回330kV线路Ⅱ接入金昌变电站等330kV输电线路工程共259.9km；铁塔704基，均采用通用设计模块；导线采用LGJ-300/40型钢芯铝绞线。

2. 工程进度安排与实施

工程自2010年5月相继开工，截至2011年5月30日全部竣工，2011年6月所有工程全部启动投运。工程参建单位有甘肃省电力公司酒泉超高压输变电公司、甘肃电力设计院、甘肃光明监理公司、甘肃送变电公司、甘肃倚能建设公司。

3. 工程特点及作用

河西酒泉风电基地一期送出工程的启动投运，对甘肃省酒泉地区新能源产业的发展起到非常重要的作用。2011年全市风电装机容量达到550万kW，新增330万kW，提前完成千万千瓦级风电基地一期516万kW目标。2011年全市新能源产业实现工业增加值60.05亿元，比2010年增长1.8倍，占全市34.7%。

宝泉抽水蓄能电站工程

宝泉抽水蓄能电站工程（简称宝泉工程）为国家重点工程，位于河南省辉县市境内，是一座日调节纯抽水蓄能电站。该电站位于电网负荷中心，承担调峰、填谷、调频、调相以及事故备用等任务。

1. 工程概况

宝泉抽水蓄能电站总装机容量120万kW，装设4台单机容量为30万kW的立轴单级混流可逆式水泵水轮机—发电电动机机组。电站静态总投资37.32亿元，动态总投资43.27亿元。

电站前期工程于2003年3月28日开工建设，主体工程于2004年6月开工建设，第一台机组于2009年6月17日投入商业运行。2011年6月28日，宝泉抽水蓄能电站按照批准的设计规模和设计标准全部建成投产。

2. 工程特点

(1) 宝泉工程在主机设备招标过程中，采用统一招标、引进技术的全新模式进行国际招标采购。这种招标采购模式有利于提高国内设备厂家的设计、制造水平和市场竞争力，亦可降低电站运行成本，在中国水电建设史上尚属首次，被列为“十五”、“十一五”期间国家重大技术装备研制和开发项目。

(2) 宝泉工程首机首次启动采用水泵工况方式，在国内第一次从真正意义上实现了抽水蓄能电站首机首次水泵工况启动试验。取得发明专利一项（专利号：ZL200810231296.2），并荣获2011年度国家电网公司科技进步二等奖。

(3) 宝泉工程上水库采用沥青与黏土铺盖相结合的综合防渗方式，在国内尚属首例，推进了水库黏土防渗技术在中国的应用与发展。

(4) 宝泉工程上水库沥青混凝土防渗面板边坡坡比为1∶1.7，为国内最陡的坡度，施工难度极大。宝泉工程为国内首次选用中国施工企业进行水库沥青混凝土防渗面板施工。

(5) 宝泉工程主机设备均由法国ALSTOM提供，具备高水头、高转速、大容量的特点，机组额定水头510m，额定转速500r/min，额定容量334MVA。

(6) 宝泉工程引水系统钢管首次采用国内自行研制开发的800MPa高强钢板，降低工程造价。

建成后的宝泉抽水蓄能电站，优化了河南电力结构，缓解了用电紧张局面，并在1000kV特高压交流示范扩建工程大负荷试验和小浪底调沙中发挥了重要作用。

西龙池抽水蓄能电站工程

1. 工程概况

山西西龙池抽水蓄能电站位于山西省忻州市五台县神西乡滹沱河左岸，距电力负荷中心太原市直线距离100km。电站安装4台单级可逆混流式水泵水轮机，额定水头640m，最高扬程704m，总装机容量为1200MW，设计平均年发电量18.05亿kWh，设计平均年抽水电量24.07亿kWh，设计年发电利用小时数为1504h，设计抽水利用小时数为2006h。电站厂房为地下式，安装间设于厂房中间。输水系统采用一洞两机布置方式，尾水洞采用一机一洞布置方式。上库总库容为485.1万m^3，正常蓄水位为1492.5m；下水库总库容为502.99万m^3，正常蓄水位为838.0m。

2. 建设管理

重视关键路径主线，确保工程建设进度。建设过程中紧抓住地下厂房建设、机组安装这条主线，重视关键路径给按期发电可能带来的影响，根据工程建设需要三次调整项目建设进度计划，及时制订计划纠偏措施，保证了工程建设进度。

严格招投标程序，择优选择建设队伍。一是在招标文件审查前，对设计方案中的关键技术进行专题论证，确保技术经济性。二是对每份招标文件，均组织国内有丰富工程建设经验的专家进行审查把关，确保招标文件质量。三是在招标过程中，对每一个标段均严格按照招投标程序，本着公平、公正、公开的原则，择优选择参建队伍。

以科研试验为依托，进行关键技术决策。西龙池抽水蓄能电站建设技术要求高，涉及大量创新型关键技术，在项目可行性研究阶段，除委托设计单位进行常规试验研究外，还组织国内科研单位针对电站关键技术进行多项专题研究，为工程设计、建设实施等项目决策提供了技术依据。

重视征地移民工作，为工程建设提供进度保障。为确保西龙池抽水蓄能电站的征地移民工作在筹建期工程开工前完成，山西公司成立专门协调机构，积极与当地各级政府沟通协调，移民工作得到了各级政府部门的大力支持，进展顺利。移民后，移民生活水平比原先有了较大程度提高，实现了“移得出、稳得住、能致富”的目标，真正做到了政府满意和移民满意。

3. 建设意义

电站机组投产后，其运行方式灵活和反应快速的特点，在电网削峰填谷、调频调相、紧急事故备用和黑启动等方面发挥了重要作用，对保障电力系统安全、保证供电质量、促进社会和谐发展，促进资源节约、减少污染排放、提高电力系统运行的经济性等有着重要意义。特别是在2010年11月开始的电网特高压大负荷试验配合方面，充分体现了抽水蓄能机组负荷调节能力强、响应速度快、可靠性高、事故备用等特点，为电网的安全稳定运行作出了贡献。

4. 工程运行情况

西龙池抽水蓄能电站4台机组分别于2008年12月29日、2009年5月29日、2011年6月27日、2011年9月28日投产，运行状况良好。

重点750kV输变电工程

（一）西宁—日月山—海西—柴达木750kV输变电工程

西宁—日月山—海西—柴达木750kV输变电工程是国家实施西部大开发战略的23项重点工程之一，是公司贯彻落实中央第五次西藏工作座谈会精神的具体行动，也是国家电网公司“十二五”电网发展规划的重点项目。

1. 日月山750kV变电站

位于青海省湟中县通海镇以西，全站总征地面积16.9hm^2，本期新建1组2100MVA主变压器，750kV出线4回。建设业主：青海省电力公司；设计单位：西北电力设计院；施工单位：青海送变电工程公司；监理单位：中国电力建设工程咨询公司。

2. 西宁变电站五期扩建工程

位于西宁市湟中县上新庄乡祁家庄，本期扩建至日月山750kV变电站2个出线间隔。建设业主：青海省电力公司；设计单位：西北电力设计院；施工单位：青海送变电工程公司；监理单位：青海智鑫电力监理咨询有限公司。

3. 海西750kV开关站

本期750kV出线4回，750kV出线高压并联电抗器4组。建设业主：青海省电力公司；设计单位：国核电力设计规划院；施工单位：青海火电工程公司；监理单位：陕西银河监理有限公司。

4. 柴达木换流变电站

柴达木750kV变电站本期建设1组2100MVA主变压器，750kV出线2回。建设业主：青海省电力公司；设计单位：西北电力设计院；施工单位：华东送变电工程公司；监理单位：国核电力设计规划院。

5. 西宁—日月山—海西—柴达木750kV输电线路工程

线路全长约1492km，全线铁塔3069基。建设业主：青海省电力公司，设计单位：西北电力设计院、青海省电力设计院；施工单位：青海送变电工程公司、北京送变电公司、湖南省送变电建设公司、新疆送变电工程公司、宁夏送变电工程公司、湖北省输变电工程公司、吉林送变电工程公司、甘肃送变电工程公司、陕西送变电工程公司、武警水电第二总队、北京电力工程公司、山东送变电工程公司；监理单位：甘肃光明电力工程咨询监理有限责任公司、青海迪康监理有限公司、青海智鑫电力监理咨询有限公司。

工程于2010年7月29日开工建设，2011年9月25日投入试运行。工程建成后，增强了青海750kV电网结构，使其从西北电网的末端电网转变为东接甘肃，南连西藏，西通新疆的多端枢纽，使其电网结构得到极大加强，对青藏交直流联网工程的安全稳定起到了有力支撑。同时增强了海西电网与主网联系，加速了海西电网升级，满足了柴达木经济循环试验区和藏青工业园区用电需求，为海西新能源大规模开发创造了有利条件。

（二）吐鲁番—巴音郭楞750kV输变电工程

1. 工程概况

吐鲁番—巴音郭楞750kV输变电工程是新疆750kV目标网架的重要组成部分，是南北疆联网的第二条大动脉。该项目的建设可满足国民经济发展对电力的需要，进一步加强电网结构，为实现南疆电力工业结构升级、新疆与西北电网联网以及更大范围内的资源优化配置奠定了基础。

吐鲁番—巴音郭楞750kV输电线路工程起自吐鲁番市葡萄沟乡的吐鲁番750kV变电站，止于焉耆回族自治县七个星乡巴州750kV变电站。路径长约335.12km，铁塔712基，全部采用自立式铁塔。项目业主单位：新疆电力公司；工程建设单位：新疆电力公司750kV工程建设公司；工程质监单位：新疆电力质监中心站；设计单位：中国电力顾问集团西北电力设计院；监理单位：新疆电力工程监理有限责任公司、河南立新监理公司；施工单位：新疆送变电工程公司、甘肃送变电工程公司；调试单位：新疆电力科学研究院；运行单位：新疆电力公司超高压公司。

2. 工程建设经验

在工程建设中，全面贯彻全寿命周期管理的理念和方法，集成应用新技术（采用全方位不等高基础、铰接式抱杆立塔）、新材料（环保混凝土材料、高强钢Q420、预绞式悬垂线夹、预绞式防滑型防振锤）、新工艺（导线压接管护甲外保护工艺），采用新成果（测风仪）。坚持全过程控制、全员参与、样板引路、试点先行、用心做事的创优原则，积累了多项经验。主要表现为：

（1）采用铁塔长短腿和与之匹配的长短柱基础，

减少自然地貌的破坏，实现塔基范围自然环境保护和水土保持。

（2）轻风区采用扩径导线，降低工程造价，提高电网输送能力，减少运行噪声。

（3）大风区、重要交叉跨越及扩径导线段使用预绞式悬垂线夹，保障线路安全、运行可靠。

（4）全线地线、大风区、扩径导线处采用预绞式防滑型防振锤，有效防止防振锤滑移及导、地线断股。

（5）使用GPS复测塔位，确保复测质量。

（6）大量使用挖掘机、免爆机开挖基础，效率高，用时少。

（7）为保护塔基因施工造成的破坏，防治水土流失，首次将土壤固化技术引入输电线路塔基防护。在戈壁荒漠区对输电线路塔基基面、塔基弃土采用土壤固化剂直接固化，为今后线路工程水土保持进行了积极探索。

（8）采用索道运输，降低了劳动强度，保护了自然环境，同时确保山区施工安全。

重点500kV输变电工程

（一）左权发电厂送出500kV工程

左权发电厂位于山西省晋中地区的左权县境内，本期建设2×600MW超临界空冷燃煤机组。左权发电厂送出500kV工程包括左权发电厂—潞城双回500kV输电线路工程、潞城500kV开关站扩建间隔工程。项目业主单位：山西省电力公司；工程建设单位：山西省电力公司电网工程指挥部；工程质监单位：山西省电力质监中心站；设计单位：山西省电力勘测设计院；监理单位：山西锦通工程项目管理咨询有限公司；施工单位：山西省送变电工程公司、山西省供电工程承装公司；调试单位：山西电力科学研究院；运行单位：山西超（特）高压输变电分公司。

左权发电厂—潞城双回线路工程于2011年3月23日开工，潞城500kV开关站扩建工程于5月15日开工，10月16日工程顺利投运，确保晋东南特高压500万kWh的电量外送。

（二）沐川500kV输变电工程

沐川500kV变电站工程位于四川省乐山市沐川县大楠镇白云村，占地77.7亩（约51 800m²）。沐川500kV输变电工程包括乐山东—沐川双回500kV输电线路工程、沐川—宜宾双回500kV输电线路工程、恢复普洪Ⅲ回500kV输电线路工程、沐川500kV开关站新建工程、乐山东500kV变电站扩建间隔工程、宜宾500kV变电站改造工程、洪沟500kV变电站改造工程。项目法人：四川省电力公司；建设管理单位：四川电力超高压建设管理公司；设计单位：四川电力设计咨询有限责任公司；监理单位：四川电力工程建设监理有限责任公司；施工单位：四川蜀能电力有限公司、葛洲坝集团电力有限责任公司、华东送变电工程公司、四川电力送变电建设公司、四川电力通信工程公司；物资供应单位：四川电力物流集团公司。

工程于2010年5月30日开工建设，2011年7月27日沐川开关站和沐川—乐山东线路工程投运。工程作为川西南水电送出通道的重要节点，确保四川水电送入四川主网，实现了将四川西部大型水电站和凉山地区小水电汇集通过向上直流实现西电东送的目的，将来能通过锦苏直流线路将四川水电送到东部。

（三）江苏盐城北升压500kV输变电工程

江苏盐城北升压500kV输变电工程位于江苏省盐城滨海县通榆镇舀港村，将原220kV潘荡变电站在原址升压扩建为500kV盐城北变电站。本期建设2组3×334MVA主变压器，线路长度约95km。项目业主单位：江苏省电力公司；工程建设单位：江苏省电力公司盐城供电公司；设计单位：江苏省电力设计院；监理单位：江苏兴源电力建设监理有限公司；施工单位：江苏省送变电工程公司、江苏通州建总集团。

工程于2010年12月15日正式开工，2011年6月19日启动投运。500kV盐城北升压输变电工程的建设与投运，加强了500kV连云港与盐城两片电网的联系，同时为盐城电网与连云港、南通电网进一步解开电磁环网创造有利条件；加强了盐城北部电网，提高了盐城电网北部供电安全可靠性，为盐城地区沿海大电源和风电的接入创造有利条件。

（四）长春南（金城）500kV智能化变电站

长春南（金城）500kV变电站位于吉林省长春公主岭市永发乡田家油坊村，距长春市28km，占地3.15hm²，是国家电网公司第一批500kV智能化建设示范工程、东北电网“十一五”重点建设项目。建设业主：吉林省电力有限公司；管理单位：吉林省电力有限公司检修公司；施工单位：吉林省送变电工程公司；监理单位：江苏省宏源电力建设监理公司、吉林省吉能电力建设监理公司；设计单位：福建省电力勘测设计院、东北电力勘测设计院；质检单位：吉林省电力建设质量监督中心站；运行单位：吉林省电力有限公司检修公司，调试单位：东北电力科学研究院。

工程于2010年6月30日开工建设，2011年12月8日投入运行。它的投产运行，将可通过电网运行的控制手段有效提高能力，也将对全国智能电网建设起到标准示范作用。

糯扎渡电站送电广东±800kV直流输电工程

糯扎渡电站送电广东±800kV直流输电工程是中国最高电压等级直流输电工程之一，国家“十二五”重点工程。工程起点在云南省普洱市，落点在广东省江门市，全长1413km，额定输电容量为5000MW。共包括新建普洱换流站、江门换流站、普洱—江门直流线路、接地极及接地极线路、相应的二次系统和控制系统等。工程于2011年12月2日动工，计划2013年11月单极400kV送电，2014年2月双极400kV投产；2014年8月单极800kV投产，2014年11月双极800kV投产。

溪洛渡右岸电站送电广东±500kV同塔双回直流输电工程

溪洛渡右岸电站送电广东±500kV同塔双回直流输电工程是国家“十二五”重点工程，工程起点在云南省昭通市，落点在广东省从化市，全长1286km，采用两回±500kV直流同塔并架输电方式，额定输电容量2×3200MW。共包括新建昭通换流站、从化换流站、昭通—从化直流线路、接地极及接地极线路、相应的二次系统和控制系统等。工程于2011年12月2日动工，计划2013年12月30日单回单极投产，2014年3月30日单回双极投产，2014年5月30日双回单极投产，2014年8月30日双回双极投产。

500kV海南联网工程海底电缆后续保护施工

海南联网工程是中国第一个超高压、长距离、较大容量的跨海联网工程。海底电缆路由长度约31km，三根单芯电缆实际敷设路由全长90 155m，已于2009年6月30日建成投产。海缆后续保护施工采用全程埋设和抛石保护的方法，冲埋埋深1.5～2m，抛石埋深1m。2011年3月23日完成海缆二次冲埋保护施工，共204段，冲埋作业4348m，有效冲埋长度2295m，检测合格2226m。12月23日，完成海缆后续保护抛石施工，共抛石267 510t，施工总长22 625m。抛石保护施工的完成，将有效防止1t以下锚害，大大提高海底电缆的安全系数。

国家电网公司全面启动新一轮农村电网改造升级

2011年6月29日，国家电网公司组织所属单位召开专项会议，对实施新一轮农村电网改造升级工作进行全面动员部署，安排“十二五”期间，对未改造过的农村电网进行全面改造，解决已改造农村电网新的不适应问题，较好保障农村居民生活用电，基本解决农业生产用电问题；全面实现城乡用电同网同价；基本建成安全可靠、节能环保、技术先进、管理规范的新型农村电网。力争到2015年，公司经营区域内农网供电可靠率达到99.7%，综合电压合格率达到98.5%，综合线损率平均达到6.2%。

国家电网供电区域覆盖26个省（区、市）服务农村各类客户超过2.76亿户、农业人口6.67亿人，约占全国农村人口的80%。公司历来重视并不断加强农村电网建设与改造，认真贯彻落实中央政策，大力实施“新农村、新电力、新服务”农电发展战略，先后完成一、二期农网改造、县城电网改造、中西部农网完善和扩大内需农网工程，公司成立以来累计完成农村电网建设与改造投资4145亿元，农村电网技术装备水平和供电能力明显提高，农网供电可靠率从改造前的94.6%提高到99.5%，综合电压合格率从85.2%提高到97.1%；累计解决134万无电户、509万人用电问题，供电区域基本实现“户户通电”，其中25.3%的县、19.1%的乡和17.7%的村达到了新农村电气化标准；逐步理顺农电管理体制，加快城乡用电同价工作步伐，已有25个网省公司、1789个县实现城乡居民生活用电同网同价，1781个县实现城乡分类用电同网同价，仅因生活用电价格下降，每年减轻农民电费支出约380亿元。

经过近年来的持续建设与改造，农村电网取得了长足的进步。但受体制机制和改造资金的限制，部分中西部地区改造尚不到位；随着农村经济社会快速发展，农村用电量持续高位增长，一些地区农村电网与经济社会发展不相适应的问题日渐突出。为更好地服务于社会主义新农村建设，国家电网公司认真贯彻党中央、国务院决策部署，明确目标、落实责任，全面开展新一轮农村电网改造升级工作。一是准确把握农村电网发展需求，因地制宜、突出重点，根据国家下达的农网改造升级投资计划，加强农村电网升级工程专项规划，严格工程管理、确保安全质量及进度目标。二是遵循规划先行、突出重点、科技引领、有序推进的工作原则，进一步扩大电网改造面和供电覆盖面，着力解决县城电网联系薄弱、农村供电设施过负荷、供电“卡脖子”、和“低电压”等农村电网的突出问题，推动农村电网整体水平的技术升级。三是依据国家有关政策，统筹安排“机井通电”和农林场电网改造项目，不断改善农业生产用电条件，更好地落实家电下乡政策，满足农村经济和农民生活用电，带动农村农业产业升级。四是稳步推进农电体制改革和城乡同网同价工作，全面实现城乡同网同价。

延安洛川750kV智能变电站投产

2011年3月1日，陕北延安洛川会议旧址旁，目前世界最高电压等级的智能变电站——国家电网陕西750kV延安洛川变电站竣工投产，标志着国家电网公司智能变电站试点工程取得突破性进展，对中国智能电网建设具有标杆引领作用。陕西省政府相关部门负责人出席投产庆典仪式。

延安750kV智能变电站是国内首批四个试点新建智能变电站之一，北距革命圣地延安市95km，南距古城西安200km。全站建筑面积1505m^2，工程总投资5.8亿元。工程于2009年4月10日正式开工建设，本期安装210万kVA变压器1组，远期2组，750kV出线本期两回，远期8回；330kV出线本期4回，远期12回。

延安750kV智能变电站设计采用智能一次设备，实现在线检测、故障诊断、状态检修和操作上的智能控制；采用智能站用电系统，实现低压交流电源信息化、自动化、互动化；直流一体化系统把直流电源、逆变电源、通信电源系统整合，形成唯一直流电源，突显智能变电站的特点。

延安智能变电站实现了全站信息采集数据化、通信平台网络化、应用功能互动化、设备状态可视化。全站采用一体化全景信息平台，优化整合全站数据，提高了变电站运行水平，实现了顺序控制、智能告警、故障推理与分析决策等高级应用，可实现750kV变电站无人值班，是常规变电站的一次根本性变革，整体技术处于国内外领先水平。

该站的建成投产，对完善陕西750kV骨干网架，进一步提升陕西电网资源优化配置能力和安全稳定运行水平，提高关中与陕北的电力交换能力，满足延安地区大型电源的接入，保障革命圣地延安经济社会发展的用电需求具有十分重要的意义。

2012 中国电力年鉴

电力工作报告

工 作 会 议 报 告

全国能源工作会议报告（摘要）

2011年是“十二五”开局之年。能源系统认真贯彻党中央和国务院决策部署，按照十七届五中全会精神和“十二五”规划纲要要求，积极推动能源生产和利用方式变革，科学谋划“十二五”能源发展，加强供应保障能力建设，大力调整能源结构，推进能源科技创新和体制创新，统筹“两个大局”、利用“两种资源”，确保能源供需总体平稳。一年来，面对能源需求过快增长、历史性干旱造成的水电出力大幅下降，以及体制机制因素制约等复杂形势，经过各方面共同努力，有效地保障了两节、春耕、三夏、迎峰度夏、迎峰度冬等重点时段的能源供应，有力地支撑了国民经济9%以上的增长，为“十二五”经济社会发展良好开局作出了积极贡献。

2011年，中国能源供应保障能力明显提高。全年新增煤炭产能9500万t，14个大型煤炭基地产量达到32亿t。新增电力装机9000万kW，全国电力总装机达到10.5亿kW。加快输电通道建设，宁东—山东660kV直流示范工程投产运行，皖电东送淮南—上海交流特高压输变电示范工程、云南普洱—广东江门800kV直流特高压输电工程均已开工建设。

2011年，是可再生能源和新能源发展迅速的一年。水电装机达到2.3亿kW，在建规模5500万kW。新开工糯扎渡等9个大型水电站，装机规模1260万kW。风电并网容量新增1600万kW，累计达到4700万kW；年发电量800亿kWh，同比增长60%以上。光伏发电增长强劲，装机容量达到300万kW，比2010年增加3倍以上。

2011年，是精心谋划能源长远发展的一年。能源科技、煤层气、电力、煤炭、炼油、天然气、可再生能源（包括水电、风电、太阳能、生物质能）、页岩气、煤炭深加工示范等18项规划，经国家能源局局长办公会审议通过，已经或即将颁布实施。合理控制能源消费总量取得重要进展，统一了思想，形成了共识，初步形成了工作方案。增加能源科研投入，新设立第三批21家国家能源研发中心及重点实验室，首批13个能源应用技术研究及工程示范项目科研专项，在能源科技进步和重大装备国产化方面取得一批重大成果。

2011年，是民生能源工程取得积极进展的一年。召开了第一次全国农村能源工作会议，全年安排农网改造升级工程投资650亿元，惠及1800多个县。解决了偏远地区60多万人的用电问题。加强少数民族、边疆地区能源建设，青藏直流联网工程投入试运行，南疆油气利民工程和四川汶川、青海玉树等灾区电力建设都取得积极进展。安排热电联产项目1000万kW，满足800万人口的冬季采暖需求。

2011年，中国加快实施“走出去”战略，境外油气勘探开发取得新成果，油气战略通道建设取得新进展。中哈原油管道一期工程顺利运行。中俄原油管道年输油量达到设计规模。中缅油气管道进展顺利。中亚天然气管道C线加快开展前期工作。中哈天然气管道哈境内南线工程正式开焊，惠及沿线500万人口，这也是中国实施“走出去”战略，关注和改善资源国当地民生的典范工程。

2012年能源工作总体要求是：全面贯彻党的十七大和十七届三中、四中、五中、六中全会精神，以邓小平理论和“三个代表”重要思想为指导，深入贯彻落实科学发展观，认真落实中央经济工作会议精神和全国发展改革工作会议部署，按照“稳中求进”的工作总基调，结合能源工作的实际，做到“三稳三进”。“三稳”，就是确保能源生产总量稳定增长，为经济平稳较快发展提供稳定的能源保障，确保能源市场供求和价格基本稳定。“三进”，就是在调整能源结构、提高能源加工转换效率、构建安全稳定经济清洁现代能源产业体系方面取得实实在在的进展，在合理控制能源消费总量、提高能源使用效率方面取得实实在在的进展，在推进能源科技创新和体制机制创新方面取得实实在在的进展。

为实现中央经济工作会议提出的经济社会发展目标提供有效的能源保障，要落实2012年工作的总体要求，重点做好八个方面的工作：

一是加强能源供应保障能力建设。优化能源开发布局，落实“十二五”规划，有序开工重大能源项目，确保能源生产总量稳定，加强重点能源生产基地建设，加强能源输送通道建设，加强石油、天然气、煤炭等储备能力建设。2012年，新增煤炭生产能力2亿t，新增发电装机容量7000万kW左右。

二是着力推动能源结构调整。在做好生态保护和移民安置的前提下积极发展水电，2012年新开工水电规模达到2000万kW。在确保安全的基础上高效发展核电，抓紧编制和报经批准后实施《核电安全规划》和《核电中长期发展调整规划》。促进天然气产业协调发展，实现国内产量快速增长，大力发展非常规天然气。积极有序发展风电，组织实施"十二五"第二批规模为1500万～1800万kW的风电项目建设计划。积极发展太阳能，组织实施"十二五"第一批规模为300万kW的开发计划。

三是深化和扩大能源国际合作。积极开展对话交流，加强与重点国家和地区的务实合作，做好能源国际合作的宏观指导和服务。坚持平等互利的原则，深化上游与下游、资源与非资源、投资与贸易等方面的合作。

四是积极推进能源科技和体制创新。加快构建"重大技术研究、重大技术装备、重大示范工程及技术创新平台"四位一体的能源科技创新体系。着力破解体制机制障碍，更加重视能源体制改革的顶层设计和总体规划，研究和提出改革的思路、方案，力求在重点领域和关键环节取得新突破。

五是加强民生能源工程建设。2012年要再解决60万无电人口用电问题，"十二五"力争全面解决500万无电人口用电问题。大力推进农村能源建设，安排中央预算内投资650亿元，继续实施农网改造升级。加快西藏、新疆及青海、四川、云南、甘肃四省藏区电网建设，做好青藏直流联网工程试运行工作，加快推动南疆天然气利民工程建设。在偏远农牧区，建设一批太阳能发电、风光互补电站、太阳能热利用等设施。改善城镇居民生活用能条件，"十二五"时期，使用天然气的人口将新增1亿，总量达到2.5亿。2012年，西气东输工程二期贯通香港，提高香港能源保障能力。

六是合理控制能源消费总量。要建立分解机制，加强监督考核，完善政策法规，争取"十二五"期间把有效合理控制能源消费总量的机制建立起来。加大结构调整力度，着力转变发展方式，发挥合理控制能源消费总量的"倒逼机制"作用，落实能源消费总量和强度双控的要求，提升经济发展质量和效益。

七是加强能源行业管理。组织实施好"十二五"各项能源规划，根据规划核准重大项目，制定和出台相应的政策措施。启动《国家能源发展战略》编制工作，提出中国能源发展的总体方略和战略图。抓紧出台一批煤炭、电力、炼油、煤炭深加工、页岩气、天然气、煤层气、可再生能源产业政策。完善行业标准体系，加快能源法制建设，做好能源基础工作。

八是全面提高能源工作水平。加强能源行业管理，建立一支高素质的队伍，培养一批政治过硬、业务熟练、视野广阔、工作扎实的综合型人才。

能源工作必须要增强忧患意识。中国能源资源禀赋不高，人均占有量远低于世界平均水平。资源环境约束矛盾日益突出。近年来，能源资源对外依存度不断上升。维护13亿人口能源资源永续利用，是永恒的忧患。能源工作责任重大，任务艰巨，必须牢固树立政治意识、大局意识、忧患意识、责任意识、创新意识和服务意识，为推动能源科学发展作出应有的贡献。

国家电力监管委员会工作会议报告（摘要）

一、2011年工作回顾

（一）认真贯彻落实中央各项方针政策和领导批示，在狠抓落实上取得新成效

1. 认真落实关于风电发展和安全监管的重要批示精神，加强风电安全监管

2011年以来，李克强副总理针对风电安全监管先后3次作出重要批示。电监会认真贯彻落实李克强副总理的重要批示精神，及时启动风电安全专项监管，严肃事故调查处理，督促电力企业认真落实反事故措施。8月，组织开展了全国风电安全大检查，督促企业排查治理风电事故隐患2130余项，遏制了风电机组大规模脱网事故发生的势头。在调研和检查工作的基础上，进一步修订完善了风电并网条件，制定了技术规范，加强了风电并网运行监管，提高了风电场安全管理水平。编写发布了《风电安全监管报告》，明确了安全整改措施，提出了进一步促进风电安全发展的8条建议。

2. 认真落实关于确保迎峰度夏期间安全供电和安全用电的重要批示精神，全力做好迎峰度夏电力安全生产督导推进工作

①7月27日国务院常务会议后，立即召开电力安全生产工作会议，对进一步做好电力安全生产工作进行再动员、再部署，提出了具体工作措施。②电监会领导亲自赴华北、华中和华东地区，开展迎峰度夏督导推进工作，就扎实做好电力迎峰度夏有关工作提出了具体要求，确保民生用电和重点单位、重点地

区、重大活动用电。③在浙江、湖南等16个电力缺口较大的省份，组织开展了有序用电专项检查和督察，督促电力企业认真落实有序用电方案，对确保迎峰度夏电网安全稳定运行，维护社会用电秩序起到了重要作用。

3. 认真落实关于深入分析电力形势、抓好需求侧管理、研究对策措施的重要批示精神，做好电力供需形势分析

2011年，电监会研究形成3份电力形势分析报告，上报国务院。7月上报国务院的《关于当前电力形势分析及相关建议》分析了上半年的电力运行基本情况和下半年的形势，提出了11条对策措施建议，有些建议已经被有关部门吸纳，为相关政策的出台发挥了积极作用。10月上报的《关于今明两年电力形势分析及相关建议》分析了2011年部分地区出现较为严重的电力短缺局面的原因，研判了四季度及迎峰度冬期间和2012年全国用电形势，就保证电力供应提出了5条意见建议，国务院领导同志在报告上做了重要批示。

4. 认真落实关于电力发展重大问题调研的重要批示精神，深入开展调查研究

①针对2010年煤电价格矛盾突出、发电企业经营困难的问题，开展了煤电发展情况调研，就疏导和化解煤电矛盾、促进电力行业健康发展提出建议并报国务院，对促成国家出台电价调整政策发挥了积极作用。②对全国部分地区大工业电力用户实行季节性高峰时段加价及对发电机组进行补贴问题进行了调研，形成了政策建议报国务院。③开展了特高压输电调研和电网运营情况调研，形成了《交流特高压输电调研报告》和《"十一五"电网运营情况调研报告》。华中电监局向鄂赣渝三省（市）政府上报了《2011年下半年电力供需形势分析的报告》和《缓解今冬明春电力供需矛盾的建议》。南方电监局完成电力供需预警分析。河南电监办针对2011年火电亏损严重提出对发电企业进行临时补贴的建议，对缓解发电企业经营困难局面起到了重要作用。

（二）全面履行监管职责，在加强重点监管工作上取得新成绩

1. 加强安全监管，实现了电力安全生产总体稳定

一是贯彻落实《电力安全事故应急处置和调查处理条例》（简称《条例》）。配合《条例》的颁布施行，召开《条例》宣贯电视电话会议，组织或主讲培训40余场，培训人数超过4万人。为保证《条例》的贯彻落实奠定了基础。二是扎实做好重大活动保电工作。加强组织领导，周密部署安排，严格检查监督，圆满完成了第26届世界大学生运动会、第九届少数民族运动会、第八届全国残疾人运动会、西安世园会以及首届中国－亚欧博览会等保电工作。三是参加"7·23"甬温线特别重大铁路交通事故调查。四是强化电力安全日常监管工作。督促企业切实落实安全生产制度，扎实开展安全生产隐患排查治理，启动了电力安全生产标准化达标工作，进一步加强了电力二次系统、小水电、电力建设、网络信息等专项安全监管。安全局在抓好《条例》宣贯的同时，组织开展了全国风电安全大检查，制定了风电安全管理指导性文件和规范规程。

2. 加强跨省跨区电力交易监管，促进了电力余缺调剂

制定印发了《关于加强跨省跨区电能交易监管工作的意见》、《电力调度机构信息报送与披露办法》，进一步完善了厂网交易合同备案、调度交易信息披露、厂网联席会议、监管约谈约访、监管报告等制度，发布了《2010年度全国电力交易与市场秩序监管报告》和《2010年度电价执行及电费结算情况通报》。针对2011年迎峰度夏期间电力供需紧张状况，积极组织协调暂停华中送华北电网电力，调整四川送华东和西北电力，合计增加华中电力供应110万kW，在一定程度上缓解了华中地区高峰电力紧张形势。协调促成了贵州、云南支援广东保深圳大运会用电，之后又协调广东支援贵州、广西抗旱用电，累计互济交易电量达77亿kWh，有效保证了深圳大运会和贵州抗旱用电。

3. 加强供电监管，开展居民用电服务质量监管专项行动

在全国范围内开展了供电检查和供电检查整改工作，发布了《2011年供电监管报告》。继续深入开展用户受电工程"三指定"专项治理，着力建立长效机制。10月启动了居民用电服务质量监管专项行动，把保障和改善居民生活用电放在首要位置，把保障居民基本的用电需求作为重中之重。各派出机构按照电监会的统一部署，开展辖区内的专项行动。各电力企业积极响应、认真组织落实保障居民用电服务质量专项行动，按计划推进各项工作。

4. 加强节能减排监管，工作力度不断加大

认真贯彻落实国务院召开的全国节能减排电视电话会议精神，10月召开了电力行业节能减排监管工作会议，对"十一五"电力行业节能减排工作进行总结，对做好"十二五"节能减排监管工作提出了明确目标和要求。联合国家发改委、环保部、能源局发布了《2010年及"十一五"电力行业节能减排情况通报》，印发了《关于加强"十二五"电力行业节能减排监管工作的通知》，进一步明确了"十二五"时期

电力行业节能减排监管“六个加强、四个推动、十个明显成效”的工作思路，对做好“十二五”时期电力行业节能减排监管工作具有重要指导意义。华中电监局开展低谷时段水电减弃增发应急交易，成交电量13.1亿kWh。南方电监局开展节能发电调度试点，向电力调度机构派驻监管代表，推行监管指标评价制度。浙江电监办积极支持和推进小火电关停机组和燃油机组替代交易，增加大机组的发电份额，替代交易合同电量达104.4亿kWh。

（三）把握社会主义市场经济体制机制的本质要求，在探索推进电力体制改革上有新进展

1. 制定和出台了一批电力监管法规办法

除制定和完善《电力安全事故应急处置和调查处理条例》配套规章和规范性文件以外，还出台了《发电机组进入及退出商业运营管理办法》、《输配电成本监管办法》等，进一步完善了电力生产、施工许可条件和后续管理办法。电监会政法部进一步明确了规范性文件和制度的制定、修订程序，统筹做好相关工作。各派出机构根据辖区实际，起草了实施细则，认真贯彻落实。

2. 积极探索推进大用户直购电试点工作

认真总结前段大用户直购电试点的经验和教训，推动在缺电地区，通过地方政府主导、电力企业配合，以国家级高新技术产业园区为主体，以保电为切入口，与发电企业、电网企业签订三方保电协议，确保高新技术产业用电。在实施保电的基础上，顺势而为推进直购电。加强与有关部门的沟通协调，积极推动已批复输配电价地区的试点方案尽快批复实施。江苏电监办积极跟踪了解大用户直购电审批进展情况，认真做好试点各项准备工作。南方电监局针对广东、广西高新技术产业比重较大的地区，深入开展调研，积极推动电力用户与发电企业签署保供电协议。华北电监局、河南电监办、云南电监办、福建电监办、新疆电监办结合实际，寻找突破口，积极推进大用户直接交易工作。

3. 积极研究探索推进电力体制改革的工作思路

把建立适应社会主义市场经济要求的、充满动力活力的、公平公正的电力发展体制机制作为改革方向，把握好改革的宏观条件，把握好改革的根本目标，把握好改革的路线图，把握好重点难点的正确处理和有效推进，把握好改革实施的组织领导，按照“有法可依、主体规范、交易公平、价格合理、政企分开”的思路，积极探索、务实推进电力体制改革。甘肃电监办联合省有关部门，对超能耗企业和产品实行惩罚性电价政策，抑制高耗能产业盲目发展，促进了产业结构调整。

4. 配合做好电网主辅分离改革

电监会电改办与有关部门一道，认真做好电网辅业分离工作。中国电力建设集团和中国能源建设集团于2011年9月顺利挂牌，这是继厂网分开后的又一次成功实践。

（四）加强自身建设，干部职工精神状态展现新面貌

（1）思想认识进一步统一。

（2）党的组织建设进一步加强。

（3）反腐倡廉建设进一步推进。

二、2012年电力监管工作的主要任务

（一）突出重点，切实抓好“六项重大监管”

1. 突出抓好安全监管

目标任务是：坚持安全第一、以防为主、综合治理的方针，牢固树立以人为本、安全发展的理念，建立完善安全监管的体制机制，实现不发生重大的政治保电事故，不发生电网大面积停电事故，不发生重大电力事故和人员伤亡事故。重点抓好：①围绕《电力安全事故应急处置和调查处理条例》等电力安全生产法律法规，结合电力大机组、大电网、高电压的发展状况，与时俱进地完善相关规章、规程和标准，满足安全生产管理工作的需要。②建立健全电力安全监管工作机制，重点建立安全生产协调、事故应急响应和调查处理机制，确保沟通顺畅、快速反应、有效应对。③深入开展隐患排查和整改。针对当前电力安全生产存在的薄弱环节和潜在风险，尤其是关键输电通道、负荷密集电网、重要二次系统、大机组大电厂、风电场和电力建设施工等，认真组织排查和整改，做到排查不留死角、整治不留后患，确保安全生产可控、能控、在控。④加强重要时段、重要地区、重要用户的安全监管。扎实做好十八大保供电工作，确保万无一失；深入做好迎峰度夏、迎峰度冬期间安全供电和安全用电督导推进工作；督促做好关系国家安全、社会秩序、基础设施、公共服务和居民的用电保障。⑤科学、准确、及时地调查处理电力安全事故，避免因人为原因扩大事故损失和影响，确保将事故损失降到最低。⑥加强电力安全宣传教育和专业培训，落实企业安全生产主体责任，夯实安全生产基础。

2. 突出抓好市场准入监管

目标任务是：健全、完善管理职责，更加规范进入市场的主体，更加完善市场进入和退出机制，促进市场有序竞争。重点抓好：①完善市场准入和退出条件，健全市场准入和退出制度，把好“入口关”和“退出关”。②建立健全许可证颁发沟通协调机制，完善风电、小水电等准入要求，将安全性评价、生态环

境评价作为前置条件，严把准入关口。③建立健全并网接入安全监管协同机制，未通过安全性评价的发电机组不得并网发电，充分发挥许可证在保障电力系统安全运行中的作用。④建立健全许可证后续监管协作机制，未取得资质许可的企业不得进行相关业务工商注册，不得参与相关业务的招投标，依法查处违法违规经营行为，切实维护市场秩序。⑤发布专项监管报告，加大信息披露力度，督促企业落实整改。

3. 突出抓好成本与价格监管

目标任务是：通过监管，促进电力企业提高竞争力，规范企业经营行为，建立公开、公平、公正的电力市场秩序，为促进电价改革打好基础，创造条件。重点抓好：①根据国家价格、成本法律、法规和准则，结合电力行业实际，制定和完善与价格、成本相关的规章和规定，科学、规范、有序地推进成本与价格监管。②做好发电企业成本经营状况的预警监测分析，提出有关对策建议，供有关部门参考。③科学界定输、配电界面，明确输、配电的成本构成，选择企业进行监管试点。④依法依规做好跨区域输电价格审核和调整工作，促进跨区域电能交易和跨区域电网协调发展，优化资源配置，维护市场各方的合法权益。⑤开展跨省跨区电能交易价格专项检查，落实有关电价政策，规范跨省跨区电能价格收费行为。⑥积极配合有关部门推进电价改革，理顺电价形成机制。

4. 突出抓好电力交易监管

目标任务是：建立完善公开、公平、公正的电力市场交易机制，维护市场秩序，保护市场主体的合法权益，实现电能交易的活跃与增长，充分发挥市场机制在资源优化配置和节能减排中的作用。重点抓好：①制定和完善与跨省跨区电力交易相配套的规章、规则和制度，建立健全市场交易机制，实现电力资源的最佳利用和高效配置。②基于现有输电通道，研究迎峰度夏、迎峰度冬跨省跨区电力应急和事故支援交易方案，提出优化调度的监管意见。③探索建立厂网合同电量和流域梯级水电站电量优化机制，并积极开展试点。④进一步推进辅助服务补偿及运行管理考核机制的试运行，研究风电参与辅助服务的市场化补偿机制，促进系统备用容量的合理性。⑤加强电力交易价格监管，鼓励买卖双方在国家电价政策范围内自主协商交易，做到公平合理。⑥加强电量电费结算的公平、及时、合理性监管，细化结算与支付程序和时限，规范结算行为，保护电力企业的合法权益。⑦加强电能交易信息的披露，适时发布电能富余和短缺信息，撮合市场主体自主进行余缺调剂。加强电力调度信息监管，规范电力调度机构的信息报送与披露行为，真实、及时、完整、透明的报送与披露信息，保障电力交易规范有序、公开透明、公正公平。

5. 突出抓好节能减排监管

目标任务是：全面落实国家节能减排的方针、政策，促进转变发展方式，督促企业履行社会责任，提升电力行业发展水平和企业竞争力。重点抓好：①认真贯彻落实国务院召开的全国节能减排工作电视电话会议精神，制定和完善电监会职责范围内的规章和办法，积极推进电力行业节能减排监管工作。②加强电力调度监管，优化调度方式，合理进行余缺调剂，防止弃电、弃水、弃风。③加强可再生能源发电全额保障性收购监管，全力支持清洁能源合理开发利用。④加强发电权交易监管，完善交易规则和机制，拓宽交易范围，提高节能高效清洁机组发电利用小时。⑤按照国家节能减排和淘汰落后产能的要求，发挥许可证的关口作用，推动关停淘汰小火电机组，支持建设一批高效、清洁的大机组项目。⑥抓好节能减排在线监测平台建设，确保脱硫脱硝等设施的投运以及稳定、达标运行，不断提高节能减排管理水平。

6. 突出抓好居民用电服务质量监管

目标任务是：提升供电服务水平和质量，切实维护消费者的合法利益。重点抓好：①制定和完善供电服务质量的规章、制度和标准，实现定性和定量监管，确保居民用电服务质量可衡量、可考核，重点是群众用电配电设施建设考核、无计划停电条次考核、停电抢修情况群众满意度考核、群众用电服务质量投诉率考核，并以省为平台进行公开披露和处理。②督促企业切实落实“五项制度”，即计划停电通知告示制度、故障抢修制度、用电规范报装制度、电费明细单制度和畅通投诉制度。③督促企业做好保障性住房的报装和接电，减免有关费用，提高工作效率和服务水平。④建立提高居民用电服务质量示范县（区、市），以点带面，促进居民服务质量的全面提高。⑤加强电力普遍服务监管，加大对无电村、无电户接电的监管督促和服务力度。⑥继续开展用电工程“三指定”专项治理，切实维护用电市场秩序，维护各方权益。

（二）抓准关键，务实推进“三项改革”

1. 全面贯彻落实党中央、国务院的部署，落实好有关电力改革工作

①进一步巩固厂网分开成果，对电网企业拥有的发电资产进行摸底调查，提出监管意见。②制订开展输配电体制综合改革试点操作方案，推动有关试点工作。③与有关部门一道，以化解煤电矛盾为切入点，积极探索推进电价形成机制改革。

2. 围绕“有法可依、主体规范、交易公平、

价格合理、政企分开”的思路，积极推进和探索深化电力改革的有效途径和措施

①坚持改革与立法同步推进，及时制定和完善电力监管的法律、法规和规章，完善电力市场规则和办法，切实做到有法可依。②积极推进输配电业务分开，逐步形成数量、规模合适的多家买方主体，提高竞争效率；进一步推进大用户直供电，促进市场主体多元化；结合市场准入监管，不断提高市场主体质量，规范市场主体行为，切实做到主体规范。③主动配合有关部门，加强煤电产业链成本监管，为煤、电定价提供依据，促进形成煤电产业链公平合理的市场价格机制；科学界定输、配电界面，完善成本核算办法，加强发电和输配电企业成本监管，合理界定电力生产各个环节、各个市场主体的利益关系；从峰谷电价、产业差别化电价、居民阶梯电价着手，积极配合有序推进电价改革，促进形成“成本监管为基础、市场买卖为主体，宏观调控为基准”的电力市场价格机制；积极探索和支持有关省份有序推进电价改革，切实做到价格合理。④积极推进制定和完善电力调度、交易规则和办法，建立健全市场交易机制，从规则和程序上维护公平；加强电力交易的公开公平公正性监管，维护发电企业、输电企业和电力用户利益，做到交易合法、价格合理、结算及时；加强跨省跨区电能交易监管，促进电力资源优化配置，缓解“富电”与“缺电”的矛盾，切实做到调度科学、交易公平。⑤围绕交易公平、价格合理、科学调度、余缺调剂，积极完善市场体制机制。科学界定企业行为与公权力的性质，加强对公权力的监管力度；加强电力调度监管，规范电力调度机构的信息报送与披露行为；进一步推进政企分开，让企业成为真正的市场竞争主体，从根本上实现“企业做企业的事情，政府做政府的事情”，切实做到政企分开。

3. 围绕“十二五”电力发展大局，与电改办一道，组织开展电力改革重大调研，提出“十二五”深化电力体制改革的意见，供国务院和有关部门决策参考

①研究电力改革顶层设计和改革路线图，提出“十二五”深化电力体制改革的操作方案建议。②进一步梳理和研究现行电力管理体制，在全面总结电力监管实践的基础上，提出改进和完善政府电力管理体制的意见和建议。

（三）牢固树立监管就是服务的理念，认真落实“四项监管服务”

坚持服务大局、监管为民的理念，通过加强和改进服务，自觉地用服务国家能源发展战略的实际效果，用服务地方经济社会发展的实际效果，用服务电力行业和电力企业的实际效果，用服务人民群众的实际效果，来检验衡量电力监管工作成效。检验衡量监管成效的标准不是查处违法违规案件越多越好，而是市场秩序越来越规范，市场监管机制越来越健全，电力事业科学发展越来越好。

三、加强领导，落实责任，确保完成2011年的各项目标任务

（一）围绕中心、服务大局，切实增强事业心和责任感

监管是硬道理，有条件不监管没道理，没条件创造条件监管是真道理。开创电力监管事业，是一种艰辛的创业过程。作为一名电力监管工作者，必须要有强烈的事业心和责任感，有对事业必胜的信心，有锲而不舍的拼搏精神和科学求实的态度。要牢固树立和坚持正确的事业观、工作观、政绩观，增强大局意识、责任意识、创新意识、服务意识和事在人为的意识，切实提高理解力、执行力、操作力、创造力，不断提高服务经济、服务社会、服务行业、服务人民的能力和水平，致力于事业，无愧于人民。电监会系统各级领导必须集中精力抓中心，而不是左顾右盼多中心；统筹兼顾弹钢琴，而不是轻重不分乱弹琴；五湖四海纳贤才，而不是唯我独尊用庸才；千方百计谋监管，而不是网罗关系求升官；深谋远虑敢拼搏，而不是得过且过保平安。既要依法依规办事、规范有序操作，又要做到事在人为、创造性工作，不能不作为，不能乱作为，要有大作为。

（二）进一步强化工作责任制，切实加大工作落实力度

抓落实是领导工作中一个极为重要的环节。看一个领导者的工作能力，说到底要看抓重点工作的能力，不抓重点是失职，不会抓重点是不称职。各部门、各单位要紧紧围绕2012年的重点工作，进一步加大领导力度，采取更加有力的措施，加快推进重点工作的落实。要把重点工作作为“一把手”工程，亲自抓，负总责，靠前指挥、亲自协调、亲自督办、亲自解决实际问题。要将重点工作任务分解落实到具体责任领导、责任部门和单位，调动各方面的积极性，齐心协力推进重点工作。要强力推进落实“四项工作制度”：一是落实重点工作领导责任制。针对重点工作已经成立了领导协调小组，明确了牵头部门和成员。领导小组要切实负起全面领导协调的责任，扎实推进工作。牵头部门要切实承担起牵头工作的组织、指导和监督职能，成员部门或单位要积极参与，主动配合，形成工作合力。对在重点工作中遇到的困难和问题，牵头部门要及时研究、协调解决，不能解决的请示分管会领导支持解决，坚决杜绝推诿扯皮、议而

不决、决而不行的现象发生。领导协调小组各成员单位要同力协作，保证重点工作各阶段、各环节“无缝对接”。二是落实“四定、两保”工作制。“四定、两保”工作制，即对重点工作要定目标、定时间、定措施、定责任，保证工作按时有序推进，保证工作限时取得实效。对重点工作的各个重要环节、重要时段、目标任务、措施责任都要全面规划、全面部署、全面落实、全面督查，坚决防止形式主义走过场，防止“方案优秀、效果甚微”或“雷声大、雨点小、光说不做”的情况发生。各部门、各单位都要把会里确定的六项重点工作作为部门、单位的中心工作，进一步细化、具体化，在此基础上完善部门、单位的年度工作计划。三是落实重点工作调度推进制度。领导小组要牵头负责，定期召开调度会，分析情况，找出问题，及时调度，破解难题，有效推进。四是落实重点工作监督制度。要建立定期汇报制度和督查通报制度，及时了解、掌握各项工作的进度及成效。特别要注意发现工作存在的问题，并督促整改，确保重点工作的质量和效果。

（三）讲究工作方法，切实提高工作实效

一要深入调查研究。调查研究是谋事之基、成事之道。要坚持一切从实际出发，不唯上、不唯书、只为实。要坚持“从群众中来，到群众中去”的群众路线，听民声、问民计、强监管、促发展。二要抓住工作关键。抓住关键就是抓住了本质、抓住了根本，以点带面、以重点带一般，就会抓出成效。要针对工作的关键问题和关键环节，善于解剖，善于监管。要善于抓住带有关键性的问题不放，一抓到底，抓出成效。三要注重工作的系统性。在力量不足、手段有限的情况下，必须坚持国家要求、行业需要、自己所能的原则，明确工作定位，用系统的思维去谋划，用抓工程的办法去实施，干事创业，善有作为。既要按照先急后缓、先易后难、先重后轻的原则，突出抓好重点工作，又要按照履职要求，认真做好面上工作；既不要平均用力，齐头并进，也不要单兵突进，失之偏颇，确保重点工作和面上工作两手抓、两不误、两促进。四要注重条块结合。开展电力监管工作，无论是机关部门，还是派出机构，都要树立起电力监管一盘棋的思想，以共撑“一条船”的意识，同结“一条心”的胸怀，拧成“一股绳”的责任，分工负责，协同配合，形成强大的工作合力。在政策法规、规章、规范性文件的制定、修订和全国性重大监管工作方案制订及组织查处重大违法违规案件方面，要条块结合，以条为主，充分发挥会内各部门的统筹协调和督促指导作用。在按照会机关的统一部署、开展重点现场监管工作和专题、属地重大调研方面，要条块结合，以块为主，充分发挥派出机构的主动性、针对性、能动性和积极性。五要注重制度建设。紧紧围绕权责明确、行为规范、监督有效、保障有力、考核有据的要求，建立好一套可操作、可考核行之有效的管理制度和工作机制，提高工作的效率、效能、效果，努力营造人人维护制度、人人执行制度、人人创先争优的良好氛围。六要注重协调沟通。要加强与地方政府的沟通协调，在缓解电力供需矛盾，促进地方经济社会发展上，积极建言献策；加强与电力企业的沟通协调，在切实履行监管职责的同时，自觉维护电力企业的合法权益；加强与有关部门的沟通协调，围绕推进改革、促进发展，形成共识，凝成合力。

四、加强党的建设，发扬党组织和党员的先锋模范及战斗堡垒作用，为推进电力监管事业提供根本保证

（一）切实加强思想政治建设

思想政治建设是领导班子和干部队伍建设的核心和灵魂。要认真学习，增强意识，自觉与党中央保持高度一致，提高贯彻执行的自觉性和坚定性。

（二）切实加强党的基层组织和干部队伍建设

党的基层组织和干部队伍是党的组织基础。要加强基层党支部建设，完善党支部工作规则，严格党的组织生活，定期开好党员领导干部民主生活会，积极开展支部活动，提高党支部的战斗力、凝聚力和向心力。要着力培养、吸纳、使用、积聚人才，为监管事业提供组织和人才保障。

（三）切实加强思想作风和工作作风建设

要坚持一切从实际出发，注重实干苦干，注重破解影响和制约电监事业科学发展的重点、难点和关键点，确保国家电监各项方针政策落到实处。要坚持以人为本、监管为民，密切联系群众，知民情、察民意、解民忧、纾民困、惠民生，为群众办实事、做好事、解难事。

（四）切实加强群团建设

要加强党对群团工作的领导，为群团组织开展工作创造良好条件。群团组织要在围绕中心、服务大局上下工夫，充分发挥自身优势和凝聚作用，团结动员广大干部职工为开创电监事业新局面贡献智慧和力量；要在创新工作方式和活动载体上下工夫，积极打造特色品牌，形成群团工作新亮点、新优势；要在抓班子带队伍抓基层打基础上下工夫，加强学习、提高素质、固本强基，不断提高做好新形势下群团工作的能力。

（五）切实加强勤政廉政建设

只有廉洁奉公，才能更好地凝聚人心，带领人

民；只有没有私心，才能更有威信。要始终牢记立党为公、执政为民的根本宗旨，认真贯彻中央反腐倡廉工作部署。

中国电力企业联合会工作会议报告（摘要）

一、2011年工作回顾

（一）重点工作取得重大成效

一是通过深化电力工业“十二五”规划滚动研究和提高经济形势预测分析能力，为电力发展和国民经济运行提供决策参考。以国家“十二五”规划纲要为指导，先后12次对重大电源基地进行现场调研，完成了西南水电等9个电源基地调研报告，在此基础上完成了《电力工业“十二五”规划滚动研究报告》，提出了重要建议。通过提供电力统计数据以及加强数据分析研究，针对政府、会员单位和社会的不同需求，提供分析、预测、预警报告。全年参加四十多次国务院及有关部委召开的经济形势分析会，提出中电联的意见建议，为政府决策提供了重要参考。

二是行业文化建设取得阶段性重要成果。在全行业企业员工以及有关专家积极支持和参与下，经过一年多的努力，制定并发布了主要包括核心价值理念、行业自律规范、职业操守等三部分内容的《电力行业核心价值公约》，在行业内外产生较大反响。与光明日报社联合召开电力行业文化座谈会，在《光明日报》头版头条发表了评论员文章并专题介绍了电力行业文化建设成果和经验。《公约》是中国第一个行业性文化建设文本，是电力行业为党的六中全会的召开献上的一份厚礼。同时，由中电联牵头完成了电力职工思想政治工作研究会恢复工作，为电力行业以核心价值公约为指导开展“五个一”文化建设精品工程搭建了新的平台。

三是积极推进节能减排和应对气候变化工作。组织召开了《火电厂大气污染物排放标准》座谈会，向政府有关部门反映行业意见和企业诉求，受到了国家发展改革委张平主任、电监会吴新雄主席的重视；制订了《电力行业应对气候变化工作指导意见》，召开了电力行业应对气候变化协调委员会和专家委员会工作会议；开展了“十二五”电力节能减排目标规划、政策、标准的研究，提出建议；参与了中国工程院中国煤炭清洁高效可持续开发利用战略研究等重大科研项目，反映了中电联的研究成果。

四是服务电力企业“走出去”工作取得进展。根据2011年第一次理事长会议部署，提出了《中电联服务电力企业“走出去”工作意见》；积极争取政府的支持，建立了电力企业“走出去”工作的联系制度；深入企业调查研究，掌握企业“走出去”现状和问题，编制了《中国电力行业国际化发展状况》；举办和组织参加驻华使节座谈会和参观活动、亚太电协CEO会议、海峡两岸电力工业展等重大活动；牵头组织了中国电力技术标准的英文版翻译，积极推进中国电力行业标准国际化工作。这些工作为电力企业“走出去”营造了气氛，提供了便利。

（二）专业服务工作水平明显提高

一是统计信息工作不断完善。扩充完善发电统计直报体系，建立了大型发电企业效益统计调查及共享机制，配合政府部门完成了“十一五”全国以及各地区单位GDP电耗核算工作；完成了政府授权的统计报送工作和企业服务工作；出版《中国电力行业年度发展报告2011》，及时发布全国电力供需与经济运行形势分析预测报告。

二是行业标准制修订工作成绩显著。范围不断拓展、步伐明显加快，完成标准报批207项，其中，国家标准45项，行业标准162项；风电、特高压、智能电网、电动汽车充电设施等领域的一些重要标准相继出台，“标准化良好行为企业”评价和确认工作取得阶段性成果。

三是电力可靠性管理水平不断提升。完成2010年度、2011年上半年发电、输变电、供电各专业可靠性数据的采集、分析和发布；认真开展发电、供电可靠性评价；积极推进风力发电设备、脱硫环保设备可靠性管理，完成《风力发电设备可靠性评价规程（试行）》修订等工作。

四是技能鉴定和教育培训工作力度不断加大。启动了电力行业仿真培训信息管理系统；成立了电力职业教育教学指导委员会；技能鉴定工作质量得到提升。

五是定额工作不断优化。及时调整了电力工程计价依据，修订了电力建设工程量清单计价规范，组织开展智能电网、大截面电缆工程等新的工程计价依据编制工作。

六是电力技经工作取得新成绩。拓展工程造价咨询服务领域，积极发展和培育设计评审咨询服务项目，电力项目咨询和数据库建设取得新进展。

七是电力技术咨询服务不断向纵深拓展。发电生产技术、电网安全运行及配网规划、企业标准化、信息化管理等咨询业务不断拓展；能源管理体系认证、机电产品认证、科技新成果（新产品）鉴定、电力行业企业信用评价等第三方评定工作扎实开展。

八是代管学协会工作质量不断提高。中电建协围绕电力建设工程咨询、达标投产复检、优质工程评选、基建标准制修订等方面取得了良好的效果。中国电力体协积极开展了电力行业全民健身等有关工作；电力文协在文学、书法、摄影等方面开展了丰富的行业文化活动；中国电力发展促进会、全国电力技术市场协会等换届完成。

（三）深入开展课题研究，积极反映企业诉求，妥善应对舆情变化

2011年，共开展31项重大课题研究，覆盖发展规划、新能源、特高压、智能电网、节能减排、电价机制、体制改革、煤电运矛盾、企业经营、电力技术等领域。

在舆情应对方面，2011年建立了《舆情监测日报》、《舆情监测周报》，为本部和理事单位及时通报行业热点、焦点话题及相关分析。就社会关注的热点话题，主动利用行业内外专家和主流媒体渠道，引导社会舆论；两会期间，为电力行业代表委员编写了《中国电力工业现状与展望2011》；2011年，就电力环保、电力供需、“十二五”发展规划研究等内容组织了多场发布会，通过科学分析和大量的客观事实向公众沟通行业情况。

（四）加强对会员单位有针对性的服务，提升品牌服务质量

编写了会员单位服务目录，加强与会员单位进行沟通交流，定期向会员单位报告服务工作情况，重大问题和重要研究成果按照规范流程及时通报会员单位。通过举办中电联的理事长会议、常务理事会议，以及多年来形成的经济形势与电力发展分析预测会、电力可靠性指标发布会、各类国内外展会等品牌活动，搭建电力行业企业沟通交流平台。同时，环保与资源节约、标准化管理、可靠性管理、技能鉴定、定额管理、教育科技、资质认证等品牌服务工作质量的不断提升，树立了中电联良好形象，增进了政府、社会、企业对中电联的理解信任。

（五）内部建设不断完善

一年来，我们通过创新用人机制、加大人员培训力度，深入开展创先争优活动等措施，进一步推进了本部机关本部建设。一是制度建设进一步加强，建立健全各项管理制度，严格按制度管人管事；二是组织体系进一步完善，积极进行分会、专委会调整，已经完成了大部分调整工作；三是加强了与会员单位的沟通联系，派驻制顺利进展，改善了中电联的人才结构；四是本部人员培训工作进一步加强，服务能力不断提高，学习型组织建设深入开展。

二、关于中电联功能定位和战略目标

2011年认真开展了“中电联功能定位研究”、“人力资源发展规划研究”等课题研究，提出了中电联功能定位是：立足行业，服务企业，联系政府，沟通社会。

立足行业，就是从党和国家的大局出发，立足行业发展全局，开展行业调研，凝聚行业共识，建设行业文化，加强行业自律，维护行业利益，促进发展方式转变，推动行业科学发展。

服务企业，就是坚持以服务会员企业为中心，把握企业需求、创新服务方式，反映企业诉求，维护企业权益，促进企业科学管理，增强企业综合实力。

联系政府，就是充分发挥好桥梁纽带作用，建立并完善与政府部门的联系通道，参与涉及行业的法规政策制定和重大决策活动，当好政府参谋，做好政府授权的业务和委托的咨询服务。

沟通社会，就是建立并完善与社会公众的沟通渠道，履行行业责任、宣传行业成就、回应社会关切、营造良好环境，参与社会管理，促进社会和谐。

中电联发展的战略目标是：加快推进中电联服务方式转变和创新，适应社会主义市场经济体制和电力行业改革发展需要，努力把中电联建设成为会员信赖、政府支持、社会认同的国内领先、国际一流的现代行业协会。

中电联功能定位和战略目标的提出与实施，将有力地促进中电联行业服务能力的提升、国内外影响力的扩大、自身建设水平的提高、协会综合实力的明显增强。我们将以本次会议为新起点，认真学习贯彻党的十七大和即将召开的十八大会议精神，进一步深化改革、锐意创新，努力推进中电联在“十二五”期间的又快又好发展，在推动电力工业健康发展、促进国家经济社会全面发展中发挥更大作用。

三、2012年工作设想

（一）加强行业重大问题研究，服务行业科学发展

重大问题研究是行业协会立足行业开展服务的基本工作内容，是行业协会履行职能的基本功。在当前社会高度关注电力行业发展、各种观点激烈交锋的形势下，我们要对关系行业科学发展的电力安全、供需矛盾、结构调整、节能减排、煤电运矛盾、电价机制等重要问题加强深入研究，提出中电联的观点和建议。一是加强新时期新形势下能源、电力、经济、环境协调发展的基本规律研究，指导中电联工作和促进电力科学发展。二是积极跟踪各种宏观政策法规的变化，密切关注国内外能源电力科技发展的动态，研究对行业企业发展的影响。三是进一步梳理调研行业与企业发展中的热点、难点问题，汇集行业力量研究关键性、全局性问题。四是进一步促进研究成果转化和应用，把研究成果转化为政府决策和企业发展的重要

参考，实现研究成果从数量向质量和效能转变。

（二）加强行业文化建设成果落实，改善行业形象与行业环境

一是要以党的十七届六中全会精神为指导，以宣贯落实《全国电力行业核心价值公约》为抓手，在全行业开展行业文化建设成果生根落地工作，认真做好“五个一”活动的策划实施。二是注重改善舆论环境，针对行业重大问题做好舆情监测工作，并由重监测向重应对转变。做好专题策划，发挥好中电联媒体作用，并加强与主流媒体沟通，组织本部专业部门、专家队伍发出行业声音，主动引导舆论，增强行业发展话语权。要提高对舆情变化的敏感性，及时、快速、准确、有效应对负面舆情，澄清事实真相，减少社会影响。

（三）加强行业基础专业工作和重大活动组织，提高服务企业的能力

加强与完善统计工作体系，确保统计数据的及时性和准确性，按要求向政府部门提供统计数据，及时向会员单位提供统计信息，向社会发布全国电力工业经济运行分析报告，出版中国电力行业年度发展报告。

加强电力标准计划管理，结合国家和行业产业政策，加快对环境保护、节能减排、智能电网、新能源发电、核能发电、电动汽车充电设施、特高压等重点领域，以及电力生产建设急需标准的制修订。

做好全国电力可靠性数据的统计、分析和发布，为规划、设计、制造、基建和生产等单位提供可靠性信息咨询和检索服务，保障电力系统安全稳定运行；及时跟踪特高压输电、风电、核电、太阳能发电等重点电力项目的可靠性运行状况，深入开展可靠性评价。

提高技能鉴定和教育培训工作水平，切实做好电力行业职业分类大典的修订工作，组织好第八届电力行业职业技能大赛，推进职工技能鉴定网络化建设，发挥好对职业教育的行业指导作用。

继续深化工程造价管理技术创新研究，提高电力行业工程造价与定额管理的编制水平；开展电力建设工程人工费用标准、电力建设工程定额编制方法的研究，不断丰富、完善电力工程计价依据体系。

继续举办好经济形势与电力发展分析预测会、电力可靠性指标发布会、电力行业管理论坛，以及电力设备展、清洁能源博览会等各类展会等品牌活动。继续增强与国外行业协会组织的联系，积极参加亚太电协会议以及各类国内外学术交流等活动。

（四）加强与政府部门的联系，积极反映企业诉求

进一步发挥中电联作为政府和企业间桥梁纽带作用，加强与政府部门联系。一是认真贯彻落实国务院和政府有关部门重要决策部署。当前，各政府部门2012年的工作计划正在制定中，我们将认真研究和跟踪政府部门重要部署、工作重点和工作动态，找准工作的突破口和结合点，实现和政府有关工作有效衔接和良性互动，提高工作的前瞻性、针对性。二是积极反映行业企业诉求，继续就煤电矛盾、企业解困等问题向政府部门提出建议，争取有效解决；继续就《火电厂大气污染物排放标准》的实施条件和法规、政策、规划目标间的协调性问题向政府提出建议，为企业争取优惠政策和较好的法律环境；研究提出《未来三年电力供需研究预测报告》，为政府和企业提供参考；调研国内和国外智能电网发展情况及发电和电网的关系，积极争取政府部门的支持。

（五）加强本部服务能力建设，提升服务质量

本着精简高效、职责明确、管理规范、运转协调的原则，对中电联服务平台资源进行整合，进一步完善服务体系。一是对本部为会员单位的服务项目进行汇总梳理，对服务产品进行深加工，进一步塑造服务品牌：二是加强与会员单位的沟通联系，调查研究，把握会员需求，增强服务的针对性和有效性；三是完成调整分支机构工作，加强对代管学协会的管理，完善服务体系；四是对本部机构进行必要调整，不断加强党风廉政建设和创先争优活动，加强学习型组织建设，加强对人、财、物的管理。

国家电网公司工作会议报告（摘要）

一、2011年工作回顾

2011年是“十二五”开局之年，也是公司改革发展很不平凡的一年。面对复杂的国际国内形势，面对艰巨的改革发展任务，面对严峻的安全稳定考验，公司党组团结带领广大干部员工，坚定不移推进“两个转变”，全面落实二届一次职代会暨2011年工作会议部署，破解发展难题，创新体制机制，强化经营管理，提升队伍素质，开创了“十二五”发展新局面。

2011年，110（66）kV及以上交流线路开工5.49万km，投产5.48万km；变电容量开工2.64亿kVA，投产2.56亿kVA。完成售电量30 925亿kWh，增长13.7%；国家电力市场交易电量3999亿kWh，增长11.5%。公司连续7年被国资委评为业绩考核A级企业，在2011年世界500强企业中排名第7位。

（一）电网安全供电再创佳绩

2011年，国内煤电运紧张、电力供需矛盾突出，大部分地区用电负荷创历史新高，最大电力缺口超过

3000万kW。面对煤价攀升、来水减少、灾害频发给电网安全带来的严峻挑战，公司坚持安全第一的方针，始终把确保大电网安全放在首位，强化安全基础管理和隐患排查治理，统筹加强科学调度、网厂协调和需求侧管理，充分发挥特高压、跨区电网作用，优化资源配置，增加电力供给，缓解了华东、华中地区供电紧张局面，保障了电力有序供应，圆满完成纪念建党90周年、西藏和平解放60周年、神八发射等重大保电任务，总体满足了经济社会发展的需求。

认真落实国务院《电力安全事故应急处置和调查处理条例》，汲取国外大面积停电事故教训，深入研究大电网运行规律，完善电网运行控制策略，加强电网安全性评价和重点设备运行监控，强化应急队伍建设和培训演练，驾驭大电网的能力显著提高。一般电网和设备事故由2010年的22起减少到14起，下降36%。

（二）电网发展迈上新台阶

立足转变电力发展方式、服务能源和经济发展方式转变，全面加快坚强智能电网建设，国家电网创新发展成效显著、捷报频传。一批输电大通道工程、新能源外送工程和科技引领示范工程建成投运，电网优化配置资源能力大幅提升，技术装备水平全面提高。特高压输电创造多项世界纪录，智能电网建设继续走在世界前列。

特高压和智能电网纳入国家“十二五”规划纲要，标志着国家电网发展进入新阶段。深入研究和提升特高压主网架规划，大力推动疆电外送、皖电东送和内蒙古电力外送。淮南—浙北—上海特高压交流工程获得核准并开工建设。特高压交流扩建、宁东—山东直流、三峡地下电站送出等跨区跨省重点工程竣工投运，国家电网远距离、大规模输电能力大幅提升。战胜高寒缺氧、冻土施工、生态脆弱、保障健康等重重困难，“电力天路”青藏联网工程提前一年建成，创造了世界高海拔地区输电工程建设的新纪录，从根本上解决了西藏缺电问题，全国电网除台湾以外实现全面互联。中俄直流背靠背联网工程投入试运行。四川藏区电网建设全面启动，地震灾区电网3年恢复重建任务圆满完成。积极支持新能源发展，甘肃酒泉风电基地一期送出工程竣工投运，国家电网经营区域并网风电装机超过4200万kW。区域和省级主网架建设继续加强，新一轮农村电网改造升级工程扎实推进。全面加强工程建设、造价、质量管理，220kV及以上优质工程率达到85%。特高压交流试验示范工程荣获中国工业大奖，向家坝—上海特高压直流工程荣获国家优质工程金奖。

世界上第一个集风力发电、光伏发电、储能系统、智能输电于一体的国家风光储输示范工程竣工投运，对于推动中国新能源及战略新兴产业发展具有重要意义。自主研发建设了具有国际领先水平的智能调度技术支持系统。柔性直流输电（上海南汇）、天津中新生态城、延安750kV智能变电站等一批智能电网示范工程竣工投运。安装应用智能电能表5162万只，累计实现7645万户用电信息自动采集。在北京、苏沪杭、青岛等城市建成了一批电动汽车充换电示范工程。新建充换电站156座、充电桩6252个。成功举办2011智能电网国际论坛，全面展示坚强智能电网发展成就，进一步增强了公司国际影响力。

（三）体制机制改革取得重要突破

坚持以改革促发展，体制机制创新迈出重要步伐。根据国资委加强集团管控、压缩管理层级的要求，优化总部机构和职能，成立五个分部，初步形成总部分部一体化格局，优化了公司治理结构。“五大”体系建设试点取得成功，全面验证了公司党组决策的正确性和改革方案的可行性。江苏、重庆公司先行先试、精心组织，建立了科学的组织架构和业务模式，为公司“五大”体系建设奠定了基础。

按照国资委统一部署，落实电力主辅分离改革重组实施方案，经过艰苦努力，全面完成121家辅业单位、845亿元资产、21.8万名职工（含离退休）划转移交工作，确保了改革平稳有序。主多分开和集体企业管理取得重要进展。省级层面主多分开全面完成，地（市）县层面主多分开全面启动，集体企业管理进一步规范。理顺农电管理关系，完成197家县供电企业地方产权上划工作。

（四）企业管理再上新水平

积极应对通胀压力增大、货币政策紧缩等影响，加大核心资源调控力度，着力构建集中、统一、高效的运营体系和工作机制，强化基础管理，健全内控机制，严防经营风险，公司发展的全面性和协调性不断增强，管理水平和经济效益全面提升。

人财物集约化管理成效显著。统筹推进人力资源优化配置，规范了网省公司、直属单位机构编制和岗位设置，强化了员工人口和薪酬福利管理，加强了农电等各类用工管理。全面加强财务资源管控，严格投资管理、成本管理和资金管理，完善财务标准体系，编制基建标准成本并开展试点；深化项目储备库建设，促进财务与业务高度协同；引入低成本资金1480亿元，实现资金运作效益80亿元。集团级物资招投标管理体系初步建立，电子商务平台投入运行。开展清仓利库、仓储管理和配送体系建设，利库金额达到90亿元，物资保障能力明显提升。公司物资集中采购比例达到90.5%。全年集中招标金额2306亿元，节约资金160亿元以上。

强化综合计划和预算管理，增强了计划和预算的约束力。全面加强市场营销，市场占有率同比提高1.82个百分点。完成营销稽查监控体系建设，实现了营销关键指标和工作质量实时监控。配合国家电价调整，认真落实新的电价政策。防范高耗能和中小企业欠费风险。金融产业布局不断优化，银行、保险、证券、资产管理等核心业务进一步强化。融资租赁公司正式运营，商务服务公司完成工商注册，证券基金管理公司加快筹建。直属产业资源整合力度进一步加大。济南电工电气等产业基地建成投运。直流输电、特高压串补等一批高端设备产业化取得显著成效。加快实施国际化战略，在六个国家和香港设立办事处，与美国、俄罗斯、巴西、法国等相关电力企业签署战略合作协议，资产收购、工程总承包等项目积极推进。菲律宾国家电网公司、国家电网巴西控股公司保持稳健运营。

（五）依法从严治企成效显著

把依法治企作为强化管理的着力点，围绕投资管理、成本管理、供电服务、收入分配等政府监管和社会关注的重点领域，集中开展财务和审计专项检查，建机制、查隐患、抓整改，努力消除各种“发热点”和“出血点”。深入开展“小金库”专项治理，彻底纠正发现的问题。县级供电企业突出矛盾和问题排查治理全面完成。开展工程建设领域专项治理、供电服务和物资管理效能监察。配合审计署完成援疆项目、三峡输变电工程竣工决算审计。认真落实电监会供电监管报告整改要求，及时开展督查工作。加强客户业扩工程设计、设备和施工招投标管理，促进了规范透明运作。强化公务用车、公务接待、因公出国（境）和会议、庆典等管理，取得显著成效。

（六）自主创新取得丰硕成果

实施“一流四大”科技发展战略，健全公司科技创新体系，整合科研力量，建设攻关团队，重点突破特高压和智能电网核心技术及关键设备，取得一批国内外领先的重大创新成果。特高压串补、双柱特高压变压器、63kA特高压开关研制成功并投入工程应用，特高压可控高压并联电抗器完成单相样机研制。电力系统仿真中心等国家级重点实验室、特高压输变电系统开发与示范等项目通过国家验收，一批智能电网科技项目获得国家科技重大项目立项批复。发起并创立国际电工委员会（IEC）智能电网用户接口项目委员会，8项特高压和智能电网国际标准在国际电工委员会、电气电子工程师学会（IEEE）立项。公司申请专利、授权专利分别较上年增长56.7%和41.9%。信息化建设位居中央企业第二名。SG-186系统深化应用成效显著，在线人数最多超过70万人。直属单位ERP系统全面上线运行。北京、上海、西安三地信息系统灾备中心全面投运，提高了信息安全保障水平。

（七）优质服务水平不断提高

落实以人为本、执政为民的要求，坚持“你用电、我用心”，不断深化“四个服务”。扎实开展“塑文化、强队伍、铸品质”供电服务提升工程，供电可靠性和电能质量不断提高。主动修订和发布“三个十条”，深化服务内容，创新服务方式，提高服务标准，提升客户满意度。在窗口单位广泛开展“为民服务创先争优”活动，争创群众满意窗口，争当优质服务标兵，涌现出四川电力共产党员服务队等先进集体和“电力雄鹰”吕清森、“不倒的铁塔”江小金等先进个人。公司被中央创先争优活动领导小组确定为重点联系单位，创先争优活动得到中央领导同志的肯定。公司各单位在地方行风评议中名列前茅。积极履行企业社会责任，公司荣获“2011中国企业社会责任特别大奖”，蝉联“中国500最具价值品牌排行榜”第二名。

（八）“三个建设”全面加强

认真学习贯彻胡锦涛总书记“七一”重要讲话精神，进一步加强公司党的建设。积极配合中央巡视组开展工作，自觉接受巡视、指导和检查。大力创建“四好”领导班子，优化了班子结构，提升了整体功能，各级领导干部的领导力、执行力明显增强。认真落实党风廉政建设责任制，严格执行《国有企业领导人员廉洁从业若干规定》，落实“三重一大”决策制度。加快构建科学的管控与惩防体系，成立协同监督工作委员会，形成了齐抓共管的协同监督工作格局。

大力实施人才强企战略。落实中央“千人计划”，引进13名海外高层次人才。面向社会公开招聘50名法律、金融等领域骨干人才。遴选10名科技领军人才和471名优秀专家人才。面向全公司开展总部81个岗位公开招聘、竞争上岗。开展4期局级干部培训、1期青年干部培训和2期高级管理人员国际培训。分部集中轮训全面完成。总部与分部、总部与各单位交流锻炼人员310名。注重源头防范和监督检查，公司系统选人用人满意度不断提高。

学习贯彻党的十七届六中全会精神，建设和弘扬统一的企业文化。深化企业文化主题实践活动，全面落实“五统一”要求。公司系统宣传资源清理整合有序推进。出台《职工民主管理纲要》。加强基层班组建设，提高管理标准化和信息化水平。开展爱心帮扶和送温暖活动，落实离退休老同志待遇。加强后勤保障工作，上海电力医院改造竣工。严格落实维稳责任，促进了企业和谐稳定。大力加强精神文明建设，公司系统92个单位被评为第三批全国文明单位，21个单位、32名员工荣获全国“五一”劳动奖状、奖章，55个集体荣获全国工人先锋号称号。

二、加快“两个转变”，创建世界一流电网、国际一流企业

国家电网公司发展正处在一个十分关键的时期。2004年以来，我们经过实践探索，确立了“一强三优”现代公司的战略目标和“两个一流”的公司愿景，明确了“两个转变”的战略途径，形成了引领公司科学发展的战略体系。经过“十一五”以来的拼搏和奋斗，国家电网发展迈上了一个新台阶，公司综合实力达到了一个新水平，我们走出了一条具有中国特色的电网企业创新发展之路。目前，公司在一些方面已经接近或达到国际先进水平，具备了创建世界一流的基础和条件。面向“十二五”，国资委确定了做强做优中央企业、培育具有国际竞争力的世界一流企业的发展目标。我们要牢牢抓住“十二五”重要战略机遇期，实现更高层次、更高水平、更高质量的发展，力争到“十二五”末，初步建成世界一流电网、国际一流企业。

创建世界一流电网，必须转变电网发展方式，建设以特高压电网为骨干网架、各级电网协调发展，具有信息化、自动化、互动化特征的坚强智能电网，把国家电网建设成为网架坚强、安全可靠、绿色低碳、经济高效，具有强大资源配置能力、服务保障能力和抵御风险能力的现代化大电网；创建国际一流企业，必须转变公司发展方式，建设统一的企业文化，建立科学的“三集五大”管理体系，把国家电网公司建设成为业绩优秀、人才一流、管理卓越、文化先进，具有强大持续创新能力、品牌影响力和国际竞争力的现代企业集团。创建“两个一流”与建设“一强三优”现代公司是有机统一的，创建“两个一流”的过程就是建设“一强三优”现代公司的过程。创建“两个一流”，关键是加快“两个转变”。这是国家电网生产力的一次大解放，是国家电网公司生产关系的一次大变革，是广大干部员工思想观念的一次大转变。我们要下定决心、坚定不移，奋力向前推进。

（一）建设“三集五大”体系

体制机制决定全局、事关长远。“十二五”期间，随着特高压骨干网架总体形成和智能电网全面建设，国家电网生产力水平将实现质的提升。由于历史原因形成的公司管理体制和机制，层级多、链条长、效率低，不仅无法适应电网日新月异发展的要求，而且导致执行力衰减、管理成本增加，已成为制约“两个转变”的主要障碍。创新体制机制，建设“三集五大”体系，加快转变公司发展方式，是生产关系适应生产力发展的必然要求，是实现公司战略目标的必由之路。

建设“三集五大”体系，要坚持总体设计、效率优先、安全稳定、与时俱进的原则，按照集约化、扁平化、专业化方向，做强公司总部、做实省公司、做优地（市）公司，实现全公司资源、业务、管理向总部和省级集中，压缩管理层级、优化业务流程、创新管理模式，建立科学的管理体制和运营机制。加快总部分部一体化，构建战略领先、管理科学、运转高效、开放创新、追求卓越的集团总部，实现管理水平全面提升。建设总部和省公司运营监测（控）中心，实现对公司主要经营活动和管理绩效实时在线监测。用2～3年时间全面建成“三集五大”体系。

深化“三集”管理，以提高价值创造能力和经营管理绩效为目标，对人、财、物以及科研、信息、品牌、法律、媒体等资源实施集中管控、统一运作、优化配置，发挥规模和协同效应，提高发展质量和效益。构建“五大”体系，以标准化为基础、信息化为支撑，建立包含各专业、贯穿各层级、覆盖各级电网的大规划体系；建立总部、省公司、地（市）县公司科学分工、分层承担电网建设任务的大建设体系；建立国调、分调一体化，输变电设备运行集中监控与电网调度高度融合的大运行体系；建立检修专业化和运维一体化、按电压等级运维检修电网设备的大检修体系；建立市场营销、客户服务和计量检定配送省级集约、24小时面向客户的大营销体系。统筹推进公司直属单位改革重组。将支撑电网核心业务的科研与产业全面分开，形成中国电科院、经济技术研究院、能源研究院3个科研机构；形成国网电科院、中电装备、能源开发、鲁能、传媒、国际公司等产业集团；形成电网建设检修、交流建设、直流建设、信息通信、物流服务等专业公司。

建设“三集五大”体系，要对公司各层级进行资源整合、业务重组、人员优化和流程再造，不仅关系到员工思想观念、工作方式、行为习惯的转变，而且给电网安全、队伍稳定、优质服务带来新的考验。改革越是向前推进，触及的矛盾就越深，遇到的挑战就越大。公司上下要充分认识“三集五大”体系建设的重要性、紧迫性和艰巨性，坚定信心、齐心协力、共同推进，确保改革取得成功。

（二）建设坚强智能电网

中国能源资源与生产力发展逆向分布的基本国情和以煤为主的能源禀赋，决定了能源发展要坚持立足国内、煤为基础、电为中心，按照科学规划、适度超前、集约发展、规模配置的原则，从根本上转变过度依赖输煤的能源发展方式和局部就地平衡的电力发展方式，走大范围资源优化配置的道路，保障经济社会发展的需求。

长期以来，国内煤电运紧张局面反复出现，给经济发展和人民群众生活造成严重影响。能源生产重心不断西移和北移，到2015年全国一次能源将有2/3

来自山西、新疆等五大国家综合能源基地，“十二五”新增电力供应的2/3源于大型电源基地，风电、太阳能发电等清洁能源发展迅猛。无论是解决煤电运紧张矛盾，保障能源基地集约化开发和可靠送出，还是适应大规模清洁能源安全并网消纳，满足经济社会发展对电力的需求，都迫切需要转变电网发展方式，加快建设坚强智能电网。特高压交流试验示范扩建工程的成功投运，进一步验证了特高压交流的输电能力和安全性、经济性、优越性。中央领导同志的重要批示和肯定，为公司工作指明了方向，更加坚定了我们发展特高压的信心和决心。

加快建设坚强智能电网，要坚持“一特四大”发展战略，推动特高压交直流和各级电网协调发展，加快构建安全、可靠、高效的现代电网体系，建设大通道、构建大电网、发展大市场，解决特高压和配电网“两头薄弱”问题，提高电网大规模、跨区域电力优化配置能力。要提高电网发展质量，推行资产全寿命周期管理，统筹电网安全、经济效益、技术装备等要求，强化全过程质量管控，提升国家电网整体功能、建设质量和运行效率。要集成最新电力科技成果和物联网、云计算等先进技术，加快电网智能升级，提高电网的安全性、经济性和适应性。

（三）加快国际化发展步伐

实施国际化战略，是时代赋予中央企业的使命和责任，是建设国际一流企业的必由之路，也是公司提高管理水平、拓展发展空间、增强发展能力的重要途径。近年来，公司认真贯彻实施党中央、国务院决策部署，着眼全球市场，发挥自身优势，走出一条依托主业、经营稳健、风险可控的国际化发展道路。公司发展特高压、智能电网形成的战略优势和技术优势，正转化为国际竞争优势，加快国际化发展具备了技术、资金、管理、市场等重要条件，面临难得机遇，发展前景广阔。

加快国际化步伐，要坚持服务国家战略与提升企业国际竞争力相结合，坚持扩大规模与提高效益相协调，坚持加快发展与防控风险并重，统筹利用国际国内两种资源、两个市场，立足全球配置资本、人才、技术、市场等资源，在更大范围、更广领域、更高层次上推动公司创新发展。要大力开展国际电力能源合作，保障国家能源安全和可持续供应。依托电网核心技术优势，充分利用国家鼓励企业到境外建设生产基地、营销网络和研发机构的政策，以海外能源、资源类资产投资运营为重点，统筹电力工程总承包、技术管理咨询等业务，延伸产业链和价值链。并购优质资产，引进先进技术，将国外人才和技术资源转化为公司竞争优势。借鉴国际先进管理经验，加强国际业务组织体系和管控机制建设，全面提升公司管理水平。

（四）增强持续创新能力

创新是时代发展的特征，是企业竞争力的核心，是公司发展的动力。我们这几年的成就，尤其是特高压、智能电网以及“三集五大”的突破，根本在于创新。加快“两个转变”、创建“两个一流”，更需要创新变革，永不僵化、永不停滞，完善创新体系，健全创新机制，不断增强持续创新能力。

要弘扬创新精神，崇尚创新、鼓励创新、包容创新，激发创新活力，形成人人关注创新、人人支持创新、人人参与创新的良好局面。要强化科技创新，紧跟世界科技和产业发展新动向、新趋势，建立健全科技投入、研发、转化、应用新机制，着力提高原始创新能力和集成创新能力，做到应用一批、储备一批、研发一批，保持特高压和智能电网领域的技术领先优势，为电网和相关产业发展提供坚强支撑。要强化管理创新，按照现代企业制度要求和电网发展需要，加快管理转型，建立科学的管理体制和运行机制，提高管理效率和经营绩效。要强化教育培训，以培养高素质创新型人才为目标，全面推进培训理念、培训内容、培训管理和培训制度创新，加快建立高效的培训体系，提高培训质量和效率。

（五）建设统一的企业文化

没有先进文化的引领，企业就难以实现持续健康发展。以文化凝聚人心、推动工作，是公司发展的宝贵经验。深化“两个转变”，必须依靠企业文化统一思想、凝聚力量。

要弘扬公司核心价值体系。弘扬“诚信、责任、创新、奉献”的核心价值观和“努力超越、追求卓越”的企业精神，在全公司形成共同的价值理念，落实到工作中、体现在行动上。要推进企业文化“五统一”。坚持文化强企，统一价值理念、发展战略、企业标准、行为规范和公司品牌，加快培育符合社会主义核心价值体系要求、具有国家电网特色的优秀企业文化。要加强企业文化传播。构建贯穿公司上下、方向一致、协同高效的文化传播体系，为公司发展提供坚强保障和持久动力。要引导员工正确对待“五大”体系建设、主多分开、集体企业管理等工作中的利益关系调整，将个人发展与事业发展紧密结合，实现员工和企业共同发展。

当前，公司正处于重要的战略机遇期、管理转型期和改革攻坚期，既面临总体有利的发展环境，也面临严峻形势、艰巨任务和巨大挑战。国际国内经济形势复杂多变，公司经营发展压力明显增大；能源和电力供需整体趋紧，保障可靠供电面临新的考验；特高压交、直流工程加快推进，电网建设任务十分繁重；“三集五大”体系建设全面实施，与主多分开、集体企业规范管理等工作一同推进、相互交织，改革任务非常艰巨；安全稳定面临巨大压力；依法治企还存在薄弱环节。总的来看，我们面临着前所未有的挑战和考验。

公司上下尤其是各单位主要负责同志，务必对当前形势有深刻清醒的认识，务必增强责任意识和风险意识，切实做好应对各种困难局面，打硬仗、打攻坚战的充分准备。面对重大任务和关键时刻，要坚决挺身而出、亲力亲为，敢于负责任、不怕担风险，发挥关键作用。在重大原则问题上，不能含糊、不能讲条件。在对待利益问题上，要抛弃私心杂念、切忌患得患失。对管理中存在的问题和薄弱环节，要敢抓敢管，不回避、不掩饰、不观望，坚决予以解决。在工作中要始终坚持高标准、严要求，不断自我加压，比学赶超，追求更高目标和更高水平，共同推动公司持续健康发展。

三、2012 年重点工作

2012 年是中国发展进程中具有特殊重要意义的一年。国家宏观调控更加注重稳增长、控物价、调结构，保持经济平稳较快发展。公司工作总的要求是：认真贯彻党的十七届六中全会、中央经济工作会议精神，落实中央企业负责人会议部署，坚持科学发展，坚持改革创新，以创建“两个一流”为目标，以“两个转变”为主线，以安全稳定和优质服务为前提，在“三集五大”体系和坚强智能电网建设上取得新突破，全面提高发展质量、管理效率和经济效益，完成全年目标任务，以优异成绩迎接党的“十八大”召开。

主要发展和经营目标：开工 110（66）kV 及以上交流线路 6.9 万 km、变电容量 3.6 亿 kVA，直流线路 6146km、换流容量 5100 万 kW；投产 110（66）kV 及以上交流线路 5.7 万 km、变电容量 2.6 亿 kVA，直流线路 2095km、换流容量 1440 万 kW。售电量 33 700 亿 kWh，增长 9%；国家电力市场交易电量 4165 亿 kWh，增长 4.1%。

重点做好八个方面工作：一是全面建设“三集五大”体系，推进体制机制创新；二是加快坚强智能电网建设，统筹各级电网协调发展；三是加强安全管理，保障电力供应；四是加强科学管理，提高经营绩效；五是加快创新步伐，提高核心竞争力；六是强化教育培训，提升队伍素质；七是实践“四个服务”宗旨，提高优质服务水平；八是加强党的建设和企业文化建设。

中国南方电网公司
工作会议报告（摘要）

一、2011 年工作回顾

2011 年，中国南方电网有限责任公司（简称南方电网公司）认真贯彻落实党中央、国务院的决策部署，牢牢把握科学发展的主题和加快转变经济发展方式的主线，以公司中长期发展战略为统领，以创先争优活动为动力，以提高集团管控能力为重点，系统地规范各项管理，逐步构建成一个和谐的企业，实现了“十二五”良好开局。

南方电网公司有效应对了自然灾害多发和电力供应严重短缺等严峻挑战，电网运行保持了安全稳定，主要生产运行指标为历年最好水平。全年完成售电量 6667 亿 kWh，同比增长 10.6%；西电东送电量 966 亿 kWh。完成售电收入 3794 亿元，同比增长 11.3%；流动资产周转率 8.4 次；利润 73 亿元，EVA3 亿元。完成固定资产投资 900 亿元。年底实现资产总额 5275 亿元，资产负债率 65.5%。公司连续 5 年被国资委评为业绩考核 A 级企业，在世界 500 强企业的排名上升了 7 位，列第 149 位。

（一）安全供电做得更加系统、有效

积极推进安全生产风险管理体系建设，在全网 79 家地市供电局、超高压局及电厂全面应用，48 家单位获得 3 钻及以上的有效认证。为了确保电网迎峰度夏，超前分析安全运行的潜在风险，对关键设备进行特巡特维，楚穗直流实现了长时间满负荷安全运行。通过与当地群众群防群治，山火引发线路跳闸次数大幅下降，防雷击工作成效明显。南方电网公司系统没有发生较大及以上事故，一般事故、一类障碍首次实现了“双下降”。加强应急管理，完善各级各类应急预案 3250 个，做到心中有底、有备无患。在抗击贵州冰灾、云南盈江地震、强台风“纳沙、尼格”中，南方电网公司坚持“大灾当前，责任在先”的理念，做到了“知灾、人到、旗到、电通”。深圳大运会保供电工作更加科学、精细，实现了“零事故、零差错、零投诉”。核心技术领域的科技攻关取得重大突破，“高压直流输电工程成套设计自主化技术开发与工程实践”荣获 2011 年国家科技进步奖一等奖，是南方电网公司成立以来科技创新取得的最高荣誉；全年南方电网公司系统共获得省部级以上科技奖励 32 项，新增专利申请 282 项，获得授权 151 项。

2011 年迎峰度夏期间供电形势很严峻，由于缺煤少水导致全网总体缺电 10%以上、个别地区缺电 30%以上。南方电网公司按照“保安全、保居民、保民生、保重要用户”的原则，与国家有关部委、五省区党委、政府进行了汇报和沟通，促请广东、广西、贵州省政府出台了发电补贴政策；充分调剂网内外的资源，在提前建成广东 500kV 祯宝线工程的情况下，增加粤东送出能力 450 万 kW，同时配合政府制订并严格执行有序用电方案；与上游发电企业及下游客户进行了有效沟通，取得社会各界的理解支持。优化营

销服务，推进供电方案、业扩工程标准化设计，有效缩短业扩配套项目建设周期。强化客户停电管理，建立网、省、地、县客户停电时间统计体系，推行“先算后停”等管理手段，南方电网公司系统客户平均停电时间同比下降26%。通过全网的艰苦努力，我们以有效、有序的电力供应，支撑了各省区经济的较快增长，实现了政府满意、发电企业满意、客户满意的多赢局面。

（二）电网发展进一步协调、优化

完成了南方电网“十二五”规划修编，制定了南方电网整个二次系统、固定资产投资、节能减排、科技创新、安全生产等专项规划。与广西、贵州、海南省区政府签订了战略合作框架协议。完成南方电网“十二五”电力供需形势分析报告并上报国家能源局。理顺固定资产投资项目管理，首次实现南方电网公司系统固定资产投资计划的统一平衡下达。优化电网投资结构，不断加大中低压配电网投资规模。加快工程前期工作，溪洛渡、糯扎渡送电广东直流工程、深圳抽水蓄能电站等重点项目获得核准并正式开工。全年完成电网建设投资708亿元，投产重点工程11项。惠州抽水蓄能电站全面投产。认真落实中央领导的重要批示，攻坚克难，按期完成了海南联网工程海底电缆后续保护工程。500kV桂山变电站工程荣获“鲁班奖”。积极实施农网升级改造，完成县级电网建设投资213亿元，并解决了11个行政村、4.38万户无电人口的用电问题，实现了供电区域内的行政村“村村通电”。

（三）节能减排工作扎实开展

编制了南方电网公司“十二五”节能减排综合性工作实施方案和公司支持低碳省市试点工作方案。首次发布南方电网公司《绿色发展报告》。完成“十二五”新能源发展规划，研究提出了新能源接入南方电网标准体系和有关标准，在广东省政府支持下牵头开展了珠海万山海域风电场开发的前期工作。通过深化节能发电调度，全网火电机组发电煤耗率同比下降4g/kWh。通过加强线损“四分”管理，使得综合线损率实现了5.42%，同比下降0.86个百分点。在广州建成了全网首家电动汽车换电体验中心。推进合同能源管理，为广东、云南3000家用电规模达25亿kWh的工商业客户实施了节能诊断。南方电网公司荣获“‘十一五’中央企业节能减排优秀企业”称号。

（四）财务集约化管理进一步完善

加快资金集中管理步伐，全网实现了资金统一计划、统一调度、统一监控和统一融资平台，资金安全性、效益性、流动性大幅提高，在货币政策全面紧缩的情况下，保证了公司资金链的正常运转；并通过发行中期票据、超级短期融资券，开展短期资金运作等方式，节约资金成本13亿元。会计业务处理模板标准全面建成，会计主体由820个减少至508个，核算层级压缩至网、省、市三级。推进全面预算管理，完成了“十二五”期间的预算编制；将EVA指标分解融入公司经营管理全过程，推进成本精细化管理，编制了《全面预算管理工作手册》和《南网成本词典》。积极争取政策支持，在电价矛盾突出的形势下拓展电网盈利空间；争取到中央预算内投资和国有资本经营预算资金46亿元；全年接收客户资产原值9.4亿元。

（五）集团化管理模式已见成效

南方电网公司出台中长期发展战略，开展战略巡回宣贯。有效推进一体化管理，初步建立了网、省、地市、县区四层级一体化的组织架构，形成了基于业务分类的一体化制度、流程、标准关联体系框架。全年完成新编及修订制度383项。信息化建设已开始有序地推进。实行综合计划统一管理，建立了综合计划指标体系和平衡优化模型，网、省两级同时编制了“十二五”综合计划。切实加强基建管理，全面建立各电压等级电网工程的标准设计和典型造价，首次在公司系统推行里程碑进度计划管理，全网816个业主项目部逐步组建到位，南方电网公司系统配网工程全部开展可研工作。施工、设计、监理的公开招标率达到100%。严格工程造价管理，实际工程结算较概算下降12.5%，共节约资金13.3亿元。构建了具有南网特色的供应链管理体系，推行物资集中招标，集中度达到61%。大力开展清仓利库，南方电网公司系统库存物资同比下降40%，闲置物资再利用节约投资14.7亿元。法律风险专项治理取得初步成效，广东“三长”等历史遗留重大法律纠纷案件基本解决，减少公司经济损失24.4亿元。

（六）各项改革平稳推进

积极稳妥配合主辅分离改革，明确了对辅业单位“扶上马”、“送一程”的具体支持措施，分别与中国电力建设集团公司、中国能源建设集团公司签订整体划转移交协议，平稳完成分离企业管理权责的正式移交。农电体制改革取得新进展，接收广东、云南、贵州72家县级供电企业及农电机构，总资产159.2亿元、农电员工2.8万名。通过半年时间的调查研究，出台了职工持股清理整顿指导意见。对海南电网公司实行董事会机制。推进广州、深圳供电局管理模式改革，将其分立为公司直接管理的子公司，支持其全面接轨国际先进。完成了规范劳动用工及薪酬分配改革试点工作。积极争取了国资委对农电体制改革的薪酬政策支持。建立完善以绩效为导向的分配机制，出台了南方电网公司新的薪酬分配方案，将考核结果与岗级晋升和绩效工资挂钩；薪酬分配向一线关键生产岗位倾斜，一线班组员工薪酬水平比 2010 年平均增长 6.8%。注重落实离退休人员“两个待遇”，经职代会审议同意，从工资总额中拿出 1%建立困难离退休人员生活补贴机制，保障低收入离退休人员的正常生活。

（七）干部员工队伍建设实行新举措

制定了《2011～2020 年公司所属单位领导班子及干部队伍建设规划纲要》，全面加强领导班子思想、组织、能力和作风建设。不断加大竞争性选拔干部力度，拓宽选人用人视野，首次面向全国公开招聘了 7 名高级管理人员。对广州、深圳供电局领导班子 8 个副职岗位进行了公开竞争选拔、竞争上岗。加强战略性年轻干部培养，举办了为期半年的“百名优秀年轻干部培训班”，安排部分年轻干部任职锻炼。加大干部交流力度，选派 19 名干部到各省公司及政府机关任职或挂职锻炼，选拔 58 名基层优秀年轻员工到总部开展为期 1 年的学习锻炼。实施人才发展“六大工程”，开展技术专家选聘工作，公司系统共选聘 18 名技术专家和 87 名助理技术专家。公司被授予第三批海外高层次人才创新创业基地。整合全网教育培训资源，成立了公司教育培训评价中心及公司党校（干部学院）。公司系统全年举办培训班 2.2 万期、培训员工 137 万人次，培训合格率 98%。

（八）党的建设科学化水平上了新台阶

创新党建工作，制定了党组织先进言测评办法，把先进性的要求量化。推进基层党支部书记公推直选和党务公开工作，加强党内民主建设。积极开展庆祝建党 90 周年系列活动。深入推进为民服务创先争优活动，做好“六走进”和“五到位”，集中力量重点解决群众用电问题。全系统共成立为民服务队 3168 个，征求意见建议近万条，逐一落实改进措施。在五省区各地市同步开展社会活动日活动，首次召开了全网范围的大客户座谈会，诚心实意听取意见建议。公司的供电服务在广东、云南社情民意调查中连续多年荣获综合满意度第一，在其他各省区的政府满意度评价中也名列前茅。

出台了《惩治和预防腐败体系基本框架》。首次实行反腐倡廉建设岗位责任通知书制度，严格落实党风廉政建设责任制。举办了领导人员廉洁从业研讨班，开展纪律教育月活动，强化“诚信做人、规矩做事”的理念。制定了《“三重一大”决策管理办法》，对“三重一大”事项进行了清晰的界定，增强了可操作性和规范性。制定《公司党组巡视工作办法》，首次派出巡视组对海南电网公司开展巡视。强化“大监督”意识，深入开展了内部审计、效能监察和固定资产投资建设监督检查，共审计资产量 3367 亿元，发现 8 个方面共 572 个主要问题，并落实了整改措施；通过效能监察避免经济损失 2902 万元，节约资金 1 亿元。

在全公司推进员工辅导计划，建立了南网幸福指标体系。加强民主管理，有序开展职工代表巡视检查和厂务公开工作；举办了农村配电设备检修、青工安全知识等技能竞赛。以品牌传播引领新闻宣传，树立了公司良好形象。积极履行社会责任，向灾区捐款捐物累计达 1805 万元，其中为“广东扶贫济困日”活动捐款 1530 万元。公司系统涌现出一大批先进典型，其中，获得全国“五一”劳动奖状奖章等国家级集体荣誉 72 个、个人荣誉 41 个，省部级集体荣誉 79 个、个人荣誉 268 个。

在肯定成绩的同时，也要清醒地认识到公司在生产经营中存在的差距和不足。安全生产方面：楚穗直流投产后，主网架强直弱交问题更加突出，电网“$N-1$”还没有完全实现，系统安全运行难度加大；局部电网结构薄弱，存在发生较大停电事故的风险；外包工程安全管理亟待加强。电网发展方面：配网的规划、建设还需要进一步加强；工程项目业主管理缺位现象比较严重，非法转包、违规分包问题比较突出；物资集中招标计划管理需要进一步加强。经营管理方面：成本意识、效益意识还比较淡薄，成本精细化控制有待加强；公司的资本回报水平还是比较低，与国际同行业相比还有较大差距。

二、2012 年工作安排

（一）面临的形势

2012 年经济形势仍将十分严峻复杂，世界经济复苏的不稳定性不确定性上升，中国经济发展中不平衡、不协调、不可持续的矛盾和问题仍很突出，经济增长下行压力加大，给用电市场带来较大的不确定性。南方电网公司售电量增长趋缓，实现利润目标难度大；刚性成本增长较快，年财务费用已超过百亿元，影响后续创利能力和发展空间，需要适度压缩固定资产投资规模。

由于 2011 年旱情影响及电煤价格持续高位运行，2012 年汛期前缺煤少水局面仍将延续，电力供需形势更为严峻，全网全年可能持续性缺电。南方五省区最高负荷需求 1.33 亿 kW，同比增长 9%；全网计划投产新机组 1637 万 kW。预测最大电力缺口 800 万～1300 万 kW，3～5 月最为困难，平均缺口在 1300 万 kW 左右。党的十八大将在 2012 年下半年召开，各省区也将召开党代会，电力供应是上级关注、社会关切的重要问题，做好供电保障的责任重大。

（二）工作思路和目标

2012 年是实施“十二五”规划承上启下的重要一年。公司的工作思路是：贯彻党的十七大及历次全会、中央经济工作会议精神，落实中央企业负责人会议的部署，继续抓住“十二五”发展的主题主线，把握“稳中求进”工作总基调，全面提升管理，深入推动公司战略落地，重点做好“三抓三保四加强”，为五省区经济保持平稳较快发展、社会和谐稳定作出积极贡献，以优异的成绩迎接党的十八大胜利召开。

“三抓”，即抓落实、抓服务、抓作风。抓落实就是抓好中央及有关部委各项决策部署的落实，把公司工作自觉放在国家工作大局中来考虑安排，充分发挥电网的支撑、保障、服务作用，特别是在发展实体经济、保障和改善民生、区域协调发展、加强自主创新和节能减排、农村电网改造升级、推进“走出去”等方面，主动靠前、积极作为；抓好公司战略落地，基本建成一体化管理的框架体系，实现公司“三步走”的第一步目标。抓服务，就是要紧紧围绕服务型定位，突出公司处在关系国计民生的重要行业和基础产业属性，为政府、为客户、为上游发电企业服务。抓作风，就是要继续弘扬“实”和“下”的作风，求真务实，定下来的事要一抓到底，力戒形式主义；眼睛向下，紧贴基层，总部以及各级机关要提效率、做表率。

“三保”，即保安全、保增长、保稳定。保安全，就是要把安全放在首要位置，确保万无一失。要强化安全生产责任制的落实，强化综合预防措施，强化安全培训和教育，完善各类应急预案，防止出现大的安全事故和停电事故。保增长，既是中央赋予我们的任务，也是公司自身发展的客观需要。我们必须以更加扎实的工作、更加有效的措施，创造更加优秀的经营业绩，为实现五省区经济平稳较快增长作出积极贡献。保稳定，这是我们做好一切工作的基础。要积极排查不稳定因素，早发现、早化解，消除在萌芽之中，不能出现大的不稳定事件。遇到重大突发事件，领导干部特别是主要领导要第一时间赶到现场，及早弄清情况，准确做出判断，迅速处理，不能使事件蔓延、扩大。

“四加强”，即加强队伍建设、加强管控机制建设、加强形象建设、加强党的建设。一是加强队伍建设。要认真贯彻赵建国董事长的讲话精神，着力打造团结和谐的各级领导班子，以及政治坚定、业务精湛、爱岗敬业、作风优秀的员工队伍。二是加强管控机制建设。管理是企业永恒的主题，没有一流的管理就没有一流的企业。要充分认识强化管理对促进企业健康稳定发展的重要作用，苦练内功，不断增强企业内在素质，夯实发展基础。三是加强形象建设。企业文化、品牌形象是一个企业的软实力，打造国际先进电网企业，不仅要在提升硬实力上下工夫，更要在提升软实力上下工夫。要总结、提炼、弘扬和传播公司改革发展中长期积淀形成的特色企业文化，提高社会的认同感。四是加强党的建设。党建工作是国有企业独特的政治优势，要切实做好保持党的纯洁性各项工作。要坚持以为民服务创先争优活动为载体，以群众满不满意为标准，在活动中检验基层党组织的战斗力、党员的先进性和党组织负责人的带头表率作用。

工作目标如下：

价值创造方面：利润目标 80 亿元，同比增长 9.6%。EVA4 亿元。净资产收益率 2.9%。资产负债率控制目标 66%。资产总额 5943 亿元。

客户服务方面：城市供电可靠率大于 99.944%，农村供电可靠率大于 99.855%。客户投诉率低于 80 次/百万。

内部运营方面：售电量 7280 亿 kWh，同比增长 8.0%。西电东送电量 993 亿 kWh，同比增长 3%。主营业务收入 4278 亿元，同比增长 9.9%。综合线损率 5.95%。单位供电成本 154 元/MWh，同比下降 0.9 元/MWh。杜绝重大及以上设备事故、有人员责任的较大及以上电力安全事故，不发生人身死亡事故和恶性误操作事故。

企业成长方面：固定资产投资 867 亿元，其中，电网基建项目 656 亿元，电源基建项目 22 亿元，小型基建项目 45 亿元，技改项目 121 亿元。安排重点工程 22 项，建成投产 14 项。固定资产售电量 1.06kWh/元。

党的建设方面：全面落实党风廉政建设和党建工作责任制目标。

（三）2012 年的重点工作

1. 着力强化安全生产管理

认真贯彻执行国务院《生产安全事故报告和调查处理条例》、《电力安全事故应急处置和调查处理条例》，以及公司《安全生产令》、《电力事故（事件）调查规程》，防止发生有人员责任的较大及以上事故。落实主要领导负总责、分管领导具体负责的各级安全生产责任制，扎实推行安全生产风险管理体系，加强生产全过程的安全监督管理。一是提高系统运行管理水平。强化电网运行的风险闭环管理，切实将防范系统风险的各项重点工作落实到位；研究解决动态无功不足、低频振荡等影响电网安全稳定的重大问题。积极稳妥地推进调控一体化、二次一体化工作。加大对继保、安稳、自动化等二次系统的信息化升级改造投资力度。二是进一步加强设备管理。抓紧完善公司统一的技术标准，提高设备管理的专业化、精益化水平。加强防灾减灾、应急保电、电力设施保护工作，对重点线路和关键设备开展有针对性的特巡特维。三是提升安全作业管理水平。把风险管理的要求融入管理流程和工作标准，统一规范作业指导书。强化安全责任意识，提高人员的安全素质，全面推行持证上岗制度；严格承包商的管理，实施进网作业人员全员安全考试，对外包作业实施全面安全风险评估和控制。四是大力推进科技管理。建立公司科技创新考核指标与绩效考核机制，落实激励政策，构建以企业为主体、产学研用结合的开放式技术创新体系。

2. 着力保障电力可靠供应

在供需形势复杂多变的情况下，要加强市场动态跟踪，超前把握供需变化，做好电煤、来水、负荷的监测预警，灵活应对。一是加强行业用电走势跟踪分析，千方百计挖潜增供。配合各级政府完善煤电油气运应急预案，协调促请相关省区政府继续实施发电补贴政策。二是合理安排省间交易计划。既考虑政府间框架协议的严肃性，也考虑各省区供需平衡情况，按照用电均衡增长的原则，合理控制各省区电力缺口。探索与国家电网公司进行长期合作的交易机制。三是配合政府优化有序用电方案。在确保居民生活等重点需求的基础上，严格限制“两高”企业和产能过剩行业用电，尽量保障民生、服务业和战略新兴产业用电。四是充分发挥价格的杠杆作用，合理调节供需关系。争取两部制上网电价、峰谷分时电价试点，以及西电东送输电价向两部制转变。

3. 着力加强固定资产投资管理

着眼公司长远稳健发展，优化投资方向，确保投资效益。一是抓好南方电网“十二五”规划的落实。完成南方电网中长期目标网架规划、“十二五”输电网规划优化，系统研究解决云南季节性电能送出、广东缺电问题。推进“十二五”智能电网示范区的规划建设工作。继续配合国家能源局做好金沙江中游电站送电广西直流工程的协调；争取海南抽水蓄能电站年内获得核准开工；做好珠海桂山风电场的前期工作并争取尽早核准。保质保量地开展“两渡”（糯扎渡、溪洛渡）工程建设，按进度实现工期目标。抓好500kV惠茅甲线改造工程，确保6月底前投产。二是有序推进农网升级改造工作。重点满足农村经济发展和农民生活改善的用电需求，同时重视电力普遍服务，解决好剩余7.7万户无电人口的用电问题，实现公司供电区域内的“户户通电”。三是积极稳妥地开展境外投资。利用国家外汇贮备较充足和世界经济增速减缓的时机，在确保安全的前提下，探索采取与国际先进同行企业合作等方式，到境外开展收购。继续努力做好越南永兴项目合同谈判，争取早日开工。四是做好固定资产投资项目后评价工作。建立和完善固定资产投资项目后评价指标体系，推进技改、科技、信息化项目后评价工作，实现固定资产投资项目的闭环管理。

4. 着力提高精细化管理水平

按照国资委的部署，扎实开展“管理提升年”活动，从严治企、依法治企，坚持以公司战略为统领，提升整体管理水平。一是深入推进战略实施和一体化管理。全面完成职能战略和分子公司子战略评审，构建完善的战略体系。建立战略实施的跟踪、反馈、评价、检查、调整机制。抓紧完成一体化管理中期评审，开展推进工作的质量评价。要研究措施充分调动网、省、地市级单位三个层级的积极性，防止一体化变成“集权化、教条化、一统化”。抓好广州、深圳供电局的国际对标和管理接轨，落实配套政策。二是推行综合计划管理。进一步完善公司综合计划管理模式和指标体系，实现各种要素资源的优化配置，力求计划指标的科学合理和企业效益的最大化。在地市、县区两级企业试点开展综合计划管理。三是抓好营销服务管理。切实加强客服中心、计量中心、稽查中心和节电中心等“四个中心”建设。逐步推广大客户建档工作，做好变电台区和客户底数统计，提高客户管理水平。加强行风建设，深入推进客户接电工程“三指定”专项治理工作，规范市场行为。落实公司的供电服务承诺，统一和优化业扩报装关键流程，强化办理时限控制。积极稳妥地加快客户资产接收工作，优先接收保障性住宅小区、民生用电问题突出的资产，2012年力争接收客户资产20亿元。密切关注受宏观经济形势影响较大的行业和企业，全力做好电费回收工作，防范电费风险。四是强化基建管理。突出抓好业主项目部规范化建设，着重治理非法转包、违规分包、以包代管等行为。全面落实并深化、细化标准设计，推进施工作业指导书和WHS质量控制文件的应用，努力提升工程质量。大力推进典型造价应用，推行施工图预算审批。继续推进物资集中招标，年内集中度达到80%。五是做好设备的寿命周期管理。首先对存量资产进行实物盘点，对新增资产要严格基建移交生产的强制标准，同时要规范报废资产的处置程序，充分提高设备完好率，为资产保值增值打好基础。六是加强信息化建设。从管理的需求出发，平台建设先行，突出抓好数据质量。加强信息安全管理，提升整体安全防护水平。七是加强内控体系建设。构建“大监督”格局，健全重大风险预警和报告制度，完善效能监察和审计监督，狠抓审计成果的转化落实。健全法律风险防范机制，开展潜在法律风险的普查和梳理。进一步规范购售电协议。逐步规范职工持股管理，重点是规范主业与职工持股企业的关联交易。

5. 着力加强降本增效

要做好过紧日子的准备，努力深挖潜力，开源节流。一是深化全面预算管理。健全承接战略、协同业务、面向未来的全面预算管理体系。建立电量一投资一成本一效益联动的预算模型，通过EVA的价值引领，实现项目计划与预算安排的有效衔接。二是强化成本效益意识。落实全员、全过程成本控制理念，层层传递成本压力，杜绝各种“跑冒滴漏”行为。逐步加大对地市供电局的经营考核力度，促进其增强成本意识和效益意识。三是加强成本精益管控。充分挖掘购售电结构潜力，降低单位购电成本。探索推行标准成本管理，细化成本标准和定额。从严安排成本费用，可控成本原则上零增长。优先安排生产性成本支出，从紧安排非生产性成本支出。四是构建高效的资金管理平台。加快建设资金监控平台，搭建贯通业务流与资金流的资金调度及监控系统，构建E流资金安全体系，实现全网资金在线预测、监控、调度与分析。优化资金集中管理模式，提高资金使用效率和效益。推进多元化融资管理，降低资金成本，积极研究公司在香港发行人民币债券的可行性，拓宽融资渠道。

6. 着力深化南方电网“绿色行动”

全面实施公司“十二五”节能减排规划，服务经济发展方式转变。一是深入开展节能发电调度。健全节能发电调度运行机制，配合政府制定煤耗在线监测技术标准，开展脱硝实时监测工作研究，完成南方电网智能化节能发电调度技术支持系统建设。二是深化线损管理。把工作做实做细，确保完成国资委下达的综合线损率6.15%以下的考核指标。修订配电变压器能效标准及技术经济评价导则，逐步完善线损管理有关的计量、营销系统。推进农电企业线损“四分”管理，开展农网高损配变的改造工作。三是强化需求侧管理。认真落实国家“两个千分之三”考核指标，逐级分解责任、落实到位。继续开展节能诊断、合同能源管理工作，在建筑节能、绿色照明、绿色办公等方面要作出表率。积极引导和推进新能源有序发展，投产珠海东澳岛智能微电网工程。四是积极推动电动车产业发展。总结电动车换电客户体验中心试点建设和营运经验，研究建设标准示范站，指导各省公司充换电设施建设。探索与电池、汽车、充换电设备厂商合作建设的模式。

7. 着力推进干部员工队伍建设

建立健全各部门、各岗位的责任制和全员考核评价体系，探索建立物质与精神相结合的激励机制，加强能力建设和责任心教育，打造胜任岗位素质、技能要求的干部员工队伍。一是加强各级班子建设。抓好公司党组关于《2011～2020年公司所属单位领导班子及干部队伍建设规划纲要》的贯彻落实。在各省公司建立健全法人治理结构，加强董事会成员配备。二是加强干部管理。抓好公司党组对地市级、县级供电企业党政正职和关键岗位干部管理有关意见的贯彻落实。推进竞争性选拔工作常态化，各分子公司每年拿出部分直接管理的干部职位进行竞争性选拔，地市级单位、县级供电企业要普遍开展竞争性选拔。选拔50名40岁左右的优秀中青年干部进行集中培养。加强对公司百名优秀年轻干部的跟踪评价和考核。三是加强人才队伍建设。全面推进人才发展“六大工程”，组织开展公司高级技术专家、技能专家选聘工作。加强科技创新人才队伍建设，重点推进科技领军人才开发与海外高层次人才引进工程。四是稳妥推进规范劳动用工。在总结试点经验的基础上，逐步建立市场化用工机制，努力构建和谐的劳动关系。理清各项业务外包的范围和限制性条件，规范业务外包管理。稳步推进县级供电企业薪酬分配结构调整工作，成熟一家，实施一家。五是开展分层分类培训。建立基于员工岗位胜任能力的培训与评价体系，增强培训的针对性。实施公司2012～2015年干部教育培训计划，重点加强副处级以上干部、县级供电企业领导班子成员、总部员工的培训。推进网、省、地市三级培训基地建设。

8. 着力加强党建和反腐倡廉工作

一是加强党建工作。重点加强基层党组织建设，抓好换届选举工作，实行党务公开、公推直选，做好党员教育培训和党员发展，继续深化党建特色品牌活动。二是深入推进为民服务创先争优活动。三是深化反腐倡廉建设。全面落实《惩治和预防腐败体系基本框架》。四是加强企业文化建设。弘扬社会核心价值体系，完善公司企业文化理念体系。把员工辅导计划作为基层党组织建设的一个重要内容，创新党建思想政治工作模式，体现人文关怀。积极稳妥地推进幸福南网建设，引导员工在主动承担社会责任、全力做好电力供应中，赢得社会的认可，同时促进员工在工作中实现价值、享受快乐。继续加强新闻宣传和品牌传播，开展电力常识公益宣传，进一步树立负责任的央企形象；加强舆情实时管理，着力提高对新媒体的适应和运用能力。五是坚持党建带工建、带团建。加强企业民主管理，创新劳动竞赛形式，丰富员工文化生活；开展青年科技论坛，引导青年岗位成才；更加关心离退休老同志、低收入人员的生活，党政工团齐心协力共同推进公司和谐发展。

中国华能集团公司工作会议报告（摘要）

一、2011年工作回顾

2011年，面对复杂严峻的经营发展形势，公司系统在党中央、国务院的正确领导下，认真落实公司年度、年中工作会议精神，按照“四个进一步”、“五个突出抓”的总体要求，攻坚克难，奋力拼搏，较好地完成国资委业绩考核指标和年度各项目标任务，为促进国民经济平稳较快发展作出了重要贡献。

一是安全生产总体平稳。公司狠抓安全生产责任制落实，全面推进安全生产管理体系建设，安全管理制度化和规范化水平进一步提高。深入开展安全性评价和隐患排查治理，组织反违章百日整治、施工安全事故专项预防整治等活动，安全管理工作向纵深推进。强化设备综合治理，狠抓检修质量和技术监督管理，公司等效可用系数和非计划停运系数在五大发电集团中处于领先水平。应急保障能力进一步提高，圆满完成大运会、世园会保电任务，有效应对自然灾害。强化煤矿安全管理，加强煤矿安全文化建设，煤矿生产技术和现场管理水平不断提高。

二是经营工作卓有成效。营销工作不断加强，效益调电成效明显，结算电量结构进一步优化。燃料管理水平进一步提升，努力巩固燃料主渠道供应，加大采购进口煤、内部市场供煤力度，加强下水煤集约化管理，建立燃料全过程闭环管理指标体系，较好地实现了燃料的保供控价。资金管理和保障工作得到加强。通过公司上下的不懈努力，经营工作取得了突出成绩，水电、风电、煤炭、交通运输、金融产业均实现盈利。

三是调整优化深入推进。发展全过程管理进一步加强。积极推进发展方式转变，全面实施公司《产业发展战略及“十二五”规划》。严格执行项目投资决策程序，更加注重对项目的经济评价。推进基建标准化建设，工程造价得到较好控制，机组移交质量不断提高。低碳清洁能源发展积极推进，全年投产新机中低碳清洁能源装机比重达到32%，年底低碳清洁能源装机比重同比提高1.4个百分点。火电结构继续优化，公司60万kW等级及以上火电机组容量占火电装机比重达同比提高2个百分点。

四是产业协同不断加强。煤炭产能、产量和内部供煤比例进一步提高。金融产业的服务功能和业绩支持作用得到较好发挥。科技产业在节能减排、设备安全、技术创新、技术培训等方面，为公司系统提供了较好的技术支持；科技产业化工作积极推进。

五是资本运营和实施“走出去”战略取得重要进展。积极培育市场自我发展主体，发挥资本市场融资功能。加强与外部股东合作，拓展资本金来源。推进中央企业内部资源整合，促进了央企之间的资源优化配置。继续实施“走出去”战略，强化海外项目管理，生产经营保持稳定。成功收购国际电力公司(Inter Gen) 50%的股权，管理对接工作顺利完成。

六是科技创新迈出新的步伐。实施“十二五”重大科技项目规划，明确了发展目标和任务。推进示范工程建设。加强发电技术研究。积极推进科技成果转化。加强科技创新平台建设。

七是节能减排取得新的成绩。深入推进节约环保型企业创建工作，健全节能减排统计、监测、分析和考核体系，加强精细化管理，优化机组运行，公司总体能耗指标保持领先水平。实施节能提效攻关行动，狠抓新建机组环保“三同时”，加强脱硫设施运行维护管理，二氧化硫排放总量继续下降，氮氧化物排放总量得到有效控制。

八是企业管理扎实推进。深入开展总部建设“效率年”活动，总部工作效率和服务水平不断提高。推进科技、煤炭、物资、煤化工等专业体制改革。加大全方位对标力度，开展国际对标体系研究。完善绩效管理机制，加强EVA管理，强化成本管控。推进标准化建设。推进全面风险管理。强化审计监督和整改。信息化建设进一步加强。行政、外事、离退休人员管理工作得到加强。

九是党的建设得到进一步加强。深入开展创先争优活动，大力选树典型。隆重纪念建党90周年，组织开展了“六个一”系列纪念活动。完善干部“两化”管理，加强领导干部和后备干部队伍建设。开展竞争性选拔“重点推广年”活动。加大干部交流力度。认真落实党风廉政建设责任制，全面推进廉洁风险防控工作，具有华能特点的惩防体系建设取得新的进展。加强思想政治工作、精神文明建设和企业文化建设。新闻宣传工作得到进一步加强。认真履行社会责任，积极参与公益事业和社会主义新农村、新牧区建设。公司获“全国文明单位”、中国企业文化研究会“企业文化建设30年十大典范组织”荣誉称号，2010年可持续发展报告被联合国全球契约中国网络中心评为典范报告。

二、加快创建具有国际竞争力的世界一流企业步伐

2012年，是党的十八大召开之年，也是实施“十二五”规划、推进公司科学发展的重要一年。关于2012年的形势，中央经济工作会议和中央企业负责人会议进行了全面深刻的分析，我们要认真学习领会、全面贯彻落实，把思想统一到中央对国内国际经济形势的科学判断上来，统一到中央关于2011年经济工作的总体要求和决策部署上来，既要紧紧抓住和用好各种机遇，又要高度重视外部形势变化带来的不利影响，积极谋划当前和今后一个时期的工作，做到扬长避短、趋利避害，牢牢把握工作的主动权，努力开创公司科学发展新局面。

一要高度重视经济形势变化带来的影响。二要高

度重视电力市场变化带来的影响。三要高度重视煤炭市场变化带来的影响。四要高度重视资金市场变化带来的影响。与此同时，我们更要看到，做好2011年的工作有许多有利条件和积极因素。一是宏观经济政策基调明确。二是电力行业外部环境总体向好。三是转变发展方式在公司形成了广泛共识。四是科学发展、攻坚克难的能力明显提高。

根据中央经济工作会议的总体部署，按照中央企业负责人会议的具体安排，结合当前经济形势和公司自身实际，公司2012年工作的总体要求是：全面贯彻落实党的十七大和十七届历次全会精神，以邓小平理论和"三个代表"重要思想为指导，深入贯彻落实科学发展观，以创建具有国际竞争力的世界一流企业为引领，以提高发展质量和效益为中心，以加快转型升级为主导，着力转变发展方式，着力推进做强做优，全面提升安全、经营、发展、党建绩效水平，为经济社会发展做出新的更大贡献，以优异成绩迎接党的十八大胜利召开。

做好2012年和今后一个时期的工作，要坚持"一个引领"、"一个中心"和"一个主导"。

"一个引领"，就是创建具有国际竞争力的世界一流企业。"一个中心"，就是提高发展质量和效益。

"一个主导"，就是加快转型升级。

三、2012年的目标任务和重点工作

根据2012年工作的总体要求，2012年的主要任务是：圆满完成年度绩效目标，获得国资委业绩考核A级，全面推进创建世界一流企业工作。

重点做好以下工作：

（一）进一步加强安全管理。一是认真落实各级安全生产责任制。二是强化安全生产监督体系和保障体系。三是加强外包工程安全管理。四是强化全员安全教育培训。五是加强应急保障体系建设。六是强化设备综合治理和运行管理。七是抓好煤炭产业安全。

（二）进一步强化经营管理。一是加强市场营销。二是加强燃料管理。三是加强资金管理。四是加强精细化管理。五是努力增收增效。

（三）进一步提升发展质量。要按照创建世界一流企业的要求，把以提高发展质量和效益为中心的要求贯穿到公司发展的全过程，推进结构调整，加强产业协同，实现"三有"发展。一是做好战略规划实施和发展全过程管理。二是加快推进电源结构调整。三是加大产业结构调整力度。四是加强产业协同能力建设。

（四）进一步加强资本运营和"走出去"工作。坚持有进有退、有所为有所不为，创新思路、开拓渠道，加大股权融资力度，推进资本布局调整。一是积极引进外部资本金。二是加大上市融资力度。三是积极盘活存量资产资源，优化资源配置。四是加强资产并购管理和优选比较。五是积极实施"走出去"战略。

（五）进一步推进科技创新。深入实施科技创新战略，健全技术创新体系，完善技术创新机制，提高自主创新能力，研发国际前沿高精尖技术，引领电力行业技术进步，为国争光。一是加快示范工程建设。二是实施重大科技项目规划。三是加强科研平台和人才队伍建设。

（六）进一步加强节能减排。认真落实"十二五"节能减排指标，扎实推进优秀节约环保型企业创建工作，确保总体能耗水平及主力机型能耗指标保持行业领先。一是深入推进节能降耗。二是努力减少污染物排放。三是加强碳资产管理，跟踪国际碳减排机制，深入研究CDM项目开发模式。

（七）进一步推进改革创新。以创一流为抓手，进一步健全体制机制，完善管理方法和流程，不断提高企业管理水平。一是扎实推进创一流工作。二是健全管理体系。三是加强绩效管理。四是加强内控和风险管理。五是推进信息化建设。

（八）进一步加强党的建设。要以迎接党的十八大召开为契机，进一步探索和把握党建工作规律，扎实推进党建各项工作，努力提升党建工作科学化水平。一是创新党建工作。二是加强干部队伍建设。三是加强职工队伍建设。四是深入推进反腐倡廉建设。五是加强企业文化建设、群团工作和思想政治工作。六是认真履行社会责任。

中国大唐集团公司工作会议报告（摘要）

一、2011年工作回顾

（一）突出降本增效，千方百计提高经济效益

把确保国有资产保值增值，坚决降低资产负债率作为2011年首要任务，继续加大"双增双节、盈利攻坚"力度，多管齐下，降本增效。一是打破常规管理模式，加强对重点企业的分析指导。对八个重点亏损区域实行领导班子成员分片包干制度。二是加大营销力度，千方百计增发电量。完成发电量5156亿kWh，高出平均容量增速2.63个百分点；设备利用小时4732h，同比提高147h。三是强化过程管理，严格控制燃料成本。以控制热值差、提高重点合同兑现率和深化配煤掺烧为重点，强化燃料过程控制。热值

差同比降低 23kJ/kg，节约燃料成本 8.98 亿元；掺烧各类经济煤种 5990 万 t，节约燃料成本 17.6 亿元。四是深化资金调度，加强风险控制。严控举债规模，加强还贷管理，有效缓解了资金紧张局面。加强资金管理，五大银行账户监控率、统一结算率、资金可集中度均处于五大集团先进水平。五是加强内部控制，促进增收节支。集团公司审计部被评为“全国内部审计先进集体”。强化效能监察，避免或挽回经济损失 1.67 亿元。坚持厉行节约，全年压缩可控费用 3 亿元。六是积极争取支持，向政策要效益。促进了年内两次电价上调，累计实现增收 56 亿元。取消了跨区电、优惠电及分时电价，对收入影响同比减少 8.73 亿元。争取到国有资本经营预算、水利基金以及各种奖励、返还等权益性资金达 40 亿元。争取各项财政补贴、税收减免及优惠等政策实现增利 37 亿元。2011 年集团公司实现营业收入 1870 亿元，同比增长 6.61%。在各种不利因素影响减利 170 亿元、基本建设投资完成 581 亿元的情况下，实现利润 16.06 亿元，同比增加 0.83 亿元；净利润 2.96 亿元，同比增加 4.41 亿元；归属母公司净利润同比减亏 20.3 亿元；资产负债率 87.76%，比 2010 年末下降了 0.02 个百分点。全面完成了国资委下达的各项考核指标。

（二）推进协调发展，加快结构调整优化

科学安排项目建设进度和投资计划，把有限资金用于有利于调整优化结构、提高盈利能力的项目。一是投资规模得到有效控制。年内两次调整投资计划，在压缩控制投资规模的情况下，实现了投产目标，保证了重点项目建设。二是电源及区域结构调整步伐加快。核准电源项目 839.9 万 kW，开工 446.47 万 kW，投产 519.12 万 kW，清洁能源项目分别占 52.85%、88.45%、52.13%。三是非电产业发展速度明显加快。核准煤矿项目 3 个，新增核准产能 3030 万 t，累计达到 4330 万 t。多伦煤化工项目基本打通了全部工艺流程，两个煤制天然气项目建设稳步推进。完成了华创风机、富滇银行股权收购及环境技术公司、资本控股公司组建工作。实现了物资公司 100%控股，启动了物流平台建设，统一了招标平台。非电产业盈利能力明显增强，财务公司、物资公司、科技公司、燃料公司、煤业公司经营业绩同比大幅度提升。

（三）强化资本运作，股权调整及资源整合稳步推进

2011 年，是资本运作力度最大、收获最大的一年。一是积极开展股权及债券融资工作。先后完成了集团公司短期融资券、私募债和大唐新能源公司债发行工作；启动了集团公司及海外公司、大唐国际境外债券融资等项目的研究、报批工作。大唐国际 A 股非公开增发逆势闯关，募集资金 67.4 亿元。二是加强与煤炭企业合作，推进资源整合。与中煤集团签署了战略合作协议，完成了沙拉吉达煤田整合及股权转让；与华能集团合作，收购了沙井子煤矿，优化了煤炭产业布局；与陕煤化集团合作，完成了信阳华豫和信阳发电重组工作；与唐山市国资委重组了唐山新区热电厂。三是股权结构调整成效显著。积极并购或增持优质资产，完成了大唐国际 A 股增持工作和海外公司增持 H 股报批工作，以及集团公司持股潮州电厂 22.5%、甘孜水电 27.5%、大唐国际燃料公司 49%股权等工作。开展了参股股权、重大闲置资产等普查及盘活方案研究，完成了马鞍山万能达、华泽水电等股权出让工作。

（四）深化综合治理，安全生产保持稳定局面

认真贯彻全国安全生产工作会议精神，严格执行国务院 599 号令和中央企业安全生产禁令，健全监督保障机制，强化安全生产问责，从抓基层、打基础、扎实基本功入手，提高本质安全水平。深入开展了“四查一改”、“反违章、降非停、灭事故”以及基建项目隐患排查治理，推进规范化、标准化和精细化管理，安全文明生产及施工水平明显提高。健全非电产业安全体系，促进安全发展。大唐国际借鉴发电企业做法，研究建立了煤化工本质安全管理体系。2011 年，集团公司发电及煤矿生产、基本建设等均未发生较大及以上事故，圆满完成了“两节”、“两会”、“大运会”保电供热任务。设备可靠性继续保持较好水平，发生非计划停运 88 次，同比减少 2 次。在全国可靠性评价金牌机组评选中再创佳绩，有 4 台机组荣获金牌机组称号，占获奖机组的 20%。

（五）强化对标管理，节能减排指标持续优化

以深化“两型”企业建设为抓手，以保持节能减排行业先进水平为目标，投入资金 28 亿元用于节能减排技术改造和综合治理工作。深入开展指标对标和经济性评价工作，落实节能降耗措施 2070 项，促进了能耗指标的持续优化。加强环保设施治理和现场督查，解决了设备及管理的突出问题，烟尘、废水、二氧化硫、氮氧化物全部实现达标排放。2011 年，集团公司完成供电煤耗 321.47g/kWh，同比降低 3.36g/kWh；发电厂用电率 5.05%，同比降低 0.16 个百分点。在全国大机组竞赛中，有 13 台 60 万 kW 级机组、25 台 30 万 kW 级机组获奖，分别占获奖机组的 17.33%和 30.49%。在全国大机组能效对标中，有 8 台 60 万 kW 级机组、25 台 30 万 kW 级机组成为标杆机组。集团公司被授予“‘十一五’中央企业节能减排优秀企业”、“2011 节能中国十大贡献单位

奖”、“中国十佳绿色责任企业”等荣誉称号。

（六）党群及思想政治工作再上新台阶

集团公司各级党组织，认真贯彻落实总书记“七一”讲话精神，突出主题，创新载体，融入中心，不断深化创先争优活动。开展了“强基固本葆先进、创先争优促发展”、“爱党爱国爱大唐、争创年里创佳绩”等主题教育活动，引导干部员工坚定信念、积极投身中心工作。加强学习型党组织建设，开展了“建设学习型团队，争当知识型党员”主题活动，营造了团队学习的良好风气。贯彻中纪委六次全会和中央企业反腐倡廉工作会议精神，加大纪检监察工作力度，发挥了重要的监督保障作用。加强企业文化建设及工会、共青团工作，广泛开展了“立足本职岗位，争创一流业绩”主题活动及各种劳动竞赛，发挥了凝气聚力、推动工作的积极作用。据不完全统计，集团公司系统共有145个集体、62名个人获得省部级及以上荣誉。其中，物资公司、连城发电公司、七台河发电公司被评为“全国文明单位”，龙滩水电公司、鸡西第二热电公司获得全国“五一”劳动奖状，高井热电厂、湘潭发电公司、大坝发电公司等7个单位或班组被授予“全国工人先锋号”，黑龙江发电公司、株洲发电公司被评为“全国和谐劳动关系模范企业”。

二、2012年工作安排

（一）强化综合治理，确保安全生产稳定局面

安全生产事关企业改革发展稳定大局，必须继续深入贯彻落实国务院及国资委有关文件和集团公司安全生产1号文件精神，正确处理安全与发展、安全与效益的关系，落实安全责任，强化基础管理，坚决守住安全生产这条红线。一是强化责任落实、制度落实，着力提升安全管控水平。各级安全生产第一责任人要勇于担当，加强对安全生产重大事项的研究，确保体系完善、制度健全，保证必要的安全投入，配置充足的专业技术力量。二是落实专项措施，确保安全稳定局面。系统各企业要按照规范化保电相关要求，进一步完善和落实防汛度夏、迎峰度冬、保民生供热、政治保电方案和专项措施，加强应急演练，确保关键时刻用得上、打得赢，确保“十八大”及各项保电任务万无一失。要严肃信息报告制度，严禁迟报、漏报、瞒报。三是理顺关系、落实责任，强化非电产业安全生产管理。要按照专业化管理、责权利统一的原则，尽快理顺安全生产管理关系，进一步明确和落实安全责任。特别是煤化工和煤炭开采等高危行业，要严格对照国家及行业相关标准，完善机构，健全体系，规范管理，切实提高安全风险管控能力。四是全面开展安全生产标准化达标工作，推进本质安全型企业建设。按照国家电监会有关要求，同步推进标准化达标活动和本质安全达标活动，抓好自查、自评及问题整改。

（二）围绕“一保一降”，全力抓好经营工作

坚持以经济效益为中心，利用当前有利条件，多管齐下，细化措施，千方百计增收盈利。一是全力以赴完成发电量、价、费目标。要强化与政府相关部门及电网公司的协调，争取更多的电量计划。合理安排各企业电量计划，优化电量结构。加快解决设备运行、线路送出等制约因素，切实提高有效发电能力。组织研究发电边际效益测算，努力多发边际效益为正的电量。加强营销队伍建设，创新电量考核激励机制，建立健全适应当前市场环境的营销工作体系。要密切关注政策及市场变化，适时调整电量营销策略。全力确保电价执行到位，集中力量推进热价调整。进一步加大电热费回收力度，切实解决应收电热费余额过高的问题。二是进一步做好政策争取工作。三级责任主体要上下联动、密切配合，继续推动煤电价格联动，争取全面实施脱硝电价、提高脱硫电价；积极反映电价调整不到位不及时以及自行承担30%电煤涨价因素造成的沉重负担，争取国有资本经营预算和公共财政注资，确保额度不低于2011年；全面落实产业、区域税收优惠政策，把政策用足、用活、用到位；继续争取上大压小、节能减排、水利基金等政策支持。三是加强全面计划管控力度，优化配置资源。要突出以战略为引领，以归属母公司利益最大化为原则，以对标管理为手段，整合优化系统资源和要素配置，发挥全面计划统筹年度经营活动的作用，实现与全面预算、全面风险和全面责任管理有效衔接，做到专业计划相互支撑、互为保障，实现全员、全方位、全过程的计划管理。

（三）把握关键因素，严格控制各项成本费用

抓好成本控制是实现2012年“一保一降”目标的关键。燃料成本约占发电成本的75%，控制成本的重点是管住燃料成本。一是严格执行电煤价格调控政策，严防电煤价格无序上涨。根据国家有关文件精神，坚决落实跨区及区域重点合同煤、市场煤价格临时干预措施和清理整顿涉煤基金、收费的有关规定。积极配合有关部门开展重点检查、抽查工作，及时反映执行中的问题，坚决抵制煤炭企业通过削减合同量、降低兑现率等变相涨价行为。按照“保量控价”的原则，进一步做好电煤订货工作，尽最大努力增加重点合同量。准确把握煤炭市场变化，及时调整采购和储存策略。加强与国有重点煤炭企业的协作，试行集中采购，提高供应保障能力和市场掌控能力。二是加快推进燃料精细化管理，强化

燃料成本过程控制。完善对标体系和监督考核体系，实现从质量验收、储存、掺配到输送全流程的对标管控。抓好“大管控”体系建设，实现从合同签订、执行、结算到内部管理的全过程100%审核。继续深化配煤掺烧工作，形成优化进煤结构、科学混配入炉煤常态机制。抓紧修订完善燃料管理制度、技术标准和指标体系，推进燃料规范化、标准化管理。三是继续深化全面预算管理。用全面预算统领生产经营各环节，实现从战略、规划、计划到预算的有效衔接。坚持勤俭办企，厉行节约，强化预算刚性，已经下达的预算指标原则上不予调整，没有列入预算的项目原则上不予列支。建立火电企业、水电企业标准成本管理体系，指导各企业开展成本控制和成本对标工作。强化审计监督职能，加大成本、效益审计的力度和深度，堵塞管理漏洞。

（四）加快结构调整，扎实推进“十二五”产业发展规划

调整结构是“一保一降”当务之急，更是“做强做优”长远之计。要在发展质量和效益上取得重大突破，必须在量力而行，有效控制投资规模的前提下，加快调整“四大结构”，发展“七大板块”，推进“十二五”产业发展规划。一是进一步优化电源结构。在确保核准、开工及投产目标的基础上，增加储备项目不少于500万kW。二是加快非电产业发展步伐，实现增产增收。煤炭板块，尽快提高电煤自给能力和盈利能力，加快构建集团化燃料物流经营体系。煤化工板块，在继续抓好煤化工、煤制气项目投产和建设工作的基础上，加强对产品市场的研究和各种风险的控制，过好安全关、技术关和经营关。国际业务板块，要集中精力解决在建及前期项目存在的突出问题，在积极稳妥、风险可控的原则下，加快推进项目开发建设。金融、科技、物流板块，在提升自身盈利能力的前提下，发挥好作为优化系统内外资源配置平台的作用。三是坚持效益优先原则，合理安排开工规模和工程进度。要以集团公司“十二五”产业发展规划和年度投资计划为基础，从严把握项目开工条件，科学安排前期工作推进计划及新开工项目和在建工程进度。要创新工程管理，在保证安全、质量的前提下，狠抓造价、工期，确保即投产、即稳定、即盈利、即达设计值，达到同时期、同区域、同类型的先进水平。四是加快推进科技创新，为转方式、调结构提供科技支撑。要以建设人才创新创业基地为契机，完善科技人才引进、培养、使用及评价机制，打造一支高水平的研发队伍。要以集团公司投入为引导，以系统企业投入为主体，以争取政府支持和吸引社会资金为补充，加大科技创新投入力度。以科学技术研究院为平台，整合系统内部研发资源，借助国内国际研发力量，提升研发实力，落实科技项目，着力突破一批关键核心技术。

（五）强化资本运营，着力提升企业价值

资本运营是优化增量、盘活存量，提升企业价值的重要手段。一是进一步加大上市公司在资本市场的运作力度。开展上市公司定位研究，依据集团公司确定的各上市公司基本业务范围和职责，开展相关资产的整合重组工作，并通过注资、增发、融资等活动，增强上市公司的影响力和融资能力，务必在资本市场中有所作为。要抓紧研究具备上市潜力的业务及资产的重组整合，提升其经营水平和盈利能力，培育新的上市公司。二是要依托资本运作推进产业及产权结构调整。以煤业公司为平台，大力开展煤矿资产并购及整合工作，提高电煤资源占有量和自给能力。以资本控股公司为平台，扩大金融业务范围，不失时机地进入信托、证券等领域，做大金融产业。以组建科技集团为契机，整合环保、科技、制造等业务，优化股权结构，完善管理体制，构建门类齐全、技术领先的科技产业体系。发挥技术优势，优化煤化工项目股权结构，推进煤化工产业健康发展。开展部分严重亏损企业的股权转让或重组工作，减少“出血点”。继续推进盈利能力较强项目的股权增持或参股工作，增加归属母公司净利润。三是全力做好股权、债券融资，提高发展能力和经营活力。盘活部分存量资产，做好股权融资工作。

（六）强化资金管理，严格防控各种风险

2012年，资金紧张局面没有改变，控制资产负债率、保证资金供应、防控风险的任务依然十分艰巨。一是坚持直接融资与间接融资并重，确保资金供应。要充分利用各种途径，争取金融机构的理解支持，并积极开辟新的融资渠道。利用短期融资券、中期票据、私募债等融资工具，加大直接融资力度，降低融资成本。要做好资金平衡，加强还贷管理，确保到期债务的归还和置换，按时还本付息。强化对高风险企业的监管，确保不发生系统性、全局性债务风险。二是加强资金集中管理和现金调度，提高资金使用效率。加快资金调度中心建设，推进资金的集团化、集约化、精细化、数据化管理，夯实资金调度基础工作。进一步强化资金集中管理和现金调度工作，继续保持账户监控率、预算执行准确率、统一结算、资金集中度等指标在五大发电集团的领先地位。三是加快推进全面风险管理，确保重大风险可控。要建立健全符合国资委、财政部有关规定，切合集团公司实际的全面风险管理制度体系、组织体系和控制体系。要加强内控评价工作，优化内部控制流程，实现风险管理与经营管理流程的有机融合。要特别加强对重大境内外投资、并购以及融资风险管理的审查工作，及

时提出防控意见和应对策略，防范重大风险。

（七）落实责任目标，保持节能减排指标先进水平

环保标准日趋严厉，节能减排任务将更加艰巨，必须进一步增强责任感和紧迫感，全面深化资源节约型和环境友好型企业建设，努力保持节能减排指标的先进水平。一是要进一步强化节能减排责任。要把“万家企业节能低碳行动”实施方案和“十二五”节能减排目标分解到年度，分解到企业，科学安排好设备治理及改造计划，把责任落实到厂到机组，落实好资金和技术方案，逐项抓好实施，确保安全、质量和效果。继续深化节能审计及效能监察，规范能耗统计、分析、管理，确保指标达标，确保指标真实，努力打造一批标杆机组和信得过、叫得响的“两型”企业。二是要进一步加大设备治理力度。对照国际国内一流指标，继续深入开展经济性评价和能耗诊断工作，查找差距，落实措施，从设备及运行两个方面开展深度治理，推进精细化管理，消除设备偏差，优化运行方式，促进节能工作再上新水平。加强环保设施管理，继续推进特许经营，完善在线监测分析系统，严肃排放指标核查督查，确保达标排放。三是要创新节能减排工作机制。统筹运用系统内部资源，充分利用国家和地方节能减排政策，积极争取财政奖励和专项补贴，多渠道落实节能减排技术、人才及资金。要完善标准、健全机制，继续深化合同能源管理和脱硫特许经营，加快推进节能环保领域的产业化发展。要自觉接受政府部门的监督，争取理解支持，杜绝被处罚、被曝光事件。

（八）健全体制机制，全面提升管理水平

科学的管理体制和运行机制是企业效率与活力的基础。要深入开展“管理提升年”活动，加快构建更加符合建设规范董事会要求，适应“七大板块、协调发展”的体制机制。一是切实加强总部建设，提高决策管理水平。按照建设规范董事会要求，抓紧完善各项基本制度，梳理完善相关管理制度和工作标准，进一步理清界面，明确职责，形成决策科学、管理高效、执行有力、运转协调的工作秩序。加强总部作风建设，提高总部特别是领导干部的服务意识、大局意识、责任意识和效率意识，切实杜绝议而不决、决而不行的现象，改变工作推诿、浮躁空泛的不良风气。二是以整体利益最大化为原则，提升集团化运作和集约化管理水平。要进一步理清总部职能部门与专业公司的关系，以及专业公司与其他分子公司相关业务的关系，既要充分发挥职能部门归口管理功能和专业公司特有优势，也要最大限度地调动各分子公司积极性。要统一平台、分步实施，推进集中招标采购工作，加强区域配送中心建设，降低采购成本和物流成本。三是突出战略引领和价值导向，继续完善“两全”管理体系。要进一步优化考核指标和评价体系，做到“十二五”产业发展规划关键目标和“一保一降”核心指标兼顾，长远目标与当期业绩并重。加大效益指标的权重，突出影响经济效益的短板指标，以短板考核促进管理提升。要强化激励约束机制，真正把考核结果作为岗位晋升、岗位流动的重要依据。要逐步建立员工多通道职业发展机制，让每一位在岗位上默默奉献的员工都能得到应有的报酬和相应的发展机会。四是进一步加强信息化建设，提高集团公司信息化管控水平。要以全行业A级企业为目标，完善总体规划，围绕核心业务，面向实际需求，服务生产经营，统筹推进信息化建设。五是进一步提高依法治企和规范运作水平。要按照国资委的要求，围绕集团公司中心工作，科学制定并实施第三个三年法制工作规划。进一步建立健全法律工作机构和法律顾问制度，着力提升依法治企水平。

（九）加强党的建设和企业文化建设，以优异成绩迎接党的十八大召开

认真贯彻党的十七届五中、六中全会和十七届中纪委七次全会精神，围绕“两项根本任务”，加强党建、党风廉政建设和企业文化建设，为全面完成各项任务提供精神动力和坚强保障。一是结合中组部“基层组织建设年”各项部署，深入开展创先争优活动。要引导基层党组织和广大党员坚持“为民服务”创先争优，以服务职工群众为主要内容，坚持围绕中心、服务大局创先争优，紧紧围绕调整“四大结构”、发展“七大板块”、攻坚“一保一降”、推进管理提升等重点工作，立足岗位创先进、争优秀，“把正在干的事情干得更好”。二是坚持以人为本，以文化促和谐。弘扬“同心”文化，必须坚持以人为本，以对职工的尊重和关心营造同心谋发展、同心干事业的和谐局面。三是进一步推进党风廉政建设。全面落实党风廉政建设责任制，加快效能监察体系建设，提升廉洁风险防控能力。

中国华电集团公司工作会议报告（摘要）

一、2011年工作情况

1. 结构调整效果明显

与国家和地方“十二五”规划、公司五年发展纲要紧密衔接，编制完成公司“十二五”发展规划，配套制订煤炭、金融、工程技术等产业专项规划和区域

规划，推进战略实施，加快结构调整，取得明显成效。一是电源结构和布局进一步优化。水电开发取得重要进展，金沙江上游水电规划通过审查，金沙江上游、雅鲁藏布江中游5个水电项目共618万kW取得“路条”，木里河卡基娃、立洲电站通过核准。新能源开发力度进一步加大，宁夏海原、甘肃环县等百万千瓦风电基地开工建设，公司风电装机超过300万kW。火电结构持续优化，句容、望亭、灵武等一批重点项目获得核准或建成投产，60万kW及以上机组占煤电装机比重上升至42%。浙江、江苏、上海、广东等沿海区域发展取得重要突破。二是煤炭、金融、工程技术板块快速发展，成为公司效益的有力支撑。加快煤炭项目开发建设，千万吨级不连沟煤矿当年投产当年达产，隆德煤矿投入试生产，控股收购贵州华荣、甘肃万胜、内蒙古燕家塔等煤炭企业，公司全年新增煤炭产能1240万t，华电煤业跻身国内煤炭行业五十强。取得陕西可可盖煤炭资源20亿t，榆横煤制芳烃中试项目、呼伦贝尔综合能源项目开工建设。金融产业获批筹建合资寿险公司，增资控股川财证券，管理金融资产规模实现翻番，基本形成门类齐全的金融体系，金融服务能力大幅提升。工程技术板块活力增强，曹妃甸装备制造基地一期项目投产运营，与GE、ABB、美卓等国际知名企业成为战略合作伙伴，提升了在航改机、电力自动化等领域的研发制造优势。三是海外业务加快拓展。俄罗斯捷宁斯卡娅、印尼巴厘岛项目获得核准，印尼巴淡、柬埔寨额勒赛等在建项目进展顺利。运营公司海外运营、检修市场不断扩大，新签合同额稳步增长。

2. 经营管理水平有效提升

面对严峻经营形势，强化细化管理，提升了经营水平。一是重点抓好扭亏增盈。集团公司加强经营督导，实施重点帮扶，全力扭亏增盈。部分区域公司和基层企业针对存在的问题，采取一系列控亏减亏扭亏措施，取得了明显成效。华电煤业盈利突破14亿元；新疆公司、华电工程、财务公司、江苏公司和不连沟煤矿盈利超过5亿元；湖南、河北、山西、辽宁等区域同比大幅减亏增盈；邹县、戚墅堰、红雁池、望亭、包头等5家基层企业盈利均达3亿元以上；石热、大通、铁岭、武乡等基层企业同比大幅减亏增盈。二是市场营销不断加强。煤机发电量增幅超过全国平均水平5.5个百分点，利用小时同比增加303h。积极反映企业经营困难，电价调整取得新成效。强化电热费回收管理，回收率完成99.3%。煤炭企业抓好产运销衔接，产量和效益稳步增长。三是经营成本控制较好。强化全面预算管理，抓好电煤采购月度预算，优化进煤结构，公司入厂标煤单价和涨幅低于行业平均水平。深入开展“达标、创优、建示范”活动，七成火电企业燃料管理达到优秀水平。公司系统通过掺配掺烧降低采购成本近10亿元。全面开展工程造价管理活动，强化工程设计优化和招投标管理，公司直管范围标段节约资金60亿元。四是政策争取成效明显。加强专项政策研究，完善信息发布平台，有效服务经营发展。

3. 安全生产总体平稳

扎实抓好安全生产，圆满完成全国“两会”、大运会以及迎峰度夏等重大活动和重要时段的保电任务，安全生产保持稳定局面。一是安全基础得到巩固。以抓基层、打基础、克服薄弱环节为重点，落实安全责任，完善管理制度，扎实开展季节性安全检查、外包工程治理、“两票”专项督查、应急演练等活动，安全生产总体可控在控。二是设备管理进一步加强。积极推进精密点检与远程诊断试点，抓好技术监督与防“非停”措施落实，提高了设备可靠性。邹县6号、包头2号机组荣获全国火电60万kW大机组竞赛一等奖，宿州1号机组荣获“全国火电金牌机组”称号。三是煤炭安全生产平稳有序。高度重视煤矿安全管理，推行煤矿安全质量标准化建设，健全安全生产体系，开展矿井安全评价，强化煤炭生产监管，实现了百万吨煤“零死亡率”的目标，金通煤矿荣获“国家级安全质量标准化煤矿”称号。

4. 科技创新和节能减排扎实推进

立足公司需求，抓好科技环保，提升科技和节能减排水平。一是科技创新步伐加快。着力构建科技服务体系，成立科研总院，积极推进产业园建设，国家分布式能源研发中心、海外人才创业基地获得批准，国电南自取得“国家认定企业技术中心”资质。抓好“863”、“973”计划和国家科技支撑计划课题研究，成功申报分布式供能技术等3个国家重大科技预备项目，全年新增授权专利78项，6项成果荣获中国电力科学技术奖。二是节能减排水平不断提高。完成31台机组汽机侧热力系统优化，节约标准煤53万t。实施10台机组整体优化改造，大幅降低了供电煤耗。扎实推进脱硫脱硝和除尘器改造，启动脱汞监测试点，完成“十二五”减排责任书年度治理项目。索风营水电站荣获“全国水土保持示范工程”称号。公司21个CDM项目在联合国成功注册，是历年注册总和的2倍。三是信息化建设取得新进展。积极推进ERP核心应用系统建设，上线运行燃料管理信息系统，推进燃料全业务流程实时在线闭环管理，深化人力资源、基建信息系统应用，提升了信息化水平。

5. 资本运作和风险管控不断强化

以降低负债率和防范风险为重点，加强资本资金运作。一是资金管理力度加大。做好资金筹集和调度，保障了重点项目资金需求。加强账户清理和资金集中管理，账户入网率和资金归集率达到83%以上。实施负债率与负债规模“双控”管理，强化目标分解和动态监控，资产负债率得到有效控制。二是资本运作加快推进。福新能源上市取得证监会行政受理函，已向香港联交所提交申请文件；华电煤业、新疆公司、湖北公司、内蒙古公司、四川公司、国电南自、华电重工7家单位共引入战略投资100亿元，降低集团公司负债率1.9个百分点。完成乌江公司与贵州公司的资产整合。清理处置参股股权，回笼资金4.5亿元。取得中期票据与私募债券发行额度120亿元，总部发行短期融资券80亿元，节省了财务费用。三是经营风险可控在控。加大投资管理力度，对近三年决策的投资项目全部进行了经济后评价。开展投资、燃料等重点业务内控与风险管理试点，强化了财会基础评价。完善金融监管手段，金融风险监管体系建设进一步加强。积极配合监事会开展集中重点检查，规范了企业经营发展。组织开展煤炭、水电等7个专项审计，全年通过审计促进增收节支4.3亿元。启动“六五”普法工作，发布《华电法典》，抓好合同管理和法律纠纷案件处置，提升了依法治企水平，公司荣获“全国法制宣传教育先进单位”称号。

6. 党建和队伍建设水平进一步提高

围绕中心工作，加强党建和队伍建设，为公司发展提供政治保证和人才支撑。一是党建工作扎实推进。二是队伍建设全面加强。制定实施人才队伍建设五年规划，深入开展“四好”领导班子创建活动，重点抓好队伍能力素质提升，认真落实“企业领导人员三年轮训计划”，全年培训7400人次。三是反腐倡廉建设取得实效。深入推进“大纪检”，着力抓好惩防体系建设，继续开展工程建设领域突出问题、“小金库”等专项治理和监督检查，加强“三重一大”执行、燃料管理等效能监察，有效开展巡视工作，保证了企业健康发展。公司党组纪检组、监察部荣获“全国纪检监察系统先进集体”称号。四是和谐企业建设不断深化。开展品牌建设研究，修订《华电宪章》，充分发挥了文化引领作用。扎实做好信访维稳，关心员工生活，促进了企业幸福和谐。发挥工团组织作用，开展燃煤采制化、集控运行、水电工程造价管理等技能大赛，凝聚了队伍合力。认真履行社会责任，积极参加援疆、援藏和社会公益事业，发布2010年社会责任报告和国内首份水电可持续发展报告，公司社会责任发展指数位列全国十强。公司总部荣获“全国文明单位”称号。

二、管理创新活动三年回顾

2009年初，集团公司作出了在全系统深入开展管理创新活动的决定。活动开展以来，公司上下按照集团统一部署，牢固树立价值思维理念，着力创新体制机制、再造管理流程、优化主要指标、夯实管理基础，促进执企能力和盈利能力大幅提升。

三年来，公司电源结构和布局不断优化，累计清理前期项目4000多万kW，投产清洁能源超过1000万kW，沿海区域装机增加735万kW。煤炭、金融、工程技术板块发展迅速，效益从8.4亿元增加到53亿元，控股煤矿产量从零起步增加至2260万t。资产并购成效突出，收购煤炭资源储量33亿t、可控发电装机1130万kW，实现了资产布局的重要突破。

三年来，创新管理体制，优化管控模式，提升了公司管理效能。改革产业管理体制，建立金融、煤炭、海外产业专门管理机构，将工程技术、金融板块的企业分开独立运作，出台特殊政策，在机构设置、用人用工、薪酬分配等方面授予相应自主权，企业创新创效积极性明显增强。改革公司组织架构，推行三级管控，明确管理界面，分级分类决策，公司总部逐渐向战略管控转型；加大区域公司管理责任，对16家二级单位增加授权，将6家区域公司改制成能源公司或子公司，二级单位经营发展活力不断增强。改革专业管理模式，完成燃料、运营、物资等专业改革，形成了统分结合的燃料供应体制、一体化的煤炭管理模式、集约化的物资管理模式，提升了专业化管理水平。

三年来，强化经营管理，有效防范风险，提升了公司竞争能力。公司上下树立“大经营”理念，做到效益全过程贯穿，经营全要素管控，风险全方位防范，加快由生产型向经营型转变。狠抓基建管理，坚持“三优先、三统筹、三底线”的原则，推进基建经营一体化，集中招标采购，加强设计优化，抓好造价管理，公司机组工程造价处于同行业较低水平。狠抓运营管理，实施全面预算，创新开展日经济利润分析，加强经营过程动态管控，加大营销协调力度，运营管理水平不断提升。公司煤机设备利用小时与行业先进差距大幅缩小，三项费用累计比预算降低14.5亿元。狠抓燃料管理，建立常态协调机制，强化厂内燃料管理，开展燃煤掺配掺烧，节约了生产成本。狠抓风险管理，通过抓亏损大户减亏、负债率控制、内控机制建设，采取引入战略投资、股本融资、资产盘活等多种措施，确保了公司“挺得住、过得去”。一批亏损大户实现大幅减亏甚至扭亏，公司从资本市场募集资金43亿元，引入战略投资160亿元，净资产规模增加300多亿元，负债率上升势头得到有效遏制并呈逐年下降趋势。

三年来，推进技术创新，夯实基础管理，提升了公司指标水平。坚持抓基层、打基础、练内功，主要指标不断优化，管理效率不断提高。深化对标管理，大力开展星级企业创建，在包头、莱城、望亭召开生产运营现场会，推广先进单位经验做法，提升星级创建水平，促进公司主要指标不断优化。公司供电煤耗从 340.4g/kWh 降低到 321.1g/kWh，年均下降 6.4g/kWh，处于同行业上游水平，60 万 kW 等级以上机组能耗达到同行业先进水平，30 万 kW 等级机组能耗水平得到明显改善；机组等效可用系数保持良好。深化科技创新，完善科研体系，加大研发投入，应用先进技术，科技对效益的贡献度不断提升。截至 2011 年，公司拥有专利 297 项，其中发明专利 84 项，均处于同行业领先地位。加强信息化建设，推动财务、设备、物资等流程再造，提升了信息化水平。深化制度建设，根据四大产业板块特点，系统梳理和修订各类管理制度，狠抓制度执行，强化落实刚性，确保了管理规范、运作高效。

三年来，创新人资和绩效管理，加强激励约束，提升了公司队伍素质。坚持差异化设计、市场化运作、人本化管理，不断创新人资和绩效工作，调动了干部员工的积极性和创造性。以市场为导向创新选人用人机制，出台领导人员管理办法等一系列制度体系，大力实施“千百工程”，推进竞争性选人用人，对 186 个领导人员岗位进行了公开选拔，占新增和空缺岗位的 45%；煤炭、金融、工程技术板块和部分发电企业市场化用工机制不断深化。以价值为导向创新绩效考核机制，通过引入 EVA 指标、设置资产收益门槛、制订企业负责人行为准则八条“红线”等方式，进一步强化了刚性考核。以业绩为导向创新薪酬分配机制，实行总经理特殊奖励、业绩超额奖励、市场化薪酬和薪点工资，加大薪酬与业绩的联动力度，切实体现了薪显其绩。以能力为导向创新人才开发机制，加大人才培养和引进力度，设置专业技术、操作技术职务序列，拓宽了人才成长通道，三年共引进煤炭、金融、科技等急需人才 726 名。

三年来，发挥政治优势，推进文化创新，提升了公司软实力。积极适应公司发展新形势、新要求，不断推进党建和企业文化创新。坚持“抓班子，带队伍，推发展，促和谐”，推动党建工作融入体制机制、融入管理链条、融入中心任务，提升了党建科学化水平，增强了凝聚力和战斗力。公司承担中组部关于国有企业党组织参与重大决策的研究课题，成果被评为全国二等奖。全面开展以“价值思维”为主题的企业文化创新活动，强化《华电宪章》主导地位，启动“中国华电”品牌建设，形成了“自强求变、厚德求进”的公司精神和“诚信、求真、和谐、创新”的核心价值观，创造可持续价值成为公司上下共同的价值取向。三年来，公司 8 家企业荣获“全国文明单位”称号，23 家企业荣获省级以上“五一”劳动奖状。坚持员工发展与企业发展相协调，始终关心员工生活，在经营压力持续加大的情况下，实现了业绩不断提升，保持了员工收入稳步适度增长，促进了幸福华电建设。

经过三年来的管理创新，公司上下思想观念不断转变，战略实施加快推进，执企能力和盈利能力大幅提升，为公司创建世界一流能源集团奠定了重要基础。同时，公司管理体系也得到丰富完善，初步形成了“精益化、专业化、制度化、国际化、人本化”的“五化”管理体系。

三、创建世界一流能源集团工作部署

总体思路是：以科学发展观为统领，以创造可持续价值为使命，以改革创新为动力，以做强做优为方向，着力转变发展方式，加快调整产业结构，全面提升管理水平，全力增强综合实力，以一流的资源配置、一流的经营业绩、一流的企业管理、一流的装备技术、一流的员工队伍、一流的企业文化，全力打造效益显著提升的价值华电、高效低碳发展的绿色华电、动力活力迸发的创新华电、发展成果共享的幸福华电，努力创建世界一流能源集团。

总体分为三个阶段向前推进：第一阶段，是战略转型阶段，到 2013 年，五年发展纲要全面落实，结构调整初步完成，“1118”战略目标如期实现，进入世界 500 强。第二阶段，是价值提升阶段，到 2015 年，实现“十二五”规划目标，盈利能力全面增强，企业效益集中显现，企业价值显著提升，基本建成世界一流能源集团。第三阶段，是巩固超越阶段，到“十三五”，进一步巩固创一流成果，全面实现创建目标，成为实力雄厚、管理优秀、价值卓越的国际知名能源集团。

创建世界一流能源集团，是一个具有挑战性、探索性的系统工程，根据国资委总体部署和公司实际，“十二五”时期，要着力把握以下六个方面的核心内容和要求：

第一，资产质量结构优，实现资源配置一流。创建世界一流能源集团，不能单纯比规模、拼速度、凭热情，而是要比质量、拼实力、讲实效。加强自主创新，深化国际合作，不断增强技术和产品研发实力，在重工装备、电力自动化、水处理、航改机等领域，尽快形成一批具有自主知识产权的核心技术和拳头产品，培育产品研发、设备制造、投资开发为一体的产业链，实现以技术为核心的质量效益型增长，“十二五”期间，销售收入和利润年均增长要达到 30% 左右。

要高度重视和推进产业协同，实现公司价值最大化。按照国资委业务定位和公司战略，目前四大产业板块的绝大多数业务都是公司主业，其中发电是主体，是公司资产的主要组成部分；煤炭是基础，是公司发电产业链的有机延伸，是提高公司资源配置能力的物质基础；金融是保障，是现代企业的血液，产融结合的业务也是公司主业，是公司实体运作的重要融资平台和资金来源；工程技术是支撑，是公司的特色优势，是发展的重要技术支撑和新的效益增长点。

第二，价值创造能力强，实现经营业绩一流。一流的企业必须有一流的价值创造能力。要以创造可持续价值为使命，着力构建大经营格局，完成向经营型企业转变，走精益管理、内生增长、集约高效之路，提高价值管理水平和价值创造能力，逐步实现净资产收益率、EVA、主要技术指标行业领先乃至世界一流。

第三，运行体制机制活，实现企业管理一流。建立管理创新长效机制，完善“五化”管理体系，全面增强公司发展动力活力。

第四，科技创新贡献大，实现装备技术一流。落实公司科技发展规划和科技进步路线图，增强自主创新能力，建成国家级创新型企业。

第五，人才队伍素质高，实现员工队伍一流。大力实施“人才强企”战略，以落实人才队伍建设规划为主线，深入推进人才政策创新，加大投入力度，培育和造就一流人才队伍。

第六，公司品牌形象好，实现企业文化一流。发挥国有企业政治优势，全面提升公司文化力、形象力、凝聚力，形成与世界一流能源集团相适应的软实力。

四、2012 年工作安排

（一）准确把握面临的形势

从有利因素看：一是价值思维深入人心。通过三年多的宣贯实践，价值思维已成为引领公司各项工作的核心理念，公司发展方式由盲目追求规模扩张逐渐回归理性，努力创造可持续价值成为广大干部员工的思想共识和奋斗目标，有力推动了四大产业协同发展，奠定了公司科学发展的思想基础。二是结构调整成效显现。2012 年，这三大板块创效能力将进一步提升。三是企业发展活力增强。通过三年的管理创新活动，公司体制机制不断完善，主要指标明显优化，队伍素质大幅提升，内生动力不断增强，对公司发展起到了重要推动作用。随着部分产业上市步伐加快、引入战略投资者工作顺利推进，公司权益资金募集能力明显增强，资产负债率将有效降低。四是经营环境有所改善。国家重视发电行业健康运行，2011 年两次上调电价，有关部委在资金、政策等方面给予了大力支持，部分地方政府也出台相关补贴政策，在一定程度上缓解了火电企业经营压力。

从不利因素看：一是市场形势仍然严峻。二是融资成本大幅增加。三是环保要求愈加严格。四是管理难度不断加大。

（二）总体要求和主要目标

公司 2012 年工作的总体要求是：认真贯彻中央经济工作会议和中央企业负责人会议精神，深入落实科学发展观，以创造可持续价值为使命，以加快转变发展方式为主线，全力加快结构调整，全力深化管理创新，全力提升效益水平，全力防范经营风险，全力建设人才队伍，抓落实，见成效，促提升，确保完成年度目标任务，为创建世界一流能源集团奠定坚实基础，以优异成绩迎接党的十八大胜利召开和公司成立十周年。

根据新形势、新任务，公司把 2012 年确定为“管理效益提升年”，通过采取有效措施，狠抓工作落实，实现管理水平和效益水平“双提升”。“管理提升”就是在三年管理创新活动基础上，针对突出问题和薄弱环节，进一步消除管理短板，完善“五化”体系，促进思想观念再解放、体制机制再创新、主要指标再优化、基础管理再加强。“效益提升”就是要以当前经营环境有所改善、结构调整成效显现为契机，统筹各项经营要素，一手抓结构调整，提升项目发展创效能力；一手抓运营改善，提升存量资产创效能力，全面推动公司经营状况明显改善，盈利能力明显提升。公司上下要紧紧围绕这一工作主题，统一思想，凝聚力量，调动积极因素，优化资源配置，努力在结构调整上取得新进展，在经营业绩上实现新提升，在管理创新上收获新成效，在公司形象上展现新面貌。

（三）重点工作任务

1. 进一步加快结构调整，不断提高发展质量

围绕五年发展纲要和“十二五”发展规划，控制投资规模，优化投资结构，对于不符合转型要求、不具有竞争优势、不产生有效回报的项目，要认真梳理，该缓建的坚决缓建，该停建的要坚决停建。一是持续优化电源结构。在做好生态保护和移民安置的前提下，积极有序发展水电，确保阿海项目投产两台以上机组。有效推进新能源发展，新投风电 170 万 kW。超前落实气源和电价，有序推进半山扩建、上海南桥新城等燃机项目，推进莘庄等分布式能源示范项目建设。审慎发展火电，储备一批盈利能力强的煤电、港电一体化集群项目。二是高质量推动煤炭产业快速发展。加快重点大矿核准进程，新增产能达到 3000 万 t 以上。重视并抓好运煤通道建设，加快铁路专用线、洗煤厂、发煤站建设，确保核准曹妃甸煤码头项目。稳妥推进呼伦贝尔、榆林等煤化工项目。三是提高金融产业创效能力和服务水平。深化产融结合，加快推进金融产业做强做优做大。资本控股要尽

快建立核心运营模式，积极拓展金融平台，强化股权管理，进一步提升经营绩效水平。财务公司要进一步提高内部资金保障能力，发挥好管理运作平台作用，为集团公司提供有力的资金保障。华鑫信托要加快产品和服务创新，培育资产管理和财富管理能力，不断提升市场地位和创效水平。四是快速推进工程技术产业发展。整合内部资源，强化科技创新，打造自身优势，提升产品附加值。华电工程要加大绿色采矿装备、水务、航改机等方面的投入和研发力度，发挥曹妃甸等制造基地作用，提高效益贡献度。国电南自要在巩固传统优势产业的基础上，大力培育新能源、智能微网等战略性新兴产业，提高合资公司创效能力。科研总院要把握功能定位，加快整合技术资源，打造科技支撑平台。五是稳步实施“走出去”战略。扎实做好境外投资、工程总承包、技术服务和国际贸易，确保巴淡项目按期投产，稳妥有序推进南苏项目，统筹抓好额勒赛、捷宁斯卡娅、巴厘岛等项目建设。

2. 进一步加强经营管理，全力提升效益水平

一是全力扭亏增盈。要加大工作力度，采取多种经营措施，着力扭转亏损局面。四川有限公司和湖北、山西、云南、安徽、天津等区域要实现扭亏为盈，陕西、河南、湖南等区域要大幅减亏。盈利单位要巩固和提高效益水平，为公司扭亏增盈作出更大贡献。二是强化市场营销。确保计划电量，争取特殊政策电量、市场交易电量，煤机利用小时不能低于区域“三同”水平。强化运营协调，全力提高发电效益。继续争取燃机、新投水电、供热等价格政策，配合国家做好水电电价改革和电价市场化改革试点，提高电热费回收率。加强煤炭产运销管理，衔接运力，开拓市场，重点抓好不连沟、隆德等煤矿产能提升和销售。加大工程技术板块应收账款回款力度。三是抓好燃料管理。坚决落实好国家调控煤价政策，重点加强采购预算管理，努力提高重点合同兑现率，增加海外低价煤采购。运用好燃料管理信息系统，加大采制化硬件投入，加强入厂煤验收管理，提高全过程管理水平。科学推进掺配掺烧，有效控制燃料成本。四是加大增收节支力度。深化全面预算管理，加强管理体系和制度体系建设，提高预算编制的准确性、科学性、前瞻性和执行刚性。加大成本控制力度，厉行节约，深挖潜力，严控预算外和非生产性费用支出，压缩会议、差旅、出国、购车等管理费用。加强政策研究，做好税务筹划，积极争取基建贷款贴息、节能减排改造奖励等政策，实现政策性收益再创新高。五是加强基建和采购管理。牢固树立基建即是经营的理念，落实配套条件，优化工程设计，合理安排工期，加强质量管控，降低工程造价，为项目投产后盈利打下坚实基础。严格概预算管理，确保工程投资控制在执行概算内。加强物资采购管理，发挥物资公司统一平台作用，推行阳光采购，提升集约化管理水平。

3. 进一步强化安全生产，保持安全稳定局面

一是不断提高安全思想认识。当前安全生产面临一些新情况、新问题，随着新投现代化大机组、煤矿数量快速增加，安全工作量不断加大，对员工素质提出了新的要求；由于火电实施掺配掺烧、技改投入不足，安全运行、设备维修的压力增大。要充分认识当前安全形势的严峻性和复杂性，全面落实安全生产责任制，拓宽安全管理领域，加大安全管理力度，确保安全可控在控。二是提升安全保障能力。深入推进本质安全型企业建设，着力强化作业环境本质安全管理。继续开展安全性评价，新机投产一年内要全面进行查评。抓好隐患排查、反违章治理、外包工程、道路交通等长效机制建设。加大设备生产运行、检修、技改管理力度，扩大精密点检与远程诊断试点，设备“非停”同比要明显降低。加强供热管理，确保供热安全。三是强化煤矿基础管理。健全煤炭安全管控体制，深化制度标准、监督管理、安全保障、科技支撑、应急救援、教育培训等各项管理体系建设，做到管理与发展相同步。大力推进煤矿安全质量标准化建设，落实各项安全技术措施，确保公司控股矿井年内全部达标。进一步强化领导安全责任，落实矿领导带班下井制度。抓好煤矿安全性评价，按期完成井下安全避险“六大系统”建设。抓好班组建设，加大培训力度，年内要把全部班组长轮训一遍，着力提升班组长素质，夯实安全生产基础。

4. 进一步深化管理创新，着力提升管理水平

一是持续优化主要指标。深化对标管理，坚持效益指标与决策值对标、技术指标与设计值对标、管理水平与同行先进对标，抓好星级企业创建，着力推进指标改善，确保60万kW等级机组主要指标继续保持行业先进水平，30万kW等级机组达到行业中上游水平。狠抓节能降耗，全面推行火电机组整体优化，确保完成56台机组优化改造，运用合同能源管理等方式，继续抓好供热改造、余热利用等节能项目实施。二是不断创新管理体制。完善集团管控，根据各产业特点，加强专业化管理，抓好机构设置和人员配备，煤炭开发企业相关专业机构和人员年内要全部到位，着力提升管理水平。坚持并完善“两权分离”机制，实现管理的规范化与契约化。稳步推进厂办大集体改革。三是不断完善管理机制。加大干部公开选拔力度，完善民主推荐机制，确保50%的新增和空缺干部岗位实现公开选拔。统筹推进“三支”队伍建设，优化人力资源结构，继续推行按定员组织生产，完善企业领

导人员任期管理，启动职业经理人试点，面向市场引进一批煤炭、金融、工程技术等产业高端人才。加强总部员工培训，加快提升素质能力。继续完善绩效考评体系，大力推进全员绩效考核，持续优化煤炭、金融、工程技术、海外产业工资总额决定机制。

5. 进一步加强资本资金运作，有效防范企业风险

一是坚持不懈抓好负债率控制。进一步加强负债率管理，坚持分类分档调控，负债率高的企业要降下来，负债率较高的企业要保证不再上升，确保公司负债率降至86.5%以下。加强负债率考核，对负债率明显降低的单位，公司将给予专项奖励。二是提升资本运作水平。准确把握上市时机，确保福新能源、华电重工年内上市，继续推进区域和专业公司引入战略投资者，大力开拓权益性资金来源，多渠道筹集低成本资金，提高公司资产资本化比例。三是加强内部资金管理。抓好存量资金归集和流量集中管理，全面推进财产统保，强化资产代理统筹管理，确保归集率达到90%以上，最大限度发挥资金规模效益和使用效率。加强资金优化配置，优先考虑内部金融机构资金，系统各单位都要支持资金集中管理，推进资金集约运作。四是抓好风险防控。严格投资管理，坚持量入为出，发展项目必须考虑资金承受能力，切实提高项目决策水平和发展质量，杜绝投资失误。加强内控机制建设，重点抓好现金流量、海外业务和金融产业的风险防控，切实防范资金和政策风险。全力配合监事会做好监督检查工作。强化基建全过程跟踪审计和专项审计调查。抓好法律风险防范，严格执行各项法律和规章制度，积极推进“六五”普法工作，协调处理好法律纠纷案件。

6. 进一步强化科技环保，提高创新能力和减排水平

一是加快科技创新步伐。抓好国家级创新型企业创建，确保年内进入试点企业行列。推进科技标准化建设，建立公司技术标准体系。继续抓好“863”、“973”计划和国家科技支撑计划课题研究，扎实推进页岩气、太阳能发电、智能电网、分布式能源等重大项目研发和应用，建设好国家重点实验室和实验基地。二是加大环保工作力度。认真贯彻全国第七次环保大会精神，分解落实“十二五”污染物减排责任。强化环保监督，抓好环保实时系统建设，稳步推进现役电厂脱硫增容和脱硝技改。坚持基建项目环保“三同时”和水电生态保护，保证结构调整重点项目达到环保要求。抓好CDM开发，确保新增注册19项，全年收益6亿元。三是提升信息系统实用水平。发挥ERP系统在管理创新中的平台作用，完成一期ERP平台上线试运行；全面推广应用人资、基建等信息系统，开发建设煤矿安全生产指挥平台，进一步提升现代化管理水平。

7. 进一步加强党建和企业文化建设，努力打造幸福华电

一是加强党建工作。按照国资委党委“健全一个格局、抓住两个关键、完善六个机制”的中央企业党建工作总体思路，紧紧围绕创建世界一流能源集团等中心工作，继续扎实开展创先争优活动和学习型党组织建设，探索党建工作的新途径、新方式，不断提高党建科学化水平。进一步加强“四好”领导班子建设，不断增强领导干部攻坚克难、推动企业科学发展的能力。加快推进惩防体系建设，健全党风建设和反腐倡廉工作长效机制，规范职务消费，开展内部巡视，强化效能监察，加大责任追究力度，从源头上防治腐败。加强和改进作风建设，着力提高工作执行力，确保政令畅通。二是加强宣传思想文化工作。推进企业文化和品牌建设，提升“中国华电”品牌形象。抓好形势任务教育，加强思想动态分析。做好舆情监控，提高对新兴媒体的适应和运用能力。充分发挥工会和共青团组织作用，抓好劳模选树，开展“集聚力量、建功华电”主题竞赛活动。三是加强和谐企业建设。认真履行社会责任，树立企业良好形象。加强职代会建设，推进厂务公开，维护职工合法权益。高度重视和抓好信访维稳，确保企业和谐稳定。坚持以人为本，完善员工休假、医疗等保障制度，改善员工生产、生活条件，解决员工实际困难，提升员工幸福指数。

中国国电集团公司工作会议报告（摘要）

一、2011年工作回顾

（一）电源发展科学稳健

全年新增装机容量1140万kW，核准各类电源项目1150万kW，已取得“路条”待核准的火电项目累计1600万kW，在建规模3856万kW。公司前期项目储备充足，在建规模保持较高水平，连续四年每年新增装机1200万kW左右，新开工1000万kW以上，为“十二五”均衡发展打下了坚实基础。

（1）电源结构持续优化。新投机组中大容量火电和清洁可再生能源占63%，谏壁100万kW、南宁60万kW等一批大容量机组投产。火电平均单机容量提高到32.7万kW，30万kW及以上机组占87.9%，60万kW及以上机组占40.2%。全年关停小机组13台共124万kW。清洁可再生能源已占总装机容量的22%。风电装机容量达到1226万kW，新增331万

kW。国内首座海上潮间带示范风电场、首座大型低风速风电场顺利投产。水电“四区一流域”开发布局形成，深溪沟电站全部建成投产，并购小水电 64 万 kW。太阳能发电装机达到 23.5 万 kW，蒙电四子王旗、宁夏马场湖光伏项目、新疆槽式太阳能热发电项目投产发电。全年新增 CDM 注册项目 66 个。

（2）前期工作扎实开展。清洁高效火电和清洁可再生能源项目储备得到进一步加强。天生港、黄金埠二期、织金等一批大容量火电项目获得核准或取得“路条”。猴子岩水电站获得核准，四川、云南、西藏、青海公司水电开发稳步推进。储备风电资源超过 9000 万 kW，华东、山西公司风电开发取得重要突破。国电电力储备太阳能项目 400 万 kW、核准 7 万 kW，河北公司围场风光电一体化项目获得核准。

（3）工程建设稳步推进。加大了“绿色工程”建设力度，大力开展设计优化，着力推进专业化、标准化、精细化、数字化管理。工程建设质量进一步提高，新投产火电机组效率平均提高 1.5 个百分点，工程造价平均较概算降低 6.8%。瀑布沟大坝荣获“堆石坝国际里程碑工程奖”。谏壁 13 号、南埔 3 号机组供电煤耗分别为 280、297g/kWh，达到国内同类机组先进水平。陕西公司采用新型桩基技术，单个风场造价平均降低 500 万元以上。进一步规范招标管理，完成了 35 批次集中招标，降低了成本。

（二）相关产业快速发展

以发电为主，煤炭、科技环保、金融保险、物资物流产业协同发展格局基本形成。相关产业资产总额同比增长 77%；合并口径营业收入和利润分别同比增长 69.9%和 58.6%，为集团公司转型和整体盈利做出了重大贡献。

（1）煤炭产业迅速壮大。“三片一线”布局更加完善，煤炭储量和产能快速增长，控制资源 150 亿 t，煤炭产量 6505 万 t，同比增长 38.4%，相当于所属火电企业用煤量的 1/3。平煤集团业产煤 3776 万 t，蒙电贺斯格乌拉煤矿产量突破 2100 万 t。在建煤矿项目 18 个，设计产能 6200 万 t，国兴煤矿生产优质动力煤 166 万 t，察哈素煤矿产出工程煤 30 万 t。成功并购蒙东能源，锗资源储量全球第一。贵州公司整合并购区域中小煤矿，新增产能 180 万 t。燃料公司建立了 7 个煤炭储配中心，秦皇岛港煤炭中转量突破 2000 万 t，海运船队自有船舶 12 艘，全年下水海运煤 3000 万 t。煤化工项目稳步推进，英力特公司电石法 PVC 生产线主要指标达到世界先进水平，正在建设宁东煤基多联产循环经济示范园区。蒙能公司煤制化肥项目进入试生产准备阶段。

（2）高科技产业优势稳固。新能源高端设备制造和电力科技环保产业快速发展，形成了一批行业优势品牌。等离子点火应用装机已达 2.39 亿 kW。脱硫特许经营、脱硝 EPC 业务市场占有率国内领先。电站空冷系统核心设备实现国产化，应用装机容量行业领先。自主研发的大型火电机组 DCS 控制系统国内市场份额达到 20%，百万千瓦机组 DCS 项目投入商业运行。联合动力 3MW 风机推入市场，6MW 风机成功下线。国电光伏公司打造太阳能全产业链，承担的 195MW EPC 项目全部并网。

（3）金融保险和物资物流产业快速发展。资本控股公司取得了多项稀缺牌照，发起设立长江财产保险公司，投资瑞银证券获得证监会批准，“国电网银”覆盖集团公司 630 家成员单位，形成了集财务公司、财险、寿险、基金、保险经纪、商业银行等业务于一体的金融平台。物资集团构建了以物联网为核心的电子商务平台，在中国物流企业 50 强中排名第 24 位，外销比例 56.3%。积极开展钢材统购分销业务。风机塔筒制造能力 1800 套。物资集中采购节省采购成本 10%以上。

（4）“走出去”战略稳健实施。以新能源和高科技产业为重点，积极开拓海外市场。加强海外项目管理，设立 9 个境外办事机构。龙源电力收购加拿大 9.9 万 kW 风电项目开发权。广西公司等单位取得了缅甸、柬埔寨 340 万 kW 水电开发权。高科技产品出口 10 个国家和地区。

（三）挖潜增效成绩突出

（1）安全环保水平明显提高。深化“安全生产年”活动，圆满完成了迎峰度夏和大运会等重大保电任务，194 家发电企业中 191 家安全无事故。聊城等 85 家电厂实现安全生产 1000 天以上，南桠河公司实现安全生产 10 周年。认真做好安全性评价，完成了 46 家发电企业评价和整改复查。加强工程建设重大危险源点治理，对 61 个项目进行了安全检查和隐患整治。煤矿安全生产三级管理体系全面建立，8 个矿井进入国家级安全质量标准化煤矿行列。积极开展环保评价，扩大脱硫特许权经营范围，在运脱硫机组比例已达 94.2%，全年减少二氧化硫排放 8 万 t。

（2）生产管理更加精细。深入开展星级发电企业创建活动，加大对标管理力度，机组主要经济技术指标持续改善。完成供电煤耗 321.3g/kWh，同比降低 5g/kWh。发电厂用电率 5.3%，同比降低 0.16 个百分点。火电机组等效可用系数达到 93.5%，谏壁 12 号、龙山 2 号机组被授予全国可靠性金牌机组称号。公司系统 21 台机组在全国能效对标竞赛中获奖，福建、安徽、江苏公司平均供电煤耗在 310g/kWh 以下。创新技改模式，完成合同能源管理项目 21 个。加大火电企业治亏力度，13 家电厂减亏。

（3）燃料管理全面加强。健全管理体系，理顺管理关系，保供控价能力明显增强。加强了与重点煤炭企业的战略合作，打通了蒙东自有煤炭向华北、山东、华中、华东等地区的铁路运输和水运通道。公司系统全年库存平均保持在20天以上，未发生缺煤停机现象，四川、山东公司受到省政府表彰奖励。建立了煤炭市场信息体系，增强了市场的研判能力。全年采购海外低价煤炭545万t。

（4）市场营销卓有成效。以“争量保价、增效保收”为重点，创新市场营销工作，发电量持续稳定增长。全年设备利用小时5012h，高于全国平均水平281h。其中火电利用小时5531h，高于全国平均水平237h。新疆公司设备利用小时位列区域首位。重点抓好发电权交易，不断优化量价结构，全年完成交易电量264亿kWh。东北、华北公司通过电量置换。积极争取电价调整政策，年内两次获调上网电价，平均上网电价同比提高1.97分。调增了瀑布沟临时电价，确定了深溪沟正式电价。加大电费回收力度，全年电费回收率99.55%。

(5）电厂转型不断深化。积极抢占热力市场，参与城市热网建设，供热企业达到55家。长源电力、蒙能投供热量增长60%以上，河南公司热价上调增收2200万元。因地制宜开展煤炭经营，丰城电厂建成洗煤厂，当年实现利润600余万元。扩大配煤掺烧煤种，累计掺烧4100万t。江西、甘肃等公司掺烧比例超过30%。拓展城市水务产业，东北公司水务经营实现利润1亿元。提高粉煤灰产品附加值，华北公司粉煤灰经营实现利润5000余万元。规划开发闲置土地，兴业公司桂林项目有序推进。湖南公司筹备组盘活土地等闲置资产增收1亿元。巩固“两项规范”成果，为主业新增了效益。

（四）抗风险能力不断增强

（1）财务管理优势明显。调整完善财务管理战略，创新预算管理体系，建成总部利润预测分析系统。安徽公司按日计算利润，实现了效益管理关口前移。加大资金供应保障，综合运用多种融资方式，引进各类低成本资金，增发短期融资券，发行私募债券，启动了私募债券增发工作。加强资金集中管理，资金归集率达到90%。科学动态调整债务结构，将长期融资占比由45%提高到56%。抓好增值税进项税抵扣工作。认真落实资产处置、财政补贴等收益。

(2）资本运作多点推进。国电科环成功在香港上市，融资21.3亿元，成为央企中首家境外上市的科技环保类企业。集团公司连续三年实现IPO，五大主要业务板块分别上市格局已经形成，为整体上市打下了坚实基础。国电电力成功发行55亿元可转债券。龙源电力在香港成功发行9.5亿元人民币债券。龙源技术股价较发行价增长90%以上。英力特定向增发17.1亿元方案获得审批。平庄能源启动瑞安矿业等收购工作。长源电力上市平台得到巩固。在东北公司引入10亿元信托股权资金。

（3）内控体系更加完善。制定实施了“三重一大”决策制度，健全完善了内控体系，建立了风险评估和预警机制。基建财务内控体系建设取得阶段性成果。强化领导人员经济责任审计、重大工程建设项目跟踪审计，避免经济损失。严把经济合同法律审核关，有效防范了法律风险。

（五）创新型企业建设步伐加快

（1）管控模式更加科学。调整了本部和二级单位机构设置，强化了省级公司的管理职能。完善法人治理结构，加强“三会”业务管理，议案审核率100%。修订完善目标责任制考核办法，积极推进EVA考核，加强总资产利润率考核，与国资委考核体系全面对接，实现了考核全覆盖。新疆公司等6家电类企业、蒙电公司等6家相关产业企业获目标责任制考核A级。完善“三类五级”考核体系，实行预算管理与工效挂钩相结合的工资总额决定机制。对企业领导人员实施EVA奖励，17家企业领导人员获奖。

（2）人才队伍充满活力。加大竞争性选人用人力度，对21个领导岗位和23个本部副处级以下岗位进行了公推比选和公开招聘。龙源电力等14家单位开展了公推比选和竞争性选拔工作，贵州公司处级干部竞争性选拔比例达到了48%。加大干部交流力度，集团公司直管干部交流92人次。组织了第二批东部与中西部干部双向挂职交流，参与单位增加到32家。加强基层领导班子建设，国电电力等12家二级单位、北仑一发等64家基层单位被评为“四好”领导班子。启动了“十百千引才工程”，引进国家“千人计划”人才6名，引进急需紧缺的核心骨干人才161名。

（3）科技创新能力显著提升。全年新增专利190项，同比增长90%，累计获得专利363项。新获国家科技进步二等奖2项。成立集团公司科技委员会，构建了产研结合的研发体系。新能源研究院工程建设、人才引进和科技研发同步推进，受到中组部、国资委好评。能源研究院完成专题研究64项、评估咨询248项。电科院被认定为国家级高新技术企业，“火电机组状态及性能全息诊断”等三项成果获国家能源科技进步奖，“静电除尘高频电源技术”可减少烟尘排放40%，节能70%。

（六）党建思想政治工作全面加强

（1）党建工作扎实开展。基层党组织建设不断增强，党支部的战斗堡垒作用和党员先锋模范作用充分发挥，创先争优活动成效显著。开展了“双百访谈”活动，通过三级联动大走访，累计访谈11 000余人次，密切了党群干群关系。

（2）企业文化建设凸显特色。大力弘扬国电文化，制定了“家园”文化建设规划，召开了首次企业文化建设工作会议，命名大渡河、衡丰等单位为集团公司首批企业文化示范基地。集团公司连续4年发布年度社会责任报告，受到社会各界好评。

（3）反腐倡廉工作深入推进。加强惩防体系建设，以“讲案例、学法规、划底线”为主题，集中开展了反腐倡廉宣传教育活动。继续加强小金库和工程建设领域突出问题专项治理，加大对关键环节和重点岗位的监督力度，直接监督招标项目1047个，查核案件56件。

（4）和谐企业建设显著加强。在企业经营十分困难的情况下，调增了工资总额，缩小了区域收入差距，员工收入水平普遍提高，年工资增幅处于领先水平。企业年金制度覆盖面达到100%，管理更加规范。为职工群众办好事、实事4000余件。加强职代会建设，建立三级厂务公开机制，荣获“全国厂务公开民主管理先进单位”称号。加强班组建设，开展技能竞赛，16个班组受到全总和能源化学工会表彰，15人荣获“中央企业技术能手”称号。

二、当前面临的形势和总体工作思路

（一）深刻认识当前面临的形势

当前发电行业面临的压力和挑战：

（1）电力需求增长继续放缓。国内经济增长下行压力加大，预计GDP增速回落至9%以下，全社会用电量同比增长9.5%左右，发电企业依靠电量增长缓解经营压力的空间有限。

（2）煤电价格矛盾仍未根本解决。煤炭单边市场格局没有改变，部分区域煤炭供应仍然紧张，预计全年煤价维持高位并保持上涨态势。电价形成机制等深层次矛盾依然存在，火电企业经营困难局面没有根本缓解。

（3）资金保障和融资成本问题更加突出。银行普遍调低火电企业信用等级和授信额度，违约现象时有发生，部分在运电厂和基建项目融资困难，资金链濒临断裂。资本市场持续低迷，股权融资难度明显加大。

（4）节能减排压力空前加大。新修订的《火电厂大气污染物排放标准》，各项排放要求已达到世界最高水平。环保部与集团公司签订的《责任书》明确要求，到2015年集团公司二氧化硫和氮氧化物排放总量分别比2010年减少16%和38.1%。为达到新标准排放要求，集团公司“十二五”期间环保改造和运行成本将大大增加。

（二）2012年总体工作思路

做好2012年工作，要牢牢把握中央确定的稳中求进的工作总基调。对于集团公司而言，稳，就是要量力而行，协调发展，防范风险，处理好发展的速度、质量和效益的关系，进一步提高管理水平，保证安全生产和队伍稳定。

做好2012年工作，要牢牢把握“保目标、稳发展、控规模、防风险、强管理、惠民生”的工作方针。

三、2012年工作目标和重点任务

（1）安全目标：不发生人身死亡事故，不发生全厂停电或电厂引发的电网稳定破坏事故，不发生电厂垮坝事故，不发生重大及以上设备损坏事故。不发生环境污染事故、重大交通和火灾事故。不发生煤矿一般及以上人身事故。

（2）生产目标：发电量完成5300亿kWh。供电煤耗完成319g/kWh，厂用电率5.27%。控股煤炭产量7200万t。二氧化硫排放量控制在84万t以内，氮氧化物排放量控制在120万t以内。

（3）经营和发展目标：利润总额高于2011年，资产负债率控制在年初水平。主要指标完成国资委考核值，获得国资委年度考核和第三任期考核“双A级”。在世界500强排名稳步提升。新开工和投产规模分别超过1000万kW，总装机容量达到1.18亿kW。

（4）党建和精神文明建设目标：党建及党风廉政建设责任制落实率100%，党员民主评议合格率100%。不发生严重影响企业形象和社会稳定的事件。

重点抓好以下工作：

（一）高度重视安全生产，筑牢企业发展基础

安全生产关系到企业改革发展稳定大局，关系到广大员工的人身安全和各级干部的政治安全。认真落实企业安全生产主体责任和各级安全生产责任制，严格执行安全生产规程规定，严肃事故责任追究。深入开展安全、节能、环保和技术监督四项评价，依靠技术进步，加大安全投入，努力提高设备安全经济清洁性能。运用科技和信息手段，强化安全隐患监控和预警，全面落实反事故措施，实现隐患排查治理常态化、规范化和制度化，有效防范重特大事故的发生。扎实推进安全生产标准化建设，加快实现安全生产岗位、专业和企业达标。煤矿企业要以“一通三防”为重点，加快完善瓦斯防治综合体系和井下安全避险“六大系统”，严防透水、火灾、瓦斯等各类事故发生。基建工程要进一步加强现场监管，坚决杜绝大型机械设备损坏、地下洞室坍塌等严重事故。高度重视环保工作，认真执行新的环保标准，落实减排责任书要求，加大改造治理力度，实现达标排放。

(二)优化调整电源结构，不断提升发展质量

一是加大前期工作力度。积极争取优质水电、风电、太阳能资源，落实大型火电和重点外送电基地项目。

二是优化发展火电。全年投产火电机组860万kW，力争投产960万kW。优先发展60万kW及以上超超临界火电项目，推进浙江、江苏、广东等沿海地区大型火电机组和新疆、内蒙古、宁夏等煤电基地项目前期工作，重点解决“上大压小”容量异地调度问题，力争谏壁第二台百万千瓦机组、黄金埠二期2×100万kW、织金2×66万kW、海南西南部电厂2×35万kW等项目获得核准并开工建设。适当放缓市场相对过剩地区部分在建火电项目建设进度，坚决压缩30万kW级火电项目，特别是投产即亏损的项目。

三是积极发展水电。坚持大中小并举、新建和收购并重，力争全年核准水电项目200万kW以上，投产60万kW。合理安排“四区一流域”开发时序，优先保障大岗山、猴子岩等核准在建大型水电项目，确保枕头坝一级、沙坪二级核准，努力实现金川、绰斯甲河、小黑江、寨口、多布等项目核准，加大金沙江上游、雅鲁藏布江下游、怒江、通天河流域、黄河北干流等水电资源争取力度。

四是稳健发展风电。坚持多元化投资，专业化管理，坚定不移发展风电，全年投产风电项目270万kW。严格开工条件，科学合理布局，对于入网难、效益差的风电项目要适当控制建设节奏。重点加大海上风电开发力度，积极参与国家特许权招标，力争150万～200万kW海上风电项目列入国家开发规划。

五是重视发展清洁能源。紧跟国家发展规划，因地因网制宜，优先发展经济效益好、日照时间长地区的太阳能发电项目。集中突破一批燃气机组和分布式能源、微电网等项目，积极研发小型模块化核反应堆项目，稳步推进海洋能、地热、生物质等其他新能源发展。

六是认真做好重组并购工作。坚持效益和规模并重，布局与结构并重，重点跟踪推进以水电为主体的大型电源公司的重组并购。加大资源富集地区中小水电和风电并购力度。要注重收集重组并购信息，确保信息反映畅通、研究决策及时。完善并购内控体系，加强评估论证，规范工作程序，防范并购风险。

七是提高工程建设质量。优化工程建设时序，优先保证重点投产项目，保证效益好、符合集团转型战略的项目，认真做好停缓建项目安全平稳过渡工作。优化工程建设方案，落实征地、移民、送出、铁路等外部建设条件。对于投产未达标的工程项目，要明确责任，限期整改。

八是加快实施“走出去”战略。以新能源和战略性新兴产业为重点，积极推进南非风电项目，抓紧落实合作融资方案和风机认证及入网条件。力争加拿大风电项目年底前开工。积极稳妥推进柬埔寨柴阿润水电项目BOT谈判。

(三)大力发展相关产业，打造一流产业集群

一是积极发展煤炭产业。坚持“三片一线”战略布局，加快构建蒙东、蒙西、山西、贵州、陕西、新疆六大煤炭基地，完善覆盖沿海沿江、华中及南方缺煤地区的储配运销体系。巩固秦皇岛专用场地和泊位优势，扩大曹妃甸等煤炭中转规模，抓好南京、北仑等港口码头储配基地和沙市、九江等区域煤炭储备中心建设运营。加快长江航运船队建设，实现“海江联运”，海运船队运输能力达到4000万t以上。

二是大力发展科技环保产业。不断巩固国电科环各业务板块的领先优势，打造世界领先的清洁能源综合服务供应商。不断提高外部市场占有率，联合动力风机外销达到800台，力争1000台；龙源环保脱硫、脱硝EPC工程外销比例达到60%。在北美、欧洲等地区设立海外销售机构，加大太阳能电池、风机、等离子、脱硫、空冷等高新技术产品和服务的出口力度。

三是高效发展金融物流产业。进一步做强金融保险产业，强化金融服务平台建设，做强做优财务公司、商业银行、保险公司、信托公司和产业基金，切实提升行业地位和盈利能力。打造以物联网为核心的“中国电力商务网”品牌，拓展通用物资集采配送和集中经营业务范围，优化配送中心和物资超市的运营模式，重点做好物资服务、钢材经营、电子商务和信息化建设、装备制造四大板块业务，加快建设国内一流的物资物流产业集团。

四是稳妥发展煤化工产业。重点做好示范项目建设，落实责任，确保宁东煤基多联产一期示范工程年内高质量投产，高标准投产赤峰30/52煤制尿素项目，稳步推进准东煤化工项目。以获取优质煤炭资源为前提，深化煤化工项目可行性研究和方案论证，扎实推进前期工作。

(四)加强集中经营管理，全方位深化挖潜增效

一是加大集中管理力度。加强以降低成本、提高效益为目标的集中管理，是大型企业集团优化资源配置，实现效益最大化的必由之路，是避免资源分散使用，堵塞管理漏洞的重要手段。进一步加强资金集中

管理，扩大集中结算覆盖面，资金归集度达到100%；加大集中采购力度，扩大集中采购范围，覆盖全系统基建、生产等各个领域，在有条件的地区推行物资代管模式；加强招投标集中管理，下调总部集中审批标的额度，扩大总部招标集中管理范围。

二是优化经济技术指标。继续深化星级发电企业创建活动，深入开展对标管理，加大设备升级改造力度，持续改善供电煤耗、厂用电率等主要技术经济指标，确保30万kW级机组供电煤耗降至330g/kWh以下，60万kW级机组降至310g/kWh以下，进一步加大30万kW级机组供热改造力度。

三是加强市场营销。积极开展智慧营销，加强发电权交易和电量置换工作，努力提高优质电量比重，千方百计争量保价、增效保收。积极跟踪调价政策执行情况，确保调价成果落到实处。加大电热费回收力度，当年回收率达到100%。

四是强化燃料管理。加强市场信息研究，建立煤价预警机制，推进燃料智能化管理。强化与大型煤炭企业战略合作，优化煤炭供应结构，提高重点合同兑现率。各分子公司和电厂主要领导要把煤炭采购当作头等任务，千方百计保障燃料供应。加大印尼、澳大利亚煤炭进口力度，降低综合采购成本。

五是积极开展电厂综合经营。加快推进省级公司和电厂转型，围绕电厂相关产业链，整合利用煤、水、灰、汽、土地等各种资源，不断拓展综合经营的新领域，千方百计增收增效。

六是深化治亏扭亏工作。继续实行重点亏损企业对口联系制度，推广治亏典型经验，发挥集团公司整体优势，标本兼治深入开展治亏活动，最大限度减亏扭亏。对长期严重亏损并且治亏不力的企业，要研究调整领导班子。同时要主动向主管部门和地方政府汇报企业实际困难，积极争取有关政策，营造良好经营环境。

（五）强化财务产权管理和资本运作，切实防控经营风险

一是加强财务管理。进一步强化以价值创造为核心的全面预算管理，完善集团总部利润预测系统，着力提升预算精准度和管控力，确保关键指标可控在控。强化融资预算管理，逐笔审批监控，严控资金支付进度，严肃财经纪律。大力拓展融资渠道，优化借款结构，努力控制和降低融资成本。加强对土地出让、资产处置、财政补贴、税收减免等非经常性收益的管理，统筹纳入年度预算。加快推进资产重组，盘活存量资产，下决心处置长期资不抵债、扭亏无望的资产和控制力低、效益较差的参股资产。

二是加强资本运作。坚持整体上市战略，以各业务板块上市公司为平台，逐步整合注入相关业务和资产，推动整体上市进程。整合业务板块资源，强化专业上市公司融资功能，加大股权融资力度，确保实现全年融资目标。加快落实龙源电力年度再融资。全力促成国电电力可转债转股，开展债券融资等再融资工作。尽快完成英力特定向增发并启动新一轮股权融资。做好玻璃沟煤矿引进战略投资者工作，推动平庄能源资产注入取得实质性进展。抓紧推进国电科环公司债发行，研究制订再融资计划。优化长源电力发展方式。

三是加强风险管控。严格决策审批程序，落实责任追究制度，加强投资风险管控。认真制订和执行资金安全应急预案，切实防范资金风险。进一步加快基建财务内控体系建设推广工作。加大内部审计监督力度，重点抓好领导人员经济责任审计、建设项目跟踪审计和经营绩效审计。依法依规做好产权登记和资产评估工作，防范并购重组中的估值风险。

（六）加快科技创新步伐，增强企业发展后劲

一是完善产研结合的科技研发体系。坚持依托企业办科研，充分发挥新能源研究院平台作用，以三家科研院所、六个国家级研发中心为核心，形成“集团搭台，企业唱戏”的生动局面。高标准加快新能源研究院建设，力争年底全面建成并投入使用。强化以国电科环为中心的成果转化体系，推动科技和产业的有效衔接和深度融合，迅速占领内外部市场。

二是加快实现重大科技项目突破。加强科技资源的优化配置、高效利用和开放共享，重点突破超超临界二次再热机组、低氮燃烧、大功率风机制造、褐煤提质、储能、核电小型堆、微电网、碳捕捉等核心关键技术。新增专利120项以上，取得国家级重大科技项目不低于5项，科技新产品贡献率不低于10%。加大科技投入力度，2012年科技研发经费支出力争不低于14亿元，筹集科技创新资金1亿元。积极承担国家重大科技攻关任务，争取国家科技资金超过5000万元。

三是加大技术改造和装备升级力度。创新技改投资体制，减轻电厂资金压力，坚持市场化运作和指令性计划相结合，进一步推广和规范合同能源管理和脱硫特许经营，试点脱硝特许经营，促进各种节能降耗的新技术、新成果迅速转化为生产力。全年安排合同能源管理和特许经营项目44项。坚决淘汰落后产能，加大“上大压小”力度，全年力争关停100万kW左右。

（七）深化体制机制改革，激发企业发展活力

一是深化管理体制改革。继续推进集团公司整体改制，完善法人治理结构，稳步推进股份制改革。健

全完善“三级法人，省为实体”的管理体制，压缩管理层级，进一步明确省级公司在人、财、物等方面的职权，树立省级公司作为总部代表一口对外、统一协调管理省内集团各单位的权威。有序推进分公司改制为子公司，撤销部分无实质管理职能的区域分公司，推动宁夏、内蒙古等区域企业的管理整合。

二是深化干部人事制度改革。进一步加大竞争性选拔领导人员的力度，竞争性选拔领导人员比例不低于20%，注重从一线和优秀年轻干部中选拔领导人员。

三是深化激励约束机制改革。2012年要以国电科环为试点进行市场化改革。开展领导人员EVA奖励和科技人才分红权、技术入股、股权激励试点，完善谈判工资等高端人才薪酬激励制度。加强对省级公司企业转型考核。

（八）加强和改进党的建设，优化企业发展环境

一是加强和改进党的基层组织建设。进一步深化创先争优活动，抓好基层党委换届选举和党代会常任制工作，加强新能源企业党组织建设，健全和完善党建工作制度体系，增强基层党建活力，打造特色品牌。

二是加强各级领导班子建设。坚持以理论建设为根本，能力建设为重点，作风建设为基础，制度建设为保证，不断深化“四好”领导班子创建活动，认真做好企业领导班子和领导人员综合考评工作。

三是加强反腐倡廉建设。加强警示教育和廉洁从业教育，完善党务公开制度，继续深入开展企业巡视工作，建立健全惩治和预防腐败长效机制。严格执行党风廉政建设责任制，加强检查考核，对发生严重违法违纪案件的单位，要严肃追究领导人员责任。全面落实“三重一大”决策制度，继续加强对投资并购、燃料管理、物资采购、招投标、账外资金等重点领域和关键环节的审计和监察，加大案件查办力度，严肃处理违法违纪行为。

四是加强和谐企业建设。充分发挥群团组织作用，加强民主管理和职代会建设，深入推进厂务公开，确保职代会各项职权落实到位。深入开展“一做三促”主题活动，组织各种劳动技能竞赛和文体活动，推行班组建设标准化、精细化、制度化管理，努力培养“四有”职工队伍。积极开展“面对面、心贴心、实打实，服务职工在基层”活动。

（九）大力弘扬国电文化，增强发展软实力

一是广泛开展文化宣贯。尊重员工的创造主体地位，创新文化载体，开展丰富多彩的企业文化活动。

二是深入实施惠民工程。在政策允许条件下多为员工办实事、办好事，改善生产生活条件，建设后勤服务基地。推动基层企业建立帮扶基金，着力构建困难帮扶长效机制。

三是着力提升品牌形象。加强新闻宣传策划，强化品牌战略管理，整合现有优势资源，提升中国国电整体品牌形象。利用发布社会责任报告、项目推介、展览展示等传播途径，积极宣传企业战略、发展成果和文化理念，扩大集团公司的知名度和美誉度。

中国电力投资集团公司工作会议报告（摘要）

一、2011年工作回顾

到2011年底，集团公司形成电力装机7680万kW，煤炭产能7350万t，电解铝产能260万t，资产总额5034亿元，分别增长8.6%、1%、25%和14.3%；全年完成发电量3259亿kWh、煤炭产量6068万t、电解铝产量203万t、铁路运量968万t，分别增长10.8%、12.1%、17.1%和69%；多晶硅产量618t。营业收入1576亿元，增长24%；实现利润总额26亿元。集团公司全面完成了国资委考核目标。

（一）准确判断形势发展变化，积极应对复杂经营局面，努力提高经济效益水平

年初以来，受煤价继续大幅上涨和国家宏观调控政策影响，集团公司核心主业火电大面积亏损，资金链紧张，资金成本大幅攀升，同时南方严重枯水，影响了水电板块优势的发挥。为应对不利形势，党组把保增长放在各项工作的首位，实施了一揽子计划。在火电企业大力开展了以控亏减亏为目标的劳动竞赛。河南公司、漳泽电力、江西公司、吉电股份、东北公司、华北分公司等主要亏损单位可比口径累计减亏13亿元。强化降本增效，向管理要效益。煤耗全年下降10g/kWh，五大发电集团降幅最大，折合减少燃料成本18亿元。综合厂用电率下降0.6个百分点，相当于增加上网电量16.3亿kWh，增加收益6.4亿元。在电量总量不变的情况下，通过改善电量结构，增加收益4.3亿元。积极清理盘活无效、低效资产，提高收益水平。努力争取中央和地方财政政策，促进企业增收。全年共争取国有资本金22.13亿元，中央及地方财政补贴和贴息资金10亿元，各项税收返还减免13亿元，有效缓解了资金压力，支撑了经营业绩。加强风险管控，保证企业稳定运行。

（二）加快转变发展方式，努力推进结构调整和战略转型，提高发展的协调性和竞争力。

清洁能源发展取得新进展。西南地区水电新增和

在建规模超过 200 万 kW。伊江上游其培电站获得中缅两国政府核准和 BOT 特许经营权。核电参股容量 143 万 kW，在建控股容量 466 万 kW。海阳核电项目完成年度重大工程里程碑，红沿河核电项目 1 号机组完成冷试。与浙能签订了合作协议，共同开发浙江核电项目。风电当年投产 107 万 kW，创历史最高水平。太阳能光伏发电规模从 0.2 万 kW 增加到 38 万 kW，居国内第一。青海格尔木一期工程是目前世界上最大的单体太阳能光伏电站。在规模不断扩大的同时，清洁能源比重 29.83%，继续保持五大发电集团之首。

火电结构和布局调整步伐加快。芜湖、景德镇、贵溪、福溪、清河、燕山湖 6 台 60 万 kW 机组顺利投产。新疆乌苏热电 2 号机组被确认为全国发电装机容量突破 10 亿 kW 标志性机组。广东横琴岛燃机项目取得核准，安徽田集二期、平圩三期、广东东莞燃机项目取得“路条”，江苏滨海、常熟扩建、上海漕泾二期、浙江燃机项目取得积极进展，实现了在珠三角、长三角布局发展的新突破。

集团整体战略协调推进。蒙东、宁夏、新疆、贵州煤炭项目加快实施，木担坝、左家寨煤矿投产，巴其北煤矿探矿权得到延续，推进新疆、贵州区域煤矿整合。铝业产能顺利释放。新疆煤制气、内蒙古煤制烯烃项目前期工作继续推进。西宁电子级多晶硅项目投产。制约“锦赤”铁路建设的跨越国铁问题得到全面解决，“赤大白”铁路完成初步验收，“锦白”全线扩能方案通过内部审查，锦州港、滨海港按计划推进，九江港获国家发改委核准，“蒙煤南运”大通道加快建设。

大力开展资本运作，助推结构调整和战略转型。成功收购晋北铝业、云南滇能以及优质中小水电和风电资产。收购晋北铝业，使集团公司增加氧化铝产能 260 万 t，对完善和打通铝业自身产业链具有重要意义。同时晋北铝业良好的资金状况和盈利能力也将为集团公司降低资产负债率、提高利润水平发挥积极作用。收购云南滇能，使集团公司新增水电资源 168 万 kW。积极开展资本市场再融资，成功实现九龙电力增发，开展将部分核电权益资产注入上海电力的准备工作。在深入分析山西火电发展形势的基础上，作出重组漳泽电力的战略决策。

（三）坚持在改革中破解发展难题，着力创新体制机制，增强发展的内在活力和动力

管控一体化改革是党组确定的 2011 年“两个重大突破”之一，是 2011 年影响最广、力度最大、效果最为显著的一项工作。在管控一体化改革推进中，集团公司上下思想统一，行动一致，顺利完成了总部和二级单位本部的组织机构和人员调整，基本理顺了各级管理关系和产权关系，明晰了管理职能。围绕“七统一”和专业化服务平台建设，开展业务流程再造，清理了 37 家四级以下公司，减少了相当部分的管理层级，精简和优化了三级组织结构，清理了大批劳务人员。

结合管控一体化调整，各项改革同步深化。按照“自上而下、先易后难、试点先行、逐步推开、限期完成”的工作步骤，基本完成“一厂多制、一厂多公司”改革和辅业改革。

继续深化干部人事和工资分配制度改革。采取组织选配、双向选择、面向系统公开选聘和面向社会公开招聘等多种方式，在总部和部分二级单位大幅度开展领导人员竞争性选拔。继续推进工资分配制度改革。以岗位价值、绩效导向为核心的新的工资制度全面实施。试行市场化用工与协议工资相结合的制度，建立了企业年金制度，对竞争性强的技术创新型企业，探索中长期激励的制度设计，凝聚高端人才、稳定骨干人才、引进紧缺人才。进一步加强工资总额管理，完善了工效挂钩管理办法。全面修订综合业绩考核与领导人员年薪管理办法，建立了总经理特别奖励制度，不断完善薪酬激励机制。集团公司业绩考核管理获国资委先进单位称号。

（四）围绕经营发展，全面加强和改进企业管理，在一些重点领域取得新成绩

在安全生产和环境保护方面取得新成绩。完成了“赤大白”铁路安全隐患治理，抚顺电厂实现停运，拉西瓦果卜岸边变形隐患继续跟踪治理。加强中小水电安全管理，实现了安全渡汛。核电建设全面完成安全质量目标，海阳核电顺利通过国家安全检查，并接受了核能行业协会组织的行业评估。生产煤矿全部达到省区安全质量标准化二级以上等级，井工矿“六大系统”建设扎实推进。铝业生产实现零事故。大力实施污染物减排，全年关停小火电 100 万 kW，二氧化硫减排 4.5 万 t，超额完成年初确定的减排任务。

生产和基建管理取得新成绩。在五大发电集团中火电入厂入炉煤热值差最小，厂后费用最低。铝业部分生产技术指标达到行业先进水平。在全国大机组竞赛中，平圩 3、4 号机组获 60 万 kW 超临界机组一等奖，常熟 3 号、贵溪 5 号机组获 30 万 kW 纯凝机组一等奖，抚顺 2 号机组获 30 万 kW 供热机组一等奖。新昌 2 号机组连续运行 455 天，创国内 60 万 kW 机组最好水平。漕泾、新昌项目分获国家优质工程金奖和银奖，黑麋峰项目获中国建筑工程鲁班奖。上海漕泾、黄河公伯峡项目获国家优质工程奖 30 年经典工程，江苏大丰风电场获国家优质工程奖 30 年精品工程。煤矿工程建设管理规范化、科学化、精细化水平进一步提高。两级招标管理体系建设取得新突破。

内控和风险管理取得新成绩。为维护集团公司资产安全、促进企业依法经营和健康发展，对二级单位和主要三级单位开展全面审计，促进增收节支0.79亿元，核减工程款1.78亿元。

标准化和对标管理取得新成绩。完善了对标考核标杆体系，开展了标准达标工作。制定了水电成本标准，启动了人工成本对标，开展了火电管理对标，进一步完善标准化评优办法和达标考核管理办法。价值管理体系建设继续扎实推进，试点工作收到成效。财务会计信息质量管理再上新台阶，财务快报工作获国家财政部通报表扬。结合工资改革，开展大规模岗位体系建设，规范劳务用工管理。工程公司以高分通过国家标准化管委会、国家电监会联合确认，成为集团公司首家“标准化良好行为企业”AAAA级单位。

综合管理工作取得新成绩。以“三多”治理为抓手，全面规范集团综合管理工作，取得预期成效。严格控制非生产经营性支出，压缩差旅费、接待费，全集团可控管理费降低10.76%，较预算节约2.38亿元。认真做好保密工作，未发生任何失泄密事件。积极开展公车专项治理，新购公车数量同比下降30%。

（五）扎实开展技术创新，积极发挥科技对发展的支撑引领作用，增强自主创新能力

大力实施应用型技术创新。《核电前期成果利用标准化研究》获2011年国家能源局核电最高奖。蒙东循环经济示范项目和褐煤提质项目进入国家重点支持项目库。集团公司自主研发的《发电优化辅助决策系统》在九龙电力、上海电力、吉电股份试点运行取得良好成效。蒙东能源和上海电力开展了褐煤提质示范工程工业装置开发设计，为实现跨区域煤电联营提供技术保障。在宁夏能源铝业、蒙东能源应用新型阴极钢棒技术。宁夏能源铝业成功研制出世界最大规格的电解铝用阴极炭块。黄河公司多晶硅项目填补了国内电子级产品空白，得到国家工信部良好评价。加快完善技术创新体系。远达环保、青铜峡铝业分别被认定为国家级企业技术中心，组建了集团公司核电技术中心。积极做大环保产业，脱硫特许权经营规模居国内第二位。国家科技支撑项目、重大课题研究取得良好进展。结合信息化建设和管控一体化要求，确定了“管控+ERP”的信息化推进路径，启动了基础数据标准化工作。信息化“登高计划”目标全面实现。对标管理系统、生产调度系统、燃料管理系统得到应用推广。

（六）围绕加强党的建设和为民服务，深入开展创先争优活动，努力构建和谐企业

围绕企业中心工作，深入开展“为民服务”创先争优活动。通过“五争一创”，“五比五赛”以及党员责任区、先锋岗、突击队和共青团青年志愿者活动等多种载体，促进挖潜增效、控亏减亏，涌现出山东核电“党建共建”、宁夏能源铝业“党员工程”、东北公司“创先争优项目化管理”、河北分公司“情暖万家、优质服务”等一批典型经验和做法，得到各方面的好评。

二、面临的形势和任务

第一，深刻认识经营面临的新形势。2012年的经营形势相对于2011年来说更复杂、更严峻、更多不确定性，最突出的特点就是缺少新的、大的效益增长点。如果说2011年在保增长方面面临的主要矛盾是煤价问题，那么2012年将面临煤价和电量的双重矛盾。

第二，深刻认识发展面临的新挑战。2012年是集团公司发展至关重要的一年，考虑到项目建设周期，一些重大项目能否核准并开工，关系到2015年能否实现“三步走”第二阶段的发展目标。因此，我们必须保证规划的重大项目按计划开工建设，保持一定的发展速度，保持一定的投资规模。但必须看到，目前，集团公司优质项目和资源的储备还不足，一些重点项目的前期工作深度还不够，一些区域发展的战略资源还没有真正落实。

第三，深刻认识改革面临的新要求。当前，集团公司改革任务仍然十分艰巨。管控一体化改革正进入攻坚阶段，用工、分配制度改革继续深化，厂办大集体改革即将启动，高新产业发展、新能源发展、海外发展对人才的争夺更加激烈，对体制机制与市场接轨的要求更加迫切。

第四，深刻认识管理面临的新任务。当前，随着管控一体化改革的全面实施，集团公司管理体制机制正在发生深刻的变化，从总部到二三级单位管理界面、管理职能、管理权限正在发生深刻的变化，管理模式、管理方式、管理组织正在发生深刻的变化。但必须看到，这些管理上的新变化，必须有新的管理思想、管理理念、管理能力与之相适应，必须有新的管理方法、管理手段、管理措施与之相衔接，否则改革就不可能达到预期的目的和效果。

第五，深刻认识安全面临的新情况。集团公司结构调整和战略转型不断进入新的发展领域，安全工作压力也在不断加大。当前安全工作重点是煤炭井工矿，最大的危险是井工矿的瓦斯和水害，一旦出现问题，极易引发较大乃至重特大事故。煤化工、多晶硅等产业对安全生产的要求也远高于其他行业。核电的安全生产不仅关乎企业，更关乎国家、社会，不能有任何闪失。随着管理幅度进一步加大，管理领域进一步拓宽，管理战线进一步延伸，一些常规领域安全工作也面临新的压力。

第六，深刻认识稳定面临的新问题。2012 年是党的十八大召开之年，做好稳定工作不仅是集团公司改革发展的需要，更是中央企业的重大政治责任。这几年在维稳方面我们做了大量工作，解决了很多历史遗留问题，推动了一批信访积案的妥善解决。

2012 年工作的总体要求是：继续以科学发展为主题，以加快转变发展方式为主线，认真贯彻落实党的十七大及历次全会精神，贯彻落实中央经济工作会议、中央企业负责人会议部署，按照“三步走”第二阶段总体要求和目标任务，始终坚持以经济效益为中心，牢牢把握结构调整、战略转型这一战略要求，牢牢把握改革创新这一强大动力，牢牢把握加强管理这一永恒主题，牢牢把握科技进步这一重要支撑，着力在增强核心竞争力上下工夫，在提高增长质量上下工夫，在实现可持续发展上下工夫，巩固已经取得的成果，以更加优异的成绩迎接党的十八大的胜利召开。

按照这个总体要求，2012 年工作重点要做好“三抓三保”。“三抓”就是“抓管理、抓改革、抓发展”，“三保”就是“保增长、保安全、保稳定”。

抓管理，就是要适应管控一体化改革带来的体制机制的新变化，加快实现管理方式的“五个转变”，即生产管理要从单纯生产型向生产经营型转变，基建管理要从单纯质量型向质量效益型转变，专业管理要从分段式管理向一体化管理转变，综合管理要从具体事务的管理向制度、机制管理转变，监督保障管理要从结果管理向既注重结果又注重过程转变。

抓改革，就是要始终把改革创新作为推动发展的强大动力，努力在重点领域取得新的突破。要不断解放思想，转变观念，充分认识改革对集团公司可持续发展的重要意义。

抓发展，就是要始终坚持发展第一要务，扎实推进结构调整和战略转型。

保增长，既是贯彻落实中央经济工作会议和中央企业负责人会议精神的具体要求，也是集团公司自身的客观需要。保增长的核心就是要提高企业经济效益。

保安全，就是要求我们必须始终牢固树立安全第一的思想，切实把安全放在科学发展、可持续发展的高度来认识，作为保增长的重要前提和基础。保安全必须要把职工生命安全放在首位。保安全必须要把建设安全健康环境管理体系作为核心。在全系统实施符合集团公司实际的安全健康环境管理体系。确保井工矿、煤化工、多晶硅、建筑施工安全，确保核电建设安全万无一失。

保稳定，就是要始终坚持“以人为本、执政为民”的理念，积极构建和谐稳定的劳动关系，切实承担起维护稳定的政治责任。

三、2012 年工作安排

2012 年工作目标是：

生产经营方面，发电量 3555 亿 kWh；煤炭产量 6108 万 t；电解铝产量 263.29 万 t；铁路运量 1200 万 t；多晶硅产量 1100t；脱硝催化剂产量 7500m^3。营业收入 1821 亿元；利润 35 亿元；EVA 改善。

基本建设方面，电力开工 739.32 万 kW，新增容量 572.87 万 kW，红沿河核电投产 1 台机组；煤炭新增产能 60 万 t；电解铝新增产能 33.5 万 t。

安全生产方面，做到“六不发生”，即不发生较大及以上人身伤亡事故，不发生重大及以上火灾事故，不发生重大及以上设备事故，不发生水库、灰库和尾矿库垮坝事故，不发生较大及以上铁路交通事故，不发生较大及以上电力安全事故。

节能环保方面，关停小火电 97.5 万 kW；力争供电煤耗下降 4～5g/kWh；二氧化硫减排 3 万 t；氮氧化物减排 2 万 t；不发生重大环境污染事故。

重点做好以下工作：

（一）努力提高经济效益

把抓市场作为提高经济效益的首要任务。集团公司发电量、原煤产量、电解铝产量都要保持一定比例的增长。电力板块要突出做好市场营销工作，火电利用小时不低于同区域同类型机组平均水平。按边际收益组织发电，开展星级机组评价，促进火电减亏增效。煤炭重点是释放产能，理顺集团内部销售价格体系。充分认识铝业期货业务的高风险性，坚持套期保值的原则和定位，做好期货运作，稳定收益水平。

把发挥整体优势作为提高经济效益的重要保证。继续发挥优势板块、优势企业、产业集群利润支撑作用，各板块都要力争保持和扩大利润水平。

把内部挖潜作为提高经济效益的重要举措。加强燃料预控管理，严格按照国家要求控制燃料价格涨幅，整体涨幅控制在预算以内，确保燃料采购价格不高于区域平均水平。

把资金管理和价值管理体系建设作为提高经济效益的重要工作。继续加大资本市场运作力度，努力在打通资本市场融资通道方面实现新的突破。

（二）继续推进结构调整

加快电源结构调整。全力推进羊曲水电项目核准。加大获取西南地区水电资源工作力度，争取在西藏、云南、四川获得大型水电资源项目，积极并购中小水电资源。推动新疆准东岌岌湖、哈密巴里坤煤电一体化项目前期工作，争取进入“西电东送”规划。推进密松项目恢复工作，落实其他项目建设条件，积极稳妥开展流域其他项目前期。加强对外合作，确保核燃料供应。继续推进内陆核电前期工作。加大与沿海省市地方企业合作力度，获取核电厂址资源。在继续全力开发大型风电场的同时，加快南方低风速区域风电前期，推进分散式接入风电示范项目，确保哈密、达茂旗、张北风电和射阳海上风电项目核准开工。以光伏发电开发为主，加快青海、甘肃、新疆、西藏、宁夏、内蒙古、河北等太阳能资源丰富省区的前期工作，积极推进青海水光互补项目和格尔木光热发电示范项目，确保格尔木光伏二期项目核准开工。

加快产业结构调整。推进巴其北、鄂尔多斯、红墩子、黑梭井、霍城、白音华二号矿和扎哈淖尔改扩建等重点煤矿项目前期工作，力争巴其北、红墩子、黑梭井煤矿核准，力争鄂尔多斯、红墩子、霍城煤矿落实矿权。“赤大白”铁路确保提前达到设计运力，实现盈利，并提前做好扩能技改工作。抓好“锦白”线扩能项目前期工作。确保“锦赤”铁路赤峰一朝阳段年内通车，保证燕山湖电厂用煤。滨海港核准开工。加快打通铝业自身产业链，遵义氧化铝项目核准开工，蒙东循环经济示范项目核准开工，宁东临河火电项目与中青迈二期一系列力争形成自备，完善青海水电铝产业链。新疆、蒙西煤化工项目争取核准。蒙东太阳能级多晶硅项目开工。积极稳妥推进几内亚项目。继续做好资本市场运作，推进上市公司再融资。完成漳泽电力和华北分公司山西区域火电相关企业的资产重组。实施上海电力再融资。完成晋北铝业收购和新疆化工集团重组后续工作。做好四川、云南、西藏等省区中小水电并购。加快九龙电力转型，促进集团公司环保产业发展。

（三）坚定不移深化改革

继续大力深化管控一体化改革。落实管控一体化改革方案，全面完成三级组织机构调整和相关配套工作。加快推进管理“七统一”和专业服务平台建设，各单位要根据实施方案，制订本单位实施细则，有效按照三级管理定位和三级组织架构要求，强化利润中心和成本中心建设，加快三级单位管理职能调整，使之更加符合成本中心的管理要求。清理三级单位对外投资，把具备改制条件的三级单位改为分公司，继续强力推进四五级公司清理。认真落实核电管控调整任务。逐步完善支持性服务体系建设。集团公司管控办要抓好督促检查和协调指导，制定验收标准，确保年内完成管控一体化改革各项工作。加快实施“管控＋ERP”信息化建设总体方案，在试点基础上完成集团统一ERP软件平台的选定，下半年全面启动，管控系统和物资采购系统年内上线运行。

深化用工、分配制度改革。严格执行集团公司新颁布的劳动定员标准，规范用工管理，清理劳务用工。按照新企业新机制的要求，以新建非电产业、金融企业为试点，探索用工机制的新突破。全面落实工资制度改革方案，推进工资分配制度改革。继续实施市场化用工和协议工资制度，落实首批岗位协议用工。扎实推进远达环保分红权激励试点，为建立中长期激励制度积累经验。完善二级单位领导人员绩效与薪酬激励约束机制，增强考核的针对性和分配的合理性。抓好辅业改革和“一厂多制、一厂多公司”改革的收尾验收工作。做好改革成本测算和稳定工作预案，启动厂办大集体改革。

（四）全面提升管理水平

大力推进“七统一”集约化管理。年底前完成管理机制、运营体系、运营效率的关键和重点环节的调整实施工作。从总部到二三级单位，都要尽快制定修订各项管理制度，补充完善管理流程，确立“七统一”管理机制，尽快实现按“七统一”管理机制运行。加强管控能力和专业化管理能力建设，使新的体制机制真正能够促进管理效率的提高。

扎实做好安全管理。深入开展安全健康环境管理体系建设，积极构建动态管理、持续改进的工作机制。认真贯彻煤矿瓦斯防治工作“十条禁令”，严格落实区域防突措施，开展瓦斯治理示范矿井建设。加强水文地质勘探，落实综合治理措施，严防透水事故发生。做好铝业重大安全隐患治理。确保完成核电项目建设年度安全生产与质量目标。高度重视多晶硅安全生产，坚决避免火灾、爆炸和环境污染事故。强化工程建设领域安全监督管理，严格承包资质和用工资格审查，落实施工和安全生产条件，有效防范和杜绝重特大事故。

推进标准化与对标管理。建立集团公司标准化工作系列标准，建立并统一集团公司基础标准，构建标准化体系框架，建立完善项目前期、工程建设、安全生产、环保节能、市场营销工作的管理和技术标准。继续开展“创建标准化良好行为企业”试点工作，总结经验，推广应用。围绕对标管理三年行动计划，建立煤炭、电力、铝业三大产业的对标综合指标体系和评价办法。突出抓好以煤耗为重点的能耗对标管理，开展风电成本对标、光伏发电产业对标、节能减排对标和工程对标对口竞赛活动。启动EVA对标。

切实加强风险管理。对新企业或代管关联企业内控机制不健全、老企业关联交易不规范、燃料管理不规范、用工与薪酬管理不规范、不履行审批流程、潜亏与利润不实、监督不到位等7个方面的风险进行重点监控和防范。

突出从严治企、依法治企。整合审计、纪检、监察等监督保障部门力量，切实执行集团公司《经营管理责任追究制度（试行）》，对负有责任的领导干部实行问责，对账外账、“小金库”等重大违规违法行为从严查处。严格按照“四不放过”原则，加强对企业内审结果的运用，将问题整改结果用于年度综合业绩考核。

（五）大力开展技术创新

着力构建适应集团化管控要求、与国际一流能源集团发展目标相一致的技术支撑体系。创新集团层面科技体制机制，完善科技管理组织机构，健全管理制度，积极推进重点领域技术中心的组建工作。火电要围绕产业升级、节能环保开展技术创新，开展合同能源管理，促进节能减排。水电要结合流域调度和新能源开发利用，创新降本增效技术手段，整体提高资源利用率。核电要促进与清华大学等高校合作，推动核电技术国际合作，加快核电技术中心建设，提高核电建设运营技术保障能力。煤炭物流要以信息化技术提升资源优化配置和企业管理水平，实现业务流、信息流、价值流的统一。铝业重点培育青铝技术中心，努力在电解铝生产自动化、节能技改和指标优化上取得新突破。高新产业要依托重点项目实现技术创新，形成孵化能力。

推进重大科技项目实施。以合川二期为依托，开展燃煤电厂多污染物协同控制一体化关键技术研究。加强核电技术能力建设，合作开展小堆研发及其工程应用前沿技术研究，做好 AP1000 核事故应急决策技术支持和福岛核事故后经验反馈跟踪分析。加快推进产业技术升级，开展电解铝综合自动化改造和铝土矿综合机械化开采试验。继续做好铝业新型阴极钢棒技术、变频技术的推广应用，实现节能降耗。按国家科技部要求，组织好国家 863 重大项目一蒙东循环经济项目和褐煤提质项目的实施。全面推广《发电优化辅助决策系统》，为大力开展增发效益电量创造条件。

加强科技人才队伍建设。依托重点工程和重大科技项目，加快培养造就一批科技领军人才和创新团队。

（六）加强党建与和谐企业建设

加强企业党的建设。深入贯彻《集团公司党组关于加强和改进党建工作的意见》，推进学习型党组织和党支部标准化建设，完善党建考核评价机制，不断夯实党建工作基础。深入推进党务公开，认真开展党员学习教育活动，进一步加强党建信息化建设。开展“一团一品”活动，推进青年成长成才。切实加强党风建设和反腐倡廉工作。确保完成“五年规划”目标任务。加强对重大决策部署和“三重一大”决策制度执行情况的监督检查，深化效能监察，巩固专项治理成果，严肃查处违法违纪案件，加强纪检监察队伍建设，努力取得党风廉政建设新成效。

加强领导班子和干部队伍建设。以“四好”领导班子创建活动为载体，全面加强各级领导班子建设。

加强企业文化建设。按照统一企业文化的基本要求，加快完善集团公司企业理念系统，推进制度体系建设，统一规范视觉识别系统，完善文化建设三级管理体系。进一步加强各产业的文化融合，围绕建设综合能源集团的战略目标，建设电为核心、多产业文化相融合的综合能源企业文化。加强对并购、重组企业的文化整合与管理，实现文化的平稳对接和优势互补，推动重组企业创新发展。

加强和谐企业建设。在集团公司的统一部署下，开展集团公司组建 10 周年纪念活动，展示发展成果，凝聚发展力量。推进二三级单位建立完善职代会制度，二级单位职代会建制率提高到 75%。继续推行平等协商集体合同制度，年内集体合同覆盖率达到 80%以上。扎实开展信访维稳工作，着力解决信访积案，推进案件终结。做好抚顺电厂职工的分流安置工作。更加关注和解决好一线职工，特别是困难企业、自然环境差的企业、境外企业职工的突出困难和问题，维护企业和谐稳定。大力开展新闻宣传工作，不断提高舆论引导和新闻应急能力。加强“走出去”项目的宣传，为海外发展营造良好的舆论环境和社会环境。

（七）认真落实巡视组提出的整改意见和要求（略）

神华集团有限责任公司工作会议报告（摘要）

一、2011 年工作回顾

2011 年主要生产经营指标预计完成情况：

煤炭产量完成 4 亿 t，同比增长 13.8%；

煤炭销售量完成 5.08 亿 t，同比增长 14%；

自营铁路运量完成 3.24 亿 t，同比增长 7.9%；

发电量完成 2080 亿 kWh，同比增长 29.9%；

港口装船完成 1.22 亿 t，同比增长 8.5%；

航运装船量完成 8100 万 t；

化工品产量完成 990 万 t，其中，油品化学品 400 万 t，焦炭 590 万 t；

截至 12 月 22 日 18：00，全集团原煤生产百万吨死亡率为 0.018；

固定资产投资超过 700 亿元，完成年度投资计划的 80%以上；

营业收入实现 2820 亿元，同比增加 624 亿元，同比增长 28.4%；

利润总额实现 750 亿元，同比增加 165 亿元，同比增长 28.2%；

经济增加值实现 395 亿元，同比增加 99 亿元，同比增长33.4%；

税费缴纳520亿元，同比增加103亿元，同比增长24.7%。

2011年集团工作主要有六项突出成就：

1. 经济总量提前2年实现翻番

2009年初，集团党组提出经济总量5年翻番的目标，2011年营业收入预计实现2820亿元，提前2年基本实现奋斗目标。

2. 产运销多项关键指标上新台阶

2011年，集团原煤产量首次突破4亿t，煤炭销量首次突破5亿t；在铁路运能极为紧张的形势下，铁路运量仍然同比增长7.9%；黄骅港吞吐量实现过亿吨。集团全口径发电量突破2000亿kWh，风电装机、并网达到300万kW。

3. 战略合作全面推进

2011年是神华集团成立以来签订合作协议最为集中的年份。先后与安徽省、福建省等12个省（区）市签署了战略合作协议，与中国兵器、航天科技等21家企业签署了业务合作协议，进一步完善和巩固了与铁道部的定期会商机制。

4. 电力板块对外兼并业绩显著

神华集团累计电力装机容量达到4555万kW。在国家严格控制审批新建电源点的形势下，成功获取一批扩建电源点，后续扩建装机容量超过1000万kW。

5. 煤制油化工进入转折之年

《百万吨级煤直接液化关键技术及示范》项目通过鉴定，荣获2011年“中国煤炭科学技术奖”特等奖。煤直接液化百万吨级示范工程、煤制烯烃工程转入商业化运行，开工率、能源转化效率达到较高水平，初步实现了安稳长满优运行。

6. 信息化水平晋升央企A级

通过两年多的努力，集团信息化水平实现了从C级到A级的跨越，实现了集团党组提出的“当年见成效，两年进A级，三年树标杆”的阶段性目标。在2011年度测评中，神华集团成为央企信息化水平进步最大的企业。

2011年，集团工作主要有以下八个特点：

（一）落实“十二五”规划，建设世界一流企业迈出坚实步伐

业务版图扩张迅猛。在推进与各省区、企业战略合作中，坚持“优势互补，互利共赢；着眼长期、稳中求进”的原则，坚守主战场，开拓新市场；巩固老客户，发展新朋友。巩固了以内蒙古、陕西、宁夏为核心的煤炭生产基地，深化了浙江、江苏、广东、福建等华东、华南地区的传统销售市场，开发了河南、湖南、湖北、江西、安徽等中部地区和沿江市场，拓展了四川、重庆、青海、甘肃等西部新兴市场。通过兼并重组，加快火电的沿海和沿江布局，推动风电、水电、太阳能等可再生能源同步发展。组建了神皖、神福、神华粤电珠海港、青海神华投资公司等合作主体，为加快合作项目早日落地创造了条件。同时，海外项目取得了重大进展。首批俄罗斯煤经满洲里口岸成功进口，澳洲沃特马克项目通过环评，澳大利亚塔州风电场项目成功中标，印尼南苏2台机组顺利投入商业运营。集团西产东销、北煤南运、巩固沿海、开发沿江、深入中部、发展西部，覆盖全国、走向世界的战略布局已现雏形。

产业格局日趋合理。依托集团的煤炭优势和品牌效应，电力板块抢抓机遇、加速兼并，加强管理，装机容量和经济效益在电力行业逆势飞扬；煤制油化工板块实现历史跨越，煤基清洁转化能力与效益同步攀升，化工品产量同比增加48%，其中油品化学品产量同比增加174%。以“神华501”轮正式交船为标志，神华船队及航运业务能力进一步提升。神华产业链更加完善，抵御市场风险的能力得到增强。

内部整合继续深化。按照“专业化管理、集约化经营”的要求，加快内部改革，组建了销售集团、物资集团、海外公司、工程咨询公司，将北京煤制油化工研究院并入低碳所。通过重组整合，进一步优化了业务，资源配置更趋合理。

（二）发挥一体化优势，生产运营创历史新纪录

煤炭生产创历史最高水平。2011年，全集团原煤产量首次突破4亿t，连续13年实现千万吨级增长，连续9年实现两千万吨级增长，第4次实现四千万吨级增长。神东煤炭集团坚持均衡高位生产，深度挖潜，全年自产原煤预计完成1.896亿t，同比增加850万t；准能公司发挥改扩建的生产潜能，精心组织，原煤产量达到5950万t，同比增加1150万t；神宁集团稳定银北矿井产能，挖潜宁东，逐步释放新建矿井产能，原煤产量预计完成6420万t，同比增加420万t。神东、准能、神宁为集团实现原煤生产4亿t发挥了骨干作用。胜利能源公司加强生产作业和设备安全管理，同比增产1000万t。神宝公司保持产销高位运行，完成年奋斗目标的129%。乌海能源公司、包头矿业公司坚持安全第一，合理安排生产计划，圆满完成全年任务。

电力生产强劲增长。全集团发电量完成年奋斗计划的110.6%，国华电力积极应对市场变化，抓住南方水电限发、迎峰度夏等机遇，突破发电低谷瓶颈，连续创造日、月发电历史最好水平，利润首次突破

100亿元。神东电力深入开展“日发5000万，月发15亿”活动，发电量完成年奋斗计划的109%，创公司运营最高水平。国华投资公司强化风电生产管理，风电机组可利用率始终保持在98%以上，实现全年目标。

煤制油化工板块进一步壮大。煤制油化工公司全年生产油品6.5万t，聚烯烃产品49.5万t，盈利14.6亿元，通过加强技术攻关，消除了煤液化减压炉结焦等制约长周期稳定运行的隐患，包头煤化工装置基本实现满负荷运行，神木化工通过隐患整治，实现了装置检修后一次开车成功。神宁集团煤基烯烃项目实现稳定运行，累计生产聚烯烃产品16.5万t。乌海能源公司采取检修与产品市场联动方式，焦炭、煤焦油等均超计划完成生产任务。

（三）深入开展本安体系达标活动，安全生产形势稳定

2011年，集团公司煤矿安全生产形势总体平稳；各铁路公司消除了一般以上责任行车事故；两港口公司杜绝了一般以上责任水上交通事故；运营电厂杜绝了一般以上设备事故；煤制油化工板块杜绝了一般以上事故。全年安全生产突出抓了以下工作：

一是开展专项活动，遏制重特大事故发生。按照国务院继续深化“安全生产年”的部署，组织开展了“本安体系达标年”、“基建安全年”、“百日安全生产无事故”和安全风险管控大检查等一系列活动。集团成立46个安全督察组，对各子分公司突击检查，有效促进了安全生产。特别是在三季度采取了两项安全管理硬措施：一是煤矿发生死亡责任事故，矿长就地免职；二是要求十家煤炭公司主要领导保证每月下井10次以上。

二是做好隐患排查和灾害治理。狠抓重大危险源管控，推进系统完善和重大灾害专项治理，对煤矿水害、火灾以及高瓦斯突出矿井“一通三防”集中开展灾害会诊，各单位、各部门按照定责任、定措施、定时间、定部门、定内容的“五定”原则，加强重大隐患整改力度，遏制了较大以上事故发生。

三是深入推进本安体系建设。加强安全制度建设，出台和修订了16项安全生产规章制度和13个专项预案。

四是开展安全避险“六大系统”建设和完善。认真落实国务院23号文件精神，在保德、布尔台、乌兰、任家庄、五虎山等11个煤矿开展全国试点煤矿建设工作。

五是“基建安全年”活动成效显著。开展了“基建安全年”活动，狠抓安全管理薄弱环节，大力推动基建项目本安体系建设，加强重大危险源的预防预控，强化建设过程控制，推行煤矿建设项目施工安全协议，夯实建设项目安全管理基础，使集团基建安全形势得到很大改善。

（四）注重价值创造，加强成本控制，提高企业效益

经营质量稳步增长。盈利继续保持较高水平，预计全年实现净利润602亿元，同比增长28.49%；资本收益率达35.1%。抵御风险的能力增强，速动比率达163%，比行业优秀水平高17个百分点。通过压缩存货占用、清理不良资产，加大内部资产的调剂，控制基建工程造价等措施，资产质量明显改善。总资产周转率0.48次，比2010年提高0.06次；存货周转率7.3次，比2010年加速周转1次；应收账款周转率19次，好于行业优秀水平5.5次。

挖潜增效成绩显著。2011年，自产煤生产成本增长7.6%。其中，中国神华增长8%，非上市企业增长5.5%。集团管理、销售、财务费用占总费用支出11.3%，比央企利润总额的前4名平均低3个百分点。2011年集团机组利用小时预计完成5702h，比全国平均水平高出450h。同时，加强煤质管理，商品煤杂物含量同比降低20%以上。神东矿区扭转了煤质连续9年下降的趋势，实现了煤炭质量和产量双增长，创造效益12亿元以上。

经营管理加快向精细化转型。积极构建战略型财务，以全面预算管理系统建设为契机，加快财务功能由会计核算向价值管理转型。进一步完善报表信息系统，统一固定资产分类，建立月度分析机制，经营管理与业务活动结合更加紧密。开展“小金库”专项检查，建立了“七项费用”评估模型，促进了财务管理规范化。在物资采购招标、产权管理、销售、资金管理五个领域，推进经济本安试点。物资采购实行管办分离，集中采购度达到61%；推进供应商管理、招投标管理规范化，有效降低了采购成本，节省采购资金近14亿元。铁路货车公司从2003年起推行“零库存”管理，全年消耗物资2.44亿元，实有物资储备仅260万元，为公司带来了巨大收益。集团资金集中管理进一步强化，资金使用效率不断提高。发挥财务公司平台功能，全年发行中期票据92亿元、短期融资券54亿元，向子（分）公司发放委托贷款428亿元，节约财务费用21亿元。

（五）狠抓工程项目的建设和管理，为企业发展积蓄后劲

重点工程实现预期目标。通过规范建设程序，强化过程控制，加强质量管控，加快了建设进度。煤炭板块：李家壕煤矿、石槽村煤矿、金凤煤矿、红石湾煤矿、大柳塔煤矿5－2煤等项目投入试生产，净增煤炭生产能力2390万t；哈尔乌素露天煤矿、布尔台煤矿通过国家验收。电力板块：包括风电在内，新建

投运758万kW，国华徐州电厂等12台机组并网发电。运输板块：神朔铁路基本完成5个站的万吨列车扩能改造，增加运力5000万t；朔黄铁路完成四站一场的2万t站改目标，为试开2万t列车创造了条件。甘泉铁路金泉至甘其毛都口岸段仅用10个月时间开通临管运营，顺利贯通乌拉山一号隧道全线控制性工程；巴准线、黄骅港三期工程、珠海港储备煤工程等重点项目进展顺利。陕西甲醇下游加工项目和鄂尔多斯煤制天然气项目实现开工。

工程项目基础管理得到加强。通过建立准入机制，加强建设项目管理机构的筛选。造价管理工作得到进一步加强，制定实行了《集团公司建设工程造价管理办法》、《工程造价咨询单位管理办法》。杭锦能源、神延煤炭、巴彦淖尔等公司克服各种困难，快速推进项目建设，取得积极进展。

资源拓展取得新突破。面对项目核准难等不利因素，创新工作方式，提高工作效率。在煤炭、电力、铁路、港口、煤化工等方面有18个项目取得国家或地方政府的核准或备案批复，6个项目经国家能源局同意开展前期工作。通过不懈努力，国务院批准同意将神华新街矿区开发作为国家重点项目，资源整装配置给神华集团勘查开发，准许开展矿区总体规划前期工作。

（六）坚持自主创新和低碳化方向，科技进步和节能减排取得新成就

科技创新成果喜人。加大科技投入，集团全年科研经费投入19.7亿元，研发投入强度超过0.7%。大力开展技术攻关，薄煤层开采技术、褐煤提质技术、富氧燃烧技术示范、大型海水淡化技术、超超临界机组安全运行关键技术、煤直接液化稳定运行技术等项目，为神华各板块快速发展提供技术保证；“CO_2捕集与地质封存示范工程”开始每天注入300t CO_2，粉煤灰制取氧化铝中试装置一次性启动成功；“建设数字矿山关键技术研究与应用”、“煤炭伴生资源综合利用专题研究”、“神华新街台格庙矿区TBM工法长距离斜井试验工程”等一系列重大科研项目通过专家论证，并进入实施阶段；“煤基大比重喷气燃料研究与开发”等6个项目列入国家“十二五”科技支撑计划；“神华准格尔矿区粉煤灰综合利用工业化技术系统研发及示范工程”等4个项目分别获得科技部、国土资源部和国家能源局资助。北京低碳所围绕“煤炭分级炼制”启动22个前瞻性科研项目。同时，科技管理和知识产权水平稳步提升。2011年共申请专利515项，其中发明专利187项，申请国外专利9项，申请量和发明专利量较2010年增长47%和51%。集团公司首次组织开展了技术标准研究项目，制定颁布技术标准27项。

节能减排持续推进。污染物排放强度持续下降、能效进一步提高，节能减排制度化、信息化建设不断加强。集团“十二五”节能环保规划正式出台。圆满完成国家“十一五”节能减排目标责任考核任务。2011年，获批国家节能环保财政奖励与补贴资金2950万元；神东上湾矿、准能黑岱沟矿和神宁灵新矿被国土资源部授予首批“国家级绿色矿山试点单位”；集团荣膺“中国低碳榜样”奖，获国资委“中央企业‘十一五’节能减排优秀企业”称号。各子分公司积极推动“绿色企业”建设。国华能源投资公司风力发电39亿kWh，相当于节约标准煤150万t，减排二氧化碳436万t。中机电公司实施46个环保项目，初步实现了向节能减排专业化公司的转型。

（七）推动“创一流、建五型”为核心内容的体制机制建设，基础管理不断夯实

管理创新取得新成果。加强世界一流企业研究工作，发布《神华集团创建世界一流企业总体实施方案》，探索创一流工作的“神华模式”，被国资委确定为央企建设世界一流企业试点单位。进一步优化EVA导向管理的方法和途径，挖掘价值驱动因素，提升价值管理能力，稳步推进“五型企业”建设体系的完善。在2011年度的绩效考评中，首次采用考核加评价的计分模式，首次应用经营难度系数，首次出台以二级单位为对象的管理报告，考核的引导作用得到充分发挥。经过不断探索，集团“五型企业”建设成果被评为国家级企业管理现代化创新成果一等奖。

企业管理迈向规范化。围绕创建世界一流企业战略，初步构建了以业务托管、双层董事会、经营层双向兼职和一套总部机构为主要特征的公司治理“神华模式”，被国资委列为中央企业推进整体上市的“三大模式”之一。建立了全集团统一的制度管理体系，启动海外项目管理制度制定工作。集团产权登记取得进展，持证率和申报率大幅提升，评估备案和议案管理不断加强，派出董监事纳入规范化管理，风险防控功能进一步增强。公司治理和信息披露更加规范。中国神华在香港进行了2次业绩发布会、2次路演及1次股东大会，荣获“最佳公司治理及披露奖”、2011年中国上市公司口碑榜“最佳大股东奖”、中国证券金紫荆奖“最佳上市公司”等七项大奖。

信息化建设向纵深推进。SH217工程顺利完成第一阶段各项工作，全面进入第二阶段。核心项目ERP系统建设在7家单位试点实施。生产指挥调度系统、计划管理编制系统、工程造价管理系统、战略资源管理信息系统、企业经营综合分析系统等信息系统的上线和完善，进一步增强了集团的管控能力。综合统计报表系统、物资集约化水平提升系统、制度管理系统、人力资源快报系统、投资项目管理信息系统

和后勤管理信息系统的使用，规范了业务流程，提升了管理效能。信息公司强化服务意识，提高队伍素质，在集团信息化建设中发挥了主力军作用，推动集团信息化水平不断提升。

人才队伍建设取得新进展。一是大力实施人才优先发展战略。集团党组印发《神华集团公司十二五人才发展规划》，形成了“子分公司、业务板块、集团公司”三位一体的人才规划体系，提出了“十二五”人才队伍建设的目标、五项重点任务、六项政策措施和十大人才工程。二是各类人才的引进培养力度不断加大。2011年集团公司有13人新入选中央“千人计划”，海外高层次人才引进工作继续走在中央企业前列，集团在“中央企业科技人才工作会”等全国性会议上作经验介绍；博士、硕士和大学生村官选聘工作圆满完成年度目标，全年共选聘118名博士、593名硕士、1458名大学生村官，有效改善了人才结构；有2人获得煤炭行业“技能大师”、4人获得“技术能手”称号，1个工作室获得“技能大师工作室”称号。

（八）加强政治工作，深化创先争优活动，为企业发展提供政治保证和良好的发展环境

创先争优活动取得阶段性成果。以“抓融入，促发展，提升党的建设科学化水平”为主题，推进了创先争优活动的蓬勃开展。

二、2012年工作安排

2012年工作的总体思路是：坚持以科学发展为主题，以价值创造为核心，以优化提升发展质量为主线，抓安全、促生产；保增长、促发展；抓管理、强基础；抓质量、提效益；抓创新、增实力；保稳定、促和谐，进一步提升企业核心竞争力，全面建设世界一流煤炭综合能源企业。

2012年主要生产经营目标是：

原煤生产建议计划4.16亿t，奋斗目标4.475亿t；

商品煤销售建议计划5.44亿t，奋斗目标6亿t；

自营铁路货运量：建议计划3.31亿t，奋斗目标3.39亿t；

港口装船量：建议计划1.3亿t，奋斗目标1.33亿t；

发电量：建议计划2560亿kWh，奋斗目标2671亿kWh；

航运建议计划9000万t，奋斗目标1亿t；

化工品产量：1070万t，其中，油品化学品产量516万t，焦炭产量554万t；

固定资产投资预算：885亿元；

主营业务收入：3165亿元；

经济增加值：400亿元；

上缴税费：590亿元；

实现利润：770亿元。

为全面完成2012年目标任务，要着力抓好以下八项工作：

（一）加快推进战略实施和融入整合，夯实长远发展基础

为实现集团党组提出的“十二五”期间经济总量再翻一番的宏伟目标，全集团要站在提升发展质量的高度，进一步抓好战略合作、资源储备和产业布局。

积极落实与各省（区）市的战略合作协议。积极落实协议内容，围绕新电源点建设、煤炭资源开发、煤炭深加工和运输通道建设加快实质性并购步伐，抓紧已明确项目的谈判和对接工作；积极跟踪潜在的项目，将符合集团战略需要和有利于资源获取作为项目筛选的基本原则。加强已并购项目的后期建设扩能改造工作，建立重大并购业务的后评估机制。大力推进清洁能源发展，提高煤基清洁利用产值的比重，推动神华由传统能源企业向低碳化、清洁化方向发展。

加速整合融合，实现产运销各板块协调发展。对于新进入集团的电力公司和电力项目，要加快融合步伐，确保电煤供应，狠抓企业管理，提高经营效益。新成立的专业化运营公司，要发挥专业平台作用，尽快完成公司定位和机构人员的合理配置、抓好整章建制和规范化运作。

加快走出去步伐。以海外公司为平台，深入研究集团实施国际化战略的路径，高度关注国外优质煤矿资源，发挥神华集团在技术、资金和管理上的优势，推动蒙古、澳大利亚、俄罗斯等国家项目的合作开发，加快神华集团在国外煤炭生产基地和运输通道的建设。借助印尼项目成功运行的经验，依托自有的煤基清洁转化技术，合理布局煤电、风电项目，推动神华集团国际化发展迈出新步伐。

（二）强化均衡组织，提高一体化水平，保持高效稳健运行

继续强化一体化组织，突出解决好生产运行中的重点难点问题，加强协调与配合，确保完成2012年各项生产经营目标。

挖掘潜力，确保原煤稳产高产。各煤炭生产单位要进一步挖掘煤矿井下生产系统和地面洗选装车系统的能力；合理安排生产接续计划，实现并采、配采和搬家不停产，在边角块段推广应用短壁机械化开采技术，增加矿井产量和提高资源回收率；通过加大生产组织力度、提升员工操作技能和推行精益化管理等手段，提高单产单进水平；强化设备日常维护保养和预防性检修，提高有效生产作业时间，在确保完成2012年奋斗目标的基础上力争实现原煤生产5亿t。

销售龙头要摆起来，开拓市场，增量增收。力争在华东、华北、华南、西南等省区开辟新的市场和优质用户。进一步扩大国内贸易量，加快沿线站台建设、控制煤源采购平台，提高煤源掌控能力，开发有实力有潜力的供应商，发挥神华的运输优势，建立长期稳定的合作关系。做好蒙古、俄罗斯、印尼、澳大利亚煤炭进口，力争全年超过2500万t。继续优化销售结构，加大铁路沿线以及冶金、化工煤等高附加值煤炭销售力度，根据市场情况，采取灵活定价策略，实现集团整体效益最大化。

强化运营管理，努力提高路港运输能力。继续优化运输组织，在管理细节上下工夫，不断挖潜增效。规范装卸车时间，改变"车等煤"局面，防止运力浪费。研究确定准池、巴准铁路通车之后的行车方案。利用好C64，搞好短途运输和返空物流运输。理顺港口流程，明确港口业务主体，压缩船载港待泊时间。

加强指挥协调，突出核心区的调运组织工作，重点抓好神东、运销、包头、榆神等煤源单位和神朔、包神、朔黄、两港等路港单位的联动协作，提升运输效能。继续深化集团与铁道部运输协调机制，深化与中国南车、北车集团的合作，加快新型大马力交流电力机车上线运行和新型车辆采购的步伐，提升神华机车车辆装备水平；优化铁路各技术站作业标准，减少在站停留时间，提高车辆周转效率。

把握机遇，实现电力板块快速发展。电力生产方面，继续做好运行机组的安全高效运行，通过实施精细化低成本运营，促进运行和检修水平的提高，提升电力板块发展的质量和效益。加强对收购项目的业务协调，采取有效措施全力帮助神皖能源、神华孟津电力等新组建公司扭亏为盈。指导新组建的发电企业提升生产经营和管理水平，有效控制成本。

抓好安稳长满优生产，提高煤制油化工盈利水平。一是精心组织，保持装置的高负荷安全稳定运行。加强生产、技术和设备管理，优化工艺操作，确保装置安全、稳定、长周期、优化运行，确保年度各项生产指标的实现。二是抓好降本增效，努力提高盈利水平。结合生产实际确定各种消耗指标，把考核指标逐级分解，落实到班组、落实到岗位，把"双增双节"活动向前推进。三是紧贴市场变化，强化产品效益测算，优化生产计划和产品结构，开展汽运、铁路运输等多种物流途径，进一步提高效益。

（三）加强安全管理，健全长效机制，建设本质安全型企业

深入贯彻落实集团公司1号文件精神，坚持'从零开始、向零进军"，以有效防范和遏制较大以上事故为重点，抓好"三个到位"，推进"六项工作"，确保安全生产形势持续稳定。

抓好"三个到位"：一是责任落实到位。特别是强化各单位"一把手"的安全意识，继续坚持煤炭9+1单位"一把手"带班下井考核管理制度。二是制度执行到位。三是督导检查到位。

推进"六个方面"工作。一是推进隐患排查治理，盯住尚未完成整改的重大隐患，一查到底，把安全风险降低到可防、可控范围内。二是推进重大危险源管控，重点防控煤矿水、火、瓦斯、顶板事故和煤制油化工企业的易燃、易爆及有毒、有害气体泄漏问题。三是推进本安体系建设，解决"两层皮"问题，确保体系标准和各安全要素在实施过程中取得实效。四是推进"科技兴安"战略，解决好关键技术难题，做好大柳塔等煤矿数字化、智能化生产试点工作，加快形成"安全绿色智能煤矿"标准体系。五是狠抓安全质量标准化和现场管理，加强区队班组长队伍建设。六是加强安全培训基地建设，加强班组长和新员工的教育，严格执行岗前培训，杜绝无证上岗。

（四）开源节流，精细管理，进一步提升经营质量和效益

2012年的经营工作，要坚持"外拓市场，内强素质，控制风险，精耕细作"的原则，不断提高经营精细化水平，实现经营质量的优化再提升。

加强预算管理。以全面预算管理为抓手，增强财务与业务的结合度，强化预算的约束性。各单位要在集团下达的指标基础上，做好全年的生产经营计划和财务预算，认真分解到季度、到月份。

抓好降本增效。加快制定财务发展规划，全面提升"价值创造、决策支持、风险控制、统筹协同、协调服务"五大能力。

强化风险控制。密切关注资金流向和变化，将筹融资、担保、票据、大额资金支付等重大事项纳入集中管控范围，加强对应收账款、预付账款、票据管理，灵活调整信用政策，防范资金风险。完善内控制度和业务流程，逐步建立财务预警机制，继续开展财务专项检查，加强海外项目财务监管，降低"走出去"风险。

（五）推进重点工程建设，加强投资管理和项目前期工作

推进重点工程建设。按照年度投资计划安排，以十大重点工程项目为抓手，坚持效益优先、主业优先的原则，加快建设在建项目，合理安排新开工项目。2012年重点抓好路港扩能改造，煤、电增量依托等项目。要突出抓好准池、巴准、甘泉铁路施工安全、质量和进度，排除一切障碍、克服一切困难，确保准池铁路在2013年7月1日铺通临管运营，并同时建成巴准铁路和大准复线，形成神华环形运输通道。神朔铁路要加快朱盖塔站改。朔黄铁路要继续集中精力

打好神池南站改这场“攻坚战”，确保2012年10月底完工；要加快黄骅港三期工程和珠海煤码头工程建设，力争年内工程建成试运行；要积极推进陕西能源化工、呼伦贝尔褐煤转化和准格尔氧化铝循环经济项目建设，加快塔然高勒、黄玉川、骆驼山煤矿的建设速度；要抓好上湾矿、大柳塔矿、黑岱沟露天矿等接续、技改和扩能改造工程，加快新街亿吨矿区、上海庙5000万t矿区前期进度，积极争取安庆二期等电源点建设开工，按照建设国际一流电站目标加速推进。

强化投资管理。加强投资管理的计划性、战略性和可追溯性。继续把有限的资金向重点项目倾斜，严格控制非生产性项目，严格控制非主业投资。各单位在制订投资计划时要考虑项目的可行性，增强预见性，坚决杜绝盲目求大的错误倾向；在投资建设过程中，要认真贯彻集团的决策意图，掌握好投资节奏，落实投资责任，努力提高投资回报率。

加强工程管理。突出抓好“两个落实三项保证”。即落实工程建设计划；落实工程项目安全、质量、进度的责任；保证安全，继续推进基建本安体系建设，推行建设项目施工安全协议，抓好重大安全隐患排查整治工作，保障安全措施费用专款专用，扎实开展基建安全管理工作；保证质量，提高工程勘查设计和施工质量，择优选择勘查设计施工单位，持续推进质量标准化工地建设，进一步强化质量过程管理，发挥质量监督机构的作用；保证完成，确保工程形象进度和全年投资计划的完成，加强建设项目绩效考核，确保重点工程按时建成。

发挥造价和招投标管理作用，抓好概算执行管理、强化重大项目招标造价过程管控，加快造价“三算”信息管理系统建设。加强对工程建设招标和评标过程的管理、监督和检查，规范评标办法，规范工程招投标行为。

推进项目前期。加大与相关部委的协调力度，加快相关手续和证照的办理进度；增进与地方政府的良好合作关系，促进合作和优势资源的获取。坚持依法合规生产建设，着力解决部分矿井超能力生产问题；在土地征用拆迁、压覆矿产、环保水保等方面，妥善处理与地方政府、相关企业及当地居民的利益关系。

（六）抓好管理体制机制创新，激发企业活力，创造更大价值

抓好人才发展规划的落实。抓好《神华集团公司“十二五”人才发展规划》的落实。加大高层次人才引进力度，建立完善《神华集团公司高层次人才引进办法》。加强子分公司领导班子建设和后备人才队伍建设，制定《子分公司领导班子职数管理办法》、建立后备人才库，开展京外公司的选人用人检查。开展博士、硕士和大学生村官选聘工作，年内招聘100名博士、500名硕士、1200名大学生村官。抓好技术和技能人才职业发展管理办法的落实，上半年完成子（分）公司首席专家的评聘，下半年完成集团公司首席专家、高级专家的评聘。组织开展好“中华技能大奖”、“全国技术能手”和“神华特级技术能手”、“神华技术能手”的评选表彰活动。加大教育培训力度，继续推进教育培训工程和总部员工能力提升工程。制定《劳动定额定员管理指导意见》、《工资总额预算管理办法》，进一步深化劳动用工和薪酬制度改革。

推动企业管理体系化建设。将价值管理融入到“创一流”工作中，落实好国资委关于“建设世界一流”的试点任务，继续深化创一流课题研究，着力构建以“五型企业”为统领的管理体系，完善以EVA为核心的绩效考评体系。按照“横向拓宽、纵向缩短”的要求，构建集团的管控模式。强化总部指导、协调、服务和监督功能；发挥各单位的主动性和协同性，做到政令畅通、令行禁止、执行有力；各负其责、层次管理、张弛有度。

加强公司治理和规范管理。继续抓好总部建设，提高总部工作效率。

继续推进SH217工程建设。一方面要抓好系统搭建。另一方面对已经运行的系统要全面推广使用，快速提升集团主营业务的管理水平，加强集团与各分子公司的系统对接，消除信息孤岛。加快建设涵盖战略管控、经营管理、生产执行和基础应用四个层面的高度集成的一体化信息系统，贯通煤、电、路、港、航、化（油）全业务链的数据通道，全面实施人力资源、财务、物资集约化管理。

（七）推动企业转型升级，加强自主创新和节能减排工作

抓好科技创新。一是加快神华战略研究院和神华技术研究院建设步伐，不断吸引在国际上具有影响力的科技领军人才，完善神华集团“首席专家制”、“学术带头人”机制，加速国际同行业新技术的引进、应用和推广。二是加大科技投入，大力扶持神华产业升级和科技进步的项目，力争科技投入占销售收入的比重稳步增长。三是加强知识产权工作。加大专利工作力度，积极推进技术标准工作，启动技术秘密工作。

抓好节能减排工作。全面落实“十二五”节能环保规划和综合性工作方案。健全节能环保“统计、监测和考核”三大体系。加大节能环保资金投入，实施电气系统节能、能量系统优化、锅炉脱硫脱硝除尘改造、矸石山治理、污废水综合利用等重点工程，推广港航岸电、清洁能源利用和绿色照明等先进实用型技术。加快煤矸石、煤泥、瓦斯、乏风、粉煤灰等伴生资源的开发利用，推动实施基于焦煤、无烟煤、动力

煤和褐煤等资源禀赋的一批循环经济示范项目。

（八）加强政治建设、思想建设和文化建设，进一步深化创先争优活动成果，为企业和谐发展创造良好环境

把创先争优活动引向深入。抓好为民服务、基层组织建设、培育神华企业文化、建立长效机制四项重点工作。围绕《关于创建“五好四有”党支部的指导意见》，抓好基层党支部的建设。

稳步推进政治本安体系推广工作。按照《神华集团公司政治本安体系建设试点成果推广指导意见》要求，力争年内建成运行。发挥政治本安体系的系统化、流程化、信息化优势，利用现代企业风险管理方法，在思想政治工作、党风廉政建设、惩防体系建设、舆情监控等重点领域构筑神华政治安全工作“防火墙”。以预防和化解为重点，杜绝群体性事件和恶性信访事件的发生。

加强文化建设，推进和谐稳定。进一步修订《企业文化建设实施纲要》，加速文化“落地”工作。全面推进神华宣传战略，提升新闻宣传和舆论引导力。发挥信访、宣传、工会和共青团作用，以构建和谐稳定发展环境为重点，宣传典型、化解矛盾、促进交流，加快“幸福员工”工程建设推进速度，解决好员工关心、关注的实际问题，努力搭建员工成长平台。继续做好企业公民，倡导安全生产、低碳发展和循环经济理念，实现企业与环境的协调发展。继续担当社会责任，以项目带动支援地区的发展，帮扶贫困，持续开展好神华的公益慈善事业。

申能（集团）股份有限公司工作报告（摘要）

一、2011年工作总结

2011年是“十二五”规划的开局之年，也是公司实施“走出去”战略的突破年。面对复杂多变的外部经济环境，在董事会的指导下，公司坚持以科学发展为主题，以经济效益为中心，紧紧围绕年度工作目标，坚定信心、求真务实、凝心聚力，积极把握社会用电需求增长的机遇，依托科技优势，通过有效经营管理，开源节流，挖潜增效，实现了经营业绩良好、安全形势可控、项目建设和开发迈出坚实步伐、科技创新和节能减排再上新台阶、管理基础进一步夯实，圆满完成了年度各项生产经营目标任务。

（一）全面完成年度生产经营任务，取得较好经营业绩

公司坚持以经济效益为中心，通过开源节流，挖潜增效，有效提升盈利能力。发挥高效、节能机组优势，加大电力市场拓展力度，积极争取电价政策，优化燃料供应和管理；把握原油价格上涨和本地气源增加机会，深化油气挖潜，加大天然气市场开发，确保天然气供需平衡。

2011年度公司全口径发电量695亿kWh，同比增长19.9%；权益发电量312亿kWh，同比增长19.4%。公司系统煤电企业平均发电利用小时为5890h，高于上海电网公用燃煤电厂平均水平125h。可控发电量占上海地区总发电量的比例为30.2%，比公司在上海的可控装机容量占上海地区总装机容量比（29.5%）多出约0.7个百分点。在油气生产方面，全年原油产量8.12万t，天然气产量3.01亿m^3；天然气销售量54亿m^3，同比增长21%。（具体各企业生产经营指标见附表）

公司全年实现营业收入228.37亿元，同比增长19.78%；实现归属于上市公司股东的净利润14.22亿元，每股收益0.301元，各项盈利指标在同行业上市公司中居于前列。截至2011年底，公司总资产352.53亿元；净资产186.52亿元；资产负债率30.32%，公司资产规模进一步壮大，抗风险能力进一步提高。

（二）抓好本质安全，安全生产形势总体平稳

公司强化系统企业安全生产主体责任，有序推进各项安全管理工作。行使安全监督职责，加强安全检查力度。深入开展事故隐患排查与治理工作，落实分级监控。全面完善安全生产管理制度；规范厂房场所出租安全管理；严格审核生产外包承包商资质以及重点合同的安全条款。开展安全教育培训，强化消防和保卫工作，安全生产标准化达标工作全面启动。全年未发生人身事故、设备事故和火灾事故，安全生产态势总体平稳。

（三）项目建设和开发并进，“走出去”战略迈出坚实步伐

公司始终将发展作为工作的重中之重，坚持项目建设与开发并重，市外项目，特别是市外能源基地项目与市内项目并重，高参数、大容量燃煤机组与清洁能源机组并重，通过实施“走出去”战略，努力推动公司业务从区域性布局向跨区域布局转变；通过转型发展，实现从传统能源向清洁能源转变，切实提高公司发展质量，增强公司发展后劲。

2011年临港燃气电厂一期工程三台机组陆续投产并实现盈利，第四台机组也于2012年3月投产，至此项目全面建成；秦山核电二期扩建工程基本建成，公司清洁能源占比进一步提高；崇明燃气电厂和安徽平山电厂项目均已获得国家能源局同意开展前期工作的批复。公司先后启动了本地能源基地电力项目

的前期工作。公司参股的南桥能源中心项目已获得上海市发改委同意开展前期工作的批复；中天合创项目核准正在办理中。

公司围绕“十二五”发展规划确定的产业目标，在立足本地基础上，积极对市外潜在的电力能源项目开展实地调研，并就部分西部省份能源合作项目与当地政府及有关部门达成初步合作意向，并开展了前期研究工作。

公司控股的石油天然气公司积极拓展油气资源开发，持续谋求外延发展；天然气管网公司完成主干网二期（2009～2010 年项目）建设；新能源公司风电项目取得明显进展。

（四）持续推进科技创新，节能减排成效显著

公司紧紧围绕创新驱动、转型发展的时代要求，大力开展技术创新，通过技术创新降低能耗与排放，推动公司转型升级。一年来，公司科技创新取得丰硕成果：外高桥三发电公司《1000MW 超超临界机组系统综合优化和节能减排关键技术研究及应用》荣获 2011 年度国家科技进步二等奖和上海市科技进步一等奖，石油天然气公司《东海平湖油气田薄油层开发技术研究及应用》荣获上海市科技进步一等奖；公司本部以及外高桥三发电公司、外高桥二发电公司管理创新项目分别荣获全国电力行业企业管理创新奖。

公司系统全年完成供电煤耗 295g/kWh（其中燃煤电厂 297g/kWh），较 2010 年同期进一步下降 5g/kWh；综合厂用电率 4.5%，较 2010 年同期下降 0.2 个百分点。其中外高桥三发电供电煤耗 276g/kWh，较 2010 年同期下降 3g/kWh，处全国领先水平。

加强脱硫系统运行和维护管理，大力推进脱销改造项目，系统发电企业全年共减排二氧化硫 9.15 万 t，脱硫综合效率在 90% 以上；减排氮氧化物近 4500t，实现脱硫和脱硝超量减排，为上海市完成全年减排任务作出重要贡献。

（五）全力推进内控体系建设，不断完善公司管理体系

为更好地落实监管机构关于全面执行《企业内部控制规范》要求，切实提高公司风险防控能力，公司按照“坚决导入、稳步实施、步步深入、逐年提高”的原则，于 2011 年启动并开展了全面内控体系建设项目。经过近一年的努力，初步搭建起覆盖公司系统两个层级、18 个业务层面的内控体系框架，建立了“以风险为导向，以流程为纽带，以控制为手段，以制度为保障”的一体化风险管理和内控体系，有效增强了公司防范各类风险的能力。

为进一步提高公司规范运作水平，保护投资者合法权益，年内董事会先后制订了《董事会秘书工作制度》、《总经理工作制度》、《内幕信息知情人与外部信息使用人管理制度》；修订了公司《信息披露管理制度》。同时，公司对现有管理制度进行了全面梳理、修订、补充和完善，并正式颁布 8 项管理制度，公司管理体系得到进一步完善。

一年来，公司认真贯彻董事会各项决议，积极应对外部环境带来的困难和挑战，保持了公司生产经营健康有序发展。公司经营业绩良好，安全形势平稳，项目建设与开发有序推进，科技创新和节能减排再创佳绩，管理水平进一步夯实，产业规模得到进一步提升，市场地位得到进一步巩固。

二、2012 年工作要点

（一）2012 年公司面临的形势

2012 年是公司贯彻落实“十二五”规划的关键之年，公司面对的环境也更加复杂。从国际形势看，世界经济复苏艰难，国际金融危机还在发展，全球经济可能面临较长的调整周期；同时，能源安全问题、气候及环境问题更加突出。从国内形势看，尽管经济稳定向好的基本面没有改变，但经济增长依然面临较大压力。就公司而言，一方面，国家发改委对电煤实施价格干预措施，目前预计全年煤价上涨压力较小；公司油气并举，火电、气电、水电、核电共同发展的多元化产业格局有利于应对经营环境波动；高效、节能、环保机组在国家节能减排政策背景下优势将进一步突出；良好的资产负债结构和突出的管理、技术优势为公司在经济低迷时期实现外延式发展提供了新的机遇。另一方面，随着国内电力需求增速趋缓、电价气价调整滞后和本市外送电量增加，公司项目拓展和保量增利难度增加。

（二）2012 年工作重点

公司 2012 年总体思路是：在董事会领导下，全面贯彻落实好经济工作“稳中求进”的工作总基调，紧扣“创新驱动、转型发展”的主题，坚持以科学发展观统领全局，牢牢抓住公司持续发展这个第一要务，不断做大做强能源主业。进一步增强全局观念，固本强基，着力强化生产经营管理、着力构建本质安全、着力建设精品工程、着力落实“走出去”发展战略、着力推进科技创新、节能减排、着力提升管理水平，保持经营业绩稳定增长，进一步构建公司和谐发展环境，确保全面完成年度各项目标任务。

1. 加大市场营销和挖潜增效力度，努力提高经济效益

面对复杂的经营环境，公司将进一步转变观念、统一思想，树立危机意识，通过进一步开源节流、降本增效，努力提高经济效益。严格落实各项措施制

度，提高机组响应能力；加大电力市场开拓力度，争取更多市场份额；精心做好油气挖潜工作，全力拓展天然气市场。加强燃煤管理，努力降低燃料成本；深化全面预算管理，做好短期融资券的注册、发行，优化债务结构，有效降低相关费用。加快科技创新成果转化速度，努力将公司的科技创新优势和节能减排优势转化为效益优势。

2. 实现安全生产事故零目标，构建安全长效管理体系

2012年，面对公司系统脱硝改造工程全面展开、大型节能技改项目陆续开工、基建项目仍处建设高峰期等形势，公司将不断完善安全责任制建设，继续推进安全生产标准化达标评级工作；强化制度执行，加强隐患排查；加强设备可靠性管理，努力提高发电机组运行稳定性；加强承发包项目安全监督，做好源头管理；加强安全监督检查，进一步规范安全教育培训，提高应急处置能力，确保公司安全形势平稳可控。

3. 继续实施“走出去”发展战略，推进项目建设与开发

全力以赴推进项目开发与建设，努力拓展公司发展空间。高标准全面建成临港燃气电厂一期工程；力争尽早取得国家发改委关于崇明燃气电厂项目和安徽淮北平山电厂项目的核准批复；积极推进本地能源基地电力项目前期工作。坚定实施“走出去”发展战略，把握西部大开发的历史机遇，争取取得突破。继续推进石油天然气公司后续项目钻探与开发；完成主干网后续管线建设；积极推动新能源项目建设和开发。

4. 持续推进内控体系建设，提升公司管理水平

2012年公司将根据监管机构总体部署，制订《公司内控规范实施工作方案》，保障内控建设资源投入，加大培训力度，完善公司内控体系，建立风险评估的标准程序，明确内控评价的范围、组织、流程和方法，同时聘请会计师事务所进行内控审计，并依照监管机构要求做好各阶段的披露工作。以ERP系统为载体，进一步提高公司信息化水平，增强公司内部资源整合能力。落实公司“十二五”人力资源发展规划，加强人才队伍建设和培养，为公司未来发展提供人才保障。

2012年机遇与挑战并存，公司将继续在董事会的领导下，团结全体员工，坚定信心、振奋精神、开拓进取、务实工作，确保全面完成全年工作任务，努力将公司打造成经济效益优异、核心优势明显、产业结构均衡，有较强竞争力的电气并举的综合性能源公司。

主要投资企业生产经营指标见表1、表2。

表1 发电企业2011年主要生产经营指标

企业名称	公司持股比例（%）	发电量（亿 kWh）	供热量（$\times 10^{10}$kJ）
上海吴泾第二发电有限责任公司	51	64.2	—
上海外高桥第二发电有限责任公司	40	105.6	104.8
上海外高桥第三发电有限责任公司	40	124.6	—
上海申能临港燃机发电有限责任公司	65	10.9	—
华能上海石洞口发电有限责任公司	50	68.6	—
上海吴泾发电有限责任公司	50	29.7	24.2
上海上电漕泾发电有限公司	35	126.0	—
上海外高桥发电有限责任公司	49	62.1	142.4
上海申能星火热电有限责任公司	75	1.5	324.5
华能上海燃机发电有限责任公司	30	12.7	—
上海漕泾热电有限责任公司	30	34.8	807.2
华东天荒坪抽水蓄能有限责任公司	25	17.3	—
华东桐柏抽水蓄能发电有限责任公司	25	10.8	—
核电秦山联营有限公司	12	146.0	—
秦山第三核电有限公司	10	115.0	—

表2 油气企业2011年主要生产经营指标

企业名称	公司股比例（%）	原油产量（万 t）	天然气销售量（亿 m^3）
上海石油天然气有限公司	40	8.12	3.01
上海天然气管网有限公司	50	—	54

专 家 论 坛

发展坚强智能电网 促进经济能源 环境可持续发展

（刘振亚）

在经济全球化和世界能源变革的背景下，研讨中美两国在清洁能源领域的务实合作问题，对于加强两国在该领域的合作，更好地应对能源资源、气候变化等全球性挑战，具有非常重要的意义。

中国国家电网公司以投资建设运营电网为核心业务，供电区域覆盖中国 26 个省份、88%的国土面积，服务人口超过 10 亿人。2010 年售电量 26 891 亿 kWh。目前拥有 110kV 及以上交流输电线路 59.9 万 km、变电容量 21.3 亿 kVA，直流线路 1.05 万 km，换流容量 5777 万 kW。下面，结合这次论坛的主题，简要介绍我们关于能源和电网发展的一些认识，以及开展的相关工作。

当前，全球能源、环境、气候变化等问题日益突出，世界各国纷纷把开发利用清洁能源作为能源发展与变革的重点。风能、太阳能、核能以及生物质能等清洁能源最有效的利用方式就是转化为电能，并通过电网实现优化配置、高效传输和便捷使用。随着清洁能源的快速发展、科学技术的不断进步，以及电力用户需求的日趋多样化和个性化，电网发展面临新的要求，电网的功能、形态和作用正在发生深刻的变化。我们认为，在世界范围内，新一轮全球化的焦点是能源，新一轮能源革命的核心是电力。电网的创新发展，尤其是特高压和智能电网的快速发展，将成为新一轮能源革命的重要驱动力。

基于这样的认识和判断，2009 年 5 月，我们提出了加快建设坚强智能电网的战略目标，即加快建设以特高压电网为骨干网架、各级电网协调发展，具有信息化、自动化、互动化特征的坚强智能电网。我们认为，第一，未来电网是坚强网架与智能化有机融合的电网。坚强网架是实现电力资源高效配置和安全可靠供电的物质基础，智能化是提高电网安全性、可控性、适应性、互动性的关键。第二，智能电网是协同高效的综合互联系统，包括发电、输电、变电、配电、用电、调度等各个环节的智能化。第三，电网既是电力传输的载体和能源配置的平台，又是现代社会重要的网络资源。电网与互联网、电视网、广播网等网络全面融合，将形成开放、高效、优质、便捷的公共服务平台。

世界能源发展的历程表明，尽管各国的国情和发展阶段不同，但能源和电力发展的大方向、大趋势是一致的。以多元化、清洁化、电气化、智能化为发展方向的能源革命正在深入推进，发展坚强智能电网成为世界电网发展的重要趋势，对于促进清洁能源发展、保障能源供应、应对气候变化、提升服务水平，实现能源和经济、社会、环境可持续发展意义重大。

一、发展特高压将推动能源开发利用方式加速变革

从全球来看，许多国家和地区都存在能源资源与能源需求分布不平衡、能源基地远离用电负荷中心的状况，需要实施电力的大规模、远距离输送和大范围优化配置。在中国，能源资源与能源需求逆向分布的特点尤为突出，能源需求主要在东中部地区，能源资源开发的重点不断西移和北移。GDP 占全国 59%的东部地区，一次能源储量不到全国的 4%。预计到 2020 年，东部地区对区外能源的依存度将超过 70%，迫切需要加快开发西部和北部的大型煤电、水电、风电、太阳能发电等能源基地。这些大型能源基地与负荷中心的距离大多在 1000～3000km，有的甚至更远，必须实施远距离输电。与中国情况类似，巴西北部亚马逊河流域的水电、哈萨克斯坦东部的煤电、非洲刚果河流域的水电，也同样面临向负荷中心远距离、大规模输电的问题。

特高压是指电压等级为交流 1000kV（及以上）和直流±800、±1100kV（及以上）的输电技术，具有大容量、远距离、低损耗、占地少、联网能力强等显著的技术优势。同超高压输电相比，特高压的经济输电距离更远、输电规模更大、输电效率更高，资源配置能力更强。根据我们的研究和实践，1000kV 特高压交流输电距离可达 2000km，同塔双回线路输送能力可达 1000 万 kW；±800～±1100kV 特高压直流输电距离可达 2000～4000km，单回输电能力可达 700 万～1000 万 kW。同 500kV 线路相比，1000kV 特高压交流工程的输送能力是其四至五倍，单位输送容量的综合损耗和走廊占地仅是其 33%和 40%。同±500kV 线路相比，±800kV 特高压直流工程的输送能力是其 2.5 倍，单位输送容量的综合损耗和走廊占地仅是其 39%和 73%。发展特高压是建设现代化大电网，实现能源资源高效开发利用和大范围优化配置的战略选择。风电、太阳能发电具有随机性、间歇性特点，对电网的适应性和可控性要求很高，发展特高压、建设结构坚强的电网是有效解决这一问题，促进风电、太阳能发电大规模开发的现实需要。

二、智能电网将有力促进经济社会环境协调发展

当今世界，各国都在积极追求绿色、智能、可持

续的发展。随着信息化与工业化逐步融合，智能电网、智能家居、智能交通、智能城市等建设进程明显加快。智能电网发展更是突飞猛进、日新月异。与传统电网相比，智能电网在电源接入的适应性、系统运行的安全性、资源配置的高效性、供电服务的互动性等方面，都具有突出优势，而且可以通过与物联网、互联网等紧密结合，实现能源流、信息流等高度集成，构成一个具有巨大经济价值和社会价值的智能服务网络。在发电侧，能够保障大量清洁能源的安全可靠接入，降低化石能源消费的比重，有效控制温室气体的排放。在电网环节，能够大幅提高电网运行效率，降低电网自身能耗，实现电力资源高效配置和节能减排。在用电侧，能够引导用户合理用电，提高用电效率和经济性；能够促进以电代油、以电代煤、以电代气，优化能源结构，提高电能在终端能源消费中的比重；能够满足电动汽车、智能家电、家庭光伏发电等用电和向电网送电的需要，提高生活智能化水平。此外，智能电网还将带动节能环保、高端装备制造、新能源汽车、新一代信息技术等战略性新兴产业的快速发展。

三、科技创新成为世界能源革命的重要推动力

近200多年来，人类社会先后经历了蒸汽技术革命、电力技术革命和信息技术革命。2008年的国际金融危机以来，许多国家加快推进科技创新和产业升级，推动了新一轮能源技术革命的发展，大量新技术、新材料、新设备在能源和电力行业得到应用和推广。清洁能源、智能电网和电动汽车的发展成为世界各国普遍关注的重点。电网这一传统产业，在与现代科技和信息技术紧密融合之后，焕发出了新的发展活力。我们在发展特高压和坚强智能电网的过程中，始终把科技创新放在突出重要的位置，不断加大科技投入，加强创新体系建设，集中力量攻克重大技术难题，不断取得突破，充分发挥了科技创新的支撑和引领作用。

在中国政府和有关方面的高度重视与大力支持下，近年来，中国国家电网公司在特高压和坚强智能电网建设方面开展了大量工作，取得了丰硕的成果。一是成功建设了特高压交流、直流示范工程。从中国山西到湖北、全长640km的1000kV特高压交流工程于2009年1月6日建成投运，到目前已安全运行两年多。从四川到上海、全长1907km、额定输送功率达700万kW级的±800kV特高压直流工程于2010年7月8日建成投运，已安全运行半年以上。这两项工程全面验证了发展特高压的可行性、安全性、经济性和环境友好性。二是智能电网重点工程取得重要进展。开展了涵盖新能源接入、调度自动化、智能变电站、电动汽车、电力光纤到户、智能小区等领域的20多项试点工程。目前，已投运7座智能变电站。确定了换电为主、插充为辅，集中充电、统一配送的电动汽车充换电运营模式，建成了近百个电动汽车充换电站和7000多个充电桩。安装智能电表2450万只。接入国家电网的风电和太阳能发电装机分别达到2204万kW和24.3万kW。三是建立了功能齐全的大电网试验研究体系。按照高起点、高标准的原则，建成了特高压交流、直流、高海拔、工程力学四个试验基地和大电网仿真、直流成套设计两个研发中心，形成了较强的实验研究能力。初步建成了国家级风能、太阳能发电研发（实验）中心。四是攻克了一批特高压和智能电网关键技术难题。全面掌握了特高压交、直流输电核心技术，成功研制了大容量变压器、6英寸晶闸管等大批特高压关键设备和元器件，形成了批量生产能力。在大容量储能、风电机组低电压穿越技术研究等方面取得了重大成果。五是组织制定了一批特高压和智能电网技术标准。包括特高压方面的国际标准4项、国家标准16项、行业标准10项、企业标准130项；智能电网方面的国家标准3项、行业标准18项、企业标准92项。

面向未来，我们已经制定了坚强智能电网发展规划。从2011年到2015年，计划投资约450亿美元，新建特高压交流线路2.4万km，变电站37座、变电容量2.4亿kVA，在华北、华东、华中地区形成“三纵三横”特高压骨干网架；投资约330亿美元，新建10回特高压直流输电工程，线路长度1.9万km，换流站20座、换流容量1.6亿kW，建成连接大型能源基地与主要负荷中心、交直流协调发展的特高压电网，形成大规模“西电东送”、“北电南送”的能源配置格局。这期间，还将新建和改造110kV及以上智能变电站6100座，安装智能电表2.5亿只，建成充换电站1000座，满足50万辆电动汽车发展的需要。到2015年，中国国家电网的资源优化配置能力、经济运行效率、安全水平和智能化水平将得到全面提升，跨区输电规模将达到2.5亿kW，满足新增1.45亿kW清洁能源发电装机的需要，相当于每年减排二氧化碳4.5亿t。

这次论坛为我们提供了一次同美国相关企业和组织，与在座的各位嘉宾相互交流的好机会。期间，我们还同美国电力公司签署了合作协议。我们愿以这次论坛为契机，加强同各方在特高压、智能电网和清洁能源等领域的深入交流，在技术开发、设备研制、成果应用、人员培训等方面开展务实合作，共同攻克世界能源和电网发展难题，为促进经济、能源、环境可持续发展作出积极的贡献。

防止缺电成为常态 关键是解决“煤”的问题

（赵建国）

一、2011年缺电是各方面因素互相叠加的结果

2011年，“电荒”的问题在各级媒体和经济运行分析报告中频频出现，对于经济和社会发展产生了较大影响。就南方电网而言，2011年总体缺电超过了10%，是近十几年来最严重的年份。其中，广西和贵州最大的电力缺口达到了30%。

综合分析各种因素，我认为，2011年缺电是各方面原因叠加的结果。对南方电网而言，除了电力需求增长因素之外，发电能力和供电能力得不到充分发挥是缺电的直接原因。简单概括为九个字，即“水不深、火不热、网不通”。

“水不深”是指2011年南方电网区域内的三大流域中红水河、乌江来水偏枯8成、澜沧江流域来水偏枯4成，水电出力大幅减少；南方电网水电装机占系统总装机规模超过40%，出现这种情况对整个系统影响是很严重的。

“火不热”是指我们火电厂由于煤炭价格高企，发电厂买不起煤，因为缺煤而停机。

“网不通”是指输电能力不足，这里既有电网投资不足的问题，也有电源电网规划建设不协调，局部网络受到限制的问题。

总的来说，2011年缺电不是缺装机，应该算是“软缺电”的范畴，要说引起缺电的原因，来水偏枯，这是自然灾害，属不可抗力原因，但是煤的问题，却是我们主观上可以解决的。

二、中国电力发展的关键是煤的问题

这几年能源领域，特别是电力领域有几个现象需要引起注意：一是谈发展绿色清洁能源多了，谈黑色煤电发展少了；二是电价涨了，电力企业亏损却严重了，尤其是发电企业亏损，已经到了没钱买煤，没钱发展的地步了。三是需求量大了，投资却减少了，尤其是发电企业的投资处于萎缩状态，为后续的发展埋下了很多不可预知的因素。透过这些现象，结合这几年南方区域缺电问题，我认为防止缺电成为常态，关键还是要重新认识煤的问题。

中国资源禀赋的特点决定了煤炭是电力工业的主要一次能源。因此，处理好电力发展和一次能源关系的问题，关键是处理好电力和煤炭的问题。2010年中国电煤消费占煤炭总产量的54.24%。根据国民经济发展需求，预计2020年全国全社会用电量将达到8万亿kWh以上。按目前国家大力发展新能源的规划，预计2020年，水电装机4亿kW，核电1亿kW左右，风电及其他新能源发电装机约2亿kW。考虑不同类型发电机组的合理年平均利用小时情况，还需要煤电装机11亿kW，燃煤发电量要超过5.5万亿kWh，煤电机组发电量占总发电量比重仍然不低于70%。所以说，中国电力发展的关键是煤的问题，在大力发展水电、核电、风电、太阳能等非化石能源的同时，清洁、高效地发展煤电仍是中国未来电力发展的一个重点。用一个形象的比喻，“煤炭是我们电力的大米饭”，每天都离不开，是我们稳定保障电力供应能力的主体。

三、四点建议

防止电力从“软缺口”转变为“硬缺口”，从根本上要建立电力可持续发展的机制，使发电企业有积极性来投资于发电。中国电力投资主要经历了三个阶段，在改革开放前由国家拨款来建电厂；改革开放后是国家出台了2分钱和外资的引入，解决了90年代的用电问题；2000年后是五大发电集团做出了贡献，解决了前10年的问题。现在，5大发电集团没钱投资了，外资、私营企业也不敢投资了，电力投资困难，今后10年，中国的电力供应形势将非常严峻。要防止电力从“软缺口”转变为“硬缺口”，应该从根本上建立电力可持续发展的机制，使发电企业有积极性来投资于发电。为此，提出以下四点建议：

建议一：煤炭的生产、运输、储备应作为国家重大基础设施纳入统一规划建设。受制于产能、安全、运输等因素，中国煤炭存在局部时间季节性、区域性供应的“硬缺口”。应从国家层面进行统一规划，平衡协调处理好煤炭生产、运输、存储等各环节的关系。煤炭工业发展应立足自给、着眼国际国内两个市场，通过统筹规划国内煤炭开发、运输、集散，增强煤炭自给能力，更好地稳定国内外煤炭价格。通过建立健全煤炭生产、运输、集散的重大基础设施为煤炭市场化竞争创造必备条件。

建议二：电力应纳入国家现代能源体系统一规划。国家“十二五”规划纲要提出，要构建安全、稳定、经济、清洁的现代能源产业体系。我认为应把电力作为能源体系的重要部分统筹考虑，电力规划应是能源规划的重要组成部分，电力规划要立足于一次能源规划，以能源优化配置为目标，合理确定发展方向和科学布局，确定电源、电网建设方案。煤炭是中国电力生产的主要一次能源，做好以煤炭为主的一次能源规划是做好煤电规划的基础，煤电发展规划涉及煤

炭、铁路、水资源、国土资源和电网发展规划，应从国家层面纳入现代能源体系进行统一规划，平衡协调解决好各地区、各行业的利益诉求。

建议三：煤电发展需要走清洁、高效发展之路。电力体制改革以来，中国煤电技术发展很快，如100万kW级超超临界发电机组，发电煤耗降到280g/kWh以下，灰、硝、硫、污水的排放都可以达到国际先进水平，煤电已不是污染的代名词，而是电力的“老黄牛”，需要重新认识煤电，支持煤电的发展。未来需要进一步通过大力发展和推广应用新型高效洁净燃煤技术和污染物控制技术，有效提高能源利用效率，减少污染物排放，这是中国未来煤电可持续发展的必然要求。

建议四：在目前，煤炭生产、销售到集散等重大基础设施及市场竞争机制尚不健全的情况下，国家应该对煤炭价格进行有效管制，防止国内煤碳因“硬缺口”供应不足导致价格出现非理性上涨，拉动国际煤炭价格的上涨，整体抬高国内基础能源产品的价格。国家应该对煤炭价格进行有效干预，平衡煤电利益，通过完善电煤价格监督机制和保障机制，保障煤电平稳有序发展。

以转变发展方式推动企业做强做优

（云公民）

国家“十二五”规划纲要指出，今后五年，要确保科学发展取得新的显著进步，确保转变经济发展方式取得实质性进展。中国华电集团公司作为关系国计民生的中央骨干企业，近年来在转变发展方式的实践中进行了积极探索。在“十二五”时期，中国华电将继续坚持科学发展，积极探索企业转变发展方式的新路子，努力发挥主力军作用。

一、经济社会新发展对企业转变发展方式提出新要求

“十一五”期间，中国电力工业高速发展，成绩巨大。发电装机容量从2005年底的5.17亿kW增加到2010年底的9.6亿kW，年均增长近1亿kW，相当于每年增加澳大利亚一个国家的电力装机。电源结构和布局进一步优化，绿色发电装机容量所占比重超过全国总装机容量的四分之一，其中水电、风电装机容量稳居世界第一。科技环保成效显著，主要技术经济指标处于世界先进水平，二氧化硫总量控制任务提前一年完成“十一五”目标。电力工业的跨越式发展，总体上打破了长期制约国内经济发展的电源供应瓶颈，为中国经济持续平稳较快增长提供了有力支撑。

但近年来特别是国际金融危机爆发以来，中国经济进入新的发展阶段，发电企业特别是燃煤发电企业遇到了前所未有的压力和挑战。一是环境保护的压力持续加大。世界对环境保护的重视程度提高，低碳高效已成为能源产业发展的主流。国家提出了“十二五”时期以及到2020年的减排目标，这给发电企业转变发展方式带来巨大压力。二是一次能源的制约不断增强。中国电源结构以煤电为主，近年来火电装机持续快速增长，电煤供应和铁路运力一直处于紧张状态。如果不改变当前火电占比过高的电源结构，中国电力供应将很难支撑“十二五”经济发展。三是发电企业经营陷入困境。受煤炭价格持续大幅上涨的影响，近三年来，发电企业普遍出现巨额亏损。由于电源结构布局不合理、火电企业经营困难、水电来水偏少和高耗能产业电力需求上升，2011年以来中国东部部分省区出现了少有的电力供应紧张局面。另外，由于主要靠负债自我发展，发电企业资产负债率不断上升，经营风险不断累积。这表明，单纯依靠规模扩张拉动增长的传统发展模式已经难以为继，发电企业优化结构布局、转变发展方式刻不容缓。

二、加快转变发展方式，推动企业实现战略转型

近年来，面对复杂严峻的国内外经济形势，中国华电按照中央转变经济发展方式的决策部署，着眼企业长远健康可持续发展，确立了创造可持续价值的理念和“转方式、调结构、推创新、提效益”的工作思路，加快推动企业发展方式转变，努力实现战略转型。

由规模带动型向质量效益型转变。电力工业是国民经济的先行产业，其发展应当适度超前，但又必须与市场、资源、环境等相协调。因此，必须推动电力企业从外延式规模扩张转向内涵式质量提升，着力发展有效益、高质量、可持续的项目。首先，严控投资风险，梳理、优选前期项目，停建、缓建发展前景不明朗、预期效益差的火电项目。其次，严格落实资本金回报率，设定投资门槛，以回报率保证发展质量。最后，调整资金投向，保证发展质量。坚持“三个优先”：具有良好赢利能力的项目优先建设，符合结构调整布局的项目优先推进，符合技术创新、节能环保要求的项目优先扶持；做到“三个统筹”：统筹好项目前期和工程建设，统筹好外部条件和工程建设，统筹好工程建设安全、质量、进度、造价和环保“五要素”的关系；守住“三条底线”：不赢利的项目不能上，外部条件不落实的项目不能上，不符合节能环保

要求的项目不能上。

由单一产业支撑向产业上下游协同发展转变。当前，企业之间的竞争更多表现为产业链竞争，谁具有较强的资源配置能力，谁就会形成较强的综合竞争力。中国华电按照“电为主体，煤为基础，产业协同”的发展思路，沿能源价值链上下延伸产业链，着力培育发电、煤炭、金融和工程技术四大产业板块。

一是协同建设产业集群。着力在资源丰富、市场广阔、区位优势明显的地区，建设一批煤电一体、煤电化一体、电港一体的集群项目，打通上下游产业链，形成规模集聚、资源集约、优势集中、效益集显的产业格局。

二是协同发展煤炭产业。加快煤炭资源开发，在资源富集区域规划建设一批现代化大型煤矿，提高电煤保障能力。三是协同发展金融板块。拓展金融领域，创新运作机制，构建与集团发展需求相适应的金融平台。四是协同发展工程技术板块。抢抓高端装备制造业发展机遇，加大市场开拓力度，注重科技创新，提升产品附加值，在重工装备、电力自动化、新能源技术以及智能电网等领域形成优势产业。

由高耗能、粗放型向低碳型、精益型转变。不断加快电源产业优化升级，提高节能减排水平。一是大力发展清洁高效能源。加快水电开发，加快以风电为主的新能源开发；积极发展分布式能源，稳步推进太阳能、生物质能发电。同时，优化发展火电，60 万 kW 及以上的高效环保机组成为主力机组，建成了全球首台百万千瓦超超临界空冷机组、国内最大的分布式电源项目和发电集团中装机最多的天然气发电机组。目前，水电、风电、燃机等清洁能源装机容量达到 2200 万 kW，约占总装机容量的 25%。二是狠抓节能减排。几年来累计关停小火电 619 万 kW，提前一年完成“十一五”关停目标。广泛应用清洁高效燃煤发电技术，单位发电量的烟尘、二氧化硫、氮氧化物排放量相比该公司成立时分别下降 76%、61%和 50%。三是加强精益化管理。以星级企业创建为载体，深化对标管理，优化主要指标，供电煤耗较成立时下降近 50g/kWh，节约标煤 1000 万 t。四是大力推进科技创新。承担 IGCC（整体煤气化联合循环）关键技术研究等 6 项国家“863”计划及国家支撑计划研究，形成一系列重大技术及装备成果。

由生产型向经营型转变。转变计划经济时期重生产、轻经营的思想观念，突出经营业绩导向，推动公司由生产型向经营型转变。注重向存量运营要效益。狠抓“三电”、“四煤”、成本控制等经营要素，着力提升运营企业赢利能力。2010 年公司煤机利用小时同比上升 383h，增幅居同行业前列；2011 年上半年同比增长 23%，比全国增幅高 10 个百分点。清理无效、低效的投资和参股项目 40 多个。注重向项目发展要效益，加强设计优化，提升机组性能指标。注重向市场要效益，加大营销力度，扩大市场份额。

由立足国内、自我建设向内外拓展、建并结合转变。根据中国资源、市场承载压力越来越大的实际，充分利用国内国际两个市场、两种资源，大力实施“走出去”战略，在印尼、柬埔寨、俄罗斯等国家投资建设多个电源项目，工程承包成功进入国际市场，发电运营板块 90%以上的合同额来自海外，初步形成了投资开发、工程承包、技术服务和国际贸易“四轮驱动”的海外发展格局。同时，抓住资源整合、企业重组的市场机会，积极推进资产并购，优化资产结构布局，加大对煤炭资源、清洁电源、东部沿海火电的并购力度，优化企业资产布局，努力实现低成本、高质量发展。

三、坚持科学发展，探索企业转变发展方式新路子

根据国家发展规划，预计电力总装机容量到 2015 年将达到 14 亿 kW，到 2020 年将达到 18 亿 kW。面对繁重的发展任务和前所未有的困难与挑战，发电企业要实现科学发展，必须积极探索新形势下转变发展方式的新路子。中国华电作为中央骨干发电企业，将按照中央要求，坚持以科学发展为主题、以转变发展方式为主线、以创造可持续价值为目标、以改革创新为动力，加快调整结构，注重提升效益，着力做强做优，全面履行中央企业的经济、政治和社会责任，努力建设具有国际竞争力的世界一流能源集团。

着力打造价值华电。把创造更大的经济价值和社会价值作为企业的根本追求。一方面，保持一定的发展规模与速度，不断满足国民经济发展和人民生活水平提高对电力、热力的需求；另一方面，着眼长远，摒弃片面追求规模而不计投资回报、重视资产总量而忽视质量效益、强调外部环境而忽略自身主观能动性的思维方式，更加注重以人为本，更加注重发展的质量和效益，更加注重结构布局优化，更加注重管理创新和风险防范，真正实现速度规模和质量效益相统一、当前利益与长远利益相统筹、企业发展与员工发展相协调，不断增强企业持续创造经济和社会价值的能力，实现基业常青、永续经营。

着力打造绿色华电。抓住当今世界低碳发展的机遇，坚持走节能、环保、高效发展之路，优化发展大容量高参数环保型火电，大力发展风电、水电、太阳能、生物质能发电等清洁可再生能源，形成水火互济、风光并举的电源格局。坚持节约优先、效率为

本，通过应用新的节能技术工艺、优化机组运行方式、发展合同能源管理以及碳交易等方式，提高能源利用效率，发展循环经济，实现资源消耗减量化和再循环、再利用，不断降低单位能耗，减少污染物排放，努力建设资源节约型、环境友好型企业。

着力打造创新华电。牢固树立创新理念，抓住后国际金融危机时期世界能源和电力格局调整以及新科技革命的机遇，提升科技创新能力，坚持自主开发与引进消化吸收相结合、产学研相结合，以重大工程项目为依托，加强对绿色低碳技术和装备的开发应用，推动电力产业技术及装备水平升级。同时，大力推进管理创新，逐步消除制约企业科学发展的体制机制性障碍，推进经营管理精益化、基础管理规范化、人力资源管理市场化、文化管理人本化，着力打造国内先进、与国际接轨的特色管理体系，不断增强企业发展的动力和活力。

着力打造幸福华电。把以人为本融入企业生产经营的方方面面，使企业发展与员工发展紧密结合、互相促进。加强企业员工队伍建设，畅通员工成长通道，建立正确价值导向，培育优秀企业文化，营造团结和谐的工作氛围，使员工积极性充分发挥、聪明才智全面施展、工作热情充分迸发，企业凝聚力、向心力、战斗力不断增强。

在发展战略性新兴产业中积极作为

（朱永芃）

将战略性新兴产业加快培育成为先导产业和支柱产业，是转变发展方式、抢占世界经济战略制高点的重大战略部署。作为关系国家能源安全的中国国电集团，必须勇担责任，积极作为。

一、发展战略性新兴产业是电力工业转方式的必然选择

加快培育和发展战略性新兴产业，不仅对提高中国综合国力与国际竞争力具有重大带动作用，而且是电力工业转方式、调结构的现实选择。

发展战略性新兴产业是掌握国际竞争主动权的重要支点。当今世界，科技进步与创新已成为生产力发展的首要因素，抢占战略性新兴产业科技制高点，就是争夺未来发展的主动权。21世纪以来，党中央提出了建设创新型国家的战略目标，努力推动经济社会发展转入创新驱动的轨道。国有发电企业应抓住国际产业调整转移和国内生产要素优化重组的时机，着眼于突破一批能源领域的关键核心技术，辐射带动现代能源产业体系建设，加快形成一批具有比较优势的新兴产业集群，在更高层次上参与国际竞争，切实发挥战略性新兴产业发展的主力军作用。

发展战略性新兴产业是推动能源变革的必然要求。随着能源需求总量的不断增加，全球资源和环境约束日益凸显，世界主要国家加快发展以绿色、智能、可持续为特征的新能源，已成为不可逆转的历史潮流。中国明确提出，到2020年非化石能源占一次能源消费比重达到15%，2015年达到11.4%。“十二五”规划纲要强调，要推动能源生产和利用方式变革，构建安全、稳定、经济、清洁的现代能源产业体系，单位国内生产总值能耗和二氧化碳排放分别降低16%和17%。国有发电企业应顺应能源变革和低碳经济快速发展的大趋势，大力发展资源消耗少、科技含量高的战略性新兴产业，加快推动能源发展方式转变，更好地促进中国经济社会与生态环境协调发展。

发展战略性新兴产业是发电企业实现健康发展的现实选择。当前，受内外部环境影响，国有发电企业面临着前所未有的挑战。火电板块亏损面不断扩大，以单一发电为主的增长模式难以为继，就是这一挑战的集中反映。但困难中孕育着机遇，在市场需求和体制创新推动下，中国电力工业进入了加快调整升级的历史时期，装备水平大幅提升，自主创新能力不断增强。实际上，在新能源发电、高端装备制造、节能环保、大型电站自动控制系统等领域，中国已经处于世界先进水平。可以说，在新一轮能源变革中，中国与发达国家几乎是站在同一起跑线上，具备了赶超世界先进技术的基础与条件。只要我们抓住发展先机，吸引、集聚、整合创新资源，就能够在较短时间内形成新的经济增长点，带领企业走出经营困境，实现可持续发展。

二、以发展战略性新兴产业为依托建设一流电力集团

近年来，我们紧紧围绕党和国家加快发展战略性新兴产业的部署，以建设一流综合性电力集团为目标，积极发展节能环保、新能源、高端装备制造等产业，实现了企业转型与经营增效。2010年，中国国电集团被命名为国家创新型企业。

坚持战略引领与统筹规划相结合，掌握可持续发展主动权。我们充分利用比较优势，统筹规划、协调推进新能源产业发展。通过推广清洁煤发电和节能环保技术，大力发展风电、太阳能、核电等清洁可再生能源，积极培育以新能源为核心的高端装备制造产业，不断优化电源结构和产业结构。近年来，风电、太阳能等清洁可再生能源装机年均增长48%，占总

装机的20.2%。国电集团以建设创新型企业为动力，围绕发展战略性新兴产业，不断优化管理结构，充分发挥综合业绩考核和总经理奖励基金的激励导向作用，引导生产要素向科技创新倾斜。我们依据集团公司总体发展战略，明确了中长期发展方向和“十二五”期间重点任务，着力建成了多元化投融资体系，将有限的资源集中投向最有基础和条件的领域。2010年，战略性新兴产业投资413亿元，占公司投资总额的47%。

坚持掌握核心技术与提高系统集成能力相结合，增强自主创新能力。我们坚持自主创新驱动战略，紧紧扭住四个环节，切实提升产业核心竞争力。一是自主研发关键核心技术。依托国家重大科技专项，坚持原始创新、集成创新与引进消化吸收再创新相结合，实现了自主生产制造风力发电、太阳能发电、生物质能设备、电站节能环保等装备，国产化率达到100%。二是超前部署前沿技术研究。积极研发新型超临界机组、大容量风电装备技术、储能技术等一批前沿技术，推动企业由生产驱动型向创新驱动型转变。三是注重提升系统集成能力。建成了节能环保和新能源领域设计、制造、服务、生产、经营等完整的业务链，突破了单项技术创新的局限性，实现了综合效益最大化。四是不断创新电厂运行方式和经营模式。在火电厂率先施行配煤掺烧，在保证运行安全的前提下掺烧经济煤种，2009年以来已掺烧经济煤种6800万吨，降低燃料成本50亿元。

坚持培育产业集群和打造特色品牌相结合，打造具有国际竞争力的领军企业。实践使我们认识到，企业核心竞争力的关键是规模效益与产品品牌。近年来，我们充分发挥高科技人才、技术和资金优势，推动重点产业和重点企业率先发展。一是大力培育优势产业集群。依托发电主业，充分发挥新能源和高科技企业的特色优势，优先给予人才、技术、资金保障，形成了新能源、节能、环保、信息化四大行业领先的新兴产业集群。二是实现产业链有序衔接。风电开发与风机制造协同推进，建成世界首个海上潮间带风电场，风机制造产业已形成上下游产业同步配套能力，年制造能力达2000台以上。太阳能产业采取垂直一体化发展模式，在宁夏、西藏、青海等地共投产光伏电站2.2万千瓦，在新疆吐鲁番建成国内首个槽式太阳能聚热发电项目。三是打造特色品牌。重点推广节能环保和清洁发电技术，培育出了以等离子点火技术为特色的龙源技术、以风机制造为特色的联合动力、以电站自动化控制技术为特色的国电智深等高新技术品牌企业。

坚持研发体系建设和体制机制创新相结合，构建产研结合新模式。借鉴国际著名研发机构经验，我们确立了“集团搭台，企业唱戏”的原则，形成了以新能源技术研究院为龙头的科技研发体系。研究院作为技术交流合作、高层次人才引进、优势资源整合的统一平台，为企业提供科技研发的软硬件条件。企业作为技术创新主体，主要负责课题立项、科研经费投入、项目推广应用，与研究院共享科研成果。在搭建研发平台的同时，我们精心编制了“十百千”人才队伍建设规划，形成了结构合理的科技创新人才梯队。目前，企业拥有研发人员2000余人，工程技术人员18 000人。为了使创新人才用得上、留得住，我们夯实了制度基础。一方面，加大科技进步考评力度，将自主创新目标列入高科技企业年度经营目标责任书，将其作为发电企业星级考评的重要依据；另一方面，深化分配制度改革，明确了科技人员按科技要素参与分配的政策导向，选择技术和知识密集型单位作试点，实施分红权、技术入股、股权等激励方式，充分激发科技人才的聪明才智与创造精神。

坚持“引进来”与“走出去”相结合，抢占国际经济和科技竞争制高点。为更好地利用全球科技成果和智力资源，在深化与中科院、清华大学等单位的战略合作的同时，我们与国外著名的高等院校和企业建立友好关系，开展技术交流和联合攻关。我们还积极参与政府间项目合作，加强与国外大型电力企业的商贸、技术、管理合作。我们采取综合措施，推动企业参与海外竞争。目前，以等离子点火装置、风机、太阳能电池组件、脱硫工程及产品为代表的新能源产品已经进入国际市场，节能环保技术及产品境外项目总额达4.63亿美元。我们还扩大了工程承包和工程服务输出，抢占新能源产业国际分工链条中的高端环节，实现了从技术应用型向技术输出型的历史性跨越。

三、以自主创新推动战略性新兴产业发展

“十二五”期间，我们要以发展战略性新兴产业为着力点，重点突破6MW及以上大容量海上风机、富氧燃烧、煤分级利用等重大科研项目，力争战略性新兴产业营业收入和利润年均增长30%，打造企业新的核心竞争力。

着力完善科技创新体系。要以成立集团公司科学技术委员会为契机，健全集团公司科技决策管理体系，加强总部对科技工作的组织领导和统筹协调。科技与综合产业部门要充分发挥牵头抓总和参谋助手的作用，跟踪落实相关政策措施，形成抓科技、促创新、转方式的强大合力。科研院所要坚持“有所为，有所不为”，集中有限的科技资源进行重点突破，尽快掌握一批支撑新能源和战略性新兴产业发展的核心关键技术，加快形成集团公司差异化的竞争优势。科技企业要积极完善技术引进、产品研发、成果转化、

投入保障、人才培养等技术创新应用体系，推动科技和产业的有效衔接和深度融合，使科研成果在最短时间内转化为产品，形成新的经济增长点。

进一步加大科技创新投入。集团总部设立科技创新基金，确保科技投入的逐年增长。到2015年，全系统科技研发投入要达到2010年底的2.8倍，年均增长56%。要通过上市融资、银行信贷、引入社会创新风险基金等多种形式，积极拓宽资金筹集渠道，努力构建以企业投入为主体、各类资本广泛参与的多元化科技投入新格局，确保科技创新所需资金的充足供应。

全面强化科技人才队伍建设。抓住国家实施“千人计划”的机遇，着力创新人才培养模式，以国家和集团公司重大科研项目、新能源技术研究院及重点高科技企业为载体，培养一批本土化的技术带头人。要充分认识价值导向对人才成长的深刻影响，积极发挥社会主义核心价值体系作用，引导科技人员树立热爱祖国、报效祖国的崇高理想，培养他们勇于创新的精神和锲而不舍的毅力，积极投身于电力科技创新事业。

努力营造良好的科技创新环境。大力构建制度公平、机会均等、环境宽松、激励有效的创新环境，营造尊重知识、尊重人才、尊重劳动、尊重创造的浓厚氛围，激发全员创新活力。要大力弘扬“尊重个性、发挥特长、激励探索、提倡冒尖、鼓励合作、宽容失败”的创新文化，切实营造鼓励人才干事业、支持人才干成事业、帮助人才干好事业的良好氛围，促进科技人才早出成果、多出成果、出好成果。引导干部员工牢固树立创新意识，努力开创人人关心科技进步、人人参与技术创新的生动局面。

对电力体制改革与结构调整有关问题的思考

（陆启洲）

2002年，国务院作出电力体制改革的重大决策，重组原国家电力公司资产，组建五大发电集团和两大电网公司，推进电力市场化。8年多来，中国电力工业取得快速发展，电力结构调整取得了重大成果。本文重点就电力体制改革与电力结构调整有关问题谈一些个人的认识和思考。

一、电力体制改革和结构调整促进了电力行业的快速发展

一是装机容量快速增长。2002年电力体制改革之初，中国发电装机容量仅有3.53亿kW，五大发电集团组建以后，通过竞争性办电，电源建设速度明显加快。根据中电联统计数据，到2010年底，中国发电装机容量达到9.62亿kW，考虑到关停因素，净增加容量近7亿kW，年均增加近8500万kW，在较短时间内缓解了电力供应紧张局面，解决了长期困扰经济发展的缺电问题，使电力发展与国民经济发展相适应、相协调。

二是电力产业优化升级。近几年来，中国电力结构发生深刻变化，清洁发展步伐不断加快。按权威数据统计，截至2010年底，中国水电装机容量达2.13亿kW，居世界第一位。核电在建规模3087万kW，居世界第一位。风电装机容量4182万kW，居世界第一位。太阳能、生物质发电加快发展。清洁能源占全部装机容量比重达到26%。通过“上大压小”关停淘汰了7100万kW能耗高、效率低、污染重的小火电，火电机组向大容量、高参数、低排放方向发展，取得可喜成效。

三是装备水平显著提高。超超临界百万千瓦机组制造国产化率已达100%，大型空冷、循环流化床、大型脱硫脱硝、碳捕集装置等先进技术逐步推广。核电技术装备自主化不断实现重大突破，基本形成核电站设计自主化和设备制造国产化能力。水电站大坝设计、施工，大型水电机组的设计、制造、安装和运行方面的技术走在了世界前列。特高压输电技术取得重大突破并实际应用。以先进电力电子技术为基础的柔性输电技术装备实现国产化，并达到国际先进水平。

四是管理水平大幅提升。按中电联数据，2000年，中国平均供电煤耗392g/kWh，截至2010年底，供电煤耗为335g/kWh，降低57g/kWh，已经达到以煤电为主的发达国家水平（美国360g/kWh、澳大利亚355g/kWh、德国306g/kWh、日本300g/kWh）。在土地、原材料、设备、环保、劳动力成本等要素价格大幅上涨的情况下，火电单位千瓦造价总体呈下降趋势。中国线损率也有了大幅度的下降，截至2010年底，全国线损率为6.53%，比2000年降低1.28%。

这些都是电力改革带来的可喜变化。中国电力工业的快速发展，电力改革起到了巨大的推动作用。

二、对电力体制改革和电力结构调整的思考

（一）对电力体制改革的两点思考

电力改革的核心目标就是市场化，建立和完善竞争有序的电力市场，充分发挥市场在资源配置中的基础性作用。要把握好两方面：

一是要把握好市场化的实现形式。电力行业基本

交易过程包括发电、输电、配电、售电四个环节，最终到达用户。电力商品具有特殊的属性，既是各行各业都离不开的生产资料，又是人民生活必备的生活资料，具有商品和公共产品的双重属性。从商品属性来讲，我们就要通过市场化来体现供求关系、成本、稀缺程度等要素，从公共产品属性来讲，就要体现国家对社会公众的普遍服务。

在电力发、输、配、售四个环节中，应该并能够市场化的是发电和售电环节，应该形成自然垄断的是输电和配电环节。电力体制改革简单讲就是“放开两头，管住中间”。“放开两头”就是要放开发电侧和用电侧，使电厂能够以竞争性的价格出售电力商品，用户能够以竞争性的价格购买电力商品。“管住中间”就是要管住电力的输送、调配领域，控制输配电价格。要让电力的商品属性体现在竞争环节，让公共产品属性体现在垄断环节，真正建立起电力商品买卖双方市场化的交易平台，使发电企业和用户都有更多的市场选择权，形成多买多卖的市场机制，同时切实做好电力的普遍服务。

二是要把握好电价改革这一核心问题。电力改革最为核心和敏感的问题就是电价问题。2003 年，作为电力体制改革的配套方案，国家出台了《电价改革方案》，然而电价改革并无实质进展。特别是近年来，在煤炭等资源类产品价格大幅度上涨的推动下，电价改革严重滞后，电价不仅不能反映资源稀缺性和供求关系，甚至不能反映成本。按照国家发展改革委 2009 年将中国电价与美国、日本等 27 个国家平均电价比较结果，中国工业用电价格仅达到其 70%水平，民用电仅达到其 40%，可见中国电价远低于世界平均水平，这既有中国国情的客观因素影响，也是电力改革推进缓慢的必然结果。纵观世界各国，无论是发达国家还是发展中国家，无论是电力市场化的国家还是电力非市场化的国家，对发电厂上网电价进行管制，中国是独一无二的。由于价格的失真，使价格无法有效地向下游传导，市场难以发挥在资源配置中的基础性作用。2011 年以来，国内电煤价格继续大幅上涨，火电企业严重亏损，现金流断裂，无力组织生产，这也是导致 2011 年发生“电荒”的重要原因之一。更为值得关注的是，由于中国出口多为高能耗、低附加值的产品，而进口则多为高科技、高附加值、低能耗产品，按 2010 年数据，我们净出口产品电耗约为 3.6 亿 t 标准煤，而其价格仅为国际市场价格的 70%，相当于变相补贴了全世界。

（二）对电力结构调整的两点思考

当前电力行业发展面临深层次问题，除了外部条件影响，结构不合理也是主要症结所在，电力行业已经到了只有调整结构、转变发展方式才能实现可持续发展的关键时期。结合中国国情，关键要在电源结构和布局结构两个方面进行深入调整。

一是在电源结构调整方面，应大力发展风电和太阳能发电。国家已经提出，到 2020 年非化石能源消费比重要达到 15%，“十二五”时期达到 11.4%，按国家统计局数据，2009 年这一比重只有 7.8%，因此，必须大力发展清洁能源，推进电力结构调整，减少对煤炭等不可再生资源的依赖。结合中国能源储量、分布与需求的实际情况，在继续积极发展水电、核电等清洁能源的同时，应把风电、太阳能发电放在更加突出和重要位置。中国风能、太阳能储量十分丰富。陆地和海上风电潜在开发量约为 26 亿 kW，太阳能理论资源量约为每年 1.7 万亿 t 标准煤，如果太阳能利用率达到千分之一，相当于节约标准煤 17 亿 t，发展潜力巨大。由于新兴市场国家的出现，一次能源的需求不断增加，同时理论和实践都充分表明，火电成本总体上是呈刚性上升趋势，而风电、太阳能发电成本近年来下降速度不断加快，目前风电在中国的发展已经基本实现产业化，造价不断降低，发电成本正在逐步逼近火力发电成本。太阳能发电在发达国家已经得到很好的发展，尤其是屋顶太阳能，德国等发达国家已经非常成熟。太阳能发电在中国还处在起步阶段，但发展速度很快，目前已经由几年前的 4 元/kWh 进入 1 元钱时代，并将逐步具备商业化运营条件，预计 2020 年左右就将与常规电成本相当，达到 0.6 元/kWh 左右。目前一些主流舆论认为风电、太阳能产能已经过剩，这实质上是不符合市场经济规律的片面认识。我们应该看到，没有生产能力的适度过剩就没有竞争、就没有技术进步的动力。任何一个产业都是从产能过剩到竞争优胜劣汰，进而促进技术进步和成本下降，最终实现商业化运营，这既符合市场经济规律，也被实践充分证明。

二是在布局结构调整方面，应重点加快电源布局和电力负荷布局调整。中国东部经济发达，用电负荷高，但电力发展受资源储备、环境容量、土地供应，以及铁路运输等条件限制。因此，电源布局结构的调整，就是要结合国家西部大开发战略，在西部资源富集区建电厂，通过特高压输电，把电能送往东部负荷中心。据国家电网测算，一条±800kV 直流特高压输电线路能源输送能力约为 750 万 kW，相当于每年 2000 万 t 原煤的输送能力。电力负荷布局的调整，就是要配合国家西部大开发战略实行差异化的产业政策，加快高载能产业向西部资源富集区转移，在有条件的地区发展煤—电—高载能、水—电—高载能联营，实现电力的就地转化。据测算，100 万 t/年电解铝产能每年需要的能源相当于 600 万 t 原煤，既可以很好地缓解东部地区电力紧张局面，解决西部地区

“窝电”的问题，同时还能够大大减少煤炭运输，节约运输资源，减少环境污染。概括起来，电力布局结构调整的原则应该包含两条，一条是电源布局调整要“多送电，少运煤”，另一条是电力负荷布局调整要“少送电、多运载能产品”，这样才能实现能源资源更加优化的配置。

总之，中国电力工业要实现又好又快发展，必须坚定不移地推进市场化改革和结构调整，才能尽快走上科学发展、可持续发展之路，为国民经济发展提供坚强的电力保障。

深化“走出去”战略 努力建设世界一流企业

（范集湘）

一、中国水电集团总体情况

中国水电集团（简称水电集团）是国务院国资委管理的 8 家中央建筑企业之一，拥有国内 65%以上和全球约 50%的水电建设市场份额。2010 年，水电集团国外签约额居全国外经承包企业第 2 位，营业收入居第 3 位，是中国水电建设行业规模最大、科技水平领先、最具实力、国际行业品牌影响力较强的综合型跨国公司，是中国水电建设企业“走出去”的排头兵企业。

“十一五”期间，水电集团营业收入保持年均 25%以上的持续增长，利润总额保持年均近 50%的持续增长，国有资产保值增值率保持在 110%以上。2010 年营业收入 1012 亿元，实现利润总额 40 亿元，水电集团进入经营业绩考核 A 级中央企业行列。对水电集团“十一五”期间获得的持续快速发展，实施“走出去”战略取得的国际经营业绩起到了不可替代的强有力的支撑作用。当前各国经济全球化、企业经营国际化是必然趋势，实施“走出去”战略是长期的不可替代的战略，国际市场虽风险较大，但空间巨大，大有可为。

二、中国水电集团国际业务总体情况

中国水电建设水平在国际上居先进地位，水电集团是中国水电建设行业的知名品牌和行业代表。“十一五”期间，水电集团共实现国际经营收入 790 亿元，利润总额 56 亿元，签约额 1594 亿元，总体履约状况良好。2011 年 1～6 月，国际业务继续保持强劲增长势头，实现营业收入 128 亿元，占集团营业收入总额的 26%；实现利润 16 亿元，占集团利润总额的 50%以上。

目前水电集团在 57 个国家承担着 261 个在建项目，覆盖水利水电、大型基础设施工程建设和水电、矿产资源投资等领域，合同总额 229 亿美元。在建项目中，1 亿美元以上的项目 59 个，占合同总额的 73%。项目分布在亚洲和非洲约 50%的发展中国家，并已扩展至拉美、东欧部分国家，形成了巩固亚洲、非洲传统市场，深度开发中东市场，成功突破拉美市场，积极进军东欧市场的良性发展态势，拥有了较成熟的国别市场和较稳定的业主群体。在经营模式上，形成了施工承包业务、EPC 总承包、BOT 特许经营有效互补、协同可持续发展的格局。充分发挥水电核心业务优势，积极拓展其他业务领域。在国际业务中，水电站项目占 42%，房建和市政项目占 25%，路桥等交通项目占 20%。虽然经历了利比亚危机和阿曼、巴基斯坦、缅甸等履约困局，但正在执行 261 个项目总体处于良好的受控状态，预计 2011 年的国际经营业绩和履约状况较 2010 年更好。

三、中国水电集团开展“走出去”、援外工作的主要做法和认识

（一）践行央企责任，“走出去”要始终服务于国家经济建设和政治外交，服务于建设具有较强国际竞争力的质量效益型世界一流公司的发展战略

水电集团在国际经营中始终坚持“三个服务”原则，即服务于国家的政治外交、服务于国家的资源战略、服务于集团的发展战略需要，以确保政治方向正确。在项目实施过程中，水电集团自觉维护国家利益，正确处理国家和企业的关系，将企业的经济活动与国家的外交经济政策联系起来。通过广泛与项目所在国政府部门建立较为有效的沟通与交流渠道，促进了国家间交流互信及国际业务的发展。企业经营活动与当地经济社会发展相融合，达到市场深度开发经营，实现互利共赢、可持续发展的目的。

在实施“走出去”战略中，水电集团严格按照国务院国资委的要求，始终突出质量效益型这一科学发展的内涵，突出互利共赢、共同发展的合作原则，坚持市场研究规划策划先行，不打无准备之仗，不盲目追求项目多少和单纯规模增长，不为走出去而走出去，宁流口水，不流眼泪，这是水电集团“走出去”的基本定位。

（二）实施国际业务优先发展战略，采用集团化国际经营管控模式，创新体制机制，着力提升集团战略引领水平和国际经营管理能力

水电集团 2006 年就制定了国际业务优先发展战略，把国际经营优先发展放在关系整个集团前途命运的位置上强力推进。国际经营业务，复杂性、挑战

性、不确定性远远高于国内同类项目，集团提出用最强的“军队”去打最难的仗。在领导力量、人才资源及其他资源、管理流程、经营管理政策、考核奖惩办法等方面都优先配置、优先创新、优先变革。全集团统一思想，认识到在微观层面，用几十年传统的“中国版”的理念、体制、机制、手段去对接国际规则和环境必败无疑，必须用集团渐进的国际化去应对国际经营的需要。

坚持“大集团、大国际、大品牌、一体化”的集团化运营和集团战略管控。集团总部侧重于高端营销和战略管控，注重对营销网络、资源统筹、项目履约督查、资金集中管理、重大合同风险、财务风险和经营风险的管控；各子企业侧重项目履约和项目管理。这样使集团整体合力得以发挥，规模效益得以显现，风险得到有效控制。加强集团控制力，充分整合内部优势，将集团总部高端营销及高级商务能力和子公司专业施工能力有机结合，分工明确，责任清楚，高度协同，利益共享，步调一致地共同应对外部竞争也成为富有成效的战略举措。

（三）强化海外项目履约，坚持质量为本理念

水电集团始终把海外项目履约作为国际经营工作的重中之重，牢固树立质量为本的理念。积极推行海外项目模式化管理，结合集团国际业务实践，聘请国际知名咨询公司，对海外项目的组织、业务流程、风险控制和问题解决汇编形成模块，颁布并大力推行《国际业务管理指导手册》、《海外质量、环境、职业健康安全体系》，形成企业标准化的海外项目管理流程和管理规则，与国际规则系统对接，有力地提升了国际项目组织和整体经营能力。

始终以水利水电工程是“百年大计，造福后代”的管理态度实施海外项目，对国外建成项目采取回访制，将工程质量作为第一考核标准。水电集团成功建成了苏丹麦洛维水电站、埃塞俄比亚泰克泽水电站、马来西亚巴贡水电站等一批具有全球行业影响力的标志性水电工程，其中，承建的伊朗塔里干水利枢纽工程、苏丹麦洛维大坝工程荣获中国建筑最高奖项——鲁班奖。水电集团以专业、负责的形象进军中东等高端市场，与国际知名承包商同台竞争。在卡塔尔等国实施的总额40亿美元的工程项目中，水电集团诚信专业的表现受到当地业主的一致好评。

（四）强化风险管控，确保国际业务持续稳步发展

针对国际业务经营的诸多风险，水电集团在坚持“三控三强一确保”综合性风险防控原则，实行三级三层制风险管控体系（两级总部和项目部；项目开发跟踪阶段、项目与投标谈判阶段以及项目实施阶段三个阶段）的基础上，强化项目评审制度和重点风险专项解决机制。在投资决策上，坚持实施“三权”分离评估决策机制，坚持“五个不做”从源头上控制风险，即不符合集团发展战略的不做；技术、经济、环境基本不可行的不做；风险不可控和风险不可承受的不做；资源配置能力和管控能力不可及的不做；运营、销售、效益回收不确定性大或可靠性差的不做。同时，水电集团建立了一支由全球高级商务、合同和法律专家组成的总部专业团队，为海外项目提供实时的高端技术商务支持和风险预控服务。

水电集团总部加强项目履约管理和财务资金风险管控。集中、实时监管境外在建项目，实行定人定责挂牌督办，及时对出现的问题进行整改。对重点项目，将“专家门诊”与“巡回诊疗”有机结合，使在建项目风险可控、在控。

（五）积极建立全球竞合联盟，增强国际竞争实力

水电集团在国际经营中积极寻求国际间的广泛合作与共同发展，推动集团全球全产业链竞合联盟的建立。一是与相关央企强强合作，实现优势互补，形成中国企业的国际竞争优势，共同走出去。二是与中国进出口银行、国家开发银行和中国四大国有商业银行及中国出口信用保险公司等国内金融机构签署了战略合作协议，加大银企合作，获取强大的金融支持。三是加强与世界一流企业合作，寻求与上下游企业建立战略合作伙伴，形成稳定的商业机会，放大与延伸市场占有能力。四是注重与各国政府建立战略合作伙伴关系，积极参加国际组织的活动，加强沟通与交流。

（六）扎实推进本土化经营，创新项目劳务管理模式

水电集团积极致力于本土化建设，建设区域业务总部、代表处、子公司多种有效形式，向本土化、区域型、网络式组织机构转型，将经营业务前移，管理重心下移，贴近市场，靠前指挥，快捷决策，努力实现人才、营销、品牌以及企业文化等多方面的本土化。针对在海外建筑工程中普通劳务用工量大、国内劳务分包队伍管理难度较大的特点，集团积极探索使用外籍劳务和劳务配置本土化。项目前期做好劳动力资源配置策划，以聘用当地劳务为主，外籍劳务为辅，劳务来源渠道多元、技能结构合理，实行“集中招聘，分级管理、的劳务管理体制，确定在当地比较有竞争力的工资水平，有效地保证了工程建设持续、快速进行。

（七）将培养国际化人才队伍作为提高国际经营能力的基础工作，时不我待地抓实抓好

中国企业的国际化是一个较长的历史过程，从微

观层面看，在一定的技术要求下，同跨国公司的竞争，拼的是人才和管理，人才队伍建设是提高国际经营管理能力的基础工程。水电集团一直在着力培养、引进、争夺国际项目经理、专业经理、部门经理、专业主管、高技能工长等五支人才队伍，专门制定了国际化人才选用标准、办法，虽然我们创新用人机制，实施“一司两制”的人才政策，培养、引进了一批国际人才，在集团总部形成了一支由 40 余名懂技术、通商务、语言好、熟悉国际规则，可在全球建筑行业无缝对接的高端国际人才团队和分布在海外各个国家的国际复合型项目执行人才 2000 余人，成为推进集团国际业务发展的中坚力量，但人才缺乏仍然是集团进一步发展国际业务的主要瓶颈，仍然是必须下更大决心和更多精力解决的基础性问题。

四、几点建议

（一）建议有重点地加大培养中国跨国公司的力度。建议国家将行业领先、竞争力相对强的企业列入国家培养跨国公司的战略计划，从制度安排、财税政策、资本支持、技术创新等方面加大培养力度，让他们有能力与跨国公司同台竞争，响应国家战略，实施市场动作，参与全球资源配置。

（二）建议支持有实力的大型央企参与援外工程建设。根据当前援外工作面临的新形势，建议不断完善和创新对外援助体制机制，提高参与援外项目企业的资质要求，支持和鼓励有实力的大型央企参与援外工程建设，是保证和提高援外项目质量的基础。

（三）建议加强对中国公司在国际竞争中的统筹协调。建议商务部与国资委加强沟通联系，对重大海外市场和项目进一步加强超前的有序有力有效的统筹协调，规范企业参与同别国市场竞争，避免内部恶性竞争，损害国家形象和企业利益。

（四）建议实施国家优势产业国际化战略。建议商务部和国资委对中国优势产业（如水电开发建设、装备制造和通信等）“走出去”进行整体规划，出台相应的扶持政策，明确支持方向和措施，从而加大中国优势产业向国外转移的力度，拓展市场空间，让国外市场成为中国优势产业未来转移发展的基地，提升中国产业国际竞争力。

（五）建议用商业规则做强做优做大中国国家政策性银行、国家政策性信保公司，通过他们用商业化、市场化方式和差别化、针对性、区别性的利率、费率政策支持中国企业“走出去”做国家需要的企业可承受的国际业务，提高中国企业国际竞争力。

（六）建议制定更加适合国际经营业务特性的经营业绩考核办法，更加科学地切合实际地考评企业的国际经营业绩。

科学有序开发水电
高效利用水能资源

——论中国水电成就和发展（摘要）

从 1910 年云南石龙坝水电站开工建设伊始，经历了百余年的沧桑巨变，中国的水电事业从无到有、从小到大、从弱到强，2004 年和 2005 年，中国水电总装机容量和年发电量先后跃居世界第一，水电建设的综合技术水平迈入了世界先进行列。至 2011 年底，中国水电总装机容量已达 2.31 亿 kW，建成了大中小型水电站 45 000 余座，中国水电已迈入大电站、大机组、高电压、自动化、信息化的新时代。

一、中国水电发展概况和主要成就

（一）水电开发在中国能源供应中的战略地位（略）

（二）水电开发的巨大综合效益（略）

（三）中国水能资源开发现状

2011 年全年新增投产水电 1225 万 kW，其中包括三峡地下电站 4 台 70 万 kW 机组、云南金安桥水电站 2 台 60 万 kW 机组、四川泸定水电站 2 台 23 万 kW 机组、云南功果桥水电站 2 台 22.5 万 kW 机组、四川大渡河深溪沟水电站 2 台 16.5 万 kW 机组等大中型水电厂机组相继投产。云南糯扎渡水电站、云南阿海水电站、四川黄金坪水电站、四川木里河卡基娃水电站等一批重点项目获准建设。

截至 2011 年底，水电装机容量23 051万 kW（含抽水蓄能 1869.5 万 kW），占全国电力装机的 21.83%，水电年发电量 6626 亿 kWh，占全国发电量的 14.03%。至 2011 年底，水电开发程度按照装机容量计算约 37.0%，按照发电量计算约 25.4%。至 2011 年底，中国在建水电装机容量 5500 万 kW，获得国家发改委批准开展前期工作的水电装机容量 9000 多万 kW。从区域开发情况来看，目前东部地区水电基本开发完毕，中部地区大型水电已基本开发建设，而西部地区特别是西南地区开发程度较低。

至 2011 年底，中国已建、在建 30m 以上的大坝 5564 座（同期国际上12 629座，中国占 44%），其中 300m 以上大坝 1 座，200～300m 的大坝 13 座，150～200m 的大坝 30 座，100～150m 的大坝 170 座，60～100m 的大坝 548 座，30～60m 的大坝 4802 座。水电年施工能力，仅央企施工单位就完成土石方（开挖及填筑）6.8 亿 m^3，混凝土 6770 万 m^3，金属结构 34 万 t，装机近 1500 万 kW。水电设备制造年生产能力超过

2000万kW，其中大中型装备超过1500万kW。

至2011年底，中国已建成抽水蓄能电站24座，总装机容量1869.5万kW；在建10座，装机容量1089万kW。

中国农村小水电开发建设情况，至2011年底共有小水电站45 150余座，总装机容量达6212万kW，占全国水电装机容量的26.9%；年发电量1757亿kWh，占全国水电发电量的26.5%。近10年来农村小水电从2600万kW增加到6200多万kW，增长了近136%。农村小水电覆盖了全国1/2的地域，为1/3的县（市）、1/4的人口提供了价廉质优的清洁电源，增强了电网的覆盖面积，为全面推进社会主义新农村建设作出了重大贡献。

（四）中国水能资源开发利用规划（略）

二、中国水电科技创新与进步

（一）水电坝工技术全面进步

(1) 200m级特高碾压混凝土重力坝（RCC）筑坝技术。从1986年在福建坑口建成的世界第一座高碾压混凝土重力坝（75m）到现在，中国已建成高碾压混凝土重力坝近70座，在建30多座，其中坝高超过100m的有20余座。龙滩水电站最大坝高216.5m，是当今世界最大最高的重力坝；四川沙牌电站大坝坝高132m，是RCC三心重力拱坝；甘肃龙首电站RCC双曲拱坝，坝高80m，厚高比最小达0.17，是目前世界上最薄的RCC拱坝。

(2) 200m级特高混凝土面板堆石坝技术。中国的面板堆石坝几乎遍布全国。目前中国已建成高于30m及以上的混凝土面板堆石坝约170座，其中高于150m及以上的有近10座，在建、拟建的面板堆石坝各为40座左右。水布垭电站大坝高达233m，属世界最高的混凝土面板堆石坝。目前中国的混凝土面板堆石坝在数量、大坝高度、工程规模和技术难度等均居世界前列。

(3) 300m级特高拱坝及100m级特高碾压混凝土拱坝技术。设计理论和施工技术等均达世界最高水平，如锦屏一级305m、小湾295m、溪洛渡285.5m等水电站的拱坝建设，还有待建的白鹤滩等数座300m级高拱坝水电工程，拱坝高度均超过了世界上已建成的最高拱坝——莫古里拱坝（272m）。

(4) 坝工基础工程技术。当前在复杂特殊地质条件下，中国在坝体建基面确定技术、深层抗滑稳定处理技术、地质缺陷处理和固结灌浆技术、坝基帷幕灌浆和坝基排水技术等方面均已取得了显著成就，积累的技术和经验走在了世界水电坝工基础工程技术的前列。如已掌握深度达150m以上的防渗墙基础处理技术，灌浆基础处理技术的灌浆孔最大深度已超过200m，高边坡开挖、加固技术已达到700m级。

(5) 大坝抗震技术。中国的大坝抗震研究，始终坚持工程安全第一的原则，围绕水电建设的中心任务，自主创新了大坝抗震设计理论和方法，有效解决了中国强地震区水电高坝建设遇到的一系列难题。2008年发生的汶川8.0级强烈地震，震区的全部水电站大坝经受住了严峻考验，即使离震中最近的紫坪铺面板堆石坝（坝高158m）和沙牌碾压混凝土拱坝（坝高132m）两座高坝也屹立不倒。

(6) 高坝泄流与消能工创新技术。中国在水工建筑物枢纽布置开展消能工形式和结构的系统研究上取得了特色的创新成果，保障了水电工程的运行安全。

(7) 氧化镁微膨胀混凝土筑坝技术。这是中国具有自主知识产权的首创技术，此技术用于混凝土大坝建设上，可以有效防止裂缝，简化施工工序，加快建设速度，效益显著，被誉为国际筑坝技术重大创新和突破。

(8) 大坝截流技术。三峡工程是代表当今世界水利水电建筑最高技术水平的创新工程，科技创新成果拥有100多项"世界之最"，其中大江和导流明渠的两次截流标志着中国河道截流技术已跻身世界领先地位。

(9) 水电站通航建筑物技术。20世纪80年代建成的葛洲坝水利枢纽工程1、2、3号船闸，规模尺寸和通航能力均居当时世界一流水平；三峡工程双线连续五级船闸，总水头113m，单级闸室尺寸及过船吨位均为世界最高水平，属当今世界水头最高、级数最多的内河船闸。正在建设的三峡、向家坝一级全平衡齿轮齿条爬升式垂直升船机，工程规模尺寸和通航吨位及技术难度均为世界之最，为江河工程通航技术创造了奇迹，三峡升船机最大提升高度113m，承船箱带水总重11 800t，最大过船吨位为3000t级客货轮，单线年通航能力350万人次，向家坝升船机最大提升高度114.2m，金属结构及设备工程总重量18 590t，年客运量40万人次，年货运量112万t，可通过2×500t级船队。

（二）水力发电机组设备国产化水平显著提升

近年来，中国水电设备制造业有了长足的进步，在混流式、轴流式和贯流式水电机组的设计、制造和安装等方面已步入世界先进行列。

20世纪80年代以来，中国水电机组发展经历了刘家峡、龙羊峡、岩滩、广蓄等一批单机容量30万kW级型机组投入运行后，单机容量40万kW的李家峡，单机容量55万kW的二滩，特别是30多台单机容量70万kW的三峡、龙滩机组顺利投产；正在建设中的溪洛渡、向家坝、拉西瓦、白鹤滩、乌东德等电站，单机容量从70万kW向着77万kW、80万kW和100万kW机组发展。

在设备选型、参数设计、研发制造和枢纽机电布置上，已生产的混流式机组，最大单机容量达 80 万 kW，转轮直径超过 10m，机组推力轴承负荷达 5600t 力以上；轴流转桨式机组，最大单机容量 20 万 kW，最大转轮直径 11.3m；灯泡贯流式机组，最大单机容量 5.7 万 kW，最大转轮直径 7.5m；可逆式抽水蓄能机组，最大单机容量 25 万 kW，最大转轮直径 5.2m；采用世界最先进的蒸发冷却技术单机容量 70 万 kW 的三峡地下厂房水轮机组。这些成绩系统反映了中国水电机组的制造能力和设计水平。据不完全统计，中国已投产的各类大中型水电机组 500 余台之多，其中混流机组 320 余台，轴流机组 55 余台，抽水蓄能机 35 台之多，灯泡贯流机组 90 余台。

大型抽水蓄能机组的国产化历程。中国抽水蓄能电站起步于 20 世纪 60 年代末，改革开放后的 80 年代末开始进入大规模建设阶段。2000 年全部建成投产的广蓄一二期共 240 万 kW 装机容量、535m 水头为当时世界第一抽水蓄能电站；2008 年全部建成投产的西龙池抽蓄总装机容量 120 万 kW、额定水头 640m，最高扬程超过 700m；2011 年总装机容量 240 万 kW 的惠州抽蓄 8 台机组全部投产，平均水头 532.40m，跃升目前世界上最大的抽水蓄能电站。

（三）水电建设带动了高电压、大电网的形成（略）

（四）科学推进混合式电站发展

在东部经济相对发达但又缺乏水电资源的华东等地区，水电已基本开发完毕，随着风电、核电、太阳能电的不断开发，近年来虽陆续开工建设了一些抽蓄电站，但仍不能满足日益扩大的电网调峰容量需求。通过在已建常规水电站特别是梯级开发的已建水电站中适当扩建可逆机组形成混合式电站，综合调节能力更强，可以有效解决部分电网扩容需求，置换减少火电装机促进节能减排，更好地为地区电网甚至是全国电网提供调峰、调频、调相和备用服务，具有较高的现实意义和较大的发展价值，可视为将来抽蓄电站的一条出路和延续。

扩建后的混合式电站，原有水库可以直接用于抽蓄机组蓄水发电，只需增建水道和厂房系统，大大减少了投资，而且因为一般不需增加库容而不会引起局部环境的改变和不涉及移民问题，社会压力较小。依托常规水电站较大的库容，增加可逆机组后建设为大调节容量、长调节周期蓄能电站，可以更充分地发挥抽蓄电站的作用。因此，混合式电站对进一步优化水资源利用，节省土建工程量及运行管理成本，尤其是对提高电网经济安全运行具有重大意义。

（五）庞大的水电科研实力和丰硕的研究成果

中国拥有庞大的从事水力发电科学技术事业的队伍。据不完全统计，目前有涉及水电领域的中国科学院和中国工程院院士 48 人；清华大学等 20 余家高等学府和中国水利水电科学研究院、南京水利科学研究院等一批科研院所设有涉及水电的专业，拥有研究人员 7000 余人（其中高级研究人员 5000 余人）；从事勘测设计的人员，目前水电系统 9 个央企单位 1 万余人，水利系统 7 个流域设计单位 8000 余人，全国超过 2.5 万人；全国水利水电施工人员 20 多万人，其中专业技术人员近 3 万人（高级职称约 5000 人）；还有哈尔滨电机、东方电机等制造企业和约 500 个大中型水电厂的上万名技术人员。

目前全国已建成与水电科学研究有关的国家级重点实验室和研究中心 15 个左右。

据不完全统计，2001～2010 年，水力发电科学技术研究方面的成果，获国家科技进步奖二等奖 6 项，三等奖 1 项；获省部级科技进步奖特等奖 1 项，一等奖 20 项，二等奖 54 项，三等奖 142 项（其中：中国电力科技进步奖一等奖 10 项，二等奖 40 项，三等奖 114 项；水力发电科学技术奖一等奖 5 项，二等奖 8 项，三等奖 24 项）。此外，许多水电工程还获得全国性的优秀工程勘察、工程项目奖和鲁班奖、詹天佑奖等。

中国大坝在 2007～2011 年获国际里程碑工程称号的共 7 座，分别为：龙滩（216.5m）获国际碾压混凝土坝里程碑工程；水布垭（233m）获国际面板堆石坝里程碑工程；小浪底（156m 坝高＋80m 防渗帷幕）获国际心墙堆石坝里程碑工程；三峡大坝（181m）获国际混凝土重力坝里程碑工程；二滩（240m）获国际混凝土拱坝里程碑工程；瀑布沟（186m）获国际砾石土直心墙堆石坝里程碑工程；洪家渡（179.5m）获国际面板堆石坝里程碑工程。紫坪铺面板堆石坝（156m）经受住了汶川 5·12 八级强震的考验，在堆石坝抗震史上具有里程碑的意义，被评为特别工程奖。

三、对水电开发中有关问题的认识

（一）科学看待水电开发与生态环保的关系

科学合理开发利用水能资源，一是充分认识和理解水电开发中解决好环保问题的重要意义，坚持“开发中保护，保护中开发”的方针；二是不断加强水电开发的前期研究和论证工作，在规划阶段就充分考虑环保因素，加强河流水电规划环境影响评价，完善河流水电规划环境影响评价审查制度，制定明确的环境影响评价审查标准；三是开展生态补偿、干支流开发统筹、河流生态系统健康评估体系等方面的研究，强化生态环境保护；四是进一步加大电站建设施工中的环境保护力度，完善各项环境保护措施，真正把水电开发与水资源综合利用、生态工程建设和地区经济发展相结合，实现流域水资源的综合开发，使水电建设有利于环境保护，形成更加优美的生态环境，用科学有序的开发促进人与自然的协调发展；五是国家层面应排除干扰，从宏观政策导向上，坚持积极开发水电。

（二）正确认识水电移民工作的艰巨性

水电开发除了受生态环保因素的制约，淹没土地、移民搬迁也是主要制约因素之一，移民会改变当地居民的生产和生活条件，从而会影响到民风、民俗，因此会受到有关方面的牵制，给水电开发带来困难。大型水电站建设牵涉到的移民数量巨大，少则几万人，多则上百万人，移民安置任务异常艰巨，而且是一项长期的事关国计民生的大事，必须以更大的耐心和勇气认真地加以解决。

（三）高度重视水库大坝安全问题

威胁水库大坝安全的因素主要有自然因素和人为因素。自然因素包括地震、洪涝、泥石流等特大自然灾害和由其引发的次生灾害；人为因素则是规划、设计、施工、运行等环节对质量的控制和管理水平。只有严格执行各项标准规范和严把质量关，才能确保水库大坝经得起各类极端自然灾害的严峻考验。

要重视前期规划和设计工作，把电站质量安全提升到更高水平。随着水电开发不断引向深入，电站建设逐渐向水力资源富集的西南边远地区转移，大坝建设高度不断走向新的突破，技术难度也越来越大，电站建设质量和安全问题迈向更高层次。要进一步做细项目前期设计工作，进一步做好河流的综合规划和专业规划，在项目论证阶段就要保证选址的正确，在设计上既要大胆设想又要小心求证，在施工建设上要确保质量严格监管。

要加强地震高发区的电站抗震能力，促进水电的可持续发展。四川汶川"5·12"大地震后，社会各界对西南地区的水电建设的安全性极为关注，质疑在地震带上建水库大坝，一旦遭遇特大地震，如何能保证不会对周围的群众造成次生灾难。此外，社会公众对于水库诱发地震的担心，也对在一些地区的水电开发构成阻力。如何充分利用现代科学技术手段，保证水库大坝建设的抗震安全，消除公众的顾虑，是今后水电开发中首先要面对的问题。一方面依靠国家相关部门加强地震科普的宣传和普及，提高公众对地震发生的客观认识，另一方面只有人类的科学发展，建造能够抗震的建筑物，才是抵御和战胜地震灾害的最有效手段。

（四）大力研究和推行流域梯级水电站联合优化调度

"流域、梯级、滚动、综合"是水电开发建设的既定方针。要坚持水电站流域梯级联合调度的原则不动摇，以提高和保证社会效益、经济效益、电网的安全运行为目的，在合理解决发电与水利之间，部门与部门之间，上下游和相邻省区之间，电站和电网之间的利益和矛盾的基础上，加快推进流域梯级调度管理的研究和有关软件的研究开发，积极推行流域梯级综合调度。

（五）积极争取推进水电健康发展的政策支持

一是电价政策。目前困扰水电的移民投资、工程造价的问题，关键在于水电上网定价的问题。多年来，水电上网电价普遍比火电偏低，这既不符合市场经济的规律，也加大了水电开发的难度，应该推进电力市场化的改革，努力实现同质同网同价。根据统计资料，2011 年全社会用电总量46 928亿 kWh，其中农业用电及城乡居民生活用电总量 6661 亿 kWh，水电在降低农业及城乡居民生活成本方面发挥了积极作用。即使水电上网电价每千瓦时只提高 0.1 元，也只相当于全社会用电每千瓦时上涨 0.014 元，社会完全可以接受，但目前影响水电开发的移民安置、带动区域经济发展等问题大都可以迎刃而解。争取水电合理上网电价需要包括电力企业在内的全社会的理解和支持，更需要国家有关部门的政策导向，以有利于中西部地区经济发展、水电开发和安置移民，切实解决好水电开发中的矛盾和问题，维护社会的繁荣安定。

二是税收政策。中国水电站的总体税负较高，不利于水电滚动发展的需要，也不符合国家优先开发水电清洁能源的产业政策。应在继续执行好小水电增值税减税政策的同时，通过大力宣传水电的巨大经济社会效益，努力向国家有关部门呼吁研究解决，积极创造有利的大中型水电站增值税减税政策环境。

四、中国水电发展展望

（一）有序推进实现水电中长期发展规划

坚持在做好保护生态和移民安置的前提下积极发展水电，重点推进大型水电基地有序开发，积极推进完成国家"十二五"、"十三五"水电发展规划，实现国家到 2015 年、2020 年非化石能源占一次能源消费比重达到 11.4%、15%的目标，其中水电比重达到 7%和 8%以上。由于水电建设周期较长，2020 年投产水电基本上须在"十二五"时期开工建设，加之受前期工作滞后、建设难度加大等影响，开发建设存在诸多不确定因素，水电建设时间紧、任务重，加快开发是"十二五"时期的首要任务。

要抓紧水电开发前期工作。一要加快四川、西藏、云南、青海等省区大江大河流域的规划，做好地震地质、生态环保、移民安置、控制性水库布局等重大专题研究论证工作，以及梯级开发方案布局及规划环境影响评价工作；二要做好抽水蓄能电站选点规划，有序推进抽蓄开发建设前期工作，重点开展火电核电比重高、风电等新能源开发规模大、外调电力份额大地区的相关工作，储备一批规模适宜、布局合理、建设条件优良、经济指标优越的抽蓄站址；三要推进重大水电项目勘测设计，抓紧开展一批战略性工程、控制性水库、骨干型项目的前期工作，加快推进项目建设各项准备工作，力争2020年大江大河均基本具备水资源调配能力。

要加快推进大型水电基地建设。一是综合考虑资源状况、开发条件、前期工作等因素，“十二五”期间重点开发大渡河、雅砻江、澜沧江中下游、金沙江中下游等流域，启动金沙江上游、澜沧江上游、黄河上游（茨哈以上）、雅鲁藏布江中游、怒江中下游等水电基地开发。二是优化开发闽浙赣、东北、湘西水电基地，实现到2015年这三个水电基地除东北外其余两基地水电基本开发完毕。三是基本建成长江上游、南盘江红水河、乌江水电基地，实现到2015年这三个水电基地建设基本完成。

要加快抽水蓄能建设。一是着力完善外送电比重高和核电、风电发展较快的东部地区的站点布局，根据电网调峰要求合理布局一批经济指标优越的抽蓄电站，保障电网安全稳定运行；二是适度加快中部地区抽蓄建设，着力解决中部地区因水火分布不均、水电基本开发完毕、三北地区风电受端带来的电网调峰和安全运行问题；三是有序推进西部地区蓄能开发，在西北风能和太阳能资源丰富地区，适应新能源基地大规模开发的需要，按照分类指导、突出重点的原则，有序推进抽蓄建设。

（二）立足自主创新，进一步提升大型水电设备研制水平

《国家能源科技“十二五”规划》强调，以增强自主创新能力为着力点，通过重大技术研究、重大技术装备、重大示范工程及技术创新平台建设，在发电与输配电等关键技术与装备上实现自主化，部分技术和装备达到国际先进水平，提出了水电科技发展目标为：至2015年“攻克复杂地质条件下超高坝、超大型地下洞室群开挖与支护等关键技术难题，掌握100万kW级混流式水电机组设计和制造关键技术，实现40万kW级抽水蓄能机组和7万kW级灯泡贯流式水电机组的国产化，实现流域梯级水电站群多目标综合最优运行调度”，至2020年完成100万kW级混流式水电机组技术集成并在工程中应用；掌握大型潮汐电站双向灯泡贯流式机组核心关键技术。使中国发电技术整体达到世界领先水平。

积极推进发展先进、生态友好的水力发电技术。在进一步巩固70万kW机组自主创新重大科研核心技术成果的基础上，加快推进100万kW级水轮发电机组及成套设备的关键技术与系统集成研究。有序推进7万kW级大型灯泡贯流式水电机组和20万kW级大型冲击式水电机组的自主研制和国产化工作。

“十二五”、“十三五”期间将加大对更高水头（600～800m）和更大容量（30万kW以上）大型抽蓄机组的自主研发工作，努力实现高水头、大容量抽蓄机组国产化，使中国大型抽蓄机组整体装备水平达到世界先进水平。

（三）持续推进小水电发展，助力社会主义新农村建设

进入新时期，以小水电为主体的农村水电在山区生态建设和环境保护、节能减排、抗击洪灾工作中的独特作用得到了社会各界广泛好评。特别是在2008年上半年南方的低温雨雪冰冻灾害和四川汶川“5·12”大地震中，农村水电充分发挥分布式能源的优势，在保障电网安全和抗灾减灾工作中发挥了巨大的作用。因此，一方面要坚持有序推进小水电开发，进一步增加电力供应，积极发挥小水电的综合作用；另一方面要加大小水电危坝险坝的及时修复和技术改造，在提高效能的同时，稳固的小水电站坝能够更好地应对越来越频繁的洪涝自然灾害，更好地发挥抗洪功能，保一方人民的生命财产安全和社会稳定。

（四）重视老机组改造，提高出力，走可持续发展道路

加强对老机组的技术革新和优化改造，进一步提高水电站的综合运行效率，促进水力发电可持续发展。一是有计划地进行研究改造和更新设备、设施，增机扩容，提高老水电站的安全性、经济性。二是加大老水电站的设备维护，保证安全经济发供电。三是重视老水电站库容的保护和恢复，充分发挥水电站的经济社会综合效益和效能。

（中国水力发电工程学会秘书处）

中国火电发展现状及未来形势分析

（白建华）

一、火电是中国的主力电源，近年发展取得显著成就

火电是中国的主力电源：截至2011年底，全国

火电装机约7.65亿kW，占全国总装机的72.5%。其中，煤电装机约7.07亿kW，占总装机的66.9%，同比下降0.8个百分点；气电装机3265万kW，占总装机的3.1%；生物质装机436万kW，占总装机的0.4%。2011年，受水电来水偏枯的影响，全年火电发电量达到38 975亿kWh，同比增长14.1%，占总发电量的82.5%。

煤电能耗水平持续下降：截至2011年底，在役火电机组中，60万kW以上机组超过35%，30万kW以上机组占到75%以上。在加快清洁高效机组建设、加快淘汰小火电机组的作用下，煤电能耗持续下降。2011年供电标准煤耗为330g/kWh，同比下降3g/kWh，比2006年下降37g/kWh。

煤电技术不断进步：在继百万千万空冷机组建成投产、超百万千瓦最大单机容量机组建成投产、首座具有自主知识产权IGCC电站开工建设等系列工程之后，2011年，中国700℃超超临界燃煤发电技术研发计划正式启动，争取在“十二五”末期建立示范电站；百万千瓦超超临界火电机组锅炉给水泵通过试验。中国煤电技术已居于世界一流水平。

发电供气大幅增长：随着中国天然气产量稳定增长、天然气进口大幅增加、西气东输二线等天然气主干管线逐步投产，发电用气的保障力度有所加强，气电发电受阻现象有所缓解。2011年，全国气电总发电量达到1048亿kWh，同比增长35%，气电平均利用小时为3210h，同比上升约200h。

燃气发电技术不断进步：近年来，中国燃气发电装备在重型燃气轮机国产化率持续提高的同时，微型燃气轮机研制也获得重大突破。2011年，中国具有自主知识产权的100kW微型燃气轮机首次点火成功，达到额定工作转速，这将为开拓以微型燃气轮机为核心的分布式供能产业提供支撑。中国燃气发电技术与世界先进水平的差距进一步缩小。

二、煤电发展形势困难，优化布局迫在眉睫

（一）煤电企业经营受电煤价格波动影响大，煤电建设积极性下降

近年来，煤炭价格整体呈现振荡上涨态势，在煤电联动有差调整的作用下，煤电企业盈利状况出现大涨大落，并在2010年及之后，出现连续大幅亏损。2008年1～11月，煤电企业亏损392亿元，而2009年同期，煤电企业利润总额达到269亿元。2011年，在煤价上涨、上网电价调整滞后和不到位等因素影响，五大发电集团火电累计亏损312.2亿元，比上年增亏190.7亿元。2011年10月，同煤集团取代中电投成为漳泽电力的控股股东，是五大电力集团将旗下深陷亏损的火电上市公司控股权出让的第一例。2011年，火电投资占电源总投资的比例为28.4%，2011年火电投资额仅为2005年火电投资额的46.4%，火电投资已经连续6年下降。由于火电建设积极性明显不足，“十二五”期间火电投产规模将受到影响，进而可能影响“十二五”及中长期的电力供需平衡。

（二）未来中国电力需求将持续增长，煤电发展空间巨大

根据未来中国电力需求预测，预计到2015年全社会用电量将达到6.4万亿kWh，2020、2030、2050年将分别达到8.3万亿、10.7万亿、15.2万亿kWh；预计到2015年全国最大负荷将达到10.4亿kW，2020、2030、2050年将分别达到13.9亿、18.4亿、27.6亿kW。

在考虑水电、风电、太阳能等清洁能源发电装机后，根据电力电量平衡分析，预计2015、2020、2030、2050年，中国煤电装机容量将分别达到9.7亿、11.3亿、12.5亿和13.2亿kW，占总装机容量的比重分别为64.3%、58.9%、51.4%和35%，煤电发电量占总发电量的比重分别为72.3%、69.8%、60.7%和42.6%。

从装机总规模看，2020年后中国煤电装机规模增长较为缓慢，预计到2050年前将达到顶峰，煤电装机规模达13.2亿kW，比2010年增长94%；煤电发电量将达到5.6万亿kWh，比2010年增长70%。

（三）现实国情要求优化煤电布局，加强跨区电网建设势在必行

（1）可持续发展要求优化煤电布局。

能源资源与经济发展在地理上逆向分布的基本国情、中东部地区严峻的环保形势和长期存在、反复出现的煤电运紧张状况，决定了“十二五”及中长期，中国需要转变“就地平衡”为主的电力发展方式，优化煤电开发布局，实施输煤输电并举，实行全国范围资源优化配置，实现电力的可持续发展，保障经济社会发展的需求。

2011年3月发布的《国民经济和社会发展第十二个五年规划纲要》明确提出依托陕北、黄陇、神东、蒙东、宁东等煤炭基地建设若干大型煤电基地。根据国家环境保护部2011年9月的《重点区域大气污染联防联控“十二五”规划》（征求意见稿），长三角、珠三角、京津冀鲁等主要煤炭调入地区属于大气污染联防联控“重点地区”，每年出现灰霾污染的天数达100天以上，个别城市甚至超过200天，大气环境问题非常突出。国务院已经明确对长三角、珠三角、京津冀鲁等地区实施煤炭消费总量控制，以限制污染。2011年12月国务院发布《国家环境保护“十二五”规划》提出实施区域环境保护战略，东部地区

要大幅度削减污染物排放总量，在大气联防联控重点区域开展煤炭消费总量控制试点。目前，东部地区由于污染物排放存量大，现有燃煤机组脱硫改造已基本完成，未来新建燃煤机组的环保空间非常有限，客观上要求严格限制新增燃煤机组规模，新增煤电将重点布局在西部与北部地区。

调研显示，除东部负荷中心地区的大容量机组电厂因利用小时和核准上网电价较高而具有一定的盈利能力外，煤电基地地区盈利电厂主要是取得上游煤炭、运输等资源控制权的煤电一体化电厂和有市场保障的电厂，如华能的伊敏电厂、上都电厂等，中电投在蒙东、淮南、贵州等煤电基地的电厂，神华国华公司的电厂等；亏损电厂多为小机组电厂，以及缺乏煤炭资源和市场保障的电厂，如华能的部分煤电基地电厂及东北吉林的部分电厂，国电在煤电基地地区的部分电厂等。在西部、北部等煤电基地建设煤电一体化的坑口电站成为未来煤电发展的重要可行方式。

(2) 加强西北和北部煤电基地建设，加快跨区电网建设势在必行。

紧张的铁路运力、不断上涨的煤炭价格以及日益严格的环境保护要求，都使得中国"就地平衡"为主的电力发展方式难以适应经济社会发展的需要。

加快构建能源资源优化配置的新格局，全面优化电源布局和结构，发展跨区输电势在必行。必须进一步优化煤电布局，加快在西部、北部大型煤炭基地建设一批大型坑口电站，通过跨区输电至中东部负荷中心，转变中国过度依赖输煤的能源配置方式和"就地平衡"为主的电力发展方式，缓解煤炭运输压力，抑制中东部地区供电成本上升速度，改善火电企业盈利水平；此外，在西部和北部风电集中开发地区，统筹规划煤电基地，实现风电与煤电电力的联合外送，提高风电消纳能力与经济性，提高输电通道利用率。同时，需要加强能源受入地区的主网架建设，实现"三华"（华北、华中、华东）1000kV 互联互通，区域电网之间调剂电力余缺的能力将大幅提升。未来在保持电力供应新增总量充足的基础上，可为应对区域性严重缺电局面提供一种科学合理的解决方案。

三、燃气发电形势看好，未来发展需要科学规划

（一）未来中国天然气产量将保持较高增长，海外引气步伐加快，天然气发电装机比重将持续上升

随着页岩气等非常规气的大规模商业化开发，世界天然气发展预期将进入"黄金时代"，有利于中国获取海外资源，也将促进中国非常规天然气的开发。预计 2015 年后，中国页岩气将进入大规模商业化开采阶段。综合国家规划和行业发展信息，2015、2020 年中国天然气产量将分别约 1800 亿、2700 亿 m^3，2011～2020 年平均增速 10%。通过积极利用海外天然气资源，初步判断，海外引气 2015 年可满足 840 亿 m^3、2020 年可满足 1200 亿～1400 亿 m^3 的天然气进口需求。

适度发展天然气发电和分布式能源系统，有利于改善电源结构和能源结构，是国家十分重视的天然气利用方向。2011 年 10 月，国家发改委等四部委发布《关于发展天然气分布式能源的指导意见》，明确提出 2020 年天然气分布式能源装机规模达到 5000 万 kW。预计 2015 年中国燃气发电（含大型燃气发电和天然气分布式能源）装机将超过 7000 万 kW，2020 年将超过 1 亿 kW，发电用气占比将从目前的 1/5 上升到 2020 年的 1/4 左右。

（二）中国燃气发电发展需合理定位、科学规划

(1) 天然气分布式能源优先替代现有及规划的煤电供热项目，并合理布局、明确运营模式。

在规划大量天然气分布式的同时，华北、华东和华中的受端地区还规划核准了大量煤电热电联产项目，从缓解煤电运矛盾、改善环境等角度看均不尽合理。天然气分布式能源与煤电热电联产间的定位关系亟待明确。同时，天然气分布式能源的统筹规划布局还不明确，应在对项目布局地区的冷热负荷进行深入研究基础上，综合能源资源、配网结构和接纳能力，并与集中供能方式进行经济技术比较之后，合理确定天然气分布式能源布局方案。此外，目前天然气分布式的运营模式不够清晰、考虑的因素还不够全面。例如，在设计运营模式时，没有考虑对电网提供的系统规划升级和运行备用服务给予合理补偿。

(2) 合理规划大型燃气电站发展规模。

在不同地区，发展燃气电站应有不同的定位。在西部和北部地区，应充分利用燃气电站优良的调节能力，促进风电等清洁能源的开发和消纳，减少电力行业的化石能源消耗及环境污染物和温室气体排放。在东中部负荷中心地区，由于环保和占地等方面的制约，应充分利用燃气电站运行灵活、占地少的优势，在负荷中心建设燃气电站，作为受端支撑电源，实现就近供电，并降低东部地区的污染物排放，促进电力工业的绿色发展。总体上来看，大型燃气电站发展规模的合理规划必须综合考虑天然气供应能力、对外依存度，未来价格上涨趋势等多种因素，并与风电、太阳能等可再生能源开发消纳相协调，科学确定天然气发电发展总规模，以及天然气调峰电源建设规模，以满足未来风电、太阳能发电大规模发展和高效率利用

的需要。

(3) 完善天然气上网电价疏导政策。

天然气价格存在大幅上涨压力，将推动电力供应成本上升。长期以来，中国天然气价格偏低，国内外倒挂现象严重，国际天然气价格一般为等热值石油价格的60%，中国仅37%。2010年，中国天然气平均门站价1.53元/m^3，仅为亚太、欧洲的1/2。随着气价改革的提速，气价上调将带来天然气发电成本大幅提高，从而推升电力供应成本。建议政府主管部门在批复燃气电厂上网电价时同步疏导销售电价。在燃气电厂电价矛盾疏导前，电网企业仅按燃煤机组标杆上网电价与燃气电厂结算；电价矛盾疏导后，燃气电厂实际发电量超过核价利用小时的也按燃煤标杆机组上网电价结算。

重启核电　稳中求进

（温鸿钧）

2011年3月，日本福岛核电站发生震惊世界的严重核事故，世界各国和国际组织，一致行动，积极采取应对措施，对发展核电的一些重大问题反思。多数有核电国家，确认了继续发展核电方针。保持并稳定了世界核能发展的基本格局。在这期间，中国国务院提出了"国4条"的重要决定，核电界按国务院的要求，进行了广泛、深入、严格的检查和总结经验。现在《关于全国民用核设施综合安全检查情况的报告》和《核安全与放射性污染防治"十二五"规划及2020年远景目标》已经国务院讨论原则通过，基本具备了核电重启的条件。

一、核电重启新理念的形成

核电重启是中国社会经济发展和减排二氧化碳，两大历史需求的强大推动在这特定时期的必然结果。中国若想2020年全面实现小康，21世纪中叶达到世界中等发达国家的目标，尚需保持持续稳定的科学发展。虽然中国GDP总量已达到世界第二，但人均GDP还很低，能源环境形势严峻，振兴中华任重道远。

福岛核事故是对世界核电也是对中国核电的最严厉考试。中国核电通过了这次大考，成绩优良，重启条件已基本具备。国务院审议原则通过的《关于全国民用核设施综合安全检查情况的报告》，对国内核电按国际标准做了最严格的检查，主要结论认为中国核设施安全是有保障的。由于与日本福岛核电厂所处厂址条件不同，中国核设施发生类似福岛核事故的可能性极低。但是，中国核设施在应对引发福岛核事故类似的极端自然灾害事件时，仍存在一些薄弱环节。环境保护部（国家核安全局）、国家能源局制定了短、中、长期计划，要求和督促各民用核设施按期完成相应改进工作。

中国大陆目前已投入运行的核电机组共15台，迄今未发生过国际核事件分级（INES）2级及以上的运行事件，也未发生过对人员或环境造成污染和危害的事件。根据世界核运营者组织（WANO）主要性能指标，中国运行核电机组普遍处于国际较好水平，部分机组达到国际先进水平，有些机组名列前茅。例如，秦山第三核电厂两台机组在WANO排名中已连续多次排列第一，连续六年达到国际先进水平；1999年以来，大亚湾核电厂在法国同类型机组的安全业绩挑战赛中，获得27项次第一名。

福岛核事故引起的反思和经验总结，使重启后的中国核电，将在新的发展理念指导下在更高水平上更加安全健康高效的发展。福岛事故发生后，日本和国际社会，分析了事故原因并总结经验教训。国际原子能机构（IAEA）召开的核能部长级会议，总结了15条结论、16条教训、5条提议。美国核安全专责小组，在"21世纪加强反应堆安全"报告中提出了12条建议。以上这些经验、建议，对世界今核电发展有重要指导作用。

中国基于实际，在《核安全与放射性污染防治"十二五"规划及2020年远景目标》中提出，推动核能与核技术利用的技术升级和进步，进一步消除安全隐患，提高核安全水平，计划实施安全改进、污染治理、科技创新、应急保障和监管能力建设等重点工程。力争至"十二五"末中国核能与核技术利用安全水平进一步提高，辐射环境安全风险明显降低；到2020年，核电安全保持国际先进水平，核安全与放射性污染防治水平全面提升，辐射环境质量保持良好。其中，在安全监管方面，建成全国辐射环境监测网络，国家、省级辐射环境监测能力100%达到能力建设标准，充分保障核辐射安全性。

二、稳中求进，避免大起大落

迄今为止，中国核能的发展是比较健康的。建设的规模和速度，没有超过三四十年前美国、法国的规模、速度，符合中国能源电力发展的需求和客观可能性，除个别情况外，没有出现弄虚作假，追求高指标的现象。

中国工程院核能研究课题组建议，2015年装机规模约达4000万kW，2020年运行装机达6000万～7000万kW，在建约3000万kW。中国已运行核电机组15台，装机容量1257万kW；在建26台，装机容量2884万kW；到2015年底在建机组全部建成总装机容量将达到 4141 万 kW，为“十二五”规划的实现奠定了坚实的基础；此外已批准尚未开工的 5 台，装机容量 422 万 kW；另计划拟建共 16 台机组总容量 1850 万 kW，总和将达到 6413 万 kW。如果在第 12 个五年计划期，每年开工 5～6 台总共可开工 20～24 台机组，到 2020 年运行总装机容量将达到 6000 万～7000 万 kW。

三、提高公众对核电接受程度，任重道远

从目前的统计数字看，福岛核事故对中国居民健康和环境没有影响，对世界的影响，按集体有效剂量计，也不到切尔诺贝利事故的百分之一。

2011 年 11 月英国广播公司（BBC）的国际民意调查，支持“核电是相对安全的和重要的电力来源，应该新建核电厂”的比例，比 2005 年的调查结果，大幅下降了 10%～20%，对原支持比例最高的中国，也下降到了 42%。最积极发展核电的法国下降到了 15%。公众对核电的接受程度已成为核电未来最重大的问题。核电要发展，必须提高公众对核电的接受程度，既是长远任务，又是当务之急。

福岛核事故没有改变“核能是安全、环境友好能源”的基本结论。

核能对人类健康是安全的能源。在各种能源技术全生命周期对人类健康危害，用归一化集体有效剂量当量比较辐射照射，煤电是核电的 50 倍。非辐射，按健康危害评价方法，核能比煤低一个数量级。在环境影响方面，核电，除切尔诺贝利事故外，没有发现可察觉的影响，远远的优于煤电。煤电正常情况下排出的二氧化硫和氮氧化物对森林、农作物影响明显。

核能安全要“多安全是足够了呢?”，美国核管会在三哩岛事故后，为回答这个问题，1986 年发布了《核电安全目标》政策声明，提出了“两个千分之一”的定量目标（对紧邻核电站的正常个体成员来说，由反应堆事故导致立即死亡风险，不应超过社会成员所面对的其他事故导致立即死亡风险总和的千分之一；对核电站邻近区域的人口来一说，由于核电站运行导致癌症死亡风险不应超过其他原因导致癌症死亡风险总和的千分之一）。这个指标，相对其他发电形式，是十分苛刻的，已充分考虑了要取得社会公众理解和支持的心理因素。这个指标，已被国际广泛接受。据有关方面深入分析，现有核电机组基本都能满足，都可认为是足够安全的。福岛事故后各国所做的评估与压力测试，并未颠覆这个结论。

对核安全和环境影，科学、技术评价的结论一般都是正确的，对发展核能是肯定的，但 BBC 公司的民意调查说明，从事工业活动的专家，总想对政府和公众“在技术上说清”，但往往忽略了从法律层面和社会心理层面的努力，因而收效不够理想。如何有效提高公众对核电的接受程度，真正的让公正从实际体验中支持核电。

第一要树立“发展核电，造福人民”的正确态度。要让公众接受、支持核电的发展，核电界的企业、行业和相关管理部门，都应在实际工作中，摆正企业利益、行业利益与国家人民利益的关系，用实际行动，让公众看得到、信得过，确实是在为了国家的强大和造福于人民而发展核电。个别人士或团体，为一己之私利，片面误导舆论，从技术上支持一方贬低一方，竭力在社会心理上制造混乱，寻求舆论及政府对其自身的支持。这种不客观的，有违“造福人民”的发展核电的宗旨，从而动摇了取得公众信任，提高公众接受程度的基石。

第二要在“合法合规，可靠可信”上下工夫。核电由于其放射性的潜在伤害，具有超越时空界限的特点，从而使核电特别难于被公众认同。对核电安全，必须从合理、合法、合情三个层面上认识理解和做好工作。局限于技术因素，想从“在技术上说清楚”，忽视法律、社会心理方面的努来，往往是你说清楚了，但公众还是不认可，要从心理层面上合情合理的解释，要提供“可靠可信”的安全信息，这是取得公众认可支持的基础。

第三要“兢兢业业，一丝不苟”的工作。要取得公众的认可和信任，最有说服力的是拿出实实在在的优良业绩。要有对国家对人民对事业高度负责的精神，“如临深渊、如履薄冰”的心态，严格、严谨，不放过任何的安全缝隙和漏洞，把与核安全相关的方面，进行和谐、协调的科学管理，采用有效的方法，消除和杜绝各种可能的安全隐患。

第四要透明公开，公众参与。制订有关核电发展的重大技术路线、政策、发展规划，审批重大建设项目，应通过召开听证会、专家论证会等方式深入研究，并向社会公开征集意见。核电发展中发生的大事，除涉及军用、保安等保密事项外，一般都应及时公开通报，有利于避免误会而取得公众的信任。

第五要采用成熟技术，让公众放心的技术。有人提出为确保安全，必须采用先进技术。但先进技术必须真正成熟后才能使用，否则会变成安全的隐患。采用先进技术，是应该的，但必须是成熟的。过度追求先进，是公众拒绝接受的重要原因。

总之，核电的公众接受是核电未来发展的重大问题，但解决这个问题要经过长期的努力，关键是核电界要端正态度，关切公众的感受，克服追逐利益最大化的本能冲动，确保核电安全，保障核电稳妥、有序、高效发展。

四、推进内陆核电建设

建设内陆核电站，是中国核电重启中的一个热点问题。从社会经济发展、改善生态环境和能源结构调整看，中国需要发展内陆核电。但中国公众也存在一些对内陆核电安在存在一些疑虑，所以我们应在核安全和尊重民意理念指导下，积极做好提升核电安全的工作，把内陆核电的特殊具体问题解决好，用核电站运行和建设的优秀业绩和做好应急预案，消除社会公众的疑滤。

类似福岛核事故那样的灾难性事件，在中国内陆地区核电厂是极不可能发生的，从这一点说明内陆比沿海核电还安全。核电建设标准，内陆和沿海是一样的，都要满足核安全的要求即可。内陆核电安全的一些特殊问题，可在统一标准下作具体的处理。目前福岛事故后发现的薄弱环节，应予加强，如我们有必要做好内陆核电厂在严重事故下，确保水资源安全的各种应急预案，实现可贮存、可封堵、可隔离、可处理。这种应急预案可以看成是应急响应计划的重要组成和纵深防御中的最后一个层次。做好应急预案，可进一步消除社会公众的疑虑，取得公众民意的支持，争取公众支持下的内陆核电建设高潮早日到来。

五、统筹兼顾，全面安排

近期核电发展的同时，要贯彻全面、协调、可持续的科学发展观，统筹兼顾，全面安排好其他工作。

为解决好核能发展的核燃料供应和放射性废物处理处量的环境生态的问题，要在建成实验快堆的基础上，部署好快中子增殖堆技术及其配套燃料循环技术的研究发展工作，对商用快堆的堆型、后处理技术等的技术路钱，需做好进一步的论证。对聚变核能、中小型模块堆等，要抓紧跟踪研究。要加强相关基础性研究，拓宽中国核能开发的技术基础。

长寿命高放废物的分离一嬗变和核废物的最终处置，需早做研究和工程技术上的准备。高放废物的地质处置，需保持长期与生物圈隔离，避免对环境生态的危害。

发展核能是国家行为，需更好地理顺和完善管理体制、机制。发展核能的根本目的是造福人民。核能发展工作，必须尊重民意，取得公众的信任和支持，一定要抓好科学普及工作和公众参与，核能的公众宣传要制度化、常态化。

中国新能源发电发展现状与发展趋势

（李琼慧）

一、中国新能源❶发电发展概况

2011年，中国新能源发电继续保持快速发展态势，并网装机容量持续增长，发电量不断增加。截至2011年底，中国新能源安装容量达到7000万kW，居世界首位❷，并网新能源装机容量达到5409万kW，同比增长47.4%，约占全部发电装机容量的5.1%。其中，风电并网容量约占并网新能源装机总量的85.5%；并网太阳能光伏装机容量约占并网新能源装机总量的4.4%；生物质及其他新能源发电装机容量约占并网新能源装机总量的10.1%。

2011年，中国新能源发电量约为1016亿kWh，同比增长29.9%，约占全部发电量的2.2%。其中，风电发电量约占新能源发电总量的72.0%；太阳能光伏发电约占0.9%；生物质及其他新能源发电约占27.1%。2011年中国新能源发电量按发电煤耗320g/kWh计算，相当于节约标准煤3241万t，减排二氧化碳9030万t。

1. 风电

2011年，中国风电发展势头依然强劲，中国已成为世界并网风电装机容量最多、增长速度最快的国家。

新增并网容量再创新高，累计并网容量持续增长。截至2011年底，中国风电吊装容量达到5638万kW，连续第三年居世界第一；建设容量达到4921万kW；并网容量达到4623万kW，同比增长56.2%，比2006年增长了22.1倍，年均增长85.8%。中国新增风电并网容量达到1665万kW，同比增长14.2%。

风电装机主要集中在“三北”地区。截至2011年底，华北、东北、西北、华东、华中、南方电网风电并网容量分别为1701万、1509万、872万、313万、52万、175万kW，其中“三北”合计约占全国并网总量的88%。其中蒙西（890万kW）、蒙东（567万kW）、甘肃（555万kW）、冀北（417万

❶ 文中新能源发电指风电、太阳能、生物质及地热等新型可再生能源发电。

❷ 数据来源《2012可再生能源全球发展报告》，2012年6月，REN21。

kW)、辽宁（402 万 kW)、5 个电网超过 400 万 kW。

并网风电装机占比逐步提高，局部地区风电装机比重已达到较高水平。截至 2011 年底，中国并网风电容量占全国发电装机容量的 4.4%，占世界风电装机容量的 19.4%。2011 年，中国新增并网风电容量占全部新增发电容量的 18.4%，占世界新增风电装机容量的 40.4%。蒙西、冀北、蒙东、甘肃、吉林、黑龙江、辽宁风电装机占本地区全部装机容量的比例分别达到 20.6%、20.5%、19.5%、19.4%、12.3%、12.2%、11.8%。蒙东、甘肃、吉林、黑龙江、冀北、辽宁、新疆风电装机占最大用电负荷的比例分别达到 161.6%、49.9%、30.7%、23.8%、21.9%、16.1%、11.3%。

风电发电量快速增长。2011 年，中国风电年发电量 732 亿 kWh，比 2006 年增长了 27.1 倍，年均增长 94%，高于同期并网容量的增长速度。全国风电发电量占全部发电量的比重达到 1.6%。2011 年风电发电量最多的 5 个省（区）依次为内蒙古（220 亿 kWh)、河北（90 亿 kWh)、甘肃（71 亿 kWh)、辽宁（66 亿 kWh)、黑龙江（44 亿 kWh)；风电发电量占全社会用电量比例最高的 4 个电网依次为蒙东（40.9%)、甘肃（9.7%)、蒙西（9.5%)、吉林（7.6%)。

这些地区风电运行指标从风电发电量占用电量比例看达到或超过欧美。2011 年，丹麦、西班牙、德国则分别为 24.0%、16.0%、6.7%。

2. 太阳能光伏发电

中国从 2009 年开始实施太阳能光电建筑应用示范项目和金太阳示范工程；2011 年国家发改委出台光伏发电上网电价，极大激发了西部地区太阳能资源丰富地区地面光伏电站开发建设的热情。

中国光伏发电装机容量呈现爆发式增长，国内光伏发电市场开始启动。截至 2011 年底，中国光伏发电安装容量达到约 300 万 kW，同比增长 241%，居世界第六位，其中地面光伏电站约 200 万 kW，约占 2/3，用户侧光伏发电系统约 100 万 kW，离网独立光伏系统约 12 万 kW。新增光伏发电安装容量 208.4 万 kW，同比增长 260%，仅次于意大利、德国，居世界第三位。2011 年太阳能光伏发电量达到 9.14 亿 kWh。截至 2011 年底，中国已核准大型光伏发电项目 194 个，共计 346.7 万 kW；2011 年新核准大型光伏发电项目 114 个，共计 231.9 万 kW。

大型并网地面光伏电站成为光伏发电装机的主体，分布式光伏发电应用规模显著提高。截至 2011 年底，中国共 14 个省（区）已建成 138 个大型并网光伏发电项目，累计并网容量为 236 万 kW，占光伏发电总安装容量的 80%；2011 年全国新建成光伏发电项目中大型并网地面电站容量占比达到 92%。随着光伏发电技术日益成熟、成本逐渐降低，经济较发达地区开始启动建设一批分布式光伏发电系统。截至 2011 年底，中国分布式光伏发电累计安装容量约为 59 万 kW，占光伏发电总安装容量的 20%。

光电建筑项目和金太阳示范工程带动分布式光伏系统发展。光电建筑项目从 2009 年启动，截至 2011 年底国家已公布的光电建筑示范项目规模约为 300MW，其中 2009、2010、2011 年项目规模分别为 90、100、110MW。金太阳工程从 2009 年启动，截至 2011 年底国家已公布的金太阳示范工程项目规模约为 1170MW，其中 2009、2010、2011 年项目规模分别为 206、272、692MW。

地面光伏电站主要集中在西部太阳能资源丰富地区，分布式光伏发电系统主要建设在中东部经济较发达地区。截至 2011 年底，累计光伏并网容量排名前五位的省（区）均依次为青海、宁夏、江苏、甘肃、新疆，累计光伏并网容量分别为 93.8 万、49.1 万、39.6 万、15.1 万、12.0 万 kW；累计分布式光伏发电系统规模排名前四位的省（区）均依次为江苏、湖北、浙江、河南，累计安装容量分别为 18.61 万、5.25 万、4.4 万、4.0 万 kW。

3. 太阳能光热发电

中国的光热发电技术研究起步较早，但由于技术、成本和政策等多方面原因，光热发电在中国的发展还显得滞后。

中国太阳能热发电处于起步阶段。截至 2011 年底，中国开展前期工作的太阳能热发电站 1 座，装机规模为 50MW❶；已核准太阳能热发电站 3 座，装机规模为 143.5MW；已建成实验性太阳能热发电站 2 座，装机规模为 1.18MW。

太阳能热发电呈现多种技术类型共同发展的格局。太阳能槽式热发电：2011 年，甘肃金塔红柳洼 50MW 太阳能热发电项目已获得同意开展前期工作；内蒙古鄂尔多斯 50MW 槽式太阳能热发电特许权示范项目、宁夏盐池哈纳斯 92.5MW 太阳能热发电实验电站分别获得核准；国电吐鲁番 180kW 槽式太阳能热发电实验电站已进入试运行阶段。塔式太阳能热发电：2011 年，国家“863”计划项目中科院电工所延庆太阳能热发电站 1MW 示范项目已建成发电，该项目是中国自主研发的亚洲首座兆瓦级太阳能塔式热发电站。碟式太阳能热发电：2011 年，海南三亚

❶ 数据来源：水电水利规划设计总院《2011 年度中国太阳能发电建设成果统计报告》。

1MW太阳能热发电示范工程开工建设，成为国内首座开发建设的碟式太阳能热发电站。

二、当前中国新能源发电发展面临的主要问题

(1)“三北”地区风电设备利用小时下降，弃风电量增加，风电开发与消纳的矛盾加剧。

由于调峰电源不足、风电开发规划与配套电网规划不协调，风电基地消纳市场不明确等原因，随着风电开发规模的持续增长，风电设备利用小时下降，弃风问题突出，风电开发与消纳的矛盾加剧。2011年，全国风电设备平均利用小时为1903h，比2010年减少144h。其中，辽宁、吉林、黑龙江、蒙东、甘肃风电发电利用小时分别为1934、1591、1970、1719、1652h，同比分别下降99、350、61、502、135h，“三北”地区出现了不同程度的弃风问题。弃风严重地区主要集中在风能资源丰富的“三北”地区，辽宁、吉林、黑龙江、蒙东、甘肃的弃风电量分别达到5.62亿、4.74亿、7.28亿、28亿、7.1亿kWh，弃风比例分别达到8%、12%、15%、24%、10%。

(2)大规模风电机组脱网事故连续发生，风电安全运行问题突出。

随着近几年风电并网容量的快速增长，其在高速发展过程中留下的安全隐患逐步暴露，且呈现集中爆发态势。2011年，全国发生193起风电机组脱网事故，其中，一次损失风电出力10万～50万kW的脱网事故54起，一次损失风电出力50万kW以上的脱网事故12起[1]，对电网安全稳定运行带来较大影响。如，西北“4·25”事故损失风电出力153.5万kW，脱网机组多达1278台，造成电网频率降至49.76Hz，越限时间达到5s。目前，风电机组低电压穿越能力整改工作取得较大成绩，风机大规模脱网事故率明显降低。但是，由于风电机组设备质量参差不齐，风电场设计施工存在缺陷，加之技术整改还没有完成，风电脱网风险依然存在。

(3)现行的光伏发电激励政策执行中出现一些新问题。

2009年以来，为尽快推动国内太阳能光伏发电市场的发展，国家陆续启动了“太阳能屋顶计划”和“金太阳示范工程”，针对用户侧光伏发电系统出台了以初投资补贴为主的光伏发电激励政策；2011年，随着光伏发电成本的下降，国家出台了针对大型地面电站的光伏发电上网电价政策。这些政策的出台对推动中国光伏发电产业的发展发挥了重要作用，但也带来一些问题。一是现行的初投资补贴政策，存在国家一次性补贴负担重、后期项目监管成本高，保证项目真正运行和发挥作用难度大等问题。现行的用户侧光伏发电系统初投资补贴政策，降低了项目业主投资风险，增加了项目吸引力，初期执行相对简单和容易。但是按照政策设计，光伏发电项目应满足20年稳定运行要求，初投资一次性补贴的特点，加大了项目后期监管的难度和成本，难以控制和保证项目在未来20年真正运行和发挥作用，导致项目实际执行过程中出现部分项目质量不高、建而不用甚至建后拆卖等问题。二是不分资源区的全国统一的光伏上网电价，不利于东部地区太阳能资源条件一般地区用户侧光伏系统的发展。中国幅员辽阔，太阳能资源条件差异很大，青海、内蒙古等地区光伏系统年等效利用小时达到近2000h，而中国东南部经济发达的广东、上海等地区年等效利用小时仅为1000h左右，满足相同收益率的上网电价水平相差近一倍，采用统一光伏上网电价不利于在全国更大范围推动用户侧光伏发电系统的应用。

(4)风电、太阳能缺乏统一规划并网管理、不规范。

尽管近年来国家能源局进一步规范了风电并网管理，但风电项目提前开工现象依然存在。据不完全统计，截至2012年4月底，全国已并网项目中有25%未取得接网函；在建项目有42%未取得接网函，在电网接入条件尚未落实的情况下开工建设，直接导致风电项目建成后送出受限。而太阳能光伏发电项目的开发管理不规范的问题更为严重。目前，中国还没有明确的太阳能光伏发电项目并网管理规定和标准，尚没有出台规范的项目开发建设以及并网管理流程，项目建设随意性较大，部分项目在实施过程中遭遇并网或送出困难。此外，光伏发电项目专业化人员缺乏、运行维护制度不规范的问题也十分突出。

三、中国新能源发电发展趋势

(一)中国风电由高速增长期步入稳定增长期。风电增长速度回落，风电装机与发电量增长速度趋于同步，“十二五”期间，年新增长装机容量有望维持在1500万～1800万kW

从2010年开始，随着风电装机规模的扩大，在年新增装机规模继续增长的情况下，中国风电结束了每年翻番的历史。特别是从2011年开始，随着风电发电量规模的扩大，风电装机增长速度与风电发电量增长速度趋于同步。2011年，中国并网风电装机容量增长速度为56.2%，发电量增长速度为48.2%，预计“十二五”期间这种趋势仍将持续，如果风电限

[1] 数据来源：国家电监会《2011年风电安全监管报告》。

电形势好转，风电发电量增长速度可能略高于风电装机增长速度。

尽管风电装机增长速度回落，但年新增装机规模有望维持在1500万～1800万kW。从风电项目核准情况来看，截至2011年底，全国累计核准项目8175万kW，扣除已并网容量，在建项目规模3391万kW；此外，国家能源局第一批风电核准计划项目规模为2683万kW，其中尚未完成核准的项目规模为939万kW，再加上能源局2012年公布的第二批拟核准项目1675万kW，目前在建以及拿到路条项目规模已达到6005万kW。考虑到目前已建、在建及拿到路条项目规模已超过1亿kW，因此，“十二五”期间，年新增风电装机规模保持在1500万～1800万kW是合理的，也是可行的。

（二）风电消纳问题短期难以解决，迫切需要加强统一规划落实风电基地消纳市场及配套政策，从根本上解决风电消纳问题

由于风电等变动性电源具有波动性和随机性的出力特性，电力系统接纳变动电源存在上限规模，且不同电力系统接纳能力存在差异。电力系统接纳风电等变动能源的能力取决于系统的电源结构、负荷特性以及电网范围。国际能源署（IEA）相关研究表明，丹麦、美国西部电网、加拿大、日本等风电消纳比例（风电发电量占本国用电量比例）上限分别为63%、45%、37%、19%，而目前这些国家的风电消纳比例未能达到比例上限。

当前“三北”地区出现的较为严重的弃风问题，是近几年风电并网容量集中、快速增长而项目规划期对消纳市场研究不够、消纳市场不明确带来的后果。目前造成风电大量弃风的直接原因主要包括：

一是系统调峰能力不足。一方面东北电网负荷总体水平较低，峰谷差大，用户用电负荷特性对系统调峰能力需求大，如，2011年辽宁、吉林、黑龙江和蒙东电网负荷平均峰谷差率超过30%；另一方面调峰电源不足，“三北”地区电源结构中火电比重高，且火电装机中热电联产机组比例过高，水电、抽蓄和燃气等调节能力好的电源比例低，2011年底，辽宁、吉林、黑龙江和蒙东供热机组占网内火电机组的比例高达47.4%、74.4%、45.3%和23%。按照“以热定电”的运行方式，在很多地区供暖期的低谷负荷期，系统几乎无法为风电运行预留空间，导致限电现象的发生。

二是风电送出受限。由于风电基地输电规划不落实、跨省、跨区电网建设滞后，以及风电场和送出工程建设周期不匹配等原因，部分风电项目出现送出受阻情况。一方面新能源规划与电网规划不协调增加了并网工程建设的难度。部分地区新能源项目规模和进度远超规划，没有形成完整和统一的新能源发展规划，使得电网规划无法跟上新能源规划调整，相应配套输变电工程不能及时纳入电网规划中，难以保证接入系统工程的及时建设。另一方面，风电项目与电网送出工程前期工作周期不匹配，核准不同步。风电项目核准周期短，而风电接入系统工程前期工作开展必须依赖风电场升压站站址确定，大部分风电场接入还需配套加强主网架，可研深度要求高、核准程序复杂、周期长。风电项目不同程度存在提前开工现象，在电网接入条件尚未落实的情况下便开工建设，出现风电项目建成后送出受限问题。初步统计，截至2011年底，已并网项目有25%未取得接网函。

（三）国内用户侧光伏发电系统的发展有望加速

从国外形势来看，国内光伏产业出口受阻。2011年下半年以来，世界经济复苏乏力，发达国家经济增速下滑，各种形式的贸易保护主义抬头，新能源产业领域也成为中外贸易摩擦焦点。欧盟缩减光伏发电补助，美国对华光伏产品出口发起“双反”（反补贴、反倾销）调查，对中国光伏海外市场的发展十分不利。

从国内光伏产业发展形势来看，国内产能严重过剩。中国自2007年成为世界第一大光伏电池生产国，世界前十大光伏电池生产商中，中国占到5个。世界十大光伏组件供应商中，中国占到6个。由于国内需求有限，超过90%的光伏产品需要依赖出口。

从国家宏观政策走势来看，鼓励用户侧光伏发电系统的发展。

初步测算，若欧美对中国光伏产品的进口量下降50%，则有近1000万kW的产能需要在国内消化。特别在江苏、广东、浙江、上海等沿海地区，聚集了近150家光伏企业，四省（区）出口额占全国总出口额的72%。只要政策到位，这些地区发展用户侧光伏发电系统的潜力巨大，将使用户侧光伏发电出现爆发式增长。

（四）光热发电有望实现新的突破

光热发电技术具有系统发电出力稳定可调、开发规模较集中、系统效率较高和电网友好性的特点，同时也存在系统设计复杂、光电转换系统环节多、资源开发约束多、单体电站经济性开发规模要求大、商业化应用时间短的状况。目前，全球光热发电处于示范项目建设和市场启动初期。光热发电市场受技术进步和开发条件等因素制约，其全球市场具有装机容量小、装机增长速度慢、新增装机增长速度波动性大、开发国家和地区极为集中、槽式技术装机容量占据绝对主导地位、规划装机容量大的特点。度电成本具备与光伏发电成本的竞争力，但初始投资较高，离不开

政府政策支持力度。

中国光热发电市场开发潜力巨大。根据相关研究，中国适合光热发电的地区主要包括内蒙古西部阿拉善盟和鄂尔多斯地区、甘肃西部河西走廊、青海、西藏以及新疆的哈密和吐鲁番地区，DNI 超过 2200kWh/（m^2·a）的地区潜在装机容量约为 30 亿 kW。

随着局部地区太阳能光伏发电大规模并网，光伏发电的并网和消纳问题将日益突出，在太阳能资源丰富地区发展太阳光热发电已是必然趋势。

配电网发展现状及工作重点

（韩 丰）

2011 年，全国发电装机达到 10.56 亿 kW，其中火电 7.65 亿 kW，水电 2.3 亿 kW，风电 4505 万 kW，核电 1257 万 kW。全社会用电量达到 4.69 万亿 kWh。

目前，除台湾外，实现了全国联网，形成了华北、华中、华东、东北、西北、南方六个主要同步电网。华北、华中通过 1000kV 交流联网，东北与华北通过高岭直流背靠背实现异步联网，西北与华中通过灵宝直流背靠背、德阳—宝鸡±500kV 直流实现异步联网，华中与华东通过葛洲坝—上海（南桥）、三峡（龙泉）—江苏（政平）、三峡（宜都）—上海（华新）、三峡（荆门）—上海（枫泾）±500kV 直流以及金沙江（向家坝）—上海（奉贤）±800kV 直流工程实现异步联网，华中与南方通过三峡（荆州）—广东（惠州）±500kV 直流实现异步联网。2011 年青海—西藏±400kV 直流工程投运，西藏与西北电网形成异步联网，从而全面实现了除台湾外的全国联网。

在全国电网结构中，配电网是电网的重要组成部分，是保障电力“配得下、用得上”的关键环节，直接面向终端用户同，但其结构相对薄弱。配电网通常分为城市电网和农村电网，两者在技术标准、装备水平及管理等方面存在差异。经过“十一五”的建设与改造，配电网结构明显改善，供电能力大幅提升，户户通电和新农村电气化等民心工程广受赞誉。但配电网尤其是农村配电网仍然薄弱，装备水平有待提高。

一、2011 年配电网现状

国家电网公司经营区（以下简称“公司”）配电网覆盖全国 26 个省（自治区、直辖市）的 731 个行政区、1475 个行政县，约占国土总面积的 88%；供电人口超过 10 亿人，约占全国总人口的 80%。2011 年，公司 35kV 售电量 4270 亿 kWh，10kV 及以下售电量15 416亿 kWh。

截至 2011 年底，公司经营区共有 35kV 公用变电站 1.54 万座，主变容量 2.15 亿 kVA；35kV 公用线路 4.68 万条，线路长度 36 万 km。10kV 公用配电变压器 328.6 万台，总容量 6.05 亿 kVA；线路长度 542 万 km。2011 年，公司投资配电网 821 亿元，其中 35kV 电网投资 235 亿元，10kV（含 20kV）及以下电网投资 586 亿元。

2011 年，城市电网供电可靠率为 99.921%，同比增加 0.015 个百分点；户均停电时间为 6.92h，同比减少 1.31h。农村电网供电可靠率 99.665%，同比增加 0.029 个百分点；户均停电时间为 29.346h，同比减少 2.54h。城市电网供电电压合格率 99.759%，同比提高 0.008 个百分点；农村电网供电电压合格率 97.688%，同比提高 0.211 个百分点。35kV 线损率为 2.1%，10kV 及以下综合线损率降至 6.21%。

2011 年 5 月，国务院办公厅转发发展改革委关于实施新一轮农村电网改造升级工程意见的通知（国办发〔2011〕23 号），全面部署新一轮农村电网改造升级工程。目前，公司经营区内 2 个县域电网告别孤网运行，50 个县域电网实现与主网强联接；消除“低电压”用户 290 多万户，改造居民户表设施 540 多万户；全年为 3.5 万无电户、13.6 万无电人口解决了通电问题。

二、配电网发展特点及问题

配电网发展与用户、地区经济、市政及相关政策等关系密切，规划建设中具有“小而多、广而杂、快而变”等特点。政策上要与国民经济发展相适应。

（一）小而多，管理粗放、精益化水平不高

配电网位于电网的末梢，一方面，网络单一、容量较小，10kV 出线所带负荷一般为 5M～8MW，单台配变容量为 150～315kVA。另一方面，点多线长、工程繁多，2011 年公司经营区 10kV 线路长度超过 542 万 km，是 110kV 及以上线路的 7 倍以上，10kV 配变台数是 110kV 及以上变压器台数的 180 倍；地市级配电网项目一年多达数百上千个，是输电网的几十倍。

由于“小”，配电网故障只影响局部区域供电，不会发生大面积停电，受“重发轻供不管用”观念影响，长期以来配电网建设与改造未得到应有的重视，管理粗放；由于“多”，资产规模庞大，运行管理难度较大，自动化、信息化水平较低，数据收集整理困难，精益化管理水平不高。

（二）广而杂，建设标准不统一、不完善

中国配电网覆盖范围广、地区发展差异大，管理机制、投资机制呈多样化特点。一方面，受经济社会发展、历史因素等影响，各供电能力、网架、供电质

量差异极大。既有北京、上海等负荷密度高达$20MW/km^2$，供电可靠率达到99.98%以上的地区，也有边远农牧区负荷分散、几公里山区线路只带十几千瓦的负荷、供电可靠率不足90%的地区；据不完全统计，变压器、线路负载率低于20%和高于80%的轻重载比例都在10%以上。另一方面，投资多样化、管理机制多。由于长期没有明确的配电网投入机制，出现了很多用户投资的专用接入工程，公司经营区10kV公用线路挂接配变中用户专用变压器占40%～50%，部分城市高达70%。另外，县级配电网企业又分为直供直管、控股、代管等供电企业，配电网发展水平及管理水平存在差异。

由于"广而杂"，造成标准不统一、不完善。一是规划建设标准繁多，城网与农网有不同的规划建设标准，而同样是农网，直供直管、控股、代管等不同体制执行的标准也不尽相同；二是相关标准细化不够，缺少适应地方实际情况的标准实施细则，标准执行情况参差不齐；三是标准涵盖范围不全面，缺少"配电网网架设计标准"等重要内容，导致配电网规划和建设脱节，系统性有待进一步提高；四是专用用户接入标准不清晰、执行严肃性不够，部分用户接入无序，造成网络接线混乱，网架结构整体统一性受到冲击，供电可靠性降低。

（三）快而变，规划时效性难以保障

配电网多处于负荷中心，一方面，工程需求急、周期短，10kV配电网工程建设周期一般为3～6个月，更有少数政府工程从立项到建成投产要求在1～2个月内完成。另一方面，调整和改造的现象频繁。中国社会经济正处于"转型期"，市政规划调整、土地用途变更、用户业扩报装变化等情况时有发生。

由于"快而变"，按照现有的管理模式和方法，一是导致规划的时效性差，配电网生产建设发生的变化难以及时反馈到规划环节，新建与改造规划缺乏协调，刚建成就需要改造的现象屡屡发生，目标网架无法得到延续，难以统筹考虑规划目标网架和过渡模式。二是导致上级网架结构不合理，下级电网的需求变化无法及时反馈到上级电网，当负荷增长点发生较大变化时，220、110kV变电站建设不能及时调整，配电网只能采取迂回供电、跨（供电）区供电等临时方式解决。

（四）农村电力管理体制尚需进一步理顺

目前，中国农电管理有直供直管、股份制、代管和地方自供自管等多种体制。公司管理的县供电企业中，代管企业和股份制企业分别占25.5%和14.9%。代管企业作为一种过渡形式，在农电体制改革中发挥了积极作用，但无法从根本上解决产权关系不清和权责不匹配等问题。由于缺少资产纽带关系，中央电网企业无法对代管县域内的电网直接投资，代管县电网发展速度明显滞后。对于股份制企业，一些地方政府往往不能按所持股比与省级公司等比例安排电网建设资金，影响了农网建设发展。地方自供自管的县级供电企业缺乏联网优势，无法做到与周边城乡电网统筹规划，普遍存在发展效率低、融资能力差、服务质量不高等问题。

（五）分布式能源的并网给配电网发展带来新的挑战

大规模的分布式电源的发展将配电网的无源网络变成了有源网络，潮流的"单向性"变成了"双向性"，用户的"单一卖方"变成了"买卖双方"。配电网的"配送平台"变成了"送受平台"。技术上配电网要适应分布式电源的并网条件；管理上要跟上配电网技术发展的变化，出台相应的规程规范；政策上要兼顾各方利益，近年来，国家出台了一系列关于分布式电源的政策法规。总体看来，这些政策存在以下问题：一是现有激励政策多侧重于发电企业，对电网企业激励不够，存在电网企业和发电企业责权利不清的问题；二是现有政策存在单一化问题，如光伏发电未针对发电系统的技术类型、地点和容量等特点进行差异化激励；三是政策不完善，如天然气多联供电价机制处于空白；四是部分政策缺少实施细则，如金太阳示范工程投资补贴管理难度大，存在滥用投资补贴情况，实施效果不理想。

三、今后配电网的工作重点

（一）统筹协调，实现配电网统一规划

一是远近结合，实现目标网架与过渡模式的统一。应尽快在重点城市及二、三线城市开展饱和负荷密度研究，以饱和负荷需求为目标，开展目标网架规划，做好目标网架与过渡模式的衔接，实现规划的远近结合，提高配电网规划的延续性与可持续性。

二是上下呼应，实现输电网与配电网规划的统一。要以配电网目标网架为指导，统筹上下级电网规划，做好上级变电站的规划布局，在土地资源紧张的城市，与市政规划相协调，预留变电站站址和线路走廊，为配电网建设提供可靠的电源支撑，保证各级网架的合理性。

三是内外一致，实现公用网与专用网规划的统一。要深入分析专用用户的分布特点和规律，统筹考虑专用用户的供电要求，将各类用户的供电方案统一纳入地区配电网规划，预留出线间隔，避免间隔不足、迂回供电等问题；明确各专用用户的接入标准，解决用户接入随意性大的问题，提高配电网规划的系统性和刚性约束。

四是缩短规划周期，切实提高统一规划的时效性。配电网项目“快而变”的特点，要求缩短规划周期，及时进行规划滚动修编，建议将配电网规划周期定为2～3年，每半年至1年进行滚动修编，努力做到配电网规划符合地方发展规划的进程。

（二）加强规划设计标准化建设，提升配网规划建设水平

一是强化系统性，形成自上而下的配电网规划建设标准体系。一方面，协调发展、生技、农电、营销等相关技术标准，按照系统性、差异性、协调性的原则，进一步深化标准的深度，对规划建设原则进行细化，以提高标准的针对性、规范性和可操作性。另一方面，结合各地区的实际情况，明确建设标准应用原则和应用范围，达到保障规划具体实施的深度，形成配电网规划建设工作的实施细则，实现公司系统全面贯彻执行统一的配电网标准体系。

二是强调完整性，开展配电网“网架标准化设计”。实现“规划”到“建设”标准规范的有效衔接。以指导“目标网架”建设为目的，细化“指导原则”中配电网各种典型网架的线路结构和参数、设备容量及选型等的配置原则，明确配网自动化、分布式电源并网等设计要求，解决“指导原则”与“三通一标”间的存在的标准化缺口，确保配电网规划、建设全过程的标准化贯通，提高配电网建设的效率和效益。

三是注重科学性，分布式电源接入、电动汽车充换电等配电网新技术、新设备推广应用，“因时因地”提高配电网建设标准。中国配电网建设标准较为滞后，设备选型、导线截面等配置标准较低、改造频繁，缺少地下变电站等相关技术标准，应借鉴国外经验，按照饱和负荷要求，适当提高建设标准。特别是应尽快提高农网建设标准，以适应城镇化快速发展的需要，满足发达地区农村电网建设要求，确保同类负荷、同类地区标准统一。

（三）加强配电网智能化研究，实现多目标统一规划

一是统筹一次与二次系统规划，明确配电自动化应用原则和范围，结合配电网架建设与一次设备改造，做好配电自动化及通信、调度、保护等二次系统规划。

二是深入研究风电、光伏等分布式电源运行特性，统筹并网需求。研究对配电网可靠性的影响以及对配电网电源结构的影响，评估分布式电源接入配电网的发展趋势、模式和速度等；研配电网可接纳分布式电源的能力、与上级电网的匹配；研究分布式电源无功补偿、综合效益评估等相关内容。

三是考虑电动汽车等多元化用电需求，提升配电网发展水平。研究储能、电动汽车充换电等负荷对电压波动、频率波动、无功配置、可靠性的影响；研究多元化用户接入要求，制定相关的配电容量配置、线路选型、继电保护设置等规划、设计技术原则。

（四）创新规划理念，提高供电可靠性与资产利用率

适应配电网网架结构多样、互联水平提高的发展要求，转变传统的以单条线路、单个配变台区为供电分区进行规划建设的传统方法，开展基于网架结构的供电分区研究。

借鉴国外先进的配电网规划经验，以供电可靠性为目标，深化研究面向供电可靠性的配电网规划方法，引入停电风险概率模型，从网架、设备、技术、管理等方面分析影响供电可靠性的各项因素，建立规划方案与可靠性指标之间的内在联系，以实现配电网可靠性目标的量化规划和优化提升。

建立常态的配电网评价机制，及时跟踪了解配电网建设运行情况，找准薄弱环节、诊断问题，在规划中综合考虑现有资产的应用，协调新建、扩建与改造的关系，提高资产利用率，促使粗放式管理向精益化转变，提升配电网投资的效益。

（五）完善分布式电源的政策法规

一是系统梳理目前分布式电源上网电价政策，集中出台完善的上网电价机制，建立和健全相关政策；针对已有但不完善、缺乏可操作性或不合理的上网电价政策，需要进行完善。

二是制定合理的风电、光伏电站、热电联产等分布式电源送出工程电价政策。按照电源、电网同等享受支持政策的原则，合理核定分布式电源配套送出工程的补偿价格。建立电源辅助服务补偿机制。对参与深度调峰以及提供系统调频、调压的电源，给予合理的经济补偿。

三是科学引导“微电网”规范发展。目前，微电网的定义尚不清晰，关键技术、设备仍未成熟，应以微电网适应性、协调性、可控性和稳定性等关键技术研究为目标，开展示范项目建设；在总结试点项目经验的基础上，及时对微电网运营模式的责任、权利、义务及经营方式等关键问题做出明确规定，科学引导微电网规范发展。

中国电网发展应坚持“坚强”与“智能”并重

（张义斌）

一、智能电网是国际电网发展共同趋势

自21世纪初以来，智能电网经历了从概念产生

到理论体系化的发展过程，但是由于经济社会发展阶段、能源资源禀赋以及电网发展阶段等具体国情不同，各国对智能电网内涵的阐述、发展的侧重点与技术路线等方面呈现出不同视角下的共性与个性。

在智能电网发展驱动力方面，以清洁能源和信息通信技术为核心的第三次技术革命和用户需求的多样化、个性化是智能电网发展的内在驱动力；具体表象来看，欧盟、美国与日韩都面临着环境压力、电网升级改造、电力系统安全稳定运行、新技术商业化推动等方面的迫切要求。但由于政治、经济、人文、技术发展水平、基础设施等诸多因素的不同，导致各国在智能电网发展中的切入点、侧重点和优先级都有所区别。

在智能电网的内涵方面，欧盟、美国和日本建设智能电网的终极目标都需要涵盖包括发输变配用等在内的电网各个环节，并最终实现整个电网能量流、信息流与业务流的完全互动，可以预见到在未来各国智能电网的发展具有趋同的终极目标；但由于目前各国发展智能电网的出发点不同导致了各国智能电网发展、建设过程中的差异，在智能电网各环节的技术应用上体现出不同的技术偏好。对智能电网内涵的阐述，也能体现各国智能电网发展的不同观点。

在智能电网参与者方面，欧盟与美国都建立了涵盖政府、企业、大学和相关研究机构、设备制造商等在内的官方的以及非官方的组织机构来开展并推动智能电网的研究、建设与发展；现阶段各国政府仍是智能电网领域科学研究的主要资助者，大学和科研机构是智能电网技术研发的主体，在实施试点方面电力企业与设备制造商具有较高的参与度与积极性。

在智能电网技术的成熟度方面，目前无论是欧盟还是美国，包括智能电表的高级量测体系相关技术在各国开展的智能电网示范工程中均有涉及，已经处于大规模示范阶段，同时可再生能源发电技术由于在上世纪末即已有研究与应用，目前也日益成熟，而对于输配电的基础设施、运行管理等的相关技术还处于研究、试验和工程示范阶段，并未获得大规模推广，对于高级资产管理则根据欧美的不同国情更多地处于研究探索阶段。

在智能电网发展的影响因素方面，政治体制因素、经济因素与技术因素对欧美智能电网发展起着至关重要的影响，其中政治体制因素是主要决定未来智能电网发展中最大的不确定因素，各国政府对智能电网发展的支持力度直接决定着智能电网的发展速度与发展方向，而经济因素与技术因素则可能在一定程度上加快或迟缓智能电网的建设、发展速度。另外，用户对智能电网的认知程度和参与互动意识也是智能电网顺利实施的重要因素。

中国的智能电网已经进入全面建设阶段。国家电网公司充分发挥企业在智能电网技术创新中的引领作用，从基础研究入手，把握重大前沿课题，建立自主创新体系，重视各环节协调发展，在智能电网的战略研究与规划、激励政策与措施、标准规划与制定、关键技术与设备、试点与工程建设、产业链发展等方面取得了令人瞩目的成绩。

二、中国电网发展面临的形势

2002 年底，中国电力体制实现了厂网分开。而当时，由于经济高速发展带来的电力需求快速增长，为了缓解供电紧张，大批电源项目纷纷上马，超过70%的行业固定投资流向电厂建设。国家电网公司全面分析电网发展面临的形势，明确提出了建设以特高压电网为骨干网架、各级电网协调发展的坚强的国家电网。

在这一战略的指引下，中国电网经过几年的发展，取得了巨大成就。随着三峡输变电工程、特高压工程等跨区联网工程的建设，除台湾等地区外，全国联网格局初步形成。全国联网有力地支持了国家西部大开发和西电东送战略的实施，极大地缓解了部分地区的用电紧张状况，促进了电力行业整体投资效益的提升。

当前，在工业化和城市化的拉动下，中国经济仍将保持平稳较快增长。在今后相当长一段时期内电力需求将保持较快增长的态势，电网处于快速增长的发展阶段。如何在电网向智能化方向发展的世界趋势下，既保证电网发展的技术先进性，又兼顾电网的发展速度、发展效率与可持续发展能力，成为中国电网发展亟待破解的战略问题。

一是满足未来经济社会快速发展对电力的需求。电力工业与国民经济同步增长，未来电力需求空间依然很大。2020 年全国电力需求将达到 7.84 万亿千瓦时，电能占终端比重大致上升到 26%左右。大力转变电力发展方式，以电网的创新发展促进电力工业的科学发展，满足国民经济和社会发展的电力供应，是“十二五”期间电网发展的首要任务。

二是更大范围优化资源配置能力的亟待提高。

三是促进清洁能源的快速发展。为积极应对气候变化问题、实现绿色发展和低碳发展，中国政府提出了 2020 年非化石能源占能源消费总量 15%的目标，也是应对气候变化对世界的承诺。

四是适应国际上以先进输电技术、智能电网、清洁能源、储能技术为代表的能源科技革命。当前，国际国内的经济形势、能源形势正在发生深刻变化，新一轮的世界能源变革已经拉开序幕。电网的功能和形态正在发生深刻变革，传统的输电网络正在向综合配置能源、产业、信息等各类资源，带动智能家居、智能交通、智能社区、智能城市发展的智能化电网转变。

三、“坚强”与“智能”并重是适合中国电网发展实际的战略选择

2008年，中国电网发展内外部环境发生了重大变化。世界范围内，应对气候变化、实施节能减排、促进能源结构调整成为主旋律。中国政府在哥本哈根会议上庄严承诺了“2020年相比2005年中国单位GDP下降40%～45%”的目标。转变电网的发展方式，更好地促进清洁能源的开发利用成为各国电网发展的目标，电网智能化已成为世界电网发展的共同趋势。同时，智能电网也成为一些发达国家摆脱金融危机、拉动经济发展的重要抓手。在国内，为满足经济社会快速发展的需求，电网仍处于高速发展阶段，还面临着能源资源与负荷中心的超远距离、大规模清洁能源集中开发利用、提高电网抵御风险能力、提升电网基础设施现代化水平等一系列突出的特有需求。

顺应潮流、立足国情，国家电网公司再一次全面研判形势，深化战略研究，明确建设坚强智能电网战略——建设以特高压电网为骨干网架，各级电网协调发展的坚强电网为基础，以信息化、自动化、互动化为特征的自主创新、国际领先的坚强智能电网。

建设坚强智能电网是适应中国电网发展新形势的战略选择，是继特高压取得重大突破后，电网发展方式的又一次重大变革和创新，实现了从“坚强电网”向“坚强智能电网”的战略变迁。坚强智能电网是一个系统的概念，涵盖“发电、输电、变电、配电、用电、调度、通信信息”各个领域的完整的智能化系统。“坚强”与“智能”是现代电网的两个基本发展要求，“坚强”与“智能”本身相互交融，相互依存。“坚强”是基础，电网需要有坚强的网架结构、强大和安全可靠的电力输送和供应能力，满足大范围资源优化配置的需要。“智能”是关键，将各种新技术高度融合，信息化、自动化、互动化特征明显，是满足电力服务多样化必然趋势。

在国家电网公司等企业及多利益相关方的共同努力下，中国智能电网发展呈现出发展步伐快、建设力度大的特点，在理论体系、规划试点、技术研发等方面都取得了重大突破，总体居世界领先水平。一是构建了系统完整的坚强智能电网理论体系。完成了坚强智能电网顶层结构设计，明确了战略发展阶段、目标及路径，开展了坚强智能电网与经济社会发展等综合性课题研究。二是创新开展了规划与试点实践工作。开创性完成了世界首个电网智能化规划，提出了《智能电网关键设备（系统）研制规划》与《智能电网技术标准体系规划》；全面启动了包括上海世博园智能电网综合示范项目在内的三批29类287项试点工程建设，试点覆盖技术领域、地域范围、规模等方面均居世界先进水平。三是技术设备研发成效显著。围绕智能变电站、智能电网调度、电动汽车充换电、用户互动等方面，已有70多项关键设备研制成功，并在试点工程中得到应用。四是积极开展标准建设工作。截至2011年底，国家电网公司发布了164项智能电网企业标准，制修订国家标准和行业标准126项，并积极参与国际标准的制订。

2011年电力行业节能减排回顾

（王志轩）

一、电力行业节能减排取得新的成效

1. 非化石能源发电比重有所上升，结构节能减排发挥了长效作用

非化石能源的发展速度明显加快。2011年全年发电新增设备容量9436万kW，其中水电1283万kW，火电6241万kW，核电175万kW，风电1528万kW。截至2011年底，全口径发电装机容量达10.6亿kW，比2010年增长9.95%。其中，水电2.3亿kW，占全部装机容量的21.93%；火电7.7亿kW（含煤电69 634万kW、常规气电3415万kW），占全部装机容量的72.31%；核电1257万kW，风电4623万kW；并网太阳能发电规模发展较快，达到222万kW。2011年，全国水电、核电、风电、太阳能发电等非化石能源发电装机占全部发电装机比重27.67%，比2010年增加1.11个百分点。水电、核电、风电、太阳能发电等非化石燃料发电量8300亿kWh，比2010年的8110亿kWh增加2.34%，其中，核电、并网风电发电量分别为872亿kWh和741亿kWh，分别比2010年增长16.8%和49.9%，占全国发电量的比重分别比2010年提高0.1和0.4个百分点。但是，由于天气原因，来水不足导致水电设备利用小时减少，2011年，水电设备平均利用小时3019h，比2010年降低385h，是近二十年来的最低水平。

以2010年为基准年，2011年，电力行业通过发展非化石能源发电相当于节约标准煤590万t，相应

减排二氧化碳约1640万t；供电煤耗降低相当于节约标准煤1560万t，相应减排二氧化碳约4340万t。

火电结构本身得到了进一步优化。2011年全国30万kW以上的火电机组比重已经达到了74.44%，比2010年提高了近2个百分点。

2. 技术和设备水平不断提高，技术节能减排发挥了基础作用

一是电网技术水平不断提高。特高压技术得到了示范工程的检验，在世界电网科技领域实现了中国创造和中国引领，促进了清洁能源的高效利用，节约土地、降低损耗。二是智能电网的理论研究和试验体系取得了一系列成果，对于支持清洁能源机组大规模入网，稳定火电机组出力，降低煤耗，降低输电线路损失率和用电率，以及推动电动汽车的发展，促进低碳经济都具有非常重要的战略意义。三是广泛的应用了超超临界机组，积极推广大型空冷，循环流化床等技术，建成了世界上首台百万千瓦级超超临界空冷机组，2011年在运的百万千瓦级超超临界机组已经有39台，规模世界第一。四是不断实现核电技术装备自主化的重大突破，在世界上中国率先建设了第三代核电机组。五是水电技术方面，大坝施工、大型水电机组的设计、制造、安装和运行技术走在了世界的前列。

3. 污染控制设备和技术能力不断增强，工程节能减排发挥了主导作用

在烟尘排放控制方面：新建机组进一步采用更高效率的电除尘器、袋式除尘器和电袋复合式除尘器，对现役机组加大了除尘器的改造效率，除尘效率显著提高。

在二氧化硫控制方面：2011年，全国新增投运烟气脱硫机组容量近7000万kW。截至2011年底，全国已投运烟气脱硫机组容量达到6.3亿kW，比2005年增长近11倍；烟气脱硫机组约占煤电机组容量的90%，比2010年提高4个百分点，比2010年的美国高35个百分点。如果考虑循环流化床锅炉，全国脱硫机组占煤电机组比例接近100%（截至2011年底，全国已投运循环流化床锅炉机组约9000万kW）。

从脱硫机组容量等级分布看，截至2011年底，30万kW及以上烟气脱硫机组占近90%；从脱硫方式看，石灰石-石膏湿法占93%，海水法占3%，烟气循环流化床法占2%，氨法占2%。

在氮氧化物控制方面：新建燃煤机组全部按要求同步采用了低氮燃烧方式，现役机组结合检修也开始进行低氮燃烧技术改造，同时，烟气脱硝装置开始了大规模建设。根据中电联统计，截至2011年底，全国已投运烟气脱硝机组容量约1.4亿kW，约占火电机组容量的18%。投运的烟气脱硝机组以新建机组为主，选择性催化还原法（SCR法）占95%以上。

4. 各种综合措施的作用，使节能减排取得了显著效果

供电煤耗：2011年，全国6000kW及以上火电机组供电标准煤耗329g/kWh，比2010年降低4g/kWh，继续保持世界先进水平。全国有13个省（区、市）火电机组供电煤耗低于全国平均值，其中，北京由于燃气和供热机组较多，供电煤耗低于全国平均值55g/kWh，上海、浙江和福建低于全国平均值超过20g/kWh。有25个省（区、市）火电机组供电煤耗较2010年有所降低，其中，吉林、福建和新疆降低幅度较大，超过10g/kWh。2011年，以火电机组为主、总装机容量超过500万kW的大型发电企业平均供电标准煤耗320g/kWh，比全国平均值低9g/kWh。

发电厂用电率：2011年，全国发电厂用电率5.39%，比2010年下降0.05个百分点。其中，水电0.36%，比2010年上升0.02个百分点；火电6.23%，比2010年下降0.11个百分点。

线损率：2011年，全国线路损失率为6.52%，比2010年下降0.01个百分点，居同等供电负荷密度条件国家的先进水平。线损率降低相当于节约标准煤14万t，相应减排二氧化碳约35万t。

烟尘排放：2011年，全国火电装机和火电发电量分别比2010年增长8.27%和14.16%，但全国电力烟尘年排放量约为155万t，比2010年下降3.12%；单位火电发电量烟尘排放量0.4g/kWh，比2010年下降约0.1g/kWh。

二氧化硫排放：2011年，全国电力二氧化硫排放913万t，比2010年下降1.40%；电力二氧化硫排放量约占全国二氧化硫排放量的41.2%；单位火电发电量二氧化硫排放量为2.3g/kWh，比2010年低0.4g/kWh，好于美国2010年水平（美国2010年单位煤电发电量二氧化硫排放绩效为2.9g/kWh）。

氮氧化物脱除能力：据初步测算，已投运的1.4亿kW脱硝机组具有140万t的氮氧化物脱除能力。

火电厂废水排放与控制：2011年，全国火电厂单位发电量耗水量2.34kg/kWh，比2010年降低0.11kg/kWh；单位发电量废水排放量0.23kg/kWh，比2010年降低0.09kg/kWh。

粉煤灰与脱硫副产品综合利用：2011年，全国燃煤电厂发电及供热消耗原煤19.8亿t，产生粉煤灰约5.4亿t，比2010年增加12.50%，是2005年的1.8倍；综合利用率约为68%，与2010年持平，相当于比2005年多利用1.7亿t。2011年产生脱硫石膏6770万t，比2010年增长29.44%，综合利用率

约71%，比2010年增加2个百分点。

二、2011年节能减排法规政策情况

2011年对电力行业节能减排有影响的法规政策有以下几个方面：

一是国务院在《“十二五”节能减排综合性工作方案》提出了价格等政策要求，如提出了要推行居民用电、用水阶梯价格，完善电力峰谷分时电价办法，对能源消耗超过国家和地区规定的单位产品能耗（电耗）限额标准的企业和产品实行惩罚性电价，严格落实脱硫电价，研究制定燃煤电厂烟气脱销电价政策等。提出了强化节能减排监督检查的要求。列入国家重点环境监控的电力、钢铁、造纸、印染等重点行业的企业要安装运行管理监控平台和污染物排放自动监控系统，定期报告运行情况及污染物排放信息，推动污染源自动监控数据联网共享。提出了重点推广的节能减排市场化机制。加强节能发电调度和电力需求侧管理要求。提出了新建燃煤机组全部安装脱硝设施，单机容量30万kW及以上燃煤机组全部加装脱硝设施的要求。

二是促进可再生能源发电的相关政策。国家发改委出台了《关于完善太阳能光伏发电上网电价政策的通知》，明确了不同情况下全国太阳能光伏发电标杆上网电价，以规范太阳能光伏发电价格管理，促进太阳能光伏发电产业健康持续发展，完善太阳能光伏发电价格政策。

三是环保部颁了新修订的《火电厂大气污染物排放标准》(GB 13223—2011)，对火电厂的新老机组、烟尘、二氧化硫、氮氧化物全面提高标准，号称“史上最严”的标准。

四是电监会出台了《关于加强“十二五”电力行业节能减排监管工作的通知》加强发电权交易监管，在提高高效环保机组发电利用小时数上取得明显成效。加强可再生能源发电监管，在提高水电、风电、太阳能发电质量和非化石能源占比上取得明显成效。加强发电市场准入监管，在提高发电机组装备水平和“上大压小”工作上取得明显成效。加强信息报送和披露监管，在提高信息准确性、及时性、完整性上取得明显成效。加强行政执法工作，在确保节能减排政策落实上取得明显成效。

五是国家发展改革委发布关于调整华北、东北、西北、华东、华中、南方电网电价的通知，决定从2011年12月1日起，在北京、天津、河北、山西、山东、甘肃、宁夏、上海、浙江、江苏、福建、四川、广东、海南等14个省（区、市）开展0.8分/kWh的脱硝电价试点。

三、存在的主要问题与建议

1. 存在的主要问题

水电、核电等对结构调整起关键作用电源开发步伐还需进一步加快。水电和核电建设是电力工业实现非化石能源占一次能源比重目标的最关键因素。为减缓温室气体排放，提高应对气候变化能力，国家提出了到2020年非化石能源占一次能源消费比重达到15%左右的目标。由于大型水电站的建设周期与核电站的建设周期长，如果不加快水电和核电项目的核准，将很难保证国家确定的非化石能源占一次能源消费比重的目标的顺利实现。

火电企业生产经营困境影响节能减排工作开展。目前电力企业大范围亏损，在国资委管辖的中央企业中，五大发电集团公司的资产负债率都是排在前十名，接近90%。电力企业面临资不抵债、资金链断裂的风险，对脱硫、脱硝技术改造和进一步提高运行水平都有巨大的影响。

火电厂大气污染物排放过严。“十一五”期间电力行业二氧化硫排放总量降低了29%，实现了国家总体减排目标，而且对国家减排量贡献103%。2011年，中国已有90%的燃煤机组安装了烟气脱硫装置，再加上具有脱硫功能的循环流化床锅炉，存量机组在脱硫方面的减排空间已经非常小，但是要达到新的火电厂大气污染物排放标准的要求，相当一部分现役机组脱硫装置需要进行二次改造，甚至要推倒重建。而这部分脱硫装置大部分是近五年才建成投产的，在电力排放的二氧化硫得到有效控制的情况下，进一步提高效率，对环境质量和酸雨的改善效果将大打折扣，但却需要增加脱硫能耗、物耗和付出更大的经济代价。比如说火电厂要采用典型的石灰石、石膏湿法的脱硫工艺，厂用电率增加1.2%，相当于我们发一度电煤耗增加了4～5g。如果电厂现在燃用的是特低硫煤，而且环境容量能够满足要求的时候，能耗增加就使二氧化硫控制率非常不合理，而且是得不偿失的。

污染控制的电价政策不到位。目前国家出台的1.5分的脱硫电价政策和部分地区部分机组试点的0.8分脱硝电价的试点政策，对于提高发电企业安装、运行脱硫脱硝设施的积极性和减少二氧化硫与氮氧化物排放起到了一定的积极作用。但是总体上来看，随着成本总体上升，脱硫电价不能够完全弥补脱硫成本，尤其是对于高硫煤的地区，老电厂和30万kW以下的小机组成本会要更高。另外，供热机组在供热部分的脱硫电价长期不到位。从脱硝上看，目前试点的脱硝电价不能够满足大部分脱硝机组的成本要求，而且电价的试点范围比较小，仅涉及了14个地区里面的部分电厂，没有覆盖到全部的脱硝机组，影

响了企业脱硝的主动性和积极性。

中央与地方政府有关节能减排要求不协调。“十二五”污染物控制仍以签订责任书为主要的行政管理手段。现在是国家和集团公司签订了责任书，到了地方，地方政府又进一步价码，甚至有些地方提出了不切实际、违背常识的要求。比如说2014年7月1日之前要完成改造达到标准，有的地方就说2013年底必须达到这些目标。对电力企业科学节能减排和正常生产造成了很大压力。同时，环保要求与安全生产要求也不协调。要“十二五”期间实施接近6亿kW左右的环保技改项目当中，有50%改造的难度比较大，在一个大修周期内难以一次完成技改，将影响到正常的安全生产。同时由于技改量大、周期短，对脱硫工程的建设质量也是一个很大的考验，比如脱硝中非常重要的流场物理试验大部分不可能进行，仅靠计算机的简单模拟难以满足工程质量的需要，存在着投产之日就是新的改造之时的很大风险。

2. 建议

进一步加快促进转变电力发展方式。加强电源结构调整是电力工业转变电力发展方式的必经之途，也是带有根本性的环境保护和资源节约措施。应在符合环境法规和经济可行的前提下，大力发展水电，积极优化煤电，大力推进核电建设，协调气电发展，依法科学加快新能源发电步伐。对于在现阶段仍是基础性、主导性的煤电，进一步优化布局和结构，继续对超期服役、能耗高、污染严重、无改造价值的纯凝汽式小火电机组开展“上大压小”，加大对有较长时期利用价值的存量机组实施经济节能和环保性能的改造。注重节能环保措施的优化、协调；继续加强电厂清洁生产的管理，挖掘节能、节水、节地等的潜力，促进粉煤灰、脱硫副产品的综合利用。

要科学制定节能减排目标。一是以改善环境质量为目标，以最佳实用技术为手段，依据大气污染防治法科学制定污染物减排目标，避免一刀切和片面的追求总量削减。二是在总量管理上，应该对电力行业进行单独的总量管理，不要与地方交叉，避免重复管理。三是对已经颁布的火电厂大气污染物排放标准应当进一步修改，回归到科学发展观的要求上来。四是加快完善环境目标制定的科学决策系统，建立科学的目标评估系统。

要坚持完善法规，依法开展节能减排工作。建立依法推进节能减排的长效机制，加强法制化管理。清理、整顿、完善现行的大气污染物控制法规、政策文件，将节能减排的理念、指标、制度、行业监管职责等通过法制化的形式予以确定，使污染控制在法规的轨道中进行，逐步淡化或改变以行政要求为主的强制性节能减排的推进方式，促进企业依法减排和政府依法监督。

完善技术规范，强化技术引导。虽然国家有关部门在近年来颁布了一些脱硫、脱硝的设计、设备等相关技术规范，但随着环保要求的不断趋严、技术不断进步以及经验不断积累等内外部条件的改变，对技术规范一方面要加快配套，另一方面要及时修改。如脱硫设计技术规范已不适应目前高可靠性的要求和充分考虑脱硝、除尘系统化和一体化的需要；再如，许多新设计的湿法烟气脱硫系统已经取消了旁路烟道，而相关规范没有要求，系统配置和设备裕量的设计缺乏依据，影响脱硫系统和机组的可靠性、稳定性。

加快用市场手段和经济手段推进污染治理。一是要出台和落实鼓励火电厂大气污染物治理的经济政策，综合运用各种经济手段推进火电厂的大气污染物控制工作，以最小的成本换取最大的环境效益，如对NOx实施排污权交易政策，可以在区域总量控制目标下，大大降低控制成本；二是要使环境保护成本传导到销售电价中去，使电力成本真正体现资源和环境成本；三是收取的排污费要全部用于污染的治理，如氮氧化物收费可用于老电厂低氮燃烧器改造和烟气脱硝技术改造；四是对一时不能实现国产化的设备要有免税或减税措施；五是对现役电厂建设烟气脱硫、脱硝装置给予国家环保专项资金补助或中央预算内投资资金补助。六是不断完善污染物治理的市场机制，如加快推进烟气脱硫特许经营。

关于深化中国电力体制改革的思考

（周原冰）

一、2011年中国电力改革相关工作进展情况

（一）电力企业主辅分离改革取得重大进展

2011年9月29日，中国电力建设集团有限公司（中国电建）、中国能源建设有限公司（中国能建）正式挂牌成立。两家综合性电力建设集团的成立标志着电力企业主辅分离改革取得重大进展、中国电力体制改革继续深化。

（二）中国大用户直接交易试点工作有序推进

2011年6月24日，国家电监会、国家发展改革委、国家能源局联合印发了《关于完善电力用户与发电企业直接交易试点工作有关问题的通知》。截至2011年底，全国已有辽宁、吉林、安徽、福建、广东五个省份

的大用户直接交易试点工作正式获得批复实施。

（三）居民用电阶梯电价改革持续推进

2011年11月，国家发改委正式印发《关于居民生活用电试行阶梯电价的指导意见》，深入推进阶梯电价改革。通过实行居民阶梯电价政策，可促进合理、节约用电，是促进资源节约和环境保护的重要手段，也是促进公平负担、理顺电价关系的重要措施。2012年，绝大部分省份公布了居民阶梯电价实施方案。

（四）农电上划和重组工作陆续开展

2011年国务院国办发〔2011〕23号《国务院办公厅转发发展改革委关于实施新一轮农村电网改造升级工程意见的通知》明确提出“十二五”期间，县级供电企业“代管体制”全面取消，通过无偿划转和股份制改造等多种形式，建立有利于促进农村电力健康发展的体制机制。2011年，国家电网公司完成193家代管和股份制供电企业地方产权上划工作；南方电网公司完成27家代管及控股县供电企业上划工作。

（五）厂办大集体改革正式启动（本段也可不要）

2011年4月，国务院办公厅印发《关于在全国范围内开展厂办大集体改革工作的指导意见》。随后，国资委印发《关于做好中央企业厂办大集体改革工作的通知》（国资发分配〔2011〕53号）。根据相关政策要求，中国电力企业的厂办大集体改革正式启动。

二、当前社会各界关于电力改革的主要观点

（一）关于输配电管理体制

输配电管理体制是关系电网长远发展的一项根本性制度安排。随着对电力市场化以及电网功能作用认识的逐步深入，人们对输配电管理体制的认识也不断深化，目前主要有两种观点。一种观点认为，应当学习部分发达国家的做法，推行输配分开，通过输配分开，一是能够出现多个配电企业参与市场竞争，有利于构建“多买方—多卖方”的批发市场；二是能够划小核算单位、厘清输配电成本。另一种观点认为，输配分开并不能改变电网自然垄断属性，只会增加发展、管理成本和系统安全风险。输配合一、放开售电侧，能够建立更有效的市场竞争格局，而且比分散化体制更有利于保持产业竞争力和可持续发展能力。

（二）关于电力市场建设

竞争性电力市场是“十二五”电力改革的重要内容。一种观点认为，中国应以区域电力市场为基础建立电力市场体系。另一种观点认为，应立足中国资源分布与电力需求不平衡的现实，在更大范围内谋划设计电力市场体系，应建设全国统一的电力市场，促进新能源消纳和大范围资源优化配置。

（三）关于调度管理体制

一种观点认为，电力调度具有公共品属性，只有独立的电力调度机构，才能保障电网的公平开放和可再生能源的消纳。另一种观点认为，调度与电网在技术和设备上紧密融合，电力系统瞬间平衡的特性和运作的复杂性决定了调度与电网密不可分，调度电网一体化是电网安全防线的根本保证。在电力市场中，调度只是负责系统安全运行的专业技术机构，不具有资源配置权限。“厂网分开”后“三公”调度已有制度保证。人为分离调度与电网，将带来巨大的安全风险。

（四）关于电力交易管理体制

一种观点认为，电力交易机构是交易计划的管理平台，调整着市场主体的利益关系，建立独立的电力交易机构，有利于实现公平交易。另一种观点认为，当前中国电力市场尚处于起步阶段，还不具备建立独立电力交易机构的基础条件，同时市场运作的公平与否，与交易机构的设置无关。

（五）关于电价改革

市场化改革是中国电力改革的方向，这已经形成共识，但是对电价改革与其他改革的关系还存在不同的看法：一种观点认为，电价改革必须考虑经济社会承受力，不能操之过急、必须谨慎慢行。另外，应当体制改革在前，再进行电价机制改革。另一种观点认为，电价改革是电力市场化改革的核心，应加快电价市场化，以电价改革引领其它改革，根据电价市场化改革的速度与步骤，配套推进其他改革。

三、关于深入推进中国电力改革的思考

（一）进一步明晰深化电力改革的目标任务

欧美等国家的电力市场化改革都始于经济发展的平稳期，改革的主要目的是提高电力行业运行效率（近几年，能源安全和低碳化又成为其重要目标）。现阶段，中国电力体制改革面临经济持续较快发展，能源安全可靠供应压力巨大，节能减排任务繁重，区域发展和城乡发展不均衡，电力行业自身可持续发展能力弱等新形势和新挑战，这都决定中国电力改革的目标具有多重性，与欧美发达国家有显著不同：一是，促进电力行业协调可持续发展是中国电力改革首要目标，通过改革促进能源结构调整和产业升级，保障经济社会发展；二是，确保电力安全是中国电力改革的基本前提；三是，构建统一开放的电力市场体系，发挥市场配置能源资源的基础性作用是改革的核心任务。四是，促进民生改善、提升普遍服务水平是中国电力改革的重要目标。充分考虑城乡、区域发展的差异性，解决好农村、边远地区电力发展和无电人口、低收入群体的用电问题。五是，提升企业运营效率是

电力改革的应有之义，要利用市场经济手段，发挥市场主体作用，全面提升电力企业投资、建设、生产、运营和服务效率。

（二）加快电价机制改革

电价在建立和培育电力市场，优化配置能源资源中发挥着关键性作用。近年来，中国电价改革相对滞后，没有形成科学合理的电价体系，存在总体水平偏低、结构不合理、机制不完善等问题。电价在某种程度上还承担着政府宏观调控工具的作用，既不能反映真实成本，也不能反映市场供求关系。电力上下游价格传导不畅，煤电价格矛盾突出。

电价机制改革是深化电力市场化改革的核心。当前，中国需要坚持竞争环节价格市场化、电网环节价格规范化的总体改革方向，在深入研究评估电价市场化对经济社会和民生影响的基础上，以更大决心和勇气加快电价改革步伐。在发电环节，理顺煤电价格关系，完善各类发电上网电价，开展竞价上网试点，逐步建立发电侧竞价机制。在电网环节，通过科学设计电网电价定价机制，逐步实现以购销差价为主向成本加收益的定价方式过渡；在售电环节，简化电价分类，优化电价结构，解决好交叉补贴问题，实现销售电价与上网电价和电网电价的联动，逐步推动销售电价市场化。

（三）进一步转变政府职能

目前，中国电力行业管理还存在多头管理、职能分散、权责不明晰等问题。电力行业的市场化改革需要进一步明确政府、市场和企业的职能边界。从政府角度，该放的真正放开，该管的切实管好。把项目投资等可以由市场调节的领域交给市场，充分发挥市场配置资源的作用，对于普遍服务等市场失灵的领域由政府进行调控和监管；进一步明晰政府各部门管电职能，建立权责明晰、统筹协调、管理科学、运转高效的电力行业监督管理体系。

健全完善政府主导、电力企业、行业协会和相关方参与的电力统一规划机制，进一步强化电力发展的统一规划，包括建立健全科学完整的规划管理程序，统一衔接的规划体系，执行有力的检查、监督、评估和调整制度。把包括新能源在内的各类电源纳入统一电力发展规划，消除电力规划的不衔接、不协调。

改革电力项目投资管理体制，充分发挥规划的调控作用和市场机制的调节作用，逐步放开新建电源项目的市场准入。对于进入规划的电力项目，除核电等重大项目及示范工程项目可继续实施核准制外，均应由核准制改为备案制，由投资主体自行决策、自担风险。

（四）坚持电网一体化管理

中国正处在国民经济和电力工业持续较快发展阶段，发展任务十分繁重。电网一体化管理体制能够更好促进电力结构调整，保障电力长期持续可靠供应，实现各级电网统一规划、合理布局、有机衔接、协调发展。电网一体化管理体制能够更好的发挥电网协同优势，保障电网安全，能够充分发挥大电网的资源优化配置功能，促进清洁能源发展。电网一体化管理体制能够通过电网企业内部的专业化管理，可以提高专业化运营效率。同时，一体化能够通过企业内部交叉补贴实现城乡统筹发展，是促进农村电网和偏远地区电网建设的最现实有效的手段。

（五）在发电侧和售电侧引入竞争

将自然垄断业务与竞争性业务相对分离，在可以竞争的发电侧和售电侧引入竞争，形成“多买方一多卖方”的市场格局，是国外电力市场化改革的共同趋势。从中国国情出发，在放开发电侧的基础上，逐步在售电侧引入竞争，不断完善交易品种、扩大竞争范围，充分发挥市场在资源配置中的基础性作用，应当是未来深化电力改革的重点。

在发电侧，现阶段发展国家电力市场，积极推进跨省跨区电力交易，实现电力交易的长期化、合同化、规范化和市场化。完善省级电力市场，组织开展省内双边交易和集中交易。国家电力市场和省电力市场由电力交易中心统一管理、分级运作。发电企业作为市场卖方，电网企业、独立售电企业和部分大用户作为市场买方，在电力市场平台上初步形成“多买一多卖”的市场格局。

随着跨省区电力交易的逐步扩大，省电力交易逐步融入国家电力市场，形成由国家电力市场和实时平衡电力市场组成的全国统一电力批发市场。国家电力市场主要负责跨区跨省电力交易，实现全国范围的电力资源配置。跨区送电的发电企业、省级电网企业、符合准入条件的大用户参与国家电力市场交易。实时平衡市场根据安全控制区设定，主要通过市场机制保证的电力实时平衡，开展辅助服务交易。

在售电侧，从放开大用户选择权起步，成立独立售电企业，逐步放开用户选择权。拥有选择权的用户，可以自主选择售电企业进行购电。具备条件的大用户也可以直接参与批发电力市场，从发电企业直接购电。

我们相信本着对事业高度负责的精神，经过政府、行业、企业各方的深入研究和共同努力，充分借鉴国际正反两方面的经验，深入分析中国战略需求和现实国情，最大限度地集中各方智慧和共识，一定能够找到风险小、代价低、实效好、可持续的改革创新道路，推动能源电力事业和经济社会又好又快发展。

电 力 监 管

【电监会领导】 2011 年电监会领导：

党组书记、主席：吴新雄（2011 年 6 月～）
王旭东（2011 年 1～5 月）

党组成员、副主席：史玉波

党组成员、副主席：王禹民

党组成员、副主席：王野平

党组成员、纪检组长：江 岩

【机构设置】 2011 年电监会机构设置：

一、内设机构

1. 办公厅（国际合作部）
2. 政策法规部（电改办）
3. 市场监管部
4. 输电监管部
5. 供电监管部
6. 价格与财务监管部（稽查局）
7. 人事培训部
8. 机关党委
9. 党组纪检组（监察局）
10. 安全监管局

二、直属单位

1. 信息中心
2. 电力业务资质管理中心
3. 中国电力传媒集团有限公司
4. 机关服务中心
5. 大坝安全监察中心
6. 电力可靠性管理中心

三、主管的社会团体

中国电力企业联合会

四、派出机构

1. 华北电监局
2. 东北电监局
3. 西北电监局
4. 华东电监局
5. 华中电监局
6. 南方电监局
7. 山西电监办
8. 山东电监办
9. 甘肃电监办
10. 浙江电监办
11. 江苏电监办
12. 福建电监办
13. 河南电监办
14. 湖南电监办
15. 四川电监办
16. 云南电监办
17. 贵州电监办
18. 新疆电监办

【政策法规】 制定立法工作计划。印发《国家电力监管委员会 2011 年立法工作计划》。

在各方面的共同努力下，《电力安全事故应急处置和调查处理条例》（简称《条例》）于 2011 年 7 月 7 日公布，9 月 1 日起施行。《条例》公布后，电监会进行了大力宣传，编写《条例》释义，举办培训班，及时跟踪研究解决《条例》执行中遇到的具体问题，督促监管系统各单位和电力企业认真做好条例的贯彻落实工作。印发了《〈电力安全事故应急处置和调查处理条例〉配套规章及规范性文件制定计划》，研究起草《电力安全事故调查处理程序规定》。

研究制定《电力争议纠纷调解规定》。经主席办公会议审议通过，以电监会令第 30 号发布。

审核规章规范性文件。制定了《关于办理涉及规定监管措施的规范性文件的通知》。对《电力监管统计工作考评暂行办法》、《电工进网作业许可证续期注册暂行管理办法》、《电力二次系统安全管理若干规定》、《电力安全生产标准化达标评级管理办法（试行）》、《电力安全生产标准化达标评级的实施细则（试行）》、《电力安全事件监督管理暂行规定》、《关于执行〈电力安全事故应急处置和调查处理条例〉中有关问题的规定》和《关于加强用电检查工作的指导意见》等规章和规范性文件，研究提出意见。

推进执法工作。做好全国依法行政工作会议精神的宣传贯彻落实工作，开展执法培训，提高电力监管人员依法执法的意识和能力，推进依法监管各项工作的开展。承办电监会参与国务院反垄断委员会的有关工作。

开展普法工作。组织开展"五五"普法先进单位和先进个人的评选工作。电监会有 4 个单位获得全国"五五"普法先进单位称号、5 位同志获先进个人称号。研究制定了《电力监管机构开展"六五"法制宣传教育工作规划》，对电力监管系统"六五"普法工作的目标、任务和要求作出规定。开展电力监管机构法制工作培训研讨，安排部署电力监管系统"六五"普法工作。

开展行政审批制度改革工作。按照国务院审改办的要求，成立电监会行政审批制度改革领导小组，梳理、汇总电监会行政审批事项，完成第六轮行政审批事项清理工作。贯彻国务院深入推进行政审批制度改革工作电视电话会议精神，制定并下发《关于切实做好我会行政审批制度改革工作的意见》，对电力监管系统行政审批制度改革工作提出要求。

探索法制监督和纠纷处理工作。协调南方电网公司所属企业购电合同纠纷案件；处理大亚电器公司举报事件等涉法事务。

【电力体制改革】 继续做好电力体制改革重大问题研究工作。根据国务院领导批示要求，组织专门力量，对2002年以来电力体制改革进展情况进行全面梳理和总结，就继续推进和深化电力体制改革、建立电力市场机制提出意见和建议。针对电力行业煤电矛盾突出、火电企业经营亏损加剧等问题开展专题调研，提出意见和建议。

继续推进电力市场建设和电力市场交易。探索推进大用户直购电试点的新方式，选择部分缺电地区，以国家级高新技术产业园区为主体，以保电为切入口，与发电企业、电网企业签订三方保电协议。按照大用户直购电试点工作分工，积极推动已批复输配电价地区的试点方案实施。加强跨省跨区电能交易和调剂，提出优化调度的监管意见。指导东北、华东、华中区域组织开展跨省发电权交易，深化辅助服务补偿交易机制，促进更大范围的资源优化配置和提高发电设备管理水平。

积极推进电价形成机制改革。针对部分地区电力紧张局面加重，火电企业发电积极性下降等情况，研究提出实施高峰时段顶峰发电加价，用于发电企业补贴，对安装脱硫设施的燃煤机组实行脱销加价的建议。配合政府价格主管部门出台调整电价、控制煤价，推进电价结构调整的政策，并积极推进加快实施居民用户阶梯式电价政策。出台输配电成本监管办法，积极探索加强电网成本监管，推动输配电成本分开独立核算，为推进输配分开和输配电价改革创造条件。

深入开展输配分开、农电改革等问题的研究。在前期系列专题研究的基础上，提出组织实施输配电体制改革试点和农电体制改革试点的意见。配合发改委继续做好制订农电体制改革意见的调研工作。

配合做好电网企业主辅分离改革相关工作。配合发改委、国资委，顺利完成中国电力建设集团和中国能源建设集团的组建工作，电网企业主辅分离工作取得实质性进展。推动解决920、647项目遗留问题，就有关问题研究提出意见和建议。

【市场监管】 规范跨省跨区电能交易。印发《关于跨省跨区电能交易监管工作的意见》（电监市场〔2011〕36号）和《关于近期跨省跨区电能交易监管工作有关问题的通知》（办市场〔2011〕114号），进一步明确了跨省跨区交易的工作分工，并要求电力企业进一步规范跨省跨区电能交易行为。同时，加强对跨省跨区输电费用和网损收取的监管，加强信息公开与披露工作。

建立厂网合同电量分层优化机制。出台《关于完善厂网合同电量形成机制有关问题的通知》（办市场〔2011〕47号），大力推进发电资源优化配置，深入贯彻落实国务院关于节能减排的战略部署，完善厂网合同电量形成机制，增强发电企业内部发电能力统筹功能，优化上网电量形成机制。

完善厂网界面“五项制度”。印发《关于进一步健全厂网联席会议制度的通知》（办市场〔2011〕22号），进一步完善了厂网交易合同备案、调度交易信息披露、厂网联席会议、监管约谈约访、监管报告制度（简称“五项制度”）。加强对各地厂网联席会议的统筹指导和成果应用，增加会议的讨论议事功能，打造信息通报平台和民主决策平台。

发布监管报告。发布《2010年度全国电力交易与市场秩序监管报告》、《2010年度发电业务情况通报》、《2010年度全国30万kW及以上常规燃煤机组发电利用小时专项监管情况通报》，对全国电力交易与市场秩序情况及发电领域的电源结构、市场分布、生产运营、发展态势等情况进行全面分析披露，促进企业自律和科学发展。

完善发电机组进入及退出商业运营确认制度。出台《发电机组进入及退出商业运营管理办法》（电监市场〔2011〕32号），进一步加强新建（包括扩建、改建）发电机组进入商业运营及在役机组退出商业运营管理，维护电力企业和电力用户的合法权益。

推进大用户直购电试点工作，研究试点工作新思路。按照《国务院批转发展改革委关于2011年深化经济体制改革重点工作意见的通知》（国发〔2011〕15号）中提出的推进竞争性电力市场建设和大用户直接交易试点要求，加强与国家发改委、国家能源局等部门的沟通协调，推动试点工作的开展。同时，结合《国务院关于支持云南省加快建设面向西南开放重要桥头堡的意见》（国发〔2011〕11号）、《国务院关于进一步促进内蒙古经济社会又好又快发展的若干意见》（国发〔2011〕21号）、《国务院关于支持河南省加快建设中原经济区的指导意见》（国发〔2011〕32号）等有关文件要求，积极协调推进上述地区的大用户直接交易工作。研究推动高新技术比重较大地区的大用户直购电工作，开拓大用户直购电试点工作的新思路。

积极开展发电权交易。积极建立市场机制，继续推进跨省跨区电能交易和发电权交易。指导各区域组织开展跨省发电权交易。目前，东北、华东、华中均按电力监管机构出台的交易规则组织跨省发电权交易，促进了节能减排和更大范围资源优化配置。

推进完善辅助服务补偿和并网运行管理考核机制。加强发电厂辅助服务补偿和并网运行管理考核机制的完善，组织开展重点问题的专项研究，进一步加大补偿力度，扩大覆盖范围，开展深度试点。

强化调度信息报送披露监管。加强对电网企业负荷预测、最大日负荷等日前交易（预测）信息披露的监管工作。对开展节能发电调度地区，依据《节能发电调度信息发布办法（试行）》（电监市场〔2008〕13号），进一步加强节能发电调度信息披露工作监管。组织研究编写《电力企业节能降耗主要指标监管评价标准》。

开展电煤供应及电力供需监测预警，加强对电煤矛盾问题的分析研究。分析电煤供需矛盾，监测电煤生产和流通环节，及时发现问题。年内重点协调了湖南电力供应紧张的问题和贵州电力供应紧张要求调减“黔电送粤”电量的问题，提出解决措施并督促落实。同时，针对电煤矛盾突出的问题，对煤电联动机制的实施情况、电力生产经营状况、电煤生产运输情况、煤电联动联涨的根本原因进行了深入分析，形成关于完善煤电联动机制、加强电煤生产流通环节监管建议的报告。研究制定了关于加强电煤合同签订及履行情况监测分析工作的有关措施。

加强对电源点布局、电网配套建设等事项的监管。研究起草《新建电源项目接入电网系统信息公开办法》，规范电源项目接入电网系统工作。

开展有关项目和重大课题研究。组织编写《电力市场监管信息系统功能与技术规范》标准并通过全国电力监管标准化技术委员会的专家审查。开展GEF全球环境基金中国火电效率项目研究，完成《节能发电调度信息披露细则研究》课题。《节能发电调度与电力市场研究》课题完成了中英文任务大纲的编制，通过相关审核。参与亚行大湄公河次区域（GMS）电力合作的有关工作。

【输电监管】 开展电力工程造价监管工作。组织开展“电力工程造价监管指标与典型案例造价分析”项目研究，并完成专家审查。组织各派出机构和有关电力企业开展2009、2010年投产电力工程造价统计分析工作，编写《“十一五”期间投产电力工程项目造价情况》和《2009、2010年投产电力工程项目造价情况》报告，完成《“十一五”期间投产电力工程项目造价监管情况通报》。

召开2011年全国电力系统年度运行方式通气会。会议对2010年度电力系统运行情况、2011年度运行方式安排和发电机组投产情况等进行了通报，并就电力系统运行方面共同关心的问题进行了讨论交流。电监会副主席王野平出席会议并做了重要讲话。

印发《电力调度机构信息报送与披露办法》并开展检查。印发《电力调度机构信息报送与披露办法》，开展电监系统和电力行业宣贯培训工作；组织各派出机构对全国省级及以上电力调度机构信息报送与披露工作进行专项检查。

召开全国电力监管标准化技术委员会一届三次会议。会议审议通过标委会工作报告、委员调整、标准计划和标准报批等事宜，组织形成2011年电力监管国家标准计划项目建议、电监标委会委员调整建议以及报送国标委审批的标准报批材料。王野平出席会议并做了重要讲话。

开展可再生能源发电全额保障性收购调查。组织各派出机构开展可再生能源发电全额保障性收购情况调查工作，主要针对2010年1～6月期间建成的可再生能源发电项目，共涉及可再生能源发电项目552个，调查了解可再生能源发电项目接入电网、优先调度、全额上网以及电费（补贴）结算等方面的情况，形成《可再生能源发电全额保障性收购情况调查报告》。

建立电力调度监管指标体系并开展评价试点。自2010年起，以促进电力调度公开、公平、公正为目标，组织制定电力调度监管指标体系。经提交全国电力调度监管工作会、输供电工作座谈会反复讨论，修改完善。并于2011年4月发文启动在南方电网有关单位开展调度监管指标评价试点工作。电力调度监管指标体系由8个指标构成，内容包括调度运行管理、信息披露和监管三大类，涉及发电设备检修计划制定及执行情况、节能发电调度情况、可再生能源全额收购情况、并网运行和辅助服务管理情况、投诉及争议解决情况等方面。试点工作以广东、广西、海南电力调度中心为评价对象，按季度进行，分为调度机构自评和监管机构现场核查两步骤开展。根据试评价情况，对调度监管指标和试评价方案进行调整和完善。

推进电力监管标准化工作。向国家标准委报送《风电场接入电力系统技术规定》、《发电机组并网安全条件及评价》、《电力企业节能降耗主要指标监管评价标准》、《供电服务规范》等电力监管国家标准报批材料以及2011年电力监管国家标准制修订项目建议。《电力工程项目建设用地指标（风电场）》和《风电场接入电力系统技术规定》批准发布。

开展“十一五”电网运营情况调研。会同国家能源局、规划总院，组织全国电监系统、能源局系统和规划院系统力量，联合开展“十一五”电网运营情况调研，摸清“十一五”期间电网网架结构、电网规模、电源规模及项目投资等情况；调研电力电量、跨区跨省输电、区域电网及省级电网断面稳定极限、电网事故和可靠性水平等电网运行技术参数情况；通过揭示跨区跨省通道的输电效率和电网综合效率进行电网运营经济性分析。通过丰富翔实的数据对“十一五”期间电网运营安全、效率和效益情况进行了集中回顾，提出意见建议，形成《“十一五”电网运营情况调研报告》，并于11月召集电力系统院士、著名专家对《“十一五”电网运营情况调研报告》进行了评审，报告获得与会专家高度评价。

开展标准化良好行为试点电力企业的现场确认工作。组织协调国家标准委、中电联等相关单位召开确认办会议，下发《关于电力企业标准化良好行为现场确认工作的有关注意事项》，对全国试点及确认工作进行规范和指导。开展对试点企业的现场确认，完成了河北省电力公司等11家AAAA级电力企业和四川松林河流域开发有限公司等9家AAA级电力企业的确认工作。

完成西藏、新疆及四川、云南、甘肃、青海省藏区电力发展调研工作。按照电监会党组的工作部署，组织召开多次专题会议，对西藏、新疆及四川等省藏区的电力现状、电力规划、电力运行、电价状况、无电地区普遍服务等情况进行分析研究，并深入到县、乡、村进行实地调研，形成《西藏、新疆及四川、云南、甘肃、青海省藏区电力发展调研报告》。

开展特高压输电调研。组织电监会有关部门和相关派出机构、中电联、电力规划总院进行了特高压输电调研。王野平副主席主持听取国家电网有关情况汇报和电力系统两院院士、著名专家意见；赴交流特高压试验示范工程荆门变电站、直流特高压工程广州穗东换流站，现场调研工程实际运行情况，了解南方电网交直流混合运行经验；经反复讨论研究，形成了《交流特高压输电调研报告》。

推进《输电网运营评价》标准制定工作。认真组织开展“《输电网运营评价》标准实用性研究”和“《输电网运营评价》指标体系建模、理论研究和试评价数据分析”研究，8月两项目通过专家验收。在课题研究基础上，组织有关电网企业、研究咨询机构，继续深化《输电网运营评价》标准编制工作，研究建立电网运营评价机制。

【供电监管】 启动开展居民用电服务质量监管专项行动。10月，电监会召开会议，启动专项行动。12月，根据《供电监管办法》等有关规章以及本次监管专项行动的要求，完成专项行动工作方案以及居民用电服务质量指标体系的编制，并下发各派出机构。

组织开展2011年度供电检查工作。印发了《关于开展2011年供电检查的通知》，对供电检查工作进行部署，2011年供电现场检查采取电监会各派出机构辖区内检查和全国重点抽查相结合的方式。在重点抽查阶段，首次采用选取重点内容、抽取部分省份、区域间交叉的检查模式。本次供电检查从全国已取得电力业务许可证（供电类）的2951家供电企业中，选取35家省级供电企业、91家地（市）级供电企业、89家县级供电企业，共计215家受检供电企业，占总数的6.78%。检查共发现各类问题492例，涉及供电企业186家，占受检供电企业总数的86.51%。检查中，共制作原始笔录及事实确认书691份，发放调查问卷1042份，电话访谈1171次。针对检查发现的问题，电力监管机构分别向受检供电企业提出了整改意见，责成限期整改。对供电检查情况进行了认真总结，形成《2011年供电监管报告》，并于10月向全社会发布。

发布《2010年供电检查整改情况通报》，针对2010年供电检查发现的问题，于2010年12月16日～2011年1月15日，对各相关受检供电企业整改落实情况开展了2010年供电整改检查。整改检查结束后，在各派出机构整改检查报告的基础上，形成了《2010年供电检查整改情况通报》，并于2011年4月向全社会发布。

扩大电力用户受电工程市场信息与监管系统建设试点范围。为从源头上规范和治理用户受电工程市场秩序，依法保护供电企业、电力用户等各受电工程市场主体的合法权益。在总结浙江系统基础上，按照电监会《关于进一步推进电力监管实时信息系统建设和管理的意见》（电监信息〔2011〕29号）文件的要求，辽宁、上海、广东、山东、河北、山西、江苏、福建、河南、宁夏十个省区市为试点，开展电力用户受电工程市场信息与监管系统建设。同时，编制完成《电力用户受电工程市场信息与监管系统功能规范》，新建系统要统一规范，统一标准。

开展供电监管培训工作。在江苏和北京共开办两期培训班，对供电监管专家库的专家及各派出机构从事供电监管工作的人员，就《供电监管办法》各条款内容、供电企业存在的共性问题和检查方法开展培训。

编写《供电检查手册》。认真总结供电检查工作经验和存在的问题，在《电监会2008年供电检查方案》的基础上，编写《供电检查手册》，指导提升下一步供电监管和检查工作。在2011年供电整改检查中，检查人员按照《供电检查手册》开展检查工作，统一了检查标准，规范了检查行为，取得预期效果。

建立和完善有序用电情况专项统计工作。针对迎峰度夏供需矛盾紧张局面，分析国家经济社会发展对电力的需求，密切关注电力供需状况，做好电力预测预警工作。自7月起，建立和完善数据统计工作，每天将全国有序用电拉限电情况发布到《今日信息》，每10天将全国拉限电情况形成旬报，报电监会有关领导。

开展农电“两率”标准测算，发布全国农电“两率”标准。为将供电监管办法中关于农村供电可靠率和电压合格率的要求落到实处，组织部署各派出机构开展测算农电“两率”标准工作。目前，各派出机构已全部上报农电“两率”标准，并于2011年12月29日下发全国农村地区供电可靠率及居民用户电压合格率标准。

完成《供电服务规范》国家标准起草工作。该标准既告知用户应享受到的基本供电服务水平，保障用户的用电权利；又为供电企业树立服务规范标准，有利于促进供电服务工作规范化和系统化。2011年9月5日上报了国家标准化委员会。

推进供电常态监管工作。为全面贯彻实施《供电监管办法》，利用现代信息技术建立供电监管信息系统，逐步建立非现场监测和现场检查有效结合的供电常态化监管机制，总结南方、四川、浙江、江苏、福建等派出机构的供电常态监管实践，依据《供电监管办法》，结合湖南、山东电监办开展评优工作、四川电监办供电监管信息平台和供电监管评价体系的试点工作，起草完成《关于进一步推进供电常态化监管工作的指导意见》（初稿），计划明年适时出台。

编写《农电监管实施细则（初稿）》。组织有关派出机构相关人员及中电联专家召开专题会议，研讨起草《农电监管实施细则（初稿）》。开展有序用电专项督查。组织华北、华东、华中、南方电监局，山西、山东、浙江、江苏、河南、湖南、四川等电监办开展对辖区内的有序用电专项检查工作。迎峰度夏期间，组织两个督察组分赴浙江、湖南和广东、广西开展督察工作，重点对保障居民生活用电，保障重点单位、限制违规高耗能企业用电等10项内容开展专项检查。9月初上报了《2011年全国有序用电情况报告》。

积极开展定点扶贫工作。一是完成通渭县农网升级改造工程2355万元投资计划，2011年10月13日通过验收；华能华家岭风电场第一期工程奠基，总装机49.5MW，计划于2012年开工、2013年投产。二是听取通渭县委县政府对我会扶贫工作的意见和建议，谋划2012年扶贫项目等，同时，看望寺子乡郑阳小学学生并捐赠部分文体用品。三是继续推进通渭马陇公路建设。该项目全长约74km，采用二级公路技术标准建设，估算总投资5.7亿元。目前，该项目已获省发改委批复。四是完成第二任挂职干部选派工作。

【价格与财务监管】

1. 审核宁东、灵宝、德宝跨区输电工程输电价格

按照《跨区域输电价格审核暂行规定》和内部工作程序，对国家电网公司宁夏银川东—山东青岛（宁东）、陕西宝鸡—四川德阳（德宝）、河南灵宝西北华中背靠背工程（灵宝）等三条跨区域输电线路（工程）输电价格进行价格审核，在进行实地考察，听取各方面意见的基础上，形成了输电价格审核方案。3月中旬，与国家发改委共同发文，明确了宁东直流输电工程有关电价问题，核定输电价格为0.06元/kWh，线损率为7%。12月，灵宝、德宝工程输电价格审核意见报发改委核准。

2. 对陕西神木及山西阳城送出线路输电价格进行复核

2011年，对部分价格执行多年的输电线路启动了价格复核工作。听取了发电企业、电网企业对神木送出和阳城送出线路输电价格的意见和建议，赴陕西、河北、山西、江苏四省实地调研了上述两条线路运营及输电价格执行情况，了解企业投资、成本、价格、收益等信息。根据调研情况，形成了输电价格复核报告。

3. 编制发布《2010年度电价执行及电费结算情况通报》

2011年9月中旬，电监会公开发布《2010年度电价执行及电费结算情况通报》。通报介绍了全国（区域、省）电价水平，反映了2010年电价政策调整情况及可再生能源电价政策、脱硫电价政策、差别电价及惩罚性电价政策、电力用户与发电企业直接交易试点等多项重点电价政策执行情况，以及厂网电费结算情况，客观披露了检查中发现的五类价格违法违规问题，三类厂网电费结算规定执行中存在的问题，对电力企业电价管理工作提出了整改建议。

4. 开展电价政策执行与电费结算情况重点检查

为规范电力企业价格行为及发电企业与电网企业电费结算行为，2011年5月，对陕西、四川、江西、福建、黑龙江、内蒙古自治区（东部）、湖南、广东等8个省（区、市）电价执行和厂网电费结算情况开展了重点检查。对检查中发现的一些典型案例，在《2010年度电价执行及电费结算情况通报》中进行了披露。

5. 研究提出大工业用户高峰时段季节性加价的建议

8月初，按照电监会吴新雄主席的批示精神，组织对全国部分地区大工业电力用户（包括高耗能企业）实行季节性高峰时段加价及对发电机组进行补贴问题进行了认真的研究讨论，并赴广东、江苏两省进行了实地调研，对加价方案和数据进行了仔细测算和方案比较，就加价政策的必要性、可行性和可操作性等进行了充分、必要的论证，形成了《关于对部分地区大工业电力用户（包括高耗能企业）实行高峰时段季节性加价的政策建议》报国务院。

6. 研究提出加快出台脱硝电价政策的建议

9月下旬，在听取主要中央发电企业及部分派出机

构关于脱硝电价的情况汇报和政策建议的基础上，选择了浙江、广东等9个省份，部署有关派出机构进行调查研究。11月上旬，对9个省份调研报告进行整理和分析，并赴浙江省开展实地调研，形成《关于加快出台脱硝电价政策的建议》上报国务院并抄送发改委。

7. 配合做好电价改革和全国电价调整工作

2011年，积极配合发改委进行电价改革和电价调整，了解电价改革及电价调整测算方案，并结合电价监管工作，提出建议。2011年4月起提高山西等12个省（市）火电企业上网电价，6月提高湖南等3省火电企业上网电价，并提高上述15省销售电价。11月，国家出台文件调整全国电价水平。全国销售电价平均每千瓦时提高3分，上网电价提高2.6分。将可再生能源电价附加标准提高至每千瓦时8厘，并配套推进了销售电价结构改革，提出了居民生活用电试行阶梯电价的指导意见。

8. 制定颁布《输配电成本监管暂行办法》

制定《输配电成本监管暂行办法》（简称《办法》）是价财部几年来的重点工作之一。自2009年起，就组织力量，开展调研，确定《办法》的基本思路和框架。初稿完成以后，多次召开专家研讨会讨论修改，征求会内相关部门、各派出机构、政府有关部门以及电网企业的意见，报政策法规部审核，并在网站进行公示，到2011年年中，《办法》基本成熟。

6月，吴新雄主席到任电监会后，对财务监管工作非常重视，指出要以成本为核心开展财务监管工作，要求进一步完善《办法》。9月初，与财政部企业司再次沟通，财政部对《办法》表示赞同，并希望在今后的监管工作中紧密合作。9月中旬，再次组织召开会内部门、派出机构和电网企业座谈会征求意见，参会单位对《办法》总体上表示赞同，对个别方面和文字提出修改建议。最终形成《办法》送审稿，经11月2日主席办公会审议通过，颁布实施。

《办法》明确了输配电成本监管的目的、法规依据，规定了监管内容和监管措施，为深入开展输配电成本监管提供了法规保障。

9. 研究起草《输配电成本信息报送规定》

《输配电成本信息报送规定》是《输配电成本监管暂行办法》的配套规章，开展输配电成本监管，信息是基础，为规范输配电成本信息报送，依法履行电力监管职责，有必要建立规范、透明的成本信息报送和使用制度。2011年7月，在制定《输配电成本监管暂行办法》的同时，对《输配电成本信息报送规定》进行了同步研究，形成了初稿。《输配电成本信息报送规定》对输配电成本信息报送对象、报送内容、报送方式和程序等提出了要求，为输配电成本监管提供了数据信息基础。

10. 积极开展电价执行及电费结算监管工作，发布《2010年度电价执行及电费结算情况通报》

电价执行和电费结算监管是常规监管工作。2月，下发了《关于报送2010年度电价执行和电费结算情况的通知》，明确了监管通报内容、工作安排、时间进度以及信息报送等要求。4月，收集各派出机构和主要中央电力企业电价报告和报表，整理分析。

5月初，召开了发电企业电价电费结算工作座谈会，了解上网电价和电费结算政策执行中存在的主要问题，确定检查重点省份。5月下旬，抽调派出机构人员组成8个检查组，对陕西、四川、江西、福建、黑龙江、内蒙古自治区（东部）、湖南、广东等8个省（区、市）电力企业2010年1～4月执行国家电价政策及厂网电费结算情况进行重点检查。

7～8月，征求各派出机构及会内有关部门意见，根据各单位提出的意见，再次对报告进行了修改，形成送审稿，9月底向社会公开发布。报告分析了国内电价结构及水平，反映了上网电量计量、争议电费及陈欠电费情况，对差别电价、脱硫电价、可再生能源电价、电费结算政策等执行情况进行评析，对检查中发现的问题进行披露并提出整改要求。通报发送各有关单位及派出机构，并在电监会门户网站发布。

11. 积极开展成本监管工作，完成发电企业成本及财务经营状况调查

选取大唐、国电两家电力集团作为试点，并确定试点集团所属的19家燃煤电厂作为调查对象。7月初制订工作方案，明确时间进度。7月中旬，对工作方案进一步细化，提出具体工作步骤。8月，成立工作组。9月，下发通知和调查表格，指导发电企业填写数据，形成了简要汇总报告。10月上旬，召开发电企业成本及经营状况重点调查启动会，提出工作要求，并对已经收集的各集团和电厂的调查表格进行初步分析，研究提出调查建议。10月下旬～11月初，开展实地调研，了解情况，核对数据，查找深层次问题和原因，撰写分组分析报告。11月中旬，召开调查工作总结会，起草总报告。

调查报告对当前燃煤发电企业严峻的财务经营状况及存在问题的原因进行了深入分析，对如何调整国家政策以改善发电企业经营环境，如何加强电力行业财务监管以约束、规范发电企业自身投资、经营、成本控制等行为，提出了意见和建议，为促进发电行业健康持续发展作出了努力。

12. 做好电力企业财务经营状况监测预警

对电力企业财务经营状况进行监测预警，按季度对电力企业财务经营情况进行汇总分析，提出政策建议，形成信息简报，印送会领导及有关部门，为制定行业性监管政策提供了基础。

完成《2011年一季度主要电力企业财务经营情况分析及对二季度和上半年经济形势的预测》和《2011年前三季度主要电力企业财务经营、电力价格情况分析及对全年经济走势的预测》。

【电力稽查】 2月，电监会印发《关于报送2010年和“十一五”电力企业节能减排情况的通知》（办稽查函〔2011〕30号），对全国电力企业节能减排相关数据、指标完成情况进行了专项调查，并进行认真分析和全面总结。电监会稽查局对中铁、中铁建电气化局集团有限公司等违规从事承装（修、试）电力设施业务和电工进网作业等行为，会同资质中心、东北电监局分别赴沈阳、长春进行了现场调查核实，并就存在的问题与铁道部进行了沟通、协调，妥善解决了相关问题。电监会印发《关于深入开展供电企业用户受电工程“三指定”专项治理工作的通知》（电监稽查〔2011〕6号），继续深入开展供电企业用户受电工程“三指定”专项治理。

3～5月，电监会组织派出机构和部分专家组成督查组对全国30个省（市、区）的部分电力企业开展了节能减排情况专项督查。针对督查中发现的问题，分别向有关电网公司和中央、地方发电集团公司下达责令整改通知书，有针对性地提出了整改意见。对督查中发现的较为严重的问题，如没有取得排污许可证、旁路没有按规定铅封以及脱硫设施投运率不达标的问题，依法移交环保部处理。

6～7月，电监会组成6个重点排查组，对内蒙古、吉林等12个省级电网公司开展用户受电工程“三指定”情况进行了重点排查，共检查18个地（市）供电企业、27个县级供电企业，61家供电企业的关联企业。对发现的涉嫌“三指定”行为等问题，向全国供电企业下发了《关于对用户受电工程“三指定”等行为进行全面整改的通知》（办稽查〔2011〕69号），要求供电企业进行全面整改。

7月13日，电监会印发《关于加强业务监管与稽查工作衔接联动有关事项的通知》（办发〔2011〕53号），建立了日常监管与稽查工作的衔接联动机制，形成监管工作合力，提高执法效能。

9月30日，电监会公布《电力争议纠纷调解规定》，有效解决了现有《电力争议调解暂行办法》对调解的范围规定过于狭窄、调解的程序不够简便、调解协议的效力没有明确等问题，该规定自2012年1月1日起施行。

10月25日，电监会在北京召开了全国电力行业节能减排监管工作会议，吴新雄主席出席会议并作了重要讲话，对“十一五”电力行业节能减排工作进行了总结，对做好“十二五”节能减排监管工作提出了明确目标和要求。这是电监会成立以来第一次召开的全行业节能减排工作会议，规格高、规模大，在行业内引起了强烈反响。

按季度正式在《中国电力报》、电监会门户网站上刊登《国家电力监管委员会12398投诉举报受理情况通报》，对投诉举报事项的地域分布、分类、受理及结案情况进行公布。2011年，全国共收到电力投诉举报有效信息20 858件，电力监管机构依法决定受理6958件，12月底前已办理完毕6876件，占受理总量的98.82%。

积极开展争议纠纷调解工作。2011年，电力监管机构在全国范围内共受理的电力争议案件25件，成功调解21件，调解事项涉及的范围也在逐步扩大，主要涉及供用电纠纷、厂网电费结算矛盾、供电营业区划分、小水电站上网争议等方面。

【安全监管】 2011年，电监会贯彻落实党中央、国务院关于加强安全生产工作的一系列决策部署和中央领导同志重要指示，以及165、167、173次国务院常务会议、国务院安委会全体会议精神，贯彻落实《电力安全事故应急处置和调查处理条例》（国务院599号令，简称《条例》）和《国务院关于进一步加强企业安全生产工作的通知》（国发〔2010〕23号）要求，围绕“三杜绝、三防止、一维护和一保持”（杜绝重大以上电力生产人身伤亡、杜绝电网大面积停电事故、杜绝电厂垮坝事故；防止重大以上环境污染、防止主设备严重损坏事故、防止对社会造成重大影响事故，维护电力系统安全稳定运行，保持电力安全生产持续稳定）的安全生产工作目标，深入开展“安全生产年”活动，以保证人身安全、大电网安全、风电并网安全、水电站运行安全为工作重点，全面加强电力安全监督管理，保持了全国电力安全生产形势总体稳定，电力安全监管工作取得了明显成效。

（一）积极推进《条例》出台、宣贯及配套规章制定

做好《条例》出台准备和宣贯工作。电监会坚持控制、减轻和消除电力事故损害，保证电力系统安全的立法目的，积极与有关单位沟通协调，对《条例》具体内容进行了多次征求意见和讨论修改，配合完成《条例》上国务院常务会议准备工作，保证了《条例》顺利出台。《条例》出台后，及时制定《条例》宣贯计划，印发关于学习贯彻执行《条例》的通知，组织召开《条例》宣贯电视电话会议和培训会，会同电力企业开展近40场《条例》培训，培训人员超过4万人，有效提高电力企业从业人员的遵章守法意识，营造电力安全生产良好法制环境。

制修订《条例》配套文件和规章制度。《条例》出台后，多个规章标准和规范性文件亟待制定修改。组织专家共同编制出版了16万字的《条例释义》，并

制定《关于做好电力安全信息报送工作的通知》、《关于执行〈条例〉中有关问题的规定》，进一步规范电力安全信息的报送，明确《条例》执行过程中的有关问题；编制《电力安全事件监督管理暂行规定》，强化未构成电力安全事故，但对电力系统安全稳定运行和电力（热力）正常供应以及对社会造成较大影响的事件的监督管理。其他《条例》配套规章标准的制修订工作，已列入2012年工作计划。

（二）加强风电安全监管

制定落实反事故措施。2011年初，西北、华北等地连续发生多起风电机组大规模脱网事故，对电力系统安全造成较大影响。国务院领导作出重要批示，要求电监会注意监测，加强监管，引导风电安全健康发展。电监会坚决贯彻落实国务院的决策部署，及时组织开展事故调查处理，从设备性能、运行管理和反事故措施等方面组织有关机构和人员开展系统研究，印发了《关于切实加强风电场安全监督管理遏制大规模风电机组脱网事故的通知》，对风电机组低电压穿越能力改造、风电场无功补偿装置配置、建设施工组织、二次系统监督管理等方面做出具体规定。针对大规模风电机组脱网事故中设备存在的问题，我会通报了低电压穿越和无功补偿装置存在问题的风电设备型号和制造厂家，督促风电设备制造厂家加强风电机组安全技术研发和质量管理，提高设备安全水平。

组织风电场并网安全性评价和安全检查。为了保证风电场并网安全，电监会印发了《风力发电场并网安全条件及评价规范》，将风电场通过安全性评价作为风电场并网运行的前置条件。8～9月，电监会组织开展全国风电安全大检查，重点检查风电场（建设项目）的安全管理情况、风电设备情况、风电运行情况和接入电力系统情况。检查采取企业自查和电监会重点督查方式。自查阶段，风电企业对360家已并网运行风电场、80家在建风电场进行了安全检查，受检风电场装机占全国风电装机78%，查出隐患1700余项，53%完成整改；督查阶段，电监会组织6个督查组对39家风电场和20个省级电网企业及调度机构进行重点督查，查出隐患430项，85%完成整改，未完成项目均列入整改计划，同时督促电力企业加强排查治理整改闭环管理，提高涉网风电设备、装置和系统的安全性。

编制发布《风电安全监管报告》。电监会加强对风电安全问题的研究，组织对金风、华锐、联合动力等风电设备制造企业调研，召开风电安全座谈会，针对风电机组低电压穿越能力、风电场无功管理、风电场电缆头故障、风电场接地系统等方面进行专题研讨。在检查和调研基础上，结合近年风电安全监管工作，编制完成了《风电安全监管报告（2011年）》，阐述风电安全发展的总体情况，披露风电安全工作存在的问题和风险，提出加强风电安全监管的意见和建议，并召开《风电安全监管报告（2011年）》发布会，取得了社会各方积极良好的反响。

（三）加强电网安全监管

建立电网安全风险管控机制。为了采取有效措施防范电力系统风险，电监会于2007年启动电力系统安全风险与脆弱性分析评估研究，到目前基本建立了脆弱性评估指标体系、框架结构。2011年，电监会进一步完善评估指标体系，细化评估程序，改进评估方法，逐步建立完善科学的电力系统评估体系，对电力系统结构、技术和设备的安全风险和脆弱性进行客观评估，有效防范电网大面积停电事件的发生。

2011年，电监会对国内电力二次系统安全防护工作认真总结梳理，编制了《电力二次系统安全防护工作情况通报》，印发了《电力二次系统安全管理若干规定》及相关技术规定，有效地指导和规范电力行业二次系统安全防护工作。

加强有关重要用户供电安全监管。电监会积极推进重要用户供用电安全监管工作，会同民航局组成联合调研组，对成都双流国际机场、北京首都国际机场及有关供电企业开展专项调研，起草了《民用运输机场供用电安全管理规定（试行）》，建立完善供电企业与重要用户协调联动机制，规范供电企业供电安全管理工作，防止机场大面积停电事件的发生。“7·23”甬温线特别重大铁路交通事故发生后，电监会对电气化铁路供用电安全情况进行梳理，针对存在的问题和安全隐患，下一步拟与铁道部进行会商，研究进一步加强电气化铁路供用电安全管理工作的具体举措。

（四）开展电力安全生产标准化工作

按照《国务院安委会关于深入开展企业安全生产标准化建设的指导意见》要求，电监会将开展电力安全标准化达标工作作为督促落实企业主体责任、强化安全生产基础的监管手段，与国家安监总局联合印发了《关于深入开展电力安全生产标准化工作的指导意见》和《发电企业安全生产标准化规范及达标评级标准》，印发了电力安全生产标准化达标评级管理办法和实施细则，督促企业从安全管理、设备设施、生产技术、作业现场等方面全面加强安全标准化工作。为检验达标评级标准的有效性和可操作性，对管理办法和实施细则多次征求意见和修改完善，选择了三家火电企业、三家水电企业和一家风电企业进行试评审工作，以保证评级过程的科学性、公正性和规范性。同时启动电网企业和工程项目安全标准化规范和达标评级标准编制工作，为全面开展标准化达标工作奠定基础。12月，会同国家安监总局在山东联合召开全国电力安全生产标准化工作会议，正式启动和全面部署全国电力安全生产标准化达标评级工作，争取实现2013年底前规模以上电力企业标准化达标目标。

（五）做好重大活动保电工作

按照《重大活动电力安全保障工作规定》，电监会认真开展第26届世界大学生运动会、西安世界园艺博览会以及首届中国-亚欧博览会等保电工作，成立保电工作组织机构，落实党中央、国务院指示部署，指导协调解决保电重大事项和重要问题；制订保电工作方案，组织开展保电专项督查，督促各项保电措施落实，经过与地方政府及电力企业的共同努力，圆满完成了各项保电任务，实现了重要活动电力保障工作万无一失的目标。

（六）强化电力应急管理

电监会积极推进电力应急管理，加强电力应急预案、演练和相关研究工作，配合国家应急救援指挥中心启动了中央电力企业应急预案体系建设试点工作，指导企业规范预案管理，落实预案评审和备案制度，完成了全国主要电网和发电企业集团公司综合预案报备；在山西大唐阳城发电厂举办了电力行业应急演练观摩活动，促进安全生产和应急管理工作交流，取得良好效果；启动了《电力行业应急保障体系与电力应急能力评估体系深入研究》课题研究，为指导电力行业提高应急能力提供科学依据。

（七）开展电力安全生产科技成果申报评审工作

为发挥科学技术对电力安全生产的推动作用，电监会积极开展电力行业安全生产科技成果申报评审表彰工作，向国务院呈报了开展电力安全生产科技成果评选和表彰工作的请示，并得到全国评比达标表彰工作协调小组的批复。按照批复精神组织开展工作。

【治理商业贿赂】 2011年，对全行业54家企业进行了初评，对40家首批参加信用评价的企业进行了复评，并授予企业信用等级标牌。

在开展企业信用评价工作中，注重抓好四个环节：一是健全工作机构，完善管理制度。根据工作需要，调整了电力行业市场诚信体系建设领导机构，成立了“电力行业市场诚信体系建设领导小组”，组长由中国电力企业联合会党组书记担任，领导小组下设办公室、工作和技术委员会，加强了对这项工作的组织领导。同时，制定、完善了《信用评价业务流程规范》、《信用评价报告规范》、《跟踪评价制度》、《复评制度》、《申投诉实施细则》、《信用评价师行为规范》、《业务信息保密制度》、《业务档案管理制度》等20项工作制度与规范。二是严格依照程序，认真开展评价。对申报企业，要进行审核材料、现场访谈，形成信用评价报告，经工作和技术委员会初审评议通过后在行业报刊和网站向社会公示，最后由电力行业市场诚信体系建设领导小组确认，并报商务部和国务院国资委备案。评价过程中，注意选派经验丰富的电力专家参加现场访谈工作，邀请第三方公司合作，以提高电力行业信用评价工作的专业性和公正性。全年对147家申请信用评价的企业进行了审核评价并授牌发证。三是加强数据库建设，实行动态管理。建立健全纳税、信贷、产品质量、合同履约、招标投标，以及履行社会责任等方面的企业诚信信息数据库，对已参评的企业信用状况实行跟踪了解、动态管理。四是积极拓展工作层面，开展供应商信用评价。在抓好电力企业信用评价的同时，建立了供应商评价指标体系，完善评价流程、市场拓展、专家培训、项目实施等工作。共对16家供应商企业进行了信用评价。

【华北电监局】 国家电力监管委员会华北监管局（简称华北电监局）是国家电力监管委员会的派出机构，成立于2005年9月30日，依据国家电监会的授权，负责华北区域的电力监管工作。现任领导：党组书记、局长李廷勇，党组成员、巡视员、副局长梁建勇，党组成员、副局长戴俊良、张学先。华北电监局内设办公室、市场与价财监管处、输供电监管处、稽查处、安全监管处、综合监察室、资质管理处等7个处室。2007年5月18日、2011年11月8日和2011年12月15日，华北电监局分别在内蒙古自治区、河北和天津设立了电力监管业务办公室。

1. 安全监管

突出重大活动保电安全监管。圆满完成了全国“两会”、建党90周年、“十一”、航天发射和党的十七届六中全会等重大活动保电工作。强化“五项基本制度”的落实，组织开展历时近60天，以落实领导责任制、安全生产规章制度、设备设施保养完好制度、重大隐患排查及专项整治制度和安全宣传培训教育制度为重点的2011年华北区域电力安全生产大检查活动。强化风电安全监管，促进风电安全发展。深化安全监管的标准化、规范化建设。深化并网安全性评价监督管理工作。重新修订和完善了区域并网安全性评价实施细则、评价标准和中介机构管理办法。深化电力企业应急预案监管。深化电力建设施工安全监管。

2. 市场监管

2011年，华北电监局圆满完成了原市场处与价财处的业务整合。起草出台了国内首个适合风电场运行特性、覆盖全面的考核管理办法《华北区域风电场并网运行管理细则》。继续加强市场秩序规范工作。年初圆满完成市场秩序监管约谈工作，促进“三公”调度水平得到进一步提高；出台《华北区域发电机组进入及退出商业运营管理实施细则（试行）》，进一步加强厂网界面监管，有效维护了各电力企业合法权益；开展京津唐电网直调热电联产机组运行参数核定工作。推进电力市场建设。及时出台《电力应急支援交易办法》，规定了各网省间的应急支援交易流程，要求各电网开展备用共享，一定程度上提高了负荷高峰时段电力供应能力。出台了《蒙西电网低谷富余风电跨省消纳交易办法（试行）》，建立了具有独创性的低谷风电交易机制。加强价格与财务监管。对各电网公司和发电企业报送的2010年度电力价格财务信息进行了审核，形成《2010年度华北区域电价执行情况报告》，为区域监管工作提供了详细的企业价格财务资料；会同其他电监局对广东、湖南两省开展电价检查工作，促进两省电力企业在国家电价政策执行和电费结算各个环节的规范经营。联合湖南、山西电监办对吉林、河南及湖北5家发电企业的成本经营调查。目前，华北地区厂、网电费月结算率基本达到100%，有效缓解了发电企业经营压力，维护了电力企业合法权益和市场秩序。

3．输供电监管

2011年3月下旬，华北电监局输供电监管处正式成立，重点开展了电力调度机构信息报送与披露检查、供电检查、“三指定”专项治理复查以及居民用户服务质量监管专项行动等工作。

9月，华北电监局召开华北区域《电力调度机构信息报送与披露办法》（简称《办法》）宣贯会，建立了报表和报告制度。

针对内蒙古和张北地区风电消纳受阻情况，华北电监局对辖区内可再生能源全额保障性收购情况进行实地调查，积极探索并鼓励多种途径消纳风电，促进了华北电网公司优先调度和全额收购内蒙古地区风电。

开展居民用电服务质量监管。11月中旬召开了由5个省级电网企业所属区、县级以上单位领导150人参加的启动会。成立了专项行动领导小组和工作组，制订了实施方案。

开展供电检查和整改检查工作。按照电监会的统一部署，4～6月组织开展了第二阶段华北区域内供电检查和第三阶段全国交叉检查工作，针对检查中发现的五大类196个问题，布置了整改工作，于11月初对整改情况开展了复查工作。

深化供电企业信息公开监管工作。

此外，还开展了有序用电检查工作、区域内用户工程“三指定”专项治理工作、《供电监管办法》宣贯工作和农村“两率”研究工作。

4．电力稽查

2011年，依法履行电力稽查职责，完善了投诉举报中心工作制度。草拟了《12398投诉举报中心运行管理规范》，建立了AB角制度，做到了凡事有人负责。按时向电监会上报《稽查工作信息统计报表》，每日对上日投诉举报信息情况进行分析，每月出2期12398信息情况通报。实行全天候24小时人工值班。特别注意处理好容易造成不良社会影响的个体突发事件和公共事件的投诉举报事项。

进一步加强节能减排监管工作。按照电监会部署，完成了对宁夏、北京、河北、天津等地发电企业节能减排情况现场督查工作，提交了督查报告。

加强与地方政府联合执法。

5．电力业务许可

2011年是华北电监局资质许可工作完成基本普及之后实施常态化监管的第一年。华北电监局认真履行许可监管职责，严把准入关口，推动工作转型。

深入推进电力业务许可证审发工作。发电类：2011年新颁发许可证37个，装机容量343.8万kW；变更许可证38个，新增装机容量222万kW；为21家企业出具了并网调试同意函；注销许可证2个。截至目前，华北电监局所辖区域取得发电类电力业务许可证的企业有490家（含46家1MW以下小水电企业许可豁免证明）。输供电类：辖区内5家输电企业、237家供电企业均已取得许可，2011年变更输电许可证2个，供电许可证120个。承装（修、试）电力设施许可：2011年共召开10次许可审批会议，对299家企业的申请作出了准予许可的决定，其中新申请企业202家，升级企业34家，增项企业50家，延续13家，核准了153家企业登记事项（企业名称、法人或住址）变更申请。电工进网作业许可：2011年，华北电监局所辖区域共有15 196名电工通过考试取得许可证，其中高压类电工13 859人，特种类电工1337人，有15 871个许可证通过了续期注册。

稳步开展许可后续监管工作。制定了《新（扩）建、改建输供电设施许可预期报备管理规定》。建立了与政府部门的合作机制，与北京市发改委、北京市安监局联合下发了《关于加强进网作业电工管理保障首都电网供用电安全的通知》，明确界定了相关单位的监管分工和职责范围。为加强持证电工的续期教育工作，提高后续管理信息化水平，开发了空中化网络续期模式，通过手机短信、空中课堂等远程方式，有效解决了电工续期注册培训中工作量大、分散、需求多样等问题，2011年7月，所辖区域续期教育已全部实现网络化，并在新考和续期注册同时发放IC卡，逐步实现电工证的电子化管理。

【东北电监局】 国家电力监管委员会东北监管局（简称东北电监局），是国家电力监管委员会在东北区域的派出机构，成立于2004年5月。依据电监会的授权，负责东北区域（辽宁、吉林、黑龙江省，内蒙古自治区东部赤峰、通辽、呼伦贝尔市及兴安盟地区）电力监管工作。现任领导：党组书记、局长王恩志，党组成员、副局长赵海华，党组成员、副局长杨子江，党组成员吴大明。东北电监局内设办公室、市场与价财监管处、输供电监管处、安全处、稽查处、资质管理处、应急中心、综合监察室、吉林电力监管业务办公室、黑龙江电力监管业务办公室10个职能处室。

1. 安全监管

加强电力建设安全监管，要求各电力企业承担起安全生产主体责任。开展电力建设项目备案监管工作，开展2次核电建设过程中安全大检查评估工作。培训电力企业安全管理人员及应急管理人员等共约1000余人。开展安全生产大检查和防汛专项检查。推进并网安全性评价工作和燃煤发电厂贮灰场安全现状评价工作。全年共完成5家火力发电企业（9台发电机组，总装机容量5100MW）的并网安全性评价现场评审工作和2家发电企业（风电和火电各1家）的并网安全性评价函审试点工作，组织开展了6家燃煤发电厂贮灰场安全现状评价工作。

密切关注区域重大安全隐患，督促整改及后续落实工作。启动“落实安全监管责任”专项行动。吸取山西开展电力生产事故的调查与处理工作。严肃事故报告制度。加强可靠性管理工作。做好风电安全监管工作。有序开展电力应急信息管理平台建设。做好日常监测预警，加强电网运行安全监管。进一步加大电力企业应急预案管理工作力度。推进电力企业开展处置电力突发事件应急联合演练。做好电力行业网络与信息安全工作。

2. 市场监管

2011年，东北电监局以制度建设为抓手，实现监管履职新突破。下发了《关于印发〈东北区域火电厂最小运行方式核定管理暂行办法〉的通知》和《关于确定东北区域省间联络线电力曲线编制原则的通知》，实现了最小运行方式核定及跨省调峰交易的制度化、规范化运行。在大用户直购、发电权交易、跨省电能交易等为主体的电力市场建设工作方面取得一定成果。黑龙江省电力用户与发电企业直接交易试点工作得到稳步推进。以节能减排监管为着力点，推动电力工业节能降耗、减排治污，实现节约标准煤约40万t，减少二氧化碳温室气体排放90万t，减排二氧化硫5000t。

以市场秩序监管为手段，严格规范电力交易和厂网秩序。做到四个“良好”，即价格执行情况良好、电费结算情况良好、财务经营信息分析情况良好、输配电成本分析情况良好。

3. 输供电监管

大力宣传、学习和落实《供电监管办法》。完善供电监管相关法律法规。协助国家电监会和政府有关部门起草有关文件。出台《东北区域输供电监管实施办法》。深入推进用户受电工程规范平台建设工作。深入开展供电检查相关工作。不断开拓输供电监管新局面。启动输供电成本监管工作，开展居民用电服务质量监管专项行动，开展发电项目接入电网前期工作，召开了电网企业和发电企业的发电项目接入电网前期工作座谈会，提出了规划接入的切入点和办法。积极筹划电力企业标准化良好行为试点及确认工作。

开展2009～2010年投产电力工程造价资料报送工作。继续做好电网运行方式监管。组织召开东北区域2011年年度电网运行方式汇报会，编写了东北区域2011年度电网运行方式报告。积极开展调度监管实践，认真组织各项调研。深入调度第一线对“窝电”、电力设施的自维和外维、小区用电等热点难点问题进行了调研。

4. 电力业务许可

电力业务许可证颁发情况。截至10月底，东北区域共核发电工进网许可证26.8万张，共核发承装（修、试）电力设施许可证1765张，均居全国首位；770家发电企业获得发电业务许可证；405家满足条件的输电企业、供电企业均获得了许可证。

5. 电力稽查

认真做好投诉举报处理工作。完善投诉举报受理机制，提高案件办结率和满意率。成功举办全区“98”联席暨12398人员培训会议，加强12398投诉举报热线窗口升级。深入开展用户受电工程“三指定”专项治理工作。对确实存在“三指定”行为的两家供电公司给予罚款行政处罚。电力争议调解工作进展顺利。节能减排重点督查工作取得成效。成立节能减排督查组，对5家发电企业“十一五”期间的节能减排情况进行了现场督查。

【西北电监局】 国家电力监管委员会西北监管局（简称西北电监局）成立于2005年1月10日，是国家电监会的派出机构，依据国家电监会的授权，负责西北区域的电力监管工作。现任领导：党组书记、局长王天才，党组成员、副局长雷金娥、薛浒、仇毓宏。西北电监局现设有办公室、市场与价格财务监管处、输供电监管处、稽查处、安全监管处、资质管理处及综合监察室等7个处室，另设有宁夏、青海2个业务办。

1. 安全监管

圆满完成了西安世园会保电任务。紧扣区域电力安全生产薄弱环节，深入开展现场督察。西北区域电力生产、建设共排查发现一般安全隐患5012条，已整改完成4885条，整改率97%；发现重大安全隐患

17条，已整改完成17条，整改率100%。全年共对28座电站，294台新建及运行机组开展并网安评，装机容量1362.4万kW。安评发现并督促整改安全隐患676个。紧抓风电安全突出问题治理，多措并举加强风电安全管理。制定了《西北区域风电场并网管理暂行规定》。各相关电力企业认真吸取脱网事故教训，举一反三，按照电监会要求紧抓薄弱环节，夯实安全生产基础。制定了《西北区域电力技术监督监管办法》和《西北区域电力技术监督信息报送办法》。认真开展电力安全生产信息统计、分析工作，编发月报，发布电力安全监管报告。深抓日常监管，全面做好安全检查。

2. 市场监管

坚持市场化原则，积极推进市场建设。积极推进大用户直接交易试点工作，努力推动宁夏直接交易试点工作的开展。

市场交易监管不断加强。审核批准陕西电力公司第一、二、三、四期跨区挂牌交易等八次交易申请。全年西北电网跨区跨省交易电量合计503.96亿kWh，同比增长131.54%，其中跨区交易430.27亿kWh，同比增长160.24%，省际间交易73.69亿kWh，同比增长40.85%。

厂网问题协调更加深入。通过厂网联席会议和厂网议事委员会共解决宁夏电煤供应、陕西计划电量差别对待、宁夏送山东电费结算不到位、黄河水电公司积石峡电厂与青海电力公司电费结算等问题。认真做好电力供需分析，加强宏观监管。认真编制《西北区域2010年电力供需情况总结和2011年电力供需形势分析预测报告》。积极探索电网公平无歧视开放监管。重点在陕西组织开展了无歧视、公平开放电网情况调查工作。协调解决了一些陕西省电力公司和陕西省地电公司在汉中等地的电网接入矛盾。

3. 供电监管

通过参与媒体节目、发放宣传手册、接受现场咨询、听取意见建议等方式积极开展了“供电监管宣传月活动”，宣贯电力监管法规，取得了良好的效果。依法依规开展2011年供电检查工作。通过检查，发现业务办理程序不规范、电价执行错误、签订及履行合同不规范、竣工检验把关不严等问题72例。加强日常监管，切实解决人民群众用电问题。

4. 节能减排监管

明确责任，积极推动节能减排工作开展。调整西北电监局节能减排和淘汰落后产能监管工作领导小组，进一步明确职责分工。履行电力行业节能减排监管执法职责，对陕西、重庆等10家电厂开展2011年度节能减排专项督查。完成了脱硫在线监测系统接入。

服务大局，将节能减排和监管工作相结合。继续将燃煤电厂二氧化硫治理作为办理发电业务许可证的重要条件和电力业务许可监督检查的重要内容。发挥市场优化配置资源作用，推动开展发电权交易。加强可再生能源电力监管，与陕西省水利厅小水电主管部门共同组织和小水电企业进行座谈，对陕西省电力公司和陕西地电公司所属企业收购地方小水电电量情况进行了实地调查。结合调查发现的问题，要求有关供电企业对未按规定执行可再生能源电量全额收购政策的行为立即整改。目前，有关单位已按监管要求结清了部分小水电企业拖欠电费，全额收购电量，受到小水电企业好评。

5. 电力稽查

稽查机制建设不断加强。建立了稽查约谈制度。2011年开展稽查约谈27次，涉及电力企业和施工企业30余家。

专项检查和稽查工作不断加强和改进。先后开展节能减排督查、用户受电工程“三指定”复查和重点抽查、电价政策执行和电费结算情况检查、火电企业典型调研检查等专项治理和检查工作。创新检查工作方式，交叉检查和综合检查相结合。

依法查处投诉举报案件。定期向社会公布12398投诉举报处理情况。全年共立案查处违法违规案件7起，其中一般程序处罚4起，简易程序现场处罚3起，共计罚款47.105万元，没收违法所得2.359万元。

6. 电力业务许可

全面开展了2011年承装（修、试）电力设施企业许可制度执行情况的检查。全年共完成44家发电企业、92家承装（修、试）电力设施企业、9家1000kW以下小水电企业许可证的核发和豁免；完成17家发电企业、179家供电企业，39家承装（修、试）电力设施企业的许可证变更工作；8140名各类电工通过了许可进网作业电工考试，续期注册3112人。不断完善考点管理和设置，加强对考点工作的指导、监督协调和规范管理。

【华东电监局】 国家电力监管委员会华东监管局（简称华东电监局）是国家电力监管委员会的派出机构，成立于2004年7月，负责华东区域的电力监管和行政执法各项工作。现任领导：党组书记、局长丘智健，党组成员、副局长何昌群，党组成员、副局长邱水录，党组成员、副局长徐文强，党组成员、副局长杨梦云。华东电监局内设办公室、市场与价财监管处、输供电监管处、稽查处、安全监管处、综合监察室、资质处（资质管理中心）和安徽电力监管业务办公室8个处室。

1. 安全监管

以签订安全责任书和建立安全监管挂牌督办制

度为抓手，强化安全主体责任的落实。突出核电和沿海风电安全管理，推进华东区域新能源安全专项监管。

高度关注重要用户和重大活动保电工作，为民生保电和城市运行安全提供坚强电力支撑。宣贯《电力安全事故应急处置和调查处理条例》（简称《条例》），强化区域安全监管和行业安全管理基础。

2. 市场监管

2011年华东电监局实现了市场准入管理规范，电力市场建设灵活推进，电力预测预警提高效率，市场秩序监管形成机制，输电和调度监管平稳起步。进一步健全电力预测预警机制，发挥专业监管对社会经济发展的重要作用。开发建设电力许可监管与市场服务信息系统，支持和促进了许可后续管理工作的监督和服务特色。加强对政策的分析和研究，灵活推进区域电力市场平台建设。优化厂网界面监管，维护公平有序的市场运营秩序。不断强化工作基础，调度监管工作平稳起步。

3. 电力稽查

2011年以来，华东电监局开展了供电检查，电工持证检查、节能减排检查和“三指定”专项检查等各类专项检查和执法7项，共计查处问题267类，年底前复查整改情况，确保不留死角，有效维护了电力投资者、经营者和消费者的合法权益和社会公共利益。突出抓好整改监管，有效提升供电监管实效。深化“三指定”专项治理，着力推动长效机制建设。全覆盖开展电工进网作业持证检查，电工持证率大幅度提高。节能减排监管工作取得突破。对华东区域火电、可再生能源、电网企业在节能减排方面的2万余条数据进行了梳理、分析，发布了电力行业节能减排专项报告。加大投诉举报处理和行政执法稽查力度，案件直接调查和行政处罚工作已进入常态化。

4. 监管服务

2011年以来，华东电监局高度重视围绕政府高度重视、行业反应强烈、社会普遍关心的突出问题加强监测预警，分别向两地省市政府报送专报监管信息8份和常态监管信息26期。

主动贴近省市政府重点工作，加强与上海市政府、安徽省政府的联系沟通。与地方政府有关部门建立合作机制，积极参与地方“十二五”能源规划的制定，与地方安委会签订责任书履行行业安全管理职责，参与行业节能减排等联合执法行动。

注重听取电力企业意见，服务行业发展做到重心下移。

坚持“监管为民”理念，电力用户认可度明显提升。电力争议调解工作取得进展。对困难用户的投诉采取特事特办工作机制。

5. 监管能力建设

建设监管信息系统，整体规划统筹有序。深化监管报告和信息发布，发布形式做到内外有别。发布了《华东区域2010年度电力监管报告》；通过专项会议向电力企业发布了《2010年华东区域电力交易和市场秩序监管报告》、《2010年华东区域电力行业节能减排监管报告》。梳理内部工作规范和流程，全年共计新制定文件5项，修订6项。

【华中电监局】 国家电力监管委员会华中监管局（简称华中电监局）是国家电监会的派出机构，成立于2004年7月。华中电监局根据国家电力监管委员会的授权，负责华中区域的电力监管工作。现任领导：党组书记、局长何兆成，党组成员、副局长罗毅芳，党组成员、副局长葛才胜，党组成员、副局长王笃奎，党组成员、副局长银车来。华中电监局还在江西省和重庆市设有电力监管业务办公室。

1. 安全监管

认真做好《电力安全事故应急处置和调查处理条例》（简称《条例》）宣贯工作。共组织培训6场次，培训3559人。督促辖区电力企业继续深化“安全生产年”活动，并组织对鄂赣渝三省（市）19家电力企业及重要电力用户进行了安全检查，下发整改通知书7份，提出问题及建议429项。

认真开展风电、隐患排查等专项检查，对湖北省仙居顶风电场、齐岳山风电场进行了专项安全检查，要求企业针对存在的问题限期整改。深刻吸取“7·23”甬温线特别重大铁路交通事故教训，认真开展隐患排查治理专项行动。以主干网架重要输电线路、重要枢纽变电站、输电线路大跨越塔，重要电力用户供电变电站和输电线路，电力建设工程施工作业现场、施工机械安全管理情况为重点，彻底地排查在电力企业生产经营活动中存在的安全隐患、薄弱环节以及员工不安全行为。采取监管辖区交叉检查方式，有针对性地对部分统调电厂发电机组异常停运和异常检修情况以及《电力安全事故应急处置和调查处理条例》学习贯彻执行情况进行了专项检查，对河南大唐信阳华豫发电有限责任公司和平顶山姚孟发电有限责任公司在检查中发现的问题，下发了整改通知单，要求企业限期整改。同时，进一步加强事故、异常及恶劣天气下的安全信息报送工作，针对1月18日湖北西塞山发电有限公司3号机组异常停运未及时报告事件，对华电湖北分公司进行了通报批评。落实重大活动保电工作要求，认真部署安排，制订周密工作方案，开展专项督查，有力地保障了全力做好重大活动保电工作。圆满完成“纪念辛亥革命武昌起义100周年活动”、第七届全国城市运动会（江西南昌）和重要节日期间的电力可靠供应工作。

加大电力安全监管制度建设，制定发布了《华中电监局小型发电机组并网安全性评价实施细则》和《光伏电站并网安全性评价标准》。开展可靠性管理工作。在电监会派出机构中首次发布了《华中电监局电力可靠性监管年度报告（2010）》。

加强应急管理，积极推进大面积停电演练工作。形成了《湖北省突发电网大面积停电事件应急联合演练实施方案》。

2. 监管服务

抓好跨区跨省交易的推进和规范，做好电力电量余缺调剂。2011 年 3 月，通过区域交易平台组织完成了河南省发电企业与湖北、江西省电力公司双向跨省集中交易，成交电力 50 万 kW，电量 3 亿 kWh，持续近 10 天。服务地方经济建设，建立电力供需营态跟踪分析汇报机制。

3. 市场监管

严格执行并适时修订华中区域“两个细则”，严把两个细则结果审核关。加强厂网界面监管，切实维护电力市场主体的合法利益。先后对 4 家网省（市）电力公司、3 家地方电网企业、52 家发电企业开展了 2010 年度、2011 年度电力交易与市场秩序“背靠背”约谈工作，明晰了厂网界面监管的问题，确定了监管重点。及时开展区域电网公司、省级电网公司的电力交易和市场秩序检查。

加强电网运行方式监管，深入推进电力调度机构信息报送与披露。组织召开 2011 年度电网运行方式报告会。先后编报了《2011 年度调度计划信息通报》和 5 期《月度调度运行监管信息通报》。建立调度机构量化考评指标体系，制定了 24 条具体考评内容。配合电监会编制《2010 年度电价执行和电费结算监管报告》，完成了《2010 年度鄂赣渝三省（市）电价执行报告》和《2010 年度华中区域电力企业电费结算情况报告》，并编制上报了《2010 年度华中区域输配电成本分析报告》。

依托华中区域节能减排监管信息系统平台，加强对火电企业节能减排信息的分析。组织召开华中区域统调火电企业节能减排监管信息工作会议，对电力企业代表进行了业务培训。向地方政府和发电企业发布了《2011 年上半年华中区域火电厂节能减排监管信息通报》。开展发电企业节能减排督导检查，完成烟气在线监测系统联网。

4. 电力业务许可

进一步加强许可制度建设，制定了《华中区域电力业务许可证（发电类）监督管理办法实施细则》、《华中电监局承装（修、试）电力设施许可证届满延续管理办法》和《华中区域电力用户变（配）电站运行值班和维护人员配置标准》，对《华中电监局发电业务现场核查管理办法》中核查范围、内容及处理方式作了相应修订，提高了《办法》的规范性、合理性和操作性。认真开展各项业务资料审核和现场核查工作，严把市场准入关。加大许可后续监管力度。加大对违法企业的处罚力度。

1～11 月，华中电监局共颁发各项业务许可证 35 404张，其中，发电类电力业务许可证 60 张，承装（修、试）电力设施许可证 131 张，电工进网作业许可证22 321张，续期电工进网作业许可证12 892张；此外，审核通过了 1 家企业的供电变更、22 家发电许可变更和 169 家承装（修、试）电力设施许可变更申请。

5. 电力监管信息化建设

加强非现场监管能力建设，启动电力监管综合信息系统建设。华中电监局按照电监会信息建设“统一、规范、实用”的原则，在系统的功能设计、业务应用、数据管理、系统安全防护等多个层面又进行了深入调研和仔细研究，并最终确定了系统建设的原型设计方案，并于 11 月 25 日通过评审。

【南方电监局】 国家电力监管委员会南方监管局（简称南方电监局）是国家电力监管委员会的派出机构，成立于 2004 年 12 月 16 日，负责南方区域的电力监管工作。现任领导：局党组书记、局长郭智，局党组成员、巡视员赵忠平，局党组成员、副局长张良、黄臻宇。南方电监局内设办公室、市场与价财监管处、输供电监管处、稽查处、安全监管处、综合监察室、资质管理处 7 个处室，在广西、海南设立了电力监管业务办公室。

1. 安全监管

充分发挥电力行业保电牵头作用，大运会保电工作实现“零缺陷、零事故、零停电、零投诉”的成绩，实现了吴新雄主席提出的“供电安全可靠，万无一失”的目标，得到电监会和广东省委、省政府的高度评价，并通过保电组织形成了一套大型活动保电的规范和做法。

督促企业落实责任主体，深入开展安全生产年活动。开展电力企业安全生产隐患排查治理专项行动，共排查出各类安全隐患14 678处，已整改13 192处，整改率 89.87%。

积极宣贯《电力安全事故应急处置和调查处理条例》。组织举办了首轮五期《条例》宣贯培训讲座。

加强风电并网安全性监管。下发了《南方区域风力发电场并网安全条件及评价》规章。

2. 监管服务

关注电力供应，做好电力供需形势分析及电煤监测预警工作。全年形成并向五省（区）政府报送信息 120 份（期），其中，报送电力供需形势和电煤监测信息有42份，电力应急快报78期。

发挥区域统筹协调作用，加大跨省（区）余缺调剂。促进广西和谐电网建设。促成广西电网公司和广西水利电业集团有限公司建立了友好定期协商和协调机制，达成了协调发展的意见，签署了《构建和谐电网备忘录》。

加强节能减排监管。持续跟踪小火电机组关停情况监管，将小火电关停情况纳入监管信息，定期公布。配合电监会完成了火电效率项目《节能发电调度试点信息披露细则研究》的研究工作。及时反映电力企业经营困难，配合政府制定措施保障系统正常运行。发挥政府与企业间的桥梁作用，主动协调电力企业生产建设中的问题。

加强厂网协调，促进和谐厂网关系建设。建立了南方区域省调发电机组等效负荷率信息发布机制，每月公布各机组发电情况。定期召开厂网联席会议，形成了电力企业交流平台。制订了《南方区域发电机组进入及退出商业运营管理办法》，规范了发电机组进入及退出商业运行的程序。

积极调解电力争议，先后调解了广东和发输变电安装有限公司与广东省电力第一工程局、黑龙江省送变电公司与华润鲤鱼江电厂久欠未清的工程款结算争议，涉及金额8300多万元。

尽心服务电力用户。应对电力供应紧张形势，开展有序用电专项检查。一方面要求电力企业做细有序用电措施，整改不规范行为；另一方面向有关省（区）政府分别通报情况，提出向工业用电少的边远县区倾斜用电指标等建议。

扎实推进居民用电服务质量监管专项行动。以案件查处为重点，关注涉电民生问题，维护电力用户合法权益。形成了以投诉信息分析、调查、处理的工作机制，及时解决涉电投诉，全年共受理投诉举报177件，办结166件，办结率为93.78%。建立铁路项目接入系统信息库。制定农村地区供电质量评价指标，推动供电城乡服务均等化，促进农村地区供电质量水平的提高。

3．探索监管方式

探索有效调度监管方式，建立了“集中检查、专项监管、定点监管及日常监管”相结合的调度监管工作机制。建立调度监管指标体系，体系分目标层、指标层和评价层三个层次，提出了8个一级指标，12个二级指标。制定了《南方区域调度监管规范》，进一步明确了调度监管的内容和措施，规范调度监管行为。建立了调度信息发布系统。开展监管指标评价试点工作，选取广东、广西、海南电力调度中心作为试点。

提高监管前瞻性，开拓监管工作思路，探索监管有效实现方式。探索建立发电、电网（输配电）、调度三套监管指标体系，以数据客观反映监管对象的状况。推动输配电价形成机制改革试点。开展重点调研，寻找监管工作结合点。

【山西电监办】 国家电力监管委员会山西省电力监管专员办公室（简称山西电监办）是国家电力监管委员会在山西省设立的派出机构，成立于2006年5月。山西电监办根据国家电监会授权，负责山西省的电力监管、行政执法工作。现任领导：党组书记、监管专员黄学农，党组成员、专员助理宋晋冀，党组成员、综合处长赵乃方。山西电监办内设综合处、市场与价财监管处、输供电监管处、稽查处、安全监管处和资质管理处等6个职能处室。

1．安全监管

加强电力安全监管，全年共召开各类安全会议40余次。圆满完成了第六届“中博会”和山西省第十届党代会保电任务。不断完善“山西电力应急指挥中心”功能，通过应急信息平台全年共发布信息12次，预警预测2次，处置突发事件4起。

2．节能减排监管

积极开展联合执法行动，通过不同部门间的信息共享，实现了优势互补，形成了工作合力，推动节能减排工作深入开展。加强电价政策执行力度，推进发电企业在线监测联网系统建设。

3．市场监管

山西电监办强力推进两个细则（《并网发电厂辅助服务管理实施细则》和《发电厂并网运行管理实施细则》）实施工作，两个细则考核工作已实现常态管理，每月按期做好日常考核管理工作，督促考核资金按期结算。

综合运用多种手段强化电力市场运行监管，大力规范电力市场秩序。坚持定期召开电力行业厂网联席会议，建立了合同备案登记管理制度。认真贯彻落实国家电监会和省政府关于节能减排工作的安排部署，及时对省内电力企业进行了节能减排专项督查。

4．电力业务许可

加强市场准入监管，严格电力业务、电力承装（修、试）、电工进网作业许可证颁发，深化许可后续监管，探索许可退出机制，培育合格的电力市场主体。2011年，共完成124家供电公司供电类电力业务许可证的法人登记事项变更，注销了3家供电类电力业务许可证；颁发发电类许可证17家，豁免证明3家，许可变更10家，登记事项变更35家，注销7家发电许可证；颁发承装（修、试）电力设施许可证32家，许可升级变更11家，许可合并变更2家，登记事项变更54家，注销3家许可证；颁发10 030张电工证，续期注册4549张。在完成许可常态监管的同时，山西电监办进一步规范许可证后管理，严格许可准入条件。积极探索许可退出机制，共注销了13家许可证，突破了以往“只颁不收”的惯有工作思路和方式。2011年山西电监办还与所有持证企业签订了许可管理责任书，试行许可持证后续契约化管理，督促许可相对人获得许可证后履行相关法律规定。

5. 电力稽查

加大电力稽查力度，严肃处理日常监管中发现的电力企业违法违规行为，维护电力投资者、经营者和使用者的合法权益。2011年，山西省登录12398电力监管投诉举报平台7071人次（其中有效信息980件），信件邮箱举报25件。上级和其他部门转办4件。山西电监办在规定时间内办结了所有投诉举报事项，办结率为100%。

6. 监管服务

不断提升服务意识和水平，助力保障和改善民生。2011年，山西电监办启动并开展了“居民用电服务质量监管专项行动”。及时办理省人代会上代表联名提出的《关于加快解决火力发电企业普遍巨额亏损的建议》的提案。相继向省政府办公厅、应急办等部门呈报和函转了《山西中南部十三家发电企业经营困难》、《迎峰度夏期间主力电厂因脱硝停机》等12份报告。

【山东电监办】 国家电力监管委员会山东省电力监管专员办公室（简称山东电监办），成立于2006年3月17日，是国家电监会的派出机构，依据国家电监会的授权，负责山东省的电力监管工作。现任领导：党组书记、专员郑玉平，党组成员、副专员付海波，党组成员、综合处处长孙永成。山东电监办内设综合处、安全监管处、输供电监管处、市场价财处、资质管理处、稽查处6个职能处室。

1. 安全监管

认真开展《电力安全事故应急处置和调查处理条例》（简称《条例》）的宣贯工作。

认真组织各类安全检查。开展了“两会”保电、迎峰度夏、施工安全、迎峰度冬等4次安全集中行动，查出各类隐患1600多项。

深化安全标准化管理。加强风电涉网安全监管。组织开展了全省风电安全检查，重点核查风电机组低电压穿越能力，发布了《山东省风电安全检查情况通报》。

进一步夯实安全基层基础工作。在全系统开展了“安全文化示范企业”和“安全生产先进车间、班组”创建活动。

进一步完善并网安全性评价工作机制。进一步加强电力应急管理体系建设。建立了电力企业应急预案评审制度，为加强气象灾害预警，将气象灾害应急预警信息覆盖面延伸到了县级供电企业和地方发电企业，及时发布恶劣天气预警信息。

不断加大安全监管的工作力度。建立事故教训推动机制。

2. 市场监管

完善信息监测预警机制。编发并上报11期电力监管工作简报和64期电力监管情况日报。加强电力调度监管。组织召开了2次山东省电力监管情况通报会暨电力系统厂网联席会议，促进厂网交流，协调厂网关系。

加强电力交易与市场秩序监管。组织开展了电力交易与市场秩序监管谈话。

3. 供电监管

认真开展年度供电检查。对6家市县供电企业进行了现场检查，发现各类问题119项，11月，对辖区内的8家供电检查受检企业开展了整改复查，对34项问题整改情况逐一落实，实现了检查、整改、复查的闭环管理。

扎实开展居民用电服务质量监管专项行动。山东电监办制订下发了《山东省开展居民用电服务质量监管专项行动实施方案》。召开了140多家供电企业参加的视频会议，并选定胶州市供电公司作为联系工作点。

组织开展供电示范企业创建。引导供电企业由被动应付检查变为主动改进供电工作。加强了供电能力和有序用电监管。

4. 节能减排监管

加强发电节能调度监管。建立了可再生能源发电数据报送制度，监督电网企业全额收购可再生能源上网电量。

加强燃煤电厂脱硫设施运行情况监管。带队开展全省节能减排执法检查和整治违法排污企业、保障群众健康环保专项行动。实现了排放在线监测。

5. 电力稽查

深入开展用户受电工程“三指定”专项治理工作。

进一步健全完善行政处罚和稽查工作机制。对原有行政处罚工作规则从调查、取证、审查、决定等9个方面进行了修订完善。加强对12398投诉举报热线的管理，对投诉举报事项实行分类处理，严格限定转办事项和转电力企业先行处理事项，加强对受理事项的全过程监督。

认真调查处理投诉举报事项。12398热线共登录处理有效电话、传真等1036件，对每件投诉举报都认真调查处理，切实做到了“事事有回音、件件有落实”。

6. 电力业务许可

严格规范各类电力业务许可。年内颁发发电业务许可证27个，承装（修、试）电力设施许可证110个，登记变更各类许可证105个。突出做好了以风电、光伏发电等新能源发电许可工作，简化了许可流程，提高了许可效率。

深入推进电工进网作业许可工作。研究出台了电工进网作业许可管理和考试点管理制度，引入退出机制。在临沂、滨州、济南新增3个电工进网作业考试点，年内新考试电工12 783人，完成续期注册27 475人。

开展发电企业综合评价试点工作。对华电、国电所属18家发电企业，81台1851万kW容量机组开展了遵守许可制度、安全应急、环保、执行调度指令等方面的评价。

【甘肃电监办】 国家电力监管委员会甘肃省电力监管专员办公室（简称甘肃电监办），成立于2006年6月30日。甘肃电监办依据电监会授权，在甘肃省内履行电力监管、行政执法的职能。现任领导：党组书记、专员康安东，党组成员、专员助理顾平安，党组成员、综合处处长谢康。甘肃电监办内设综合处、市场与价财监管处、输供电监管处、稽查处、安全监管处和资质管理处等6个职能部门。2009年12月，经甘肃省编办批复组建甘肃电力咨询服务中心，处级建制，隶属甘肃电监办管理。

1. 安全监管

2011年，甘肃电力系统生产和建设安全形势出现了滑坡，共发生5起人身死亡事故，死亡8人，重伤2人，轻伤8人；发生1起自然灾害引发的电力设备事故；发生3起对电网影响较大的风力发电机组大面积脱网事故。面对严峻形势，甘肃电监办提出了安全监管“三结合”，即：常态监管和重点监管相结合，专项治理与基层调研相结合，现场检查与整改落实相结合，先后完成了迎峰度夏、防洪度汛、天宫一号保电等重大任务；关注协调煤矿采煤沉陷区输电线路安全问题，防止输电线路倒塔事故发生。全年，甘肃电力系统共排查出重大隐患0项；排查出一般隐患14 698项，其中已完成整改14 001项，隐患整改率95.26%，较2010年同期有明显提高，累计落实治理资金共计510万元。

组织“2·24”酒泉风电事故调查分析，宣贯《电力安全事故应急处置和调查处理条例》，组织全省风电安全监管工作会议，补充风电安全专家技术库成员，及时开展风电安全大检查和电气设备隐患排查，重点加强风电机组低电压穿越能力核查和改造工作，综合运用应急预案评审、安全信息报送、可靠性监管、安全性评价、安全生产标准化达标、电力技术监督等手段，及时弥补风电安全监管的薄弱环节，有效遏制了风电事故的发生。

舟曲灾区灾后恢复重建阶段，高度重视灾区安全供电工作，针对居民临时生活安置用电需求明显增加的实际情况，印发了《关于保障舟曲等受灾地区电力安全可靠供应工作的通知》，向甘肃省电力公司提出具体工作要求，为灾区电网供电提供强有力的支持，保证了舟曲灾区电网运行稳定，电力供应充足可靠，负荷稳定恢复至灾前水平。

2. 市场监管

注重市场价财监管基础性工作，落实厂网界面监管五项制度，贯彻《输配电成本核算办法》；落实《电价监督检查暂行规定》；发挥厂网联席会议的议事决策功能；编制2010年度甘肃电价执行及厂网电费结算情况报告。

完善电力交易机制，规范跨省跨区交易和发电权交易行为，强化交易规则与结算管理，协调处理外送电有关事宜，防止和查处侵害企业利益的行为。

落实发电厂并网运行管理考核及辅助服务补偿机制，规范发电机组进入和退出商业运营管理；加强对差额资金、“两个细则”考核、补偿资金的收取、分配、使用情况的监管。

3. 输供电监管

加强调度监管，延伸监管范围，组织贯彻《电力调度机构信息报送与披露办法》，对省调及2家地调进行专项检查，完成了专项检查报告。开展居民用电服务质量监管专项行动。

4. 节能减排监管

参与了2011年全省“整治违法排污企业保障群众健康”环保专项行动，会同环保部门组建了火电企业信息搜集系统；会同省电力公司开发了燃煤机组脱硫在线监控系统，集中开展了2010年及“十一五”发电企业、电网企业节能减排督查工作。

5. 电力稽查

电力稽查中，继续推广12398、95598、电力用户三方联系机制，强化企业内部责任追究落实，定期向社会通报投诉举报受理情况；重视信访接待，耐心说服引导，化解社会矛盾。

6. 电力业务许可

完善许可条件，加强制度建设，继续做好电力业务许可证持证普及工作，基本实现所有合格电力市场主体依法持证经营，重点加强特种电工进网许可证管理。开展水电开发建设专项整治活动。

7. 服务地方经济社会发展

保障可再生能源全额收购。定期分析电力供需形势。做好电力监管信息公开。

8. 定点扶贫

电监会定点帮扶通渭县工作正式启动以来，在电监会党组的正确领导下，甘肃电监办会同供电监管部和电监会挂职干部，发挥电力监管专业优势，抢抓机遇，真帮实扶，圆满完成了前期电力帮扶、信息帮扶、智力帮扶的工作任务。

【浙江电监办】 国家电力监管委员会浙江省电力监管专员办公室（简称浙江电监办）是国家电监会的派出机构，成立于2005年4月。根据国家电力监管委员会的授权，负责浙江省的电力监管工作。现任领导：党组书记、专员谢国兴，党组成员、副专员周志明，党组成员、综合处处长郭昌林。浙江电监办内设综合处、安全监管处、输供电监管处、资质管理处、市场与价财监管处、稽查处共6个职能处室。

1. 安全监管

圆满完成重要节日和重大活动的电力安全保障任务，确保了建党90周年庆祝活动、全国第八届残疾人运动会和防汛抗台期间的电力安全保障。定期召开会议通报安全生产情况，督促企业深入开展隐患排查治理。认真开展《电力安全事故应急处置和调查处理条例》的宣传贯彻，并以此为契机督促企业开展安全生产规章制度的修订完善工作。继续抓好电网统调发输变电设备故障周报制度，电力安全生产信息报送制度，组织开展核电厂备用电源、接入系统、应急管理等涉及电网安全生产环节的检查。对风电企业和水电站大坝进行安全专项检查。继续深入开展工程建设领域突出问题的专项治理，重点对可能引发安全问题的管理和制度缺陷进行检查。抓好发电机组并网安全性评价，年内共完成21台机组的并网安评工作。全面完成了全省区域内11个市级以上供电企业和省统调发电企业的应急预案评审和备案工作。

2. 节能减排监管

开展电网企业全额收购可再生能源电量的监督检查，促进了可再生能源发展和清洁电力能源全额上网收购。积极支持和推进有关部门开展小火电关停机组替代交易和燃油机组替代交易。2011年全省替代交易合同电量达到104.38亿kWh。切实抓好节能减排督查工作。与政府有关部门联合制定执行差别电价政策企业认定办法，开展超能耗限额标准企业实行惩罚性电价确认工作。督促省调继续开展统调机组有序调停工作，增加高效环保大机组的发电利用小时，提高其年度合同电量完成率，实现科学有序经济调度，提高运行机组的负荷率。部署开展浙江省内电力行业开展节能减排工作，成立了浙江省电力行业节能减排领导机构和工作机构。在完成与浙江省电力公司火电机组脱硫在线监测系统联网的基础上，进一步研究开发建设包括脱硫脱硝和有关节能指标在内的节能减排在线监测系统。

3. 输供电监管

开展供用电形势分析和有序用电监管工作。对全省有序用电开展情况进行专项检查，全面分析供用电形势和有序用电开展情况，提出针对性的意见和建议。认真抓好供电检查和整改情况的复查，全年共检查市级供电企业6个次，县级供电企业28个次，发现各类问题148例，目前已整改136例，整改率达到92%。进一步推进用户受电工程信息与监管系统建设，不断完善监管系统的功能，增加了供电质量监管模块。推进供电企业信息公开工作，重点加强了对信息公开工作的考核，对16家信息公开先进单位进行了表彰，对8家落后单位进行了通报。

4. 价格与财务监管

加大电力交易监管力度，开展电力交易公平性评价，不断提高电力交易的“三公”水平。通过加强《并网调度协议》和《购售电合同》的签订和备案监管，进一步规范电力市场秩序。加强电价政策执行和电费结算情况监管。

5. 电力稽查

继续深入开展用户受电工程“三指定”专项治理工作，认真开展复查和重点排查，对查出的各类问题要求各有关企业进行限期整改，同时要求各级供电企业举一反三，进一步做好整改落实工作。依法开展投诉举报处理和行政执法工作。继续做好12398投诉举报热线及短信平台建设。组织全省11个地市95个县市区供电企业开展了为期4天的12398热线覆盖面普查。及时协调电信部门妥善解决了个别地区接通率低等问题，确保了12398投诉举报热线的畅通。

6. 电力业务许可

进一步完善电力业务许可监管制度。先后制定了《浙江省发电类电力业务许可证监督管理工作方案》、《浙江省输供电类电力业务许可证监督管理工作方案》、《浙江省输、供电类电力业务许可证监督管理办法实施细则》、《发电类电力业务许可企业监督管理试点工作方案》，以及承装（修、试）电力设施企业和电工进网作业许可证管理等有关制度和规定。深入开展电力业务许可企业的自查年审工作。对承装（修、试）电力设施企业许可实施公示制，增加审批环节透明度，促进“阳光审批”。2011年，浙江电监办共核发电工进网作业许可证新证8161本，续期注册11 820本；核发供电类电力业务许可证1家，办理许可变更手续10家。

【江苏电监办】 国家电力监管委员会江苏省电力监管专员办公室（简称江苏电监办）是国家电监会在江苏省的派出机构，成立于2006年12月。江苏电监办依据国家电监会的授权，履行江苏省的电力监管和行政执法职责。现任领导：专员顾瑜芳，专员助理郑逸萌。江苏电监办下设综合处、市场与价财监管处、输供电监管处、稽查处、安全监管处和资质管理处（资质管理中心）等6个处室。

1. 安全监管

健全电力安全监管体系，及时调整完善江苏电力安委会组织机构，定期召开相关工作会议，与安委会各成员签订2011年安全生产目标责任书，督促电力企业严格落实安全生产主体责任。做好《电力安全事故应急处置和调查处理条例》的学习宣贯。

组织开展安全专项检查。建立隐患排查长效机制，集中开展电力企业隐患排查治理整改工作，排查出一般隐患2886项、及时整改率达到95.2%。开展工程建设领域专项治理工作。加强风电企业安全技术监督工作，制定《江苏风电场安全技术监督专项检查大纲》，对全省所有风电场开展安全技术监督专项检查。开展迎峰度夏、迎峰度冬技术监督现场检查，共检查主力电厂48家。

全面加强电力应急管理工作。切实加强电力企业应急预案管理，完成省电力公司、各市供电公司和10万kW以上统调发电企业应急预案评审备案工作。督促电力企业及时做好防范台风、暴雨、雷电等自然灾害引发电网事故的准备工作，完善和落实防汛防灾预警机制、应急预案和抢险救灾工作。组织电力企业开展迎峰度夏应急演练。推动重要用户供电电源和自备应急电源的配置和安全规范管理工作，全省重要用户双电源配置率和自备应急电源配置率分别由2009年的79.4%、65.0%提高到2011年的91.9%、93.2%。

扎实开展安全技术管理。继续推进发电机组并网安全性评价工作，全年共计1000万kW容量发电机组通过并网安评。编制出台《江苏省风力发电场并网安全条件及评价规范》，完成全部13家风电场共1069台风机的并网安全性评价。加强在建电力项目安全监管，严把新投运机组启动关，确保工程建设和调试安全。落实全省电力安全生产标准化达标工作。

2. 节能减排监管

加大火电机组减排工作力度。截至12月底，全省12.5万kW以上监测机组装机容量达到5266万kW，燃煤机组全年投运率、脱硫效率和排放浓度分别为96.4%、94.2%、112.4mg/m^3。继续推进燃煤机组烟气脱硝在线监测系统建设工作，在全国率先实现燃煤机组脱硝系统在线监控，目前全省共有1856万kW燃煤机组接入脱硝在线监控系统。

加强节能调度监管。优化节能发电调度和发电权交易方式，进一步提高大机组运行水平。全年共完成节能调度电量285亿kWh，节约标准煤110万t，减排二氧化硫约3000t、氮氧化物约4万t。不同机组利用小时拉开差距，60万kW及以上、30万kW、20万kW及以下机组年发电利用小时分别为6211h、5768h、2850h，充分体现了效率优先原则。

开展节能减排督查工作。

3. 市场监管

完善厂网联席会议机制。厂网双方充分利用联席会议这一平台，积极交流、相互沟通、化解矛盾、形成合力。

启动《江苏电网统调发电机组运行考核办法》、《江苏电网统调机组辅助服务管理暂行办法》“两个办法”运行。

加强电力业务许可管理。继续推进输供电设施许可预期报备，开展持证企业遵守电力业务许可制度定期综合评价试点，全面启动承装（修、试）电力设施许可证延续换证工作，实现对电力企业执行电力业务许可制度的后续监管。成立江苏省承装修试电力设施企业协会。全面加强电工进网作业许可管理，对全省高压电力用户电工持证情况开展摸底普查。

强化电力稽查工作。认真做好12398电力监管投诉举报热线接听工作，全年共收到各类有效信息1056件，其中受理投诉举报39件，已全部按时办结。依法查处电力违规行为，对发现问题的企业及时下达监管意见书，责令限期整改。开展电力交易与市场秩序约访约谈活动，全面了解电力交易合同履行、“三公”调度执行情况，并对发现的问题跟踪落实整改。

4. 输供电监管

深化供电常态监管。加强与电力用户的沟通交流，构建与地方政府的联系机制。建立定点监管制度。

建立“三指定”治理机制。开展了“三指定”专项治理复查和重点排查等工作。

开展居民用电服务监管。全面启动“居民用电服务质量监管专项行动”。

探索调度监管新模式。建立电网调度信息报送和对发电企业信息披露机制，建立运行方式汇报机制。

【福建电监办】 国家电力监管委员会福建省电力监管专员办公室（简称福建电监办），是电监会的派出机构，成立于2007年4月13日。福建电监办依据国家电监会的授权，在福建省范围内履行电力监管、行政执法的职能。现任领导：党组书记、专员郑宝强，党组成员、专员助理张建平，党组成员、综合处处长朱文毅。福建电监办内设7个处，即综合处、市场与价财监管处、输供电监管处、稽查处、安全监管处、资质管理处和机关党委（工会）。

1. 安全监管

针对电力企业经营管理中出现的新情况、新问题，制定了《电力企业外包项目安全生产管理规定》，为解决安全生产监管薄弱环节提供了方向和依据。首次开展核电安全专项督查。以现场会形式召开农电安全生产工作会，用新的手段有效落实安全监管职能履行，把电力安全监督管理推向深入。

2. 输供电监管

开发完成福建省电力用户受电工程市场与监管信息系统，标志着用户受电工程市场化及在线监管工作取得重要突破。制定《福建省供电企业供电能力监管实施意见（试行）》，建立供电企业供电能力不足情况的公示、备案、核查、整改、销号的闭环监管机制。制定印发《关于进一步规范供电行为有关问题的通知》，对市场准入行为、市场竞争行为、配套服务行为、服务收费行为等方面进行规范。督促、指导电网企业在全国率先建立省、地两级“电源客户服务中心”，形成服务和沟通发电企业的窗口和桥梁。

3. 市场与价财监管

提出关注燃煤电厂掺烧低热值劣质煤对设备安全影响的建议报告成为电监会上报国务院反映当前煤电矛盾报告的重要附件。研究出台并建立省内厂网合同电量形成机制，探索依靠市场机制推进电力节能减排。完成全省统调火电机组烟气自动在线监测系统的联网工作，实现火电机组烟气在线监测，建立常态监管机制，提升节能减排工作水平。大力推进发电企业反映多年的电源自建送出工程历史遗留问题的协调解决，督促电网与电厂完成上网计量点的变更设置，得到发电企业积极肯定。

4. 电力稽查

制定《福建电监办业务监管与稽查工作衔接联动机制实施细则》，建立业务监管与稽查工作衔接联动机制。电监会稽查局将《实施细则》转发各派出机构学习参考。配合电监会开展“三指定”专项治理重点排查，对存在“三指定”行为的厦门电业局处罚45万元，处罚对象从承装（修、试）企业扩展到电网企业，具有标志性意义。加强投诉案件处理，先后对4家伪造许可证复印件无证从事涉网工程的电力施工企业实施行政处罚，对18家未提交年度自查报告的电力施工企业进行通报，对多起网厂电费结算和送出线路改造纠纷实施电力争议调解。开展12398电力监管投诉举报热线窗口创先争优工作，制作12398电力监管投诉举报热线承诺服务卡。

5. 电力业务许可

出台加强承装（修、试）电力设施企业分支机构管理的文件，这是电监会系统在这方面工作的第一个规范性文件，对规范电力施工市场和加强电力施工安全管理进行了创新。率先设立进网作业电工服务中心试点，出台相应指导意见政策性文件，对促进进网作业电工办证及后续管理起到示范、借鉴和推动的效应。2011年福建电监办发电许可证颁发数量在全国名列前茅。

6. 服务地方发展

积极主动地开展工作、及时反映和协调解决经济发展中的电力问题。2011年先后两次到平潭综合实验区开展调研，对省电力公司提出加快平潭电网建设提高供电能力的监管意见；对福建省两个核电厂建设情况开展安全检查并提出整改意见，得到省政府相关部门的重视；对福建省风电建设和运行情况开展调研和检查并向省政府提交了专题报告。

7. 综合管理

扎实推进“五五”普法工作，得到电监会和中央有关部门的高度肯定，被授予2006～2010年全国法制宣传教育先进单位。建立党建联络员工作机制，每个处室指定一名党员作为机关党建联络员，创造性解决了党务干部配备不足问题。课题研究量上明显增加，质上不断提升，课题报告中提出的新思路、新观点、新方法，对解决现阶段电力监管工作和电力改革发展中碰到的重点、热点、难点问题，起到积极的推动作用。

【河南电监办】 国家电力监管委员会河南省电力监管专员办公室（简称河南电监办）是国家电力监管委员会的派出机构，成立于2006年3月28日。根据国家电监会授权，负责河南省内的电力监管工作。现任领导：党组书记、专员匡宝珠，党组成员、专员助理阎俊超，党组成员、综合处处长刘建华。河南电监办设有综合处、市场与价财监管处、稽查处、资质管理处、输供电监管处、安全监管处。

1. 安全监管

切实加强应急管理，大力宣贯《电力安全事故应急处置和调查处理条例》；编制《河南省电力企业应急预案管理实施细则》，督促电力企业编制完善应急预案；推进重要电力用户应急管理，制定监督管理办法；认真做好电力突发事件情况通报制度、应急值班值守等电力应急常态监管工作。督促电力企业深入开展隐患排查，加强隐患治理，共排查出安全隐患8863项，整改8319项，整改率93.9%，落实隐患治理资金1407万元。认真组织开展了风电安全检查、电力二次系统安全防护检查及电力安全生产专项交叉检查等。与河南省安监局共同研究制定河南省电力安全生产标准化工作方案，指导电力企业稳步推进电力安全生产标准化工作。完成大唐林州热电有限公司等电厂所属36台机组和3家风电厂所属机组共341.6万kW容量机组的并网安全性评价工作。积极督办涉及电力的省政府挂牌重大隐患，使三处隐患全部整改完毕。督促电力企业积极开展“安全生产年”活动，认真做好网络信息安全、电力二次系统安全、电力基建安全、电力可靠性等监管工作。完成全省第一家电力企业标准化良好行为AAA级企业现场确认。一年来，全省电力安全生产形势稳定，未发生重大政治保电事故，未发生电网大面积停电事故，未发生重大电力事故和人员伤亡事故。

2. 市场监管

加强电力供需形势分析，跟踪电煤库存情况变化，分析全省电力企业经营情况，加强电力监管信息统计工作，为政府和电力企业提供决策参考。加强调度交易监管，定期听取省电力公司电力系统运行方式汇报；完善厂网联系会议制度，理顺工作机制，第一次单独组织召开河南省电力行业联席会议；督促电力公司整改电力交易与市场秩序监管报告中涉及河南省的问题；做好电力交易信息通报等日常监管工作；完善制度，积极协调，确保了河南省“两个细则”如期正式实施。开展对全省统调发电企业的综合检查，进一步增强了发电企业接受监管的意识；大力宣贯《电力调度机构信息报送与披露办法》，开展培训，组织检查，确保办法落到实处。

3. 供电监管

认真开展供电检查，督促整改发现的问题；加大供电暗访力度，形成常态机制；指导供电企业加强信息化建设，开展相关问题调研，逐步培育和规范用户受电工程市场。

4. 价格财务监管

开展有关电价问题的调研和检查；配合电监会编写电价执行情况报告，对电价执行中存在的问题加以整改；高度关注电力企业财务成本情况，定期发布电力企业经营情况分析报告；编制县级供电企业财务分析，掌握县级电力企业经营状况；关注厂网之间电费结算情况，不断规范电费结算行为。

5. 节能减排监管

开展节能减排情况督察，促使发电企业进一步落实各项节能减排措施。积极参加环保专项行动，对涉重金属企业进行了现场检查。督促电网企业认真落实国家可再生能源电量收购和电价优惠政策。实现了火电机组烟气在线监测与电力监管信息系统联网。2011年全省关停小火电机组194万kW，累计关停1172万kW，相当于每年节约标准煤105.73万t。小火电关停指标交易电量累计完成57.5亿kWh，相当于节约标准煤184.6万t。电网累计线损率5.18%，同比下降0.16个百分点，低于全国平均水平0.57个百分点。发电厂用电率5.4%，同比下降0.32个百分点。火电机组平均供电煤耗321g/kWh，同比下降6g/kWh；全省装设烟气脱硫设施装机容量3569万kW，脱硫设施投运率94.5%，烟气脱硫效率90.71%。已建成脱硝设施的机组容量为894万kW。可再生能源上网电量约96.6亿kWh，相当于节约标准煤310.02万t。

6. 电力稽查

一是继续深入开展用户受电工程“三指定”专项治理，开展复查和重点检查，优化和规范用户工程业扩报装流程，着力建立长效机制。二是加大行政处罚力度，完善工作流程，健全工作机制，全年行政处罚案件立案18件，对其中的13家进行了行政处罚，对5家企业作出责令整改决定。三是切实做好12398投诉举报热线日常值班和节假日期间的值班工作，认真处理群众的投诉举报事项，全年12398热线共接到各类有效投诉、举报、咨询和其他信息3441件，正式受理的投诉举报事项均已办结。

7. 电力业务许可

加大办证力度，全年批复承装（修、试）企业累计90家，全省累计持证企业达到503家；批复发电业务许可11家，累计持证发电企业达213家。颁发电工进网作业许可证11 995人，累计持证人数达到115 544人。加强电力业务许可后续管理，建立新建发电机组预许可管理制度，开展持证企业年度自查和检查，及时办理关停、退役机组许可证注销手续；形成输供电设施许可预期报备管理常态化机制；开展承装（修、试）电力设施许可证年度自查和专项检查，对发现的违法违规企业进行了行政处罚；推动电工续期注册考核空中互动培训；加快许可管理信息化建设。

8. 监管服务

一是服务大局，赢得了政府高度重视。二是服务企业，促进电力工业发展。认真开展企业服务年活动，积极帮助电力企业呼吁经营中存在的困难；规范厂网电费结算行为；协助政府出台迎峰度夏、度冬期间对发电企业的补助奖励办法，有效缓解了电力企业的经营困难，调动了电力企业的积极性。三是服务用户，维护电力用户合法权益。

9. 监管能力建设

一是机关党的建设和团队建设不断加强。二是廉政建设和作风建设不断加强。切实加强机关精神文明建设，被评为全国五五普法先进单位，连续三年获得省直精神文明单位荣誉称号。三是监管工作能力和素质不断提高。

【湖南电监办】 国家电力监管委员会湖南省电力监管专员办公室(简称湖南电监办)是国家电监会的派出机构，成立于2006年4月26日。根据国家电监会授权，湖南电监办履行湖南省内的电力监管职责。现任领导：党组书记、专员陈建长，党组成员、专员助理张渝。湖南电监办内设综合处、市场与价财监管处、稽查处、输供电监管处、资质管理处、安全监管处等处室。

1. 安全监管

湖南电监办始终坚持“安全第一，预防为主，综合治理”的方针，深入宣贯《电力安全事故调查和应急处置条例》，持续推进“安全生产年”活动，有效落实安全生产各项责任，全方位构筑安全监管体系，建立健全安全监管常态机制，切实加强安全生产宣传教育工作，深入开展电力安全监督检查，同时结合监管工作实际，不断开拓创新，保持了全省电力安全生产总体平稳的态势，全面实现了“三杜绝、三防止、一维护”的电力安全监管工作目标。湖南电网创下安全稳定运行30年又8个月的新纪录，为社会繁荣稳定和经济快速发展提供了安全可靠的电力保障。2011年，湖南电监办被省政府授予全省“安全生产先进单位”，连续三年获此殊荣。

2. 监管服务

2011年，湖南电力供应形势紧张，调煤保电是省委省政府为缓解电力供需矛盾、确保电力平稳有序供应采取的重大举措。湖南电监办作为省政府调煤保电领导小组成员单位，在国家电监会和省委省政府的统一部署下，始终坚持“保发、增供、管用”六字方针，全力以赴参与调煤保电，抓好电力迎峰度夏和度冬，抓好重要时期和重大活动期间的电力供应保障工作，为调煤保电工作作出了积极贡献，受到了上级部门的充分肯定和社会各界的高度赞誉，被省政府授予“全省调煤保电工作先进单位”荣誉称号。

3. 市场监管

建立完善电力市场监测预警机制，严格市场准入监管，规范市场交易秩序，加强输供电监管与电力调度监管，积极稳妥地推进价格与财务监管，加强行政执法力度，扎实开展电力工程建设领域突出问题专项治理工作，通过这些监管措施，化解了突出矛盾和问题，进一步规范了湖南电力市场秩序，促进了电力行业的健康和谐发展。

4. 电力稽查

通过强化供电检查和12398电力监管投诉举报事项查办，进一步加大行政执法力度，认真受理电力用户的投诉举报事项，并严格按规定办理，积极开展争议调解，化解矛盾，切实帮助广大用户解决了一批实际问题，有效维护了电力用户的合法权益。2011年，圆满完成湖南省供电优质服务示范单位创建工作，创新了供电监管方式，实现刚性监管与柔性监管结合，推动了供电监管工作纵深发展。

5. 节能减排监管

积极加强与省政府有关部门的联系，不断加强电力行业节能减排监管，配合开展节能调度，落实差别电价政策，加强电网企业全额收购可再生能源电量及电价监管，组织开展节能减排现场督查，召开新闻发布会发布湖南“十一五”期间电力行业节能减排情况通报，通过持续推进节能减排监管，促进了电力结构调整和电力发展方式的转变。

6. 自身能力建设

加强学习，不断提高全体干部职工的理论水平、政策水平。进一步坚定“以人为本，监管为民”的理念，巩固服务意识和责任意识，扎实抓好纪律作风和自身反腐倡廉建设，不断提高领导干部的整体素质和监管水平。深入认真开展创先争优活动，加强基层党组织建设，提高党员干部素质。进一步加强了机关党建和工会工作，充分发挥了党员和党支部的先锋模范作用和战斗堡垒作用，营造了乐观积极、健康向上、团结友爱的机关文化风尚。加强党风廉政建设，筑牢了拒腐防变的战线。

【四川电监办】 国家电力监管委员会四川省电力监管专员办公室（简称四川电监办）成立于2004年12月，是国家电监会的派出机构，根据国家电监会的授权，负责四川省的电力监管工作。现任领导：党组书记、专员张健，党组成员、专员助理马军杰，党组成员、综合处处长高晓楠。四川电监办设有综合处、市场与价财监管处、安全监管处、输供电监管处、资质管理处、稽查处。

1. 安全监管

开展“安全生产年”活动。完成电力应急管理工作和安全评价、可靠性管理和标准化达标工作。开展专项治理和检查。

2. 市场监管

加强监管信息分析，定期发布电力供需及电煤供应监测预警信息月报、电力供需季度和年度监测报告，披露电力生产运行和电力企业生产经营情况。

向省政府提交《关于当前四川电力供需形势及相关建议》，提出应对电力供应紧张突出问题办法，并收集整理外省相关措施供决策参考。

开展四川省电力市场交易秩序和电价检查，形成《四川省2010年电力交易和市场秩序监管报告》和《四川省2010年电价政策执行及电费结算行为监管报告》；督促企业完成《2010年度全国电力交易与市场秩序监管报告》和《2010年度电价执行和电费结算监管报告》披露问题的整改。

3. 供电监管

对省内2家市级供电企业进行了供电能力、供电质量、供电服务、供电市场行为和供电成本现场检查。常态化监管试点。

4. 电力稽查

开展“三指定”专项治理工作。查处违法违规案件。

5. 电力业务许可

颁发发电类电力业务许可证81家、豁免

1000kW 以下小水电企业 50 家，累计核发 1461 家、豁免 1507 家；颁发供电类电力业务许可证 8 家，累计核发 248 家；颁发承装（修、试）电力设施许可证 50 家，累计核发 407 家；颁发电工进网作业许可证 13 727个、完成续期注册 7516 个，累计核发49 341 个、续期注册21 290个、换发22 111个。开展后续监管，进行分公司专项治理。

6. 节能减排监管

对电力企业进行督查和整改复查，发布四川省火电企业 2010 年度和 2011 年上半年节能减排监管信息通报，敦促火电企业提高脱硫装置运维水平。配合有关部门制定有关文件。

【云南电监办】 国家电力监管委员会云南省电力监管专员办公室（简称云南电监办）是电监会的派出机构，成立于 2005 年 12 月 1 日。依据国家电监会的授权，负责云南省的电力监管工作。现任领导：党组书记、专员李现武，党组成员、专员助理周光灿，党组成员、综合处处长杨新红。云南电监办内设综合处、安全监管处、市场与价财监管处、稽查处、输供电监管处、资质管理处。

1. 安全监管

2011 年云南全省电力安全生产形势全年保持总体平稳，未发生重大及以上电力生产事故，未发生有较大负面影响的不安全事件，实现了全省电力系统安全稳定运行。

明确目标，持续推进电力安全监管工作。宣贯《电力安全事故应急处置和调查处理条例》，不断增强企业安全生产意识。突出重点，扎实开展电力安全生产专项检查。结合实际，积极开展水电站大坝安全监管。严密管控，全力推动事故隐患整治工作。加强应急管理，不断提高电力应急能力。

2. 市场监管

加强电力供需形势分析，做好电力监测预警。加强厂网界面监管，规范市场行为。认真开展电价政策执行和电费结算监管检查。

3. 输供电监管

继续深入宣贯《供电监管办法》和《供电企业信息公开实施办法（试行）》。积极开展客户工程市场化监管工作，提高用户业扩报装满意度。制定实施云南省农村地区“两率”监管指标，确保农村电能质量监管工作有据可依。扎实开展整改复查，督促供电企业不断提升供电质量和供电服务水平。加强供电业务监管执法检查力度，切实维护电力用户合法权益。继续探索供电常态监管的有效途径，精心组织实施供电常态检查。认真开展无电户通电工程督办工作，配合做好云南藏区电力及特高压输电专题调研。稳步推进云南省居民用电服务质量监管专项行动。

4. 节能减排监管

按照电监会统一部署，云南电监办对云南电网公司、国投曲靖发电有限公司、国电阳宗海发电有限公司和云南华电昆明发电有限公司 2010 年度及“十一五”期间节能减排工作进行了专项督查。严格落实电价政策，督促淘汰落后产能。

5. 电力稽查

继续深入开展用户受电工程“三指定”专项治理工作，不断规范供电市场行为。不断完善行政执法机制，严格依法依规处理电力违法违规案件。进一步完善投诉举报机制，加强 12398 热线系统建设。

6. 电力业务许可

严把市场准入关，认真做好许可证颁发与管理工作。严格执行许可后续管理制度，强化许可管理效能。加强省外在滇企业的监管，努力实现市场公平无歧视开放。完善电子政务与信息发布平台，提升许可服务水平。

【贵州电监办】 国家电力监管委员会贵州省电力监管专员办公室（简称贵州电监办）是国家电力监管委员会的派出机构，2005 年 12 月成立。依据国家电监会授权，行使贵州省内的电力监管职责。现任领导：党组书记、专员向海平，党组成员、巡视员黄泽修，党组成员、综合处处长潘军。贵州电监办内设综合处、市场与价格财务处、稽查处、输供电监管处、安全监管处和资质管理处等 6 个处。

1. 安全监管

继续开展“安全生产年”活动。结合贵州电力实际制订了继续深入开展“安全生产年”活动实施方案，开展电力安全大检查和专项检查，督促各电力企业不断强化各项安全管理制度的贯彻落实，及时发现问题并督促整改。狠抓主网及火电机组安全运行监管。开展贵阳电厂继续运行或机组关停有关安全问题专题研究。做好第九届民运会保电工作。宣贯《电力安全事故应急处置和调查处理条例》。

2. 节能减排监管

按照 3 月 28 日九部委电视电话会议要求，贵州电监办会同省环保厅、省发改委等 9 个职能部门，印发了《关于 2011 年全省整治违法排放污染企业保障群众健康环保专项行动工作方案的通知》。4～5 月，会同省环保厅环境监察大队对贵阳电厂、习水电厂和毕节热电厂三家发电企业脱硫设施运行情况、二氧化硫排放情况及脱除等情况进行了现场督查；8 月，会同贵州电力调度控制中心对纳雍电厂和盘南电厂进行了现场督查。10 月 25 日全国电力行业节能减排工作会议召开后，及时转发了有关文件，要求各火电厂在抓住时机做好电煤采购和储备工作的同时，着力解决煤质差导致机组煤耗增加和大小常规燃煤机组利用小时数严重倒挂两个方面的问题。

3. 市场监管

确保两个“文本”的签订和报备。狠抓大旱之年电力供应。抓好“五项制度”建设。开展“三指定”专项治理工作。做好电力稽查工作。一是加大自主办案力度，适时掌握了解情况。二是多方拓宽线索来源，妥善解决群众反映问题。三是建立业务监管与稽查工作衔接机制，切实落实行政处罚制度。强化节能发电调度监管。

4. 供电监管

抓实抓好居民用电服务质量监管专项行动。一是开展年度供电检查及整改检查工作。二是开展居民用电服务质量监管专项行动。三是针对近几年贵州冬季自然灾害尤其是凝冻灾害频发影响部分居民生活用电的情况，督促提前做好防冰、融冰装置的预试工作，加大发电机（车）的储备和维护管理，确保在应急状态下的居民电力供应。四是建立与行风纠风部门、消费者协会沟通联络机制，共同维护居民用电合法权益。

5. 电力业务许可

依法依规开展电力业务许可工作。严把许可准入关，在做好许可证的颁发、变更、管理工作的同时，进一步加强许可后续监管，初步建立了企业综合评价信誉体系。一是在资质管理方面，全年共颁发发电类许可证 21 个，共合并注销许可证 140 个；全年共颁发承装（修、试）电力设施许可证 13 个；按照国家电监会 28 号令要求，对通过整改的 32 个电力施工企业换发新的承装（修、试）电力设施许可证；颁发电工进网作业许可证 9700 个；完成52 000个各类许可证信息录入工作。二是开展了 2006 年以来各类电力业务许可证自查和自纠工作，截至 2011 年 12 月 31 日，已颁发的水电企业发电类许可证（674 个）、火电企业发电类许可证（7 个）、企业自备电厂发电类许可证（22 个）。三是在许可后续监管中，发现 7 家施工企业达不到法定条件，依法进行了注销。

【新疆电监办】 根据中央机构编制委员会办公室（中央编办复字〔2010〕175）号文批复，国家电力监管委员会新疆维吾尔自治区电力监管专员办公室（简称新疆电监办），于 2010 年 12 月 22 日开始筹建，2010 年 12 月 27 日正式挂牌成立。新疆电监办是国家电监会的派出机构，根据国家电监会的授权，负责新疆维吾尔自治区的电力监管工作。现任领导：专员曹继耀。新疆电监办内设综合处、市场与价财监管处、输供电监管处（含稽查处）、安全监管处（含资质管理处）4 个处室。

1. 安全监管

以国家电监会开展的“安全生产年”活动为龙头和契机，全面梳理新疆电力生产安全隐患，督促电力企业将事故隐患排查列为常态化工作予以规范，深化电力企业主体责任的落实，开展以“安全责任、重在落实”为主题的安全生产活动，重点对辖区内电力建设企业防止坍塌、机械伤害、高空坠落等事故突出问题的专项整治工作。大力推动电力安全生产风险管理、应急处置和标准体系建设。圆满完成首届中国—亚欧博览会保电工作。

2. 市场监管

以建立健全公开、公平、公正的电力交易平台作为工作重点。起草一系列交易规则，积极参与跨省跨区电力交易方案审核等工作，逐步推进新疆电力市场建设，规范市场交易行为。加强电煤供应、需求和库存预警分析，提出对策建议。

3. 供电监管

开展了电力工程造价监管、电网调度监管、供电企业标准化行为确认、居民用电服务质量监管专项行动等工作。

4. 价格与财务监管

努力探索电力企业成本、投资和运营监管方式，深入开展新疆电价水平、电价构成，分析发电成本、输配电成本等研究工作。

5. 节能减排监管

加大电力结构调整力度，落实节能减排监管工作。坚持大机组建设和小火电关停同步推进，电源结构进一步优化。以强化差别电价政策监管为切入点，贯彻落实国家节能减排电价政策的执行。电力行业节能减排取得显著成效。

6. 电力业务许可

加强市场准入监管，营造公开、公平、公正的电力市场环境，完善许可监督管理制度。新疆电监办设立了培训中心负责新疆区域电工进网作业培训工作，实现进网电工普及持证的组织保障，印发《新疆区域电工进网作业培训管理办法（试行）》，并在全国范围内率先执行国家电监会《关于加强许可管理促进风电安全工作的通知》要求，通知各级电力调度机构，对未取得许可证已并网运行的风电企业立即解网，并到新疆电力调度通信中心现场督办。

2011 年度，共颁发发电类电力业务许可证 10 个，发电类电力业务豁免证 8 个，承装（修、试）电力设施许可证 9 个，新发电工进网作业许可证 2700 个。截至 2011 年底，新疆区域内持有发电类业务许可证企业 97 家，供电类电力业务许可证企业 148 家，输电类电力业务许可证企业 1 家，承装（修、试）电力设施许可证企业 119 家，进网电工作业许可证 6519 个。

【信息中心】

一、基本情况

国家电力监管委员会信息中心是国家电力监管委员会的直属事业单位，成立于2003年9月27日，主要为电监会履行电力监管职责提供信息技术保障和统计信息服务，负责对电力行业网络与信息安全监督管理工作。现任领导：主任倪吉祥，副主任鲁由明、胡红升。内设办公室、系统技术处、统计分析处、网络与信息安全处4个处室。

二、工作综述

（一）加强电力监管信息平台建设，实现互联互通和信息共享

（1）建立健全信息化管理体制和机制。组织印发《关于进一步推进电力监管实时信息系统建设和管理的意见》（简称《意见》）、《电监会网络基础设施建设规范》和《电监会电力综合应急系统建设规范》（简称《规范》）。组织召开了电力监管信息化工作会议，部署了贯彻落实《意见》和《规范》的六项工作。

（2）组织开展网络信息系统调整和整合。组织编制《电力监管实时信息系统一期建设方案》、《电监会网络基础设施完善和电力应急视频会商系统建设方案》和《电监会网络基础设施完善和内网信息门户系统建设方案》。组织开展了网络信息系统的调整和整合，实现内网互联互通。

（3）做好“核高基”课题各项工作。组织完成“核高基”课题申报答辩工作，编制了可行性研究报告、需求分析报告、项目预算书及课题实施方案。

（二）加强电力监管统计分析，切实提高统计数据的及时性、准确性和权威性

（1）做好电力监管统计分析工作，提供统计分析产品。完成《电力监管统计月报》11期、《电力供需形势分析报告》3期、《电力监管统计分析报告》3期。撰写了《2011年上半年电力供需形势分析报告》、《关于当前电力形势、经济形势的几点分析和判断》、《关于当前电力运行几个特点的分析》等报告。

（2）加强监管统计工作指导，出台工作考核办法。编制了《电力监管统计资料汇编（2010）》；开发分析模型。组织召开了电力监管统计年报会，安排、指导电力监管统计工作；积极探索建立电力监管统计考核办法，形成了《电力监管统计考核办法（征求意见稿）》；开展电力监管统计业务培训。

（三）切实做好电监会和电力行业网络与信息安全保障工作

（1）做好国家重大活动和重要时期信息安全保障工作。圆满完成“大运会”、“两会”和党的十七届六中全会信息安全保障工作。印发了《关于组织开展第26届世界大学生运动会电力行业信息安全检查有关事项的通知》，组织国家级信息安全专业技术队伍对相关电力企业的进行了检查，及时发现风险和漏洞，及时通报有关单位并督促整改。

（2）积极推进电力行业信息安全等级保护体系建设。组织编制了《电力行业重要信息系统安全等级保护试点监管工作方案》，对重点电力企业98个三级系统、122个二级系统组织开展了等保测评。在此基础上，组织起草了《电力行业重要信息系统等级保护监管报告》。

（3）开展信息安全专项建设工作。组织起草《SCADA系统信息安全标准建设及示范应用》和《电力行业信息安全等级保护测评咨询能力建设》总体工作方案，组织召开了项目启动会，开展了信息安全专项建设工作。

【电力业务资质管理中心】 国家电力监管委员会电力业务资质管理中心（简称资质管理中心）是电监会参照公务员法管理的直属事业单位，负责统一管理全国电力业务许可证具体事务。

电力业务资质管理中心内设办公室、电网业务处和电源业务处3个处室。现任领导：主任潘跃龙，副主任张洪波、刘丽松。

2011年初，结合电力监管年度工作会议精神，组织召开2011年电力业务资质管理工作会议，明确了目标，部署了工作；下半年，为落实吴新雄主席在电监会干部大会上的重要讲话以及一系列批示精神，组织召开进一步做好电力业务许可监管工作会议，确保全年工作的顺利推进。

1. 实施监管办法，开展持证企业综合评价试点，稳步推进常态监管工作

及时研究制定并颁布实施《电力业务许可证（发电类）监督管理办法（试行）》和《电力业务许可证（输电类、供电类）监督管理办法（试行）》，积极推进常态监管工作。在发电监管方面，主要是督促指导各派出机构立足辖区实际制定具体工作方案，认真开展发电类电力业务许可证监督管理办法的实施工作；在输供电监管方面，主要是对各派出机构的实施情况进行跟踪，并重点督促国网、南网公司本部、西藏电力公司及其下属企业基本完成年度自查。此外，还完成了《承装（修、试）电力设施许可证监督管理办法（暂行）》起草及征求意见工作。

结合常态监管办法的实施，2011年，资质管理中心积极开展发电企业遵守许可制度综合评价试点工作。

2. 严把准入关，继续做好许可证日常颁发和许可变更工作

截至2011年12月底，全年共颁发发电许可证

1948家；颁发供电许可证27家；发电许可变更1106家；供电许可变更647家（次）；颁发承装修试许可证1559家；颁发电工进网作业许可证283 069个。截至2011年12月底，全国累计颁发发电类许可证20 299家，变更供电类电力业务许可证3597家，承装（修、试）电力设施许可证11 154家，电工进网作业许可证1 844 634个，基本实现普及持证。

3. 抓住突出问题，规范开展承装（修、试）及电工进网作业许可管理工作

督促指导派出机构全面开展承装（修、试）许可证自查；对四川电监办、福建电监办等派出机构加强承装（修、试）企业分支机构管理进行指导；配合电监会稽查局开展电气化铁路牵引变电站施工企业无证施工的查处工作；指导派出机构依法查处四川锦屏—苏南特高压工程建设中存在的违反许可制度的问题；推广使用电工考务管理信息上报系统，完成相关考试试题库修订工作，完成许可考试大纲和教材报批及出版准备工作。

4. 许可信息共享试点应用完成，后续深化推广工作启动

完成了信息共享系统开发、数据初始化和系统部署等工作，顺利启动了华北局、东北局和浙江办的试点应用工作，并适时召开试点总结及工作研讨会，组织共享平台和相关软件的使用培训。随后，会资质管理中心制定了许可证照数据标准规范，开发完成相应软件，着力解决数据标准不统一问题；启动派出机构两小证系统与信息共享平台整合工作，研究完善共享查询平台、电力业务许可电子政务平台和电力业务许可证综合业务系统的整合工作，为2012年深化推广信息共享工作创造条件。

5. 准确把握节能减排政策，以许可证为抓手开展相关工作

严把准入关，在新建燃煤电厂的许可审查中，认真审查脱硫设施建设、投产、运行情况，对不符合条件项目坚决不予发放许可证；做好燃煤电厂二氧化硫治理工作的跟踪检查和后续管理；根据国家现有燃煤电厂二氧化硫治理“十一五”规划，加强同国家环境保护行政主管部门的联系，持续关注国家节能减排的新措施、新标准及“十二五”节能减排规划，组织开展相应工作；根据节能减排、环保治理的新形势新要求，组织相关人员着手研究完善电力业务许可（发电类）审查新标准及相关工作实施方案。

6. 监督指导派出机构，认真落实许可制度并积极组织开展许可管理工作

2011年，资质管理中心结合电力监管面临的新形势和电监会党组的新要求，及时起草下发《关于进一步做好资质管理工作的通知》（办资质〔2011〕87号），重点要求各派出机构要把好关，发好证，加强信息报送，及时报告工作中遇到的新情况及重大问题；对辖区内所颁发的各类许可证进行自查，及时发现并纠正问题，发电类自查重点集中在水电、风电及电监资质〔2009〕48号文下发后审发的6000千瓦（含）以上企业；承装（修、试）自查重点集中在施工单位的转包、分包和无证施工情况；电工进网作业许可证自查重点集中在许可审发、档案管理，颁证流程中的审批、制证、信息录入及发布等环节，以及持证电工档案是否完整全面。按照要求，11月底前，各派出机构基本完成自查工作，并将自查报告、复核结果及纠正情况报送会资质管理中心。

7. 立足当前，着眼长远，研究制定“十二五”许可规划总体思路

结合常态监管工作的开展，抓住热点、难点问题积极组织调研，并从国家产业政策的新情况、能源技术革命的新发展、电力市场格局的新变化和公众关注的新热点等几个方面进行研究分析，制定了许可监管“十二五”规划总体思路：以常态监管为主线，进一步完善许可制度和健全工作机制，着力推动许可监管模式转型，实现对持证企业的全过程监管，到2015年，基本建立统一规范、权责清晰、监管有力、透明高效的许可监管体系。

8. 集中精力，提前谋划，编制完成2012年电力市场准入监管工作方案

根据电监会第13次主席办公会议的要求，2011年四季度，电监会成立了以王野平副主席为组长、办公厅和会资质管理中心牵头、会内相关部门配合的2012年电力市场准入监管工作领导协调小组。按照领导小组的工作部署，资质管理中心编制完成了2012年电力市场准入监管工作方案。方案明确了2012年电力市场准入监管工作的指导思想、工作目标、重点任务、实施部门以及具体实施步骤和要求，为有序推进2012年许可监管工作奠定了基础。

【大坝安全监察中心】 国家电力监管委员会大坝安全监察中心（简称大坝中心），是国家电监会的直属事业单位，负责水电站大坝安全技术监督服务工作。2004年6月，中编办将“国家电力公司大坝安全监察中心”划归电监会管理，并更名为“国家电力监管委员会大坝安全监察中心”。大坝中心设有办公室、专家委员会、安全监察处、技术监督处、数字工程中心、信息技术中心、图书档案中心7个部门。现任领导：主任张春生、副主任何海源、总工程师张秀丽。

1. 大坝安全注册

2011年全年完成年初计划的20座大坝的注册换

证检查，新增完成太平驿、松山大坝的注册现场检查工作。2011年内受理了47座水电站大坝的初始注册申请。根据申请注册大坝的情况，及时安排、开展了23座大坝的初始注册现场检查，对西藏查龙进行了初始注册复查；办理了5座大坝的变更注册。

全年对已完成检查的30座大坝进行了注册等级评审，在征求派出机构意见基础上，报电监会批复后正在陆续发放注册证。全年已发放大坝安全注册证书56份，其中换证注册证20份、初始注册证34份、变更注册证2份。

截至2011年底，在大坝中心注册的水电站大坝有241座。注册大坝水库总库容2558亿m^3，约占全国水库总库容7162亿m^3的35.7%；水电站装机容量71 484MW，占全国水电装机总容量230 510MW的31%。

2011年继续对已运行未注册水电站大坝情况进行动态跟踪、清理，基本摸清了已运行而未注册的196座大中型水电站大坝的情况，并向部分派出机构发出了商请其督促应注册未注册大坝及时办理注册的函。

2011年上半年对已投运的小湾水电站大坝、清江水布垭、尤溪街面、广西长洲等高坝大库水电站进行了现场指导，对长江电力股份有限公司关于三峡大坝注册事宜及时进行了协调和指导。为7座新投转商业运行的水电站大坝办理了备案手续。

2. 大坝安全定期检查

2011年，大坝中心根据电监会最新的第四轮定检规划和注册工作的进展情况继续定检工作，并积极推进第三轮定检的收尾工作。

2011年内共完成了云南漫湾、吉林松山、四川姚河坝等46座大坝的三轮定检专家组工作；广西麻石、四川小关子等47座已经完成审查意见审核后上报电监会备案，并及时将审查意见转发给主管单位和运行单位。截至2011年底，第三轮定检共启动并完成了182座大坝的定检工作，其中141座为规划内大坝，41座为规划外大坝。在这182座大坝中，已有135座大坝完成了定检审查意见的评审和上报电监会备案、向主管单位转发，有41座大坝审查意见有待评审；有3座大坝（电站）尚未完成专家组工作，还有3座大坝定检因“5·12”汶川地震影响，调整为震后恢复重建工程安全鉴定。在完成三轮定检的大坝中，除广西浮石大坝因防洪能力偏低评定为病坝外，其余均为正常坝，没有险坝。

按照电监会2010年发布的第四轮定检规划，年内要求开展华光潭一级等32座水电站大坝的四轮定检工作。年内已经全部启动32座规划大坝的定检工作。根据申请初始注册大坝的情况，还新增加了四川金康、大兴、福堂，青海金沙峡4座大坝的定检工作。年内启动的36座四轮定检大坝中，已有冲江河、华光潭一级、华光潭二级、周宁、大兴、船场溪6座大坝完成专家组工作，四轮定检已基本结束。

3. 大坝安全监测管理

2011年，大坝中心受理并批复了云南鲁布革，福建万安溪、华安、高砂4座大坝的监测项目封存停测或改变监测频次的申请，派员参加了龙羊峡、李家峡、平班、高砂等大坝安全监测自动化系统设计方案的验收，组织完成了天生桥一级水电站大坝安全监测系统的实用化验收，参加大唐广西分公司大坝安全信息综合管理系统建设设计审查。

2011年大坝中心开展了东风、凤滩、漫湾、普定、十三陵等33座水电站监测系统评价和资料分析工作。

2011年，大坝中心每月编写《水电站大坝安全监控月报》，对监控中发现的异常现象，在提醒区域负责人进行跟踪落实的同时，也及时反馈运行单位予以核实。

4. 大坝安全信息化建设

2011年内完成了21座大坝的网络报送和8座大坝的邮件报送。截至2011年底，已有217座大坝接入大坝安全远程管理系统，其中网络报送155座，邮件报送62座。列入电监会信息化建设规划的169座坝中，只有6座尚未完成接入，其中网络报送4座，邮件报送2座。大坝中心正在加强督促工作。

年内完成了十三陵、天荒坪、桐柏、雪山湖、周宁、东江等电站子系统的升级，承担了西藏电力公司分系统及其下属羊湖、直孔、狮泉河、查龙、金河等5座电站子系统的信息化建设工作；完善或新增了信息系统的报送信息、补强加固、专家管理等功能模块，开发了大坝安全预警监控模块和移动分析软件，实现了大坝安全管理信息系统在智能手机等移动终端上的应用。

继续安排人力开展地震灾区的大坝安全信息化系统恢复重建工作。经过3年多的努力，地震灾区信息化系统恢复重建项目已经完成，并于2011年6月完成了项目最终验收，提高了灾区水电站大坝安全监控和管理的技术手段。

着重开展了完成信息化建设大坝的系统功能完善、上报信息梳理、监控指标设定等管理工作，2011年度共完成64座水电站大坝报送信息的甄别、处理、分析工作。

5. 关口前移，积极开展工程安全鉴定

2011年内完成了6座水电站的工程蓄水安全鉴定和17座水电站的工程竣工安全鉴定或机电设备安

全鉴定，为这些水电站建设工程的顺利蓄水或验收创造了条件。在开展工程安全鉴定过程中，积极宣传、落实电监会《关于进一步加强电力建设工程安全监督管理的意见》精神，严格执行工程建设强制性条文要求，按照有关规程、规范的标准，实事求是指出这些在建水电站工程中存在的安全隐患，为建设期的工程安全提供技术咨询。

6. 开展技术监督，提高水电站运行管理水平

继续开展彭水、崖羊山、居甫渡、龙马、戈兰滩、土卡河、那兰等7座运行水电站的水工技术监督工作外，又开展了云南马鹿塘二级水电站的水工技术监督。大坝中心定期组织专家组对这些大坝开展汛前、汛后现场检查和水工技术监督考核，每月对监督大坝的运行情况和监测数据持续进行现场检查核实，编写水工技术监控月报供电站运行、管理单位参考，指导、督促运行单位按要求编制监测年报、月报，对建筑物运行缺陷诊断、分析、处理提供技术指导等活动。针对马鹿塘二期蓄水过程坝后渗漏异常情况、7月戈兰滩坝区发生重大泥石流事件，及时提出了处理意见和建议，督促运行单位进行整改。

7. 防治并举，积极推进大坝安全隐患排查治理

2011年在通过定检、注册检查认真排查运行大坝缺陷隐患的同时，指导、帮助企业开展大坝安全隐患排查治理活动，努力推进运行大坝的补强加固和缺陷治理。为了吸收国内外大坝安全隐患治理的经验，探索大坝缺陷处理新技术、新工艺，2011年大坝中心在办公系统中开设了大坝安全情报平台，开展了大坝裂缝专题、大坝防渗专题、巴西Novos工程资料、欧盟溃坝试验资料等的情报收集工作，正拟组织汇编、刊印。

8. 夯实基础，强化大坝安全运行管理人员业务培训

与河海大学一起，于11月14～26日在南京联合举办第15期“大坝安全监测人员上岗培训”。为了改进企业的信息化成果应用，年内组织开展了大坝安全信息管理软件应用培训。

9. 加强舆论引导，完善大坝安全工作的交流平台

充分利用大坝中心网站和《大坝与安全》杂志两个重要平台，宣传大坝安全法规、交流大坝安全工作经验，为大坝安全管理创造良好的舆论基础。

10. 开展技术交流，不断完善技术标准体系

组织人员参加了以“全球气候变化下的大坝运行和管理”为主题的国际大坝委员会第79届年会，6月参加了中国大坝协会举办的2011年学术年会和国家外国专家局组织的“高坝大库安全建设与风险管理高端论坛”；组织开展大坝安全监测标准项目计划编制和申报，督促、检查标准制定进度及质量，及时组织大坝安全有关技术标准的审查和报批。

11. 健全专家管理，充分发挥社会专家的技术支撑

2011年4月完成专家委员会委员、顾问名单推荐、征询、确认和相关基本信息函调工作，明确了专家委员会的组织人选，不断完善、充实大坝安全远程管理信息系统中的“专家管理系统”模块，及时收集、更新、录入2011年度聘用的专家信息，并及时对聘用专家的工作业绩进行测评考核，动态调整专家库名单。同时在专家选聘程序上，规范了选聘流程，根据项目策划意见，针对具体大坝的特点和专业要求，选聘责任心强、业务能力精、身体状况合适的专家参与大坝安全工作。

12. 固本强基，不断提升工作质量和队伍素质

组织编制了《主管手册》、《定检工作标准》、《注册工作标准》、《安鉴工作标准》，进一步规范了定检、注册、安鉴等日常技术工作的技术标准和要求。年内各部门定期通过例会形式，加强领导与员工、老员工与青年员工间的交流和沟通，为年轻员工配置一级、二级导师，通过老员工的辅导和言传身教，指导、带领青年员工开展工作；通过各种形式的业务培训，开展团队学习，交流工作经验，探讨工作中存在的困惑与不足，寻求提高工作质量和效率的途径和方法。

行 业 管 理

中国电力企业联合会

【综述】

（一）重点工作取得重大成效

完成《电力工业“十二五”规划滚动研究报告》。先后12次对重大电源基地进行现场调研，完成了西南水电等9个电源基地调研报告。针对政府、会员单位和社会的不同需求，提供分析、预测、预警报告。全年参加40多次国务院及有关部委召开的经济形势分析会，提出中国电力企业联合会（简称中电联）的意见建议，为政府决策提供重要参考。

制定并发布主要包括核心价值理念、行业自律规范、职业操守等3部分内容的《电力行业核心价值公约》（简称《公约》），在行业内外产生较大反响。《公约》是中国第一个行业性文化建设文本，为电力行业以核心价值公约为指导开展“五个一”文化建设精品工程搭建了新的平台。

积极推进节能减排和应对气候变化工作。积极开展火电机组节能对标活动，为企业节能减排提供服务。向政府有关部门反映《火电厂大气污染物排放标准》意见和企业诉求；制定《电力行业应对气候变化工作指导意见》，成立并召开首次电力行业应对气候变化协调委员会和专家委员会工作会议；开展“十二五”电力节能减排目标规划、政策、标准的研究，提出建议。

提出《中电联服务电力企业“走出去”工作意见》；建立电力企业“走出去”工作联系制度；编制《中国电力行业国际化发展状况》；举办和组织参加驻华使节座谈会和参观活动、亚太电协CEO会议、海峡两岸电力工业展等重大活动；牵头组织国内电力技术标准的英文版翻译。

（二）专业服务工作水平明显提高

（1）扩充完善发电统计直报体系，建立了大型发电企业效益统计调查及共享机制，配合政府部门完成“十一五”全国以及各地区单位GDP电耗核算工作，完成政府授权的统计报送工作和企业服务工作。

（2）完成标准报批207项，其中，国家标准45项，行业标准162项；风电、特高压、智能电网、电动汽车充电设施等领域的一些重要标准相继出台。

（3）完成2010年度、2011年上半年发电、输变电、供电各专业可靠性数据的采集、分析和发布；认真开展发电、供电可靠性评价；积极推进风力发电设备、脱硫环保设备可靠性管理，完成《风力发电设备可靠性评价规程（试行）》修订等工作。

（4）启动了电力行业仿真培训信息管理系统；根据教育部要求，成立了电力职业教育教学指导委员会；技能鉴定工作质量得到提升。

（5）及时调整电力工程计价依据，修订电力建设工程量清单计价规范，组织开展智能电网、大截面电缆工程等新的工程计价依据编制工作。

（6）拓展工程造价咨询服务领域，积极发展和培育设计评审咨询服务项目，电力项目咨询和数据库建设取得新进展。

（7）能源管理体系认证、机电产品认证、科技新成果（新产品）鉴定、电力行业企业信用评价等第三方评定工作不断向纵深拓展。发电生产技术、电网安全运行及配网规划、企业标准化、信息化管理等咨询业务取得新成效。

（8）中电联代管学协会规范运作。中电建协围绕电力建设工程咨询、达标投产复检、优质工程评选、基建标准制修订等方面的工作取得了良好的效果。中国电力体协积极开展了电力行业全民健身等有关工作；电力文协在文学、书法、摄影等方面开展了丰富的行业文化活动；中国电力发展促进会、全国电力技术市场协会等完成换届工作。

（三）深入开展政策研究，积极反映企业诉求，妥善应对舆情变化

开展电力规划、新能源、特高压、智能电网、节能减排、电价机制、体制改革、煤电运矛盾、企业经营、电力技术等领域31项重大课题研究，通过深入调研，掌握企业在发展中存在的突出问题和困难，根据研究成果，利用各种渠道和方式全面反映企业诉求，维护了行业企业利益。如针对煤电矛盾加剧、火电企业严重亏损、电力资源得不到优化配置等问题，向政府部门报送了加强调控、理顺机制、确保电煤稳定供应，化解煤电运矛盾、促进电力工业健康发展以及加快发展特高压电网等报告。

建立了舆情监测日报、舆情监测周报制度，为本部和理事单位及时通报行业热点、焦点话题及相关分析。就社会关注的热点话题，主动利用行业内外专家和主流媒体渠道与社会沟通；如就电力环保、电力供需、“十二五”发展规划研究等内容组织了多场发布会，通过科学分析和大量的客观事实向公众沟通行业情况。

（四）加强对会员单位有针对性的服务，提升品牌服务质量

一是认真执行中电联常务理事会议、理事长会议的决议，突出服务重点；二是通过多年来形成的经济形势与电力发展分析预测会、电力可靠性指标发布会、各类国内外展会，《中国电力行业年度发展报告(2011)》及《全国电力供需与经济运行形势分析预测报告》、为两会代表服务手册等主要报告等品牌活动，搭建电力行业企业沟通交流平台；三是环保与资源节约、标准化管理、可靠性管理、技能鉴定、定额管理、教育科技、资质认证等品牌服务工作质量的不断提升，增进了政府、社会、企业对中电联的理解信任。

【中电联组织机构】

（一）机构设置及人员变动情况

（1）中电联本部设置18个职能部门（包括直属事业单位），分别是理事会办公厅、行业发展规划部、研究室、国际合作部、人力资源部（机关党委）、财务与资产管理部、对外联络部（新闻宣传中心）、统计信息部、行业与企业文化部、环保与资源节约部（电力行业应对气候变化中心、内部独立核算单位）、标准化管理中心、可靠性管理中心（国家电力监管委员会电力可靠性管理中心）、技能鉴定与教育培训中心（电力行业职业技能鉴定指导中心）、电力工程造价与定额管理总站、电力工程质量监督管理总站、电力会展中心（中国电力企业联合会司法鉴定中心）、中国电力企业联合会电力建设技术经济咨询中心、中国电力企业联合会科技开发服务中心。

（2）人员变动情况：中电联本部2011年底实有职工总数191人（其中长期聘用人员37人，企业派驻、挂职、借调人员22人），另有劳务派遣32人。

（二）干部配置

（1）中电联第五届理事会领导机构成员。

理事长：刘振亚

副理事长（按姓氏笔画排序）：云公民、王炳华、刘顺达、孙勤、朱永芃、吴国潮、张喜武、陆启洲、赵建国、贺禹、曹培玺、曹广晶、潘力

常务副理事长、党组书记：孙玉才

专职副理事长、党组成员：魏昭峰

秘书长、党组成员：王志轩

专职顾问：谢振华、王永干

副秘书长：孙永安、沈维春、欧阳昌裕

（2）中电联第五届理事会顾问（按姓氏笔画排序）：王文泽、叶荣泗、刘宏、李永安、宋密、周大兵、贺恭、赵希正、祝新民、袁懋振、翟若愚

（3）2011年度部门（部、中心、公司）领导干部（2011年底）。

理事会办公厅主任：王志轩（兼）

理事会办公厅副主任：田卫东

行业发展规划部主任：欧阳昌裕（兼）

行业发展规划部副主任：刘向东

行业发展规划部副主任：高绍峰

行业发展规划部副主任：游敏

行业发展规划部副主任：余文奇

研究室主任：欧阳昌裕（兼）

研究室副主任：刘向东（兼）

国际合作部副主任：吴添荣

人力资源部（机关党委）副主任：李晓霞

财务与资产管理部主任：崔照胜

对外联络部（新闻宣传中心）副主任：张海洋

对外联络部（新闻宣传中心）副主任：张海涛

统计信息部主任：薛静

行业与企业文化部主任：孙永安（兼）

行业与企业文化部副主任：徐耀强

环保与资源节约部（电力行业应对气候变化中心）副主任：潘荔

标准化管理中心主任：许松林

标准化管理中心副主任：刘永东

可靠性管理中心主任：胡小正

可靠性管理中心副主任：陈丽娟

技能鉴定与教育培训中心副主任：张志锋

技能鉴定与教育培训中心正局级调研员：徐玉华

电力工程造价与定额管理总站副站长：郭玮

电力工程造价与定额管理总站总工程师：张天文

电力会展中心（中国电力企业联合会司法鉴定中心）主任：米建华

中国电力企业联合会电力建设技术经济咨询中心主任：沈维春（兼）

中国电力企业联合会电力建设技术经济咨询中心副主任：黄成刚

中国电力企业联合会电力建设技术经济咨询中心副主任：朱二苗

中国电力企业联合会电力建设技术经济咨询中心副主任：左晓文

中国电力企业联合会电力建设技术经济咨询中心总工程师：褚农

中国电力企业联合会科技开发服务中心主任：

李斌

中国电力企业联合会科技开发服务中心副主任（部门正职级）：江宇峰

中国电力企业联合会科技开发服务中心总工程师：尹松

【电力行业管理与咨询服务】

（一）电力行业发展规划

1. 积极开展电源基地调研，深化滚动规划研究

为进一步落实《电力工业“十二五”规划研究报告》提出的电源开发规模、结构、布局的合理性和可实现性，支撑“十二五”电力工业规划研究报告优化调整，2011 年 4～11 月，中电联组织开展了大型电源基地调研工作，共进行 12 次现场调研，参与调研单位达到 90 个次，人数达到 166 人次。12 月完成了西南水电等 9 个大型电源基地调研报告，摸清了各大型电源基地发展现状，在分析各种建设条件和环节的基础上，提出了各电源基地开发时序、进度、规模和市场消纳等规划设想及政策建议。

在总结分析九大电源基地的调研成果的基础上，依据国家 2011 年出台的相关政策法规，按照国民经济与社会发展“十二五”规划纲要对电力的要求，参照国家有关能源、水电等“十二五”规划征求意见稿的相关成果，结合国家宏观形势变化及其年度经济运行状况，中电联组织完成了《电力工业“十二五”规划滚动研究报告》。形成了包括《电力工业“十二五”规划滚动研究报告》总报告、规划滚动研究报告综述、电源基地调研报告等内容的规划滚动研究报告体系。

2. 服务电力行业发展，开展规划与政策研究，反映企业诉求

（1）完成电监会委托的“十二五”电力规划发展专项研究工作。提出了防范和化解电力需求实际增长速度较快与规划目标偏低的矛盾、保障“十二五”及 2020 年节能减排目标的顺利实现、解决电力峰谷差不断扩大与调峰能力不足的矛盾、促进电力资源的全国优化配置等 4 个重大问题的措施建议。

（2）完成了《电价改革研究》课题报告。分析在电价方面存在的问题，借鉴国外主要国家电价形成机制的经验和启示，提出了国内电价改革的目标、路径和有关措施建议。

（3）完成《新能源发电发展研究报告》。针对近几年国内新能源快速发展过程中出现的诸多问题和困难，在国家电网公司研究成果的基础上，结合风电基地、太阳能产业、多元化课题等调研工作，提出推动国家新能源产业健康可持续发展建议。

（4）受工信部、财政部、国资委委托，完成《能源供应多元化下分布式电源发展研究》报告。分析了国内能源供应多元化的合理路径，明确了国内分布式电源发展的重点，提出了促进分布式电源发展的政策措施。

（5）受电监会委托，完成《天然气发电发展研究》报告。研究了目前国内天然气发电存在的问题，明确了国家发展天然气发电的定位和规划布局，提出了推动其合理有序发展的措施和建议。

（6）受电监会委托，完成了《中央五大发电集团多元化发展研究》报告。对中央五大发电集团多元化发展的风险控制和管理模式进行了探讨，提出了“十二五”时期中央五大发电集团多元化发展的战略方向和路径，以及促进和规范中央五大发电集团多元化发展的意见和建议。

（7）受电监会委托，完成了《分布式电源监管体系研究》报告。依据国家有关市场监管、供电监管、发电业务许可等法律法规，提出了规范分布式电源发展监管体系的重点和促进分布式电源发展的有关监管措施。

（8）完成《“十二五”电力体制改革重大问题研究》，对电力体制改革沿革进行梳理，对“十二五”期间电力体制改革路径以及重点工作进行分析，为政府部门等有关单位推进电力体制工作提供了有益的参考。

（9）完成《理顺煤电运关系重大问题研究》。分析了当前煤电运关系中存在的四大问题，预测了“十二五”期间煤炭供需形势、铁路运力和价格走势，提出了 3 方面政策建议。

（10）完成《加强调控、理顺机制、确保电煤稳定供应的建议》、《化解煤电运矛盾促进电力工业健康发展的建议》和《关于加快发展特高压电网的建议》，报送国家电监会等政府部门。3 份报告反映了全国电煤的供应情况，分析了煤电运紧张的原因，提出了应对电煤问题、缓解煤电矛盾和发展特高压电网的政策建议，得到有关方面积极关注。

（二）服务企业走出去

1. 梳理工作思路，明确服务方向

在 2011 年 4 月召开的中电联 2011 年第一次理事长会议上，《中电联服务电力企业“走出去”工作意见》经审议通过。会议认为，中电联开展服务电力企业“走出去”符合国家“走出去”战略和电力企业的共同需求，同意该工作意见的指导思想、工作原则、工作内容和主要措施。从而为中电联开展各项“走出去”服务工作明确了方向、原则和具体措施。

2. 夯实服务平台，创新服务内涵

（1）2011 年 6 月组织召开“2011 年电力行业国

际合作暨外事管理工作会议”。会议全面总结回顾了电力行业国际合作工作情况，邀请部分电力企业做了经验介绍，还邀请外交部、商务部有关领导和厦门大学能源专家就国际形势和当前电力发展形势和面临的改革问题做了专题讲座。

（2）受商务部合作司委托，中电联参与了商务部组织编写的《中国对外投资合作发展报告2010》中“电力对外投资合作篇”的编写工作。为使政府部门及时全面了解中电联及电力行业国际合作情况，中电联编写了《中电联及电力行业国际合作工作总结报告》，并向国家电监会和其他部委做了汇报。

（3）策划编写中、英文《中国电力行业数据概要》，以图表形式概要展示了2005～2010年中国电力供应、投资、消费以及节能减排状况，为电力企业掌握行业总体发展状况提供参考。

（4）电子刊物《电力国际信息参考》改版，增强时效性，关注当前能源和电力的热点问题，对与电力有关的新闻事件进行及时报道，对各国能源电力监管政策进行分期刊登。改版后的《电力国际信息参考》更加贴近企业需求，并引起了广泛的关注。

（5）中电联精心策划组织多项重大活动。一是首次策划组织了“走近中国电力2011”驻华使节和商务人员座谈参观活动。共有30个国家驻华使馆及国际能源电力机构的50多位代表参加了座谈，并参观华能碳捕集示范项目。二是牵头组织国内电力企业赴印尼出席了2011年亚太电协CEO会议。

3. 加强外事管理，提升服务水平

制定了《中国电力企业联合会因公出国（境）管理细则》，进一步强化了中电联涉外事务的归口管理，对本部的外事会谈会见、国际会议、外事谈判、签署协议和外国人来华邀请等涉外事务规范了审批程序。2011年，安排接待外宾来访30次，来访单位涵盖了能源电力国际组织、外国政府机构、企业和行业等各个层次。

【电力环保与资源节约管理及服务】

1. 积极对法规政策、规划提出意见建议

（1）开展了向立法机关、政府部门提出立法和政策意见的工作。对《清洁生产促进法》修正案草案提出了10条修改意见，报送全国人大法工委。针对《火电厂大气污染物排放标准》修订对电力行业和企业的影响，积极向人大环资委、财经委、国家发改委、环境保护部、工信部、国家电监会、国家能源局、工程院等政府有关部门反映行业意见。虽然正式颁布的标准仍然对电力企业影响很大，但与反映意见前相比，对最严的部分指标还是做了较大调整。对《燃煤二氧化硫排放污染防治技术政策（修订征求意见稿）》、《粉煤灰综合利用管理办法（征求意见稿）》、《大宗固体废物综合利用工程实施方案（征求意见稿）》、《电力行业节能减排监管工作方案》、《重点行业环境健康风险手册》等法规文件提出了行业意见和建议。

（2）围绕“十二五”规划纲要的贯彻落实，积极开展环资相关的规划和基础性研究。开展了电力行业“十二五”节能减排规划目标滚动研究，提出电力行业节能减排规划目标值，并向国家发改委、环境保护部、国家能源局等提交了“十二五”电力节能减排规划建议；完成了《燃煤电厂二氧化碳统计核算方法及体系研究》阶段性工作；对《“十二五”节能减排规划》、《国家环境保护“十二五”规划（征求意见稿）》、《“十二五”资源综合利用指导意见》、《“十二五”大宗工业固体废物综合利用专项规划》（征求意见稿）、《关于做好“十二五”电力行业节能减排监管工作的实施意见》（征求意见稿）、《节能减排规划（2011～2015）》（送审稿）、《重点区域大气污染联防联控“十二五”规划》（征求意见稿）、《“十二五”节能减排综合性工作方案部门分工》（征求意见稿）和（送审稿）、《“十二五”国家应对气候变化科技专项规划（征求意见稿）》、《关于贯彻落实〈“十二五”节能减排综合性工作方案〉做好电力行业节能减排工作的通知（征求意见稿）》等提供行业信息和政策建议。

（3）向全国人大、国家发改委、环境保护部、工信部、科技部、国家能源局、国家电监会等政府有关部门分别报送了“十一五”电力节能减排、综合利用、应对气候变化、电力行业煤炭清洁高效利用等方面的行业情况，为政府决策服务。

2. 做好重大专题研究和政府委托的专项工作

（1）受国家发改委委托，组织开展了火电厂烟气脱硫特许经营试点工作总结。召开了试点总结启动会、研讨会；制订了试点项目评估方案，对14个特许经营项目进行了评估；编制完成《火电厂烟气脱硫特许经营研究与试点工作总结报告》，报送国家发改委、环境保护部；在此基础上，起草了《火电厂烟气脱硫特许经营管理办法》（征求意见稿），报送国家发改委。

（2）受国家电监会委托，参与了2010年电力企业节能减排情况督查，编制完成《2010年及“十一五”电力行业节能减排情况通报》。该通报已由国家发改委、国家电监会、环境保护部、国家能源局联合发布。

（3）完成了国家发改委委托的《“十二五”电力循环经济发展规划研究》、《中国循环经济年鉴2011》（电力部分）；国家电监会委托的《电力行业节能减排监测监督组织机构研究》；环境保护部委托的《资源环境约束下的电力行业多种污染物协同控制体系研究》、《电力行业发展环境经济形势分析》、《电力行业氮氧化物边际治理成本与排污权交易研究》；国家能源局委托的《发电用煤质量对发电影响研究》、《“十一五”电力行业污染防治成效与环保产业现状研究》；工信部委托的《脱硫副产品综合利用技术及政策研究》、《2010年度大宗工业固体废物综合利用发展报告》；水利部委托的《火电行业用水调查研究》；国合会委托的《电力行业绿色发展实证研究》；国家质检总局委托的《电力行业应对气候变化技术标准体系研究》阶段性工作任务。

3. 积极扎实开展重大活动和行业基础性服务工作

（1）加强电力行业应对气候变化能力建设。制定并印发了《电力行业应对气候变化工作指导意见》（中电联环资〔2011〕179号）。该指导意见重点分析了电力行业应对气候变化面临的形势，明确了指导思想、主要任务、工作原则和保障机制等，对有序推进电力行业应对气候变化工作起到规范和指导作用。制定并印发了《电力行业应对气候变化协调委员会工作规则》和《电力行业应对气候变化专家委员会活动办法》，编制了《电力行业应对气候变化进展2011》。组织召开了电力行业应对气候变化协调委员会第一次工作会议和专家委员会第一次工作会议，讨论并议定了电力行业应对气候变化近期重点工作。

（2）组织制定相关标准。制定并报批电力行业标准《火电企业清洁生产审核指南》、《燃煤电厂清洁生产评价导则》、《火电厂烟气脱硫装置可靠性评定导则》；制定《火电厂环境统计指标》（征求意见稿）；修订《常规燃煤发电机组单位产品能源消耗限额》等国家标准。

（3）有效发挥环资统计信息平台的作用。完成2010年度电力环保统计工作，研究提出2010年火电厂烟尘、二氧化硫、氮氧化物等污染物排放与控制数据。开展火电厂环保产业登记工作，发布2010年度火电厂烟气脱硫脱硝产业登记信息。

【电力统计与经济运行分析服务】

1. 行业统计工作

（1）高质高效完成各项统计工作，满足政府、企业、社会对电力数据信息的需求，基本保证每月6日完成月度快报并发送政府部门、14日国家能源局对外发布月报相关数据。

（2）加强统计体系建设力度，充实、完善电力行业统计体系，不断扩充完善发电统计直报体系建设，应对风电统计体系和口径等问题，做好并网风电统计工作，适应发展需要，提前做好太阳能光伏发电统计的各项准备工作。

（3）完成全国发电装机容量突破10亿kW标志性机组的认定工作。

（4）连续3年完成国民经济发展计划相关数据汇总分析报送工作。

2. 经济运行与分析预测工作

（1）高效完成日常经济运行监测工作，满足政府、企业和社会了解当前经济和电力发展形势的需求。以月度统计数据为支撑，完成各月电力工业运行情况专题分析。在国家统计局月度企业效益数据和统计信息部五大发电集团公司月度效益数据的基础上，按月完成行业企业经济效益简要情况分析。

分别完成并发布2010～2011年、2011年一季度、2011年上半年、2011年前三季度全国电力供需经济运行与分析预测报告。

（2）编撰完成《中国电力工业统计数据分析（2011）》报告。

（3）完成《电力与经济发展的阶段性特征及其“十二五”发展趋势研究》以及《预警宏观经济发展态势的电力指标研究》课题。

【电力标准管理与服务】 截至2011年底，电力标准共有1819项，其中国家标准294项，行业标准1525项。

2011年经有关部门批准，共确定电力标准计划立项290项。其中，国家标准化管理委员会下达电力国家标准项目17项，住房和城乡建设部下达电力工程建设国家标准计划项目7项，国家能源局下达电力行业标准计划项目266项。

2011年经有关部门批准发布的电力标准共53项。包含国家标准18项，其中国家标准化管理委员会发布11项，住房和城乡建设部发布工程建设国家标准7项；国家能源局发布的行业标准37项。

1. 开展标准化重点工作

（1）强化标准制修订管理和指导。印发《电力行业标准编制细则》。细则针对电力行业标准的编制进一步规范了程序、细化了要求、明确了责任，有利于电力标准化工作的顺利开展。

为强化标准计划管理，提高计划项目完成率，加强中间过程管理，中电联发布《电力标准计划项目验收管理办法》，并据此有针对性地开展了标准计划执行情况的检查和验收。先后对西安热工研究院、国网电力科学研究院、电力环保院、中国电力科学研究院等单位及其挂靠的标准化技术委员会承担的2008年以前的标准计划项目进行了验收，同时对2009年计划执行情况进行了检查。

（2）国际标准化工作取得突破。中电联向国际电工委员会（IEC）申请成立“智能电网用户接口项目委员会”的国际提案，9月19日，国际电工委员会批准成立（PC118），秘书处设在中国，负责“需求侧智能设备与电网交互接口”和“电力需求响应”系列标准的编制。

2011年中国的直流充电接口和通信协议标准方案已经进入国际标准，并向国际电工委员会提交了智能调度《基于CIM的图形交换存储格式》和《基于CIM高效模型接口》两项国际标准提案获批准。

中电联组织电力行业专家参加国家标准化管理委员会牵头的中德电动汽车标准化工作组，以及国际电工委员会、国际标准化组织（ISO）等与电动汽车充电设施相关的技术委员会，成为注册专家。

（3）组织实施电力标准英文版翻译。在已初步完成水电标准翻译工作的基础上，开展火电、输变电施工类标准英文版翻译工作。首批60项计划翻译的标准包括火电施工19项，输变电施工41项，预计2012年完成翻译。

（4）热点领域标准化课题研究。编制完成《中国电动汽车充电设施发展研究报告》，并向社会公布；承担国家科技部863《电动汽车充电站建设标准研究》、《充电国际标准提案研究》两项课题；国家能源局批准《电动汽车智能充放电关键设备研制及应用示范》立项，中电联承担其中《电动汽车智能充放电设备技术标准研究》课题。

完成了国家标准化管理委员会委托的《特高压标准体系建立与工程建设实践结合研究》课题。课题提出的中国1000kV特高压交流标准体系包含基础通用、环境保护与安全、规划设计、设备材料、工程建设、测量与试验、运行与检修等7大类77项国家及电力行业标准组成，±800kV特高压直流输电标准体系包含规划设计、设备材料、工程建设、测量与试验和运行维护等5大类共121项标准。特高压标准体系的建立完善了中国电力电工标准体系，对工程建设提供了技术支撑，对相关国际标准化战略的实施具有指导作用。完成住房和城乡建设部委托的《工业领域工程建设标准现状及对策研究》课题。

（5）电力企业标准化良好行为试点工作有很大进展。标准化良好行为企业是国家为推动现代化企业建设、提高企业竞争力、提升企业技术与管理水平开展的一项重要活动，由国家标准化管理委员会在全国组织实施。电力行业标准化良好行为企业试点及确认工作由国家标准化管理委员会、国家电力监管委员会联合组织，工作办公室设在中电联。

电力行业“标准化良好行为企业”试点及确认活动开始现场确认。先后有河北省电力公司、广东惠州天然气发电有限公司、上海华电电力发展有限公司望亭发电厂、天津大唐国际盘山发电有限责任公司、浙江浙能兰溪发电有限责任公司、浙江省永康市供电局、中电投电力工程有限公司、浙江省火电建设公司、保定供电公司、邯郸供电公司、四川省电力公司等11家企业通过了AAAA级标准化良好行为现场确认，四川松林河流域开发有限公司、四川电力建设三公司、新疆电力公司乌鲁木齐电业局、华北电网有限公司廊坊供电公司、贵州华电大龙热电有限公司、国电大渡河公司龚嘴水力发电总厂、福建棉花滩水电开发有限公司、河南省罗山县电业管理局、晖春供电公司等9家企业通过了AAA级的现场确认。

（6）扎实推进标准化基础性工作。新的《电力标准体系表》在原标准体系框架下，增加了新能源发电、电动汽车充电设施等新兴专业领域，细化了输变电、用电等专业分支，并对原体系架构作了适当调整，以适应电力行业新的变化和需求。

为适应电力企业对标准化工作的迫切需求，统一电力企业标准化工作方法与行为，启动了电力行业标准DL/T 485《电力企业标准体系表编制导则》、DL/T 800《企业标准编制规则》的修编工作。

完成《工程建设标准强制性条文（电力工程部分）》（简称《强条》）的修订。强制性条文是电力工程建设中必须执行的强制性规定，是政府监督检查和工程设计、业主、施工、监理等工程参与各方的依据。新版《强条》以现行电力国家标准、行业标准为基础，是近年来科学技术和有关政策在电力工程建设技术上的集中反映。

2. 标准化组织机构建设

全国标委会方面：2011年，第四届全国架空线路标准化技术委员会成立，全国电力监管标准化技术委员会对标委会委员进行了增补和调整。

行业标委会方面：2011年成立第六届电力行业绝缘子标准化技术委员会、第四届电力行业继电保护标准化技术委员会、第五届电力行业电测量标准化技术委员会，第二届电力行业电能质量和柔性输电标准化技术委员会、第四届电力行业电厂燃煤机械标准化技术委员会、第六届电力行业电厂化学标准化技术委员会，电力行业电容器标准化技术委员会并调整了秘书处挂靠单位并成立第六届委员会，电力行业变压器标准化技术委员会、电力行业高压试验技术标准化技术委员会、电力行业气体绝缘金属封闭开关标准化技术委员会进行了部分委员调整。

【电力可靠性管理与服务】

（1）圆满完成2011年可靠性数据的采集、分析和发布工作。成功召开2011年电力可靠性指标发布会。由电监会和中电联共同举办的2011年电力可靠性指标发布会于5月13日在北京成功召开。会议发布了2010年度电力可靠性指标，揭晓并表彰了2010年度全国发电可靠性金牌机组和供电可靠性金牌企业。电监会史玉波副主席、中电联孙玉才常务副理事长、电力行业可靠性管理委员会刘顺达主任委员和机械工业协会杨学桐常务副会长为2010年度全国发电可靠性金牌机组和供电可靠性金牌企业颁发奖牌并作了重要讲话。

（2）完成2010年度电力可靠性评价工作。2011年上半年，组织开展了2010年度火力发电机组和供电企业可靠性评价工作，评价产生2010年度300MW级、600MW级火力发电可靠性金牌机组各10台，2010年度供电可靠性金牌企业（A级）5家，供电可靠性金牌企业（B级）15家。通过在火电常规机组和供电企业中开展可靠性评价，进一步促进了电力可靠性技术和可靠性数据的应用，加强了企业之间的沟通和交流，对电力企业提高发电机组安全运行水平、提高电力企业的安全管理水平起到了良好的促进作用。

（3）积极推进风力发电设备可靠性管理工作，完成《风力发电设备可靠性评价规程（试行）》修订工作。

（4）完成电力可靠性管理代码修订增补工作。修订后的《电力可靠性管理代码》收录了近6年新增电厂和新投机组以及部分新能源设备的可靠性代码，并对其他已经变更的企业代码、设备代码和责任原因代码进行了完善和修订。新的《电力可靠性管理代码》进一步满足了电力行业发展对可靠性工作的新要求。

（5）组织开展多专业、多层面的可靠性专业培训。2011年，先后组织开展输变电、供电可靠性管理工程技术人员持证上岗培训和发电、输变电、风电、农电可靠性管理信息系统软件培训。培训内容包括专业基础知识、各专业可靠性管理技术要点和信息系统维护与使用，培训范围覆盖电力集团公司、网省公司、基层电力企业的可靠性专业管理人员。专业技术培训工作的有序推进，有效普及了可靠性管理的专业知识，提高了可靠性专业管理人员的工作技能和水平。

（6）完成相关年度报告。按时完成《国家电力监管委员会电力监管2010年度报告》、《2010电力行业发展报告》和《2010年电力安全监管报告》中电力可靠性部分有关内容，公布了2010年电力可靠性监督管理工作开展情况和电力可靠性指标完成情况。

（7）组织开展国际交流。2011年6月，中心组织的供电可靠性考察组对美国和加拿大电网的可靠性现状和管理进行了交流、考察。深入了解了美、加电力可靠性管理模式、组织体系及现行的技术标准；考察了北美地区现行供电可靠性评价标准执行情况，并就双方有关供电可靠性统计方法及评价技术手段等方面的进行了交流；了解美、加供电企业的供电可靠性管理现状和技术动态及指标现状，学习美国供电可靠性的标杆管理办法。

（8）深入开展电力可靠性管理工作专项检查。通过检查，对企业内部可靠性管理网络的建立和工作开展情况，可靠性数据的真实性、准确性、完整性和统计、报送情况，可靠性管理工作对生产的指导及可靠性数据的应用情况，以及可靠性管理工作经验、存在问题及改进计划进行了全面了解。通过检查，督促电力企业总结经验，改正不足，进一步促进可靠性管理工作的规范深入开展。

（9）积极开展电力可靠性监督管理工作调研。为了解和掌握《电力可靠性监督管理办法》等规章规范的执行情况，总结几年来可靠性监督管理工作经验，进一步完善电力行业可靠性评价体系、创新可靠性评价方法、拓展可靠性评价范围，电力可靠性中心会同电监会安全局以及东北、华东、南方电监局和浙江省、江苏省电监办对部分风力发电和供电企业可靠性管理工作进行了调研，并根据调研情况对下一步电力企业的可靠性管理工作提出了针对性的改进措施和建议。

【电力行业职业技能鉴定与教育培训管理及服务】 2011年，技能鉴定与教育培训管理工作在建章立制、创新服务、落实理事会部署和突出工作职能等方面作了积极的探索和实践。

1．突出制度建设，着眼于建立长效机制

（1）完成《电力行业特有工种高级技师鉴定考评办法》。

（2）制定《电力行业仿真培训专家库管理办法》（试行）和《电力行业仿真培训基地年度检验办法》（试行）。

（3）印发《电力行业仿真培训基地年度检验办法》（试行）。

2．突出质量意识，强化行业规范管理

（1）按照人力资源和社会保障部的部署，启动电力行业职业技能鉴定所（站）质量管理评估工作。向人力资源和社会保障部上报工作总结并申报14家单位参加全国示范鉴定站评估。

（2）按照《电力行业仿真培训基地管理办法》规定，对到期仿真培训基地进行复查评估。形成复查评估结果：29个基地合格，5个基地不合格，3个基地延期复查。

（3）规范程序对电力行业仿真培训新基地评估，16家单位获基地资质。

（4）严格把关电力行业高级技师资格评审。2011年，共有41个单位报送的4103人参加评审，2848人通过评审，评审通过率75.8%，评审通过人员数占参评人员数的69.4%。

3．突出行业指导，充分发挥平台协调作用

（1）根据教育部的要求，在北京召开全国电力职业教育教学指导委员会成立暨第一次工作会议。

（2）4月，在西安召开2011年电力行业职业技能鉴定工作座谈会，通报了2010年度高级技师评审工作情况。

（3）10月，在武汉召开2011年电力行业仿真培训工作暨仿真培训协作网全体委员会议，完成电力行业仿真培训协作网换届，选举产生了第三届常委会和主任、副主任单位，为2011年通过评估的电力行业仿真培训基地授牌，为中电联聘请的第一批电力行业仿真培训专家颁发聘书。

（4）深入贯彻《国家中长期教育改革和发展规划纲要（2010～2020年）》精神，中国电力教育协会、中国电力出版社和各电力院校共同参与，完成制订《全国电力职业教育十二五教材建设规划》，并付诸实施。

4．突出工作创新，认真履行“四个服务”

（1）由国家能源局委托中电联，完成中组部组织的《国家人才资源统计》中分支项目《全国能源人才资源统计》的电力、核电部分统计工作。

按期完成国务院法制办《中华人民共和国职业教育法（修订草案）（送审稿）》征求意见工作。并完成了国家教育部委托的《2010年全国电力职业教育发展状况报告》编写工作、电力行业中等职业学校专业情况调查统计工作、《高等职业教育专业教学基本要求》的审核工作。

按人力资源和社会保障部职业技能鉴定中心要求，完成职业技能鉴定所（站）质量管理评估优秀专家遴选推荐工作。按国家教育部职成司要求，在各企业的支持配合下，遴选推荐8名中等职业教育教材评审专家。

（2）为减缓考工矛盾，减轻考务组织的社会环境压力，统一考试标准，组织进行电力行业职业技能鉴定网络考试平台开发工作。据估算，此项工作的推广，可为企业每年节省经费数千万元。

（3）受广东电网公司委托，5月4～9日在杭州组织完成广东电网公司农网上划员工考试命题组卷工作，并将试卷、答案、试题库纸质版、电子版密封后交给广东省考院，取得了预期效果。

5．突出素质提升，加快专业队伍建设

（1）完成了国家人社部下达的国家继续教育培训计划。

（2）应华北电网有限公司等13家单位申请，分别为其专门举办考评员培训班13期，共培训学员2888人。其中获取考评员证书1963人，高级考评员证书925人。

（3）开展电力行业仿真培训高级指导教师培训考试认证及复训认证工作，共有126人申请考试认证，89人考试答辩合格取得了职业培训合格证书。84名高级指导教师通过了复训。4月在保定组织开展电力行业仿真培训指导教师培训考试认证工作，共有223人通过考试，取得了合格证书。46名教师通过了复训认证。

6．突出夯实基础，例行性工作常抓常新

（1）做好年度各项统计工作。到目前为止，全行业共参加职业技能鉴定205 000余人次，鉴定通过并获得相应资格137 000余人次，通过率66.8%，远低于全国水平。启动行业教育培训体系构架及标准研究课题。

（2）评选年度电力教育培训新星奖。有436个基层单位、464人申报评选。经各推荐组织单位评选推荐、评审委员会评审通过，并报经电力教育基金管理委员会批准，10名同志获特等奖，31名同志获一等奖，50名同志获二等奖。

【电力工程造价与定额管理及服务】

1．适应国家宏观调控政策需要，及时调整了电力建设工程计价依据

根据国家能源局意见，组织对新版电力建设工程计价依据（共计14册）进行了复测、调整和完善。计价依据本着国家稳定价格水平的原则，整体提高定额人工、材料、机械的消耗量水平，从而达到降低工程造价水平，控制电力工程投资。新版计价依据于11月通过国家能源局组织的专家审查，预计2012年正式获批发布。

2．跟进国际和国内工程量清单计价规范变化趋势，适时修订电力工程工程量清单计价规范

上报新版《电力建设工程工程量清单计价规范》（包括发电部分和电网部分，共7册）获批并实施的新版规范包括《电力建设工程工程量清单计价规范—火力发电工程》（DL/T 5369—2011）、《电力建设工程工程量清单计价规范—变电工程》（DL/T 5341—2011）、《电力建设工程工程量清单计价规范—输电线路工程》（DL/T 5205—2011）。

为了跟进国际和国内工程量清单计价规范变化趋势，满足电力工程技术进步和项目管理要求提高的现状，依据国家能源局审查意见和建议，对上报的电力工程工程量清单计价规范进行了一系列修订工作。

3．适应电力技术进步创新，组织开展智能电网、大截面电缆及新兴能源发电工程定额与费用计算规定编制工作

组织开展智能电网工程定额与费用计算规定的编制工作，包括预规、土建定额、安装定额和调试定额

等几方面的内容。同时，为了适应市政建设工程要求提高的要求，500kV高电压等级和大截面的电缆工程需求增长，组织开展大截面电缆工程计价依据的编制工作，对工程项目划分和取费标准进行了深入研究和探讨。

4. 积极开展配电网工程和电网技改检修工程定额及费用计算标准的宣贯工作

完成《电网技术改造和检修项目工程培训教材》的编制出版工作。该套教材包括《工程造价综合知识》、《输电线路》和《变电站》三册，2011年10月由中国电力出版社出版发行。

5. 持续做好电力行业造价管理规程规范的制定和发布工作

完成《电力建设工程招标文件示范文本》和《电力建设工程施工合同示范文本》的研究、编制和审查工作，并已出版发行。

6. 规范、强化信息服务工作，进一步完善电力建设工程造价信息管理体系

(1) 完成并发布电力工程建设各册概预算定额2011年价格水平调整系数。完成“发电安装工程概、预算定额价格水平调整系数”、“电网建设工程概、预算定额价格水平调整系数”、“2010年电力建设建筑工程施工机械价差”的发布；发布《电力建设工程人工工日单价标准》(定额〔2011〕39号)；完成20kV及以下配电网工程预算定额价格水平调整系数的测算及发布；《电力建设工程概预算定额2010年价格水平调整文件》的汇编出版；《电网技术改造工程和检修工程预算定额价格水平调整办法》的制定、颁布。

(2) 完成电力建设工程材料设备信息价格的发布工作。密切跟踪、了解并掌握市场动态，持续编制和发布《20kV及以下配网工程设备、材料价格信息》；完成《2010年度火力电力工程主要设备、材料价格信息》和《2010年度电网工程主要设备、材料价格信息》的汇总、分析、整理和发布，保证了信息的及时性。

(3) 完成《中国电力工程造价信息网》的更新、改版工作。2011年，对网站的界面设计、板块设置、涵盖内容等方面进行了全面的梳理、改进和完善。以更好地满足广大造价从业人员学习交流的需要，为电力工程建设各方提供专业信息服务，实现电力行业工程造价的资源共享。

7. 深入研究电力工程造价发展现状和趋势，完成相关课题研究工作

(1) 完成2011年度电力建设投资价格指数测算报告。报告通过研究、测算、编制和发布电力建设工程造价指数，一方面可以使政府了解和掌握全社会总体物价和消费水平，为其进行宏观经济调控和正确投资决策服务；另一方面可以指导行业及企业科学制定投资规模、制订稳妥可行的投资计划，提高有限资金的使用效率。

(2) 完成“火力发电工程造价长期发展趋势预测与分析”研究、编写工作。结合国家“十二五”能源发展规划，完成了火力发电工程造价长期发展趋势预测与分析研究工作，通过对国内燃煤发电工程历史造价资料和数据的统计、整理和分析，研究燃煤发电工程造价水平上涨和下降的变动规律，查找出影响其发展和变化的影响因素及其各个因素之间内在联系和数量关系，并以此对未来燃煤发电工程造价做出了科学预测和发展判断。

8. 立足中电联“四个服务”宗旨和“四个平台”的目标，开展广泛的服务工作

(1) 针对企业提出的相关问题及请示，主要研究和回复的文件有《关于内蒙古电网工程监理费用调整的批复》、《关于中国南方电网有限公司系统输变电工程监理费应用新标准的批复》、《关于灾后恢复重建工程取费标准有关问题的复函》等。

(2) 深入基层，调查研究电力工程造价与定额管理存在的具体问题。

9. 加强行业管理，不断提高从业人员素质

积极开展2009～2011年电力工程造价优秀成果的评选工作。共评出优秀成果79项，其中特别贡献奖2项，特等奖2项；标准规范类一等奖2项，二等奖4项，三等奖6项；造价管理文件类一等奖2项，二等奖4项，三等奖8项；造价管理类一等奖2项，二等奖4项，三等奖8项；造价管理软件类一等奖1项，二等奖2项，三等奖1项；优秀论文类一等奖3项，二等奖7项，三等奖10项，优秀奖13项。

10. 做好电力行业造价专业资格与资质管理工作

组织完成注册造价工程师初始注册、继续注册工作。制定并实施了2011年继续教育工作。

完成2010年通过考试的电力工程造价专业资格证书的发放及变更、换证等日常管理工作。

【电力会展管理与服务】

1. 组织参加第十四届世界电力电气亚洲国际展会

2011年3月，中电联组织华能集团参加了在新加坡举办的第十四届世界电力电气亚洲国际展会。

2. 举办电力企业“走出去”风险防范培训班

举办电力企业“走出去”风险防范培训班。来自电网、电源、工程咨询、科研和经贸等单位的30位法律业务和国际业务人员参加了培训。与会专家就中国电力企业国际化面临的机遇与挑战、电力企业“走出

去”的政策支持、法律风险防范与纠纷解决、金融工具与国家风险的管控等重点选题进行了讲解和咨询。

3. 组织参加非洲能源与发电国际展览会

6月6～9日，中电联组织国内相关电力企业赴南非参加了非洲能源与发电国际展览会。展览得到了南部非洲联盟、南非能源部、约堡市政府基础、南非可持续能源协会以及南非知名媒体星空集团的大力支持与积极参与。展会期间，还特设了2场以可持续能源技术推动绿色发展为主题的中国电力专场配套商务会议。

4. 举办2011年海峡两岸电力工业展览会

10月26～29日，中电联和台湾展盟展览有限公司在台北世界贸易中心共同主办了2011年海峡两岸电力工业展览会。本届展会集中展示了两岸电力工业在智能电力系统、清洁能源发展、节能减排、电力可持续发展等方面的先进技术与管理理念。

5. 组织参加第29届古巴哈瓦那国际博览会

10月31日～11月4日，第29届古巴哈瓦那国际博览会（FIHAV 2011）在哈瓦那古巴展览中心（EXPOCUBA）隆重举办。本届展会中国馆特设中国电力展区，中电联组织国内电力相关企业参加了展览。

【对外宣传服务】

1. 夯实宣传平台，提升权威性、时效性、影响力

2011年，进一步规范信息报送和新闻发布工作，加强与相关部委沟通联络，增强信息报送的有效性，同时注重信息报送的准确性和权威性。创新发布形式，把新闻发布会打造成中电联对外联络工作的重要品牌。高要求、高起点办好电力行业龙头期刊，加大专题策划力度，深度解读电力行业深层次问题。认真做好中电联门户网站的升级改版建设工作。确立了建设“中国最权威的电力行业门户网站”、建设“最高效的电力行业信息平台”、建设“最优秀的电力行业对外宣传载体”的“三优”网站的发展愿景，加强网站运维管理，完善门户网站建设，建立电力行业基础信息数据库。

努力提升行业舆情应对能力。设计研发了舆情动态网络版；研究创办“每日监测简报”、“每周监测简报”、“舆情特供”，为本部和理事单位及时呈现国家和行业的时事新闻动态，对网络媒体、平面媒体等对行业热点、焦点话题的新闻报道、评论以及相关新闻信息进行监测并加以分析统计。

2. 增强行业话语权，提升中电联影响力

（1）先后组织“2011年经济形势与企业改革分析预测会”新闻发布、2010年度电力可靠性指标发布、中电联《全国电力行业核心价值公约》发布等工作。紧盯行业改革发展中出现的焦点、难点、热点问题，加强专题宣传策划，先后在中电联会刊、网站上策划《2011年经济形势与电力发展分析预测会》、《电力行业2011年工作会议盘点》、《特高压智能电网》、《电力企业“走出去”》、《电力行业重大工程巡礼》等专题报道，引起了行业的高度关注。

（2）及时将中电联有关调研成果、电力行业动态信息报送各有关部门，积极有效地发挥了行业信息报送主渠道作用。

（3）“电荒”是2011年电力行业的焦点话题，针对愈炒愈热的用电紧张问题，外联部全年始终密切关注舆情动态发展，积极应对措施。一是通过新闻发布会和官方网站，发布权威数据并科学分析、提前预警。二是运用“对话”策略，谋求事实共识。针对内蒙古“窝电”、东部“缺电”这一矛盾现象，外联部在内蒙古组织了以“当前全国供用电形势及特高压跨区输电必要性”为主题的专题调研活动，邀请当地相关部门及电网公司及新华社、中央电视台等7家主流媒体参加了座谈和调研，进一步增进了行业与社会公众之间的信任和理解。三是做好舆情监测及分析的工作，在《舆情特供》上对媒体关于“电荒”话题的报道及郎咸平文章引起的社会各类热点，进行了专题分析研究，并在中电联官方微博发表评论，利用网络强大的传播功能，阐述中电联立场观点，维护行业、企业利益。

（4）全国人大、政协会议召开前，中电联汇总、梳理出电力行业五大热点问题并汇集成册后，发送给48名电力行业“两会”代表、委员。通过代表、委员和媒体的渠道，全面展示电力行业发展成就，分析了电力行业发展面临的问题和困境。相关内容也引起了行业代表、委员和媒体的积极关注，产生了良好的社会反响。

【党群工作】 建党90周年之际，中电联机关党委组织系列活动，增强了党组织的凝聚力和向心力，为中电联建设好“四个平台”、做好“四项服务”提供动力和保障。

2011年4月，机关党委印发《中电联本部开展纪念建党90周年活动的意见》，系统部署8项活动。隆重召开中电联庆祝建党90周年大会，表彰了一批“两优一先”先进典型；组织“感受红色魅力，重温入党誓词，坚定理想信念”主题实践活动，组织党员及入党积极分子到红色教育基地西柏坡、白洋淀参观学习，参观了大型展览《复兴之路》，接受一次翔实生动的爱国主义教育；签订和公开《党员承诺书》，强化了党员的先进意识、促进党员发挥先锋模范作用的产生。

机关党委委员和机关工会委员参观北京市良乡监狱，开展防腐倡廉教育。组织举办中电联职工趣味运动会、建党90周年职工摄影书画展、中电联职工乒乓球比赛；组织女职工参加“学习党的历史，展示巾帼风采”党史知识网络（有奖）竞赛活动。

【电力行业文化建设】

（1）发布的《全国电力行业核心价值公约》在全社会取得广泛影响。在企业运营方式、企业工作流程全面信息化、标准化等领域推动管理创新也取得很大的成绩。

（2）搭建交流平台，表彰先进，树立典型。

1）12月6日，举办了2011年全国电力行业文化与管理创新经验交流暨表彰活动。国资委、国家电监会、全国能源化学工会等领导出席会议。会议同时对获得全国电力行业优秀企业、优秀企业家，全国电力行业企业管理创新成果、全国电力行业企业文化成果的单位和个人进行了表彰。共表彰全国电力行业优秀企业63家、优秀企业家56名、企业管理创新成果541项、企业文化成果奖80项、企业文化优秀案例180项、优秀论文127项。

2）管理创新成果的评审与交流。经自愿申报规范评选，中电联评出创新成果541项，其中一等奖81项、二等奖200项、三等奖260项。对获奖成果以中电联文化〔2011〕323号文进行了表彰，并授予全国电力行业企业管理创新成果证书。

3）优秀企业、优秀企业家评选工作。经各单位自愿申报，并由理事长、副理事长单位、辅业集团及省级行业协会推荐，评选出63家企业、56名企业家荣获全国电力行业优秀企业、优秀企业家荣誉称号。

中电联分会

【中电联火力发电分会】

（1）4月7日，中电联火力发电分会（简称火电分会）五届三次联络员会议在深圳召开。会议传达了五届三次会长暨秘书长办公会精神，听取了分会秘书处工作报告，会议还表彰了先进会员单位和优秀联络员，对各课题负责单位就调研课题进行了再安排。

（2）7月22日，中电联火电分会五届三次信息工作会议在四川成都市召开。会议要求各会员单位要加强信息员队伍建设，重视信息员自身素质的提升，增强信息员的责任感和使命感，切实做好火电分会的信息工作。

（3）9月16日，中电联火电分会2011年年会在甘肃敦煌隆重召开。会议总结了2011年火电分会的各项工作，表彰优秀成果和课题，讨论并明确2011年分会工作思路和重点工作。

（4）2011年收集的创新成果涉及机组可靠性管理、集控运行管理、多经实业的体制创新、节能降耗、燃料精细化管理、班组建设、预防腐败、惩防体系建设等多个领域。2011年8月火电分会组织专家评委对报送的“2010年度企业管理创新成果”进行了集中评审，评出一等奖3项，二等奖3项，三等奖4项。

（5）2011年6月，中电联火电分会在腾州举办《中国电力企业联合会火力发电企业绩效星级评价办法》研讨会，“星级企业”评价体系评价办法获得与会者一致通过。

【中电联水力发电分会】

（1）根据民政部社会团体管理办法，中电联水力发电分会（简称水电分会）按期按要求整理提供资料，完成了社会团体证的更换工作。接纳瀑布沟电厂、构皮滩电厂为会员单位。

（2）7月7日，组织召开水电厂宣传工作会议，来自全国各地水电分会会员单位的党委书记、宣传负责人近70名代表参加了会议。

（3）8月5日，中国电力企业联合会水力发电分会2011年会长办公会议在湖北宜昌召开。会议传达了中电联2011年第一次理事长会议精神，组织学习了《全国电力行业核心价值观公约》，报告了水电分会2011年上半年工作及下阶段主要工作计划。

（4）11月4日，水电分会在乌江渡水力发电厂召开了联络员工作会议。会上传达了中电联本部2011年上半年工作和下半年工作规划，报告了水电分会2011年工作，布置了水电分会下阶段工作和工作规划，表彰了优秀学会工作者。

（5）12月3日，《水电站设备状态检修管理实施导则》定稿审查会在成都举行。会议认为，由中国电力企业联合会标准化中心、水电分会联合组织国内众多水电站管理专家起草并反复征求意见的《水电站设备状态检修管理实施导则》，基本达到指导水电站设备状态检修管理的标准要求。

【中电联供电分会】

（1）中电联供电分会（简称供电分会）按照中电联提出的“诚信、负责、合作、创新”的要求，利用“两刊一网”为供电企业架起沟通交流桥梁。在中电联组织的行业文化和管理创新成果活动中，为会员单位提供帮助和信息服务。

（2）2011年10月在重庆召开了中电联供电分会信息工作会议，会议传达了中电联有关会议精神；表彰奖励了信息工作先进单位和个人。

【中电联电力装备分会】

（1）根据“中电联分支机构调整设立实施方案”，中电联电站装备分会和中电联输变电设备分会进行了整合，成立了中电联电力装备分会（简称电力装备分会），完成了国资委、民政部的公示、批准及相关手续。挂靠中国华电工程（集团）有限公司管理。

（2）电力装备分会相继完成了《电力装备分会工作规则》、《电力装备分会设立实施方案》、《电力装备分会功能定位与发展目标研究报告》。

（3）完成并向国家质检总局上报了《电力行业电站起重机安装安全监控管理系统的前期试点调研报告》。

【中电联电力职业安全卫生分会】

（1）5月1日，由中电联电力职业安全卫生分会（简称职业安全卫生分会）组织编写的电力行业标准《电力行业劳动环境监测技术规范》（DL/T 799.1～799.7—2010）和《电力行业职业健康监护技术规范》（DL/T 325—2010）开始实施。

（2）10月27日，在山东省青岛市召开了二届理事会第五次会议，与会代表广泛交流了当前形势下电力企业的职业安全卫生工作经验，组织了国家电网公司职业卫生课题组专业会议和电力行业标准专题讨论会。

【中电联电力试验研究分会】

（1）3月中旬，中电联电力试验研究分会召开了会长办公会议（全国院所工作协调会），确定了2011年度工作计划，并商定了相关工作。

（2）召开分会三届一次理事大会，会议听取了分会上一年度财务报告，通过了新任理事名单及接收新申请加入分会的单位报告。

（3）8月，组织召开了网站工作会议，27家网员单位代表参加了本次会议。会上表彰了先进单位，并对网站改版、明年新闻宣传工作重点进行了交流。

（4）11月，在广州召开了生产工作会议。会议就电网、电源技术监督、技术服务、安全生产，电力设备状态评价技术等进行专题研讨。

电力行业协会

【中国电力规划设计协会】

1. 组织召开工作会议

（1）以通信形式召开电力规划设计协会六届七次常务理事会，完成了会议文件发送和常务理事意见的收集工作。认真研究电力勘测设计行业发展方式和发展方向，推动电力勘测设计行业可持续发展。

（2）12月，在北京组织召开协会第六届常务理事会第八次会议。会议审议通过了中国电力建设集团有限公司勘测设计事业部等单位的入会申请和取消南京热电工程设计院等三家单位的会员资格的议案。会议通过了第七届会员代表大会的主席团组成名单。

（3）12月，在北京组织召开电力规划设计协会第七届会员代表大会暨第七届理事会第一次会议，会议审议通过《第六届理事会工作报告》和《第六届理事会财务收支报告》，通过了修订后的《中国电力规划设计协会章程》。

2. 标准化管理工作

（1）2月，开展“关于开展行业内国外标准适用情况调研”的工作。编制了《电力设计行业使用的国际标准目录汇总》（中英文），《电力勘测设计企业已购买的国际标准和已翻译的国际标准目录汇总》（中英文）。

组织编写出版《电力工程设计标准汉英术语》（火力发电、输变电）。组织专家对第二批中译英标准

9项DL标准、6项国家标准进行函审和会议审查，第二批中译英标准进入出版流程。与翻译公司签订了第三批中译英标准翻译合同，翻译工作基本完成。

（2）5月，组织召开《电网工程造价工程师手册》编写大纲审查会。组织编写《电力勘测设计单位标准化体系建设和评价指南》和《电力勘测设计行业注册师执业导则》。

（3）7月8日在北京召开《火力发电厂系统设计说明》手册编写第一次工作会。计划2012年完成手册编写，出版发行。

（4）8月，组织专家对西南院和浙江院编制的《数字化设计（发电）管理办法》（送审稿）进行了审查。11月完成报批稿，交评审委员会主任进行最后的审查。

（5）10月对湖南某电业局提出的《10kV及以下架空输电线路设计技术规程》标准条文解释的要求，组织编写专家进行了详细地解释并回函答复。

3. 质量评奖工作

（1）4月，根据各会员单位申报的参加全国电力行业实施卓越绩效模式先进企业评审的材料，按照行业管理办法进行初步评审后，报送水电质协。经水电质协专家委员会评审，电力设计企业共获得全国电力行业实施卓越绩效模式先进企业特别奖5家、全国电力行业实施卓越绩效模式先进企业14家、全国电力行业用户满意企业16家、全国电力行业用户满意服务7家、全国电力行业用户满意产品3个。

（2）5月，在郑州召开了电力勘测设计行业2011年QC小组成果发表会。2011年度共收到优秀QC成果申报材料50项，参加现场发表的成果48项，43项获得全国电力勘测设计行业优秀QC成果奖。其中4项获得全国优秀质量管理小组奖；6项获得全国工程建设优秀质量管理小组奖；26项获得全国电力行业优秀QC小组活动成果奖。

（3）2011年配合中电联（北京）认证中心共组织89个单位的121次审核，审核人员达448人次。

4. 开展技术管理工作

（1）3月，在北京组织召开了中国电力规划设计协会专家委员会工作会议。各专委会主任委员对2010年的工作进行了总结，提出2011年度工作计划，对人员调整进行了说明。

（2）2011年，土水专委会水工、化学专业，机务专委会锅炉、汽机、除灰、暖通专业，电气专委会电气专业，送变电专委会都分别组织行业专家召开了技术交流会。

（3）6月，中国勘察设计协会在京召开全国工程设计科技创新大会，委托中国电力规划设计协会担任能源和工业工程分论坛组织工作。中国电力规划设计协会组织20个工业领域行业协会开展了论文征集、优秀论文的评选和汇编工作。同时，组织中国电力工程顾问集团公司、江苏省电力设计院、山西省电力勘测设计院、华北电力设计院工程有限公司和华东电力设计院参加了成果展览，对外展示了电力勘测设计行业的创新技术成果。

（4）7月开始电力工程设计专有技术申报工作，共收到申报项目131项，涉及专业20个。12月27～28日组织72位专家召开了电力工程设计专有技术评审会，共68项通过初审。2011年共组织了51项设计软件评审。

5. 开展行业评优工作

（1）组织会员单位申报2010年度电力行业“四优”的申报评选。4月在北京进行初评工作，对申报的336个项目进行了初评。5月在北京召开“四优”终评会。评出获奖项目186个，其中一等奖40个，二等奖54个，三等奖92个。

（2）组织会员单位2011年电力行业优秀咨询成果奖的申报和评选。对申报的245个项目进行了评审。评出获奖项目146个，其中一等奖35个，二等奖44个，三等奖67个。

（3）参加住建部组织的《全国优秀工程勘察设计奖评选管理办法》的修改工作。组织会员单位申报2010年度全国优秀工程勘察设计奖的申报工作。申报的82个项目中，获得设计金奖4项、银奖11项，获得勘测金奖1项、银奖1项，软件金奖1项。

6. 开展行业档案管理工作

（1）4月，在广州召开白图替代蓝图工作研究启动会议；8月协助档案专委员会向五大发电集团公司和国家电网公司发函，调研白图替代蓝图的意见。

（2）6月，在南京召开档案专委会2011年工作会暨数字档案馆试点单位交流会，会上中南电力设计院等15家数字档案馆试点单位介绍了试点工作情况，会议代表就数字档案馆的建设方案、主要功能、实施过程、实施成果进行了交流。

7. 市场监督协调与管理

参加“2011年注册咨询工程师”注册评审工作。2011年11月在成都召开“电力勘测设计行业单位咨询资质换证工作会”。

参加住建部“企业勘察、设计资质评审专家”培训研讨会。参加首规委、住建部设计资质初审和终审工作。关注“工程勘察资质”换证新标准，并在行业内与需要做进一步工作才能满足要求的单位进行沟通指导，达到换证标准。

8. 特种设备（压力管道）设计资格管理

对上海电力设计院、福建永福公司进行了压力管道设计资格评审，现均已取得“资格证书”；对广东电力设计院压力管道设计资格进行了换证评审，现均已取得“资格证书”；修改了体系文件《压力管道设计许可鉴定评审机构管理过程控制程序》（Q/DGXH—B18—2010）。

9．注册电气工程师管理的有关工作

（1）受理查分工作。2010年度考试成绩公布后，陆续收到全国委员会转来的6个省市的查分申请，共受理6人次。核查后，结果报送到全国管委会。

（2）组织2011年全国注册电气工程师考试工作。6月24～30日在北京对2011年全国注册电气工程师考试试题进行了终审；7月1～31日完成了2011年度注册电气工程师考试的组卷工作；8月10～11日在保定〇五印刷厂与人事考试中心进行了试卷移交；9月17～18日进行了2011年度注册电气工程师的执业资格考试；12月17～20日在福州进行了2011年全国注册电气工程师考试专业案例的评分工作。评分会期间还召开了专家工作会，讨论了2012年的命题计划。

（3）配合全国勘察设计注册工程师管理委员会完成了电气专业管理委员会的换届及专家组的调整工作。

（4）截至2011年12月中旬，全年共受理初始注册人员3070人次（其中发输变电779人次，供配电2291人次）。连同2010年共有10 167人次初始注册成功（发输变电2212人次，供配电7955人次），占获得资格人员总量的70%。受理变更注册及更改、补办申请的人员全部通过，其中受理变更注册374人次；受理更改补办14人次。

10．项目经理和造价师管理

（1）2011年中国勘察设计协会开展了第三批项目经理考评工作，中国电力规划设计协会负责初审工作，并组织有关专家，对215人的申报材料进行了审核，初审结果符合高级项目经理条件31人，符合项目经理条件177人，缓评4人，不合格3人；并将初审结果报中国勘察设计协会。

（2）配合中电联完成2011年造价师初始注册工作。

11．招投标协调管理

2011年，在会员单位的要求下一共协调了17个项目，其中百万千瓦级4个；60万千瓦级4个；30万千瓦级3个；9F燃机3个；9E燃机3个。协调的价格水平为当年的平均价：百万千瓦级6000万～6500万元；60万千瓦级4500万～5100万元；30万千瓦级2450万～3800万元；9F燃机3080万～3400万元；9E燃机1680万～2170万元。

12．行业统计与对标工作

（1）3～4月，采用集中填报方式，分别在合肥、长沙完成了省级及以上电力设计单位和供用电设计单位“2010年度行业统计报表”，并发布了“2010年度行业对标标杆指标”。

（2）自2006年实现统计报表电算化以来，行业统计报表，尤其是甲级院的报表数据较完整，比较全面地反映了行业发展状况。编写了《2006～2010年度电力勘测设计行业发展分析报告》。

（3）完成统计专委会换届改选工作，增补了专委会副主任委员和高级专家。

13．勘测分会工作

按照勘测分会2011年工作计划，10月勘测分会在太原召开了“电力工程勘测岩土工程专业经验交流会”。来自38个单位的110名代表参加了会议，会议共提交论文133篇，32篇论文上会交流，评选出优秀论文19篇。

14．信用评价

5月组织行业专家进行了信用评价“换证”评审工作，共评出3A企业4家，2A企业11家，并将评审结果公示、公布，上报有关政府主管部门，颁发证书和奖牌。

15．工程设计责任保险

（1）2011年投保工程设计责任险45家，共收保费279万元。2011年4月，西南电力设计院投保印度工程单项责任险，投保金额1665万元，投保期限3年。

（2）工程设计责任保险开展以来，保险权利、保险理赔一直是宣传的重点内容。2010年11月，湖北宜昌供电公司110kV鑫城变电站扩建工程新增的主变压器相序设计与现场相序实际不符，经会审，确认为设计责任事故。经与中保公司联系，在提交设计图纸、现场照片及责任报告后，得到保险公司认可。2011年3月，中保公司完成对设计院的理赔。这是本行业参加设计责任保险以来的第一起理赔案件。

16．培训工作

（1）2011年根据会员单位的需求，组织专家编写、出版《火力发电专业工程师手册》，举办了3期发电专业技术负责人培训班，共培训学员284人，并为考核通过学员颁发了培训证书。

（2）与山东院合作举办了注册电气工程师考前培训班，共培训学员162人。

（3）举办了第九期发电设总培训班，培训学员74人。

（4）举办了第六期压力管道培训班，共183人参加培训，176人通过考核。

17．协会期刊杂志编辑相关工作

（1）2011年8月《电力勘测设计》杂志社有限公司正式成立，2011年度共计刊登稿件117篇。为规范杂志社运营和管理，编制《〈电力勘测设计〉杂志社运行管理办法》（试行）；《〈电力勘测设计〉广告发布管理办法》（试行）；《〈电力勘测设计〉杂志社有限公司广告档案管理办法》(试行);《〈电力勘测设计〉杂志社有限公司广告财务管理办法》(试行)等四项配套管理文件,使杂志社的各项工作做到有章可循。

(2)《电力设计信息》2011年度出版24期,刊登稿件564篇,为会员单位提供和搭建了信息交流和沟通的平台。

18. 记者站工作

2011年配合中国电力报社纪念建党九十周年特别策划《CPTV新闻连线——全国电力行业百名书记谈党建》活动,树行业形象,推荐了行业内党建工作比较有特色的西北电力设计院、中南电力设计院、河北省电力勘测设计研究院、河南省电力勘测设计院、湖南省电力勘测设计院等5家会员单位参加此项活动,取得了较好的宣传效果。

与中国电力报社联合,成功报道了“中国电力设计标准国际化工程一期成果发布会”和“中国电力规划设计协会第七届会员代表大会暨第七届理事长第一次会议”,通过宣传报道进一步提升了协会在电力行业的地位和作用。

完成了2010年记者站年检,并完成了驻京记者站的重新登记工作。

【中国电力发展促进会】

1. 顺利完成换届改选工作,选举产生了中国电力发展促进会三届理事会领导机构

2011年8月26日于北京召开电促会第三次会员代表大会,中电联、各大电网公司、各发电集团及电力行业相关单位规划计划部分代表60余人参加了会议,电监会、国资委行业协会联系办公室、中电联领导到会祝贺并讲话。会议听取了姜绍俊秘书长的工作报告,讨论通过了《关于章程修改报告》和《会费收取及管理办法》,经过投票选举产生了第三届理事会。第三届理事会经过投票选举产生出新一届会领导。中电联专职副理事长魏昭峰当选为新一届理事会会长。电促会顺利完成换届改选工作。

2011年8月26日召开电促会第三届理事会一次常务理事会,新当选的会长、副会长、秘书长作为常务理事参加了会议,魏昭峰会长对电促会工作进行了部署。

2. 规范管理、建章建制、积极努力工作

2011年9月27日,魏昭峰会长主持专题办公会议,研究电促会规范化管理和内部建设等问题,提出工作规则修改意见和其他规章制度修改内容。2011年12月8日召开会长办公会,听取了高绍峰秘书长对电促会近期工作情况汇报和2012年工作思路汇报,讨论通过了电促会工作规则等规章制度,研究了电促会领导分工和2012年春季联谊活动的具体安排,并对电促会争创星级协会、网站管理和《中国电力年鉴》工作进行了部署。

3. 创建星级协会纳入建设纳入本会建设议程

按照国资委培育品牌协会和民政部创建星级协会的要求,认真进行了学习并结合本会实际情况对内容进行了梳理和分解,找出目前存在的差距和问题。制定了争创星级协会的工作方案。

4. 课题研究工作取得进展

开展了《中国重大电力装备生产和技术创新能力研究》、《电力建设工程管理费用研究》等课题研究工作并取得成果。2011年9月13日召开《中国重大电力装备制造及技术创新能力研究》课题开题会,新一届理事会领导下的第一个课题研究工作正式展开。

5.《2011中国电力年鉴》出版发行

2011年9月20日召开《2011中国电力年鉴》编辑部工作会议,电监会、中电联、电网公司、发电集团近20名编辑部副主编参加了会议,审定了大纲、栏目、篇目、特载、专栏等各项内容。

2011年11月24~26日在贵阳召开《中国电力年鉴》编纂工作会议。国家电监会、电网公司、发电集团代表和编辑部有关人员40余人参加了会议。电促会名誉会长,年鉴主编周小谦到会并讲话。编辑部主任肖兰对2011《中国电力年鉴》编纂工作情况做了总结并对2012年年鉴编辑工作提出了具体要求。中国电力发展促进会名誉会长、《中国电力年鉴》主编周小谦出席会议并在会上发言。周小谦指出,要认真学习党的十七届六中全会的决定,结合我们工作实际,特别是年鉴编辑、出版、发行工作实际,发现问题,找出差距,认真按照决定精神,把年鉴编辑出版推向一个新的阶段,上一个新的台阶。电促会副会长沙亦强代表电促会对换届改选后年鉴编辑出版工作提出:要在历届取得丰硕成果的基础上不断创新,在规范化、平台化、社会化三个方面下工夫,需要我们继续传承和努力,不断取得新的成绩。围绕如何把年鉴编辑和出版发行工作做得更好,与会代表进行了发言。

2011年末在各电力企业的大力支持和编辑部的共同努力下,《2011中国电力年鉴》顺利出版发行。

6. 积极发挥本会顾问专家作用,为电力发展建言献策

2011年10月27日,电促会召开专家座谈会,邀请顾问专家进行座谈,对电促会发展和2012年工作提出建议。欧阳昌裕副会长主持会议。周小谦名誉会长、姜绍俊、冉莹、梅宗华、丁功扬、孙树良等专家顾问出席。会上针对当前电力发展形势、电力规划存在问题等进行了热烈的讨论,对如何更好地发挥本会作用,促进电力规划的统一进行等提出了良好的建议。

7. 组织召开专题峰会

2011年4月举办第二届智能电网发展高层论坛,

参会人员来自国家能源局、中电联、国家电网公司、南方电网公司、国家发改委能源研究所、中科院等领导，人数约200人。

2011年5月举办第二届信息技术与智能电网建设峰会，参会人员来自国家能源局、中电联、国家电网公司、南方电网公司、发电集团等，人数约200人。

2011年10月召开了燃料信息化管理峰会，发电集团和科研院所、专业协会80余人参加了会议。一天半的交流内容丰富，涉及形势、政策、标准、管理、设备等方面。

8. 中国电力网

中国电力网（www.chinapower.com.cn）是全国知名度高、影响力强、访问量大的电力门户网站之一，日均访问量保持在40万。全年发布各类信息50万余条。所属中国农电网、智能电网之窗已经成为电力行业自主投稿录用的领先网站。

【中国电力建设企业协会】 2011年，中国电力建设企业协会（简称中电建协）结合电力建设领域的实际情况，围绕协会有关业务，提升服务质量；接受有关部门委托，开拓新的业务领域；发挥协会职能，反映企业诉求；加强内部管理，明确努力方向等方面积极开展工作，取得了良好的效果，并分别获得了中施企协和中建协授予的“全国先进行业协会”称号。

1. 开拓创新，加强服务，业务工作取得重要拓展

（1）组织专家对110项电力建设工程开展了咨询服务活动，完成了宁夏国华宁东发电有限公司2×300MW机组等35项工程的达标投产复检工作，华能通辽珠日河风电一场（147MW）等18项工程的质量评价工作，得到了业主和会员单位的好评，有效地提高了电力建设工程质量水平。

（2）2011年，中电建协组织有关单位和专家共完成了《电力建设施工技术规范 第2部分 锅炉机组》等15项电力建设行业标准、《循环流化床锅炉施工及质量验收规范》等2项电力建设国家标准的制定、修订工作。

（3）根据国资委和商务部的授权，中电建协组织专家完成了21家建设企业信用等级评价工作（其中AAA级企业18家、AA级企业2家、A级企业1家）和46家信用等级企业的年检工作。

2. 评优创先，树立标杆，做好行业评选工作

（1）做好2011年度中国电力优质工程奖的评选工作，共有69项工程被评为中国电力优质工程（其中7项工程为中小型优质工程），本着优中选优的原则，推荐7项工程参评中国建设工程鲁班奖，39项工程参评国家优质工程金/银奖。其中“黑麋峰抽水蓄能4×300MW电站”等6项电力建设工程获得中国建设工程鲁班奖；“向家坝—上海±800kV特高压直流输电示范工程”等3项电力建设工程获得国家优质工程金质奖；“华能吉林九台2×600MW机组”等30项电力建设工程获得国家优质工程银质奖。全国评选出的优质工程金奖6项，其中电力占3项，获奖比例在全国性优质工程评选活动中为最高。

（2）开展评优创先活动，促进企业管理和科技进步。

1）完成187项中国电力建设科技成果申报资料的评审工作，共有130项被评为2011年度中国电力建设科技成果（其中一等奖11项、二等奖47项、三等奖72项）。择优推荐31项成果参加中施企协的评选活动（其中12项成果获一等奖、16项成果获二等奖）。

2）完成267项优秀QC小组成果的预审、发表、交流工作，其中248个小组获奖。择优推荐30个优秀QC小组成果参加中施企协、6个优秀QC小组成果参加中建协、5个优秀QC小组成果参加中质协的评选活动，其中5个小组被评为国家级QC成果小组。

3）完成156项中国电力建设工法的评审工作，其中70项获得中国电力建设工法。在此基础上，择优推荐40项工法参加住建部的评选活动，其中7项被评为国家级工法。

4）经企业申报、评审会审定，共评出全国电力建设优秀施工企业33家，优秀监理企业19家，优秀项目经理78名，优秀高级职业经理人54名，优秀中级职业经理人23名，优秀建造师33名，优秀总监理工程师45名，优秀监理工程师110名。并在中电建协五届二次理事会上予以了表彰。

5）按照优中选优原则，推荐部分先进集体和优秀个人参加了中施企协的评选活动，其中16家施工企业、35名项目经理、29名高级职业经理人、15名中级职业经理人、14名建造师获得了全国工程建设领域优秀施工企业、优秀项目经理、优秀职业经理人、优秀建造师的荣誉称号，并在关联协会的年会上受到了表彰。

3. 做好培训服务，提升从业人员素质，帮助企业加强队伍建设

（1）根据企业需求，组织举办了35期电力工程监理师（员）培训班，共培训3200人，举办了2期总监理师培训班，共培训220人。经评审，共有2778人获得电力工程监理岗位资格（其中一级总监6人，二级总监106人，监理师1089，监理员1577人）；举办了7期国家注册监理工程师继续教育培训班，参加培训人员950人；启动并开展了电力监理从

业人员的网络继续教育工作。

（2）为满足工程质量评价工作的需要，举办11期质评师培训班，共培训2599人，其中2518人获得质量评价师资格（其中高级评价师936人，中级评价师1582人）。

（3）为加强信用评估师的队伍建设，举办一期电力建设信用评估师及继续教育培训班，参加培训人员108人。

此外，根据会员单位和企业的需求，还举办电力建设档案、QC诊断师、工法等多种形式的培训。

（4）受理并初审93名中国工程建设职业经理人资格评审材料，经中施协审定，通过83人（高级35人、中级48人）；受理并审核了178人中国工程建设职业经理人年审申报材料。

4. 积极联系政府，反映企业诉求，开展行业自律

（1）在国家统计局和中电联的支持下，承接电力建设企业信息统计工作，完成电力建设行业统计管理办法、统计报表制度和统计指标解释等制度文件，开发了统计报表网上申报系统软件，成立了信息统计管委会，建立了统计工作网路，召开了电力建设企业信息统计工作会议，部署了信息统计工作。

（2）受电监会安监局的委托，组织有关单位和专家完成《电力工程建设项目安全生产标准化评价细则》和《基础性安全教育手册》的编制工作。根据电监会安监局的工作计划，2012年上半年电监会拟与国家安监总局共同发布《电力工程建设项目安全生产标准化评价细则》，在电力建设领域开展安全生产标准化评价工作，目前协会已取得电监会的一级评价资质。

（3）在主辅分离改革过程中，积极组织各专委会和分会开展调研工作，并及时向国资委、电监会及两家重组企业筹备组提交了《关于在主辅分离改革中急需解决的问题及建议的调研报告》，反映了电力施工企业基本情况、存在的主要困难和问题，并提出了积极的建议和扶持政策，得到了有关部门和重组企业的重视，相关筹备组先后多次向协会和有关专委会进一步了解有关情况。

（4）根据电监会政策法规部的委托，组织相关专委会及专家完成了《电力建设工程招投标及采购制度与GPA比较研究》报告。结合此项研究工作，向电监会反映了近年来电力建设领域及施工企业存在的问题和困难，并提出了建立市场监管机制等相关建议。

（5）为规范市场行为，中电建协积极组织各专委会开展行业自律工作。目前，火电、水电、送变电、监理、调试等专委会均制定了行业自律公约，加大了监督检查力度，恶意竞争现象得到了一定遏制，受到了广大会员单位的拥护和认可，市场秩序明显好转。

（6）针对电力企业对电力标准定额的反映，各专委会和分会积极开展调研，将有关资料和信息及时反馈给有关部门。在中电联和有关部门的大力支持下，新的火电、调试、监理等相关标准定额已经出台。

5. 加强协会建设，编制战略规划，提升服务水平

（1）修订《中国电力建设专家委员会管理办法》，并结合年检工作，对原有专家队伍进行了补充调整，完善后的专家队伍结构合理、专业齐全，且人员数量缩减了1/4。

（2）在认真分析当前中国电力建设的基本现状、改革情况、发展环境和行业特点的基础上，坚持前瞻性、适应性、稳定性和持续性的原则，统筹当前与长远，以市场经济和企业需求为导向，不断完善职能建设和服务功能为目标，研究编制了协会战略发展规划，明确了努力方向。

【全国电力技术市场协会】

（1）2011年7月27日，全国电力技术市场协会第三次会员代表大会在北京召开。会议听取并表决通过了第二届理事会所作的工作报告和财务收支审计情况报告，审议通过了修订后的《全国电力技术市场协会章程》和《全国电力技术市场协会会费管理办法》，选举产生了第三届理事会。随即第三届理事会召开了第一次会议，选举产生了理事长、副理事长及秘书长。审议通过了名誉理事长、高级顾问名单。

（2）9月27日，全国电力技术市场协会会长魏昭峰主持召开了专题办公会，听取了协会换届会后的工作开展情况和工作计划的汇报，并对下一步工作提出具体要求。

（3）12月14日，召开了全国电力技术市场协会第三届理事会第一次理事长会议，会议听取协会2011年工作开展情况及2012年工作展望的汇报，审议通过《全国电力技术市场协会工作规则》，审议并通过《关于全国电力技术市场协会更名的议案》、《关于全国电力技术市场协会机构设置的议案》和《关于全国电力技术市场协会领导职务更名的议案》三项议案，将以通信的方式征得各理事单位的同意后上报政府相关部门审批。

（4）全国电力技术市场协会于2011年12月27日通过了国资委和民政部的三届理事会换届备案全部事项的审核工作。

【中国电力教育协会】

（1）2010年12月22日中国电力教育协会召开理事长会议，常务副理事长、秘书长徐玉华同志汇报

了协会、电力教育基金管委会工作情况和《中国电力教育》期刊的运行情况，解释了由于人员落实等问题协会推迟换届情况和2011年协会换届准备情况，提出了2011年工作计划。会议讨论了协会的换届方案，通过了《中国电力教育协会2010年工作总结和2011年工作计划》。

(2) 10月，电力教育培训新星奖评委会在北京召开2010年度电力教育培训新星奖评审会议。共有436个基层单位组织申报，申报人选464人。获奖人员名单及特等奖获得者的事迹摘要，在中国电力企业联合会网站和《中国电力教育》杂志上发布和刊登。

(3) 完成国务院法制办《中华人民共和国职业教育法（修订草案）（送审稿）》征求意见工作，国家教育部委托的《2010年全国电力职业教育发展状况报告》编写工作、电力行业中等职业学校专业情况调查统计工作、《高等职业教育专业教学基本要求》的审核工作。完成向国家教育部职成司推荐8名中等职业教育教材评审专家的遴选工作。

(4) 根据《电力行业仿真培训基地管理办法》规定，对到期电力行业仿真培训基地进行复查评估。6月，组织专家对国电浙江北仑第一发电有限公司进行了试点复查评估，在试点复查评估单位召开电力仿真培训协作网常委会，确定复查评估工作方案，落实评估专家组名单及任务。7月抽调21名专家，成立7个专家小组对32个基地进行现场评估。9月召开评估终审会议，听取各小组的复查评估工作汇报，形成2011年电力行业仿真培训基地复查评估结论。

8月抽调15名专家，成立4个专家小组进行现场评估，评估专家与受评单位的工作人员，就管理、教学、基地建设等方面进行了广泛的交流和专业指导。经评估终审会议终审，16家单位获基地资质。

(5) 在中国电力企业联合会、中国电力出版社和各电力高职高专院校共同参与下，完成《全国电力高职高专“十二五”教材规划》的制订工作，并行文发布实施。

(6)《中国电力教育》杂志作为中国电力教育协会的会刊，始终围绕为行业教育培训和人力资源服务的办刊宗旨开展工作，2011年完成了36期编辑出版任务，并报经新闻出版署批准，增发了两期专刊。

【中国水利电力质量管理协会】

(1) 2011年2月，中国水利电力质量管理协会电力分会获得中国质协“2010年‘新一轮全面质量管理知识’普及教育先进单位”称号，云南省电力行业协会、国网企协安徽分会获得先进单位称号。

(2) 中国质协2011年4月在北京召开了中国质协第八届四次理事会议（八届八次常务理事扩大会议）。本次会议表彰了一批2010年度优秀集体和个人，中国水利电力质量管理协会荣获“全国质协系统2010年度优秀质协”和“2010年度全面质量管理知识普及教育先进单位”称号；中国水利电力质量管理协会电力分会荣获了“2010年度‘先进质量方法推广年’活动先进单位”称号。

(3) 2011年5月在北京召开了中国水利电力质量管理协会第五次会员代表大会。会议听取了第四届理事会工作报告，通过了修改后的中国水利电力质量管理协会章程，选举产生了第五届理事会领导人，通过了新的中国水利电力质量管理协会会费征收管理办法。

(4) 5月开始，经有关领导及中国水电质协专家初评及8月现场评审，广东惠州天然气发电有限公司、广东电网公司珠海供电局、山东电力集团公司阳谷县供电公司、沈阳电力勘测设计院四家企业荣获“全国电力行业质量奖”称号。

获电力行业质量奖满3年的中国电力工程顾问集团公司、广东省粤电集团有限公司珠海发电厂、北京电力经济技术研究院以及已获全国电力行业质量特别奖满3年的浙江省电力设计院、国核电力规划设计研究院五家企业保持“全国电力行业质量奖”称号。

连续三次获全国电力行业质量奖的中国电力工程顾问集团华东电力设计院、河北省电力勘测设计研究院、广州珠江发电厂、嘉兴电力局、河南省电力公司安阳供电公司、辽宁省电力有限公司大连供电公司六家企业获得“全国电力行业质量特别奖”称号。

(5) 8月，根据对申报材料的严格评审，表彰全国电力行业优秀QC小组536个，质量信得过班组89个，QC小组活动优秀企业77家，QC小组活动卓越领导者97名及QC小组活动优秀推进者先进个人111名。

(6) 8月，由中国水电质协推荐的浙江省电力设计院、中国水电顾问集团华东勘测设计研究院、广东省电力设计院荣获“全国实施卓越绩效模式先进企业”称号。

(7) 9月21～22日，在全国第三十三次质量管理小组代表会议上表彰了由中国水电质协推荐的优秀单位和个人，获全国优秀QC小组28个，获全国质量信得过班组10个，获全国QC小组活动优秀企业1家，获全国QC小组活动卓越领导者1名。

(8) 12月初，由中国水电质协推荐的衢州电力局获评为“全国用户满意企业”；呈贡供电有限公司（提供电能和供电服务）获评为“全国用户满意服务”；金华电力开关有限公司（24kV铠装移开式交流金属封闭开关设备）获评为“全国用户满意产品”。

【电力系统人才研究会】 2011年7月，电力系统人才研究会组织会员单位参加中国人才研究会第四届人事人才优秀科研成果评选活动，征集南网集团、国电集团等单位共9项人事人才科研成果报送中国人才研究会参加评选，南网云南电网公司《“供电企业岗位能力素质模型及行为评价标准”研究及应用》获一等奖，南网广东电网公司《广东电网电力调度控制中心胜任力模型构建研究报告》获优秀奖。

2011年8月，组织会员单位参加中国人才研究会“解放思想 创新人才发展理论”高层论坛论文征集活动。

【中国电力体育协会】

（1）参加协发会主管部门组织的活动。

1）3月，中国电力体育协会（简称电力体协）派代表参加了国家体育总局在上海召开了全国群体工作会议。在会议的分组讨论中，行业体协的代表通报了行业2010年开展职工体育工作的情况。

2）由国家体育总局群体司、全国总工会宣教部主办的全国行业体协羽毛球比赛于2011年5月28日在国家体育总局训练局羽毛球馆举行。来自16家行业体协的150多名运动员参加了这次比赛。由国家电网公司北京电力公司选手组成中国电力体协代表队荣获亚军，为全国电力行业职工争得了荣誉。

3）第二届全国智力运动会于2011年11月8～18日在湖北武汉市举行。中国电力体协本着“重在参与，扩大影响，促进交流”的原则，组织电力代表团参加了围棋、中国象棋、桥牌三个项目的比赛，获得桥牌女子团体行业第二和桥牌男子双人第八的好成绩。

（2）2011年5月20日，中国电力体育协会会长扩大会议在北京召开，来自中国电力体协各副会长单位、部分理事单位的30多位代表参加会议。会上传达了2011年全国群众体育工作会议精神；总结了中国电力体育协会2010年主要工作；研究部署了2011年电力行业体育工作；调整和变更了中国电力体育协会部分领导成员；审议通过了《中国电力体育协会章程》修改稿。

（3）由中国电力体协、中国电力网球协会联合主办的2011年在京电力单位网球友谊赛于5月28日在北京国家奥林匹克体育中心综合训练馆举行。来自在京六家电力企业的50多名位网球选手参加了这次友谊赛。

（4）全国电力行业职工桥牌锦标赛于2011年9月3～9日在江西省九江市隆重举行。来自全国电力行业的26支代表队共160多名桥牌选手参加了本次锦标赛。

（5）“中电联兴业杯”全国电力单位乒乓球友谊赛于2011年10月23日在北京国家体育总局乒乓球馆举行。本次友谊赛由中国电力体协主办，中电联兴业投资发展有限公司承办。来自电力行业8支代表队近50名处级以上领导干部参加了这次友谊赛。

（6）2011年底，根据各单位申请和推荐，中国电力体协向国家体育总局申报了13家电力企业为2011年度全民健身活动优秀组织奖和先进单位。

【中国电力文学艺术协会】

（1）5月，中国电力文学艺术协会（简称电力文协）发文上一届中国电力文协各副会长、各理事单位，根据推荐报送的人选，形成了新一届电力文协理事会领导成员及理事名单。组织电力文协章程修订工作。6月和9月，两次向中国文联上报了新的电力文协章程和新的电力文协领导机构人员名单。

9月30日，中国文联发文批复“同意筹备成立电力文学艺术协会”。12月中旬，电力文协履行了民政部社团管理局网上登记申报手续。

（2）10月，电力文协在杭州组织召开了“电力文学艺术协会筹备成立工作领导小组扩大会议”，成功举办了“电力文学艺术协会代表大会”和“电力摄影家协会代表大会”。来自各大电力集团公司及各电力企业工会的领导和代表、电力行业基层文化活动先进单位和个人代表、电力文协所属各专业协会负责人和代表、承办方浙江省能源集团公司领导等110多位代表参会。会议一致通过了各项议案，选举产生了电力文协新的领导机构和成员。

（3）5～6月，组织参加了由中国文联主办的“庆祝建党90周年全国产业（行业）系统书法美术摄影精品展”，组织电力文协所属的书法家、摄影家、美术家三个专业协会的60多位作者，征集作品90余幅，入选10幅，取得了良好成绩。

（4）根据中国文联、中国作协文件通知的要求，电力文协及电力作协按程序产生了电力系统出席中国文学艺术界联合会第九次全国代表大会代表2名：谢振华、张海洋；出席中国作家协会第八次全国代表大会代表3名：贾英华、赵首先、潘飞。这5位同志带着电力人的信任和委托出席了11月21～25日为期5天的大会，聆听了胡锦涛总书记代表党中央在第九次全国文代会、第八次全国作代会上的重要讲话，认真学习领会党的十七届六中全会精神和中国文联中国作协两会的号召，与各省市、各产业文联和各省市、各产业作协组织进行了广泛交流学习。电力文协主席谢振华当选为第九届中国文联全委，电力作协主席贾英华当选为第八届中国作协全委。

（5）各专业协会工作。

1）电力作家协会。

电力作家协会制订并积极推进“五个十”工作计划，把推出电力题材的文学作品作为工作重中之重，根据电力作家创作状况所确定的“五个十”工作目标进展顺利。10位长篇小说完成5部，5部初稿完成；10位散文作家的作品见诸报刊，产生了一定影响；10位诗人中，有6位出版了诗歌集，4位诗人的作品结集成书；10位报告文学作家中，有3位出版了长篇报告文学，7位出版了报告文学集；10位影视文学作家中，创作电视剧5部，戏剧6部，长篇电视连续剧文学本3部。

2011年，电力作家协会组织56位作家分成4批，在2000多公里长的青藏联网建设工地采访、创作，深入3万余工程建设者之中，与建设者同吃同住，书写建设者“缺氧不缺斗志、缺氧不缺智慧、艰苦不怕吃苦、海拔高追求更高”的丰功伟绩；出版了50万字的文艺作品集《超越唐古拉》和诗歌集《雪域之光》；组织文艺慰问团，6次赴青藏高原慰问演出30多场，组织18名摄影家赴青藏高原采访、创作，出版大型摄影集《跨越高原》；组织了《雪域丰碑》雕像的创作、制作。

2）电力书法家协会。

1月8～11日，为响应中国书协“中国书法进万家”活动倡议，中国电力书法家协会主办的“情系金沙——电力书画交流创作笔会”活动，分别在云南昆明和丽江举行。

4月7日开始，中国电力书法家联合广东电网公司共同主办了“茅龙韵　砚都风　南网情——纪念中国共产党成立90周年暨电力书协为企业服务书画创作”活动。参加活动的电力书画家和应邀出席笔会的当地书画名家，创作了300余幅反映电力企业文化形象的书画作品。

9月3日，由中国电力书法家协会牵头，联合中国石油书协、中国金融书协、中国铁路书协、中国煤矿书协等行业书法家协会共同主办的“光辉历程——纪念中国共产党建党90周年全国石油、金融、铁路、电力、煤矿行业书法作品展”在内蒙古乌海市举行。共展出200余幅书法作品，编辑出版了五行业书法作品集；受到行业内外书法界的广泛关注，得到了乌海市委市政府及广大参观者的高度评价。

组织会员参加“中国书法家协会会员优秀作品展”、“纪念建党90周年全国产业（行业）系统书法美术摄影展”等活动。加强电力书协作者队伍建设，审核批准28名电力书法作者为电力书协会员，并申报2名电力书法作者为中国书法家协会会员。

3）电力集邮协会。

2011年，电力集邮协会（简称电力邮协）加强组织建设，先后增补了副会长1名，副秘书长2名，常务理事20名，扩大了在电力系统的覆盖面。

参加中国2011——第27届亚洲国际邮展。电力邮协推荐制作的多部集邮作品获亚展参展资格。李静波的集邮展品《自行车运动》荣获金奖；王俊生的集邮展品《干杯！——我们喝酒吧！》荣获大镀金奖；范利清的邮政历史《中国信柜邮戳（1902～1936）》荣获镀金奖。

3月，电力邮协两名副秘书长参加中国、俄罗斯集邮文化周暨航天专题邮展活动；6月，组织4部集邮作品参加由北京集邮协会、华夏集邮协会联合举办的纪念中国共产党成立90周年活动；10月，派员赴武汉参加全国第六届集邮协研究会联谊会暨纪念辛亥革命100周年活动。

5月，电力邮协配合浙能公司成立10周年，制作了个性化的纪念邮册、纪念信封和邮资封，举办了浙能首届集邮专题作品邮展。协同浙江省企业集邮联谊会在徐州开展集邮知识交流和专题讲座等联谊活动，收到了很好的效果。

10月底，在京承办北京市集邮协会成立30周年纪念座谈会，加强了与集邮协会组织的联谊活动。

4）电力摄影家协会。

10月，电力摄影家协会成立大会在杭州召开。大会通过了协会章程，选举了领导机构和领导成员。根据中国电力文协电文〔2011〕3号文件，电力摄影家协会挂靠浙江省能源集团有限公司。

11月，2011中国黟县摄影大展在安徽黄山黟县秀里影视村拉开帷幕。这是电力摄影家协会成立以来设立的首先个摄影创作基地，为电力摄影人和广大电力摄影爱好者提供了展示才华的平台。

2011年标准目录

2011年发布的电力国家标准

序号	标准编号	标准名称	开始实施日期	替代标准
1	GB/Z 25320.6—2011	电力系统管理及其信息交换　数据和通信安全　第6部分：IEC 61850的安全	2012-05-01	
2	GB/T 26399—2011	电力系统安全稳定控制技术导则	2011-12-01	
3	GB 26859—2011	电力安全工作规程　电力线路部分	2012-06-01	
4	GB 26860—2011	电力安全工作规程　发电厂和变电站电气部分	2012-06-01	
5	GB 26861—2011	电力安全工作规程　高压试验室部分	2012-06-01	
6	GB/T 26862—2011	电力系统同步相量测量装置检测规范	2012-12-01	
7	GB/T 26863—2011	火电站监控系统术语	2012-12-01	
8	GB/T 26864—2011	电力系统继电保护产品动模试验	2012-12-01	
9	GB/T 26865.2—2011	电力系统实时动态监测系统　第2部分：数据传输协议	2012-12-01	
10	GB/T 26866—2011	电力系统的时间同步系统检测规范	2012-12-01	
11	GB/T 27930—2011	电动汽车非车载传导式充电机与电池管理系统之间的通信协议	2012-03-01	
12	GB 50049—2011	小型火力发电厂设计规范	2012-12-01	GB 50049—1994
13	GB 50697—2011	1000kV变电站设计规范	2012-03-01	
14	GB 50660—2011	大中型火力发电厂设计规范	2012-03-01	
15	GB 50665—2011	1000kV架空输电线路设计规范	2012-05-01	
16	GB/T 50479—2011	电力系统继电保护及自动化设备柜（屏）工程技术规范	2012-06-01	
17	GB/T 50703—2011	电力系统安全自动装置设计规范	2012-06-01	
18	GB 50059—2011	35kV～110kV变电站设计规范	2012-08-01	GB 50059—1992
19	GB/T 50065—2011	交流电气装置的接地设计规范	2012-06-01	GBJ 65—83

2011年发布的电力行业标准

序号	标准编号	标准名称	开始实施日期	替代标准
1	DL/T 5016—2011	混凝土面板堆石坝设计规范	2011-11-01	DL/T 5016—1999
2	DL/T 490—2011	发电机励磁系统及装置安装、验收规程	2011-11-01	DL/T 490—1992
3	DL/T 714—2011	汽轮机叶片超声波检验技术导则	2011-11-01	DL/T 714—2000
4	DL/T 805.1—2011	火电厂汽水化学导则　第1部分：锅炉给水加氧处理导则	2011-11-01	DL/T 805.1—2002
5	DL/T 618—2011	气体绝缘金属封闭开关设备现场交接试验规程	2011-11-01	DL/T 618—1997
6	DL/T 292—2011	火力发电厂汽水管道振动控制导则	2011-11-01	
7	DL/T 293—2011	抽水蓄能可逆式水泵水轮机运行规程	2011-11-01	
8	DL/T 294.1—2011	发电机灭磁及转子过电压保护装置技术条件　第1部分：磁场断路器	2011-11-01	
9	DL/T 294.2—2011	发电机灭磁及转子过电压保护装置技术条件　第2部分：非线性电阻	2011-11-01	
10	DL/T 295—2011	抽水蓄能机组自动控制系统技术条件	2011-11-01	
11	DL/T 296—2011	火电厂烟气脱硝技术导则	2011-11-01	
12	DL/T 297—2011	汽轮发电机合金轴瓦超声波检测	2011-11-01	
13	DL/T 298—2011	发电机定子绕组端部电晕检测与评定导则	2011-11-01	
14	DL/T 299—2011	火电厂风机、水泵节能用内反馈调速装置应用技术条件	2011-11-01	
15	DL/T 300—2011	火电厂凝汽器管防腐防垢导则	2011-11-01	
16	DL/T 301—2011	发电厂水汽中痕量阳离子的测定　离子色谱法	2011-11-01	
17	DL/T 302.1—2011	火力发电厂设备维修分析技术导则　第1部分：可靠性维修分析	2011-11-01	
18	DL/T 302.2—2011	火力发电厂设备维修分析技术导则　第2部分：风险维修分析	2011-11-01	
19	DL/T 304—2011	气体绝缘金属封闭输电线路现场交接试验导则	2011-11-01	
20	DL/T 5099—2011	水工建筑物地下工程开挖施工技术规范	2011-11-01	DL/T 5099—1999
21	DL/T 5205—2011	电力建设工程工程量清单闭价规范—输电线路工程	2011-11-01	DL/T 5205—2005
22	DL/T 5341—2011	电力建设工程工程量清单计价规范—变电工程	2011-11-01	DL/T 5341—2006
23	DL/T 5369—2011	电力建设工程工程量清单计价规范—火力发电工程	2011-11-01	DL/T 5369—2007
24	DL/T 5253—2011	贫胶渣砾料碾压混凝土施工导则	2011-11-01	
25	DL/T 5254—2011	水电水利工程混凝土搅拌楼安全操作规程	2011-11-01	
26	DL/T 5255—2011	水电水利工程缆索起重机安全操作规程	2011-11-01	
27	NB/T 25001—2011	核电厂选址质量保证要求	2011-11-01	
28	NB/T 25002—2011	核电厂海工构筑物设计规范	2011-11-01	
29	NB/T 25003—2011	核电厂选址阶段环境影响评价报告编制规定	2011-11-01	
30	NB/T 25004—2011	汽水分离再热器性能试验规程	2011-11-01	

续表

序号	标准编号	标准名称	开始实施日期	替代标准
31	NB/T 25005—2011	核电厂汽轮机气缸焊接修复技术规程	2011-11-01	
32	NB/T 25006—2011	核电厂汽轮机叶片焊接修复技术规程	2011-11-01	
33	NB/T 25007—2011	核电厂调试文件体系编制要求	2011-11-01	
34	NB/T 25008—2011	核电厂海水冷却系统腐蚀控制与电解海水防污	2011-11-01	
35	NB/T 31003—2011	大型风电场并网设计技术规范	2011-11-01	
36	NB/T 31004—2011	风力发电机组振动状态监测导则	2011-11-01	
37	NB/T 31005—2011	风电场电能质量测试方法	2011-11-01	
38	NB/T 31006—2011	海上风电场钢结构防腐蚀技术标准	2011-11-01	
39	NB/T 31007—2011	海上风电场钢结构防腐蚀技术标准	2011-11-01	
40	NB/T 31008—2011	风电场工程勘察设计收费标准	2011-11-01	
41	NB/T 31009—2011	海上风电场工程设计概算编制规定及费用标准	2011-11-01	
42	NB/T 31010—2011	陆上风电场工程概算定额	2011-11-01	
43	NB/T 31011—2011	陆上风电场工程设计概算编制规定及费用标准	2011-11-01	
44	NB/T 31012—2011	永磁风力发电机制造技术规范	2011-11-01	
45	NB/T 31013—2011	双馈风力发电机制造技术规范	2011-11-01	
46	NB/T 31014—2011	双馈风力发电机变流器制造技术规范	2011-11-01	
47	NB/T 31015—2011	永磁风力发电机变流器制造技术规范	2011-11-01	
48	NB/T 31016—2011	电池储能功率控制系统技术条件	2011-11-01	
49	NB/T 31017—2011	双馈风力发电机组主控制系统技术规范	2011-11-01	
50	NB/T 31018—2011	风力发电机组电动变桨控制系统技术规程	2011-11-01	
51	NB/T 31019—2011	风力发电机线圈绝级用耐电晕聚酰亚胺薄膜补强玻璃布粉云母带	2011-11-01	
52	NB/T 31020—2011	风力发电机匝间绝级用耐电晕聚酰亚胺薄膜	2011-11-01	
53	NB/T 31001—2011	梯级水电站水调自动化系统设计规范	2011-11-01	
54	NB/T 35002—2011	水力发电厂工业电视系统设计规范	2011-11-01	

科技发展与创新

重大科技奖项

【2011年度国家科学技术进步奖】

序号	等级	项目名称	主要完成人	主要完成单位
1	一等	高压直流输电工程成套设计自主化技术开发与工程实践	饶宏、李立浧、赵杰、刘映尚、黎小林、李岩、黄莹、徐政、洪潮、金小明、余、建国、尚涛、方森华、朱功辉、郑军	南方电网科学研究院有限责任公司、中国南方电网有限责任公司、浙江大学、中国电力工程顾问集团中南电力设计院、西安高压电器研究院有限责任公司
2	二等	架空线路清障检测机器人	高森	山东电力集团公司超高压公司
3	二等	中国西电输变电重大成套装备科技创新工程建设		中国西电集团公司
4	二等	大型火电机组空冷系统优化设计与运行关键技术及应用	杨勇平、杜小泽、杨立军、雷平和、黄文佳、刘建民、冯璟、席新铭、杨志平、黄文博	华北电力大学、中国电力工程顾问集团华北电力设计院工程有限公司、北京首航艾启威节能技术股份有限公司、中国国电集团公司
5	二等	百万千瓦超超临界机组系统优化与节能减排关键技术	冯伟忠、俞兴超、王立群、张岭、姚进、陈仁杰、陈模嘉、潘峰、金峰、姚峻	上海外高桥第三发电有限责任公司、申能股份有限公司、中国电力建设工程咨询公司、中国电力工程顾问集团华东电力设计院、上海电力建设启动调整试验所、上海明华电力技术工程有限公司
6	二等	实现无燃油燃煤电厂的成套技术研究与应用	王雨蓬、高嵩、米树华、苗雨旺、牛涛、于龙、唐宏、顾玉春、张永红、周铭	中国国电集团公司、烟台龙源电力技术股份有限公司、国电康平发电有限公司、国电内蒙古东胜热电有限公司、国电吉林龙华吉林热电厂、哈尔滨锅炉厂有限责任公司、上海锅炉厂有限公司
7	二等	供用电系统谐波的有源抑制技术及应用	王兆安、刘进军、王跃、夏道止、卓放、肖国春、王卫安、白小青、姚为正、雷万钧	西安交通大学、西安赛博电气有限责任公司、株洲变流技术国家工程研究中心有限公司、许继集团有限公司
8	二等	重大水利水电工程施工实时控制关键技术及其工程应用	马洪琪、钟登华、张宗亮、孙玉军、张社荣、艾永平、刘东海、刘兴国、李明超、洪坤	天津大学、华能澜沧江水电有限公司、中国水电顾问集团昆明勘测设计研究院、青海黄河上游水电开发有限责任公司、中国水利水电第十四工程局有限公司、中国水电顾问集团中南勘测设计研究院、中国安能建设总公司
9	二等	三峡全空冷巨型水轮发电机组研制	王国海、蒋宝钢、卜良峰、刘胜柱、孙玉田、杜金程、李正、张颖杰、杨开黎、付长虹	哈尔滨电机厂有限责任公司

【2011 年度中国电力科学技术奖】

序号	等级	获 奖 项 目	受 奖 单 位
1	一等	特高压交流输电关键技术研究、设备研制及在试验示范工程中的应用	国家电网公司、中国电力科学研究院、国网电力科学研究院、中国电力工程顾问集团公司、国家电网公司交流建设分公司、中国西电电气股份有限公司、特变电工股份有限公司、保定天威保变电气股份有限公司、河南平高电气股份有限公司、新东北电气（沈阳）高压开关有限公司、中国电力工程顾问集团华北电力设计院工程有限公司、中国电力工程顾问集团华东电力设计院、中国电力工程顾问集团中南电力设计院、中国电力工程顾问集团东北电力设计院、中国电力工程顾问集团西南电力设计院、中国电力工程顾问集团西北电力设计院、国网北京经济技术研究院、国家电网公司运行分公司
2	一等	600MW 火电机组空冷系统研发与工程示范	中国电力投资集团公司、中国电力工程顾问集团公司、哈尔滨空调股份有限公司、西安热工研究院有限公司
3	一等	锦屏深埋交通洞设计施工关键技术研究及应用	中国水电顾问集团华东勘测设计研究院、二滩水电开发有限责任公司、中国水利水电建设工程咨询公司、中铁十四局集团有限公司、中铁二局第二工程有限公司、浙江华东建设工程有限公司
4	一等	等离子体无燃油电厂技术	烟台龙源电力技术股份有限公司、国电康平发电有限公司、国电内蒙古东胜热电有限公司、国电黄金埠发电有限公司、国电吉林龙华吉林热电厂、新疆阜康能源开发有限公司、哈尔滨锅炉厂有限责任公司、上海锅炉厂有限公司、中国电力工程顾问集团东北电力设计院、内蒙古电力勘测设计院、东北电力科学研究院有限公司
5	二等	中国清洁能源发展方式研究	国家电网公司、国网能源研究院、国务院发展研究中心企业研究所、国家发展和改革委员会能源研究所、中国水电工程顾问集团公司、中国科学院电工研究所、中国电力科学研究院、厦门大学
6	二等	750kV 同塔双回输电线路关键技术研究及工程应用	西北电网有限公司、国网电力科学研究院、中国电力工程顾问集团西北电力设计院、中国电力科学研究院
7	二等	基于融合通信的智能用电双向交互关键技术研究及应用	国网信息通信有限公司、浙江省电力公司
8	二等	次同步谐振动态稳定装置自主研发与工程应用	中国神华能源股份有限公司国华电力分公司、陕西国华锦界能源有限责任公司、中国电力工程顾问集团华北电力设计院工程有限公司、陕西电力科学研究院、荣信电力电子股份有限公司、神华国华（北京）电力研究院有限公司
9	二等	华北电网先进调度若干关键技术研究	华北电网有限公司、国网电力科学研究院
10	二等	交、直流输电工程电场测量技术研究	国网电力科学研究院
11	二等	电网应急指挥系统关键技术研究与应用	国网信息通信有限公司、中国电力科学研究院、山东电力集团公司青岛供电公司、国家电力调度通信中心、北京中电飞华通信股份有限公司、北京国电通网络技术有限公司、北京国电通信工程设计院有限公司、华北电力大学、东北电力调度通信中心、西北电力调度通信中心、华东电力调度通信中心、华中电力调度通信中心、浙江电力调度通信中心、福建省电力有限公司、湖南省电力公司调度通信局、四川省电力公司通信自动化中心、国电南瑞科技股份有限公司

续表

序号	等级	获奖项目	受奖单位
12	二等	电网信息安全等级保护纵深防御示范工程	国家电网公司、中国电力科学研究院、国网电力科学研究院、浙江省电力公司、陕西省电力公司、中国电力财务有限公司、国网信息通信有限公司
13	二等	考虑配电网络的综合负荷模型（SLM）基础理论、统计建模与应用研究	中国电力科学研究院、东北电网有限公司、华北电网有限公司、华中电网有限公司、西北电网有限公司、浙江省电力公司
14	二等	电力受端系统暂态及中长期电压稳定的机理、判据研究及工程应用	中国电力科学研究院、重庆市电力公司
15	二等	1000kV特高压电力系统继电保护（线路、变压器、母线）	国电南京自动化股份有限公司
16	二等	国家电网公司资产全寿命周期管理研究	国家电网公司、上海市电力公司、国网能源研究院、华东电网有限公司、国网电力科学研究院、华东电力试验研究院有限公司
17	二等	500kV输电线路直流融冰抗冰关键技术研究及工程示范	国家电网公司、中国电力科学研究院、国网电力科学研究院、湖南省电力勘测设计院、湖北省电力公司、中国电力工程顾问集团西南电力设计院、湖南省电力公司
18	二等	西北大规模风电接入电网相关技术的仿真研究	中国电力科学研究院、甘肃省电力公司、西北电网有限公司、中国电力工程顾问集团西北电力设计院、国家发展和改革委员会能源研究所、国家气候中心、清华大学
19	二等	高寒地区高拱坝冬季施工综合技术研究及应用	中国水利水电第四工程局有限公司
20	二等	深厚覆盖层不对称地基高沥青混凝土心墙堆石坝关键技术	中国水电顾问集团成都勘测设计研究院
21	二等	向家坝水电站工程大型沉井群施工技术研究与应用	中国葛洲坝集团股份有限公司三峡分公司、葛洲坝集团基础工程有限公司
22	二等	700MW水轮发电机继电保护配置研究及应用	中国水电顾问集团中南勘测设计研究院、龙滩水电开发有限公司、清华大学
23	二等	节能提效型电除尘器高频电源的研制与应用	国电科学技术研究院
24	二等	国内首例两缸两排汽600MW空冷汽轮机组重大发电工程	宁夏大唐国际大坝发电有限责任公司、东方电气集团东方汽轮机有限公司
25	二等	带有紧凑式分流回灰换热器的循环流化床锅炉开发研制及工程示范	西安热工研究院有限公司、哈尔滨锅炉厂有限责任公司、江西分宜发电有限责任公司
26	二等	世界首台600MW机组超临界“W”火焰锅炉工程技术与应用开发	中国大唐集团公司、大唐华银电力股份有限公司、大唐华银电力股份有限公司金竹山火力发电分公司、北京巴布科克·威尔科克斯有限公司、湖南省电力公司试验研究院、湖南省电力勘测设计院
27	二等	现场总线技术首次在国内大型超（超）临界火电机组上全范围系统的应用研究	西安热工研究院有限公司、华能国际电力股份有限公司、华能吉林发电有限公司九台电厂、华能南京金陵发电有限公司、中国电力工程顾问集团东北电力设计院、中国电力工程顾问集团华东电力设计院

续表

序号	等级	获 奖 项 目	受 奖 单 位
28	二等	百万千瓦超超临界机组自启停控制技术研究及应用	华能国际电力股份有限公司海门电厂、广东电网公司电力科学研究院、广州粤能电力科技开发有限公司
29	二等	超超临界机组P92钢焊接接头性能评价及应用技术研究	神华国华（北京）电力研究院有限公司、西安热工研究院有限公司、天津大学、天津电力建设公司
30	二等	国产首台1000MW超超临界机组仿真培训系统技术开发	西安热工研究院有限公司、华能国际电力股份有限公司玉环电厂
31	二等	奥氏体不锈钢管内壁氧化物检测仪的研发与应用	西安热工研究院有限公司
32	二等	基于流态重构的300MW循环流化床锅炉节能运行技术	清华大学、福建省雁石发电有限责任公司、东方锅炉（集团）股份有限公司、福建省电力勘测设计院、中国电力企业联合会科技开发服务中心
33	二等	WHear烟气脱硫技术及其关键设备的研究与应用	国电科学技术研究院
34	二等	火电机组状态及性能全息诊断系统	国电科学技术研究院、国电宁夏石嘴山发电有限责任公司、威信尔（北京）科技发展有限公司、清华大学
35	二等	燃用贫煤锅炉改烧全烟煤技术研究及改造工程示范	华能国际电力股份有限公司上海石洞口第一电厂、上海锅炉厂有限公司、中国电力工程顾问集团华东电力设计院

【2011年度中国电力科学技术成果奖】

序号	等级	成果名称	主要完成人	主要完成单位
1	一等	大截面导线技术及其在特高压直流工程中的应用研究	万建成、朱艳君、董玉明、余乐、寻凯、郎福堂、冯晓红、孔耕牛、牛海军、刘臻	中国电力科学研究院、国网直流建设有限公司、北京送变电公司、南京线路器材厂
2	一等	高海拔外绝缘配置技术规范	仝生明、华普校、李军、康钧、王煜杰、李向民、徐世山、吕钧章、徐强、张仲秋	青海电力科学试验研究院
3	一等	淤泥质海滩天津北疆电厂取水工程关键技术研究与应用	孙林云、郭启刚、谭培东、韩信、李玉峰、于海森、孙波、王惠芸、聂恒宽、胡广斌	天津国投津能发电有限公司、水利部交通部国家能源局南京水利科学研究院、华北电力设计院工程有限公司
4	一等	220kV高压输电线路直接穿越煤矿采空区整体连续可调基础研究与应用	刘志强、刘春晓、陈昊、汤跃超、刘世雄、张燕超、王睿勍、郭建伟	神华神东电力有限责任公司上湾热电厂、北京巨能通用技术有限责任公司、内蒙古电力勘测设计院
5	一等	600MW火电机组侧煤仓布置	吕明、张玉柱、李智、阎占良、胡立国、侯义、于冀新、周瑞强、李忠民、武志涛	河北省电力勘测设计研究院
6	一等	GIS设备综合检测技术研究	李军、何宝龙、吴童生、闫斌、徐世山、孟可风、李玉海、何喜梅、康钧、王煜杰	青海电力科学试验研究院

续表

序号	等级	成果名称	主要完成人	主要完成单位
7	一等	超/超超临界机组深度调试应用研究	李路江	河北省电力建设调整试验所
8	一等	创建电力优质工程策划与控制Ⅱ	中国电力建设专家委员会	中国电力建设专家委员会
9	一等	天津北疆发电厂电水盐材地循环经济发展模式	王会生、冯士栋、余建平、郭启刚、金峰、谭培东、于海淼、杨春平、黄峰、于存亮	国家开发投资公司、国投华靖电力控股股份公司、天津国投津能发电有限公司、国家发改委经济体制与管理研究所循环经济研究中心、北京国电华北电力工程有限公司
10	一等	复杂地质高陡边坡施工技术与安全控制	郗举科、吴军、向建、刘学、杨兴国、吴旭	中国水利水电第七工程局有限公司、四川大学
11	一等	小湾放空底孔平面链轮闸门制造技术研究	王玉明、王启茂、冯黎明、姚正鸿、张黎阳、刘运华、杨刚、曾辉、陆小华、刘维新	中国水利水电第八工程局有限公司
12	二等	拉西瓦水电站750kV输变电设备安装技术研究与应用	江小兵、刘灿学、徐广涛、张为明、范于军、吴绍忠、韩满国、陈训耀	葛洲坝集团机电建设有限公司
13	二等	数字化变电站二次系统设计方法研究与应用	胡列翔、徐建国、朱炳铨、张弘、高亚栋、裘愉涛、李慧、赵萌	浙江省电力设计院
14	二等	磁控调压式无功自动补偿装置	张学强、范加辉、尹逊景、张立东、李大鹏、孔繁云、高培华、张彬泽	平阴县供电公司、山东新科特电气有限公司
15	二等	新疆地区戈壁滩碎石土地基输电线路杆塔掏挖基础试验研究	鲁先龙、童瑞铭、程永锋、郑卫锋、丁士君、苏荣臻、陈培、王宝齐	中国电力科学研究院
16	二等	输电线路新型环保型基础研究及其工程应用	程永锋、鲁先龙、张强、丁士君、李明、郑卫锋、秦庆芝、邢月龙	中国电力科学研究院、中国电力工程顾问集团华北电力设计院工程有限公司、浙江省电力设计院、安徽省电力设计院、河北省电力勘测设计研究院
17	二等	甘肃750kV输电网建设对电网动态稳定性影响的研究	张小奇、秦睿、智勇、马超、杨勇、杨俊、梁福波、李诚	甘肃电力科学研究院
18	二等	电网降损节能关键技术研究	王维洲、郑伟、周喜超、姚锋、温志伟、郑晶晶、刘峻、靳丹	甘肃电力科学研究院
19	二等	日月山750kV超高压变电站防晕降噪关键技术研究	杨小库、王仲奕、张建华、徐强、路自强、刘清培、康鹏、李玉海	青海电力科学试验研究院、青海超高压电网建设管理有限责任公司、西安交通大学、青海送变电工程公司、西北电力设计院
20	二等	500kV紧缩塔设计技术推广应用	陈稼苗、应建国、徐建国、沈建国、高志林、邢月龙、胡吉磊、王轶文	浙江省电力设计院、浙江省电力公司基建部、嘉兴电力局、湖州电力局、浙江省送变电工程公司
21	二等	抑制次同步振荡的高压直流输电系统附加控制器研究及应用	马为民、殷威扬、李亚男、蒋维勇、蒲莹、石岩、郭春林、杨琳	国网直流建设分公司、华北电力大学
22	二等	±660kV直流输电技术的工程应用研究	殷威扬、马为民、石岩、李文毅、常浩、聂定珍、陈东、郑劲	国家电网公司直流建设分公司

续表

序号	等级	成果名称	主要完成人	主要完成单位
23	二等	云广特高压直流输电工程建设关键技术研究	尚涛、曹惠潮、龚天森、胡蓉、张雪波、蔡华、黄雄辉、林光龙	南网超高压输电公司、中国电力工程顾问集团公司、武汉高压研究所、武汉大学、广东输变电工程公司
24	二等	湿陷性黄土地区沉管夯扩灌注大头桩地基处理施工	何恩家、刘清培、刘文革、武文卫、杨晓东、李庆军、贾瑜、李朝霞	青海送变电工程公司
25	二等	输电线路新型环保型基础研究及其工程应用	程永锋、鲁先龙、张强、丁士君、李明、郑卫锋、秦庆芝、邢月龙	中国电力科学研究院、中国电力工程顾问集团华北电力设计院工程有限公司、浙江省电力设计院、安徽省电力设计院、河北省电力勘测设计研究院
26	二等	一种大型组合式托架的设计与应用	刘勇、劳诚壮、谢为金、杨勇、徐汉桥、罗晋耀、张诗清	广东火电工程总公司、广东力特工程机械有限公司
27	二等	新型液压顶推装置研制及应用	缪谦、白雪松、温超、布春磊、江明、刘开	中国电力科学研究院
28	二等	华能九台电厂660MW超临界机组塔式锅炉施工方案优化	高德伟、李勇、王晓利、韦展辽、王洪刚、郭江滨	黑龙江省火电第三工程公司
29	二等	数字化测控及修整汽轮机汽封径向间隙	王海波、罗明全、单洪亮、郭继玉、唐燕海、杜荷桃、许星、李松枝	河南第二火电建设公司
30	二等	污水净化综合试验装置的研制	马东伟、刘峰、刘克成、王平、何彩燕、桑俊珍、龙潇、孙心利	河北省电力建设调整试验所
31	二等	燃煤电厂“脱硫废水零排放处理”技术	朱春福、兰建伟、徐文军、吴燕琦、张晶	深圳能源环保有限公司
32	二等	直接空冷机组防冻技术研究	孙志良、马金海、白晓明、孙锋钢、李俊、刘建峰、李占江、李景新	中电投电力工程有限公司、吉电股份白城发电公司、斯必克冷却技术（张家口）有限公司
33	二等	PSS参数优化及其对电网小干扰稳定影响的研究	孟凡超、王勇、贾京华、高志强、郝晓光、王愿平	河北电力研究院
34	二等	双进双出磨煤机600MW超临界机组主汽温度控制策略的优化研究及应用	赵志丹、王开柱、王红雨、陈志刚、高奎、雷兆团、李续军、孟颖琪	西安热工研究院有限公司、华能沁北发电有限责任公司
35	二等	变压器局部放电定位技术研究	马丽山、徐世山、王煜杰、杨小库、王生杰、路自强、廖鹏、李玉海	青海电力科学试验研究院
36	二等	大型燃机电厂主接线的创新与应用	徐为民、陈净、沈洪流、张农、张乐群、孙文波	浙江省电力设计院
37	二等	电厂辅机控制系统的构建及应用	范力遥、李哲、刘新华、李新生、薄俊杰	北京国电富通科技发展有限责任公司
38	二等	变、配电噪音综合治理及隔振应用	张炜	上海久隆电力（集团）有限公司、上海久隆电力（集团）有限公司久隆工程分公司
39	二等	宁夏大唐国际青铜峡光伏并网电站一期10MW工程	闫玉俊、王振彪、刘福阁、李日龙、梁燕钧、吴凤林、刘勇、余圣刚	宁夏大唐国际大坝发电有限责任公司

续表

序号	等级	成果名称	主要完成人	主要完成单位
40	二等	百万千瓦超超临界机组自启停控制技术研究及应用	孙叶栏、潘凤萍、李毅杰、陈世和、张又新、朱亚清、钱戈金、孙伟鹏	华能国际电力股份有限公司海门电厂、广东电网公司电力科学研究院、广州粤能电力科技开发有限公司
41	二等	抽水蓄能机组动态特性分析及试验研究	王文营、常澍平、侯双林、吴瑞涛、卢盛阳、牟法海、李泽敏、姚力强	河北省电力建设调整试验所
42	二等	超大壁厚高合金马氏体耐热钢内外壁加热热处理工艺	周烨斌、黎陈涛	上海电力安装第二工程公司
43	二等	变电站消防技术规程	付冠辉、黎明辉、肖玲、王晓波、梁戈、孙洪林、叶煜明、孟源	云南电网公司、云南电网分公司、云南电力设计院
44	二等	工程质量监督管理系统	田璐、徐爱生、丁瑞明、高全治、宋述停、田海涛、李瑞芳、李辉	山西省电力质监中心站
45	二等	生产系统数据资源共享研究	张永军、王晓、戴昭、彭淦榕、刘志刚、高靖姝、魏晓光	济南供电公司
46	二等	水电站工程物资管理流程的创新与实践	远振海、陈洪波、杨汉生、李晓红、陈思源、朱晓伟、张雄、沈再军	中国水利电力物资有限公司、云南华电鲁地拉水电有限公司
47	二等	火电厂脱硫电价考核实时监测及分析体统开发	蒋晓青、李振海、宋国升、陈秋、李晓龙、刘政、唐亮、王兆辉	河北省电力研究院
48	二等	成本费用在线控制的研究与应用	王军利、张桂林、陈笑宇、苏瑞峰、周海潮、王梅菊、田惠芝、宋伟	河北送变电公司
49	二等	深厚覆盖层大直径竖井施工技术研究	翟万全、王金田、赵全超、宋义鹏、张坤、孙登钧	中国水利水电第六工程局有限公司
50	二等	特高拱坝坝肩复杂地质抗力体加固处理施工技术	蒋济、王海云、李四金、李秀龙、普中贵、袁安泽、何玉虎、张迪	中国水利水电第十四工程局有限公司
51	二等	溪洛渡水电站大坝骨料加工系统废水处理工艺研究	付俊雄、吕芝林、覃尚贵、柳学进、袁建伟、李学莉、朱辉煌、何庆艮	葛洲坝集团第五工程有限公司
52	二等	小湾水电站特高拱坝施工技术	孙建明、郭增光、贾习武、葛建军、石文龙、王红军、许常玉、陈辉龙	中国水利水电第四工程局有限公司
53	二等	基于强度折减的 FLAC3D 数值模拟仿真技术在边坡稳定性分析中的应用	刘振波、崔大勇、赵春宏、徐国胜、段琳、张吉春、丁海涛、杜顺平	云南省电力设计院
54	二等	高地应力区大跨度地下厂房安全施工技术	刘化才、王金田、李文昌、任长春、赵庆告、王鹤、宋旭、周永娜	中国水利水电第六工程局有限公司
55	二等	溪洛渡水电站导流洞超大型复杂围堰群爆破拆除技术	邢德勇、程祖刚、李友华、万勇、王建朝、方延洪、张红兵、唐明西	中国葛洲坝集团股份有限公司三峡分公司
56	二等	小口径长距离水平孔超前预报技术	邓银启、王焕明、冯兴龙、龙小明、胡光录、刘章、陈恩瑜、代云	葛洲坝新疆工程局（有限公司）
57	二等	电气主接线可靠性定量分析研究及完全 4/3 断路器接线在龙滩水电站的应用	初曰亭、杨振先、刘昆林、张强、胡镇良、鲁宗相、徐立佳、戴金芬	龙滩水电开发有限公司、中国水电顾问集团中南勘测设计研究院、清华大学

续表

序号	等级	成果名称	主要完成人	主要完成单位
58	二等	可逆式抽水蓄能机组安装及首机首次水泵工况启动技术研究与实践	曾祥辉、张利荣、张孟军、王至强、张文勤、李建华	中国人民武装警察部队水电第二总队
59	二等	水轮发电机转子现场装配工艺导则（DL/T 5230—2009）编制	付元初、王启茂、杨刚、李红春、冯黎明、姚正鸿、刘运华、周光荣	中国水利水电第八工程局有限公司

2012
中国电力年鉴

重 点 科 技 项 目

【中国首个双回 1000kV 与双回 500kV 同塔并架的同塔四回钢管塔完成全部真型试验】 2011 年 1 月 12 日，国内首基双回 1000kV 与双回 500kV 同塔并架的同塔四回钢管塔，在国家电网公司特高压杆塔试验基地完成全部真型试验项目。这标志着中国在超、特高压交直流同塔多回关键技术研究方面取得了新的突破，对今后特高压工程建设将起到积极作用。

该试验塔总高 124.1m，重 264t，是中国目前应用于一般线路工程的最高输电铁塔。中国电力科学研究院（简称中国电科院）技术人员对该塔陆续开展了 4 个断线、2 个起吊安装、1 个锚线、1 个验冰、2 个 60°大风共 10 个工况试验，试验结果与计算结果相符。1 月 12 日下午，技术人员进行了 60°大风超载工况的破坏性试验。当加荷至设计荷载的 120%时，该塔主要受力杆件达到其屈服强度，检验了铁塔的极限承载力，表明该塔符合设计要求，具备应用条件。

中国电科院在杆塔的可靠度指标、荷载取值、材料及结构优化方面进行了大量研究，并应用研究成果设计了这座真型试验塔。该试验塔基于 100 年的荷载重现期对杆塔风振系数进行分段计算，充分考虑横担尺寸和质量突变的影响。计算中还考虑了主材杆端弯矩和风荷载“埃菲尔效应”的不利影响。通过技术、经济比较，塔身主材选用 Q420 高强钢管和级差配置的 Q420 带颈对焊法兰连接，与 Q345 相比，减轻塔重约 20%。

【中国距离最长的超高压输电线路新疆段首次带电作业】 2011 年 3 月 2 日，中国迄今距离最长的 750kV 超高压输电线路新疆段首次实施带电作业。

这项工程是中国西北 750kV 智能电网的重要组成部分，对于保障中国能源更大范围配置、助推西北特别是新疆经济社会发展具有重要意义。

750kV 新疆与西北电网联网工程于 2010 年 11 月建成投运，承担起“西电东送”重任。工程起于新疆乌鲁木齐，止于甘肃永登，架设双回 750kV 输电线路 1780km，工程总投资 160 亿元。

【国家电网智能电网技术标准体系及关键设备研制规划通过鉴定】 2011 年 3 月 22 日，国家电网公司“智能电网技术标准体系及关键设备（系统）研制规划”研究成果通过中国电机工程学会的科技成果鉴定。鉴定委员会专家一致认为，研究成果国内首创，国际领先。

专家委员会认为，与国际同类技术相比，国网公司的研究成果涵盖内容更广、专业更全面、实施性更强。项目不仅得到了国家能源局、国家标准化管理委员会的认可，还得到了国际电工领域的高度关注和广泛好评。国际电工委员会（IEC）副主席恩诺·历思在致公司的信中说：“这是我见过的内容最综合的智能电网路线图。”

研究成果首次系统地提出了包含 8 个分支 26 个领域 92 个标准系列的智能电网标准体系，并确定了包括 7 个技术领域 28 个技术专题 137 项关键设备的智能电网关键设备研制规划体系。国内主要的电工设备制造企业也已根据研究成果开展了相关设备的研制工作，并在智能调度、变电站自动化、电动汽车充换电设备等方面取得重大突破。目前，国网公司已在智能电网用户接口、电动汽车充放电等领域提出了多项国际标准提案。

2009～2010 年是坚强智能电网建设理论创新和

工程实践取得重要突破的阶段。由于智能电网在世界范围内是新生事物，现有的技术标准及关键设备（系统）无法满足建设智能电网的全部要求，建立一个系统、完善、开放并拥有自主知识产权的智能电网技术标准体系并加快关键设备的研制是必然选择。

国家电网公司于2009年正式组织启动智能电网技术标准、关键设备方面的相关研究工作。经过一年多的努力，2010年6月29日，由国家电网公司编制的拥有自主知识产权的《智能电网技术标准体系规划》和《智能电网关键设备（系统）研制规划》正式发布。

《智能电网技术标准体系规划》是用于指导国家电网公司智能电网企业标准编制工作的纲领性文件和技术指南，也是中国智能电网行业标准和国家标准编制工作的重要参考资料。

《智能电网关键设备（系统）研制规划》是关键设备研制工作的行动纲领，可作为科研、制造企业的设备研制指南，同时也可作为制定相关产业化发展规划的指导依据。国家电网公司将以该研制规划为指导，加快推进关键设备研制，积极参与编制关键设备技术标准。

根据国家电网公司“十二五”智能电网发展目标，到2015年，智能电网技术标准体系基本建成，关键技术和关键设备实现重大突破和广泛应用。“智能电网技术标准体系及关键设备（系统）研制规划”研究成果通过鉴定，为这一目标的实现奠定了坚实基础。

【可拆分式抱杆在青藏直流输电线路工程中成功应用】 2011年5月16～17日，国家电网公司直流公司在西藏拉萨召开“可拆分式抱杆的研制及在青藏直流输电线路工程中的应用”科技项目评审会，可拆分式抱杆正式通过验收。

青藏高原低温缺氧，全线路平均海拔高，自然条件非常恶劣，建设施工难度极大，保障施工作业人员的身体健康和人身安全，降低工人劳动强度是保障工程建设的关键问题之一。作为传统组立铁塔的主要工具，抱杆在地形复杂的山区运输极为困难，为尽可能降低工人劳动强度，直流公司开展“可拆分式抱杆的研制及在青藏直流输电线路工程中的应用”科研课题的研究，首创了可拆分式抱杆。

可拆分式抱杆的两端采用整体铝合金楔形端部节，中间的钢段标准节全部用可拆分式标准节，标准节的端部通过销轴或螺栓相互连接，每个标准节可拆分为4片，片与片之间通过销轴或螺栓连接成一个整体的标准节。每片标准节的重量不超过25kg，最大程度地减轻了抱杆自重和单重，在运输困难的地方具有推广价值。

可拆分式抱杆于2011年4月20日完成型式试验，2011年5月初在青藏直流线路10标段中投入实际应用。

【真型输电试验线路项目研究取得新突破】 2011年6月16日，尖山真型输电试验线路基地研究取得突破性进展。自6月3日以来，试验线路安装模拟冰后在自然风激励下多次发生长时间舞动，其中最大幅值高达4m。这是中国首次在真型线路人工成功模拟舞动，这一进展标志着试验基地建设取得了阶段性成功。

模拟舞动是舞动试验技术的核心内容，真型线路人工模拟舞动的成功，为开展输电线路防舞方案有效性和适用性试验奠定了基础，进而为输电线路防舞设计和改造提供了依据。在项目前期，试验基地课题组查阅大量文献，讨论研究人工激励舞动，并和中国电科院、浙江大学、重庆大学等国内科研院所合作开展研究，成功攻克人工模拟冰设计、生产、安装固定、攻角调整等一系列技术难题。通过模拟计算、观测档建设和试验，取得大量有价值的试验数据。

【国家电网公司电动汽车供电课题通过技术验收】 2011年7月12日，“十一五”国家863计划“电动汽车电能供给系统关键技术研究与运行考核”课题顺利通过了科技部组织的技术验收。

“电动汽车电能供给系统关键技术研究与运行考核”课题研究内容主要包括两大部分，即国家电网公司系统电动汽车示范运行和电动汽车供充电关键技术研究。课题由国家电网公司统一组织，中国电力科学研究院与北京、上海、天津、浙江、湖南5家电力公司共同完成。课题相关研究成果已实现产业化，在2008年北京奥运会、2010年上海世博会和国家电网公司充换电设施建设中得到应用。

在电动汽车示范运行方面，课题在北京、上海、天津、浙江、湖南5个省级电力公司投入电动汽车44辆（至2009年底），进行内部示范运行，并建设相应的供电、充电设施；研制了车载监控终端，开发了电动汽车示范运行管理系统，建成示范运行监控管理平台，开展示范运行分析和经济性分析，提出了推动电动汽车发展的支持政策建议。在电动汽车供充电关键技术研究方面，课题完成了动力电池充电过程优化控制技术研究，研制了智能化充电机样机，开发了充电监控系统，完成了供充电系统的相互影响研究、充电站供电系统典型设计，以及充电站通用要求、非车载充电机等国家、行业和企业标准的研究与制定。

【南方电网公司首个STATCOM系统调试启动】 落户500kV东莞变电站的国家“十一五”科技支撑计划项目“百兆伏安级链式静止补偿器（STAT-

COM）工程”，由南方电网科学研究院承担整个工程的系统调试，系统调试从2011年7月26日正式开始，为期15天，结束后即实现工程试运行。

该工程容量±200Mvar，接入系统电压35kV，是目前世界上容量最大、直流电压最高、串联级数最多的STATCOM。此次系统调试是对STATCOM工程整体性能的检验，是工程投运前重要的检验环节。南方电网科学研究院主动承担技术攻关责任，科学合理安排STATCOM系统调试项目和试验方法，成立了由多个专业部所组成的技术团队，按照直流工程系统调试标准开展STATCOM系统调试工作，并对STATCOM的整体功能和性能进行全面检验，为STATCOM装置的运行和维护积累第一手资料。

STATCOM技术是目前世界上最先进的电网动态无功补偿技术，随着西电东送规模的进一步扩大和直流落点的增加，具有快速响应特性的STATCOM将在电网中发挥越来越重要的作用，能够有效解决珠三角地区负荷中心动态无功支撑不足，降低系统电压失稳风险，提高电网受电能力，增强抵御电网严重事故的能力。

【南方电网公司高压直流输电工程成套设计自主化技术开发与工程实践】 直流输电是长距离、大容量输电核心技术，广泛应用于中国西电东送系统，可以在更大范围内实现优化资源配置、提高能源利用效率。仅南方五省区直流输电总容量已经超过15 800MW。

为全面掌握直流输电核心技术，打破国外企业的技术封锁，国家发改委于2004年国家重大产业技术开发专项中安排了直流输电相关的研究课题，国家发改办〔2004〕1412号文件明确贵广二回直流输电工程为中国第一个自主化示范工程，依托该工程建设实现以我为主、直流换流站成套设计全面自主化的目标。为此，南方电网科学研究院有限责任公司（原南方电网技术研究中心）组织开展了“高压直流输电工程成套设计自主化开发与工程实践”项目研究，吸纳研究机构，高校，设计、制造企业的研发资源共同组成自主创新团队，通过艰苦拼搏，形成多项自主创新成果，全面掌握拥有自主知识产权的直流输电核心技术。

项目获得授权发明专利9项，研制自主知识产权软件5种。项目研发成果也陆续应用到云广和糯扎渡±800kV特高压以及溪洛渡±500kV同塔双回高压直流工程中。项目实现了中国直流输电技术的集成创新，推动了中国直流输电技术的跨越，累计产生直接经济效益4亿多元。

项目集中反映了中国在直流输电技术领域的集成创新和突破，基础性研究开发与工程实际应用全面结合，带动了高压直流输电技术在理论研究、分析计算、仿真试验、设备集成、标准制定等领域的整体进步。项目取得的创新成果打破了外方的技术垄断，形成了自主化技术体系，形成了产学研相结合的创新团队，推动了中国直流输电技术的进步，实现了直流输电技术集成能力的跨越。

项目获得2011年度国家科学技术进步奖一等奖。

【大唐利用高铝粉煤灰生产氧化铝联产活性硅酸钙关键技术开发与工业试验】 该项目根据循环经济理念，自主开发了预脱硅碱石灰烧结法提取氧化铝联产活性硅酸钙和水泥熟料的工艺技术路线，打破了长期以来中国粉煤灰利用以建材为主的格局，为铝工业开辟了一条节能环保的循环经济型发展道路；建立了煤—电—化工—粉煤灰和电石渣—铝硅钛的循环经济产业链，对推动中国尤其是西部地区开展粉煤灰资源的综合利用具有重要的示范效应。该项目2011年获得国家能源科技进步奖二等奖。

【世界首台600MW机组超临界“W”火焰锅炉工程技术与应用开发】 大唐金竹山发电公司扩建工程二期600MW超临界“W”火焰全烧无烟煤燃煤发电机组是世界首台600MW超临界机组。该项目首次采用优化内螺纹管和低质量流速垂直管圈技术，突破了超临界“W”型锅炉炉膛结构设计、制造、水动力安全和水冷壁超温等技术瓶颈，成功解决了中国劣质无烟煤的经济燃烧、着火燃尽和低污染排放、受热面壁温偏差、管壁超温、炉膛温度场和配风的均匀性等多项难题，实现了八角炉膛技术的创新，为中国超临界“W”火焰锅炉积累了经验。该项目2011年获得国家能源科技进步奖二等奖。

【国电大型燃煤电站锅炉海水烟气脱硫技术与示范工程】 项目由北京龙源环保工程有限公司完成，为首家研发的自主知识产权海水烟气脱硫核心技术，并实现关键设备的国产化。项目于2011年6月8日通过国家科技部结题验收，达到国际先进水平。成果应用到世界上单机容量最大的华能汕头海门电厂，项目建设获国家建设部金奖，并成功推广到菲律宾、斯里兰卡、柬埔寨等国际市场。取得专利11项，软件著作权1项。目前国内市场占有率达到90%以上。

【国电实现无燃油燃煤电厂的成套技术研究与应用】 项目是由中国国电集团公司及所属科技公司、发电企业、国内锅炉制造厂等7家单位联合攻关取得的重大科技成果，获得2011年度国家科技进步奖二等奖、中国电力科学技术奖一等奖。该项目在世界上首次提出了建设无燃油燃煤电厂的设计理念，开发了无燃油燃煤电厂整体设计和调试运行、长寿命等离子体发生器、内燃式燃烧器、大功率开关电源、锅炉冷炉制粉技术和无燃油点火系统控制等一批具有自主知识产权的核心技术，并实现22个无燃油燃煤电厂的建设和安全运行。

【中核集团掌握百万千瓦级核电站堆内构件技术】 2011年1月22日，由中核集团中国核动力研究设计院负责设计，上海第一机床厂制造的红沿河核电项目1号机组堆内构件顺利通过验收，并交付辽宁红沿河核电厂。该堆内构件是国内首次自主设计的百万千瓦级核电机组堆内构件，其顺利交货，表明中国已经完全掌握了百万千瓦级核电机组堆内构件设计技术。

堆内构件是反应堆重要设备之一，构造非常复杂，设备零件多，精度要求高，加工难度大，不符合项多。核动力院设计所在设计过程中克服重重困难，确保了堆内构件的按时交货。

【中国成功自主研制核电站防甩击限制件】 2011年3月2日，中核集团自主研制的"核电站主蒸汽和主给水管道防甩击限制件"成果在哈尔滨通过专家鉴定，这意味着在该技术上中国打破了国外垄断，使核电设备国产化进程又进一步。

鉴定会由中核集团科技部组织。专家组组长由中国工程院院士叶奇蓁担任。来自国家能源局、核能行业协会、中广核、国核技和中核集团等部门的专家通过文件审查、试验见证及现场问答等环节，一致认为，该项成果具有多处创新，填补了国内空白，达到国际先进水平，具有良好的社会与经济效益，使中国的核电国产化又向前迈进了一步。

防甩击限制件由中国核电工程有限公司自主研制，样件委托沈阳鑫通电站设备制造有限公司制造，试验委托哈尔滨工程大学船舶工程学院工程结构实验室实施。

【国际首套高参数超临界水化学腐蚀实验装置出厂】 2011年8月，国际首套高参数超临界水化学腐蚀实验装置完成出厂验收。验收由中核集团中国核动力研究设计院检查组完成，检验结果表明装置的各项运行指标稳定，性能参数达到了设计要求。

该装置由核动力研究设计院在借鉴国际先进技术经验的同时进行突破和创新，确定了合理可行的装置技术规格和运行要求，交由日本东伸工业株式会社制造工厂完成制造，由超临界均匀腐蚀实验装置和超临界应力腐蚀实验装置组成。

该装置将于9月运抵中国核动力研究设计院，安装在反应堆工程研究所的超临界水化学实验室内，并完成最后的调试运行。装置建成后，将成为目前世界上运行参数最高，功能最为齐全的超临界水化学及腐蚀综合实验装置，为中国乃至国际超临界水冷堆的研发提供强有力的硬件支持。

【国核电力规划设计研究院5项成果被评为全国电力工程设计专有技术】 2011年2月，中国电力规划设计协会公布2010年度电力工程设计专有技术成果，国核电力规划设计研究院（简称国核电力院）5项科技创新成果被评为全国电力工程设计专有技术。

这5项电力工程设计专有技术分别为火电厂输煤系统的辅助除尘装置、发电厂500kV HGIS四角形接线预留出一个半断路器接线布置交叉进出线技术、多层土壤结构中水平接地网优化布置技术、接地网地电位升限值优化技术及输电工程跨河杆塔单桩局部冲刷深度公式C65—1、C65—2中计算参数的修正方法。至此，国核电力院已拥有10项电力工程设计专有技术。

【葛洲坝集团大坝加高技术达国际领先水平】 2011年5月中上旬，"混凝土大坝加高施工关键技术研究与应用"成果鉴定会在湖北武汉举行。湖北省科技厅鉴定委员会认为，该项目成果对水利水电领域各类坝工建筑物、工业与民用建筑工程、公路桥梁工程、港口与航道工程、铁路工程施工具有指导意义，整体达到国际领先水平。

"混凝土大坝加高施工关键技术研究与应用"是葛洲坝集团在混凝土大坝加高施工领域内获得的第一个高水平科研成果，目前已成功应用于南水北调中线丹江口大坝加高工程、长江三峡三期碾压混凝土围堰工程、长江荆江分洪南闸加固工程、英那河水库大坝加高工程、景洪电站消力池底板修复等工程，得到了项目业主的认可，取得了显著的社会经济效益。

【中国电建所属水电建设集团电站防渗墙施工新技术填补国内空白】 2011年7月28日，乌海海勃湾电站防渗墙施工，随着长螺旋钻杆顺利进入25m深度，振动锤将模板沉入25m位置，在振动锤的带动下，模板缓缓拔出，经检测各项技术指标均达到预期要求。这标志着由中国电建所属水电建设集团承建的内蒙古乌海海勃湾防渗墙施工采用交替沉模地下连续墙施工试验取得圆满成功，并填补沙砾石层中薄壁防渗墙技术的国内空白。

海勃湾水利枢纽工程黄河海勃湾水利枢纽工程位于内蒙乌海市境内，是国家西部大开发重点建设项目。工程总投资27.41亿元，是一座集防洪防凌、发电、改善生态环境等于一体的大型水利枢纽工程。水库总库容4.87亿m^3，最大坝高18.2m，建设工期为46个月。乌海海勃湾电站的防渗墙工程地处沙漠地带，地层主要以沙层、粉砂层、沙砾石层为主，坝基防渗墙总长度3043.26m，最深处达31m、厚度

40cm；坝肩防渗墙总长2824.94m，最深处达49.1m、厚度30cm。整个防渗墙成墙面积达17万m^2，有效施工时间为7个月。用国内常规的“钻孔灌浆成墙、液压抓斗超薄混凝土防渗墙”方法施工都无法满足进度和成本的要求。

【世界首套750kV输电工程可控并联电抗器本体完成出厂试验】 2011年6月15日，由中国电科院产业公司——中电普瑞科技有限公司研制的世界首套750kV可控并联电抗器本体顺利完成型式试验和出厂试验，各项性能参数优良，主要参数指标均优于技术要求。作为可控并联电抗器工程的主要组成部分之一，其顺利完成试验将为可控高抗成套设备研制奠定良好的技术基础，并填补国际空白。

该套可控并联电抗器将应用在永登—安西750kV输变电工程敦煌变电站中，可有效解决750kV电网限制过电压和无功补偿之间的矛盾，解决河西地区风电波动引起的低容低抗频繁投切问题。此外还可有效提高系统的稳定性，发挥优化无功分布，降低网损等作用。

永登—安西750kV输电线路连接甘肃酒泉风电基地，是风电输出的重要通道，对于实现西电东送，改变中国能源分布不均的现状具有重要的意义。可控并联电抗器本体将于近期发往工程现场，其他晶闸管阀、控制保护等设备也已完成出厂试验并正陆续发往工程现场。计划于2011年9月敦煌变电站可控并联电抗器工程投入运行。

【中国电科院自主研制成功550kV气体绝缘开关设备用高海拔套管】 2011年10月25日，由中国电科院自主研制的“550kV气体绝缘开关设备(GIS)用高海拔套管”一次性顺利通过模拟3500m高海拔气候环境下的工频耐压试验、雷电波冲击耐压试验及操作波冲击耐压试验。

550kV气体绝缘开关设备（GIS）用高海拔套管是由中国电科院开发的全新GIS用套管。在经过了3500m高海拔绝缘校正参数的确定、详细的套管电场计算分析、制订了两套高海拔套管试验方案等充分准备工作后，完成了产品定型。与国内同类企业产品相比，该类型高海拔套管产品具备高绝缘特性、高载流特性及低气压特性，从而使得产品具有更广阔的应用领域、更高的环境适应性，为中国电科院气体绝缘开关设备（GIS）套管产品在高海拔地区的推广应用奠定了良好基础。

【江西省首座数字化暨全寿命周期试点变电站投运】 2011年6月30日21时26分，江西省首座数字化暨全寿命周期试点变电站——220kV伏澄江（泰和）变电站成功投运，标志着江西智能电网建设跨出了实质性的一步。至此，江西电网64项迎峰度夏工程全部完成。

该站按数字化变电站设计，采用电子式电流电压一体化互感器、光纤通信网络和数字化监控系统，主变压器、断路器等一次设备实现了智能在线监测，体现了电网智能化的技术发展优势。作为江西首座全寿命周期试点变电站，该站从设计阶段即按照“全寿命周期”建设的先进设计理念，从工程项目的建设施工、运行维护到设备回收全过程，综合考虑设备的可靠性、安全性以及运行维护、今后扩建等因素，优化设计方案，力求把建设、运行成本降到最优、最小化，比常规变电站节省投资30%左右。

该站的投运，将提高吉安地区供电可靠性，满足京九铁路电气化改造工程的用电需求，为电网迎峰度夏提供保障。

【中国西电成功研制用于100万kW发电机组的超高压巨型变压器】 2011年10月中国西电集团公司为郑州裕中能源公司新密电厂二期2×100万kW发电机组研制的6台500kV、38万kVA单相巨型发电机变压器，先后一次性通过全部试验，各项指标满足了国家标准和技术协议的要求，技术性能达到国内同期领先水平。

这6台产品，是中国西电所属西电西变在已有单相大容量发电机变压器设计制造成功经验的基础上，根据工程的运行和运输条件，进行科研攻关和技术创新。它是中国西电目前研制的500kV电压等级单相单柱容量最大的发电机变压器。

随着中国发电机组设计容量的增加，100万kW发电机组已经成为市场主流，与之配套的38万kVA单相发电机变压器也成为重要产品。

【世界最先进水轮发电机推力轴承试验台完成试台】 2011年7月20日，历时300天的世界最先进高速推力轴承试验台在东方电机有限公司完成制造和试台。

该试验台于2010年1月正式立项，当年6月完成设计，10月开始厂房建设。最高转速750r/min，最大加载能力2000t，最大试验轴承外径2800mm，拖动电动机功率4500kW。拖动系统由交流电动机与高压变频器组成，采用了测试与控制合二为一的全数字柔性测控系统。该试验台是目前世界上最先进、转速最高的水轮发电机推力轴承试验台，能够进行6000t级的巨型水轮发电机推力轴承模型试验和抽水蓄能机组的全尺寸双向推力轴承全工况模拟试验，将满足白鹤滩、乌东德等百万千瓦水轮发电机推力轴承的试验需要，同时满足即将大规模开发的抽水蓄能机组双向高转速推力轴承的研究需要。

国际合作与交流

【电监会主席吴新雄会见美国能监会主席威林霍夫】 2011年10月26日，中国国家电监会主席吴新雄在北京会见了美国联邦能源监管委员会主席乔恩·威林霍夫一行，双方就电力监管和电力发展、改革相关问题进行了交流，并表达了建立合作交流机制的意愿。国家电监会副主席史玉波参加了会见。

吴新雄代表国家电监会对威林霍夫一行的来访表示欢迎。他表示，多年来，国家电监会与美国能监会进行了良好的合作交流，此次会面，是双方进一步加强合作的良好机会。吴新雄简要介绍了国家电监会以及中国电力改革发展的情况。他说，改革开放以来，中国的电力事业发生了翻天覆地的变化，现在，中国的发电量和输电线路总长已居世界首位。中国电力不仅发展规模大，发展水平也显著提高，60万、100万kW超超临界机组已占有相当大的比重。同时，中国大型发电机组及输变电设备的制造水平也大幅提升。在发展过程中，中国十分注重节能减排和环境保护。目前，中国的火电煤耗为333g/kWh，达到世界先进水平。中国十分重视清洁能源的发展，水电、风电、核电以前所未有的速度发展。

吴新雄表示，国家电监会在如何履行监管职责，以维护电力安全、推进电力市场建设、加强电力市场监管、推进电力体制改革等方面，有很多课题要进一步深入研究，也有必要借鉴国外好的相关经验。美国联邦能源监管委员会来访，对双方进一步加强合作交流，推动电力监管事业发展具有积极意义。

威林霍夫认为，美国在能源监管方面既有经验，也有教训，中美双方相互学习很有必要。2001年电力危机后，美国进一步认识到缺乏有力的监管，就无法保障电力市场的有效运行，为此，美国于2005年通过法案赋予联邦能源监管委员会更多职责，涉及电网规划、电力市场及电网安全等方面。中国发展分布式电源有广阔前景，建议电监会通过制定有效监管规则，促进分布式电源、需求响应措施参与电力市场。威林霍夫表示希望扩大与中国国家电监会的交流合作，就共同关注的监管相关问题进行更加深入的研究探讨。

国家电监会总监谭荣尧以及相关业务部门负责同志参加了会见。

【刘振亚会见美国能监会主席威林霍夫】 2011年10月28日，国家电网公司总经理刘振亚会见了到访的美国联邦能源监管委员会主席威林霍夫一行。

刘振亚对威林霍夫一行的到访表示欢迎。国家电网公司大力开展智能电网技术研究，在特高压输电、新能源等领域取得了一系列世界领先的成果，同时积极推进国际能源合作，愿与国际同行共同推进直流输电技术发展。

威林霍夫认为中国国家电网公司在电网发展方面取得了显著成就，特高压成果更是令人钦佩。美国联邦能源监管委员会将在其职权范围内尽一切努力支持中国国家电网公司在美发展。

【国家电网公司成功收购巴西7家输电特许权公司】 2010年12月15日，中国国家电网公司收购巴西输电特许权项目交割仪式在里约热内卢举行。国家电网公司投资9.89亿美元，成功购得巴西7家输电公司及其输电资产30年经营特许权（特许权期满后可经巴西电监局批准续约20年），这是国家电网公司继获得菲律宾国家电网25年特许经营权后的又一项重大海外投资。

本次国家电网公司从4家西班牙公司收购的输电资产包括16条总长3173km的500kV输电线路及若干变电站、开关站，资产规模在巴西输电运营公司中列第五位。这些资产主要位于巴西经济最发达的东南部地区，处于巴西电网南北通道的关键位置。此次成功经营该项资产将有利于促进该地区经济发展，扩大中国企业的影响力，促进中巴战略合作关系，带动中国的机电设备、电力工程建设、电网技术及管理等资源打入南美市场，增加输电相关产业在国际上的竞争优势。据测算，该项目运营期间年平均利润超过1.1亿美元，净资产收益率显著高于中国国家电网公司目前的净资产收益率。

【国家电网公司与西班牙电网公司签订合作框架协议】 2011年3月9日，国家电网公司总经理刘振亚在公司总部与到访的西班牙电网公司董事长兼首席执行官路易斯·阿提恩扎会谈，并签订合作框架协议。双方将在可再生能源发电并网、特高压输电技术等方面加强合作，实现共同创新、共同发展。

2010年西班牙风电装机容量达2000万kW，风力发电量已占电网接入量的16%，预计2020年风电装机将超过3500万kW。阿提恩扎表示，西班牙电网公司将在风电及新能源发电的监测、预测，运行工具及电网平衡等方面加大开发力度，提高系统运行的安全性、可靠性、稳定性，并愿意与国家电网公司在可再生能源发电领域分享经验和成果。西班牙正在建设海底电缆，实现周边小岛与本岛电网联网。2013年前，西班牙还要建成一条与法国相连的高压直流线路。阿提恩扎希望在特高压直流技术方面得到国家电网公司的支持和帮助。

刘振亚介绍了近年来国家电网公司在清洁能源大规模接入方面的工作。他说，目前并入国家电网的风电装机超过3000万kW，2010年风电发电量472亿kWh，同比增长83.7%，全网风电机组平均利用小时达到2095h。国家电网公司深入开展风电有关重大问题研究，完成了8个千万千瓦级风电基地的输电规划研究。特高压、智能电网建设取得重大突破，特高压交直流输电工程安全稳定运行，技术设备性能得到充分验证。发展特高压是国家电网公司“十二五”规划的重中之重，公司将投资新建 2.3 万 km 特高压交流输电工程、2 万 km 特高压直流输电工程。

刘振亚表示，国家电网公司与西班牙电网公司在新能源并网调度、特高压输电技术领域的强强合作，意义重大，前景广阔。

【南方电网公司加强大湄公河次区域电力合作，构建国内协调机制】 作为大湄公河次区域（GMS）电力合作中方执行单位，南方电网公司 2011 年加强与 GMS 各国及世界银行、亚洲开发银行的沟通与协调，分别出访泰国、越南、缅甸及亚洲开发银行总部菲律宾，就加强双方合作、建立高层互访机制、签订长期合作框架协议等事宜进行了交流。

参与 GMS 电力贸易协调委员会的各项工作，参与起草了《GMS 新十年（2012～2022 年）战略框架》和《中国参与 GMS 经济合作国家报告》，并提出了建设性建议，强化了中方在 GMS 电力合作中的主导作用。

南方电网公司协调国内各方关系，于 2011 年 5 月首次组织召开了由国家能源局及五大发电集团等十几家国内电力企业参加的 GMS 电力项目开发协商会议。倡议建立中方企业参与 GMS 电力合作内部协调机制，为中国企业投资开发 GMS 电力项目做好协调工作、提供必要的服务。在此基础上，草拟了《中国企业 GMS 电力项目开发协调机制》，建立了国内企业沟通联络渠道。

【中俄联网工程黑河换流站】 500kV 中俄直流联网黑河背靠背换流站工程是国家电网公司首个跨国直流联网工程，工程于 2007 年 7 月 26 日正式开工。2008 年 8 月，由于俄方侧建设工程停滞，黑河换流站的直流部分暂停缓建。2009 年 1 月 16 日，500kV 黑河换流站 220kV 交流系统投入运行，为黑河地区及中俄边贸提供电力支撑。2011 年 5 月 20 日，国家电网公司再次启动该工程。

【华能集团联手美国电力公司减排二氧化碳】 2011 年 1 月 26 日，中国华能集团公司与美国电力公司在华盛顿共同签署了关于燃煤电厂二氧化碳减排和提高能效的技术合作协议。

根据协议，双方将开展燃煤电厂二氧化碳减排的合作研究，双方同意采用华能集团公司自主研发的二氧化碳捕集技术，针对美国电力公司旗下一个 60 万 kW 燃煤电厂进行年捕集 150 万 t 二氧化碳工程可行性研究，适时推进 150 万 t/年的二氧化碳捕集示范工程。该合作为中国华能集团公司自主研发的二氧化碳捕集技术进入美国乃至国际能源市场提供了契机，对提升中国自主研发技术在国际能源领域的影响力具有重要意义。

【华能集团成功收购国际电力公司 50%股权】 中国华能集团公司和广东省粤电集团有限公司于 2011 年 4 月 11 日宣布，其合资的海外国际兴业有限公司以 12.32 亿美元的股权价值，成功收购印度 GMR 集团在国际电力公司（InterGen）中持有的 50%股权。

InterGen 是一家全球领先的电力公司，拥有 12 座电厂，分布于四大洲五个国家（英国、荷兰、墨西哥、澳大利亚、菲律宾），控股装机容量 814.6 万 kW，权益装机容量 631.2 万 kW，其中近 90%为清洁高效的天然气联合循环发电机组（NGCC），并拥有数个待开发电源项目。

海外兴业为华能和粤电的合资公司，华能持股 60%，粤电持股 40%。2010 年 11 月底，海外兴业作为收购方，与 GMR 集团签订了股权购买协议。本交易目前已经满足所有交割先决条件，包括收到所有 InterGen 运营所在国家必要的监管批准以及中国政府的批准。

此次收购使华能成为中国电源分布最广、业务涉及国家最多的全球化发电集团。通过本次收购，华能和粤电均增强了发电主业实力和国际竞争性市场的运作能力，并大幅提高了清洁能源比例，为今后两家公司调整电源结构、实现绿色发展创造了有利条件。

【大唐海外投资公司哈萨克斯坦鲁特尼奇水电站项目】 2011 年 12 月 8 日，大唐海外投资公司哈萨克斯坦阿拉木图州鲁特尼奇一级、二级水电站项目举行进点动工仪式，全面启动施工准备工作，标志着该公司在哈电力投资业务取得实质性突破。

鲁特尼奇水电站项目是哈萨克斯坦建国后引入外国投资建设的第一个水电项目，也是中哈两国企业合作开发的第一个电力项目，对于深化中、哈两国非资源领域合作具有重要意义，对海外投资公司拓展中亚及独联体国家业务具有示范作用。该项目位于哈萨克斯坦阿拉木图州中部阔克苏河，总装机容量 4.2 万 kW，其中一级电站 1.9 万 kW，二级电站 2.3 万 kW，年平均发电量 1.91 亿 kWh。项目计划于 2014 年 6 月建成发电，届时将有效缓解阿拉木图州电力短缺局面。

该电站由海外投资公司与哈萨克斯坦 TT-Group 公司联合投资开发，由双方合资项目公司大唐 TT 能源公司具体执行。此次项目进点动工仪式的圆满举行标志着双方在项目开发过程中迈出了关键性一步。同时，该项目的动工建设在当地取得了良好的社会影响，将有效带动海外投资公司在哈国后续电源项目的开发。

【大唐海外投资公司柬埔寨斯登沃代水电站项目】 柬埔寨斯登沃代水电站项目是大唐集团公司实施“走出去”发展战略的一部分，也是集团公司第二个境外BOT开发项目。斯登沃代水电站为梯级电站，总装机容量为12万kW，其中一级电站2×1万kW、二级电站4×2.5万kW。工程2011年底已完成二期截流，电站首部枢纽、引水系统和发电厂房施工已完成总工程量的52.3%，预计首台机组于2012年11月投产，2013年5月底全部投产发电。

2011年12月26日，柬埔寨王国首相洪森在中国大唐集团公司总经济师吴静的陪同下视察了建设中的斯登沃代一级水电站工地。洪森亲切慰问了参加项目建设的中柬建设工人，对大唐集团公司在项目建设以来不断增加当地就业机会、中国工程技术人员夜以继日奋斗在水电站建设工地上表示感谢，并祝愿斯登沃代水电站早日建成发电。

【中国华电投资俄罗斯捷宁斯卡娅燃机项目开工建设】 2011年9月7日，由中国华电集团公司投资建设的华电捷宁斯卡娅燃气—蒸汽联合循环供热电站项目在俄罗斯雅罗斯拉夫尔州正式开工。华电集团副总经理邓建玲、俄罗斯联邦经济发展部副部长克列巴齐、俄罗斯第二地区电力股份公司董事长科罗廖夫出席开工仪式。该项目于2011年6月16日，在国家主席胡锦涛访问俄罗斯期间，由华电集团与俄罗斯第二地区发电公司（TGC—2）签署华电捷宁斯卡娅燃机项目公司股东协议，标志着中国在俄罗斯电力领域成立了第一家合资企业。华电捷宁斯卡娅项目为燃气—蒸汽联合循环供热电站，装机容量为482MW，工程总投资约为39亿元人民币，计划2013年底建成投产。工程建成投产后，将成为俄罗斯拉夫尔州电网的重要电源支撑点，对改善当地电网结构、发展循环经济、带动相关产业发展和提高居民生活水平具有重要意义。

【中国华电投资开发印尼水电项目】 2011年10月13日，中国华电集团公司与印度尼西亚达莫水电公司签署印尼水电项目合作框架协议。根据协议，双方建立战略和独家合作关系，共同开发印度尼西亚的水力发电和地热发电项目。华电集团总经理云公民、副总经理程念高，印尼达莫水电公司董事长安德烈·楚构、总经理安东·苏格乐出席签约仪式。程念高与安东·苏格乐代表双方签字。签约仪式前，双方就发挥各自优势，合作开发印尼水电项目等事宜进行了友好会谈。

【中国华电工程（集团）有限公司投资建设印尼巴淡岛燃煤电厂】 印尼巴淡岛2×65MW燃煤电厂项目是中国华电工程（集团）有限公司首个海外投资项目，总投资近2亿美元，于2011年3月正式启动主体工程施工，计划于2012年中完工。厂址位于印度尼西亚廖内群岛省北部的巴淡岛（BATAM）东南部，该岛地处新加坡海峡南端，是马六甲海峡航线的要塞，距离新加坡仅20km。该项目的实施标志着中国华电工程（集团）有限公司海外市场开拓迈向了一个新的台阶，实现了“走出去”战略的又一新模式。

【中国华电工程（集团）有限公司签署越南沿海二期燃煤电厂EPC总承包合同】 在国务院总理温家宝与马来西亚总理纳吉布（Najib Razak）的见证下，中国华电工程（集团）有限公司与马来西亚Janakuasa控股公司在马来西亚总理府共同签署越南沿海（Duyen Hai）二期2×600MW燃煤电厂EPC总承包合同。根据合同，中国华电工程（集团）有限公司负责该项目二期2×600MW燃煤电厂的设计、采购、建设、安装、调试等工作。该项目由马来西亚Janakuasa控股公司投资建设，位于越南茶荣市区东南方45km处的发电产业区内，采用600MW超临界机组，计划于2016年发电。根据越南政府的规划，在该发电产业区内还将兴建沿海三期3×600MW燃煤电站。

【中国国电集团公司柬埔寨柴阿润和松博水电项目】 柴阿润水电项目位于柬埔寨王国首都金边西南部德国公省柴阿润河上，为立轴混流式水电站，规划装机容量10.8万kW，项目预计总投资19.7亿元。

松博水电项目位于柬埔寨王国东北部的桔井省松博县松博镇的湄公河上，为径流式水电站，规划装机容量260万kW，项目预计总投资约280亿元。

2011年11月初，根据双方签署的MOU条款约定，国电集团组织广西电力工业勘察设计院编制完成了柴阿润水电项目可行性研究报告。柬埔寨工业、矿产和能源部在金边组织召开了可行性研究报告第一次评审会。

【中国国电集团公司加拿大风电项目】 国电集团积极开展加拿大风电并购项目。并购项目位于加拿大安大略省梅兰克森郡，与多伦多市相距120km，风电装机容量为9.972万kW。该项目原由一家加拿大公司拥有，已于2010年4月与安大略省电力公司签署了有效期为20年的售电协议。

该风电项目年平均风速为7.34m/s，投资回收期10年。国电集团所属龙源公司成立加拿大可再生能源公司，开展项目前期工作。

【龙源电力成功收购加拿大百兆瓦风电项目】 2011年7月13日，中国国电龙源电力集团股份有限公司所属龙源加拿大可再生能源公司与加拿大梅兰克森电力公司，在北京签署加拿大100MW风电项目股权收购协议，标志着龙源电力正式进军国际风电市场，成为中国率先在境外投资新能源项目的国有发电企业。

此次收购的风电项目装机规模为100MW，位于加拿大风电资源丰富的安大略省，项目建成后可满足当地3万居民的生活用电需求。加拿大风能资源比较丰富，新能源产业基础和扶持政策较为完善，拥有理想的投资和经营环境。丹麦BTM公司统计报告显示，截至2010年底，加拿大风电装机容量4011MW，在美洲仅次于美国，根据加拿大各省风电发展规划，预计2016年风电装机容量将达到12 000MW。

【中广核、华电联手西班牙歌美飒拓展风电项目】 2011年2月16日，西班牙风机制造商歌美飒(Gamesa）宣布与华电新能源合作开发位于内蒙古自治区的30万kW风电项目。同时，歌美飒与中广核风力发电有限公司联合开发的30万kW风电项目也进入实质阶段。

中广核集团在山东太平山的风电项目将使用歌美飒位于吉林工厂生产的风机；华电新能源风电项目将使用歌美飒位于内蒙古工厂生产的风机。这两个项目的配套风机均为G8X—2万kW机组。随着这两项协议的签署，歌美飒在中国的合作风能开发容量将达到272.6万kW。

【中国电建所属水电建设集团承建马来西亚曼绒火电厂扩建项目开工建设】 由中国电建所属水电建设集团中标承建、集团所属水电基础局有限公司负责具体实施的马来西亚曼绒100万kW火电厂扩建项目桩基工程，提前10天顺利完成灌注桩试桩工程，并于2011年7月15日10时30分顺利开工，标志着该项目的主体工程正式开工建设。

曼绒火电厂位于马亚西亚马亚半岛霹雳州的西海岸，坐落在一个人工岛上。该火电厂是东南亚首座100万kW超临界燃煤电厂，计划于2015年3月建成投产。项目建成后，将成为东南亚单机容量最大、技术最为领先的清洁燃煤机组，可满足马亚西亚逾200万家庭的用电需求。项目业主为马亚西亚国家能源公司旗下的公司，法国阿尔斯通及其中国合作伙伴组成的联合体作为总包方，负责执行该项目交钥匙电厂的工程设计、采购及施工（EPC）合同。

【中国电建所属水电建设集团承建赞比亚伊泰兹水电站项目开工】 2011年9月5日，由中国电建所属水电建设集团承建的赞比亚伊泰兹水电站项目举行开工典礼。伊泰兹水电站项目是在现有大坝和水库基础上新建的总装机容量12万kW的水电站，项目总投资2.2亿美元。中国电建所属水电建设集团于2009年11月30日以EPC总承包方式中标并签约，合同额约1.56亿美元，总工期41个月。

【中国电建所属水电建设集团中标埃塞俄比亚吉布3水电站压力钢管及金属结构制造安装项目】

中国电建所属水电建设集团水电八局与东方电气集团国际合作公司签订了非洲埃塞俄比亚吉布3水电站压力钢管制造、水工金属结构闸门设备制造、压力钢管与金属结构设备及启闭设备安装合同。合同总金额为3.071亿元人民币。

吉布3水电站位于埃塞俄比亚西南的索多市附近，距首都亚的斯亚贝巴约450km，是奥莫河梯级开发中的第3级电站，共装设10台18.7万kW的混流式水轮发电机组。

电站金属结构设备包括引水发电系统、泄水系统的金属结构及启闭机设备，总重量为6426.5t；共布置2条引水压力钢管，为一洞五机布置压力钢管，总重量8585t。根据合同，水电八局将承担该水电站全部机电设备安装调试任务及全部金属结构设备与压力钢管制造安装任务。

【中国电建所属水电顾问集团签订援埃塞俄比亚风电太阳能规划项目合同】 2011年1月6日，中国电建所属水电顾问集团与商务部签订了援埃塞俄比亚风电太阳能规划项目合同，标志着中国电建所属水电顾问集团在新能源领域的国际技术合作方面取得新突破。

该项目合同总金额1080万元人民币，自2011年2月15日正式开始实施，工期17个月，由中国电建所属水电顾问集团公司国际公司组织实施，所属北京院具体承担规划和预可行性研究报告的编制工作。工作范围包括对埃塞俄比亚进行考察，收集基础资料，编制风电和太阳能规划报告，安装4座80m测风塔和一套太阳能辐射仪，并采集数据，编制两个风电场和一个太阳能电站的预可行性研究报告，并对埃塞技术人员进行培训。规划工作将在总结国内实践经验的基础上，结合国际前沿科学的最新研究成果，探索将气象和能源、理论研究与应用实践相结合，统筹考虑资源分布、建设条件、电网接入等情况，提出经济可开发总量和区域，结合未来电力负荷的增长预测，推荐开发项目时序，并指导科学有序地实施，从而形成可再生能源规划普遍使用的工作方法，为进一步推广中国可再生能源技术标准提供标杆。

【中国电建所属水电建设集团20亿美元签署世界最高水电站大坝施工合同】 2011年3月15日，中国电建所属水电建设集团与伊朗水电开发公司在伊朗首都德黑兰签署世界最高大坝——巴哈提亚瑞大坝项目合同。

伊朗巴哈提亚瑞大坝项目是伊朗能源部的重点项目，项目工期118个月，合同金额折合人民币约140.08亿元。大坝设计为315m混凝土双曲拱坝，建成后将成为世界之最。工程除大坝修筑外的其他主要工程还包括右岸2条溢洪洞、左岸引水发电系统、水垫塘、二道坝等建筑物，电站总装机容量 6×25 万 kW。

【中国电建所属水电建设集团签约乌兹别克斯坦费尔干纳流域水利修复项目】 2011 年 6 月 4 日，中国电建所属水电建设集团签约乌兹别克斯坦费尔干纳流域水利修复项目仪式在乌兹别克斯坦农业水利部举行。费尔干纳流域水利修复项目合同金额 4866 万美元，合同工期 40 个月。项目主要是对费尔干纳流域的农业集水渠和排水渠进行修复，以提高该地区水资源使用效率，增加农业产量。

【中国电建集团签约厄瓜多尔德尔西水电站项目】 北京时间 2011 年 10 月 15 日凌晨（当地时间 10 月 14 日中午），厄瓜多尔德尔西水电站（DELSI-TANI-SAGUA）项目签约仪式在厄瓜多尔萨莫拉（ZAMO-RA）项目现场隆重举行。中国电建集团所属水电顾问集团授权厄瓜多尔分公司与厄瓜多尔电力部国家电力公司（CELEC）总经理签署了合同。

德尔西水电站位于厄瓜多尔南部的洛哈省、萨莫拉省交界区域，水电站总装机容量 115.332MW（2 台冲击式水轮发电机组）。混凝土重力坝最大坝高约 24m，坝轴线长度约 95m，引水隧洞长约 7500m。合同内容包括补勘、基本设计与施工设计、机电供货与安装、土建施工，是一个完整规范的 EPC 总承包合同。总工期 48 个月，预计 2011 年 11 月底开工，合同金额折合 1.94 亿美元。

【中国电建集团首个海外 BOT 项目——柬埔寨甘再水电站竣工】 2011 年 12 月 7 日，中国电建集团所属水电股份公司首个海外投资建设的 BOT 水电站项目——柬埔寨甘再水电站竣工。柬埔寨甘再水电站 BOT 项目是柬埔寨政府工业矿产和能源部以国际竞标和 BOT（建设—运营—移交）方式开发实施的水电站项目。2006 年 2 月，中标该项目。2006 年 4 月，温家宝总理与洪森首相亲自为甘再项目象征性开工举行揭牌仪式。2011 年 4 月 1 日，甘再水电站大坝下闸蓄水仪式在坝前平台举行。

大坝成功下闸蓄水，标志着甘再水电站项目建设取得重大阶段性成果，为年内蓄水水位达到 150m 高程和顺利发电运行打下坚实基础。

截至 2011 年 10 月，项目累计完成投资约 2.8 亿美元，PH2 和 PH3 水电站累计发电量达 980 万 kWh。按照施工合同节点控制计划，2011 年 7 月 1 日甘再主厂房第一台 6 万 kW 机组开始发电，11 月 1 日 3 台机组发电，年内工程完工，2012 年 3 月 20 日项目正式竣工。

【中国电建集团中标安哥拉迈安佳配水中心工程和本菲卡配水中心工程】 2011 年 10 月 5 日，中国电建所属水电股份公司安哥拉区域总部中标安哥拉罗安达迈安佳（MAIANGA）配水中心和本菲卡（BEN-FICA 1）配水中心 2 个供水项目，两项目合同总额约 3860 多万美元。至此，2011 年水电股份公司已中标 3 个罗安达地区的供水项目，合同额累计过亿美元。

迈安佳配水中心位于罗安达市区，该工程为迈安佳配水中心的内部扩建工程，主要包括新建一个容积为 10000m^3 的清水池；新建一个容积为 36000m^3、分成 2 个水室的清水池；拆除一座旧的清水池；新建一座泵房、一座发电机房、办公室和门卫房等辅助设施。项目工期 30 个月。

本菲卡配水中心位于罗安达新区，主要工作内容包括新建 2 个 10000m^3 的钢筋混凝土蓄水池、1 个 500m^3 的钢筋混凝土高位水塔及加氯室、配水泵站和其他相关配套设施。该项目工期为 14 个月。

两供水工程通过改善和扩大原有配水中心的存储容量，最终可达到消除供水系统所覆盖区域的供水缺乏，使可饮用的配水更加有效，扩展相应的供水网络，增加供水覆盖区域等目的。

【中国电建集团签约苏丹共和国恩图曼—巴拉公路项目】 2011 年 11 月 27 日，中国电建所属水电建设集团北非区域总部与苏丹道桥部国家高速公路局签署了苏丹共和国恩图曼—巴拉公路项目合同，合同额约 1.6 亿美元，工期 42 个月。

苏丹共和国恩图曼—巴拉公路项目起点是喀土穆州恩图曼市，终点到北科尔多凡州巴拉市，是一条完全新建的沥青混凝土路面公路。公路线路基本沿沙漠边缘布置，穿越沙漠戈壁平原地带，全长约 341km。该公路是苏丹东西主干线的一部分，建成后从首都喀土穆到北科尔多凡州首府欧贝伊德的距离将缩短 300km。

【中国电建集团设计、承建马来西亚巴贡水电站项目】 中国电建所属水电顾问集团设计、水电建设集团承建的巴贡水电站是马来西亚迄今规模最大的水电项目，项目合同额约 4.7 亿美元，水库设计容量高达 440 亿 m^3，设计总装机容量 240 万 kW。项目于 2002 年 10 月开工，至 2010 年底，项目主体工程已完成约 99.5%，下闸蓄水已于 2010 年 10 月开始。2011 年 7 月起首台发电机组开始商业运行，向砂捞越州电网输送电力。巴贡水电站工程已经基本结束，水库蓄水水位已经达到设计的雨季运行水位，标志着巴贡水库蓄水工作结束。项目 2011 年 12 月获得 2010～2011 年度海外工程国家优质工程金质奖。

【中国能建集团中标波黑火电厂勘测设计项目】 2011 年 12 月 7 日，中国能源建设集团有限公司（简称中国能建）成员企业中国电力工程顾问集团西南电力设计院与东方电气国际工程公司举行波黑斯坦纳瑞

（STANARI）1×30万kW燃煤电厂总包项目勘测设计合同签字仪式，标志着中国大型电站设备首次打入欧洲市场。

波黑斯坦纳瑞燃煤电厂勘测设计项目是西南电力设计院在欧洲市场首次中标的大型勘测设计项目，设计难度和业主对电站各项指标的要求都高于其他工程。西南电力设计院已经启动相关工作，将认真履行合同约定，按期高质量完成设计工作，把波黑斯坦纳瑞燃煤电厂设计成投资省、效益好、节能环保型电厂。

【中国长江电力与俄罗斯能源确定合资首期项目】 中国长江电力股份有限公司（简称中国长江电力）与俄罗斯最大的独立电力公司俄罗斯能源集团有限公司（简称俄罗斯能源集团）就东西伯利亚兴建一系列电厂的合资项目签订框架协议。协议由俄罗斯欧西能源公司董事局主席安德烈·利哈切夫和中国长江电力财务总监白勇于圣彼得堡国际经济论坛举行期间签署。

双方将就项目的可行性研究和融资等有关问题进行前期准备，并计划尽快开展工作。利哈切夫表示：所选项目均符合俄罗斯能源侧重可再生、低碳和环保能源的策略。拟建的新电站将成为在东西伯利亚发展新兴产业和基础设施的基石，并有助于带动该地区的经济增长。俄罗斯能源集团和中国长江电力的战略性试点项目，无疑将为行业带来新技术和环境标准。

文 化 建 设

2012
中国电力年鉴

核 心 价 值

《全国电力行业核心价值公约》

第一章 总 则

第一条 意义及作用。《全国电力行业核心价值公约》(简称《公约》)主要由价值理念、自律规范、职业操守三部分组成。《公约》是社会主义核心价值体系在电力行业的具体落实和生动实践，是电力行业的精神旗帜和文化宣言，也是全行业团结奋斗的共同思想基础和精神纽带。通过《公约》实施，加强行业自律，规范从业行为，推动科学发展。

第二章 价 值 理 念

第二条 我们承担的行业使命是：“奉献绿色电能，创造美好生活”。我们的责任就是要自觉坚持科学发展，积极履行社会责任，为国家经济社会发展提供安全、可靠、清洁、经济的电能，努力在改善人民物质文化生活、实现员工全面发展、促进社会和谐进步中创造电力行业价值。

第三条 我们共同奋斗的行业愿景是：“成为广受社会信赖和尊敬的行业”。我们追求科技进步，加强自主创新，努力成为国际现代能源产业的领先者；提供能源动力，持续创造价值，努力成为中国工业振兴的先行者；坚持清洁发展，积极应对全球气候变化，努力成为生态文明建设的示范者；追求经济繁荣、行业文明、企业进步、员工发展相协调，努力成为和谐社会建设的实践者。

第四条 我们始终恪守的核心价值观是：“诚信、负责、合作、创新”。我们真诚面对公众，始终信守承诺，是社会各界合作发展的最可信赖的伙伴。我们坚持依法经营、提供优质服务、创造社会财富、保护生态环境、热心公益事业，积极履行对国家、社会及利益相关者的责任。我们注重沟通协作，倡导共同进步，维护整体利益，追求行业共生共赢。我们解放思想、勇于变革，使创新成为电力行业蓬勃发展的持久动力。

第五条 我们时刻牢记的行业宗旨是：“忠于国家，服务大众，奉献社会”。作为国民经济的基础产业，我们以保障国家电力安全为己任，积极为国家富强和民族繁荣多作贡献；作为现代工业的重要代表，我们秉承“人民电业为人民”的光荣传统，努力为人民大众生活改善创造物质条件；作为社会公用事业的坚强支柱，我们竭力满足社会用电需求，努力为社会的发展进步注入强劲动力。

第六条 我们大力发扬的行业精神是：“勇于先行，追求卓越”。我们放眼世界、锐意进取、敢为人先，着眼未来、追求至臻、不断超越，积极发挥国民经济“先行官”作用，永不停步地向着更高境界攀登，永无止境地向着更高目标迈进。

第七条 我们共同遵守的发展理念是：“安全、协同、清洁、经济”。我们坚持“安全第一”方针，有效保障能源安全以及人身、设备和供应安全；坚持优势互补，加强同业协作，大力推进电力行业和谐发展；坚持节约资源加强环境保护，努力实现电力发展与资源环境相协调；坚持转变发展方式，优化能源结构，不断提高能源转换效率和经济性。

第三章 自 律 规 范

第八条 自觉遵守国家有关法律、法规和政策，依法经营、规范管理，照章纳税，自觉接受国家有关部门的监管和社会各界对本行业的监督，不断加强行业自律，共同抵制和纠正行业不正之风，共建电力行业新风尚。

第九条 树立现代企业经营管理思想，大力推进现代企业制度建设，加快电力发展方式转变和产业结构调整，积极应用现代管理技术和管理方法，不断提升电力企业的整体效益和可持续发展能力。

第十条 坚持“安全第一、预防为主、综合治理”的方针，建立健全电力安全保障机制和电力安全生产预警及应急管理机制，认真落实安全生产责任制，严格执行规章制度，防止各类事故发生，努力建设本质安全型企业。

第十一条 开展技术革新和发明创造，大力推广新工艺、新技术、新材料的应用，不断提高企业自主创新能力和技术装备及信息化水平，加快实现以特高压电网、智能电力系统、清洁多元发电技术为主要特征的产业升级。

第十二条 加强资源节约和环境保护，坚持节约优先方针，积极应对全球气候变化，做好节能减排，保护生态环境，倡导绿色电力消费，促进资源节约型和环境友好型社会建设。

第十三条　树立全国电力行业一盘棋思想，凝聚行业智慧，加强行业协作，形成行业合力，发挥行业优势，有效实现电源、电网以及电力产业上下游的协调发展和企业、行业、社会利益的协调统一。

第十四条　自觉遵守市场竞争规则，遵守合约，恪守承诺，讲求信誉，不断完善行业信用体系，反对任何不正当的竞争方式，共同维护公开、公平、公正的电力市场秩序，努力营造良好的电力市场环境。

第十五条　树立客户至上的思想，遵守电力行业职业道德，认真倾听客户意见，履行服务承诺、规范服务流程、优化服务环境、提高服务品质，不断提升服务价值，努力塑造服务品牌。

第十六条　坚持以人为本，重视员工劳动条件和工作环境的改善，重视员工思想道德教育和业务技能培训，满足员工日益增长的物质文化需求，努力实现员工与企业的共同发展，不断提高员工的“幸福指数”。

第十七条　积极履行企业社会责任，热心社会公益事业，不断促进电力与经济、社会、环境的和谐发展，努力把电力行业建设成为政府放心、人民满意、社会称赞、员工幸福的现代文明行业。

第四章　职　业　操　守

第十八条　电力从业人员要坚持“六要六不要”的职业操守，即：一要遵纪守法，不要有令不行；二要安全生产，不要违章作业；三要爱岗敬业，不要敷衍塞责；四要优质服务，不要怠慢推诿；五要学习创新，不要因循守旧；六要团结协作，不要各行其是。

第五章　附　　则

第十九条　本公约经中国电力企业联合会理事会表决通过，于2011年6月22日发布实施，由中国电力企业联合会本部负责解释。

2011年度电力行业信用企业

续表

序号	企　业　名　称	信用等级
1	龙源电力集团股份有限公司	AAA
2	南京南瑞继保电气有限公司	AAA
3	内蒙古电力（集团）有限责任公司	AAA
4	华北电力科学研究院有限责任公司	AAA
5	云南省电力设计院	AAA
6	天津华能杨柳青热电有限责任公司	AAA
7	国电和风风电开发有限公司	AAA
8	国电蚌埠发电有限公司	AAA
9	辽宁清河发电有限责任公司	AAA
10	中电电力检修工程有限公司	AAA
11	平顶山姚孟发电有限责任公司	AAA
12	中电投华北电力工程有限公司	AAA
13	山西漳泽电力股份有限公司河津发电分公司	AAA
14	河北建投新能源有限公司	AAA
15	广州珠江电厂	AAA
16	广州珠江天然气发电有限公司	AAA
17	国电南京自动化股份有限公司	AAA
18	国电联合动力技术有限公司	AAA
19	深圳市金宏威技术股份有限公司	AAA
20	汕头电力设计研究院	AAA
21	内蒙古国电能源投资有限公司电力工程技术研究院	AAA
22	江西科晨高新技术发展有限公司	AAA
23	天津市电力科技发展公司	AAA
24	广东电网公司河源供电局	AAA
25	北京龙源冷却技术有限公司	AAA
26	内蒙古第一电力建设工程有限责任公司	AAA
27	内蒙古第三电力建设工程有限责任公司	AAA
28	锡林郭勒电力建设有限责任公司	AAA
29	阿拉善电力实业有限责任公司	AAA
30	乌海市海金送变电工程有限责任公司	AAA
31	准格尔旗大正电业有限责任公司	AAA
32	呼和浩特市光源电力安装有限责任公司	AAA
33	巴彦淖尔市康立电力安装有限责任公司	AAA
34	巴彦淖尔市科兴电力勘测设计所有限责任公司	AAA
35	北京北开电气股份有限公司	AAA
36	南京大吉铁塔制造有限公司	AAA
37	常熟风范电力设备股份有限公司	AAA
38	江苏智方建设工程有限公司	AAA
39	浙江盛达铁塔有限公司	AAA
40	杭申集团有限公司	AAA
41	杭州电缆股份有限公司	AAA

续表

序号	企业名称	信用等级
42	凤凰科技集团有限公司	AAA
43	江苏上上电缆集团有限公司	AAA
44	南京线路器材厂	AAA
45	江苏林洋电子股份有限公司	AAA
46	沈阳东管电力科技集团股份有限公司	AAA
47	河南电力器材公司	AAA
48	黑龙江省火电第一工程公司	AAA
49	江西省火电建设公司	AAA
50	安蓉建设总公司	AAA
51	山西省电力公司送变电工程公司	AAA
52	河南送变电建设公司	AAA
53	吉林省送变电工程公司	AAA
54	吉林省送变电工程公司	AAA
55	广州粤能电力科技开发有限公司	AAA
56	安徽新力电业科技咨询有限责任公司	AAA
57	新疆电力科学研究院	AAA
58	黑龙江惠泽电力科技有限公司	AAA
59	广东诚誉工程咨询监理有限公司	AAA
60	广西正远电力工程建设监理有限责任公司	AAA
61	山东联诚工程建设监理有限公司	AAA
62	青海省迪康咨询监理有限公司	AAA
63	四川电力工程建设监理有限责任公司	AAA
64	河北兴源工程建设监理有限公司	AAA
65	山西和祥建通工程项目管理有限公司	AAA
66	广东俊溢电力工程有限公司	AA
67	广东运峰电力安装有限公司	AA
68	巴彦淖尔电力山峰电杆厂	AA
69	四川省大件运输公司	AA
70	哈尔滨通能电气股份有限公司	AA
71	郑州赛金电气有限公司	AA
72	徐州燃控科技股份有限公司	AA
73	徐州电力试验中心	AA
74	晋城市巨能电网工程有限公司	AA
75	广州市黄埔穗申电力技术工程有限公司	A

2011年度电力行业信用复评企业

序号	企业名称	信用等级
1	中国电力工程顾问集团公司	AAA
2	中国水利水电建设集团公司（中国水利水电建设股份有限公司）	AAA
3	上海市电力公司	AAA
4	山东电力集团公司	AAA
5	江苏省电力公司	AAA
6	浙江省电力公司	AAA
7	福建省电力有限公司	AAA
8	国电电力发展股份有限公司	AAA
9	华电国际电力股份有限公司	AAA
10	华电能源股份有限公司	AAA
11	中国长江电力股份有限公司	AAA
12	华能呼伦贝尔能源开发有限公司	AAA
13	华能澜沧江水电有限公司	AAA
14	贵州乌江水电开发有限责任公司	AAA
15	中能电力科技开发有限公司	AAA
16	国电大渡河流域水电开发有限公司	AAA
17	中电投电力工程有限公司	AAA
18	中国电能成套设备有限公司	AAA
19	中电投远达环保工程有限公司	AAA
20	山东电力工程咨询院有限公司	AAA
21	上海核工程研究设计院	AAA
22	大亚湾核电运营管理有限责任公司	AAA
23	中广核工程有限公司	AAA
24	上海电力建设有限责任公司	AAA
25	广东省粤电集团有限公司珠海发电厂	AAA
26	广东省粤电集团有限公司沙角C电厂	AAA
27	云南省送变电工程公司	AAA
28	贵州送变电工程公司	AAA
29	葛洲坝集团第二工程有限公司	AAA
30	葛洲坝集团第五工程有限公司	AAA
31	葛洲坝集团第六工程有限公司	AAA
32	中国电力工程顾问集团东北电力设计院	AAA
33	中国电力工程顾问集团华东电力设计院	AAA
34	中国电力工程顾问集团西北电力设计院	AAA

续表

序号	企　业　名　称	信用等级
35	中国电力工程顾问集团中南电力设计院	AAA
36	中国电力工程顾问集团西南电力设计院	AAA
37	中国电力工程顾问集团华北电力设计院工程有限公司	AAA
38	中国电力建设工程咨询公司	AAA
39	厦门华夏国际电力发展有限公司	AAA
40	山东电力建设第三工程公司	AAA
41	中国水利水电第十四工程局有限公司	AAA
42	中国水利水电第一工程局有限公司	AAA
43	中国水利水电第六工程局有限公司	AAA
44	中国水利水电第十工程局有限公司	AAA
45	中国水利水电第十三工程局有限公司	AAA
46	广西壮族自治区水电工程局	AAA
47	江南水利水电工程公司	AAA
48	中国安能建设总公司	AAA
49	中国水利水电第三工程局有限公司	AAA
50	中国人民武装警察部队水电第二总队	AAA
51	黑龙江省火电第三工程公司	AAA
52	山西省电力公司电力建设二公司	AAA
53	河北省电力建设第二工程公司	AAA
54	河北省电力建设第一工程公司	AAA
55	东北电业管理局烟塔工程公司	AAA
56	东北电业管理局第一工程公司	AAA
57	山东电力建设第一工程公司	AAA
58	内蒙古送变电有限责任公司	AAA
59	东北电业管理局送变电工程公司	AAA
60	湖南省送变电建设公司	AAA
61	四川电力送变电建设公司	AAA
62	湖北省输变电工程公司	AAA
63	东北电力建设监理有限公司	AAA
64	上海市电力工程建设监理有限公司	AAA
65	江西诚达工程咨询监理有限公司	AAA
66	北京国电德胜工程监理有限公司	AAA

续表

序号	企　业　名　称	信用等级
67	河北电力建设监理有限责任公司	AAA
68	西北电力工程监理公司	AAA
69	山东诚信工程建设监理有限公司	AAA
70	西北电力建设工程监理有限责任公司	AAA
71	江苏兴源电力建设监理有限公司	AAA
72	广东创成建设监理咨询有限公司	AAA
73	湖北中南电力工程建设监理有限责任公司	AAA
74	河南立新监理咨询有限公司	AAA
75	天津电力工程监理有限公司	AAA
76	河北省电力建设调整试验所	AAA
77	甘肃电力科学研究院	AAA
78	湖南省湘电试验研究院有限公司	AAA
79	西北电力工程承包公司	AAA
80	中国电力建设工程咨询西北公司	AAA
81	甘肃光明电力工程咨询监理有限责任公司	AA
82	四川电力工程建设监理有限责任公司	AA
83	河南豫电电力建设监理有限公司	AA
84	黑龙江惠泽电力科技有限公司	AA
85	新疆电力科学研究院	AA

国家电网公司发布央企首部管理创新指引

2011年7月8日，《国家电网公司管理创新指引》（简称《指引》）发布会在北京召开。这是中央企业首部管理创新指引，它的发布与实施，是国家电网公司推进“两个转变”的一项重要举措，标志着国家电网管理创新工作进入制度化、规范化、全员化新阶段。

《指引》深刻分析、总结、提炼了国家电网公司改革发展中一系列重大管理创新的经验与成就，提出国家电网管理创新体系框架，明确管理创新内涵、基本特征、总体思路、基本要求等12个方面内容，首次构建了国家电网公司系统、完整的管理创新体系。

中国电力企业联合会秘书长王志轩代表中电联和全国电力行业现代化管理创新成果审定委员会，对国家电网在“十二五”开局之初率先发布电力行业首部管理创新指引表示祝贺。国务院国资委、中国企业联合会有关领导对《指引》予以肯定，并对企业管理创新工作提出希望。

社 会 责 任

国家电网公司2011社会责任报告（摘要）

意愿篇

一、责任源于使命、成于机制

公司使命：创建世界一流电网、国际一流企业，保障更安全、更经济、更清洁、可持续的能源供应。

公司核心价值观：诚信、责任、创新、奉献。

公司宗旨：服务党和国家工作大局，服务电力客户，服务发电企业，服务经济社会发展。

企业精神：努力超越，追求卓越。

公司理念：以人为本，忠诚企业，奉献社会。

二、责任始于战略、成于管理

（1）推行全面社会责任管理，优化建设“一强三优”现代公司可持续发展战略；建设“一强三优”现代公司，最大限度创造经济、社会和环境综合价值。

（2）实施全面社会责任管理，优化公司“两个转变”战略。“两个转变”指：转变电网发展方式，建设世界一流电网，即从推动探索建设具有卓越能源优化配置能力的坚强智能电网，到进一步推动公司内外形成坚强智能电网发展共识；转变公司发展方式，建设国际一流企业，即从推动探索建设具有卓越综合价值创造能力的集团运作模式，到进一步推动公司内外形成电网企业管理规律共识。

（3）实施全面社会责任管理实现社会责任理念在公司管理中的“全过程覆盖、全方位融合、全员参与”。

全过程覆盖：将全面社会责任管理理念融入公司电网建设运营体系、职能管理体系、资产生命周期管理体系。

全方位融合：将全面社会责任管理理融入公司核心价值观、战略、规划、年度综合计划、全面预算和全员绩效管理。

全员参与：将全面社会责任管理理念融入公司领导层、职能管理层、广大员工，乃至外部利益相关方。

三、责任本于制度、成于文化

（1）推行全面社会责任管理，优化公司治理机制。

（2）推行全面社会责任管理，探索建立社会责任推进机构。

（3）推行全面社会责任管理，完善公司行为准则和发展原。

（4）实施全面社会责任管理，丰富“诚信、责任、创新、奉献”公司文化。

行为篇

一、保障可靠可信赖的能源供应

履行科学发展、安全供电、卓越管理、科技创新责任。

最大限度创造经济、社会和环境综合价值：多一份动力。

1. 打造坚强能源配置平台

（1）保障能源基地集约开发和可靠送出，适应大规模清洁能源安全并网消纳，必须加快建设坚强智能电网。

（2）特高压电网加快发展。2011年完成特高压交、直流工程投资53.5亿元和65.4亿元。

（3）智能电网建设全面推进。

2. 充分发挥电网优化能源配置功能

（1）发挥跨区大电网互联优势。迎峰度夏期间，跨区输送华北、华东、华中最大电力分别达到2240万、1455万、1019万kW，缓解了华东、华中等区域的电力供应紧张局面。

（2）加快能源基地外送通道建设。推进“一特四大”战略，服务国家能源优化配置。

（3）发挥市场配置电力资源的基础性作用。国家电力市场完成交易电量3998.67亿kWh，同比增长11.54%。

（4）电网输送能力不断提升。从 2005 年开展提高电网输送能力工作以来，各电压等级累计完成提高电网输送能力项目 3559 项，提高电网输送能力约 2 亿 kW。

3. 保障电网安全稳定运行

认真汲取日本核危机和大面积停限电教训，全力杜绝大面积停电。开展“抓执行、抓过程、建机制”安全风险管控活动。落实专项资金，实现隐患排查治理工作常态化。

4. 保证一流的运营效率

建设“三集五大”体系，夯实高效运营的体制机制基础。自 2005 年以来，公司持续推进人力资源、财务、物资集约化管理（“三集”），2011 年进一步提出建设“大规划、大建设、大运行、大检修、大营销”体系（“五大”）。首批试点单位国家电网江苏公司、重庆公司成功开展试点，为公司全面建设“三集五大”体系奠定了基础。

优化产业布局，深化产业拓展战略。优化金融资源配置，建设现代高效金融运作平台。

5. 充分发挥技术创新主体作用

加强科技创新管理体系建设，提高科研管理集约化水平。强化科研攻关顶层设计，制定公司“十二五”科技规划。出台《国家电网公司基础性、前瞻性研究管理暂行办法》，强化基础性、前瞻性研究；编制完成《大电网规划及运行控制技术深化研究重大专项》，提出 6 大类 44 项研究课题，力争建立具有公司特色、国际领先水平的大电网安全综合防御体系。整合科研资源，集中力量开展科技攻关，在一大批关键技术和科技项目取得重要突破。

二、负责任地对待每一个利益相关方

1. 对用户负责

（1）完成供电可靠性和电压合格率年度承诺目标。

（2）你用电，我用心，打造“95598 光明服务”工程。

2. 对三农负责

（1）深化无电地区电力建设。

（2）全面启动四川藏区电网建设。

（3）加强农村用电基础设施建设。

（4）保障农村安全用电。

（5）保证供电质量和优质服务。

（6）持续推进城乡同网同价。

（7）理顺农电管理关系。

3. 对员工负责

（1）尊重人权，维护员工合法权益。

（2）以人为本，保证员工健康与安全。

（3）大力实施人才强企战略。

（4）深化员工民主管理和建设统一企业文化。

4. 对社区负责

（1）诚信守法合规经营。

（2）带动少数民族地区发展。

（3）持续开展对口扶贫。

（4）发挥“国家电网公益基金会”功能。

（5）积极应对重大自然灾害和社会突发事件。

三、努力做绿色发展的表率

履行环保低碳责任

最大限度创造经济、社会和环境综合价值：多一份绿色。

2011 年 12 月 25 日，世界上规模最大，集风电、光伏发电、储能、智能输电于一体的新能源综合利用平台——国家风光储输示范工程在河北省张北县建成投产。该工程由国家电网公司自主设计、建造，通过风光互补、储能调节、智能调度，实现了新能源发电的稳定、可控，有效破解了新能源并网的技术难题。

1. 十大举措全面支持风电发展

（1）加快建设坚强智能电网，打造能源配置绿色平台。努力提升电网大范围消纳风电能力，跨区跨省消纳风电比仅在省内消纳规模增加约 1 倍。

（2）全额收购并网风电电量，支持风电快速健康发展。2011 年公司并网风电容量（含蒙西）4394 万 kW，全年消纳风电 706 亿 kWh。

（3）推进风电发展和电网的统一规划和协调建设。完成 8 个千万千瓦级风电基地的输电规划，研究提出 2015 年和 2020 年风电基地输电规划方案。

（4）建设风电送出电网配套工程，确保风电及时并网。克服风电项目和送出工程建设周期不一致、核准不同步等困难，在设计力量、施工队伍、物资供应、资金落实等方面保障送出工程建设。

（5）推动风电并网标准建设，健全企业标准，促进国家标准、行业标准制定。公司颁布了 Q/GDW 588—2011《风电功率预测系统功能规范》、Q/GDW 630—2011《风电场功率调节能力和电能质量测试规程》等多个标准。

（6）推动风电机组并网检测。投资 3.5 亿元建设了国家风电技术与检测研究中心，为风机制造企业提供风电机组性能试验和技术改造平台，促进风电发展技术标准建设。

（7）推动风电并网等风电发展关键技术研发。

（8）完成国家风光储输示范工程一期工程和中国首个 100kW 级风光储微电网实验平台。

（9）与风机制造企业和新能源发电企业共商风电

发展大计。分别于2011年1月和7月召开风电并网工作座谈会和加强风电并网管理座谈会，发布中国首个《促进风电发展白皮书》，全面阐述了中国风电发展面临的机遇和挑战，以及国家电网公司支撑风电发展的战略与工作部署。

（10）推动风电发展重大政策和管理问题研究。配合政府组织研究风电电量收购、电网配套建设、电价机制、费用分摊等政策，主动研究千万千瓦级风电基地输电规划及相应政策。

2. 保障可再生能源发电并网

3. 全额消纳并网可再生能源

4. 推动研究可再生能源技术和政策

5. 全面促进节能

6. 创新开展节能服务

7. 服务电动汽车产业发展

8. 实施电力需求侧管理

9. 推广新设备、新技术、新工艺建设资源节约型、环境友好型电网

10. 最大限度减少电网建设和公司运营对环境的影响

四、负责任地开展国际化运营

履行全球视野责任

最大限度创造经济、社会和环境综合价值：多一份共赢。

1. 实施国际化战略

2. 参与国际标准制定

3. 负责任地营运菲律宾国家电网公司（NGCP）

4. 负责任地营运国家电网巴西控股公司

5. 与全球同行共同应对可持续发展挑战

五、保证运营透明度和接受社会监督

履行沟通合作责任

最大限度创造经济、社会和环境综合价值：多一份透明。

中国南方电网公司2011社会责任报告（摘要）

一、责任框架

核心价值观是企业持久和根本的信仰，是一个企业的基本哲学。南方电网公司确立了“万家灯火 南网情深”的核心价值观，涵盖了对客户的热忱服务之情、对员工的悉心关爱之情、对环境的绿色亲善之情、对社会的拳拳回报之情，实质是负责任地对待政府、客户、员工、合作伙伴、环境、社区和公众等每一个利益相关方。南方电网公司承诺：在决策中充分考虑社会和环境因素，对决策活动所造成的社会和环境影响承担责任，采取透明的和合乎道德的行为，遵守法律法规和国际行为准则，将社会责任全面融入公司运营，通过构建与利益相关方的和谐互动关系，不断满足利益相关方的关切和期望，为社会创造最大的价值，赢得社会的信任和尊重，促进自身和社会共同可持续发展。

二、实施中长期发展战略

2011年2月，南方电网公司制定并印发了面向2020年的中长期发展战略。

企业使命：主动承担社会责任全力做好电力供应。

核心价值观：万家灯火，南网情深。

战略目标：成为服务好、管理好、形象好的国际先进电网企业。

战略路径：推进“两型两化”，实施“两个转变”。

两型两化服务型定位、经营型管控，集团化动作、一体化管理。

两个转变：电网发展向更加智能、高效、可靠、绿色方向转变，企业管理精益化方向转变。

全面提升：客户服务能力，电网运营能力，电网发展能力，价值创造能力，发展支持能力。

三、责任专题

1. 为民服务，创先争优

（1）创先争优　南网在行动。

创先争优活动的四大目标是：①提高电力供应能力；②切实保障民生用电；③促进社会和谐稳定；④提升客户满意水平。

五个重点领域是：①在电力供应紧张形势下，确保电网安全和用电安全问题；②部分地区无序错峰限电，影响居民和民生用电问题；③部分地区配网卡脖子，影响客户用电问题；④业扩报装环节多、效率低，送电时间滞后问题；⑤客户故障抢修效率不高，变电时间较长问题。

（2）真情“六走进”服务惠民生。

1）走进农村服务“三农”。

2）走进社区心系居民。

3）走进学校关爱校园。

4）走进医院真诚服务。

5）走进企业惠及客户。

6）走进困难家庭帮扶群众。

2. 深圳大运会保供电，不一样的精彩

深圳大运会期间，南方电网公司按照“全网保广东、广东保深圳、深圳保大运”的原则，全网一心，全力以赴，提前谋划，科学安排，以“零事故、零差错、零投诉”的成绩，出色完成深圳大运会保供电任务，兑现了“确保万无一失”的承诺，熔铸成“攻坚克难、众志成城、追求卓越”的深圳大运会保电精神，为办好“不一样的精彩”的深圳大运会作出积极贡献。

四、电力供应

1. 优质服务（略）

2. 安全生产

（1）电网稳定运行。南方电网公司健全四级联动机制，采取超前分析、强化落实、动态跟进等措施提升电网运行水平。首次实现全网（50±0.1）Hz以及海南孤网（141天）运行（50±0.1）Hz频率零越限。全网综合平均电压合格率保持在99.9999%。

（2）设备健康运行。南方电网公司加强设备预试定检管理，保障重点设备安全运行，及时分析处理重大典型设备缺陷，稳步推进状态检修工作。2011年，设备运行维护成效显著，设备技术水平和健康水平进一步提升，未发生重大设备事件。

（3）安全生产管理规范化。

（4）落实安全生产责任。

3. 平衡电力供需矛盾

南方电网公司确立了三保原则，即保居民、保民生、保重要用户。

面对来水偏枯、火力发电不足等困难，采取了平衡电力供需五大措施：①加强与五省区政府部门的沟通汇报；②统筹调剂网内外资源；③组织地方机组顶峰发电；④确保电网安全稳定运行；⑤加强有序用电管理。

4. 可靠供电

南方电网公司将减少客户停电时间作为核心能力建设的重要领域，对标国际先进电力企业，努力为客户提供国际先进水平的电力服务。全网城市供电可靠率达到99.940 6%，同比提高0.016 6个百分点；客户年平均停电时间5.20h/户，同比减少1.46h/户。农村供电可靠率达到99.862 3%，客户年平均停电时间12.07h/户，同比减少2.80h/户。

5. 应急管理

（1）有序应对自然灾害。南方电网公司坚持“大灾当前、责任在先”的理念，落实防冰、防风、防地震等防灾措施和应急预案，在极端气候多发的情况下，成功处置云南、贵州年初低温冰冻灾害、盈江“3·10”地震、海南“纳沙”、“尼格”双台风袭击等多起自然灾害，做到“知灾、人到、旗到、电通”。

（2）提高应急管理综合水平。

6. 电网建设

南方电网公司全年完成电网建设投资697亿元，11项重点工程如期投产、“两渡”工程顺利开工。

7. 保护电力设施

南方电网公司全年没有发生由于电力设施遭受破坏导致的较大及以上电网、设备事故，确保电网安全稳定运行。

8. 科技创新

南方电网公司围绕“自主创新、重点跨越、支撑发展、引领未来”方针，以提升自主创新能力为核心，完善科技创新体系为目标，加大科研投入和科技队伍建设力度，研发能力显著增强。

科技创新成果：

（1）标准：牵头编制国际、国家、行业标准26项。

（2）项目、奖项：获国家科技进步一等奖1项，中国电力科学技术奖12项目，中国专利优秀奖1项，全年共成功申报国家级科技项目8项。

（3）专利：全年南方电网公司新增专利申请533项，专利授权191项，申请数和授权数分别比2010年增加376%和110%。

五、经济绩效

严格执行国家电价政策，提升经营管理水平，降本增效，确保国有资产保值增值，为利益相关方创造更多价值，是南方电网公司的基本责任。

2011年，南方电网公司完成售电量6668亿kWh，主营业务收入3894亿元，利税总额337亿元。

1. 经营业绩

2011年，南方电网公司面对大事要事多、经济环境复杂多变、自然灾害频发等严峻挑战，坚持科学发展，圆满完成国务院国资委下达的年度经营业绩考核目标，连续5年获得经营业绩考核“A级”，连续7年入选世界500强，排名累计上升167位。全年未发生国有资产流失事件。

2. 依法合规

2011年，南方电网公司主体长期信用评级为超“AAA”级，全年未发生重大违法违规事件，未发生偷税漏税事件。

（1）重大决策监督。南方电网公司完善监督检查方式，制定“三重一大”（重大决策、重要人事任免、重大项目安排和大额度资金运作）决策管理办法，推进权力运行程序化和公开透明，加强对权力的制约和监督。

（2）廉洁自律。南方电网公司高度重视反腐倡廉建设，全面推进惩治和预防腐败体系建设，继续在教育有效、制度完善、监督到位、改革创新、纠建并举、惩处有力上下工夫，大力倡导“诚信做人、规矩做事”。

3. 降本增效

南方电网公司构建资金集中管理体系，实施全面预算管理，推进会计集中核算，疏导解决电价矛盾，加强风险防控，确保实现降本增效。

4. 促进电力市场发展

南方电网公司严格遵守市场规则，自觉维护市场秩序，全面拓展市场空间，推动电力市场健康、持续、和谐发展。

注重协调和政府、电厂、客户间关系，关注自身效益的同时充分保障电厂与客户的权益，争取电厂和客户的理解与支持

积极落实西电东送“十二五”协议，不断完善西电交易机制。在面临缺煤少水的严峻形势下，全年实现西电东送电量969亿kWh。

5. 服务五省区经济社会发展

2011年，南方电网公司加强五省区之间的电量调剂，调减贵州送出电量115亿kWh，调减云南送出电量28亿kWh。全年贵州和云南向广东送出电量890亿kWh，向广西送出电量74亿kWh。

(1) 推动广东产业转型升级。广东电网公司围绕广东省产业转型升级，不断加强电网建设。2011年，完成固定资产投资387.5亿元，售电量4046亿kWh，基本确保了电力有序供应，直接带动3508人就业，有力推动广东产业转型升级和“幸福广东”建设。

(2) 助力广西北部湾经济区开发。广西电网公司根据北部湾产业集群的特点，因地制宜地对北部湾6市电网进行规划和建设，加强电网投资，完善各电压供电网络，打造“八站六厂、六纵六横、千万容量级超高压供电网架”，提高电网供电能力和可靠性，为北部湾经济区发展提供强劲动力。2011年，广西电网公司获得“服务西部大开发突出贡献集体奖”。

(3) 推进云南桥头堡建设。云南电网公司充分发挥云南的资源优势和区位优势，组建7个专业工作组，深入开展电力产业发展、电网规划建设、电价政策、“走出去”战略等专题研究，完成“十二五”电力供需形势分析，调整局部电网规划，全力支持瑞丽等重点地区发展。

(4) 支持贵州加快发展。贵州电网公司全年完成固定资产投资153.8亿元，西电东送272亿kWh，为全省国内生产总值增长15%，规模以上工业经济增长27.5%作出贡献。2011年，贵州电力工业继续保持全省最大的支柱产业地位。

(5) 推进海南国际旅游岛开发。海南电网公司加快推动城市、农村电网建设改造，实现220kV主网架结构从“单环网”到“双环网”的历史性跨越。2011年，完成固定资产投资29.4亿元，售电量137.95亿kWh，为推进海南国际旅游岛建设提供了可靠电力保障。

6. 加强港澳合作

举行首届粤港澳电力企业高峰会，与香港中华电力公司、澳门电力公司共同签署《高层沟通联络机制谅解备忘录》，建立粤港澳电力高层沟通联络机制，为香港和澳门的经济繁荣作出贡献。

与香港中华电力公司研究部署向香港增送核电规划方案，启动深圳供电局5年接轨香港中电集团企业管理工作。

2011年，南方电网公司对澳门供电30.76亿kWh，供电量占澳门社会用电量的七成以上。自南方电网公司从1984年对澳门供电28年以来，供电量增长超过65倍。

与澳门电力公司定期开展交流和合作，推进对澳门第2条220kV输电通道建设。

7. 促进大湄公河次区域合作

南方电网公司坚持平等互利原则，充分发挥大湄公河次区域（GMS）电力合作中中方执行单位的作用，与大湄公河次区域国家在电力领域开展合作。

与GMS各国及电力企业就加强合作、建立高层互访机制、签订长期合作框架协议达成共识，在区域间广泛开展电网项目建设规划、水电资源开发运行、电力贸易、电网运营模式等方面的交流与合作。

参与起草《GMS新十年(2012～2022年)战略框架》、《中国参与GMS经济合作国家报告》等文件。

组织召开GMS电力项目开发协商会议，倡议建立中方企业参与GMS电力合作内部协调机制，为中国企业投资开发GMS电力项目提供必要服务。

六、绿色环保

秉持保护环境、亲善自然之情，建设绿色电网，推动全社会节能减排，促进企业与社会、环境的全面协调可持续发展，是公司的时代使命。

2011年，南方电网公司全年西部水电东送550亿kWh，协助客户节能19.75亿kWh，节能发电调度相当于节约标准煤227万t。

1. 电源侧节能减排

南方电网公司着眼五省区能源电力规划大局，在电网规划建设中充分考虑电源布局与结构调整，大力推进电源侧节能减排。

南方电网公司逐步扩展新能源、综合能源开发领域，提高新能源和可再生能源在电源装机中的比重。加强清洁能源配套项目建设，增强电网接纳风电、太阳能发电、生物质发电等新能源和可再生能源的

能力。

2. 电网侧节能减排

（1）建设绿色电网。南方电网公司将社区、环境要求融入到电网规划建设中，推广应用环保新技术，最大限度地节约资源，降低对社区和环境的影响，保护生物多样性，实现电网建设运营与自然和谐共生、与社区和谐共处。

（2）建设“两渡”工程，助力西电东送。2011年12月2日，“十二五”期间国家重点工程——“两渡”工程开工建设，工程计划2014年全部投产。“两渡”工程是南方电网公司落实国家西电东送战略的重要行动，是促进中国电网输电技术升级的一项战略举措。

3. 客户侧节能减排

（1）落实客户侧节能政策。落实差别电价政策，配合政府关停并转高耗能企业；贯彻《电力需求侧管理办法》，帮助客户改进用电方式；协助政府制定完善居民阶梯电价和用户侧分时电价政策，建立节能调度价格补充机制。

完善水电价格机制、自备电厂收费政策、可再生能源价格政策。

（2）指导客户节能降耗。为广东、云南3000家用电规模达25亿kWh的工商业客户实施了节能诊断。为26家客户实施合同能源管理项目，节约电量2268万kWh，平均节电率49.2%。

与广东省粤电集团签订能效管理系统开发合作协议。

（3）合同能源管理。2011年，南方电网综合能源公司为沙角C厂等17个电厂开展能效管理系统建设。实施云南曲靖大山煤矿瓦斯发电煤层气综合利用项目，每年可实现发电量900万kWh，折合节约标准煤2745t。

（4）支持电动汽车产业发展。

南方电网公司探索电动汽车产业发展新模式，推动国家制定统一的技术标准和运营规范，打造电动汽车智能充换电服务网络，建设支撑电动汽车产业化的综合服务体系。南方电网公司明确支持利用现有配电网络及设施，通过“换电为主”的方式为电动汽车充电。

（5）传播节能理念。南方电网公司利用媒体、网络、节能产品展示中心、营业厅等多种渠道，向企业代表、市民、学生宣传节能知识，与公众共建低碳社会、共享低碳生活。2011年，南方电网公司共建成各种类型节能示范中心86个，接待464 30名中小学生参观。

七、社会和谐

南方电网公司承担电力普遍服务，促进城乡协调发展；以人为本，促进员工与企业共同成长，建设幸福南网；与利益相关方携手共进，以南网人的真情，点亮万家灯火，给社会带来光明与幸福。

1. 服务“三农”

（1）加大农网投资。

（2）农村“户户通电”。

（3）提升农电服务水平。

2. 承担普遍服务、促进民族和谐

南方电网公司供电区域内少数民族众多，广泛分布着壮族、瑶族、苗族、彝族、黎族等34个主要少数民族，人口数量达4850.47万人，占五省区总人口的20.23%。

“十二五”期间，南方电网公司将完成农村电网改造投资1116亿元，解决供电区域内无电人口用电问题，全面完成电网覆盖范围内“户户通电”。

3. 社会公益

南方电网公司主动参与扶贫帮困、支援灾区、援疆工程、志愿者等活动，筹备成立企业公益基金会，倾情回报社会。全年未发生社区重大投诉事件。

（1）扶贫助困。

（2）支援灾区。

（3）援疆工程。

（4）志愿者活动。

八、责任管理

南方电网公司将社会责任全面纳入战略管理，融入日常生产运营，有章法、有步骤、系统地推进社会责任工作，不断丰富利益相关方沟通、参与形式，积极推进社会责任理念和实践创新，形成了战略驱动型社会责任实施范式，走出了一条具有南网特色的主动履行社会责任道路。

（1）责任治理。

（2）责任推进。

（3）责任创新。

（4）利益相关方沟通参与。

中国华能集团公司2011社会责任报告（摘要）

企业使命：打造为中国特色社会主义服务的“红色”公司；注重科技、保护环境的“绿色”公司；坚持与时俱进、学习创新、面向世界的“蓝色”公司。

华能可持续发展宣言

(1) 坚持服从和服务于国家利益和发展战略，做促进经济社会全面发展的表率。

(2) 坚持科学发展和技术创新，做建设资源节约型、环境友好型社会的表率。

(3) 坚持理性追求企业经营价值，做企业与社会和谐共进的表率。

(4) 坚持依靠职工群众办企业的方针，做以人为本、利益共享的表率。

(5) 坚持回报社会、造福百姓，做社会道德实践的表率。

一、创建世界一流企业

一个引领：创建具有国际竞争力的世界一流企业。

一个中心：提高发展质量和效益。

一个主导：加快转型升级。

指导思想：以科学发展为主题，以加快转变发展方式为主线，以增强国际竞争力为核心，以国际对标为手段，以先进目标为指针，增加压力、提升动力，着力推进七大战略，强化三项保障，增强活力、壮大实力、创先争优，全面提升公司整体素质和发展质量，领先进入具有国际竞争力的世界一流企业行列，为全面建设小康社会做出新的更大贡献。

建设目标：自主创新能力强、资源配置能力强、风险管控能力强、人才队伍强。经营业绩优、公司治理优、布局结构优、社会形象优。

装机规模位居亚洲第一、世界第二。在世界500强中排名第276位。

在27年的发展历史中创造了若干个第一：

(1) 国内首个商用风光互补发电系统——南澳风电场。

(2) 国内首台国产100万kW超超临界火电机组——华能玉环电厂。

(3) 世界规模最大的二氧化碳捕集装置——华能石洞口二厂。

(4) 世界最高双曲拱坝——小湾水电站。

(5) 国内首座IGCC示范工程项目——天津IGCC示范电站。

(6) 国内首家大型煤炭一体化企业——伊敏煤电公司。

二、创先争优

华能集团公司系统深入开展创先争优活动。公司紧紧围绕科学发展主题，把结构调整、自主创新、强化管理、队伍建设等重点工作，作为企业创先争优的重要内容，凝心聚力创科学发展之先、争世界一流之优，切实把创先争优转化为企业科学发展的强大动力。

创建“五动并举”工作机制：党组织推动，形成整体推动效应；干部带动，发挥示范引领作用；党员行动，发挥先锋模范作用；党政互动，发挥同心协力作用；党群联动，发挥桥梁纽带作用。

打造“四个结合”活动模式：与巩固和拓展学习实践科学发展观活动成果相结合；与解决企业生产经营工作中的实际问题相结合；与学习型党组织建设相结合，与创新党建工作相结合。

形成“三个起来”的生动局面：全体党员动起来，各项工作联起来，整体工作带起来。

1. 战略与管理

(1) 转型升级战略：着力优化调整电源结构、产业结构和区域布局，着力发展新能源、传统能源高效清洁利用、能源服务等技术和产业，逐步淘汰落后产能，构建协同高效的产业体系。

(2) 科技创新战略：坚持服务主业、面向生产、面向前沿、面向产业化，健全技术创新体系，完善技术创新机制，提高自主创新能力，研发国际前沿技术，引领电力行业技术进步。

(3) 绿色发展战略：加大低碳清洁能源开发力度，减少温室气体和污染物排放，依靠技术进步和科学管理，发展循环经济，不断提高节约环保水平。

(4) 国际化经营战略：立足全球视野，加快“走出去”步伐，深化国际交流合作，有效配置资本、人才和市场资源，逐步扩大境外业务，加强运营监管和风险防范，提高国际化运营水平。

(5) 运营卓越战略：充分发挥科学管理的支撑作用，不断强化生产运营、市场营销、财务成本和项目建设的全过程管理，有效整合经济要素和系统资源，不断提高企业盈利能力和管理水平。

(6) 人才强企战略：坚持以科学发展观统领人才工作全局，不断健全人才培养、吸引、使用管理激励机制，积极培养高端型、复合型、创新型、国际化人才队伍，为公司事业发展提供支撑。

(7) 和谐发展战略：坚持依法合规经营，加强企业文化建设，全心全意依靠职工办企业，积极履行企业社会责任，提升经济、社会、环境综合价值创造能力，塑造华能良好形象，努力建设和谐企业。

公司修订印发《党风廉政建设责任制实施办法》，细化检查考核内容、方法和评定标准，确保责任制落实。2011年，公司系统共签订党风廉政建设责任书2500多份，对60名二级单位班子成员进行了党风廉政建设责任制知识测试，对16个单位党风廉政绩效完成情况进行了抽查，征集廉洁文化理念9592条，营造廉荣贪耻的浓厚氛围。

华能廉洁文化核心理念：践行“三色”使命，塑造廉洁人生。

按照公司党组《关于运用风险管理理论和经验，深入推进华能集团惩防体系建设的意见》部署，公司采取试点、总结、推广的步骤，扎实开展廉洁风险防控工作。股份公司等 6 个试点单位，积极开展廉洁风险排查与评估，制定防控措施，编制《廉洁风险防控手册》2011 年 10 月，已在全系统全面推开廉洁风险防控工作。

2011 年，公司系统共开展工程项目检查 401 项，建立健全制度 115 项；开展小金库检查 297 项，整改问题 3 个，建立健全制度 582 项。

公司扎实推进以燃料管理、招投标和“三重一大”制度落实与执行情况为重点的效能监察工作，促进企业管理水平和经济效益的提升。2011 年，共提出各类监察建议 1218 条，做出监察决定 149 个，建章立制 591 项，节约资金 2.05 亿元，避免经济损失 6030 万元。

2011 年 11 月，公司领导在中央企业社会责任工作会议作了“致力绿色发展、建设世界一流企业”的专题发言，介绍了华能坚持绿色发展理念，实施绿色行动计划、全面履行社会责任、努力实现协调可持续发展等方面的主要做法和工作成效。公司《履行央企社会责任、献力西藏经济发展》案例被评为中央企业优秀社会责任实践案例。

公司社会责任管理见图 1。

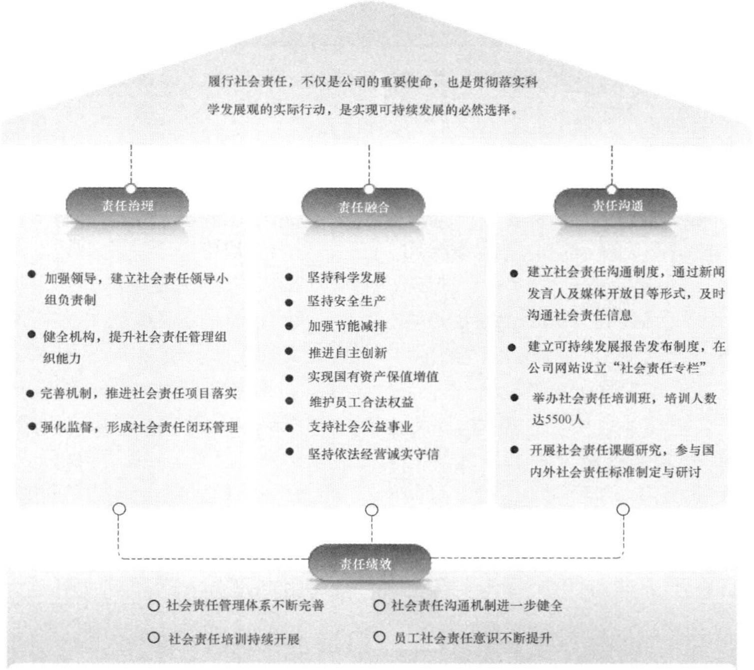

图 1　社会责任管理

2. 以人为本、安全发展

安全发展理念：

安全发展是可持续发展的前提条件。安全发展必须坚持以人为本的科学理念，视安全为效益、安全为信誉、安全为竞争力，落实安全生产责任制，完善安全管理制度，强化应急管理机制，健全安全管理体系，提高本质安全水平，做最安全的公司。

安全发展目标：

(1) 不发生较大及以上设备事故、火灾事故、责任交通事故。

(2) 不发生对企业形象造成不利影响的其他事件。

安全发展措施：

(1) 健全安全生产管理体系，加强应急管理体系建设，全面落实安全责任。

(2) 推进班组安全标准化建设，强化外包工程安全监管和煤矿安全管理，夯实安全基础。

(3) 开展安全性评价和隐患排查，强化设备综合治理，提高安全风险防范能力。

(4) 强化安全文化培训，开展安全文化活动，提升全员安全意识和素质。

2.1　健全管理体制

2.1.1　体系建设

公司建立了集团公司—区域公司/产业公司—基

层企业三级安全管理体系。

2011年，公司先后制定《反违章管理办法》、《电力企业隐患排查治理管理办法》和《电力安全事故责任追究及处罚办法》，修订《电力生产安全事故调查规程》等规章制度，全面开展基层企业体系文件编制工作，进一步推进公司安全生产管理制度化和规范化。

2011年，公司积极配合国家电监会开展电力行业安全生产标准化的相关工作，并在达拉特、德州、海口3家电厂进行达标评级标准试点。

2.1.2 责任落实

公司通过责任分解、责任履行、责任绩效考核的闭环管理，落实安全生产责任制，与各单位层层签订《安全目标责任书》，将安全责任逐级落实到每个基层企业、部门、班组、岗位，形成一级抓一级、层层抓落实的工作格局。

公司进一步完善《安全绩效考核实施细则》等制度，严格执行《安全生产事故责任追究和处罚办法》，强化对事故责任单位和人员问责。

2.1.3 应急管理

2011年，公司进一步健全完善各类专项应急预案，成功举办了澜沧江流域防洪度汛应急实战演练和灵东煤矿火灾应急演练。

2011年，威海、玉环、福州、海口、太平驿等电厂及时启动应急预案，成功应对“梅花”、“纳莎”超强台风和其他地质灾害，确保安全生产。

2.1.4 事故管理

2011年，公司召开电力企业安全生产监督管理工作研讨会，深入剖析系统内2005～2010年人身伤亡事故，总结安全生产经验，制定改进措施。

2.2 夯实安全基础

2.2.1 班组建设

公司强化“零违章保零死亡、零缺陷保零事故”理念，继续深入开展“双争双优”活动，积极鼓励班组创新安全管理，全面推进班组安全标准化建设，加大班组安全教育培训力度，不断夯实企业安全生产基础。2011年，玉环电厂运行二组等10个集体被中华全国总工会评为“工人先锋号”。

2.2.2 基建安全管理

公司实施责任采购，严格执行外包施工单位准入制，建立外包单位“黑名单”。对外包施工人员开展岗前安全培训教育，确保施工人员熟知项目安全施工准则，提高其安全意识。加大对施工单位监督力度，组织开展施工安全事故专项预防整治活动，坚决杜绝基建工程安全事故。

2.2.3 煤矿安全管理

2011年，公司深入推进煤矿证照手续齐全、制度建设完善、安全避险“六大系统”建设等“三个专项行动”，扎实开展煤矿安全生产大检查、“反违章”专项整治和煤矿安全性评价抽查，煤矿安全水平不断提高，11处矿井通过安监局验收达到国家级标准。

2.3 防控安全风险

2.3.1 安全性评价

公司深入开展安全性评价工作，编制并颁布《安全性评价查评标准及依据》。2011年，公司系统基层企业全部完成自查工作，对巢湖、日照、临沂、阳逻、包一、乌拉山、伊敏和海拉尔热电8家火电厂、太平驿和小湾水电站开展复查评估，有效提升安全生产管理水平和设备健康水平。

2.3.2 隐患排查

2011年，公司系统各单位共排查出事故隐患28 830条，落实整改资金9789万元，整改25 659条，整改率89%；排查重大隐患25条，整改13条，整改率52%；尚未整改的均已列入治理计划。

2.3.3 设备治理

2011年，公司火电厂等效可用系数和非计划停运系数处于行业领先水平，玉环、包三、景洪、宝兴等31家电厂实现全年无非停。

2.4 培育安全文化

2.4.1 员工安全培训

2011年，公司组织电力基层企业负责人安全管理、安监人员持证上岗、技术监督等20期培训班，1205人次参加培训；公司系统30人通过国家注册安全工程师执业资格考试并成功注册，注册安全工程师人数达到542人。

公司组织开发《华能安全生产反违章多媒体培训系统》，充分运用视频、动画等多媒体形式，对240多个典型性违章进行详细注解，有效提高了安全培训的直观性和趣味性。

2.4.2 安全文化活动

2011年，公司深入推进以“安全责任、重在落实”为主题的“安全生产月”活动，积极组织各单位参加电力安全生产知识网络竞赛、“创新安全生产管理、落实企业主体责任”有奖征文、“安康杯”竞赛和创建“青年安全生产示范岗”等活动，开展安全宣誓签名、安全生产知识竞赛、安全主题演讲比赛等形式多样的宣传教育活动，持续提升全员安全意识和安全素质。

3. 转型升级、优化发展

优化发展理念

优化发展是可持续发展的必然要求。优化发展必须以创建具有国际竞争力的世界一流企业为引领，以提高发展质量和效益为中心，以加快转型升级为主导，着力优化调整电源结构、产业结构和区域布局，实现有效、有度、有序发展，进一步增强公司可持续发展能力。

优化发展目标

新增煤炭产能 1970 万 t/年；

公司清洁能源发电比重达到 15%。

优化发展措施

优化电源结构，积极推进低碳清洁能源发展；

加强产业协同，进一步发挥煤炭、物流、金融、科技等产业的支撑保障作用；

统筹区域发展，形成区域布局新优势。

3.1　优化电源结构

2011 年，公司全年投产新机中低碳清洁能源装机比重达到 32%。截至 2011 年底，公司低碳清洁能源装机 2397 万 kW，装机比重达到 19.12%，同比提高 1.42 个百分点。

3.1.1　优化发展煤电

3.1.2　大力发展水电

3.1.3　推进新能源开发

3.1.4　努力发展核电

3.2　加强产业协同（见图 2）

图 2　产业协同

3.2.1　积极开发煤炭资源

3.2.2　统筹发展物流产业

2011 年，公司港航协同作用进一步发挥，秦皇岛专用场地中转煤量突破 1600 万 t；时代、瑞宁、鲁能等航运企业内部运煤量占下水煤总量的 52.7%，同比提高了 12 个百分点；罗源湾碧里 4、5 号码头进入试生产；曹妃甸港煤码头、海门煤炭中转港获得核准。

3.2.3　不断深化产融结合

2011 年，公司金融产业的服务功能和业绩支持作用得到较好发挥，为公司系统提供了应急资金保障、低成本融资、保险理赔、CDM 开发和咨询等专业服务。

3.2.4　发挥科技引领作用

公司构建一个基地、两大机构、五个国家级研发中心、若干个省部级和集团公司级实验基地的科研体系，初步形成一支 600 余人的科技研发队伍。2011 年，公司科技研发投入超过 2 亿元。

3.3　统筹区域发展

公司不断优化调整区域布局，加快西部、巩固东部、稳定中部、提升东北，加快形成区域布局新优势。公司进一步完善国内电源布局，增加电源覆盖范围，努力提高电力市场份额，不断优化区域布局。截至 2011 年底，公司国内发电装机分布在全国 29 个省（区、市），电厂达到 210 座，约占全国总装机容量的 11.6%。2011 年，公司加强能源领域战略合作，先后与 13 个省（区、市）和中央企业签署了战略合作协议。

4. 节能减排、绿色发展

4.1　大事记

3 月 29 日，世界上最大规模的燃煤电厂烟气脱硝工程——华能玉环电厂 4 台百万千瓦超超临界机组脱硝技改工程竣工。

4 月 1 日，华能集团与清华大学签署了《利用脱硫副产物改造盐碱地合作协议》。

6 月 15 日，公司被国务院国资委授予“‘十一五’节能减排优秀企业”称号。

9 月 29 日，公司“燃煤电厂 12 万 t/年二氧化碳捕集装置研制及工程示范”项目获得国家能源科技进步一等奖。

11 月 8 日，国内第一只专门投资碳减排的私募基金——“建信・华能碳资产开发投资基金”正式成立。

4.2　绿色发展理念

绿色发展是可持续发展的必由之路。绿色发展必须坚持节能减排的产业政策，依靠严格管理和技术进步，挖掘节能降耗潜力；提高能源、资源清洁高效利用水平；致力生态保护，实现环境友好。

4.3　绿色发展目标

（1）完成供电煤耗 321g/kWh。

（2）完成《节能环保专项规划（2011—2015 年）》和《“十二五”二氧化硫和氮氧化物总量减排控制规划》确定的年度目标。

（3）建成 10 家节约环保型燃煤电厂，总体能耗指标保持行业领先优势。

（4）不发生较大环境污染事件。

4.4　绿色发展措施

（1）强化节能环保管理。

（2）扎实推进节能降耗工作。

（3）强化排放治理。

（4）优化新机设计。

（5）保护生态环境。

5. 集约经营、健康发展

5.1　健康发展理念

健康发展是可持续发展的有力支撑。健康发展必须坚持集约经营的现代化经营理念，依法合规经营，扩大经营规模，提升盈利能力，实现国有资产保值增值，打造一个高效益、高效率的公司。

5.2 健康发展目标

完成发电量6000亿kWh；

完成煤炭产量6000万t；

完成销售收入2600亿元；

核准电源项目1200万kW、煤矿项目800万t/年。

健康发展措施（略）。

6. 全球视野、国际发展

6.1 国际发展理念

国际发展是可持续发展的重要途径。国际发展必须立足全球视野，实施国际化经营战略，加强境外能源资源领域的交流与合作，逐步扩大国际市场份额；加强境外资产管理，有效控制风险；科学配置全球资本、人才、市场资源，提高国际化经营管理水平。

国际发展目标。

（1）确保境外资产经营安全。

（2）提高境外资产盈利水平，实现合理投资回报。

（3）利用好两个市场、两种资源，发展壮大华能事业。

6.2 国际发展措施

（1）开发收购境外电源项目。

（2）加强国际化经营管理。

7. 互利共赢、和谐发展

7.1 和谐发展理念

和谐发展是可持续发展的重要保障。和谐发展必须坚持多方合作，互利共赢的基本原则，主动承担社会责任，努力营造良好的内外部环境，与利益相关方共享企业发展成果，促进和谐社会建设，做优秀的企业公民。

7.2 和谐发展目标

（1）对员工负责，实现共同成长。

（2）对客户与合作伙伴负责，实现互利共赢。

（3）对社区负责，积极回报社会，共建和谐社会。

7.3 和谐发展措施

7.3.1 构建和谐劳动关系

（1）保障员工权益。

（2）关注员工健康。

（3）促进员工发展。

（4）关爱员工生活。

7.3.2 构建和谐伙伴关系

（1）加强区域合作。

（2）促进行业发展。

（3）推进产业链建设。

7.4 构建和谐社区关系

（1）保障用电需求。

（2）参与公益事业。

（3）促进社区发展。

中国大唐集团公司2011社会责任报告（摘要）

社会责任宣言：

满足需求，调整结构，提升绩效，推进优化发展

安全生产，可靠供应，保障健康，推进安全发展

绿色发电，降低排放，保护环境，推进清洁发展

节约资源，循环利用，提高效率，推进节约发展

关爱员工，热心公益，共建共享，推进共同发展

企业使命：提供清洁电力，点亮美好生活。

核心价值观：人为本，和为贵，效为先。

企业精神：务实和谐，同心跨越。

企业愿景：国际一流能源企业。

一、治理结构

1. 业绩考核

深入推进“两全”（全面责任管理、全员业绩考核）工作。进一步完善了二级企业年度及任期和三级企业年度业绩考核目标责任体系和考核评价体系。在2010年试点工作的基础上，制定了二级企业及负责人业绩考核办法、二级企业工资总额管理办法、三级企业及负责人业绩考核管理实施意见。

2. 监督与反腐败

截至2011年底，全公司设立纪检组（纪委）154个，监察机构124个，纪检监察人员498人。开展大讨论877次，发现不规范行为1384项，制定整改措施1737项。全年开展廉政谈话7357人次，述廉议廉2598人次，廉政承诺10 326人次，诫勉谈话242人次。实施效能监察项目429项，提出监察建议1610份，避免经济损失13 254万元，挽回经济损失3661万元，修订相关管理制度740项。

3. 责任治理

责任管理。集团公司设有社会责任工作领导小组，并建立了覆盖集团公司总部部门、分子公司和基层企业“三级责任主体”的工作网络，并根据产业结构调整步伐及时修订完善了社会责任指标体系。

全面推进与利益方沟通机制的建设。调整完善了集团公司网站社会责任专题，进一步增强了信息的时效性和可读性。继续广泛开展“企业开放日”活动，增进了利益相关方及社会公众对发电企业的了解，展示了企业良好的品牌形象。

二、优化发展

1. 目标与绩效（见下表）

指标名称	目标	绩效
新增装机容量（万 kW）	519	519.12
发电量（亿 kWh）	5100	5156
营业收入（亿元）	1950	1914
利润总额（亿元）	13	16.06
资产负债率（%）	≤87.78	87.76

2. 产业结构

2011 年，集团公司非电产业发展明显加快。煤炭板块，核准煤矿项目 3 个，新增核准产能 3030 万 t，累计达到 4330 万 t。新增煤炭资源储量 10.51 亿 t，控股煤炭资源总量达到 195.71 亿 t。煤化工板块，多伦煤化工项目目前已转入试生产阶段并实现首批成品外销，内蒙古克什克腾和辽宁阜新煤制气项目建设稳步推进。金融、科技、物流等产业以及国际业务取得积极进展。全年非电产业实现利润 33.76 亿元，同比增加 21.88 亿元，增长了 184%。

3. 电源结构

2011 年，大唐集团进一步加快了电源结构的调整步伐，积极推进大中型水电项目前期工作，加大陆上风资源储备和海上风电开发力度。全年核准电源项目 839.9 万 kW，新能源和可再生能源所占比重达 52.85%。其中，火电核准 396 万 kW，水电核准 152.92 万 kW，风电核准 277.98 万 kW，光伏、生物质及其他新能源发电项目核准 13 万 kW。投产电源项目 519.12 万 kW，新能源和可再生能源所占比重达 52.11%。其中，风电 170.38 万 kW，水电 86.40 万 kW，太阳能发电 13.72 万 kW。

4. 科技创新

2011 年，大唐集团在总部机构调整中，专门设立了科技信息部，促进了科技创新工作的深入开展。2011 年，共 20 项成果获得国家、行业科技进步奖，其中国家能源科技进步奖二等奖 3 项，全国电力职工技术成果奖二等奖 3 项；电力行业管理创新成果 78 项。获得授权专利 33 项，截至 2011 年底累计拥有有效专利 81 项；共发表论文 610 篇，其中 EI（工程索引）收录 64 篇，SCI（科学引文索引）收录 49 篇。

同时，科技创新平台建设取得重大突破，国家能源高铝煤炭开发利用重点实验室和国家能源非粮生物质原料研发中心落户集团公司，阜新煤制天然气工程技术研究中心作为全国第一家煤制天然气工程技术研究中心获辽宁省科技厅批准组建；基础研究进入国家级层面，开展了应对气候变化国家重大专项《国家应对气候变化重大专项》9 个项目中的“电力行业减排方案及其机制的研究”课题（973）研究工作，为中国应对气候变化研究和气候谈判提供了支撑；科技交流与合作全面展开，先后与电力规划顾问集团、清华大学、中国科技大学、哈尔滨工业大学、上海成套设计院、中国科学技术研究院、中煤集团、阿尔斯通、巴布科克等机构进行了科技交流，并与清华大学、华北电力大学签署了战略合作协议。

5. 经济效益

2011 年，大唐集团实现营业收入 1914 亿元，同比增长 9.1%。在各种不利因素影响减利 170 亿元的情况下，实现利润 16.06 亿元，同比增加 0.83 亿元；净利润 4.02 亿元，同比增加 5.48 亿元；归属母公司净利润－8.56 亿元；资产负债率 87.76%，比 2010 年末下降了 0.01 个百分点。全面完成了国资委下达的考核指标。

三、安全发展

1. 目标与绩效（见下表）

单位：次

指标名称	目标	绩效
重大人身伤亡事故	0	0
人员责任的重大设备事故	0	0
电厂责任的重大电网事故	0	0
重大火灾事故	0	0
溃坝事故	0	0
重大环境污染事故	0	0
负主要责任的重大交通事故	0	0

2. 安全管理

全面推进本质安全型企业建设。制定了《本质安全型发电企业创建工作管理办法》，自主创新编制了《管理体系规范》、《安全风险要素管控重点要求》等制度标准，形成了较为完善的创建工作体系。

深入开展“四查一改”活动，以“责任落实、制度落实”为重点，查各级领导的安全意识和责任到位，查安全生产管理和责任制落实情况，查安全生产的组织保障和技术支持是否到位，查安全生产队伍作风建设和技术培训，切实做好事故隐患的排查和整改工作，健全安全生产检查、抽查、复查机制，完善了事前、事中、事后履责和问责机制，强化了责任制的到位做实，杜绝了较大及以上的人身、设备事故。

加强多元化安全生产监察，组建了各级责任主体融为一体的生产准备组，认真研究非电产业本质安全型企业创建的重点工作，每季度对全部煤矿进行一次安全检查，规范了领导带班制度、承发包工程管理，对存在的问题下发《隐患整改通知书》和《安全监督通知书》，及时认真进行整改，煤矿、煤化工等非电产业项目建设及生产运营均实现了人身零伤亡。

3. 设备治理

深入开展设备降缺陷活动，着力解决突出问题和共性问题，进一步完善《二十五项反事故措施》，及时制定了多项补充反事故措施。全年共发现和处理重点问题1677项，杜绝了由于技术监控不到位造成的重大设备损坏事故。深入开展机组降“非停（非计划停运）”活动，建立了典型“非停”事件交流机制，强化对“非停”事件的分析和管理。2011年，集团公司系统共发生非计划停运88次，等效可用系数完成94.14%，继续保持了行业先进水平。2011年，集团公司在网连续运行300天以上的机组由2010年的12台增加到了的23台。有14家火电企业实现了零“非停”。首阳山3号等4台机组荣获“金牌机组”称号，占全国获奖机组的20%。

4. 应急机制

修订和完善应急预案，健全了覆盖三级责任主体、覆盖各类突发事件的应急预案体系。组织开展应急演练2477次，6万余人次参加了演练。

5. 安全教育

加强安全教育培训，努力提升全员安全意识。开办了常态化的“安全大讲堂”，举办了“中央企业安全生产禁令”、“重点反措”等五期视频讲座，并以国务院599号令等为主要内容，组织进行安全考试，深化安全生产法律法规的宣传和学习。组织专职安全监督人员、全能值班员、脱硫脱硝值班员等生产岗位培训考试3862人，主要生产岗位人员持证上岗率进一步提高。开展了热控、风机检修、继电保护等专业的技能竞赛，以赛促训，推动岗位练兵，提高业务技能。

集团公司作为唯一一家电力企业获得了“2011年全国安全生产月活动先进组织单位”称号，作为唯一一家发电集团获得了“2011年全国电力安全生产知识网络竞赛组织奖”。

四、清洁发展

机遇与挑战：新颁布的《大气污染物排放标准》对减排工作提出更高要求；原煤灰分硫分大对减排工作带来新挑战。

目标与绩效：建设环境友好型企业——实现污染物达标排放和指标的持续优化。

1. 环保监管

大唐集团与环保部签订《“十二五”主要污染物总量削减目标责任书》，制定下发《脱硫特许经营管理指导意见》、《脱硫烟气旁路封堵管理指导意见》、《燃煤发电企业氮氧化物排放控制指导意见》和《关于进一步加强湿法脱硫烟囱防腐技术管理工作的通知》，进一步规范和加强了环境保护标准制度体系建设。

依托在线监控系统，加强对脱硫设施运行状态的实时监控，深化污染物排放控制全过程管理，利用周生产调度会对脱硫非停和超标机组定期进行通报、点评，并要求“说清楚”和闭环整改。组织7个检查小组不定期对系统内重点煤电企业脱硫系统进行现场检查，对存在的问题实施挂牌督办，按时办结，形成了环境友好型企业建设的常态化机制，确保了减排指标的可控在控。

2. 环保治理

贯彻“十二五”产业发展规划，加快“转方式，调结构”，积极发展绿色新能源。2011年集团公司核准、开工及投产电源项目中，清洁能源比例分别达到52.85%、88.45%、52.13%。

2011年，集团公司火电机组脱硫装备率继续保持100%；脱硝装机容量共计33台、1200万kW，在建脱硝容量超2000万kW；烟尘、废水、二氧化硫、氮氧化物全部实现达标排放，排放绩效分别同比下降0.03、26、0.1、0.38g/kWh。

在第四届中国绿色发展高层论坛上，集团公司被评为“中国十佳绿色责任企业”。

3. 循环经济

2011年集团公司系统火电企业共产生灰渣总量6435万t，粉煤灰综合利用率达到71.1%（不含无害化利用部分），同口径同比提高5.3个百分点；年产脱硫石膏总量919万t，脱硫石膏利用总量860万t，同比提升181万t。

4. 生态保护

大唐集团始终秉承“提供清洁电力，点亮美好生活”的企业使命，认真贯彻执行国家环境保护法律法规，以高度的政治责任感和社会责任感，全过程推行清洁生产，创造温馨、和谐的美好生活。新建机组实行“环境保护一票否决”，严格履行环境影响评价和水土保持方案审批制度，严格执行环境保护设施建设“三同时”制度，以“建设一个项目、改善一片环境、造福一方百姓”为宗旨，推进绿色发展，兑现了保护碧水蓝天的庄严承诺。

五、节约发展

机遇与挑战：60万kW等级机组比例高，结构优化，拉动消耗性指标降低；燃料供应紧张，机组负荷率低，影响指标完成。

目标与绩效：建设资源节约型企业——消耗性指标持续优化，保持行业先进水平。

1. 节能管理

2011年，集团公司供电煤耗完成321.4g/kWh，同比降低3.36g/kWh，节约标准煤146.5万t；发电厂用电率完成5.05%，同比降低0.15个百分点，火电机组增加上网电量9.5亿kWh；单位发电油耗10.49t/亿kWh，同比降低2.04t/亿kWh，节约燃油9237t；发电水耗完成1.18kg/kWh，同比下降0.11kg/kWh，节水4980万t。

在全国大机组竞赛中，集团公司600MW等级有13台获奖，占获奖机组的17.33%，300MW等级有25台机组获奖，占获奖机组的30.49%。2011年集团公司获得国资委"'十一五'中央企业节能减排优秀企业"称号；在第二届节能中国宣传表彰大会上，集团公司作为唯一一家发电集团获"2011节能中国十大贡献单位奖"。

2. 节能改造

大力推进合同能源管理，坚持依靠科技进步提高机组经济性运行水平。全年签订合同71项，完成设备订货64项，完成设备安装53项，设备已投运45项。争取国家节能技术改造奖励资金1100万元，争取环保技术改造补助资金1亿多元。2011年完成通流改造、大修及揭缸提效36台机组1382.5万kW，完成通流改造机组3台机组90万kW，完成变频改造46台，容量10.22万kW，当年节约标准煤30.31万t。

3. 经济运行

2011年共完成转移电量179.33亿kWh；通过转移电量增加60万kW以上大机组发电量58.9亿kWh，利用小时提高299h，60万kW级及以上大机组利用小时比2010年提高487h；降低供电煤耗率0.2g/kWh。

根据机组负荷曲线，建立数学模型，科学掺配电煤，保证机组经济运行。全年共掺烧经济煤种5990万t，节约燃料成本的同时，还间接抑制了部分区域市场煤炭价格的上涨。

六、共同发展

1. 员工发展

集团公司人才受训量达到80万人次，人才受训率保持100%，人均达到50学时以上。加强与名校合作，1039名员工参加了网络学历教育。经过培训考核，1600名管理、技术和生产技能人员成为新投产大机组的关键人才。

深入开展人才评价遴选工作，为4275名员工提供中、高级专业技术资格晋升机会，新增中、高级资格专业技术人才1042人；为4280名员工提供技能等级晋升机会，新增高级工及以上技能等级的高技能人才1800人；通过培训考试，3405名员工取得集控值班、燃料采制化、脱硫运检、物流管理、工程技经、投融资、审计等关键岗位资格，为其发展创造了条件。

2. 社会公益

2011年，集团公司系统各企业广大团员青年积极投身于青年志愿者服务活动中，一方面立足企业实际，围绕企业内部重要会议、大型活动、环境保护、帮扶离退休职工、企业特困家庭等勇挑重担、提供服务；另一方面积极参与助学助教、希望工程、社区服务、关爱农民工子女等志愿服务活动，充分发挥了青年志愿者在服务企业、服务社区、服务他人中的积极作用，进一步弘扬了"奉献、友爱、互助、进步"的志愿者精神，展现了集团公司青年志愿者甘于奉献、乐于助人的品德和风采，使优质服务不断向社会延伸。

3. 企业文化

2011年，集团公司积极推进文化的创新与发展，以"文化的创新与发展"为主题，举办了第六届企业文化论坛，就"文化管理助力'一保一降'"等热点话题进行了广泛、深入研讨，提出了"向文化要效益"的全新理念。积极推进文化与管理的深度融合，首次组织文化管理创新奖和文化管理优秀案例评选，评选出《"三讲一落实"安全文化引领企业本质安全》等6项"文化管理创新奖"、《"首席员工"考评机制》等7项"文化管理优秀案例奖"。策划并组织开展了为期半年的"文化达标，本质安全"主题活动。以"安全电力，可靠伙伴"为主题举办了集团公司第五届企业开放日，系统内16家单位对外开放，吸引3000多名社会各界人士参观。

4. 责任管理

集团公司社会责任规范化管理及报告编制工作启动于2006年，属中央企业为数不多的较早发布社会责任报告的企业。到2011年，集团公司已经连续5年发布社会责任报告。2010年，集团公司被中华慈善总会、中国企业报社等机构联合授予"企业社会责任特别大奖"。集团公司社会责任报告连续两年被评为全球契约中国网络"典范报告"，集团公司连续两年被《中国新闻周刊》评选为"最具责任感企业"。2009、2010年，在中国社会科学院发布的中国100强企业社会责任发展指数中，连续两年作为"领先者"居第四位，居发电企业第一名。

中国华电集团公司2011社会责任报告（摘要）

1. 公司概况

1.1 治理机制

作为国有独资特大型企业集团，公司在宏观调控和行业监管下，按照现代企业制度要求，完善“科学有效、责权明确、指挥有序、运转顺畅”的管控体系，改进决策监督机制，坚持依法经营，照章纳税，履行责任，为维护国家利益、履行社会责任奠定了坚实的基础。公司按照《中华人民共和国全民所有制工业企业法》注册，国务院向公司派驻国有重点大型企业监事会，国务院国资委代表国务院履行出资人职责。

公司实行总分公司、母子公司并存的复合型管理体制，对分支机构实行授权管理，对所属企业实行分级管理，形成集团公司总部、二级机构（分公司、区域子公司、专业公司）、基层企业三集管控模式，推动了资产的优化配置。

1.2 经营区域

截至2011年底，公司发电装机容量9410万kW，资产总额5228亿元人民币，共有注册单位482家。其中，二级单位51家，三级单位430家。实体单位392家，其中，二级单位43家，三级单位348家。所属企业分布在全国30个省级行政区、直辖市。即：北京（40家）、天津、上海、河北、山西、辽宁、吉林、黑龙江、江苏、浙江、安徽、福建、江西、山东、河南、湖北、湖南、广东、四川、贵州、云南、陕西、甘肃、青海、内蒙古、西藏、广西、宁夏、新疆、香港。境外：俄罗斯（3家）、柬埔寨（2家）、印度（1家）、印度尼西亚（4家）。

1.3 企业理念

公司使命：创造更大的经济、社会、人文价值。以科学发展观为指导，以“创造可持续价值”理念为引领，勇担促进国家经济发展、社会和谐、人文繁荣之重任，努力做到规模速度与质量效益相统一、企业发展与经济社会资源环境相适应、物质文明与精神文明相支撑、企业发展与员工发展相协调。

公司愿景：打造价值华电，绿色华电、创新华电、幸福华电，建设具有国际竞争力的世界一流能源集团。紧跟时代发展进程，以价值华电、绿色华电、创新华电、幸福华电为追求，着力建设发电、煤炭、金融、工程技术四大产业板块协调发展的综合能源集团。

公司精神：自强求变 厚德求进。以产业报国为己任，坚持高效运营、谋求更好发展。努力为国家富强、民族振兴、社会和谐贡献力量；崇尚道德品行、坚持职业操守，奋力开拓、创造业绩，在投身社会进步与企业发展的宏伟进程中锤炼品格。

核心价值：诚信 求真 和谐 创新。始终以诚信面对客户及社会公众，言必行，诺必践；坚持实事求是，一切从实际出发，按客观规律办事；坚持以人为本、着力科学发展、诚挚服务社会，努力营造企业与员工、社会、自然有好共融的和谐环境；倡导创新意识，健全创新机制，鼓励创新行为。

经营管理：管理最大化 价值最大化。创新管理理念、完善管理体制、优化管理流程、规范管理行为，构建简明有效、协调有力、运转有序的管控体系；深入把握经济运行规律、分析经营关键要素，不断实现指标更优、效益更佳，努力创造更大价值。

员工守则：忠诚企业，勇于追求，共建华电家园；

关爱社会，乐于奉献，共担华电责任；

严以律己，敏于执行，共守华电规章；

勤勉敬业，敢于创新，共兴华电伟业；

诚实守信，善于合作，共铸华电品牌。

1.4 主要利益相关方

华电集团公司主要利益相关方见图1。

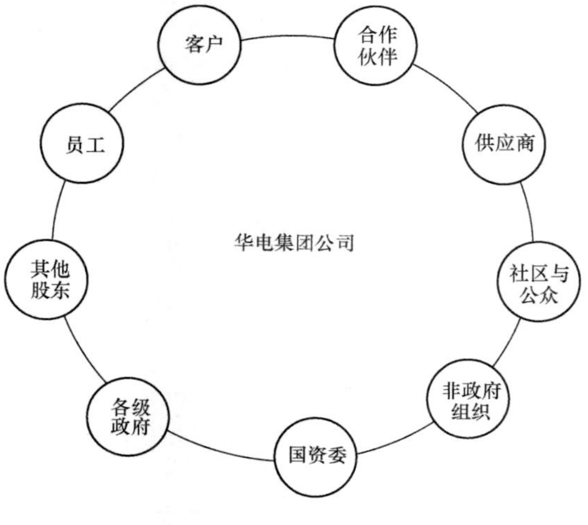

图1 华电集团公司主要利益相关方

集团公司社会责任：中国华电以“不断创造更大的经济、社会、人文价值”为使命，强化责任管理，持续提升“发展绩效”、“经济绩效”、“环境绩效”、“社会绩效”，这是我们保障社会、环境、股东、员工、伙伴等各利益相关方权益的具体体现。

2. 发展绩效

2.1 发电

加快调整电源结构，大力发展水电，优化发展火电，积极发展风电等新能源，努力突破核电，形成水火互济、风核并举的电源格局。

2.2 煤炭

坚持建并结合，快速扩大煤炭产能，适时适地发展煤化工，协调发展采煤、配煤、运煤、销煤、用煤一体的电煤路港运燃料物流链。2011年，全年新增煤炭产能1240万t。

2.3 金融

加强金融资本运作，扩展金融门类；创新金融产品和服务功能，金融创效水平显著提升。推进产融结合，发挥金融平台功能和作用，强化资源整合和配置、资产盘活和资本运作、辅助管理等方面集约化管理力度。加强管理创新，深入推进全面风险管理体系建设。

2.4 工程技术

工程技术板块活力增强，曹妃甸装备制造基地一期项目投产运营。投资和开发页岩气资源，延伸公司能源产业链。

2.5 “走出去”战略

按照严控风险、建并结合、效益优先、互利共赢、共同发展的工作思路，通过境外项目投资、海外工程承包、对外技术服务和国际贸易业务“四轮驱动”，不断拓展国际发展空间。

3. 经济绩效

3.1 管理创新

开展“管理创新”活动三年来，公司上下创新体制机制、再造管理流程、优化主要指标、夯实管理基础，形成“决策科学、权责明确、机制完善、运转高效”的管控模式，构建“精益化、专业化、制度化、国际化、人本化”的“五化”管理体系，涌现出新疆公司管理模板复制、江苏公司指标优化，湖北公司体制机制创新、包头公司“7S管理”、望亭电厂“基建生产一体化”、莱城电厂节能“六维一体”、广安公司“燃料精细化管理”等一批管理创新成果，公司执企能力和盈利能力大幅提升。

3.1.1 强化战略管理

制定五年发展纲要和“十二五”发展规划，按照“一调整、两优化”工作思路，坚持建并结合、优化发展火电，积极发展清洁能源，快速发展煤炭、金融和工程技术产业，加快推进结构调整。

3.1.2 创新体制机制

改革产业管理体制。建立金融、煤炭、海外产业专门管理机构，建立健全覆盖煤炭规划、前期、基建、生产、安全、运销等工作的管理制度。根据能源领域技术发展形势需求，发挥重要技术研发和服务平台功能。改革专业管理模式。完成燃料、运营、物资等专业改革。

3.1.3 强化经营管理

实施效益全过程贯穿，经营全要素管控，风险全方位防范，加快公司由生产型向经营型转变。抓基建管理、抓运营管理、抓燃料管理、抓风险管理。公司净资产规模增加300多亿元，负债率呈逐年下降趋势。

3.1.4 优化经济技术指标

主要经济技术指标达到行业中上游水平，2011年供电标准煤耗为321.1g/kWh，同比下降7g/kWh。60万kW及以上机组供电煤耗居行业领先水平。

3.2 扭亏增盈

3.2.1 加强市场营销

积极争取电量计划，落实关停机组电量补偿，优化发电结构；强化运营协调，优化电量结构；强化电热费回收管理。

3.2.2 规范燃料管理

提升燃料管理精细化水平。落实二级单位燃料采购和管理责任，加大跨区域调运和科学掺配掺烧力度；建立常态协调机制，运用燃料管理信息系统，加强厂内燃料管理，强化入场煤验收管理；创新燃料管理体制，开展燃料全过程管理评价。

3.2.3 加强成本控制

强化全面预算管理，推进闭环管理，提高重点合同煤兑现率。深入开展“达标、创优、建示范”活动，开展工程造价管理活动。

3.3 安全生产

3.3.1 完善安全管理机制

调整优化三级安全管控模式，不断巩固安全评价机制、反违章机制、隐患排查治理机制。

3.3.2 推行点检定修管理

推进精密点检与远程诊断试点，在电厂侧建立“日常点检，定期体检，精密诊断跟踪”的设备管理模式，在公司系统建立“电厂—区域公司—集团公司”三级远程诊断管理系统。

3.3.3 强化应急管理

加强应急管理，完善应急体系，突出灾害预警。开展各类应急演练。

3.3.4 加强安全教育培训

扎实做好电厂、煤矿各级人员准入、业务培训、安全培训；推广全员安全培训和认证典型经验。

3.4 科技创新

推进科技创新，创建科技服务体系，成立科学研究总院，推进产业园建设，国家分布式能源研发中心、海外人才创业基地及第十八批国家认定企业技术中心等国家级资质获得批准。全力推进国家“863”、“973”计划和国家科技支撑等计划课题的研究，重点加强科技成果总结和知识产权保护，取得290项有效专利授权，9项成果荣获中国电力科学技术奖，67项管理创新成果获全国电力行业企业管理创新成果奖。国家能源分布式能源技术研发中心落户公司。

3.4.1 重点课题攻关

落实“百万空冷，太阳能热发电”等国家“863”、“973”计划和国家科技支撑计划课题研究，成功申报分布式供能技术研发，万吨级甲醇制芳烃等

5项国家级科研项目。

3.4.2　成果评审鉴定

加强科技项目全过程管理，及时做好项目验收及成果的总结评价（鉴定），组织验收重点科技项目17项，评审鉴定科技成果45项。

3.4.3　信息化建设

推进ERP核心应用系统建设，上线运行燃料管理信息系统，推进燃料全业务流程实时在线闭环管理。深化人力资源、PMIS基建项目管理信息系统应用，推动财务、设备、物资等流程再造。加强统一通信协同平台与生产实时监管系统、燃料等业务系统和UPS、网络等IT系统的协同，提高信息系统运维水平。

4. 环境绩效

4.1　节能管理

4.1.1　清洁发展降能耗

电源结构持续优化，推进可再生能源、新能源开发。2011年新能源装机全年投产总容量119.4万kW，清洁能源占到总装机容量的25.4%。

4.1.2　节能技术研究

加大科技攻关和创新力度，加快构建公司系统科技研发体系。

4.1.3　节能管理挖潜

深入开展管理评价和指标评价，加大节能技术研究及应用力度，强化能耗指标的过程管控。

4.2　减排管理

4.2.1　完善机制

完善环保管理机制体系建设。强化环保目标责任制，创新环保设施同时设计、同时建设、同时投产使用管理，满足环保要求，积极推进生态保护工作。

加强主要污染物减排管理。完善污染减排工程技术管理标准，出台了《SCR烟气脱销工程招标技术规范书（范本）》、《中国华电集团公司脱销催化剂招标技术规范书（范本）》、《电除尘器、袋式除尘器和电袋复合除尘器招标技术规范书（范本）》，确保工程建设质量，提高设备运行水平。

规范竣工环保水保验收管理。至2011年底，火电、水电项目累计完成环保竣工验收项目6140万kW，完成率92%。完成水土保持竣工验收4178万kW，完成率71%，同比上升6%，公司水保工作得到水利部高度肯定，被推选为水土保持法宣贯典型企业，在《经济日报》、《中国水利报》等重要媒体上宣传。

4.2.2　环境保护监测

完善环境保护监管体系建设，实现污染物排放在线监控，加强指标管理，升级环保统计系统，提高环保实时监管系统数据质量和分析水平，保证节能减排目标高质量实现。至2011年底，已与环保部门完成联网的燃煤机组219台、6756.85万kW，316套CEMS，联网率达94.3%。

4.2.3　污染物排放控制

2011年，公司投入资金6亿元进行环保技改建设。其中，新投产9台297万kW脱硫机组，并完成13台432.3万kW机组脱硫系统性能验收。超额完成了“十一五”减排目标，荣获“十一五”中央企业节能减排优秀企业称号。与环境保护部签订《公司“十二五”主要污染物总量消减目标责任书》，并完成了目标责任分解工作。

2011年，单位发电量烟尘、二氧化硫、氮氧化物排放量分别为0.3、2.4、3.0g/kWh，同比下降了5%、13%、5.3%。

（1）脱硫：2011年新投产脱硫机组9台297万kW。至2011年底，公司在役脱硫机组208台6675.8万kW，约占年底煤电机组总量的95.9%，超额完成公司“十二五”开局年脱硫技术改目标任务。

（2）脱硝：开工建设烟气脱硝项目1台60万kW机组。2011年底，脱硝在役机组15台830.8万kW，占火电机组的11.1%。

（3）脱汞：在3个电厂6台240万kW机组启动烟气脱汞监测试点工作。

4.2.4　关停小火电

公司在“十一五”期间累计关停小火电618.5万kW，“十二五”规划关停小火电机组容量42.4万kW。

4.2.5　清洁发展机制（CDM）

2011年，公司完成开发CDM（VER）项目73项，其中21个CDM（VER）项目在联合国成功注册。

4.3　生态保护

坚持电站建设与生态环境建设并重的原则，实施生态环境保护工程，建立生态指标体系。煤矿项目开展地表深陷观测和综合治理，对工业场地、风井绿地、道路沿线等区域实施工程防护和绿化。实施生态检测和修复，加强水电环境保护和鱼类增殖放流过程管理。

4.4　循环经济

积极发展循环经济，对发电供热产生的废弃物——灰渣、脱硫石膏、循环水等进行综合利用，加工开发新产品。

5. 社会绩效

5.1　关爱员工

坚持以人为本，秉承“员工与企业协调发展”的理念，注重员工价值提升，畅通员工发展通道，搭建员工成才平台，为员工谋长远福祉，提升员工“幸福指数”。

5.2 人才培养

强化“人才强企”战略，实施《“十二五”人才队伍建设规划》，建立了培训、使用、薪酬相挂钩的一体化机制。加强干部队伍建设，完善干部管理机制。

5.3 企业文化

加强“中国华电”品牌建设，制定公司《品牌建设五年规划》。积极建设阳光和谐、先进繁荣的华电文化。不断丰富、完善《华电宪章》。

5.4 公益事业

勇于担当社会责任，积极支持公益事业。2011年，公司向西藏灾区以及云南、贵州、新疆等地捐款1583万元。组织青年志愿者走进农民工子女，通过学业辅导、亲情陪伴、自护教育等方式，全力做好关爱农民工子女工作。

6. 责任管理

6.1 责任治理

以“不断创造更大的经济、社会、人文价值”为使命，强化责任管理，持续提升“发展绩效”、“经济绩效”、“环境绩效”、“社会绩效”，这是公司保障社会、环境、股东、员工、伙伴等各利益相关方权益的具体体现。

6.2 责任推进

6.2.1 企业面临的机遇、奉献及可持续发展分析

6.2.2 企业参与的社会责任组织及责任承诺

6.3 责任融合

高度重视和推进社会责任工作，逐步建立与现有管理体系全面融合的社会责任工作体系，建立完善现有社会责任管理制度，将社会责任工作融入公司的战略管理、生产经营、企业文化建设、公共关系及长远发展目标中。

6.4 责任沟通

建立企业社会责任沟通机制，公司自2008年组织推进公司系统企业社会责任工作以来，积极参与内部、外部的社会责任沟通与交流。加强与政府、出资人、代表机构、利益相关方、第三方代表和媒体的沟通。

公司在充分利用企业内刊、网站、培训等方式进行内部沟通的同时，通过发布社会责任报告、媒体参观访谈、合作共建、公益活动等方式加强外部沟通。

中国国电集团公司2011社会责任报告（摘要）

一、中国国电绿色发展战略

1. 新能源发展战略

推广清洁煤发电技术，建设节能环保燃煤电厂；提高水电开发规模和质量，增加可再生能源比重；发展风电、水电、核电、太阳能等清洁可再生能源，占领新能源开发制高点。

2. 电厂转型战略

树立经营企业的理念，研究把握电力、热力、燃料、资金市场规律，用市场机制和方法配置电厂内外资源，激活电厂经营要素，提升企业效益，加快建设综合经营型、节能环保型、安全和谐型企业。

3. 科技创新战略

新兴能源以及高科技产业方面加快技术创新，取得一批具有重大影响的科学技术成果，占领行业技术制高点。在火电、水电、风电、核电、煤炭、化工方面，利用社会资源，以共性技术带动降本增效节能环保，全面提升装备技术水平，形成差异化领先优势。

4. 相关产业战略

以经济效益为中心，以市场需求为导向，以风险控制为保障，积极推进技术、管理和营销创新，提高相关产业的盈利能力、市场竞争能力和利润贡献水平，增强对集团公司的服务支撑作用。

5. 国际化战略

以新能源、工程总包、技术产品输出、技术合作等为重点，加拿大境外煤炭、水电、风电等资源占有。建立并完善境外项目经营管理机构，集中具有海外项目经验人才，加快境外项目布局。

二、中国国电社会责任工作机制

1. 工作机构健全

集团公司2011年调整充实了社会责任工作委员会。委员会下设社会责任工作办公室，进一步规范了日常管理。

2. 管理制度完善

建立社会责任报告制度，加大对报告编写工作的管理力度。2011年成立了由集团公司总经理、党组书记任主任的《中国国电集团公司社会责任报告》编辑委员会和编辑工作办公室。每年及时编制和发布年度社会责任报告。上市公司按照国际通行规则报告承担社会责任情况。

3. 沟通机制畅通

中国国电集团公司下属单位遍及31个省（自治区、直辖市），与社会许多层面都利益相关。公司重视利益相关方的期望与要求，十分关注企业生产给各利益相关群体带来的影响。注重与政府、员工、社区、社会团体、供应商等利益相关方建立良性互动机制，加强与利益相关方的沟通，每年通过公开发布社

会责任报告，向社会各界宣传公司的社会责任理念，通报履行社会责任实践情况，征求意见建议，持续改进企业经营，实现和谐共建。

三、中国国电 2011 年社会责任承诺实现对照（见表 1）

表 1　2011 年社会责任承诺实现对照

承诺指标	承诺目标	实际完成	完成情况
发电量	4770 亿 kWh	4770 亿 kWh	实现目标
营业收入	2021 亿元	2088.60 亿元	超额实现
基建新增发电装机	1209 万 kW	1213.7 万 kW	超额实现
总装机容量	1.06 亿 kW	1.0672 亿 kW	超额实现
世界企业 500 强排名	逐步提升	提升至 405 位	大幅提升
控股煤炭产量	6000 万 t	6505 万 t	超额实现
供电煤耗	323.5g/kWh	321.3g/kWh	优于目标
厂用电率低于	5.3%	5.3%	实现目标
二氧化硫排放绩效低于	2.4g/kWh	2.14g/kWh	优于目标

四、中国国电企业文化核心理念(见图 1)

图 1　中国国电企业文化核心理念

五、中国国电社会责任专题

（一）经营管理责任

1. 管控模式更加科学

完善法人治理结构，加强“三会”业务管理，提案审核率 100%。修订完善目标责任制考核办法，积极推进 EVA 考核，加强总资产利润率考核，与国资委考核体系全面对接，实现了考核全覆盖。实行预算管理与工效挂钩相结合的工资总额决算机制。17 家企业领导人员获 EVA 奖励。总经理奖励基金突出价值创造、战略发展、科技创新和安全生产。信息一体化平台建设深入推进，实现了关键数据指标的采集、统计、分析功能。

2. 市场营销卓有成效

以“争量保价、增效保收”为重点，创新市场营销工作，发电量持续稳定增长。重点抓好发电权交易，不断优化量价结构，全年完成交易电量 264 亿 kWh。加大电费回收力度，全年电费回收率 99.55%。

3. 挖潜增效成绩突出

加快电厂转型，火电业务在成本增加 141.9 亿元的困难情况下，经营亏损额同比仅增加 57.5 亿元。全年采购海外低价煤炭 545 万 t，节约燃料成本 1.36 亿元。科学开展商业储煤，实现效益 6.6 亿元。

4. 资金管理稳步提高

创新预算管理体系，建成总部利润预测分析系统。综合运用多种融资方式，拓展融资渠道，集团公司平均资金成本低于银行基准利率。全年做好新增融资、引进各类低成本资金、增发短期融资债券工作启动了私募债增发工作。科学动态调整债务结构，将长期融资占比由 45%提高到 56%。集团公司连续三年实现 IPO，国电电力成功发行 55 亿元可转债，龙源电力在香港成功发行 9.5 亿元人民币债券，龙源技术股价较发行价增长 90% 以上，英力特定向增发 17.1 亿元方案获得审批，平庄能源启动瑞安矿业等收购工作，长源电力上市平台得到巩固，在东北公司引入 10 亿元信托股权资金。

5. 内控体系更加完善

制定实施了“三重一大”决策制度，健全完善了内控体系，建立了风险评估和预警机制。基建财务内控体系建设取得阶段性成果。

重大工程建设项目跟踪审计，避免经济损失。严把经济合同法律审核关，有效防范了法律风险。

6. 基建注重绿色工程

加大“绿色工程”建设力度，大力实施设计优化，着力推进精细化、专业化、标准化、数字化管理。工程建设质量进一步提高，新投产火电机组效率平均提高 1.5 个百分点，工程造价平均较概算降低 6.8%。谏壁 13 号、南埔 3 号机组供电煤耗分别为 280、297g/kWh，达到国内同类机组先进水平。国内单期容量最大的四子王旗 40MW 光伏电站按期投产。进一步规范招标管理，完成了 35 批次集中招标。

7. 相关产业快速发展

煤炭化工、科技环保、金融保险、物资物流产业协同发展格局基本形成。相关产业资产总额同比增长

77%；合并口径营业收入和利润分别同比增长69.9%和58.6%。

（二）安全生产责任

1. 落实安全生产责任

认真落实企业安全生产主体责任，加大责任事故考核力度，对设备事故进行认真调查，严肃处理。坚持“四不放过”原则，加强对各类生产安全事件的统计分析和评估，严格安全生产责任追究和考核。制定完善了《生产安全事故调查规程》、《风电企业安全管理规定》等制度，健全了安全管理体系。

2. 推进星级企业创建

深入开展星级发电企业创建活动，加大对标管理力度，机组主要经济技术指标持续改善。98%以上发电企业年度安全生产无事故，85家发电企业实现连续安全生产1000天以上。完成供电煤耗321.3g/kWh，同比降低5g/kWh。发电厂用电率5.3%，同比降低0.16个百分点。谏壁12号机组、龙山2号机组分别被授予全国300MW级、600MW级可靠性金牌机组称号，公司系统21台机组在全国能效对标竞赛中获奖。

3. 加强隐患排查治理

组织完成46家企业安全性评价，排查、治理隐患5331项，安全基础持续巩固。集团公司68个大修现场实现零事故。坚持重大安全隐患整改督办制度，对在小水电大坝安全、供热安全等检查中发现的重大隐患下达整改通知书，督促限期整改，避免重大事故。

2011年集团公司全年未发生人身死亡事故和较大及以上设备损坏事故，创近年来安全生产最好水平，在可比企业中安全形势最好。

4. 提高员工安全素质

举办了2期企业安监负责人培训班和1期注册安全工程师继续教育培训班，召开了《电力安全事故应急处置和调查处理条例》及《中国国电集团公司生产安全事故调查规程》宣贯会，围绕“安全责任、重在落实”主题扎实开展“安全生产月”活动。组织参加2011年全国电力安全生产知识网络竞赛活动，参加竞赛10 405人次，获得一等奖1名，二等奖6名，三等奖8名，在电力行业竞赛单位中排名第四位。

5. 强化应急安全管理

结合安全生产应急管理工作重点和全国“两会”、“大运会”保电、“安全生产月”等活动要求，重点对防洪抗台、应对突发事件、黑启动、防止自然灾害事故、防止人身伤亡、电力二次系统防护以及重大活动期间保电等加强应急预案建设和演练。系统各单位共完成安全生产事故应急演练939次，参加演练55 756人次。台风期间沿海电厂未发生设备损毁，保护了企业财产；在西南抗旱、大运会期间稳定运行，圆满完成了保电任务。

（三）科技创新责任

1. 明确科技创新战略

以新能源为核心的技术和产品处于国际先进水平，科技产业营业收入和利润年均增长30%，建成国际一流的高新技术产业集团。到2015年，科技研发投入是2010年的2.8倍，年均增长56%。拥有10个以上国家级研发平台，重大自主核心技术超过30项，授权专利数600项以上。把新能源技术研究院、电科院、能源研究院建设成为各具特色的、国内领先、国际一流的研发机构。

2. 科技创新步伐加快

成立集团公司科技委员会。强化科技成果转化体系，实现重点科技项目技术突破，认真组织国家级科研项目申报，为集团公司发展提供了重要支撑。2011年新增专利190项，同比增长90%，累计获得专利363项。获批海洋能、等离子2个国家级技术研发中心（实验室），使国家级研发中心增加至6个，省（直辖市）级研发中心5个，企业技术中心达8个。获国家科技进步二等奖2项。修订了集团公司科技进步暨优秀合理化建议奖励办法，认真组织国家级科研项目的申报和验收，为集团公司的发展提供了重要支撑。

3. 科技产业品牌优势稳固

新能源高端设备制造和电力科技环保产业快速发展，形成了一批行业优势品牌。以等离子点火应用为支撑的烟台龙源在创业板表现优异。脱硫特许经营、脱硝EPC业务市场占有率国内领先。电站空冷系统核心设备实现国产化，应用装机容量行业领先。自主研发的大型火电机组DCS控制系统国内市场份额达到20%，百万千瓦机组DCS项目投入商业运行。国电光伏公司打造太阳能全产业链，承担的195MW EPC项目全部并网。

4. 海外人才创新创业基地建设加快推进

以“千人计划”为龙头，把中央关于引进海外高层次人才和建设创新创业基地的决定，作为实施“以大力发展新能源引领企业转型”战略的重要组成部分，被誉为“未来科技城”的海外人才创新创业基地建设快速推进，国电新能源院作为创新创业基地建设实体，以相关产业公司的技术研发中心及6个国家级科研平台为基础，确立了矩阵制组织结构、“院—所—室”组织体系，完成了1个中心、8个研究所的组建工作。

（四）节能环保责任

1. 强化节能综合管理

全面开展机组运行方式优化。制定了《火电机组运行优化导则》，指导企业结合季节特点，根据煤质、负荷等开展运行优化，充分挖掘节能潜力，提高发电效率。集团公司存量机组供电煤耗降幅达 3.82g/kWh，30 万 kW 机组供电煤耗达到 328.1g/kWh。坚持开展节能评价，完成了双辽等 18 家电厂节能评价，通过评价、整改，受评机组供电煤耗平均下降 2.4g/kWh。加强大修质量管理，推行检修监理制和检修作业标准化，开展精细化检修，顺利完成了北仑 7 号、蚌埠 2 号等 6 8 台机组大修工作，供电煤耗平均降低 5g/kWh 以上，苏龙 6 号、铜街子 13 号等 16 台机组获得 A 级检修对标奖励。

2. 加大节能技改力度

加大技术改造力度。完成了双辽 3 号、汉新 4 号等 4 台汽轮机通流改造，供电煤耗降低 15g/kWh 以上；完成达州 1 号、铜陵 2 号等 21 台汽轮机喷嘴及汽封改造，降低热耗 150～200kJ/kWh。积极开展合同能源管理工作，完成了 21 个项目。科学调度水库，龚嘴、大盈江等水电厂充分利用水能多发电，发电量同比增加 12% 以上。精心组织国家节能财政奖励和中央预算资金补助申请工作，北仑汽动引风机改造等 3 个项目共获得节能重点工程中央预算拨款 2110 万元，指导基层企业获得地方节能财政奖励 1.02 亿元，提高了企业技术改造的积极性。

3. 扎实推进环保管理

完善环保管理体系。制定下发了《关于进一步加强环境保护工作的意见》。研究确定了“先降后脱”的氮氧化物控制技术政策，有效降低烟气脱硝投资和运行费用。组织对安顺等 17 个电厂进行环保评价，消除隐患，整改提高。加大环保技改和核查核算工作力度，2011 年主要污染物减排核查核算顺利完成。加强环保设施改造项目管理，提高设备可靠性和煤种适应性，实现稳定达标运行。

4. 绿色发展步伐稳健

新投产机组中大容量火电和清洁可再生能源占 63%，储备风电资源超过 9000 万 kW，国电电力储备太阳能项目 400 万 kW，核准 7 万 kW。全年新增 CDM 注册项目 66 个。积极开展环保宣传活动，举办了三期环保培训班。

（五）持续发展责任

1. 电源发展科学稳健

准确把握发展节奏，合理控制投资规模。全年新增装机容量 1140 万 kW，核准各类电源项目 1150 万 kW，已取得“路条”待核准的火电项目累计 1600 万 kW，在建规模 3856 万 kW。公司前期项目储备充足，连续 4 年每年新增装机 1200 万 kW 左右，新开工 1000 万 kW 以上，为“十二五”均衡发展打下了坚实基础。新投机组中大容量火电和清洁可再生能源占 63%。火电平均单机容量提高到 32.7 万 kW，30 万 kW 及以上机组占 87.9%，60 万 kW 及以上机组占 40.2%。清洁可再生能源已占总装机容量的 22%。

2. 水电与新能源快速发展

集团公司水电与新能源装机容量 2336.02 万 kW，比重达到 22%。水电坚持“大中小并举、新建和收购并重”的开发模式，“四区一流域”开发布局形成，水电装机达到 1072 万 kW；全年核准水电项目 7 个共 200 万 kW，为可持续发展奠定了基础。风电装机容量达到 1226.37 万 kW（占全国容量的 27.22%，发电量占全国的 22.39%），稳居亚洲第一、世界第二，年投产容量、发电量和效益均居全国首位。江苏如东海上潮间带示范风电场的投产标志着集团公司实现了从陆上风电到海上风电的突破。全年风电项目累计核准容量 478.85 万 kW，在国内同类企业中排名第一；海上风电装机容量 13 万 kW，继续保持国内领先地位。太阳能发电装机容量 23.5 万 kW，核准容量为 30.6 万 kW，在国内同类企业中位居第二，国内首例槽式太阳能热发电项目在新疆吐鲁番建成。

3. “走出去”战略积极稳妥推进

龙源集团收购加拿大安大略省 9.9 万 kW 风电项目开发权，南非风电项目具备了参与投标的基本条件。跟踪加拿大、美国、匈牙利的风电项目。加拿大国际新能源投资项目前期工作力度，柬埔寨、缅甸等东南亚地区的水电项目、吉尔吉斯萨雷扎兹河流域水电项目、哈萨克斯坦风电项目、印尼 KPC 煤矿 5%股权并购等取得积极进展。国电联合动力技术有限公司向美国德州供应 6 台 1.5MW 风机已交货。与阿根廷 SOGESICSA 公司签订 73 台风机合同。国电光伏、龙源环保、烟台龙源和国电智深签订出口合同。

4. 加快分布式能源技术研究和开发

围绕集团公司“两加快、两提升、一确保”战略，加快分布式能源技术研究，全力做好分布式能源资源和技术储备，加快推进能源发展方式转变。

分布式能源项目、国内最大的新能源微网工程——舟山东福山岛综合新能源微网项目建成运行，项目采用风能以及太阳能等新能源为主，柴油发电为辅的供电模式，总装机容量 510kW。

（六）共建和谐责任

1. 加强党建工作

深入开展纪念建党 90 周年“五个一”系列活

动、“转型发展当先锋，创造一流做表率”主题实践活动和“双百访谈”活动，创先争优成果丰硕。推进学习型党组织建设，进一步加强和改进中心组学习。

2. 建设家园文化

制定了“家园”文化建设五年规划，召开了集团公司成立以来首次企业文化建设会议，总结了经验成果，明确了奋斗目标，部署了工作任务。开展企业文化建设示范基地争创活动，命名了衡丰电厂等4个首批企业文化建设示范基地。开展百户“和谐家庭”创建活动。

3. 大力反腐倡廉

以“讲案例、学法规、划底线”为主题，集中开展了反腐倡廉宣传教育活动。完善集团公司党风廉政建设责任制实施办法、“三重一大”决策制度实施办法，出台了进一步加强和改进巡视工作的意见，惩防体系进一步健全。加强纪检监察组织机构建设，配备了党组纪检组成员。建立健全党组巡视工作制度，工作经验在中纪委巡视工作座谈会上交流。继续加强小金库和工程建设领域突出问题专项治理，加大对关键环节和重点岗位的监督力度，直接监督招标项目1047个，查核案件56件。

4. 维护员工权益

加大工会组织建设力度，职工入会率实现100%。加强职代会制度建设，切实落实职代会的各项职权。坚持平等协商和签订集体合同制度，使劳动关系建设日益走上法制化、制度化轨道。健全三级厂务公开机制，集团公司荣获“全国厂务公开民主管理先进单位”称号。做好劳动保护工作，保障员工职业安全健康。持续推进“惠民工程”，让员工共享发展成果。帮扶困难员工13 000人次。企业年金制度覆盖面达到100%。

5. 促进员工发展

深入实施人才强企战略，推进“员工素质提升工程”，探索研究三支（管理、技术、技能）人才队伍成长规律，培训员工20多万人次。

6. 支持社会公益

集团公司大力支持社会公益事业，在企业发展进步的同时关注民生，切实履行社会责任，积极服务和谐社会建设，向困难和受灾群众捐款，积极组织物资捐赠、血液捐献、扶贫助困等公益活动，丰城公司、聊城电厂、吉林热电等多家企业受到所在地政府表彰。国电大渡河“双同”爱心帮扶基金会2011年向大渡河流域捐建一所希望小学、三座诊疗所，开展了向凉山州“板凳工程”、凉山州甘洛县洪灾、贫困学生帮扶等捐赠活动。

六、中国国电2012年社会责任目标（略）

中国电力投资集团公司2011社会责任报告（摘要）

第一部分　关于我们

中国电力投资集团公司（简称中电投集团）是国内五大发电集团之一，是国家三大核电开发建设运营商之一。

公司理念（见表1）。

表1　公 司 理 念

企业愿景	建设经营管理科学、结构布局合理、环保水平领先、员工素质优秀、企业文化先进、可持续发展能力强的世界一流能源企业集团
企业精神	奉献绿色能源 服务社会公众
企业价值观	“人、诚、和、实、优”五元价值观
企业理念	1. 工作理念：策划　程序　修正　卓越 2. 安全理念：任何风险都可以控制 任何违章都可以预防 任何事故都可以避免 3. 经营理念：诚信　成本　效率　增长　全员 4. 人才理念：想干事　能干事　会干事　干成事 5. 环保理念：营造绿色环境　构建生态文明 6. 管理理念：对标管理　强化执行　持续改进　争创一流 7. 廉洁理念：清白做人　干净做事
企业形象	优秀的现代国有企业；优秀的市场竞争主体 优秀的绿色能源公司；优秀的跨国经营集团
员工形象	有理想　有道德　有文化　有纪律
企业传播语	和谐中电投　绿色能源情
社会责任理念	致力于建设成为可持续的绿色能源供应者

2011年获得的荣誉及奖项：首都国家安全先进集体，全国模范劳动关系和谐企业，“十一五”节能减排优秀企业，中央企业保密工作先进单位，中央企业援疆工作先进单位，2011年度国家优质工程金质奖，国家优质工程奖设计30周年经典工程，中国电力优质工程奖。

第二部分　公司治理

1. 治理架构（见表 2）

表 2　　　　公司治理架构

专业委员会和领导小组	专业委员会和领导小组
预算管理委员会	创先争优活动领导小组
安全生产委员会	招标领导小组
审计与风险管理委员会	总部住房制度改革工作领导小组
精神文明建设委员会	“上大压小”工作领导小组
核电事故应急委员会	标准化管理领导小组
保密委员会	管控一体化工作领导小组
科学技术进步奖评审委员会	辅业改革领导小组
核电专家咨询委员会	法制宣传教育工作领导小组
新疆工作领导小组	国家安全小组
投资项目协调小组	惩治和预防腐败体系建设领导小组
综合业绩考核领导小组	工程建设领域突出问题专项治理工作领导小组
金融集约化领导小组	治理商业贿赂领导小组
信息化领导小组、ERP 系统建设项目领导小组	技术监督工作领导小组
核电工程建设领导小组	节能降耗领导小组
几内亚项目领导小组	节能减排工作领导小组
煤制烯烃项目领导小组	价值管理体系建设工作领导小组
	小金库专项治理回头看工作领导小组

2. 企业改革

(1) 管控一体化改革。

(2)“一厂多制、一厂多公司”改革和辅业改革。

(3) 厂办大集体改革。

(4) 干部人事和工资分配制度改革。

3. 监督与保障

(1) 内控与风险。集团公司以风险为导向，以流程为纽带，以增值服务为目标，与审计项目密切结合，开展内控评价工作，完成各类审计项目 479 个，提出 960 余项改进意见，促进增收节支金额 7.6 亿元，揭示了七大类系统性风险，规范和加强风险管理及内控的理念更加深入人心，工作范围和影响不断扩大，作用发挥愈加明显。

改进风险管理及内部控制方法流程图见图 1。

(2) 监督与反腐。集团公司以惩治和预防腐败体系建设为主线，全面推进反腐倡廉建设，为集团公司持续健康发展提供了有力保证。

(3) 依法治企。集团公司 20 家重要子企业全部建立总法律顾问制度，全部建立了法律事务工作机构。推进《集团公司落实中央企业法制工作第三个三年目标实施方案》进一步完善深化依法治企。

第三部分　科学发展

1. 电力产业发展

(1) 火电产业。2011 年，集团公司火电装机规模、结构、布局进一步得到改善，高效、节能、环保的大容量、高参数机组已成为火力发电的主力。集团公司 2003～2011 年 60 万 kW 及以上火电装机容量见表 3。

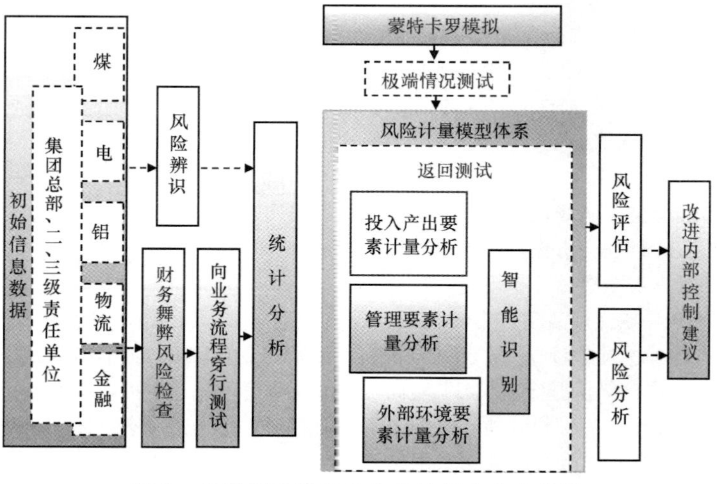

图 1　改进风险管理及内部控制方法流程图

表 3　　集团公司 2003～2011 年 60 万 kW 及以上火电装机容量

火电装机	年份								
	2003	2004	2005	2006	2007	2008	2009	2010	2011
台数（台）	2	2	2	2	12	18	21	31	37
装机容量（万 kW）	120	120	123	123	707	1105	1291	2089	2465
装机容量占比（%）	7.10	6.88	5.65	4.68	21.25	26.87	29.81	40.69	44.21

（2）水电产业。2011 年，集团公司水电新投产容量为 20.5 万 kW，期末水电装机总容量达到 1794.73 万 kW，同比增长 1.155%，继续保持五大发电集团首位。集团公司 2007～2011 年水电装机容量见表 4。

表 4　　集团公司 2007～2011 年水电装机容量

年份	2007	2008	2009	2010	2011
装机容量（万 kW）	962.92	1053.87	1463.39	1774.23	1794.73

（3）核电产业。集团公司参股运行核电机组权益容量为 164 万 kW，控股在建核电机组容量为 466 万 kW，参股在建核电机组权益容量为 160 万 kW。根据集团核电“三步走”发展战略，到 2020 年，在建核电装机容量达到 1000 万 kW，投运核电装机容量 1400 万 kW。

（4）新能源产业。2011 年，集团公司风电新投产容量达 107.03 万 kW，太阳能光伏发电新投产容量达 38.25 万 kW。期末风电装机容量达到 271.06 万 kW，同比增长 65.3%；太阳能装机容量达到 38.45 万 kW，比 2010 年底的 0.2 万 kW 增加了 192 倍。

2. 非电产业发展

（1）煤炭与物流产业。2011 年，煤炭物流产业整体发展势头提升明显。贵州木担坝、左家寨煤矿投产，新增煤炭产能 75 万 t/年。蒙东巴其北煤田探矿权获得延续，新疆、贵州区域煤矿整合取得突破，锦州至白音华铁路通道扩能和新疆黑梭井煤矿等对后续发展有重大影响的项目相继启动。“赤大白”铁路完成初步验收。锦赤铁路跨越国铁问题全部得到解决，控制性工程全部建成。锦州港、滨海港按计划推进，九江港获得国家发改委核准，“蒙煤南运”大通道加快建设。

（2）铝产业。集团按照加快形成“铝土矿—氧化铝—电解铝”全产业链的要求，加强铝业上下游产业的协同发展。2011 年，集团收购重组晋北铝业，增强对铝业上游的控制力；推进新建电解铝产能顺利释放，鑫业二期、宁东二期一系列、鸿骏铝电三期合计释放产能 84 万 t；加强战略合作，与美铝签署成立高端铝加工项目合作合资公司意向函。

（3）高新产业。

1）光伏产业：集团公司结合自身优势投资建设了多晶硅、光伏电池及组件等光伏产业项目。

2）环保产业：以市场为导向，着力推动九龙电力环保产业发展，全力打造集团公司环保产业发展平台、专业化技术服务平台和融资平台，保持和发展了九龙电力在国内环保产业的领先地位和行业优势。

3. 资本运作

集团公司 2011 年共实施对外并购 12 项、涉及并购投资 65.11 亿元，实际完成并购投资 31.25 亿元。

（1）开展清洁能源并购重组。2011 年，集团公司共计投资 17.55 亿元进行对外清洁能源的并购重组，新增水电投产及建设装机 177.55 万 kW，新增风电装机 20.1 万 kW。

（2）完善产业链的并购重组。2011 年，集团公司并购山西晋北铝业，新增氧化铝产能 260 万 t。

（3）推进管控一体化实施的并购重组。2011 年，集团公司投资 1.3 亿元收购了长洲水电少数股东持有股权，以 2.17 亿元收购了江西新昌公司少数股东持有的股权。收购完成后，集团公司对上述两家公司均 100%控股。

第四部分　经营绩效

1. 市场营销

（1）电力市场。大力拓展电力市场，充分利用一切有利条件和市场机遇，努力增供扩销；同时注重电量结构优化，增加发电收益；积极争取各项价格政策，电力市场获得平稳增长。2011 年，全年完成发电量 3259 亿 kWh，同比增长 10.8%；其中，水电、风电、太阳能累计发电 548.99 亿 kWh，全年水电与新能源板块实现利润 24.8 亿元。

（2）煤炭市场。2011 年，煤炭产量首次突破 6000 万 t，达到 6068 万 t，同比增加 658 万 t，增长 12.1%；实现销量 6293 万 t，同比增加 507 万 t，增长 8.8%。赤大白铁路完成运量 968 万 t，同比增加 395 万 t，增长 69%。煤炭实现营业收入 93.56 亿元，同比增加 28.69 亿元，增长 44.2%；实现利润 21.86 亿元，同比增加 4.49 亿元，增长 25.86%。集团公司煤炭自给率达到 27.2%，大东北地区煤炭自给率达到 80%。

（3）铝业市场。建立了决策科学、及时高效的市场运作体系，组织开展期货业务日、周、月数据统计分析工作，根据期货行情走势和现货市场情况，及时调整现货销售策略。2011年，电解铝产量203万t，同比增长17.1%，实现销售收入480.87亿元，实现利润超过20亿元。

2. 基础管理（略）

第五部分 安全保障

1. 核电安全

（1）核电安全要求。集团公司提出了“遵循科学规律、遵循核电规律，强化各级责任、强化过程管理，确保安全、确保质量”核电工作理念。

（2）安全质量保证。集团核电项目质量保证体系和HSE管理体系标准化建设取得初步阶段成果，标准化的质量保证大纲已通过专家评审，HSE管理体系建设正按计划有序推进。

（3）核电事故应急保障。集团公司成立了核事故应急委员会，制定了《集团公司核事故应急管理规定》。建立了海阳核电厂核应急响应组织机构和对外联络机构，同时对海阳核电厂核事故应急工作发挥指导、支援和协调作用。

（4）培育核安全文化。集团公司开展了核安全文化培训，组织核电安全管理经验反馈，切实将核安全文化贯彻到基层，进一步提升安全质量理念和意识。

2. 安全监督保证体系

（1）安全管理体制。进一步健全安全生产组织机构，理顺管理职能，强化监督和保证“两个体系”的综合协调作用，建立了全新的安全工作体系，确保了各项工作的有序推进。

（2）安全管理制度。坚持把强化领导责任落实、完善重点环节工作标准作为重要的基础工作加以推进。建立和实施了重大安全生产事项领导到场规定和煤矿领导干部现场带班制度，完善了重大安全生产隐患认定和管理标准，提出了安全生产规范化标准化建设的指导意见，进一步夯实了基础管理工作。

（3）安全生产标准化。规划企业发展与安全生产工作，组织开展了安全生产“十二五”规划编制工作，及时启动了安全健康环境管理体系和安全生产标准化建设工作，完成了体系建设初步方案，提出了安全评价机构组建思路和电力安全生产标准化达标初步方案。

（4）隐患排查与治理。以治理重大隐患、防范重大风险、杜绝重大事故为目标，着力加强重点领域和重点环节的安全监管工作。推进煤矿瓦斯防治和安全避险等“六大系统”建设，全面开展铝业供电整流系统专项治理。持续跟踪、监控和督办重大隐患和事项的整改，完成了赤大白铁路等隐患治理，成功实现无顺电厂机组停运。

（5）承包商安全管理。规范外包工程（项目）及劳务用工管理，印发了《关于进一步加强外包工程及劳务用工安全监督管理的通知》，并组织专题培训，推广外包管理上的良好实践。

3. 安全应急管理

（1）应急组织。从总部到三级单位，均成立了安全生产应急管理委员会，设置了应急指挥和响应中心，根据集团公司产业多元化结构特点，实行归口管理、分口负责的安全生产应急管理模式。在金元集团能发公司和新疆公司四棵树煤炭公司两个煤炭生产运营的三级单位建立了煤矿专业应急救援中队。

（2）应急预案。部署开展了完善应急预案工作，并通过试点推动，进一步规范了从预案制定到备案各个环节的工作。全公司形成各类应急预案20000余个，基本涵盖了突发事件的各个方面。

（3）应急能力。认真总结应急管理工作的经验教训，部署开展了应急演练周活动，重点针对易发自然灾害开展了应急演练，有效应对了一系列突发事件。在雨雪冰冻灾害时期，地处灾区的有关单位采取积极有效措施，杜绝了人员伤害事故，保证了生产平稳。

4. 培育安全文化

（1）安全教育培训。集中组织开展了6期重点针对管理、应急、环保的安全教育培训，600余名二、三级单位安全管理人员、应急管理人员和环保管理人员接受了培训和考试。各单位以“安全生产月”、“安全教育培训年”、主题宣传和知识竞赛等活动为载体，深入开展安全教育培训，员工素质得到提高。

（2）基层安全文化培育。着力加强基层安全文化建设，制定出台了《班组安全活动指导意见》，重点从作业危险因素识别与控制入手，提出了班组安全活动的规范性要求，近一步加强了班组安全工作。深化反违章活动，在全系统建立了典型违章界定及处理工作制度和标准，为控制和减少违章行为发挥了积极作用。

第六部分 环保科技

1. 节能降耗

（1）节能减排。2011年，集团公司供电煤耗完成321.77g/kWh，比2010年减少10g/kWh。综合厂用电率完成7.41，同比下降0.6个百分点，相当于增加上网电量16.3亿kWh。全年二氧化硫排放量66.16万t，完成二氧化硫减排4.5万t。废水排放绩效为0.20kg/kWh，烟尘排放绩效为0.30kg/kWh。

集团公司通过实施在运火电机组除尘器和脱硫设施改造，加强脱硫机组管理，累计脱硫装置投运率完成98.11%，同比提高1.23个百分点，累计脱硫效率完成92.12%，同比提高0.6个百分点，累计二氧化硫排放绩效完成2.36g/kWh，同比下降0.52g/kWh。

（2）降耗管理。2011年，重点开展了火电汽轮机的通流和汽封改造，改造后平均降低供电煤耗10g/kWh，开展了火电机组的变频改造，改造后平均降低厂用电率约0.5个百分点。

（3）循环经济。集团公司对生产过程中产生的固体废弃物进行综合利用，大力推进循环经济，实现清洁生产。

2．污染排放控制

（1）减排监管。集团公司对环保设施严格管理，对主要污染物排放监管力度不断加强。对已完成脱硫增容、除尘技改的机组及时修编运行规程，加强运行人员培训。

（2）治理改造。完成了9台机组270万kW容量的脱硫增容改造（纳雍电厂6台、黔北电厂2台、蒲州电厂1台），使机组脱硫效率提高10%左右，二氧化硫减排能力得到较大提升，为高硫煤地区的环境保护作出了突出贡献。永川发电2×135MW循环流化床加装炉外湿法烟气脱硫。平圩4号机组利用小修机会对锅炉低氮燃烧器进行改造，改造后氮氧化物排放浓度从500mg/Nm^{3}降至350mg/Nm^{3}左右。完成纳雍、黔北、平东热电等布袋除尘器改造。

3．科技创新

（1）技术支撑体系。按照“统一规划、分步实施”的思路，不断完善技术支撑体系。目前拥有国家地方联合工程研究中心1家，国家认定企业技术中心2家，省级企业技术中心2家，国家创新型企业和创新型试点企业各1家，博士后科研工作站4个。

（2）重大科技项目。2011年，国家科技支撑计划“燃煤电厂烟气脱硫脱硝脱汞关键技术研究与工程示范”项目通过验收，“20孔薄壁催化剂”荣获国家重点产品称号，“BSP烟气脱硫成套装备”被列入省部级高新产品。申报的国家“十二五”科技发展规划备选项目——“含可再生能源的孤立电网的运行控制技术及示范”和“大规模褐煤脱水关键技术研究与工程示范”成功进入国家重点支持项目库并实现了同年出库，获得经费近1300万元。

4．保护生态环境

（1）绿色发展。集团公司一贯秉承“奉献绿色能源、服务社会公众”理念，大力发展低碳能源、清洁能源，截至2011年末，集团清洁能源装机比重为29.83%。在西藏、青海、甘肃、江苏等地发展光伏电站，建成了全国最大的格尔木200MW太阳能电站。

（2）环境友好。集团公司一直致力于打造环境友好型企业。在黄河上游水电开发过程中，强化项目运营期生态环境建设和环境保护设施运行管理，积极实施生态环境建设，绿化厂区、生活区环境，加强鱼类增殖驯养工作。

第七部分　和谐企业建设

1．员工机构（略）

2．社会公益

（1）保证电力供应。集团公司通过会议和文件下发，要求各下属单位进一步落实安全生产责任，有针对性地做好“两节”、“迎峰度夏”、“主汛期”、“迎峰度冬”、“凌冻期”等特殊时期的安全生产和机组设备稳定运行。严格组织好机组的等级检修工作，配合当地电网公司，合理安排机组的等级检修计划，严格执行“三制一化，创全优”的机组检修理念，确保机组设备的健康性和可靠性。制定并督促执行好大型操作和作业主要领导和技术骨干到位指导制度，保障机组在各类工况下的稳定运行。利用燃料管理系统实时核定各基层单位的煤炭库存，保障合理的库存储备，提高风险承受能力。

（2）参与公益事业。集团公司大力推进“映山红”志愿服务活动，健全志愿行动工作体系，发布“映山红”青年志愿者标识系统，开展“映山红”青年志愿者集中注册工作，目前，集团公司共有注册“映山红”青年志愿者5808人，累计资助学生2422名，新增捐建“映山红”爱心书屋5所，累计捐建23所。

集团公司以爱心助学服务为重点，不断拓展志愿服务工作的内涵和外延，上海电力、成套公司团委与2所农民工子弟学校结对；漳泽电力团委、河南公司团工委开展“手拉手”志愿服务，帮助外出工作职工家庭购买油、米、面，给职工子女辅导功课，并陪同老人看病就医；财务公司团工委开展“爱心暖冬”捐衣活动，为江西贫困学生捐助冬衣棉被238件（床）；云南国际“映山红”青年志愿者积极参与缅甸密支那市火灾救援工作，并经常在当地组织开展帮老扶幼、义务巡诊和捐赠助学等活动。

（3）维护和谐稳定。集团公司高度重视企业和谐稳定工作，层层落实维稳信访工作责任制，健全维护稳定和促进和谐企业建设的工作体系和制度机制，形成齐抓共管的维稳工作格局。集团公司坚持“以人为本”，构建了职工关怀体系，建立了员工特重病救助制度，集团公司领导带头深入基层，调查研究，真心实意为职工办实事、做好事、解难事。各基层单位把维护稳定作为硬任务，注重源头预防，加强预警预控，围绕管控一体化改革、企业重组、辅业改制、“上大压小”等职工关心的热点、难点问题，做好深入细致的思想政治工作，切实帮助职工解决实际困难，维护了职工队伍稳定，营造了和谐的企业发展环境。

第八部分　未来展望（略）

新闻出版

【英大传媒投资集团有限公司】

单位概况 英大传媒投资集团有限公司（简称英大传媒）是国家电网公司的全资子公司，于2008年8月7日正式成立。

英大传媒以新闻、出版为核心业务，具有优良的图书出版资质和较强的品牌策划、渠道营销、广告经营能力；旗下拥有《国家电网报》、《亮报》、《国家电网》杂志、《企业软实力》杂志、《能源评论》杂志、国家电网电视频道（SGTV）、英大网（www.indaa.com.cn）、电网新闻网（内网 news.sgcc.com.cn）、电力设备网（www.cepee.com）、《国家电网报》手机报等媒体；拥有60年历史的中国电力出版社年出版发行电力、电子、教材、经管、建筑、机械、外语、少儿等领域各类图书2000多种；同时开展品牌策划、会议展览、软件开发、装帧设计、投资及相关业务。英大传媒是中国首家企业传媒集团，是新闻出版总署新闻出版领域体制改革重点联系单位。

英大传媒下设4个全资子公司［《国家电网报》社有限公司、中国电力出版社有限公司、英大传媒投资集团南京有限公司、国网卓越传媒广告（北京）有限公司］，1个参股公司（北京世纪东方科技发展有限公司）；共设有7个职能部门，17个业务中心，在国家电网公司所属网省公司及相关单位建立了36个记者站。

人力资源 2011年，英大传媒加大干部选任交流力度，创新干部选任机制，建立了以竞争上岗为主要通道的干部选任机制，开展干部交流轮岗，促进中层干部合理流动。开展中层干部360度考评，结合英大传媒业务特点开发出反映领导干部德能勤绩廉5大类的考核体系，创新考核流程，强化干部监督，促进健康成长。创新毕业生招聘方式，提升招聘效率，有效弥补了结构性缺员现状。关注员工成长与发展，完善员工薪酬福利体系。

创新教育培训方式方法，利用德鲁克学院等外部培训资源，加强培训管理和人才培养。在举办各类人员培训的同时，举办业务知识竞赛，以竞赛促进培训，以竞赛检验培训，开展群众性读书活动，营造学习氛围。2011年，英大传媒统筹中层干部、各类专业人才培养和新员工集中培训工作，共完成各类人员培训83次，参与员工达8997人次，全员培训率达98.9%以上，初步建立起多层次、全方位的教育培训体系。

经营管理 传媒产业。制定并实施英大传媒“十二五”发展规划和人力资源、财务、信息化三个子规划，做好发展规划与年度综合计划衔接，增强规划的刚性约束力。完成《亮报》市场化发展管理咨询项目研究，加快体制机制创新，推进公司化运营；争取《企业软实力》独立刊号，加快市场化发展；完成财经媒体创办调研、方案制定工作，加快筹组进度。拓展影视剧领域，完成国资委保密警示教育系列片《至高无上的利益》、农电安全系列剧《不该发生的悲剧》等电视剧的编剧、拍摄工作，丰富了英大传媒服务国家电网公司工作的手段。完成对人民网战略投资并履行好股东权益，推进与外部优质资源合作。组织开展国家电网公司宣传资源整合工作，成立组织机构，制定建议方案，加强沟通协调，确保整合效果。

企业管理。严格落实国家电网公司依法治企各项要求，加强制度建设，夯实依法治企工作基础，认真开展自查自纠和整改工作，规范决策和经营管理工作程序，最大限度地防范和化解风险。加大媒体发行工作力度，拓展媒体覆盖面。增设报纸山东分印点，提高邮发时效，节约了发行成本。加强管理和业务部门“三个中心”建设，持续深化人财物集约化管理，优化组织机构，人员配置优先充实业务部门，增强业务发展能力。实施人才强企战略，加强高素质员工队伍建设，开展新闻、出版专业知识竞赛，多次组织开展干部竞争上岗，一批工作业绩突出、群众公认的优秀年轻员工走上了管理岗位，优化了干部结构。开展总经理奖励基金评选和表彰工作，鼓励突破创新。加强财务预算管控，全面推行月度现金流量管理，实现从业务前端发起编制预算，维持稳定现金流，实现主要财务指标持续稳定增长，财务状况稳健，资产质量优良。争取国家文化体制改革政策支持，落实杂志退税政策。加强物资管理制度化建设，扩充了评标人员库，拓展招投标采购范围。英大传媒顺利通过国家电网公司首批信息化深化应用考核，SAP-ERP、报纸采编、出版ERP等生产系统和协同办公、企业门户等管理系统应用水平明显提高。

服务公司发展 新闻宣传和主题传播。以主题传播活动为重点，加大重要报道选题策划力度，完成国家电网公司重要会议、重大活动、重点工作的宣传报道和主题传播工作。加强新闻策划，优化报道内容，创新表达形式，改进报道文风，增强各媒体的贴近性和可读性。完成青藏联网工程、特高压和坚强智能电网、庆祝中国共产党成立90周年、2011智能电网国际论坛等重大活动的全媒体策划和联合采访报道，持续跟踪报道“为民服务创先争优”、“三集五大”等重点工作。针对青藏电力联网工程累计组织34批文字、摄影、电视记者和诗人作家共130余人次深入一线采访报道，策划推出“行走电力天路”等系列报道，《人民日报》、《经济日报》等主流媒体刊发摄影专版，完成诗歌、报告文学、画册、长卷、专题片等创作。加强与记者站交流互动，形成每月宣传策划通报制度，增强对各单位新闻宣传、记者队伍建设的业务指导能力。

《国家电网报》“西藏户户通电工程”系列报道荣获第二十一届中国新闻奖三等奖。《国家电网报》、《亮报》共28件作品荣获第二十五届（2010年度）中国产经新闻奖，2件作品荣获全国安全生产新闻奖。《能源评论》杂志荣获首届中国传媒设计大奖最佳封面设计佳作奖。英大传媒1件作品荣获三峡输变电工程建设2004～2009年度好新闻奖、10件作品荣获第十五届行业电视节目展评奖。国家电网公司视频档案库荣获中国广播电视设备工业协会2010年科技创新奖，申请专利4项；《企业标准化管理信息系统》申请专利2项。

图书出版。制定并落实图书“十二五”选题规划，调整出版结构，形成图书选题规划体系。优化出版资源配置，增强电力主专业图书出版实力。组织庆祝中国电力出版社成立60周年系列活动。加强图书质量管理，组织好国家重点出版规划项目、国家电网公司电力科技著作出版项目、《中国电力百科全书（第三版）》、电网高端技术专著等重点图书出版工作，做好出版物奖项申报工作。加强图书出版对外交流，推进版权合作，实现《智能电网技术》繁体字版权输出。做好管理实务、心理励志等财经图书出版工作，加大外版财经图书引进力度。完成梦工厂《功夫熊猫2》等系列原版图书翻译及原创图书共23个单品图书出版工作。推进数字出版业务发展，完成部分图书、报纸新闻信息、视频等内容数字化工作，完成自有版权保护技术的数字图书馆框架搭建工作。做好书盘结合，推进音像电子出版物发行。推动图书营销创新，创办英大书香网电子商务平台以及英大书香卡，建立起网络销售与服务平台配送相结合的营销模式。

中国电力出版社荣获第三届“韬奋杯”全国出版社青年编校大赛团体三等奖。《中国重大技术装备史话》荣获2011年度国家出版基金资助。《发电厂事故案例动态演示分析》荣获“第二届中国出版政府奖电子出版物奖提名奖”。英大传媒16种图书、音像制品荣获中国电机工程学会2009～2010年度优秀科普作品奖。17种图书、电子出版物入选“十二五”国家重点出版规划。

品牌策划。完成近60万人参与的智能电网知识竞赛组织工作；组织征集、评选国家电网公司大众传播品牌口号“你用电、我用心”，并做好宣传推广工作；策划出版反映鲁能体育精神的报告文学《望岳》和反映国家电网公司科技创新的报告文学《国家负荷》。《能源评论》杂志连续两年获邀参与国际能源领域知名媒体采访活动。完成世园会智能电网体验馆、薛家岛电动汽车充换电站展示中心、中华长歌行、“十一五”成就展等50多个重点品牌项目策划；完成2011智能电网国际论坛会场服务与组展布展工作；完成公司“两会”文艺晚会音画诗《大地脊梁》创作与演出，做好会议展览展示、会场服务等工作。配合开展“品牌塑造年”各项活动，积极参与国家电网公司智能电网对外传播和品牌公益形象传播等工作，进一步加强各直属单位宣传策划服务。开展国家电网公司直属产业企业品牌战略研究，探索品牌咨询服务业务。

“走基层、转作风、改文风”活动。与宣传国家电网公司重点工作相结合，以培养和锻炼新员工、年轻编辑记者为重点，派出55批次130名记者深入生产和服务一线，组织开展系列活动。各媒体开设“走转改”活动专栏，策划面向基层、服务群众的图书选题，建立“走转改”长效机制。以各媒体为活动主体，在国家电网公司系统内外偏远艰苦地区的基层单位建立了32个“走转改”活动基层联系点，建立日常联络机制。组织图书编辑深入电力企业、科研院所、农家书屋、印装企业等开展调查研究，了解市场需求，挖掘选题资源，加强作者队伍建设。

党的建设和精神文明建设 组织开展庆祝建党90周年系列活动，以创建“电网先锋党支部”为载体，激励广大党员立足岗位、争创一流。成立英大传媒直属党委和纪委。落实党风廉政建设责任制，弘扬“干事、干净”理念，严格执行“三重一大”决策制度。加快构建科学的管控与惩防体系，成立协同监督工作委员会，聘请党风廉政监督员，形成了协同监督工作格局。

组织开展义务植树、兴趣小组、“健康长走”等活动，丰富职工文化生活。成立英大传媒计划生育委员会。成立英大传媒团委。落实离退休老同志待遇，组织关怀慰问活动。

荣获国家电网公司"'品牌传播年'活动先进单位"、"2010年度信息工作先进集体"称号；荣获第三届中国产业报协会"社长创新奖"；"打造一流载体，做舆论引导先锋"企业文化精品工程案例荣获"公司企业文化建设优秀案例二等奖"。《国家电网报》社有限公司荣获2010年度"国家电网公司先进集体"称号。《国家电网报》编辑中心党支部荣获国家电网公司"电网先锋党支部"标兵称号，电网图书二中心党支部荣获国家电网公司直属党委"先进党支部"称号。姚雷同志荣获"国家电网公司劳动模范"称号。

（王红亮）

【南方电网传媒有限公司】

单位概况　南方电网传媒有限公司（简称南方电网传媒公司）是中国南方电网有限责任公司的控股子公司，成立于2010年9月3日，总部设在广州。南方电网传媒公司注册资本为6000万元，6个股东分别为中国南方电网公司、广东电网公司、广西电网公司、云南电网公司、贵州电网公司、海南电网公司。南方电网传媒公司的宗旨是立足南方电网，开拓传媒市场，提升品牌价值，传播优秀文化，是在整合广东、广西、云南、贵州、海南五省（区）电网新闻传播和广告经营资源的基础上成立的专业公司。

南方电网传媒公司主要经营范围：传媒产业的投资、资产管理和经营业务；企业品牌策划与管理；媒介代理、媒体公关；广告设计、VI设计制作、电力展厅设计；影视节目制作；网络及电子商务；经营电费单DM直邮、户外大牌和户外LED、电视联播网等自有媒体；出版服务、商业印刷及资料编印；承办会议、展览、演艺、娱乐类活动；相关业务的咨询、培训、代理和中介服务。

组织机构

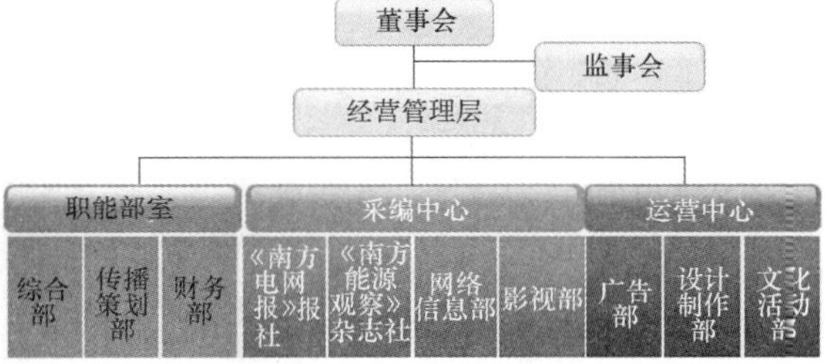

领导班子

南方电网传媒公司领导班子成员组成如下：

南方电网传媒公司董事长、党组书记：金戈鸣

南方电网传媒公司副董事长、党组成员：张燕维

南方电网传媒公司副总经理、党组成员：焦向阳

南方电网传媒公司副总经理、党组成员：陈向阳

南方电网传媒公司副总经理、党组成员：雷树华

业务开展情况　努力构建新闻策划核心能力。合力重磅策划了《南网雄鹰》深度报道，吸引了新华社、中央电视台等中央媒体纷纷推介南方电网基层员工的真实工作状态和精神风貌；全方位策划了"点亮大运，南网情深"寻电之旅活动，组织市民代表、大学生代表和主流媒体代表，行程4000km沿着输送路线进行实地考察；策划执行了全网"社会责任日"活动，统一了设计制作，开展了广场活动和媒体公关；立体策划了"点亮独龙江"典型报道，组织媒体记者深入最艰苦的云南边远地区采访，深入挖掘出在为民服务创先争优活动中南方电网涌现的最真实感人的事迹，引发中央媒体又一次聚焦南方电网，《人民日报》副总编谢国明在头版编发相关稿件后一再表示："题材难得，故事动人，精神可嘉。"

初步建成全媒体核心产品体系。继《南方电网报》后，《南方能源观察》杂志于2011年1月8日正式推出，南方电网公司新改版门户网站和《南网新闻联播》网络电视于2011年10月8日同时上线，覆盖报纸、杂志、网络、影视的全媒体产品体系初步建成。

《南方电网报》推出了"感动南网"、"幸福在哪里"、"流金岁月"、"寻电之旅"等广受员工欢迎的策划，围绕企业转型之路、一体化管理、大运保电经验、为民服务创先争优等，推出了一系列具有导向性、建设性的深度报道，编发《内部参考》，创建了"感动南网"品牌活动。

《南方能源观察》策划推出了俄罗斯能源部部长、哈萨克斯坦总理、苏联总统戈尔巴乔夫、著名经济学家吴敬琏等高端人物的专访；对电动汽车的路径选择、新农网改造、新加坡电力管理经验、大湄公河次区域电力合作、海上风电等进行了深入报道；配合电网的中心工作，如中长期发展战略、节能发电调度、西电东送可持续发展、大运保电、主辅分离等进行了专题报道。

南方电网公司网站改版并全新上线，配合南方电网中心工作，先后推出了一系列网络专题，受到了南方电网员工的广泛关注，积累了网络事件营销的经验。研发并推广舆情监测技术系统，组建专业队伍，实现全天候监测，编撰舆情专报、日报和月报，坚持第一时间发现和报告，构建了网络舆情"第一道防火墙"。协助处置多起重大舆情，全力保障全网未发生重大负面网络舆情广泛传播和产生恶劣影响的事件，舆情监测与新闻应急处置响应率100%。做好了公司的信息化工作，编写了《南网传媒公司十二五信息化实施计划》并通过网公司信息部的评审。

《南网新闻联播》于10月18日推出并定期播出推出《媒体聚焦》、《南网故事》和《专题展播》等栏目。充实了影视制作软硬件资源，逐步建立全网影视素材资料库。依托《南网新闻联播》，组织全网影视工作者做好网内各项重大活动影视摄制、资料整理保存工作，为内宣外宣积累和提供影像素材。摄制了南方电网公司形象片、深圳大运会南方电网广告片、社会责任报告专题片等，播出后受到网内外受众的高度关注，相关专题片在国家部委有关会议上播放后受到高度肯定。

企业管理 队伍建设。至2011年底，公司共有员工107人。公司中层干部平均年龄35岁，70后、80后成为中坚力量。大力推进人力资源管理创新。按照忠诚、专业、实干的原则，汇聚了一批新闻采编、品牌策划传播、媒介购买、广告经营、影视制作、网络运营、活动策划、设计制作等领域的专业人才。在全网率先打破传统用工模式，探索与市场接轨、以业绩为导向的考核体系，探索以能力上岗、按业绩取酬的激励措施，以工作业绩作为评价人、使用人的基本依据，形成了能进能出、能上能下的用人机制。全年共组织培训29期，全员参培率达100%。

党的建设。以“新闻传播专业化，创先争优促‘三好’”为主题，开展具有传媒特色的为民服务创先争优活动，在活动中提升客户服务水平，提升新闻宣传业务和传媒经营管理水平，确保各项工作任务落到实处。深入推进先进党组织、优秀共产党员创建活动和党员公开承诺活动。深入开展“四好”班子创建活动，建立党组中心组学习常态机制，重点加强党性修养和能力建设，使领导班子成为带领南方电网传媒科学发展的核心力量。结合传媒产业特点建立健全惩防体系，认真落实党风廉政建设责任制，加强廉洁从业教育，加强对重点领域和关键岗位的监督，不断提高监督水平。以“七个一”为载体扎实开展纪律教育月活动，以“铭记历史、增强认识”为重点举行党史知识竞赛，以“继承传统、坚定信念”为主题开展革命传统教育。

企业管理。完善治理结构，依法规范运作。滚动修编符合一体化要求、符合传媒特点的管理制度体系。严格股东会、董事会、监事会制度，坚持和完善“三重一大”议事及决策制度，严格执行招投标管理办法，构建科学完善的内部控制体系，提升风险管控能力，加强法律风险防范，未发生违法违规行为。以提高运营效益，促进规范运作为目标，探索建立了结合传媒公司业务特点的财务管理制度体系。提高价值创造能力，加强成本控制，加强全面预算管理，积极拓展资金运作渠道，有效提高公司整体管理效率，保证了EVA指标实现正值。法律工作全面融入公司经营、决策过程中，促进了公司依法经营能力。提升全员保密意识，全年未发生失泄密事件。探索建立具有传媒企业特色的档案管理系统。严格落实维护社会稳定工作职责。制定组织机构优化方案，促进企业有效管控、高效运转。

经营管理 2011年度，公司广告、设计制作、传播策划三项业务已初步成长为公司经营主导业务，三项业务产值合计占公司总产值的比例达到69.7%。影视、网络信息、文化活动等业务还处于成长期，占总产值比例均低于10%。

广告经营方面，不断丰富营销手段，获得了客户的充分肯定。第一块自有LED屏—贵阳LED屏投入经营，签订3年经营合同。拓展新的增长点，开展活动营销，策动报纸、杂志的版面销售，组织南方电网传媒公司成立一周年暨客户联谊会活动招商活动。承接南方电网劳保用品设计招标项目。广告客户从2010年度的55家扩展至117家，其中系统外客户95家，占81.2%。

设计制作方面，作为南方电网传媒公司成立初期确定的主营业务，2011年实现了从无到有，快速成长，总计实施项目174个。收入主要来源自展览展示、纪念品和礼品制作、画册项目；原定主营业务变电站安健环项目取得突破，中标中山供电局、广州供电局变电站标牌制作项目。其他如办公用品、广告设计、图书资料编印、办公场所形象系统等方面开展的专业化服务业务均取得稳步增长。

传播策划和媒介代理方面，与41家社会媒体签署合作协议，获得更低的年度框架价格。在2011年初没有经营指标任务的情况下，通过策划为民服务创先争优系列活动、社会责任日活动、“节约用电、安全用电、科学用电”公益活动等，以主题活动带动主题传播，取得了社会效益和经济效益的双丰收。

文化活动方面，承接了“南方电网公司首届校园招聘宣讲会”等一系列大型活动、会议、论坛、文艺演出等。在开局艰难的情况下，下半年打开了局面，实现了业务量的迅速增长。全年完成项目26项。

网络信息服务方面，围绕南方电网门户网站建设和维护工作积极开展经营，培育网站建设技术能力，积极执行“1+5”网站建设项目，南方电网公司总部网站完成改版并建成上线。积极开发舆情监测产品，推广至系统内14家单位。开展网上营业厅界面设计、网络专题设计等项目。

影视服务方面，在完成好《南网新闻联播》和总部影视服务的同时，积极拓展了专题片、形象片、广告片摄制业务。

主要事件

1月8日，《南方能源观察》杂志诞生。

1月，主办“2010年度感动南方电网一线员工”评选活动，南方电网各单位员工积极参与投票，评选出十位感动南方电网一线员工。6月29日下午，在

2011年南方电网公司“同心结南网，同声歌颂党”庆祝建党90周年歌咏会上，网络评选出的10位感动南方电网一线员工获得表彰。

3月4日，南方电网公司张晓东副总经理莅临公司检查指导工作。10月27日，南方电网公司李文中总会计师到公司调研并召开座谈会。

3～6月，南方电网传媒公司陆续与广东电网公司、深圳供电局、广州供电局、南方电网科研院、广西电网公司、云南电网公司、贵州电网公司、海南电网公司共8个单位签订战略框架协议，进行年度新闻宣传和品牌建设合作。

4月8日，南方电网传媒公司发文《关于殷伍金等同志任职的通知》（南网传媒党〔2011〕11号），任命殷伍金同志为《南方电网报》执行总编；蒋志高同志为《南方能源观察》执行总编；谭启锋同志为网络信息部主任；马兴炼同志为广告部主任；唐毅同志为综合部副主任；谢荣文同志为影视部副主任。

4月26日，南方电网传媒公司召开2010年度股东会。会议审议并通过《关于南方电网传媒有限公司股东提名变更董事、监事人选的议案》：中国南方电网有限责任公司莫锦和接替陈真出任南方电网传媒有限公司董事；广西电网公司李一平接替王淼出任南方电网传媒有限公司董事；贵州电网公司陈真接替邱跃丰出任南方电网传媒有限公司董事；海南电网公司张勉荣接替李日亮出任南方电网传媒有限公司董事；中国南方电网有限责任公司何愈国接替王晓锦出任南方电网传媒有限公司监事。

8月10日，公司召开2011年度临时股东大会。会议审议并通过《关于南方电网传媒有限公司增加注册资本的议案》，中国南方电网有限责任公司增加投入注册资金人民币1000万元，增资后公司股权结构变更为：中国南方电网有限责任公司出资3000万元，占注册资本的50%；广东电网公司出资1250万元，占注册资本的20.84%；广西电网公司出资500万元，占注册资本的8.33%；云南电网公司出资500万元，占注册资本的8.33%；贵州电网公司出资500万元，占注册资本的8.33%，海南电网公司出资250万元，占注册资本的4.17%。

9月1日，南方电网报社被评为南方电网公司第26届深圳大运会保供电先进集体。南方电网报社全方位策划了“点亮大运，南网情深”寻电之旅活动，组织市民代表、大学生代表和主流媒体代表，行程4000km沿着输送路线进行实地考察，通过传统媒体和新媒体的广泛传播，全景式真实地展现了南方电网人的核心价值观和工作状态。

9月24日，南方电网传媒公司举办“南方电网传媒有限公司成立周年暨客户联谊会”，中国南方电网公司董事长、党组书记赵建国，副总经理张晓东莅临会议，并对南方电网传媒成立一周年来取得的成绩给予充分肯定。

10月18日，南方电网公司全新改版门户网站上线试运行，同日，《南网新闻联播》正式开播。

【中国电力传媒集团】 2011年，中国电力报社按照中央关于文化体制改革工作的最新部署，依托推动文化大繁荣大发展的政策优势，在电监会、新闻出版总署的关心支持下，中国电力报社积极推进机制创新，深化转企改制工作，分阶段、分步骤持续推进，相继完成了清产核资、注销事业编制、企业国有资产登记、梳理劳动关系、社保接续、事转企工商登记、中国电力传媒集团有限公司挂牌组建等转企改制工作。

2011年，中国电力报社按照党的新闻宣传工作要求和电监会要求，坚持正确舆论导向，积极宣传党的十七届六中全会精神，大力弘扬社会主义核心价值体系，大力加强电力监管工作的宣传舆论工作，宣传报道电力行业服务经济社会发展的实践，宣传先进模范人物，积极主动地服务于电力能源发展战略、地方经济社会发展、电力行业和电力企业、人民群众，以《中国电力报》为龙头的电力行业媒体进一步提升了影响力。

1. 转企改制组建中国电力传媒集团公司

2011年9月，报社被列为中央首批转企改制的非时政类报刊出版单位，并被新闻出版总署列为重点宣传推介单位。同月，国务院办公厅、中宣部、新闻出版总署核准中国电力报社组建电力传媒集团公司。《光明日报》、《中央非时政类报刊改革小组简报》、《中国报业》、人民网、新华网等权威媒体先后对报社的转企改制经验进行重点推介。11月，在中央文化体制改革领导小组办公室、国家新闻出版总署等有关部门指导下，起草了中国电力传媒集团有限公司章程和组织架构，构建了新的企业法人治理结构。12月26日，报社取得全民所有制《企业法人营业执照》，完成事转企工作。2012年1月6日，中国电力传媒集团有限公司在京揭牌成立，标志着中国电力报社成功完成转企改制工作，实现了由中央文化事业单位向现代传媒集团转型的历史性大跨越。

到2011年底，中国电力传媒集团（中国电力报社）拥有15个子公司、两个分公司、46家驻地记者站、1个直属记者站，拥有职工400余人。业务范围包括出版印刷、文化创意、影视制作、教育培训、酒店管理、文化地产等领域。集团公司坚持“立足电力行业、缔造现代传媒”的发展方向，努力建设导向正确、主业突出、实力雄厚、核心竞争力强的国内一流专业性文化传媒集团，通过服务社会，造福民生，致力打造电力（能源）公用信息综合传播平台，为各级政府、电力行业、电力用户和广大人民群众提供优质服务。

2. 进一步加强新闻采编平台建设

2011 年，电力报社进一步加强新闻宣传报道工作，坚持正确舆论导向，加强新闻采编平台建设，已经形成了《中国电力报》、《中国电业》、《中国发电》、《中国电业技术版》、中国电力新闻网、中国电力网络电视台、中电新媒手机报、电力 Pad、《电力监管舆情》、《电力决策参考》、《网络舆情参考》、《网络导报》等全媒体、立体化的采编平台。电力报社充分发挥采编平台优势，大力开展新闻宣传报道工作，积极开展“宣传贯彻党中央、国务院方针政策的主阵地，电力监管政策解读的主阵地，电力监管信息发布和披露的主阵地，电力行业信息发布的主阵地，了解民意、反映民情、为民服务的主阵地”建设，促进电力行业科学发展。

3. 电力行业媒体内容介绍

《中国电力报》：国家电力监管委员会主管、中国电力报社主办的全国电力行业唯一行业报。为宣传贯彻党中央、国务院方针政策，服务电力监管中心工作，服务电力行业和企业科学发展，服务地方经济社会发展和广大人民群众，积极开展五个主阵地建设，精心打造六大品牌栏目，促进电力行业科学发展。由新闻版（4 个）、6 个周刊组成。对开八版，周一～周六出版，全国公开发行，邮发代号：1—52，国内统一刊号：CN11—0076。

《中国电力报》所属《发电周刊》、《能源周刊》、《工程周刊》、《电气周刊》、《生活周刊》、《供电周刊》分别从发电、新能源及电力行业上下游、电力建设、电力设备、基层电力企业等领域和角度刊登专业化信息，提供多种新闻信息服务。

《中国电业》、《中国发电》、《中国电业技术版》杂志分别从政策发布、新闻信息、深度解读、发电领域、技术领域等刊登专业化文章和信息。

中国电力新闻网（www.cpnn.com.cn）：2001 年正式上线，是经国务院新闻办公室批准成立的中国第一家行业新闻网站，是电力行业唯一获得新闻刊载资质的网络新闻媒体，更是目前电力行业受众群最广、影响力最大的网络新闻媒体。

中国电力网络电视台：以视频为传播载体，以新闻资讯、专题报道、纪录片等不同方式，立体记录电力行业发展进程。

《电力决策参考》：宣传电力方针政策；研究电力改革发展中出现的新情况、新问题；反映电力职工关注的热点、难点问题；采集最新观点和研究成果之精华等。

《电力监管舆情》：通过对电力供需矛盾、电价调整、归口管理、行业竞争、公共服务、社会责任等突发或社会关注度高事件的报道和解读，反映民意，提供危机预警、应对策略及企业形象修复等。

《网络舆情参考》：客观反映舆情动向，科学揭示事件本质，全面反映网络社情民意，对有苗头性的事件作出预警或提示性分析，为领导干部提供决策参考。

电力舆情监测：是对互联网传播中针对电力企业及行业热点、焦点问题所持的有较强影响力、倾向性的言论和观点的监视、观察和预测行为，在此基础上研究应对措施。

中电新媒手机报：适应移动互联网发展和智能终端普及而研发的移动数字新媒体。

电力 Pad：是中国电力传媒集团与知名平板电脑合作打造的第一款专属于电力人的平板电脑。

《网络导报》：创办于 2009 年 6 月 18 日，是经国家新闻出版总署批准，由中国电力传媒集团和内蒙古日报传媒集团跨地域、跨行业联手创办的唯一一份互联网新闻周报。

4. 新闻宣传报道大事记

（1）2011 年 1～12 月开展“2011 感动电力人物·团队”评选活动。

（2）2011 年 6 月开展迎接建党 90 周年宣传活动。

（3）2011 年 8 月开展“走基层、转作风、改文风”活动。

（4）2011 年 5 月开展“魅力基层党组织”系列宣传活动。

（5）2011 年 8 月开展大运会保障供电宣传活动。

（6）2011 年 10 月开展“推动社会主义文化大发展大繁荣”系列宣传活动。

（7）2011 年 12 月出版“加强电力行业文化建设·庆祝中国电力报创刊 30 周年”专刊。

5. 中国电力报社领导班子成员

总编辑：白俭成

副总编辑：郝兴国，韩健，方彬

6. 中国电力报社通信地址

北京市西城区白广路二条一号。董事会办公室电话：(010)63415416；发行部电话：(010)63415422。邮政编码：100761

【中国电力报社】

见中国电力传媒集团。

电 力 企 业

国家电网公司

【公司概况】 国家电网公司成立于2002年12月29日，是经国务院同意进行国家授权投资的机构和国家控股公司的试点单位。公司名列2011年《财富》世界企业500强第7位，是全球最大的公用事业企业。

公司是关系国民经济命脉和国家能源安全的国有重点骨干企业，承担着保障更安全、更经济、更清洁、可持续的电力供应的基本使命，经营区域覆盖全国26个省（自治区、直辖市），覆盖国土面积的88%，供电人口超过10亿人，公司用工总量超过189万人。公司运营菲律宾国家输电网和巴西7家输电特许权公司。

2011年公司党组团结带领广大干部员工，坚定不移推进“两个转变”，全面落实二届一次职代会暨2011年工作会议部署，破解发展难题，创新体制机制，强化经营管理，提升队伍素质，开创了“十二五”发展新局面。

电网安全供电再创佳绩。2011年，中国煤电运紧张、电力供需矛盾突出，大部分地区用电负荷创历史新高，最大电力缺口超过3000万kW。面对煤价攀升、来水减少、灾害频发给电网安全带来的严峻挑战，公司坚持安全第一的方针，始终把确保大电网安全放在首位，强化安全基础管理和隐患排查治理，统筹加强科学调度、网厂协调和需求侧管理，充分发挥特高压、跨区电网作用，优化资源配置，增加电力供给，缓解了华东、华中地区供电紧张局面，保障了电力有序供应，圆满完成纪念建党90周年、西藏和平解放60周年、神八发射等重大保电任务，总体满足了经济社会发展的需求。

电网发展迈上新台阶。立足转变电力发展方式、服务能源和经济发展方式转变，全面加快坚强智能电网建设。一批输电大通道工程、新能源外送工程和科技引领示范工程建成投运，电网优化配置资源能力大幅提升，技术装备水平全面提高。

体制机制改革取得重要突破。优化总部机构和职能，成立5个分部，初步形成总部分部一体化格局，优化公司治理结构。“五大”体系建设试点取得成功。落实电力主辅分离改革重组实施方案，全面完成121家辅业单位、845亿元资产、21.8万名职工（含离退休）划转移交工作。主多分开和集体企业管理取得重要进展。全面完成省级层面主多分开，全面启动地县层面主多分开，规范集体企业管理。

企业管理再上新水平。应对通胀压力增大、货币政策紧缩等影响，加大核心资源调控力度，着力构建集中、统一、高效的运营体系和工作机制，强化基础管理，健全内控机制，严防经营风险，公司发展的全面性和协调性不断增强，管理水平和经济效益全面提升。

依法从严治企成效显著。把依法治企作为强化管理的着力点，围绕投资管理、成本管理、供电服务、收入分配等政府监管和社会关注的重点领域，集中开展财务和审计专项检查，建机制、查隐患、抓整改，消除各种“发热点”和“出血点”。

自主创新取得丰硕成果。实施“一流四大”科技发展战略，健全公司科技创新体系，整合科研力量，建设攻关团队，重点突破特高压和智能电网核心技术及关键设备，取得一批国内外领先的重大创新成果。

优质服务水平不断提高。落实以人为本、执政为民的要求，坚持“你用电、我用心”，不断深化“四个服务”。扎实开展“塑文化、强队伍、铸品质”供电服务提升工程，供电可靠性和电能质量不断提高。

“三个建设”全面加强。认真学习贯彻胡锦涛总书记“七一”重要讲话精神，进一步加强公司党的建设。积极配合中央巡视组开展工作，自觉接受巡视、指导和检查。大力实施人才强企战略。落实中央“千人计划”，引进13名海外高层次人才。学习贯彻党的十七届六中全会精神，建设和弘扬统一的企业文化。深化企业文化主题实践活动，全面落实“五统一”要求。

【领导班子】 2011年国家电网公司领导班子：

总经理、党组书记：刘振亚

副总经理、党组成员：郑宝森

副总经理、党组成员：陈月明（女）

副总经理、党组成员：杨庆

副总经理、党组成员：舒印彪

副总经理、党组成员：曹志安

副总经理、党组成员：栾军

总会计师、党组成员：李汝革

中央纪委驻国家电网公司

纪检组组长、党组成员：潘晓军

副总经理、党组成员、工会主席：王敏

副总经理、党组成员：帅军庆

【组织机构】 见组织机构图。

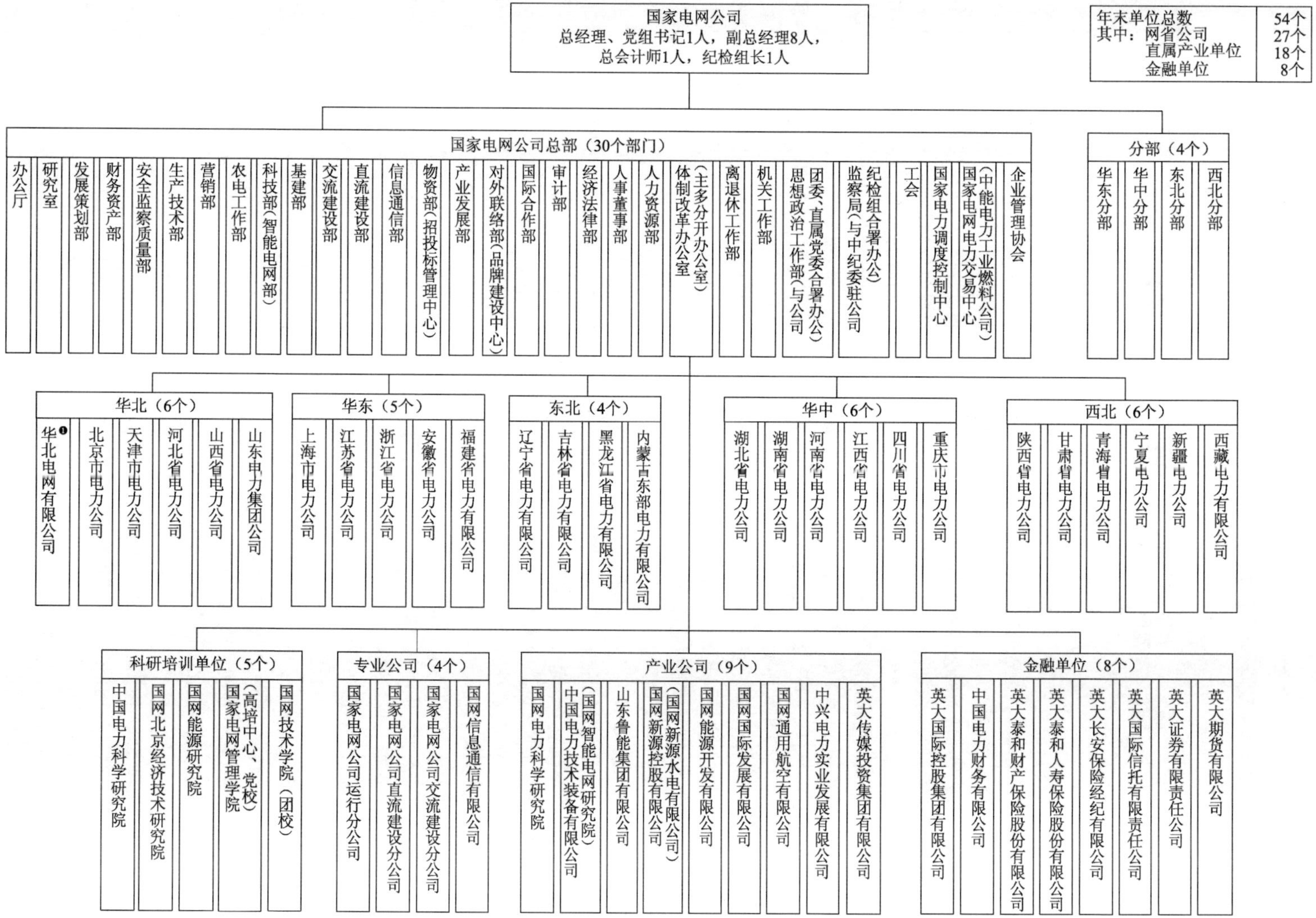

国家电网公司 2011 年组织机构图

❶ 截至 2011 年底，公司已下文成立华北分部和冀北电力有限公司，机构正在组建中。

【电网建设】 2011年，是公司电网发展具有里程碑意义的一年。青藏交直流联网工程投入试运行，结束了西藏长期孤网运行的历史，实现了除台湾以外的全国联网；引领国际输电技术发展的特高压交流扩建工程成功投产，达到持续输送5000MW的设计能力；±660kV银东直流极Ⅱ、±500kV林枫直流双极、±500kV中俄直流联网等一批重点工程相继投运，公司跨国跨区输电能力达44 820MW，增长24.6%；2011年，公司220kV及以上线路长度和变电容量分别增长10.1%和12.0%；新增统调装机容量77 972MW，增长11.0%，电网配置资源的能力显著提升。华北电网内蒙古灰腾梁500kV变电站投产，汗塔Ⅰ线破入灰腾梁变电站，灰腾梁地区风电由灰腾梁变电站送出，送出能力得到提高。华东电网浙江妙西500kV变电站Π入窑武5905线，形成新的江苏—浙江省际联络线，妙西—含山双线投产，浙江北部与中北部电网联系加强；上海500kV亭卫—练塘—泗泾通道建成，上海电网外半环全部形成。华中电网重庆九盘500kV变电站Π进万龙Ⅰ、Ⅱ回线，渝鄂断面北通道调整为九盘—龙泉双回线；斗江500kV双回线斗笠侧改接至团林换流站，有效控制了斗笠变电站、江陵换流站500kV母线短路电流；河南电网新建特高压南阳开关站—白河、香山的4回500kV线路，鄂豫省间断面形成1000/500kV电磁环网；四川电网五大水电基地外送通道、复奉直流近区及内部断面均得到加强。东北电网元燕500kV 1号线Π入青山变电站，北渤500kV 1、2号线投产，辽西系统与主网的联络线增加到5回500kV线路，辽西外送断面输送能力、辽宁中部电网受电能力均获得较大提高。西北电网新疆吐鲁番—巴州750kVⅠ回线及巴州变电站主变压器投运，提高了新疆南疆电网主要受电断面输电能力。

截至2011年底，公司系统主要电网（公司直调、华北、华东、华中、东北、西北）统调装机容量781 161.15MW，同比增长11.09%，其中火电602 590.75MW，常规水电113 449.69MW，抽水蓄能12 470MW，核电5762.6MW，风电43 938.8MW。公司主要电网统调220kV及以上交流降压变电容量1 830 156MVA，同比增长12.02%。

截至2011年底，国家电网公司220kV及以上系统继电保护装置达到101 043台，微机保护应用率达到98.59%，同比提高0.2个百分点，其中，线路保护微机化率达99.97%，同比提高0.01个百分点。光纤通道在220kV及以上系统中得到广泛应用，所占比例达到81.94%，同比提高12.79个百分点。2011年，国家电网220kV及以上系统继电保护正确动作率达到99.92%。继电保护的可靠运行和快速、正确切除故障，为电网的安全运行提供了坚强保障。

截至2011年底，公司系统各级调度建设运行的自动化系统主站系统有：智能电分调度技术支持系统16套，SCADA/EMS1676套，动态稳定监测预警系统（DSA）17套，广域相量测量系统（WAMS）32套，调度计划系统（OPS）共28套，电能量计量系统（TMR）320套，水调自动化系统（HDAS）28套。调度员培训仿真系统（DTS）144套，调度管理系统（OMS）212套，雷电定位监测系统（LLS）共29套，独立备调系统共21套。各级调度机构和220kV及以上发电厂、变电站中，横向隔离装置（包括正向和反向隔离装置）1545台，电力专用纵向加密认证装置5444台，硬件防火墙2443台，入侵检测装置425台，安全拨号装置243台。

2011年，各网省电力调度自动化系统总体运行平稳，统计的9项运行指标与2010年基本持平。

【总部建设】 公司党组总结“十一五”改革发展成就，提出全面深化“两个转变”，努力建设“一强三优”现代公司，加快创建“两个一流”的战略部署，丰富了公司科学发展总战略。滚动修订“十二五”电网发展规划和公司发展规划，推动特高压和智能电网纳入国家“十二五”规划纲要，促进各省级电网规划与地方经济社会发展规划紧密衔接。围绕改革发展等有关重大问题，公司召开党组会和总经理办公会57次，研究议题202项，作出一系列重要决策部署，明确了公司各项业务的发展思路、目标和重点。公司系统在发展战略、规划的指引下，“两个转变”不断取得新的突破。

实施总部分部一体化运作，是完善公司治理结构、增强集团管控能力、提升运营效率效益的重大举措。全年集中轮训分部干部员工837名，总部分部及各单位交流人员310名，队伍整体素质得到提升。总部分部协同效应明显增强，分部作用日益发挥。适应总部分部一体化等工作需要，调整优化总部部门职能和机构设置，明晰部门职责，强化专业管理，总部组织建设全面加强。

全面落实“十二五”电网发展规划，组织带领公司系统攻坚克难，建成一批输电大通道工程、新能源外送工程和科技引领示范工程，电网优化配置资源的能力和技术装备水平得到提高。建成晋东南—南阳—荆门1000kV特高压交流试验示范工程扩建工程，稳定输送功率超过500万kW，最大输送功率达到572万kW。建成投运青藏交直流联网工程，实现了除台湾外的全国电网互联，解决了西藏的缺电问题。建成投运国家风光储输示范工程、亚洲首个柔性直流输电示范工程、天津中新生态城智能电网综合示范工程。举办2011智能电网国际论坛，公司特高压和智能电网的理论创新与工程实践走在世界前列，得到国际组织和同行的高度评价。

制订“五大”体系建设实施方案及15个配套子方案，组织江苏公司、重庆公司完成“五大”体系试点。按照国资委统一部署，周密组织协调，全面完成主辅分离改革任务。完成省级层面主多分开，全面启动地（市）县层面主多分开。加强集体企业规范管理。理顺农电管理关系，完成197家县供电企业地方产权上划工作。

人财物集约化管理全面深化。规范了各单位机构编制和岗位设置，强化了员工入口管理；全面强化财务资源管控，拓宽金融服务领域，投资、成本和资金管理持续加强；物资集中招投标管理、仓储配送管理成效显著。重点业务管控进一步加强。发挥综合计划和预算的调控作用，加强执行情况检查，强化全过程成本管理，严格控制支出。严格公务用车、公务接待、因公出国、集体企业管理。全面开展财务检查和审计监督；组织开展工程建设领域突出问题专项治理。成立协同监督委员会，形成纵向贯通、横向协同、全面覆盖的协同监督机制。重组整合直属产业，提高产业集中度和竞争力。国际业务取得新进展，在6个国家和香港设立办事处。

【安全管理】

1. 可靠性管理与资产全寿命管理

2011年，公司贯彻落实《国家电网公司电力可靠性工作管理办法》（简称《管理办法》）及公司党组关于建立全面质量监督工作体系的工作要求，转变思想观念，健全管理体系，完善管理机制，优化管理流程，实现了公司电网安全水平、运行水平及供电服务水平的同步提升。公司66kV及以上电压等级输变电设施的主要可靠性指标架空线路、变压器和断路器的可用系数分别达到99.841%、99.977%和99.99%，同比分别提高0.084、0.004和0.006个百分点。公司系统城市用户供电可靠率（*RS*1）达到99.921%，同比提高0.015个百分点；用户平均停电时间（*AIHC*1）为6.92h/户，同比降低1.31h/户，下降了15.9%。

开展综合停电计划管控和月度指标预测，紧抓停电计划分解和执行的刚性管理。公司66kV及以上架空线路、变压器和断路器的重复停电总台次同比分别下降76.9%、62.4%和73.2%，5次及以上中压用户的重复停电总户次数同比下降19.4%。

2. 安全生产与监督管理

2011年，公司发生1起农电人身伤亡事故，发生14起一般电网和设备事故，同比减少8起，发生1起基建分包单位人身伤亡事故。

制定印发《国家电网公司2011年安全工作意见》，明确全年安全工作思路、目标和任务。把开展“两抓一建”安全风险管控活动作为全年安全工作主线，强化安全目标管理和过程控制，防范各领域安全事故。

加强活动组织策划，精心编制活动方案及风险管控两个《规范》[《安全风险管理工作基本规范（试行）》、《生产作业风险管控工作规范（试行）》]，优化生产组织流程，落实风险管控措施，推进安全管理标准化。

发挥大电网资源配置功效，充分利用地域间负荷特性差异，开展错避峰送电，实现电力余缺互济。度夏期间，完成跨区跨省电力交易541亿kWh，跨区送华北、华东、华中最大电力分别达2240万、1455万、1019万kW，均创历史新高，极大缓解了部分地区用电紧张局面。

高度重视《电力安全事故应急处置和调查处理条例》（国务院令第599号）（简称《条例》）影响分析和对策研究，组织开展各级电网风险分析和事故测算，全面梳理事故隐患和责任风险，围绕电网规划、建设、运行和检修维护等各环节，研究制订治理改进措施，有效防范电力安全事故。修编完成《国家电网公司安全事故调查规程》、《国家电网公司安全工作奖惩规定》。

开展事故隐患排查治理“树典型、传经验”工作，以点带面，执行《国家电网公司安全生产事故隐患排查治理管理办法》，完善考核评价机制，丰富事故隐患数据库，巩固隐患排查治理常态工作机制。加强风险源头控制，对公司系统近两年2.8万余项隐患进行分析，查找规律和特点。开展电网设备隐患排查治理专项行动，逐站、逐变、逐台排查分析，治理电网设备隐患133项。

加快公司应急体系建设，组建公司应急专家队伍，实施总部应急指挥中心二期改造，完成90%地市公司和50%县级公司应急指挥中心建设，建成启用山东泰安、四川龙泉驿两个应急培训基地，成功举办2011年联合应急演练暨华北区域地震灾害应急救援实战演练，公司应急处置能力得到全面提升。针对年初南方部分地区低温雨雪冰冻、6月南方地区旱涝急转、夏季“梅花”、“南玛都”台风以及四川映秀泥石流灾害、9月川陕严重秋汛等影响，有关单位全力开展防灾救灾，累计组织员工5万余名、车辆8000余台次，最大限度减少损失影响。周密部署春灌抗旱、全国两会、西安世园会、中国共产党成立90周年庆祝活动、西藏和平解放60周年庆祝活动、深圳第26届世界大运会、新中国成立62周年、十七届六中全会、辛亥革命100周年纪念活动等供电保障工作，圆满完成各项保电任务。

3. 安全长效机制建设

2011年，公司加快安全风险管理体系建设，开展“两抓一建”安全风险管控活动，修订完善安全规程规定，强化电网安全风险防控，推进隐患排查治理，深化安全管理标准化建设，加强“五大”体系建设安全工作，安全风险管理长效机制建设取得了丰硕成果。

认真分析年初以来多次风电场脱网事故原因，全面掌握并网风电场基本情况，查找项目核准、设计施工、验收并网、发电运行、监督管理等环节存在的问题和薄弱环节，提出具体措施建议，加强并网风电场运行安全管理。汲取日本核危机和大面积停限电教训，分析对电力发展和电网安全的启示，防控电网安全事故风险。召开大电网运行安全分析会议，系统梳理影响大电网安全稳定的主要问题，提高大电网运行控制能力。

执行《国家电网公司安全生产事故隐患排查治理管理办法》，补充修订《国家电网公司事故隐患排查治理工作评价考核细则（试行）》，健全省公司、地市公司和工区（县级供电企业）三级隐患排查治理工作网络，坚持“排查是基础，治理是手段，完善管理是治本”，推进公司事故隐患排查治理工作。针对煤矿专业，编写印发《国家电网公司安全生产事故隐患范例（二）》。组织编制《国家电网公司安全大检查纲要100条（试行）》，加强对安全大检查的规范化、标准化管理。

修（制）订发布《输电网安全性评价》、《城市电网安全性评价》和《水力发电厂安全性评价》，进一步明确安全性评价标准。筛选系统内专家，在公司统一组织下，全年完成7个输电网、5个城市电网和9个发电厂安全性评价专家查评。针对《电力安全事故应急处置和调查处理条例》（国务院令第599号），组织开展各级电网风险分析和事故测算，研究制订治理改进措施，有效防范电力安全事故。适应公司安全管理发展要求，建立与国家法规制度相衔接的安全制度体系，修编完成《国家电网公司安全事故调查规程》、《国家电网公司安全工作奖惩规定》。

4. 应急体系建设

完成新一轮预案体系梳理完善工作。2011年，公司印发实施1项总体预案和16项专项预案。公司系统各单位完成了总体预案、专项预案的编制和修订工作，并按要求进行了报备。组织开展应急预案现场处置方案的编制工作，提出了现场处置方案应具备的“事件、场所、人员”三要素，印发《关于开展公司突发事件现场处置方案编制工作的通知》和13个现场处置方案模板，推进各单位现场处置方案编制。

系统建设应急队伍体系。在各网省公司组建了一支50人左右的应急救援基干分队，制定《国家电网公司应急救援基干分队管理意见》。组建公司总部、网省公司两级应急专家队伍。截至2011年底，公司已组建29支应急救援基干分队，队员1734人。各网省公司应急专家队伍组建完毕，共有专家2943名。在各单位推荐上报的936名专家中遴选公司应急专家246名，其中“公共卫生与社会安全事件处置应对类”专家99名，“自然灾害、事故灾难处置应对类”专家147名。初步形成了由电网抢修队伍、应急救援基干分队、应急专家队伍组成的，能够完成各类应急处置任务的应急队伍体系。

推进公司系统应急指挥中心建设。在公司总部、各网省公司应急指挥中心建成投运的基础上，推进地市、县级单位应急指挥中心建设，逐步实现总部、省、市、县公司四级应急指挥中心互联互通建设。截至2011年底，323家地市级供电单位中，已有171家完成建设任务，完成52.94%，另有17家其他地市级单位应急指挥中心建成投运；1603家县级供电单位中，已有459家完成建成任务，完成28.63%，另有13家其他处级单位应急指挥中心建成投运。其中天津、山东、浙江、福建、河南公司已完成建设任务，安徽、湖北、江西、重庆、新疆完成了地市级应急指挥中心建设任务。

组织开展应急演练。8月26日，公司成功举行“2011年联合应急演练暨华北区域地震灾害应急救援实战演练”。

推进应急培训基地建设。在山东泰安、四川成都建设应急培训基地，开展应急人员知识和技能培训。组织编制了《应急救援基干分队培训手册》、《突发事件应急管理》、《突发事件应急法律制度》等16项培训教材。采取“专兼结合、内外结合”的方式建设培训师资体系，两个基地应急培训师资队伍规模达到143人。基地建成投运后，累计组织开展了23期培训班，培训人数1122人。

【生产管理】

1. 输变电设备专业管理

截至2011年底，公司共拥有66kV及以上架空输电线路31 440回，总计长度635 241.3km。2011年，公司系统66kV及以上架空输电线路可用系数为99.84%，同比提高0.1%；综合强迫停运率为0.05次/百千米年，同比降低0.174次/百千米年；非计划停运323次，同比减少1100次，非计划停运率0.05次/百千米年，同比降低0.193次/百千米年。

制定颁布了《关于印发架空输电线路差异化防雷工作指导意见的通知》（国家电网生〔2011〕500号）、《雷区分级标准及雷区分布图绘制规则》等文件，组织绘制完成地闪密度分布图和雷害风险分布图，推进各单位差异化防雷改造工作。2011年输电线路防雷改造949条、1万余km，提高了输电线路防雷技术水平。

首次在公司系统内统一组织、评审、发布以现场盐密、灰密测试数据为指导，结合污源调研情况及气象、环境等因素，全面采用现场污秽度绘制修订完成的《电力系统污区分布图》（2011年版）。

2011年，生产技术部组织开展了4期输变电设备运维及故障诊断分析技术培训班，对DL/T 741—2010《架空输电线路运行规程》进行宣贯，对输电线路防舞、差异化防雷等新技术进行培训。全面推行输电线路状态巡视，加强输电设备全过程状态管理，以线路本体及周围环境状态评价为基础，合理安排、动态确定线路巡视、检查和检测周期，依托生产管理信息系统（PMS），开展输电线路运行分析工作。

2011年公司系统共开展带电作业2.6万余次，其中湖北公司进行了首次1000kV特高压交流线路带电消缺作业，并进行了首次±800kV特高压直流线路等带电位作业；山东公司进行了首次±660kV直流线路带电作业，均取得了成功。

按照《国家电网公司2011年带电作业资质培训计划》，各单位共有1760名输电带电作业复证和新取证人员参加培训和考核取证，合格人数为1703人，培训合格率96.7%。

2. 变电专业管理

组织编制2010年度变压器、断路器专业总结报告；研究制定《加强金属全封闭组合电器全过程管理重点措施》，组织召开变压器、GIS、开关设备状态检测、故障诊断及运维新技术培训会议，加强输变电设备状态管理工作。组织浙江、福建公司开展西藏公司生产帮扶工作，开展生产管理及状态检修培训，强化西藏公司生产基础管理，提高设备运维和检修水平。

3. 生产技术改造

2011年，公司共完成生产技术改造项目投资189.15亿元，其中跨区电网生产技术改造投资7.73亿元。累计完成改造35kV及以上输电线路（含电缆）7961.4km、变压器3015.9万kVA、断路器（含GIS间隔）2761台、塔基7244基、“四小器”（电压互感器、电流互感器、避雷器和耦合电容器）13194台。

提高电网输送能力，完成各电压等级电网输送能力工程252项，提高电网输送能力6919.7万kW。

按照差异化规划设计原则，对重要输电线路实施差异化改造，完成249条输电线路的差异化改造，全长1348.5km。

制订并落实防雷治理措施，完成输电线路防雷治理949条；完成输电线路防覆冰、舞动治理107条；完成输电线路防风偏改造337条；做好输电线路防污闪治理。

2011年，公司完成改造10（20）kV及以下线路（含电缆）4378.5km，完善了配网网络结构；改造或应急分装重载配电变压器781.9万kVA，更换或改造断路器（含开关柜、柱上开关、环网柜等断路器设备）15 646台。

加大对厂站二次老旧设备和“家族性”缺陷设备改造力度，完成更新改造微机保护6642套、安全自动装置1086套、通信装置3940套、自动化装置1266套，更新改造光缆5325.8km。

4. 状态检修工作

截至2011年底，公司组织编制印发管理标准6项、工作标准8项、技术标准77项，状态检修标准体系已基本健全。

2011年，公司印发了《深化电网设备状态检修工作意见》，制定5项状态检修工作标准；制定《特高压变电站和直流换流站设备状态检修管理标准和工作标准》、《特高压及跨区直流输电线路运行状态管理标准》，推行直流设备状态检修，制定《配网状态检修管理标准和工作标准》、《配网设备状态检修试验规程》、《配网设备状态检修导则》和《配网设备状态评价导则》等制度标准，推行配网状态检修，完成5家试点单位达标验收。

5. 电力设施保护

2011年，公司贯彻落实公安部等九部委《关于进一步加强电力电信广播电视设施安全保护工作的通知》精神，密切配合公安机关，严厉打击各类盗窃破坏电力设施违法行为，加强安全防护工作管理，加大安全防护投入，因地制宜组织开展打击破坏电力设施违法犯罪专项行动，完成了电力设施保护工作各项任务。

6. 跨区电网生产

公司跨区电网主要由特高压交直流输电系统，±660kV及以下直流输电系统，三峡输变电工程，阳城、锦界和府谷送出输电系统，东北与华北、西北与华中联网系统等构成。截至2011年底，跨区电网输电线路分布在21个省（市、自治区），跨区电网输电线路共计272条，全长37 930.86km，同比增长7.6%，占公司系统500kV及以上电压等级线路总长的32.7%。其中特高压交流线路2条，特高压直流线路1条，±660kV及以下直流线路9条，750kV交流线路5条，500kV及以下输电线路255条。2011年，新投直流输电线路3346km，换流容量760万kW。跨区电网输电线路运行维护采用属地化运维管理模式。

2011年，特高压交直流试验示范工程及跨区电网输电线路安全运行，没有发生重特大电网设备事故、没有发生恶性误操作事故和人身伤亡事故。截至2011年12月31日，特高压交流线路安全运行1096天。

2011年，跨区电网输电线路共计发生故障跳闸109次，同比减少76次，线路跳闸率为0.234次/百千米年，同比下降0.214次/百千米年。跨区电网输电线路共发生故障非计划停运43次，同比减少13次。线路非停率完成0.092次/百千米年，同比减少0.044次/百千米年。

2011年，公司跨区直流换流站未发生电网事故，未发生人身伤亡和恶性误操作事故，未发生重特大设备损坏事故，实现了“三个不发生”的安全生产基本目标。20个换流站发生单极闭锁9次，比2010年下降4次（2010年16个站发生单极闭锁13次），平均单极强迫停运次数0.41次/极年，同比下降43%。

雷击、冰闪、风偏和舞动等自然恶劣天气造成的线路故障合计占故障总数的66%，自然恶劣天气是造成线路故障的主要原因。

7. 配电管理

2011年，公司制定印发《关于深化配网管理工作的意见》，颁布3项技术标准，形成了公司配网状态检修制度标准体系。组织河北、山东、浙江、江苏、湖北5家公司率先开展试点并通过了公司组织的达标验收。

组织制定《电缆线路不停电作业技术导则》等3项企业标准。完成北京、天津、上海、辽宁、黑龙江、新疆6家配网带电作业实训基地资质认证。10kV城市配网开展带电作业126 440次，带电作业化率完成59.5%，同比提高23.7%，减少停电时户数约为788万时户，提高供电可靠率0.032 1个百分点。制定印发《关于推进标准化配网抢修工作意见》。

完成北京、杭州、厦门和银川第一批4个重点城市配电自动化建设项目并通过公司组织的实用化验收。督导第二批配电自动化19家公司建立了进度质量检查考核机制，确保工程建设规范、有效开展。组织开展了济南、泉州、苏州、南昌等7家公司新建配电自动化实施方案的审查。2011年，6～20kV城市配网故障停19 211次，同比减少3740次，同比下降16.3%；6～500kV电缆故障停运659回次，同比减少365回次，同比下降35.6%。

8. “大检修”体系建设试点

2011年，按照公司统一安排，江苏、重庆公司开展了“三集五大”体系建设试点工作。3月上旬，公司党组审议通过两家公司试点实施方案。经进一步修改、完善，4月22日，总部正式批复两家公司的实施方案，试点工作全面启动。

为支撑“大检修”体系有序运转，江苏公司修订发布43项规章制度、30项管理标准和78项业务流程；重庆公司修订发布与“大检修”体系配套的管理制度、工作标准和技术标准87项，为全面开展“大检修”体系建设遵定基础。

9. 防汛与大坝安全管理

3月，公司下发《关于做好2011年防汛和大坝安全工作的通知》，对防汛和大坝安全工作做出部署并提出明确要求；4月，下发《关于开展公司2011年防汛自查工作的通知》，在公司系统部署开展防汛自查与整改工作，并组织对部分单位防汛准备情况进行督查，促进各项防汛措施的落实，消除了一批安全隐患；6月，下发《关于做好防汛值班和信息报送工作的通知》，对防汛值班和信息报送工作提出具体要求，启动主汛期公司防汛值班及信息报送工作。

严格执行电监会《水电站大坝运行安全管理规定》，确保大坝安全稳定运行。

9号台风“梅花”生成后，浙江公司第一时间发布预警并启动防台应急响应，每天召开协调会，密切跟踪台风动态，采取多项防台措施。台风登陆后，省公司立即进入应急状态，将台风损失降到最低。台风过后最短时间内恢复了电网安全运行。福建、江苏、山东、辽宁、吉林等公司均开展了防台工作。

四川“6·17”特大泥石流灾害发生后，四川公司即时启动应急响应，成立以主管领导为组长的应急抢修领导小组，并在受灾现场成立抢修指挥部，组建现场抢修、物资供应、安全质量等工作组，快速高效开展应急抢修工作，最短时间内完成了220kV南西线抢修工作。8月26日，当220kV汉朱Ⅰ线发生倒塔事故后，四川公司第一时间启动防汛应急响应，迅速组织灾情恢复处置，配合地方政府开展山体垮塌形成的堰塞湖附近线路的搬迁，确保第一时间挖掘泄洪通道，同时新架10kV线路，迅速恢复抢险及生产生活用电。

10. 直升机作业管理

截至2011年底，国网通航公司拥有直升机6架、占地103亩的首都基地和经空军航管部门批准的5km半径空域。

2011年，国网通航公司共完成公司系统500、660kV及特高压交直流等共206条线路的巡视工作，累计航巡里程25 948.76km，安全飞行2300h，安全起降1116架次，发现缺陷2066处，严重以上缺陷164处，各项缺陷均得到及时处理，为公司系统输电线路安全运行作出重要贡献。7月底，国网通航公司参加了华北公司组织的应急演练预演工作。试点开展输电线路激光数据采集工作，为大规模开展激光扫描作业奠定了基础。

【电网调度运行】

1. 电网调度管理

2011年，公司系统开展“六抓六防”，抓安全、保生产、强管理、提技能，确保了“大运行”体系建设试点成功、安全可靠供电，各项任务全面完成。

加强安全管理创新，以“抓流程、建机制、树红旗”活动为载体，推动检修计划审批管理、调度倒闸操作、新设备启动投产、电能平衡计划管理、继电保护定值整定、自动化检修管理和系统维护等7个核心业务流程的规范化上线运转，不断完善事中、事后监督评价考核，实现了覆盖全过程、全岗位的量化监督考评，提升调度自身风险管控能力，杜绝调度人员责任事故。

开展调度安全保障能力评估专家查评工作，围绕调度8个核心专业，建立了450项查评指标，形成了专业管理、安全管理、技术手段建设等方面自我评价、持续改进的长效机制。在2011年西藏、湖北等13个电网通过专家查评后，历时3年完成了所有省级以上调度安全保障能力专家查评，共查出问题隐患1851项，已完成整改1210项。

2011年，新疆等8家单位完成备调建设，实现了3年全面建成省级以上备调的目标，初步建立了相应的主备调工作机制和切换、演练制度；统一组织10家采用互备模式的调度进行切换演练，检验了备调的效果，调度自身的可靠性得到历史性提升；同时，完成地县级备调建设方案审查，地县备调建设工作全面启动。完善调度应急体系，省级以上调度共形成应急处置预案550多套。

各级电网安全稳定运行。实施主网运行方式统一计算、集中决策，统筹协调运行控制策略，提高电网抵御事故能力；加强临时方式、过渡方式以及特殊方式分析，统筹主网架检修计划，全年累计完成220kV及以上输电线路检修6742条次，有效控制了集中检修带来的运行风险；加强电网运行实时监控和分析预警，成功处置多起电网严重故障。

2011年，各省区用电负荷高速增长，度夏期间20个省级电网用电负荷创新高。电力供需形势紧张，国家电网最大电力缺口达到3055万kW。公司发挥大电网和集团化运作优势，加强科学调度，有效缓解了华东、华中地区供电紧张问题，保障电力有序供应。全年公司跨省、区输送电量5324亿kWh，同比增长9.62%，实现了大范围资源优化配置。发挥骨干水库调蓄作用，在全年来水偏枯的形势下，细化水库调度管理，节水增发151亿kWh，实现水电发电4053.9亿kWh，水能利用率提高7.8%。

落实《电力二次系统安全等级保护测评规范》和《安全等级保护要求》，北京公司等9家单位完成了等级保护测评工作，河北公司等9单位完成了内网安全监视平台功能建设。

智能电网调度技术支持系统基础平台、考虑安全约束的机组组合和经济调度、光伏发电功率预测等技术填补了国内空白，整体技术和应用达国际领先水平。共获19项公司和省部级科技奖，《节能调度体系和关键技术》、《智能电网调度技术支持系统基础平台开发应用》等项目荣获公司科技进步一等奖。

国调、“三华”网调稳态监控、综合智能分析与告警、在线安全稳定分析等应用功能相继投运，实现电网运行分析结果的全面整合、全景监视、多角度可视化展示与共享，提升运行实时掌控能力；基于多级协调的日前发电计划、安全校核等功能在华东电网上线运行，实现计划量化安全校核。

完成Q/GDW680.1—2011《智能电网调度技术支持系统　第1部分：体系架构及总体要求》等49项企业标准，《电网模型描述规范》和《电网图形描述规范》获得IEC标准立项。

加大运行数据一体化维护和系统精细化考核，建立“分工维护、高效协同”的业务协作新机制。全网状态估计遥测合格率达95%以上。

2. “大运行”体系建设试点

2011年，按照公司“三集五大”体系建设总体部署，江苏、重庆两家公司开展大运行体系建设试点，年底通过公司验收。

按照《国家电网公司“大运行”体系建设实施方案》要求，试点单位组建了省（市）、地（区）、县各级电力调度控制中心，将500kV及以下变电站设备运行集中监控业务纳入调度控制中心管理。

试点单位实行“调控一体化”运作，基本实现电网调度运行与设备运行集中监控的业务融合。江苏公司所辖36座500kV变电站，有30座纳入省调监控；220kV及以下变电站全部分别纳入地、县（配）调监控；各级调度控制中心集控的变电站覆盖率达99.77%。重庆公司所辖11座500kV变电站，有10座纳入市调集中监控；所辖310座220、110kV变电站及城郊区35kV变电站，有295座已经纳入地调集中监控；各级调度控制中心集控的变电站覆盖率为95.02%。

试点单位组织修编了电网调度控制相关技术标准、管理标准和工作标准，实现“大运行”制度标准对业务、流程、岗位全覆盖。江苏公司紧密结合SG9000标准化体系试点建设，完善了统一的省、地、县三级调度的制度标准体系，“大运行”体系建设期间，新增35个业务流程，修订41个业务流程，新增、修订74项管理标准、8项技术标准和184项工作标准。重庆公司完善了统一的市、区两级调度的制度标准体系，“大运行”体系建设期间，修编 25 项企业技术标准、38 项管理标准，对 177 个市级和 1135 个区（县）级调度管理制度进行梳理，将市调层面 140 个制度修编整合为 38 个标准，区（县）调层面将 1135 个制度规范整合分类为 96 个制度。

3. 节能调度

公司选择在华东电网进行三级调度计划优化流程试点，形成了节点设置合理、量化安全校核精确的三级协调发电计划编制流程、技术规范、管理规定，并于 2011 年内在华北、华中进行了推广，为下一步在全网范围内实施“省内排序、区域内优化、区域间协调”节能发电调度奠定基础。

公司集中组织国内科研机构、高等院校顶尖科研力量，完成《节能发电调度体系和关键技术研究》，形成具有自主知识产权的节能发电调度技术支持系统，提出适合中国电力工业现状的节能发电调度模式和电价机制，建立了完整的节能发电调度体系；在母线负荷预测、安全约束机组组合、安全约束经济调度等关键技术领域实现突破，填补国内空白，部分成果达到国际领先水平，为节能发电等多种调度模式下的安全经济一体化发电计划优化及实施节能发电调度提供全过程支持。

通过实施节能发电调度，低能耗机组发电利用小时较高能耗机组明显提高，取得了较为显著的节能减排效益。2011 年，江苏省累计节约标准煤 143 万 t，减少二氧化硫排放 4.29 万 t；河南省累计节约标准煤 93.4 万 t，减少二氧化硫排放 2.242 万 t；四川省累计节约标准煤 184.3 万 t，减少二氧化硫排放 5.56 万 t。

4. 跨区电网运行

华北电网

承德西 500kV 变电站 2 台 750MVA 主变压器投产；河北 500kV 辛彭线、蔺彭线破口进广元变电站工程投产；山西海会 500kV 变电站投产。山东电网新建 500kV 光泽线，新建牟平 500kV 变电站破口霞昆一线；内蒙古上都电厂 5 号机组投产，内蒙古电网灰腾梁 500kV 变电站投产，汗塔Ⅰ线破入灰腾梁 500kV 变电站，灰腾梁地区风电由灰腾梁 500kV 变电站送出，送出能力得到提高；新建永圣域—丰泉第三回线，呼丰断面加强为五回线路。

华东电网

浙江妙西 500kV 变电站 π 入窑武 5905 线，形成新的江苏—浙江省际联络线妙武 5905 线，妙西—含山双线投产，浙江北部与中北部电网联系加强。

林枫±500kV 直流输电工程投运；上海 500kV 亭卫—练塘—泗泾通道建成，南桥—亭卫通道制约复奉直流受电问题得到彻底解决。

江苏岱山输变电工程投产，国华徐州、阚山和徐塘电厂共 3800MW 电源注入岱山变电站，通过岱山—双泗三回线路和岱山主变压器送出。

华中电网

重庆电网九盘 500kV 变电站Ⅱ进万龙Ⅰ、Ⅱ回线，渝鄂断面北通道调整为九盘—龙泉双回线；500kV 斗江双回线斗笠侧改接至团林换流站；河南电网新建特高压南阳站至白河、香山四回 500kV 线路，鄂豫省间断面形成 1000/500kV 电磁环网。

四川电网五大水电基地外送通道、复奉直流近区及内部断面均得到加强。上半年新建南天—乐山东—沐川—叙府双回线，形成川电东送西通道。石棉—雅安新增两回 500kV 线路，送出线路达到四回。叙府—复龙双回 500kV 线路投运。

东北电网

500kV 元燕 1 号线Ⅱ入青山变电站，500kV 北渤 1、2 号线投产，辽西系统与主网的联络线增加到 5 回 500kV 线路；蒲石河抽水蓄能电站 4 号机组完成并网调试；雁水变电站升压，南雁甲线、南雁乙线升压为 500kV 线路，南雁乙线升压后与金南 2 号线对接形成金雁线。

12 月，中国首个跨国输电工程——中俄联网黑河背靠背直流输电工程完成全部系统调试项目，正式投入运行。

西北电网

柴拉直流双极 150MW 大负荷试验顺利完成，青藏联网±400kV 直流工程的系统调试工作全面结束。2 月，银东直流极Ⅱ顺利投运，西北电网跨区外送规模进一步增加至 8110MW。

青藏联网工程配套交流输变电工程—750kV 日月山—海西—柴达木输变电工程投运；新疆电网 750kV 吐鲁番至巴州一回线及巴州主变压器投运；750kV 凤凰—乌北输电工程正式升压至 750kV 运行。

开展国调与华中分中心的联合整定计算与校核工作。“三华”电网各分部和省市公司全程参加，完成了特高压启动调试和人工接地短路试验，确保了特高压持续稳定运行。结合青藏联网±400kV 直流工程的特点，研究确定青藏联网±400kV 直流工程保护配置原则，密切跟踪青藏联网±400kV 直流工程二次设备联调试验，研究青藏联网±400kV 直流工程启动策略、直流保护定值配合等难点问题。全程参加青藏联网±400kV 直流工程系统调试，协助解决现场调试难题，实现了青藏联网±400kV 直流工程的顺利投运。

2011 年，完成继电保护定值单编制 360 份，正确率 100%；完成 1000kV 特高压交流扩建工程、±660kV银东直流极Ⅱ等工程的保护定值和设备启动方案。国网直调系统 220kV 及以上交流系统共有继电保护装置 2569 台，同比 2010 年（2213 台）增加了 356 台，增幅为 16.09%；共有微机型保护 2551 台，微机化率为 99.30%。直调系统继电保护总共动作 818 次，正确动作率 99.27%，故障快速切除率为 100.0%。

2011 年，智能电网调度技术支持系统建设第二批试点项目福建工程和苏州工程通过公司验收，国调中心和华北、华东、华中调控分中心完成了综合智能分析与告警、在线安全稳定分析、日前发电计划量化静态安全校核等应用功能的上线，华东网省两级调度计划和安全校核应用上线并通过验收，衡水、华中、国调、四川系统已作为主系统投入电网运行控制；江苏、重庆大运行试点取得成功，为开展"大运行"体系建设积累了有益经验；EMS 实用化工作继续稳步进行，14 家网省调通过了验收，至此，公司系统已有 28 家单位通过了 EMS 实用化验收。

2011 年，国家电力市场累计交易电量 3998.67kWh，同比增长 11.54%。

5. 调度生产运行

2011 年，全国发电量完成 47 200.06 亿 kWh，日均 129.32 亿 kWh，同比增长 10.92%，比 2010 年（17.41%）增幅回落 6.49 个百分点。公司电网（含蒙西）调度发受电量累计完成 33 822.42 亿 kWh，日均 92.66 亿 kWh，同比增长 11.94%。全国最高日发电量 150.97 亿 kWh（7 月 26 日），同比增长 8.16%。

2011 年，公司各区域电网调度发受电量增幅同比依次为西北（18.10%）、华中（12.76%）、华北（12.25%）、华东（10.27%）、东北（9.80%）。公司经营区域内全部 27 个省级电网发受电量均为正增长，其中 7 个省级电网同比增幅超过 15%。

2011 年，公司经营范围内重点水电厂水库来水整体较常年偏枯 1 成半，比 2010 年偏少 1 成多。分区域来看，只有西北较常年偏丰 1 成半，华中、东北均偏枯 2 成，华东偏枯 3 成。受来水偏枯影响，统调水电年发电量为 4053.86 亿 kWh、同比减少 6.34%。2011 年末，重点水电厂年末总可调水量、总蓄能值分别为 998.81 亿 m^3 和 207.05 亿 kWh，分别同比减少 6.25%和 7.45%。

2011 年，公司经营范围内风电并网运行容量 43 939MW，同比增加 15 682MW，增长 55.5%；风电年发电量 706 亿 kWh，同比增加 234 亿 kWh，增长 49.6%，占公司统调总发电量 1.9%。

6. 电力燃料供应

2011 年，电煤供应、耗用均大幅增长，国网统调电厂累计供煤 15.01 亿 t，同比增长 15.9%，累计耗煤 14.73 亿 t，同比增长 15.3%，12 月 31 日库存 8867 万 t，同比增加 2869 万 t，可用 19 天，12 月 29 日电煤耗用量达 463 万 t，创历史新高。

分阶段看，一季度局部地区电煤供应偏紧，进入 5 月后趋于缓和，迎峰度夏、迎峰度冬期间电煤供应充足，库存高位运行。

【电力市场建设和运营】

1. 电力市场建设和管理

2011 年，公司坚持市场化改革，有序推进电力交易机制建设和交易合同的规范，配电变压器提前更换 CDM 项目成功注册并实施，电力市场建设稳步推进。

公司加强交易合同管理，确保电力交易更加规范。2011 年，国家电力市场签订 27 份跨区交易合同，全年与统调电厂签订购售电合同 1639 份，合同签订率和备案率均达到 100%。

编制《西北送华中交易组织要点》和《西北送华中交易组织办法》，交易组织办法以国家电网交易〔2011〕1406 号报电监会备案。

制订了银东直流双极、林枫直流和特高压交流扩建工程调试、试运行交易方案，青藏直流、中俄直流交易方案。组织华东、华中、西北分部，山东、宁夏公司分析研究相关地区电力电量平衡情况，组织落实银东直流双极、林枫直流的调试和试运行期间的电力交易措施，确保银东直流双极、林枫直流工程顺利投产。组织华北、华中、山西公司研究提出的特高压交流扩建工程调试大负荷试验方案和试运行交易方案，保证了相关送电资源的组织和特高压工程顺利运营。

落实低碳发展的要求，国家电网公司会同世界银行开发了配电变压器提前更换 CDM 项目（简称 CDM 项目）。9 月，公司组织召开配电变压器提前更换 CDM 项目实施现场会，项目实施工作全面启动。2011 年底，完成第一个子项目 1100 台配电变压器的更换，并准备首批减排量的核查核证工作。公司规范项目的实施管理，印发《国家电网公司配电变压器提前更换 CDM 项目实施管理办法》（国家电网交易〔2011〕2033 号），组织编制《配电变压器提前更换清洁发展机制（CDM）项目工作手册》和《配电变压器提前更换清洁发展机制（CDM）项目管理信息系统用户操作手册》，组织开展三期培训班，对基层工作人员进行了 CDM 项目和实施管理方面的培训，促进项目的规范实施。

2. 电力市场运营

8 月，举办了 2011 年电力市场交易员培训班，公司总部及各分部、各省公司从事电力交易工作的专业人员共计 40 人参加培训。

2011 年，公司充分发挥特高压等跨区电网作用，组织电力交易，实现了国家电力市场交易电量持续较快增长，全年完成交易电量 3999 亿 kWh，同比增长 11.5%。

2011 年，公司跨区跨省电能交易保持持续增长态势，共完成交易电量 5324 亿 kWh，同比增长 9.62%。其中，跨区交易电量完成 2664.31 亿 kWh，同比增长 10.02%；跨省交易电量完成 2659.69 亿 kWh，同比增长 9.23%。

从各区域交易电量所占比例来看，华北、华东、华中、东北和西北跨省交易电量分别占跨省总交易电量的 26.4%、33.2%、13.3%、24.4%和 2.7%。

2011 年，公司总部、分部及各省公司与发电企业规范开展购电交易，共完成交易电量 30 469.92 亿 kWh，同比增长 12.60%。其中，京津唐、河北、山西、山东、江苏、浙江、福建、河南、四川、辽宁等 10 个省级电网发电侧购电交易量超过 1000 亿 kWh。

2011 年，公司落实国家节能减排政策，开展发电权交易，交易机制进一步完善，交易组织更加规范，取得了节能减排和优化资源配置的实效。

2011 年，公司经营区域累计完成发电权交易电量 1059.39 亿 kWh，节约标煤 836.46 万 t，减少 SO_2 和 CO_2 排放 24.57 万 t 和 2174.79 万 t。其中，跨区发电权交易电量 41.59 亿 kWh，跨省发电权交易电量 23.14 亿 kWh。

从各省市公司情况看，江苏、河北、浙江完成交易电量最多，分别完成 269.5 亿、115.12 亿（含跨区 41.59 亿 kWh）和 97.24 亿 kWh，占全部交易量的 25.4%、10.9%和 9.2%。

3. 电力市场服务

2011 年，公司贯彻落实《电力监管条例》等监管要求和市场规则，坚持依法从严治企，主动接受政府监管和社会监督，结合创先争优活动发布了新“三个十条”，不断创新服务的方式和内容，电力市场服务水平持续提高。

发布新修订的《国家电网公司供电服务“十项承诺”》、《国家电网公司员工服务“十个不准”》和《国家电网公司调度交易服务“十项措施”》（简称“三个十条”）。

【电力市场营销】

1. 电力营销管理

2011 年公司售电量 30 687.84 亿 kWh，同比增长 14.46%，增幅比 2010 年同期下降 3.66 个百分点。宁夏、新疆、山东、福建、江西、青海、蒙东、西藏、山西、重庆、四川、华北直属、安徽 13 个公司的售电量增幅均超过公司平均水平。宁夏公司增幅最高为 35.25%；北京公司增幅最低为 3.54%。

从各公司售电量看，2011 年累计售电量超千亿千瓦时的有江苏、山东、浙江、河南、辽宁、四川、河北、华北直属、山西、福建、湖北、上海公司共 12 家单位，比 2010 年新增 1 家，这 12 家单位合计售电量 21 808.93 亿 kWh，占公司总售电量的 71.07%。

从售电分类看，公司系统大工业和趸售类累计售电量的增幅高于公司平均增长，其他类累计售电量的增幅均低于公司平均增长。大工业和趸售类的售电量分别为 15 034.58 亿、8077.80 亿 kWh，同比分别增长 15.12%、17.76%，分别高于公司平均增幅的 0.66、3.3 个百分点，其售电量占总售电量的比重分别为 48.99%、26.32%，分别比 2010 年同期提高 0.28、0.73 个百分点。一般工商业及其他、农业及居民生活类售电量增幅均低于公司系统的平均增幅，分别为 10.52%、10.18%、8.92%。

2011 年，新增用电客户 2849.25 万户，公司累计服务用电客户 28 640.58 万户，比 2010 年末增长 11.05%。累计完成业扩新增容量 29 374.28 万 kVA，同比增长 20.98%。

2. “大营销”体系建设

2011 年，公司制订了“大营销”体系试点建设方案并督导实施，江苏、重庆两家试点单位严格按照方案要求，完成了“大营销”试点建设任务。

3 月，制定《国家电网公司“大营销”体系建设方案》并配合公司体改办予以正式印发；4 月，组织江苏、重庆公司开展营销业务系统标准化设计变更需求分析，确定标准化设计修订内容；5 月，组织完成支撑“大营销”体系营销业务应用系统的标准；6 月，组织江苏、重庆公司根据最新标设修订成果进行营销业务系统调整部分的部署、测试，并做好系统接割；9 月，营销部组织完成“大营销”体系建设第一期培训，27 个省（自治区、直辖市）公司共计 78 人参加培训；10 月，营销部组织编制《国家电网公司“大营销”体系建设验收办法》及配套验收指标；11 月，组成“大营销”体系建设验收组，对江苏、重庆公司开展“大营销”体系建设专业评估验收；12 月，编制形成江苏、重庆公司“大营销”体系试点建设专业评估报告、《“五大”体系建设试点大营销专业评估报告》；下发《国家电网公司“大营销”体系建设实施方案（草案）》和《省（自治区、直辖市）公司“大营销”体系建设实施方案模板》，完成对各省（自治区、直辖市）公司大营销体系建设实施方案的审查。

3. 电费回收

2011 年，公司电费回收率达到 99.9%以上；陈欠电费下降率为 43.40%，陈欠电费比年初减少 2.11 亿元。

按国民经济行业用电分类，第一产业、第二产业、第三产业的欠费分别占公司总欠费的 0%、

97.79%、1.25%；居民欠费占公司总欠费的0.77%；趸售欠费占公司总欠费的0.19%。从行业欠费看，欠费主要集中在工业的采矿业和制造业。

4. 营销稽查监控体系建设

2011年，公司启动稽查监控系统试点建设及推广工作。

截至2011年底，26个省（自治区、直辖市）公司（不包含西藏）全部建成省地两级稽查监控体系。

5. 市场开拓

2011年，公司将市场开拓与电力需求侧管理示范项目建设有机结合，建立常态工作机制。通过实施市场开拓工程，2011年累计为公司增加售电量376亿kWh，拉动公司售电量增长1.49个百分点。

2011年，公司加快节能服务体系建设。26个分部、省公司（除西藏外）启动省属节能服务公司组建工作，20个节能服务公司完成工商注册。公司系统能效服务网络初步完成。先后建成中国电科院、国网电科院能效测评机构，国网电科院能效测评机构获得国家发改委和财政部认定，具备在全国开展能效测评资质，中国电科院能效测评机构获得北京市开展能效测评的资质。能效管理平台建设方案通过公司组织的评审，初步完成了平台标准化设计文件编制工作，平台列为工信部“两化融合促进节能减排重点推进项目”。节能服务市场开拓打开局面，各省属节能服务公司实施或达成意向的合同能源管理项目116个，可实现节电量6.67亿kWh。

6. 电能计量

开展各类关口计量装置周期性检验以及客户电能表监督抽检和周期轮换，下达2011年度关口电能计量装置现场检测计划和运行电能表抽检计划，保证公司系统检测工作有序开展，做到各类计量装置始终处于受控状态。

梳理公司系统计量资产管理技术标准及管理方式，研究建立计量管理指标体系，为实施计量资产全寿命周期管理奠定基础。

加强计量技术监督管理，召开计量技术监督管理体系研讨会，研究在公司计量集约化管理新形势下的计量技术监督管理体系，规划建设国家电网公司计量体系运行管控系统，不断拓展技术监督的深度和广度。

完成了公司系统55套计量标准考核（复查）工作；完成电力评审组21个实验室的计量认证评审（复查）工作。

加强计量技术标准体系建设。编制印发公司企业技术标准Q/GDW 574—2010《电能表自动化检定系统技术规范》、Q/GDW 573—2010《计量用低压互感器自动化检定系统技术规范》和Q/GDW 575—2010《用电信息采集终端自动化检测系统技术规范》；完成公司技术标准《数字量输入电能表特殊要求》和《电测量仪表检验装置检定规程》编制。

协调并参与国家计量标准JJG 596—1999《电子式电能表检定规程》的修订工作。

参加全国电磁计量技术委员会年会及《电能表国际建议》（IR46—CD5）国内专家讨论会。参与8项国家技术标准和18项电力行业技术标准制修订工作。

组织开展智能电能表国际合作工作，审核巴西电力监管局（ANEEL）《有关确立电子式电能表最低要求的决议》和《B组用户单元智能电能表技术报告》，提交反馈意见，并介绍公司智能电能表技术标准的特点。

7. 营销自动化建设

2011年，确定年内完成华北、山西、山东、江苏、福建、四川、重庆、辽宁、黑龙江、青海公司等试点单位建设任务。2月，组织中国电科院进行用户体验设计，开发了网站原型系统，进行网站业务及技术的实现性验证。同时，多次组织专家对95598网站阶段性研究成果进行研讨论证，及时解决问题纠正偏差。6月，研究制定了95598互动服务网站平台建设规范、功能规范和总体架构设计导则，并通过了公司组织的专家评审。8月，构建了95598互动服务网站业务标准化体系，量化了网站业务，规范了业务流程，建立了由12个业务类71个业务项155个业务子项构成的网站业务模型。10月，通过信息化部、营销部共同组织的专家评审。11月，启动试点单位冀北、山西、山东、江苏、福建、四川、重庆、辽宁、黑龙江、北京、上海、安徽公司95598互动服务网站建设工作。

8. 用电信息采集系统建设

2011年共安装智能电能表5162万只，累计安装智能电能表7235万只；直供直管范围内采集系统覆盖率达43.99%，覆盖用户7645万户；2011年覆盖增长率为17.58%，覆盖用户增加3086万户。

9. 电力需求侧管理

科学制订有序用电方案。开展2011年迎峰度冬和2012年迎峰度夏电力供需分析预测工作，掌握电力供需形势。组织各省（区、市）公司落实《有序用电管理办法》和政府工作要求，按照“有保有限”的原则制订有序用电方案，优先保障居民生活用电，重点控制高耗能、高排放企业和产能过剩行业用电，压减不合理用电需求。

严格落实有序用电方案。推动建立政府为主导、电网企业为重要实施主体的政企联合工作机制，充分发挥负荷控制系统监视及控制功能，扩大监控数量和范围。联合政府开展有序用电督查，坚决制止影响居民生活用电的行为。完善电力供需日报制度，跟踪掌握电力供需变化，做好应对各种极端情况造成电力缺口的准备。加大有序用电宣传力度，及时向社会发布电力供需信息，赢得电力用户的理解和配合。

公司系统落实 2011 年有序用电调控负荷达到 10 380万 kW，成功应对最大 2716 万 kW 电力缺口，基本实现“限电不拉闸”的目标。

推广热泵技术，为热泵应用客户提供技术和电力支持，累计建设热泵项目 593 个，新增供热（冷）面积 2407 万 m^2。累计推广电蓄热（冷）空调项目 262 个，新增电力蓄能容量 29 万 kW。实施电采暖、农业电力灌溉、陶瓷窑炉电加热和金属电热处理等能源替代技术项目 5769 个，增加用电容量 153 万 kW；推广绿色照明、高效电动机、无功补偿设备、节能变压器等节能环保技术项目 31 422 个，累计节电 8.98 亿 kWh，相当于节约原煤 45 万 t，减少二氧化硫排放 1.13 万 t，减少二氧化碳排放 101 万 t，减少烟尘排放 3400t。加强智能小区及楼宇项目的前期可研、项目招标和选点建设，实行项目全过程跟踪管控，在全国试点建设 22 个智能小区、3 个智能楼宇智能用电推广项目，提高居民电力消费的精细化、智能化水平，加快终端用能方式转变。

10. 优质服务

2011 年，公司进一步优化整合营销资源，提升营销管理集约化、标准化水平，将 95598 呼叫业务向省级集中，完成了江苏、重庆两个试点单位 95598 供电服务中心省级集中建设工作。

2011 年，公司在实施供电服务提升工程活动中，突出“国家电网”品牌传播，广泛宣传“真诚服务、共谋发展”服务理念，展示公司品牌形象，不断扩大品牌的知名度、美誉度。注重发挥营销窗口的宣传展示作用，做好公司品牌标识推广应用，实施 VI 标识改造工程。编制印发《国家电网公司供电营业厅标准化建设手册（2010 版）》，推动了营业厅标准化建设。

2011 年，公司深入开展客户用电工程“三指定”治理工作，在公司系统内组织开展了“三指定”专项检查。10 月，公司开展“为民服务创先争优”活动，在京发布新修订的供电服务“十项承诺”、员工服务行为“十个不准”和强化调度交易服务“十项措施”（简称“三个十条”）。

公司落实电监会开展居民用电服务质量监管专项行动工作要求，印发了《关于贯彻落实居民用电服务质量专项监管的工作方案》，从有序用电、业扩报装、计量与收费、供电质量等四个方面提出了保民生、促和谐、全面提高居民用电服务质量的十二项服务措施，确保居民用电有保障、服务民生有质量。

11. 完成保电任务

2011 年，公司不断加强客户供电安全服务工作，开展高危及重要用户供用电隐患排查和应急演练，制订保电方案，圆满完成国庆、建党 90 周年、“天宫一号”和神舟八号发射、西安园艺博览会等活动重要保电工作，做到了重大活动保电万无一失。

【党建工作】

1. 组织建设

成立公司党的十八大代表选举工作领导小组及工作机构，印发了《关于做好党的十八大代表选举工作的通知》（国家电网党〔2011〕69 号）。

公司党组强化组织领导，建立健全直属党委例会制度，全年共召开六次会议，及时研究部署工作。印发《关于进一步加强总部及在京直属单位党组织建设的通知》（网直党〔2011〕16 号）。编制《基层党组织工作一本通》（简称《一本通》），将党组织日常工作中的 11 类记录表单、9 类工作流程、6 种公文范本以及 90 条党建知识要点、69 份党内制度文件索引编纂成册。形成了一批党建理论研究成果：《国有企业政治优势转化为企业核心竞争力在国家电网公司的探索与实践》荣获国有企业党建研究专委会建党 90 周年研讨论文一等奖；《健全党内激励关怀帮扶机制的探索实践》被评为全国党建研究会建党 90 周年党建研讨会入选论文。

认真落实“三会一课”（支部党员大会、支部委员会、党小组会、党课）、民主生活会、党员民主评议，进一步激发党员保持先进性的内生活力，充分发挥党员在企业生产经营等各项工作中的先锋模范作用。加强教育培训，举办党的发展对象培训班；举办公司系统党建（组织）干部培训班。组织完成公司评优和直属党委“七一”评先工作，表彰了公司“电网先锋党支部标兵”90 个、优秀党支部书记和优秀共产党员各 90 名。遴选推荐全国优秀党务工作者 1 名，中央企业先进党组织 5 个，优秀共产党员 4 名，优秀党务工作者 5 名。

2. 党风廉政建设

2011 年，公司党组贯彻中央关于惩防体系建设的要求，创新构建依靠制度预防腐败、依靠管理消除隐患、依靠监督保障廉洁的科学管控与惩防体系，实现反腐倡廉建设与公司经营管理的紧密融合。贯彻中央《关于实行党风廉政建设责任制的规定》，制定《国家电网公司党风廉政建设责任制实施办法》，组织年度考核，召开会议 53 次，453 名领导班子成员公开述廉，6186 名干部员工参加民主测评，891 名干部员工参加座谈。在全国惩防体系建设工作经验交流会上书面交流公司“三化三有”（企业化、责任化、业务化，预防有方，监督有效、惩治有力）特色惩防体系建设的典型做法。

起草《关于建立协同监督机制进一步完善惩防体系的工作意见》（国家电网〔2011〕18号），制订公司协同监督工作规则、协同监督主要事项。公司总部和公司系统各单位成立监督工作委员会，建立监督工作委员会联席会议制度，适时召开职能部门和监督部门共同参与的监督联席会议，研究解决经营管理中发现的问题和隐患，建立了监督工作新模式和新机制。

开展效能监察，编辑出版《国家电网公司效能监察工作手册》。围绕供电服务、物资清仓利库等重点工作，实施效能监察项目2105项，促进完善规章制度5477个，采纳监察建议10 961条，作出监察决定381个。

制定《关于加强领导干部反腐倡廉教育的实施意见》（国家电网〔2011〕21号）和《关于进一步加强廉洁文化建设的意见》（纪检监察〔2011〕15号）。组织开展纪念建党90周年反腐倡廉知识竞赛活动，举办惩防体系建设展，发放《反腐倡廉10个热点问题》等学习材料。公司系统开展党性党风党纪教育9759次、廉洁文化"四进"［进班子、进部室、进班组（业务部）、进家庭］活动4019次，党政主要负责人授廉政党课3782场次，17个省公司和90个地（市）县公司建立了廉政教育基地和廉洁文化建设示范点。

完善以"三重一大"决策（重大问题决策、重大干部任免、重大项目投资决策、大额资金使用）、党风廉政建设责任制、协同监督、廉政风险防控为重点的反腐倡廉制度1976项。印发《国家电网公司"三重一大"决策实施办法》和《国家电网公司总部"三重一大"决策主要事项》。推行纪检组长（纪委书记）定期报告工作制度。组织开展"三重一大"决策、《中国共产党党员领导干部廉洁从政若干准则》、《国有企业领导人员廉洁从业若干规定》等五项制度综合检查工作，促进了制度落实。各级领导班子成员全部进行公开述廉，4.6万人报告个人有关事项，各级纪检组（纪委）负责人与下级党政主要负责人谈话2.1万人次，领导干部任前廉政谈话1.1万人次，诫勉谈话415人次。

3. 思想政治工作

推进学习型党组织建设，加强党组（党委）中心组学习，落实学习制度，保证学习效果，编印经济形势、社会管理、社会主义文化等公司党组中心组专题学习资料4期，为中心组成员配发了《中国共产党历史》、《论党的群众工作——重要论述摘编》等书籍。推进学习型党组织建设，2011年共举办各层次"电网先锋讲坛"2806次。

组织干部员工学习贯彻胡锦涛总书记"七一"重要讲话精神，党的十七届六中全会、全国"两会"精神，公司重要会议精神。

组织开展纪念建党90周年系列十项活动，制定《关于开展纪念中国共产党成立90周年系列活动的意见》。

加强思想政治工作，制定公司党组2011年1号文件《关于进一步加强员工队伍建设不断提高企业素质的意见》，制定《关于加强员工思想政治工作自觉维护社会和谐稳定的通知》。

4. 精神文明建设

健全精神文明建设工作机制，印发2011年公司党组1号文件《关于进一步加强员工队伍建设不断提高企业素质的意见》。落实《公民道德建设实施纲要》，开展形式多样的群众性道德教育和实践活动，加强职业道德、家庭美德、社会公德和个人品德建设。

在中央文明委召开的全国精神文明建设工作表彰大会上，公司92家单位被评为第三批全国文明单位，其中江苏公司本部和国网电科院2家单位通过国资委系统推荐上报。

制定《关于在供电企业深入开展"为民服务创先争优"活动的实施意见》，坚持"你用电、我用心"，实施国家电网95598光明服务工程，推进为民服务创先争优。自我加压、努力超越，积极开展"三亮三比三评"（亮身份、亮承诺、亮标准，比技能、比业绩、比作风，自评、群众评、领导评），建设国家电网共产党员服务队，加强窗口建设，展示文明服务形象。

累计开展志愿服务活动项目1860项，志愿服务6891次，参与志愿服务的员工达7万多人次，服务农民工30余万人次。在京直属各单位广泛开展"城乡统筹、文明先行"主题社会实践活动，不断深化文明共建。

【企业文化建设】 2011年，发布《国家电网公司"十二五"企业文化建设规划》。召开贯彻落实公司"两会"精神企业文化建设工作推进会，学习贯彻公司二届一次职代会暨2011年工作会议精神，学习公司"十二五"企业文化建设规划，部署建设和弘扬统一的企业文化重点任务。发布《关于建设和弘扬统一的企业文化的报告》，推进统一的企业文化建设。

加强企业文化宣传培训，全年发布信息400余条（篇）。组织各单位加强企业文化专栏建设，按照统一要求规范运行和维护。编辑出版《我身边的共产党员》和《企业文化管理创新与实践》等书籍，引导公司员工宣传先进、学习先进、争当先进。编辑印发《建设和弘扬统一的企业文化宣传手册》，做到人手一册，大力宣传公司核心价值体系和统一的企业文化基本内涵。以各级领导干部为重点，开展统一的企业文化培训工作。录制发行《建设和弘扬统一的企业文化》培训课件，供公司系统各单位学习应用。完成公司分部管理人员 10 期企业文化培训工作，培训分部管理人员 759 人次。充分发挥公司党校（管理学院、高培中心）和技术学院的主渠道作用，开展企业文化全员培训。高培中心全年开展企业文化培训 22 期，培训管理人员 1599 人次；技术学院全年开展企业文化培训 160 期，培训新员工 8000 余人次。

公司企业文化案例入编《中央企业企业文化 2011 年度报告》，入编《中央企业企业文化建设优秀案例选编》。

落实《国家电网公司员工守则》（简称《守则》）。把贯彻落实《守则》作为公司全体员工的基本行动准则，纳入公司“十二五”企业文化建设规划总体目标，“十二五”期间贯彻落实覆盖率要达到 100%。

中国南方电网有限责任公司

【公司概况】 2011 年，中国南方电网有限责任公司（简称南方电网公司）认真贯彻落实党中央、国务院的决策部署，牢牢把握科学发展的主题和加快转变经济发展方式的主线，以公司中长期发展战略为统领，以创先争优活动为动力，以提高集团管控能力为重点，系统地规范各项管理，努力构建和谐企业，实现了“十二五”良好开局。南方电网公司连续 5 年被国资委评为业绩考核 A 级企业，在世界 500 强企业排名第 149 位，比 2010 年上升了 7 位。

【领导班子】 2011 年南方电网公司领导班子：

公司党组书记、董事长：赵建国

公司党组成员、董事、总经理：钟俊

公司党组成员、董事、副总经理：肖鹏、王久玲、祁达才

公司党组成员、党组纪检组组长：孙晓毅

公司党组成员、副总经理：王良友、张晓东、贺锡强

公司总会计师：李文中

【组织机构】 南方电网公司总部设有 20 个部局，以及南方电网电力调度控制中心（与系统运行部合署）和招标服务中心。下设超高压输电公司、调峰调频发电公司 2 个分公司，广东、广西、云南、贵州、海南电网公司和南方电网国际有限责任公司 6 个全资子公司，控股南方电网科研院有限责任公司、南方电网综合能源有限公司、南方电网财务有限公司、南方电网传媒有限责任公司和鼎和财产保险股份有限公司。

【电力供应】 超前分析安全运行的潜在风险，对关键设备进行特巡特维，楚穗直流实现了长时间满负荷安全运行。通过与当地群众群防群治，山火引发线路跳闸次数大幅下降，防雷击工作成效明显。南方电网系统没有发生较大及以上事故，一般事故、一类障碍首次实现了“双下降”。加强应急管理，完善各级各类应急预案 3250 个。

2011 年迎峰度夏期间供电形势很严峻，由于缺煤少水导致全网总体缺电 10% 以上、个别地区缺电 30% 以上，南方电网公司促请广东、广西、贵州省政府出台了发电补贴政策，实现电力供应“保安全、保居民、保民生、保重要用户”；充分调剂网内外资源，提前建成广东 500kV 祯宝线工程，增加粤东送出能力 450 万 kW，同时配合政府制订并严格执行有序用电方案；与上游发电企业及下游客户进行了有效沟通，取得社会各界的理解支持。优化营销服务，推进供电方案、业扩工程标准化设计，有效缩短业扩配套项目建设周期。强化客户停电管理，建立网、省、地、县客户停电时间统计体系，推行“先算后停”等管理手段，南方电网公司系统客户平均停电时间同比下降 26%。通过全网的艰苦努力，以有效、有序的电力供应，支撑了各省区经济的较快增长，实现了政府满意、发电企业满意、客户满意的多赢局面。

【电网建设】 完成了南方电网“十二五”规划修编。与广西、贵州、海南省区政府签订了战略合作框架协议。完成南方电网“十二五”电力供需形势分析报告并上报国家能源局。理顺固定资产投资项目管理，首次实现南方电网公司系统固定资产投资计划的统一平衡下达。优化电网投资结构，不断加大中低压配电网投资规模。加快工程前期工作，溪洛渡、糯扎渡送电广东直流工程、深圳抽水蓄能电站等重点项目获得核准并正式开工。2011 年完成电网建设投资 708 亿元，投产重点工程 11 项。惠州抽水蓄能电站全面投产。攻坚克难，按期完成了海南联网工程海底电缆后续保

护工程。500kV 桂山变电站工程荣获“鲁班奖”。积极实施农网升级改造，完成县级电网建设投资 213 亿元，并解决了 11 个行政村、4.38 万户无电人口的用电问题，实现了供电区域内的行政村“村村通电”。

【企业经营】 2011 年全年完成售电量 6667 亿 kWh，同比增长 10.6%；西电东送电量 966 亿 kWh。加快资金集中管理步伐，全网实现了资金统一计划、统一调度、统一监控和统一融资平台，资金安全性、效益性、流动性大幅提高，在国家货币政策全面紧缩的情况下，保证了南方电网公司资金链的正常运转。通过发行中期票据、超级短期融资券，开展短期资金运作等方式，节约资金成本 13 亿元。推进全面预算管理，完成了“十二五”期间的预算编制。将 EVA 指标分解融入公司经营管理全过程，推进成本精细化管理，编制了《全面预算管理工作手册》和《南网成本词典》。

【节能减排】 编制了南方电网公司“十二五”节能减排综合性工作实施方案和公司支持低碳省市试点工作方案。首次发布公司《绿色发展报告》。完成“十二五”新能源发展规划，研究提出了新能源接入南方电网标准体系和有关标准。通过深化节能发电调度，全网火电机组发电煤耗率同比下降 4g/kWh。通过加强线损“四分”管理，使得综合线损率实现了 5.42%，同比下降 0.86 个百分点。在广州建成了全网首家电动汽车换电体验中心。推进合同能源管理，为广东、云南 3000 家用电规模达 25 亿 kWh 的工商业客户实施了节能诊断。南方电网公司荣获“‘十一五’中央企业节能减排优秀企业”称号。

【科技创新】 南方电网公司核心技术领域的科技攻关取得重大突破，“高压直流输电工程成套设计自主化技术开发与工程实践”荣获 2011 年国家科技进步奖一等奖，是南方电网公司成立以来科技创新取得的最高荣誉；全年南方电网公司系统共获得省部级以上科技奖励 32 项，新增专利申请 282 项，获得授权 151 项。

【基础管理】 出台了南方电网公司中长期发展战略，以战略巡回宣贯等方式加以落实。有效推进一体化管理，初步建立了各层级一体化的组织架构，形成了基于业务分类的一体化制度、流程、标准关联体系框架。全年完成新编及修订制度 383 项。制定了《南方电网公司“三重一大”决策管理办法》，对“三重一大”事项进行了清晰的界定，增强了可操作性和规范性。实行综合计划统一管理，建立了综合计划指标体系和平衡优化模型。切实加强基建管理，全面建立各电压等级电网工程的标准设计和典型造价，首次在公司系统推行里程碑进度计划管理，全网 816 个业主项目部逐步组建到位，南方电网公司系统配网工程全部开展可研工作。施工、设计、监理的公开招标率达到 100%。严格工程造价管理，实际工程结算较概算下降 12.5%，共节约资金 13.3 亿元。构建了具有南方电网特色的供应链管理体系，推行物资集中招标，集中度达到 61%。大力开展清仓利库，南方电网公司系统库存物资同比下降 40%，闲置物资再利用节约投资 14.7 亿元。法律风险专项治理取得初步成效，一批历史遗留重大法律纠纷案件基本解决，减少公司经济损失 24.4 亿元。加强民主管理，有序开展职工代表巡视检查和厂务公开工作。

【体制薪酬改革】 按照国资委统一部署，积极稳妥开展主辅分离改革，明确了对辅业单位“扶上马”、“送一程”的具体支持措施，分别与中国电建、中国能建签订整体划转移交协议，平稳完成分离企业管理权责的正式移交。农电体制改革取得新进展，接收广东、云南、贵州 72 家县级供电企业及农电机构，总资产 159.2 亿元、农电员工 2.8 万名。在充分调查研究的基础上，出台了职工持股清理整顿指导意见。在海南电网公司建立了董事会。推进广州、深圳供电局管理模式改革，将其从广东电网公司分立为公司直接管理的子公司，支持其全面接轨国际先进。完成了规范劳动用工及薪酬分配改革试点工作。建立完善以绩效为导向、将考核结果与岗级晋升和绩效工资挂钩的薪酬分配机制；薪酬分配向一线关键生产岗位倾斜，一线班组员工薪酬水平比 2010 年平均增长了 6.8%。注重落实离退休人员“两个待遇”，用工资总额的 1%建立了困难离退休人员生活补贴机制。

【队伍建设】 全面加强领导班子思想、组织、能力和作风建设，制定了《2011～2020 年南方电网公司所属单位领导班子及干部队伍建设规划纲要》。不断加大竞争性选拔干部力度，拓宽选人用人视野，首次面向全国公开招聘了 7 名高级管理人员。对广州、深圳供电局领导班子 8 个副职岗位进行了公开竞争选拔、竞争上岗。加强年轻干部培养，举办了“百名优秀年轻干部培训班”，安排部分年轻干部任职锻炼。加大干部交流力度，选派 19 名干部到各省公司及政府机关任职或挂职锻炼，选拔 58 名基层优秀年轻员工到总部开展为期 1 年的学习锻炼。实施人才发展“六大工程”，开展技术专家选聘工作，公司系统共选聘 18 名技术专家和 87 名助理技术专家。公司入选第三批海外高层次人才创新创业基地。整合全网教育培训资源，成立了公司教育培训评价中心及公司党校（干部学院）。公司系统全年举办培训班 2.2 万期、培训员工 137 万人次，培训合格率 98%。

【履行社会责任】 南方电网公司坚持“大灾当前、责任在先”的理念，在抗击贵州冰灾、云南盈江地震、强台风“纳沙、尼格”等自然灾害中，做到了“知灾、人到、旗到、电通”，发挥了中央企业顶梁柱的作用。更为科学、精细地开展深圳大运会保供电工作，比赛期间每天安排近2万名技术人员巡查电网设备，并开展延伸服务，坚守场馆，从电源一直保到灯头和插座，实现了“零事故、零差错、零投诉”，确保了万无一失。在中央首长视察广州军区时，保电工作安排周密、措施得当，避免了1起重大停电事故。进一步深化“绿色行动”，发挥节能减排示范作用，全年协助客户节能19.75亿kWh，实施节能发电调度相当于节约标准煤227万t。在佛山实施的国家“863”分布式供能示范工程通过科技部验收。南方电网公司及全体员工累计向灾区捐款捐物达1805万元，其中为“广东扶贫济困日”活动捐款1530万元。在五省区同步开展社会责任日活动，首次召开了全网范围的大客户座谈会，诚心诚意听取意见建议。南方电网公司的供电服务在广东、云南社情民意调查中连续多年荣获综合满意度第一，在其他各省区的政府满意度评价中也名列前茅。

【党建和反腐倡廉工作】 创新党建工作，制定了党组织先进性测评办法，提出了先进性的量化要求。加强党内民主建设，推进基层党支部书记公推直选和党务公开工作。积极开展庆祝建党90周年系列活动。深入推进为民服务创先争优活动，做好“六走进”和“五到位”，集中力量重点解决群众用电问题。全系统共成立为民服务队3168个，征求意见建议近万条，逐一落实改进措施。在全公司推进员工辅导计划，建立了南网幸福指标体系。南方电网公司系统涌现出一大批先进典型，其中，获得全国“五一”劳动奖状奖章等国家级集体荣誉72个、个人荣誉41个，省部级集体荣誉79个、个人荣誉268个。

出台了《公司惩治和预防腐败体系基本框架》。首次实行反腐倡廉建设岗位责任通知书制度，严格落实党风廉政建设责任制。举办了领导人员廉洁从业研讨班，开展纪律教育月活动，强化“诚信做人、规矩做事”的理念。制定《南方电网公司党组巡视工作办法》，首次派出巡视组对海南电网公司开展巡视。建立“大监督”机制，深入开展了内部审计、效能监察和固定资产投资建设监督检查，共审计资产量3367亿元，对发现的主要问题落实了整改措施。通过效能监察避免经济损失2902万元，节约资金1亿元。

（中国南方电网有限责任公司办公厅）

中国华能集团公司

【公司概况】 中国华能集团公司（简称华能集团公司）是经国务院批准成立的国有重要骨干企业。

华能集团公司注册资本200亿元人民币，主营业务为电源开发、投资、建设、经营和管理，电力（热力）生产和销售，金融、煤炭、交通运输、新能源、环保相关产业及产品的开发、投资、建设、生产、销售，实业投资经营及管理。

华能集团公司从1985年创立至今，在20多年的发展历程中，为电力工业的改革、发展和技术进步提供了丰富经验；为电力企业提高管理水平、提高经济效益发挥了示范作用；为满足经济与社会发展的用电需求、实现国有资产的保值增值做出了重大贡献。公司坚持方向明确、科学发展，不断创新、保持领先，多方合作、互利共赢，逐步形成了“为中国特色社会主义服务的红色公司；注重科技、保护环境的绿色公司；坚持与时俱进、学习创新、面向世界的蓝色公司”的企业使命和“坚持诚信、注重合作，不断创新、积极进取，创造业绩、服务国家”的核心价值观等具有华能特色的企业价值理念。

华能集团公司致力于建设具有国际竞争力的大企业集团。截至2011年底，公司在全国30个省、市、自治区及海外拥有全资及控股装机容量12 538万千瓦，为电力主业发展服务的煤炭、金融、科技研发、交通运输等产业初具规模，公司在中国发电企业中率先进入世界企业500强，2011年排名由2010年的第313位上升至第276位。

“十二五”时期是华能集团公司建设具有国际竞争力世界一流企业的重要时期，公司将继续高举中国特色社会主义伟大旗帜，以邓小平理论和“三个代表”重要思想为指导，以科学发展为主题，以加快转变发展方式为主线，以国家能源战略为主导，秉承“三色公司”的企业使命，坚持“电为核心、煤为基础、金融支持、科技引领、产业协同，把华能建设成为具有国际竞争力的世界一流企业”的战略定位，转方式、调结构、提效益，促发展、强素质、创一流，推进公司做强做优做大，领先进入具有国际竞争力的世界一流企业行列，为全面建设小康社会做出新的更大的贡献。

【领导班子】 2011年华能集团公司领导班子：

总经理、党组副书记：曹培玺

党组书记、副总经理：黄永达

副总经理、党组成员：张廷克、那希志、黄龙、胡建民、寇伟

总会计师、党组成员：郭珺明

党组成员、纪检组组长：马晶

【组织机构】

1. 总部部门

办公厅

新闻中心

规划发展部

预算与综合计划部

企业管理与法律事务部

运营协调部

财务部

资本运营与股权管理部

安全监督与节能环保部

基本建设部

煤炭部

国际合作部

人力资源部

离退休人员办公室

监察部

审计部

思想政治工作部

社会责任办公室

扶贫办公室

工会工作委员会

2. 直属单位

中共中央党校中国华能集团公司党校

中国华能集团技术经济研究院

中国华能集团公司信息中心

3. 产业公司

华能国际电力开发公司

华能国际电力股份有限公司

华能新能源股份有限公司

华能核电开发有限公司

绿色煤电有限公司

华能能源交通产业控股有限公司

华能资本服务有限公司

华能集团技术创新中心

华能置业有限公司

中国华能集团清洁能源技术研究院

中国华能集团燃料有限公司

4. 区域分公司

中国华能集团公司东北分公司

中国华能集团公司华东分公司

中国华能集团公司华中分公司

中国华能集团公司南方分公司

中国华能集团公司河北分公司

中国华能集团公司山西分公司

中国华能集团公司江苏分公司

中国华能集团公司浙江分公司

中国华能集团公司安徽分公司

中国华能集团公司福建分公司

中国华能集团公司江西分公司

中国华能集团公司河南分公司

中国华能集团公司湖南分公司

中国华能集团公司重庆分公司

中国华能集团公司青海分公司

中国华能集团公司广西分公司筹备组

中国华能集团公司贵州分公司筹备组

5. 区域子公司

北方联合电力有限责任公司

华能澜沧江水电有限公司

华能呼伦贝尔能源开发有限公司

华能山东发电有限公司

华能四川水电有限公司

华能吉林发电有限公司

华能黑龙江发电有限公司

华能海南发电股份有限公司

华能陕西发电有限公司

华能宁夏能源有限公司

华能甘肃能源开发有限公司

华能西藏发电有限公司

华能新疆能源开发有限公司

中国华能集团香港有限公司

西安热工研究院有限公司

6. 直管单位

华能山东石岛湾核电有限公司

华能海南实业有限公司

【生产经营】 2011年，中国华能集团公司面对复杂严峻的经营发展形势，在党中央、国务院的正确领导下，认真落实公司年度、年中工作会议精神，按照“四个进一步”、“五个突出抓”的总体要求，攻坚克难，奋力拼搏，较好地完成国资委业绩考核指标和年度各项目标任

务，为促进国民经济平稳较快发展做出了重要贡献。

安全绩效。安全形势总体平稳。未发生重大及以上事故，生产、经营、政治和形象安全得到有效保障。

经营绩效。完成发电量 6046 亿 kWh，同比增长 12.5%；完成煤炭产量 6406 万 t，同比增长 38.5%。实现营业总收入 2682 亿元，同比增长 17.6%。完成供电煤耗 318.68g/kWh，同比下降 4.04g/kWh；完成厂用电率 5.08%，同比下降 0.14 个百分点。

发展绩效。投产新机 1215 万 kW，2011 年底公司境内外全资及控股电厂装机容量达到 12538 万 kW，同比增长 10.5%。新增煤炭产能 405 万 t/年，煤炭生产能力达到 6817 万 t/年，同比增长 6.3%。

党建绩效。党和国家的方针政策在公司得到全面贯彻落实；学习型党组织建设和创先争优活动取得实效，基层党组织和党员队伍建设进一步加强；领导班子和干部队伍建设扎实推进；未发生企业领导人员违法、违纪案件；职工队伍保持稳定。

【改革发展】 发展全过程管理进一步加强。积极推进发展方式转变，全面实施公司《产业发展战略及“十二五”规划》。加强能源领域战略合作，与 13 个省（区、市）和企业签署了合作协议。加强投资、前期、基建管理，资本预算可控在控，电力项目核准规模实现行业领先。严格执行项目投资决策程序，更加注重对项目的经济评价。推进基建标准化建设，开展了风电、水电基建专项对标，制定了风电标杆造价指标、火电百万千瓦机组和风电场典型设计。工程造价得到较好控制，工程投资比概算节约 44 亿元，投产的 30 万 kW 以上火电机组单位千瓦造价同比降低 112 元。开展风电、水电设备集中监造，设备质量得到有力保障，机组移交质量不断提高。

低碳清洁能源发展积极推进。全年投产新机中低碳清洁能源装机比重达到 32%，年底低碳清洁能源装机接近 2400 万 kW，比重同比提高 1.4 个百分点。核准低碳清洁能源项目超过 1000 万 kW，占核准总规模的 64%。水电装机突破 1100 万 kW。风电装机突破 700 万 kW，通辽、阜新、山东三个百万千瓦风电基地基本建成，效益初步显现。光伏电站陆续建成、投产发电。核电项目积极推进。页岩气勘探、煤层气开发以及波浪能发电等项目有序开展。

火电结构继续优化。到 2011 年底，公司 60 万 kW 等级及以上火电机组容量占火电装机比重达到 46.9%，同比提高 2 个百分点。一批经济效益好、区域布局优的煤电机组投产发电。积极推进大容量、低排放、预期效益好的项目开发，着力推进经济发达地区燃气热电联产项目开发。

产业协作进一步深入。煤炭产能、产量和内部供煤比例进一步提高，蒙东、陇东、滇东、准东等煤炭基地开发有序推进。港航协同作用进一步发挥。金融产业的服务功能和业绩支持作用得到较好发挥，为公司系统提供了应急资金保障、低成本融资、保险理赔、CDM 开发和咨询等专业服务。科技产业在节能减排、设备安全、技术创新、技术培训等方面，为公司系统提供了较好的技术支持，科技产业化工作积极推进。

节能减排取得新的成绩。深入推进节约环保型企业创建工作，健全节能减排统计、监测、分析和考核体系，加强精细化管理，优化机组运行，深入开展主力机型能耗指标创优活动，60 万 kW 及以上机组供电煤耗同比下降 3.38g/kWh。公司总体能耗指标、60 万 kW 等级超临界湿冷、空冷及 35 万、30 万 kW 等级纯凝湿冷机组的能耗指标，保持五大发电集团领先水平。狠抓新建机组环保“三同时”，合理安排脱硫增容和脱硝改造，完成脱硫增容改造 307 万 kW、脱硝改造 166 万 kW，二氧化硫排放总量继续下降，氮氧化物排放总量得到有效控制。福州、榆社、北京 3 家电厂汞排放监测试点有序推进。加强碳资产管理，29 个清洁发展机制（CDM）项目在联合国注册。

【重大项目】 澜沧江、雅鲁藏布江流域开发稳步推进，国家重点工程、云南境内装机容量最大水电站，华能糯扎渡水电站通过国家发改委核准。项目总装机容量 585 万 kW，总投资约 450 亿元。功果桥水电站 3、4 号机组投产发电。中国内陆首个单机容量 3MW 的风电场，大庆风电场竣工投产。格尔木光伏一、二电站投产发电；北京燃气扩建项目投产发电。伊敏三期 5 号煤电一体化项目竣工投产，伊敏露天煤矿进入国内 2000 万 t 级露天矿井行列。九台电厂、同江风电等五个电力项目获得国家优质工程银奖。

【走向海外】 “走出去”战略取得重要进展。新能源公司在香港成功上市，共募集资金 55.15 亿元人民币。新加坡大士能源公司（TPL）优化竞争策略，税前利润大幅增加。澳洲电力公司（OzGen）加强运营、风险和财务管理，克服电价低迷和洪灾带来的不利影响，生产经营保持稳定。成功收购印度 GMR 集团在国际电力公司（InterGen）中持有的 50%股权，管理对接工作顺利完成，通过完善法人治理结构及日常管理加强了对运营工作的监管。加大国际化人才选拔培养力度，强化海外资产职业管理团队建设。目前，公司海外业务领域扩展至四大洲七个国家，境外权益装机接近 600 万 kW。

【科技创新】 科技创新迈出新的步伐。实施“十二五”重大科技项目规划，明确了发展目标和任务。推进示范工程建设，绿色煤电天津 IGCC 示范工程进入全面调试阶段；石岛湾高温气冷堆核电站示范工程获得国务院常务会议审议通过。加强发电技术研究，120 万 kW 等级高效大型机组、太阳能光热发电等先进技术研发取得新进展，700℃超超临界燃煤发电技术等4个国家级科技项目获得批复并正式启动。积极推进科技成果转化，拥有自主知识产权的现场总线控制系统和三塔合一技术在秦岭电厂得到示范应用；二氧化碳捕集技术在挪威中标；西安热工院向日本、印度等8个国家提供了设备监造、性能试验等30多项技术服务。加强科技创新平台建设，国家能源高效清洁火力发电技术研发中心、国家能源水能高效利用与大坝安全研发中心获准设立，火力发电等3个产业技术创新创业联盟组织筹备工作进展顺利，北京人才创新创业基地开工建设。全年获得省部级科技成果奖15项，国家授权专利66项，其中发明专利22项。

【华能新能源公司成功上市】 2011年6月10日，华能新能源股份有限公司（“华能新能源”，代号00958）在香港联合交易所开始挂牌交易。

华能新能源股份有限公司本次全球发行24.85亿股，每股2.50港元定价，共募集资金总额7.99亿美元（约62亿港元）。所得款项净额中将有23.0%用作海外及国内项目并购，57.8%用于风电业务扩展，另有19.2%用于偿还银行贷款。

在公开招股前，已有13家企业和机构成为了华能新能源的基石投资者。公司于2011年5月27日举办投资者推介会，出席推介会的投资者数量远远超出预期，国际配售部分当日即获足额认购。在随后的4天，公司股票受到了国际大型投资机构的高度青睐，并获得了国际知名投资机构及基金的热情认购，超额认购7倍以上。

华能新能源是中国领先的专注于风力发电的纯可再生能源公司，已建成、在建及储备的风电项目主要分布于中国的六大区域，覆盖19个省及自治区。截至2010年12月31日，以风电总装机容量计，公司位居中国第三大风力发电公司，排名世界第八位。总装机容量增长在全球前十大风电公司中居于首位。截至2010年年底，公司控股装机容量达到3522.4MW，在建容量1202.0MW，2008～2010年，复合年增长率高达195.9%，带动期内电力销售收入急增，调整后经营利润由2008年的1.227亿元上升至2010年的8.845亿元。截至2010年底，公司拥有73 463.5MW的风电储备项目以作未来发展，截至2011年底，控股装机容量已达到4820MW。华能新能源在香港联合交易所主板成功挂牌上市，是华能新能源跨进国际资本市场的一个重要里程碑，标志着公司的发展进入了一个更新更高的阶段。

【履行社会责任】 积极响应国务院国资委关于进一步加强中央企业社会责任建设的要求，认真贯彻落实《履行社会责任行动指引》，对企业全面履行社会责任进行系统规划，把社会责任融入企业发展战略、企业经营管理和企业文化建设的全过程，推进援藏、援青和定点扶贫，启动了新一轮援疆工作，积极参与公益事业和社会主义新农村、新牧区建设。2010年可持续发展报告被联合国全球契约中国网络中心评为典范报告。公司《履行央企社会责任、献力西藏经济发展》案例被评为中央企业优秀社会责任实践案例。

【党建工作】 党的建设坚持融入中心、进入管理、服务大局。扎实推进学习型党组织建设，带动了学习型企业、学习型班子和学习型员工建设。深入开展创先争优活动，完善了“三级点评”制度。大力选树典型，中央媒体对铁北矿掘进队和小湾电站创先争优事迹进行了集中报道。加强思想政治工作、精神文明建设和企业文化建设。公司系统16项成果荣获中央企业和全国电力行业党建思想政治工作优秀成果奖。

完善干部“两化”管理，加强领导干部和后备干部队伍建设。试行企业领导班子和领导人员考核评价办法。开展竞争性选拔“重点推广年”活动，完成了总部和部分在京单位10个处级岗位、公司系统25个副主任级岗位的公开竞聘工作，在股份、北方、澜沧江、山东等公司开展竞争性选拔试点。加大干部交流力度，继续开展挂职锻炼。认真做好国家“千人计划”人选推荐工作，积极开展海外引才。华能党校的干部培训主渠道作用进一步发挥。

全面贯彻十七届中央纪委六次全会和中央企业反腐倡廉建设工作会议精神，认真落实党风廉政建设责任制，全面推进廉洁风险防控工作，具有华能特点的惩防体系建设取得新的进展。深入开展以燃料管理、招投标和“三重一大”制度落实与执行情况为重点的效能监察，推进各项专项治理和巡视工作。围绕贯彻执行《若干规定》，扎实推进廉洁文化建设，广大干部职工的思想作风得到提升，促进了企业健康发展。

【信息化建设】 人力资源管理信息系统在公司全面应用，资产财务管理一体化系统在部分所属公司推广上线，移动办公、电子商务系统试点获得成功，信息化集中管控能力得到进一步提升。

（车丹军）

中国大唐集团公司

【公司概况】 中国大唐集团公司是2002年12月29日在原国家电力公司部分企事业单位基础上组建而成的特大型发电企业集团，是中央直接管理的国有独资公司，是国务院批准的国家授权投资的机构和国家控股公司试点。注册资本金为人民币153.9亿元。主要经营范围为电力能源的开发、投资、建设、经营和管理；电力（热力）生产和销售；金融、煤炭、交通运输、新能源、环保相关产业及产品的开发、投资、建设、生产和销售；实业投资经营及管理。

2011年，中国大唐集团公司深入贯彻落实科学发展观，坚持以经济效益为中心，努力克服电煤价格高位上涨、电价调整严重滞后、财务费用显著增支等重重不利因素，精心制定并认真落实"一保一降"方案，围绕"电为基础、多元经营，七大板块、协调发展"16字方针和调整"四大结构"主攻方向，加快推进"转方式，调结构，强机制，练内功，增效益"，全面完成了国资委下达的各项考核指标。在各种不利因素影响减利170亿元的情况下，当年实现利润16.06亿元，同比增加0.83亿元；净利润4.02亿元，同比增加5.47亿元；归属母公司净利润同比减亏21.72亿元；资产负债率87.76%，比2010年末下降了0.02个百分点。

截至2011年底，中国大唐集团公司发电装机容量达到11 105.7万kW，水电、风电等新能源和可再生能源装机比重达到21%，比组建时提高了9.13个百分点；消耗性指标和排放指标持续大幅度优化，供电煤耗达到321.47g/kWh，比组建时下降了49.71g/kWh；上市公司达到4家；投产及已核准煤炭产能合计达到4330万t；多伦煤化工项目基本打通全部工艺流程；金融、物流、科技等非电产业增收盈利能力稳步提高。

2011年，中国大唐集团公司再次入选世界500强企业，居374位，比2010年提升38位。

【领导班子】 2011年中国大唐集团公司领导班子：

董事长、党组书记：刘顺达

董事、总经理、党组成员：陈进行

党组成员、副总经理：王琳、蔡哲夫、邹嘉华

党组成员、总会计师：胡绳木

党组成员、副总经理：王森

董事、党组成员、纪检组长：熊皓

党组成员：曹景山

副总经理：金耀华

【组织机构】 见组织机构图。

【分公司情况】 中国大唐集团公司实施以集团公司、分（子）公司、基层企业三级责任主体为基础的集团化管理体制和运行模式。集团公司相继成立了大唐甘肃发电有限公司、大唐陕西发电有限公司、大唐黑龙江发电有限公司、大唐吉林发电有限公司、大唐河北发电有限公司、大唐贵州发电有限公司、大唐山东发电有限公司7个省发电公司，成立了湖南分公司、安徽分公司、河南分公司、山西分公司、江苏分公司、四川分公司、云南分公司、广西分公司8个分支机构和大唐电力燃料有限公司、中国大唐集团科技工程有限公司等专业公司。中国大唐集团公司拥有4家上市公司。它们分别是首家在伦敦上市的中国企业、首家在香港上市的电力企业——大唐国际发电股份有限公司；较早在国内上市的大唐华银电力股份有限公司和广西桂冠电力股份有限公司，以及在香港上市的中国大唐集团新能源股份有限公司。

【电源发展】 2011年，中国大唐集团公司完善并加快推进"十二五"产业发展规划，围绕"电为基础、多元经营，七大板块、协调发展"十六字方针，积极调整"四大结构"。年内两次调整投资计划，实际完成投资比年初计划减少71亿元，下降幅度达10.9%。优化投资结构，清洁能源项目占全年投资总额的63%。同时，催缴小股东陈欠资本金8.7亿元。在压缩控制投资规模的情况下，实现了投产目标，保证了重点项目建设。全年核准电源项目839.9万kW，开工446.47万kW，投产519.12万kW，清洁能源项目分别占52.85%、88.45%、52.13%，电源结构进一步优化。

【重大项目】 2011年是中国大唐集团公司资本运作力度最大的一年，也是成效最显著的一年。积极开展股权融资及债券发行工作，先后完成了大唐集团短期融资券、私募债和大唐新能源公司债发行工作；启动了大唐集团及海外公司、大唐国际境外债券融资等项目的研究、报批工作；大唐国际A股非公开增发逆

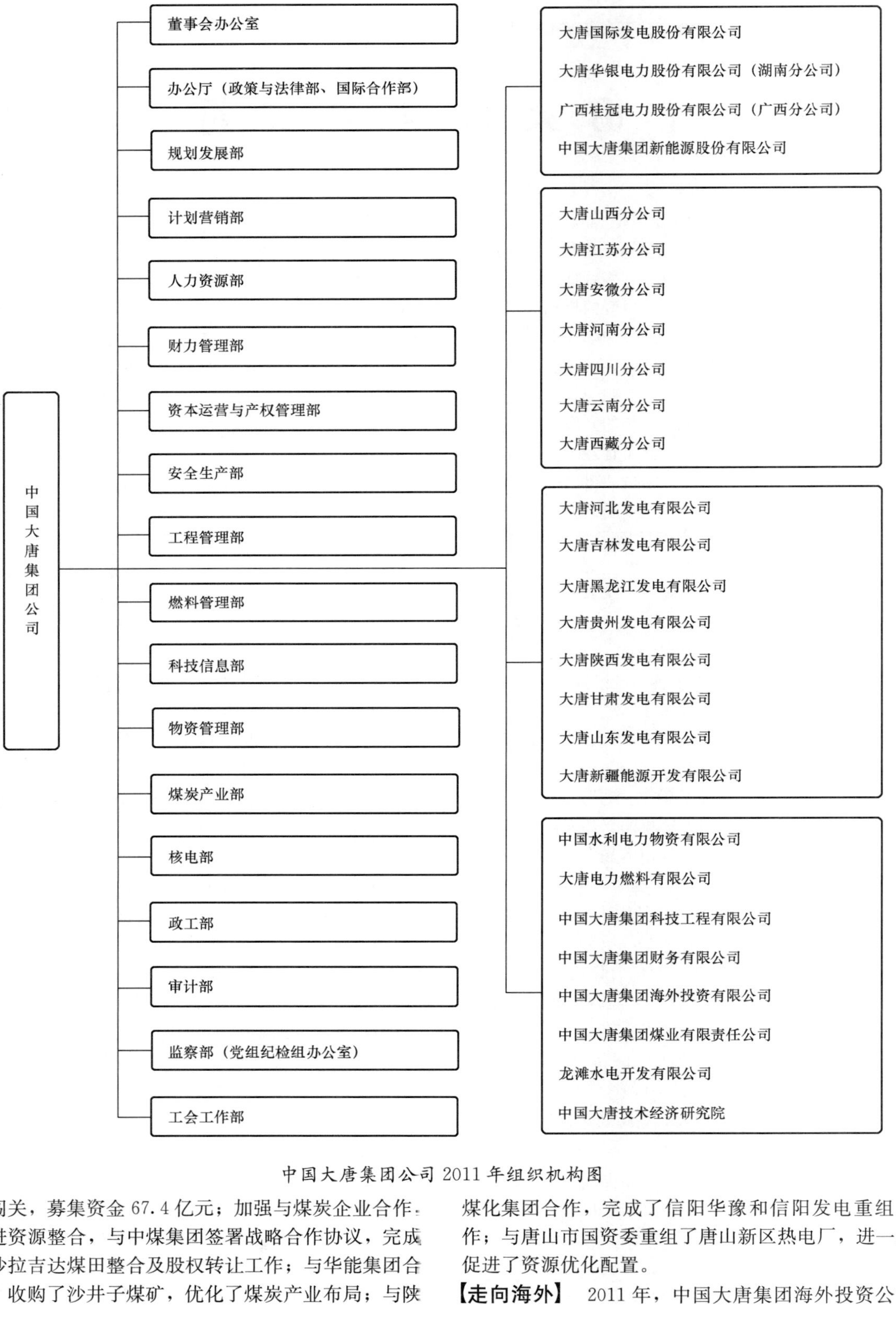

中国大唐集团公司 2011 年组织机构图

势闯关，募集资金 67.4 亿元；加强与煤炭企业合作，推进资源整合，与中煤集团签署战略合作协议，完成了沙拉吉达煤田整合及股权转让工作；与华能集团合作，收购了沙井子煤矿，优化了煤炭产业布局；与陕煤化集团合作，完成了信阳华豫和信阳发电重组工作；与唐山市国资委重组了唐山新区热电厂，进一步促进了资源优化配置。

【走向海外】 2011 年，中国大唐集团海外投资公司稳步推进在建项目的工程建设。柬埔寨电网项目按计划全面完成了线路及变电站土建施工、机电设备安装、系统调试工作；柬埔寨水电项目实现了一期、二期工程截流。

前期项目取得新进展。哈萨克斯坦鲁特尼奇水电项目12月8日正式开工建设。老挝萨拉康和北本水电项目取得了老挝政府的筹建期开工许可。海外公司与缅甸电力部和金山公司签署了开发缅甸东西部水电项目的谅解备忘录和合作协议，取得了装机超过500万kW的缅甸东西部水电项目的开发权。

【节能减排】 2011年，中国大唐集团公司供电煤耗完成321.4g/kWh，同比降低3.36g/kWh，节约标准煤146.5万t；发电厂用电率完成5.05%，同比降低0.15个百分点，火电机组增加上网电量9.5亿kWh；单位发电油耗10.49t/亿kWh，同比降低2.04t/亿kWh，节约燃油9237t；发电水耗完成1.18kg/kWh，同比下降0.11kg/kWh，节水4980万t。加强环保监督和管理，脱硫设备健康水平进一步提高，确保了各项污染物的达标排放。

【科技创新】 2011年，中国大唐集团公司大力推进中长期（2010～2020年）科技发展规划的实施，加快科技产业发展，创新成果不断涌现。获得授权专利20项（其中发明专利11项），获得软件著作权10项。在国家能源科技奖方面，共获得国家能源科技二等奖3项；三等奖5项。在水利电力科技奖方面，获得三等奖4项。在全国电力职工技术创新成果奖方面，7个项目获奖。经中央人才工作协调小组批准，集团公司被确定为国家第三批“海外高层次人才创新创业基地”。国家能源高铝煤炭开发利用重点实验室、国家能源非粮生物质原料研发中心落户集团公司，标志着中国大唐集团公司科技创新研发平台开始进入到国家级行列。

【履行社会责任】 2011年，中国大唐集团公司坚持安全发展、清洁发展、节约发展的理念，积极履行社会责任，兑现“提供清洁电力，点亮美好生活”的庄严承诺。圆满完成了建党90周年、迎峰度夏和深圳第26届世界大学生夏季运动会等保电工作。14家火电企业实现了“零非停”，35家供热企业中有21家供热期实现了“零非停”；机组等效可用系数完成94.14%，继续保持了行业先进水平。以深化“两型”企业建设为抓手，以保持节能减排行业先进水平为目标，投入资金28亿元用于节能减排技术改造和综合治理工作。深入开展指标对标和经济性评价工作，落实节能降耗措施2070项，促进了能耗指标的持续优化。在全国大机组竞赛中，大唐集团13台60万kW等级机组获奖，占获奖机组的17.33%，其中一等奖占21.43%；25台30万kW等级机组获奖，占获奖机组的30.49%，其中一等奖占50%。

2011年，中国大唐集团公司被国务院国资委授予“‘十一五’中央企业节能减排优秀企业”称号；在第二届节能中国宣传表彰大会上，大唐集团荣获“2011节能中国十大贡献单位奖”，是获得该荣誉的唯一一家发电集团公司；“打造金牌机组，提高发电供热可靠性”成果被国务院国资委授予“2011年中央企业优秀社会责任实践”成果。在由联合国环境规划署、中国生态文明研究与促进会等多家单位联合主办的第四届中国绿色发展高层论坛上，大唐集团被评为“中国十佳绿色责任企业”。

【信息化建设】 2011年，大唐集团稳步推进信息化重要项目建设，完善了信息化规划、制度、标准、规范体系，建立了覆盖全集团的广域网，实现了分子公司与集团的数据共享。重点开展并完成了以财务一体化、两全系统为核心的管理信息系统建设，为加强集团管控、规范业务管理、提高工作效率和管理水平提供了信息技术手段，满足生产经营需要的各类信息化网络和系统基本形成。在国资委2011年信息化水平测评中，中国大唐集团公司由C级晋升为B级。

【党的建设】 2011年，大唐集团各级党组织认真贯彻落实胡锦涛总书记“七一”讲话精神，突出主题，创新载体，融入中心，不断深化创先争优活动。开展了“强基固本葆先进、创先争优促发展”、“爱党爱国爱大唐、争创年里创佳绩”等主题教育活动，引导党员和员工坚定信念、积极投身中心工作。加强学习型党组织建设，开展了“建设学习型团队，争当知识型党员”主题活动，营造了团队学习的良好风气。加快推进科学发展上水平与创先争优常态化的有机融合，建立对标点评台账和评价、公示规范，搭建对标点评信息平台，建立完善集中点评、个别点评、现场点评、随机点评等多种方式结合的新机制，唱响了“争科学发展之先，创和谐企业与一流业绩之优”的主旋律。

【发展战略和企业文化】 发展战略：把大唐集团建设成经营型、控股型，市场化、集团化、现代化、国际化，具有较强发展能力、盈利能力和国际竞争能力的国际知名能源公司。

企业使命：提供清洁电力，点亮美好生活。

核心价值观：人为本，和为贵，效为先。

企业愿景：国际一流能源企业。

企业精神：务实和谐，同心跨越。

管理理念：权责对等，高效协同。

经营理念：资源最优化，效益最大化。

人才理念：大唐大舞台，尽责尽人才。

安全理念：生命至上，安全第一。

环保理念：清洁生产，绿色生活。

中国华电集团公司

【公司概况】 中国华电集团公司（简称中国华电）是国家实施电力体制改革、由国务院批准组建的5家全国性国有独资发电企业集团之一。2002年12月29日，中国华电在人民大会堂揭牌成立，注册资本120亿元人民币，主营业务为：电力生产、热力生产和供应；与电力相关的煤炭等一次能源开发；相关专业技术服务。

截至2011年底，中国华电发电装机容量9410万kW，资产总额5259亿元，控股煤矿产能2560万t/年，资产主要分布在山东、贵州、黑龙江、四川、福建、江苏等27个省（自治区、直辖市）以及俄罗斯、柬埔寨、印尼等国家。拥有世界首台百万千瓦超超临界空冷机组、国产化程度最高的百万千瓦超超临界机组、国内最大的分布式电源项目、在发电集团中比重最大的天然气发电机组。控股华电国际电力股份有限公司、华电能源电力股份有限公司、国电南京自动化股份有限公司、贵州黔源电力股份有限公司和沈阳金山能源股份有限公司等上市公司。

【领导班子】 2011年中国华电领导班子：

总经理、党组副书记：云公民

党组书记、副总经理：李庆奎

党组成员、副总经理：陈飞虎　程念高　任书辉　辛保安　邓建玲

党组成员、华电国际电力股份有限公司总经理：陈建华

党组成员、总会计师：王怀书

党组成员、纪检组组长：蒋亮平

【组织机构】 见组织机构图。

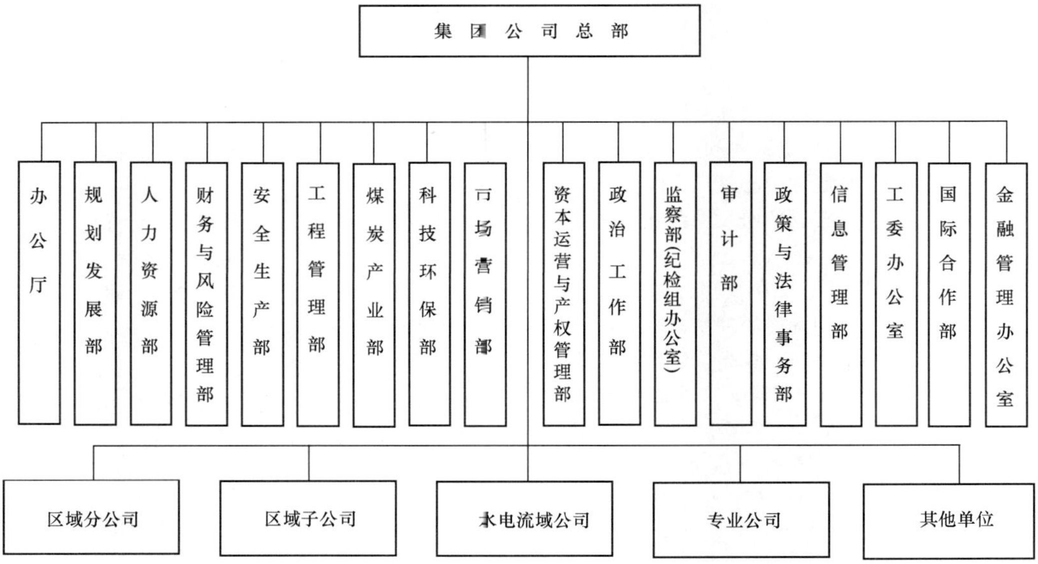

中国华电集团公司2011年组织机构图

【价值理念】

公司使命：创造更大的经济、社会、人文价值

公司愿景：打造价值华电、绿色华电、创新华电、幸福华电，建设具有国际竞争力的世界一流能源集团

公司精神：自强求变　厚德求进

核心价值：诚信　求真　和谐　创新

经营理念：管理最优化　价值最大化

员工守则：

忠诚企业，勇于追求，共建华电家园；

关爱社会，乐于奉献，共担华电责任；

严以律己，敏于执行，共守华电规章；

勤勉敬业，敢于创新，共兴华电伟业；

诚实守信，善于合作，共铸华电品牌。

【发展战略】 中国华电始终认真贯彻国家能源战略，以科学发展为主题，以转变发展方式为主线，以创造可持续价值为目的，以改革创新为动力，加快调整结构布局，注重提升质量效益，推进做强做优，着力提升发电、煤炭、金融和工程技术四大产业发展绩效，努力打造价值华电、绿色华电、创新华电、幸福华电，建设具有国际竞争力的世界一流能源集团。

【治理结构】 作为国有独资特大型企业集团，中国华电在国家宏观调控和行业监管下，按照现代企业制度要求，完善“科学有效、责权明确、指挥有序、运转顺畅”的管控体系，改进决策监督机制，坚持依法经营、照章纳税、履行责任，建立了科学规范、有效制衡的公司治理结构，为维护国家利益、履行社会责任奠定了坚实基础。

中国华电按照《中华人民共和国全民所有制工业企业法》注册，国务院向中国华电派驻国有重点大型企业监事会，国务院国资委代表国务院履行出资人职责。建立了部门研究、专家咨询和领导决策相结合的决策机制，严格的、可追溯的决策责任追究制度，实行科学决策、民主决策和依法决策。

中国华电实行总分公司、母子公司并存的复合型管理体制，对分支机构实行授权管理，对所属企业实行分级管理，形成集团公司总部、二级机构（分公司、区域子公司、专业公司）、基层企业三级管控模式。

【年度业绩】 2011 年，中国华电深入贯彻落实科学发展观，牢固树立价值思维理念，积极应对煤价高位运行、资金成本大幅攀升、水电来水特枯等前所未有的困难和挑战，按照“抓落实、见成效”的总体要求，全力加快结构调整，深化管理创新，提升经济效益，各项工作取得新的成效。完成发电量 4178.55 亿 kWh，同比增长 16.3%；生产原煤 2260 万 t，同比增长 142%；完成供电煤耗 321.1g/kWh，同比下降 7g/kWh；二氧化硫排放绩效 2.6g/kWh，同比下降 10%。

【结构调整】 与国家和地方“十二五”发展规划、公司五年发展纲要紧密衔接，编制完成中国华电集团公司“十二五”发展规划，配套制订煤炭、金融、工程技术等产业专项规划和区域规划，立足战略区域，突出发展重点，全力推进结构调整和布局优化，取得明显成效。水电开发取得重要进展，金沙江上游水电规划通过审查，金沙江上游、雅鲁藏布江中游等流域多个水电项目取得“路条”；宁夏海原、甘肃环县等百万千瓦风电基地开工建设，风电装机容量突破 300 万 kW。宁夏灵武百万千瓦超超临界空冷机组 4 号机组投入运行，建成国内最大的空冷发电基地；江苏句容、望亭等一批重点项目获得核准，60 万 kW 及以上机组占煤电装机比重上升至 42%。煤炭发展步伐不断加快，国内首座电力企业自主建设与管理的千万吨级煤矿——不连沟煤矿实现了当年投产当年达产，隆德煤矿投入试生产，华电煤业集团有限公司跻身国内煤炭行业 50 强。金融产业获批筹建合资寿险公司，增资控股川财证券，管理金融资产规模实现翻番。工程技术板块市场化进程加快，曹妃甸装备制造基地一期项目投产运营，发展活力不断增强。

【生产经营】 面对严峻经营形势，强化细化管理，重点抓好扭亏增盈。集团公司加强经营督导，实施重点帮扶，全力扭亏增盈。部分区域公司和基层企业针对存在的问题，采取一系列控亏减亏扭亏措施，取得了明显成效。华电煤业盈利突破 14 亿元；新疆公司、华电工程、财务公司、江苏公司和不连沟煤矿盈利超过 5 亿元；湖南、河北、山西、辽宁等区域同比大幅减亏增盈；邹县、戚墅堰、红雁池、望亭、包头等 5 家基层企业盈利均达 3 亿元以上；石热、大通、铁岭、武乡等基层企业同比大幅减亏增盈。不断加强市场营销，煤机发电量增幅超过全国平均水平 5.5%，利用小时同比增加 303h。煤炭企业抓好产运销衔接，产量和效益稳步增长。着力控制经营成本，强化全面预算管理，抓好电煤采购月度预算，优化进煤结构，公司入厂标煤单价和涨幅低于行业平均水平。深入开展“达标、创优、建示范”活动，7 成火电企业燃料管理达到优秀水平。公司系统通过掺配掺烧降低采购成本近 10 亿元。全面开展工程造价管理活动，强化工程设计优化和招投标管理，公司直管范围标段节约资金 60 亿元。加强专项政策研究，完善信息发布平台，有效服务经营发展。

【管理创新】 按照管理创新活动“上台阶”的总体要求，围绕提升执企能力和盈利能力，持续加大管理创新推进力度，集中召开基建管理、星级发电企业创建、30 万 kW 机组整体优化等系列现场经验交流会，开展系统标杆企业管理创新专题调研，总结推广成功经验，表彰活动先进单位，促进了系统企业管理水平整体提升。持续健全管理体制机制，三级管控界面更加清晰，二级机构的管理责任进一步得到落实；完善集团总部机构设置，增设煤炭产业部，专业化管理进一步得到强化。成立中国华电集团科学技术研究总院有限公司，建立起了中国华电系统高端科研和技术服务平台。深化物资体制改革，组建成立中国华电集团物资有限公司，物资集约管理得到有效加强。以星级发电企业创建为抓手，深入开展对标管理，提升指标水平，供电煤耗、厂用电率等指标进一步改善。大力推进竞争性选人用人改革，面向系统内外组织了8个主任级岗位公开选拔、11个总部专责岗位公开招聘，全年公开选拔各级领导人员125名，占新增和空缺岗位的40%。积极推行市场化用工，煤炭、金融和工程技术板块全面实行了市场化用工。以绩效薪酬为杠杆，健全考核体系，在金融和工程技术板块建立了与关键效益指标直接挂钩的工资决定机制。大力加强经营管理，狠抓扭亏增盈工作，自上而下派出督导组，重点帮扶亏损企业，部分区域和企业实现了大幅减亏。加强经营动态监控，将日利润管理纳入企业经营体系，改进经济活动分析模式，增强了工作针对性和时效性。创新工程管理，组织开展“造价管理年”活动，通过造价全过程管理、集中采购、效益预期分析等措施，提升了项目盈利能力。贵州黔源北盘江光照发电厂荣获“中国电力优质工程奖”。

在管理创新活动实践中不断丰富管理思想，完善管理体系，初步形成了“精益化、专业化、制度化、国际化、人本化”的“五化”管理体系。精益化就是把价值创造作为管理的出发点和落脚点，优化管控模式，再造管理流程，强化细化管理，做到管理结构与核心流程协调一致，把管理的成果最终落实到效益上。专业化就是根据四大产业板块特点，把握运行规律，建立专门机构，完善专业体系，实行分类管理，提升产业管理水平。制度化就是按照“科学有效、管用管好”的原则，抓好制度规划，加强制度建设，形成横向覆盖专业，纵向延伸基层，贯穿生产经营发展全过程的制度体系，做到用制度规范，按制度办事，靠制度管人。国际化就是树立国际视野，学习国际经验，以抓好海外投资、总承包、运营服务、国际贸易为切入点，不断积累跨国管理经验，提升国际化经营水平，努力实现与国际管理接轨。人本化就是践行以人为本，注重人文关怀，发挥员工作用，形成管理凝心聚力、价值共建共享的良好局面。

【安全生产】 以抓基层、打基础、克服薄弱环节为重点，落实安全责任，完善管理制度，扎实开展季节性安全检查、外包工程治理、“两票”专项督查、应急演练等活动，圆满完成全国“两会”、深圳大运会以及迎峰度夏等重大活动和重要时段的保电任务，安全生产总体可控在控。积极推进精密点检与远程诊断试点，抓好技术监督与防“非停”措施落实，提高了设备可靠性。邹县电厂6号、包头公司2号机组荣获全国火电60万kW大机组竞赛一等奖，宿州公司1号机组荣获“全国火电金牌机组”称号。突出抓好煤矿安全管理，推行煤矿安全质量标准化建设，健全安全生产体系，开展矿井安全评价，强化煤炭生产监管，实现了百万吨煤“零死亡率”的目标，内蒙古金通煤矿荣获“国家级安全质量标准化煤矿”称号。

【科技环保】 立足公司需求，抓好科技环保，提升科技和节能减排水平。着力构建科技服务体系，成立科研总院，积极推进产业园建设，国家分布式能源研发中心、海外人才创业基地获得批准，国电南自取得“国家认定企业技术中心”资质。抓好“863”、“973”计划和国家科技支撑计划课题研究，成功申报分布式供能技术等3个国家重大科技预备项目，全年新增授权专利78项，6项成果荣获中国电力科学技术奖。加大节能减排力度，完成31台机组汽轮机侧热力系统优化，节约标煤53万t。实施10台机组整体优化改造，大幅降低了供电煤耗。扎实推进脱硫脱硝和除尘器改造，启动脱汞监测试点，完成“十二五”减排责任书年度治理项目。索风营水电站荣获“全国水土保持示范工程”称号。公司21个CDM项目在联合国成功注册，是历年注册总和的两倍。

【资本运作和风险防控】 以降低负债率和防范风险为重点，加强资本资金运作。做好资金筹集和调度，保障了重点项目资金需求。加强账户清理和资金集中管理，账户入网率和资金归集率达到83%以上。实施负债率与负债规模“双控”管理，强化目标分解和动态监控，资产负债率得到有效控制。加快推进资本运作，福新能源上市取得证监会行政受理函，已向香港联交所提交申请文件；华电煤业、新疆公司、湖北公司、内蒙古公司、四川公司、国电南自、华电重工7家单位共引入战略投资100亿元，降低集团公司负债率1.9%。完成乌江公司与贵州公司的资产整合。清理处置参股股权，有效回笼资金。取得中期票据与私募债券发行额度120亿元，总部发行短期融资券80亿元，节省了财务费用。加大投资管理力度，对近3年决策的投资项目全部进行了经济后评价。开展投资、燃料等重点业务内控与风险管理试点，强化了财会基础评价。完善金融监管手段，金融风险监管体系建设进一步加强。积极配合监事会开展集中重点检查，规范了企业经营发展。

【党建和队伍建设】 围绕中心工作，加强党建和队伍建设，为公司发展提供政治保证和人才支撑。深入开展创先争优活动和学习型党组织建设，通过庆祝建党90周年、创先争优专题交流、向王清文同志学习、总部作风建设等系列活动，发挥政治优势，促进了科学发展。全面加强队伍建设，制订实施人才队伍建设五年规划，深入开展“四好”领导班子创建活动，重点抓好队伍能力素质提升，认真落实“企业领导人员三年轮训计划”，全年培训 7400 人次。深入推进“大纪检”，着力抓好惩防体系建设，继续开展工程建设领域突出问题、“小金库”等专项治理和监督检查，加强“三重一大”执行、燃料管理等效能监察，有效开展巡视工作，保证了企业健康发展。公司党组纪检组、监察部荣获“全国纪检监察系统先进集体”称号。开展品牌建设研究，修订《华电宪章》，充分发挥了文化引领作用。扎实做好信访维稳，关心员工生活，促进了企业幸福和谐。发挥工团组织作用，开展燃煤采制化、集控运行、水电工程造价管理等技能大赛，凝聚了队伍合力。认真履行社会责任，积极参加援疆、援藏和社会公益事业，发布 2010 年社会责任报告和国内首份水电可持续发展报告，公司社会责任发展指数位列全国十强。公司总部荣获“全国文明单位”称号。

（李成东）

中国国电集团公司

【公司概况】 2011 年，面对复杂严峻的生产经营环境和艰巨繁重的改革发展任务，中国国电集团公司（简称国电集团）以科学发展观为指导，全面贯彻党中央、国务院的重大部署，认真落实国资委等上级单位的具体要求，同心同德，迎难而上，各项工作扎实推进。截至 2011 年底，国电集团公司系统未发生人身死亡和较大及以上设备损坏事故，电力、煤矿、基建安全均保持历史最好水平。资产总额 6634.07 亿元，装机容量 10 672 万 kW，完成发电量 4770 亿 kWh，供热量 13 926 万 GJ。在国资委考核中蝉联“A”级，世界企业 500 强排名同比上升 73 位，荣获国资委中央企业“十一五”“节能减排优秀企业”称号，圆满完成各项工作任务。

【领导班子】 2011 年底国电集团领导班子成员：

总经理、党组副书记：朱永芃
党组书记、副总经理：乔保平
副总经理、党组成员：杨海滨
副总经理、党组成员：于崇德
总会计师、党组成员：张国厚
副总经理、党组成员：高　嵩
副总经理、党组成员：张成杰
党组成员、纪检组长：郭瑞廷
副总经理、党组成员：米树华

【组织机构】 截至 2011 年底，国电集团本部共设置 18 个部门，共有二级单位 46 家，三级及以下全资及控股子公司 462 家。见组织机构图。

【改革发展】 深化体制机制改革，加大创新力度，省为实体的三级管理体系更加完善。管控模式更加科学。调整了本部和二级单位机构设置，强化省级公司的管理职能。完善法人治理结构，加强“三会”业务管理，议案审核率 100%。修订完善目标责任制考核办法，积极推进 EVA 考核，加强总资产利润率考核，与国资委考核体系全面对接，实现了考核全覆盖。完善“三类五级”考核体系，实行预算管理与工效挂钩相结合的工资总额决定机制。对企业领导人员实施 EVA 奖励，17 家企业领导人员获奖。总经理奖励基金突出价值创造、战略发展、科技创新和安全生产。信息一体化平台建设深入推进，实现了关键数据指标的采集、统计、分析功能。

内控体系更加完善。制定实施了“三重一大”决策制度，健全完善了内控体系，建立了风险评估和预警机制。基建财务内控体系建设取得阶段性成果。强化领导人员经济责任审计、重大工程建设项目跟踪审计，避免经济损失。严把经济合同法律审核关，有效防范了法律风险。

电厂转型不断深化。积极抢占热力市场，参与城市热网建设，供热企业达到 55 家。扩大配煤掺烧煤种，累计掺烧 4100 万 t，节约了成本。因地制宜开展煤炭经营，拓展城市水务产业，提高粉煤灰产品附加值，规划开发闲置土地，盘活了资产资源，培育了新的利润增长点。

加大选人用人力度。对 21 个领导岗位和 23 个本部副处级以下岗位进行公推比选和公开招聘。14 家单位开展了公推比选和竞争性选拔工作。组织干部交流，直管干部交流 92 人次，第二批东部与中西部干部双向挂职交流参与单位增加到 32 家。加强基层领导班子建设，12 家二级单位、64 家基层单位被评为“四好”领导班子。启动“十百千引才工程”，引进国家“千人计划”人才 6 名，引进急需紧缺的核心骨干

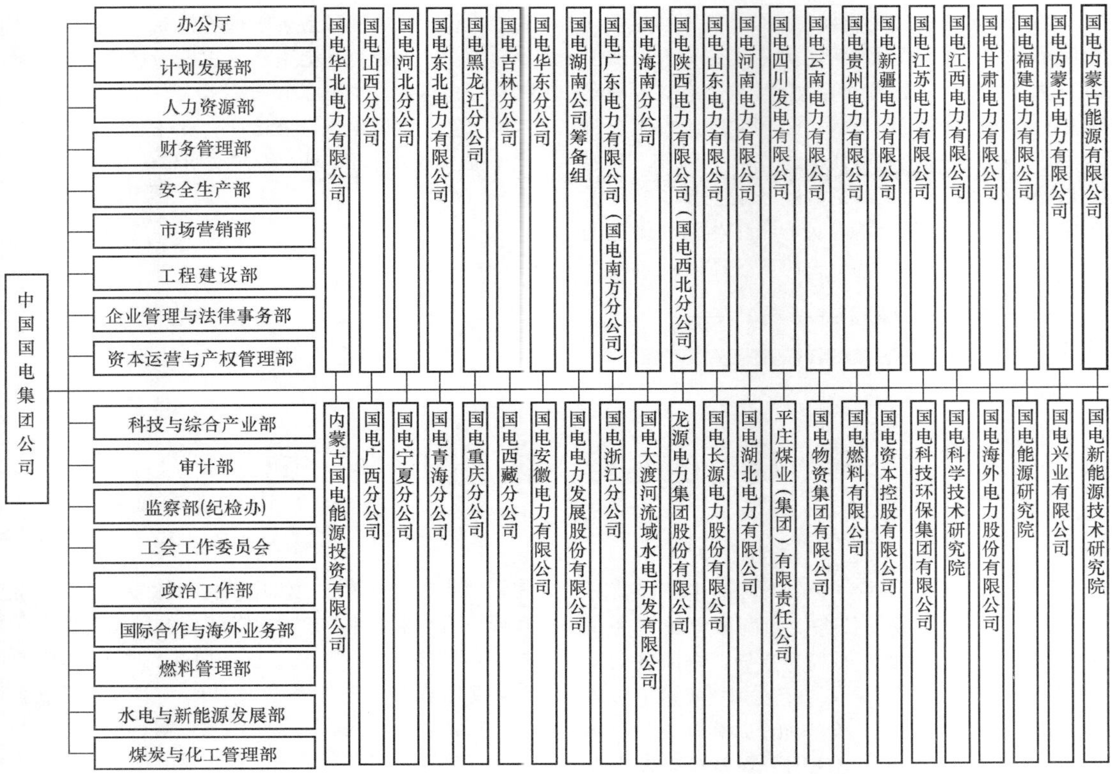

中国国电集团公司 2011 年组织机构图

人才 161 名。加强各级各类人员教育培训，员工队伍素质能力得到有效提升。

提高安全环保水平。深化“安全生产年”活动，圆满完成迎峰度夏和大运会等重大保电任务，194 家发电企业中 191 家安全无事故。做好安全性评价，完成 46 家发电企业评价和整改复查。加强工程建设重大危险源点治理，对 61 个项目进行了安全检查和隐患整治。煤矿安全生产三级管理体系全面建立，8 个矿井进入国家级安全质量标准化煤矿行列。积极开展环保评价，扩大脱硫特许权经营范围，在运脱硫机组比例已达 94.2%，全年减少二氧化硫排放 8 万 t。

【项目推进】 围绕“十二五”发展规划，准确把握发展节奏，合理控制投资规模。持续优化电源结构。新投机组中大容量火电和清洁可再生能源占 63%，谏壁 100 万 kW、南宁 60 万 kW 等大容量机组投产。火电平均单机容量提高到 32.7 万 kW，30 万 kW 及以上机组占 87.9%，60 万 kW 及以上机组占 40.2%。全年关停小机组 13 台共 124 万 kW。清洁可再生能源已占总装机容量的 22%。风电装机容量达到 1226 万 kW，新增 331 万 kW。国内首座海上潮间带示范风电场、首座大型低风速风电场顺利投产。水电“四区一流域”开发布局形成，深溪沟水电站全部建成投产，并购小水电 64 万 kW。太阳能发电装机容量达到 23.5 万 kW，蒙电四子王旗、宁夏马场湖光伏项目、新疆槽式太阳能热发电项目投产发电。全年新增 CDM 注册项目 66 个。

加强清洁高效火电和清洁可再生能源项目储备。天生港、黄金埠二期、织金等大容量火电项目获得核准或取得“路条”。猴子岩水电站获得核准，四川、云南、西藏、青海公司水电开发稳步推进。储备风电资源超过 9000 万 kW，华东、山西公司风电开发取得重要突破。国电电力储备太阳能项目 400 万 kW、核准 7 万 kW，河北公司围场风光电一体化项目获得核准。与中核集团合作的一批小型堆和大型核电项目前期工作有序开展。南方、海南、山东、浙江公司燃气项目快速推进。

煤炭产业迅速壮大。“三片一线”布局更加完善，煤炭储量和产能快速增长，控制资源 150 亿 t，煤炭产量 6505 万 t，同比增长 38.4%。平煤集团产煤 3776 万 t，蒙电贺斯格乌拉煤矿产量突破 2100 万 t。在建煤矿项目 18 个，设计产能 6200 万 t，国兴煤矿生产优质动力煤 166 万 t，察哈素煤矿产出工程煤 30

万 t。成功并购蒙东能源，锗资源储量全球第一。贵州公司整合并购区域中小煤矿，新增产能 180 万 t。燃料公司建立了 7 个煤炭储配中心，秦皇岛港煤炭中转量突破 2000 万 t，海运船队自有船舶 12 艘，全年下水海运煤 3000 万 t。煤化工项目稳步推进，英力特公司电石法 PVC 生产线主要指标达到世界先进水平，正在建设宁东煤基多联产循环经济示范园区。蒙能公司煤制化肥项目进入试生产准备阶段。

新能源高端设备制造和电力科技环保产业快速发展，形成了一批行业优势品牌。等离子点火应用装机容量已达 2.39 亿 kW。脱硫特许经营、脱硝 EPC 业务市场占有率国内领先。电站空冷系统核心设备实现国产化，应用装机容量行业领先。自主研发的大型火电机组 DCS 控制系统国内市场份额达到 20%，百万千瓦机组 DCS 项目投入商业运行。联合动力 3MW 风机推入市场，6MW 风机成功下线。国电光伏公司打造太阳能全产业链，承担的 195MW EPC 项目全部并网。

金融保险和物资物流产业快速发展。资本控股公司取得了多项稀缺牌照，发起设立长江财产保险公司，投资瑞银证券获得证监会批准，“国电网银”覆盖集团公司 630 家成员单位，形成了集财务公司、财险、寿险、基金、保险经纪、商业银行等业务于一体的金融平台。物资集团构建了以物联网为核心的电子商务平台，在中国物流企业 50 强中排名第 24 位，外销比例 56.3%。积极开展钢材统购分销业务。风机塔筒制造能力 1800 套。物资集中采购节省采购成本 10%以上。

【经营创新】 深化“双学”活动，加快“三型”电厂建设，挖潜增效、永无止境的理念更加深入人心，多项管理创新在公司系统全面推广，科技创新能力显著提升。累计获批国家级研发中心 6 个，企业技术中心 8 个，被命名为国家“创新型企业”。全年新增专利 190 项，同比增长 90%，累计获得专利 363 项。新获国家科技进步二等奖 2 项。成立中国国电集团公司科技委员会，构建了产研结合的研发体系。能源研究院完成专题研究 64 项、评估咨询 248 项。电科院被认定为国家级高新技术企业，“火电机组状态及性能全息诊断”等三项成果获国家能源科技进步奖，“静电除尘高频电源技术”可减少烟尘排放 40%，节能 70%。

生产管理更加精细。深入开展星级发电企业创建活动，加大对标管理力度，机组主要经济技术指标持续改善。完成供电煤耗 321.3g/kWh，同比降低 5g/kWh。发电厂用电率 5.3%，同比降低 0.16 个百分点。火电机组等效可用系数达到 93.5%。创新技改模式，完成合同能源管理项目 21 个。加大火电企业治亏力度，13 家电厂减亏。

工程建设稳步推进。加大“绿色工程”建设力度，开展设计优化，着力推进专业化、标准化、精细化、数字化管理。工程建设质量进一步提高，新投产火电机组效率平均提高 1.5 个百分点，工程造价平均较概算降低 6.8%。瀑布沟大坝荣获“堆石坝国际里程碑工程奖”。谏壁 13 号、南埔 3 号机组供电煤耗分别为 280、297g/kWh，达到国内同类机组先进水平。陕西公司采用新型桩基技术，单个风场造价平均降低 500 万元以上。进一步规范招标管理，完成了 35 批次集中招标。

燃料管理全面加强。健全管理体系，理顺管理关系，保供控价能力明显增强。加强了与重点煤炭企业的战略合作，打通了蒙东自有煤炭向华北、山东、华中、华东等地区的铁路运输和水运通道。国电集团公司系统全年库存平均保持在 20 天以上，未发生缺煤停机现象。建立煤炭市场信息体系，全年采购海外低价煤炭 545 万 t。开展商业储煤，入厂验收进一步规范，入厂入炉煤热值差控制在 0.4MJ/kg 以内。

财务管理优势明显。调整完善财务管理战略，创新预算管理体系，建成了总部利润预测分析系统。加大资金供应保障，综合运用多种融资方式，引进各类低成本资金，增发短期融资债券，发行私募债，启动私募债券增发工作。加强资金集中管理，资金归集率达到 90%。科学动态调整债务结构，将长期融资占比由 45%提高到 56%。抓好增值税进项税抵扣工作。认真落实资产处置、财政补贴等收益。

审计工作深入开展。一方面审计覆盖面全面扩大，形成有效的监督屏障。年内组织实施领导任期经济责任审计 19 项，3 年内审计覆盖面达到 100%。组织实施建设项目跟踪审计 44 项，有效避免了经济损失。同时还组织绩效审计、大修技改审计等多种专项审计；另一方面在审计成果利用和审计理念方面创新突破。审计成果利用方面，通过召开经济责任审计结果座谈会，将经济责任审计结果向当事人和其上级管理单位当面反馈，大大提升审计成果的利用效果。审计理念方面，贯彻“眼睛向内、挖潜增效”精神，针对企业面临的电煤矛盾开展绩效审计，总结、推广先进的管理经验，促进企业解决难点问题，更大的发挥审计促效益的功能。

市场营销卓有成效。以“争量保价、增效保收”为重点，创新市场营销工作。全年设备利用小时 5012h，高于全国平均水平 281h。重点抓好发电权交易，优化量价结构，全年完成交易电量 264 亿 kWh。争取电价调整政策，年内两次获调上网电价，平均上网电价同比提高 1.97 分。加大电费回收力度，全年电费回收率 99.55%。

资本运作多点推进。国电科环成功在香港上市，融资 21.3 亿元，成为央企中首家境外上市的科技环保类企业。国电电力成功发行 55 亿元可转债。龙源电力在香港成功发行9.5亿元人民币债券。龙源技术股价较发行价增长90%以上。英力特定向增发17.1亿元方案获得审批。平庄能源启动瑞安矿业等收购工作。东北公司引入10亿元信托股权资金。

【走向海外】 按照"立足自身优势，凝聚力量，以新能源和战略性新兴产业为重点走出去"的海外发展战略，年内海外风电项目投资并购实现突破，高科技产品出口取得新的成绩，电力投资项目前期工作稳步推进。所属公司龙源集团收购加拿大安大略省9.9万kW风电项目开发权，风电境外投资取得突破。龙源集团还积极开展南非风电项目，其中3个共计19.3万kW风电项已签署土地租赁协议、取得环评许可、获得至少一年的测风资料，具备参与投标的基本条件。

国电联合动力技术有限公司向美国德州供应6台1.5MW共计9MW风机，目前已并网发电。国电光伏、龙源环保、烟台龙源和智深签订出口合同，烟台龙源签署美国一家电厂低氮燃烧改造分包合同，等离子点火技术已成功进入韩国、俄罗斯、印尼等市场。稳步推进与柬埔寨工业、矿产和能源部签署的《柴阿润和松博水电项目可行性研究谅解备忘录》后续工作。稳步推进柴阿润水电项目，可行性研究通过了水规院组织的评审，提交柬埔寨工业部。

【信息化建设】 2011年，中国国电集团公司成立信息中心，明确信息化管理职责，落实"GD193"规划，推进信息一体化平台建设，制订指标数据规划，梳理指标数据4621个，关键指标1322个，实现业务主题分析近百个；建立集团公司企业门户和集团下属26个二级单位企业门户和领导驾驶舱；初步建成数据中心，实现专业数据的信息化报送、统计、汇总、审批和展示。完成集团燃料信息系统建设，对各发电企业每日燃料进、耗、存及入厂、入炉价格进行统计分析，实现燃料计划、合同、审批、结算等关键环节的信息化管理。升级改造视频会议系统，视频信号全部实现高清显示，全年召开各类视频会议69次，总参会人数约3.9万人次。扎实推进集团公司及各级下属单位的信息系统等级保护测评工作，完成第一批重点系统的等保测评。

【党建工作】 2011年，中国国电集团公司党建思想政治工作坚持融入中心、服务大局，党建科学化水平不断提升，深入开展创先争优活动，扎实推进基层党组织建设，召开首次党支部工作座谈会，党组织的政治核心作用、战斗堡垒作用和党员的先锋模范作用充分发挥。开展"访问100个基层党支部和班组，访问100名一线党员和职工"活动，通过三级联动大走访，累计访谈11 000余人次，密切了党群干群关系。开展建党90周年系列庆祝活动，首次评选表彰"十佳"先进基层党组织和优秀共产党员，3个集体、4名个人受到国资委党委表彰。中国国电集团公司建设社会主义核心价值体系的经验做法，在全国国有企业推进社会主义核心价值体系建设座谈会上进行交流，6家单位荣获全国文明单位称号。加强企业文化建设，制订"家园"文化建设规划，召开首次企业文化建设工作会议，命名了首批企业文化示范基地。共青团深入开展"我为转型做贡献"主题实践活动，20个青年集体和个人获得团中央和中央企业团工委荣誉称号。《人民日报》刊发国电集团党组书记、副总经理乔保平署名文章《把思想政治工作优势转化为发展优势》，中宣部《党建》杂志宣传了《国电集团在转型发展中创先争优》的经验做法。中国国电集团公司党建思想政治工作的典型做法先后30多次在人民日报、新华网、国资委网站等媒体上刊载。

反腐倡廉工作深入开展。2011年，中国国电集团公司各级党委（党组）和纪检监察机构认真贯彻落实十七届中央纪委六次全会、中央企业反腐倡廉建设工作会议精神，扎实推进党风和反腐倡廉建设工作，各项工作有了新的突破，取得了新的成效。一是加快推进惩防体系建设，进一步健全和落实党风廉政建设责任制，制定完善"三重一大"决策制度和决策机制，扎实开展反腐倡廉宣传教育，大力加强纪检监察组织建设，完善纪检监察工作领导机制，惩防体系框架基本形成。二是深入开展转变经济发展方式的监督检查，继续开展"小金库"问题和工程建设领域突出问题专项治理工作，不断加大燃料监管、招标监管工作力度，大力推进效能监察工作，围绕中心工作、融入企业生产经营管理推进纪检监察工作的力度明显加大。三是认真总结巡视工作经验，对进一步加强和改进党组巡视工作作出安排。巡视工作得到上级单位的肯定，在中央纪委召开的中央单位巡视工作座谈会上作了经验介绍。四是继续加大案件查办工作力度，严肃查处物资采购、燃料管理、财务管理等领域的违纪违法行为。两次召开会议通报系统内发生的典型案例，起到很好的警示效果。

【履行社会责任】 2011年，中国国电集团公司在建设一流综合性电力集团的战略中，把履行社会责任纳入公司治理，经营管理水平持续提升，安全生产基础更加牢固，科技创新力度不断加大，科学发展业绩再创新高，和谐国电建设成效显著，政治、经济、社会责任得到有效履行，职工与企业、企业与社会和谐共建水平不断提高。

积极推进传统清洁能源高效利用，加大节能减排力度，严细节能环保评价监管，发电机组主要指标持续改善，供电煤耗持续降低，降幅达3.82g/kWh。

94.2%的在运机组实施脱硫，全年减少二氧化硫排放8万t。加大环保技改投入，在可比企业中最高。被国资委授予“十一五”央企“节能减排优秀企业”称号。

（朱　锋）

中国电力投资集团公司

【公司概况】 中国电力投资集团公司（简称中电投集团）组建于2002年12月29日，注册资本金人民币120亿元，是集电力、煤炭、煤化工、铝业、铁路、港口等产业于一体的综合性能源集团，是国内五大发电集团之一，是国家三大核电开发建设运营商之一，也是国内第二大电解铝企业和第三大涉煤中央企业。中电投集团在科学发展观的指引下，确立了“电为核心，煤为基础，产业一体化协同发展”的“三步走”发展战略，加快转变发展方式，不断推进电源结构和产业结构调整，朝着国际一流能源集团目标迈进，在全国唯一同时拥有水电、火电、核电、新能源资产，形成了以煤电铝、水电铝产业链为发展模式的蒙东、青海、贵州、宁夏、新疆五大产业集群。按照国家“走出去”战略要求，积极在缅甸、几内亚推进资源性项目开发。

截至2011年底，中电投集团拥有电力装机容量7680万kW，其中水电装机容量1795万kW，居五大发电集团第一位，在全部装机容量中清洁能源比重近30%，居五大发电集团第一位。拥有煤炭产能7350万t，电解铝产能260万t。中电投集团资产总额5030亿元，其中归属于母公司净资产328.37亿元，拥有7家上市公司，员工总数12.17万人。

【领导班子】 2011年中电投集团领导班子：

党组书记、总经理：陆启洲

党组成员、副总经理、总会计师：孟振平

党组成员、副总经理：张晓鲁、李小琳、余德辉、余剑锋、田勇、苏力

党组成员、党组纪检组长：王先文

副总经理：邹正平

【组织机构】 见组织机构图。

【生产经营】 中电投集团火电总装机容量达到5576万kW，煤电平均单机容量达到29.76万kW，60万kW及以上机组容量占比达到44.21%，装机规模、结构、布局进一步得到改善，高效、节能、环保的大容量、高参数机组已成为火力发电的主力。2011年，中电投集团水电新投产容量为20.5万kW，期末水电装机总容量达到1794.73万kW，同比增长1.155%，继续保持五大发电集团首位。作为国家三大核电控股建设运营商之一，参股运行核电机组权益容量为164万kW，控股在建核电机组容量为466万kW，参股在建核电机组权益容量为160万kW。2011年，中电投集团风电新投产容量达107.03万kW，太阳能光伏发电新投产容量达38.25万kW。期末风电装机容量达到271.06万kW，同比增长65.3%；太阳能装机容量达到38.45万kW，比2010年底的0.2万kW增加了192倍。

2011年，煤炭物流产业整体发展势头提升明显。贵州木担坝、左家寨煤矿投产，新增煤炭产能75万t/年。蒙东巴其北煤田探矿权获得延续，新疆、贵州区域煤矿整合取得突破，锦州至白音华铁路通道扩能和新疆黑梭井煤矿等对后续发展有重大影响的项目相继启动。“赤大白”铁路完成初步验收。锦赤铁路跨越国铁问题全部得到解决，控制性工程全部建成。锦州港、滨海港按计划推进，九江港获得国家发改委核准，“蒙煤南运”大通道加快建设。

中电投集团按照加快形成“铝土矿—氧化铝—电解铝”全产业链的要求，加强铝业上下游产业的协同发展。2011年，集团收购重组晋北铝业，增强对铝业上游的控制力；推进新建电解铝产能顺利释放，鑫业二期、宁东二期一系列、鸿骏铝电三期合计释放产能84万t；加强战略合作，与美铝签署成立高端铝加工项目合作合资公司意向函。

中电投集团结合自身优势投资建设了多晶硅、光伏电池及组件等光伏产业项目，同时还规划打造西宁、蒙东两个万吨级多晶硅生产基地，形成技术先进、结构优化、竞争力强的光伏产业。

【安全生产】 安全生产和环境保护方面取得新成绩。完成“赤大白”铁路安全隐患治理，抚顺电厂实现停

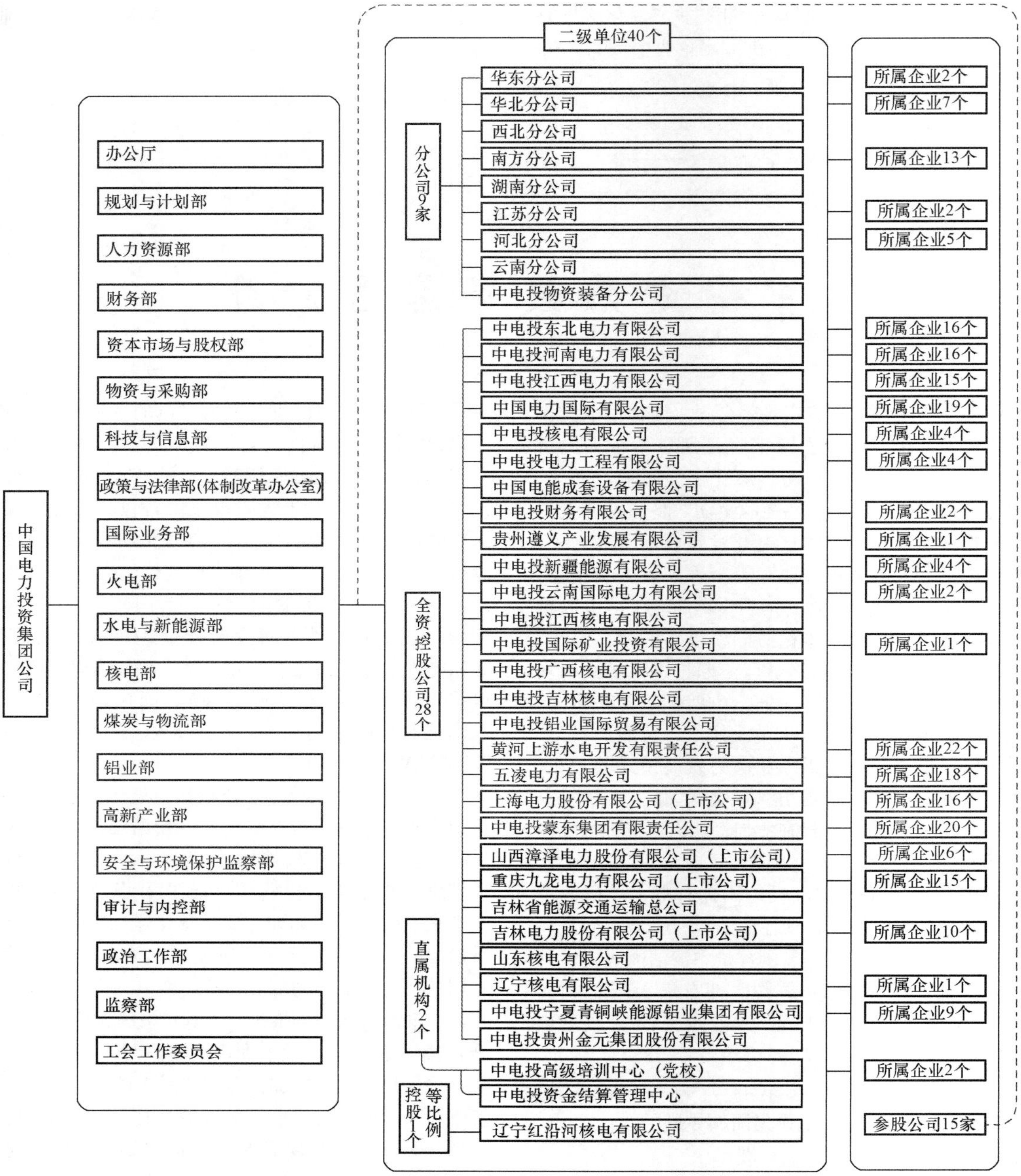

中国电力投资集团公司 2011 年组织机构图

运，拉西瓦果卜岸边变形隐患继续跟踪治理。加强中小水电安全管理，实现安全度汛。核电建设全面完成安全质量目标，海阳核电顺利通过国家安全检查，并接受了核能行业协会组织的行业评估。生产煤矿全部达到省区安全质量标准化二级以上等级，井工矿“六大系统”建设扎实推进。铝业生产实现零事故。

【节能减排】 2011 年，中电投集团供电煤耗完成 321.77g/kWh，比 2010 年减少 10g/kWh。综合厂用电率完成 7.41%，同比下降 0.6 个百分点，相当于增加上网电量 16.3 亿 kWh。全年二氧化硫排放量 66.16 万 t，完成二氧化硫减排 4.5 万 t。废水排放绩效为 0.20kg/kWh，烟尘排放绩效为 0.30kg/kWh。

中电投集团通过实施在运火电机组除尘器和脱硫设施改造，加强脱硫机组管理，累计脱硫装置投运率完成 98.11%，同比提高 1.23 个百分点，累计脱硫效率完成 92.12%，同比提高 0.6 个百分点，累计二氧化硫排放绩效完成 2.36g/kWh，同比下降

0.52g/kWh。

2011年，环保产业投入科研经费4066万元，取得政府科技奖励、税收返还、产业发展基金等补助资金3059万元。46项专利获得授权，累计获得授权专利135项。

【科技创新】 中电投集团扎实开展技术创新，积极发挥科技对节能减排的支撑引领作用，增强自主创新能力。火电围绕产业升级、节能环保开展技术创新，开展合同能源管理，促进节能减排。

2011年，国家科技支撑计划“燃煤电厂烟气脱硫脱硝脱汞关键技术研究与工程示范”项目通过验收，“20孔薄壁催化剂”荣获国家重点产品称号，“BSP烟气脱硫成套装备”被列入省部级高新产品。申报的国家“十二五”科技发展规划备选项目“含可再生能源的孤立电网的运行控制技术及示范”和“大规模褐煤脱水关键技术研究与工程示范”成功进入国家重点支持项目库并实现了同年出库，获得国拨经费近1300万元。

【公益事业】 中电投集团大力推进“映山红”志愿服务活动，健全志愿行动工作体系，发布“映山红”青年志愿者标识系统，开展“映山红”青年志愿者集中注册工作，目前，共有注册“映山红”青年志愿者5808人，累计资助学生2422名，新增捐建“映山红”爱心书屋5所，累计捐建23所。

中电投集团以爱心助学服务为重点，不断拓展志愿服务工作的内涵和外延，上海电力、成套公司团委与2所农民工子弟学校结对；漳泽电力团委、河南公司团工委开展“手拉手”志愿服务，帮助外出工作职工家庭购买油、米、面，给职工子女辅导功课，并陪同老人看病就医；财务公司团工委开展“爱心暖冬”捐衣活动，为江西贫困学生捐助冬衣棉被238件(床)；云南国际“映山红”青年志愿者积极参与缅甸密支那市火灾救援工作，并经常在当地组织开展帮老扶幼、义务巡诊和捐赠助学等活动。

中国核工业集团公司

【公司概况】 中国核工业集团公司（简称中核集团）于1999年7月1日经国务院批准组建，是中央直接管理和国资委直接监管的特大型国有独资企业，其前身是中国核工业总公司、核工业部、第二机械工业部。

中核集团是国家核科技工业发展的主力军，国家战略核威慑力量的核心，国家核能发展的中坚，国家核技术应用的骨干。中核集团拥有完整的核科技工业体系，主要承担核动力、核材料、核电、核燃料、乏燃料和放射性废物的处理与处置，铀矿勘查采冶，核仪器设备，同位素，核技术应用等核能及其相关领域的科研开发、建设与生产经营，对外经济合作和进出口业务。与世界上40多个国家和地区有科技经济往来。

中核集团现有企事业成员单位100余家，现有职工约10万人，其中专业技术人才3.6万人，拥有在职中国科学院和中国工程院院士19名。

【工作综述】 2011年是“十二五”开局之年，中核集团突出科学发展这一主题，贯穿加快发展方式这一主线，求真务实，积极进取。面对福岛核事故带来的影响，中核集团党组坚决贯彻中央领导指示和国务院常务会议精神，团结带领全体员工统一思想、沉着应对、迎难而上、奋力拼搏，实现了“十二五”改革发展的良好开局，在打造集团核心竞争力上迈出坚实步伐。

1. 产业发展取得新成效

秦山一期实现安全运行20周年。秦山二期扩建工程全面完成，4号机组于2011年11月25日成功并网，已于12月30日正式商运。海南昌江1号机组完成穹顶吊装，实现全年里程碑节点目标。方家山项目全面进入安装阶段。福清1、2号机组实现220kV倒送电目标。三门AP1000项目1号机组进入主系统安装阶段。巴基斯坦恰希玛2号机组提前111天竣工。

退役治理工作有序推进。清原公司与田湾核电站签订中国首个乏燃料运输长期服务协议。瑞能公司积极推进后处理产业化。

2. 科技创新成果显著

中核集团全面落实关于加快推进科技创新的21条措施，科技投入力度不断加大，科技创新体系不断完善，科技成果转化取得成效，重点科技专项首个研发成果新核燃料元件运输容器产业化顺利实施。实施青年科技创新团队项目 20 项，科技创新机制更加灵活。

科技创新取得多项成果。按照国家最先进的标准要求，自主三代核电技术 ACP1000 完成顶层设计，转入工程设计阶段。多用途模块化小型堆 ACP100 开始初步设计。AP1000 核电技术转让和自主化步伐不断加快。原子能院实验快堆实现并网发电。铀矿大基地勘查采冶技术取得新突破，定量估算了全国潜在铀资源总量，圈定了一批重点成矿区域，部分矿床水冶工艺已具备工业化应用条件。CF2 试验组件制造成功，N36 锆合金小批量铸锭及管材加工获得成功，CF3 完成组件设计评审。后处理科研获得多项重要工艺参数，为中试厂运行提供重要技术支持。西物院聚变科研取得重大进展。中核苏阀制造的国产化 AP1000 爆破阀首爆试验获得成功。工程公司、西核公司联合研制出中国首台具有自主知识产权的百万千瓦级核电站装卸料机。具有自主知识产权非能动氢气复合器通过专家鉴定。原子能院研制的低辐射绿色通道违禁品检查系统开始在高速公路上应用。

2011 年，中核集团获国家科学技术进步二等奖一项；获国防科技奖等部级奖励 45 项，其中一等奖 5 项；申请专利 745 件，比 2010 年增长 65%；获得授权 422 件，比 2010 年增长 45%。

3. 改革调整取得新进展

全面实施管理流程再造，对中核集团管理模式、组织结构进行梳理和重新设计，基本形成核动力、核电、核燃料、天然铀、核环保工程、核技术应用、非核民品、新能源八大板块格局，初步建立起总部、事业部和专业公司、基层单位三个中心的管理架构。组建成立中核新能源公司、中核燃料元件公司、瑞能公司、同辐公司、汇能公司等一批专业化公司，集团化运作、专业化经营取得阶段性成效。

积极推进资本运作，中核核电整体改制重组申请已获国务院批复，中国核能电力股份有限公司完成工商注册。秦山核电基地业主公司和运行公司获得国家核安全局颁发的联合持有的运营许可证，秦山地区专业化改革开始实质运作。继续加大主辅分离和非生产经营资产调整的力度，共减少非主业企业 96 户。同辐公司克服各种困难，全面完成华康公司的清理注销工作；核燃料板块在 2011 年计划任务外，多完成 10 家调整任务。八二一厂职工分流安置工作取得较大进展。

4. 改善管理工作

干部人事制度改革向纵深推进，人才队伍建设、绩效薪酬建设不断创新。适应三个中心的定位，重点加强集团总部建设，首次实施总部全员竞聘和双向选择，面向全社会公开招聘 48 个职位。加快高层次人才培养选拔，快堆首席专家徐銤同志当选中国工程院院士，被中央领导称赞为当代科技工作者学习的楷模；聘任集团公司第二批首席专家 3 位、科技带头人 8 位。

5. 强化安全环保工作

积极应对福岛核事故的影响，开展全面安全检查，针对极端自然灾害情况评估、修订应急预案，编制应急整改方案。加强安全环保风险管理，对中核集团 114 项重点安全环保风险实行分级管理。深入开展隐患排查治理，开展“百日安全无事故”活动。

2011 年，中核集团核设施安全稳定运行，放射性废物、尾矿库、放射源等安全受控，全系统未发生工伤死亡事故，核设施流出物达标排放，职业照射个人剂量水平继续下降。

【核电安全管理】 2011 年，中国核电各电厂总体安全情况良好，未发生 INES 1 级及以上事件，未发生因工重伤及人身死亡事故、重大质量事故、重大火灾事故及放射性超标排放事故，未发生人因非计划停堆事件。一年来，中国核电始终坚持“安全第一、预防为主”的方针，积极推进安全文化建设，开展了国内首次核安全文化评估；以加强和改进机组安全性和安全发电、提升效益的工作主线，组织开展了安全生产监督管理、专项评估、经验反馈、防人因失误管理等工作；以建设工程质量为核心，积极开展隐患排查治理工作，认真组织开展了“安全生产月”、“百日安全无事故”、安全大检查等活动。尤其是福岛核事故后，组织各在建和运行电厂制订了安全专项整改计划，项目共计 25 项，明确了每一个整改项目的工作内容、进度计划、节点要求、责任单位及最终完成时间，有效推进了安全整改工作的落实。

针对运行电厂的管理实际，2011 年全面推广使用各项防人因失误工具，在前期印发的 3 个大类 4 种防人因失误手册的基础上，重点抓工具的应用和效果评价，把防人因失误工具的使用作为大修观察等专项评估的一个方面。此外，还建立了防人因实验室，并对基层员工开展培训。

2011 年 8 月，中核核电在借鉴美国核动力运行研究所（INPO）核安全文化评估方法的基础上，按照卓越核安全文化准则和中核核电本地化后的配套评估标准，对秦山一期进行了国内首次核安全文化评估，为实现核安全文化的可知、可评、可测进行了积极探索，为持续提升核安全文化素养提供了可操作的手段。

【核电站安全稳定运行】 2011 年，中核集团 9 台商运机组继续保持安全稳定运行，全面实现了中核集团在役核电2011年安全生产目标。全年发电量444.35亿kWh，上网电量413.74亿kWh，超额完成发电任务，比2010年发电量增加7.29%，上网电量增加7.19%，9台商运机组的平均负荷因子达到87.87%。

运行核电机组安全考核指标全部顺利完成，未发生INES 1级及1级以上运行事件，未发生较大及以上安全生产事件、环境事件、辐射污染事件；未发生重大及以上火灾爆炸事故和交通责任事故、未发生职业病危害事故。9台运行核电机组共发生运行事件8起，均为INES 0级事件。

坚持"安全第一、质量第一"的方针，坚持科技创新和技术改进，进行专业化重组与资源整合，在夯实核安全文化建设、专业人才队伍培养、人因管理的基础上，加大了运行核电机组安全管理力度，以设备可靠性管理、专项重点领域评估、电厂业绩指标管理和高标准对标管理等重要工作为切入点，加强了对核电厂安全业绩的考评，有效地提升了机组的安全运行业绩。

2011年，世界核电营运者协会（WANO）对全部成员核电机组的13项性能指标数据排名显示：

秦山核电厂有11项达到或超过WANO中值水平，其中5项达到国际先进水平。

秦山第二核电厂1号机组有7项达到或超过WANO中值水平，其中5项达到国际先进水平；2号机组有13项达到或超过WANO中值水平，其中10项达到国际先进水平。

秦山第三核电厂1号机组有9项达到或超过WANO中值水平，其中8项达到国际先进水平；2号机组有11项达到或超过WANO中值水平，其中9项达到国际先进水平。

田湾核电厂1号机组有11项达到或超过WANO中值水平，其中9项达到国际先进水平；2号机组有13项达到或超过WANO中值水平，其中11项达到国际先进水平。

按照"解近忧、谋长远"的思路，以"可知、可控、可信、可靠"为目标开展各项设备管理工作。十大缺陷管理体系初见成效，通过十大缺陷管理的方式，跟踪和推动运行电厂的重大设备缺陷的解决。各电厂进一步开展了关键设备和敏感设备的管理工作，分析出对电站安全稳定运行有直接影响的关键设备，进行重点性能跟踪。通过运用信息化手段对机组的功率变化等实现了实时跟踪，持续推进大修中长期规划和大修持续优化，积累电厂最佳大修实践等方法，从优化大修时间、质量，控制大修成本等多方用力，持续提升机组的安全发电能力。

【核电工程在建项目】 2011年，秦山二期扩建工程、福清核电工程（1、2号机组）、秦山核电扩建项目（方家山核电工程）、三门核电工程（1、2号机组）、福清核电工程（3、4号机组）和海南昌江核电工程等多个在建核电项目建设进展总体顺利；三门核电工程（3、4号机组）、福清核电工程（5、6号机组）、田湾核电站扩建工程（5、6号机组）、辽宁徐大堡核电一期工程、田湾核电站扩建工程（3、4号机组）和湖南桃花江核电工程等多个项目正在开展前期工作。

2011年，各在建核电项目安全、质量、进度、投资、技术、环保等均得到了有效控制，总体进展顺利。秦山二期扩建工程4号机组于11月25日首次成功并网，12月30日正式投入商运；福清核电工程（1、2号机组）于11月28日实现220kV倒送电，1号机组反应堆厂房首台蒸发器于9月28日就位，2号机组于4月16日实现穹顶吊装；福清核电工程（3、4号机组）3号机组于2011年8月15日实现了常规岛第一罐混凝土浇筑；方家山核电工程于9月15日实现220kV倒送电，1号机组常规岛于10月18日开始安装工作，2号机组于5月27日实现穹顶吊装；三门核电一期工程1号机组反应堆压力容器于9月22日就位，2号机组CA03模块于12月18日吊装就位；海南昌江核电工程9月17日除盐水厂房主体结构完成，1号机组于12月28日提前28天完成穹顶吊装。

在工程管理领域始终贯彻"安全第一、质量第一"的方针，着力推进规范化、标准化和精益化，在稳步推进质量工作的基础上，扎实开展安全检查工作，全力应对福岛核事故的影响，有序推进工程管理工作规划的落地，进一步提升核电工程建设管理水平。

在日本福岛核事故发生后，对在建核电工程提出了包括重新审查抗震设计标准的选择、按现行法规对厂址安全状况进行评价、对厂址附近发生极端自然灾害的可能性进行新一轮调查、对应急响应体系的完整性和可操作性进行审查等在内的若干安全自查工作要求，按照核安全监管部门的要求，提出了采用最先进的标准对拟建厂址重新进行安全评估的要求。对国家核安全局提出的改进意见组织各相关单位制定并安排实施安全整改专项工作计划积极落实整改。

为进一步完善核电工程建设管理体系，规范各成员公司核电工程建设项目管理，以实现"安全、质量、进度、投资"四大控制目标，审查了有关工程管理程序体系的可用性及适用性，对核电工程建设20个领域的34份程序进行了修订和完善。

努力推进工程建设领域的标准化建设，推动"安全、质量、进度、投资"各领域规划任务的按期落地，为实现中核集团公司核电建设"一个体系、一个标准、一个网络”的改革调整目标而努力。

1. 秦山二期扩建工程

秦山二期扩建工程建设2台65万千瓦压水堆核电机组（3、4号机组），技术方案以秦山二期1、2号机组为参考，采用翻版加改进模式，共实施了主给水隔离、仪控数字化等10项重大技术改进，同时还进行了数百项一般性改进，设备国产化率超过70%。3号机组已于2010年10月21日正式投入商业运行，4号机组已于2011年11月25日首次并网成功，12月30日投产。

2. 福清核电工程

福清核电工程（1～4号机组）采用二代改进型技术，综合国产化率达到75%，单台机组建设周期60个月。1号机组于2008年11月21日浇灌反应堆厂房第一罐混凝土；2号机组于2009年6月17日浇灌反应堆厂房第一罐混凝土；3号机组于2010年12月31日浇灌反应堆厂房第一罐混凝土。

3. 秦山核电扩建项目（方家山核电工程）

秦山核电扩建项目（方家山核电工程）采用二代改进型技术，单台机组建设周期60个月。1号机组于2008年12月28日浇灌反应堆厂房第一罐混凝土；2号机组于2009年7月17日浇灌反应堆厂房第一罐混凝土。

4. 三门核电工程（1、2号机组）

三门核电工程（1、2号机组）采用第三代核电技术（美国西屋AP1000），是国家三代核电自主化依托项目。1号机组于2009年4月19日浇灌核岛第一罐混凝土；2号机组于2009年12月15日浇灌核岛第一罐混凝土。

5. 海南昌江核电工程

海南昌江核电工程规划建设4台65万kW压水堆核电机组。一期工程建造2台65万kW压水堆核电机组（1、2号机组），以秦山二核为参考电厂，按照翻版加改进的原则，采用工程总承包EPC模式进行建造。海南核电有限公司全面负责工程的建造、调试、运营和安全管理。

【核电前期项目】

1. 三门核电项目（3、4号机组）

编制完成3、4号机组FCD前工作进度计划，各项相关准备工作正在进行。可行性研究报告正在编制当中，两评报告（《厂址安全评价报告》和《环境影响评价报告》）已经编制完成，待国家核安全局受理审批。

2. 福清核电项目（5、6号机组）

根据新的核电形势，集团对福清5、6号机组的技术路线进行了调整，决定采用具有核电三代技术水平的完全国产化技术堆型。目前5、6号机组FCD前综合进度计划已编制完成，科研与设计管理工作大纲已发布，各项工作正逐步展开。

3. 田湾核电厂扩建工程（3、4号机组）

工程里程碑、一级进度计划和二级进度计划已批准生效；项目申请处于可研收口阶段；对俄技术设计合同、总合同和主仪控采购合同已签订、生效并有效执行，工程承包合同已签订；总体设计已完成，技术设计基本完成，初步设计正在按计划开展。

4. 田湾核电厂扩建工程（5、6号机组）

工程设计工作按照计划稳步开展，FCD前土建施工图设计已完成，系统设计第一阶段工作已基本结束。《关于江苏田湾核电站扩建5、6号机组项目（申请报告）的核准评估报告》待国家发改委审批和国务院核准。

5. 辽宁徐大堡核电一期工程

完成辽宁徐大堡核电厂总平面规划设计并通过了专家评审。已完成了海水淡化初步设计并开展内部审查。厂前区总体方案设计已完成。完成了厂址安全分析报告和选址阶段环境影响评价报告的修编工作。

6. 湖南桃花江核电工程

受日本福岛核电事故影响，集团公司部署和要求该工程系统梳理、分析项目主要工作进展，及时调整项目前期各项工作节奏。内陆技改项目、外委专题等工作继续进行。

【核电领域大事记】

3月14日，全国政协常委、经济委副主任，国家能源委专家咨询委主任张国宝到三门核电有限公司考察AP1000核电工程进展，并参观了全球首台AP1000核电机组图片展。

4～6月，日本福岛事故后，根据国务院的要求，国家核设施综合安全检查团先后对中国核电的8台运行核电机组和9台在建核电机组进行了安全检查，检查结论认为：中国核电的运行核电机组的安全是有保证的，符合当前核安全法规有关要求；在建核电厂选址、设计、建造是满足现行核安全法规要求的，安全是有保障的，检查团结合日本福岛核事故的经验反馈，对部分项目提出整改要求。中国核电已制定专项整改计划，并在按计划组织实施。

9月12～15日，中俄总理定期会晤委员会核问题分委会第15次会议在莫斯科举行。会后，中国国家原子能机构主任陈求发与俄罗斯国家原子能集团公司总经理C.B.基里延科分别代表中俄双方签署了本次会议纪要。分委会中方副主席、中核集团公司总经理孙勤出席了会议。

9月16日，国家发改委副主任、国家能源局局长刘铁男，国家能源局副局长钱智民一行调研中核集团浙江三门核电工程进展、秦山核电基地运行和工程建设进展情况。中核集团公司党组成员、副总经理吕华祥，中核集团公司总经理助理、中国核电总经理陈桦等陪同调研。

12月28日，全国政协常委、经济委副主任，国家能源委专家咨询委主任张国宝出席了海南核电工程1号机组穹顶吊装仪式。穹顶吊装成功标志着海南核电工程核岛土建施工阶段全部结束，转入全面安装阶段。

12月30日，中国十一五时期开工建设的首个核电项目——秦山二期扩建工程的第2台机组投入商运，这标志着工程全面建成投产，其设备国产化率近80%，这是中国目前国产化率最高的商用核电站。

【国际交流与合作】 2011年，中国核能电力股份有限公司国际科技合作出访项目共计345个（789人次），出访项目涉及的国家有：俄罗斯、日本、法国、美国等25个国家；共接待外宾1488人次；积极参加国际原子能机构（IAEA）、世界运营者协会组织（WANO）、加拿大坎杜业主联合协会（COG）、日本海外电力调查协会等组织的交流活动，其中，重要国际组织交流活动为：

（1）中核集团公司总经理助理、中国核电总经理陈桦于2011年4月21日出席2010年春季WANO理事会。

（2）中核集团公司总经理助理、中国核电总经理陈桦于2011年10月参加在中国深圳举办的WANO双年大会。

（3）中国核电副总经理张涛于2011年4月2日至4月15日陪同环保部李干杰副部长赴维也纳出席《核安全公约》第五次审议大会。

（4）中核集团公司吕华祥副总经理、中国核电何小剑副总经理出席了2011年10月21日至23日在韩国举行的第十届全球核能峰会。

（5）原核电秦山联营有限公司董事长李永江出席中国核能行业协会与世界核协会（WNA）于2011年10月20～22日在香港举办第二届中国国际核工业研讨会。

2011年参加的国际会议和展览见表1和表2。

表1　2011年参加的重要国际会议

序号	会议名称	主办方	举办时间	举办地点	出席企业
1	WANO双年大会	WANO	2011-10	中国、深圳	中国核工业集团公司
2	WANO东京中心2011年理事会会议	WANO	2011-04	日本、东京	中国核工业集团公司

注　“出席企业”指参加国际会议活动的公司总部和下属单位。

表2　2011年参加的重要国际展览

序号	展览名称	参加成员公司	主办方	举办时间	举办地点	参展企业
1	莫斯科2011国际核工展	江苏核电、福清核电	俄罗斯原子能集团公司	2011-06～08	莫斯科马涅什中心展览馆	中核集团公司

对外签署的重要交流与合作协议、备忘录见表3。

表3　2011年对外签署的重要交流与合作协议、备忘录

序号	签署方（中方）	签署方（外方）	签署时间	协议名称	备注
1	中国核能电力股份有限公司	美国Exelon核能发电公司	01-17	关于促进核电安全可靠运行合作备忘录	Exelon是美国最大的核能发电公司
2	中国核工业集团公司	乌克兰国家核能产业公司	05-26	核能领域合作谅解备忘录	

神华集团有限责任公司

【公司概况】 神华集团有限责任公司（简称神华集团）是1995年10月经国务院批准设立的国有独资公司，是中央直管国有重要骨干企业，是以煤为基础，电力、铁路、港口、航运、煤制油与煤化工为一体，

产运销一条龙经营的特大型能源企业，是中国规模最大、现代化程度最高的煤炭企业和世界上最大的煤炭经销商。公司主要经营国务院授权范围内的国有资产、开发煤炭等资源性产品，进行电力、热力、港口、铁路、航运、煤制油、煤化工等行业领域的投资、管理；规划、组织、协调、管理神华集团所属企业在上述行业领域内的生产经营活动。神华集团总部设在北京。由神华集团独家发起成立的中国神华能源股份有限公司分别在香港、上海上市。神华集团在2011年度《财富》全球500强企业中排名第293位。

截至2011年底，神华集团共有全资和控股子公司20家，生产煤矿62个，投运电厂（场）总装机容量4653万kW，拥有1466.53km的自营铁路、1亿t吞吐能力的黄骅港、4500万t吞吐能力的天津煤码头和现有船舶12艘的航运公司，总资产6269亿元。

2011年，神华集团生产原煤4.07亿t、百万吨死亡率0.018，商品煤销售5.03亿t，自营铁路运量完成3.2亿t，发电2099亿kWh，港口吞吐量完成1.26亿t，营业收入2803亿元，利润总额742亿元。

【领导班子】 神华集团党组书记、董事长，中国神华执行董事、董事长：张喜武

神华集团党组成员、总经理，中国神华执行董事、副董事长：张玉卓

神华集团党组成员、副总经理，中国神华执行董事、总裁：凌文

神华集团党组成员、副总经理、总信息师，中国神华执行董事、高级副总裁：韩建国

神华集团党组成员、副总经理、董事会秘书，中国神华高级副总裁：王晓林

神华集团党组成员、副总经理，中国神华高级副总裁：李东

神华集团党组成员、党组纪检组组长、直属党委书记、工会主席，中国神华监事会主席：孙文健

神华集团副总经理，中国神华高级副总裁：郝贵

神华集团副总经理，中国神华高级副总裁：薛继连

神华集团副总经理，中国神华高级副总裁：王品刚

【组织机构】 见组织机构图。

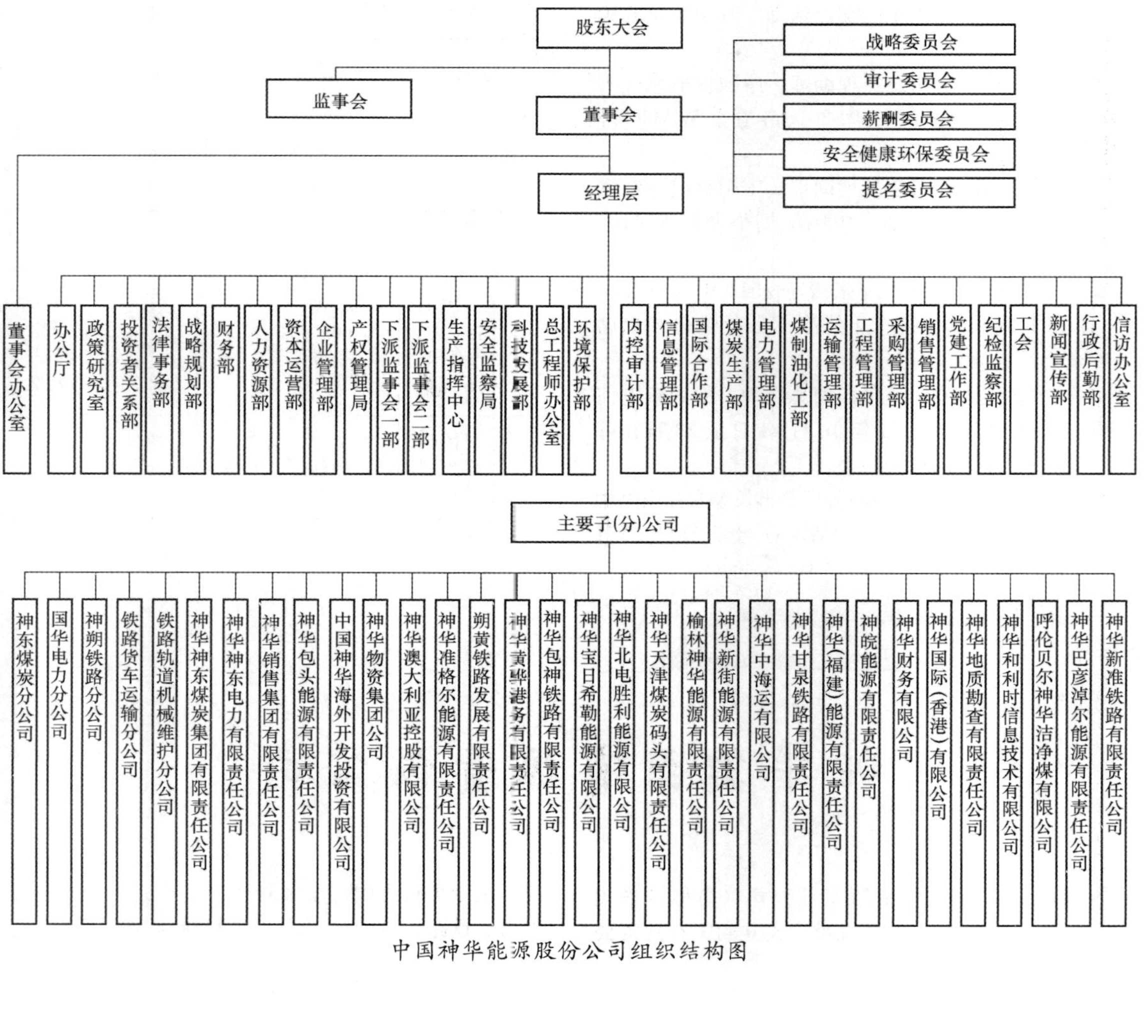

中国神华能源股份公司组织结构图

【电力板块】 2011年，累计完成发电量20 757 084.36万kWh（不含试运行电量232 220.609万kWh），同比增长31.74%，机组利用小时同比提高，供电煤耗同比下降。

1．发电生产能力

截至2011年底，神华集团已经投入运行的发电厂（场）74个，总装机容量4653万kW，同比增长35.7%。其中火电厂48个，总装机容量4352万kW，同比增长35.1%；风电场26个，总装机容量299.59万kW，同比增长45.6%。火电厂分布在中国神华能源股份有限公司国华电力分公司（简称国华电力分公司）21个，总装机容量3509万kW；神华神东电力有限责任公司（简称神东电力公司）8个，总装机容量347万kW；神华乌海能源有限责任公司（简称乌海能源公司）5个，总装机容量48.9万kW；神华宁夏煤业集团有限责任公司（简称神宁煤业集团）4个，总装机容量49.4万kW；神华宝日希勒能源有限公司（简称神宝能源公司）2个，总装机容量0.9万kW；中国神华煤制油化工有限公司（简称煤制油化工公司）3个，总装机容量33.7万kW；神华准格尔能源有限责任公司（简称准能公司）2个，总装机容量106万kW；神皖能源公司3个，总装机容量257万kW。风电场分布在国华能源投资有限公司（简称国华投资公司）25个，总装机容量298.015万kW；国华电力分公司1个，装机容量1.575万kW。

2011年并购新增火电装机373万kW，包括神皖能源有限责任公司（简称神皖能源公司）安庆皖江、池州九华、马鞍山万能达三个发电公司的8台30万kW等级机组，总容量为257万kW；国华电力分公司的孟津1台机组60万kW，舟山3台机组共计56万kW。所有并购项目因年底正处于资产交割，故未计入2011年度的发电能力统计。

2011年基建新增火电装机748万kW。包括国华徐州2台100万kW、国华台山二期2台100万kW、国华陈家港2台66万kW、国华印尼南苏2台15万kW、国华孟津1台60万kW、神东萨拉齐2台30万kW、准能矸电二期2台33万kW，共7个项目13台机组。

2011年基建新增风电装机94万kW；新增国华投资公司2万kW东台光伏发电机组，集团首次拥有了太阳能装机。

在建电厂神东电力公司新疆准东五彩湾电厂一期工程2台35万kW，是2012年的计划投产项目，被神华集团列为2012年十大重点建设项目之一。

2．发供电完成情况

2011年，全集团计划发电18 086 097kWh，实际完成20 757 084.36万kWh，完成计划的114.77%，同比增长31.12%。其中火力发电年计划17 481 949万kWh，实际完成20 104 374.8万kWh，完成计划的115%，同比增长30.62%；风力发电年计划416 948万kWh，实际完成392 258.104 8万kWh，完成计划的94.08%，同比增长29.93%；综合利用发电年计划187 200万kWh，实际完成260 451.459 6万kWh，完成计划的139.13%，同比增长89.74%。2011年度实际完成供电19 432 641.45万kWh，同比增长30.91%。其中火电完成18 791 481.69万kWh，同比增长30.39%；风电完成388 434.553 7万kWh，同比增长29.73%；综合利用发电完成252 725.203 2万kWh，同比增长89.8%。

全集团发电设备平均利用小时全年实际完成5610h，同比增长6.19%，其中火电完成5946h，同比增长8.27%；风电完成1653h，同比下降37.22%；综合利用电厂完成3192h，同比增长84.19%。供电煤耗实际完成322.52g/kWh，同比降低1.97%。其中燃煤机组323.73g/kWh，同比降低1.76%；综合利用机组321.54g/kWh，同比降低14.45%。发电厂（场）用电率全集团实际完成6.38%，同比升高2.41%。其中火电厂完成6.53%，同比升高2.67%；风电场完成0.99%，同比升高18.29%；综合利用电厂完成2.97%，同比降低1个百分点。发电设备等效可用系数由2010年的90.64%提高到93.08%；等效强迫停运率为0.26%，同比下降0.21个百分点。2011年，神华集团公司台年均非计划停运次数为0.72次，同比增加0.01次；台年均强迫停运次数为0.47次，同比降低0.11次。

3．设备隐患排查

2011年，神华集团共有火电机组135台，风电机组2114台，通过本质安全体系建设检查，共发现电力主设备重大隐患18项，通过每月动态跟踪督办，当年完成12项，未完成的6项转入2012年，继续整改作为跨年度隐患监控项目。

4．设备检修

2011年，神华集团计划17台机组A修，实际检修机组16台。

实施A修的16台机组中14台都能在计划工期内完工报备，只有西来峰和保德电厂出现延期。

国华投资公司20个风电场的风机设备为7个厂家9种机型，均能够按照行业规范以及设备生产厂家要求定期开展设备检修工作。

2011年，神华集团有51台机组进行C级以上检修，检修后共发生非停事件14次。根据失效模式分析，60%检修后非停为管理失效，40%为设备故障。

5．设备技改、大修

2011年，神华集团管控重大项目15项，涉及预算 32 060 万元。其中重大技改 12 项，预算 30 154 万元；重大修理 3 项，预算 1906 万元。三个重大修理项目全部按计划完成，分别是绥中 A 厂 1、2 号机炉外管金属普查，绥中 3、4 号机组机、炉外管金属监督普查，准能矸石发电公司浇注料敷设及烘炉。已完成重大技术改造项目有盘山卸储煤系统粉尘综合治理，盘山 1 号锅炉俄制刮板式给煤机改造，绥中厂用 6kV 开关真空化改造，绥中 1、2 号机组脱硫 GGH 综合治理，亿利电厂 2、3、4 号机组一次风机变频改造等五项。

6. 电力建设项目

2011 年，神华集团电力建设项目 43 个，其中，火电 9 个，风电 33 个，太阳能发电 1 个。年内已完成的火电项目有印尼南苏煤电项目、准能矸电二期发电项目、萨拉齐煤矸石发电项目、陈家港电厂一期项目、台山电厂二期项目、徐州电厂一期项目、孟津电厂一期项目等 7 个项目，准东五彩湾热电项目一期、店塔电厂 2 台 66 万 kW 机组正在建设中；已竣工的风电项目有尚义七甲山、赤城一期、赤城二期、齐齐哈尔二期、荣成三期、沾化二期、巴盟三期、通辽五期、通辽六期、河口二期、呼盟陈旗项目、沽源五花屏一期，以及东台太阳能发电项目；正在建设的风电项目是赤城三期、赤城五期、通辽开鲁太平昭项目、东台二期、巴盟后旗一期、利津三期、呼盟西旗二期、广饶一期、巴盟特许权项目、苏尼特一期、沽源五花屏二期、北石楞一期、北石楞二期、诸城一期、诸城二期、河口三期、胶南一期、巴盟四期、荣成四期、荣成五期、甲东徐建项目、河口四期共 21 个项目。全年共完成投资 2 029 445.22 万元。

7. 管理措施

一是落实集团发展部署，推进并购重组工作。2011 年，神华集团公司大力推进与国内相关省份的协作，先后与江西、江苏、广西、广东、福建、河南、湖南等多个省市自治区签订了战略合作框架协议，成功并购了多个电源点项目。通过协议方式收购河南孟津电厂 51%股权，新增装机 120 万 kW（其中 1 台 60 万 kW 机组为收购后的基建新增容量）；通过与安徽省能源集团有限公司合资成立神皖能源公司，并以现金向神皖能源公司增资方式获得安庆皖江、池州九华及马鞍山万能达三个电厂控股经营权项目，新增装机容量 257 万 kW；通过协议方式收购浙江舟山朗熹电厂 51%股权项目，新增装机容量 56 万 kW。全年累计并购装机 436 万 kW（2012 年初，以增资扩股方式控股四川巴蜀电力公司，新增装机容量 138.52 万 kW），获得后续新建项目超过 1000 万 kW，为电力板块实现跨越式发展奠定了坚实基础。神华集团的电力板块由原来的“点、线、面”发展格局进一步拓展到了长江沿岸、东南沿海和中西部内陆市场，优化了产业布局，基本形成了“以火电机组为主、其他电源形式为辅，实现自主建设和兼并收购多元化发展”的新格局。

二是加强安全隐患管控，推进本安体系建设。在安全管理方面，始终坚持“安全为天”的思想，倡导“以人为本，风险预控”、“零违章、零意外、零伤害”的安全生产理念，不断强化安全生产基础管理，发电业务管理水平不断提升。

三是加强对标管理，建设一流发电企业。积极落实集团党组提出的“建设具有国际竞争力的世界一流煤炭综合能源企业”的发展目标，以电力板块第二届厂长大会暨建设国际一流发电企业研讨会为平台，宣传贯彻集团发电企业本质安全管理体系，确立了建设国际一流发电企业的相关标准和指标。

四是加强制度体系建设，全力配合集团流程再造工程。制定下发了《经营活动管理办法》、《燃料管理办法》和《生产运行管理办法》三项实施类制度，规范和完善了日常信息统计和经营分析工作，明确规定了相关细化程序、方法、步骤和措施，为业务实施提供了指导和支持。配合“建设国际一流发电企业”活动，编制了《建设国际一流发电企业管理办法》、《可靠性管理办法》等一系列专业性规章制度，电力板块的管理基础得到了进一步强化。

五是开展定期生产分析，加大业务协调指导。2011 年，神华集团电力管理部共编制了《电力板块月度报告》12 期；针对电力板块不同时期的不同特点，及时与能源局、电监会、中电联等行业主管部门沟通汇报。

【所属主要电力企业发展概况】

一、中国神华能源股份有限公司国华电力分公司

1. 基本情况

国华电力公司是北京国华电力有限责任公司、中国神华能源股份有限公司国华电力分公司、神华国华国际电力股份有限公司的统称。北京国华电力有限责任公司是神华集团公司的全资子公司。1999 年 3 月 11 日，北京国华电力有限责任公司成立。2005 年 2 月 25 日，按照神华集团公司上市方案，设立中国神华能源股份有限公司国华电力分公司。2011 年，国华电力公司管控全资、控股、参股企业 38 家，员工 18 141 人，资产总额 1308.41 亿元，发电装机容量 3511 万 kW，其中燃煤发电机组 64 台，装机容量 3431 万 kW，燃气发电机组 1 台（套），装机容量 78 万 kW，风力发电机组 21 台，装机容量 1.575 万 kW。

2011 年底，国华电力公司领导班子成员姓名及职务如下：

总经理、党委副书记、国华国际总裁：王树民

党委书记、副总经理：夏利

副总经理：罗超

副总经理：宋畅

副总经理、财务总监：王瑛

副总经理、纪委书记、工会主席：赵世斌

副总经理：何成江

总工程师：陈寅彪

副总经理：耿育

副总经理：王建斌

副总经理：陈杭君

2011年底，国华电力公司总部职能管理部门设有总经理工作部、党建工作部（工会办公室、离退休办公室）、内部控制部（法律事务部）、战略发展部、人力资源部（社会保险办公室）、发电部（调度室）、安健环监察部（电力安全监察中心）、纪检监察部、财务产权部（国华国际财务部）、经营管理部、检修维护管理部、项目管理部（国际项目部）、科技信息部、发电项目收购办公室。

2011年底，北京国华电力有限责任公司管理下属国华徐州发电有限公司、宁夏国华宁东发电有限公司、国华太仓发电有限公司、神华国华（舟山）发电有限责任公司、江苏国华高资发电有限公司、神华国华九江发电有限责任公司。

2011年底，中国神华股份公司国华电力分公司管理下属中国神华股份公司国华惠州热电分公司、中电国华神木发电有限公司、河北国华定洲发电有限责任公司、广东国华粤电台山发电有限公司、河北国华沧东发电有限责任公司、浙江国华浙能发电有限公司、浙江国华余姚燃气发电有限责任公司、珠海国华汇达丰风能开发有限公司、神华国华（北京）电力研究院有限公司、陕西国华锦界能源有限公司、江苏国华陈家港发电有限公司、神华国华（印尼）南苏发电有限公司、神华国华孟津发电有限责任公司、神华国华寿光发电有限责任公司、神华国华（漳州）发电有限公司、北京杰地动力技术服务有限公司。

2011年底，神华国华国际电力股份有限公司管理下属神华国华国际电力股份有限公司北京热电分公司、内蒙古国华呼伦贝尔发电有限公司、三河发电有限责任公司、天津国华盘山发电有限责任公司、内蒙古国华准格尔发电有限责任公司、绥中发电有限责任公司。

2. 主要指标

2011年，国华电力公司全年完成发电量1786亿kWh，同比增长28%；试运电量20.4亿kWh；供电煤耗317g/kWh，同比降低1.7g/kWh；发电水耗0.69g/kWh；厂用电率6.52%；设备等效可用系数94%，同比提高3.1个百分点；非计划停运次数0.53次；台均强停次数0.35次；等效强迫停运率0.20%；火电机组市场占有率114%；平均利用小时6036h，其中火电平均利用小时6038h；供热量1975万GJ，同比增长18.48%；煤炭产量1758万t，同比增长21.41%；海水淡化水产量549万t，同比增长12.04%；全年完成工业总产值634.93亿元，同比483.89亿元同比增长了31%；销售收入692亿元，同比增加32.6%；资产总额1308.41亿元，同比增长11%。

3. 重大改革

2011年，国华电力公司在调整发展战略、强化制度建设、优化组织结构、加强人才引进方面进行了改革。

（1）调整发展战略。2011年，国华电力公司围绕神华集团公司发展战略，建设、收购坑口、港口、路口和负荷中心的电源项目，建设高效率、高参数、大容量火电机组，全年新增发电装机容量738万kW。

（2）强化制度建设。2011年，国华电力公司制定下发《国华电力公司发电量考核奖励办法》，根据发电量完成情况，每月考核、兑现；修订《重大项目后评价标准》，对申报重大修理和技改项目，成立专业审查组，依照确保安全生产投入，加快环保项目推进，加强节能项目投资回报分析，降低后续风险的原则，核准项目及费用；根据国家出台大气污染物排放新标准，编制下发《“十二五”节能环保规划》、《“十二五”节能环保行动计划》、《节能工作导则》和《环保工作导则》；修订下发《国华公司突发事件总体应急预案》，完善应急管理三级响应体系建设。加强技术监督，编制并印发《防止电力生产重大事故的二十五项重点要求》、《超（超）临界机组技术监督标准》和《火电厂水工技术监督导则》。为有效解决管理制度和技术标准在执行方面存在的问题，将检修管理制度和检修管理标准进行了图表化，编制了《检修维护班组标准化管理手册》、《检修安全工器具检查手册》、《检修备件材料验收与保养管理手册》和《检修关键工艺手册》。

（3）优化组织结构。2011年，国华电力公司在神华集团公司批复范围内新增劳动用工360个。新建神华国华九江发电有限责任公司、神华国华（漳州）发电有限公司；收购并成立神华国华孟津发电有限责任公司、神华国华（舟山）发电有限责任公司。接收员工888人。员工总数18141人，人员工效达到5.17人/万kW，同比降低0.77人/万kW。

(4) 人才培养。2011年，国华电力公司接收博士研究生3名、硕士研究生12名、应届大学毕业生94名；按照神华集团公司统一部署，接收大学生村官175人。员工中具有研究生及以上学历261人，技术专家229人，高级专业技术人员1019人，全国技术能手1人，中央企业技术能手26人，神华集团技术能手47人，国华公司级技术能手96人。

(5) 领导任用。2011年，国华电力公司进一步加大公开选拔领导干部力度，提高选人用人的公信度，增设任前考试制度及签订任前承诺书，对于所有提职干部均约定了任职试用期制度，在全公司范围内公示。加大领导干部交流调整、双向挂职及提拔任用力度。拥有职业经理人286人，一级后备人才111人。

4. 战略合作

2011年，国华电力公司与广东省阳江市人民政府签署《国华阳江煤电一体化项目合作框架协议》，推动规划建设6台100万kW机组前期工作；与广东省清远市人民政府签署《神华国华清远火电项目合作框架协议》，推动规划建设6台100万kW发电机组前期工作；与江西省湖口县人民政府签署《神华国华九江煤炭储备（中转）发电一体化项目协议》，推动规划建设6台100万kW机组及建设年吞吐量400万t煤炭储备（中转）基地前期工作；与陕西省神木县人民政府签署《神华国华陕西神木热电项目投资框架协议书》，推动规划建设4台35万kW热电联和机组前期工作；与湖南省永州市签署《神华国华永州火电项目合作框架协议》、与湖南郴州市人民政府签订《神华国华郴州火电项目合作框架协议》，推动永州一期建设2台100万kW机组、郴州一期建设2台100万kW机组前期工作；与广西投资集团签署《合作意向协议》，推动规划建设8台100万kW机组前期工作。

5. 基建项目

2011年，国华电力公司完成基建项目5个，新建装机容量622万kW。分别是国华徐州发电有限公司“上大压小”项目2台100万kW机组、神华国华（印尼）南苏发电有限公司煤电项目2台15万kW机组、广东国华粤电台山发电有限公司二期项目2台100万kW机组、江苏国华陈家港发电有限公司2台66万kW机组以及神华国华孟津发电有限责任公司2号60万kW机组，共计9台机组。河北国华定洲发电有限责任公司二期工程荣获“中国建设工程鲁班奖”。绥中发电有限责任公司二期工程继荣获“国家优质工程金质奖”及“国家优质工程奖设立30周年经典工程”。

6. 生产运行

(1) 燃料供应。2011年，国华电力公司科学组织煤炭采运管理，通过“开源节流”较为有效地分摊和平抑了煤价上浮，社会成本普涨等减利因素，市场煤比例提升至了全口径采购量的52%，全年全口径采购煤炭8409万t，其中经神华销售集团采购6258万t。

(2) 设备检修。2011年，国华电力公司坚持“基于风险、超前预控、闭环管理、持续改进”的理念，实施“模块化、标准化、表单化、流程化、信息化”的检修精细化管理，深入推进“检修维护精细化、安全质量标准化”工作，完成C级以上计划性燃煤机组检修38台次，其中检查性修理5台次，A修3台次、B修1台次，C修30台次，共计发生费用33 740万元。在检修过程中共发现主要设备缺陷1800余，修后台均非停次数下降46%，台均无故障时间142天，同比增长39%。

(3) 技术改造。2011年，国华电力公司完成重大项目115项，其中重大技改56项（安全类41项，环保类9项，节能类6项）；重大修理59项，共计发生费用32 878万元。

7. 安健环工作

2011年，国华电力公司全年安全投入13.6亿元，同比12.8亿元增长6%。全年未发生人身伤亡事故，实现了自2008年来，第一个无人身伤亡、无火灾事故的年度。年内累计发生一般设备事故8次，同比减少7次；一类障碍46次，同比持平。全年机组等效可用系数94.02 %，非计划停运系数0.49 %；等效强迫停运率0.63%。在已投产91台机组中，有29台机组全年无非停，同比增加10台，创历史最好水平。在中电联组织的2011年度全国火电大机组（60万千瓦级）竞赛中有8台机组获奖。

(1) 本安体系建设。2011年，国华电力公司实施了包括Ⅰ级应急响应、防台防汛等应急预案的演练，以及覆盖率为20%的两次安全调考，员工岗位“应知应会”基本功得到增强。在神华集团公司本安体系评价中有19家单位达标，有4家单位达到一级，8家单位达到二级，6家单位达到三级，1家单位达到四级。

(2) 安健环监察。2011年，国华电力公司全面推行安健环五星管理系统（NOSA），着力实施以“保障人的安全”为核心、以“强化外因、激励内因”为主要途径的安健环文化宣示系统，进一步健全现场警示标识，大幅提高一线员工作业防护装备水平。完善安健环监察体系建设，培养了236名安健环内审员和25名事故调查员。有10家单位参加NOSA外审，其中，3家单位取得五星、5家单位取得四星、2家单位取得三星。

(3) 消防管理。2011年，国华电力公司制定颁布了《消防安全管理规定》、《消防站建设标准》、《消防车及器材配备标准》及《生产区消防设备设施配置标准》，按照全员消防的理念，监督落实逐级和各岗位消防安全责任制，强化消防队伍组织建设和消防设施的配置，组织各级消防演习，杜绝火灾事故。

(4) 环境保护。2011年，国华电力公司火电机组100%安装脱硫环保装置，有33%的机组安装脱硝环保装置。所属发电公司有12家通过ISO14001环境管理体系认证。内蒙古国华准格尔发电有限责任公司、国华徐州发电有限公司投资276万元，对烟气在线监测系统设备进行更换，满足地方环保局在线监测的要求。广东国华粤电台山发电有限公司投资9600万元，实施2号机组脱硝技术改造示范项目，通过对锅炉钢架结构进行加固、氨区扩建、燃烧器更换、增加脱硝设施等技术改造，氮氧化物排放满足地方排放新规定。

8. 技术监督

(1) 完善技术监督标准体系建设。编印下发国华电力公司《防止电力生产重大事故的二十五项重点要求》，编制了《超（超）临界机组技术监督标准》和《火电厂水工技术监督导则》，并组织专题培训。

(2) 做好现场设备技术支持工作，河北国华沧东发电有限责任公司3、4号机组实现自动化加氧处理，提高运行控制水平。天津国华盘山发电有限责任公司1号机组高压主汽门门体挖补处理。绥中发电有限责任公司B厂主汽、再热热段及高压旁路管道的疏水管道（P92材质）焊口实施热处理。广东国华粤电台山发电有限公司2号机组主汽门进行直连改造，解决了高压主汽门关闭迟缓问题。

(3) 实施技术监督检查，加大技术监督力度。本年度共检查问题396项，完成整改347项，整改完成率87.6%；发出技术监督告警11项，完成8项整改。

9. 经营管理

2011年，国华电力公司贯彻“三个贴近”市场营销理念，即贴近市场、千方百计寻求发电机遇；贴近电网、千言万语提高市场占有率；贴近客户、千辛万苦拓展发电途径。通过积极推动、协调政府部门、督促所属各单位积极跑办，落实电价到位；通过建立健全财务制度体系与风险管理机制，全面推进预算管理、价值管理、作业成本法、管理信息化，提升财务人员专业素质，夯实财务会计基础工作。全年火电机组市场占有率114%。全年完成发电量1786亿kWh，完成年度计划的116%、年度目标的111.6%、年度调整目标的103.8%。含试运、托管完成发电量1872亿kWh，超额完成神华集团公司的1800亿kWh的年度发电任务。

10. 科技创新

2011年，国华电力公司通过加强重大科研项目攻关和前瞻性技术研究，加快科技成果向现实生产力的转化。全年科技研发投入资金总计为12 989.7万元，科技研发投入强度达到0.187%。荣获国家能源科技进步奖7项，其中一等奖1项，二等奖5项，三等奖1项；荣获中国电力科学技术奖5项，其中二等奖2项，三等奖3项；获得专利授权84项，其中发明专利10项，实用新型专利73项，外观设计专利1项。

(1) 科技研发。2011年，国华电力公司实施重大科技研发项目12项，分别是：基于富氧燃烧的百万吨级碳捕集燃煤电厂技术研发及系统集成、大气汞排放监测示范研究、海水淡化项目产业化及大型化研究、干燥提质褐煤特性及其燃用技术研究、玻璃钢（FRP）内筒烟囱应用技术研究、超（超）临界机组国产DCS与国产优化软件控制系统研发与应用、蒸汽管回转式褐煤干燥技术研究、湿法脱硫系统防腐材料及工程应用、超超临界机组金属材料寿命管理研究与平台开发、国华电力远程振动故障诊断系统的研究与建立、60万千瓦汽轮机调节阀振动和阀杆断裂机理研究及消除、电网“两个细则”实施条件下AGC和一次调频功能的控制系统优化与机组的适应性研究。

(2) 科技成果。2011年，国华电力公司取得“100万千瓦汽轮发电机励磁系统国产化研制与应用、60万千瓦等级超临界锅炉高温蒸汽氧化腐蚀治理技术研究及应用、火力发电厂直接空冷系统技术优化应用及严寒地区防冻特性研究、100万千瓦机组湿法烟气脱硫国产化创新技术研究及应用、燃煤电厂联合脱硝技术自主研发与应用、超超临界机组锅炉用S30432钢焊接接头性能评价研究”6项重大科技创新成果。

11. 信息化建设

2011年，国华电力公司加强信息数据安全保障，实施了内外网分离、人员安全身份识别系统、信息网身份认证等信息保安措施，确保了业务的顺畅和安全。以业务需求为导向，全面组织开展生产系统、ERP系统和决策支持系统的深化应用和整合工作，提升了全公司应用和开发信息资源的能力，实现数据和信息集成共享、更科学快捷地支持管理和决策。

(1) 信息安全治理。2011年，国华电力公司各发电公司和信息管理中心组织实施评估和信息安全隐患治理项目，包括信息等级保护测评和发电厂安全性评价、公司总部信息安全隐患治理、数据备份系统建设、信息系统二次防护研究、入侵检测、机房监控安全建设、防病毒系统升级、网络改造、硬件升级等项目。

(2) 信息系统建设。2011年，国华电力公司新系统建设包括虚拟化系统、人员识别安全信息系统、本质安全系统、条形码仓库管理系统 、移动办公系统、人力资源定期报表管理系统。

(3) 信息化标准体系建设。2011年，国华电力公司将信息化标准体系建设统一列入公司技术标准体系编制大纲，并稳步推进ERP、BFS++应用系统的建设和应用标准、信息安全评价标准的制定工作。

12. 党群工作

2011年，国华电力公司党委下设子（分）公司党委21个、党总支9个、党支部169个、党员4936名，党员约占员工总数27%。国华电力公司党委按照神华集团公司党组的统一部署，党建工作创先争优活动以“抓融入，促发展，建五型，创一流，提升国华电力党建工作科学化水平”为主题，努力在“政治引领、党政融合、构建和谐”上创先争优，做到“规定动作到位、自选动作创新”，充分发挥党组织政治核心作用和党员先锋模范作用，把党的组织优势与企业发展运行机制紧密结合起来，不断提升公司党建工作科学化水平。国华电力公司党委荣获“神华集团公司先进基层党组织”称号；贺桂林获得“中央企业优秀共产党员”称号。

13. 纪检监察

2011年，国华电力公司纪检监察体制机制创新有序展开，制订并实施以集中办公、专项工作负责和区域联系调研三项机制为实现途径“集约共享”模式的配套管理办法6项。全年完成效能监察工作9项，专项监察工作14项，并且提出监察建议76项。征集廉政教育专题论文76篇，其中向神华集团公司推荐廉政教育优秀论文8篇。

14. 团青工作

2011年，国华电力公司团委围绕企业发展战略目标，坚持“服务、务实、创新”的理念，以强化思想教育，增强责任意识，加强组织建设，提高服务能力为抓手，持续创新团青工作方法。公司团委被中央企业团工委授予五四红旗团委创建单位荣誉称号。

15. 企业文化

2011年，国华电力公司依据神华集团公司《企业文化建设纲要》，通过加强安健环文化、成本文化、创新文化和执行力文化建设，加大企业文化理念宣贯力度，制作了公司形象宣传片、宣传画册，充分利用公司网络、《国华电力》、《国华E刊》等现有载体，全方位地展示了企业文化建设优秀成果。全年出版《国华电力》杂志四期，共刊登文章234篇，照片226幅。出版《国华E刊》21期。全年在《神华能源报》发表文章852篇。全年向神华集团公司出版的9期杂志（包括专刊）投稿130余篇，登稿率为22%。

2011年，国华电力公司荣获中国电力行业企业文化优秀成果奖66项，其中优秀成果奖30项、优秀案例奖22项，优秀论文奖14项。有7家子（分）公司被评为“全国企业文化建设优秀单位”。

二、神华神东电力有限责任公司

1. 基本情况

神华神东电力有限责任公司（简称神东电力公司）是中国神华能源股份有限公司全资子公司，主要负责神华神东矿区自备电源电网的建设与经营，同时发展与之相关的煤炭、化工等产业。

神东电力公司正式成立于1996年11月，注册地在陕西省神木县，注册资本金20亿元。2007年8月31日，神东电力公司正式注资中国神华股份公司，整体上市。截至2011年底，神东电力公司总资产为232.56亿元人民币，下设18个部门、下辖18个二级单位。

2. 主要指标完成情况

截至2011年底，神东电力公司电力板块已投产电厂8个、装机容量3494MW；在建电厂2个，装机容量2020MW。2011年发电量164.3亿kWh；工业总产值429 178.39万元，同比增长74.24%；经济增加值5142万元，较2010年（−9586.8万元）增加了14 728.8万元；营业收入429 178.39万元，同比增长74.24%；资产总额2 325 576.45万元，同比增长20.3%；负债合计864 993.75万元，负债率同比降低9.83%；所有者权益1 460 582.7万元，同比增长50%；利润总额42 968万元，同比增长455.22%；净利润34 872.92万元，同比增长258.45%。纳税总额34 716.22万元，同比增长40.92%；员工人均收入11.4万元，同比增长12.2%。

神东电力公司黄玉川煤矿资产总额28.8亿元，同比增长58%；负债总额22.2亿元，同比增长93%；所有者权益6.6亿元，无增减；纳税1722万元，同比无增减；年人均收入12.8万元，同比增长10%。

3. 生产运行

2011年，神东电力公司在年初修订颁发了《发电业务生产管理控制体系》，作为生产管理的“基本法”。按照“创一流”的总体要求，制定了《生产对标创一流管理考核与竞赛办法》，积极参加行业和集团公司的机组对标竞赛活动，促进了管理水平和经济技术指标的提升；贯彻执行“度电必争”的理念，加强运行优化调整，开展了锅炉燃烧优化调整竞赛活动；探索DCS燃烧协调控制系统，着力提高机组自动化水平；重视对等级检修的组织、策划、过程管理，加强了W/H点控制，重点强化二级单位厂级、部门级、班组级三级检修验收制度；加强了CFB锅炉机组指标分析和技术监督管理对标工作。制定完善了技术监督管理办法和监督标准、技术监督实施细则等制度，细化了职责；借助实时监控系统掌控发电单位的设备情况，解决机组优化运行工作滞后问题，逐步建立长效运行机制，为机组安全、稳定运行奠定了基础。在全国CFB机组竞赛中，神东电力公司有8台机组分别获得一、二、三等奖；神东热电公司1号机组连续运行351天，刷新了CFB机组连续运行国内新纪录；全公司台均运行周期较2010年提高33天，台均停运次数较2010年降低1.27次，有5个电厂的机组连续运行时数创出了历史最好水平，奠定了公司在全国CFB行业的领先地位。全年发电164.3亿kWh，完成集团考核指标的115.7%。

4．经营管理

2011年，神东电力公司以建设资源综合利用发电为特色的国际一流能源企业为目标，以“五型企业”建设为导向，不断加强和改进企业管理，实施管控模式及流程优化项目，设计公司总部对二级单位的管控模式，明晰总部与下属二级单位的管理界面，设计公司总部组织架构与职责，搭建公司总部管理制度体系框架和设计业务流程，推进制度提升与业务流程优化，全面提升经营管理水平和抗经济风险能力，确保全年各项目标的实现。

2011年，神东电力公司运营管理目标明确，全年完成市场交易电量16.50亿kWh，较2010年增加6.72亿kWh，在区域电网树立了“可靠、可调、规范、诚信”的神东电力品牌，为公司完成全年发电指标提供了有效保障。组织开展“提升运营效率”专项活动，鼓干劲、聚合力、求突破，活动期间，累计发电36亿kWh，实现利润1.23亿元，并逐步建立了“提升运营效率”活动的长效化机制，公司经济运营管理水平明显提升。首次将经济增加值（EVA）列入绩效考核指标，强化效益引导，进一步激发了生产运营单位促收入、控成本、提效率的积极性，经济增加值（EVA）首次实现正值，取得历史性突破。按照低成本运营战略要求，进一步加强和完善“大物资”、“大燃料”集中管理，充分发挥物资采购集中管理平台专业化、规范化、集约化、信息化优势，通过规模化采购，同比节约成本1826万元；与国内三大电站设备集团开展备件代储，压缩库存储备资金3412万元；与国华电力公司达成200、300MW等级机组363项、364万元的联储共备和调剂调拨协议，通过建立库存管控上下联动机制，电厂平均库容比较2010年同期43元/kW下降2.8元/kW，库存上升势头得到一定控制。物资集中管理系统两项成果分别荣获2011年度中国电力企业管理现代化创新一等奖和二等奖，填补了公司管理空白。

2011年，神东电力公司完善考核机制，创新考核方式，绩效激励成果显著。制定了《神东电力公司“五型企业”建设绩效考评管理办法》、《神东电力公司机关部门绩效考评管理办法》；将“五型企业”建设、绩效考评工作与公司对标创一流、创优争先、提升运营效率等工作结合起来，促进了整体工作提升，增强了企业核心竞争力。2011年，公司考核部门共组织3次考核，涉及机关部门15个和基层单位12个。在2011年集团公司“五型企业”考核中，神东电力公司除安全事故外各项指标均完成了集团公司年初下达的指标。利润总额，目标值为19 000万元，实际完成42 968万元，完成目标值的226%；经济增加值，目标值为－7405万元，实际完成5142万元，增加了12 547万元。

5．战略合作

2011年，根据公司发展战略及十二五规划，神东电力公司分别与国家能源局及内蒙古、陕西、山西、甘肃、青海、新疆、重庆七个省区政府进行了工作对接，公司规划发展的主要项目全部列入项目所在地各级政府“十二五”发展规划范围。配合国家能源局、神华集团公司、西安煤科院完成了国家“十二五”低热值煤炭发电专项规划；促成神华集团与青海省政府、重庆市政府及中国电力建设集团签订了战略合作框架协议；与潞安新疆煤化工（集团）有限公司在新疆乌鲁木齐签订哈密2×1000MW发电及相应煤炭开发项目框架协议；与中国水电甘肃能源投资公司在北京签署甘肃煤电一体化项目（两电厂总装机160万kW及配套煤矿规划产能800万t/年）合作框架协议；与青海低碳产业基金投资公司签署了青海格尔木和西宁甘河两个2×660MW发电项目及配套煤炭资源合作协议；与重庆万州经开区签署重庆市万州区6×1000MW发电项目及相应煤炭储运基地项目合作协议。

6．重大项目建设

2011年，神东电力公司基本建设项目新建项目有神东电力准东五彩湾发电公司电厂；在建项目有神东电力公司萨拉齐电厂、神东电力公司店塔电厂改建2×660MW工程、神东电力公司黄玉川煤矿。其中：准东五彩湾发电公司电厂于2011年4月27日取得国家能源局“路条”，2011年3月28日开工；设计能力为2×350MW，概算投资273 526万元。萨拉齐电厂于2007年取得国家能源局“路条”，设计能力2×300MW；2011年计划完成投资为13 195万元，投资批复为18 000万元，实际投资完成28 728万元；

2008年6月开工建设，2011年8月竣工投产。神东电力公司店塔电厂改建2×660MW工程，初设概算446 958万元，2011年计划投资93 249万元，实际完成92 969.27万元，完成计划投资的100%；截至2011年底，累计完成基建投资157 975.00万元，完成项目初设概算446 958万元（静态）的35.34%；工程于2010年8月18日开工，截至2011年年底，主厂房、烟囱、集控楼、汽轮机基座、2号炉钢结构均到顶，其他工程正在进行中。黄玉川煤矿于2007年2月13日由国家发改委核准，设计生产能力1000万t/年，2007年8月28日开工建设；项目概算总投资为24.9亿元，截至2011年底累计完成投资114 887万元，工程预计2012年6月30日投运。

7. 产品营销

2011年1月17日，神东电力公司成立内蒙古电力营销中心，积极开拓内蒙电力市场，区域内神华亿利电厂、萨拉齐电厂、上湾热电厂机组计划利用小时均比网内同类型机组高出100h。

8. 安全生产

2011年，神东电力公司围绕“本安体系建设达标年”的目标，加强了安全监督检查，通过每季度一次的安委会、月度安全生产运营会、月基建例会、周日调度会和派专业主管驻单位督查等方式，对各发电公司、煤矿安全生产各项制度、规程、措施落实情况进行检查督促；以春、秋两季安全大检查为抓手，坚持定期和不定期开展专业检查。组织开展了“百日安全生产无事故”、反“三违”、“决战四季度，狠抓安全管理”等活动，加强了现场安全动态管理和对重点时段、部位的监督检查，共查处“三违”734项，有力地打击了各类“三违”行为，进一步强化了自保互保意识。狠抓隐患排查治理，对查出的重大隐患全部进行了整改。实施安全绩效量化考核，严格执行安全奖惩制度，将安全与生产、效益、员工的切身利益紧密结合起来，重奖重罚。落实安全生产责任制，严格执行督查现场制度及领导带班下井制，保证电厂厂长每月不少于15次现场检查，矿长下井每月不少于20次。实施科技兴安，与西安煤科院合作，对黄玉川煤矿实施了水文地质补堪工作和相关评价报告和规划，为矿井水情水害预测预报和决策提供依据，全年共投入防治水资金663.933万元；与西安科技大学合作，开展了煤巷支护设计研究，完成了外运大巷过陷落柱注浆工程、地质勘探钻孔注浆封孔工程等重大安全技措项目。

2011年，神东电力公司各发电单位共发生设备一类障碍11起，没有发生一般人身伤亡、火灾及重大环境污染事故。

9. 科技创新

2011年，神东电力公司以科技创新为先导，制定了公司科技创新战略规划和年度计划，完善了科技管理制度、流程，科技资料备案归档制度。开展了科技人才激励活动，表彰了一批科技论文及优秀科技成果，激发了科技人员的积极性和创造性。加大科技投入和研发力度，累计投入522.32万元研发资金，组织实施了《大型循环流化床锅炉大比例掺烧煤泥的技术研究》、《循环流化床锅炉磨损规律研究》、《店塔电厂锅炉燃烧过程控制优化》、《准东煤田煤质特性研究》、《黄玉川煤矿副立井操车及信号系统优化》5项科技创新项目（其中前两项为承担集团公司项目）。投入50万元资金，与全国CFB协作网合作，编制了《循环流化床锅炉滚筒冷渣器运行及技术条件》、《循环流化床锅炉受热面防磨喷涂技术条件》、《循环流化床锅炉风机技术条件》3项行业标准。组织科技人员进行技术研究和攻关，取得了一大批科研成果，其中《循环流化床锅炉膨胀问题研究》、《循环流化床锅炉提高炉内脱硫效率方案研究》通过集团验收。《220kV高压输电线路直接穿越煤矿采空区整体连续可调基础研究与应用》荣获中国电力建设科学技术成果一等奖，并已成功应用于上湾热电厂2×150MW机组—乌兰木伦变电站同塔双回220kV 12km线路；神华准能矸石电厂500kV送出线路采用直线技术获得成功，节约压煤资源费近9亿元；河南三门峡110kV线路建设采用此项技术，节省煤炭资源近3亿元；并在内蒙古、山西等矿区进行了原有普通线路改造获得成功。

2011年，神东电力公司共申请专利23项；发表科技论文总计59篇，已发表并为期刊收录的论文有43篇，已发表并为论文集收录的论文有15篇，已收录未发表的论文有1篇。其中：入选《全国电力行业CFB机组交流服务协作网第十届年会技术交流论文集（十七）》14篇，入选《2011年全国发电厂热工自动调节品质优化论文集》1篇；第十届年会（2011年度）“松灵杯”优秀论文一等奖1篇，二等奖3篇，三等奖4篇。

10. 信息化建设

2011年4月，神东电力公司新疆准东五彩湾发电公司启动基建MIS系统项目，于8月26日开始正式运行，9月8日通过项目初步验收。7月，神东电力公司实施了神华广域网接入环路（神木店塔发电公司至神朔铁路分公司），增强了公司本部广域网接入的可靠性；将公司互联网出口带宽由10M扩至100M，提高了互联网访问速度。12月，神东电力公司对电子档案系统重新规划升级，由紫光软件（无锡）集团有限公司实施，实施范围包括公司总部及下属12个二级单位，于2012年3月实施完成投入运行。11月开始，由西门子电站自动化有限公司实施生产调度信息系统功能改造升级，12 月 23 日，系统通过预验收，进入整改完善阶段。

11. 环保与节能减排

2011 年，神东电力公司全面展开各项节能减排工作，共投入 55 107.21 万元，用于环境保护和节能设施的建设和改造。共实施节能治理项目 13 个，各电厂完善了废气治理、脱硫设施，结合实际生产情况对污染物治理设备进行了维护检修、技术改造，保证了环保治理设备的 100%投运率，提高了污染物处理效率。烟尘处理效率保持在 99.8%以上，SO_2 处理效率保持在 80%～95%。

2011 年，神东电力公司完成了地方政府和集团公司的节能、环保指标要求，有效节约了能源、保护了生态环境。供电煤耗完成 367.5g/kWh，较 2010 年的 393.3g/kWh 下降 25.8g/kWh，比年度计划 380g/kWh 降低 12.5g/kWh，较计划节约标准煤约 20.77 万 t；发电水耗为 0.32kg/kWh，较 2010 年的 0.42kg/kWh 下降 0.1kg/kWh，较年度计划 0.395kg/kWh 降低 0.075kg/kWh，较计划节约用水 124.5 万 t。烟尘排放量为 5913t，发电绩效为 0.36g/kWh；SO_2 排放量为 10 265t，发电绩效为 0.72g/kWh，低于集团公司下达的 SO_2 发电绩效 0.77g/kWh；氮氧化物排放量为 12 308.7t，发电绩效为 0.74g/kWh，灰渣排放量为 101 万 t，灰渣综合利用率为 55%。

12. 党群工作

2011 年，神东电力公司紧紧围绕发展、改革、稳定大局和企业中心工作，以创先争优活动为载体，以提升党建工作科学化水平为目标，加强各级党组织建设，加强对工会、共青团、女工等群众组织的领导，团结和带领广大员工为神东电力的发展壮大做出了积极贡献。

2011 年 6 月神东电力公司纪委进一步贯彻落实中央纪委 12 号文件精神，按照集团公司政治工作报告关于推行纪委书记直派试点和纪检监察人员岗位轮换、异地交流等工作机制的有关要求，选配具有丰富生产经营和基本建设业务骨干人员任驻店塔区域纪检员，负责店塔发电公司、物资采购中心和燃料公司的工程招投标、物资采购的现场监督，对领导班子和重要岗位管理人员行使权力进行经常性监督；健全完善了纪检监察工作制度；对政治安全风险进行了辨识评估，形成公司政治安全风险事项库，编制了政治风险管控措施，形成《公司政治安全风险分析管理报告》；对经济安全风险源组织辨识评估，完成了《公司经济安全风险管理实施方案》。印发了《神华神东电力有限责任公司关于基层单位“三重一大”制度建设的指导意见》，形成了逐步改进完善的工作机制。对招聘工作全程参与监督；开展了电煤管理、“三重一大”制度建设和执行情况、群众安全监督网员工作专项效能监察；公司纪委在“神电纪检网”公布投诉电话，设立党风廉政建设举报箱，对举报案件及时调查、严肃处理、做到有访必接，有诉必复，举报处理率 100%。

加强工会建设，维护员工合法权益。进一步加强了工会和职代会的工作。召开了三届四次职工代表大会，对公司领导干部进行了民主测评，将职工提案内容分解落实到各有关单位和部门，并组织职代会各专门委员会对提案落实情况进行跟踪督查；坚持厂务公开制度，公司工会对全公司工程建设招投标、大宗物资采购、职工医疗保险缴纳情况等 12 项具体内容进行全方位的公开，公开数字 506 组，公开的内容、深度、涉及的范围均实现最大化。

2011 年，神东电力公司认真贯彻落实神华集团《精神文明建设实施纲要》精神，制订了公司精神文明建设工作规划和工作制度，按照公司年度精神文明建设工作规划，始终把广泛开展群众性精神文明创建活动作为优化企业发展环境、提高职工综合素质的重要抓手，纳入和谐发展指标考核体系。以创建文明单位为龙头，开展了创建文明单位、部室、家庭、员工等活动，神华亿利电厂被内蒙古自治区命名为“文明单位”。

13. 企业文化建设

2011 年，神东电力公司按照公司文化引领战略的总体思路，修订了《神东电力公司企业文化手册》，企业视觉识别系统逐步得到推广实施；在“学国华、对标创一流”活动中，寻找企业文化建设差距，提出了企业文化建设的改进意见和措施，为进一步挖掘公司优秀传统文化潜质，提炼具有鲜明个性和丰富内涵的企业价值观和精神理念奠定了基础。公司先后被评为“榆林市企业文化建设先进单位”、“全国企业文化建设百强企业”，神华亿利电厂被内蒙古自治区命名为“文明单位”，物资采购中心被榆林市命名为“文明单位”。

三、国华能源投资有限公司

1. 基本情况

国华能源投资有限公司（简称国华投资公司）成立于 1998 年 3 月，是经国务院领导批示，由原国家计委以煤代油专用资金办公室改组成立的国有独资企业。1999 年，公司与原国家计委脱钩，划归神华集团有限责任公司管理。国华能源投资有限公司自成立以来，始终围绕回收煤代油资金和开展自营业务两大使命，开拓进取，艰苦奋斗，取得了优良的业绩。截至 2011 年底，累计回收煤代油资金 284 亿元，为神华集团公司的发展提供了较好的资金保障；拥有总资产 398.95 亿元，累计实现利润 82 亿元；员工总数 2200 余人，总部职能部门 13 个，所属独资、控股及委托管理的子公司 45 家，其中风电（太阳能发电）项目公司 37 家、五星级饭店公司 1 家、房地产物业管理公司 3 家、其他企业 4 家。

2. 主要指标完成情况

2011 年，完成发电量 38.944 5 亿 kWh，减排 430.82 万 t CO_2、减排 2.30 万 t SO_2，节约 144.09 万 t 标准煤，1187.81 万 t 水。年利用小时为 1790h。截至 2011 年底，并网容量达到 300.015 万 kW，其中风电 298.015 万 kW，太阳能 2 万 kW。当年新增并网容量 95.55 万 kW，并网风机 1979 台，当年新增 532 台，其中风电 93.55 万 kW，太阳能 2 万 kW，并网风电场达到 25 个，当年新增陈旗、开鲁、广饶、诸城、苏尼特等 5 个风电场。

3. 经营管理

2011 年，可再生能源装机并网规模双超 300 万 kW，第一座光伏发电站顺利投运；区域化管理改革逐步推进，有效地整合了资源，取得成效；成功收购澳洲风电项目，迈出了开拓国际市场的稳健步伐；传统能源、金融和房地产业务效益良好、贡献突出；“大物业”管理工作再度得到集团公司的良好评价；安全形势稳定；各项职能管理水平又上新台阶；党建和思想政治工作保障有力，公司荣获“全国文明单位”光荣称号。

4. 重大改革

为提高风电业务的整体效率与效益，提升管理的专业化水平，公司自 2011 年以来大力推进区域化管理改革，取得了良好成效。成立了山东分公司、河北分公司、通辽分公司、巴彦淖尔分公司和呼伦贝尔分公司，实现了 10 套班子管理相应区域内的 37 家项目公司，优化了资源配置。各分公司成立后，区域内风电开发、建设等工作稳步推进，风电安全生产局势良好。

5. 战略合作

2011 年，项目开发工作抓资源、定规划、建体系，全面夯实了项目开发的工作基础。在各地签署风电开发协议共计 735 万 kW，太阳能开发协议共计 77 万 kW，其中：签署的风电协议包括新疆 460 万 kW，巴盟 140 万 kW，江苏省 40 万 kW（海上风电 30 万 kW），陕西省 40 万 kW，山西省 30 万 kW，山东省 15 万 kW，黑龙江省 10 万 kW；签署的太阳能协议包括新疆省 75 万 kW，山东省 2 万 kW。

6. 生产运行

2011 年，围绕本质安全风电场建设工作，不断夯实风电安全管理基础，积极运用标准化和信息化等手段，不断强化风电场设备治理，加强基层技术指导和服务，开展多层次专业培训，不断提升风电专业管理能力，全公司风电系统安全管理和生产管理水平明显提升，保持了安全、稳定、高效、经济运行的良好局面。

强化风电专业化管理，培育风电生产管理核心竞争力。风电专业化管理能力建设是生产部 2011 年的重点工作。通过一年的不断努力，输变电设备管理、风机维护检修技术、风电技术监督、风机振动监测等专业化管理体系已经基本完善，全公司的生产管理能力和水平得到明显提升。编制完成了风电技术监督管理办法和实施细则，要求各单位全面开展技术监督管理。风机振动监测技术进一步推广，风机振动监测管理步入常态化，已安装在线振动监测系统的风机共 257 台，采购离线设备共 9 台。

进一步加强生产运行的规范化管理。为提高生产管理工作效率和质量，2011 年对日常生产运行管理、设备技改管理、项目投产验收、新建风电场生产准备、生产信息系统等工作流程进行了全面规范，取得了明显成效。加强生产运行管理，建立了集团生产视频日调会和节假日生产值班记录和通报制度，进一步规范了公司月度生产视频会议制度，加强生产统计分析，能及时为公司决策提供参考依据。积极组织开展涉网技改工作，多次与设备厂家进行改造方案技术交流，制定了东汽、GE、SUZLON 三种机型共 467 台机组低电压穿越技改方案，完成了 15 个风电场的风功率预测系统采购招标，编制了 2012 年技改计划。完成齐齐哈尔富裕二期、利津二期、沾化二期、荣成二、三期、通辽代力吉五六期、尚义佳鑫等 8 个项目的投产验收工作。

7. 重点建设项目

2011 年，国华投资公司风电及太阳能电站建设项目共有 30 项，分别是利津三期、河口二期、河口三期、河口四期、荣成四期、荣成五期、诸城一期、诸城二期、胶南一期、赤城五期（马营）、沽源五花屏一期、沽源五花屏二期、北石墁一期、北石墁二期、陈旗一期、陈旗二期、呼盟西旗二期、巴盟后旗一期、靖边太阳能、东台二期、巴盟特许权项目、甲东项目、东台太阳能、广饶一期、苏尼特一期、巴盟四期、赤城三期（独石口西）、沽源坝缘特许权项目、齐齐哈尔二期、通辽开鲁。

8. 安全生产

国华投资公司 2011 全年未发生人员伤亡和重大安全生产事故。自从事风电产业以来，累计安全生产天数达到 3403 天，保持国内同行最好安全生产纪录。

2011 年的安全管理工作，主要围绕本质安全风电场达标建设为中心开展工作，通过本安体系建设进一步夯实安全管理基础，通过安全检查进一步加强设备隐患治理，全公司保持了安全稳定的良好局面。各风电场已经基本建立了较全面的本质安全管理体系，安全管理水平明显提升。在年底集团组织的本质安全考核验收中，风电整体安全管理水平得到了集团检查团一致肯定，代力吉风电场、尚义风电场被评为“本安一级”单位，东台风电场等 14 家风电场被评为“本安二级”单位，评比成绩处于集团各板块前列。

9. 科技创新

2011 年共有 9 个运风电场完成 39 项技改项目，费用总计 1417 万元，无重大改造项目发生。改造项目主要有：风电机组低电压穿越、变电站无功补偿装置、并网调度自动化及风机作业安全防护装备等项目。2011 年公司科技创新项目投入 400.23 万元，占销售收入的 0.14%，完成集团公司考核指标 0.1%的 140%；申请专利数 9 项，完成集团公司考核指标 7 项的 129%。完成 2 项国家标准的编写工作，分别是《光伏电站施工规范》和《光伏电站验收规范》。2011 年批复并开展了公司级的科研项目 11 项，各个项目均按照预期目标顺利实施，顺利完成集团科技部对“尚义 2.5MW 风光互补项目”的预验收工作。申请 2012 年集团级科研项目 6 项，集团企业技术标准项目 3 项。共发表省部级期刊的科技论文 7 篇，涉及风能、太阳能的基建和运行维修技术等方面的内容。在完成科研任务的同时进一步结合基建、运行实际情况，本着切实解决生产实际问题的原则，继续加大风电、太阳能等新能源产业的科技经费的投入力度。

10. 信息化建设

2011 年完成了二期项目的硬件招标和合同签署工作，同时完成了本部和 6 个风电场的硬件安装实施。软件部分完成了合同续签以及 4 个典型风场的调研和 3 个风电场的实时数据库实施。网络部分仅有一家风电场未完成专线铺设工作，将在 2012 年一季度前完成所有所有专线开通工作。通过本项目的建设，公司将实现通过系统集成方案设计方式对风电场关键设备实时数据处理，生成及时、准确、全面的信息，动态反映出设备运行状态和生产情况，实现信息共享，消除“信息孤岛”。同时，通过对数据信息的分析、决策，实现风电场管理由定性向定量、由静态向动态、由事后向事前的转变。风电生产信息系统将实现总部对风电场数据实时监视功能、总部商务智能分析与统计功能、风电场运行管理及数据填报等功能，充分满足公司本部、各风电场对生产分析和运行管理的需求。

风电场风功率预测系统建设。2011 年完成系统的招标采购和合同签订工作。总部主站设备已经全部到货。通过本项目的建设，将开发一套风电预测系统软件平台，实现对国华投资公司各个接入风场进行风资源实时监测、超短期风电功率预测、短期风电功率预测和所有接入风电场的风功率预测展示和统计分析功能。并且在进行风功率预测排名的区域，达到预测准确度排名位于前列。

11. 环保与节能减排

2011 年国华投资公司减排效益明显：减排二氧化碳 436 万 t，节约标准煤 150 万 t，节水 1200 万 t。从事风电产业以来，公司累计发电量 103.73 亿 kWh，累计减排二氧化碳 1131 万 t，节约标准煤 389 万 t，节水 4149 万 t。

12. 党群工作

公司党委按照集团党组的安排部署，深入开展创先争优活动，以争创“全国文明单位”为契机，进一步加强党群工作的基础建设，积极开展形式多样的活动，工作成效显著。

创先争优活动。加强对创先争优活动的分类指导，根据各基层单位不同业务特点，分别提出不同的争创内容和目标。通过“创先争优公开承诺”、“为民服务零距离”、“三优同创”等形式多样主题活动，使创先争优工作取得了良好的实践效果。同时，公司还积极争创“全国文明单位”，对照 5 大类 12 项考核内容，认真制定和落实整改措施。公司顺利通过了国资委文明办的检查，并于 12 月 20 日被正式授予“全国文明单位”称号。

党建工作。按照“三同时”原则，及时对区域分公司的党群组织机构进行了调整。梳理完善公司政治工作制度，公司在党建组织、纪检监察、共青团建设等方面的制度共计 46 项。各单位建立了《企业政治工作台账》，及时记录政治工作的开展情况。做好先进党组织、优秀共产党员的评选表彰工作。2011 年，国华投资公司共有 1 个先进基层党组织、3 名优秀共产党员、1 名优秀支部书记及 1 名优秀党务工作者受到集团党组的表彰。

纪检监察工作。通过组织观看反腐倡廉教育纪实片、举办专题讲座等方式，加大教育力度，营造廉洁氛围。对 4 家子公司和 1 个职能部门进行了效能监察，共同查找问题，提高工作效能。

工会工作。围绕安全生产等主题开展形式多样的劳动竞赛活动，并举办职工摄影书画展览，参加了集团公司组织的羽毛球比赛等，通过内容丰富、形式多样的活动，增强了员工的凝聚力。

共青团工作。举办“青年安全合理化建议”、“创新创效”等主题活动，并组织 449 名青年员工加入神华爱心志愿者队伍，完成了对帮扶对象的回访工作，受到神华公益基金会的肯定。

13. 企业文化

挖掘宣传先进典型，积极倡导公司核心价值观。

国华投资公司党委以创先争优活动为平台，宣传先进事迹，弘扬公司核心价值观，组织开展了征集“感动国华”故事活动，挖掘在生产管理实践中涌现出的先进典型事迹和感人故事，编制了《国华人》刊物。

14. 幸福员工工程

2011年，国华投资公司取得了优异的业绩，员工收入也普遍提高，相比2010年度，人均收入提高11%。各级公司关心员工生活，保障员工的衣食住行，特别是一线艰苦地区员工的生活条件普遍提高，增长的福利费用向一线倾斜，福利费用同比增加10%。

（童梅云　王　铁　张长生）

国家核电技术公司

【工作综述】 2011年3月发生的日本福岛核事故给全球核电发展带来巨大冲击，对中国核电发展产生重要影响，也给国家核电技术公司（以下简称国家核电）经营带来较大压力。面对困难复杂局面，公司周密部署、积极应对，实现了“十二五”发展的良好开局。

AP1000自主化依托项目建设总体可控，工程已不存在颠覆性因素；与西屋公司共同开展了针对福岛事故条件下AP1000核电厂设计评估，评估结论表明了AP1000非能动安全技术的先进性、可靠性；AP1000技术引进全面进入技术的消化吸收阶段；国内制造企业的技术能力和管理水平明显提升，设备国产化取得新突破；CAP1000标准设计的初步设计已经完成；大型先进压水堆重大专项CAP1400核电站初步设计基本完成；示范工程具备开展前期工作条件；核电软件国家重点实验室挂牌，国核科学技术研究院组建，上海发电设备成套设计院整体划入，公司科技创新能力和产业配套能力进一步增强；国家批准的60亿新增资本金中，首批30亿资金已经到位；国核财务公司挂牌营业；整体上市准备工作按计划推进；公司资金实力和投融资能力进一步加强。

福岛核事故发生后，国家核电第一时间启动应急响应，密切跟踪事态发展，及时组织专家到主流媒体解读事故，安抚公众恐慌和疑虑情绪，得到了新闻媒体的好评和公众的认可；同时迅速联合西屋公司开展福岛事故条件下AP1000核电厂的设计评估，验证了AP1000技术的先进性，凸显了三代核电自主化工作的重要性。

【领导班子】 2011年国家核电技术公司：

党组书记、董事长：王炳华

党组成员、总经理：顾　军

党组成员、副总经理：曲大庄、孙汉虹、马璐、时家林、魏　锁

党组成员、纪检组长：李立金

党组成员、总会计师：王益华

总工程师：王　俊

总经济师：盖其庆

首席信息官：郭宏波

【组织机构】 见组织机构图。

【重点工程】

（1）依托项目工程建设。2011年，依托项目建设进入高峰期。9月22日，三门1号机组反应堆压力容器就位，标志着AP1000世界首堆全面进入主设备安装阶段。依托项目全年完成了10个里程碑节点。4台AP1000机组建设扎实推进。

作为一项新技术的世界首堆，三门1号机组的建设难度和工程管理的复杂性为业界所公认，虽然目前存在项目进度滞后的客观情况，但已经不存在颠覆性因素，进度总体可控。

经过几年的不断磨合与协调，中外双方沟通机制更有成效，上游设计滞后和变更问题得到缓解。作为依托项目的关键设备，AP1000主泵的耐久性试验在2011年12月重新启动，进展良好。三门1号机组的蒸汽发生器正在积极协调和解决中，主管道已经运抵现场，其余主要设备均处于可控状态。

（2）技术引进消化吸收。AP1000关键技术引进基本完成，技术消化吸收取得积极成果。技转文件及软件交付完成80%；技转培训及服务完成70%，技术评估工作完成80%。

技转分许可全面有序开展。完成30个技转分许可

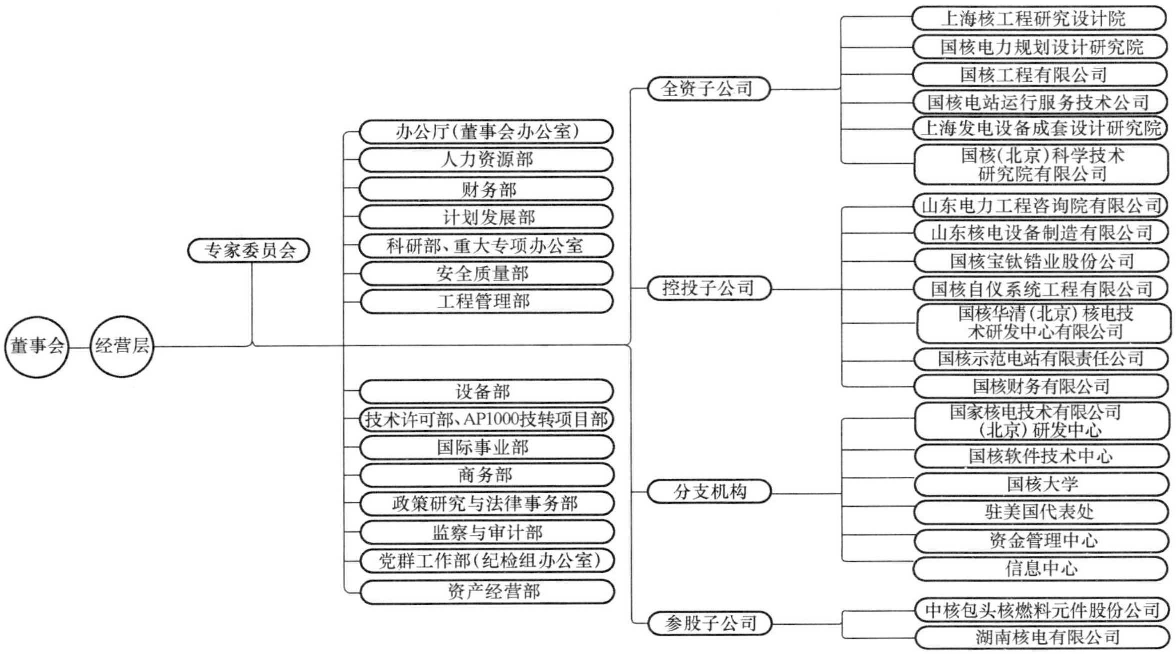

国家核电技术公司 2011 年组织机构图

协议签署，涉及环保部核安全中心、中核、中广核及装备制造等 13 个集团 31 家单位，为国内核电行业消化先进技术、提升整体技术水平创造了良好条件。

(3) 设备国产化。三代核电设备国产化取得新突破，设备供应体系初步形成。

2011 年，国家核电积极组织协调相关企业针对关键设备制造和锻件质量进行了攻关，取得了显著成果。

设备国产化工作取得新突破。实现全套主管道制造，超低碳充氮不锈钢冶炼、铸锭、锻造、弯管技术均达到了世界领先水平，AP1000 依托项目主管道国产化任务圆满完成；完成世界首个 AP1000 稳压器、堆芯补水箱的制造；完成爆破阀 8“高压样机和 14”样机的第一步试验，向实现工程应用跨出重要一步；持续推进 16 台主泵零部件及 2 台国产主泵分包制造的工作，为 AP1000 主泵的国产化打下良好基础；宽幅双相不锈钢板的成功研制打破了国外的技术垄断。

CAP1400 重大专项设备研制工作有序推进。屏蔽主泵、湿绕组主泵样机研制全面展开；CAP1400 汽轮机转子、长叶片、MSR 试验和验证规程编制完成；压力容器和蒸汽发生器研制合同签订；主管道、稳压器、堆芯补水箱、安注箱、余热排出热交换器、爆破阀、CV 钢板等材料研制工作均将在 2011 年上半年启动。

三代核电设备国产化供应体系初步形成。合格供应商队伍扩大至 57 家，AP1000 核电设备标准体系逐步完善，AP1000 设备鉴定体系建设正在加快推进。

【科技发展】 国家核电承担国家科技重大专项课题 28 个；省部级科技计划课题 6 个。

完成了 CAP1400 初步设计，设计目标满足福岛核电站事故后国际国内对沿海和内陆核电厂址的最新要求。完成了 CAP1400 六大项关键试验课题的试验方案，实验台架均已开工建设，水分配实验台架建设工作已经完成。国核自仪和马丁公司合作完成了保护系统平台 NUPAC 初步设计和原理样机研制。完成了 CAP1400 屏蔽电机泵的方案设计。与上海电气—凯士比签订了 CAP1400 湿绕组主泵研制合同，完成了主泵基本设计预评审，主泵试验台架 开工建设。

AP1000 核岛设计技术、设备设计技术、钢制安全壳等课题完成了主要研发任务。AP1000 数字化仪控技术等消化吸收工作取得了较大成效。重大共性技术中，半速汽轮发电机组、超大型冷却塔等课题完成了主要研发任务，核电关键软件研制完成了年度目标。CAP1700 预研项目按计划完成了年度预研工作。

【国际合作】 不断跟进全球先进核电技术，加强与国外技术原创方在资本、技术、市场等多个层面的深度合作。加强与西屋公司的合作，与西屋续签了《商用核电业务战略合作框架协议》，将在大型非能动电站开发、后续 AP1000 项目等七大领域开展合作；加强与其他国外相关企业和国际组织的合作。与国际原子能机构（IAEA）、世界核电运营者协会（WANO）、美国机械工程师协会（ASME）保持合作与交流；加快“走出去”步伐，进一步开拓海外市场。国家核电下属国核院和山东院在巴西、南非、印度、印尼以及孟加拉设立了办事机构，公司海外市场开发和营销网络初步建立。并与多个国际国内大型电力投资商、总承包商建立合作关系。上海院在完成巴基斯坦恰希玛核电二期的工程设计和设备设计工作的基础上，承担了恰希玛二期燃料组件服务合同以及三、四期设计总包项目。在AP1000项目上，上海院承担的绍尔公司设计分包工作以及山东设备制造公司承担的CV和模块的设备分包工作正在顺利进行。

中国广东核电集团有限公司

【基本概况】 中国广东核电集团（简称中广核集团）是由国务院国有资产监督管理委员会监管的特大型清洁能源企业。中广核集团以“发展清洁能源，造福人类社会”为使命，以“国际一流的清洁能源集团”为愿景。截至2011年底，中广核集团总资产超过2400亿元人民币，净资产超过700亿元人民币；拥有在运核电装机容量达612万kW，在建核电装机容量1775万kW，为全球在建核电机组规模最大的企业；拥有风电控股装机容量300万kW，太阳能光伏发电项目累计投运20万kW，水电实现控股装机容量154万kW、权益装机容量350万kW，在分布式能源、核技术应用及节能技术服务等领域也取得了良好发展。

2011年日本福岛核事故发生后，中广核集团认真贯彻落实国家的部署，积极开展在运和在建核电站安全自查，配合环境保护部、国家核安全局、国家能源局和中国地震局专家组完成了对在运在建机组的安全大检查；根据检查结果落实安全改进，提升了在运在建机组的安全质量管理水平；强化核安全文化建设，核电安全运行业绩跻身全球先进行列。与此同时，中广核集团积极开展形式多样的核电科普宣传活动，建立了国内首个核电站核与辐射信息公开平台，开通了集团官方微博开展研讨和互动活动，引导各界理性看待福岛核事故，普及核电安全知识，增强社会各界对核电安全的信心，维护了国家核电发展的大局。

截至2011年底，中广核集团已建立与国际接轨的、专业化的核电生产、工程建设、科技研发、核燃料供应保障体系，以及风电、水电、太阳能等可再生能源开发建设、节能技术推广体系，拥有6个国家级科研机构，具备了在确保安全的基础上面向全国、跨地区、多基地同时建设和运营管理多个核电、风电、水电、太阳能及其他清洁能源项目的能力。

【领导班子】 2011年中广核集团领导班子：

党组书记、董事长：贺 禹
党组成员、总经理：张善明
党组成员、副总经理：谭建生
党组成员、总经济师：岳林康
党组成员、纪检组组长：王允光
党组成员、副总经理：郑东山
党组成员、副总经理：张炜清
党组成员、副总经理、总会计师：施 兵
副总经理、首席信息官：高立刚

【组织机构】 中广核集团公司组织机构：

职能部门
办公厅
党群工作部
战略计划部
安全与信息管理部
科技研发部
资本运营与产权管理部
财务部
人力资源部
监察审计部
法律事务部
业务部门
投资发展部
国际核电开发部
核电学院
研究中心
财务共享中心
信息技术中心

分公司

新疆分公司

湖北分公司

事业部

核电运营事业部

核电工程事业部

中广核集团成员企业

核能供应板块

广东核电投资有限公司

广东核电合营有限公司

岭澳核电有限公司

岭东核电有限公司

岭湾核电有限公司

阳江核电有限公司

辽宁红沿河核电有限公司

福建宁德核电有限公司

台山核电合营有限公司

广西防城港核电有限公司

咸宁核电有限公司

中广核陆丰核电有限公司

湖北核电有限公司

安徽芜湖核电有限公司

韶关核电有限公司

浠水核电有限公司

核能服务板块

大亚湾核电运营管理有限责任公司

中广核工程有限公司

深圳中广核工程设计有限公司

中科华核电技术研究院有限公司

苏州热工研究院有限公司

中广核燃料发展有限公司

中广核财务有限责任公司

广东大亚湾核电服务（集团）有限公司

广东大亚湾核电环保有限公司

核能工业产品板块

北京广利核系统工程有限公司

可再生能源板块

中广核风力发电有限公司

中广核能源开发有限责任公司

中广核太阳能开发有限公司

美亚电力有限公司

新产业

中广核产业投资基金管理有限公司

中广核节能产业发展有限公司

中广核（北京）核技术应用有限公司

【主要指标】 2011年，中广核集团整体经营业绩良好，各项主要经营指标均超额完成。截至2011年12月31日，全年上网电量达到514.29亿kWh，首次超过500亿kWh，其中核电上网电量首次超过400亿kWh，全年上网清洁能源电量等效减排二氧化碳3985万t。实现营业收入283.15亿元；总资产达到2487.35亿元，净资产达到718.31亿元，分别较2010年同期增长29.74%和29.42%。

【经营管理】 2011年，中广核集团全力推进发展方式转变，稳步开展资本运营，加大资金保障力度，推进组织与管理改进，经营管理取得新成效。

一是资本运营成绩显著。成功借壳登陆香港资本市场，搭建铀业海外融资和业务开发平台，为利用两个市场、两种资源创造条件；境外收购企业上市方案已上报国家相关部委，后续整合安排基本确定；直投平台正式成立并完成首个落地项目；核电主业重组改制及上市工作全面启动，一个符合集团业务特点和发展要求的资本运作架构初现雏形；集团历史沉淀资产梳理已经完成，为后续盘活和增值奠定了基础。

二是资金筹措保障有力。面对信贷持续收紧、贷款利率上扬、部分核电项目出现提款困难等压力，中广核集团统筹谋划，提前布局和锁定银行信贷资源；及时召开后福岛时代核电形势沟通会，打消银行顾虑；充分发挥资金一体化运作优势，灵活调配内部资金；积极开辟股权信托、银行理财融资、保险债权计划等创新融资方式，基本满足了集团发展的资金需求，为业务推进提供了有力保证。

三是组织管理不断优化。着力构建战略管控型总部，根据工作性质及业务特点，将中广核集团原有部门划分为职能部门和业务部门，理顺管理边界和接口，加强职能管控；成立核电运营事业部、核电工程事业部，强化专业化管理，为实现多基地保障和提升安全业绩奠定基础；将核电学院独立运作，成立财务共享中心、信息技术中心，促进集约化管理水平不断提高；同步梳理各类委员会和决策会议，调整成员公司分类办法及管控策略，协同效应初步显现。

【安全生产】 2011年，中广核集团积极应对日本福岛核事故对中国核电发展产生的影响，扎实开展“安全质量年”活动，把安全质量牢牢放在一切工作的首位，落实“一把手”安全责任，深入开展核安全文化教育，不断强化员工的安全意识和行为规范，在国内率先创建与国际接轨的核电工程安全评估标准，请具有国际权威的第三方对在建核电、风电和水电项目进行安全标准化评估，推动安全水平稳步提高。

2011年，大亚湾核电基地6台在运机组安全生产持续创优，与美国104台核电机组相比，运营业绩综合指数连续8个季度排名第一；大亚湾核电站1号机组和岭澳核电一期1号机组分别安全稳定运行10

年和6年，位居国际同类机组前两名；岭澳核电二期1号机组实现首个燃料循环无非计划自动停堆，连续安全运行301天；两电站WANO指标整体表现良好，连续两年安全系统性能指标同时进入世界先进水平。核电工程方面，全年总工时数达到1.42亿h，同比增加15.5%；20万工时事故率为0.026，同比下降35%，优于2010年美国千人以上规模建筑行业中间值。风电、太阳能发电、水电、铀业等安全生产形势平稳，信息系统、行政后勤服务等保障有力，安保工作到位有效。

【工程建设】 2011年，岭澳核电二期工程提前商运，率先全面建成中国自主品牌二代改进型示范核电站，验证了中国核电自主化能力与水平。

（1）在建项目工程建设进展良好。红沿河核电项目首台机组按期完成冷试、进入热试准备，提前完成3、4号机组安全壳穹顶吊装；宁德核电项目实施主回路自动焊等重大施工技术创新；阳江核电项目通过树立标杆促进工程建设，一级里程碑目标如期实现；防城港核电项目稳步推进，首台机组穹顶开始现场拼装。

（2）台山EPR工程总体进展顺利。借助后发优势，成功避免同类项目出现的问题，并在钢衬里模块化施工等方面实现多项创新，在保证安全质量的基础上，实现高效推进，成为全球第二个完成穹顶吊装的三代EPR项目，为打造国际标杆工程奠定了坚实基础。

【科技创新】 在20多年引进、消化、吸收国外核电技术的基础上，参照最新安全标准，依托阳江5、6号机组，加快开发具有三代核电特征的ACPR1000新机型，其安全指标达到核安全规划要求，有望成为“十二五”期间批量建设的堆型之一；以国际市场为目标，加快研发具有自主知识产权、完全符合三代核电标准的ACPR1000$^+$，已经完成了第一批设计输入与验证试验；设计科研、试验研究、设备研制、软件研发及知识产权保护等工作按计划顺利推进。

科技平台建设和基础研究迈上新台阶。2011年，中广核集团下属广利核公司喜获2010年度国家能源科技进步奖，承担了国家科技重大专项工作。技术研究院牵头实施863项目和国家科技支撑计划项目，首个国家核电厂安全及可靠性工程技术研究中心落户中广核集团。以核电型号研发为牵引，依托深圳新能源（核电）产业基地，启动核电基础研发设施建设计划，大型水力学试验装置以及严重事故机理实验装备已经建成，相关实验工作已经开展。汲取福岛经验教训和核安全大检查意见，全面分析现役核电工程预防和缓解极端事故的薄弱环节，开展核电工程抗震能力提升、超设计基准事故缓解系统研发、严重事故仿真平台研发等项目，促进核电站本质安全水平不断提高。

【国际合作】 2011年，中广核集团积极利用国际原子能机构和国家原子能机构两个平台，在海外铀资源开发、国际核电市场开发、AP1000技转、国际技术交流等方面的核领域国际合作中取得了一系列成绩和进展：

1. 海外铀资源开发

中广核集团海外铀资源开发和天然铀贸易两项国际合作业务均取得重要进展，已成功收购纳米比亚罗湖山铀矿项目，该矿为近十年来非洲、乃至世界铀资源勘查领域的重大发现，总资源量约22.2万t天然铀，是全球第四大铀矿，达产后年产量有望超过6500t，占当前世界天然铀年产量的13%，投产后的年产量排名全球第二。2011年8月18日上午，中广核集团与维奥集团在香港正式进行了项目交割仪式，正式建立海外铀资源上市平台。

在天然铀进口方面，2011年中广核集团从AREVA、KAP、Nukem、Navoi、Sem等供应商共进口天然铀50批，总计7787t（铀）天然铀，圆满完成了天然铀的进口任务。

2. 国际核电市场开发

现阶段中广核集团国际核电市场开发的主要目标国市场包括东南亚4国，西亚北非6国，南部非洲以及部分东欧国家等。通过这几年的工作，中广核集团已与越南、泰国、南非、捷克、罗马尼亚、白俄罗斯、乌克兰等国家签署了合作框架协议或意向书；与马来西亚、肯尼亚、土耳其、巴西、印尼、尼日利亚等国的合作框架协议也正在推进中。

3. AP1000技术转让

2011年，中广核集团与国家核电技术公司就AP1000技术分许可进行了协商，3月11日签署了首批技术转让分许可协议。中广核设计公司和中科华核电技术研究院与美国西屋公司就申请成为AP1000堆芯和燃料设计技术包（TP4）指定用户进行了多次沟通交流。2011年8月，国家原子能机构为上述两家公司出具了担保函，并积极在美国政府方面为中广核集团争取获批TP4技转指定用户。9月，西屋公司正式发来了指定用户确认函，12月，中广核集团下属两家公司与国核技顺利签署了技转分许可协议。

【重要工作和活动】

1. 中广核集团与哈萨克斯坦国家原子能工业公司签署合作备忘录

2月22日，在胡锦涛主席与哈萨克斯坦纳扎尔巴耶夫总统的见证下，中广核集团与哈萨克斯坦国家原子能工业公司在北京人民大会堂签署了合作备忘录。

2. 胡锦涛、卡里莫夫见证中广核集团与乌地矿委签署深化和扩大铀资源开发领域合作的框架协议

2011年4月19日，国家主席胡锦涛同乌兹别克斯坦总统卡里莫夫在北京人民大会堂出席了中乌双边合作协议签字仪式。在胡锦涛与卡里莫夫的见证下，中广核集团与乌地质和矿产资源委员会签署了深化和扩大双方在铀资源开发领域合作的框架协议。

3. 国家民用核设施综合检查团赴大亚湾核电基地检查

福岛核电站事故发生后，根据国务院常务会议精神，为确保中国在运行核电站安全，4月15～17日，由环境保护部(国家核安全局)、国家能源局、中国地震局联合组织的国家民用核设施综合检查团，对大亚湾核电站、岭澳核电站一期、岭澳核电站二期进行了全面安全检查。此次由中国核安全领域50余名院士、专家组成的检查团根据国务院常务会议关于对核设施进行全面安全检查的要求，严格按照国家核安全局已颁布的现行有效的核安全法规和安全导则，参照国际原子能机构所颁布的最新安全标准，采取听汇报、问题答辩、查阅文件和深入生产现场勘查的方式，对核电厂防洪抗震能力、严重事故预防和缓解、环境监测和应急体系有效性等11个领域进行综合检查。

4. 岭澳核电站二期全面建成投入商业运行

2011年8月7日，岭澳核电站二期2号机组比计划提前8天正式投入商业运行。至此，大亚湾核电基地以总装机容量612.2万kW成为目前中国最大的核电基地。岭澳核电站二期采用中广核集团自主品牌核电技术CPR1000建设，是中国"十五"期间唯一开工建设的核电自主化依托核电项目，也是中国首个"自主设计、自主制造、自主建设、自主运营"的百万千瓦级核电站，在中国核电发展史上具有里程碑意义。吴邦国、习近平、李鹏、汪洋、张德江、曾培炎等中央领导分别作出批示或发来贺信，对岭澳核电站二期建成投产表示祝贺，对中广核集团核电发展提出了希望和要求。

5. 吴邦国见证中广核集团与乌地矿委签署铀资源领域全面合作备忘录

2011年9月21日，在吴邦国委员长和乌兹别克斯坦议会上院主席萨比罗夫的共同见证下，中广核集团与乌兹别克斯坦地矿委联合签署了双方在铀资源领域全面合作的备忘录。

6. 中广核集团参加第八届中国—东盟博览会核电工业展

2011年10月21日，由中国商务部与东盟十国政府商贸部门联合主办、广西壮族自治区人民政府承办的第八届中国—东盟博览会在广西南宁举行，中广核集团参加了此次博览会电力设备及核电工业展。

7. 第十一届世界核营运者协会(WANO)双年大会在深圳召开

2011年10月24～25日，中广核集团在深圳承办第十一届世界核营运者协会(WANO)双年大会。国际原子能机构总干事天野之弥，WANO主席劳伦特·斯特里克，环境保护部副部长、国家核安全局局长李干杰，中国核能行业协会理事长张华祝，广东省委常委、深圳市委书记王荣出席会议，贺禹董事长作为第十一届WANO总裁致欢迎辞，会议主题是"后福岛时代的WANO，持续强化全球核安全"。会议同意贯彻实施WANO后福岛事故委员会提出的各项建议，表彰了2011年WANO核能卓越奖获得者大亚湾核电运营管理有限责任公司总经理卢长申，选举俄罗斯国家原子能公司副总裁弗拉基米尔·阿斯莫洛夫为下届WANO总裁，决定下届双年大会于2013年在莫斯科召开。

2012 中国电力年鉴

中国电力建设集团有限公司

【企业概况】 中国电力建设集团有限公司（简称中国电建，英文简称PowerChina）于2011年9月29日在北京挂牌成立，是根据国务院批准的电网企业主辅分离改革及电力设计、施工企业一体化重组方案，在中国水利水电建设集团公司、中国水电工程顾问集团公司、国家电网公司及中国南方电网有限责任公司所属的14个省（区、市）勘测设计企业、施工企业、修造企业的基础上组建新设的中央大型骨干企业。注

册资本金300亿元。

1. 中国电建主营业务

(1) 境内外电力（包括水电、火电、核电、风电及太阳能发电等新能源及送变电）工程和水利（包括水务）工程及相关业务的工程总承包与规划、勘察设计、施工安装、技术研发、项目管理、咨询、监理、设备检修及相关设备的制造修理租赁，开发、投资、建设、经营、管理和生产、销售及相关招标代理业务、进出口业务等。

(2) 境内外公路、铁路、港口与航道、机场、房屋、市政工程、城市轨道、环境工程、矿山、冶炼及石油化工及相关业务的勘察设计、施工安装、技术研发、项目管理、咨询、监理、设备检修及相关设备的制造修理租赁，开发、投资、建设、经营、管理和生产、销售及相关招标代理业务、进出口业务等。

(3) 房地产开发与经营；实业投资、经营与管理；物流；国际资本运作与境外项目投融资；对外派遣劳务人员和对外承包工程；以上相关业务的人员培训；经国家批准或委托开展的其他业务。

2. 中国电建的突出优势

一是拥有较为明显的行业优势。中国电建占有全国80%以上大中型水电和全国50%以上风电的勘测设计市场，占有全国65%以上水电建设市场和全球50%以上大中型水电建设市场，水利水电规划设计、施工管理和技术水平达到世界一流，是全球水电规划建设的领导者。二是具有较强的价值创造潜力。中国电建拥有集电力工程规划设计、施工建设、装备制造于一体的完整产业链，能够为水利水电、火电、风电及基础设施建设等领域提供集成式、一站式服务，为实现转型升级和商业模式创新提供了良好的起跳平台。三是资源整合潜能增强。中国电建将通过有效整合，充分释放集团管控、资源优化配置、市场协同蕴藏的能量，引导成员企业利用中国电建的管理、技术、资金、资质、品牌、人才等优势，实现又好又快发展。四是国际业务先发优势明显。部分成员企业多年来国际业务蓬勃发展、成果显著，已经形成了较为完整的海外市场布局和业务网络，在抢占海外市场方面获得了先机。2011年，国际业务已扩展至62个国家和地区，执行海外项目366项，实现海外营业收入514.79亿元，新签约合同713.2亿元，到年底合同存量1884.98亿元，国际营业收入已占中国电建总营业收入的28.21%，新签合同额占比38.45%，国际合同存量占比51.57%。以上3项指标占比明显高于同类中央企业平均水平。五是品牌具备较强的市场竞争力。中国电建拥有的知名品牌蜚声海内外，取得了良好的经营业绩和市场口碑，已经具备了较强的竞争力和影响力。

3. 中国电建主要数据

截至2011年末，中国电建资产总额为2434亿元，职工人数20.03万人，离退休人员15万人，年营业收入1825.14亿元，实现利润总额58.73亿元，新签合同1854.77亿元，合同存量3655.12亿元。中国电建所属的全资、控股子企业分布于中国各大区域。

4. 中国电建企业愿景

(1) 战略定位是：成为全球清洁可再生能源和水利资源开发建设行业的领先者，全球基础设施建设服务的骨干企业；中国电力和水利工程建设行业的龙头企业，中国房地产开发与经营的重要企业，带动行业结构优化、产业升级、产品和服务出口的重要力量。

(2) 战略方针是：成为以规划设计为龙头，以工程承包为主体，以能源和资源产业投资为先导，以房地产开发、装备制造和政府特许经营为增长极，主业突出协同、业务板块专业运营，实现“五化一流”，即“集团化、国际化、一体化、多元化和信息化”，成为具有较强国际竞争力的世界一流综合性建设集团。

(3) 战略目标是：承担“大使命”，实施“大集团、大市场、大品牌”战略，成为清洁可再生能源和水利工程建设行业国际领先，提供集成式、全产业链、综合性基础设施建设服务，拥有核心技术和国际知名品牌，成为具有较强国际竞争力的质量效益型世界一流综合性建设集团。

(4) 战略举措是：

1) 转型升级战略：努力实现业务转型和产业升级，实现体制机制、资本、业务、资源、组织、管理等全面优化调整，推进增长方式由主要依靠要素投入、规模扩张向主要依靠科技进步、劳动者素质提高、管理创新转变。推进产业布局向全产业链和大产业链的高端、高附加值环节发展。推进产权结构向股份化和证券化转变，提升中国电建的金融能力。

2) 国际化经营战略：以全球化的战略思维，立足全球配置资源，逐步实现战略、运营、资本、管理、文化全球化，适时实施国际业务优先发展战略。深化国际经济技术交流与合作，充分发挥在核心业务领域的比较优势，努力争取较多的话语权。扩大国际经营规模、提升国际经营层次和国际经营质量，将国际业务发展成为具有较强国际竞争力、较高创利能力、品牌优势凸显的业务板块。

3) 创新驱动战略：认真贯彻党和国家建设创新型国家的战略决策，增强技术创新和管理创新的主体意识和责任，逐步形成国际同行业技术先进、核心技术领先的技术实力、创新能力，建立系统完善的创新体系，形成有利于实施行业领先战略的体制机制、文化环境。加快技术创新步伐，提高自主创新能力，积极推进创新型公司建设。

4）人才强企战略：树立科学的人才观，以“创新人才发展机制、优化人才队伍结构、提高人才队伍素质”为核心，以能力建设为主题，以企业领导人才、经营管理人才、专业技术人才、党群工作人才和技能操作人才5支人才队伍建设为重点，大力推进人才职业化、市场化、专业化和国际化发展，积极推进人才结构由劳动密集型向管理、知识和技术密集型的持续转变，为企业发展提供坚强的人才保证和广泛的智力支持。

5）和谐发展战略：树立“以人为本”的思想，对内尊重员工的创造精神，充分调动广大员工的积极性和创造性，合法合规处理历史遗留问题，营造企业与员工共同发展的和谐氛围；对外与社会各方互利共赢，尊重客户需求，向客户提供高品质的产品服务。遵循公平、诚信、规范、合作共赢的原则，创造和谐的企业发展外部环境。妥善处理利益相关方之间的关系，积极承担社会责任，实现企业与社会、环境的和谐发展。

【领导班子】

董事长、党委副书记：范集湘
党委书记、副董事长：晏志勇
董事、总经理、党委常委：马宗林
副总经理、党委常委：王彤宙
副总经理、党委常委：王民浩
副总经理、党委常委：黄保东
党委副书记、纪委书记：陈永录
党委常委：孙洪水
党委常委：王　斌
副总经理：袁柏松
副总经理：姚　强
副总经理：李跃平
副总经理：王首丽
总会计师：孙　璀

【组织机构】 中国电建总部设有办公厅/董事会办公室、党群工作部、人力资源部/企业领导人员管理部、财务资产管理部、战略发展部、市场经营部、科技部（技术中心）、安全质量环保部、投资管理部、资金管理部、审计与风险管理部、监察部/纪委办公室、法律事务部、信息中心、海外事业部/外事局、勘测设计事业部、电力工程事业部、房地产事业部、装备制造事业部等共19个部门和事业部。

中国电建旗下拥有中国水利水电建设集团有限公司、中国水电工程顾问集团公司、水电水利规划设计总院以及50余家从国家电网公司、中国南方电网有限责任公司划转分离的勘测设计、施工、修造企业。其中，中国水利水电建设集团有限公司、中国水电工程顾问集团公司是中国水利水电施工、设计行业的领军企业。中国电建集团包括成员企业（含子集团及子集团全资、控股企业）共105家，具体名单如下（排名不分先后、不分产权层级、不分管理层级）：

1. 中国水利水电建设集团公司
2. 中国水利水电建设股份有限公司
3. 中国水电工程顾问集团公司
4. 水电水利规划设计总院（事业单位）
5. 中国水利水电第一工程局有限公司
6. 中国水利水电第二工程局有限公司
7. 中国水利水电第三工程局有限公司
8. 中国水利水电第四工程局有限公司
9. 中国水利水电第五工程局有限公司
10. 中国水利水电第六工程局有限公司
11. 中国水利水电第七工程局有限公司
12. 中国水利水电第八工程局有限公司
13. 中国水利水电第九工程局有限公司
14. 中国水利水电第十工程局有限公司
15. 中国水利水电第十一工程局有限公司
16. 中国水利水电第十二工程局有限公司
17. 中国水利水电第十三工程局有限公司
18. 中国水利水电第十四工程局有限公司
19. 中国水电建设集团十五工程局有限公司
20. 中国水利水电第十六工程局有限公司
21. 中国水电基础局有限公司
22. 中国水电建设集团夹江水工机械有限公司
23. 中国水电建设集团甘肃能源投资有限公司
24. 中国水电建设集团国际工程有限公司
25. 中国水电建设集团路桥工程有限公司
26. 中国水电建设集团四川电力开发有限公司
27. 中国水电建设集团房地产有限公司
28. 中国水电建设集团新能源开发有限责任公司
29. 中国水电建设集团租赁控股有限公司
30. 中国水电建设集团港航建设有限公司
31. 中国水电建设集团铁路建设有限公司
32. 北京华科软科技有限责任公司
33. 中国水务投资有限公司
34. 中国水电顾问集团北京勘测设计研究院
35. 中国水电顾问集团华东勘测设计研究院
36. 中国水电顾问集团西北勘测设计研究院
37. 中国水电顾问集团中南勘测设计研究院
38. 中国水电顾问集团成都勘测设计研究院
39. 中国水电顾问集团贵阳勘测设计研究院
40. 中国水电顾问集团昆明勘测设计研究院
41. 中国水电顾问集团投资有限公司
42. 中国水电顾问集团国际工程有限公司
43. 中国水利水电建设工程咨询公司

44.《水力发电》杂志社有限公司
45. 四川美姑河水电开发有限公司
46. 河北省电力勘测设计研究院
47. 吉林省电力勘测设计院
48. 上海电力设计院有限公司
49. 福建省电力勘测设计院
50. 湖北省电力勘测设计院
51. 河南省电力勘测设计院
52. 四川电力工业勘察设计院
53. 四川电力设计咨询有限责任公司
54. 宁夏电力设计院
55. 贵州电力设计研究院
56. 海南电力设计研究院
57. 江西省电力设计院
58. 青海省电力设计院
59. 河北省电力建设第一工程公司
60. 河北省电力建设第二工程公司
61. 山东电力核电建设集团公司
62. 山东电力基本建设总公司
63. 山东电力建设第一工程公司
64. 山东电力建设第二工程公司
65. 山东电力建设第三工程公司
66. 吉林省电力建设总公司
67. 上海电力建设有限责任公司
68. 福建省第一电力建设公司
69. 福建省电力工程承包公司
70. 湖北省电力建设第一工程公司
71. 湖北省电力建设第二工程公司
72. 湖北宏源电力工程股份有限公司
73. 河南第一火电建设公司
74. 河南第二火电建设公司
75. 江西省火电建设公司
76. 江西省水电工程局
77. 四川电力建设二公司
78. 四川电力建设三公司
79. 四川国华荏原环境工程有限责任公司
80. 重庆电力建设总公司
81. 宁夏电力建设工程公司
82. 青海火电工程公司
83. 贵州电力建设第一工程公司
84. 贵州电力建设第二工程公司
85. 河北电力设备厂
86. 山东电力管道工程公司
87. 长春发电设备总厂
88. 四平线路器材厂
89. 长春龙源电力设备有限公司
90. 上海电力修造总厂有限公司
91. 上海电力环保设备总厂有限公司
92. 武汉电力设备厂
93. 湖北省电力公司汉口电力设备厂
94. 武汉铁塔厂
95. 郑州电力机械厂
96. 河南电力器材公司
97. 江西省电力设备总厂
98. 四川启明星电力装备制造集团有限责任公司
99. 成都电力机械厂
100. 成都铁塔厂
101. 成都电力金具总厂
102. 都江电力设备厂
103. 海南电力设备厂
104. 北京华源水利水电工程咨询公司

【电力工作会议】

（1）2011年9月29日下午，中国电建首次干部大会在北京隆重召开，国务院国资委企干二局局长姜志刚出席会议宣读中国电力建设集团领导班子任职文件并讲话；国务院国资委改革局局长白英姿出席会议并讲话；中国电建集团董事长、党委副书记范集湘作重要讲话；中国电建集团党委书记、副董事长晏志勇主持会议；中国电建集团董事马宗林宣读中国电建集团1号文件。

（2）2011年11月20～21日，中国电建电力工程事业部企业负责人座谈会在济南召开。通过此次会议交流经验、反映问题、认清形势、明确方向、落实责任，为中国电建电力工程企业今后良性发展奠定了良好基础。

（3）2011年12月1～3日，中国电建2011年度财务决算暨2012年度财务预算布置会在成都召开。

（4）2011年12月18日，中国电建在总部召开2011年1～9月经济活动分析会议，对公司经营情况进行分析，同时安排和部署下一阶段经济工作。

【体制改革】 圆满完成改革重组工作。经国务院批准，中国电建于2011年9月29日正式成立后，即具备进入世界500强的条件，在中央企业中的地位明显提升，发展平台更高更大，具有在电力能源和基础设施等领域提供规划、勘测、设计、施工、制造、运营一体化服务的能力。公司的组建更加有利于创新商业模式，拓展业务领域，促进结构优化调整，转变发展方式，提升质量效益水平；更加有利于发挥国际经营领军企业作用，提高国际竞争力。

集团组建后，积极推进管控体系构建工作。按照国务院国资委总体要求，制定了中国电建集团工作规则和一系列基本管控制度，形成了较为完善的公司治理结构和权力运行机制，建立了规范、有序、受控的治理模式。母子公司产权关系逐步理顺，母子公司功能定位进一步明晰，出资人的职权职责逐步到位，对出资企业的资产收益权、重大决策和管理者选择等权利逐步得到落实，对成员企业重大经营行为的管控能力基本形成、逐步加强，为整合内部资源、发挥集团规模效应、提升竞争能力、行业话语权和市场地位创造了有利条件。

根据国家有关政策精神，2011 年，中国电建启动了所属水电顾问集团和水电规划总院的分设工作，制定了《水电顾问集团和水电规划总院分设方案》，分设工作已基本完成。水电股份公司子公司重组整合成功启动。实现了所属辽工局有限公司与水电六局有限公司的重组整合，改革进一步深化，这是解决成员企业同质化问题的一次成功尝试，有利于促进公司内部管理体制改革的进一步深化，对推进成员企业的重组整合、优化区域布局、提升系统性竞争能力具有标志性意义。

【科技发展】 行业影响力明显提升。中国电建不断增强技术创新的主体意识，提出创新驱动战略，逐步搭建有利于科技创新的体制机制，激发广大科技人员的创造力，科技创新能力进一步增强。2011 年度共获得国家科技进步奖、中国电力科学技术奖、水力发电科技奖、国家能源科学技术进步奖等共 49 项奖励。节能减排工作体系不断健全，实现了国务院国资委要求的节能减排目标。

受国家有关部委委托，完成了全国水电、风电、太阳能、海洋能“十二五”发展规划编制；就水电建设行业的重要问题向国家有关部委提供咨询建议，在《中华人民共和国环境影响评价法》实施后促成金沙江上游水电规划环评报告审查通过。从标准、规范制定的层面出发，促进了水电工程概算和相关定额标准的调整，制定和更新了相关施工规范和技术标准。中国电建成为中国电力规划设计协会理事长单位，反映行业诉求、规范行业秩序、促进行业共谋发展的能力得到提升。

【国际交流与合作】 国际业务持续优先发展。在全球经济形势低迷的大环境下，中国电建国际业务保持了持续稳定发展的良好态势，经营质量效益同比进一步提高。所属水电股份公司国际经营对集团稳步发展的价值贡献率更加凸显。2011 年，公司国际市场结构进一步调整优化，国际经营市场稳步扩展，新开辟了毛里求斯、乍得、莱索托、南苏丹、哥斯达黎加、洪都拉斯 6 个国别市场，形成了东南亚、北非、东非、中东等区域化的相对稳定市场和安哥拉、卡塔尔、苏丹和印尼等项目群国别市场。所属水电顾问集团按照“高端切入、规划先行、技术领先”的国际发展思路，开展了几内亚全国水电规划、塞拉利昂全国水电规划、埃塞俄比亚全国风电太阳能发电规划以及哥伦比亚玛河综合规划、尼泊尔水力资源普查等工作，为后续国际发展奠定了较好基础。为了延伸技术优势，所属水电顾问集团成功收购了哈萨克斯坦水利设计院 70％股权，顺利完成第一次海外并购，丰富了国际投资形式，为大俄语区的市场开拓创造了条件。

国际业务的发展使中国电建国际影响力明显提升。2011 年，集团多次组织或参与有外国元首、政府首脑出席的活动，接待外国政府和党派高层到访，陪同党和国家领导人出访。中国电建始终站在国家的高度，实现互利共赢，为增进国家间友好交往和互利合作作出积极贡献，得到党和国家领导人、有关部委的充分肯定。

【子公司情况综述】

1. 水电建设集团

水电建设集团是中国规模最大、科技水平领先、最具实力、行业品牌影响力最强的水利水电建设企业。具有国家施工总承包特级企业资质、对外工程承包经营权、进出口贸易权、AAA 级信用等级，被商务部列为重点支持发展的大型外经企业。2011 年，公司在“全球最大 225 家承包商”中排名第 15 位，在列入此排名的中国公司中居第 6 位；在“全球最大 225 家国际工程承包商”中排名第 24 位，在列入此排名的中国内地企业中排名第 3 位。

水电建设集团与水电顾问集团共同发起创立了中国水利水电建设股份有限公司，并于 2009 年 11 月 27 日成功召开了股份公司创立大会，2010 年 1 月 29 日国务院国有企业监事会主席高怀忠与水电建设集团总经理、股份公司董事长、党委书记范集湘共同为中国水利水电建设股份有限公司揭牌。股份公司的创立为水电建设集团科学可持续发展打造了新的平台。

自 20 世纪 50 年代以来，水电建设集团承担了国内 70％以上的大中型水利水电工程建设任务，参建了长江三峡等上百座世界瞩目的大型水电站，总装机容量突破 1.3 亿 kW，约占全国水电装机总容量的 70％，为中国常规水电装机容量、水电在建规模跃居世界第一作出了突出贡献。

水电建设集团主营业务为：建筑工程；相关工程技术研究、勘察、设计、服务与专用设备制造；水电投资建设与经营；房地产开发经营。具备年完成土石方开挖 50 000 万 m^3、混凝土浇筑 5000 万 m^3、水轮发电机组安装 3000 万 kW、水工金属结构制作安装 80 万 t 以上的综合施工能力。

水电建设集团认真贯彻落实中央“走出去”的发展战略，优先发展国际业务，规模由小到大，国别由少到多，模式由低到高，逐步实现了从“量”到“质”的跨越。截至 2011 年底，水电建设集团（水电股份公司）在57个国家设有78个驻外机构，在61个国家有311个海外在建项目，合同总额达263.43亿美元。经营范围涉及水电站、水利设施、机场、城市基础设施建设、大型场馆、高速公路及矿业开发等领域。在全球拥有约50%的水电建筑市场份额，“中国水电”已成为国际上水利水电建设的第一品牌和行业代表。

水电建设集团积极稳健地开展投融资业务，投资建设了水电、煤电、风电等一批优质能源项目、BOT高速公路项目，并积极进行房地产开发。投资80亿元承建的天津武清BT项目创造了水电建设集团资本实力和承包能力、投资能力和施工能力有机结合的“武清模式”。

水电建设集团建筑总承包业务已形成国内水电、国内非水电、国际业务“三足鼎立”的格局，由过去单一的水利水电施工企业初步发展成为集工程承包、水电、风电能源投资开发、国际经营及房地产开发协调发展的综合性大型跨国企业集团。由于经营业绩突出，水电建设集团2007年获得了国资委授予的“绩效进步特别奖”荣誉称号，2010年获得国资委授予的“管理进步特别奖”荣誉称号。

2. 水电顾问集团

水电顾问集团一直从事河流水电水利规划、抽水蓄能水电站选点规划、风电和太阳能发电规划，水电、抽水蓄能水电站、风电和太阳能发电项目的勘测、设计、科研、施工监理，完成和正在开展着金沙江、黄河、大渡河、雅砻江、澜沧江、怒江、乌江、红水河、雅鲁藏布江等大型河流和一大批中型河流的水电开发规划，完成和正在开展着中国所独有的千万千瓦级、百万千瓦级风电规划，完成和正在开展着中国80%以上的大中型水电站、抽水蓄能水电站及电航工程、50%以上的风电项目的勘测设计和环境影响评价、环境保护设计、移民安置规划等，完成和正在开展着包括三峡在内的一大批水电水利工程的施工监理；组织完成了一大批推进中国水电、风电等技术发展的重点科技攻关；水电顾问集团还是中国水电和风电技术标准和规程规范的主要编制（修订）单位，拥有了国内领先、国际一流的水电风电技术优势。截至2011年底，共获得国家科技进步一等奖5项、二等奖29项、三等奖20项，国家设计金奖15项、银奖20项、铜奖18项，国家勘察金奖14项、银奖9项、铜奖7项，省部级科技进步一等奖61项、二等奖138项、三等奖231项，制（修）订水电和风电技术标准和规程规范260余部。

受国家发展改革委、国家能源局等有关部门的委托，水电顾问集团一直负责中国大中型水电和风电及太阳能发电项目的前期工作管理、规划设计报告审查、工程安全鉴定、工程建设验收，还承担着一些重大水利项目的评估。

近10年来，水电顾问集团在进一步做强做大传统优势业务的同时，以拥有的技术优势已进入了工民建、市政、环境工程、交通、水务、石油等行业的规划、勘测、设计领域，还成功开展了水电站、风电场投资，污水处理厂的BOT，水电站、风电场、工民建、桥梁等的工程总承包（EPC），均取得了较好的业绩。此外，不断加强国际化发展，取得了较好的进展，业务已分布亚洲、非洲、南美洲等20多个国家。

水电顾问集团现有员工13 400人，中级及以上职称的工程技术人员8300余人。

在2010年美国《工程新闻纪录》全球150强设计企业（国际、国内业务）排名中，水电顾问集团排名第21位，2011年，排名第19位。在国际200强设计企业（国际业务）排名中，水电顾问集团排名92位；在历年的中国《建筑时报》“中国承包商和工程设计企业双60强”评比中，一直位列前2名以内，2011年，水电顾问集团排名第1位。

2011年，中国电建克服复杂经济形势带来的困难和挑战，生产经营继续保持平稳较快增长。主要经济指标完成情况见表1。

表1　　主要经济指标完成情况

项　　目	2010年	2011年
资产总额（亿元）	—	2434
营业收入（亿元）	—	1825.14
利润总额（亿元）	—	58.73
新签合同（亿元）	—	1854.77
合同存量（亿元）	—	3655.12
所有者权益（亿元）	—	455.30
技术开发投入（亿元）	—	31.69
全员劳动生产率（万元/人年）	—	84.07
净资产收益率（%）	—	8.12
国有资本保值增值率（%）	—	108.52

（孙德安　许锡林）

中国能源建设集团有限公司

【公司概况】 中国能源建设集团有限公司（简称中国能建）是经国务院批准，于 2011 年 9 月 29 日在北京正式挂牌成立，由中国葛洲坝集团公司、中国电力工程顾问集团公司和国家电网公司、中国南方电网有限责任公司所属 15 个省（市、区）的勘测设计企业、电力施工企业和修造企业重组而成，由国务院国有资产监督管理委员会履行出资人职责的国有独资公司。注册资本金 260 亿元。

中国能建是国内领先、国际先进的特大型能源建设企业，拥有集项目总承包、工程管理、规划、勘测、设计、施工、修造、投资运营于一体的完整业务链。主要业务包括：境内外电力规划研究、勘测设计；境内外建筑施工总承包和专业承包；国际资本运作与境外项目投融资；房地产开发与经营；装备、设备制造与维修等。

中国能建组建后，面对错综复杂的国内外经济形势和改革重组双重压力考验，所属企业及广大员工齐心协力，奋勇拼搏，按计划完成了改革重组任务，生产经营继续保持良好发展势头，科技实力和品牌优势不断提升，产业结构进一步调整优化，管控体系初步建立，圆满实现了改革重组和生产经营“两不误、两促进”的目标。

【领导班子】 2011 年中国能建组织机构：

董事长、党委常委、战略咨询委员会主任：杨继学

党委书记、副董事长：汪建平

总经理、党委副书记、董事：丁焰章

党委常委、副总经理：张羡崇、赵　洁、聂　凯

党委副书记、纪委书记：户海印

党委常委：吴春利、唐红键

副总经理：向永忠、于　刚、周厚贵、兰春杰

【组织机构】 中国能建由中国葛洲坝集团公司、中国电力工程顾问集团公司以及 76 家省电力设计、施工、修造企业组成。总部设 15 个职能部门：办公厅（董事会办公室）、战略发展部、人力资源部、资产财务部、市场开发部、国际业务部（外事办公室）、生产管理部（安全质量环保部）、科技信息部、投资部、证券事务部、审计部、法律事务部、党建工作部（直属机关党委）、纪检监察部、工会工作部。设 3 个事业部：设计事业部、工程事业部、装备事业部。

中国能源建设集团有限公司共有 78 家二级子企业。

1. 中国葛洲坝集团公司

2. 中国电力工程顾问集团公司

3. 省电力设计企业（13 家）

黑龙江省电力勘察设计研究院
辽宁电力勘测设计院
天津电力设计院
山西省电力勘测设计院
江苏省电力设计院
浙江省电力设计院
安徽省电力设计院
湖南省电力勘测设计院
陕西省电力设计院
甘肃省电力设计院
新疆电力设计院
广东省电力设计研究院
云南省电力设计院

4. 省电力施工企业（30 家）

黑龙江省火电第一工程公司
黑龙江省火电第三工程公司
东北电业管理局第一工程公司
东北电业管理局第二工程公司
东北电业管理局第三工程公司
东北电业管理局第四工程公司
东北电业管理局烟塔工程公司
北京电力建设公司
天津电力建设公司
山西省电力公司电力建设一公司
山西省电力公司电力建设二公司
山西省电力公司电力建设三公司
山西省电力公司电力建设四公司
山西省电力公司电力建设总公司
江苏省电力建设第一工程公司
江苏省电力建设第三工程公司
浙江省火电建设公司

安徽电力建设第一工程公司
安徽电力建设第二工程公司
湖南省火电建设公司
陕西电力建设总公司
西北电力建设第一工程公司
西北电力建设第三工程公司
西北电力建设第四工程公司
甘肃火电工程公司
新疆电力建设公司
广东火电工程总公司
广东省电力第一工程局
广西水利电力建设集团有限公司
云南省火电建设公司

5. 省电力修造企业（33 家）

哈尔滨电力设备总厂
黑龙江省电力线路器材厂
沈阳电力机械总厂
鞍山铁塔制造总厂
葫芦岛电力设备厂
阜新电力修造厂
北京电力设备总厂
山西省电力公司电力环保设备总厂
山西省电力公司电建保温材料厂
山西省电力公司电力管道工程公司
南京线路器材厂
镇江华东电力设备制造厂
扬州电力设备修造厂
江苏电力装备有限公司
浙江省电力设备总厂
安徽电力修造厂
湖南省电力线路器材厂
西安电力机械厂
西安电力树脂厂
秦川电站仪表厂
宝鸡电力设备厂
西北电力建设器材总厂
陕西银河电力线路器材有限公司
宝鸡铁塔厂
新疆新能实业有限责任公司
广东省电力线路器材厂
广东电力设备厂
山西省电力公司电力设备厂
山西省电力公司电力开关厂
湖南省电力公司设备总厂
湖南省电力公司电瓷电器厂
兰州电力修造厂
甘肃电力变压器厂

【经营情况】 截至 2011 年末，中国能建资产总额 1429.45 亿元，同比[1]增长 14.78%，其中所有者权益 277.68 亿元，同比增长 3%。完成签约 1695 亿元，同比增长 19.53%；实现营业收入 1222.09 亿元，同比增长 13.88%；利润总额、净利润分别为 25.52 亿元、16.01 亿元，其中归属于母公司所有者净利润 4.04 亿元。完成技术开发投入 4.68 亿元。全年利税总额 74.66 亿元，同比增长 136.94%。净资产收益率 5.85%，总资产报酬率 3.3%，国有资本保值增值率 101.16%。

【主要工作】 中国能建组建后，面对错综复杂的矛盾和重重困难，汇聚合力，超前谋划，加快节奏，按计划完成了改革重组任务。组建了精干高效的总部机关，实现有序运转，全面展开了各项工作；做好建章立制工作，出台了涉及管控模式、议事规则和薪酬分配、业绩考核等各项基础管理工作的规章制度 18 项；加强协商沟通，高效完成了资产划转移交协议的签订和清产核资工作；全面考核干部，成立 7 个工作组历时 2 个月，考核了所属企业 1000 余名干部，调整了近 30 家单位的主要领导；深入基层一线，全面进行调研，掌握了所属企业生产经营情况、存在的困难和问题，听取了意见和建议，为有针对性的出台各项政策措施，收集了大量第一手材料；召开工作研讨会，聚集智慧，凝聚合力，就公司 2012 年面临的形势、主要预期目标以及重点工作与措施达成了广泛共识，明晰了新一年的工作思路。

获得国家能源局批准，成立了国家电力规划研究中心。完成了《国家能源科技“十二五”规划》编制、《电力工业“十二五”发展规划》修编，开展了热电联产规划、南方电网中长期目标网架规划、基于节能调度的电价定价机制等研究工作。成功攻克了青藏直流联网工程沿线海拔最高、施工冻土区最长的“两个世界之最”技术难关；承担了国家能源局技术创新联盟项目——700℃超超临界燃煤发电技术研究，完成了总体方案编制工作；承担了中美清洁能源联合研究中心清洁先进煤炭技术联盟项目“IGCC 系统的模块化设计”和“燃烧前/后脱碳设计平台”课题研究，进展顺利。

【重点工程】 中国能建注重加强两级总部对承包工程项目履约过程的监控，项目履约情况总体良好。成功攻克了世界级难题向家坝工程坝基防渗墙施工，并创造了年浇筑 282 万 m^3 混凝土的世界纪录；承建的

[1] 与各组成单位 2010 年同期总和相比，下同。

东非最大EPC项目埃塞俄比亚FAN水电站工程顺利投产发电；承建的中国援非最大工程马里巴马科第三大桥提前8个月实现通车目标；承建的胡锦涛主席访问越南时签署的重要能源合作项目越南—广宁热电2×30万kW工程（一期）整体移交；承担安装的中国首台70万kW蒸发冷却机组三峡地下电站28号机组比合同工期提前119天完成安装与调试施工；承建的中国首个低风速风力发电项目国电龙源安徽滁州龙头港、龙卧寺、东寺港、宝山风电工程竣工；承建的中国首台超临界空冷供热机组呼和浩特热电厂扩建2×350MW供热机组工程4号机组竣工；承建的安徽省首台高参数、大容量、低能耗、环保型百万千瓦超临界火电机组皖能铜陵发电厂六期5号机组BOP工程竣工；承建的安徽淮南矿业集团顾桥电厂（2×330MW）CFB机组2号机组竣工，创造了全国同等级循环流化床锅炉机组建设最短工期纪录。在规模及施工技术难度堪称世界之最的三峡垂直升船机工程、世界最高的混凝土双曲拱坝锦屏一级水电站大坝工程、世界首台最大容量工程四川白马600MW超临界循环流化床工程、中国目前承建的最大的境外水电工程巴基斯坦尼鲁姆·杰鲁姆水电站等一系列具有世界级难度的工程建设中，充分彰显了核心竞争力，发挥了央企的主力军作用。

【国际交流与合作】 中国能建坚定不移实施“走出去”战略，做大做强国际板块。全年国际业务签约497.1亿元，同比增长43.8%；营业收入超过150亿元，同比增长38.4%。所属单位设有82个境外机构，正在执行或已签约的国际项目共有546个，合同总额1443.2亿元，分布在亚非欧等40多个国家和地区。

国际经营业务不断拓展，进一步提升了中国能建的知名度和影响力。所属中国葛洲坝集团公司在全球最大225家国际承包商排名中名列第71位；在2011年中国企业500强排名比2010年提升14位，位列第226位，并首次荣列“中国建筑企业竞争力百强”第一名。所属中国电力工程顾问集团公司名列2011年度美国工程新闻纪录（ENR）“全球150强设计商”第47位、“国际200强设计商”第96位；在“中国承包商、工程设计企业双60强”评比中，荣列“总承包营业收入”第2位和“工程设计企业60强”第3位。

【科技发展】 中国能建大力提升科技管理创新能力，全年共获得国家级科技进步奖4项，其中“高压直流输电工程成套设计自主化技术开发与工程实践”项目获得国家科技进步一等奖，“大型火电机组空冷系统优化设计与运行关键技术及应用”、“百万千瓦超超临界机组系统优化与节能减排关键技术”、“基于异构信息融合的非线性动态系统估计技术及应用”三个项目获得国家科技进步二等奖。获得省部级科技奖励56项。专利申请受理795项，获得专利授权634项，其中发明专利58项。所属中国葛洲坝集团股份有限公司在国家科技部、国务院国资委和中华全国总工会联合公布的154家创新型企业中位列第10名，正式进入国家级创新型企业行列。

在信息化建设上，抓好国家电力资源数据库及电力咨询评审平台建设。有效整合电力资源数据，结合电力咨询评审平台，实现信息与业务的有效融合，创新工作手段，为国家电力规划研究和咨询提供有效支撑，提高规划咨询的科学性、权威性和可持续性。

【党建工作】 中国能建组建后，各级党组织围绕创先争优及建党90周年主旋律，扎实推进党建与思想政治工作。加强宣传和舆论引导，为改革重组顺利推进提供了思想保证；制定工作制度，建立健全相关台账和档案，确保了重组后基层党组织建设和党员日常管理工作的有序衔接；高度重视企业文化建设，大力倡导“集而成团”、“一家人一家亲”理念，发布企业标志，加大中国能建品牌对外推介力度；加强对群团工作的指导，健全完善劳动关系协调机制、困难帮扶机制、民主管理机制、劳动争议与调处机制等，坚持以党建带团建，发挥共青团组织的助手和生力军作用。

围绕生产经营中心，以惩防体系建设为主线，扎实推进反腐倡廉工作，强化了监督检查和效能监察。认真开展自查自纠，重大决策部署得到贯彻落实；积极落实党风廉政建设责任制，惩防体系建设不断加强；大力开展廉洁文化建设，领导人员廉洁从业意识进一步增强；效能监察工作有效开展，企业内部管理能力逐步提高。

【履行社会责任】 中国能建积极履行央企的社会责任，积极参与各类社会公益活动，按照中央部署，坚持开展援疆、援藏工作，提升了企业社会形象。2011年，所属中国葛洲坝集团公司承担起国务院国资委利比亚撤离行动西部片区负责单位的重任，协助11家中资企业共计12 000多人安全撤离，充分彰显了“大爱无疆，勇担国际社会责任”的中国公司良好形象，荣获“2011年中央企业优秀社会责任实践”荣誉。所属中国电力工程顾问集团公司援建的青海玉树灾后重建燃油发电工程半年内顺利投产，为玉树灾后重建提供了坚强的电力保障，赢得了广泛赞誉。

（张　猛）

中国电建所属水利水电建设集团公司

【企业概况】 中国电建所属水利水电建设集团公司（简称中国水电集团）是中央管理的，跨国经营的综合性大型企业，是中国规模最大、科技水平领先、最具实力、行业品牌影响力最强的水利水电建设企业，是中国电力建设集团有限公司重要的子企业。具有国家施工总承包特级企业资质、对外工程承包经营权、进出口贸易权、AAA级信用等级。其前身为20世纪50年代初成立的燃料工业部水力发电建设总局，后在国家部委机构调整中，经过几次合并与拆分，名称和隶属关系有所变化，先后由水利电力部、能源部、电力工业部、国家电力公司归口管理。2002年12月，在国家电力体制改革中经国务院批准正式改组为中国水利水电建设集团公司，成为由国务院国有资产监督管理委员会监管的中央企业。根据国务院国资委2011年9月29日通知，经国务院批准，中国水利水电建设集团公司、中国水电工程顾问集团公司与国家电网公司、中国南方电网有限责任公司所属14个省（区、市）58个勘测设计企业、施工企业、修造企业重组，组建中国电力建设集团有限公司。中国电力建设集团有限公司由国务院国有资产监督管理委员会代表国务院履行出资人职责。中国水利水电建设集团公司成为中国电力建设集团有限公司的全资子公司，不再列入国务院国有资产监督管理委员会履行出资人职责的企业名单。

中国水利水电建设集团公司注册资本金40亿元，截至2011年底，集团公司总资产达1632.15亿元，在中国各大区域设有19个全资子公司，8个控股公司，1个参股公司，在世界58个国家和地区设有79个驻外机构。在职员工近13万人。

2009年11月27日，中国水电集团整体改制与中国水电工程顾问集团公司在北京共同发起创立了中国水利水电建设股份有限公司。2011年10月18日，中国水利水电建设股份有限公司中国水电（股票代码601669）首次公开发行A股成功上市，在社会上产生了广泛影响。

【集团(股份)公司领导班子】

集团公司领导班子

集团公司总经理、党委副书记：范集湘（法定代表人）

集团公司党委常委：袁柏松、孙洪水、王彤宙、李跃平、黄保东

集团公司党委副书记、纪委书记：陈永录

集团公司党委常委、总会计师：孙　璀

股份公司领导班子

股份公司董事长、党委书记：范集湘（法定代表人）

股份公司副总经理、党委常委：袁柏松、孙洪水、王彤宙、李跃平、黄保东

股份公司党委副书记、纪委书记、监事会主席：陈永录

股份公司党委常委、总会计师：孙　璀

【集团(股份)公司组织机构】

1. 集团公司组织机构

集团公司主要成员企业见中国水利水电建设集团公司组织机构图。

2. 股份公司组织机构

股份公司组织机构见中国水利水电建设股份有限公司组织机构图。

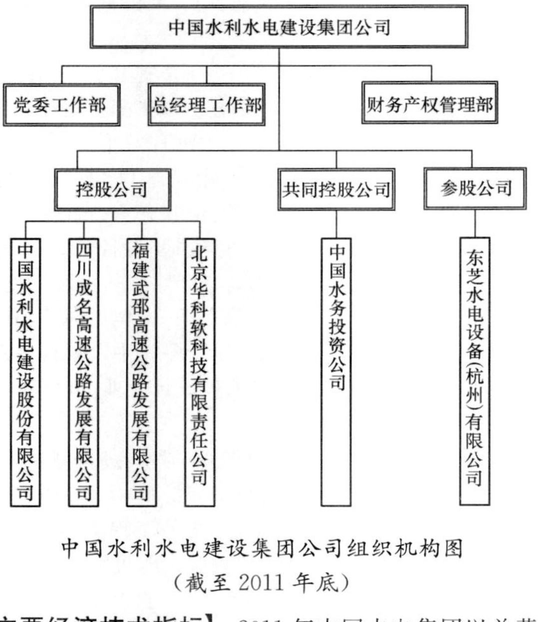

中国水利水电建设集团公司组织机构图
（截至2011年底）

【主要经济技术指标】 2011年中国水电集团以总营

业收入在美国工程新闻纪录（ENR）评选的全球最大225家工程承包商中排名第15位，较2010年度排名前进11位，在全部上榜的39家中国企业中排名第6位；以海外营业收入位列美国工程新闻纪录（ENR）评选的全球最大225家国际工程承包商中排名第24位，提高17位，在全部上榜51家中国企业中排名第3位。

1. 总体经营实现持续增长，经营成效显著

2011年，中国水电集团营业收入1134.71亿元，同比增长11.80%。其中：国内水电建筑业务收入487.23亿元，占总收入的42.94%，同比增长24.58%；国际业务收入288.49亿元，占总收入的25.42%，同比增长10.58%；基础设施建设业务收入240.45亿元，占总收入的21.19%，同比降低14.02%；房地产业务收入30.08亿元，占总收入的2.65%，同比增长25.17%；电力投资与运营收入40.46亿元，占总收入的3.57%，同比增长77.82%。在国外业务收入中，水利水电建设业务收入119.69亿元，占总收入的10.55%，同比增长11.59%；基础设施建设收入128.87亿元，占总收入的11.36%，同比增长5.64%；其他电力建设收入37.52亿元，占总收入的3.31%，同比增长20.93%。

利润总额49.87亿元，同比增长23.62%。营业收入利润率4.39%；成本费用利润率4.61%；净资产收益率（不包含少数股东权益）19.02%；国有资产保值增值率121.53%。全员劳动生产率86.51万元/（人·年），同比增长12.1%，在岗员工人均工资59 091元/年，同比增长22.4 %。

新签合同1278.5亿元，同比减少4.8%。其中：国内水电建筑业务412.3亿元，占新签合同的32.3%，同比减少15.6 %。国内非水电建筑业务268.7亿元，占新签合同的21%，同比减少11.7%。国际业务597.5亿元，占新签合同的46.7 %，同比增长8.5%。

合同存量为2424.8亿元，同比增长13.48%。其中：国内水电建筑业务合同存量848.9亿元，占合同存量的35%；国内非水电建筑业务合同存量332.7亿元，占合同存量的13.7%；国际业务合同存量1243.2亿元，占合同存量的51.3%，同比增长27.1%。

2. 市场结构、业务结构、产业结构进一步调整，经营质量进一步提高

水电建筑核心主业地位得到巩固。实现了营业收入和利润的稳步增长。中标了白鹤滩、猴子岩等一批重大水电项目，溪洛渡、锦屏一二级、长河坝等水电项目施工进展顺利，南水北调穿黄隧道主体工程如期完工，完成机组安装75台共438万kW，向家坝水电站世界首台80万kW机组成功安装。公司在水电建筑行业的排头兵地位进一步巩固。

国际业务优先发展战略继续推进。在全球经济形势低迷的大环境下，中国水电集团的国际业务保持了持续发展态势。经营质量效益同比进一步提高，实现利润33.77亿元，同比增长79.6%，利润率11.8%，同比上升4.5%。新开辟了毛里求斯、乍得、莱索托、南苏丹、哥斯达黎加、洪都拉斯6个国别市场，形成了东南亚、北非、东非、中东等区域化的相对稳定市场和安哥拉、卡塔尔、苏丹和印尼等项目群国别市场。目前，股份公司在61个国家有311个海外在建项目，合同总额263.43亿美元。国际业务基本形成了以水电为核心的“大土木、大建筑”格局，业务拓展到火电、机场、路桥、市政、房建、疏浚吹填与港航、矿业等领域。

非水电建筑业务发展战略继续推进。中国水电集团积极调整工作思路和工作重点，大力推动子公司大力开拓城市轨道交通、基础设施、公路等非水电建筑市场。公路市场新签承包合同额81.39亿元。中标了新疆阿喀高速公路、唐津高速公路、西安地铁四号线等项目。总体来看，虽然非水电建筑市场营销额同比有所减少，但经营质量有所提高。

投资业务继续稳步推进。中国水电集团年内完成投资额181.07亿元，其中电力占36.67%、房地产约占34.47 %、基础设施约占9.55%。全年实现投资收入约77.38亿元，同比增长近40%。实现利润约8.73亿元，同比增长约8.37%，在总收入和总利润的占比进一步提高。

3. 科技创新持续推进，科技成果丰硕

2011年中国水电集团取得了一批具有国际领先和先进水平的科研成果，特别是高速铁路的系列技术成果；全年新获得专利授权103项，其中发明专利17项，国家工法12项，省部级工法84项；获得国家科技进步二等奖1项，水力发电科技奖一等奖2项，中国电力科技二等奖2项，国家能源科技一等奖2项。

4. 企业管理进一步强化，经营活动和企业风险总体受控战略管理和经营管控继续推进

中国水电集团在认真总结“十一五”规划工作及其完成情况的基础上，根据宏观经济形势和外部环境变化，修订了股份公司“十二五”规划及三年（2010～2012）滚动规划。如年初利比亚局势持续动荡后，中国水利水电建设股份有限公司上下反应迅速，及时启动风险防控预案，及时从利比亚安全撤离转移公司员工3757人、其他中国公司员工2100人、第三国劳务851人，受到了党中央、国务院、国资委、外交部及驻利使馆的充分肯定。

【国际经营情况】

1. 概况

中国水利水电建设股份有限公司（Sinohydro Group Ltd.）是中央管理的中国水利水电建设集团公司整体改制并控股创立的股份公司。2011年是公司发展历史上极不平凡的一年。一年来，公司以科学发展观为指导，积极应对错综复杂的国内外经济形势，克服利比亚局势动荡等重大不利事件的影响，承担参与重组、实现整体上市等繁重任务，生产经营保持平稳较快增长，各项工作取得显著成效。

国际业务营业收入比2010年同期增长10.58%，实现利润34.55亿元，同比增长79.64%，占股份公司利润总额的69.80%，利润率为11.87%，；新签约国际项目合同额约600亿元，新签约合同额占股份公司新签约合同总额的45.7%。

（1）业务领域不断扩大，转型升级取得新进展。至2011年底，中国水利水电建设股份有限公司在海外62个国家拥有合同额为291.57亿美元的311个在建项目，2011年新开辟了乍得、莱索托、土耳其、巴西、哥斯达黎加和洪都拉斯等6个国别市场。营销网络更加宽广，目前在58个国家和地区设有79个驻外机构，形成了以亚洲、非洲为主，东欧、大洋洲、美洲、欧洲广泛布局的国际大市场格局。国际业务继续多元化发展，已拓展到火电、机场、路桥、市政基础设施、高铁、矿山、矿业、房建、疏浚吹填与港航、咨询服务、建材领域，以水电建设为核心的“大土木、大建筑”格局得到稳固并良性发展。其中，水电项目合同存量占合同存量总额的43.03%，非水电项目占56.97%。海外投资业务持续稳步推进，产业结构不断优化。柬埔寨甘再水电站正式投产发电，老挝水泥厂2011年销售收入同比增加15%，利润同比增加21%。老挝南俄5水电站项目稳步推进，计划2012年发电；南乌江项目签订了特许经营框架协议，可行性研究报告已获得老挝政府批复；莫桑比克水泥厂项目完成了中国境内投资审批以及当地征地审批手续，通过了环境影响评估，获取了施工许可证；刚果（金）铜钴矿项目进入了实质性开发阶段，获得发改委、商务部核准批复，取得了企业境外投资证书。

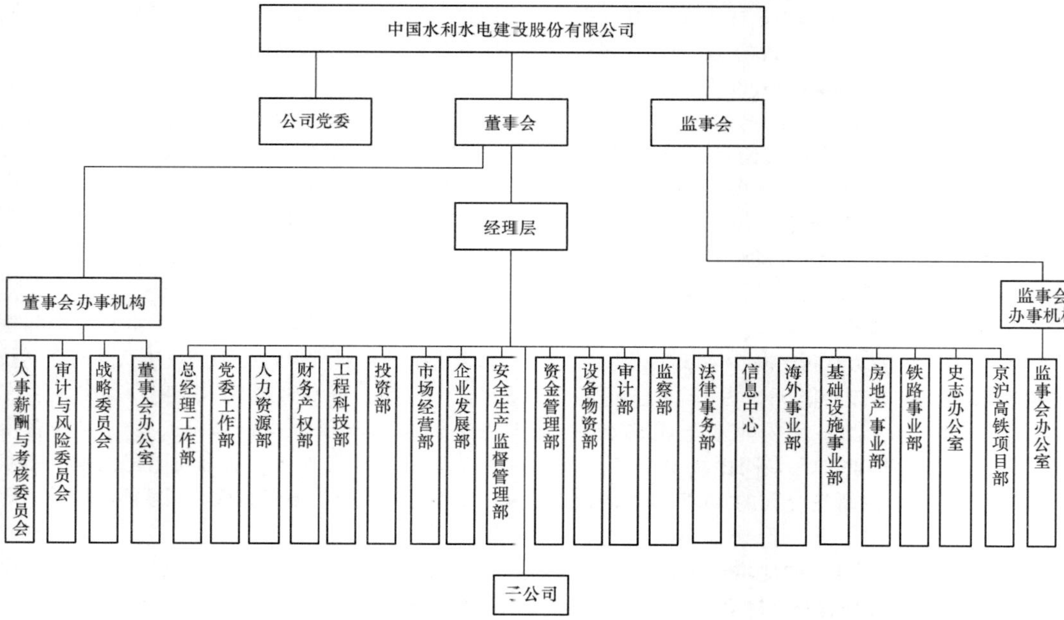

中国水利水电建设股份有限公司组织机构图（截至2011年底）

（2）风险防控不断加强，国际业务运行稳健。2011年，中国水电建设股份有限公司注重对市场营销和项目履约阶段的风险管控。严格执行项目投标过程中的评审管理制度，从源头上规避风险。初步构建了全面风险管理及内部控制框架体系，梳理了141项业务流程，完善了82项规章制度，评估了10项重大风险，组织了风险管理与控制知识竞赛，开展了流程绘制软件培训等，促进了市场营销与项目管理的日趋规范。重点关注缅甸耶瓦、越南松邦4水电站、厄瓜多尔CCS水电站等项目实施，指导项目化解风险。密切关注利比亚局势发展，积极采取有效措施，最大程度减少损失。强化财务资金管控，严格实施境外资金集中管控、境外在建项目集中实时监管、外汇风险管理集中管控以及融资保函担保集中管控，确保财务资金安全运行。

（3）内部建设显著增强，管理水平整体提升。一是组织机构方面，撤销了原工程一、二、三部，成立了业务一、二、三和四部，调整原安哥拉、卡塔尔、利比亚3个区域总部市场范围，以相对稳定的人员集中开发相对固定市场，通过组织调整，引导部门定向拓展市场，提高了市场营销效率。二是制度建设方面，系统梳理、修订、增补海外各项规章制度，形成了股份公司国际业务管理制度文件42项，国际公司管理制度文件103项；编制并推广《股份公司国际业务境外财务税收资料汇编》，实现了境外税务信息的资源共享。三是后勤保障工作方面，共签订采购合同3914份，合同总额51.356亿元；支付采购货款7000笔，折合36亿元；为国外项目办理粮食出口配额425吨；申请办理出口许可证152份，出口报关总金额4.45亿美元，出口退税申报3.27亿元，保障了国外项目的生活物资及设备物资供应。此外，采取有效措施，组织了利比亚项目群物资在特殊时期的保全工作。四是外事管理工作方面，办理出国团组4506个，办理出国手续13 484人次，办理签证约11 000人次；外派国家涉及111个；邀请外国人员来华132个团组；办理公证书2775份，办理领事认证和使馆认证共计3314份。此外，还参与了电建集团外事管理建章立制工作，起草并下发了58家划转企业外事管理规定。五是审计监察方面，不断建立和完善审计监察各项制度，着力抓好项目审计和效能监察工作，对安哥拉马兰热项目进行了竣工决算审计，对厄瓜多尔CCS项目、赤道几内亚吉布洛等项目进行了综合效能监察。

2011年，中国水电建设股份公司名列全球最大225家国际承包商第24位，比2010年提升17位；在商务部对外承包工程前50强企业排名中，以国际新签合同额排名第二、以国际营业额排名第三。承建的印尼亚齐火电站项目荣获印尼国家电力公司“优秀工程履约奖”，马来西亚巴贡水电站荣获中国首个海外工程“国家优质工程金质奖”，苏丹麦洛维水电站、安哥拉卢班戈体育场、埃塞俄比亚泰克泽水电站三项工程荣获“中国建设工程鲁班奖”。

2. 海外主要电力工程承包项目进展情况

（1）马来西亚巴贡水电站项目。巴贡水电站是马来西亚迄今规模最大的水电项目，项目合同额约4.7亿美元，水库设计容量高达440亿m^3，设计总装机容量240万kW。项目于2002年10月开工，至2010年底，项目主体工程已完成约99.5%，下闸蓄水已于2010年10月开始。2011年7月起首台发电机组开始商业运行，向砂捞越州电网输送电力。2011年获2010～2011年度海外工程国家优质工程金质奖。

（2）加纳布维水电站项目。布维水电站是加纳共和国的第二大水电站，合同额约6亿美元，设计装机容量40万kW。2007年8月24日，加纳布维水电站举行开工仪式。2008年12月2日，集团公司承建加纳布维水电站提前合同工期一年实现截流。2009年12月18日，加纳布维水电站大坝首仓碾压混凝土开盘浇筑，正式进入混凝土“大浇筑”施工阶段。2011年6月，加纳布维水电站成功下闸蓄水。

（3）厄瓜多尔科卡科多辛克雷EPC项目。科卡科多辛克雷水电站项目，合同额约20亿美元，总装机容量150万kW，年发电88亿kWh，是厄瓜多尔历史上外资投入额最大，规模最大的水电站项目，同时也是目前中国对外承建的投资最大的水电站工程。2009年10月5日，中国水利水电建设集团公司与科卡科多-辛克雷公司在厄瓜多尔总统府正式签署科卡科多-辛克雷水电站EPC总承包合同。2009年11月16日，中国水电集团按照合同要求，分别提交了合同价格10%的履约保函，以及合同价格15%的预付款保函。并于2009年12月底，完成了EPC合同下的设计分包商招标。由中国黄河勘测规划设计有限公司和意大利吉奥达塔（GEODATA）组成设计联营体开始前期基本设计工作。2010年7月28日，项目正式开工。至2011年底，工程完成总量的约12%。

（4）委内瑞拉紧急火电站项目。2010年3月25日，股份公司与业主委内瑞拉石油公司（PDVSA）就紧急电站项目一期工程签订EPC总承包合同。委内瑞拉紧急电站项目第一期工程合同总造价为13.5亿美元，工期为9个月。一期工程共建两个电厂：一是位于马拉凯市的“卡布雷拉电厂”，装机容量20万kW，总造价为3.15亿美元；另一个位于卡贝略港附近的“新中心电厂”，装机容量77.2万kW，总造价为10.38亿美元。至2011年底，工程完成总量的约76%。

3. 海外主要电力投资项目进展情况

（1）柬埔寨甘再水电站BOT项目。由中国水电集团投资建设的柬埔寨甘再水电站是中国在国外第一个使用项目融资方式开展的BOT水电工程。甘再水电站项目总投资2.805亿美元，总装机容量19.32万kW，建设期4年，特许经营期40年。2007年8月主体工程开始施工，2009年12月7日，甘再水电站项目首台机组投产发电。2011年12月7日，柬埔寨甘再水电站BOT项目竣工，并投入运营。

（2）老挝南俄5水电站BOT项目。老挝南俄5水电站项目由中国水电集团与老挝国家电力公司组成南俄5发电有限公司共同进行开发，其中集团国际公司持股85%，老挝国家电力公司持股15%。南俄5水电站项目总投资1.99亿美元，总装机容量12万kW，年发电量5.07亿kWh，建设期4年，特许经营期25年。2010年12月24日，南俄5项目融资工作正式结束。

2008年10月1日，主体工程正式开工。2009年

10月16日，南俄5水电站提前1个月圆满完成大坝截流。截至2011年底，大坝已浇筑至EL.1087～EL.1091高程，压力管道全线开挖贯通，累计压力钢管安装完成1131.6m，完成92.16%，混凝土回填1017.98m，完成82.9%。完成总工程量的79.20%，2011年12月份下闸蓄水。

（3）尼泊尔上马相迪水电站BOT项目。尼泊尔上马相迪BOT水电站工程坐落于尼泊尔西部马相迪河上，项目所在地距首都加德满都180km，距离下游中马相迪水电站约30km。水电站采用混凝土闸坝，总装机容量2×25MW，年平均发电量达3.31亿kWh。该项目为目前尼泊尔最大的外资能源投资项目，尼泊尔最大的外资能源投资项目，也是中国企业在尼泊尔投资最大的项目，水电站特许经营期35年（含施工期4年），总投资额约1.659亿美元。2010年3月11日，尼泊尔上马相迪项目公司在尼泊尔正式注册成立。2010年12月29日下午，中国水电建设股份公司与尼泊尔国家电力局在尼泊尔首都加德满都正式签署《购电协议》。根据协议，中国水电国际公司控股，占有项目90%的股份，尼泊尔当地合作伙伴萨格玛萨电力公司参股10%，全部电量将售给尼泊尔国家电力局。2011年3月10日签订项目补勘补测实物工程施工合同，于2011年7月20日正式完工。

【主要事件】

1月11日，中共中央政治局委员、国务院副总理回良玉率领中国政府代表团访问刚果民主共和国期间，专程视察了中国水电股份公司承建的刚果（金）金沙萨中心医院项目工地，并听取了中国水电在刚果（金）业务及发展情况的汇报。

1月21日上午，中国水电建设集团铁路事业部/铁路建设有限公司在京举行揭牌仪式，国务院国有企业监事会主席李志群出席仪式并与中国水电建设集团公司总经理、股份公司董事长、党委书记范集湘共同为公司揭牌。

1月21～22日，中国水利水电建设股份有限公司2011年工作会议暨一届二次职工代表大会在京隆重召开。国务院国有企业监事会主席李志群出席会议并作重要讲话。

1月22日，中国水利水电建设股份有限公司2011年安全生产工作会议于在北京召开。

2月25日，集团公司驻利比亚首批7名女员工乘坐中国政府第一架撤侨包机安全抵达首都机场，至北京时间3月5日13时40分，最后一批200名中国水电员工从第三国——苏丹首都喀土穆踏上埃塞俄比亚国家航空公司航班，安全抵达北京，至此，中国水电3757名在利比亚中方员工全部顺利回到祖国。同时，集团负责撤离的其他中国公司2100人、第三国劳务851人也平安归国，中国水电集团的撤离任务圆满完成。

3月30日，中国水利水电建设股份有限公司2011年总部工作会议在北京召开。中国水电集团总经理、股份公司董事长、党委书记范集湘出席会议并作重要讲话。股份公司副总经理袁柏松主持会议，股份公司副总经理孙洪水宣读《关于表彰2010年度公司总部先进集体、先进工作者的决定》。

4月1～2日，中国水利水电建设股份有限公司2011年经营管理工作会议在北京召开。

4月23日，中国水电集团甘肃能源投资有限公司在兰州挂牌成立。甘肃省委副书记、省长刘伟平，集团公司总经理、股份公司董事长、党委书记范集湘共同为甘肃能源投资有限公司揭牌。

4月28日，中华全国总工会在人民大会堂召开庆祝“五一”国际劳动节大会，表彰了全国“五一”劳动奖状、全国“五一”劳动奖章和全国工人先锋号等先进集体和先进个人。中国水电集团玉树重建现场指挥部、水电五局荣获全国“五一”劳动奖状，水电四局张宏、曹奇、李建峡，水电七局何福江，水电八局张志平荣获全国“五一”劳动奖章，水电十五局南水北调新卫三标项目部荣获“工人先锋号”荣誉称号。

5月6日，中共中央政治局常委、国务院副总理李克强在福建省委书记孙春兰、代省长苏树林的陪同下，专程前往建设中的海峡西岸经济区重点开发区域——平潭综合实验区考察，视察了中国水电在实验区承建的平潭竹屿水闸改造工程、金井湾组团吹沙造地工程、环岛路工程、三十六脚湖清淤扩容一期工程等在建基础设施项目。

5月7日上午，由中国水电承建、水电十四局有限公司负责具体施工和安装的刚果（布）英布鲁水电站竣工典礼隆重举行。刚果（布）总统萨苏夫妇；中国驻刚果（布）大使李树立、使馆经商处参赞蔡方财、水电十四局副局长俞祥荣、中国水电驻刚果（布）代表等参加了庆典仪式。

5月20～23日，中国水利水电建设股份有限公司2011年科技工作会暨科学技术委员会第三次年会在江苏溧阳召开。中国机械工业联合会重大装备办公室高级顾问、中国工程院院士梁维燕，中国工程爆破协会理事长、中国工程院院士汪旭光，国际大坝委员会主席、中国水利水电科学研究院副院长贾金生等专家分别发言，会上表彰了股份公司2010年度科技进步先进企业和科技进步奖获奖项目。

5月28日，广东惠州抽水蓄能电站8号机组在经过相关动态调试后顺利投入试运行。至此，由水电十四局有限公司及水电八局有限公司等承担土建主体工程施工，由水电十四局有限公司担负机电安装施工的惠蓄水电站8台30万kW可逆式机组全部投产。

同日，由中国水利水电建设股份有限公司承建、水电十五局有限公司负责实施的柬埔寨西哈努克港科普奥斯跨海大桥胜利实现主跨全面合龙。

6月1～2日，国务院国资委副主任金阳在股份公司副总经理、国际公司董事长黄保东陪同下考察了股份公司承建的印尼佳迪格德大坝项目。

6月14日，铁道部党组书记、部长盛光祖实地检查集团承建的京沪高速铁路西渴马1号隧道，听取施工情况汇报并看望和慰问奋战在建设一线的集团干部员工。

6月30日15时，举世瞩目的京沪高速铁路首趟列车从北京南站发车，标志京沪高铁正式开通运营。中国水电集团25名员工作为工程建设主力军代表乘坐首发列车。中国水电京沪高铁三标项目部各参建单位员工分别在施工点迎接首发列车、庆祝京沪高铁开通运营。

7月29日，在中央企业、地方国资委负责人研讨班上，中国水电集团以2010年优秀经营业绩进入考核结果A级中央企业行列。这是继"十一五"期间，中国水电集团被国务院国资委授予"绩效进步特别奖"、"管理进步特别奖"后，集团获得的又一殊荣。

8月18日，中共中央政治局常委、中央政法委书记周永康和老挝国家副主席本扬·沃拉吉出席并见证了中国水电集团与老挝国家电力公司签订南乌江流域梯级水电站开发项目股东协议。中国水利水电建设股份有限公司总经理助理、国际公司总经理曾兴亮，老挝国家电力公司总经理康玛尼·因提拉分别代表双方在合同文件上签字。

同日，中共中央政治局委员、中央政法委副书记王乐泉在青海省委书记强卫、省长骆惠宁及省、州、县相关部门领导的陪同下，到中国水电集团承建的下西同城镇住宅项目工地检查指导工作。

8月21日，国务院国资委主任、党委书记王勇，青海省委书记、省人大常委会主任强卫等领导到中国水电集团四局有限公司调研考察。

8月22日上午，国务院国资委主任、党委书记王勇、副主任黄丹华看望慰问中国水电集团玉树援建干部职工。

8月26日，美国《新闻工程实录》(ENR)全球及国际225家工程承包商排行榜公布。中国水电集团以2010年度总营业收入荣膺ENR全球225强工程承包商第15位，较2010年排名前进11位，首次入围前20强，并在全部上榜39家中国企业中排名第6位；同时，中国水电集团以2010年度海外营业收入荣膺ENR国际225强工程承包商第24位，较2010年提高17位，进入前30强，并在全部上榜51家中国企业中排名第3位。

8月29日，全国政协副主席王志珍一行在肯尼亚内罗毕卡哈瓦学校出席中国水电举行的"中非友谊井"出水仪式，到中国水电承建的锡卡公路项目看望慰问员工。并欣然为在肯尼亚工作的中国水电员工题词："引水筑路、情系非洲"。

9月19日上午，来华访问的老挝国家主席朱马利·赛雅颂率领由副总理通伦·西苏里和宋沙瓦·凌沙瓦组成的老挝高层代表团到中国水电集团访问，中国水电集团总经理、中国水利水电建设股份有限公司董事长、党委书记范集湘会见了朱马利主席一行。

9月19日下午，中共中央总书记、国家主席胡锦涛，老挝人民革命党中央总书记、国家主席朱马利在北京人民大会堂共同出席了有关双边合作文件的签字仪式。在签字仪式上，中国水利水电建设股份有限公司总经理助理、国际公司总经理曾兴亮，老挝计划投资部部长颂迪·隆迪分别代表双方在老挝沙湾纳吉新国际机场项目EPC总承包协议上签字。

9月29日，中国电力建设集团有限公司在京正式挂牌成立。揭牌仪式暨电网分离单位划转移交大会在国资委举行，同时揭牌的还有中国能源建设集团有限公司。

9月29日下午，中国电建集团首次干部大会在京隆重召开，国务院国资委企干二局局长姜志刚出席会议宣读中国电建集团领导班子任职文件并讲话；国务院国资委改革局局长白英姿出席会议并讲话；中国电建集团董事长、党委副书记范集湘作重要讲话；中国电建集团党委书记、副董事长晏志勇主持会议；中国电建集团董事马宗林宣读中国电建集团1号文件。

姜志刚宣读的国务院国有资产监督管理委员会任命通知：中国电建集团经研究成立中国电建集团有限公司董事会，任命范集湘为中国电建集团董事长、法定代表人；晏志勇为中国电建集团副董事长；马宗林为中国电建集团董事，提名马宗林为中国电建集团总经理人选；王彤宙、王民浩、黄保东、袁柏松、姚强、李跃平、王首丽为中国电建集团副总经理人选；孙璀为中国电建集团总会计师人选；宣读的国务院国有资产监督管理委员会委员会任命通知内容为：晏志勇同志任中国电力建设集团有限公司党委书记；范集湘、陈永录同志任中国电建集团党委副书记；马宗林、王彤宙、王民浩、黄保东、孙洪水、王斌同志任中国电建集团党委常委；陈永录同志任中国电建集团纪委书记。

10月18日上午，中国水电（股票代码601669）

首次公开发行A股上市仪式在上海证券交易所举行。

11月7日，2010～2011年度中国建设工程鲁班奖（国家优质工程）颁奖大会在人民大会堂举行。中国水电4项国内工程，3项境外工程再获鲁班奖。

11月26日上午，中共中央政治局委员、北京市委书记刘淇和北京市市长郭金龙在市水务局等领导的陪同下来到中国水电二局承建的永定河园博湖和永定河园博园水源净化工程施工现场视察、指导工作。

12月20日，在全国精神文明建设工作表彰大会上，中央精神文明建设指导委员会作出决定，表彰第三批全国文明城市（区）、文明村镇、文明单位，中国水电集团总部榜上有名，成为1794个全国文明单位之一。

12月26日，柬埔寨王国首相洪森在中国驻柬埔寨大使潘广学和柬埔寨工矿能源部部长瑞赛等政府官员的陪同下到中国水电集团承建的沃代水电站工地视察。

（冯有维　王立鹏）

中国长江电力股份有限公司

【企业概况】 2011年长江三峡—葛洲坝流域来水量与历年同期相比特枯，且降雨时空分布极度不均，全年入库水量为3395.43亿m^3，在1878年以来的134年历史水文资料系列中排倒数第四位；年平均流量为10 800m^3/s，相应来水频率99.2%，较多年均流量值(14 300m^3/s)偏枯24.5%。

2011年中国长江电力股份有限公司（简称长江电力）运营管辖的三峡—葛洲坝梯级水电站总体运行平稳，电力生产实现了“双零”目标；水能利用提高率5.67%，水库调度和水资源综合运用效益显著；金沙江电力生产筹备工作扎实推进；圆满完成了三峡—葛洲坝梯级水电站电能消纳，全部收回历史陈欠电费；大力推动科技创新，持续优化公司管控，成本费用得到有效控制，完成了年度生产经营目标。

2011年度，长江电力运营管辖的三峡—葛洲坝梯级水电站全年全口径发电量（含三峡地下电站、电源电站和葛洲坝0号机组）为945.57亿kWh，较年度计划少发94.43亿kWh，比2010年少发60.53亿kWh。其中，三峡水电站全年发电量为782.93亿kWh，较年度计划少发97.07亿kWh，比2010年少发60.76亿kWh。具体为：三峡左、右岸水电站发电量731.75亿kWh，比2010年少发106.66亿kWh；三峡地下水电站全年发电量45.33亿kWh。葛洲坝水电站全年发电量为162.64亿kWh，较年度计划多发2.64亿kWh，比2010年多发0.23亿kWh。具体为：葛洲坝大、二江水电站发电量161.40亿kWh，比2010年多发0.28亿kWh；0号机发电量1.24亿kWh，比2010年少发0.049亿kWh。

长江电力2011年度实现营业收入207.62亿元，比2010年减少5.11%；利润总额101.36亿元，比2010年减少6.89%；营业利润84.18亿元，比2010年减少4.16%；净利润77.28亿元，比2010年减少6.05%；基本每股收益0.468 3元，同比减少6.06%。圆满完成了2011年电费回收任务，全年电费全部按期足额回收，并结清收回了所有历史陈欠电费。2011年度，长江电力资产总额达1582.12亿元，同比增加0.48%；净资产达680.70亿元，比2010年增加2.88%；经济增加值（EVA）38.35亿元。

安全生产实现“双零目标”。年底长江电力生产单位连续安全生产天数：三峡电厂1963天、葛洲坝电厂3201天，梯调通信中心3554天、检修厂1044天、三峡实业公司286天、水电工程公司147天。三峡电厂设备可用小时为8140.30h，利用小时达4026.51h、等效可用系数93.30%；葛洲坝电厂设备可用小时为8299.15h，利用小时达5944.91h，等效可用系数94.74%；设备运行状况良好，为安全生产奠定了基础。

节水增发成效显著。实现三峡—葛洲坝梯级水电站累计节水增发电量50.10亿kWh，水能利用提高率为5.67%，相当于为社会节省标准燃煤180.43万t，减少二氧化碳排放量472.73万t；生态及航运补水159.3亿m^3，抗旱补水54.7亿m^3；配合库区海事救助4次。其中：三峡水电站节水增发电量37.95亿kWh，水能利用提高率为5.17%，水量利用率达99.98%，达到历史最好水平；葛洲坝电站节水增发电量12.18亿kWh，水能利用提高率为8.11%。大大提高了梯级水电站的发电效益。

对外投资取得盈利。完成了对大冶股份的股权转让，实现投资收益2.59亿元；根据资本市场形势，加大对外财务性投资的管理力度。2011年，长江电力新增对外投资8.19亿元，处置收回投资16.68亿元，处置收益5.44亿元，可供出售金融资产账面浮盈32.61亿元。

2011年，长江电力共有3项国家及省部级科技进步奖项目、2项知识产权项目、55项行业及企业标准、12篇论文和著作获得三峡集团公司表彰，新获批准专利33项，获得了第三届全国电力职工技术成果一等奖一项，形成了洪水优化调度、动态汛限水位应用和70万kW机组经济运行曲线等一系列科研成果。

全面推进金沙江电力生产筹备工作。溪洛渡、向家坝电厂筹建处组织机构和班子配备到位，筹建单位共到位人员382人，其中向家坝211人，溪洛渡133人，梯调成都调控中心38人。

2011年，长江电力先后获得“中国企业文化建设影响力十强”、“中国品牌文化建设十佳”、“金蜜蜂2011优秀企业社会责任报告社区类专项奖”、全国“全民健身活动先进单位”等荣誉称号。第三次获得湖北省国家税务局、湖北省地方税务局联合颁发的“2008～2009年度纳税信用A级”荣誉称号，荣居“2011湖北百强企业”第16位。在第三届（2010年度）全国电力职工技术成果奖颁奖大会上分获一、二、三等奖，长江电力党委书记马振波同志被国务院国资委党委授予“中央企业优秀党务工作者”荣誉称号。

2011年6月，长江电力荣登《金融时报》全球500强企业排行榜第470位，是中国大陆唯一入选的电力上市公司；位列普氏能源全球成长最快能源企业50强第13位和电力企业10强第3位，得到了市场的认可和好评。

【安全生产】

1. 地下水电站4台机组投产并实现首稳百日

2011年内，长江三峡地下水电站先后有32、31、30及28号4台机组投产进行商业运行，使三峡水电站总装机容量达到2110万kW。

长江电力深入贯彻“建管结合、无缝交接”理念，全程参与联合开发、监理和项目管理等工作，对发电机蒸发冷却等新技术和设备的运行问题进行专项研究，扎实开展机组“首稳百日”活动，确保新投产发电设备健康稳定运行，实现了新机组“首稳百日”目标，并完成了并网安全性评价。

新投产的4台机组共产生调试电量和试运行电量24 749万kWh。其中调试电量4229万kWh，平均每台1057万kWh；72小时试运行电量20 520万kWh，平均每台5130万kWh。

2. 收购三峡地下水电站第一批投产发电资产

2011年8月29日，长江电力召开第三届董事会第九次会议，审议通过《关于三峡地下电站收购方案及第一批资产收购事宜的议案》和《关于提请股东大会授权董事会实施地下电站收购事项的议案》。同日，长江电力与三峡集团签署了附生效条件的关于地下水电站收购的总体框架协议及地下水电站第一批资产的收购协议。

2011年9月15日，长江电力召开2011年第一次临时股东大会，审议通过相关议案，同意收购地下水电站收购，并授权董事会负责实施。

2011年9月30日，长江电力与三峡集团签署地下水电站第一批资产交割确认书，确定2011年9月30日为三峡地下水电站第一批资产的资产交割日，并向中国长江三峡集团公司支付了第一批资产的首期价款，双方确认自资产交割日起，三峡地下水电站第一批资产由中国长江三峡集团公司交付给公司，长江电力开始享有三峡地下水电站第一批资产的相关权利、权益和利益，承担三峡地下水电站第一批资产的风险（三峡地下水电站第一批资产的建设风险除外）及其相关的一切责任和义务。

目前三峡地下水电站第一批资产收购已实施完毕。三峡地下水电站资产收购作为公司重大资产重组的后续工作，将消除长江电力与中国长江三峡集团公司的同业竞争、减少关联交易，提升三峡水电站整体运营质量和运营效率，符合长江电力发展战略，有利于长江电力的长远发展。

3. 第二次175m试验性蓄水到位

10月30日17时，三峡水库坝前水位达到175m，标志着三峡工程2011年175m试验性蓄水目标如期实现，这是继2010年首次实现175m蓄水目标后三峡工程第二次正常蓄水到位。

三峡水库2011年175m试验性蓄水是从9月10日零时正式启动的，起蓄水位为152.24m，低于2010年的160.2m。当时三峡水库入库流量约为14 300m^3/s，三峡枢纽按9290m^3/s左右控制下泄，每秒拦蓄来水约5000m^3。经过50天的蓄水进程，三峡工程如期顺利实现蓄水目标，累计蓄水位22.76m，累计蓄水量182.9亿m^3。三峡大坝上下游的水位落差已高达110m，新增库容近200亿m^3，总库容超过300亿m^3。

2011年长江汛期及汛期来水偏枯，长江下游出现严重旱情，为避免三峡工程蓄水期间对下泄流量的控制影响下游生产生活用水，长江电力严格执行国家防总下达的批复意见，统筹考虑防洪、发电、航运、中下游供水等要求，科学统筹方案，优化水库调度，充分发挥梯级枢纽的防洪抗旱、发电、航运、补水等效益。

蓄水期间，三峡枢纽主要建筑物运行正常，三峡船闸、电站机组各项指标安全稳定，库区未见因蓄水诱发的重大库岸滑坡险情和地震地质灾害。三峡入库泥沙大大低于往年，蓄水期间库区水质、泥沙等未见异常。

175m是三峡工程的正常运行水位，是三峡工程充分发挥全部功能和最大效益的重要标志。2011年是三峡工程175m试验性蓄水的第4年。此前，2010年10月三峡首次实现175m蓄水目标，2009年曾蓄至171.43m，2008年曾蓄至172.8m。

4. 葛洲坝水电站增容改造论证与实施

2011年5月根据三峡集团“原机组混凝土不动，新增机组与三峡相匹配”的原则，长江电力委托哈电、东电重新开发葛洲坝水电站机组增容改造的转轮模型。2011年8月1日，长江电力启动了葛洲坝水电站水轮机、发电机竞争性谈判工作。2011年10月委托北京中水科水电科技开发有限公司进行了水轮机同台对比试验。根据同台对比试验结果进一步优化转轮的水力设计。2011年11月正式与东电和哈电集团签订了葛洲坝电站机组增容改造设备采购合同。2011年12月，分别召开葛洲坝水电站东电、哈电机组增容发电机第一次设计联络会，就相关问题进行了讨论，并对优化后的转轮模型试验进行了见证。2011年12月12日，长江电力正式下达葛洲坝水电站更新改造增容滚动计划，葛洲坝水电站增容改造工作稳步推进。

【葛洲坝水利枢纽运行30周年】 2011年7月30日，被誉为“中国二十世纪水电丰碑”和“万里长江第一坝”的葛洲坝水利枢纽工程，迎来了运行30周年纪念日。1970年12月30日，毛泽东主席批示“赞成兴建此坝”，经党中央批准，葛洲坝工程开工兴建。1981年，葛洲坝工程喜事连连：1月4日，实现大江截流；5月23日，下闸蓄水；6月27日，2号船闸试航成功；7月30日，首台机组发电。

从1981年首台机组投产发电至今，30年来，葛洲坝水电站已经累计发电4174亿kWh，船闸累计通过旅客7368万多人次、货运量6.29亿t，发挥了发电、航运和三峡反调节水库等巨大的综合效益。

8月5日，中国长江三峡集团公司、中国水力发电工程学会在宜昌隆重举行“葛洲坝水利枢纽运行30周年纪念大会暨水电开发与经济社会可持续发展主题论坛”，全国200多名水利水电专家齐聚宜昌，探索未来中国水电事业发展的方向与前景。原全国人大常委会委员长、原国务院总理李鹏同志亲笔写下“葛洲坝长江首座坝，功不可没!”的题词，原全国政协副主席、原水利部部长钱正英同志也为葛洲坝水利枢纽工程安全运行30周年亲笔写下“放眼世界，争创一流!”的殷切期望。

葛洲坝为三峡工程兴建进行了实战准备，创造了100多项中国水电施工新纪录。在长江上首次截流成功，“静水通航、动水冲沙”解决泥沙淤积问题，科学布置“一体两翼”枢纽格局，大型船闸具有世界规模，自主研发的发电机组被誉为“世界卡普兰式水轮机的里程碑”，建成国内第一个超高压换流站，培育了大批水电人才……葛洲坝工程成为中国水电建设丰碑，开创了全国清洁能源发展新纪元。

【三峡工程入选“百年百项杰出土木工程”】 12月，由中国土木工程学会、北京詹天佑土木工程科学技术发展基金会在全国土木工程建设行业内组织开展的“百年百项杰出土木工程”推评活动揭晓，长江三峡水利枢纽、黄河小浪底水利枢纽等14项水利工程入选“百年百项杰出土木工程”。

三峡工程是中华民族的百年梦想，从构想、勘测、规划、论证、设计到施工，经过了几代人的不懈努力。三峡工程自1994年正式开工，左岸水电站14台机组提前一年投产发电，右岸电站12台机组也已全部投产发电，年通航运量达到建坝前的3倍，2006年5月底大坝全线达到设计高程185m，提前两年挡水发挥了防洪效益。2011年地下水电站4台机组投入运行。2010、2011年三峡水库两次蓄水达到175m高程。

【党建和精神文明建设】

1.《情系大江》领袖毛泽东铜像建成

2011年8月5日，《情系大江》毛泽东主席铜像揭幕仪式在湖北宜昌西坝广场举行。开国领袖毛泽东主席嫡孙毛新宇少将，中国三峡集团董事长、党组书记曹广晶，总经理陈飞，湖北省副省长、宜昌市委书记郭有明、水利部长江水利委员会主任蔡其华等领导为毛泽东主席铜像揭幕。

毛泽东铜质塑像高度5.3m；花岗岩基座高度2.5m。毛泽东塑像由湖北美术学院孙绍群教授创作，基座壁画由四川美术学院刘智勇教授创作。雕塑由长江电力公司策划，葛洲坝水力发电厂组织实施。

毛泽东铜质塑像屹立西坝广场后，已经成为宜昌人民的景仰之地和来宜人士的旅游景点。

2. 水企地共建扮靓西坝公园

2011年5月30日，宜昌市西坝公园正式建成。西坝岛地处宜昌城区西北部，葛洲坝工程居于岛的上部，宜昌市政府规划确定西坝岛的性质是以城市文化休闲娱乐、水电旅游观光发展为重点的美丽江心岛和综合型城市居住生活区。

12月3日，作为市政改造工程的葛洲坝上坝公路及辅助基础设施项目正式启动。长江电力支持宜昌市政府对葛洲坝上坝公路及其辅助市政工程实施综合改造，改造范围包括西坝路、西坝一路、桥头路和沿江公园，道路总长2.1km。

3. 三峡地下水电站音乐会获世界纪录证书

4月15日，长江电力在三峡地下水电站28号发电机机组定子铁芯内部举行了“三峡建设者庆祝‘五一’国际劳动节合唱音乐会”演出。在水电站的一台机组内部举行大型合唱音乐会，这在世界范围内尚属首次。长江电力合唱团员演唱了《长江之歌》、《三峡人之歌》、《黄河大合唱》、《歌唱祖国》等经典歌曲。演出时长60分钟，参加演出人员为160人，创世界纪录协会世界上再发电机组机坑内进行的规模最大的演出世界纪录。

12月26日，“世界上在发电机组机坑内进行的规模最大的演出”被世界纪录协会认可，并正式录入中国世界纪录协会官方网站。获得该世界纪录的是长江电力“三峡建设者庆祝五一国际劳动节合唱音乐会”。

4. 长江电力职工合唱团亮相央视

4月21日，长江电力职工合唱团应中央电视台邀请，参加了央视音乐频道《歌声与微笑》节目的录制。长江电力合唱团先后表演了混声合唱《祖国不会忘记》、《快乐的聚会》，并即兴演唱了集团公司自创歌曲《三峡人之歌》，团员们还进行了才艺表演——三峡太极风，合唱团精彩的表演得到了现场观众的一致好评，并获得最佳组织奖。

【主要事件】

2月24～25日，中国长江电力股份有限公司2011年工作会议暨一届二次职代会、二届五次工代会在长江电力报告厅召开。会议传达了长江三峡集团公司2011年工作会及首届职代会精神，听取审议了长江电力总经理工作报告、《长江电力“十二五”发展规划纲要》的报告、年度工会工作报告、《2010年度预算执行情况及2011年预算安排简要的报告》、《2010年福利费使用情况及2011年使用计划的报告》、《工会年度财务及经费审查工作报告》以及《关于公司一届一次职代会提案办理情况及一届二次职代会提案征集情况的报告》。

4月29日，三峡地下水电站并网调度协议在北京正式签订，为三峡地下水电站机组并网调试及投产发电创造了条件。

5月20日，长江电力2010年度股东大会在北京市西城区金融大街19号富凯大厦B座召开。出席会议的股东及股东授权委托代表共35人，代表股份12 312 563 079股，占公司股份总数16 500 000 000股的74.6216%。

5月30日，长江电力在“首届中国品牌文化建设经验交流会”上被授予“中国品牌文化建设十佳单位”荣誉，长江电力纪委书记、工会主席艾友忠被授予“中国品牌文化建设特殊贡献人物”称号。

6月24日，三峡—葛洲坝梯级水电站首次实现全部机组开机发电，加上三峡地下水电站2011年新投产的2台机组，梯级水电站开机达到52台机，最大总出力达到2213万kW，刷新了三峡—葛洲坝梯级水电站建成以来开机台数和发电出力的两项新纪录。

7月30日，葛洲坝水电站投产发电30周年。葛洲坝水利枢纽，这座承载了中华民族兴利除弊、根治水患梦想，由中国自行设计、施工、制造、安装、运行管理的民族典范工程，已安全运行30周年，创造了巨大的经济效益和社会效益。

同日，中国三峡集团、中国水力发电工程学会在湖北宜昌共同举办“葛洲坝水利枢纽运行30周年纪念大会暨水电开发与经济社会可持续发展论坛”，回顾葛洲坝水利枢纽建设历程和运行管理成就，探讨水电开发与经济社会可持续发展的前景与未来。

9月1日、8日，三峡地下水电站首批投产的32、31号机组相继安全稳定运行达到100天，成功实现“首稳百日”。

9月16日，长江电力被国家体育总局授予2010年全国“全民健身活动先进单位”荣誉称号，标志着长江电力的全员健身活动登上了一个崭新的台阶，跻身全国先进行列。

11月23～24日，长江电力在中国文化管理年会暨《中国企业文化管理测评标准2.0》发布会上被授予“中国企业文化影响力十强”荣誉，长江电力纪委书记、工会主席艾友忠被授予中国企业文化建设突出贡献人物。

11月30日，国家发改委发布电价调整文件，葛洲坝电站上网电价提高1.5分/kWh，送湖北基数电量上网电价调整为0.195元/kWh，其余电量上网电价调整为0.255元/kWh。

12月5日，长江电力在第三届（2010年度）全国电力职工技术成果奖颁奖大会上分获一、二、三等奖，其中葛洲坝电厂研发完成的“可控硅励磁谐波对发电机运行危害研究”项目获得一等奖，三峡电厂“三峡电站机组进水口快速门远方快速闭门技术改进”和“三峡左岸电站GIS失灵保护国产化换型改造工程”项目分获二三等奖。

12月6日，长江电力发布的《2010年度社会责任报告》在第四届中国企业社会责任国际研讨会上，荣获“金蜜蜂2011优秀企业社会责任报告社会类专项奖”。

12月23日0时，葛洲坝水电站年发电量160.1亿kWh，提前9天完成160亿kWh的年度发电任务。

（谢兴发）

黄河上游水电开发有限责任公司

【企业概述】 2011年，黄河上游水电开发有限责任公司（简称黄河水电公司）各项事业不断取得进步。发展取得重大突破。在巩固发展水电核心业务的同时，光伏发电得到大发展，为青海省和中电投集团公司光伏发电走在全国前列做出了贡献。地域发展上，立足青海，面向西部，在着力打造青海产业集群的同时，四川、西藏等省区发展取得重大突破。经营业绩持续攀升。黄河水电公司销售收入较2010年大幅度增长；净利润和EVA位列中电投集团公司系统第一。产业集群初步形成。水电铝型材项目全面达产，并成为新的利润增长点；1250t多晶硅产能形成，产品产量和质量稳步提升；200MW太阳能电池及50MW组件产能形成，产品质量达到国内领先水平，水电铝产业链、太阳能光伏产业链初步形成，产业集群建设取得重大进展。体制机制不断创新。管控一体化工作全面启动并顺利推进，“一厂多制”、“一厂多公司”规范调整工作及辅业改革工作同步开展。品牌形象大幅提升。继水电建设管理品牌之后，公司在光伏电站开发建设上树立了新的品牌，在电子级多晶硅生产上树立了新的品牌。

【领导班子】 2011年黄河水电公司领导班子：

公司董事会

董事长：李树雷

董　事：李树雷、谢小平、张鸿德、怀文明（职工董事）、王振京、王　琪、赵风云、田峰巍、赵显贵

公司监事会主席：张大庆

公司监事会成员：张大庆、曹松林、莫剑平（职工监事）

公司经营班子

总经理：谢小平

副总经理：张俊才（兼总工程师）、张鸿德（兼财务总监）、张军、杨存龙、魏显贵

工会主席、纪检组长：怀文明

书　记：李树雷

副书记：谢小平

成　员：张俊才、张鸿德、张　军、杨存龙、魏显贵、怀文明

【组织机构】 公司机关本部：办公室、计划发展部、人力资源部、财务部、物资采购部、政策与法律部（体制改革办公室）、科技与信息部、水电与新能源工程部（征地移民办公室）、水电与新能源生产部、电力营销部、铝业部、高新产业部、火电部、安全与环境保护监察部、审计与内控部、政治工作部、监察部、工会办公室。

公司本部职能中心：核算中心、集控中心、新闻中心、档案中心。

公司下设二级单位：大坝中心、培训中心、班多发电分公司、龙羊峡发电分公司、拉西瓦发电分公司、李家峡发电分公司、公伯峡发电分公司、积石峡发电分公司、陇电分公司（辖盐锅峡、八盘峡水电站）、宁电分公司、格尔木发电分公司、西宁发电分公司、黑河发电分公司筹建处、工程建设分公司、电力检修公司、中型水电公司、物资公司、中水能源公司、汉中水电公司、新能源发电部、鑫业公司、新能源分公司、太阳能电力公司、创盈公司、增源公司。

【主要指标】 电力装机容量达到1098.62万kW，新增电力装机容量46.12万kW，电解铝产能55.5万t、多晶硅产能1250t、电池产能200MW及电池组件产能50MW。全年公司实现发电量353.7亿kWh，完成调整计划的100.09%；综合厂用电率0.66%，较2010年降低0.01个百分点；电解铝产品产量完成45.21万t，较2010年增长70.36%；多晶硅产量完成618.8t。完成基本建设投资79.21亿元，完成年度调整计划的103.21%；资产总额达到575.91亿元，

较 2010 年增长 14.58%。

黄河水电公司 2011 年综合业绩考核在中电投集团公司排名第一，连续 12 年获青海省财政支柱企业称号。

【水电站经济运行】 优化水库调度方式，经济运行成效明显，在完成发电量计划的同时，年底龙羊峡水库较 2010 年同期多蓄水 10.63 亿 m^3，水位同比提高 3.15m。

提升龙羊峡水库汛限水位的工作得到国家防总的确认；增加凌汛期龙羊峡、刘家峡两库的出库流量研究成果被黄委会采用，2011～2012 年凌汛期预案刘家峡水库出库水量较 2010 年预案值增加 4.45 亿 m^3，封河前刘家峡水位较 2010 年降低 0.46m，多腾出防凌库容 0.42 亿 m^3，增加龙羊峡水库出库水量 4.87 亿 m^3，公司青海段梯级电站预计增加发电量 7.55 亿 kWh，缓解了青海省外购电压力。

通过非汛期提高水库运行水位、节水增发电量考核、厂用电量考核等措施，2011 年黄河水电公司黄河干流梯级水电站发电耗水率为 0.556m^3/kWh，同比下降 9.6%，经济运行指标大幅度提高；积石峡发电分公司与调度部门及时沟通、精心操作，在水库水位允许变幅不足 1m 的恶劣条件下，全年未发生弃水。中型公司大通河流域电站非汛期开展青—加—金三站水库联合调度工作，增发电量 2725 万 kWh。

黄河水电公司大中型水电站 2011 年生产运行情况见表 1。

表 1　　黄河水电公司大中型水电站 2011 年生产运行情况

水电站名称	发电运行情况				水库运行情况			
	总装机容量	年发电量	平均耗水率	等效可用系数	年入库总水量	发电用水量	年末水位	年末库容
	万 kW	亿 kWh	m^3/kWh	%	亿 m^3	亿 m^3	▽m	亿 m^3
班多水电站	36	11.2901	11.15	92.18	198.38	198.37	2759.35	0.10
龙羊峡水电站	126	56.2886	3.3	95.03	196.44	185.81	2585.71	195.08
拉西瓦水电站	350	90.8032	2.06	88.85	188.09	187.15	2429.41	7.26
李家峡水电站	160	57.2260	3.23	91.62	184.65	184.59	2179.59	16.35
公伯峡水电站	150	51.5854	3.73	94.61	192.56	192.63	2004.18	5.34
苏只水电站	22.5	8.7141	20.94	98.19	185.02	184.97	1899.31	0.41
积石峡水电站	102	27.5762	7.15	92.18	197.34	197.35	1841.13	1.16
盐锅峡水电站	47.12	21.5790	11.09	97.17	239.43	239.42	1619.15	0.28
八盘峡水电站	22	9.7164	26.89	92.12	271.09	271.07	1577.69	0.18
青铜峡水电站	30.2	11.1927	21.78	97.40	252.11	252.11	1155.96	0.35

【重点项目】

1. 光伏发电

紧紧抓住国家支持太阳能光伏发电产业建设的机遇，全年跨西藏、青海、甘肃三省建成光伏电站 7 座，总容量 329MW，占中电投集团公司的 3/4，确立了中电投集团公司光伏发电占全国容量 1/10 的领先地位，为青海省光伏发电产业走在全国前列做出了贡献。

2. 电解铝

加快电解铝产能释放速度。仅用 3 个月时间完成了水电铝二系列 276 台电解槽的投产任务，比国内先进水平提前近 50 天，为黄河水电公司收入增加奠定了坚实的基础。

3. 电子级多晶硅技术

电子级多晶硅产量质量持续提升，质量达到半导体一等品；黄河水电公司进入符合全国多晶硅行业准入条件的 20 家企业之中，该技术引进成功填补了国内半导体应用材料的空白。

4. 产业协同效应

西安太阳能电池和组件产能全部形成，全年完成组件产量 10MW，质量居于国内领先水平；首批电池组件产品已应用于青海共和光伏电站项目，在产业链的延伸上取得了新突破。

【项目储备】 黄河水电公司发展地域不断拓展。2011 年，黄河水电公司与地方政府签订资源开发协议共 18 个，签约项目总容量 1350 万 kW，其中水电和新能源项目占 92.1%。收购四川龟都府电站，实现在川资产“零”的突破，西藏水电项目储备取得新进展。

水电项目：全力配合青海省政府工作，“三江源”自然保护区调整工作取得突破性进展；黄河茨哈峡水电站取得国家级“路条”，门堂、塞纳、塔格尔三座水电站取得省级“路条”；宁木特水电站完成集团公司立项；签订了祁连黑河流域水电资源开发协议；通天河流域水电开发前期工作启动；积极推进甘肃、四川、陕西小水电收购工作，东川水电站开发权收购完成，四川热枯河项目取得40%的股权。

火电项目：黄河水电公司参股的青海能源发展集团鱼卡煤矿2、3号年产300万t矿井建设工程相继开工建设。武威火电项目取得省级“路条”。金塔火电项目完成可研。兰州新区4×350MW热电联产项目取得省级“路条”，完成初步可行性研究。

新能源项目：格尔木二期30万kW和德令哈50万kW光伏发电项目完成可研；格尔木10万kW太阳能聚热项目取得国家级“路条”；甘肃景泰风电已基本完成核准工作，景泰二期4.95万kW风电项目取得省级“路条”。

【项目建设】 水电建设：协调、督促班多330kV送出线路工程建设进度，确保班多水电站已投运的1、2号机组出力达到设计能力，3号机组按期投产发电；在极其复杂的地质条件下，按时完成规定的拉西瓦水电站果卜岸坡地质勘探工作，为提高水库运行水位创造了条件；积石峡水电站库区移民工作取得阶段性突破，具备水库水位提升至1850m高程的条件；苏只110kV送出线路建成投运，坝前水位平均提高了0.70m，发电效益增加了4%。羊曲水电站克服种种困难于2011年7月复工建设；茨哈峡水电站前期准备工作超额完成了形象进度计划；纳子峡、巨亭水电站实现河床截流。

新能源建设：积极响应青海省政府“930”行动计划，光伏电站建设中，从场址选择到设计优化，从施工队伍的引进到统一施工规划、统一施工措施方法，从材料设备采购到现场发放验收，从接入系统设计到设备安装调试全过程，公司上下共同努力，采取集中办公、统一决策、协同作业的特殊措施，组织了史上最大规模的光伏电站建设，创造了世界规模最大、建设工期最短的并网光伏电站建设纪录，为公司在全国乃至世界光伏电站建设领域树立了品牌。

铝业板块：加快电解二系列工程收尾进度和生阳极、余热发电系统的调试。碳素系统全面打通生产工艺流程，比大多数铝厂提前一年成功自产阳极炭块，极大降低了生产成本。在电解二系列启动过程中，优化工艺流程，提高生产管理水平，加班加点，比原计划提前75天实现电解铝产能全部释放，新增电解铝产能29.8万t，成为中电投集团公司系统第一个投产的400千安电解系列。

高新产业：自试生产以来，着力在引进技术的消化、吸收、利用上下工夫，研究解决制约影响产量质量的各种因素，努力降低物耗和能耗，产品产量质量稳步提高，除施主杂质外，其他质量指标达到国际先进水平，特别是核心工艺冷氢化装置为目前国内操作压力最高、能力最大的单线装置，在转化率、运行周期、硅粉单耗、安全环保等方面创造了国内最好纪录。西安光伏电池项目电池及组件产能全部形成，电池转换效率超过17.5%的设计指标，达到国内先进水平；电池组件生产线各项技术指标及整线自动化水平达到国内领先水平，质量优于国内一流企业产品。

【安全管理】 黄河水电公司三级安全监督网逐步建立，规范各单位安全监督管理机制建设，以安全隐患排查治理及危险源辨识与控制的常态化管理为抓手，安全隐患排查治理有序推进。强化非电产业安全管理，规范安全生产例行检查，坚持以提高职工安全生产技能、提升全员安全意识、提高设备健康水平为基础，加强突发事件管理和隐患排查，严格落实安全管理各项措施，实现了安全生产局面的持续稳定。应急管理体系进一步健全，结合产业管理特点，调整了应急管理组织和指挥体系，明确了各产业应急指挥职责，在辨识产业安全生产风险的基础上，调整公司应急预案体系，修订评审应急预案，落实年度应急演练计划，全公司累计开展应急演练56次，参加3900人次。

大力开展技术改造，多途径提升电站设备健康水平和自动化水平。黄河水电公司机组平均开机时间达到2.23min，同比缩短0.73min，全年等效可用系数达到93.3%，高于计划值1.17个百分点。做好设备检修、技术监督工作，提高设备利用率，公司设备C、D类缺陷消除率平均达到99.63%，同比提高0.09个百分点，各水电站完成值高于公司计划值。汛期公司所属梯级各电站连续大负荷运行90天。

综合产业全面推行电力安全管理理念，将电力管理核心理念、管理方法逐步融入非电产业，努力构建具有公司特色的“大安全”管理体系。从规章制度抓起，切实加强了综合产业安全管理标准化建设。组织电力专家督查综合产业供电安全工作，铝业生产设备110kV GIS重大安全风险得到有效控制，供电整流水风冷控制系统等重点安全隐患得到整改。

【科技工作】 落实黄河水电公司“二三一”科技发展战略，全面开展科技工作和技术创新工作，全年科技项目22个。

年内黄河水电公司系统5项成果获得中电投集团公司科学技术进步奖。黄河水电公司荣获中电投集团公司“首届科技工作先进单位”、“信息化先进单位”荣誉称号。在全国水力发电科学技术奖颁奖典礼大会上，黄河水电公司《拉西瓦水电站反拱水垫塘水力试验及结构计算研究》项目获得2010年度水力发电科学技术三等奖。公司“800kV气体绝缘金属封闭输电线路工程设计专题研究”科研项目，在青海省科学技术奖励大会上，获得科学技术进步一等奖，这是公司系统近几年获得的最高科技奖。

【基础管理】 启动了管控一体化工作。完成了水电板块管理体制调整，优化了黄河水电公司本部机构设置，调整了工作职责，建立了与集约化、专业化相匹配的组织模式。撤并了部分三级、四级单位，实现了人员平稳过渡。人才队伍建设取得成效。启动新一轮干部竞聘工作，积极进行后备干部培养，加大了年轻干部的选拔任用力度，干部年龄结构进一步优化。试行管理岗位和技术岗位双轨制，完成了公司电力板块技术能手、专家评选工作。

强化全面预算管理。扩大预算管理的覆盖面，提高对预算执行情况的分析能力，提升预算管理标准化程度，提高了综合计划的指导性和控制力。挖掘提高公司EVA价值创造能力的做法和途径，降低无效、低效资产占比，提高存量资产的收益水平，降低存量资金成本，有效提升了公司EVA价值创造能力。

政策法律事务工作取得实效。完成中央企业法制工作第二个三年目标，建立了总法律顾问制度，形成了较为完善的企业法律风险防范体制机制。初步建立了公司知识产权保护体系，加强企业品牌、知识产权、商业秘密保护，有效实施了商标注册体系化工作。

深化对标管理工作。制定实施《黄河公司深化对标管理三年工作计划》。组织开展管理标准、指标标准和作业规程建设，完善对标工作机制，初步建立对标指标体系和对标指标目标值，积极探索高新产业对标工作。鑫业公司制定生产辅助材料消耗定额管理标准，严格控制原辅材料消耗，积极扩展氧化铝铁路接站点和短途运输渠道，降低运输成本，目前各项对标值均在集团公司系统位居前列。在公伯峡发电分公司开展集团公司首批创建标准化良好行为的试点工作。

风险内控及审计管理成效显著。全面推进风险管理和内部控制体系建设，发布《风险管理与内部控制标准》；在集团公司内部率先开展以“任中审计”为主的经济责任审计工作；初步尝试风险导向型审计；建立完善审计整改督查督办和协同机制，充分发挥审计与内控工作的保证和监督作用。

信息化建设积极推进。大力实施信息化“登高计划”，编制完成黄河水电公司2010～2014年信息系统建设实施规划。实现2011年央企信息化水平测评B级目标，基本完成“登高计划”任务。有序开展公司ERP系统建设的前期准备工作。组织编制公司“十二五”信息和通信系统建设实施规划，加强信息安全综合防护的管理及检查，在公司系统开展信息化绩效考核工作，有力推动各单位的信息化管理工作。

【管控一体化】 全面启动管控一体化工作，完成了水电板块管理体制调整，优化了黄河水电公司本部机构设置，调整了工作职责，建立了与集约化、专业化相匹配的组织模式。撤并了部分三级、四级单位，运营分公司、测试公司1141位员工划转到公司下属17个单位，实现了人员平稳过渡。

【人力资源管理】 人才队伍建设取得成效。启动新一轮干部竞聘工作，积极进行后备干部培养，加大了年轻干部的选拔任用力度，干部年龄结构进一步优化。试行管理岗位和技术岗位双轨制，完成了公司电力板块技术能手、专家评选工作。

劳动用工管理继续完善。在非电产业和部分新收购企业选人用人、绩效考核等方面实施特殊政策，推行了市场化协议工资制度。创新综合业绩管理考核机制，不断优化各板块经济技术考核指标。完成青海、甘肃、宁夏三地“家属工”基本养老保险参保事宜，解决了国有企业办职教幼教退休教师待遇问题。

【主要事件】

1月7日，在中国电力企业联合会召开的2011年电力行业信用企业评价成果发布会上，公司获“AAA”信用等级，是电力系统评比中的最高等级。

1月12日，由中国水力发电建设集团公司和中国水力发电工程学会在北京举行的2010年度水力发电科学技术奖颁奖典礼大会上，公司《拉西瓦水电站反拱水垫塘水力试验及结构计算研究》项目获得2010年度水力发电科学技术三等奖。

1月21日，中电投集团公司对公司领导班子调整大会在公司本部召开。

1月25日，西藏桑日10MW并网光伏电站工程首批5MW光伏阵列结束72h试运行，正式投入商业运行，标志着黄河水电公司在新能源发电领域取得重大进展。

1月，李家峡发电分公司工会被中华全国总工会授予“全国工会职工书屋示范点达标单位”称号。

2月2日，青海省委书记、省人大常委会主任强卫专程到拉西瓦水电站亲切看望坚守岗位的员工，带去党和政府的关怀和慰问金，与他们共度新春佳节。

2月16日，盐锅峡水电站6号机组顺利开机，标志着6号机组增容改造全部结束。

2月17日，青海省人民政府以青政〔2011〕7号文授予公司2010年度“青海省财政支柱企业”（位列第三）。

2月28日，拉西瓦水电站水库水位抬升至2430m，水头提高至194m。

3月6日，经过近15个月的建设，黄河水电铝型材联营项目电解二系列顺利通电投产。该项目的投产，标志着国内高海拔地区单体产能最大的电解铝生产系统实现产能。

3月14日，黄河水电公司出资3.775亿元参股了青海省能源发展（集团）有限责任公司，全部出资完成将占到该公司股权比例的21%，为公司进入煤炭资源的领域打下了基础。

3月22日，青海省发改委以青发改函〔2011〕129号向黄河水电公司出具《关于同意开展黄河茨哈峡水电站工程项目前期工作的函》。

3月25日，青海省发改委以青发改函〔2011〕143、144、145号文向黄河水电公司分别出具《关于同意开展黄河门堂水电站工程项目前期工作的函》、《关于同意开展黄河塞纳水电站工程项目前期工作的函》及《关于同意开展黄河塔格尔水电站工程项目前期工作的函》。

3月31日，大通河纳子峡水电站截流阶段工程通过了验收委员会的验收，并于当日下午实现截流。

4月13日，青海省发改委以青发改能源〔2011〕789号文出具《关于黄河上游水电开发有限公司乌兰二期30MW并网光伏发电项目核准的批复》。

4月14日，龙羊峡水电站实现连续安全生产5000天，创黄河水电公司各电站历史最高纪录。

4月27日，在CDM项目减排补助方面，青海黄河中型公司收到所属青岗峡、金沙峡水电站CDM项目补贴资金2486.90万元。

4月28日，在青海省总工会召开的全国五一劳动奖章表彰大会上，黄河水电公司董事长、党组书记李树雷被全国总工会授予全国“五一”劳动奖章，青海省委书记强卫亲自为李树雷颁发了奖章。

4月30日，青铜峡水电站技术改造工程1号机组完成72h试运行，正式归调投产发电，标志着1号机组技术改造工程顺利竣工。

4月，根据国家发改委价检司和青海省价检局2010年全国电价大检查中发现的问题及整改意见要求，黄河水电公司收到青海省电网公司退还的2000万元现金。

5月3日，班多水电站3号机组成功完成72h试运行。

5月14日，在青海省委、省政府召开的全省科学技术奖励大会上，黄河水电公司“800kV气体绝缘金属封闭输电线路工程设计专题研究”科研项目获得省科学技术进步一等奖，这是公司历年来在省级科技领域获得的最高奖项。

5月18日，拉西瓦水电站大坝浇筑封顶，为拉西瓦水电站工程早日竣工奠定了坚实基础。该大坝2006年4月15日开始浇筑，坝高250m（黄河第一高坝），坝顶中心长度459.64m，底宽49m，坝顶厚度10m。

5月21日，中电投格尔木100MW太阳能聚热电站示范工程开工仪式在格尔木市大格勒乡戈壁滩上隆重举行。标志着目前世界上单机容量最大的聚热发电项目正式启动。

5月，拉西瓦水电站项目进口设备退税汇算会议在北京中国电能成套公司召开。经过商谈，会议认定拉西瓦水电站进口设备退税及汇差清算返还共计14 161.62万元，节省投资达到24.44%。

同月，拉西瓦项目部用电维护班被共青团中央授予“2009～2010年度全国青年文明号”称号，这是中电投集团公司系统唯一受表彰的先进集体。

同月，在南宁召开的2010年度全国大型水电厂（站）劳动竞赛暨经验交流会上，公伯峡发电分公司获得劳动竞赛先进单位称号，这是中电投集团公司系统内首家连续七年获此殊荣的单位。

6月15日，青海省发改委以青发改函〔2011〕294号文向黄河水电公司出具《关于同意开展格尔木200MW并网光伏发电项目前期工作的函》。

6月16日，黄河水电公司与青海油田公司格尔木300MW燃气电站资产转让交割签字仪式在敦煌完成。

6月20日，鑫业公司电解二系列276台400kA电解槽中的最后一台4346号电解槽启动完成，标志着黄河水电公司水电铝项目具备了年55.5万t电解铝和30万t碳素生产能力。

6月28日，青海省发改委以青发改能源〔2011〕882、883号文分别出具《关于黄河上游水电开发有限责任公司共和30MW并网光伏发电特许权项目核准的批复》、《关于黄河上游水电开发有限责任公司河南20MW并网光伏发电特许权项目核准的批复》。

6月30日，青海省企业劳动用工信用监督指导工作委员会、省委宣传部、省慈善总会、省企业信用监查大队联合授予黄河水电公司“青海省2009～2010年度社会责任先进企业”称号。

7月30日，盐锅峡电站6号机组完成增容技术改造开机并网。

7月，黄河水电公司总经理谢小平受青海省政府邀请，作为代表赴美国参加中美省州长论坛活动。期间，谢小平代表黄河水电公司与美国太阳能公司高级副总裁彼得·阿申布雷纳在美国盐湖城就双方在光伏产业方面的合作签订了《战略合作谅解备忘录》。

同月，黄河水电公司成功收购东川水电站项目。该电站位于青海省民和土族回族自治县境内，电站建成后，总装机容量1.5万kW，多年平均发电量为5417万kWh。

8月1日，西安太阳能公司组件生产线调试完成，生产出第一块多晶组件。

8月11日，水利部部长陈雷一行在青海省委书记强卫等陪同下考察了拉西瓦水电站。

同日，中电投集团公司与西藏自治区政府在拉萨举行能源项目开发座谈会，签署战略合作框架协议。西藏自治区主席白玛赤林、集团公司总经理陆启洲在座谈会上讲话并在协议上签字。黄河水电公司董事长李树雷、总经理谢小平等出席座谈会和签字仪式。

同日，黄河水电公司西藏桑日10MW并网光伏电站单位工程验收会在西藏山南地区召开。

8月24日，黄河水电公司完成了四川色都府电站100%股权收购工作，收购价款7.749亿元。该电站装机容量6.3万kW，多年平均发电量2.965亿kWh。

8月26日，中国驻国外46个国家使领馆的大使、参赞及其夫人一行80多人到西藏桑日光伏电站参观考察。

8月，黄河水电公司收到经国家财政部批准的2011年基本建设财政贴息资金近1亿元。

9月20日，黄河水电公司金塔一期9MW并网光伏发电工程项目开工奠基仪式在甘肃省酒泉市金塔县红柳洼光电产业园区举行。

10月6日，鑫业公司1号余热汽轮发电机组完成168h试运转，并网正常发电。

10月17日，黄河水电公司取得了德令哈市政府关于德令哈市西出口500MW光伏发电项目的开发许可证。

10月23日，黄河水电公司青海乌兰50MW并网光伏电站完成调试，全部并网发电。

10月28日，黄河水电公司在上海产权交易所摘牌取得四川中兴电力发展有限公司40%股权。

10月29日，黄河水电公司格尔木200MW光伏电站首台逆变器带电，进入并网调试及试运行期。该电站是国内最大的光伏电站项目，生产运行期为25年，年设计发电能力3.17亿kWh。

11月16日，盐锅峡水电站7号机组增容技术改造工程全面开工。改造后将提高机组的经济运行能力，机组容量由原来的44MW提升至51.2MW。

11月18日，陇电分公司举行盐锅峡水电站投产发电50周年庆祝大会。50年前的11月18日，黄河干流首座电站——盐锅峡水电站投产发电，成为“黄河上的第一颗明珠”。

11月21日，黄河水电公司陕西汉中嘉陵江巨亭水电站工程实现大江截流。

11月24日，格尔木200MW光伏电站成功并网发电。

11月28日，黄河水电公司召开管控一体化人员职责移交大会。

12月20日，黄河水电公司董事长李树雷、副总经理魏显贵拜会西藏自治区主席白玛赤林。

12月28日，国家发改委以发改办能源〔2011〕3263号文下发了《国家发展改革委办公厅关于同意青海黄河茨哈峡水电站开展前期工作的复函》。茨哈峡水电站位于青海省海南州兴海县与同德县交界的黄河干流上，最大坝高253m，水库正常蓄水位2980m，总库容41.04亿m^3，装机规模为200万kW，设计年平均发电量81.63亿kWh。

同日，中国土木工程学会网站上正式发布：由中国土木工程学会、北京詹天佑土木工程科学技术发展基金会在全国土木工程建设行业内组织开展的“百年百项杰出土木工程”评选活动中，公伯峡水电站获得“百年百项杰出土木工程”奖。

12月30日，黄河水电公司在甘肃首个光伏发电项目——景泰10MW光伏电站成功并网发电。

同日，在青海省“百企联百村”表彰大会上，黄河水电公司被省“百企联百村”活动领导小组授予“全省‘百企联百村’活动先进企业”荣誉称号。

（许为宁　张文俊）

2012 中国电力年鉴

国投电力控股股份有限公司

【企业概况】 国投电力控股股份有限公司（简称国投电力）是国家开发投资公司电力业务的资产经营与资本运作平台。

国家开发投资公司是国务院批准设立的国家投资控股公司和中央直接管理的国有重要骨干企业之一。国投公司注册资本194.7亿元，资产总额2766亿元（截至2011年底），2011年实现经营收入813亿元人民币，利润95亿元人民币。在国务院国资委年度业绩考核中，连续7年获得A级，并在连续两个任期考核中成为“业绩优秀企业”。

国投电力于2002年由湖北兴化与国家开发投资公司（简称国投公司）进行资产置换后变更登记设立。国投电力主要投资建设、经营管理以电力生产为主的能源项目；开发及经营新能源项目、高新技术、环保产业；开发和经营电力配套产品及信息、咨询服务。

截至2011年底，国投电力投产控股装机容量1865.4万kW（包括国家开发投资公司委托管理的电厂，下同）。公司水电控股装机532万kW；火电控股装机1285万kW；新能源装机48.4万kW。在建装机1415.85万kW，包括二滩公司锦屏一级水电站、锦屏二级水电站、官地水电站、新密二期等。公司投资企业28家，分布在四川、天津、甘肃、广西、云南、福建、安徽、新疆、贵州、青海、宁夏等地区，有效防范区域电力市场风险。

截至2011年底，国投电力总股本2 345 102 751股，其中，国家开发投资公司持股1 444 604 341股，占总股本的61.60%。国投电力资产总额达到1475亿元，2011年实现累计发电量980亿kWh，营业收入291亿元，利润16.4亿元。

国投电力电源结构合理，水、火、风、光电资源并济，有效抵御了煤炭价格波动和供应风险，增强公司抗风险能力。公司资源储备丰富，未来业绩增长明确，发展空间大。公司控股投资企业二滩水电负责雅砻江全流域开发，2012～2015年，二滩水电装机规模年复合增长率将超过40%；2025年，雅砻江流域开发全面完成，发电装机约3000万kW，迈入国际一流大型独立发电企业行列。

面向未来，国投电力将本着清洁、高效、经济、环保的原则，加快开发水电，优化发展火电，高效稳妥发展可再生新能源发电，努力建成管理规范、治理完善的绩优蓝筹上市公司。

【组织机构】 国投电力设有综合部（法律事务部）、计划财务部、业务发展部、生产经营部、基建管理部、人力资源部、安健环管理部、燃料管理部、证券部、监审部等10个职能部门，拥有投资企业28家（含受托管理企业，下同），其中全资和控股25家投资企业。

国投电力控股股份有限公司全资和控股企业包括：

二滩水电开发有限责任公司

北京三吉利能源股份有限公司（受托管理）

天津国投津能发电有限公司

国投云南大朝山水电有限公司

靖远第二发电有限公司

国投钦州发电有限公司（受托管理）

厦门华夏国际电力发展有限公司

国投曲靖发电有限公司

国投甘肃小三峡发电有限公司

国投北部湾发电有限公司

国投宣城发电有限责任公司

国投伊犁能源有限公司

国投白银风电有限公司

国投张家口风电有限公司

国投盘江发电有限公司

国投酒泉第一风电有限公司

国投酒泉第二风电有限公司

国投敦煌光伏发电有限公司

国投石嘴山光伏发电有限公司

国投格尔木光伏发电有限公司

国投哈密风电有限公司

国投青海风电有限公司

国投宁夏风电有限公司

国投煤炭运销有限公司

国投山西煤炭运销有限公司

【经营管理】 2011年，国投电力以“强管理、强效益”为指导思想，积极克服煤价高位运行、煤电联动严重滞后、财务成本大幅攀升等不利因素，继续深化开拓电力市场，强化燃煤管理，巩固安全生产，促进节能减排，推进专业化管理，有序推动后续发展。

安全生产形势总体平稳，节能减排任务顺利完成。年内继续深入开展安全管理年活动，落实安全生产大检查、隐患排查治理、建设工程预防安全事故专项整治等工作，提高了安全生产管控自控能力与应对突发事件的能力。截至2011年底，国投电力已有8个项目通过NOSA五星评审。报告期国投电力控股火电企业供电煤耗同比下降；分类综合厂用电率同比下降或持平。火电机组全部配备了脱硫装置，华夏电力、国投宣城和国投北疆2号机组完成了脱硝改造。国投北疆获“十大绿色创新企业”称号；华夏电力获厦门市“十一五”主要污染物总量减排先进企业称号；靖远二电获“黄河中上游流域节约用水先进集体”和“工业节能降耗先进单位”。公司新完成了张家口风电、酒泉一风电、酒泉二风电等3个项目CDM注册，国投白银捡财塘风电场、国投小三峡乌金峡水电站等2个项目获得减排量签发。

燃料管理不断加强。针对电煤价格不断上涨的不利形势，国投电力与投资企业一道外抓采购、内抓管理。多个投资企业在保证重点合同煤兑现率、推进集中采购、创新开拓煤源、开通煤炭通道等方面取得了积极的进展，有效控制了采购成本。此外，各投资企业积极开展科学掺烧经济煤种，总结燃煤掺烧对成本、设备、指标的影响，降低了发电成本、稳定了煤质。

竞争发电量成效明显。年度各投资企业结合政策及市场的变化获取竞争性电量，争取效益最大化。绝大多数火电发电利用小时创历史新高、发电利用小时在各区域排名位居前列。

完成可转债和公开增发两项资本运作。国投电力年内完成可转债和公开增发融资总额 55.805 亿元，及时满足了雅砻江下游在建项目的资金需求。

【基建管理】 全年基建项目工程进度可控在控。国投电力全面树立“基建为生产服务，基建即经营”的理念，深化对标管理，规范招标管理，加强设计优化和过程监督，大力推进在建项目达标和创优。年内“西电东送”战略骨干电源点锦屏二级水电站 4 条引水隧洞，总长近 120km 的世界综合规模最大的水工隧洞群全线贯通；国投伊犁热电、国投白银捡财塘风电场二期、国投格尔木光伏二期获核准，进入开工建设。二滩大坝荣获“国际里程碑混凝土坝工程奖”，国投北疆一期工程、乌金峡水电站获得“中国电力优质工程奖”。

【内控建设】 继续健全内控和风险管控体系，先后就全年预算完成情况与管控体系建设、技术监督、燃料管理、薪酬福利等专题深入进行调研，切实解决企业经营难题，推进制度在体系、层次、结构和内容上的创新完善并强化执行。建立健全了风险控制指标及重大风险事件上报机制；开展了小金库自查自纠回头看，全面梳理薄弱环节，堵塞漏洞。

财务管理紧贴经营、突出重点。一是继续做好预算闭环管理，深入开展预算执行评价工作，加大对利润敏感因素分析，为全年预算目标的实现提供了坚强的管理保证。二是积极开拓公司和投资企业融资渠道，加大资金保障力度，较好保证了项目融资需求。三是用财务理念准确把握和提前分析国投电力的重大经营和发展问题，及时作出分析报告，指导企业克服困难、度过难关。在目前银根紧缩、火电企业经营困难的市场环境下，国投电力实现了整体负债率平稳，资金总体平衡，财务风险可控。

中国华电工程（集团）有限公司

【综述】 中国华电工程（集团）有限公司（简称华电工程，英文缩写 CHEC）是中国华电集团公司下属的全资企业，是中国华电集团公司工程技术产业板块的重要组成部分和发展平台。华电工程是以高新技术产品研发与制造、工程设计与总承包、能源技术研究与服务为核心业务，以安全、质量、顾客满意、经济效益为核心业绩的国有大型企业集团，业务遍及海内外。主要从事重工装备、环保水务、总承包、新能源、能源技术研究与服务、国际贸易六大板块业务。产品和服务涵盖电力、化工、港口、冶金、矿业、市政、新能源、进出口服务等领域。华电工程拥有国家级企业技术中心，博士后科研工作站，国家分布式能源技术中心等多个科研机构，连续多年获得行业优秀企业和首都文明单位荣誉称号。

华电工程主要经营范围：

（1）各种装机容量的国内外火力、水力、风力、生物质、太阳能发电和冷、热、电联供系统等工程总承包及总承包技术管控、设计优化。

（2）电厂、港口、码头、粮食等散状物料输送系统，火电、核电、供热、石化、天然气管道系统，空冷系统，热能综合利用工程，工业和民用钢结构，风电钢结构，煤化工系统，大型机械系统的设计、设备制造及工程总包。

（3）火电厂脱硫、脱硝、固碳、灰渣输送，电站水处理、工业水处理、城市污水处理、中水回用、海水淡化等系统设计、设备成套、工程总包及水务投资。

（4）电厂科学运营、技术监督，先进发电技术和安全经济运行技术的引进、合作和推广应用；电力行业相关设备的技术规范（标准）研究和制定；水利、电力工程及装备的设计、监理。水工机械、起重机械设计制造。

（5）煤炭等能源类大宗商品的进出口，以及先进技术、清洁能源和高端设备的引进。

（6）油气开发综合利用。

【领导班子】 2011 年华电工程领导班子：

董事长、总经理：孙青松

党组书记：杨 勇

党组成员、副总经理：谢春旺

党组成员、副总经理：马骏彪

党组成员、副总经理、总会计师：许建良

党组成员、副总经理：姜学寿

党组成员、副总经理：黄源红

党组成员、纪检组长：侯佳伟

总工程师：黄 湘

【组织机构】 中国华电工程（集团）有限公司本部共设10个职能部门，即办公室、人力资源部、市场营销部、工程管理部、财务部、政治工作部、监察审计部、计划发展部、科技管理部、资产管理部。9个专业分公司：华电重工装备有限公司、水处理分公司、环境保护分公司、总承包分公司、海外工程分公司、华电新能源技术开发公司、华电分布式能源工程技术有限公司、国际贸易分公司、华电工程设计院。

在京内外有12家直属企业：华电机械设计研究院（杭州）、电力工业产品质量标准研究所（杭州）、华电郑州机械设计研究院、华电环保系统工程有限公司、华电水务工程有限公司、华电水务投资有限公司、北京中光电力设备公司、厦门克利尔能源工程有限公司、华电工程集团创业投资有限公司、北京中电恒基能源技术有限公司、华电水处理技术工程有限公司、北京华电万方管理体系认证中心。

公司所属企业有全资及控股子公司17家，主要参股公司14家，控股及参股子公司中有4家中外合资企业。

【人力资源】 华电工程现有员工2846人（截至2011年底），具有中、高级技术职称的793人，占27.86%，其中享受教授级及以上待遇的30人；具有大学本科以上学历的1597人，占56.11%；本部121人（不包含重工），具有中、高级技术职称的71人，占58.68%，其中享受教授级及以上待遇的6人；具有大学本科以上学历的101人，占83.47%。

【工程资质】 华电工程已获得的资质证书有：高新技术企业证书、甲级工程设计证书、甲级工程咨询证书、AAA信用等级证书、进出口资格证书、对外经济合作经营资格证书；中国钢结构制造企业特级资质、国家特种设备压力管道设计许可证等21项经营资质证书，8项专业设计资质，4项监理资质。ISO9001、ISO14001、OHSAS18000体系证书。“CHEC”是北京市著名商标。

【2011年工作】

（一）发展战略实施有效推进

编制完成华电工程“十二五”发展规划，配套制定了人才、科技等专项规划和所属单位的子规划，推进战略实施，优化产业布局，取得明显成效。一是六大业务板块发展齐头并进，各专业利润同比均大幅提高。其中华电重工利润突破5亿元，同比增长239.96%；海外工程利润实现1.5亿元，同比增长223.09%；环保、电科院利润首次超过5000万元，同比分别增长34%和74.71%；郑州院利润突破1000万元，涨幅达到145.46%，为2015年顺利实现“6328”发展目标开了好局。二是航改型燃机、页岩气等集团重点发展项目取得突破。与GE公司签订了航改机项目合资协议，已完成反垄断调查报告，正在启动合资公司注册工作，财务部与分布式能源公司配合组织该项目向政府申报中央企业国有资本经营预算，申请3.2亿元国有资本注资，顺利通过国资委审定，已上报财政部；页岩气项目得到集团授权成为投资主体，专门成立油气开发公司，完成了乙级气体矿产勘查资质的申报工作，加快在贵州、湖南等页岩气储量丰富地区实施钻探，取得实质性突破。三是基本建设稳步推进。曹妃甸重工装备基地正式投产，并得到政府补贴3086万元，郑州、武汉装备制造基地陆续开工建设，与天津形成四大重工装备制造基地，有效提升了公司的核心装备制造能力。华电产业园项目积极推进，确定了规划布局方案，主体工程正式开工。四是中国华电集团科学技术研究总院挂牌成立，为做强做优工程技术板块，提升集团公司科研水平，建设创新型企业打下坚实基础。

（二）业务拓展取得新进展

继续加大市场开拓深度和广度，巩固已有的业务优势，努力培育新的业务模式，开创新的规模增长点和赢利点，全力开拓集团内外市场，取得较好成效。一是集团内的市场额度不断增长，随着集团公司支持力度的加大，签订了呼伦贝尔褐煤干燥成型及配套系统总承包合同；俄罗斯捷宁斯卡亚、内蒙古不连沟等总承包项目取得实质性进展；环保、水务、新能源等专业的集团内项目也继续呈现较大的增长趋势。二是集团外部项目开拓取得成效。华电重工利用技术优势得到中石化、神华、宝钢等国内特大型能源企业的广泛认可，仅议标项目金额就超过30亿元，其中圆形料场、输煤系统总包业务在国内的市场占有率分别达到了75%和45%；环保专业集团外项目取得突破，在新疆伊犁电厂、越南海防电厂签订了脱硫、脱硝总承包合同；水处理专业继续加大集团外市场的开拓力度，系统外中标金额达到5.53亿元，占中标总金额80.9%；国内总承包专业取得重大突破，签订了中煤榆横煤化工自备电厂总承包合同，合同金额13.3亿元。三是投资业务取得积极进展。积极开拓水务BOT市场，签订安徽江北等一揽子水务项目，已签订和运营项目日处理量达 49 万 t；稳步发展脱硫 BOT 市场，脱硫运营电厂总装机容量已达 116 万 kW。签订望亭、扬州发电厂 4 台 30 万 kW 机组节能改造合同能源管理项目，成为国内首个以合同能源管理模式进行的 30 万 kW 级机组节能改造项目。四是“走出去”取得进一步突破。公司继续加大海外项目的开拓力度，在中马两国总理的见证下，签订了越南沿海 2 台 60 万 kW 燃煤机组的总承包合同；华电重工中标了印度兰科 4 台 60 万 kW 的中低压管道等项目。公司还积极跟踪印尼的煤矿和水电、罗马尼亚的燃煤电厂和风电、巴基斯坦的燃机电厂项目，并取得实质进展。国际贸易业务初显优势，加快开展煤炭等能源类大宗商品、高端装备和相关技术的进出口业务，已进口 40 多万 t 煤炭。

2011 年，华电工程中标总额达到 292.12 亿元，中标总金额同比增长 71.71%，集团外项目中标额 186.8 亿元，占比达到 63.94%，其中华电重工、总承包、电科院、郑州院新签合同额均比 2010 年有大幅增长。

（三）项目执行水平进一步提高

华电工程在执行项目总金额为 246.77 亿元，65 个工地，达到历史最高水平，执行压力空前提升。为保证在建项目的顺利进行，公司继续深入开展“双提”活动，着力提高工程质量和服务水平，取得了较好的效果，项目执行能力明显提高。一是公司始终贯彻安全第一的方针，积极筹备成立安全生产部门，深入开展“安全生产年”活动，推动安全生产长效机制，完善安全生产管理制度，组织开展春季、汛期、秋季安全大检查活动，提高各级领导干部和员工的安全意识，消除事故隐患，确保生产安全可控、在控。二是不断完善项目管理机制，以质量管理体系、环境管理体系、职业健康和安全管理体系外部审查换证为契机，梳理公司管理存在的问题，及时加以整改，顺利通过体系认证工作。三是通过质量培训和项目创优工作，组织参加质量评价师、质量控制小组、项目创优等培训，提高从业人员质量管理能力，积极开展项目创优活动。四是宁夏灵武、四川珙县大项目管理工作取得预期效果。

2011 年以来，各专业共受到 87 次业主发信函表扬，参建的项目先后获得国家优质工程银质奖、中国电力优质工程奖、年度化学工业优质工程奖等国家级奖项，项目管理能力得到了集团内外客户的广泛好评，凭借海外市场拓展和国际工程总承包能力的不断增强，荣获了“2011 年中国国际工程建设最具成长竞争力企业”称号。

（四）科技创新能力持续增强

华电工程始终坚持以科技创新推动公司快速发展，积极培育科技创新文化，不断加强创新平台建设，加大科技投入、技术研究和成果转化，取得较好的效果，科技创新能力持续增强。一是继续加大新产品、新技术开发和投入，积极落实华电集团对公司科技投入的要求，核定科研开发费用 1.94 亿元，占全年公司销售收入的 3.22%，确保了科研项目研发工作的顺利开展。二是加强创新平台建设，积极推进国家分布式能源技术研发中心获得批准，已得到中央预算内资助 3273 万元，与国家级企业技术中心、博士后科研工作站、各单位技术中心形成创新平台，推动新技术和新产品的研发和储备。三是加大新技术引进与合作的步伐，加快提高公司新技术的拥有量。与政府和国内外科研机构联合，大力推进页岩气技术引进及开发工作；引进德国泽玛克褐煤提质和成型技术，并在集团呼伦贝尔煤化工项目上推广使用；联合中科院承担的国家“973”计划项目“高效规模化太阳能热发电”，已进入中期评审阶段，使公司在太阳能热发电前沿技术研究方面抢得先机；大力推广低温循环水余热利用技术，以合同能源管理方式，应用在佳木斯、苇湖梁电厂，每年节约标准煤 10 万 t，减少二氧化碳排放 26 万 t，减少二氧化硫排放 3900t，两个项目产生了巨大社会效益，也带来较好的经济效益。加快推进与 GE 公司水处理膜元件高端制造项目合作步伐，以及可美泰克公司脱硝催化剂技术的引进与生产合作，推广尾部烟气余热利用技术，进一步提升了高端制造能力，带来了更大的效益空间。四是科研成果继续呈现较快增长的势头，新增授权专利 40 项，其中发明专利 5 项，公司持有专利达到 149 项，其中发明专利 16 项。公司英文字母缩写“CHEC”，获得了“北京市著名商标”荣誉称号。五是公司申报的“多能源互补的固定式燃气轮机或内燃机冷热电联供技术及示范”和“餐厨废弃物干法发酵制备生物质燃气与并网发电技术及应用”两项科技部“十二五”项目，分别获得国家科技计划课题经费 1500 万元和 700 万元。六是《华电技术》不断提高影响力，连续三次获评“中国电力优秀期刊”。

（五）经营管理水平不断提升

加强基础管理，按照管理创新“上台阶”的总体要求，结合“创先争优”活动，采取多种有效措施提升基础管理水平。一是顺利完成管理体系换证和升版。增加了 GB/T50430 认证，组织了《管理手册 G 版》的修订升版、9 个程序文件的修订和一个新程序的编写工作，成为强化公司内部管理的重要依据和行为规范。二是加强投资管理工作。加强投资管理体系和风险防控体系建设，部署开展海外投资项目评价工作，规避相应风险；提升资产营运能力，巩固了参股公司投资收益，努力提升资产经营业务在公司整体收入体系中的地位和比重。2011 年以来公司转让股权和投资收益合计超过 1.3 亿元。三是进一步提升财务管理能力。继续加强资金管理，拓宽融资渠道，积极筹措资金，加强金融机构综合授信申请。公司综合授信达到 90 亿元人民币，向金融机构新增融资 16.72 亿元；进一步加大应收账款回收工作，发布应收账款考核暂行办法，取得较好效果，总承包公司应收账款回款比例超过时间进度计划；积极做好国家各项优惠政策落实工作，向政策要效益，各单位积极落实税收等优惠政策增加效益超过 3 亿元。四是进一步完善绩效考核机制。推行四级八岗制度，逐步理顺管理、技术等人才成长通道。成立绩效考核委员会，修订员工绩效管理办法，强调业绩导向功能和绩效考核作用，规范考核程序、评分要求和计分方法，增加季度考核，使薪酬真实体现工作业绩和工作能力，提高了员工的积极性和创造性。五是继续加强信息管理。针对公司采购合同数量较多、金额较大的特点，继续完善采购信息系统，规范采购管理，提高了竞标采购管理水平，有效地控制了采购成本；完善一期信息采集平台与各分公司接口的开发工作，启动公司经营管理信息采集平台二期建设；公司档案管理工作得到加强；以内网为平台的信息收集和更新工作取得积极效果。

通过采取以上精细管理、降本增效等措施，促使公司盈利能力进一步增强，超额完成华电集团下达的全年利润指标，销售收入利润率不断增高，达到 10.62%，同比增长 87.96%。

（六）党建和队伍建设不断加强

扎实推进学习型党组织建设；以纪念建党 90 周年为契机，通过部署“五个一”活动、图片展览、征文、演讲、歌咏比赛等方式，深入开展“创先争优、科学发展”活动。华电工程结合生产经营抓党建工作和创先争优活动受到人民网等媒体高度关注。公司积极部署年度纪检监察工作，健全组织体系，完善相关制度，认真开展招标监督和效能监察，惩防腐败体系建设工作得到集团公司检查组的高度评价和认可。队伍建设方面，深入开展“四好”领导班子创建工作，不断健全竞争选拔机制，被评为华电集团“四好”领导班子创建活动先进集体。选拔任用了 33 名骨干员工到各级领导岗位，干部调整交流达 19 人次，各相关单位领导班子结构得到优化；部署开展中层后备干部推荐选拔工作，人才梯队建设得到加强，并引进了多名高端人才。加强法律队伍建设，被评为华电集团“五五”普法优秀单位。企业文化建设方面，深入宣贯“创造可持续价值”理念，发挥企业文化的引领、激励和凝聚作用，促进职工与企业可持续发展，公司“软实力”不断得到增强。公司积极利用外部媒体、集团和公司“两网一刊”等渠道，大力宣传公司经营业绩、重点工程成就和先进典型事迹，弘扬了企业精神，塑造了良好形象。

【2012 年重点工作】 2012 年是华电工程实现五年发展目标的关键之年，也是实施“十二五”规划承上启下的关键年。结合华电集团工作会议精神，华电工程 2012 年工作的总体要求是：按照集团公司统一部署要求，深入推进实施公司五年发展纲要和“十二五”规划实施，以管理效益提升年为载体，以创建世界一流工程技术产业为目标，强化内部管理，加快创新发展，防范经营风险，进一步提升效益水平，确保全面完成年度目标任务。

华电工程 2012 年的主要目标是：

(1) 确保公司系统不发生生产基建较大及以上安全事故，不发生企业经营和领导人员违法和严重违纪案件，不发生对企业形象和稳定造成不利影响事件。

(2) 利润总额 10 亿元；外部市场收入占总收入比重不低于 33%；销售收入 90 亿元；应收账款周转率 1.42 次。

(3) 印尼巴淡项目 2 台机组 7 月投产；巴厘岛项目上半年主体工程开工；印尼布伦干煤炭项目开工；郑州富士康分布式能源项目获得核准。

围绕全年工作思路和目标，2012 年重点抓好以下几个方面的工作：

（一）有序推进发展战略实施工作

围绕华电工程五年发展纲要及“十二五”发展规划，着力提升管理水平，加快创新发展，扎实推进战略实施。

（二）大力强化项目执行管理

进一步加强项目执行能力建设，认真总结开展“双提”活动以来的各项工作，切实将“提高工程质量，提高服务水平”意识融入到项目的执行工作中。

（三）着力提升市场开发能力

巩固提高已有业务优势，努力创造新的盈利增长点，着力提升市场开发能力。

（四）扎实推进创新管理工作

继续按照“决策科学、权责明确、机制完善、运转高效”的要求不断完善体制机制，推进创新管理工作。

（五）加快提高科技创新能力

努力提高科技创新能力、设计管控能力和新产品开发能力，增强创新意识和品牌意识，加大科技资金投入力度，落实科研项目，积极引进高端技术和人才，着力提高创新能力，以科技带动新业务的发展。

（六）积极推进党建和企业文化建设

继续深入推进创先争优活动，全面加强党的建设、思想政治工作和企业文化建设，为公司发展提供坚强的思想保证、政治保证和组织保证。一是加强企业党建工作。二是推进企业文化建设。三是做好新闻宣传工作。

【主要事件】 1月4日，华电工程承建的贵州大方1、3号机组脱硫增容改造工程顺利投运。

1月5～6日，国家环保部副部长张力军、环保部东北督查中心主任文毅带队的环保部“十一五”及2010年度总量减排考核组一行莅临华电水务石家庄有限公司，检查了出水排放口水质，调阅调度中心和化验室的生产台账和各种检测数据曲线，听取了公司的相关汇报。专家们对公司的规范化管理和出厂水质优于一级A标准给予高度评价。

1月7日，在中电联组织召开的全国电力行业文化暨企业管理创新论坛暨表彰大会上，公司董事长、总经理孙青松荣获“全国电力行业优秀企业家”称号，公司“创新文化引领华电工程科学发展”文化成果荣获“全国电力行业文化与企业文化优秀成果”二等奖。

1月18日，华电工程与美国通用电气（GE）公司推动中国分布式能源发展战略合作协议在美签订。中国国家能源局局长、中国国家发展与改革委员会副主任张国宝，中国科学技术部部长万钢，美国能源部部长朱棣文出席并见证了签字仪式。集团公司副总经理邓建玲、华电工程集团副总经理谢春旺与GE能源集团航改机总裁Darryl Wilson、GE能源集团航改燃机LM2500/LM1600生产线经理Liz B VerSchure分别代表双方在项目发展合作意向书上签字。

1月24日，华电工程2011年工作会议在北京召开。公司董事长、总经理孙青松作了题为《加快转变发展方式、切实提高管理水平，全力推进实施公司五年发展战略》的工作报告。

1月25日，华电工程与GE水处理及工艺过程处理集团战略合作协议签字仪式在公司本部举行。公司副总工程师、水处理分公司总经理沈明忠与GE水处理大中华区总裁黄醒辉分别代表双方签字。

1月27日，华电工程承包的印尼Adipala 66万kW超临界燃煤电站卸船机设备合同签字仪式在京举行。

2月20日，华电工程承包的华电四川珙县发电有限公司2×600MW工程1号机组输煤系统、脱硫系统EPC项目及管道、凝结水精处理供货项目与主机同步完成了168号试运。

2月22日，公司总承包建设的西塞山项目3号机组完成启动验收，并正式移交生产。公司总工程师黄湘出席移交签字仪式。

2月26～27日，华电工程承建的东方希望重庆水泥有限公司矿山下运式变频发电长距离胶带机重载上料圆满成功，并于2月27日正式发电，标志着华电工程胶带机首次采用四象限变频器反馈发电技术的成功应用。

2月28日，华电工程董事长、总经理孙青松与马来西亚捷硕集团首席执行官洪南坡在吉隆坡签订了越南海阳2×600MW燃煤电厂EPC合同备忘补充协议。补充协议进一步降低了华电工程的商务风险，并基本锁定了华电工程作为该项目的EPC总承包方资格，EPC合同将在业主方完成售电协议签署及项目融资等工作后正式生效启动。

2月，华电工程参与的“十一五”863重点项目“太阳能热发电技术及系统示范”研发团队，荣获科技部“‘十一五’国家科技计划执行优秀团队奖”。

3月1日，华电工程总承包建设的印尼巴淡TJK 2×65MW火力发电厂项目主体工程施工正式启动，公司党组书记杨勇出席启动仪式并宣布项目主体工程正式开工。

3月4日，华电工程研制的SP14000/（50＋50）/15型排土机出厂技术评议会在津召开。与会领导和专家听取了公司对排土机设计、实验和试制的汇报，并现场观看了排土机在模拟排土场地上进行的各种工况的试运行，对该型号排土机的研制给予了较高的评价。该排土机作为公司独立自主研制的大型露天矿排土设备，具有自主知识产权，并填补了国内自主研制排土机的空白。

3月21日，华电工程自主研发的软件产品《太阳能抛物面槽式热发电计算软件V1.0》能源管理系统取得了国家版权局颁发的计算机软件著作权登记证书。

3月24日，华电工程在北京召开第三届第五次董事会、第三届第二次监事会。会议听取并审议通过了公司董事长、总经理孙青松所作的《2010年度总经理工作报告》、审议通过了《2010年度财务决算与2011年度财务预算报告》等六项议案。

3月29日，华电工程研发的“火电厂烟气脱硫运行优化技术”在华电集团组织的成果评审会上得到来自山东大学、电规总院以及国华电力的学者和专家的一致认可，并取得良好应用效果。

4月6日，第九届中国国际核电工业展览会暨首届中国核能行业协会科学技术奖颁奖会在深圳举行。公司研发的“一种大流量中压凝结水精处理设备”获得首届中国核能行业协会科学技术二等奖，公司党组书记杨勇率队参加展会并代表公司领奖。

4月17日，华电集团党组成员、副总经理邓建玲在集团总部就华电工程与GE公司合作，会见了GE能源副总裁、航改型燃机公司总经理Darryl Wilson，GE能源副总裁、GE中国总经理温跃忠，GE

方授权首席谈判代表 Liz 一行。双方就进一步推进航改型燃机项目合作事宜深入交换了意见。

公司董事长兼总经理孙青松、副总经理谢春旺，集团公司规划发展部主任毛锡书、工程管理部主任金泽华、科技环保部主任张东晓、国际合作部副主任陈全，新能源技术开发公司总经理刘显明等陪同会见。

4 月 22 日，华电水务天津技术中心揭牌仪式在天津举行。

同日，华电重工装备有限公司引入战略投资股东增资协议签署仪式在公司本部举行。公司董事长、总经理孙青松，中信产业投资基金管理有限公司董事长兼 CEO 刘乐飞分别代表控股股东和新股东发表讲话。

4 月 25 日，华电工程总承包的华电灵武发电有限公司 2×1000MW 超超临界空冷 4 号机组烟气脱硫装置、烟气脱硝装置零缺陷完成 168h 试运行。

4 月 28 日，在中国国务院总理温家宝和马来西亚总理纳吉布的共同见证下，公司董事长、总经理孙青松与 Janakuasa 控股公司董事长丹斯里阿都哈密在马来西亚总理府签署了越南沿海二期 2×600MW 燃煤电厂 EPC 总承包合同。

5 月 6 日，华电工程董事长、总经理孙青松在本部会见了国电科技环保集团有限公司总经理叶伟芳，双方就进一步加强合作交换了意见，并就具体合作方式达成了初步共识。

5 月 8 日，华电工程董事长、总经理孙青松荣获“‘十一五’全国重型机械行业优秀企业家”称号。

5 月 12 日，华电工程董事长、总经理孙青松在公司本部会见了罗马尼亚经济贸易部常务副部长斯塔菲亚先生一行，双方就华电工程在罗马尼亚电力领域合作深入交换了意见。

5 月 19 日，“中国—巴基斯坦企业合作论坛”在北京举行。在巴基斯坦总理吉拉尼、全国政协副主席万钢以及集团公司副总经理程念高见证下，公司董事长、总经理孙青松与巴基斯坦鲁巴集团首席执行官费萨尔先生签署了联合循环燃机电站总承包合作意向谅解备忘录。

5 月 27 日，新疆华电环保技术有限公司揭牌仪式在乌鲁木齐举行，公司党组书记杨勇与华电新疆发电有限公司党组书记、总经理杨明共同为新疆华电环保技术有限公司揭牌。

6 月 3 日，中国核能行业协会在北京召开了“百万千瓦级核电机组凝结水精处理系统研究与应用”科技成果鉴定会。公司自主研发的此项成果为国内首创，先后获得 2 项发明 7 项实用新型专利和 1 项软件著作权。

6 月 7～8 日，在华电工程董事长、总经理孙青松的陪同下，集团公司总经理云公民、副总经理邓建玲，在集团总部会见了来访的西班牙 ACS 集团总裁佩雷斯、中期银行西班牙分行总裁普拉多一行，双方就清洁能源项目和海外项目投融资合作等问题进行了友好会谈。

6 月 24 日，华电曹妃甸重工装备有限公司荣获“河北省两化融合重点企业”称号。

6 月 29 日，华电重工股份有限公司创立大会暨第一次股东大会在公司本部召开。公司董事长、总经理孙青松主持了会议。

会议审议并通过了《关于设立华电重工股份有限公司的议案》、《华电重工股份有限公司章程》等 15 个有关股份公司设立及完善公司治理的内控制度的议案，选举产生了公司第一届董事会和监事会。

同日，公司博士后科研工作站召开博士后出站考核工作会议。公司副总经理、博士后科研工作站管理委员会主任马骏彪出席会议并讲话，清华大学博士后合作指导老师王凯军教授、相关专业技术人员、人力资源部、科技管理部及博管办有关人员参加会议。

6 月，华电重工装备有限公司获得物料搬运及仓储专业设计乙级资质证书。

7 月 4 日，印尼国家电力公司总裁 ISKAN 先生一行到华电工程投资建设的印尼 TJK 2×65MW 火电厂项目调研。ISKAN 先生赴项目现场察看了锅炉、主机厂房、循环水泵房及码头等施工情况，并对现场工程建设表示满意。

7 月 14 日，华电工程党组成员、副总经理马骏彪在公司本部会见了来访的陶氏化学全球工业领域市场总监 Chris Sacksteder 一行，双方就水务领域进一步合作深入交换了意见。

7 月 18 日，中国华电集团科学技术研究总院成立揭牌仪式在北京举行。集团公司总经理云公民、党组书记李庆奎，中组部人才工作局副局长宋永华共同为科研总院揭牌。

7 月 21 日，华电工程 2011 年中工作会在北京召开。公司董事长、总经理孙青松作了题为《提升能力，开拓创新，确保全面超额完成年度各项经营目标》的工作报告。公司副总经理兼总会计师许建良在会上作了财务预算执行情况专题发言。公司党组书记杨勇作了总结讲话。

7 月 22 日，作为华电电科院庆祝建院 55 周年专题活动之一的电厂环保国际技术交流会议在杭州召开。会议探讨交流了电厂环保技术，特别是火电厂燃煤颗粒物及其他污染物的控制基础研究和应用技术及其发展趋势。

7月28日，华电工程董事长、总经理孙青松在公司本部会见了日本旭化成化学株式会社执行董事根岸芳夫一行。双方就化工、水务投资等方面的合作、扩大膜产品在中国自来水领域的应用，利用旭化成先进的技术、产品和管理，保证华电工程投资项目的安全经济运行。双方还就风电、太阳能等新能源上的发展与合作进行了探讨交流。

8月2日，华电重工股份有限公司取得北京市工商局颁发的工商营业执照，标志着华电重工的重组及股份制改造工作圆满完成。

同日，华电工程董事长、总经理孙青松在本部会见了来访的马来西亚立达环球公司副总裁黄慧吉一行。

同日，华电工程董事长、总经理孙青松在本部会见了来访的沙特ACWA电力国际集团总裁Paddy Padmanathan一行，双方就南非Khanyisa 3×150MW IPP燃煤电站项目合作开发深入交换了意见。

8月3日，华电工程董事长、总经理孙青松在本部会见了由第一副校长卡尔·阿姆雷恩博士率领的加拿大阿尔伯塔大学大学代表团一行。

8月5日，印尼国家电力公司（PLN）副总裁MURTAQI先生一行到华电工程投资建设的巴淡2×65MW燃煤电厂项目现场视察。MURTAQI先生一行查看了锅炉岛、主厂房、循环水泵房、输煤码头等重要标段的施工情况，听取了项目工作汇报，并对项目施工进展情况表示满意。

8月15日，应罗马尼亚政府代表团邀请，华电工程董事长、总经理孙青松出席中国—罗马尼亚经济论坛并会见了罗马尼亚经济商务部部长ION ARITON。

8月22日，华电重工股份有限公司与印度LANCO集团签订4×660MW超临界机组管道系统总包供货出口合同。

8月25日，华电工程与美国Nabors公司在华电集团本部签署了页岩气合作谅解备忘录。集团公司党组成员、副总经理邓建玲，公司董事长、总经理孙青松，Nabors财务主管及主席助理Bob Su Popin先生和油气事业子公司总裁Digger Smith先生出席了签字仪式，华电工程副总经理谢春旺与Nabors主管国际事业的总裁Siggi Meissner先生代表双方签署了谅解备忘录。

8月30日，华电工程承建的天津军粮城发电厂五期扩建2×350MW供热机组烟气脱硫工程荣获2011年度“中国电力优质工程奖”和“达标投产工程”。

9月6日，国资委收益管理局副局长陈军到华电工程本部调研。华电工程董事长、总经理孙青松介绍了公司的基本情况、发展思路以及2012年国有资本经营预算工作安排。

9月19日，由华电工程投资的华电产业园隆重举行奠基典礼。集团公司党组成员、副总经理辛保安，华电国际党组书记钟统林，公司董事长、总经理孙青松，丰台区副区长孔令斌出席典礼。

9月25日，华电工程采用“代建”模式建设的河北华电尚义二工地49.5MW风电场成功并网。

9月29日，华电电力科学研究院被财政部、国家发改委核准为国家首批第三方节能量审核机构。

9月，华电工程三项成果获全国电力行业企业管理创新成果奖。其中“EPC多项目设计管理模式的建立与应用”、“海外工程项目信息管理系统CIMS”荣获二等奖，“电子档案管理系统在新能源领域的应用”荣获三等奖。

10月，华电工程获批建立国家能源分布式能源技术研发中心。

11月11日，科研总院与中组部、国资委申报“千人计划”的候选专家举行交流座谈会。来自美国、日本、挪威等国的专家分别介绍了各自领域的最新研究成果，并对科研总院发展提出了建设性意见。

11月12日，华电工程签订中煤陕西榆横煤化工余热综合利用动力装置工程EPC总承包合同。中煤能源股份公司总裁助理、中煤陕西公司总经理、党委书记姜殿臣，华电工程董事长、总经理孙青松分别代表双方签约并致辞。

11月22日，华电重工股份有限公司2011年第一次临时股东大会和第一届监事会第二次会议在北京召开。会议审议并通过了《关于公司首次公开发行股票并上市方案的议案》、《华电重工股份有限公司章程（草案）》等议案。

11月，华电工程总承包建设的华电漯河电厂一期2×300MW机组热电工程输煤系统荣获国家优质工程银奖。

12月17日，华电集团党组成员、副总经理邓建玲一行到由公司投资建设的印尼巴淡TJK 2×65MW火电厂项目现场进行调研。

12月，华电工程与美国B&V公司正式签署马来西亚Manjung 1×1000MW燃煤电厂除盐水系统EP合同。

（蒋方帅　杨文春）

北京能源投资（集团）有限公司

【企业概况】 北京能源投资（集团）有限公司（简称京能集团）成立于2004年12月8日，由原北京国际电力开发投资公司和原北京市综合投资公司合并重组，是北京市人民政府出资设立的国有独资公司，注册资本130亿元。

2011年度，根据北京市委、市政府和市国资委的决定，按照吸收合并方式，将北京热力集团划转京能集团。目前京能集团的业务主要为电力能源、热力供应、地产置业、节能环保和金融证券五个板块。

作为北京市政府电力能源的投资建设主体，京能集团担负着首都电力、热力等能源项目的投资、建设以及节能与环保技术的开发等重任。自2004年12月成立以来，京能集团依托区位优势，抢抓机遇，加快电力能源建设，突出优质清洁能源发展，在注重经济效益和社会效益的同时，实现了集团跨越式发展，投资领域涉及电力能源、热力供应、地产置业、节能环保、金融证券，投资区域主要集中在北京及周边地区，包括山西省、内蒙古等周边地区并投展至宁夏、四川、云南等省、市、自治区，初步发展成为以电力能源为主业、适度多元、产融结合的特大型投资经营企业集团。

2011年末，京能集团总资产1262亿元，净资产437亿元，位列市国资委监管企业前3名；2011年集团实现营业收入200.49亿元，稳居中国企业500强，各项财务指标在业内领先。2011年底，集团拥有全资、控股企业102家。集团多年来资产规模和电力装机容量在中国地方电力行业中处于第一梯队，盈利能力在地方电力企业中保持领先地位，集团多年进入中国企业500强行列，已由2005年的496位上升到2011年的421位。

京能集团坚持以科学发展观统领全局，积极倡导“以人为本，追求卓越”的核心价值观，以“促进能源开发、经济效益和环境保护的协调统一，为经济社会的可持续发展提供充足的动力”为使命，以战略规划为导向，认真贯彻中央经济工作会议精神和市委、市政府的有关工作部署，坚持以京能集团“十二五”规范为统领，搞好投资经营管理和改革发展工作，突出“稳字为首、北京为重、资源为先、效益为本”的“四为”导向，积极实施“稳节奏、谋布局、优结构、强管理、促发展”的投资经营工作方针，坚持稳中求进，力求创新发展，注重社会责任，积极保障民生、增强服务北京能力和可持续发展能力。

【组织机构】 见组织机构图。

【主要经营指标】

金额单位：亿元

指 标 名 称	2011年度
营业总收入	200.49
利润总额	23.67
净利润	16.77
资产总额	1262.27
所有者权益	437.60
其中：归属于母公司所有者权益	357.59
资产负债率（%）	65.33
净资产收益率（%）	4.50
发电量（亿kWh）	553.64
售电量（亿kWh）	515.99
供热量（万GJ）	2045.21
控制装机容量（万kW）	1230.31
权益装机容量（万kW）	1665.35
房地产开工复工面积（万m^2）	72.49
房地产销售面积（万m^2）	8.43

【业务架构】 2011年京能集团业务架构分为五大部分：

1．电力

2011年末总资产：786.99亿元。

总资产份额：62.40%。

2011年权益利润：15.85亿元。

权益利润贡献率：76.40%。

2．热力

2011年末总资产：239.94亿元。

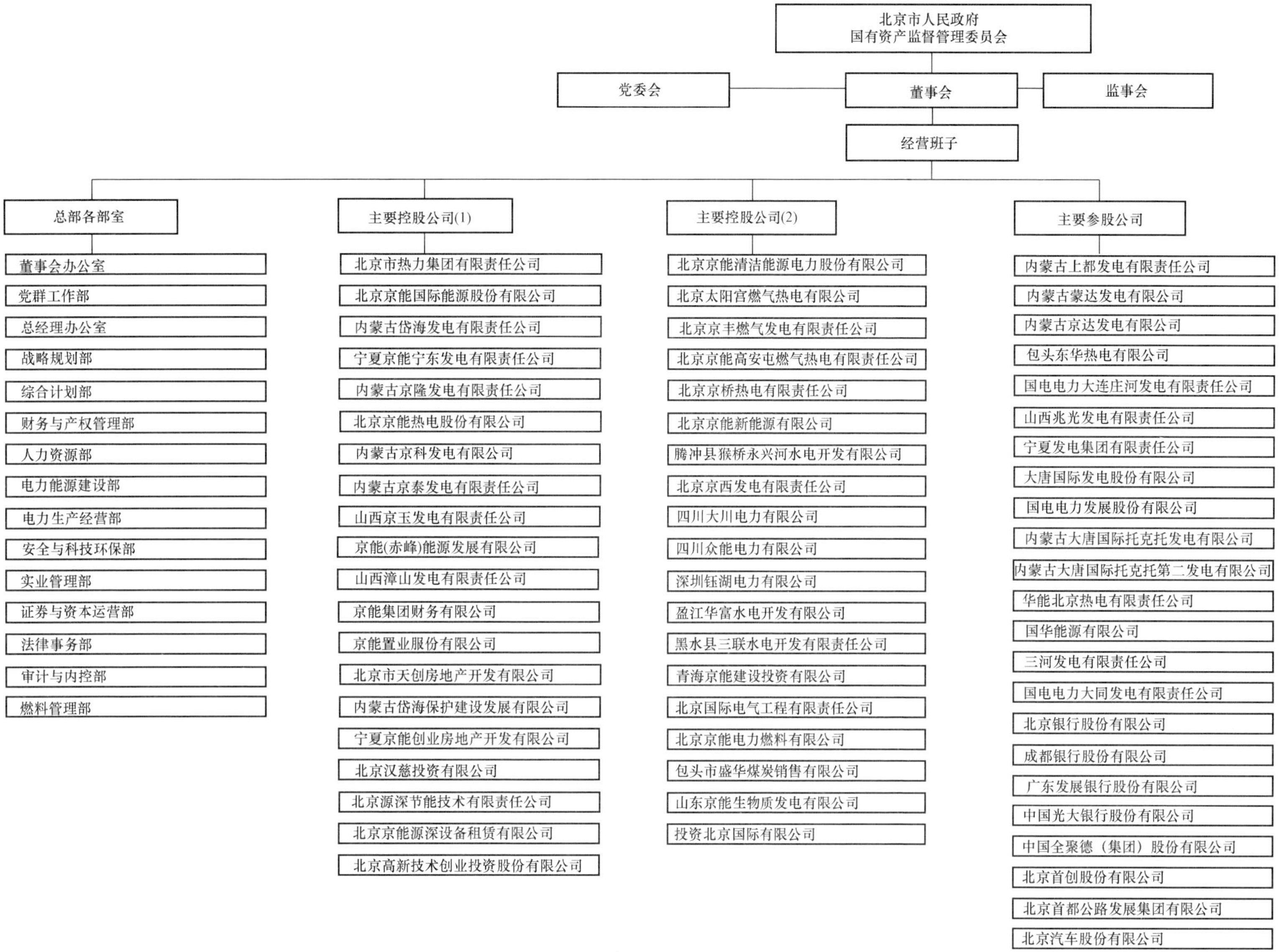

北京能源投资(集团)有限公司 2011 年组织机构图

总资产份额：19.00％。

供热总面积：2.01 亿 m^2。

3. 房地产

2011 年末总资产：82.62 亿元。

总资产份额：6.50％。

2011 年权益利润：0.97 亿元。

权益利润贡献率：4.70％。

4. 金融

2011 年末总资产：120.32 亿元。

总资产份额：9.50％。

2011 年权益利润：2.49 亿元。

权益利润贡献率：12.00％。

5. 节能环保

2011 年末总资产：32.40 亿元。

总资产份额：2.60％。

2011 年权益利润：1.44 亿元。

权益利润贡献率：6.90％。

6. 总计

2011 年末总资产 1262.27 亿元。

利润总额 23.67 亿元。

净利润 16.77 亿元。

各 地 区 电 力

2012
中国电力年鉴

华北地区

【国家电网公司华北分部】

分部概况 2011年12月，华北电网有限公司（简称华北公司）按照国家电网公司调整区域电网公司功能定位工作统一部署，组建成立国家电网公司华北分部（简称华北分部），与华北电网有限公司一个机构，两块牌子。国家电网公司华北分部主要负责监督、检查国家电网公司重大决策在华北区域内的贯彻实施，负责华北区域电网规划、电力调度、安全质量监督、生产技术、电力营销与交易、工程建设、审计财务、党群工作及综合行政等有关业务的管理与协调。

2011年，华北分部投产110kV及以上线路2129km、变电容量873万kVA；完成售电量1253.15亿kWh，同比增长15.84%；网间交易电量1625.67亿kWh，同比增长25.56%；主网电压合格率100%，综合频率合格率100%。全面完成国家电网公司党风廉政考核目标，综合业绩考核位居国家电网系统前列。

电网概况 华北电网以500kV“七横三纵”电网为主网架，山西、内蒙古电网为电源送出地区，东部京津唐电网、河北南网和山东电网为受电地区。山西电网、内蒙古电网通过联络线将电力送入京津冀地区，河北南网通过多回联络线与华北主网紧密联系，山东电网通过辛聊双、黄滨双与华北主网联系。华北电网与东北电网通过直流背靠背互联，华北电网通过特高压长南Ⅰ线、南荆Ⅰ线与华中电网联网运行，华北电网与西北电网通过银东直流互联。

截至12月底，华北直属单位共运维500kV变电站19座，主变压器153台、总容量44 075MVA；开闭站1座；串补站6座；输电线路87条、总长度8514.6km。220kV变电站92座，主变压器202台、总容量34 680MVA；输电线路305条、总长度7721.1km。110kV变电站259座，主变压器515台、总容量23 162MVA；输电线路646条、总长度9925.0km。另外，委托河北、山西、内蒙古和天津公司运维500kV变电站9座，主变压器57台、容量16 605MVA；输电线路53条、长度3918.9km。新增500kV变电站1座（金山岭变电站，北京超高压公司运维），变压器3台，变电容量750MVA；新增500kV线路4条（金承双回、金太双回，北京超高压公司运维），共420.8km。

人力资源 主辅分离改革取得关键进展，3家分离企业管理控制权全面移交，与中国能源建设集团有限公司正式签订划转协议。

加强员工入口管控，深化应用“六统一”招聘管理模式，指导供电单位逐步解决生产一线缺员问题，截至年底，供电企业生产一线结构性缺员问题基本解决。为电网建设、风光储、节能服务、通信和计量机构配置人员32名，为北京电力医院引进学科带头人及后备人才8名，公开招聘和人员合理流动机制逐步建立。

建立现代培训体系，编制现代教育培训体系发展规划，将员工培训与薪酬、绩效、晋升、发展有效衔接；实施培训积分制和培训导师制度，选拔230名职业导师，开展“一对一”青年人才培训工作；完善培训资源，完成调控一体化、运维一体化和继电保护仿真培训系统建设。全年共举办152期培训，技术比武、普调考13次，培训23 200人。加强技术院专家管理，调整专家专业设置，修订专家选拔条件，完善专家选拔管理办法和细则，引进人才测评、评价先进技术，专家评审机制进一步完善。多元化薪酬分配体制和全员绩效管理体系建设深入推进。建立企业年金常态监控和投资策略动态调整机制，防范企业年金运营风险，实现基金保值增值，2011年企业年金收益率位于国家电网公司系统前列。投保重大疾病保险和慢性疾病保险，加大基金集中管理力度，推进离退休人员养老保险社会化管理，建立社会保险信息管理系统，完善内控监督工作机制。

开展人力资源信息管理系统完善提升工程，优化组织、计划、薪酬、员工管理、教育培训、专家人才及招聘管理等模块功能，ERP系统与人力资源管控系统及国家电网公司SG-ERP实现横向集成和纵向贯通，人力资源核心业务实现全方位信息化管理；开展分析岗位评价试点工作，形成《岗位说明书》、《岗位归级方案》等21项成果，人力资源规范化管理水平有效提高；加强人力资源同业对标管理，建立定期督导反馈机制。

电网建设与发展 完成锡盟至南京特高压项目在河北、内蒙古境内的前期任务，取得内蒙古自治区政府《关于蒙西至长沙特高压项目的同意建设意见函》。创新政企联动推进特高压前期工作模式，开展张北特高压工程前期工作；制定“保安全、保质量、保进度”工作方案，唐山扣庄等7项迎峰度夏工程按期投产，承德西等8项迎峰度冬工程陆续建成。大房Ⅲ回500kV线路工程荣获“国家优质工程银奖”，并入选“国家优质工程奖设立三十周年经典工程”；推进农网改造升级和新农村电气化建设，全部完成冀北地区15.1万户农村“低电压”治理，建成6个电气化县、70个电气化乡、1320个电气化村，农网供电可靠率和综合电压合格率位列国家电网公司系统第一方阵。

华北分部投入3700余名工程建设人员和340余台大型机械，历时267天，如期投产9.35万kW风电机组、3.9万kW光伏发电和1.4万kW磷酸铁锂电池储能装置，实现风光储输联合并网运行，建成世界上第一个集风力发电、光伏发电、储能系统、智能输电于一体的国家级示范工程，在国内率先实现风光储联合发电互补机制及系统集成、全景监测与协调控制、全天候多尺度一体化功率预测、源网协调技术和大规模化学储能5大技术突破，完成10多项自主设备研发，创造20多项技术创新，获得70多项知识产权，培养100多名新能源领域的高层次人才。

建成大规模风电功率预测及运行控制、输变电设备状态监测系统和华北智能电网调度技术支持系统等试点项目，完成分布式发电/储能及微电网接入控制、虹桥变电站智能化改造、曹妃甸配电自动化项目建设任务，电网信息化、数字化、自动化水平全面提高。

企业管理 华北分部健全售电市场分析和调研机制，开展自备电厂统购统销试点，2011年公司营销服务市场占有率等9项同业对标指标进入国家电网公司A段；巩固扩大输电市场。增加东北电网、锦界、府谷电厂购电，充分发掘内蒙古外送通道潜力，建立蒙西富余风电在华北区域的跨省消纳机制；加强电费管理。开发应用自助缴费系统和邮政储蓄网点智能电能表售电系统，全额回收上划县陈欠电费，实现当年电费、陈欠电费“双结零”；探索创新节能服务市场。成立华北兴源节能服务公司，在国家电网公司系统率先建立节能服务体系，实施承德平泉酒厂发电机组节能改造等3个合同能源管理项目。全面实施北京送变电公司、华北电力科学研究院有限责任公司和华北电力实业总公司管理提升方案，提升基层单位市场竞争力。

全面融合资产、物料和设备标准，实现资产管理的全过程贯通。推广应用高绩效风险管理系统，实现风险控制措施与日常业务流程的深度融合。建立大中型基建、技改、大修等12个领域的全口径项目储备库，实现规划、计划、预算管理的有机衔接。开展38项基建、技改、科技和管理咨询项目后评估，促进项目闭环管理。实施领导干部360度能力素质测评，评选出5个优秀四好班子和11个和谐党委。开展全员绩效管理优化提升工程，创新建立基层单位对机关本部的绩效评价机制。深化同业对标管理，总资产周转率、单位劳动生产率、物资计划执行准确率等指标明显提升。124项折子工程完成率100%。

应用财务集约化管理平台和标准体系，实现全面预算管理覆盖所有单位。完成上划县公司账户与公司资金池挂接，撤销县公司402个银行账户，完成资金归结。清理处置低效无效投资，压缩产权级次，核心业务产权级次降至3级。

拓展集中招标范围，集中采购率达到95%。强化合同管理，创新运用主合同加订单签约模式，签约效率提高4倍，“三统”率（统谈率、统签率、统付率）达到85%。推进仓储配送体系建设，规划形成良乡仓储中心库、冀北区域库、二级周转库的仓储网络，完成清仓利库，实现全网物资信息“一本账”。完成秦皇岛电力公司和北京超高压公司精确配送试点工作。引入应用电子商务平台，实现仓储配送“双可视化”。

针对工程建设、“三重一大”等突出问题，先后开展11次财务、审计等专项检查，涉及1656个工程项目、22个二级单位和13个县公司，全面落实整改，有效堵塞管理漏洞。扎实开展“小金库”专项治理复查工作，制定251项“小金库”防治措施。建立“三指定”治理长效机制，明确15项治理内容，落实35项具体工作，获得电力监管机构充分认可；按照“三化三有”特色惩防体系建设要求，打造协同监督工作格局。坚持协同监督季度会议制度，实施6项推进机制，完成17个方面54项监督任务；明确“子公司体制，分公司运作”的基本原则，制定加强县公司领导班子建设的规定，下发加强县公司管理的6大类24项规章制度。建立定期通报、重大问题会诊等6项工作机制，完成25项突出矛盾和问题治理整改任务。

安全生产 宣贯《电力安全事故应急处置和调查处理条例》，共督查各类作业现场1038处，查处并纠正违章116起。健全事故应急体系，组建华北区域应急救援基干队伍，完成“2011年国家电网公司联合应急演练暨华北区域地震灾害应急救援实战演练”；集中开展特高压安全控制策略研究，优化电网运行方式，通过联络线计划调整、合理错避峰等多种手段加强省网间电力余缺互济，有效缓解缺电局面。完成银东直流和特高压扩建工程启动调试，顺利启动山西左权电厂和长治500kV变电站新建设备，保证特高压扩建工程500万kW大负荷试验顺利进行。完成2011年迎峰度夏工作，华北电网最大负荷达到16229万kW，同比增长5.94%；京津唐电网最大负荷达到4812万kW，同比增长2.95%；建成输变电设备智能分析管控系统，实现对输电线路、主变压器等主设备状态和微气象的在线监测。开展设备状态带电检测和专家会诊巡视，强化设备风险日提示、周分析、月总结，优化状态检修策略，实现设备安全稳定运行。持续深化政府领导、企业主责、警企联动、武警支援、群防群治、区域防控的电力设施保护机制，及时发现、处理危及线路安全的隐患322处，制止线下违章923起，清理树障21万余棵。完成全国"两会"、建党90周年、十七届六中全会等重大保电任务。

科技与信息化 华北分部制定新能源、变电、配电、用电、通信、实验室等六个重点专业的三年研发路线。由华北分部负责的间歇式能源发电多时尺度调度系统研究与开发、多类型储能系统协调控制技术及规范两项课题列入国家"863计划"。四惠桥智能电网科技研发交流中心建设顺利推进；按期完成大电网动态过程监测分析、大规模风电运行控制等研究开发。完成国家电网公司省级计量中心试点建设任务，自主设计的"411"❶ 项目成功上线，填补了国际和国内计量器具自动化检定领域的空白，整体建设水平处于国内领先地位。作为世界上首家在联合国注册SF_6气体减排CDM项目的电网企业，顺利完成现场核证工作。全年共获得中国电力科学技术奖6项、北京市科技进步奖4项、国家电网公司科技进步奖6项。推进信息化"521"❷ 工程，初步建成信息管控、流程数据集成、综合业务运行、信息安全主动防御和信息运维服务"五大中心"。完成国家电网公司数据级容灾建设任务，实现与国家电网公司信息化建设全面对接。

优质服务 华北分部推行95598供电服务中心"虚拟集中、统一管理"云化管理模式。建立95598供电服务中心"1+5云化系统"，以供电服务中心本部坐席为指挥中心，冀北五市远程坐席互为备用，话务浪涌智能管理，实现冀北五市的投诉、举报业务集中到供电服务中心统一受理。95598客服监督系统实现升级改造，完成95598视频电话会议系统建设。制定供电服务中心管理标准10个，编制应急预案2个，完成95598专家坐席设置。

完成95598互动服务网站试点第一阶段建设。作为首批10家试点建设单位之一，按照国家电网公司"五统一"原则建设95598对外客户服务型互动网站。网站于11月正式启动，经过测试环境搭建、系统培训调研、数据收集、生产环境搭建和上线前操作培训等主要工作，初步完成95598互动服务网站软件和硬件系统建设。

加快推进营业服务网点窗口建设，完成地市公司5个市级旗舰店、5个便利店建设工作及5个县级营业大厅建设，启动唐山电力公司移动营业厅试点建设工作。

加强业扩报装重点管理。严把"两高"（高污染、高耗能）行业入网关，按照国家电网公司继续对高耗能行业项目进行清理的要求，对于缺少或不符合条件的"两高"行业新装和增容项目及时补齐相关批准文件；严查"三指定"行为，建设"三指定"治理长效机制，开展2次所属供电单位的检查督导；开展客服工程项目业扩报装95598回访制度，回访客户达到100%；强化小区配套费管理，下发《关于重申城市新建住宅小区电力设施建设项目管理有关规定的通知》，加强城市新建住宅小区电力设施建设项目管理，提高城市新建住宅小区电力设施建设项目建设速度。组织编制了《业扩报装作业指导书》，促进公司业扩报装工作管理与执行的规范化。

党的建设和精神文明建设 华北分部深入开展"争当岗位金星、争创先锋金杯、争得服务金牌"竞赛活动和"三比一创"劳动竞赛活动，形成"践行金诺言、打造金太阳"双金建功等创争实践亮点，涌现出"马背电工"李国军等先进典型。中宣部部长刘云山对"绿舟服务队"事迹报道作出重要批示。深化学习型党组织建设。建立"五五"考评、督导点评、群众测评三项创争机制。正式上线政工E网，开展"忆光辉历程、展时代风采、做电网先锋"纪念建党90周年系列主题活动。出台党务公开实施办法，发布5类30项公开目录。坚持党建带团建，60余支省级青年文明号和青年志愿服务队活跃在为民服务第一线；创新"四好"领导班子评价机制，坚持从品德、业绩、能力和作风四个维度严格用人标准，开展三级五类干部培训，严格选拔后备干部，干部队伍结构不断优化。深入开展"企业文化大讲堂"主题实践活动和"在党旗下、在我身边"主题系列活动，举办"我身边的共产党员"主题征文演讲活动。大力宣传公司

---

❶ 4条检定线：低压电流互感器自动检定线、单项电能表自动检定线、三项电能表自动检定线、用电信息采集装置自动检定线；1个监控系统；1个仓储系统。

❷ 5大虚拟中心：信息工程大管控中心、流程数据大集成中心、综合业务大运行中心、运行维护大服务中心、主动防御大安全中心；2大业务平台：业务应用管理平台、资源管控平台；1个决策体系：战略决策体系。

十大感动事迹，建立精神文明建设典型案例库，深化班组建设工作，创建职工创新工作室，开展爱心帮扶和送温暖活动。创新“员工帮助行动计划”等活动载体，落实离退休老同志待遇，营造健康向上的和谐氛围。廊坊供电公司获“2011年第三批全国文明单位”称号，北京超高压公司等8个单位或集体荣获“国家电网公司文明单位”和“国家电网先进班组”称号；涂少良等6人荣获“国家电网公司劳动模范”、“国家电网公司优秀班组长”等称号。2项管理成果获得北京市管理创新一等奖。3项职工创新成果获得国家电网公司职工技术创新优秀成果奖。华北分部在国家电网公司“健康食堂”和北京市“市优大厦”创建工作中名列前茅。北京电力医院改扩建工程完成裙楼封顶。

（李　斌）

【华北电网有限公司】 见国家电网公司华北分部。

【北京市电力公司】

企业概况　北京市电力公司（简称北京公司）是国家电网公司所属省级电力公司，负责北京地区1.64万km^2范围内的电网规划建设、运行管理和630余万用电客户的供电服务工作，肩负着为首都党政军机关、重大政治活动和城市运行安全供电的使命。截至2011年底，北京公司本部设置21个职能部门、公司工会以及5个二级机构，下设16个区县供电公司，9个专业化公司（含全资子公司1个），9个其他单位（含全资子公司3个）。

2011年，北京公司完成售电量741.16亿kWh，500kV及以下线损率6.54%，同比下降0.14%，当年电费回收率100%。

电网概况　北京电网主网是以500kV为骨架、220kV为主体、110kV及以下配网覆盖全北京市的大型城市电网，北京地区是京津唐电网的负荷中心。截至2011年底，北京地区共有统调发电厂22座，发电机组140台，总装机容量6845.9MW，其中火电厂11（含燃气）座，发电机组39台，装机容量5658.9MW；水电厂（含抽水蓄能）6座，发电机组18台，装机容量1013MW；风电厂1座，发电机组76台，装机容量114MW；垃圾、沼气及核电厂4座，发电机组7台，装机容量60MW。110kV及以上变电站397座（含用户站），变压器970台，变电容量90 245MVA。110kV及以上架空线路456条，共6203.55km；110kV及以上电缆线路732条，共1257.85km。

北京电网500kV网架由9座变电站形成扩大双环网结构，西北部和南部分别外扩至张家口和河北地区，通过500kV 10个通道与外网联络，220kV网架由7座500kV变电站的220kV母联开关作为分区点，形成6个相对独立的供电分区，各分区之间通过联络线互为备用；110kV及以下电网除并网线路外，全部开环运行，形成辐射状电网覆盖全市范围。2011年，北京电网运行平稳，地区最大负荷1538万kW，同比减少6.39%，全年最大用电负荷1538万kW，综合电压合格率99.82%。北京电网冬季负荷最高达到1387.5万kW，同比增长1.34%。

人力资源　加强后备干部管理，制定下发《后备干部管理办法》等3项管理制度和《电力干部培训三年规划》。印发《生产员工安全技能等级评价工作管理办法（试行）》，完成7个单位1430名生产员工的安全技能等级评价工作。推广员工学分制管理，开展新能源、状态检测、带电作业等专项技术培训。

调整公司本部人资、财务、物资管理部门内设机构、职责及岗位编制，明确应急管理、标准化管理、电力管沟管理等职责。成立带电作业中心。深化定员研究和应用，开展电动汽车作业人员定员研究，推进定员单位开展定员分解工作。

电网建设与发展　结合首都“世界城市”建设需求，完善《北京电网十二五规划》，修编《北京电网规划设计技术原则》。参加住建部《城市电网规划设计导则》修编工作，将北京电网发展的特殊性需求纳入国家规范标准。依托空间布局规划初步确定中心城区2030年以前的输变电工程站址和路由资源，完成35kV及以上输变电工程可行性研究80项，取得项目核准、规划意见书、环评等前期要件126项。建立全口径项目储备库，将“十二五”规划项目全部纳入储备，完成深度储备项目67项。

滚动调整“十二五”配电网发展规划，落实土地一级开发配套规划92项，完成电力设施迁改工程66项。新建35kV及以上变电站11座，35kV及以上线路312.06km。延庆、平谷新能源示范工程纳入财政部金太阳工程。制定非生产性工程计划，合理安排项目资金，理顺管理流程，做到从可研到项目后评估的全程监管。

投产26项输变电工程，投产110kV及以上变电容量329.3万kVA，线路194.5km；完成22项35kV及以上电力设施迁改工程，改造送电线路88.23km；完成3项重点附属设施工程。

海淀500kV送电工程已开工建设；国家电网公司科技馆工程完成所有开工手续。22项度夏工程、京沪高铁配套220kV团河等工程全部按期投产；完成轨道交通、保障性住房等市重点工程配套变电站及迁改工程的建设任务；国家电网公司第一座EPC（工程总承包）建设模式的智能变电站试点工程——110kV科学城智能变电站工程按期投产。完成220kV

左安门智能变电站主体改造。在国家电网公司系统率先引入土压平衡式盾构机。建成北京公司第一座智能变电站（央企园110kV变电站）。军都等3项220kV输变电工程获国家电网公司优质工程称号。朝阳500kV变电站获国家优秀工程设计银奖；通惠等2项220kV工程设计获国家电网公司优秀设计奖；全过程造价管控体系研究获北京市第26届企业管理创新成果一等奖。北京公司获国家电网公司“2011年度工程造价管理先进单位”称号。

经营管理 推进财务集约化和财务资源管控能力建设，实现经费资金一级管理，优化融资结构，保障资金供给，压降财务费用。规范用户资产接收工作，落实免税政策，合法合规接收用户资产。2011年，北京电网总购电量787.56亿kWh。实施各类审计273项，促进增收节支。北京公司及所属昌平供电公司被国家电网公司评为“2009～2011年度审计工作先进单位”，供电所管理专项审计调查等三个审计项目获得国家电网公司优秀审计项目。全年落实国家电网公司考核业绩指标48项、公司折子工程14项及重点工作523项。

制定《北京电网经济调度管理规定》，滚动开展主变压器运行效率分析，组织实施主变压器降损停备措施，累计节约电量112.14万kWh。开展多维度的负荷分析及负荷特性研究，建立中低压母线负荷预测系统，负荷预测准确率97.94%，同比提高1.01%。建立电网检修运维标准作业库，完成电网检修运维管控模块，实现设备台账、标准作业库和预算定额有效融合。

启动物流体系改革，初步建立仓储配送体系，北京电力物流服务中心供应服务大厅正式揭牌，实现对供应商业务办理一站式服务。严把经济合同关口，全年对外签订经济合同11 642份。在网省公司层面率先建立合同管理“六统一”（统一合同归口部门、统一合同管理职责、统一合同管理流程、统一合同信息化工作、统一合同文本、统一合同分类）工作机制。建设供用电关系风险法律防范体系，完成电费回收及抄表计量领域法律风险及管理漏洞的梳理，对潜在法律风险进行排查与评估，共梳理风险点185项、风险行为516项。加强土地、房产战略资源管理，从权属管理入手，完善土地、房屋确权机制，新增土地确权面积22.3万m^2。梳理规章制度500项，对438项规章制度执行情况进行排查梳理分析。加强集体企业管理内部控制，编制完成法人治理类、财务管理类、人力资源管理类、业务管理类4类规章制度39项。制定《北京市电力公司本部企业管理创新成果管理办法》，北京公司本部申报创新成果32项中有17项获得优秀成果。建立企业管理创新专家库，申报管理创新成果88项。组织完成18项年度重大课题研究。荣获国家电网公司研究成果一等奖1项，国家电网企业管理系统调研成果杰出奖和优秀奖各1项。北京公司成为国家电网公司2011年同业对标综合管理标杆单位。

安全生产 开展安全管理、运维检修、应急管理、调度运行、科技信息等各方面工作。建立三级巡检机制，加强对作业现场的检查评估，强化重点规章制度、风险管控措施在现场的落实。完成电网运行指挥系统（IOSS）安全风险管控模块建设，建立风险管控执行情况评价指标体系，确保风险管控措施和安全生产过程管控工作有效对接。电网考核点电压合格率和220kV及以上继电保护正动率保持100%，处于国家电网公司系统同业对标A段水平。110kV及以上变电站调控一体化覆盖率达95.6%。完成输变配电设备检测15 365件，累计消除输变电设备缺陷4940件。组织开展恩翼帕瓦断路器、抚顺刀闸瓷瓶、线路重要交跨等隐患整治，全年输变电设备停电工作安排同比降低28%。

全年完成电网检修运维项目1769项，安排生技类专项技改项目263项，竣工完成大型技改项目85项。完善21类输变电设备状态评价导则、检修导则等技术标准。制定《电缆接头管理实施细则》，全面推行10kV电缆的OWTS试验，落实重要用户供电设施差异化运维措施。推进配电自动化建设，城区配电自动化通过国家电网公司实用化验收，金融街地区成为全国高可靠性供电示范区域。修订完善《北京市电力公司总体应急预案》和21类专项应急预案，成立公司两级应急基干队伍。开展供电和输变电系统数据核查梳理工作，全年总计梳理基础数据38 661条，保证基础数据和运行数据的准确性。

2011年，北京公司未发生电网大面积停电事故，未发生误操作事故，未发生重特大设备损坏事故。一般电网和设备事故同比下降85.71%，户均停电时间同比下降16.11%。完成全国“两会”、建党90周年庆祝活动、天宫一号和神州八号发射任务以及党中央、国务院重要会议等政治供电任务202项，累计保电天数达到310天，实现政治供电“零闪动”，安全生产“零死亡”的工作目标。

营销工作 北京公司在营销系统开展以提升营销精益化管理水平的“彻查问题、共建基础、真抓实干、务求实效”专项活动。制定和完善北京公司《业扩报装管理办法》、《电能计量库存管理办法》、《智能电能表安装调试工作规范》、《用电信息采集运行维护管理办法》、《机电式预付费电能表“机电不符”故障处理办法》、《电能计量现场检验管理办法》等11项管理制度。北京公司营销服务专业同业对标各项指标整体排序处于国家电网公司系统A段水平。

完成报装接电819.8万kVA，同比增长48.44%，累计消化热点用电需求248.19万kVA。推广电能替代项目，全年建成蓄冷空调、地源热泵项目121项，累计增加电量约1.34亿kWh；推广应用70万具智能电能表。实施“反窃电、促降损、强管理”专项行动，全年累计查处违约用电、窃电2326起，追补电量2954.37万kWh。

加快新能源用电需求，推动电动汽车充换电建设。全年建成12座充换电站、274个充电桩，其中高安屯示范充换电站建成具有示范效应，该站集充电、换电和电池配送三大功能为一体，满足北京市全部示范车型的需求。完成1万余户电力光纤到户改造任务，并配套开展智能小区和电力光纤入户商业运行模式的课题攻关。

完成营销稽查监控大厅建设及营销稽查监控系统上线工作，实现对营销关键指标、工作质量和服务质量的实时在线监控。

农电工作 编制完成“十二五”农村电网改造升级规划，编写《农网示范村建设标准》，指导“十二五”期间农村配电网建设。以大兴、密云、顺义、延庆、海淀五个地区为试点，通过配电网分倒路、加装配电变压器等措施加快农网升级改造。加快农网示范工程建设，在通州水务村、昌平长陵村、平谷祖务村、延庆玉皇庙村启动农网示范村建设工程。

加强农村供电所管理。结合北京农村供电所机构设置的实际情况，开展供电所作业专业化试点工作。开展农村用电安全强基固本专项行动，全面提升农村地区安全用电水平。

推进农村供电所标准化建设，完成40个农村供电所标准化建设，北京农村标准化供电所建设完成率达到100%。西集、十三陵、周口店、采育、金海湖5个供电所先后被国家电网公司评为标准化示范供电所。

北京10个远郊区（县）110kV及以下综合线损率累计完成6.33%，累计电费回收率100%。农村地区供电可靠率达99.884%，农村地区电压合格率达到99.396%。

科技与信息化 编制完成北京公司“十二五”科技发展规划，重点在配网可靠性供电、状态监测、电网安全与控制等领域开展科技研究。开展科技发展方向培育和科技项目顶层设计，优化科技项目产出机制。全年申请国家专利229项，其中发明专利60项，授权专利103项。获得国家电网公司科学技术进步奖6项，其中一等奖和二等奖各1项、三等奖4项。

开展国家863计划项目“电动汽车充电对电网的影响及有序充电研究”，以及国家科技部“十二五”科技支撑计划项目“优质电力园区关键技术研究与示范应用”立项申报工作。开展无人机巡线技术应用研究、北京电网仿真培训系统技术方案研究、政治供电相关标准及技术研究。承担北京市科技项目6项。

实施信息化专项计划项目40个，信息维护项目78个，年度任务完成率100%。智能电网信息化项目按期完成，GIS平台标准化改造通过国家电网公司评估，海量准实时/历史数据管理平台、移动作业平台顺利通过验收。推广实施SG－ERP人力资源管理系统，完善财务管控系统、ERP系统，电子商务平台上线，建设营销管理、生产管理信息系统，完善提升资产全寿命周期管理评估决策系统。

编制网络与信息安全专项应急预案和56个现场处置预案，开展核心网络应急预案演练。优化协同办公等16个信息系统性能，组织完成信息系统数据综合治理工作，信息系统应用顺利通过国家电网公司信息系统实用化评价。在国家电网公司首次进行的信息系统运行季度流动红旗评选中，北京公司获得优秀流动红旗。北京公司保持信息系统安全“零事故”记录，获国家电网公司2011年度信息安全技术督查优秀单位。

优质服务 开展“塑文化、强队伍、铸品质”供电服务提升工程。开展“95598光明服务工程”等各项主题活动。打造首都电力共产党员服务队进社区、进机关、进企业、进校园、进医院、进乡村等特色服务品牌。开通95598远端坐席，组织开展应急演练，对软硬件功能进行优化完善，提高热线服务能力。

打造居民购电“十分钟交费圈”。利用银行、邮局、超市等社区服务网络方便居民办理购电交费业务，拓展公共交费联盟等各类交费网点6671个，全市交费网点达到15 956个。开展应急送电卡服务举措，累计应急送电卡4096次。开展重要客户需求调研，对重要客户安全用电情况进行评估，建立涵盖客户静态基本信息及动态电力服务信息档案。落实调度交易十项服务措施，采取网站发布与季度电力市场交易信息发布会暨厂网联席会议，加大电力交易信息披露工作力度。

完成79个项目10万套保障性住房报装送电任务，送电容量20万kVA。建立由市、区两级政府和供电企业三方共同出资，改造老旧小区供电设施的建设模式，完成68个老旧小区改造，惠及居民9万余户。

北京电力展示厅建立“实体展厅、流动展厅、网上虚拟展厅”三位一体的运营模式，为电力客户提供不间断服务。累计接待社会各界来宾657批次、13 789人。与人民网、新华网、中国电力新闻网建立伙伴关系，逐步搭建北京公司统一对外联络平台。在《人民日报》、新华社、《北京日报》和《国家电网报》等媒体发稿 3023 篇，制作专题片 10 部，中央电视台、北京电视台相继进行了报道。

举办“工频电磁场与人居健康安全”国际研讨会，与国际权威机构和电磁环境与健康领域专家建立合作交流渠道。

推动品牌建设职能由“服务”向“保障”转变，成为国家电网公司系统首批品牌标识建设达标单位。北京公司获北京市第五届“影响百姓经济生活的十大企业”榜首。

党的建设和精神文明建设 北京公司党委开展“学党史、强信念，明形势、做贡献”主题教育活动，组建“国家电网首都电力共产党员服务队”18 支，在全市 133 个社区挂牌建立“社区服务站”，重点为社区孤寡老人、军烈属、低保户等特殊群体提供公益性服务。开展“国家电网首都共产党员爱心基金”专项用于困难对象帮服活动，累计开展活动 639 次，惠及居民 25 万余户。2011 年，1 人获北京市优秀共产党员称号，5 个党支部获国家电网公司“电网先锋党支部”称号。评选出优秀党支部创新实践成果 33 个。朝阳供电公司党委《“先锋电力”助推企业和谐发展》荣获北京市国资委优秀基层党建工作创新项目。

评选出“十大首都电力之星”、“十大优秀团队”。成立 27 个创新工作室，3 项成果获得全国和北京市级科技成果奖；肖永立创新工作室获得第六届“海峡两岸职工创新成果展”金奖和北京市职工优秀创新成果展金奖；2 个优秀班组获得中央企业红旗班组称号；“共担安全每一天”特色主题宣教活动荣获国家电网公司企业文化优秀案例一等奖；城区供电公司天安门地区供电中心荣获“全国工人先锋号”称号；平谷供电公司金海湖供电所荣获“北京市工人先锋号”称号。

开展“反思教训、完善监控”主题教育实践活动。完善“三重一大”集体决策、“一岗双责”履责要求、廉洁从业教育等 9 项廉政制度。荣获国家电网公司年度党风廉政建设责任制考评优秀单位称号；连续三年蝉联北京市政风行风民意测评公共服务行业第一名，2011 年又被列为首批免测评单位。

北京公司蝉联全国文明单位称号，连续四年评为全国“安康杯”优胜企业，获得 2011 年“首都文明单位标兵”称号。所属 16 个供电公司全部获得 2011 年首都文明单位（标兵）称号。

（吴国健）

【天津市电力公司】

企业概况 天津市电力公司（简称天津公司）隶属于国家电网公司，担负着整个天津地区的电网规划、建设和供电服务任务。供电面积 1.19 万 km^2，供电营业户数 413 万户，供电业务人口超过 1100 万人。

2011 年，天津公司新增变电容量 577.15 万 kVA、输电线路 816.72km。完成售电量 589.52 亿 kWh，同比增加 7.92%；线损率 6.62%，同比持平。天津公司本部设 20 个部门，下辖 24 家基层单位，其中供电单位 12 个、施工单位 1 个、其他单位 11 个。

领导班子

党委副书记、总经理：张宁

党委书记、副总经理：葛正翔

党委常委、副总经理：屠强、赵鹏、刘宏新

党委常委、总会计师：李路

党委常委、纪委书记：刘琳

党委常委、滨海供电分公司总经理：闫卫国

党委常委、工会主席：董天仁

总工程师：谢开

正局级调研员：朱长富

副局级调研员：陈振宇

组织机构 2011 年，天津公司员工共 1.3 万余人。公司本部机构设置，定员为 320 人，设 20 部门，即办公室、发展策划部、人力资源部、财务部、生产技术部、营销部、基建部、监察部、安监部、审计部、思想政治工作部、科技信息部、物资部、经法部、外联部、调度通信中心、电力交易中心、公司工会、农电管理公司、国网企业协天津分会。

天津公司下辖 24 个基层单位，即高压供电公司、滨海供电公司、城东供电分公司、城南供电分公司、城西供电分公司、东丽供电分公司、蓟县供电分公司、客户服务中心、培训中心、技术中心、修试中心、物流管理中心、电力通信分公司、电能计量中心、电费管理中心、送变电工程公司、电力工程建设监理公司、路灯处、宁河供电有限公司、武清供电有限公司、宝坻供电有限公司、静海供电有限公司、三源电力集团公司、茂源电力服务公司。

电网概况 2011 年，天津电网与外部周边电网的联络通道有 6 个，以北郊、吴庄、滨海、东丽、芦台、板桥 6 座 500kV 变电站和盘山电厂为支点，形成单环网。220kV 电网形成西部、中东部两个双环型的网架结构。220kV 电网深入中心区直接降压至 35kV 及以下电压等级向城市供电，供电半径较大，市区不设 110kV 电压等级，但在农村仍保留 110kV 电压等级。年最高负荷达到 1061.5 万 kW，同比增长 13%，售电量 589.52 亿 kWh，同比增长 7.92%。截至 2011 年，天津电网共接入各类电厂 46 座，发电装机容量 1122 万 kW，其中火电厂 40 座、装机容量

1102万kW，水电厂1座、装机容量1万kW，新能源电厂4座、装机容量13万kW。华北电网统调420万kW，天津公司统调720万kW，企业自备电厂70万kW。

截至2011年底，天津公司拥有公用变电站429座，其中500kV变电站6座，220、110、35kV公用变电站分别为58、112、253座。主变压器容量5432.815万kVA，输电线路长度1873.29km。

人力资源 截至2011年底，天津公司累计教育培训完成102.7%。推进集约化管理，成立经济法律部、对外联络部，选拔58名优秀干部到天津公司本部工作。完善干部管理制度，完成天津公司管领导干部调整75人次，完成基层单位中层干部调整审批606人次。开展职业技能鉴定工作，完成20个工种的初、中、高级鉴定，总计1439人；完成12个工种技师、高级技师的鉴定，计629人。全面实施“3341”人才培养计划，初步建成公司人才库，培养“双师型”人才211名。深化培训管理，输配电实训基地正式命名为“国家电网公司配电带电作业实训基地”，下发年度各专业技术竞赛实施方案，完成2项竞赛和9项调考。公司专家队伍发展到144人，初步实现引导员工走专家型成才道路的目标。

电网建设与发展 2011年，天津公司新增变电容量577.15万kVA，新增输电线路816.72km。修编“十二五”电网发展规划，编制10kV及以下配电网规划。完成静海500kV输变电工程规划前期工作。兰清道等7个220kV输变电工程建成投运，八里台等6个220kV输变电工程开工建设。建成全国首个电力建设工程质量监督管理系统，新开河、韩庄变电站工程获得国家电网公司基建管理流动红旗，军粮城、白塘口220kV输变电工程获评国家电网公司输变电优质工程。供电设备工厂化修试基地正式投入运行，满足了电网一次设备快速检修的需要。东丽区政府将“十二五”电网建设重点工程全部列入督办事项，建立电网建设政府补偿差额机制，改善电网发展环境。

智能电网建设。以中新天津生态城智能电网综合示范工程为重点，制定涉及6大环节的39项技术和管理标准，研发微网储能与接入等一批创新成果，形成一套完整的工程管理模式，在标准制定、技术开发和工程建设等方面取得重要突破。完成城南配电自动化、静海农网智能化综合试点工程。首次作为牵头单位成功申报国家863计划课题“智能配用电园区技术集成研究”，为城市高可靠性供电区域和农网智能化建设积累宝贵的技术和人才储备经验。

经营管理 加强企业基础管理，强化规范化运营，在国家电网公司年度同业对标综合排名中，天津公司从第13名提高到第9名，4项典型经验入选国家电网公司典型经验库。推进财务集约化深化应用，资金集中率超过99%，资产设备对应率达到100%，天津公司资金集中管理和资本集中运作被评为华北区域标杆。完成国家电网公司物资超市化自助采购试点，电子商务平台上线运行。建成电子评标室，率先开展远程异地招标。完成物资清仓利库，释放库容31%。完善投资管理系统，建立投资效益评价分析体系，提高投资管理水平。规范公车配备范围和标准，“三公”费用同比下降5%。完成“标准化推广工程”一期建设任务，建立流程架构体系，天津公司业务流程建模规范成为国家电网公司推广模式。完成全员绩效管理优化提升工作，初步建立内控与全面风险管理体系。开展10次重点工作和对标指标点评，实施24个专业的班组同业对标。平稳移交天津电力设计院。加强自备电厂管理，市场占有率同比提高0.52个百分点。

安全生产 开展安全风险管控和“安全共保”等专项治理活动，严格治理各类违章行为。完成调度中心安保装置正式运行。规范基建工程验收管理，强化全过程技术监督，为京沪高铁等重要客户提供安全的电力供应。全面开展状态检修管理和状态检测技术推广应用，状态检测标准化管理入选国家电网公司典型经验。健全应急管理体系，开展8次大规模应急演练，建立应急救援基干分队和应急专家库。完成《天津市电力设施保护条例（草案）》起草工作，并在东丽区设立“预防外力破坏保障金”。严肃查处各类违章行为，全面落实各项安全措施。开展隐患排查治理，治理一般事故隐患239项。强化安全培训和考核，组织7460人次参加安规考试。开展主设备专项检查，防汛度夏期间紧急实施12片小区、143项配电改造。举办3次应急联合演练，提高突发安全事件应急处置能力。2011年，天津电网成功经受住1061.5万kW最高负荷考验。全年发生一类障碍12起，同比下降58.6%。发生一般设备事故1起，同比下降66.67%；发生二类障碍41次，同比上升24.24%；未发生重大人身伤亡事故和设备事故。截至12月31日，实现电网安全生产“零事故”，实现输电主网安全运行1000天。

营销工作 在中新天津生态城智能电网综合示范工程中，推广应用智能用电管理系统，建成418户居民用电的嘉铭智能供电小区，完成光纤到户、智能家居、智能用电和可再生能源接入综合样板间示范工程；研发电动汽车充换电智能运营管理系统，6座充电站投入正式运行，327个分散交流充电桩建设投运。全面推广智能电能表，累计换装智能电能表159万具，计划完成率达92%。开展售电市场监测，推行

“领导领衔制”和“大客户经理制”，加大报装接电专项工作力度，完成接电容量611.85万kVA，同比增加22.45%，拉动电量增长约14亿kWh。审定住宅配套与10kV公建项目1189项。开展电价政策专项治理工作，完成88.3万户零电量用户清理整改，共补收电量3560万kWh。完成4.91个购电大用户的清理整改，共追回电量785万kWh。开展端对端业务流程梳理，共梳理流程124个，匹配表单84个，制订和梳理匹配制度39个。开展500kVA用电专项普查活动，优化和完善抄核收专业工作质量管控体系。

科技与信息化 做好国家863计划课题“智能配用电园区技术集成研究”实施工作。围绕中新生态城智能电网建设加强科技创新，自主开发可视化平台、智能用能管理等4个原创系统和8个技术支持系统，建成国内首个四位一体智能营业厅，探索和完善了国内微网分布式电源接入技术和微网控制技术。“面向城市区域智能电网的综合可视化平台”等5项成果获得国际领先评价，19项成果获得国际先进评价。全年取得专利授权47项，其中发明专利9项。全面完成上级下达的科技创新和信息化年度重点任务，64项科技计划项目全部完成，其中总部管理项目21项，公司管理项目43项。申请专利68项，其中发明专利20项；获得专利授权53项，其中发明专利9项。全年三批41项信息计划项目全部完成，未发生信息系统任何责任事故、安全涉密和非正常停机事件。全面梳理“十一五”期间信息化项目，完成21个单位共计130个项目结算批复工作，完成天津公司本部15个项目的资料收集及转资工作。完成国家电网公司信息运维普考工作，43名信息运维人员参加考试，取证通过率100%，天津公司获优秀组织单位称号，1名员工获国家电网公司单项冠军。“大型电网企业基于ARIS流程管理平台的工程项目档案标准化管理”等4项课题获得天津市第18届企业管理现代化创新成果一等奖。

优质服务 开展纪念建党90周年主题系列活动，全面部署启动“为民服务创先争优”工作。组织实施“95598”光明服务工程。完成京沪高铁、第一热电厂供热转换等重点项目电力配套工程。实现全市范围营销业务异地受理，建成运用两级营销稽查监控系统。新建13个24小时售电营业厅。针对农村地区交费难的问题，发放POS终端1100台。安装自助售电收费终端85台，开办邮局收费售电网点，开发手机、有线电视机顶盒售电收费平台。服务政府节能减排，完成发电权交易电量17.36亿kWh。加强路灯设施提升改造，累计整修更换灯杆7241基。开展“品牌塑造年”活动，建立健全新闻应急机制，树立“国家电网”良好品牌形象。创办大客户信息期刊《连心桥》，组织进社区现场服务540余次，办理居民售电、咨询等业务2万余件，为特殊群体对象上门服务170余次。全年营销工作服务客户满意率99.96%。

党的建设和精神文明建设 推进学习型党组织建设，加强党建工作创新，实施“95598”光明服务工程，完成“讲创新，强队伍，提素质”、“为党旗增辉，做电网先锋”等主题实践活动。加强企业文化建设，“核心价值观主题培育模式”获得国家电网公司优秀企业文化案例一等奖。整合监督资源，形成纵向、横向和群众监督三位一体的协同监督工作格局。以全国劳动模范李宝年命名的“天津电力李宝年创新工作室”正式成立，并相继命名张黎明、冯世云、孙伯伟3个“劳模创新工作室”。举办第六届职工文化艺术节。关心离退休老同志和困难职工生活，保持队伍稳定、企业和谐。天津公司和滨海供电分公司、静海供电有限公司荣获全国文明单位称号；天津公司获“全国模范劳动关系和谐企业”、“国务院国资委中央企业党建带团建工作先进单位”等荣誉。党委成为国家电网公司系统唯一的国资委党建调研联系单位。工会荣获天津市工会工作创新发展标兵单位和“五一劳动奖状”；获全国“工人先锋号”先进集体1个；国家电网公司劳动模范3人、“工人先锋号”先进集体3个。

主要事件

6月29日，天津公司深入开展纪念建党90周年主题系列活动，全面部署启动“为民服务创先争优”工作，组织实施“95598”光明服务工程。

7月16日，天津公司配电网自动化试点工程建成投入运行。作为智能电网的重要组成部分，配电自动化试点工程，将为实现天津市城乡供电信息化、自动化、互动化的建设目标起到示范作用。

9月15日，天津公司以全国劳动模范李宝年命名的“天津电力李宝年创新工作室”正式成立，公司弘扬劳模精神，发扬劳动作用，着力打造职工创新品牌，相继成立李宝年、张黎明、冯世云、孙伯伟“劳模创新工作室”。

9月19日，国际上覆盖区域最广功能最齐全的中新天津生态城智能电网综合示范工程建成投运。该项目取得了微网储能与接入等一大批创新成果，制定了涉及6大环节的39项技术和管理标准。形成了一套完整的工程管理模式。

9月23日，天津公司供电设备工厂化修试基地正式投入运行，进一步提高电网供电可靠性，满足电网一次设备高质量、集约化、标准化、快速检修需要。

10月13日，天津静海农网智能化电网试点项目通过国家电网公司验收。该项目高质量完成了试点建设任务，项目成果达到国内领先水平。

10月27日，天津公司积极主动服务国家节能减排政策和天津市民心工程，为第一热电厂关停、供热转换服务的光明桥220kV变电站竣工投产，公司用不到10个月的时间完成2座220kV变电站和30.14km输电线路的建设。

11月16日，天津市在全国率先电实现“县县电气化”目标。蓟县全面完成新农村电气化建设任务，通过了天津市新农村电气化领导小组验收。

12月15日，华北供电局天津电力监管业务办公室举行揭牌仪式。国家电监会副主席王野平、天津市副市长王治平共同为华北电监局天津电力监管办公室揭牌。

12月31日，天津公司电网安全生产保持平稳局面，实现电网安全“零事故”，高压供电公司实现主网安全运行1000天。

（戴宗宝）

【河北省电力工业】

综述　2011年，河北省电力系统各电力单位，在省委、省政府和主管归属公司的坚强领导下，围绕省政府确定的“以科学发展为主题，以加快转变经济发展方式为主线，全力以赴稳增长、调结构、控物价、惠民生的”战略方针，积极开展工作，较好地完成了各项目标任务，实现了“十二五”开门红。截至2011年底，全省发电装机容量达到4450万kW，其中6000kW及以上达到4429万kW。新建500kV变电站2座，变电容量达325万kVA，500kV变电站达到了26座，共计4550万kVA；新建500kV输电线路4条，共计20km，500kV线路总长度达到8875km；新建220kV变电站23座，变电容量710万kVA，220kV变电站达到了236座，共计8095万kVA；新建220kV输电线路64条，共计1292km，全省220kV输电线路达到8095km，从而大大改善了河北省的电网结构，促进了工农业生产的发展。

全省完成发电量2250亿kWh；6000kW及以上供热量完成202 303 045万GJ；全省完成供电量2697亿kWh；全省完成售电量2665亿kWh；6000kW及以上全省发电煤耗完成315.08g/kWh；全省供电标准煤耗完成336.43g/kWh；全省线损率完成4.89%。

领导班子

省电力公司领导班子

总经理、党组副书记：孙正运

党组书记、副总经理：孔庆军

副总经理、党组成员：白林杰、范振华、邢晨

副总经理、党组成员、石家庄供电公司总经理：赵亮

总会计师、党组成员：朱晋平

党组成员、纪检组长：董双武

党组成员、工会主席：赵社宏

总工程师：许洪强

电源建设

（一）火电建设

1. 任丘热电举行铁路专用线工程开工仪式

10月28日，任丘热电铁路专用线工程开工仪式举行，标志着热电项目的关键配套工程——铁路专用线工程进入建设阶段，为机组供热发电、燃煤运输提供了条件。

铁路专用线计划于2012年6月建成通车。铁路专用线线路全长8.2km，从任丘站北接轨，向东北方向延伸进入电厂站，一期工程年运量150万t。

2. 沙河发电1号机组厂用电受电一次成功

10月15日11时38分，沙河发电1号机组厂用电受电一次成功，标志着1号机组分系统调试工作将全面展开。

为确保整个受电过程准确无误，河北省电力公司（简称河北公司）专门成立了由建设、设计、调试、施工、监理等单位组成的厂用电受电领导工作小组，加大对受电技术条件、实施方案和安全保障措施的检查落实力度；调试单位的现场调度和运行操作人员密切配合，按照列出的厂用电受电操作明细逐步操作，整个环节指挥得当，操作有序，受电人员各行其责，实现了厂用电受电一次成功。

3. 鹿华热电一期1号机组通过168h试运

10月25日22时23分，鹿华热电一期2×330MW机组工程1号机组圆满完成168h满负荷试运行，正式转入商业运行。该工程自8月6日1号机组厂用带电一次成功后，仅用80天时间顺利实现锅炉酸洗、吹管、点火，空冷岛冲洗，机组冲车、并网、168h试运7个“一次成功”和脱硫、脱硝、中水投运的“三同时”目标，各项指标达到全国同类型机组较高水平。

1号机组于10月18日11点30分点火总启动，10月18日22时22分机组带满负荷开始168h试运行，10月25日22时23分168h满负荷试运顺利完成。满负荷试运期间，汽轮机最大轴振6.8丝，发电机漏氢量3Nm^3/d，真空严密性0.28kPa/min，平均负荷率101%，自动、保护、仪表投入率均为100%，其他各项指标均达到优良水平，机组试运平稳，达到330MW满负荷额定出力，工程建设保持安全生产808天无事故的纪录。

（二）风电及其他能源建设

1. 2011年尚义风电建设总投资达150亿元

尚义县稳步推进风电产业持续快速发展。到2011年底，风电建设总投资达150亿元，发电装机

和并网总量分别达到130万、115万kW，建成规模位居全省第一。

尚义县在推进风电产业发展中，坚持科学总体规划，对全部风电资源实行优化整合，优先引进了华电、国华、龙源及华能等9家“国字号”风电开发企业。2011年先后启动了韩家庄一期、二工地一期等15个风电建设项目，项目总投资75.62亿元，年内完成项目投资40.77亿元。新增风电装机39.6万kW，累计达到130万kW。正在建设的国华全顺堂、华电王悦梁二三期等10个风电前期工程都在积极推进。针对风电并网难这一困扰瓶颈，该县会同驻地风电企业成立风电并网管理专职组织机构，在八道沟建成了风电并网开闭站，打通了制约电网出入接口，使风电并网难问题从根本上得到有效缓解。2011年底，全县风电并网达到115万kV，新增34.65万kV。

2. 中国规模最大的海上风电项目将落户乐亭县

1月13日，乐亭县菩提岛海上风电场示范项目300MW工程可行性研究报告通过专家评审，这标志着中国规模最大的海上风电项目即将落户乐亭。

乐亭菩提岛海上风电场示范项目300MW工程，初步确定选择单机容量较大的3MW及以上大型风电机组进行示范，工程推荐方案为100台单机容量3000kW的风力发电机组。项目总投资57.6亿元。预计2012年底可完成项目核准手续，2015年底前建成投入运营。项目运营后，年上网电量可达7.52亿kWh，年可实现销售收入7.3亿元，年实现税金5800万元。乐亭县地处渤海湾，海岸线总长124.9km，占河北省海岸线总长度的1/4，可供利用的风资源达3700MW，风力资源非常丰富。为加快海上风电场的开发建设，乐亭县在2011年初就聘请上海勘察设计院的专家编制了《乐亭县海上风电规划》。当年6月河北建投乐亭菩提岛海上风电场300MW工程取得了国家能源局许可立项批复。

3. 河北华电蔚州甄家湾风电场开工建设

由河北电建二公司承建的河北华电蔚州风能有限公司甄家湾49.5MW风电场道路施工项目开工建设，这标志着该项工程正式拉开建设帷幕。

该工程位于张家口市蔚县县城东南约26km处，总占地面积约为49km²。该地区风能资源丰富，年均风速达7.0m/s以上，适宜建设大型风力发电场。该工程由华瑞能源集团有限公司全资投资，静态总投资为45 306万元。本期工程安装24台2000kW风力发电机组和1台1500kW风力发电机组。

电网建设

1. 广元500kV变电站成功投运

6月18日9时，广元500kV变电站主变压器成功投运。广元500kV变电站于2010年3月18日正式开工建设，是省电力公司系统内第一个实现标准化开工建设的工程，也是河北南网“十二五”期间构建“三横两纵、双环网”500kV主网结构的重要工程。该站坐落在邢台市以东16km处。终期规划1000MVA主变压器4台，500kV出线8回，220kV出线16回。本期工程安装主变压器1台，500kV出线6回，220kV出线3回，35kV无功补偿电容器2组、电抗器1组。

2. 京沪高铁沧州段牵引站成功送电

3月16日，京沪高铁沧州段220kV牵引变电站经过验收后，完成通电工作，标志着该区域内向高铁供电的所有设施均已竣工送电，确保了下一阶段京沪高铁联调联试工作的顺利进行。

京沪高速铁路工程是国家重点工程，全长约1318km，其中在沧州境内全长137.8km，是21个设站城市中里程最长的城市。京沪高速铁路在沧州地区新建沧州和东光两座动力牵引站，每座变电站安装主变压器4台，总容量20万kVA，以满足高铁牵引动力需要。沧州供电公司于2月20日竣工投运牵引变电站的配套电力工程。工程途径沧州境内运河区、东光等8个县（市）区、20多个乡镇，建成投运沧州、吴桥两座220kV变电站及相应配套的13条、合计256km的220kV线路。

3. 邯黄铁路邯郸段主网线路迁改工作告捷

3月14日，随着110kV曲鸡Ⅰ线改塔工作的顺利结束，邯黄铁路邯郸段主网线路迁改工作顺利完成。

邯郸供电公司此次迁改工作涉及该公司7条110kV及以上主网线路，共计改造铁塔26基。从2010年12月迁改工作开工以来，该公司克服施工受阻、天气寒冷等困难，合理安排迁改工期和计划，使迁改工作得以有条不紊地推进。

4. 唐山供电公司投资225亿元打造智能电网

2011年，唐山市供电部门将投资33.86亿元用于智能电网建设和农网升级改造，预计全年可新增变电容量526.6万kVA，线路853.4km。同时，抢先发展电动汽车智能充换电服务网络，按照“换电为主、插充为辅、集中充电、统一配送”的商业模式，年内建成一座能满足100辆纯电动大巴车需求的大型电动汽车换电站和50个充电桩。“十二五”期间，唐山市供电部门重点加快以特高压为主导的500kV及以上高压电网的建设。其中新建滦县、曹妃甸、乐亭、丰南共4座500kV变电站，扩建姜家营500kV变电站，新增变电容量1110万kVA，新建500kV线路576km。地区主网层面，新建曹妃甸新城等220kV变电站30座，新建凤凰新城、高新区等110kV变电站57座，新增变电容量2186万kVA；新建东北宝清—唐山±800kV直流输电工程，额定输电容量750万kW；建成10座电动汽车换电站，安装326座充电桩。

安全生产

1. 衡水供电公司安全督导“飞行检查”效果显著

衡水供电公司新近实行的安全督导“飞行检查”。为保证“飞行检查”的效力，衡水供电公司专门抽调安监、运行、线路等专业的骨干人员组成安全督导队。“飞行检查”采用突袭战术，自2月20日“飞行检查”正式启动以来，安全督导队共检查作业现场23个，下发《安全督导检查问题通知单》15张，提出《安全操作规程》执行、安全措施落实、现场标准化作业等方面的意见32条，有效保证了施工现场的安全、有序。

2. 保定热电厂“专工值班”制度“值”出效益

大唐保定热电厂实施“专工值班制度”，由设备部和安监部的专工轮流到主控室值班，专工在主控室的出现加强了作业现场安全监控，为生产一线撑起了安全伞，促进了保供热保发电任务的圆满完成。

“专工值班”制度“值”出了效益，“值”出了安全。截至2011年11月，该厂完成发电量315 505万kWh，特别是通过合理安排机组检修，及时消除设备缺陷，保证了4台供热机组的稳定运行，完成供热量751万GJ，超计划24万GJ，有效地保障了居民采暖用热。

3. 国电衡丰公司实现连续安全生产1800天

截至3月8日，国电衡丰公司实现连续安全生产1800天。

国电衡丰公司认真贯彻集团公司“安全第一、生命至上”的安全理念，全面推进安全生产管理，使安全生产保持了持续稳定的良好局面。国电衡丰公司提出多项举措：一是将安健环管理理念贯穿到公司各项管理工作之中，坚持以人为本、全员参与；坚持风险预控、闭环管理；坚持注重绩效、持续改进，实现了安健环管理常态化。二是抓好安全生产责任制和设备管理责任制落实，以业绩为导向、以结果为目标，以经济责任制的落实推动安全生产责任制、设备管理责任制的落实；三是重视技术培训工作，加强专业知识与规程制度的学习，组织开展应急演练和专项事故演习，提高职工的技能水平。四是加强设备精益维护管理，开展修前状态评价、修后质量评估等精益检修活动，使设备可靠性得到明显提升。五是制定了精益运行管理办法，创新目标管理，突出指标的可量化、可操作性，机组运行的安全性、经济性得到提升。

科技信息化

1. 南方电网碳纤维复合芯导线首次应用

4月18日，由河北省电力设计院设计的220kV西柏坡—平山换线改造工程顺利投运。本工程在河北南网首次应用碳纤维复合芯导线，开创了该院新型导线设计的先河。

碳纤维复合芯导线与传统钢芯材料相比，具有重量轻、强度高、导电率高、耐腐蚀、载流量大、跨距大、高温下弧垂小等优点，同时可以将输送容量提高1倍，减少20%杆塔基数，在理论上可减少28%的输送损耗。

2. 省电研究院组织开展带电检测仪器技术比对

5月17～20日，为严格把好仪器仪表的入网选型和检测关，省电研院组织了高频局部放电带电检测仪等4类设备带电检测仪器的技术对比工作，邀请了22家国内外知名仪器供应商参加，同时安排石家庄供电公司、沧州供电公司和河北超高压分公司的技术骨干做现场见证。

河北省电研院技术人员在高压试验大厅内搭建试验平台，在电缆、开关柜等试品内置入各类典型人工缺陷，并混入多种局部放电干扰信号，模拟设备实际运行现场复杂的电磁环境，要求供应商在不知情的情况下进行检测，并按照细则对仪器的技术性能进行全面比对、分析。

经过4天紧张有序的工作，带电检测仪器技术比对取得了预期的效果，省电研院技术人员对各种仪器的技术参数进行充分的分析和汇总，并上报省公司。此次技术对比结果将作为2011年河北公司带电检测仪器采购的主要依据，确保成熟、有效、实用的带电检测仪进入河北公司系统。

3. 省公司两项基建新技术研究项目通过国网公司验收

6月10日，在国家电网公司2010年依托工程基建新技术研究项目验收会议上，由省公司完成的地源热泵空调的优化设计研究，220kV同塔双回钻越500kV线路方案研究2个项目通过验收，获得了专家组的高度评价。

这2个项目是省公司按照国家电网公司基建新技术研究及应用集约化管理办法的相关要求申报的。经过国家电网公司组织专家论证并下达研究计划，省公司积极发挥基建专业优势，依托基建工程开展了科研攻关并按时完成了研究任务。

4. 全千兆综合数据网建成投运

7月15日，石家庄供电公司全千兆综合数据网全面建成投运，在南网率先实现110kV及以上变电站的100%全覆盖。

全千兆综合数据网是为了满足电网数据业务的迅猛增长以及智能电网发展而建立的综合业务通信承载平台。数据网由30台路由器和61台交换机构成，全网络带宽达到1000M。根据设备在网络结构中的地位和作用，在设备配置方面分别选用高端、中端路由器，核心路由交换机和全千兆交换机，实现了硬件转发和无阻塞交换，保证了网络安全和数据传输质量。实现变电站视频监控、设备和动力环境监测、电量信息采集、生产MIS以及软交换、会议电视、财务信息和办公自动化等系统大量业务接入。

该项目的建成投运不仅为电网现有业务提供了安全、可靠的传输平台，也为电网智能化、配用电自动化等未来业务发展，提供了即插即用、宽带、高效的多业务接入平台。

5. 武安市供电公司铺设信息网络力保信息安全

武安市供电公司研发和推广应用的电网综合管理地理信息系统、生产管理系统、现场标准化作业辅助软件系统等16项信息管理系统，设置计算机终端500多个，其他网络设备70多台，率先应用了一套内网安全管理系统，通过加强对网络计算机终端状态、行为以及事件的安全防控，实现了信息网络安全的可控、能控、在控。此系统已在该公司运行一年，为企业整个网络安全运行、计算机终端"防疫"管理发挥了积极保障作用。

生产经营

1. 衡水供电公司售电量冲百亿

8月4日，《衡水供电公司2011年增供扩销十项措施》正式印发并全面启动设施，标志着该公司向售电量百亿目标发起了全力冲击。

2010年，衡水供电公司完成售电量84.96亿kWh，再创历史新高。2011年，在确保完成年售电量93.5亿kWh指标的基础上，衡水供电公司提出了售电量破百亿的新目标。

为保证目标的实现，衡水供电公司将8月定为"营销月"，从电网建设、经营管理的各环节入手，明确10项具体措施，力图通过加快业扩报装速度、加强生产计划管理、积极开展配网带电作业、缩短故障停电时间、加强电力设施保护、降低管理线损等有力举措，积极挖掘公司潜能，全面增供扩销。

2. 国内首项"大客户电费保理"业务在邯郸成功上线

4月29日，随着邯郸钢铁集团邯宝有限公司第一笔5000万元电费预付款的准确到账，国内首项"大客户电费保理"业务率先在邯郸成功上线，标志着邯郸供电公司将再次引领"购电制"发展，开创客户电费回收的新渠道。

此项业务的开展有效降低了供电企业的电费回收风险，确保客户每月电费能够及时到账，为用电企业融资和生产经营提供了可靠保证，同时也为银行开拓了金融业务范围，真正实现了三方共赢。

3. 张家口热电公司电热费足额回收

12月23日，随着最后一个月的电费入账，河北大唐国际张家口热电公司实现2011年度电费、热费的全部回收，为该公司争取最大盈利奠定了基础。1～11月，张家口热电公司利润总额累计完成4176.28万元，创造了自投产以来连续3年实现盈利目标的佳绩。

从1月起，张家口热电公司月月盯紧电费到账，派专人负责电费催收，采取定期电话沟通、现场坐催、公司领导亲自上阵等有效措施，实现电费按时足额回收。截至12月23日，张家口热电公司实现了全年电费收回，累计金额达到122 772万元，为盈利奠定了坚厚的基础。

4. 龙源河北公司提前完成全年发电量任务

截至12月12日，国电龙源河北公司完成发电量7.54亿kWh，提前20天完成龙源电力下达的年度电量任务指标。

在2011年平均风速同比下降20.27%的不利局面下，龙源河北公司生产系统全面推行精细化管理：一是抓好安全生产责任制的落实，年初便将年度任务指标分解到月，逐级签订责任状，每月通报监察考核情况，形成激励和约束机制；二是做好隐患排查和反事故措施落实，结合"安康杯"竞赛等一系列活动，开展安全生产自查互查，整改率为100%；三是加强运行维护工作管理力度，实行设备维护责任人制度，有效提高运检人员的责任感和积极性，机组可利用率高于集团公司考核指标1.4%；四是积极与电网公司沟通协调，加大涉网设备改造力度，减少限电损失。

5. 滦河电厂机组月发电量创历史新高

国电滦河发电厂6、7月1、2号机组月均发电量达到4亿kWh，创历史新高，为完成年度工作任务打下了良好的基础。

滦河电厂积极探索适合企业现状的管理方法，调整绩效考核制度，有效调动了广大职工的积极性；充分利用迎峰度夏的有利时机抢发电量，努力提高指标管理、设备管理、运行优化以及技术改造等工作的水平；明确"以增发电量为主线，全面为企业增加收益"的经营工作思路，争取机组利用小时数高于华北电网平均值259h。

节能减排

1. 陡河发电厂锅炉脱硝改造工程正式启动

11月28日，大唐国际陡河发电厂热控系统改造初见工效，标志着锅炉脱硝改造及电除尘改造工程已全部进入实施阶段。

陡河发电厂历来是京津唐地区骨干电厂，近 40 年来为该地区发电作出了突出贡献。随着社会发展，环保标准越来越高，位于唐山市北部地区的陡河发电厂环保压力日渐加大。在役机组 130 万 kW，其中 2 台 25 万 kW 和 4 台 20 万 kW 机组均为燃煤机组，因多数机组服役都在 30 年以上，加上当时设计原因和目前机组老化严重，按照新颁布的火电厂污染排放标准要求，现阶段硝的排放出现超标，因此脱硝工程改造迫在眉睫。

本次脱硝改造，计划用 3 年时间对 3～8 号 6 台锅炉全部采用炉内低氮燃烧改造加 SCR 燃烧工艺，采用低氮燃烧技术抑制硝的产生量，控制燃气中硝的排放浓度，脱硝效率保证浓度小于规定标准值。脱硝改造工程投产后，每年可少排放硝189 733t，有效降低了周边地区的酸雨危害，具有明显的环境效益。

此次脱硝工程采用运行可靠的 SCR 工艺技术，为陡河发电厂可持续发展留有更大的发展空间，对未来在国内大规模实施烟气脱硝改造工程将起到良好的示范效果。

2. 衡丰发电公司粉煤灰销售再创新高

截至 5 月底，衡丰发电公司粉煤灰销售收入同比增加 200 万元。在粉煤灰综合利用率达到 100%的同时，创造了可观的经济效益。自 2007 年销售收入首次突破 1000 万元以来，2008 年完成销售收入 1600 万元、2009 年完成销售收入 3300 万元、2010 年完成销售收入 4100 万元。一年一个新台阶，实现了跳跃式发展。

廉政建设及优质服务

1. 监理公司一“箱”一“卡”一“职责”促监督

2011 年 4 月以来，一只“监理公司廉政箱”、一张“党风廉政建设联系卡”，成为河北电力监理公司负责人到施工单位、业主单位暗访时带的一份“礼物”。加上该公司发展的 22 名监理现场兼职纪检监察员以及印发的《兼职纪检监察员职责》，共同组成了监理公司的协同监督阵营。

“监理公司廉政箱”上印有“监理人员十不准”，挂在施工单位项目部醒目位置，方便施工单位和业主随时监督项目监理人员现场行为，暗访人员不定期收集信息。“党风廉政建设联系卡”上标有联系部门、电话、邮箱、地址、“监理人员十不准”，持卡人可以随时随地把对监理工作的意见回馈到公司。22 名兼职纪检监察员可以保障公司与各项目监理部的联络工作及时、畅通，加大了监理人员对项目监理部的自身监察力度。

2. 石家庄供电公司实现 95598 业务集中受理

3 月 8 日，石家庄供电公司 95598 呼叫中心实现市县集中运行，统一受理市区及 18 个县（市）350 万电力客户的用电业务咨询、电力信息查询、故障报修和业扩报装等业务。

按照国家电网公司构建“大营销”体系的要求，石家庄供电公司精心准备，对县公司客服人员进行集中培训，建立 95598 营销配电知识库和质量监督系统，构建了统一、精简、高效的 95598 管理体系。

95598 业务集中受理，规范了 95598 值班人员的服务行为，统一了服务标准，提升了服务品质，实现了 95598 运营体系资源利用最大化、人力资源最优化、运营管理集约化。

党的建设和两个文明建设

1. 河北省电力公司创先争优活动有声有色

2011 年，河北省电力公司扎实开展创先争优活动，高标准打造国家电网共产党员服务队 569 支，开展供电抢修、困难帮扶等服务 1 万余场次。李源潮同志在河北调研创先争优活动时，听取了公司汇报并给予充分肯定，省委书记张庆黎高度评价共产党员服务队工作。公司荣获全国“十一五”时期“社会主义劳动竞赛先进集体”称号，5 家单位分别获得全国“五一”劳动奖状、河北省“五一”奖状，7 个单位继续保持（荣获）全国文明单位称号，3 名员工分别获得全国“五一”劳动奖章和河北省“五一”奖章，3 名员工获得国家电网公司劳动模范称号。

2. 沧供 QC 成果获全国一等奖

4 月 21 日，第三届“海洋王”杯全国 QC 小组成果发表赛在海南落下帷幕，沧州供电公司修试所参评的《柔性可折叠均压帽》QC 成果被评为一等奖，同时该小组也获得“全国优秀质量管理小组”荣誉称号。

本次大赛由中国质量协会和《中国质量》杂志社联合举办，参加这次大赛的共有来自全国各行各业的 200 多个 QC 小组，包括国网公司系统 20 多个 QC 小组。沧州供电公司修试所 QC 小组发布的“柔性可折叠均压帽”成果，凭借显著的技术进步和经济效益，最终获得本次大赛一等奖。

3. 顺德 500kV 变电站工程夺得“国网公司 2011 年第一次工程项目管理流动红旗”

顺德 500kV 变电站工程夺得“国网公司 2011 年第一次工程项目管理流动红旗”，标志着省公司基建项目管理步入国网公司系统先进行列。

顺德 500kV 变电站工程于 2010 年 3 月开工建设，在省公司正确领导下，各参建单位认真策划，共同努力，使该工程在安全、质量、项目综合管理上取得了长足进展。在经过 4 月 15 日国网公司初评，5 月 18 日现场考评之后，该工程在国网公司 25 个参赛工程中脱颖而出，一举夺得“国网公司 2011 年第一次工程项目管理流动红旗”。

农电工作

1. 南和县供电公司为45万亩农田"解渴"

2011年入冬以来，南和县片雪未落，近4个月的总降水量比常年同期偏少了九成，全县45万亩小麦受到影响。南和县供电公司紧急成立抗旱保供电小组，采取多种措施为全县32万农民送去贴心的服务，让农民朋友抗旱用电无忧。

南和县供电公司在全县8个乡镇供电所成立了16支抗旱小分队，对全县所有农灌机井的变压器、开关、电力线路进行义务检查和维护，变压器需要增容的立即特事特办、简化手续，以最快的速度办理好增容业务。对超载运行的配电变压器迅速增容，确保足压供电，不烧一台配电变压器。

2. 元氏县供电公司圆满完成南水北调线路迁改工程

截至2011年1月24日，南水北调元氏段线路迁改工程已全部完成。

为全力支持南水北调工程建设，元氏县供电公司克服天寒地冻等困难，冒着零下十几摄氏度的低温，积极组织精兵强将加紧线路迁改施工。共计完成10kV迁改工程25处，35kV迁改工程2处，立铁塔4基、钢杆36基；架设35kV线路500m，10kV线路9000m。

主要事件

4月25日，衡水220kV苏正智能变电站综合楼基础施工破土，标志着该工程进入施工建设阶段。

5月9～11日，河北南网能量管理系统（EMS）通过了由国调中心委托华北电力调度通信中心组织北京、天津、山西、山东、内蒙古等省（市）调专家的实用化考核验收。

5月19日，河北省电力公司召开农电生产MIS系统建设启动电视电话会议，对农电生产MIS系统建设工作进行了部署。公司农电部对农电生产MIS系统建设工作进行了安排部署，明确了各个阶段的具体工作。

8月6日，省电建二公司承建的河北省重点建设项目——河北华电石家庄鹿华热电一期工程厂用带电一次成功。该工程预计10月底前投产，届时可形成1600万m²的供热采暖能力，将逐步替代省会西部区域内217台分散供热小锅炉。

8月15日，邢台供电公司桥东营业大厅缴纳电费开通了手机短信业务并实现了成功缴费。

9月27日，河北南网首座智能变电站——110kV贾口智能变电站零缺陷投运。该站是国家电网公司智能变电站第二批试点新建工程和省公司第一批坚强智能电网项目，其投运将对河北南网智能电网建设起到模范试点作用。

10月1日，河北省委书记张庆黎一行到石家庄供电公司慰问国庆期间坚守岗位、保障供电的一线员工。河北公司总经理孙正运、党组书记孔庆军等陪同慰问。

10月17日，国家电网公司总经理、党组书记刘振亚在北京与省委书记张庆黎，省委副书记、代省长张庆伟举行会谈。双方强调要进一步提升合作水平，加快电网建设，进一步发挥电力事业对河北经济社会发展的支撑作用。

10月24日，省送变电公司中标糯扎渡水电站送电广东±800kV特高压直流输电线路工程第10标段。

11月24～25日，中国大唐集团公司董事长、党组书记刘顺达，集团公司总经理陈进行到石家庄市参加"百家央企走进河北战略合作恳谈会"，期间到河北发电公司检查指导工作。11月25日，来河北参加"百家央企进河北"活动的国家电网公司副总经理舒印彪，在省公司职业技术培训中心参观了公司"五小"创新成果展示。

11月29日，省人大常委会副主任、省总工会主席马兰翠和省政府副省长张杰辉，在河北公司总经理孙正运、工会主席赵社宏的陪同下参观了河北公司"五小"创新成果展示。

（刘富长）

【冀北电力有限公司】 根据国家电网党〔2011〕66号文件要求，冀北电力有限公司（简称冀北公司）于2011年12月23日正式组建，2012年2月9日正式独立运作，隶属国家电网公司，注册地在北京，肩负着服务河北经济社会发展和保障首都安全可靠供电的重要使命。供电营业区域包括唐山、张家口、秦皇岛、承德、廊坊5市43个县（区、市），供电面积10.41万km²，供电人口约2277万人。

冀北电网总装机容量2031.6万kW，其中火电占76%，水电占2.74%，风电占20.5%。拥有500kV变电站19座，容量4482.5万kVA，线路8514km；220kV变电站92座，变电容量3468万kVA，线路7901.5km。

（高丽娜）

【山西省电力公司】

企业概况 山西省电力公司（简称山西公司）是国家电网公司全资子公司，属国有特大型企业，主要负责山西省境内的电网规划、建设、运营和电力供应。下设11个市供电公司、101个县（市、区）供电公司，供电区域覆盖全省除12个趸售县以外的108个县（市、区），肩负着山西省3580万人民电力供应的基本使命，承担着向京津唐、河北、江苏、湖北、山东、陕西等地外送电力的重要任务，服务客户约792万户。2011年，山西公司年售电量1268.40亿kWh，外送电量198.15亿kWh。

2011年，山西公司全力推进11项重大引领工作，带动电网和公司发展取得新的重大成就。1000kV晋东南—南阳—荆门特高压交流试验示范工程扩建工程正式投运，并实现了双向、全电压、大容量输电，晋电外送再添“高速通道”；完成建党90周年、第六届中国中部投资贸易会（简称“中博会”）等重大保电任务；供电服务品质和客户满意度不断提升；建成山西电力备用调度中心，投运全国首家省级95598服务备用中心；顺利完成主辅分离工作，11个辅业单位划转中国能源建设集团有限公司管理，山西公司进入了集团化、精益化管理的新时期。

电网概况 截至2011年底，山西公司共拥有110kV及以上变电站513座，输变电容量9250万kVA，输电线路26 528km。其中1000kV变电站1座，容量600万kVA，输电线路116km；500kV变电站18座，容量2351万kVA，输电线路5221km；220kV变电站119座，容量3588万kVA，输电线路10 079km；110kV变电站375座，容量2711万kVA，输电线路11 112km。山西电网主网架形成了500kV“两纵四横一环网”、220kV分区供电、110kV和35kV及以下辐射供电的网络格局，建成了6通道13回外送线路。全省发电装机容量4983.47万kW，净增装机554.72万kW，同比增长12.5%；省调装机容量3730.97万kW，净增装机576.20万kW，同比增长18.3%；全省全口径发电量2340.30亿kWh，省调发电量完成1713.01亿kWh，同比增长12.1%；高峰平均最大负荷1893.6万kW，同比增加256.7万kW，统配用电最大负荷13次创新高，达到2184.6万kW，较2010年最大负荷增长265.5万kW。

人力资源 颁布实施《山西省电力公司“十二五”人力资源规划》和《山西省电力公司2011～2020年人才发展规划》，完善人力资源规划体系，明确人力资源工作目标。根据国家电网公司供电企业劳动定员三年贯标工作要求，规范机构岗位设置，8个地市供电公司完成定员贯标工作，供电企业生产一线结构性缺员问题得到有效解决。完成“主辅分离”改革相关工作，汇总、核实所属11个辅业单位的人员、工资、社保等人力资源相关信息，于11月与中国能源建设集团有限公司完成《主辅分离划转移交协议》草签工作，确保“主辅分离”改革过程中职工队伍稳定。落实国家电网公司统一部署，启动公司“五大”体系建设前期准备工作，成立了公司“五大”体系建设领导小组。严格落实国家电网公司员工入口管理制度规定，2011年高校毕业生优质生源及主干生源占比较2010年显著提高。开展“奉献在岗位，建功十二五”“晋级发展杯”岗位竞赛活动。承办国家电网公司10kV配网架空线路带电作业技能竞赛。参加国家电网公司4项技能竞赛调考活动，山西公司代表队获得国家电网公司10kV配网架空线路带电作业技能竞赛团体三等奖、供电服务技能竞赛团体第七名等优异成绩。竞赛调考成绩进入国家电网公司系统前10名。

电网建设与发展 全力参与特高压扩建工程建设，完成施工、试验、调试等多项任务，提前投运500kV左权电厂送出工程，“一对一”协调电厂发电，全力组织外送电源，配合完成500万kW大负荷试验。全年投产110kV及以上输电线路1476.02km，变电容量912.50万kVA，新开工110kV及以上线路2401km、变电容量1279.20万kVA。落实国家电网公司提高工程质量及工艺水平70项要求，加强工程质量监督管理，开展“三强化三提升”活动，110kV及以上工程全部达标投产，送变电公司、供电承装公司参建的1000kV特高压交流试验示范工程和±800kV向上直流工程，分获中国工业大奖和国家优质工程金奖。智能电网建设试点项目全面完成计划，太原长风商务等3座智能化变电站、太原南城中心区和长治潞城配电自动化等一批工程建成投运，忻州五台山等3座充换电站投入使用，智能电表推广应用228万只、电力光纤入户2633户。解决2010年以前238座变电站的4193亩用地手续遗留问题。

经营管理 完成“六统一、五集中”，集成应用财务系统与11个专业系统，实现“一本账”和报表“一键式”生成，财务集约化应用持续推进。创建物资调配、招标营业、供应商接待“三位一体”物资合同服务大厅，推行框架招标等采购模式，开展供应商履约评价，物资管理同业对标4项指标达到100%。山西公司被国家电网公司评为2011年同业对标综合管理进步先进单位，“全面物资计划管理”、“审计成果转化应用”和“畅通职业发展双通道”分别入选国家电网公司典型经验库。加强基础建设，新调度综合楼、省级计量中心等项目加快推进。编制完成山西公司“五大”体系建设实施方案，并获得国家电网公司批复。

强化综合计划和预算管理，建立省市县三级综合计划管理机制。全年新增业扩报装容量首次突破千万千伏安，转变自备电厂和地方电厂管理方式，市场占有率同比提高1.72个百分点。投运营销稽查监控平台，开展营销专项普查。完成发电权交易电量10亿kWh，大幅降低了购电费用。全额收缴高耗能、高风险企业预付电费，电费回收实现“双结零”（当年和陈欠电费全部结零）。实施三年降损计划，完成高损耗配电变压器和低压台区改造，综合线损率同比下降1.25%。开展清仓利库，盘活库存物资。

接受国家电监会“三指定”专项治理检查、国家电网公司财务审计等专项大检查，开展工程建设领域等6项专项活动，集中整改规范发现的问题，防范经营风险。承办中央企业法制工作会议。试点建设受电工程招投标服务平台，实施供电服务等专项效能监察94项，开展内部审计309项。

安全生产 开展“两抓一建”、“六抓六防”、“三查四防”系列风险管控活动，山西电网继续保持安全稳定运行的态势，未发生电网瓦解、稳定破坏、大面积停电事故，未发生误调度、误操作事件。

配合特高压扩建工程建设，实施了500kV忻州、侯村、榆开等站36组超标隔离开关的更换改造，协调中南部电厂电煤储运，完成扩建工程投产和南送500万kW大负荷试验。贯彻国家电监会《电力安全事故应急处置和调查处理条例》，组织完成电网运行风险点排查工作。全面分析评价2011～2014年山西电网主网和忻朔、长治地区电网，研究电网存在的薄弱环节和风险隐患，明确电网补强措施和建议，优化完善后续电网建设项目和建设时序。

深化“大检修＋状态检修”，加强“一停多用”检修计划管理，完成12座220kV变电站及输电线路“整站整线”大检修，停电时间和现场作业时间同比减少1/3。统筹加强科学调度、网厂协调和需求侧管理，深化电网运行分析和在线安全校核，排查治理设备隐患，确保了特高压大电网安全运行。应对电力供应紧张形势，合理安排运行方式，建立电力电量平衡预警机制，开展网间错峰互助交易，保障电力有序供应，完成全国“两会”、建党90周年、“中博会”等重大活动保电任务。完善1180个高危客户“一户一案”应急预案。投运长治智能备调，组建应急基干分队，建成超高压及11个市公司应急指挥中心，开展省、市联合反事故演习，应急处置和安全保障能力明显提升。开展“三抓一巩固”基建安全主题活动，基建安全连续13年实现“四个零”目标。组织农村安全用电主题活动，确保了农网安全“六个不发生”。信息网络、多种产业、交通、治安和消防安全保持平稳态势。

营销工作 全年完成新增报装接电容量1062.7万kVA，同比增长47.3％。拓展自助缴费终端、网上银行等新型缴费渠道，全年非现金方式收取居民电费1840万笔、收取资金达到居民电费总额的53.82％。实施三年降损计划，中低压配网增加投入进行高损线路和台区技术改造，高损线路减少543条，高损台区减少1843个。完成太原山水庭院、万达广场以及临汾科海等智能小区电力光纤入户2633户。加强与政府沟通，落实充换电设施建设用地113.8亩，组建智能充换电分公司，编制智能充换电服务网络“十二五”发展规划，建成投用忻州五台山、太原迎西、运城盐湖等3座充换电站，开工建设8座充换电站，太原、忻州、临汾等3个地市完成第二座充电站选址。组建山西晋和利赢节能技术公司，制定节能服务中长期发展规划，节能服务体系初步建成。

开展“三指定”（为客户工程指定工程设计、施工和设备供货单位）问题专项治理，顺利通过国家电监会及其派出机构前后四个批次的专项检查。制定“两高”（高耗能、高排放）企业业扩准入条件，认真执行差别电价政策，落实政策性关停要求，“两高”企业用电管理得到全面加强。

农电工作 2011年，开展新一轮农网改造升级工程，新建和改造35kV变电站116座，线路374km，10kV线路3580km，配电变压器1716台，低压线路3037km，户表配套改造87.2万户，解决农网“低电压”、“卡脖子”等问题。农网售电量完成539.7亿kWh，同比提高17.91％；农网综合线损率完成7.52％，同比下降0.54个百分点；电费回收率完成100％；建成长治潞城智能化试点项目，新建电气化县5个（灵石、曲沃、襄垣、五台、泽州），电气化乡镇61个，电气化村1200个；供电可靠率完成99.7102％，综合供电电压合格率完成97.581％，同比分别提高0.0452个百分点和0.051个百分点；推进农网“状态检修＋大检修”模式，开展农村用电安全活动，全年未发生人身伤亡事故、误操作事故、一般电网及设备事故。建成50个县公司应急指挥平台，完善应急机制，优化应急物资储备，开展应急演练，县公司应急协同配合能力不断提高。开展隐患排查治理，结合农网工程建设、技改、大修，进行变电站双电源建设改造111座，进行开关柜后网门封闭、压力释放通道改造等633面，线路专项治理1001条，安装线路分界断路器530台，35kV线路跳闸率和10kV线路跳闸率分别下降6.6％和5.47％。

积极履行服务“三农”社会责任，配合政府开展电力扶贫，投资320.3万元对偏关县13个台区进行改造，支持当地反季节蔬菜基地建设，促进当地农民脱贫致富，山西公司获得山西省委“扶贫工作先进单位”称号。针对2011年初严重旱情，推出“报装绿色通道”、“田间服务小分队”等特色服务，组建642支抗旱保电服务队，出动14 000多人次进行抗旱保供电服务；投入资金991万元，解决73万余人的饮水问题和323万亩耕地灌溉配套用电问题。开展“低电压”综合治理，当年完成农村“低电压”治理53万户，累计完成治理75万户，农村用户电能质量显著改善。

科技与信息化 承担国家电网公司管理的科研项目31项；申请专利135项（其中发明专利49项，包括国际专利7项），获得专利授权84项；完成软件著作权登记10项、发表科技论文597篇、出版著作11部；“工程质量监督管理系统”获中国电力科学技术成果二等奖，“空冷系统设计研究与应用”等6项科研成果获国家电网公司科技进步奖，并实现一等奖零的突破，超高压公司“倾斜杆塔扶正装置”获国家电网公司职工技术创新优秀成果展一等奖。特高压施工、智能小区等关键技术研究取得重大进展，首家开发应用全省大集中电能计量一体化检定平台，投入使用全国首台10kV配网带电作业机器人，上线运行全省电网空间信息服务平台，推广应用碳纤维导线等25项新技术。梳理规范科技信息项目618个，优化物资付款等五大关键业务流程，信息化系统全部通过国家电网公司实用化评价验收。率先完成集中式信息系统数据级容灾项目，信息系统安全防护能力和运维保障水平显著提升。

优质服务　宣贯落实国家电网公司新“三个十条”，开展“塑文化、强队伍、铸品质”供电服务提升工程，组织第三方满意度调查，推行营业厅标准化建设与规范化服务，举办“供电服务技能比武”和“星级供电示范营业厅”劳动竞赛，参加国家电网公司首届“供电服务技能竞赛”并获得团体第七名、优秀组织奖的成绩。完成《供电服务文化传播应用指导手册》、《业扩业务参考手册》、《营销业务培训题库(客户服务篇)》的编制工作。完成全国“两会”、建党90周年、“中博会”等重大活动保电任务。积极应对缺煤停机、节能减排等带来的供需矛盾，启动440万kW错避峰预案，组织6719个客户参与有序用电负荷调控，基本做到了限电不拉路。实施以省级95598业务平台为核心的供电服务体系精益化建设，全省电力故障抢修速度同比提高29.7%，客户投诉同比下降31%，客户表扬较集中前增长了358%，近89%的客户咨询、查询、投诉、报修等业务在省级层面一次性处理。

党的建设和精神文明建设　组织建党90周年十项系列活动，开展“为民服务创先争优”。健全完善领导班子运行机制，严格执行“三重一大”决策和“一报告两评议”制度，创新干部培养锻炼方式，以现场模拟演练、无领导小组讨论、文稿写作大赛等形式搭建青年干部展才释能平台，组织3期主任级干部到知名院企学习考察，推荐2名主任级干部在国家电网公司公开竞聘中脱颖而出。落实党风廉政建设责任制，构建协同监督机制，“干事、干净、干成事”的理念深入人心。推进“五统一”企业文化建设，选树解黎明先进典型，在全社会引起强烈反响，强化“三专”队伍建设，完善六大培训基地，高培中心新办公楼和北田学员公寓投入使用，电力学院被确定为省示范高职院校建设单位，临汾电校承办国家电网公司配网线路带电作业技能竞赛，大同电校实训楼项目获国家发改委教育资金支持。深入贯彻国家电网公司《职工民主管理纲要》，加强职工代表巡视检查，开展总经理联络员班级活动。牡丹园等遗留工程妥善解决，长风小区工程平稳推进。持续开展爱心帮扶、金秋助学和送温暖活动，关心离退休老同志生活。山西公司连续八年荣获全省“政风行风评议先进行业”称号，公司本部及所属11个市公司全部荣获“全国文明单位”称号。

主要事件

1月20日，山西电力备用调度中心在长治竣工投运。

2月22日，山西省政协主席薛延忠带领驻晋全国政协委员和山西省政协常委20余人到山西公司调研。

2月23日，省人大常委会党组书记、常务副主任申联彬带领9名驻晋全国人大代表及部分省人大代表到公司调研。

3月12日，国家电网公司总经理、党组书记刘振亚在山西公司总部与山西省委书记袁纯清，山西省委副书记、省长王君一行举行会谈。

4月14日，山西电网2011年网厂座谈会在忻州举行。

5月20日，全国政协社会和法制委员会调研组赴晋东南—南阳—荆门1000kV特高压试验示范工程长治变电站进行实地调研。

6月25日，古交电厂500kV送出工程启动送电。

7月20日，全国首座5A级景区电动汽车充换电站——五台山电动汽车充换电站正式启动运营。

8月16日，海会500kV变电站启动送电。

9月20日，由国务院国资委主办、国家电网公司承办的中央企业法制工作会议在太原召开，国务院国资委副主任黄淑和出席会议并讲话。

9月26日，左权电厂500kV送出工程全面竣工，为特高压南送500万kW提供了电源保证。

9月29日，山西电力95598供电服务备用中心正式投运。

10月11日，国家电网公司副总经理舒印彪在太原与山西省委副书记、省长王君会谈，双方就加快特高压电网建设等有关问题达成共识。

10月27～31日，中国共产党山西省第十次代表大会在太原召开，山西公司总经理张建坤作为代表参加会议，并当选为省委候补委员。

11月8日，山西省首座全功能示范性电动汽车充换电站——太原迎西电动汽车充换电站正式投运。

12月7日，1000kV晋东南—南阳—荆门扩建工程正式投运。实现了双向、全电压、大容量输电，最大输送功率达到 572 万 kW，创造了世界交流输电的新纪录。

12 月 9 日，国家电网公司与中国能源建设集团有限公司在北京举行网省公司所属分离企业产权无偿划转签约仪式。签约仪式上，山西公司总经理张建坤与中国能源建设集团有限公司副总经理赵洁签订《山西省电力公司所属分离企业国有产权无偿划转协议》。

12 月 11 日，霍州电厂 500kV 送出工程启动送电。

12 月 18 日，山西省网用电最大负荷达 2285.1 万 kW，创历史新高。

12 月 29 日，中央驻晋企业迎新座谈会在山西公司召开，省委常委、常务副省长李小鹏出席并作重要讲话，省政府相关厅局负责人、32 家中央驻晋企业负责人参加。

（陈晓亮）

【内蒙古电力（集团）有限责任公司】

企业概况　2011 年，内蒙古电力（集团）有限责任公司（简称内蒙古公司）牢牢把握科学发展主题，紧紧围绕自治区及公司“十二五”发展规划，加快电网和公司发展方式转变，切实加强安全生产，大力推进电网发展，开拓电力市场，强化经营管理，深化企业改革，提升服务水平，进一步加强党的建设、思想政治工作、精神文明建设、和谐企业建设，开创“十二五”科学发展良好开局。

2011 年，内蒙古公司售电量完成 1305.63 亿 kWh，同比增长 11.49%，完成年度计划的 101.61%；其中区内售电量 1035.73 亿 kWh，增长 15.09%；东送华北电网电量 269.91 亿 kWh，同比降低 0.46%。总产值完成 510.84 亿元，同比增长 16.76%；其中主营业务收入 461.14 亿元，增长 15.68%；施工企业 42.25 亿元，增长 29.73%；满都拉资产管理公司 7.45 亿元，增长 17.78%；工业增加值完成 143.75 亿元，增长 35.68%。公司全年累计完成线损率 4.47%，同比降低 0.01 个百分点。2011 年，内蒙古公司利税再创历史最好水平，实现利税总额 78.08 亿元；其中利润 53.19 亿元。资产负债率 62.62%，较年初下降 9.4 个百分点，降至历史最低点，公司资产总额达到 445 亿元。截至 2011 年底，内蒙古公司统调装机容量达到 4255.46 万 kW，跻身全国特大型省级电网行列。其中风电装机容量 835 万 kW，位列全国各省市电网之首。内蒙古公司全力以赴服务风电等新能源发展、服务自治区绿色能源基地建设的突出成绩，得到了国家、自治区和社会各界的充分肯定。内蒙古公司经营绩效、资产质量和发展环境进一步改善。截至 2011 年底，内蒙古公司有长期职工 19 577 人，职工平均年龄 40 岁，人才当量密度 0.862 6，人才密度 86.92%，高技能人才比例 57.81%。

领导班子

董事长、党委书记：刘锦

总经理、党委副书记、董事：张福生

副总经理、党委委员、董事：张景生

党委副书记、董事：托克（蒙古族）

副总经理、党委委员：高野

纪委书记、党委委员：张日成

副总经理、党委委员：于立新（蒙古族）

副总经理、党委委员：耿白

工会主席、党委委员：李燕（女）

副总经理、总经济师、党委委员：鲁当柱

副总经理、总工程师、党委委员：杨泓

总会计师：孙文彪

组织机构　二级单位：包头供电局、呼和浩特供电局、乌兰察布电业局、巴彦淖尔电业局、鄂尔多斯电业局、锡林郭勒电业局、薛家湾供电局、乌海电业局、内蒙古超高压供电局、阿拉善电业局；苏里格燃气发电有限责任公司、内蒙古电力物资供应公司、内蒙古电力科学研究院、内蒙古电力公司培训中心、内蒙古电力信息通信中心、内蒙古蒙能招标有限公司、内蒙古电力供用电稽查局、内蒙古国合电力有限责任公司（内蒙古电力对外经济技术开发公司）内蒙古电力公司驻京联络处；内蒙古第一电力建设工程有限责任公司、内蒙古第三电力建设工程有限责任公司、内蒙古送变电有限责任公司、内蒙古康远工程建设监理有限责任公司、内蒙古电力勘测设计院、内蒙古电力房地产公司、内蒙古电力机关事务管理局、内蒙古华宁热电有限公司、内蒙古满都拉资产管理公司。

机关部室：办公室、机关工作部（机关党委）、发展策划部、市场营销部、生产技术部、安全监察部、基建部、财务部、人力资源部、农电部（农电资产管理公司）、企业管理部、审计部、干部管理部（组织部）、监察部（纪律检查委员会）、离退休管理部、特高压及跨区电网工作部、电力调度通信中心、电力交易中心，党委工作部、电力工会。

挂靠单位：电力新闻中心、住房资金管理中心、质监站、电力行业协会、政研会（文协）、电机工程学会、老干部（职工）活动中心、人才中心。

电网概况　内蒙古电力（集团）有限责任公司是直属内蒙古自治区管理的省级电网企业，负责除内蒙古自治区东部 4 个盟市（赤峰市、通辽市、兴安盟、呼伦贝尔市）之外其余 8 个盟市（呼和浩特市、包头市、鄂尔多斯市、乌海市、锡林郭勒盟、乌兰察布市、巴彦淖尔市、阿拉善盟）供电营业区的电网建设、经营、管理和农电工作，同时受自治区委托，管理自治区电力设计、科研、施工等国有企业。

内蒙古公司拥有盟（市）级供电企业10个，旗（县）级供电企业51个。供电面积69.83万km^2。截至2011年底，内蒙古电网已形成西起阿拉善、东至锡林郭勒的500kV主网架和220kV地区供电网。2011年底，内蒙古公司拥有500kV变电站16座，线路长4816.346km；220kV变电站97座，线路长9823.734km；110kV变电站229座，线路长10 003.260km。

截至12月底，内蒙古西部电网统调装机容量42 360.39MW；直调装机容量40 255.36MW；最大发电负荷22 856MW（8月12日）；最大供电负荷12 979MW（7月13日）。2011年共投产新火电机组1960MW。新投产风电1850MW。截至12月底，内蒙古电网风电容量为8354.54MW，有风电场85座。

人力资源 内蒙古公司大力实施“人才强企”战略，推动人才结构规划调整，多方式、多渠道吸纳各类优秀人才，努力提升职工队伍素质。编制了《内蒙古电力公司“十二五”人力资源发展规划》，以指导公司人力资源科学有序地发展，保障公司发展对人才的各方面需求。进一步健全人才引进和流动机制，创新人才选拔与招聘模式，不断优化组织机构和人员配置。

积极推荐优秀人才参加自治区“草原英才”和“西部之光”访问学者活动，为高级技术、管理人才锻炼成长提供了广阔舞台。

采取集中专业培训、现场技能培训、专家讲师团巡回授课、师带徒等形式，组织开展专业技术培训，一线员工操作技能逐步提高。2011年，内蒙古公司所属各生产单位共举办现场培训1246期，培训量达10.53万人天。公司全年各类培训量达34.73万人天，全员培训率达98%。

深入实施全员业绩、绩效管理，开展“三项制度改革回头看”工作。2011年，内蒙古公司进一步优化了薪酬分配改革方案，设立艰苦边远地区津贴和特殊岗位津贴，制定了职员职级管理办法，实行岗位薪点工资制度和职员职级制度改革方案。

重新修订了《内蒙古电力行业特有工种技师鉴定考评办法》，制定了《内蒙古电力行业特有工种职业技能鉴定实际操作考试工作程序》，进一步完善了技师考评制度。2011年有179人获得技师职业资格，58人获得高级技师职业资格。

内蒙古公司目前有享受国务院特殊津贴1人，获得劳动与社会保障部“全国技术能手”1人，获得中电联“全国电力行业技术能手”4人，获得华北电网公司优秀工程师和优秀青年工程师35人。

内蒙古公司有高级专业资格1795人，中级专业资格2952人，初级专业资格4541人；高级技师300人，技师773人，高级工3525人，中级工2288人，初级工1001人。

内蒙古公司有博士20人，研究生522人，本科学历6595人，专科学历5397人，中专学历2880人，中专以下4113人。

电网建设与发展 为进一步优化结构、强化功能、增强电网输配电能力，特别是为提高东送通道汇集电源能力、服务沿黄河沿交通干线工业经济发展，内蒙古公司全年安排大中型电网工程176项。经过各级领导、各主管部门、建设单位、设计施工监理单位的共同努力，内蒙古公司全年完成固定资产投资85.47亿元，投产电网工程49项（其中当年建设项目37项，结转工程12项），500kV永丰Ⅲ回等一大批重点工程竣工投运，内蒙古公司电网的区域互供能力和东送能力进一步提高。在电网项目实施过程中，内蒙古公司与各级政府签订联合推进电网项目协议书，积极与各盟市、旗县进行磋商对接，定期召开工程建设协调会，及时协调解决工程建设中存在的问题，合力推动各项工程顺利开展。在电网项目招投标全部进入自治区有形市场的前提下，内蒙古公司克服项目核准周期长、征地拆迁难度大、招投标程序繁杂等困难，充分依靠各级政府及主管部门，落实土地、林业、环保等手续，保证了项目依法合规实施。加强基建工程安全、质量监督，组织开展在建工程安全质量大检查，强化设备材料质量入网检验，切实做到工程零缺陷移交。加大城市配网建设改造和营销装备、信息化项目投资力度，全面推进智能化电网基础设施建设。组织开展工程项目后评估，对已完成的输变电项目组织进行全面评价，进一步优化了电网建设投资管理和工程管理。

经营管理 内蒙古公司深入开展“精细化管理年”活动，抓住财务预算、资本运营、市场营销、业扩报装、物资和招投标管理及工程建设等关键环节，创新机制，细化管理，进一步巩固“降本增效、堵漏增收”成果。充分发挥稽查垂直管理和企地联合执法优势，严查违章用电和窃电行为，切实堵塞管理漏洞。加强线损管理，公司完成综合线损率4.47%，低于计划0.01个百分点。推行业扩报装工程集中管理，加强对工程质量、设备入场的验收把关，极大地规避了公司经济、安全和政治责任风险。继续推行“两集中、四统一”物资管理模式，完善“两步式”招投标管理，努力降低工程造价，全年设备材料招标节支4.4亿元，节支率8.8%。持续强化企业内部审计的职能和作用，对2010年及以前年度的输变电工程、生产技改、大修、营销及用户工程等领域进行专项审计并跟踪督促整改。不断完善车辆改革办法及配套政策，初步完成车辆改革工作，进一步规范了车辆配置及运行费用管理。

努力推进体制机制改革，在内蒙古自治区政府及国资委的指导支持下，圆满完成华宁热电公司重组和抽水蓄能电站股权转让工作。与鄂尔多斯市、中煤集团签订合作开发煤、电、气综合利用项目框架协议，为苏里格燃气电厂重组改制和可持续发展创造了条件。加强多经企业管理制度建设，采取兼并、重组及撤销等方式积极推动多经企业整合，系统内多经独立法人企业由82家精简为53家。多经系统企业全年完成产值38.98亿元，实现利润3.25亿元，企业效益和职工收入大幅增加。公司采取借款、增加预付费等措施，加大对所属施工企业的扶持力度，全力支持所属施工企业参与投资风电企业。施工企业自加压力，坚持多元化发展战略，积极开拓区内外市场，不断加强内部管理，全部实现扭亏为盈。

安全生产 一年来，内蒙古公司坚守安全底线，深入开展“反事故攻坚年”活动，严格落实安全生产责任，健全安全考核机制，启动施行安全约谈制度，扩大安全风险抵押范围，加大事故责任追究力度，全员安全责任意识显著提升。精心组织春查、秋查等专项活动，认真开展设备检查、预试、消缺等工作，设备健康水平和电网运行质量逐步提高。2011年共完成172座110kV及以上变电站和395条110kV及以上输电线路的春检预试工作，共发现各类设备缺陷1888项，处理1888项，消除1773项，处理率100%，消除率93.91%，有效提高了电网设备的健康水平，确保电网安全可靠供电。落实《条例》要求，深入分析安全风险，完善事故应急预案，不断提升事故应急处置能力。科学实施电网调度，优化机组运行方式，全力平衡电网发供电矛盾，保证机组稳定发电供热，切实支持新能源上网，公司驾驭大电网能力进一步增强。

大力建设标准化变电站和标准化输电线路。组织全网完成了110kV及以上104座标准化变电站建站工作和110kV及以上170条标准化输电线路创建工作，对通过验收的220kV及以上36座变电站和89条线路分别命名为公司标准化变电站和标准化线路。制定了《内蒙古电网地区调度控制中心调度管理规定(试行)》、《调控一体化地区运维操作站运行管理规定(试行)》，推进了地区调控一体化建设。加强无人值班变电站建设，组织各单位按照《公司“十二五”无人值班变电站建设规划》，规划了各地区无人值班变电站建设方向和比例目标，为公司“十二五”期间进一步提高变电站集中监控效率，合理优化运行资源创造了条件。逐步规范通信网络资源管理，二次系统运行资源逐步优化。建立健全电网设备状态检修管理体系，设备状态检修工作稳步实施。不断完善生产技改工程管理制度和管理流程，强化验收把关，实现历年遗留生产工程高质量结零。全面加强安全性评价动态管理和设备全寿命管理，形成覆盖各个生产环节、各个领域的全过程闭环管理体系。积极开展安全生产月、电力行政执法宣传月等活动，不断加大交通、消防安全管理和电力设施保护力度。截至2011年12月31日，内蒙古电网实现5241天的长周期安全纪录，圆满完成“天宫一号”空间站、“神舟八号”飞船发射回收，自治区“两会”和第九次党代会等重大保电任务。

营销工作 2011年以来，面对国家宏观经济调控政策和节能减排政策对电力市场的冲击，内蒙古公司密切关注政府招商引资工作，对新上项目、重大项目重点关注、跟踪服务，确保报装项目按期供电，同时主动引导困难企业恢复生产，努力争取增加东送电量，公司电网全年新增供电负荷320万kW，售电量实现平稳较快增长，乌海、呼和浩特、巴彦淖尔3个盟市电业局售电量首次突破100亿kWh。积极开展电力市场交易，支持发电企业与优势特色产业企业联合重组，全力助推优势特色产业快速发展，全年完成市场交易电量108.29亿kWh，其中大用户直接交易电量50.24亿kWh，发电权交易32.61亿kWh，东送临时交易25.44亿kWh。加强电价执行和电费回收管理，公司平均电价完成350.16元/MWh，同比上升14.06元/MWh；当年电费回收率完成99.93%，回收陈欠电费5164.43万元。加快推进营销信息化、网络化、标准化建设，全年完成营销技改项目3项，完成投资额4.8亿元，完成以前年度营销技改项目检查验收。

分线分台区管理扎实推进。应用营销信息系统、电能采集系统，结合各单位线损分析报告进行考核，增加了台区线损考核权重。2011年，内蒙古公司110kV线损率完成9.78%，同比下降0.71个百分点，线损率为负及高于15%的高损线路减少了124条。

加强自备电厂管理，保护公司电力市场。认真贯彻自治区发改委内发改价字〔2010〕53号文，落实自备电厂征费政策，严格自备电厂的征费工作。全年公司征收系统备用费10.1亿元，政府性基金7.5亿元。

农电工作 内蒙古公司农电系统认真落实“反事故攻坚年”、“精细化管理年”活动各项要求，主要指标和重点工作均取得了新的成绩。全年完成趸售电量149亿kWh，同比增长27.3%；全网综合线损率完成5.03%，同比下降0.4个百分点。全面完成降本增效指标，实现农电资产保值增值目标。加快农网建设改造步伐，农网改造升级工程顺利推进，编制完成2012年农网改造升级工程计划及“十二五”农网改造升级规划，完成了扩大内需农网工程结算和审计工作。扎实开展农电星级标准化供电所和变电站建设，农网部分变电站实现无人值守。所属趸售农电企业全部完成标准化体系建设，完成 11 个旗县电力公司县调自动化系统实用化验收。在 38 个趸售旗县电力公司推广应用信息一体化系统，关口表全部实现远程集抄，“银电联网”收费系统建设正在试点旗县进行数据测试工作，农电科技管理水平不断提升。2011 年，投资解决 1.45 万户无电户通电问题。

科技工作与信息化 大力推进科技创新活动，全年下达科技计划项目 112 项、资金 6885 万元，获自治区科技进步奖 8 项，其中二等奖 1 项，三等奖 7 项。完成内蒙古公司 2010 年度科技进步奖项目评定。完成了内蒙古公司《科技发展“十二五”规划》的编写工作，重新修订了公司《科技计划项目管理办法》和《科技进步奖励办法》。制订完善智能电网发展规划，着力开展涉及电网安全、电力系统经济运行等关键技术的研究，在重点电网工程中优先采用新设备、新技术，全面推行设备状态检修和在线监测，为建设智能化电网奠定了基础。加快信息平台资源整合，全面推开 ERP 项目建设，制定 ERP 项目制度 21 个，成功实现了部分子项目上线运行。完成同城信息容灾系统建设，实施营销 MIS 系统数据迁移，不断加快营销技改步伐，为提高营销管理水平提供了坚强的技术支撑。

新能源利用 2011 年，组织完成 45 个（期）风电场及光伏电站接入系统审查工作，审查容量 189 万 kW，完成 21 个（期）风电场及光伏电站项目的初步设计，审查容量 126.9 万 kW。出具风电并网承诺函 30 个（期），容量 200 万 kW（包括三峡四子王旗风电场 50 万 kW）；出具光伏电站并网承诺函 15 个，容量 25 万 kW。完成 40 个（期）风电场及光伏电站并网协议签订工作，签订并网容量 201.5 万 kW，其中风电场 37 个，容量 196 万 kW，光伏电站 3 座，容量 5.5 万 kW。

2011 年，风电最大发电负荷达 4720MW（10 月 15 日），占当日全网发电负荷 22%以上；日电量最大 8642 万 kWh（10 月 15 日），占当日全网公用发电量 22.3%；风电累计发电量 110 亿 kWh。

配合三峡公司开展四子王旗地区、达茂旗后山地区、乌拉特后旗赛乌素地区、大唐河北公司阿拉善阿左旗地区、送变电公司察右中旗地区的风电送出输电规划工作。目前三峡公司开展四子王旗地区风电送出输电规划已完成，正在申请国家电力规划总院的审查。配合内蒙古能源局完成了利用风电后夜弃风电量对小城镇进行供热的试点工作。针对风电场运行中存在的问题，组织开展专题研究工作。委托中国电科院开展百万风电基地接入对电网影响分析及措施研究；开展大容量空气压缩储能技术的研究，研究大容量储能与大规模风电互补的最优控制策略。

参加国家有关部门组织的《风电场接入电网技术标准》、《光伏发电站接入电力系统技术规定》、《光伏发电系统接入配电网技术》及《光伏发电系统无功补偿技术规定》等规定的评审工作。及时给国家能源局反馈关于《太阳能发电“十二五”规划（征求意见稿）》、《分布式发电并网管理办法（征求意见稿）》、《内蒙古自治区太阳能发电管理（暂行）办法》、《内蒙古“十二五”风电发展及接入电网规划》和《内蒙古风电发展管理办法》等方面的建议。

优质服务 2011 年，内蒙古公司完成报装 27.8 万户，报装容量 1106.3 万 kVA；送电 20.5 万户，送电容量 779.3 万 kVA。对新装及增容 5000kVA 及以上的报装项目实行重点报装项目督办。2011 年，内蒙古公司 5000kVA 及以上报装接电容量 616 万 kVA，占报装接电容量的 77%，增加售电量 158 亿 kWh。

按照营销文化建设要求，加大了对 A、B、C 三级客户服务中心的建设、改造投资力度。统一 A、B 级营业厅标识，开展业务受理、自助查询、收费、客户等候等各功能区的标准化建设，实现各营业厅环境标准的统一；在 95598 呼叫中心系统大集中和运行稳定的基础上，结合国家电监会《供电监管办法》，制订下发了《业扩报装、95598 超时业务管理办法》，2011 年超时率较 2010 年下降近 30%。建立了《95598 投诉统计分析报告》制度，有效促进了业扩报装、95598 的工作效率的提高。积极配合国家电监会、华北电监局的“三指定”抽查、“居民用电服务质量”等各项检查工作，开展“蒙电杯”、“供电服务知识竞赛”以及服务技能培训等工作。借助广播、电视、报刊和网站等传闻媒体，向社会发布电力供应和服务的即时信息，及时披露电网运行状况，公开电力服务承诺，同时认真受理用户用电诉求，诚恳接受社会各界的供电监督，不断提高服务水平。

党风建设和精神文明建设 认真学习贯彻党的十七届五中、六中全会和内蒙古自治区第九次党代会精神，以创先争优和庆祝建党 90 周年活动为契机，全力推进理论政策学习，突出抓好“三个学习型”组织建设，各级党组织的凝聚力和战斗力显著增强。注重加强领导班子和干部队伍建设，对中层管理领导人员进行补充调整，组织对公司中高层管理人员的集中培训。扎实推进惩防体系建设、开展警示教育、健全权力运行监控机制，加强效能检查和重点领域、关键环节专项治理，并取得良好成效。深入开展行风建设和“蒙电杯”规范化服务竞赛活动，内蒙古公司连续 9 年在全区民主评议行风活动中名列前茅。扎实开展思想政治、信访维稳工作和精神文明、企业文化建设，保持了队伍稳定及企业和谐，内蒙古公司荣获全国文明单位，全国、自治区劳动模范和"五一"劳动奖的数量和比例继续位居全区各大行业之首。充分发挥工会和职代会的职能，职工群众参与民主决策、民主管理、民主监督的积极性不断提高。深入开展"创先争优-青年在行动"和"五四红旗团委"创建活动，努力打造特色团青品牌。努力推行员工带薪休假制度，帮助职工子女就业，增加困难离退休人员补贴，推进职工住宅建设，切实为职工群众办实事、办好事。切实履行社会责任，积极开展"送温暖工程"、"金秋助学工程"，认真开展定点帮扶工作，营造了和谐共进、积极向上的发展氛围。

主要事件

1月6日，内蒙古国合电力有限责任公司完成工商注册。该公司是在内蒙古电力对外经济技术开发公司基础上，为积极推进内蒙古自治区与蒙古国电力合作，进一步拓展对周边国家跨境供电业务，经内蒙古电力公司董事会决议，自治区国资委核准，由内蒙古电力公司出资历并作为全资子公司纳入管理体系运营。

1月8日，在中国能源报社、中国能源经济研究院主持召开的2011中国能源经济论坛暨2010中国能源集团500强、中国新能源产业园区百旨发布会上，内蒙古电力公司荣膺"中国能源集团500强"第37位，并获得节能减排提名奖。

1月19～20日，内蒙古电力公司召开2011年工作会暨四届一次职代会。内蒙古自治区政府副主席赵双连出席大会并作重要讲话。

1月28日，内蒙古电力勘测设计院申报的《内蒙古电网风力发电场集中控制解决方案》、《高压电动机绝缘在线检测技术解决方案》、《风电场代表年计算方法的改进》、《ANSYS通用程序计算冷却塔的前处理软件》、《锅炉大气污染排放及环境空气影响分析计算软件》、《内蒙古电力勘测设计院管道支吊点及应力计算校核软件》及《低压厂用电系统计算软件》等7项科研成果被中国电力规划设计协会授予"全国电力工程设计专有技术"。至此，内蒙古电力勘测设计院已有13项"电力工程设计专有技术"，位居全国电力设计行业前列。

3月2日，内蒙古送变电有限责任公司在乌兰察布市举行百万级风电项目签约仪式。内蒙古电力公司总经理张福生、乌兰察布市市委书记王学丰等出席签字仪式。百万级风电场是内蒙古送变电有限责任公司"十二五"规划的"四大板块九大多元产业"之一，工程分6期建设，总装机100万kW，总投资50亿元。

3月7日，内蒙古公司董事长、党委书记刘锦率队对乌兰察布地区进行工作调研并与乌兰察布市政府就"十二五"电力规划和2011年电网建设进行对接洽谈，公司副总经理于立新、耿白，总会计师孙文彪等陪同调研。

3月11日，由内蒙古电力科学研究院电网规划中心自主研发的《内蒙古电网黑启动过电压试验平台软件V1.0》通过中华人民共和国国家版权局认定，获得原创软件著作权保护。

3月14日，内蒙古公司与鄂尔多斯市伊金霍洛旗政府在呼和浩特签署了《鄂尔多斯伊金霍洛旗电网建设投资协议》。协议共安排2011～2015年伊金霍洛旗电网建设总投资28.43亿元，其中110kV及以上电网建设和改造工程投资14.19亿元，配电网建设和改造工程投资14.24亿元。

3月29日，内蒙古公司在包头市举办"内蒙古电网2011年春季联合反事故演习"。演习模拟春查期间包头地区发生较大电网停电事故，要求各参演单位做好演习事故情况下的紧急处理、恢复，有效协调工作。包头供电局区调、昆都仑发电厂、包头第一热电厂、包头第二热电厂等单位参加了演习。

4月，内蒙古公司董事长、党委书记刘锦，副总经理于立新、耿白及相关部门负责人组成调研组分赴锡林郭勒盟、呼和浩特市、乌海市、巴彦淖尔市、阿拉善盟、鄂尔多斯市和包头市，与当地政府对接"十二五"电网规划及发展。

同月，内蒙古恒鑫铁塔公司中标蒙古国奥尤陶勒盖至中蒙边境220kV输电线路工程A、B标段铁塔加工，总重量3191.340 2t，合同价2330万元。

5月28～29日，内蒙古公司举办第五届职工运动会。

同月，内蒙古公司获2010年全区民主评议政风行风公用服务类第一名。这是公司自2002年以来，连续9年获全区民主评议政风行风第一名。为此，公司获内蒙古自治区政府纠正行业不正之风办公室的通报表彰。

同月，内蒙古电力科学研究院的6项成果获得自治区2010年度科技进步奖。其中《大型火电厂在职役锅炉系统状态诊治与工程应用研究》获二等奖，《燃煤电站锅炉炉顶密封新工艺的开发与应用》、《燃烧集成技术的开发及在提高包二200MW机组锅炉性能中的应用》、《循环硫化床电站锅炉热力性能分析系统》、《提高内蒙古电网输送极限的分析研究》、《循环硫化床锅炉协调控制投入研究》等5项获三等奖。

同月，内蒙古电力工会被中华全国总工会授予"社会主义劳动竞赛先进组织单位"荣誉称号。

7月5日，内蒙古电力公司ERP项目正式启动。

ERP系统是指建立在信息技术基础上，以系统化的管理思想，为企业决策层及员工提供决策运行手段的管理平台。

7月28日，乌兰察布市政府、内蒙古公司、北京能源投资（集团）有限公司、内蒙古京隆发电有限责任公司就《重组华宁热电四方协议》签字。内蒙古公司总经理张福生主持签字仪式。同时还签署了《华宁热电重组协议》、《华宁热电股权转让协议》、《华立污水股权转让协议》及《资产置换协议》。

8月20日，内蒙古自治区乌海市海南区长富煤矿发生井下透水事故。乌海电业局在第一时间赶赴矿难现场，迅速启动《长富煤矿保电应急预案》，成立保电小组，根据煤矿供电实际情况采取措施，有针对性地开展抢险保电任务，受到抢险指挥部的高度赞扬。

9月20日，汗海Ⅰ线切改接入灰腾梁500kV变电站输变电工程圆满结束。该线路破口形成的汗腾Ⅰ线、腾塔Ⅰ线与塔拉及灰腾梁变电站承载锡林郭勒盟地区电网的稳定及周边大容量风电的送出。

9月27日，内蒙古公司董事长、党委书记刘锦，内蒙古电力科学研究院首席工程师陈世慧当选中共内蒙古自治区第九次党员代表大会代表。

10月14日，国家能源局副局长钱智民率队到内蒙古公司调研。自治区发改委副主任、能源局局长王秉军，内蒙古公司董事长刘锦、总经理张福生、副总经理于立新等在公司电力调度中心陪同考察内蒙古风电运行管理情况及风电并网技术应用情况。期间，国家能源局还组织内蒙古电力公司及驻自治区发电企业座谈。

10月19日，内蒙古公司、鄂尔多斯市及中国中煤能源集团有限公司合作开发煤、电、气综合利用项目框架协议签字。三方在协议中明确鄂尔多斯市作为重要支持方大力支持内蒙古电力公司、中国中煤能源集团有限公司投资建设共同合作开发当地煤、电、气综合利用项目，并力保将综合利用的各个项目列入自治区“十二五”有关发展规划中，为投资开发项目奠定基础等。

11月17日，内蒙古电网首次向华北电网低谷送出风电100万kW，当日实现风电增加东送电量900万kWh。

11月23日，内蒙古电力公司、鄂尔多斯电业局与ABB（中国）有限公司捐赠毛乌素沙漠防沙治沙工程第二批项目捐赠仪式在北京举行。内蒙古公司副总经理、总工程师杨泓，ABB（中国）有限公司副总裁穆勒，鄂尔多斯电业局党委书记王伟光共同将200万元捐款捐赠给中国绿化基金会。本批项目鄂尔多斯电业局和ABB（中国）有限公司各出资100万元，由中国绿化基金会委托鄂尔多斯市治沙所在毛乌素沙漠高压线路下进行防沙治沙工作，项目分3年完成。

同月，内蒙古公司圆满完成“天宫一号、神州八号”交会对接任务内蒙古落区的保电工作。

12月2日，内蒙古自治区发改委正式下发通知，对内蒙古西部电网电价进行调整，2011年12月1日起执行。此次调整后，内蒙古西部电网销售电价全口径提高3.11分/kWh，其中居民生活用电价格暂不做调整，其他各类用电价格提高3.3分/kWh，可再生能源电价附加标准提高0.4分/kWh。

12月27日，500kV永丰Ⅲ启动成功。

（娜日斯）

【山东电力集团公司】

企业概况 山东电力集团公司（简称山东公司）是国家电网公司全资子公司，负责山东电网的规划、建设、运营，为山东经济和社会发展提供安全、可靠、优质的电力供应。截至2011年底，山东公司下设21个部门，下属17个市供电公司及超高压公司等30家企业和单位，管理县供电企业98个；服务客户3500万户，供电人口9579万，供电区域15.7万km^2。

2011年，山东公司售电量首次突破3000亿kWh，达到3061.42亿kWh，同比增长22.3%；市场占有率95.31%，同比提高6.83%；线损率完成6.30%。山东公司综合实力跃居山东省百强企业榜首，同业对标继续保持国家电网公司综合管理标杆单位，荣获全国文明单位、全国电力用户满意服务单位、全国模范劳动关系和谐企业、山东省十大社会责任品牌等荣誉称号，连续三年保持全省民主评议政风行风公共服务类第一名。

电网概况 截至2011年底，山东电网拥有220kV及以上变电站319座，其中500kV变电站29座，变电总容量1.22亿kVA，输电线路总长2.29万km，形成了以±660kV银东直流深入负荷中心、500kV双回路四点与华北电网联网、“五横三纵”500kV电网为省域主网架的现代化电网。

全省发电装机容量6812.8万kW，其中火电装机容量6455.3万kW；风电装机容量246.5万kW，占3.62%；电网统调公用电厂装机容量4502.4万kW，占66.09%；全省发电量3172.4亿kWh，同比增长2.64%，其中风电发电量42.3亿kWh，全省发电机组平均利用小时数4808h。

人力资源 开展“领导干部素质提升”学习教育活动，推进跨地区、跨专业、跨部门之间的干部交流，优化干部资源配置。全年举办5期处级领导干部培训班、5期县公司领导干部培训班、3期本部员工培训班、1期中青年干部和1期县公司青年干部培训班。

编制印发《2011～2020年人才发展规划》，组织推进高技能人才、青年人才等8项“十二五”人才培养工程，举办各类培训班226期，培训16115人次，全员培训率100%。加强高层次、紧缺人才培养，培训高级专业人才91名，评出高级人才132名。加大高技能人才培养力度，规范技能鉴定管理，举办鉴定考评88批2.76万人次。

加强员工入口管理，持续加大优秀毕业生引进力度。加强新员工入职培训，采用“五步式”培训模式，通过“作风、认知、转变、融入、方向”5个模块的学习，让新员工尽快转换角色，融入团队。加强本部队伍建设，首次举办本部管理人员培训班，分3期对公司本部298名科级及以下人员进行集中培训；通过直接调入、挂职挂岗和公开竞聘相结合的方式，选拔123名优秀员工到本部工作，充实本部力量。

电网建设与发展 推进“外电入鲁”战略，±660kV银东直流输电线路实现双极投运，山东电网接纳外电能力提升到750万kW。

开展“电网建设提速”活动。全年建成投产35kV及以上变电容量1873万kVA、线路3377km，山东电网已形成了500kV网架结构。深化标准工艺应用，实现工程零缺陷移交和100%达标投产，220kV及以上优质工程率达93.3%，密州变电站工程获国家优质工程银质奖等三项大奖，莱州电厂送出等5项工程获国家电网公司流动红旗竞赛优胜奖。

智能电网领先发展，相关技术在各电压等级、电网建设和改造各环节得到广泛实践，新一代智能电网调度支持系统建成投运，无人机巡检系统投入生产应用，完成8座220kV智能变电站建设改造任务，青岛高可靠性示范区、东营智能园区试点项目通过国家电网公司验收，全省直供区用电信息采集覆盖率达83%。电动汽车智能充换电服务系统建设达到国际领先水平，取得近300项技术和管理创新成果，自主创新建成薛家岛智能充换储放一体化大型示范站，国内首家省级电动汽车运营管理系统投运，全省累计建成充换电站17座、交流充电桩545台，全年服务车辆行驶650万km。重点基地建设全面展开，科研试验基地开工建设，检修建设基地等进入开工准备阶段。

经营管理 推进人财物集约化管理，开展“标准化建设年”活动，建成省市县一体化标准体系，涵盖技术标准、管理标准、工作标准、规章制度，实现了业务、流程、岗位全覆盖，顺利通过国家电网公司验收并正式发布实施。

推进财务集约化管理，开展财务管控标准流程试点。业务预算与财务预算有机衔接，财务快报和主要报表实现“一键式”生成。扩大集团账户管控范围，拓展集合信托等新型融资渠道；加强资金集中管理，拓宽融资渠道，保障资金供给；完成电网资产清查，全面清查固定资产、知识产权和重点低值易耗品，完善资产质量健全现金预算机制；加强项目预算管理，增强资源优化配置能力；加强跨区跨网重点工程财务管理和基建标准成本应用，规范农网改造升级工程财务管理，深化风险在线监控，提升风险防控能力。

推进物资集约化管理，完成电子商务平台建设应用，建成电子评标室和远程视频会议监控系统，提升物资管理的规模效益、运转效率与保障能力；扩大集中招标采购范围，县公司物资全部纳入两级招标采购管理；落实项目单位质量管理责任，建立供应商评价机制、质量抽检机制、质量信息反馈联动机制，加大监造、集中抽检、验收力度，实现质量监督结果、合同履约运行、供应商绩效评价和招标采购联动。

严格规范依法治企，深入贯彻《山东省电力设施和电能保护条例》，与公安机关成立省市县三级联合办公室。围绕工程建设等7个重点领域深入开展自查自纠。开展物资清仓利库，清点盘查物资。建成车辆GPS管理系统一体化平台，实现公司系统7400余台车辆统一在线监控。山东公司被授予全国“五五”普法先进单位。

安全生产 开展“两抓一建”安全风险管控等活动，全面完成城市电网和输电网安全性评价。加强交直流互联电网运行分析，建成电网在线预警及动态评估系统。深化应用直升机航巡等先进技术，建设输变电设备状态监测系统。全年排查治理电网设备隐患667项，完成58条输电线路舞动治理，设备一类障碍同比降低12.5%。组织开展“迎峰度夏保电大会战”，在电网统调负荷7次刷新纪录、16地市负荷屡创新高的情况下，确保了全省电力可靠供应。

±660kV银东直流输电线路是“外电入鲁”重要通道，带电作业成为巨大挑战。山东公司与国网电科院成立联合攻关团队，经过数千次理论计算和上百次现场试验，编制带电作业技术导则，研制完成直流输电线路带电作业绝缘工器具。2011年4月14日，成功实施首次±660kV直流输电线路等电位带电作业模拟试验；10月17日，完成世界首条±660kV直流输电线路的带电作业。

建成功能完善的省市县一体化应急体系，成功应对“2·27”雨雪冰冻、台风“梅花”等多次极端天气考验。加强应急培训、装备和队伍建设，成立应急救援基干分队。在泰安建设国家电网公司应急培训基地挂牌，成为中央企业首家建成启用的大型专业应急培训基地，开发了电力应急理论、基本技能、专业技能和应急装备操作技能四大类170余门培训课程，建设平原抢险综合训练场等6个室外培训项目和3D应急预案推演室等6个室内培训项目。全年共开展13期应急培训班，培训学员1300人。

营销工作 加大市场开拓力度，2011年新增业扩报装1681万kVA，促成112万kW孤网机组并网运行。烟台、潍坊公司售电量突破300亿kWh，菏泽、日照等8个市公司市场占有率达100%。电价调整政策顺利实施，趸售结算电价管理获政府授权，实现城乡同网同价。趸售关口电费结算实现省级集中，居民客户非现金缴费比例达88.73%，电费回收率100%。合理优化购电结构，完成省外交易电量475.90亿kWh，同比增长129.2%。

推进营销工作集约化管理，建成"一系统三中心"（营销业务应用系统、95598客户服务中心、营销稽查监控中心、省级计量中心）营销工作体系，该体系覆盖全省3500万电力客户，是国内规模最大的营销自动化平台。省市两级营销稽查监控中心，实现了营销业务及工作质量的全程实时监控。省级计量中心潍坊基地仓储容量、检定能力达到国内领先水平。推进城乡一体化服务，实现了"供电、收费、抄表、服务"四到户服务100%；拓宽农民缴费渠道，实行邮政代收、银行联网、预付费卡表、POS机等多种收费方式。

开展新能源接入相关技术研究，建立健全新能源调度管理制度，全额接纳风能、生物质能、太阳能等新能源，建立起以省调新能源调度管理为核心、以相关地调和山东电力研究院新能源专业为支持的新能源管理格局。山东新能源调度技术支持系统正式上线运行，为山东电网更有效地接纳风力发电、光伏发电提供了坚强的技术支撑。充分发挥电网能源配置平台功能，通过清洁高效的输送方式，提升能源开发和输送的经济性和环保性。2011年，全省接纳外电能力达750万kW，全年接纳省外电量475.90亿kWh。

开发应用国内首家省级有序用电智能决策系统，两家节能服务公司通过国家发改委资质认证，初步形成覆盖17地市的节能服务网络。开展农网改造升级工程，新建成18个新农村电气化县、189个电气化乡（镇）、6472个电气化村。

科技与信息化 加大前沿领域技术攻关力度，在输变电运检领域，成功研发应用具有国际领先水平的智能机器人系列，变电站巡检机器人列入《国家电网公司第一批重点推广新技术目录》，500kV架空线路清障检测机器人研发项目荣获国家科技进步二等奖，"±660kV直流输电线路带电作业方式研究及带电作业工具研制"等10余个项目通过山东省科技厅鉴定，"±660kV线路带电作业"项目荣获国家电网公司职工技术创新优秀成果特别奖；全面推进"灵活互动的智能用电关键技术研究"等16项课题攻关，提出了智能用电双向互动支撑平台的基本技术架构，完成了巨磁电阻效应传感器件特性试验平台建设。

在生产运行、营销服务、企业管理等方面开展全方位技术创新。"电动汽车智能充换储放一体化技术与运营管理系统开发应用"、"山东电网应急指挥体系研究与应用"等15项成果分获国家电网公司和山东省科技进步奖，347项专利获得授权，3项成果获全国企业管理现代化创新成果二等奖，2项成果获全国电力行业管理创新一等奖。加强实验室能力建设，电力机器人技术重点实验室、职业卫生防护与检测实验室通过国家电网公司考核评估。新能源并网技术实验室开工建设，电网金属材料腐蚀控制实验室入选国家电网公司储备实验室。

建成省市县一体化标准体系，标准化管理集成系统同步上线，信息调控中心建成投用，完成了信息容灾系统、人财物集约化信息平台等重点项目建设；县公司ERP系统成功上线；电网GIS空间信息服务平台投入运行；SG186信息系统顺利通过国家电网公司实用化评价。

在同业对标工作中，将管理指标、班组建设和典型经验纳入对标管理，形成"3+1"（"3"是指业绩对标、管理对标、班组对标；"1"是指典型经验）。同业对标体系，入围和入选国家电网公司典型经验库数量取得"双第一"，保持国家电网公司综合管理标杆单位。

优质服务 开展"为民服务、创先争优"活动，成立319支"国家电网彩虹共产党员服务队"，着力打造"95598光明服务工程"，争创群众满意窗口。坚持"你用电、我用心"服务理念，学习贯彻国家电网公司新"三个十条"，深化"彩虹工程"常态运行机制。省级95598供电服务中心建成投运，全省服务资源得到优化配置，服务质量实现实时监督和集中评价，到达现场、恢复送电及时率分别提高了10.47%和10.58%。开发应用了客户服务品质评价系统，实现服务和供电质量客观量化评价。加强高危及重要客户安全用电管理，累计整治客户安全隐患2366项。完成200万"一户一表"改造任务。试点建成济南、青岛、高密首批客户业扩招标服务中心。全省增加社会化代收网点993个、自助服务终端415个，积极打造"十分钟交费圈"。

积极应对山东60年未遇严重旱情，开展"彩虹春雨"抗旱保电大会战，为农业生产和人民生活提供坚强电力支持。

开展安全用电"四进"（"进企业、进校园、进社区、进家庭"）活动，提高用户安全用电水平，建立高危及重要客户安全用电服务常态运行机制，形成

"政府监管、用户落实、供电企业提供技术服务"的"三位一体"安全用电保障体系；开展用户侧用电安全隐患排查治理，为客户排查整治安全隐患2366项，隐患整治率达到86.12%，重要用户用电安全性评价率达到70%。为确保京沪高铁的安全可靠供电，山东公司成立专门领导小组，与铁路部门通力合作，加快配套供电设施建设，建成7个牵引站，配有14条专用线路供电，京沪高铁供电安全可靠。

党的建设和精神文明建设 开展"全员、全过程、全方位"创先争优活动，实施16项系列创争工程，形成了独具特色的创先争优体系，涌现出王进、夏晓宾、汪浩等一大批先进典型。中央创先争优五期简报专题介绍公司系统经验。李源潮、刘云山同志分别作出批示，要求在国企推广。开展党建工作创新，加强学习型党组织建设，完成"四好"领导班子考核，并首次将县公司班子纳入公司考核体系。在全国宣传吕明玉先进事迹。11个单位被授予第三批全国文明单位一家荣获全国五一劳动奖状，一个集体荣获全国工人先锋号，一家单位率先优质完成青藏联网工程承建任务。

开展"企业文化落地"主题实践活动，不断深化"品牌塑造年"活动，邀请媒体"走进国家电网"，成功策划特高压与智能电网发展等重大主题传播活动，人民日报、新华社、中央电视台等中央媒体先后253次报道公司工作。加强民主管理，组织开展职工代表专项巡视。评选表彰山东公司第五届"十大杰出青年"。成立文化体育联合会，举行"鲁能体育·有我有你"等20项系列文体活动。鲁能乒乓球队勇夺4项世界冠军。开展"青年志愿者"、"金秋助学"等活动。

（刘文川）

东 北 地 区

【国家电网公司东北分部】

分部概况 2011年4月，东北电网有限公司（简称东北公司）按照国家电网公司调整区域电网公司功能定位工作统一部署，组建成立国家电网公司东北分部（简称东北分部），与东北电网有限公司一个机构，两块牌子。主要负责监督、检查国家电网公司重大决策在东北区域内的贯彻实施，负责东北区域电网规划、电力调度、安全监察、生产技术、营销交易、电网工程、审计财务监督、党群及综合行政等方面，对区域内省（区）公司发挥管理、协调、监督和服务作用。

东北分部售电量完成2835.82亿kWh，同比增长10.27%；国家电力市场交易电量511.75亿kWh，同比增长28.79%；全网综合线损率完成7.03%，同比下降0.11个百分点；界河电厂发电量完成31.98亿kWh。

领导班子 国家电网公司总经理助理、东北分部主任、东北公司总经理、党组副书记：李一凡

东北分部、东北公司党组书记、东北分部副主任、东北公司副总经理：崔继纯

东北分部副主任、东北公司副总经理、党组成员：刘永奇

东北分部副主任、东北公司副总经理、党组成员：董恩伏

东北分部、东北公司总审计师、党组成员：耿占东

东北分部、东北公司纪检组长、工会主席、党组成员：金汝传

东北分部、东北公司名誉总工程师：黄其励

电网概况 东北电网供电范围包括辽宁、吉林、黑龙江三省及内蒙古东部地区，电网覆盖国土面积127.03万km^2，供电服务人口约1.2亿。

截至2011年底，东北电网全口径发电装机容量9917.15万kW。其中，水电装机708.55万kW，占全网7.14%；火电装机7692.85万kW，占全网77.57%；风电装机1510.06万kW，占全网15.23%；其他5.69万kW，占全网0.057%。

东北电网全口径发电量完成3718.74亿kWh，同比增长9.36%。其中，水电137.85亿kWh，同比下降26.85%；火电3341.63亿kWh，同比增长10.03%；风电237.37亿kWh，同比增长36.93%；其他发电量1.9亿kW，同比增长29.63%。

东北电网售用户电量完成2835.82亿kWh，同比增长10.27%；东北全区全社会用电量3631.86亿

kWh，同比增长 9.31%。

东北电网综合线损率完成 7.03%，同比下降 0.34 个百分点。东北电网内省间净交换电量 48.93 亿 kWh。东北电网送华北电网电量 100.45 亿 kWh，同比增长 13.95%。

人力资源　开展分部和直管单位年度“四好”领导班子建设和其他干部考核管理，开展直管单位企业负责人业绩考核。制定实施《落实总部和东北分部人力资源一体化运行工作方案》，印发《东北电网有限公司“十二五”人力资源规划》，推行全员绩效管理工作做法和经验，提升全员绩效管理水平。规范分部及下属机构单位劳动用工管理，加强工资总额计划管理，加大收入分配向生产一线岗位倾斜，提高关键岗位生产技能岗位津贴标准。加强领导干部和管理人员培训，开展总部和分部双向交流锻炼，推进人力资源集约化项目建设。完成组织岗位、劳动用工、薪酬管理、社保管理、教育培训、专家人才六大体系人力资源管理咨询项目建设，提升集约化管理水平。

电网建设与发展　2011 年，东北分部加快推进电网工程规划建设，滚动修订东北电网“十二五”发展规划，组织开展《东北区域电网中长期规划》研究工作。完成东北区域 500kV、220kV 电网项目可研初审和基建项目储备库项目评审工作，其中，500kV 项目 28 项，220kV 项目 103 项，66kV 项目 617 项，35kV 及以下项目 677 项，单独立项的二次项目 57 项。编制东北区域 500kV 电网项目 2012～2014 年工作计划。

推进东北区域基建管理和智能化变电站试点工作，完成基建里程碑计划建议评审和变电站智能化改造计划编制工作。编制 220kV 输变电工程初设评审平台建设方案，完成输变电工程管理流动红旗竞赛和优质工程抽检排序工作。配合做好黑河中俄联网工程调试、投产各项准备工作，确保黑河中俄联网工程年底前投运。强化对区域内电网建设工程监督管理，完成《电网工程冬季施工特殊措施补充定额》编制工作。2011 年，东北分部获得全国电力工程造价与定额信息工作先进集体荣誉称号。

组织开展东北区域内 220kV 输变电工程项目管理流动红旗竞赛活动，黑龙江、吉林、辽宁、蒙东 4 家电力公司有 11 个单位获得流动红旗。

4 月 23 日，与东北地区三省一区电力公司签订在建工程移交协议，全面移交东北分部（东北公司）管理的输变电工程管理业务，同时移交相关资料和业主项目部。

企业管理　开展财务专项督察和审计专项检查，完成总部审计项目计划、ERP 审计系统上线和审计制度建设任务；注重审计成果应用，加强分部内部审计，深入开展“小金库”专项治理。研究制定输变电资产委托运行管理模式，推进财务集约化深化应用、信息化优化提升和标准化试点实施工作；深化预算集约调控，完善会计核算体系，开展固定资产清查。

提升资源配置能力。开展供热机组热负荷在线监测系统建设，提高供热机组调峰调度管理水平。加强风电功率预测管理，编制《风电场计划上报与考核制度》，提高电网接纳风电的能力。加强电力市场分析预测，及时调整年度联络线交易电量计划，提前编制 2012 年联络线交易电量计划。推进电力市场建设，完善跨省调峰辅助服务市场交易，起草蒙东地区发电权交易办法；组织开展跨省跨区交易，利用输电通道腰荷富余输电能力向华北送电，达成跨省发电权交易电量 23.13 亿 kWh；协调解决蒙东公司与黑龙江公司营业区供电的问题；推进交易运营系统实用化应用和升级改造试点建设工作，率先开展纵向数据交换工作；落实“三个十条”要求，加大信息发布工作力度。

全面落实水电安全管理策划方案，逐步形成标准化安全管理策划模式。开展标准化运行工作，推进标准化检修管理。深化标准化防汛体系建设，修编、演练防汛预案，提高应急处理能力。加强水能利用提高率、单位电量节水率和发电等效可用系数定额完成率 3 项经济技术指标考核，效率和效益不断提升。落实中朝水力发电公司理事会第 63 次会议精神。开展图们江流域电力规划工作，推进界河电厂智能化改造前期工作。长甸电站改造工程开工建设，临江电站工程初设报告完成初审。水丰水电站防洪设施改造工程提前 143 天完成，水丰水库具备正常运行功能。

安全生产　东北分部以“安全管理深化年”为载体，以实施安全管理策划方案为主线，全面落实国家电网公司“两抓一建”安全风险管控活动要求，电网保持安全稳定运行。加强电网安全运行管理，落实电网重大反事故措施，做好东北电网火电厂辅机低电压穿越能力改造工作。推进友好型风电场建设，率先实施风电场实时调度优先排序，促进风电场提升涉网技术水平。开展呼辽直流安全稳定研究，确保系统安全稳定运行。成功开展东北电网迎峰度夏联合反事故演习。完成设备检修和防汛度汛工作，落实国家电网公司迎峰度冬、安全生产检查、设备隐患排查治理和可靠性及质量管理督查等工作部署。宣贯《电力安全事故应急处置和调查处理条例》，开展东北区域电网安全事故风险分析及对策研究。

落实总部“两抓一建”安全风险管控活动。东北分部认真编制、滚动完善安全管理策划方案，加大宣传、考试和检查考核，各层面更加注重策划的针对性和实用性。太平湾发电厂将作业现场安全风险评估报告单与作业指导书紧密结合；云峰发电厂班组实行一作业一策划等方式，使安全管理策划方案“落地生根”，控制了各类安全风险。

继续开展员工安全技能测试考评。对主管电厂22个岗位、共计176名（占总人数的1/3）生产岗位员工进行安全技能测试考评，实际测试人员的行为规范性和平均成绩均好于上一年。

循序渐进开展面向区域内省（区）电力公司工作。东北分部多次参与总部组织的安全性评价、规程和标准审核、安全检查等工作，在东北区域内组织大规模调研2次，初步掌握了区域内省（区）电力公司质量管理现状。

科技与信息化　加大科研投入，加强人才队伍建设，取得一批重大科技创新成果。“东北电网无功电压多层多区协调控制系统”获辽宁省科学技术进步奖二等奖；“风电大规模接入与电网安全运行协调控制技术研究及实施”等两项成果获国家电网公司科学技术进步奖二等奖；“东北电网混成自动电压控制系统”获中国电力科学技术奖三等奖。

开展验证风电机组低电压穿越能力的人工短路试验，并取得成功。完成了提高赤峰、通辽地区风电送出能力的智能安全自动装置的研发工作。

信息系统实用化通过国家电网公司组织的评价验收，圆满完成信息系统适应性调整和信息化项目梳理工作。信息调度运行检修体系初步建成，组织开展信息调度、运行 、检修等相关工作制度的宣贯、培训及7×24小时值班工作。开展信息化工作安全生产月活动，组织电源预案应急演练，结合“抓执行、抓过程、建机制”安全风险管控活动，从信息安全事故警示教育、宣传培训、信息设备隐患大排查等方面，有序推进活动顺利实施。

优质服务　加强安全管理，提高电网安全运行能力，合理安排机组运行方式，加大网厂协调力度，采取多项技术和管理措施，加大区域资源优化配置能力，进一步加强风电管理，提高接纳能力，落实新“三个十条”措施，做好“三公”调度工作。深入省（区）公司调研，分析掌握其基本状况和运行状态。开展旨在有效推进一体化运作的十项课题研究，搭建交流平台，组织四省（区）公司行政主要负责人召开迎峰度冬工作座谈会，各专业处室也采取多种形式与省（区）公司实现对接。

党的建设和精神文明建设　认真学习贯彻十七届六中全会精神，发挥党组的领导核心作用，贯彻落实国家电网公司党组决策和部署，及时讨论决定重大问题，围绕中心工作加强党的建设。深化“电网先锋党支部”和学习型党组织建设，组织开展纪念建党90周年系列活动。

注重“横向联合、纵向深入”的工作思路，不断拓展创先争优活动的广度和深度。横向上，在区域内，组织省（区）公司开展“为民服务争先创优”观摩交流活动，举办东北电网党建思想政治工作论坛。纵向上，在东北分部，各级党组织和党员于年初广泛进行了公开承诺；对照公开承诺，年末认真开展领导点评和群众评议。9月份开始在东北分部各处室、下设机构中广泛开展“讲责任、比奉献、做表率”创先争优活动。

加强反腐倡廉制度建设。东北分部成立后，制定出台了《东北分部“三重一大”决策实施细则》，修改下发党组议事规则、工作规则等配套制度，修订对各单位党风廉政建设责任制执行情况的考核评价细则，反腐倡廉制度体系进一步完善。同时，全面开展规章制度清理整合工作，共梳理制度254项，新建34项，废止86项，使内控机制和制度适应工作实际，融入反腐倡廉的要求。

加强党风廉政建设和纪检监察工作，落实反腐倡廉建设要求，完善协同监督机制，健全企业内控制度，对招标和非招标采购实施全过程监督，开展专项治理工作，积极推进廉洁文化“五进”活动；深入实施“送温暖工程”，启动实施“双提高”素质提升工程。加强民主管理，开展标准化班组创建，发挥职工文化阵地作用，举办“红诗红歌·唱响东电”群众文化主题活动，开展“献爱心、捐善款、助脱贫”主题党日活动，共收捐款12.85万元。

主要事件

1月11日，召开东北电网公司四届二次职工代表大会暨2011年工作会议。董事长李一凡作题为《开拓创新　奋发进取　努力实现公司发展新跨越》的讲话，总经理崔继纯作题为《坚持科学发展　转变运营模式　为实现公司“十二五”良好开局而努力奋斗》的工作报告等。

1月18日，东北电网500kV长春集控中心揭牌仪式在长春局举行。东北公司董事长李一凡、总经理崔继纯、副总经理王钢出席揭牌仪式；随后到集控中心视察，听取值班人员汇报，观看生产控制系统和生产辅助管控系统演示。

1月20日15时25分，中共中央政治局常委、中央书记处书记、国家副主席、军委副主席习近平到丰满发电厂视察，看望慰问广大干部职工。他强调，“要珍惜难得的历史发展机遇，抓好党的建设，抓好队伍建设，抓好人才培养，加快老厂改造步伐，继续发挥水库防洪和电网调峰作用，在全面推进小康社会建设中做出新贡献”。吉林省委书记孙政才、国网公司副总经理栾军，东北公司董事长李一凡、总经理崔继纯等陪同，李一凡汇报情况。

2月2～9日，春节期间，东北电网频率合格率

100%，电压合格率100%。期间平均日发电量为82 153万kWh，比2010年同期增长7.73%；平均最大电力为3904万kW，比2010年同期增长25.07%；平均峰谷差为773万kW，比2010年同期增长1.24%。发电电力最大下降907万kW，比节前平均水平下降20%；发电量最大下降2.1亿kWh，比节前平均水平下降21%。

2月17日，东北网调智能调度技术支持系统（Ⅰ期）通过验收。标志东北公司初步建成了新一代智能化电力调度技术支持系统，满足了智能调度、节能环保调度需求，提升了电网调控能力和适应能力，为提高东北电网安全、优质、经济运行水平提供了技术支持。

3月1日，春检工作开始，计划至6月底基本结束，共安排网调管辖范围内165条线路（其中48条500kV线路）和16台500kV主变压器停电检修，按照500kV主干网优先，重要220kV系统联络线优先进行。

3月5日，东北公司“东北电网风电大规模接入与电网安全运行协调控制技术研究及实施”项目鉴定会在北京召开。总工程师陈兆庆致词。辽宁省科技厅主持，中科院院士周孝信等9名专家认为“该项目理论上有创新，应用工程实际取得了显著经济和社会效益，为应对风电快速发展提供了理论基础和实践经验，整体技术水平达到国内领先水平。”

3月10日，东北电网佳木斯—绥化—哈尔滨500kV输变电工程荣获水利部颁发的“全国生产建设项目水土保持示范工程”称号（水保［2011］67号）。该称号是国家生产建设项目水土保持工作最高荣誉，水利部每两年评选一次。

3月11日，东北公司组织召开“提高通辽、兴安盟地区电网输送能力及相关安全稳定控制措施实施会议”。副总经理王钢、蒙东公司副总经理佟卫东，蒙东地区有关电力单位等领导参加；副总工贾伟主持。会议分析了制约通兴电网电力外送因素，并就实施控制措施提出要求，对增加稳控装置有关进行说明；参会单位作表态发言，将全力配合做好工作。

3月17日，国家电网公司组织召开“东北电网公司生产管理信息系统实用化”验收会，并通过国家电网公司实用化验收。副总经理王钢出席。该系统是SG186工程中的组成部分，对于增强生产管理科学性和有效性，提升生产管理精益化水平有重要意义。

4月1日，按照国家电网公司统一部署，国调中心组织有关专家对东北电网调度系统安全生产保障能力进行评估检查。经过对8个专业73大项、450小项评查，最终得分率为96.91%，通过国家电网公司检查。得分率位于已通过检查的网省公司前列。

4月1～9日，中朝水力发电公司2011年财务审议会议在朝鲜平壤召开。东北公司董事长、中方生产理事李一凡等8人及朝方财务理事边基玄等11人参加。会议对2010年生产、基建、财务决算和2011年生产、基建、财务计划进行审议，并就双方提出的公司电厂财务管理方面的问题交换意见；中方还通报水丰水电站防洪设施改造工程进展情况，交换向朝鲜边境地区供电协议（草案）。

4月18日，召开东北公司本部全体员工大会。董事长李一凡出席并讲话，副总经理王钢主持。会议就贯彻落实国家电网公司关于成立国家电网公司东北分部（东北电网有限公司），推进东北电网有限公司功能定位调整；东北公司本部及下属机构、管理岗位设置和工作职责等重大事项进行安排部署。东北公司和有关单位领导等出席会议。

4月20日，东北电网公司成建制划转单位移交协议签字仪式在沈阳举行。东北公司董事长李一凡在会上代表公司分别与辽宁、吉林、黑龙江三省电力公司及国网新源控股有限公司领导签署协议。

4月21～23日，继4月20日完成成建制划转单位移交协议的签署后，东北公司为保障有关单位的管理秩序以及生产安全、队伍稳定，分别由公司领导带队组建辽宁1、2组，吉林组，龙江组和水电组，进行划转移交单位现场移交，现场移交完全按照有关规定要求进行。

4月29日～5月4日，东北电网平均发电量90 963万kWh，同比增长9.07%；平均最大电力4112万kW，同比增长8.36%；平均最小电力3450万kW，同比增长8.08%；平均峰谷差662万kW，同比增长8.56%。东北电网向华北电网日平均送电量2840万kWh；频率合格率100%，电压合格率100%。

5月5日，国家电网东北规划评审中心正式运营。规划评审中心对东北地区电网规划、新能源规划、电网项目评审等有关工作进行研究，并根据工作需要启动培训计划。

5月13日，召开东北分部（东北公司）干部宣布会议。东北公司领导和各处（室）等主要负责人等出席。会议宣布新一届领导班子：执行董事、总经理、党组副书记李一凡，党组书记、副总经理崔继纯，副总经理、党组成员王钢，副总经理、党组成员董恩伏，总审计师、党组成员耿占东，职工监事、党组成员、纪检组长、工会主席金汝传，副总经理、党组成员陈兆庆，名誉总工程师黄其励等。

5月24日，国家电网东北电力调控分中心与俄罗斯东方联合调度局在沈阳就500kV黑河“背靠背”跨国联网工程调度生产准备和调度运行管理举行第一次调度专业工作会谈。会议确定符合两国实际情况的电网调度运行管理模式，实现联网系统安全稳定运行和可靠供电等。调控中心副主任邵广惠和外方局管理技术发展部主任西拉祖特季诺夫 C. 分别代表中俄双方在会谈纪要上签字。

6月1日，召开东北分部2011年第一次主任（总经理）办公会议。总经理李一凡、党组书记崔继纯出席并讲话。会议研讨《总部和分部一体化运作实施方案》，讨论通过《东北分部依法治企自查自纠工作方案》；梳理下一步工作思路和重点工作，推进总部分部一体化运作；还就近期做好电网安全稳定运行、迎峰度夏，防汛准备等工作进行安排部署。分部领导，各处室、下设机构负责人等参加。

6月21日，东北分部成功举行2011年东北电网迎峰度夏联合反事故演习暨国家电网联合反事故演习。副总经理王钢出席并作总结讲话。演习完全按照规定程序和有关要求执行；9时30分开始，12时15分结束。旨在防范呼辽直流投运和风电迅猛发展给东北电网安全稳定运行带来风险，保障电网平稳度夏。辽吉黑三省、呼伦贝尔调度，伊敏电厂及部分风电场等14家单位（部门）1000余人参加。

6月24日，东北分部东北调控分中心召开正式启动呼盟送端电网及送出系统应急预案编制工作会议。会议研究部署呼盟送端系统运行风险控制、提高系统紧急情况下应急处置能力及应急预案编制工作，明确“呼盟送出系统交、直流送出通道全停及快速恢复应急预案”“呼伦贝尔地区电网与主网解列应急处置预案”“呼伦贝尔地区电网全停后黑启动预案”等14个预案编制工作分工、内容和时间要求。

6月28日，水丰水电站防洪设施移交使用庆典仪式在丹东举行。国家电网公司总经理助理、东北公司总经理兼中朝水力发电公司中方生产理事李一凡，朝鲜电力工业省动力资源开发局局长兼中朝水力发电公司朝方基建理事杨京浩，辽宁省政府副秘书长何焕秋等出席并讲话；双方代表进行设备及资料签字。此次主坝、副坝闸门操作权移交朝鲜使用。仪式前双方有关人员观看了水丰主、副坝闸门启闭试验。该改造工程国网公司单独投资1.59亿元人民币，东北公司负责，太平湾厂具体施工。历时682天，目前金属结构部分满足要求，水库具备调节防洪蓄水泄洪能力。总工程计划2012年5月15日全部完成。

7月1日，东北调控分中心“直调风电场实时调度优先排序系统”正式投入运行。这是在国网调度系统内率先实现风电场依据涉网技术水平实时优先排序调度，促进风电场提升涉网技术水平，保证风电调度“三公”化和制度化，提高电网安全稳定运行。

7月12日，东北公司召开东北电网应急通信系统建设工程验收会并通过验收，该系统覆盖本部大楼、云峰、太平湾、丰满、白山、松江河等水电厂及沈阳、锦州、长春、哈尔滨、齐齐哈尔等超高压局。该系统建成将提升东北电网应对自然灾害，处置突发事件及保障重大活动应急通信能力。

7月13日，东北分部调整水库水位，为安全度汛做准备。7月15日～8月20日是松花江、鸭绿江流域主汛期，东北分部调度各水电厂及时进行汛前大发电，尤其是白山、丰满达到了满发状态，使水位已降低至大汛前控制水位目标。6月末白山、丰满、云峰、水丰等水库水位分别已降至403.49、252.93、302.75m和97.65m。东北电网汛前各水库安全平稳运行。

7月26日，东北公司开发建设“东北网调直调燃煤机组脱硫在线监测系统”通过项目验收。东北电监局副局长杨子江，内蒙古环保厅、辽吉黑三省公司、蒙东公司等单位领导和专家参加评审会。会议认为该系统实现项目设计全部内容，满足国家发改委、环保总局《燃煤发电机组脱硫电价及脱硫设施运行管理办法（试行）》（发改价格［2007］1176号）文件要求，达到实际应用水平，处于国内领先水平。

7月28日，国家电监会主席吴新雄视察东北分部，先后到国网东北电力调控分中心和东北电网应急指挥中心并提出工作要求和希望。分部主任（总经理）李一凡，党组书记崔继纯会见陪同，李一凡汇报东北分部（东北公司）工作情况。国家电监会总监谭荣尧，国家电网公司副总经理、工会主席王敏，东北电监局局长韩水，国家电网公司研究室主任伍萱，辽宁省公司总经理燕福龙等陪同莅临东北分部。

8月11日，太平湾发电厂向朝方移交水丰水电站防洪设施改造工程金属结构及附属设备资料。此前的6月28日已完成金属结构及附属设备移交工作，本次移交资料为《水丰水电站防洪设施改造工程金属结构（含附属）设备及资料交接书》中的全部资料。

8月12日，东北电网成功组织2011年跨区新增送电交易。本次交易电量4亿kWh，其中蒙东地区发电企业1.15亿kWh，辽宁省发电企业0.36亿kWh，吉林省发电企业1.21亿kWh，黑龙江发电企业1.28亿kWh。

8月16日，东北公司资产委托运维管理座谈会在沈阳召开。总审计师耿占东主持，三省一区公司有关领导出席。会议通报东北公司输变电资产实行委托运行维护管理有关情况，并对《东北电网有限公司输变电资产委托运行管理协议（讨论稿）》进行讨论，确保8月25日前正式签订资产委托运维协议。

8月23日，东北分部《东北电网风电大规模接入与电网安全运行协调控制技术研究及实施先进技术推广应用》的科技成果，荣获2010年度国家电网公司科技进步二等奖。

8月23～29日，中朝水力发电公司2011年生产调度及通信会议在沈阳举行。中方东北公司副总工程师贾伟，朝方电力工业省调度指挥局第一副局长张锡贤，有关部门负责人等出席。会议通报2011年发电量预测情况，确定溢流期电量，制订2012年发电量计划，并就中朝电量平衡、调度运行、继电保护、通信等问题交换意见并达成共识。

8月31日9时25分，东北电网在赤峰大唐东山风电场进行验证风电机组电压穿越能力人工短路试验并获得成功。

9月1日，东北电网2011年秋检正式开始，计划到11月30日结束。期间共安排东北分部国家电网东北电力调控分中心管辖调控范围101条线路（包括30条500kV线路）和27台500kV主变压器停电检修。

9月2日，为增强中朝水电合作，加快开发鸭绿江水力资源建设，东北分部主任（总经理）李一凡，党组书记崔继纯，副主任陈兆庆等陪同中国驻朝鲜特命全权大使刘洪才一行实地考察鸭绿江流域各水电站，重点对临江附近拟选站址周边环境、水资源状况及人文背景进行调研。

9月20日，中电联、中国电力工业志编纂委员会在北京召开“《东北电力工业志1991～2002年》终审会”。中电联、编委会主要领导王利、张绍贤、王宏超、刘宏等领导和公司总经理助理姜潮勇出席。会议审查通过《东北电力工业志1991～2002年》稿。有关专家和部门负责人参加。

9月21日，党组书记崔继纯到朝阳市建平县张家营子镇走访慰问，并向建平县和九年一贯制学校捐助攻坚扶贫款150万元和机关346名员工爱心助学捐款12.8万元。随后视察镇综合文化站、九年一贯制学校和七官营子村，并到困难农户家走访慰问。县委、县政府、镇有关领导会见感谢东北公司。

11月1日，东北分部召开SG—ERP人力资源管理信息系统建设（一期）实施项目启动会。会议介绍了项目实施方案，有关部门负责人出席并讲话。

11月11日，东北分部成功组织“坚强的电源系统　东北分部单路UPS中断应急演练”。演练范围包括244台信息设备、涉及厂商30余家、22个纵向贯通业务系统。演练为分部信息系统安全稳定运行和提高技术管理水平提供技术保障支持。有关领导等出席。

11月24日，辽宁省委书记王珉莅临东北分部视察工作。东北分部主任李一凡、党组书记崔继纯陪同并汇报有关工作情况，副主任王钢、董恩伏、总审计师耿占东、纪检组长工会主席金汝传、副主任陈兆庆等随行，慰问一线员工，了解电网运行状况，视察应急指挥中心等场所及设施。

12月2日，东北、吉林、黑龙江互备模式电网备用调度切换演练顺利完成并通过功能验收。国调中心副主任东北分部副主任王钢主持召开东北电网备用调度系统切换演练功能验收总结会并讲话。

（徐桂红　王　历）

【东北电网有限公司】

见国家电网公司东北分部。

【辽宁省电力有限公司】

企业概况　辽宁省电力有限公司（简称辽宁公司）是国家电网公司的全资子公司，以建设运营辽宁电网为核心业务，为辽宁省经济社会可持续发展提供安全、可靠、优质、清洁的电能供应。供电营业区域14.8万km^2，供电服务人口4370余万。截至2011年底，辽宁公司所属单位37个。本部设职能部门22个。

2011年，同业对标进入国家电网公司A段指标共69项，占全部131项指标的52.67%，同比增加14.07个百分点。蝉联“综合管理”和“电网运行”标杆，“安全管理”并列第一名，再次囊括东北区域全部7项标杆。在大型供电企业对标中，大连公司首次夺得“电网运行”和“营销服务”标杆。辽宁公司荣获全国文明单位、全国五一劳动奖状、辽宁省用户满意单位等多项荣誉；继行风评议十三连冠之后，2010年以来连续获得免评资格。

2011年，辽宁省全社会用电量达到1862亿kWh；公司售电量完成1513亿kWh，同比增长9.6%；综合线损率6.28%，同比下降0.62%。

电网概况　辽宁电网是东北电网重要的组成部分，是东北电网与华北电网连接的枢纽，东北部经4回500kV线路与吉林电网相联，西北部通过6条500kV线路、1回±500kV直流线路（呼辽直流）与蒙东电网相联，承担着吉林、黑龙江及内蒙古东部能源基地电能外送的接纳工作；西南部通过500kV高岭背靠背换流站与华北电网实现跨区相联，承担着支援三华电网的重要任务。辽宁电网内部呈现北电南送的趋势，主要输电通道为5回500kV线路。

辽宁电网是典型的受端电网。2011年，经省间联络线净受入电量455.16亿kWh（不含绥中电厂）。其中，辽吉省间受入电量194.28亿kWh，由内蒙东部的通辽、赤峰地区分别受入97.01和104.35亿kWh，由呼辽直流受入电量129.20亿kWh，由东北电网净受入电量31.02亿kWh；东北电网通过辽宁向华北电网净输出电量100.46亿kWh；丹东送朝鲜电量0.24亿kWh。截至2011年底，辽宁电网总装机容量（含绥中电厂、界河水电厂）为3400.4万kW。其中，火电装机容量2851.3万kW，占总装机容量的83.85%；风电装机容量402.33万kW，占总装机容量的11.83%；水电装机容量146.78万kW，占总装机容量的4.32%。

截至2011年底，辽宁电网拥有500kV交流变电站19座（含开关站1座），变电容量3279万kVA；±500kV直流换流站2座，换流容量701万kVA；500kV交直流线路回长6299km；220kV变电站172座（含开关站7座），变电容量5683万kVA，220kV线路长度13 920km。

领导班子

总经理、党组副书记：燕福龙

党组书记、副总经理：焦保利

副总经理、党组成员：张印明、刘劲松、薛建伟

党组成员、纪检组长：刘清汉

党组成员兼沈阳供电公司总经理：牟景旭

工会主席、党组成员：张力

总会计师：池源

总工程师：工艺茗

人力资源 2011年，辽宁公司举办各类培训班332期，培训26 967人，培训率99.56%。辽宁公司评审产生145名专家，其中一级专家57名，二级专家88名，24名优秀人才获得国家电网公司专家称号。在盘锦供电公司建立首个优秀专家工作室——姜广敏工作室，为技能人才发挥才能提供平台。组织职业技能鉴定申报11 596人次，修订辽宁公司技能鉴定题库。选送援藏干部3名、援青干部1名，获得国家电网公司对藏人才帮扶工作先进单位称号。

加强干部队伍建设，举办现职干部轮训班5期、县区供电分公司领导培训班5期、青年干部培训班1期、所属单位中层干部培训班8期、公司本部一般管理人员培训班3期。首次举办2期优秀青年百人培训班和1期优秀青年干部培训班。从基层单位选拔16人到国家电网公司本部挂职培养锻炼。

电网建设与发展 2011年，新开工66kV及以上输变电工程136项，累计新开工66kV及以上送电线路2908km，变电容量1508万kVA；投产66kV及以上送电线路2323km，变电容量1002万kVA。

500kV北宁—渤海输电工程以及燕山湖电厂、蒲石河抽水蓄能电站送出工程投入运行，雁水升压扩建工程顺利完成。红沿河核电送出工程、哈大客专辽宁段12座牵引站外部供电工程全部具备送电条件。瓦房店500kV变电站获“国家优质工程银奖”并入选“国家优质工程奖设立三十周年经典工程”，营口南海500kV变电站获国家电网公司质量管理流动红旗，阜新松涛220kV变电站等11项工程获国家电网公司优质工程奖。优质工程率实现84.6%。

在国家电网公司系统率先启动66kV智能变电站施工图设计标准化深化应用工作，参与国家电网公司重点基建科技示范依托项目实施，编制完成《辽宁电网66kV智能变电站通用设计深化应用暨施工图标准化设计主要设计原则》；在国家电网公司系统率先采用集成式保护测控装置，开发具有自主知识产权的技术和装备，提高变电站智能化水平。

经营管理 深入开展依法从严治企自查自纠活动，加大审计工作力度，规范管理水平不断提升。全面排查工程建设领域、“小金库”、“三指定”、县供电企业管理、公务用车、公务接待等方面存在的不规范行为，对自查出的问题进行全面整改。新建工程和新一轮农网改造升级工程廉政合同签订率达100%。辽宁公司顺利通过中央“小金库”专项治理督导抽查和国家电网公司强化经营管理财务专项检查、依法治企审计检查。

深入推进主辅分离改革，完成10家辅业单位的划转移交工作，实现管理控制权、安全稳定责任及资产、人事关系的全面移交。贯彻落实国家电网公司关于区域公司功能定位调整的决策部署，成建制接收东北电网有限公司所属沈阳超高压局、锦州超高压局、东北电力科学研究院、物流服务中心、大连培训中心5家单位，实现与东北分部、划转单位间各项工作的顺利对接。

规范省市县三级机构编制、业务流程和职责界面，推进综合业绩考核和全员绩效管理，提前完成“解决结构性缺员三年计划”。健全财务标准体系，强化预算集约调控与会计集中核算。建立电费集团账户管理新模式，资金归集率达100%。提前完成电网资产清查任务，账卡物一致率达到93.86%。开展权属情况清理工作，补办土地、房屋权属证件1269件。加强物资管理，推广应用电子商务平台，规范招标采购流程，开展物资采购与供应工作“四统一”建设。建立新建住宅供电工程急需物资储备机制，完成3个地市区域物资仓库改造工程，高质量完成188个仓库的清仓利库工作，有效盘活积压库存，物资保障能力大幅提高。

安全生产 贯彻落实《电力安全事故应急处置和调查处理条例》，深入开展“两抓一建”安全风险管控活动。实现伊穆直流（辽宁侧）安全运行一周年，运行业绩创国家电网公司直流输电工程投运第一年最好水平。完成春（秋）检、迎峰度夏（冬）、安全度汛及建党90周年庆祝活动、大连夏季达沃斯论坛等保供电任务，实现安全年工作目标。全年开展12次事故隐患专项排查，累计排查事故隐患308项，已整改284项。加大现场监督检查力度，共督查违章145

起，各单位自查违章共1347起，有效控制了作业中的安全风险。完成应急专业队伍的组建，评选出73人为辽宁公司应急专家，并优选6人被选为国家电网公司应急专家。

全年共启动预警3次，发出各类警示通知51次。特别是针对8月8～9日台风“梅花”，及时启动预警，组建抢修队伍20支共12 847人，恢复139座枢纽变电站有人值班，为有效应对突发事件奠定了基础。

营销工作 2011年，辽宁省全社会用电量1862亿kWh。辽宁公司完成售电量1513亿kWh，同比增长9.6%，当年电费回收率100%，市场占有率95.18%。累计完成新装、增容66.19万户、1281.29万kVA，累计净增容量911.36万kVA。打造“十分钟交费圈”，开拓15种交费渠道，新增交费网点（终端）1722个，同比提高32.8%。推广电力用户用电信息采集系统，加快智能电能表及配套改造，累计安装各类智能电能表310.1万只，179.1万只实现自动采集，采集成功率89.89%。

与政府相关部门联合下发《关于迎峰度夏期间加强电熔镁砂企业用电管理的通知》，对电熔镁砂企业实行错峰用电，电网尖峰最大电力降低150万kW。

完成省级计量中心整合方案，开展业务培训及检定资格考评工作。稳步推进省级供电服务中心建设，完成95598系统建设方案；成立电动汽车服务分公司，制定《电动汽车充换电设施建设项目管理暂行规定》和《电动汽车充换电设施运行管理规定（试行）》；完成沈阳、营口4座整车充电站和11个市400个交流充电桩建设。

农电工作 加快新一轮农网改造升级工程建设，执行“三通一标”和典型设计，严把工程质量关，农网网架得到有效改善。全面实施10个农网改造升级工程“示范县”和15个农网改造升级“示范小城镇”建设，35.9万户农村“低电压”问题得到全面治理。创建“国一流”、“省一流”县公司各4个，建设新农村电气化县7个、乡镇66个、村676个。开展首届农电工优秀人才评选，109名优秀供电所管理人才、优秀配电运检技能人才和优秀营销服务技能人才被授予“辽宁省电力有限公司农电工优秀人才”称号。强化农电工培训，在国家电网公司农电工岗位知识和技能竞赛中获得配电岗位技能第一名。辽宁公司荣获辽宁省委、省政府授予的“推进朝阳百万亩设施农业建设突出贡献单位”荣誉称号，荣获国家电网公司“农网工程建设先进单位”称号，农电工作部连续3年荣获国家电网公司“先进农电工作部”称号。

科技与信息化 全年完成新技术推广172项，信息化项目36项，承担国家电网公司智能电网试点项目11项。共有25项科技成果获得省部级及以上奖励，其中，8项成果获国家电网公司科技进步奖，9项成果获辽宁省科技进步奖，7项成果首次获国家级能源科技进步奖，1项成果获中国机械工业科学技术奖。“直挂66kV母线光控SVC关键技术研究及示范应用”和“电力光纤到户关键技术研究及应用”等项目获国家电网公司科技进步二等奖；“碳纤维复合芯架空导线研制与应用”获辽宁省科技进步一等奖，同时被评为“辽宁省职工十大创新成果”；“66kV线路变压器组复合式组合电器（T-GIS）”和“特大型企业ERP系统的建设与应用”等项目获辽宁省科技进步二等奖；“采用LTT技术的高压动态无功补偿装置”获国家能源科技进步二等奖。

2011年，辽宁公司共申请专利593项，申请指标完成率列国家电网公司第1位，全年获得专利授权346项，累计拥有授权专利504项。出版科技专著5部，在SCI（科学引文索引）、EI（工程索引）入选刊物上发表科技论文22篇，在中文核心期刊发表科技论文26篇。

ERP业务审计系统、人力资源管理系统和第三批ERP系统顺利上线，系统实现全覆盖，“SG-ERP人力资源管理信息系统（一期）”和“营销稽查监控系统建设”被评为国家电网公司信息化建设优质工程；建成营销稽查监控系统，开展数据常态监控；信息通信调度运行监控中心投入运行，实现了对全网信息通信系统的统一调度和监管；率先通过中国信息安全认证中心的信息安全管理体系认证和信息技术服务管理认证；“四个平台”（电网GIS空间信息管理平台、资产管理信息平台项目、电网规划信息平台、关口计量信息管理平台）建设稳步推进。

优质服务 10月25日，辽宁公司举行了万名客户评电力暨2011年客户满意度第三方评价启动仪式，开展新“三个十条”和电费充值卡业务、银行代收电费缴费等多种缴费渠道的宣传活动，共发放宣传单7万余份，现场解答市民用电等方面问题千余条。制定《辽宁公司学习贯彻新“十项承诺”和“十个不准”实施方案》，召开“你用电，我用心，为民服务创先争优”新闻发布会，全年累计策划67次“媒体走进国家电网公司”活动，详细介绍辽宁公司情景式互动党课。

落实“三个十条”要求，履行服务承诺，以业扩报装为切入点，建立各部门协同运作的“一口对外”服务机制，建设管控平台，优化工作流程，报装效率不断提高，平均接电时间缩减2.5天，供电量累计增加2.67亿kWh。服务承诺综合兑现率、回访率、回访满意率均达到100%。开辟供电服务绿色通道，助力沿海经济带、沈阳经济区、突破辽西北“三大区域”（辽宁沿海经济带、沈阳经济区和辽西北）发展。全力支持民生工程，保证了对棚户区改造、保障性安居工程等项目的电力供应。开展“智能电网、接通未来”为主题的智能电网品牌宣传日活动。

党的建设和精神文明建设 开展“学习党员标兵，争先时代先锋，五比五树”主题实践活动，创建“共产党员工程”353项、党员责任区1129个、“党员先锋岗”922个、党员安全示范岗1368个，党员志愿者服务队1015个，树立典型标杆793个。开展“做优秀国家电网人，创一流业绩，向党的生日献礼”主题实践活动，举办“我身边的共产党员”巡回宣讲、“唱支红歌给党听”演唱会。中央电视台《新闻联播》头条和新闻频道《新闻直播间》节目对辽宁公司纪念建党90周年活动给予了报道。纪念建党90周年活动中，辽宁公司14个基层党组织、12名员工分别受到国家电网公司及辽宁省委、辽宁省国资委表彰。

全面加强企业文化建设，开展“特高压、智能电网”主题宣传活动。深入推进创先争优，开展“全员创争促发展，为民服务立新功”主题活动，实施“95598光明服务”等十大工程，组织“党员奉献日”活动，捐助辽宁电力共产党员希望小学。辽宁公司被辽宁省委省政府评为“定点扶贫标兵单位”，被国家电网公司评为“文明单位”。

主要事件

1月9日，在国家电网公司第二届职工代表大会第一次会议暨2011年工作会议上，辽宁公司获得三项标杆称号，同时对标工作在区域取得大满贯。

1月20～21日，辽宁公司召开三届三次职代会暨2011年工作会议。公司总经理燕福龙作了题为《创新提升 乘势而上 为加快建成“一强三优”现代公司而奋斗》的工作报告。

2月16日，辽宁公司ISO 20000和ISO 27001体系建设工作顺利通过中国信息安全认证中心的审核，并在公司本部举行认证证书颁证仪式。

3月26日，辽宁公司在全省14个市同时开展“特高压、智能电网”主题传播宣传日活动。

4月19日，辽宁公司深入开展媒体“走进国家电网活动”，邀请中央人民广播电台、新华社辽宁分社、人民日报辽宁分社、辽宁日报、辽宁广播电视台等主流媒体，赴朝阳市设施农业示范区进行集体采访。

4月20日，东北电网有限公司物流服务中心、东北电力科学研究院、东北电网有限公司沈阳超高压局、东北电网有限公司锦州超高压局、东北电网有限公司大连培训中心5家单位由东北电网有限公司划转入辽宁省电力有限公司。

5月3日，辽宁公司召开本部干部大会。会议由燕福龙主持。焦保利宣读国家电网公司和国家电网公司党组任免通知。通知决定：薛建伟任辽宁省电力有限公司副总经理；免去潘秀宝辽宁省电力有限公司副总经理职务。薛建伟任中共辽宁省电力有限公司党组成员；免去潘秀宝同志中共辽宁省电力有限公司党组成员职务。

5月9日，辽宁省人民政府为公司总经理燕福龙荣记一等功颁奖大会隆重召开。

6月19日，辽宁公司开展“党员志愿者奉献日”活动。全公司共有2.1万余名党员参加了活动，展示“国家电网”品牌形象和新时期共产党员的风采。

7月6日，辽宁公司2011年职工岗位技能大赛在锦州培训中心举行。本次职工岗位技能大赛是公司成立以来规模最大、持续时间最长、比赛项目最多的一次技能大赛。

9月14～16日，辽宁公司圆满完成达沃斯论坛保电任务。公司对所涉及的8座66kV变电站、40条10kV线路进行排查，先后出动3台应急发电车、组成8支保电抢险队伍400余人投入到保电工作之中，圆满完成了此次保电任务。

9月26～27日，辽宁公司总经理燕福龙率队到江苏公司调研。燕福龙一行观看了江苏公司“五大”体系建设的汇报片，听取了江苏公司总经理冯军关于江苏公司基本概况、实施“五大”体系建设的情况、取得的经验成果、存在的问题和解决思路的介绍。

10月18～19日，标识标准化验收组到辽宁公司进行检查验收，确定辽宁公司为“国家电网公司品牌标识标准化建设达标单位”。

10月31日，辽宁公司召开“五大”体系建设工作领导小组会议，部署“五大”体系建设工作。

11月4日，辽宁公司召开“你用电、我用心，为民服务创先争优”新闻发布会。

12月9日，辽宁公司总会计师池源与中国能源建设集团有限公司副总经理向永忠在北京正式签署了《辽宁省电力有限公司所属分离企业国有产权无偿划转协议》。辽宁公司将所属10家分离企业成建制整体无偿划转给中国能源建设集团有限公司。

12月20日，辽宁公司承担的首个国家“863”课题项目——“储能系统提高间歇式电源接入能力关键技术研究与开发”启动会在沈阳召开。

（张永华 李天一）

【吉林省电力有限公司】

企业概况 吉林省电力有限公司（简称吉林公司）是国家电网公司全资子公司，以建设、运营电网为主营业务，承担着保障安全、经济、清洁、可持续电力供应的使命。吉林公司供电营业面积18.74万km^2，拥有供电客户1000余万户，供电服务人口

2700余万人。吉林公司本部设置22个职能部门，下设供电公司9个，超高压公司1个，农电、施工、科研、培训单位各1个。

2011年，吉林公司实现各项年度发展目标任务。全年完成售电量500.89亿kWh，同比增长10.53%；综合线损率完成6.90%，同比降低1.24个百分点；当年电费回收率100%，连续实现第六个安全年。

领导班子

公司总经理、党组副书记：闫少俊

公司党组书记、副总经理：杨俊文

公司党组成员、副总经理：李明、王国春、赵振伟

公司党组成员、工会主席：曾凡华

公司党组成员、长春供电公司总经理：辛国良

公司党组成员、纪检组组长：朱教新

公司总工程师：马明焕

公司总会计师：李随东

组织机构 截至2011年末，吉林公司本部设置22个职能部门，下设供电公司9个，超高压公司1个，农电、施工、科研、培训单位各1个。

电网概况 吉林电网位于东北电网中部，北连黑龙江电网，南接辽宁电网，西临内蒙古东部电网，以500kV电网为骨架、220kV电网为主体、66kV及以下电网覆盖全省，是东北电网北电南送的重要通道。截至2011年底，吉林省调统发电机组装机容量18 325.7MW，其中火电机组110台，装机容量15 018MW（供热机组103台，装机容量11 298MW）；风电场27座，装机容量2936.3MW；水电机组27台，装机容量195.4MW；生物质及垃圾发电机组10台，装机容量176MW；220kV及以上变电站共84座，变压器133台，总容量20 211.5MVA；220kV及以上线路241条，总长9356km。

人力资源 坚持正确的用人导向，合理配置干部资源，在公司系统公开选聘所属单位总会计师和本部内设机构负责人。首次选拔44名优秀员工到本部挂岗锻炼。采取量化积分方式，实施本部全员绩效管理，推动本部提质提效。严控所属单位干部职数，严格执行核准制度，核准所属单位副总师7人次、中层干部130人次。

加强干部培训，举办4期领导干部培训班、2期区县公司经理培训班和2期本部部门内设机构负责人培训班。在所属单位领导班子成员中开展网络培训，实现公司系统领导干部网络培训全覆盖。

严把员工入口关，人才引进指数同比提高13%。加大员工培训力度，举办各类培训班160余期，全员培训率达到96.7%。吉林公司获得国家电网公司农电工竞赛团体二等奖，4名农电员工获得国家电网公司岗位能手称号。

电网建设与发展 智能电网建设和吉林公司电网规划纳入吉林省电力工业规划、能源规划及“十二五”发展规划纲要，各级政府将规划选址选线成果纳入各地市（州）城市（镇）控制性详细规划。补充调整配电网“十二五”规划项目库。编制农网“十二五”通信网规划和农网改造升级“十二五”规划。2012年186个220kV及以下新开工项目全部在2011年9月末前取得核准审批。

投产500kV变电站1座、220kV变电站2座、66kV变电站50座，新增66kV及以上变电容量498.7万kVA、输电线路2388km。国家电网公司500kV智能化试点项目金城变电站建成，178个农网改造升级工程项目全部完成，长春南部新城线路迁建工程全面启动，调度通信楼建设完成基础施工。米沙子变电站等4项工程获得国家电网公司输变电工程项目管理流动红旗。

开展基建安全主题活动和质量提升年活动，落实施工安全保障措施，实现“七个不发生”基建安全目标。工程建设期间未发生一般及以上质量事故，66kV及以上工程投产后一年内未发生因基建质量原因引发的电网事故、设备事故和一类障碍。66kV及以上输变电工程达标投产率100%，220kV优质工程率80.18%。有效控制输变电工程质量通病6项，杜绝质量管理通病4项。

经营管理 依法治企不断深化。落实国家电网公司依法治企各项要求，强化协同监督和专项治理，规范企业管理。开展依法从严治企突出问题集中清理，对发现的232个问题认真督导整改。供电公司全部取得政府授权，建立业扩报装工程招投标服务平台，促进招投标规范透明运作。公务用车、因公出国和会议接待等管理得到全面加强。

加强财务和物资管控。严格投资、成本和资金管理。建成电子评标室和电子商务平台，实行清仓利库和废旧物资网上竞价处置。

积极稳妥推进有关改革。平稳接管长春超高压局。全面完成主辅分离、省公司层面主多分开、后勤物业社会化改革工作。“三集五大”体系建设实施方案得到国家电网公司正式批复。

开展同业对标工作。将对标指标按照管理职责分解落实到相关责任部门和责任人，明确管控目标，定期开展对标指标分析诊断，找出影响指标提升的管理因素和设备因素，优化调整业务流程，有效促进各项指标提升。2011年同业对标指标127项中，同比57项提高、33项持平、11项下降，26项指标不可比（国家电网公司新增指标）。安全管理继续保持在A段，

营销服务、电网建设专业排名实现晋段升位。

安全生产 认真贯彻国务院《电力安全事故应急处置和调查处理条例》，全面落实“两抓一建”100条重点举措，严格执行安全风险和生产作业两个规范实施细则，狠抓生产全过程管控，安全基础进一步夯实。

全面落实安全责任。加强行政正职“六到位”、党委书记“六做到”，严格执行各级领导干部和管理人员生产现场到岗到位工作标准。由吉林公司班子成员带队，深入基层开展安全大检查和“回头看”活动，建立检查责任追究制，实施痕迹管理，整改问题2064项。整治电力设施周边环境，消除“三违二源”669处。深化重要客户供用电安全隐患排查治理，整改各类隐患237项，保证用户安全可靠用电。完成春秋检、防汛和迎峰度夏度冬等工作任务，连续实现第六个安全年。

积极化解电网调峰和供热矛盾。针对冬季电网调峰和供热矛盾突出的问题，超前研究并制定落实32项迎峰度冬举措，可靠安排电网运行方式，推动电力消纳和外送，确保电网安全稳定运行。全力保障第十二届全国冬季运动会电力供应，按照“一场、一馆、一策”的原则，制定31个保电手册和158个应急预案，投资570余万元为4家主要涉会场馆增容改造和建设第二套电源，从根本上解决涉会场馆安全用电问题。

营销工作 积极应对电力需求形势变化，加强市场营销管理，加大电费回收力度，推进标准化和信息化建设。

制定“十二五”电力市场开发规划和2011年市场开发工作意见，深化增供扩销十项措施，开展业扩报装提质提速活动，全年新增报装容量497.7万kVA，售电量首次突破500亿kWh。实施能源替代工程，推广地源热泵208万m^2，电采暖4.78万kW，增加售电量6612万kWh。加大电力电量外送力度，外送电量同比增加16.7亿kWh，有效缓解电网调峰与供热矛盾，提高了省内发电机组利用小时数。

营销业务应用系统在44个农电公司全部上线运行，实现营销业务应用系统供农电全覆盖，在国家电网公司实用化验收中被评为A级。推进营销稽查监控体系建设，监控平台搭建完毕并正式投入运行。取得预付电费政策支持，有效防范高耗能和中小企业欠费风险，当年电费回收率实现百分之百。拓展电费交纳方式，充值卡缴费和自助缴费终端于6月份上线运行。

加快节能服务体系建设，注册成立鼎新节能服务公司并在9个地区组建能效服务活动小组，吸收具有节能潜力的成员单位110家，开展活动28次，完成4个合同能源管理项目签订工作，年可节约电量155.85万kWh。

农电工作 开展新农村电气化建设工作，全年建成1个电气化县、25个电气化乡镇、225个电气化村。开展农网“低电压”综合治理，累计治理50.6万户，完成总量的90%。白城、辽源地区治理完毕。

加快农网改造升级工程建设，修订农网改造升级工作管理办法，建立农网项目储备库，探索开展可研初设一体化试点。全面规范工程建设管理，严格工程资金管理和拨付，不断强化各级审计监察。截至2011年底，解决全省41个乡镇没有66kV变电站等突出问题。2011年农网售电量完成127.01亿kWh，同比增加15.29亿kWh，增长13.69%。

深入推进农电经营管理，严格开展预算执行情况分析考核，对超预算进度指标单位及时进行通报。完成农网综合降损辅助决策系统在全省44家县级农电公司的推广应用工作。加大标准化供电所创建工作力度，654个农村供电所全部通过标准化考核。德惠米沙子、四平城郊平西、白城城郊岭下、长春城郊富锋、蛟河矿区供电所被国家电网公司命名为2012～2013年度标准化示范供电所。

科技与信息化 全年下达科技项目计划59项，承担国家电网公司管理项目2项，转移支付项目13项。获得专利63项，发布技术标准8项。获得国家电网公司科技进步奖6项，其中特等奖1项，二等奖4项，三等奖1项；获得吉林省科技进步奖6项，其中一等奖1项，二等奖3项，三等奖2项；获得国家电网公司职工技术创新优秀成果奖二等奖1项；获得全国电力职工技术成果奖二等奖2项，三等奖1项。66kV及以上输变电工程环评率和环保验收率均达到100%。

推进信息系统建设。开展电子商务平台试点、SG-ERP人资管控、财务集约化深化应用等项目建设，完成ERP业务审计系统推广上线。完成全部县级农电公司网络改造，推广实施ERP、营销、协同办公系统，实现农电公司本部和44家县级农电公司的全面应用。通过国家电网公司组织的实用化评价验收。加快推进信息系统调控中心、信息运行呼叫中心建设，完成软、硬件的安装测试，实现“两个中心”试运行。搭建统一的信息运行服务平台，建立业务运维流程，制定调度、运行、检修管理规定，提升公司整体信息运维水平。

智能用电体系建设。大规模风电功率预测及运行控制系统投入运行，220kV四平变电站完成智能化改造。编制吉林省和长春市电动汽车智能充换电服务网络“十二五”建设规划，长春净月换电站、辽源兴国充电站开展土建施工。用电信息采集系统及智能小区建设进展顺利，完成78万只单相智能表安装任务，全省共4392台台变采集终端、218万户智能电能表采集信息接入吉林公司集中主站。

优质服务 坚持“你用电、我用心”，开展“塑文化、强队伍、铸品质”供电服务提升工程。全面宣贯国家电网公司新“三个十条”，提高服务标准和质量，客户综合满意率达到99.87%。开展“为民服务创先争优”观摩交流活动，丰富服务内涵。强化服务质量监控，建立投诉举报日汇总、周分析、月通报制度，跟踪解决服务热点问题，投诉业务同比降低50.3%。开展软环境和政行风三维评价工作，吉林公司连续第六年被确定为行风内评单位，市、县两级窗口单位综合满意度达到优秀标准。

完成发电权交易电量33.38亿kWh，节约标准煤5.11万t，减排二氧化碳13.28万t、二氧化硫3446t。增加外送电量21.41亿kWh，缓解调峰供热矛盾，支持发电企业发展。支持“暖房子”、楼道亮化、清洁供暖示范项目工程建设，推动全省民生工程实施。全年投入帮扶、助学等资金100万元。

2011年，城网用户供电可靠率指标累计完成99.925%，同比提高0.017个百分点，比供电服务“十项承诺”指标高0.025个百分点；用户平均停电时间完成6.574h/户，同比减少1.51h/户；综合电压合格率完成值99.689%。

党的建设和精神文明建设　开展创先争优和纪念建党90周年系列活动，加强党的建设。创建“四好”领导班子，召开为民服务专题民主生活会，各级干部领导力、执行力明显增强。在省内和国家电网公司系统内首家推行基层团组织公推直选，7个供电公司和3个直属单位开展了团组织公推直选，创新团干部选人用人机制，推进团内民主建设。“电力雄鹰”吕清森先进事迹在中央企业巡回宣讲，吕清森党支部获得中央企业先进基层党组织称号。

加强纵向监督，制定协同监督主要事项，明确各职能部门业务范围内的9个方面38条主要监督事项，将协同监督融入业务领域和管理环节。推进廉政风险防控机制建设，行风形象风险防控系统上线运行。两次走进吉林省电台“软环境政行风热线”直播间，倾听电力客户的呼声，真诚解决百姓用电难题。行风内评与“满意服务先进百所”评比活动均荣获吉林省“纠风工作创新奖”。“落实廉洁从业‘一百个不准’，实施‘一岗双责’‘两化两评’”项目荣获国家电网公司管理创新成果一等奖。

建立全面涵盖公司的企业文化建设规划管理体系。加强精神文明建设，公司本部及7家供电公司获得全国文明单位荣誉称号。落实《职工民主管理纲要》，开展职工代表巡视检查。妥善处置舆情风险。吉林公司品牌标识标准化建设通过国家电网公司验收。

（马大庆）

【黑龙江省电力有限公司】

企业概况　黑龙江省电力有限公司（简称黑龙江公司）是国家电网公司的全资子公司，黑龙江公司是以电网经营为主，同时经营售电业务，具有电力工程设计、施工能力的特大型国有企业，并对黑龙江省内电网实施调度管理。

截至2011年末，黑龙江公司直接管理的单位35个，其中直属地（市）级供电企业13个，控股1家水力发电企业，施工、科研、培训等单位21个，管理县级农电企业71个，代管农垦和部分森工供电企业。

2011年，黑龙江公司售电量首次突破600亿kWh，达到611.61亿kWh，同比增长9.35%。专项治理高损台区和线路，综合线损率7.26%，同比降低0.53个百分点。加大电费收缴力度，应收用户电费余额及比重考核首次进入国家电网同业对标A段。强化资产管理，产权级次压缩到3级。

电网概况　黑龙江电网位于东北电网的北部，按地理位置分为东、中、西三个部分，东部电网与中部电网由3回500kV线路和4回220kV线路相联，中部电网与西部电网通过3回500kV线路和1回220kV线路相联。黑龙江电网通过4回500kV线路与吉林电网相联。截至2011年末，黑龙江电网共有500kV变电所11座，运行容量10 666MVA；220kV变电站107座，运行容量22 419MVA；500kV线路29条，线路总长4636.38km；220kV线路279条，线路总长12071.51km。并网运行电厂237座，总装机容量为2089.80万kW，其中火电厂138座，装机容量为1723.62万kW；水电厂59座，装机容量为96.70万kW；风电厂40座，装机容量为269.48万kW。大容量火电厂主要分布在中、西部负荷中心区和东部的煤矿坑口地区；大部分风电场分布在东部地区。

人力资源　编制完成黑龙江公司《“十二五”人力资源发展规划》和《“十二五”人才发展规划》，编制下达2011年度劳动计划、员工教育培训计划、资本性培训投入计划。

全面推进供电企业定员达标工作，解决生产一线结构性缺员问题。完成供电企业生产系统专业化、扁平化整合。合并原哈尔滨电业局和哈尔滨第二电业局组建新的哈尔滨电业局。调整信息运维业务。实现哈尔滨、齐齐哈尔两个超高压局平稳划入。完成500kV输变电设备运行维护检修管理体制调整工作。完成黑龙江公司本部和地市公司本部人财物机构编制调整工作。理顺林口县和穆棱市营业区管理。编制“三集五大”体系建设机构设置和人员配置实施方案，通过职代会审议并得到国家电网公司批复。

完成2011年企业负责人年度业绩考核工作。组织开展绩效管理工作调研，召开绩效管理工作研讨会，加快绩效管理信息化建设，推广全员绩效管理工作经验。完成国家电网公司人力资源集约化检查、审计检查等迎检工作。

全年举办各类培训2819班次，培训员工78 544人次，全员培训率97.31%。举办各类专业竞赛和考试总计13项，通过竞赛选拔培养优秀选手18人。取得国家电网公司配电带电作业竞赛个人第一名、国家电网公司财务专业调考团体第七名的成绩。加强培训资源建设，齐齐哈尔电力培训中心通过国家电网公司配电带电作业实训基地评估验收，牡丹江电力培训中心通过电力行业职业技能鉴定站质量评估，在东北地区名列第一。黑龙江公司被评为2011年度全国电力行业职业技能鉴定工作先进单位。组织开展“三华”同步电网知识和智能电网知识培训以及转岗人员集中培训工作。实施“5121”人才工程，完成了2011年度各级各类优秀专家人才年度考核工作，新选拔公司级优秀人才45人。2011年，派遣1名同志援藏、4名同志赴藏开展管理人员帮扶培训，被评为国家电网公司对藏人才帮扶工作先进单位。选派42名同志对代管和偏远供电企业开展人才帮扶工作。

加大农电生产人员电力行业特有工种职业技能鉴定工作力度，2011年新通过鉴定的农网配电和营销工种人员达4416人。

推进ERP人力资源模块与人资管控系统集成融合，开展SG-ERP人力资源信息管理系统一期薪酬管理、教育培训、组织管理、员工管理4个二级部署模块的建设推广实施工作，完成数据清理、用户培训、纵向贯通、系统上线应用等工作，实现数据录入和模块上线。指导各单位完善ERP-HR数据，开展ERP-HR数据核对确认工作，完成ERP-HR与人力资源信息管控系统的接口工作，黑龙江公司SG-ERP一期建设通过国家电网公司验收。

电网建设与发展 2011年，黑龙江公司将宝清—唐山特高压直流工程和发展智能电网纳入《黑龙江省国民经济和社会发展第十二个五年规划纲要》。编制完成《坚强智能电网与黑龙江省经济社会发展战略研究报告》。参与黑龙江省能源发展“十二五”规划编制工作，完成《黑龙江省能源可持续发展战略研究》和《抽水蓄能电站投资模式与电价政策研究》两项管理咨询项目。开展黑龙江省远景目标电网、中部网电磁环网解环等专题研究。以“十二五”电网发展规划为基础，开展各供电区域35kV及以上电网“十二五”规划、各中心城市和中小城镇10kV电网“十二五”规划、大小兴安岭生态转型电网专项规划的编制工作。编制《黑龙江省农村电网改造升级“十二五”规划》，对《“十二五”配电网规划》进行滚动调整。

取得12项220kV输变电工程、32项110（66）kV输变电工程核准批复，更换节能变压器清洁能源机制项目取得核准。前进500kV输变电工程获得国家发改委核准，完成永源变电站扩建等2项500kV输变电工程核准上报，冯屯—齐南—庆南—哈尔滨500kV输变电工程已取得除环评外所有核准支持性文件，方正500kV变电站扩建及鹤岗—群林500kV输变电工程获得国家能源局同意开展前期工作路条。

2011年，黑龙江公司全年投产66kV及以上线路1767.52km、变电容量573.99万kVA（含农网），其中电网输电线路投产1060.62km，电网变电设备投产493.48万kVA。投产火电机组2台，新增容量60万kW；关停火电机组3台，关停容量47万kW；新建、扩建风电场16座，新增容量63.5万kW；新增容性无功补偿容量23.678万kvar（其中220kV变电站新增容性无功补偿容量12.32万kvar），220kV变电站投产电抗器1组，新增感性无功补偿容量1万kvar。

中俄直流背靠背联网工程按期建成并投入试运行。500kV集贤变电站提前投产。220kV北兴智能变电站顺利投运。完成哈西、新双城牵引站供电工程建设。66kV黑瞎子岛工程5月份竣工。

在500kV七庆方输电线路工程中应用“节能降噪防电晕金具”新技术成果，其中对防振锤锤头半径进行了海拔修正，有效地消除了防振锤上电晕放电现象，每100千米每年可减少电晕损失0.9万kWh；在黑龙江500kV七庆方、500kV庆鸡线路中采用了海拉瓦技术，有效地减少林木砍伐和房屋拆迁，降低工程造价；在500kV庆鸡输电线路通信工程中，采用“OPGW分段绝缘单点接地运行方式”新技术，每100千米每年可减少电能损耗117万kWh，减少损失35万元，节能效益显著。

开展“三强化三提升”质量提升年活动，从工程可研设计，到设备招标、工程施工、启动验收，全面落实质量管理责任。开展质量大检查和巡查，强化数码照片管理。开展标准工艺示范工地建设活动。2011年优质工程率达到76.17%。开展流动红旗竞赛活动，500kV七庆方线路工程获得国家电网公司“线路工程质量管理流动红旗”。

经营管理 实现财务集约化深化应用和财务信息化建设目标，基建标准成本试点进展顺利。严控高能耗、高电价机组超发，遏制购电成本攀升势头。出台黑龙江公司接待管理等办法，严格规范公务接待、公务用车和公务出差管理，“三公”费用支出得到有效控制，强化资产管理，集中处置废旧物资13批次。

规范用户资产接收和资产出租管理。委托开展单位经营审计，所有收支全部纳入预算管控。规范教育培训经费管理，制定违反财经纪律责任追究制度。全面实施“依法治企年”活动，开展财务督查、审计检查等工作，排查治理各类问题和风险805项。

安全生产 开展“两抓一建”安全风险管控活动，强化大电网安全运行管理，强化安全隐患排查治理，强化作业过程风险管控，深化状态检修和配网管理，加大设备障碍分析诊断和防治力度，完成迎峰度夏、重要节日、重要活动等供电保障任务。完成春秋检、技改大修等工作，累计完成电网技术改造项目134项，设备大修项目1031项。综合自动化改造任务取得阶段性成果，220kV拉东智能变电站改造工程实现功能化验收。开展红旗化变电站、标准化线路和红旗化配电班验收、评比活动。做好高速公路、高速铁路建设的电力设施迁改工作。2011年未发生生产人身死亡事故；未发生电网稳定破坏、电网瓦解、大面积停电及重大设备损坏事故；未发生误操作事故；发电企业没有发生重大及以上发电设备事故。截至12月31日，省网连续实现安全运行11 059天。城市供电可靠率完成99.901%，综合电压合格率完成99.487%。

营销工作 2011年，黑龙江公司销售电量完成611.61亿kWh，同比增长9.35%。应收用户电费余额完成480万元，电费回收率100%。全省采集覆盖用户数500万户，采集覆盖率达到94%。完成营销稽查监控建设。市场占有率完成90.33%，同比增加1.15个百分点。供电服务“十项”承诺兑现率为100%。

主动服务省市重点工程项目，全年保工程项目及早用电；对重点用电大户实施跟踪服务；合理规范企业自备电厂自发自用。全年完成报装接电46.94万户，新增容量648.85万kVA，实现电量增长将近15亿kWh。共组建14个能效服务小组，成立特瑞节能服务公司，通过国家发改委第三批节能公司备案核准。

2011年，营销稽查监控发起稽查任务19.23万个，完成稽查任务17.44万个，发现问题5527个，完成整改3368个，挽回电量损失348万kWh。全省共查获窃电481件，查处窃电追补电量191.47万kWh。高损台区下降767个，下降率为49.23%。

对各单位应收用户电费余额实行月度考核。提前做好应对发生欠费的预警、预案，防范欠费风险，确保不发生新欠电费。落实电费回收预警机制，做到了在用户有欠费倾向时及时发现、提前预警。加强对各类用户电费收缴力度，尤其对信誉等级较差的单位实行专人负责、密切跟踪的收费制度。对大庆油田、四大煤矿等用电大户积极推进电费分次划拨。

开通充值卡缴费业务，哈尔滨电业局率先开通“网上支付宝”缴费方式。完成银电联网省级集中工作，全年银行及代收机构收费金额占居民总购电金额的54.3%。用电信息采集系统通过国家电网公司整体验收，成为国家电网公司系统唯一一家通过整体验收的网省公司。

制定哈尔滨群力新区“漫步巴黎”智能小区试点实施方案，于2011年11月底完成小区建设工作，通过智能交互终端、电话、网络等多种途径为客户提供信息查询、智能控制、自助缴费等互动服务。推进集约化管理，实行电费账务集中。制定全省统一的电费中心业务集中管理模式，将抄表、核算、电子收费、账务等业务上移至地市电业局集中管理。制定“大营销”体系建设方案，通过国家电网公司审批。

农电工作 编制“十二五”农网改造升级规划和全省农电“十二五”发展规划，制定黑龙江省“十二五”农林场电网改造升级工作方案，优化2013～2015年农网改造升级工程项目。完成2.5亿无电地区电力建设任务。快速启动事故应急抢险预案，应对自然灾害和事故抢险，佳木斯、绥化、黑河部分县供电区受龙卷风袭击后快速恢复了供电，主动采取妥善的措施满足七台河勃利恒太煤矿“8·23”透水抢险保供电需求，为抢险救人赢得了时间。萝北电业局和虎林电业局获国家电网公司一流县供电企业称号，阿城电业局等6个县局达到省一流县供电企业标准。7个供电所被国家电网公司命名为2012～2013年度标准化示范供电所。实施“塑文化、强队伍、铸品质”优质服务提升工程，开展“为民服务创先争优”活动和国家电网公司新“三个十条”的宣贯工作。开展高损台区治理和警企联合反窃电专项活动，全省农电系统查窃电追补电量167万kWh，治理高损台区331个，低压少损电量3427万kWh。举办黑龙江公司农电工岗位知识和技能竞赛，3000多名农电工参加县、地两级选拔决赛，选出配电运检和营销服务两个专业的农电工技术能手20名，并授予优秀农电工称号。2011年建成新农村电气化县1个、电气化乡镇44个、电气化村217个。

科技与信息化 获国家电网公司2011年科技进步特等奖1项、二等奖2项、三等奖2项；省政府科技进步二等奖1项、三等奖1项；评出黑龙江公司科技进步奖70项。承担国家电网公司“高纬度地区输变电设备低温运行技术的试验研究”、“广域智能保护系统研究”、“SF_6开关设备潜伏性故障诊断技术研究”三项工作。完成专利申请89项，获得专利授权52项。修订DL/T 800—2001《电力企业标准编制规则》和DL/T 485—1999《电力企业标准体系表编制导则》；开展QC小组活动，1项成果获“2011年全国优秀质量管理成果”，2个QC小组获得全国优秀质量信得过班组；两项成果获得2011年电力行业QC质量成果一等奖。科技信息部荣获国家电网公司2011年度信息系统实用化专项工作先进集体、荣获2011年信息运维人员技术资格普考优秀组织单位；信息系统调度运行监控中心建设获2011年度国家电网公司信息化建设实施优质项目。完成三地容灾建设、IMS系统实施深化推广、IAS系统实施、IRS与ERP接口实施、非结构化平台建设、信息系统调控中心可视化平台开发及实施6项国家电网公司试点任务。

建立黑龙江公司数据中心运维制度及数据管理办法；开展数据质量提升工作。完成广域骨干网络项目建设工作，实现双核心、双路由网络架构。ERP系统共梳理调整优化业务流程27个；调整和新增系统集成接口70个，完成了ERP系统与12个业务系统的集成工作，开发和优化报表及工作流程共68个，开发了批量导入程序24个。

通过IT服务标准化（ISO20000）、信息安全管理体系（ISO27001）实施与认证工作；全面梳理黑龙江公司“十一五”期间SG186工程信息化建设项目113个。完成“调控中心”及相关体系机构的建设；开展IMS系统深化应用，“一单两票”模块在全国率先投入正式使用；完成运维审计子系统建设。完成信息安全等级保护测评工作。统一互联网出口。开展“安全运行月”工作，加强安全与保密意识；制定网络信息系统应急处置工作机制和应急预案，定期组织开展应急培训和应急演练。开展信息安全技术督查，累计检查52次，累计督查问题215项，整改完成率100%。与中国电力科学研究院联合成立中国电力科学研究院信息安全实验室数据恢复及销毁分中心。

优质服务 开展“塑文化、强队伍、铸品质”供电服务提升工程。以班组为单位签订优质服务责任状，以此规范员工的服务行为。“亲情服务进社区”活动获得好评。在社区设立电力服务示范点，设置社区服务经理，建立联系制度，为客户提供用电指导。实现城市地区24小时购电功能，打造了城市居民“十分钟交费圈”。实现每一位客户都有一位客户经理。以大庆电业局为试点，区域客户经理负责制在全省各单位陆续推广。

全省“95598”电话接入总量257万个，请求人工接入电话86万个。“53654315”供电服务监督电话共受理客户来电、来信、来访803件，事件均已办结，回访率为100%。黑龙江公司本部及其各单位参加“行风热线”直播节目，倾听客户意见，解释和解决问题1350个。

党的建设和精神文明建设 组织开展纪念建党90周年系列活动，全面开展“两先两优”评选表彰。开展“学党章、读党史、强党性”网络知识答题、“我身边的共产党员”主题演讲、主题征文及庆祝建党90周年企业文化案例征集等活动。

贯彻国家电网公司“为民服务创先争优”活动精神，落实供电服务“九个提升”任务和56项重点工作措施。在全省供电和农电系统，集中开展“为民服务创先争优”主题日活动，近300支共产党员服务队、5000余名员工开展义务修理、用电常识宣传、客户回访、希望工程救助等活动。

探索推广党员积分制、党员星级管理等做法，全面抓好标准化党支部建设。开设领导科学发展论坛，领导带头撰写并发表学习心得体会，促进学习型党组织建设。认真落实党员教育培训五年计划，开展基层党支部书记、政工干部和党员积极分子培训。

开展“建设统一的优秀企业文化”主题实践活动。举办企业文化建设骨干队伍培训班。推进企业文化落地，制定《黑龙江公司落实国家电网公司企业文化建设“十二五”规划的实施方案》。对网站中有关企业文化标识、文字、宣传口号等进行全面清理，确保符合统一的企业文化要求。

深化文明单位建设。黑龙江公司本部和7家基层单位荣获全国文明单位称号。公司本部被评为国家电网公司文明单位（本部）。6家直属单位和5家县级供电企业荣获国家电网公司文明单位（2009～2010年度）称号。

（岳　赢）

华 东 地 区

【国家电网公司华东分部】

2011年4月15日，华东电网有限公司（简称华东公司）按照国家电网公司调整电网公司功能定位工作统一部署，组建成立国家电网公司华东分部（简称华东分部），与华东电网有限公司一个机构，两块牌子。主要负责监督、检查公司重大决策在华东区域内的贯彻实施，负责华东区域电网规划、电力调度、安全质量监督、生产技术、电力营销与交易、工程建设、审计财务、党群工作及综合行政等有关业务的管理与协调。

2011年7月～2012年1月，开展“分部建设创新创优”主题活动。活动细化分解64项重点亮点工作，制定量化考核标准。切实履行公司党组赋予的基础性、日常性、监督性职能，按照分部承担的八大类、148项工作职责，细化落实总部分部一体化运作实施方案，梳理修订规章制度320余项，优化调整各项业务流程，实现与公司总部和华东区域有关省市电力公司的功能对接。2011年，华东分部（华东电网有限公司）获得全国“五一”劳动奖状、上海市文明单位等荣誉称号，各项生产经营指标完成情况良好。

电网概况 华东电网供电区域覆盖上海市、江苏、浙江、安徽和福建省，供电区域面积47.1万km^2，供电人口约2.5亿。截至2011年12月31日，馈入华东电网的跨区直流共有5回，总额定容量16 560MW,分别为±500kV葛南直流、龙政直流、宜华直流、林枫直流及±800kV特高压复奉直流，直流双极额定容量分别为1160、3000、3000、3000MW和6400MW。其中，葛南直流、宜华直流、林枫直流和复奉直流均接入上海电网，龙政直流接入苏南电网。跨区直流输电系统（华东电网内）换流变压器容量合计19 214.4MVA，其中葛南直流2×687MVA，龙政直流12×297.5MVA，宜华直流12×297.5MVA，林枫直流12×297.5MVA，复奉直流24×297.1MVA。

华东电网500kV和220kV统调线路总长度84 469.7km（不含国调管辖部分），其中，500kV统调线路长度为383条22 990.7km，220kV统调线路长度为3116条61 479.0km。

华东电网500kV和220kV变电站、开关站共1181座（不含国调管辖部分），变压器共2376台，变电总容量553 473MVA。500kV厂站共159座（不含国调管辖厂站），其中，变电站107座，开关站3座，电厂49座。500kV变压器（不含机组升压变压器）共237台，变电容量202 150MVA。220kV变电站共1074座，变压器共2139台，变电容量351 323MVA。

华东电网统调装机容量196 793.6MW（未含阳城），其中，火电装机容量168 495.4MW，占85.6%（含600MW及以上机组99 497.6MW，占火电装机的59.1%）；水电装机容量19610.2MW，占10%（含抽水蓄能机组容量5030MW，占2.6%）；核电装机容量5737.6MW，占2.9%；其他新能源装机容量2950.35MW，占1.5%。

2011年，华东电网统调用电量10 704.51亿kWh（不含抽水电量），同比增长11.51%，统调日最高用电量37.42亿kWh，同比增长4.94%，发生在7月29日。统调发电量10419.75亿kWh，同比增长12.34%，除上海发电量增幅明显高于用电量增幅外，其余省份发电量增幅与用电量增幅基本保持一致，最大差额不超过2个百分点。2011年，华东电网发用电平衡情况总体紧张，部分地区供需矛盾突出。浙江、江苏电力缺口尤为明显，浙江全年电力供应紧张，1～8月需求侧有序用电管理已呈常态化，错、避峰总电量15.75亿kWh；江苏除春、秋季轻负荷月份外，也均存在电力平衡缺口，错、避峰总电量10.76亿kWh；安徽5月份因天气异常高温、电煤供应紧张及机组集中检修等原因，出现电力平衡缺口，错、避峰总电量1.18亿kWh。

人力资源 人力资源集约化管理。落实国家电网公司人力资源集约化管理要求，切实加强“三考”、“三定”管理，以深入推进“六统一”为主线，强化人力资源需求预测和计划管理，规范各单位机构设置和定编定岗，建立以量化考核为重点的全员绩效管理体系，加强员工培训，提升综合素质。

人才队伍建设。接收总部第一批5位干部来华东分部培养锻炼，完成28人次赴总部挂职锻炼和10期、188人次集中培训任务。修订完善分部培训管理办法，切实提高培训的针对性和有效性。创新员工培训，首次安排2010年入职员工深入厂站开展为期半年的实践锻炼。开展基于岗位能力素质模型的员工绩效评价指标体系项目研究，从绩效、能力、行为三个维度构建聚焦于华东公司总体目标的指标体系和方法，为进一步深化全员绩效管理奠定基础。

电网建设与发展 参与锡盟—南京、靖边—连云港、福建—华东第二通道等特高压交流工程前期工作，协调推进锦屏—苏南特高压直流工程华东段建设和综合检查。

针对华东大受端电网特性，围绕跨区跨省特高压交直流输电工程的落地和消纳，加强对华东区域500kV输变电工程的统筹协调和督察督办，组织完成20余项工程的启动调试和验收投运，全年共建成500kV变电容量21 250MVA、输电线路1104km。开展±800kV特高压向家坝—上海直流送电能力分析和直流落点近区500kV电网结构优化调整工作，为特高压直流大功率送电创造良好条件。

完成坚强智能电网试点工程建设任务，完成繁昌500kV变电站智能化改造工作，华东电网输变电设备状态监测系统正式上线运行，完成智能电网调度技术支持系统建设任务。协调推进电动汽车智能充换电服务网络苏沪杭城际互联示范工程，做好工程验收和培训工作。加快推进世界一流调度建设项目，深入开展研究设计，实现调度操作管理等十大流程的上线运转。

企业管理 认真做好有关领导任期经济责任审计和审计专项检查的迎检工作，开展自查自纠和整改，完成对国家电网公司有关单位的离任审计和审计专项检查工作。开展“小金库”专项治理，加强“三公”消费管理，建立长效机制，有效防范潜在风险。做好法律事务工作，获得上海市“五五”普法先进集体荣誉称号。推进全面风险管理，“电网企业全面风险管理工作探索与实践”等多项成果荣获全国电力企业管理创新成果奖。做好上海电建公司主辅分离、华东送变电公司划转移交有关工作。加强信访维稳工作，确保各项工作平稳有序和队伍和谐稳定。

积极促进跨省多边电能交易，扩大过网结算电量，完成省间市场交易电量157.44亿kWh，同比增长44.1%。切实加强全面预算管理和成本控制。以状态检修促进资产精益化管理，输变电设备状态评价正常率达96.82%，同比提高0.51%。

加大区域协调和督察力度，搭建区域交流学习平台，促进华东区域“三集五大”建设整体水平的有效提升。组织召开华东电网“三集五大”体系建设工作座谈会及多次专业调研会，促进交流沟通，配合做好江苏公司“五大”体系建设综合试点总结验收工作。

安全生产 加强科学调度、网厂协调和需求侧管理，积极应对持续紧张的供电形势，成功抗击超强台风、雷暴雨、新安江流域旱涝急转等灾害性天气，保障华东电网安全稳定运行和有序供电，完成迎峰度夏和重大活动保电任务。2011年，统调最高用电负荷为176 057MW，发生在8月15日，比2010年增长6.02%。促进电力资源跨区跨省优化配置，全年累计消纳区外来电523.5亿kWh，支援华中、南方电网电量7.69亿kWh；完成跨省交易786.35亿kWh，同比增长9.3%；完成跨省发电权试点交易8000万kWh。

组织《电力安全事故应急处置和调查处理条例》的区域性学习宣贯，加强电网安全隐患的排查治理，安全管理基础进一步夯实，实现安全生产“三个不发生”目标。深化应急指挥中心建设，不断健全完善应急体系，应急保障能力得到有效提升。抓好上海电建公司等辅业单位和下属单位的安全生产工作，做到改革交接过程中安全监督管理不断夯实。

科技与信息化 组织实施重点科技攻关，实现了关键技术的突破。华东分部获得国家电网公司2011年度科学技术进步奖10项，其中特等奖、一等奖、特别奖各1项。多个项目获上海市年度科技进步奖，其中，“基于数字化变电站IEC61850和精确网络时间IEEE1588大电网故障智能分析系统”、“电力企业全寿命周期成本管理的研究和系统实现”两个项目获得二等奖，“汽包锅炉炉水腐蚀性杂质氯离子在线监测及综合防范技术”、“大容量水力机组压力钢管动应力研究及安全性评价”两个项目获得三等奖。

全年开展各类信息化建设项目40余项，其中公司总部批准的信息化项目约20项，项目按计划开工率100%。配合华东分部成立，完成信息系统适应性调整工作，总计调整包括ERP、协同办公等在内的各类信息系统28个。实施“财务集约化、信息化”、“人力资源规范化”及“SG-ERP HR一期”项目。配合世界一流调度工程完成“调度数据仓库”、“调度业务作业平台一期”、“D5000配套开发”及“计划系统新老系统数据同步”等项目的自主研发实施。开展交易运营系统完善提升以及新大楼交易大厅信息系统等工程建设工作，开展系统迁建、新生产系统建设及协同办公部署迁移工作等。对华东分部门户目录系统进行全面升级和加固，提高系统的运行可靠性。开展海量历史实时数据库建设，并作为首批两家试点单位之一通过国家电网公司验收。

优质服务 服务区域经济社会发展。积极服务华东五省市“十二五”发展，服务长三角地区区域规划实施。优化电网规划建设和调度运行各环节，扎实做好基础性工作，超前开展研究探索，提升500kV电网的运行效益，促进节能减排，切实提升资源大范围优化配置能力。坚持“服务大局、主动作为、搭建平台”，加强与华东五省市地方政府、电力监管部门的协作沟通，保持华东电网安全稳定、科学发展的良好局面。

完善区域内信息发布协调工作机制，提高交易信息质量，通过信息发布会、信息发布网站、交易大厅等渠道规范披露市场交易信息。强化电源侧客户服务中心定位，与发电企业加强联系与沟通，主动走访皖电东送发电企业和有关核电企业，完成问询答复总计1468次。与有关发电集团建立联合工作机制，加强机组注册管理，新注册机组6台，总容量2520MW；完成校核6台，总容量4400MW，不断完善电力市场基础参数，编制并首次印发《华东电网发电企业白皮书》。

党的建设和精神文明建设 深入开展“为民服务创先争优”活动和“讲责任、比奉献、作表率”活动，加强活动组织推进，分部各级党组织切实推进“争创学习型党组织，争当学习型党员”活动，结合公司“提升整体学习能力”项目，围绕创先争优活动主题，因地制宜开展理论学习和形势任务教育。

组织开展“四好”领导班子、“四优”共产党员和“电网先锋党支部”的争创和评比工作，多个集体和个人获国家电网公司、上海市经信委表彰。学习贯彻胡锦涛总书记“七一”讲话精神，按照国家电网公司党组迎接建党90周年的各项部署和要求，开展一系列纪念活动和主题实践活动。加强党建工作规范化、信息化建设，提升党务工作水平。以党建带团建，围绕中心工作开展丰富多彩的团青活动。

开展党风廉政建设和反腐倡廉工作，统筹推进制度建设、廉政教育、协同监督、风险防控、效能监察和专项治理等重点任务，获得上海市纪检监察系统先进集体荣誉称号，在国家电网公司党风廉政建设责任制检查考评中取得好成绩。

贯彻落实党的十七届六中全会精神，按照“五统一”要求，组织学习吕清森、江小金等同志的先进事迹，弘扬国家电网公司企业精神和核心价值观。深化企业文化传播工程、落地工程和评价工程，开展员工思想动态调研，《“四有六性”培育企业文化“廉”内涵》获国家电网公司企业文化案例一等奖。做好品牌建设和新闻宣传工作，《华东电力报》获得2011年度上海市最佳企业报称号，《华东电业》获得全国优秀电力期刊称号。组织开展丰富多彩的劳动竞赛和文体活动，建立覆盖全员的重疾救助机制。开展“夕阳红”系列活动，认真落实离退休老同志政治和生活待遇。

（牟善科）

【华东电网有限公司】

见国家电网公司华东分部。

【上海市电力公司】

企业概况 上海市电力公司（简称上海公司）是国家电网公司的全资子公司，是从事上海地区电力输、配、售的特大型企业，统一调度上海电网，参与制定、实施上海电力、电网发展规划和农村电气化等工作，并对全市的安全用电、节约用电进行监督和指导。上海公司管辖的上海电网位于长江三角洲的东南前缘，北靠长江，东临东海，与江苏、浙江两省接壤。供电营业区域覆盖整个上海市行政区。截至2011年底，上海公司所属供电公司9家，建设类单位1家，电网运维检修类单位2家，营销类2家，发电类1家，教育培训类（含科研）2家，电力信息通信类1家，物流服务类1家，其他4家，代管县级供电企业2个。公司本部设20个职能部门（不含工会）。

电网概况 上海电网迈入特高压时代，基本形成“三交四直”市外来电通道。500kV电网已建成上海市双环主网和南外半环，通过徐行、黄渡、三林变电站与华东主网相联，又通过宜华、葛沪、林枫3回500kV直流线路及1回向家坝—上海±800kV直流线路同华中电网相联。220kV电网是上海电网主要供电网络，已实现杨行、徐行、亭卫、远东等11个分区运行。110/35kV电网以放射状为主，向10kV电网及直接向用户供电。2011年，林枫直流通道的建成，进一步增强了上海电网的受电能力。上海电网是典型的受端系统，电网密集、系统稳定水平高，短路电流问题突出。

上海电网拥有35～500kV变电站843座，变电容量12 497.02万kVA，线路长度17 117.052km（其中电缆8008.434km）。其中，特高压线路106.13km，500kV线路1231.652km、变电容量3641.4万kVA；220kV线路3758.049km（含电缆537.31km）、变电容量4336万kVA；110kV线路1728.589km（含电缆979.197km）、变电容量972.25万kVA。营业用户数884万户、运行容量10 680.9万kW；电压合格率99.86%，供电可靠性99.983%。

2011年，上海地区受“凉夏”因素的影响，夏季用电最高负荷2548.9万kW，日最高用电量5.07亿kWh，同比分别减少2.75%和5.23%。

人力资源 完成“十二五”人力资源规划编制；顺利实施各项体改工作，完成上海电力修造总厂等3家辅业单位分离工作，完成华东电网有限公司部分人员和机构的划转工作，完成上海电力技术与管理学院和华东电力培训中心机构整合工作，在原华东电力试验研究院基础上筹建上海电力科学研究院；完成上海公司绩效管理信息系统的开发和上线工作；加快培训基地建设，华新配电带电作业实训基地建成投用并获国家电网公司培训基地资质，闸殷路培训基地的变电运行、继电保护、自动化、电缆等专业的培训设施投入使用；完成供电公司技能类任职资格初始化认证；完成人力资源基础信息规范化工作和SG-ERP一期项目上线工作；完善在线学习系统，与国家电网公司远程培训网实现对接。

电网建设与发展 投产110（66）kV及以上交流线路827.55km、变电容量526.3万kVA。新开工110（66）kV及以上交流线路95.79km、变电容量998.3万kVA。练塘—亭卫500kV线路成功跨越沪杭高铁，亚洲首条柔性直流输电示范工程5月4日成功投入商业运行，老港风电场110kV进线工程5月份投产。姚北220kV变电站工程、220kV航吉线路工程分别获得华东区域安全流动红旗和项目流动红旗，35kV及以上19个输变电工程100%达标投产，漕泾500kV变电站获得电力行业和国家电网公司优质工程，500kV世博地下变电站获中国建设工程鲁班奖。

完成上海公司负责办理的皖电东送工程核准支持文件并推动获得核准。沪西变电站获批建设用地规划许可证和国土资源部的先行用地批复，四通一平工程按照国家电网公司里程碑节点有序推进。上海松江境内K264塔基础开工。完成±800kV向家坝—上海特高压直流示范工程上海投资部分的结算工作，4月通过国家环保部的环评竣工验收。

组织推进大型居住社区、轨道交通、大飞机、迪士尼等市政府重大工程电力配套工程建设。在电力配套工程建设中，上海公司基建系统一批单位荣获市级重大工程立功竞赛先进集体，并涌现出一大批立功竞赛先进个人。

经营管理 修订基础标准体系，组织评估《上海市电力公司标准化工作导则》及各类程序文件、规范等基础标准。扩充技术标准体系，增加特高压、智能电网、电动汽车等标准，强化技术标准体系的前瞻性和协调性。完善管理标准体系，总计梳理各类管理标准、规章制度2205项。发布新版工作标准体系，由原先的8类一级目录、17项二级目录扩充至11类一级目录、121项二级目录，发布新岗位工作标准1456项。

对照《卓越绩效评价准则》，编制《上海市质量管理奖复评报告》，开展自我评价和管理改善，通过上海市质量奖复评确认。编制《“全国电力行业信用企业”复评报告》，通过全国电力行业信用企业复评确认工作。

2011年获国家电网公司及上海市管理创新成果奖35项，其中一等奖4项，二等奖14项；精益QC成果率94.16%，获全国优秀QC小组6个、电力行业优秀QC小组6个、质量信得过班组2个，上海市优秀QC小组32个，质量信得过班组5个。

印发《全面风险管理和内控工作管理办法》，设置风险管理“三道防线”，建立日常监控、月度汇报、年中回顾、年度总结等常态工作机制。编制全面风险档案，梳理10条业务主线、52类、155项风险，搭建量化风险评估模型，建立了包含46项指标的预警体系，整理汇编20个风险管理案例。

安全生产 组织“抓执行、抓过程、建机制”安全风险管控活动，以“六个不发生、四个防止”为目标，开展风险评估管控、危险点分析预控和各项安全检查，健全安全风险管控机制。深化隐患排查治理工作，编制《上海市电力公司安全生产事故隐患排查治理管理办法》，贯彻执行《电力安全事故应急处置和调查处理条例》，开展电网结构性及重要用户供电安全事故隐患排查，研究落实整改治理措施和预案，有效规避和防范事故风险。深入开展现场反违章工作，以贯彻落实《国家电网公司安全生产反违章工作管理办法》等规章制度为重点，强化二级查岗开展情况的监督，创新安全监察工作和手段，不断提升安全监督管理水平。推进应急保障工作，加强公司各专业、各单位间的协调和联动机制，编制《上海市电力公司三年应急规划》，修订总体应急预案和16个专项应急预案，完成世游赛等各项重大保电任务。多措并举落实电力设施保护，完成50座35kV及以上变电站、4个办公基地、2个仓库及1个输电设施项目的安防改造。积极创建“安全文化建设示范企业”，固化公司安全文化建设机制，提升公司安全生产管理“软实力”，营造良好的安全文化氛围。2011年，上海公司荣获国家电网公司安全专业管理同业对标A段标杆单位，连续3年荣获“上海市安全生产优胜单位”荣誉称号，成为国家电网公司系统网省公司中唯一获得“全国安全文化建设示范企业”称号的单位。

营销工作 完成售电量1070.6亿kWh，增长4.14%；电费回收率100%；营销管理在国家电网公司“同业对标”中进入A段，线损治理取得明显成效。一体化推进“技术分析、营销管理、技术防范、打击稽查和改善外部环境”等举措，查处窃电行为，追缴违约电费。推进用电信息采集系统建设，新增采集用户240万户，采集覆盖率超过45%，容量超过100kVA的客户实现全覆盖。

强化迎峰度夏各项有序用电措施，有序用电总体执行率超过95%，用电负荷管理系统临时限电总体执行率达到100%，保证了上海电网在高温期间将负荷控制在可平衡范围内。加强节能服务体系建设，成立“上海电力能源服务有限公司”及两级能效服务活动小组，大力开展节能形势、政策和措施宣传，指导客户节能。公司全年节约电量 6500 万 kWh，节约电力 14 万 kW，节约 2.6 万 t 标准煤。

农电工作 组织开展农电持证上岗和农网配电营业等级工技能鉴定工作，2006～2011 年共完成 36 期农电工培训、轮训班开设；参加国家电网公司农电工岗位知识与技能竞赛，在供电营业站中开展农电工同工种竞赛等活动。以学促考、以考促培，推动提升农电队伍业务技能水平。

科技与信息化 2011 年，亚洲首个柔性直流输电示范工程通过国家电网公司验收并投入正式运行，这是中国第一条拥有完全自主知识产权、具有世界一流水平的柔性直流输电线路。移动式百兆乏级 STATCOM 关键技术研究打破国际垄断，首次成功研制的基于 IGBT 的 35kV 移动式百兆乏级静止同步补偿器 STATCOM 换流链工业样机，总体达到国际先进水平。电能质量监测与综合治理技术研究填补国内空白，项目研制的三种类型电能质量监测终端和两套电能质量综合治理装置成功挂网运行，实现了电能质量监测与治理关键技术的国产化。承担的“高压电缆生产运行关键技术研究框架”等 6 个国家电网公司项目顺利通过验收。公司牵头申报的国家 863 课题“电动汽车智能充放储一体化电站系统及工程示范”获得国家科技部正式批复，已完成示范工程可行性研究方案评审，上海嘉定国际汽车城集中充换放储一体化电站完成奠基。

2011 年，公司完成了电力光纤到户、智能用电楼宇、浦东新区配电自动化和智能变电站改造等试点工程建设。完成电力光纤覆盖 4 万户新建小区和 14 万户已建小区的建设工作，利用电力光纤实现用电信息采集、配电自动化和低压线损比对等全业务功能，并和相关运营商合作共同开拓增值业务。

公司获得各级奖励 31 项，其中 7 项获 2011 年度中国电力科学技术奖，9 项获上海市科学技术进步奖。15 项科技成果获 2011 年国家电网公司科学技术进步奖。全年共申请国家专利 201 项，其中发明专利 91 项，获得专利授权 142 项，申请国际专利 7 项。

上海信息灾备中心基建部分通过国家电网公司测评，完成了全网省公司、金融单位数据级灾备接入并正式投入运行，至 2011 年底已安全稳定运行 220 天。

公司“十二五”信息规划通过国家电网公司示范评审。国家电网公司信息化企业标准研究、软件资产管理试点等项目取得阶段性成果；数据综合治理及 IAS 系统实用化评价成效显著；物资集约化（电子商务平台）、非结构化数据管理平台等一批试点项目通过国家电网公司验收；完成人财物集约化相关系统改造、输变电设备状态监测系统、基建管控二期、人力资源管控二期系统等推广部署；启动全透视数据监控分析系统建设；完成故障抢修管理系统（TCM）一期推广应用，10kV 部分综合生产计划系统完成业务分析与架构设计；营销稽查监控管理系统运营展示模块上线。

完成检修公司 ERP、PMS、TCM 系统调整，有效支撑检修公司业务运作，并开展检修体系深化 ERP、PMS、TCM 等系统配套工作。完成电动汽车服务公司、电科院等新成立单位 ERP 覆盖及实施工作。配合主辅分离，完成上海电力设计院、上海电力修造总厂、上海电力环保设备总厂等 3 家子（分）公司的 ERP 整体剥离。配合华东分部改革，完成原华东培训中心、华东电力试验研究院等机构 ERP-FICO 及 HR 模块的初步上线工作。

优质服务 按照国家电网公司塑文化强队伍铸品质实施方案要求，开展供电服务提升工程。首度设立服务质量“总经理奖”，客户服务工作从查漏补缺纠错的推动式管理向激发员工能动性和服务热情的拉动式管理转变。建立首个营销服务岗位见习基地，全面提高营业人员解决问题的能力素质。开展有主题的电力服务进社区活动，开设“电力大讲堂”。夯实基础管理，制定《上海市电力公司用电检查工作标准》、重要保电事件和电力服务事件处置应急预案，完善营业档案管理办法、业扩报装工作管理办法等管理制度，开展 81 个窗口供电服务质量与管理评价。

深入开展“三指定”专项治理，加强客户业扩工程设计、设备和施工招投标管理，规范集体企业承发包工程管理，促进电力工程市场向公平公正、规范有序的方向发展，完成国家电监会“三指定”专项治理检查的配合工作。

完成第十四届世界游泳锦标赛、外国元首到沪访问、中共一大会址等 43 次保电任务，开展高铁、轨道交通等重要客户安全隐患排查专项治理工作；配合华东电监局完成全市 26 659 家 10kV 及以上客户电工进网作业许可证普查工作，并纳入客户安全用电常态化管理。

党的建设和精神文明建设 深入贯彻党的十七届五中、六中全会精神，组织开展纪念中国共产党成立 90 周年系列活动，以加强学习型领导班子建设为重点推进学习型党组织建设。深化员工诉求表达机制，加强员工思想动态定期了解和分析。继续抓好“四好”领导班子创建活动考评、分析、反馈、跟踪、提升的闭环管理，进一步增强基层领导班子整体功能的发挥。加大干部队伍建设力度，深化落实干部选拔任用工作四项监督制度，全面开展基层单位干部选拔任用“一报告两评议”工作。深入推进为民服务创先争优活动，在公司78个营业站点全面设立党员示范岗、党员责任区和党员联系点，认真践行国家电网公司新"三个十条"。将"协同监督"工作纳入党风廉政建设责任制考核和绩效考核。开展工程建设领域突出问题、客户受电工程"三指定"问题、"小金库"、公务用车、违规收受礼金礼券购物卡问题、基层供电企业突出问题排查治理六个方面的专项治理。做好"纠风在线"网站和"962114"政风行风热线的诉求处理工作，在2011年上海市政风行风测评中取得第一名。制定《上海市电力公司基层党组织实行党务公开工作的实施意见》，在年底前实现各基层党组织实施党务公开工作全覆盖。

推进"企业文化传播工程"，开展企业文化优秀案例的征集活动，印发《企业文化应知应会》学习手册，汇编企业文化小故事。实施"企业文化落地工程"，制定《关于开展"企业文化落地"主题实践活动的实施意见》，提出32个企业文化落地工程重点建设项目。完善"企业文化评价工程"，制定公司企业文化的考核评价标准并纳入绩效考核体系。强化企业文化宣传，加强环境建设，落实企业文化建设业绩考核，进一步推进国家电网公司的基本价值理念与本企业各项管理工作有效融合。在获得2010年上海市窗口行业公众满意度测评公用事业类第一名之后，抓紧对测评结果进行分析，完成分析整改报告，落实优质服务新举措和各项整改工作，研究制定2011年度迎测评工作方案。积极参加"迎世博、迎亚运、讲文明、树新风，文明服务央企先行"主题活动，客户服务中心热线部、市区供电公司沪西营业室、浦东供电公司陆家嘴高压营业室3家基层单位服务窗口被国务院国资委命名为"文明服务示范窗口"。再次荣获上海市文明行业称号，23家基层单位获得2009～2010年度上海市文明单位称号。首次获得全国文明单位称号。

主要事件

1月6日，上海公司获得全国"五一"劳动奖状。

1月14日，上海公司以"城市电网电灾防治关键技术与应用"项目荣获了2010年度国家科学技术进步奖二等奖。

2月24日，500kV同塔四回路的练槽线成功跨越运行中的沪杭高铁，开创了中国超高压输电线路跨越运行高铁的先河。

2月25日，上海公司获国务院国资委"中央企业参与2010年上海世博会先进集体"荣誉称号。

2月28日，国内首座柔性直流换流站——35kV南风换流站首次充电启动，意味着中国柔性直流输电技术的研究、开发和应用进入了新时代，标志着中国清洁能源的接入技术达到了国际领先水平。

3月17日，上海公司与上海东方传媒集团有限公司正式签约，依托智能电网与传媒产业，携手共同打造信息化、智能化平台，共创美好明天。

3月29日，上海东海大桥100MW海上风电示范项目通过竣工验收，将上海的海上风电建设推向新的高峰，为中国海上风电事业作出新的贡献。

4月8日，以"规划先行，管理高效，设备可靠，技术先进"为思路的高可靠性示范区建设项目在黄浦江两岸的上海市中心黄金地块启动。

4月11日，上海公司连续5届获得"上海市文明行业"称号。

4月20日，上海公司"基于FCB机组的上海500kV电网黑启动策略研究"科技项目通过国家验收，上海各电压等级电网均已纳入黑启动管理机制，上海电网黑启动的世界性难题得到破解，标志着中国在应用百万千瓦级FCB机组实现黑启动的现场试验研究方面处于国际领先地位。

5月5日，国家电网公司上海信息灾备中心全面竣工，标志着以"立足数据级灾备，迎接应用级灾备，展望数据中心"为指导思想的国家电网公司灾备系统建设工作实现第一阶段目标。

5月13日，上海公司蝉联供电可靠性金牌企业评比第一名，是5家A级企业中唯一的网省公司。

5月16～17日，由全国政协常委、社会和法制委员会副主任张俊九任组长的调研组来沪视察，希望国家电网公司为国家工业经济发展人民生活改善作出更大贡献。

6月17日，上海公司与嘉定区政府共同签署《关于推进电动汽车智能充换电服务网络建设合作协议》，电动汽车电力基础设施建设"提速"。

7月5日，财政部部长助理刘红薇考察500kV静定站，对上海公司先进的变电站运行和管理水平表示充分的肯定。

7月20日，上海公司总经理代表国家电网公司与上海世博发展（集团）有限公司签署世博地块开发合作备忘录，标志着世博园区后续开发利用的全面启动，国家电网公司智能电网研发中心将落户世博园。

7月25日，中共中央政治局委员、上海市委书记俞正声，市委常委、常务副市长杨雄一行来到公司35kV吴家厅变电站慰问公司一线员工。

同日，中国电机工程学会理事长陆延昌，国家电网公司总工程师张启平，上海市电力公司总经理周永兴、副总经理阮前途，上海市科委副主任陆晓春共同推上启动闸刀，亚洲首条柔性直流输电示范工程——上海南汇风电场柔性直流输电工程投入正式运行。这是中国第一条拥有完全自主知识产权、具有世界一流水平的柔性直流输电线路，它的成功投运，标志着中国在智能电网高端装备方面取得重大突破，国家电网公司也成为世界上少数几家掌握该项技术的公司之一。

8月4日，上海公司圆满完成第十四届世界游泳锦标赛保电任务。

同日，上海市人大常委会主任刘云耕、部分市人大常委会组成人员及部分在沪全国人大代表参观调研特高压奉贤换流站。

9月14～15日，国家优质工程审定委员会主任、中国建筑施工企业管理协会会长曹玉书一行考察特高压奉贤换流站。

10月7日，国家电监会主席吴新雄视察特高压奉贤换流站并慰问一线员工。

10月13日，上海公司、上海电气（集团）总公司、中国科学院上海硅酸盐研究所钠硫电池合资项目合同签约仪式举行，三强联手推进钠硫电池研发。

10月27日，上海闸北发电厂庆祝百年华诞。

11月4日，首座电动汽车智能充换放储一体化电站奠基，助力电动汽车国际示范城市建设迈出重要一步。

（张建扬）

【江苏省电力公司】

企业概况 江苏省电力公司（简称江苏公司）隶属于国家电网公司，主要从事江苏境内电网建设、管理，经营江苏境内电量销售业务。

2011年，江苏公司资产总额同比增长11.4%（其中固定资产原值同比增加增长10.6%）；资产负债率同比降低3.95个百分点；当年电费回收率100%；售电量3538亿kWh，同比增长12.9%；线路损失率5.90%，同比下降0.11个百分点；营业收入（净额）同比增长13.4%。2011年，江苏公司获国家电网公司系统综合业绩考核第一名，同业对标综合管理标杆单位第一名。

电网概况 2011年末，江苏电网拥有统调电厂97座，发电设备总容量6241万kW（含新投产125台、20.8万kW风电机组）；800kV特高压输电线路22km，500kV变电站（开关站）36座，容量7015万kVA（其中换流容量340万kVA），输电线路长度8693km；220kV变电站（开关站）390座（不含用户变电站），容量12 414万kVA，输电线路长度20 944km。

2011年，全省统调发电量3620.02亿kWh，同比增长13.90%；最大日发电量12.45亿kWh，同比增长6.92%；统调用电量3954.14亿kWh，同比增长12.10%（全省全社会用电量4282亿kWh，同比增长10.8%）；最大日用电量13.75亿kWh，同比增长5.43%；统调最高用电负荷6628万kW，同比增长9.80%，最高负荷时全省错峰限电780万kW。江苏电网频率不合格时间0s、电压合格率100%、220kV及以上继电保护正确动作率100%。

人力资源 2011年，江苏公司结合试点建设“五大”体系，优化组织架构，减少二级机构38%，定员水平提高20%，管理链条有效缩短，管理末端显著上移。优化人力资源配置，运用以学历、职称、技能、年龄和岗级为要素的“综合当量法”，按照专业岗位设置需要，确定划转人员和班组。协同开展专项配套培训，制定《“五大”体系建设专项培训计划》，累计培训6.48万人次，重点开展“五大”体系岗位变动人员的专项培训，突出岗位胜任能力，坚持业务能力和职业素养双提升。

顺利完成主辅分离改革，按期完成7家辅业单位、7208名在职员工、5511名离退休员工的资料整理、协议签署和劳动管理关系移交，协助分离企业完成基本养老保险独立开户、补充医疗保险清算等具体实施工作，维护了员工队伍稳定。

滚动修订江苏公司“十二五”人力资源规划，制定“十二五”计划期间分年度的工作目标；结合“五大”体系建设实际，调整优化人才队伍结构提升目标。编制江苏公司《2011～2020年人才发展规划》。有序推进劳动计划管理。持续推进劳动定员贯标，严格控制“五大”体系等新机构定员水平，2011年各市县供电公司全部达标，优秀比例达55%，定员贯标成效指数位列国家电网公司对标评价A段，提前一年完成贯标计划。结合国家电网公司量化考核新要求，修订业绩考核指标库，量化考核指标达90%以上；全面实施基层单位、公司本部部门业绩考核，本部职能部门首次与公司基层单位一并签订业绩考核责任书；同步推进“五大”体系新单位量化考核。开展教育培训和人才评价工作，全年开展各类培训23万人次。出台《专业业务与专业培训一体化推进的工作意见》，创新建立业务部门深度参与，生产运行、研究创新、人才培养相互融合的工作模式，充分发挥专业部门在本专业人员培训中的主导作用；编制《工区实训场所建设方案》及《供电所“四个一”工程建设方案》，首批在42个工区、39个供电所建成实训场所；开工建设带电作业实训基地、营销技能培训中心新址和职训基地改扩建等一批培训基地项目；统一招聘42名周期制兼职培训师到公司各培训中心；开发应用网络大学，年内登录达220万总人次，课件学习、考试时长累计150万h，利用网络大学考试3386场、252 160人次。组织开展岗位竞赛等活动，全年共有11个工种、1.6万余名技能人员参加岗位竞赛，完成送电线路工等5项职业技能竞赛。年内有18名员工获“江苏省技术能手”称号、15名员工获“江苏省五一创新能手”称号；组队参加国家电网公司供电服务等3项技能竞赛，获团体一等奖、三等奖各1项，1项个人第一名，有4人进入个人前十名。年内完成238批次、共9794人次技能操作考核，新增技师1001人、高级工1523人；新增专业技术资格正高2人、副高328人、中级1098人。

电网建设与发展 2011年，江苏各级电网统筹协调发展，江苏电网“十二五”规划全面融入省、市经济社会发展规划及各专项规划。江苏公司与省政府有关部门和南京、苏州等市政府签署了共同推进电网发展框架协议。滚动编制2013～2017年电网规划，完成2013～2014年电网系统设计，一批2013年迎峰度夏重点工程等项目获得核准。加大配电网建设改造力度，规范居住区配电工程和业扩接入工程管理。

2011年，江苏公司开工建设110kV及以上线路5116km、变电容量3083万kVA（不含特高压）；投产110kV及以上线路4909km，变电容量3263万kVA。按期建成500kV潘荡、茅山等重点工程和宁杭城际、京沪高铁等重大项目配套工程。500kV江阴东、苏州东项目获2011年度国家优质工程银奖。

智能电网试点项目进展良好。顺利完成智能电网调度技术支持系统、500kV常熟南智能化变电站、南京配电自动化系统等一批智能电网试点项目，推进扬州经济开发区智能电网综合示范工程等项目建设，落实一批成熟项目的推广应用。完成无锡220kV宜兴变电站异地改造，扬州110kV河桥变电站年内投运，溧阳500kV变电站顺利开工。“基于双向互动的省地协调无功电压控制系统”获得中国电力科学技术三等奖，承担的“高渗透率间歇性能源的区域电网关键技术研究和示范”项目被列入国家863计划。

经营管理 严格落实“五大”体系建设方案，建立调控一体化、检修专业化、计量检定和95598省级集中等新的业务模式，编制8300多项标准。初步实现机构和人力资源的科学高效配置，提升了核心业务管理水平，深化了人财物集约化管理。

强化综合计划执行进度管控，全面落实各专业项目储备制度，有效支撑计划编制和调整。深化月度效益滚动测算管理，提高预算控制的精准度。开展物资清仓利库，盘活有效库存资源。探索新的招标采购和评标模式，开展业扩接入工程全省集中公开招标。构建全面一体化的标准体系，实现所有业务、岗位和管理流程的全面覆盖。全面推进信息化SG-ERP系统应用，建成覆盖各层级、各专业的一体化信息平台。

依法从严治企，围绕工程建设、“小金库”、“三指定”等重点领域，开展排查整改，构建跨部门、跨专业的协同监督体系。加强营销集中稽查，实现对量、价、费、服务质量等关键指标和信息的实时监控。加强专项成本管控，建立专项成本审计和监督检查制度。

主辅分离改革全面完成，与中国能源建设投资集团有限公司签订《电网分离企业国有产权无偿划转协议》，7家辅业单位安全平稳移交。

安全生产 启动安全风险管控暨“安全管理标准化建设年”活动，加强安全管理“六化”（员工素养职业化、风险管控流程化、安全措施标准化、监督检查专业化、应急管理常态化和责任追究制度化）建设。组织开展“员工安全行为习惯养成教育”课题研究，起草《员工安全行为习惯养成教育工作意见》；开展“安康杯”竞赛、“安全生产月”等活动，累计举办各类活动600余次，参加人员超过18万人次，以国家电网公司《安规》调考为契机，举办培训83次，培训及普考近13 000人。开展电网迎峰度夏、迎峰度冬以及春秋季安全大检查，落实检修、施工、农网升级改造、营销业扩报装等作业现场安全技术措施；开展电网运行安全分析和校核，及时发布安全风险预警通知，形成各级调度纵向贯通，生产、基建、营销等单位部门横向联动的电网风险防控体系；开展跨区电网设备、电网涉核安全、京沪高铁跨越线路等事故隐患排查治理专项活动，消除事故风险。围绕安全措施标准化，组织供电、检修公司在检修、基建、农电、业扩报装等作业现场，严格执行变电一次、二次、输电检修及基建工程安全措施设置标准，采用统一规范、绝缘可靠的安全设施，杜绝作业人员擅自变更现场安全措施和设备状态；在供电、检修、施工企业选拔经验丰富的人员，组建专职安全督察组，并逐级建立安全督察组管理规定或工作规范；推行“常规现场监督巡查”、“重要现场全过程监督”、“重点工作专项监督”三位一体的安全监督工作机制。推进“应急体系建设三年规划”，分级修订2400余项应急预案，重点强化社会联动、信息发布、舆情监控、后勤保障等工作机制；组建应急救援基干分队和三级应急专家队伍；按期完成省公司应急指挥中心二期改造工程和市级供电公司、检修分公司、建设分公司应急指挥中心建设；组织开展输配电网应急抢修、特殊装备应急启用等演练319次。8月上旬，成功处置台风“梅花”恶劣天气突发事件。组织学习贯彻国务院《电力安全事故应急处置和调查处理条例》、《生产安全事故报告和调查处理条例》活动，健全安全责任追究制度，并对年内发生的故障进行严格考核。

推进“五大”体系建设，成立安全保障工作组，针对“五大”体系建设中组织架构、管理模式、业务流程的调整变化，全面开展安全风险分析，编制工作方案，制订9大类38大项82小项工作措施，对安全保障工作落实情况进行全面管控。在公司系统确立不发生人身死亡事故等安全工作目标，并逐级签订“五大”体系建设安全责任状；修订《安全生产职责规范》，明确“一岗双责”，明确对特殊时期不安全事件从严、从重考核的要求。在各生产单位实行每周安全分析例会制度；组织各新组建单位全面部署安全生产工作，试运行期间开展安全自诊断工作。组织开展专题“安全日”活动，编发专题安全学习资料 8000 份；针对岗位职责发生变化的人员，逐级开展培训达 6.5 万人次；针对“五大”体系试点建设，组织全面安全检查，310 余名专职安全督察员按计划不间断巡查各类作业现场，对临近带电部位施工等 7 类高危现场实行全过程安全监督，并开展生产业务切换专项安全监督 1 万余次。研究制订新组建单位主要应急预案体系框架，并组织多层次专业人员编制详细预案；及时调整各级应急队伍，组织应急培训和应急演练。

营销工作 顺利完成“大营销”体系建设试点，制定“大营销”体系建设实施方案及相应的管控措施和防控预案，修订完善 29 个管理标准、178 个业务流程；根据新的机构设置和业务流程，全面启动全省集中的营销技术支持系统开发工作，5 月 18 日全省 13 个市级供电公司营销信息系统过渡方案全部切换上线；分批、分层、分专业培训营销人员，“大营销”体系调整涉及 15 个专业 6000 余人，共培训 4 万余人次。通过调整完善省供电服务中心的功能，建成省计量中心，构建业务在线监控、服务实时响应的高效运作机制，实现了城乡一体、管理集约、高效的“大营销”体系目标，11 月 24 日“大营销”体系通过国家电网公司验收组考核。

开展电动汽车应用及充换电服务技术科技攻关的科技攻关，完成首个电动汽车底盘换电方式的研究，并在盐城投入实际运营；建设苏沪杭城际互联电动汽车智能充换电服务网络，按期完成 3 座充换电站建设任务；加强电动汽车充换电服务网络的运营管理，建成具有计量计费、客户服务管理、资产管理、跨区结算等多种功能的电动汽车运营管理系统，并在省内充换电站和电动汽车上投入使用。2011 年江苏公司累计建成电动汽车充换电站 10 座，开工建设充换电站 8 座，纯电动汽车累计运营里程 40 万 km，充电电能 45 万 kWh。加快智能用电服务网络建设，用电信息系统建设完成无锡、常州 2 个地区的全覆盖试点，逐步推广自动化电量采集结算工作，采集准确率已达 99.90%；智能小区建设已在苏州、无锡、扬州、泰州等地区建成电力光纤到户 5573 户，电力宽带到户 1761 户，着手开展南京江宁工业园区内 20 家企业双向信息网络、用能服务系统及智能交互终端的建设方案。深化营销财务数据集成和对公电费电子化托收业务的应用，强化对电费发行、在途和到账的过程监督，缩短跨行托收电费的在途时间；完成银行代收电费系统功能升级，实现银行柜台办理预交费和预购电业务，全省已有 7000 多个银行网点实现电费预结算功能，满足全省非居民客户就近预交费和预购电需求，预购电比例达到 76.1%；对淘汰落后产能、执行差别电价、错峰限电等重点客户的用电加强分析与跟踪，强化电费回收风险的分析与预控工作；在营业厅推广应用 POS 机，在农村地区推出“福农卡”，南京、扬州供电公司与有线电视合作开展互动电视电费交纳及查询业务，方便客户缴费。营业管理继续稳妥推进执行居住区供配电工程按面积收费政策，配合省物价局做好“居配工程价格实施情况调查”和修订完善《江苏省新建居住区供配电工程价格管理暂行办法》；配合地方政府全面规范客户端变电所建设和运营标准，出台《高压电气装置规程》、《35kV 及以下电力用户变电所标准设计图集》、《电力用户变电所运行规范》、《高压电气装置规程》等地方标准，提升客户变电所运营水平和客户满意度；严格高耗能项目支撑文件审查，严格执行差别电价，将冶金、化工等高耗能企业列入首先实施有序用电错峰限电对象，配合政府完成 55 户高耗能企业的关停并转。加强用电检查，对电气化铁路、高速铁路等客户加大巡视力度，全年完成各类巡视 21.5 万次，计划完成率 100%；认真梳理全省重要客户名单，定期专项检查重要客户，制订专门的电力保障和应急处理预案，督促客户尽快完成缺陷整改。加强反窃电查处和宣传，全年共查处违约用电 11 724 起，窃电 3545 起。建成符合国家电网公司统一规范要求的营销稽查监控体系，规范稽查要求，对电量、电价、电费等关键指标、工作质量和服务质量、客户用电异常信息进行集中、实时监控，从源头确保基础数据的准确完整；充分发挥 95598 省级集中优势，做好 95598 电话信息分析，及时掌握客户关心的热点问题，省供电服务中心累计电话接入总量 1090 万个，同比增长 10.22%。每月定期编发《供电服务分析报告》，对客户回访不满意情况进行监督考核，提升供电服务质量。

2011 年，新增业扩报装客户 176 万户，用电报装容量突破 6319 万 kVA，同比增长 9.6%；营业总户数 3267 万户，同比上升 3.67%；售电量同比增长 12.6%；电费回收率达 100%。

农电工作 2011 年，全省建成 7 个电气化县、139 个电气化乡镇、1729 个电气化村，累计建成 56 个电气化县、709 个电气化乡镇、8277 个电气化村，在国家电网公司系统率先实现全省县电气化，电气化乡（镇）、村比例分别达 61%、48%。完成农村低压电网项目 28551 个，建设改造低压配电设备 8584 台，低压线路 27 764km，接户线 18 203km、120 万户。2011 年新一轮农网改造升级工程全面启动。农网供电可靠率达 99.785%，农网综合电压合格率达 99.646%，农村居民端电压合格率达 99.429%。组织迎峰度夏前的设备检修和隐患治理，完成迎峰度夏和农村抗旱、防汛防台、春耕秋收保供电等任务；全面深化农村低压电网管理在 PMS 系统中的应用，完善农网低压线路和接户线基础台账；开展农村低压电网运行管理课题研究，统一规范运行管理要求；开展“走基层、察实情、促安全”为主题的秋季农电安全督查活动。开展“三个一”（入校上一堂用电安全课、送一张用电安全宣传片、开展一轮农业生产临时用电及家用电器的绝缘检测示范活动）农村安全宣传活动，全省累计 5.17 万人次参与，赠送用电安全宣传资料 186 万多份；宣传贯彻国家电网公司《关于进一步加强农村用电安全工作的意见》和《“你用电，我用心”实施农村用电安全强基固本实施方案》要求，组织编制江苏公司农村用电安全三年行动实施方案；强化秋收农忙用电安全管理，加大对田间地头临时用电等各类用电设施及“挂钩线”等私拉乱接行为的检查力度。完成 200 个供电所“四个一”（一台变压器、一档线路、一间学习室、一间实训室）培训设施建设试点并投入应用；利用网络大学平台完成全省农电普考工作，10 255 名农电工分 264 个场次参加了考试；开展全省农电技能竞赛，产生 45 名农电技师和一批高级工；参加国家电网公司农电工技能竞赛，取得团体总成绩三等奖和知识竞答三等奖；对全省农电人员进行 SG-ERP 信息系统、PMS 系统、营销系统、农电综合管理等信息系统应用培训，省公司层面参加培训人员达 317 人，市、县公司层面参加培训人员达 20 000多人。推广国家电网公司联系点无锡江阴市供电公司先进经验，加强县供电企业“三个建设”工作；全省 100%供电所建成标准化供电所，并建成省公司标准化示范供电所 112 个、国家电网公司标准化示范供电所 22 个；推进农网科技进步工作和科技成果应用，盐城大丰和徐州铜山供电公司被国家电网公司命名为“科技进步先进县供电企业”。加强农电信息化管理和智能农网建设，开发和应用农电综合管理信息系统，实现对供电所工器具、办公设备、车辆、房屋、人员、备品备件等情况的全面及时掌控；在南京溧水和常州溧阳开展智能化台区建设研究和试点；在供电所全面导入“国家电网”统一品牌标识，贯彻执行国家电网公司新“三个十条”，统一营销服务行为规范和工作流程；运用电话暗访、实地暗访、现场明察、系统抽查等方式对农村供电所每月组织抽查，确保各单位每季度对所辖农村供电所的明察暗访覆盖率达到 100%；围绕农村季节用电、农业生产用电、排灌用电等特殊需求，开展“进农户、进集市、进地头”农村供电特色服务和安全用电知识宣传。完成 5.07 亿元 10kV 及以下电网建设任务和 20 家农林场圃的电力资产与管理移交，新设 4 个供电所营业点投入使用。

科技与信息化 信息化 SG-ERP 综合试点建设，完成 SG-ERP 系统模板化推广，在全省所有供电企业和直属单位全面应用；在“五大”体系新建单位实现 SG-ERP、协同办公、邮件等系统同步上线；充分应用 SG-ERP 设计成果，通过一体化平台集中在线配置，完成用户、权限、组织和流程等软件调整；完成 25 万余条资产数据、100 余万条设备数据、300 余个项目数据的在线迁移，保障“五大”体系相关业务平稳过渡；推广实施国家电网标准 GIS 平台、统一视频监控平台、规划设计平台等统建项目。完成“十二五”科技和信息化专业规划编制工作，并通过国家电网公司评审。年内共获中国电力科学技术奖 2 项，国家能源科技进步奖 3 项，国家电网公司科学技术进步奖 10 项，环境保护科学技术奖 1 项。江苏公司全年共申请专利 208 件，其中申请发明 70 件；授权 185 件，其中发明 41 件；发表论文 116 篇，其中被工程信息索引（简称 EI）源刊收录的论文 6 篇，软件著作权登记 5 件。推进江苏公司承担的 863 项目和国家重大科技专项课题的研究工作，继续积极申报 863 项目，一个项目已进入 2012 年 863 项目储备库；开展提高设备智能化运行管理水平和新型线路带电作业技术方面的研究，在变压器、GIS、输电线路等电网主设备的状态监测、带电检测、寿命评估等方面取得突破；推进实验室建设，探索实验室资源共享模式和机制，江苏公司作为国家电网公司信息与自动化实验室协作组组长单位，编制了协作组工作方案，并组织开展实验室开放共享工作。优化完善信息运行组织体系，根据“五大”体系建设方案，形成由科技信息部、信通分公司、电力信息公司组成的三级运行维护组织体系；开展信息调度运行检修体系建设，完成“两级调度、三层检修、一体化运行”的体系建设及完善提升工作；完成 IMS 信息运行维护综合监管系统的推广实施；开展信息系统运行安全月活动，组织全省 42 家单位全面开展信息系统安全运行隐患排查；做好智能电网与“三集五大”信息安全防护工作，修改完善《智能电网信息安全防护总体方案》；每月组织对“五大”体系新建单位信息安全的专项督查。全年未发生信息安全责任事件，未发生信息系统运行事故。

优质服务 贯彻落实国家电网公司新“三个十条”，规范和提升服务标准。开展“三进”（亲情服务进社区、安全服务进农村、科普服务进校园）活动，完善社区客户经理联动服务机制，全省共组建党员社区经理团队248个，结对社区606个，开展社区志愿服务1.2万余次。开展区域特色服务，无锡供电公司对重大项目实行“订单式”服务，倒排周期开展工作；镇江供电公司开辟“绿色通道集约服务大厅”；连云港供电公司实施“四个一”配套服务机制（“一个客户经理、一套服务方案、一份服务备忘录、一份工作简报”）等。拓展便民新业务，推出“江苏电力掌上生活”，开通支付宝在线支付功能，在全国率先开通有序用电微博，搭建起与客户交流的新平台；实施“福农卡”惠农工程，主动推出每年代扣电费3次以上提供免费上门检修服务等措施；通过供电服务技能竞赛、“服务无违章，满意百分百”等形式，江苏公司在国家电网公司首届供电服务技能竞赛中，获团体、个人双第一。为京沪高铁等重要客户提供可靠、优质的服务保障。高度重视行风建设，自觉接受社会各界监督，各类投诉按时办结率和回访率均达100%。

实施节能发电调度，新建燃煤机组脱硝实时监控系统，基本实现发电侧节能减排监测全覆盖。做好有序用电工作，按照优先安排高耗能企业错峰限电，保证居民用户用电的原则，编制涉及10万用户、错峰能力达1500万kW的有序用电方案，为不同行业企业制订了9大类、50多种错峰方案，供企业选择具体参与方案；对参与有序用电工作人员开展针对性培训；开发建设有序用电监控管理平台，将客户调查、方案编制、操作计划制订、执行现场督查、执行效果分析、客户告知等纳入全过程监控管理。2011年，全省共有36天通过负荷管理系统实施错避峰限电，累计错峰20.68万户次，涉及用户30 719户。加强能效服务体系建设，组建专业电力节能服务公司，推广应用新型节能技术，实施节能合作项目15个；开展能效服务网络建设，全省12个市级供电公司电量超过30亿kWh的县级供电公司先后成立由用电企业、供电公司和节能专家自愿组成的能效服务活动小组，共包括企业会员293家，累计开展节能技术培训、讲座等各类活动75场次，参加企业700多家；全面助力节能减排，配合政府及相关部门做好加快淘汰集中供热范围内小锅炉工作，关停小锅炉1595台，年可节约标煤120万t，同时加大电能对非清洁能源的替换力度，累计完成电能替代容量38.65万kW。

党的建设和精神文明建设 开展“强素质、担重任、比贡献”主题教育活动，做好形势教育、政策宣传及解疑释惑等工作，充分调动广大干部员工投身“五大”体系建设的主动性和积极性；开展员工思想动态分析，建立思想分析周报制度，召开座谈会532次，重点访谈3182人，参与问卷调查14 050人，参与调研员工总数超过4万人。同步健全各级党团组织，新组建基层党委3个、党总支9个、党支部54个，顺利转接1050名党员、217名团员的组织关系。指导新成立单位依法及时组建工会，规范会员会籍管理。

2011年，江苏公司党委创先争优活动年度群众满意率100%，被国家电网公司推荐为中央企业思想政治工作先进单位；公司本部及7家基层单位被授予全国文明单位称号，韩克勤党支部被授予中央企业先进基层党组织称号，韩克勤被国家电网公司党组推荐为中央创先争优办公室为民服务创先争优先进典型。韩克勤党支部等3个基层党组织被国家电网公司授予“电网先锋党支部”标兵称号，企业文化建设年度工作完成率100%，江苏公司获国家电网公司“2011年品牌塑造年活动先进单位”和“2011年社会责任工作先进单位”称号；江苏公司《创新电费交纳服务，优化客户交费环境》社会责任实践案例获国家电网公司“2011年度优秀社会责任案例奖”，无锡供电公司《社会责任根植基层实践》案例成为国家电网公司系统入选“2011中央企业优秀社会责任实践”的两个案例之一；江苏公司“五大”体系建设试点等16项工作和履责案例入选《国家电网公司2011社会责任报告》；江苏公司被国家电网公司表彰为建党90周年党史知识竞赛优秀组织单位；《爱心点亮万家灯火》演讲获国家电网公司“我身边的共产党员”比赛一等奖。江苏公司团委被表彰为国家电网公司2010年度“五四红旗团委”，牵头完成的课题《国家电网公司青年志愿服务长效机制的探索与研究》被评为国家电网公司共青团和青年工作课题成果一等奖。

主要事件

2月17日，国家电网公司副总经理栾军一行在无锡220kV西泾变电站现场调研智能技术在变电站的实际应用情况，指出：智能变电站在线监测、物联网等新技术应用是实现状态检修、开展集中管理的基础条件，也是未来电网的发展方向。要求江苏公司在试点成功的基础上，进一步探索智能技术推广应用的空间，综合分析建设成本、实际效果，在技术架构、设备水平等智能技术方面进行深入研究，寻求新的突破，为智能变电站在国家电网系统大量建设推广打好基石，当好先行。

2月25日，中共国家电网公司党组书记、总经理刘振亚专程赴江苏无锡220kV西泾智能变电站视察和调研，充分肯定220kV西泾智能变电站的建设成果，要求作为国家电网公司系统的首座样板，认真总结智能变电站建设的经验，进一步明确智能变电站建设的方向和要求。在无锡期间，刘振亚会见了江苏省委常委、无锡市委书记杨卫泽，就发挥无锡作为物联网中心的优势，推进国网系统智能电网建设事宜进行了会谈。

2月27日，江苏省省长李学勇在副省长史和平、南京市市长季建业等陪同下在公司调研，充分肯定迎峰度夏需求侧管理的方案，强调要加快特高压建设，提升江苏区外来电比重，同时积极推进城区电网建设。

3月10日，国家电网公司党组会议审核通过江苏公司“五大”体系建设方案。

3月11日，江苏公司召开“五大”体系建设专题职工代表大会，审议通过了《江苏省电力公司“五大”体系建设方案》。3月14日，公司召开“五大”体系建设动员大会。

5月6日，江苏公司举行电力科学研究院、检修分公司、建设分公司、信息通信分公司揭牌仪式，公司“五大”体系建设全面进入试运行阶段。

5月18日，江苏公司举行江苏电网2011年迎峰度夏有序用电演练，提升全省各单位电力保障与应急处理能力，确保夏季用电高峰电力有序供应。

6月16日，江苏电力调度控制大厅正式启用。这是国家电网公司系统首个具有国内外先进技术支撑的、集电网调度与500kV变电站监控于一体的省级电力调度控制中心。

6月20日，江苏公司召开全面一体化标准体系发布暨体系运行工作电视电话会议，标志着公司已率先建成适应“五大”体系建设新模式的全面一体化标准体系。

7月1日，在省委组织部安排下，以老挝中宣部副部长西苏·披拉冯为团长的老挝干部考察团到公司考察国有企业党建工作。中联部、江苏省委组织部、江苏省外办有关领导陪同考察团考察。

7月28日，江苏公司计量中心正式启用，实现全省电能表计的集中检定配送和对计量资产的全过程管理。

8月2日，江苏公司在无锡召开“大检修”体系建设验收总结会，各供电公司与省公司检修分公司签订了移交协议，“大检修”体系实现单轨运行，同时也标志着公司“五大”体系建设全面进入单轨运行阶段。

10月13日，江苏公司与南京市人民政府共同签署《南京电网规划建设战略合作协议》。

10月31日，江苏公司与中国能源建设集团有限公司在南京举行企业国有产权无偿划转协议草签仪式。12月9日正式签署电网分离企业国有产权无偿划转协议，标志着江苏电力行业完成主辅分离改革重组。

11月1日，江苏公司与苏州市人民政府签署《关于共同推进苏州市电网规划建设会谈纪要》。

11月4日，国家电监会主席吴新雄一行在江苏省副省长史和平等陪同下到公司调研。

11月17日，江苏公司与无锡市人民政府共同签署《关于共同推进无锡市电网规划建设会谈纪要》。

12月5日，国家电网公司副总经理曹志安一行对江苏公司“五大”体系建设进行综合验收，认为江苏公司为国家电网公司推广“三集五大”建设树立了样板。

12月10～11日，国家电网公司总经理、党组书记刘振亚在南京分别会见江苏省委书记罗志军、省长李学勇，就共同推进和落实“十二五”电网发展规划，加大外电入苏力度，促进智能电网产业发展，提升电力保障水平，服务江苏经济社会科学发展举行会谈。

12月11日，国家电网公司在江苏召开“三集五大”体系建设工作现场会，国网公司总经理、党组书记刘振亚高度评价了江苏公司“五大”体系建设成果，赞扬江苏公司领导班子勇于创新，敢为人先，为国家电网公司“五大”体系建设作出了贡献。

12月19日，江苏公司与省国土资源厅在南京签署《共同推进江苏电网规划建设会谈纪要》。

12月26日，江苏公司召开领导班子调整宣布大会。国家电网公司人事董事部主任刘广迎宣布国网公司党组关于江苏公司领导班子调整的决定：单业才任江苏省电力公司总经理、党委副书记，冯军不再担任江苏省电力公司总经理、党委副书记职务（另有任用）；潘震东任江苏省电力公司副总经理、党委委员，蒋斌任江苏省电力公司副总经理、党委委员；黄卫国任江苏省电力公司副局级调研员，不再担任江苏省电力公司副总经理、党委委员、工会主席职务；孟庆强不再担任江苏省电力公司副总经理、党委委员职务。

（张建扬）

【浙江省电力公司】

企业概况 浙江省电力公司（简称浙江公司）直属11家地市供电企业、3家县供电企业、1家水电厂和15家电力建设、试验科研、培训等单位，代管61家县供电企业（其中省属21家、县属40家）。

2011年，浙江省全社会用电量3117亿kWh，同比增长10.49%，统调最高用电负荷5063万kW，同比增长20.43%；完成售电量2708亿kWh，同比增长12.58%；营业户数2277.84万户；线损率2.24%，同比下降0.50个百分点；资产总额增长7.60%。

2011年，浙江公司全面完成年度业绩考核指标。同业对标列省级公司综合管理标杆第二位，资产经营、营销服务、电网运行、人力资源、电网建设5个专业进入标杆行列；入选国家电网公司典型经验7项；杭州局和宁波局成为大型供电企业综合管理标杆。浙江公司荣获“首届浙江和谐企业”、“浙江省企业文化示范基地”、“中国电力行业AAA级信用企业”称号。

领导班子

总经理、党组副书记：李卫东

党组书记、副总经理：姜雪明

副总经理、总会计师、党组成员（正局级）：徐伟良

副总经理、党组成员：陈安伟、石华军、于金镒

纪检组长、党组成员：江华东

工会主席、党组成员：王幼成

党组成员：孔繁钢

总工程师：李海翔（2011年12月14日免去此职，调离）

组织机构 浙江公司本部及相关单位：办公室、发展策划部、财务资产部、人事董事部、人力资源部、营销部、生产技术部、安全监察部、基建部、农电工作部、科技信息部、思想政治工作部（与机关党委、团委合署办公）、监察部（与纪检组合署办公）、审计部、经济法律部、物资部（招投标管理中心）、离退休工作部、浙江电力调度通信中心、浙江电网电力交易中心、对外联络部、工会、国网企协浙江省电力公司分会、机关事务中心、综合产业办公室、新闻中心、财务管理中心。

地市供电单位：杭州市电力局、宁波电业局、嘉兴电力局、湖州电力局、绍兴电力局、衢州电力局、金华电业局、温州电力局、台州电业局、丽水电业局、舟山电力局。

其他直属单位：浙江省电力公司信息技术中心、浙江电力调度运行技术中心、浙江电力综合服务公司、浙江省电力公司物流服务中心、浙江省电力物资供应公司、浙江省电力实业总公司、浙江浙电置业有限公司、浙江浙电工程招标咨询有限公司、浙江省电力公司计量中心、浙江省电力试验研究院、紧水滩水力发电厂、浙江省送变电工程公司、浙江省电力公司超高压建设分公司、浙江电力建设监理有限公司、浙江浙电经济技术研究院、浙江省电力公司培训中心、浙江省电力公司电动汽车服务公司、浙江省电力节能服务公司、国家电网公司职业病防治院。

电网概况 截至2011年底，全省共有500kV输电线路6654km，变电站32座，变电容量6725万kVA；220kV输电线路13 651km，变电站242座，变电容量9024万kVA。浙江统调总装机容量39 680MW，同比增长6.94%，其中火电37 710MW，占95.04%；核电320MW，占0.81%；水电1649MW，占4.16%。非统调装机容量7404MW，同比减少5.61%；华东直调电厂装机容量8283MW。

人力资源 编制并实施浙江公司《“十二五”人力资源规划》，确定“十二五”期间人力资源管理和人才队伍建设工作总体思路、发展目标、重点任务和主要措施。建立对劳动用工、工资总额、培训项目、培训经费统一调控、分级落实的计划管理体系，完善计划执行监督考核，实现计划的可控在控。开展劳动定员测算、核定和岗位梳理，规范劳动合同签订，开展双向选择和岗位竞聘，人员入口实现统一管控。首次构建浙江公司人才库、入选4138人；建立员工发展“四个通道”，制定管理、技术、技能通道人才评选办法，2011年选拔管理、技术、技能发展通道等各类人才304人，1人获钱江技能大奖，6人被评为浙江省首席技师。

推进体制机制改革，平稳完成主辅分离改革任务，浙江省火电建设公司、浙江省电力设计院、浙江省电力设备总厂三家辅业单位成建制无偿划转给中国能源建设集团有限公司。完成建德、淳安电网从金华局到杭州局的体制划转，解决历史遗留的供电区域与行政区划相分离的问题。

建立完善领导干部考核评价、任职试用、问责谈话等制度，开展干部选拔任用试点，公开竞争、选拔聘任2名副处级总会计师。加强年轻干部培养，选拔优秀人才赴国家电网公司总部及交直流公司挂职锻炼、赴法国挂职培训、赴西藏技术帮扶等跨区交流，接收甘肃公司10名优秀青年骨干来浙江挂职（岗）实践锻炼。举办各类培训项目1654个，办班3180期，参培人数164 625人次。出台《浙江省电力公司ERP系统人力资源业务规范》，开展人力资源信息系统实用化评价工作，提升人力资源信息系统应用水平。

电网建设与发展 全面实施“十二五”电网发展规划，加强与地方党委、政府交流合作，浙江公司与11个地（市）政府签署战略（框架）协议。成立前期工作组和基建技改临时指挥部，加大项目催批和工程协调力度，314项110kV及以上项目获得核准，其中500kV项目13个。110kV及以上输电线路开工3091km、投产1889km，变电容量开工2928万kVA、投产1932万kVA。颁布《配网规划设计导则》，吸收国外先进理念，在国内首创配网“三双”接线模式，首个试点建成的湖州区块成效显著，供电可靠率由99.948%提高到99.999%，平均停电时间由4.55h降至5min，达到国际先进水平。金华局作为国家电网公司试点，开展配网状态检修工作，浙江公司在全国率先通过配网状态检修验收。

国家电网公司第二批智能电网建设试点项目220kV云会变电站、110kV新生变电站建成投运。杭州局、宁波局配电自动化和鄞州农网营配调管理试点工程通过国家电网公司验收。推广应用智能电表360

万只、累计487万只，专变用户、低压用户用电信息采集覆盖率达到100%和46.5%，远程自动抄表结算率达到99.76%和46%，湖州局率先实现全采集全覆盖。宁波、嘉兴、绍兴、温州等地试点建成一批智能小区、智能楼宇和互动化营业厅。加强基建标准化建设和质量管控，220kV及以上工程优质率88%，自主设计建设的220kV舟山与大陆联网输电线路工程获国家电网公司科技进步一等奖和国家优质工程银奖；220kV定海变电站等5个工程被评为浙江省优质工程；500kV北仑电厂—观城线路工程、220kV育苗变电站和邬隘变电站等3个工程获国家电网公司优秀设计奖。

经营管理 创新经营管控模式，建立全面计划全面预算管理制度，全面覆盖资本性投资和成本费用性支出，动态衔接项目计划和预算管理，全过程分析监控计划和预算执行情况，确保经营活动的可控在控。完善财务集约化管理体系，加强会计集中核算和资金集中管理，搭建省属企业资金池，推进资金内部融通，降低负债水平和财务成本。实现110kV及以上一次生产设备账卡物对应率100%。11家市局全部通过财务集约化验收。扩大招标采购范围和品种，统一废旧物资管理和处置，加强仓储配送管理，建成投用浙北配网物资中心库，建立完善省市县三级物资供应管理体系。

注重“以防为主”，健全省市县三级审计、监察、法律监督保障体系。

安全生产 开展安全生产事故隐患排查治理“树典型、传经验”试点，学习宣贯《电力安全事故应急处置和调查处理条例》。开展全员安全素质“人人过关”活动。在生产、调度系统推行准军事化管理。建立事故隐患排查治理长效机制，浙江公司及绍兴局、宁波局典型经验在国家电网公司系统推广。建成输变电在线监测统一平台，220kV及以下变电站全部实现无人值班，提前完成市、县两级调控一体化建设。浙江公司及金华局配网状态检修试点率先通过国家电网公司达标验收，荣获全国电力企业设备管理创新成果一等奖。建立设备“红线”制度，消除436件“红线”设备，整治62座变电站地基沉降问题，220kV及以上变压器和断路器可用系数达到100%。完善应急预案体系，组建140支、8200余名应急抢修队伍，并将大面积停电事件应急联合演练延伸到县级城市。在“7·23”动车特大交通事故救援中，温州局应急队伍第一时间赶到现场，保证事故救援应急用电。电力器材安全性能检测技术实验室成为国家电网公司唯一国家级产品质检中心。

营销工作 建成省级集中的营销稽查监控系统，初步构建省、地、县三级营销稽查监控体系，对营销工作的10个业务类、58个业务项、230个主题进行全过程监控，建立“日监控、周通报、月例会分析、专题分析”常态机制；组织开展专项营业普查、电价政策执行情况专项检查及用户基础资料收集工作；编制并下发营销标准化作业指导书635项，试行营销标准化作业，开展营配业务贯通试点建设，智能抢修调度管理在绍兴、湖州、宁波局试点上线，并进入实际应用，推广嘉兴局精益化营销工作质量管理模式，定期开展精益化营销工作质量分析评价。

建成国家电网公司电动汽车智能充换电服务网络建设示范工程，形成“换电为主、充电为辅、集中充电、统一配送”的运营模式，并上升为行业标准在全国推广。建成100座充换电站、1026个充电桩，完成长三角苏沪杭城际互联工程境内4座充换电站的建设，在世界上首次成功实现电动汽车城际互联运营。在杭州市实现200辆纯电动出租车的规模化运营。在国内首创计量全自动流水线鉴定系统，实现企业计量检定作业与管理模式的彻底变革。

认真落实浙江省电力保障行动计划，网厂合作签署保障电力供应协议，挖掘省内发电潜力，统调燃煤机组平均利用小时6360h、增加481h，燃气燃油机组发电量增长46.7%。提前与周边省签署年度购电协议，争取统配分电比例，加大中短期双边交易力度，大幅提高外购电水平，2011年外购电量584亿kWh、增加93亿kWh，有效减少浙江省电力缺口。建立“政府主导、经济引导、技术先导和服务疏导”的有序用电机制，严格执行“有保有限”用电政策，负荷监测能力、控制能力分别达最大用电负荷的84.69%、44.06%，完成迎峰度夏和残运会保电任务。做好大营销建设准备，形成浙江公司“大营销”体系建设实施方案。推出大客户预收电费、电费充值卡等举措，实现当年电费全额回收。回收自供区6个、新增客户3.5万户，市场占有率达到96.87%，同比提高0.01个百分点。

农电工作 调整农电管理模式，推行农电分专业垂直管理，提升农电管理专业化、标准化和规范化水平。61家代管县供电企业经济技术指标水平明显提升。完成第一轮40.72万户“低电压”治理，农网综合电压合格率由98.912%提升至98.97%。

推进新一轮农村电网升级改造，截至2011年底，累计开工项目43个，累计投产项目19个。紧密结合浙江省中心镇和工业新区建设规划，配套搞好中心镇电网建设。2011年全省新增新农村电气化市1个，新农村电气化县7个，新农村电气化乡（镇）112个，新农村电气化村2737个。宁波局建成全国首个副省级新农村电气化市。

科技与信息化 着重抓好“含分布式电源的微电

网关键技术”和“电池组快速更换系统集成技术研究与装备开发”重点项目，实施科技信息化项目全过程管理。浙江公司被列为国家电网公司“十二五”科技发展规划示范性审查单位，规划通过国家电网公司评审，“十二五”信息化规划通过专家组审查。编制完成“十二五”农网科技发展规划。国家电力器材产品安全性能质量监督检验中心获得国家授权，成为国家电网公司唯一国家级产品质检中心，舟山局建成国内首个海洋输电实验基地。公司系统 13 项科技成果获国家电网公司科技进步奖。完成专利申请 226 项，其中发明专利申请 65 项，获得专利授权 183 项、省部级以上科技成果奖励 31 项。浙江公司获“国家电网公司‘十一五’科技工作先进单位”，余杭供电局等三家单位获“国家电网科技进步先进县级供电企业”称号。

信息化建设项目计划完成率 100%，信息系统应用率 96.81%，同比提高 6.28；信息系统运行率 98.4%。ERP 系统在国家电网公司系统率先实现代管县局的全覆盖，信息安全实现不发生责任性的信息系统三级及以上事故、重大系统停运事故、重大信息泄漏事故、网站被篡改造成重大影响事故的目标。浙江公司信息系统运行工作获国家电网“信息系统运行流动红旗”，两个项目荣获“国家电网信息化建设实施优质项目”称号。浙江公司荣获“国家电网公司信息化实用化先进单位”称号，绍兴电力局荣获“国家电网公司信息化实用化先进集体”称号。

优质服务 倡导“你用电、我用心”理念，开展“学习江小金，为民服务当标兵”系列活动。在供电营业窗口推行营销标准化礼仪服务，推广“礼仪操”，推出为民服务十项举措、电力助企六项服务，推广各地特色服务品牌；开展浙江电力“春风行动”，创新供电服务模式，惠民利企送温暖；以社区为平台，整合社区、电力资源，在全省建成共建社区 680 多个，为客户解决各种用电问题 8 万余项，被老百姓评为“最受群众欢迎的实事”；在国家电网公司系统首批建立省市县三级营销稽查监控体系，实现服务行为实时监控；开展“为民服务标杆营业厅”创建活动，建成浙江公司 95598 投诉受理中心；开展优质服务零投诉竞赛，推行夜间零点和凌晨检修作业，减少停限电对用户影响。推广电费充值卡，“村邮站”代收等电费渠道，压缩走收电费 222 万户，提前实现电费“零走收”。治理客户受电工程“三指定”，杭州局、桐乡局率先完成国家电网公司客户业扩报装工程招投标服务平台试点建设任务。浙江公司“社会用电优化模式”成为国家电网公司优秀社会责任实践案例。落实政府节能减排要求，浙江公司荣获“浙江省节能减排先进集体”。公司系统 4 个营业窗口入选全省群众满意基层站所示范单位，占全省总数的 1/3，居 30 个行业首位。

党的建设和精神文明建设 选树江小金先进典型。江小金同志先进事迹在全社会引起强烈反响，国家电网公司党组和浙江省委先后作出向江小金同志学习的决定，浙江省委组织报告团在全省巡回宣讲江小金同志的先进事迹，开展“学习江小金，为民服务当标兵”活动。

深化创先争优活动，开展党员做榜样考核评价，推进党员“两培养一输送”，创建电网先锋党支部。深入推进反腐倡廉惩防体系建设，建立廉政风险防控机制和协同监督机制。全面推进国家电网公司统一的优秀企业文化在浙江落地深植，加强“国家电网”品牌建设，完善“三重一大”决策制度，明确审计、监察、法律部门列席各级决策会议，强化决策监督，确保决策合法合规。建立协同监督机制，开展重点专业和关键岗位轮换交流，完善廉政风险防控机制。健全省市县三级审计组织架构，开展立体式审计，建立五级企业法律顾问制度，地方电力立法列入省人大一类项目，全面清理公司规章制度，梳理信访疑难积案。浙江公司获“国家电网公司信访稳定工作先进单位”称号。

续签公司《集体合同》，推行职工代表竞争性选举和年度述职，规范完善总经理联络员、本部监督联络员、领导干部定期接访、职工代表巡视检查和合理化建议制度；加强班组建设，21 个 QC 小组获全国优秀质量管理小组，14 个班组获全国“安康杯”竞赛优胜班组称号。举办首届管理论坛，开展送健康、送爱心、送温暖活动，组织一线员工参加阳光健康工程，创建健康食堂，成立浙江电网爱心互助会，开展电力握手城乡团建活动，命名首批 10 家“劳模工作室”和第二批 10 个劳模创新课题组、10 个劳模技能教学点、10 个劳模敬业示范岗，浙江公司各类事例、事迹在中央媒体发稿超过 3000 篇；被国家电网公司推荐为中央企业思想政治工作先进单位，公司系统 3 家单位通过全国文明单位复评，4 家单位获全国文明单位称号，4 家单位获全国和省五一劳动奖状，2 家单位获全国供电可靠性金牌企业，1 家单位获全国“五五”普法先进单位，21 家单位获全国“安康杯”竞赛优胜企业，8 家单位被授予全国和省工人先锋号，4 名员工荣获省五一劳动奖章、国家电网公司劳动模范称号。共有各级在职劳模 259 名，以劳模命名并担任总教头的各类劳模工作室有 225 个，其中，创新课题组 114 个，敬业示范岗 50 个，技能教学点 61 个。

主要事件

1 月 26 日，浙江省首批 30 辆纯电动出租车在杭州西湖文化广场举行发车仪式，同时杭州市电动汽车服务有限公司也正式揭牌运行。

2月26日，浙江省委书记、省人大主任赵洪祝在杭州会见国家电网公司总经理、党组书记刘振亚。

3月18日，浙江省电力公司获"第三届浙江最具社会责任感企业"称号。

4月25日，中国电力企业联合会2011年第一次理事长会议在浙江杭州召开。中电联理事长、国家电网公司总经理、党组书记刘振亚主持会议并讲话。在浙期间，刘振亚会见了浙江省副省长毛光烈。

5月26日，浙江省首台百万千瓦机组——嘉兴电厂三期工程7号机组并网发电。同日，省内最大的热电厂——绍兴滨海热电厂首台1号机组也成功并网。这将有效弥补浙江电力缺口，缓解浙江迎峰度夏期间的用电紧张状况。

5月27日，500kV秦山核电送出至海宁变电站线路工程正式开工建设。

5月31日，110kV泗礁输变电工程顺利投运，宣告浙江最后一个县级电网正式"回归"，实现了与浙江主网的交流联网，同时也标志着国内最长的海底电缆正式运行。

6月9日，国务院国有资产监督管理委员会副主任黄丹华到公司调研浙江省电动汽车智能充换电服务网络建设运营情况。

6月28日23时36分，由浙江省火电建设公司承建的全省最大的热电厂——绍兴滨海热电厂首台（1号）机组顺利通过168h满负荷试运行考核，正式投入商业运行。

6月30日，浙江省"十二五"期间首座500kV超高压变电站开始带电试运行。该工程的投运将极大提高浙北电网特别是湖州电网受电能力，提高湖州电网供电可靠性，为浙北地区迎峰度夏提供有力保障。

同日，舟山本岛首座风电场——岑港风电工程顺利投运。该工程总装机容量45MW，预计年发电量可达8956万kWh，将使严峻的用电形势得到部分缓解。

7月22日，公司副总经理、总会计师徐伟良会见英大国际控股集团有限公司副总经理丁世龙，双方就全面加强金融业务、推进产融结合发展进行会谈。

7月23日晚上8点半左右，温州发生动车脱轨事故，温州电力局立即落实省电力公司应急救援工作要求，紧急部署各相关部门、单位做好人员、应急车辆和应急物资准备，全力参与现场营救，确保抢险救援用电。

7月29日，浙江电网统调用电负荷首次突破5000万kW，并创出5063万kW的历史新高。

8月13日，浙江省委书记赵洪祝在《浙江电网供用电情况周报（第10期）》上作出批示，"面对严峻的用电形势，省电力公司想方设法，多措并举，全力做好供电保障工作，为促进我省'稳增长、调结构、惠民生'各项工作作出了重要贡献。谨此表示感谢。"充分肯定省电力公司在保障电力供应上作出的努力和成效。赵洪祝还在批示中对省电力公司参与7·23特大铁路交通事故应急救援表示敬意。

8月29日，随着浙江最后一名用户成功办理银行批扣，浙江全省实现了电费"零走收"，进入电费管理的新时代。

9月6日下午，新华社、中央电视台、工人日报等中央媒体记者和浙江卫视、浙江之声、浙江在线、钱江晚报等省级媒体记者来到宁波，采访江小金同志的先进事迹。

9月7日，公司总经理李卫东会见了到访的中国华电集团浙江分公司党委书记、总经理王锡南。双方就进一步加强合作进行了充分交流和沟通。

9月14日，中央电视台新闻联播播出《时代先锋——江小金，为了万家灯火》，报道宁波电业局原副总工程师江小金40多年与输电铁塔为伴，奉献自己，点亮万家。

9月15日，公司总工程师李海翔会见了到访的法国电力公司创新技术采购与应用部亚太区副总经理方苏雅。双方就电动汽车充换电技术、运营模式、未来发展以及开展合作等进行了交流。

10月10日，1000kV浙北站在湖州正式开始场平，这标志着浙江首个特高压变电站即将开工建设。

10月11日晚，全国第八届残疾人运动会开幕式在杭州黄龙体育场举行，公司1205名电力员工奋战保电现场，在开幕式现场派驻应急发电车和"党员先锋队"工作人员，全面确保开幕式的电力供应。

10月12日，公司总经理李卫东会见了埃森哲公司大中华区副总裁吴缨一行，双方就开展"五大"体系建设进行了交流和探讨。

10月31日，中国第二个特高压交流输电工程——皖南—上海1000kV皖电东送工程浙江段在嘉兴嘉善县正式开工建设，有望2013年建成投运。工程投运后，预计可向浙江输送240万kW电力。

11月2日，公司在杭州与中国能源建设集团有限公司签署《浙江省电力公司所属分离企业国有产权无偿划转协议草案》。

11月3日，国家认证认可监督管理委员会下发文件，给予省电力公司筹建的国家电力器材产品安全性能质量监督检验中心正式授权。该中心成为国家电网公司系统第一个获得授权的国家产品质检中心。

12月13日，公司与英大国际控股集团有限公司签署《全面加强金融业务战略合作协议》。

12月16日，在省人民大会堂召开的第二届浙江省企业文化年会上，省电力公司获“浙江省企业文化示范基地”称号。

（徐剑荣　郑洪华）

【安徽省电力公司】

企业概况　安徽省电力公司（简称安徽公司）是国家电网公司的全资子公司，主要负责安徽省域电网的建设、管理和经营工作，具有电网建设、电力经营、电力施工、电力设计、电力科研和教育培训等综合功能，承担着优化全省能源配置、满足经济社会发展电力需求供应的重要职责。安徽公司本部设21个职能部室（中心）、1个电力工会委员会，另设国家电网企协安徽分会1个机构。安徽公司下设102个单位，其中17个市级供电公司，71个全资县级供电公司，13家直属单位和1个机关总部。

2011年，安徽省全社会发电量为1655.07亿kWh，同比增长13.10%；全社会用电量1221.19亿kWh，同比增长13.29%；省内售电量完成947.64亿kWh，同比增长14.70%；统调最大用电负荷达1991.75万kW，同比增长6.46%；向华东电网净送电量433.88亿kWh，同比增长12.11%；线损率5.28%，同比下降0.57个百分点。

电网概况　安徽电网基本建成纵贯全省南北的500kV骨干网架，220、110kV线路覆盖全省的电网格局。截至2011年底，安徽电网拥有500kV变电站17座（含开关站1座），变电容量1760万kVA，输电线路长度4069km；220kV变电站142座，变电容量3672万kVA，输电线路长度11 772km；110kV变电站406座，变电容量2988万kVA，输电线路长度12 339km。全社会装机容量3179.39万kW，统调装机容量2945.26万kW，其中省内统调机组装机2102.26万kW，皖电东送机组装机758万kW，华东网调抽水蓄能装机85万kW。

人力资源　完成安徽公司人才十年发展规划编制工作。加强“四好”领导班子建设，完成34家基层单位“四好”领导班子考核。加强干部队伍建设，选拔调配干部62人，选送多名干部到国家电网公司培训学习和挂职锻炼，建立处级后备干部人才库，加强对领导干部的多维考核。开展全员培训和知识更新工作，举办各类培训班345个，培训各类人员21 258人。健全人才管理机制，评聘安徽公司新一轮优秀专家人才225名。安徽公司在国家电网公司信息运维调考中取得优异成绩。安徽公司被国资委授予中央企业职工技能大赛先进单位称号，获得“全国‘安康杯’优胜企业”称号。

电网建设与发展　开展电网规划编制研究，完成“十二五”安徽公司发展规划、省“十二五”农网改造升级规划编制工作。完善项目库建设，新开工项目全部核准后开工，完成2012年新开工项目可研评审。顺利完成500kV肥西变电站阶段性改造、省内首座220kV全户内布置变电站——板桥变电站等重点工程。加强基建质量管理，工程达标投产率100%，500kV文都变电站获国家优质工程银奖。推进智能电网建设，完成500kV繁昌变电站智能化改造，省内首座220kV智能变电站——滨江变电站建成投运。推进合肥市智能小区和互动化营业厅试点工作。完成推广应用智能电能表300万只，实现290万户用电信息采集，完成光纤通道建设8585km，直供直管区域覆盖率达57%。推进充换电设施建设，成立新能源汽车服务公司，牵头组建安徽省电动汽车产业联盟。推进合肥充电站（桩）商业运营，完成充电量532万kWh。

经营管理　加强综合计划、预算、资金和资产管理，从严从紧规范各项资金使用及支出。积极应对宏观政策调整，配合政府有关部门出台相关电价政策。拓展融资渠道，争取各类贷款，降低财务成本，充分利用所得税优惠政策。全面落实依法从严治企要求，开展审计和财务自查自纠活动。开展“小金库”、“三指定”和工程建设领域突出问题专项治理，主动配合完成三峡输变电工程决算审计、财务专项督查、审计专项检查等内外部审计督查，严格落实整改各类问题。主辅分离改革平稳有序，完成电建一公司、电建二公司、电力设计院和电力修造厂4家辅业单位分离划转移交工作。研究制定巢湖供电机构调整方案，完成巢湖供电机构调整各项准备工作。完成安徽公司“五大”体系建设方案编制并通过国家电网公司审批。

持续深化人财物集约化管理。完成安徽公司本部组织机构设置调整及新型业务劳动组织设立工作。规范基层企业负责人薪酬管理，初步建立县公司负责人薪酬管理机制。落实项目储备库制度，预算管理实现全覆盖。推广实施资金电子支付，全面实现资金电子结算功能。加大资金归集力度，资金归集比例超过99%。加强物资计划与标准化管理，开展清仓利库，加快推进物流仓储体系建设，物资保障能力不断提升。加大物资合同和质量监督管理力度，物资电子商务平台全面上线应用，物资集中采购比例达到90%。

安全生产　宣贯落实《电力安全事故应急处置和调查处理条例》，排查电网事故风险20项，逐一落实整改措施。科学调度电网运行，加强电力电量平衡和有序用电工作，成功应对突发性电力缺口和持续高温天气，完成迎峰度夏保供电任务。以“两抓一建”活动为抓手，严格到岗到位要求，强化现场监督检查，生产、基建、农电等安全管理进一步加强。构建安全管理体系，强化责任落实和风险管控，全面加强现场作业、电网和设备安全管理。组织开展省网及5个城市电网的安全性评价工作。加大配网隐患整改力度，消除重大隐患15项。完善应急管理组织体系和应急预案体系，开展地震、倒塔断线、信息安全等应急演练。组建省市县三级电力执法队伍，建立电力设施保护长效机制。实现“三无三防”（不发生人身死亡和恶性误操作事故，不发生电网稳定破坏和大面积停电事故，不发生重大及以上设备损坏事故；防止有较大社会影响的供电事故和安全事件，防止人员和管理责任事故，防止重大及以上交通、消防等安全事故）安全目标，全年未发生安全考核事故。

营销工作 推广电能替代工程，新建投运蓄能项目41个、热泵项目22个，开拓电量3243万kWh。开展跨省双边交易，完成外送电18.6亿kWh。规范自备电厂管理，明确专项电量价格执行标准，累计增加售电量超过20亿kWh。稳妥实施大用户直接交易试点工作，完成直接交易电量14.39亿kWh。加强电费回收，应收用户电费余额875万元电费回收率100%。加大反窃电工作力度。试点建设95598互动网站，满足客户互动化服务需求。持续开展重要电力客户隐患排查治理工作，及时将各类隐患报送上级部门并督促整改。推广营销业务信息管理系统，实现对省内电力客户全覆盖。推进节能服务体系建设，组建省节能服务公司和各单位能效网络服务小组。

农电工作 全省县公司售电量474.57亿kWh，占安徽公司全口径售电量的50.08%，同比增长19.86%，高于省内售电量增幅5.16个百分点。综合线损率7.12%，同比下降0.05个百分点。农网供电可靠率99.677%、综合电压合格率97.89%。加大农网改造升级力度，首批农网改造升级工程顺利通过省政府整体验收。建成5个新农村电气化县，75个新农村电气化乡镇和791个新农村电气化村，累计解决148.2万农户低电压问题。推进县乡标准化营业厅建设，实施标准化供电所“星级晋阶”。主动引入外部监督，加大农网安全、工程建设、经营服务监督检查。成功举办安徽公司第五届农电工岗位知识和技能竞赛。5家县公司获得国家电网公司一流县供电企业称号，1家县公司获国家电网公司科技进步先进单位，5个供电所获标准化示范供电所。全年未发生农电安全考核事故和重大行风责任事件。

科技与信息化 加大科技创新和管理创新力度，安徽公司获省部级以上创新成果36项，获国家专利83项，国际专利6项，12个项目获安徽省重大合理化建议和技术改进成果奖，11项成果获国家电网公司企业管理创新成果奖，10项成果获全国电力行业企业管理创新成果奖，1项成果获国家电网公司职工优秀技术创新成果一等奖。持续深化SG186系统应用，信息系统全面通过国家电网公司实用化评价验收，生产管理、营销业务系统实现全覆盖。顺利实施电网GIS空间信息服务平台推广工作。强化信息安全运行管理，信息系统安全运行排名保持前列，安徽公司获得国家电网公司信息安全运行流动红旗。

优质服务 实施“塑文化、强队伍、铸品质”供电服务提升工程，全面启动保障居民用电服务质量专项行动，推出31条保障居民生活用电措施。宣贯落实国家电网公司新“三个十条”，服务标准和质量不断提高。主动服务地方经济发展，积极配合抓好皖江城市带、合肥经济圈电网规划建设。拓展终端缴费渠道，推行充值卡、手机支付等交费方式，新增收费网点1783个、自助交费终端39台。构建省市两级营销服务监控体系，实时监督营销业务。开展行风建设和迎接行风评议工作，全面查找整改服务问题。认真落实节能减排政策，配合开展风电、生物质能等新能源开发利用，关停小机组容量4.6万kW，组织完成代发电量44.39亿kWh，节约标煤36190万kg。

党的建设和精神文明建设 深入推进创先争优活动，《中央创先争优活动简报》和《人民日报内参》专题刊载安徽公司创先争优特色做法。开展为民服务创先争优活动，推出创一流服务八项具体措施，深化“一岗两队”建设，“邓玲工作法”成为全省为民服务创先争优特色品牌。完善领导点评和群众评议机制，开展省、市、县公司三级领导干部大走访活动。大力选树宣传先进模范品牌，举办先进模范事迹巡回报告会和先进模范品牌成果发布会，联合人民网安徽频道开展“创先争优促发展，电网先锋在行动”专题宣传活动。加强学习型党组织建设，全面开展党务公开工作。开展纪念建党90周年系列活动。开展协同监督机制建设，促进惩防体系建设与内控体系有机结合。加强廉政教育和廉洁文化建设，编发《纪检与监督》简报和廉政短评文章，建设“廉洁文化网上行”网络平台，深化廉政风险管理和效能监察，推进党风廉政和惩防体系建设。强化文明创建，12个单位获全国文明单位称号，58个单位获省第九届文明单位称号，12个单位获国家电网公司文明单位称号。

全面落实企业文化“五统一”要求，开展“企业文化落地”主题实践活动。1项案例获国家电网公司优秀社会责任实践案例奖。成立对外联络部，进一步加强新闻宣传和品牌推广工作，安徽公司获国家电网公司品牌标准化建设先进单位。深化企业民主管理，安徽公司获省厂务公开民主管理先进组织单位。开展班组建设创争活动，4个班组获国家电网公司先进班组称号。开展职工文体活动，安徽公司荣获全国职工健排舞比赛第一名。开展送温暖和帮扶救助活动，发放爱心帮扶资金121.4万元。积极搭建青年成长平台，承办第八届电力杯全省青工职业技能大赛，安徽公司团委获得“全省企业共青团工作标兵单位”称号。加强信访维稳工作，安徽公司被评为国家电网公司信访稳定工作优秀单位。

主要事件

1月26日，安徽省政府正式下发《关于同意建设淮南—南京—上海特高压交流输变电工程（安徽段）的函（皖发改能源函〔2011〕52号）》，同意淮南—南京—上海特高压交流输变电工程在安徽境内的建设方案。

4月26日，安徽公司营销稽查监控系统在省公司及两个试点地市公司成功上线运行，标志着省、地两级营销稽查监控体系在安徽建成并进入试运行阶段。

4月28日，安徽公司召开SG186营销业务系统全境全覆盖开通仪式工作会议，标志着营销业务系统已经在安徽全省境内开通，对安徽境内城乡2100万户电力客户实现全面覆盖。

5月12日，国家电网公司党组成员、中纪委驻国家电网公司纪检组组长潘晓军来公司调研指导工作。

5月27日，安徽省副省长黄海嵩到安徽公司调研指导迎峰度夏工作。

7月5日，安徽公司成立“安徽电力新能源汽车服务有限责任公司”和“安徽电力节能服务有限责任公司”。

7月29日，国家电网公司副总经理杨庆一行到青阳对安徽县级供电企业农电管理工作进行调研。

8月2日，合肥220kV板桥变电站成功投运。这是全省第一座全户内布置的220kV变电站。

8月13日，国家电网公司副总经理曹志安来安徽公司视察指导工作。

8月16日，安徽公司首座“营销稽查监控中心”在安庆建成投运。

8月18日，中共安徽省委常委、省委组织部长、省创先争优活动领导小组副组长段敦厚，就总结推广“邓玲工作法”提出要求。

9月27日，皖电东送淮南—上海特高压交流输变电工程获国家发改委核准。

10月13日，安徽省政府第85次常务会议审议通过《安徽省“十二五”能源发展规划》。该规划包含“十二五”期间安徽境内的特高压和智能电网重点建设项目。

11月2日，皖电东送淮南—上海特高压项目淮南站、皖南站等工程开工建设。

11月17日，安徽公司与中国能源建设集团有限公司草签《安徽省电力公司所属分离企业国有产权无偿划转协议》，标志着安徽公司主辅分离工作进入新的阶段。

11月18日，国家电监会副主席王禹民专程到公司视察。

11月29日，安徽公司在合肥与安徽省交通运输厅签署《交通设施与电网设施建设战略合作框架协议》。

（时　伟）

【福建省电力有限公司】

企业概况　福建省电力有限公司（简称福建公司）是国家电网公司的全资子公司，2000年6月由原福建省电力工业局改制而成；福建公司以电网建设和运营、电力供应和服务为核心业务，下辖全资单位38个、控股单位57个、代管单位3个；经营区域覆盖全省9个设区市和平潭综合实验区，供电客户1317.21万户，供电人口3689万。2011年，全省全社会用电量1515.86亿kWh，同比增长15.3%；全省用电最高负荷2443万kW，同比增长10.2%；售电量1302.23亿kWh，同比增长15.4%；综合线损率6.52%，同比下降0.18个百分点；电网连续安全稳定运行6080天。

福建公司近年来先后获得全国文明单位、全国五一劳动奖状、全国模范职工之家、全国厂务公开先进单位、国家技能人才培育突出贡献奖、中国企业信息化500强等荣誉称号；实现全省文明行业创建“五连冠”，行风评议“九连冠、三年免评”，连续五届被省委授予党建工作先进单位；2011年公司本部和9个电业局成为全国文明单位，获得福建省和谐企业称号，综合绩效保持在国家电网公司系统前列。

电网概况　截至2011年底，福建公司拥有35kV及以上变电站1062座，变电容量9687万kVA，输电线路总长3.41万km。其中，500kV变电站14座，变电容量2055万kVA，线路长度2902km；220kV变电站128座，变电容量3858万kVA，线路长度10 029km。

福建电网通过2回500kV线路与华东联网；省内形成以500kV全省大环网为主干、220kV和110kV地市主力电网为分支、城市和农村配电网为末梢的坚强电网，电网优化资源配置能力和抵御自然灾害能力全面提升。

人力资源　优化调整本部机构编制，完成岗位双向选择，82名基层优秀人才充实机关本部，51名基层骨干选拔本部岗位锻炼。加强班组建设，605个班组被命名为国家电网公司达标班组。完成国家电网公司SG-ERP人资信息管理系统一期试点建设；获得国家电网公司对藏人才帮扶工作先进单位。

完善绩效管理体系。建立工资总额分配联动机制，工资总额分别与业绩考核结果、综合劳动效率和劳动用工管理情况挂钩，绩效管理导向有效促进解决生产一线结构性缺员问题；加快绩效组织、制度、指标、评价和结果应用的体系建设，运用“平衡计分卡”管理工具，从财务、客户、内部运营、学习与成长四个方面优化指标体系，全面实施量化绩效考核，强化分级管理考核，实现电业局、县供电企业绩效管理全覆盖；加强全员绩效管理工作督导，实施月分析、季度模拟评分。

开展全员教育培训。建成电网安全教育、输配电线路等4个实训基地，获国家电网公司命名授牌企业技能大师工作室1个、个人技能大师工作室5个；开发建立专家人才考核、授课课时统计等信息系统；开展培训9471期、22.16万人次，完成“三华”同步电网、“三集五大”体系建设专项理论培训，实现后续学历教育统一办班，强化一线技能人员、农电人员持证上岗培训，举办第六届“海西·电网杯”系列竞赛和首次技能献宝活动；聘任第四批“513”人才62人，推选国家电网公司、省公司优秀农电人才127人次；跨地区帮扶培养县公司骨干109人。

电网建设与发展 强化政企对接破解发展难题。召开全省电网建设动员大会，成立分管副省长任组长的全省电网工程建设协调小组，与各地市政府签署联合推进电网建设协议，电网建设情况纳入各级政府年度绩效考核，市县政府专设协调小组属地化负责征迁青赔；与各地市政府签署“十二五”电网发展战略合作协议，在智能电网、规划衔接、政企长效沟通机制、电网建设前期工作、新一轮农网改造升级、电价管理及电力设施保护机制等方面开展广泛合作。完成1247个110kV及以上项目前期工作。

统筹优化电网规划。坚强智能电网建设纳入省“十二五”能源发展专项规划；政企联合开展电力设施布局规划，电网规划站址、线路走廊和电动汽车充换电设施用地纳入各地市规划控制性详规；完成全省及各设区市饱和负荷以及目标电网、中压配电网架结构研究，指导5年电网滚动规划；对接区域产业规划，完成古雷石化产业区235万kW远景负荷供电输、配电网规划；加强配网规划标准化、规范化，制定城市、农村配网规划框架模板和配网供电模型，完成全省9地市城市配网和65个县（市）农村配网“十二五”滚动规划。

协调推进电网建设。开工建设110kV及以上线路2367km、变电容量964万kVA；投产110kV及以上线路1995km、变电容量833万kVA。推行标准化设计，在国家电网公司系统率先建成工程设计评审省内延伸应用平台，提高设计评审效率；采用初设工程量清单招标，增加工程招标批次，加快设计进度；建立跨部门协调机制，加强项目全过程节点管控和进度考核，投产500kV晋大线、220kV营前输变电等重点工程，投运500kV宁德核电送出、220kV古雷PX项目供电线路、电气化铁路、LNG电厂等配套送电工程；强化施工“三级自检”，500kV卓然变电站工程获国家优质工程银奖，220kV优质工程率88.9%，获国家电网公司2011年度基建管理先进单位；投运110kV柯井、西郊智能化变电站，建成智能电网调度技术支持系统；厦门配网自动化试点工程率先通过国家电网公司实用化验收，完成福州配网自动化试点工程建设；建成3座电动汽车充换电站；累计安装智能电能表176万只，实现低压用电信息采集60.39万户。

经营管理 经营状况保持稳健。有效实施预算集约调控机制，月度现金流量预算偏差控制在5%以内，年度融资计划偏差率0.7%。实现省电网直供区一般工商业用电同价，实现国家简化归并电价分类改革要求；开展系统自用电整改，统一办公大楼、营业厅电价执行标准。外送电量64.07亿kWh。

开展企业管理综合评价。设计“安全管理、基础信息、标准制度系统性、自我完善机制、管理有效性”五个维度评价体系，评价专家团队深入一线开展企业管理量化考评；推广“九要素”诊断法、鱼骨图分析法、思维导图法等科学管理方法，解决影响和制约“三集五大”体系构建的关键问题；整理30多类450多个节点问题，确立100多项整改提升项目，梳理管理、工作、技术标准和规章制度2599个；企业管理综合评价体系获第十八届全国企业管理现代化创新成果二等奖。

推进人财物集约化。46家供电企业劳动定员达标。全面应用财务集约化“一键式”报表，试点开展基建标准成本体系建设，资金归集比率保持99%以上。健全物资管理体系，建成电子评标室和合同服务大厅，电子商务平台上线运行；非电力类物资和服务类项目纳入集中采购范围；开展清仓利库；物资到货完成率提高到91.83%。率先提出大计划大预算管理体系，获中电联、国家电网公司现代企业管理创新一等奖。

部署“五大”体系建设。福建公司列入国家电网公司“五大”体系第一批推广建设单位；成立党政主要负责人担任组长的建设领导小组，设立综合协调办公室和6个专业工作组、10个保障组；构建联络员工作网络，制定里程碑计划，规范体系建设项目管理流程，领导小组每周例会协调推进；组织专项理论全员集中培训；吸收市、县公司专业人员参与方案研究，开展互动式讨论；制定福建公司“三集五大”体系建设总体方案、专业子方案及相关配套方案。

深化依法治企。开展“三指定”专项治理，全面开放业扩工程“三大市场”，配合省电监办出台用户受电工程市场监管办法，投运市场信息和监管平台。开展农网改造升级工程内控审计评价，实施供电所管理等专项审计；财务督查覆盖面达 100%。组建水口发电集团，实现公司所属发电资源集约化管理。建立企业律师制度。

安全生产 增强安全供电能力。电网频率合格率 100%；220kV 及以上系统继电保护正确动作率 100%；城网综合电压合格率 99.831%，同比提高 0.13 个百分点；农网综合电压合格率 97.462%，同比提高 1.632 个百分点；成功应对“梅花”、“南玛都”等台风，顺利完成海峡论坛、“9·8”投洽会等重大活动和节日保电任务，迎峰度夏实现“不拉闸、不限电”目标。

有效管控安全风险。建立每周风险预警信息发布机制；严格落实《电力安全事故应急处置和调查处理条例》，从规划建设、运行方式、设备管理等方面明确防范措施，主网故障率比降 30%；开展配网、外包工程、集体企业安全管理、防止电气误操作和施工机具专项安全整治，消除各类安全风险和短板 7080 项；全省 76 家单位组建 319 人的执规检查队，生产现场检查覆盖率达 56%；开展安全生产“三项行动”，整改线路交叉跨越铁路、公路隐患 110 处，整治环网柜、箱式变压器、分接箱隐患 5900 多处；组建应急救援基干分队，健全应急管理体系；促成省政府成立电力行政执法办公室。

强化生产管理。全省 9 个地调及 38 家县调实现调控一体化，500kV 集中监控中心投入试运行，实现 500kV 变电站“集中监控，少人值守”；实施变电设备专家巡视和输电线路差异化巡视；完成 220kV 及以上变电站状态检测和设备状态评价，37 座 220kV 变电站实现继电保护状态检修；加强检修计划精益化管理，计划执行率提升至 96.7%；推进现场作业标准化，标准作业卡平均执行率达 87%；全面完成资产清查，设备、资产对应率达 99.5%；80 座 110kV 变电站、168 座 35kV 变电站完成无人值守改造。

营销工作 在国家电网公司系统首批建成覆盖省、市两级的营销稽查监控体系，建立营销全业务、全过程实时在线监控、即时发现异常、及时开展稽查、限时落实整改的新型管控方式。全年完成问题整改 9.49 万例，一类风险下降 91.4%，挽回效益损失 1551 万元。

开展全流程客户满意度评价。围绕客户关注的“用上电、用好电、好交费、易沟通”服务需求，创建“六步三点”（“六步”即梳理关联图、设计流程蓝图、分析交互点、设计评价内容、制定测评方案、归因分析制定改进举措；“三点”即甄别客户不满意点、查找质量标准不合理点、服务水平不合格点）全流程客户满意度评价方法，构建“业扩新装及增容、停电及故障报修、交费及欠费复电、客户基本信息管理”四个服务主题的评价指标体系，实施第三方客户满意度测评，查找全省共性客户不满意点 15 个，制定改进举措 82 项，实现高压业扩平均时长缩短 2.42 个工作日，10kV 故障抢修时间缩短 27.1%，欠费复电及时率提高 4.96 个百分点。

完善营业差错与责任追究制度，出台基础信息录入作业标准 79 项，完善营销系统数据差错约束功能 24 项，开发兼容营销和配网管理的用户信息接口，修正异常信息 49.8 万户，存量客户关键基础信息偏差下降至 4.16%，实现新增客户信息“零偏差”；整治线损异常台区，高损台区比例降至 8.42%；检定电能表 220.1 万只、互感器 11.8 万只，完成标准装置建标、复查考核 139 套，省质监局抽检合格率均达 100%。

农电工作 县供电企业完成售电量 786.35 亿 kWh，同比增长 15.04%，占总售电量 60.38%；农网综合线损率 6.25%，同比降低 0.21 个百分点；当年电费回收率 100%；农网供电可靠率达到 99.728%，综合电压合格率 97.642%，同比分别提高 0.025 和 0.463 个百分点。

加强农网工程现场督查，成立省、市、县三级督查网，全面落实《农网工程责任状》，规范农网改造升级工程管理，年巡回检查单位 188 个次、552 个工程现场。配合省政府制定“十二五”新农村电气化县、乡镇、村验收标准；建成新农村电气化县 9 个、乡镇 68 个、村 712 个。

开展农村用电安全活动，组织农村用电安全示范 487 场次，受益农户 5.4 万户。建立“基础管理达标、省一流、国网一流”三级目标管理体系，70%县公司通过基础管理达标验收；5 个县公司获国家电网公司一流县供电企业，3 个县公司获国家电网公司农电综合管理标杆，3 个县公司获评国家电网公司农电专业管理标杆，1 个县公司获评国家电网公司科技进步先进县供电企业，新增国家电网公司“标准化示范供电所”5 个。推进县公司 OMS 通信子系统应用，30 个县调通过达标验收。

科技与信息化 完成 7 项国家电网公司重点科技项目研发和 5 项技术标准制定，新技术应用面达 90%；申请专利 166 项（其中发明专利 61 项）；获专利授权 100 项（其中发明专利 13 项）；81 项科技项目通过评审和验收，其中 13 项成果获省部级科技奖；无人飞行器、机器人巡检等一批科研成果投入应用，无人飞行器巡检系统实现超视距巡线，“履带式运输车”获国家电网公司专利二等奖；承建国家电网公司“电能质量分析实验室”通过验收。

在37座220kV变电站推广应用继电保护状态检修研究成果；开展移动式变电站论证工作，开辟电网防灾减灾和应急管理新技术渠道；创新研制实用带电作业工具和作业方法，年配网带电作业突破6000次；在国家电网系统率先开展饱和经济研究，构建福建省及九地市经济增长模型，完成省市饱和电力负荷水平、负荷结构及分布预测；建立中压配电网供电模型及其评估指标体系；建成智能电网调度技术支持系统、配网调控一体化技术支撑系统、生产调度一体化信息平台。

完成信息化项目85个，信息系统应用率和运行率分别达95.44%和98.19%；推广信息运维综合监管系统，建立量化监控指标，清查输电、变电、配电、调度、IT、非生产六大专业资产台账42万余条，账卡物对应率由65%提升至95.69%，核准率99.85%；完成公司系统管理信息外网广域网项目建设，实现全省互联网统一出口；完成集中式信息系统异地容灾系统建设，实现ERP、营销、生产、协同办公等30套信息系统的数据级容灾；35个业务系统实现业务集成数据共享。

优质服务 集约优化95598服务。建成省级集中95598供电服务中心，通过呼叫中心成熟度模型国际标准认证。加强供电服务信息公开，开通大客户绿色服务渠道。推行“微笑服务”，95598话务人工接通率86.0%，同比上升6.5个百分点，客户满意率99.4%。健全95598协同运作机制，突出服务调度功能，停电信息传递及时率96.7%，工单处理合格率97.3%，分别同比提高5.7、3.4个百分点。95598获评2011年度全国“十大倾听民意公共服务热线”。

深入宣贯国家电网公司供电服务新“三个十条”；修订《供电服务规范》；直管供电单位组建专业化配网抢修队伍；启动“你用电、我用心”居民用电服务质量提升工程，确立6个提升目标、32项工作措施；开通支付宝等第三方网络缴费方式，新增缴费网点130个，完成福州、厦门、石狮三个城市“十分钟交费圈”建设；加强高危及重要客户用电安全服务，排查并督导用户整改隐患4108个；开展“低电压”专项治理，减少“低电压”户数24.5万户。

成立和盛节能技术有限公司，通过国家发改委、财政部备案，获得申请国家合同能源管理项目奖励资格，实施2个合同能源管理项目；建成节能服务体系，建成16个能效服务活动小组，开展活动30余次；完成国家电网公司首家大型公共场所类中德能效合作项目福州万象城能效审计；加强需求侧管理，配合省经贸委出台电力需求侧管理实施办法。开展节能调度，节水增发电量5.76亿kWh；开展全国节能宣传周活动，发放宣传手册10.6万册，“以大代小”置换电量52.1亿kWh，节约标煤10.4万t，减少二氧化硫排放0.19万t。

试点开展电动汽车充换电业务。成立厦门电动汽车服务公司，对接全国首家纯电动汽车租赁企业厦门华天纯电动汽车租赁公司充换电需求，投运33辆纯电动汽车，累计行驶里程13.1万km，充电电量2.4万kWh；推动厦门市政府出台一条纯电动公交线路、一家纯电动出租车公司、一家民营纯电动汽车租赁企业推广计划，编制厦门市电动汽车充换电设施（2011～2020年）规划；完成换电价格测算。

党的建设和精神文明建设 开展为民服务创先争优。规范创先争优活动公开承诺、领导点评、群众评议等工作程序和内容；建立省市县公司“三级点评”工作机制，组织四批次检查组深入253个基层党支部开展辅导巡查；深化“让声音微笑起来”主题实践活动，组建国家电网共产党员服务队，开展应急救援、重大项目、便民和志愿服务；设立党员服务示范岗、表率区，开展“三亮三比三评”活动；挖掘宣传敬业奉献职工黄小清先进事迹，组织学习四川电力共产党员服务队、吕清森、江小金、黄小清等先进事迹。

创新实施党建标准化管理，18个党组织、7名优秀共产党员受到省委和国家电网公司党组表彰；组织党建达标星级考评，公司系统党建标准化达标率86%；开展建党90周年庆红色主题教育，实施党员教育培训计划推进学习型党组织建设；规范县公司党组织设置和农电工党员教育管理，新立直管单位党支部234个、县供电企业党委40个、党支部248个，转入农电工党员组织关系1300名；完善廉政风险管控体系，组织拟提拔调整干部、后备干部和先进人员等廉洁自律情况审核1500余人次；完善“三重一大”决策管理实施细则，“三重”人员轮岗交流2671人次。

开展“企业文化落地”主题实践活动，征集优秀实践案例65个，“让声音微笑起来”主题实践活动获国家电网公司优秀企业文化案例一等奖；组织“关爱生命，从我做起”学习讨论活动。出台加强作风建设、提高办事效率的十条意见；大力精文减会，精简信息简报比例50%。加强品牌建设，完成县公司品牌标识标准化建设；省级以上媒体上稿量同比增长46%。落实员工关爱，组织“下基层、进班组、上家门”活动，爱心互助会资助困难员工850人次。

华 中 地 区

【国家电网公司华中分部】

2011年5月3日，华中电网有限公司（简称华中公司），按照国家电网公司调整区域电网公司定位工作统一部署，组建成立国家电网公司华中分部（简称华中分部），与华中电网有限公司一个机构，两块牌子。

分部概况 国家电网公司华中分部负责监督、检查国家电网公司重大决策在华中区域内的贯彻实施，负责华中区域电网规划、电力调度、安全质量监督、生产技术、电力营销与交易、工程建设、审计财务、党群工作及综合行政等有关业务的管理与协调。

电网概况 华中电网供电范围包括湖北、河南、湖南、江西、四川和重庆六省（市），供电区域面积约130万km^2，占全国国土面积的13.5%；供电区域常住人口3.77亿人，约占全国总人口的28%。

华中电网是以湖北电网为中心，东西连江西、川渝，南北接湖南、河南的辐射状跨省电网，在“全国联网、西电东送、南北互供”的战略格局中具有举足轻重的地位。华中电网通过1回1000kV交流线路和1回500kV交流线路与华北电网相联，通过1回±500kV直流线路和1座背靠背换流站与西北电网相联，通过1回±800kV和4回±500kV直流线路与华东电网相联，通过1回±500kV直流线路与南方电网相联。

截至2011年底，华中电网全口径发电装机容量21 679万kW，其中水电占44.15%，火电占55.57%，新能源及其他占0.28%；统调发电装机容量18 358万kW（含三峡电站，下同），其中水电占40.56%，火电占59.23%，新能源及其他占0.21%。华中地区全口径发电量8955亿kWh，其中水电占34.22%，火电占65.63%，新能源及其他占0.15%；统调发电量7868亿kWh，其中水电占31.2%，火电占68.7%，新能源及其他占0.1%。华中地区全社会用电量、统调用电量和统调年最高用电负荷为8706亿kWh、7691亿kWh和12 424万kW，分别较2010年增长12.7%、14.86%和11.75%。

截至2011年底，华中电网1000kV输电线路总长523km，1000kV公用变电站2座、1200万kVA；±800kV输电线路总长1289km；500kV输电线路总长36 793km，±500kV直流线路2627km，500kV公用变电站296座、16 754万kVA。

人力资源 根据国家电网公司的统一安排，分部员工分10期参加分部管理人员集中培训学习，组织开展“三华”同步电网知识和智能电网知识等专题培训。

分批推荐23位优秀干部到国家电网公司总部对口部门进行交流锻炼，选派3名优秀干部深入农村参与湖北省委省政府组织的“万名干部进万村入万户”活动，选派1名优秀干部继续开展“省直新农村建设工作队”活动。

电网建设与发展 开展大电源接入500kV或220kV不同电压等级的专题研究，为大容量机组接入不同电压等级提供指导和参考。结合电网发展规划，组织华中电网500kV变电站配串优化研究，提出逐步解决方案。针对“十二五”期间特高压大容量交直流落点布局规划，开展华中500kV电网适应性研究、华中500kV电网发展模式研究及华中电网中长期电力供应结构框架研究。着眼于中长期发展需要，深入研究华中电网供需形势，大力实施“输煤、输电并举”的方针，加快特高压交直流工程建设，落实“十二五”电网发展规划，积极消纳北方煤电。

推进重点电网项目前期工作。为解决川电东送能力不足及重庆电网严重缺电的问题，组织相关单位深入研究，按照总部统一部署，再次启动川渝第三通道输变电工程前期工作。在总部对特高压电网项目前期工作进行调整后，及时梳理川渝第三通道输变电工程前期工作成果，明确了雅安—皖南1000kV交流工程与川渝第三通道输变电工程之间的关系，为完成雅安—皖南1000kV交流工程有关前期工作任务奠定了基础。组织相关省（市）电力公司，在工程可研工作之初就对500kV电网项目系统一次和站址方案进行反复论证，尽量避免后期出现技术方案重大变化，缩短工程设计和前期工作周期，降低工程造价。组织对湖北兴隆变电站扩建等19项500kV电网项目系统一次方案进行初审。

积极参与特高压交流扩建工程建设。组织完成特高压交流配套华中电网500kV系统增容改造任务。

开展调度生产准备，分析电网运行特性，完成验证试验，科学编制事故应急预案，组织开展反事故演习，为工程提供技术支持和安全保障。组织荆门、南阳500kV变电站扩建系统启动调试一次送电成功。参与特高压交流扩建工程启动调试，确保500万kW大负荷试验期间电网安全稳定。

加强工程建设协调管理。组织区域220kV输变电工程项目管理流动红旗竞赛活动，推进500kV输变电工程项目管理流动红旗竞赛和优质工程检查工作。通过搭建区域电网工程项目建设安全、质量、标准化管理经验交流平台，树立样板和标杆，以点带面，促进区域工程建设管理水平的全面提升。开展区域内500kV输变电工程标准工艺示范工地建设工作，促进华中电网建设管理规范化、施工行为标准化。

稳步推进智能电网试点项目建设。9月14日，国家电网公司坚强智能电网首批试点工程之一、具有完全自主知识产权的华中智能电网调度技术支持系统投入运行。完成华中—华北互备功能建设，12月29日，华中—华北互备切换演练成功举行，通过国调中心组织的验收，备用调度功能运行稳定、数据准确。完成岗市变电站智能化改造一期工程。督促区域内9项智能变电站试点工程全部按期建成投运。

企业管理 以深化人财物集约化管理为重点，提高经营管理水平。加强收入分配规范管理，完善考核指标体系；规范劳动用工管理，续签全员劳动合同。以“六统一、五集中”为主线，推进财务资源管理；全面推行标准成本管理，提升精益化管理水平；开展月度在线稽核，强化日常风险控制。推进审计工作创新，实现审计在线实时监督；坚持内外部审计并重，组织完成各类审计项目46项。

加强规章制度建设，修订“三重一大”等管理制度，严抓制度的执行和落实。针对财务和审计专项检查发现的问题，逐项制定措施并积极整改。开展“小金库”和工程建设领域突出问题、招投标专项治理。全面落实公务接待、公务用车、因公出国（境）、会议管理、薪酬福利等规范管理要求。

坚持“三公”调度，认真执行国家电网公司“三个十条”，推进调度、交易优质服务窗口建设，印发《华中电网发电企业调度服务手册》。结合“创先争优、为民服务”活动，主动走访发电企业，通报电网运行形势，帮助解决实际困难，听取意见和建议，构建和谐网厂关系。

安全生产 2011年，面对电力供应严重短缺、用电负荷屡创新高、干旱洪涝灾害频发、三峡电站机组全开满发及重要断面长期重载等严峻考验，强化安全基础管理和隐患排查治理，华中电网连续29年保持安全稳定运行。

贯彻落实《电力安全事故应急处置和调查处理条例》，组织全网认真梳理排查风险。针对特高压交流扩建工程、三峡地下电站等重点工程投产，超前开展电网适应性研究，及时完善各项控制策略。认真吸取国外大面积停电事故教训，细化落实“三道防线”，开展“六抓六防”专项行动，电网运行控制水平显著提升。研究解决华中电网2011年运行方式中存在的问题，开展“两抓一建”安全风险管控活动和春、秋季安全大检查，及时消除安全隐患，夯实安全管理基础。强化应急体系建设，完成应急指挥中心二期工程。推进第三轮输电网安全性评价。开展农网改造升级工程安全督察。全年未发生人身伤亡事故、恶性误操作事故和电网事故；发生一般设备事故1起、设备一类障碍223起，同比减少165起，下降42.5%。

高度关注华中电网首次出现的全年性、全区域性缺电局面，千方百计保障电力有序供应。向全国人大提出《关于加快特高压电网建设，解决湖北电网缺电问题》的议案，得到了国家有关部门高度重视。积极争取区外来电，消纳区外电力最大达到706万kW。发挥区域资源特点，精心安排电力资源调剂互济，最大限度缓解了重庆硬缺电局面，降低了湖南长期严重缺电程度，保证了江西高速增长的用电需求，减轻了湖北和四川丰枯电力供应季节性矛盾，支援了河南夏季高峰用电。完成迎峰度夏、纪念建党90周年和辛亥革命100周年等重大保电任务。积极应对旱灾和洪涝灾害，支援受灾省（市）用电168.3亿kWh。

科学调度水库，实现统调重点水电厂节水增发电量117.03亿kWh。认真落实《华中区域水电减弃水增发应急交易办法》，积极争取将四川富余水电纳入全网统一消纳，最大限度地发挥川渝输电通道能力，实现全年水电应急交易电量47.1亿kWh，同比增加38.5亿kWh。优化开机方式，开展节能调度，容量大、效率高的火电机组利用小时数显著上升。2011年，累计完成跨区跨省交易电量379亿kWh。

科技与信息化 华中分部注重培育特色研究领域，形成一批有影响力的科技成果。“智能电网保护适应性的研究和分析”、“大型核电机组接入电网的机网协调控制研究”、“‘三华’特高压互联电网多断面可用输电容量（ATC）自动求取技术及应用研究”等科技项目研究工作在大电网分析与控制、电网运行管理与控制、电网自动化等专业技术领域取得一系列创新成果。

华中分部参与研发的“复杂水电能源系统优化运行关键技术研究及应用”荣获2011年度国家科技进步二等奖，参与研发的“广域全景电网调度技术支持系统支撑平台和基于应用的研发与实施”和“智能电网调度技术支持系统基础平台（D5000）的开发与应用”分别获得2011年度中国电力科学技术奖一等奖和国家电网公司2011年度科学技术进步奖一等奖。承担的“超高压输电线路软弱地层中独立塔基稳定性及实用技术现场试验研究”和“主要自然灾害及对电网损毁性影响评估技术研究”、“华中电网电能交易仿真系统”分别获国家电网公司2011年度科学技术进步奖二等奖和三等奖。

2011年，华中分部新申请发明专利8项，新获授权的专利11项，其中实用型专利5项、发明专利6项，新登记的软件著作权4项。华中电力调控分中心开发的“基于突变量采样值的变压器涌流识别方法和闭锁继电器”专利获得国家电网公司2011年度科学技术进步奖三等奖。

2011年，华中电网在智能电网调度技术支持系统、变电站设备在线诊断和状态维修、大电网应急处理技术、冰情预警和监测、基于数字量测技术的变电站自动化装置、线路避雷器应用技术、防污闪涂料（RTV涂料）技术、高精度输电线路故障测距技术、输电线路防鸟害技术、一体化信息集成平台及关键技术、企业资源管理业务应用、信息系统等级保护、信息运维综合监管技术等领域完成了47项新技术推广应用工作。

完成办公系统、SG-ERP人力资源管理信息系统一期启动、财务管控、财务集约化、国家电网公司审计系统一级部署等应用系统的实施工作，推进人力资源集约化、ERP完善提升、门户规范化、目录级联、数据灾备中心向纵深发展，开展信息外网改造、园区信息网改造、信息系统运行监控中心等项目建设工作。完成舆情监测系统、ERP业务审计系统、人事档案系统等接入工作及华中分部ERP与国家电网公司ERP间的应用集成。按照国家电网公司总体部署，对公司2006～2010年间122个项目计划、104个执行项目进行规范化梳理。

党的建设和精神文明建设 深入推进以“讲责任、比奉献、作表率”为主题的“为民服务”创先争优活动，分部党组向湖北省全社会作出“为民服务”五项公开承诺，履诺情况得到好评。开展建党90周年系列庆祝活动和“支部建设年”活动。编印、推行《党支部工作手册》，落实“三会一课”制度。修订完善党务公开、党内激励、关怀和帮扶以及党组织、党员联系和服务群众等有关制度。经公司团委批准，华中分部团委正式成立。认真落实离退休老同志政治待遇和生活待遇，加强离退休党组织建设。

成立华中分部协同监督工作委员会，深入推进特色惩防体系建设，强化协同监督机制和廉政风险防控。严肃查处各类信访举报案件和违规违纪行为，总结通报近10年来的信访件处理情况。连续第12次开展党风廉政建设宣传教育月活动，华中分部被湖北省国资委纪委授予2011年“党风廉政建设宣传教育月”先进单位，“重庆北碚500kV建设工程效能监察”荣获省国资委2010～2011年度效能监察优秀项目奖。

按照“五统一”要求，实施企业文化“三大工程”。深入推进学习型党组织创建活动，深化分部党组中心组学习，组织开展延安革命圣地行活动。开展“学党章、读党史、强党性”学习竞赛，举办中国共产党光荣历史和丰功伟绩图片展，组织参观辛亥革命博物馆，不断加强形势任务教育。组织华中六省（市）公司开展“我身边的共产党员”征文演讲活动，华中分部推荐的选手在公司总决赛中获得优异成绩。开展纪念建党90周年企业文化建设案例宣传评比活动，重点展示“调度窗口建设”、“北碚变电站精益管理”等优秀实践案例。认真开展文明单位创建活动，对区域内申报“国家电网公司文明单位”的江西、湖南、河南、湖北四省公司本部进行检查考评。加强先进典型选树工作，组织评选先进集体和优秀员工。关注社会公益事业，开展扶贫帮困活动，全年捐赠项目9项，捐赠金额347.1万元。

坚持党建带工建。组织召开华中分部一届五次职代会，征集职工代表提案原案40件，对《加强资产权属管理的提案》等10件原案进行立案处理与落实。贯彻落实《国家电网公司职工民主管理纲要》，并组织开展学习活动。开展“创建先进班组，争当工人先锋号”、“创建学习型组织，争做知识型员工”和“创建学习型班组”等系列活动。修订完善500kV变电站劳动竞赛评比标准和实施方案，组织开展500kV变电站劳动竞赛并召开现场总结表彰大会。组织策划创作音乐剧“生命之歌”，在国家电网公司2011年“两会”文艺晚会上演出。

2011年，华中分部首次荣获“全国文明单位”称号；荣获湖北省委2009～2010年度“党建工作先进单位”、“先进党组中心组”称号；荣获2009～2011年“全国模范职工之家”称号，并分别被中国能源化学工会、湖北省总工会授予“2011年度创先争优先进单位”、“2011年度湖北省工会工作创先争优优秀单位”光荣称号；荣获2011年“湖北省大型企事业体育工作先进单位”荣誉称号。华中分部机关工会荣获“全国能源化学系统先进工会”称号；调控中心系统运行科被评为公司“电网先锋党支部”标兵和先进班组；自动化科荣获全国能源化学系统“工人先锋号”称号；4名员工分别被公司评为劳动模范、优秀班组长、优秀共产党员和优秀党支部书记。

（黄 哲）

【华中电网有限公司】

见国家电网公司华中分部。

【河南省电力公司】

企业概况 河南省电力公司（简称河南公司）是国家电网公司的全资子公司，国有特大型企业，担负着河南省18个市、2000多个乡镇、1亿多人口的供电服务任务。河南公司下属单位32个，其中供电单位18个，其他直管单位14个。受政府委托，代管107个县供电企业。

2011年，河南公司售电量完成2322亿kWh，同比增长14.37%；主营业务收入同比增长18.95%。售电量与主营业务收入均居国家电网公司系统第四位。在国家电网公司同业对标中，河南公司获得安全管理、营销服务、电网运行、电网建设专项标杆，同时夺得华中区域同业对标7项标杆中的5项。

电网概况 河南电网位于华中、华北、西北联网枢纽地位，在“西电东送、南北互供、全国联网”的格局中处于重要位置，中国首条晋东南—南阳—荆门1000kV特高压试验示范工程纵贯全省，并在南阳落点建站。河南电网通过4回500kV线路与华中电网相联，1回500kV线路与华北电网相联，通过灵宝背靠背换流站与西北电网直流相联。河南电网500kV网架已基本形成梯形网格状结构，220kV电网基本覆盖全省各县。

截至2011年底，河南电网500kV公用变电站25座、容量3995万kVA，220kV公用变电站198座、容量6146.6万kVA，110kV及以上变电总容量1.58亿kVA、线路长度4.2万km。2011年，河南省全社会用电量2659亿kWh，同比增长12.96%。省网最大负荷4183万kW。全省发电装机容量5324万kW，其中统调装机4965万kW。全省发电量、用电量均居全国第六位。

人力资源 大力实施人才强企战略，加强专家队伍和“双师”型人才建设，公司系统21人被评为国家电网公司优秀专家人才，“双师”型人才达到882人。建成50个劳模工作室和班（站）长工作室、100个“六型一化”标杆班组、80个农电标杆班组、421个国家电网公司达标班组，开展班组工器具配置试点工作。举办10期本部管理知识讲座，开展“三华”同步电网和智能电网专题知识培训等，公司系统全年培训人员12万余人次。在国家电网公司农电、供电服务技能竞赛中，河南公司代表队分别取得第二名、第四名的优异成绩。

电网建设与发展 全年核准110kV及以上工程209项。500kV周口变电站扩建、220kV鄢陵兴国寺智能变电站等一批重点工程投运。全年新开工110kV及以上线路2554km、变电容量1444万kVA；投产110kV及以上线路3204km、变电容量1677万kVA。建成郑州新区城乡一体化营配协同综合示范工程。更换投用非晶合金变压器748台。推广应用智能电能表113万只，用电信息采集覆盖全省18个市230万户。建成郑州高新区配电自动化等13项国家电网公司智能电网试点项目。河南500kV电网三维数字化及一体化运营平台正式上线，在国家电网信息化窗口成功展示。500kV周口变电站荣获国家“鲁班奖”，500kV平南变电站和许昌变电站分别获得国家优质工程银奖、国家安装工程优质奖，500kV香白线获得国家电网公司质量管理流动红旗。与省气象局、省交通厅、省住房和城乡建设厅签订战略合作协议。

经营管理 统筹制定扭亏增盈三年行动计划，突出电量、电价、电费关键指标管控。深化财务集约化管理，资金归集率99.45%，节约了利息支出。实施“三节约”降本增效专项行动，会议、差旅、办公等一般性费用支出同比降低30%，单位电量输配电成本和万元资产运行维护费管控水平位居国家电网公司系统前列。强化“三池”联动，需办证的房产、土地面积分别完成61%和80%。严格公务用车管理，制订公务车辆管理办法。拓展集中招标采购范围，开展清仓利库工作，强化退役设备及废旧物资有效利用，有效盘活、节约资金。

编制河南公司“三集五大”体系建设方案。优化整合股权投资，完成郑州电力设计院产权划转，与河南投资集团公司签订郑州金龙水泥公司股权划转协议。按照国家统一部署，平稳完成河南公司所属5家辅业单位的划转移交。

加快构建制度经营体系，建立以公司办公手册为主体，计划、财务、人资等管理手册相配套的制度框架体系。健全安全生产、经营活动和审计监察三个季度分析会，建立“每周一小时部门会商”机制。深化工程建设领域等系列专项排查治理，深入开展审计检查和财务监督，一批隐患得到有效治理。健全劳务派遣、农电用工、薪酬福利等规范管控制度，加强公务接待、因公出国（境）、公务用车和会议管理。开展“依法治企、勤俭办企业”等专项效能监察。积极配合地方立法，《河南省供用电保护条例（草案）》已通过省人大常委会一审。

安全工作 宣贯《电力安全事故应急处置和调查处理条例》，推进“两抓一建”安全风险管控活动，编制《“两抓一建”安全风险管控工作手册》。完成13条500kV输电线路防舞动治理和13.5万块安全警示牌年度安装任务，建立由地方政府主导、企业配合的线路清障长效机制。深入治理交叉跨越铁路、高速公路线路安全隐患，完成54条配电线路改造。加大基建、农电、信息安全事故隐患排查治理力度，加强煤矿等高危和重要客户安全供电管理。公司系统保持长周期安全生产稳定局面，一类障碍同比下降29%。

积极应对度夏、度冬期间巨大供电缺口，加强政企协同、网厂协调、供用联动，科学安排电网运行方式，落实“五协同”措施，努力争取省外电力支援，电力供应保障能力全面提升。组建省、市公司应急专家队伍和救援基干分队，完善横向协同、纵向贯通的应急预案体系。电网经受住夏季4182.6万kW大负荷考验，圆满完成庆祝建党90周年等重大活动、重要节日保电任务，确保了重要用户、群众生活可靠供电。

营销工作 全年新增业扩报装容量1732万kVA，同比增长23%。破解传统固化的趸售机制，直供与趸售结构有效调整。完成跨省跨区电量交易112亿kWh，购西北电量创历史最好水平。18个市全部出台居民小区供电配套建设政策。严格执行各类收费标准，有效防范电费风险。建成省、市公司两级营销稽查监控系统。

农电工作 推进农网改造升级工程，成立新一轮农网改造升级工程项目指挥部，强化省、市两级管控和监察督导。全面启动农电整体素质三年提升工程，初步建立综合管理与专业分口管理相结合的农电管理机制。创新搭建县供电企业监审平台，向107个县供电企业派驻专职监审员。开展农电同业对标创一流工作，9家县公司获得国家电网公司综合或专业管理标杆，12个供电所被国家电网公司命名为标准化示范供电所。注重节能降耗管理，农电综合线损率同比下降0.34个百分点。

科技与信息化 大力实施科技创新战略，25项科研成果分别获得国家电网公司、省科技进步奖，7项工程被列为国家电网公司新技术应用重点工程。省重大科技专项“数字化变电站技术推广应用”顺利通过验收。真型输电线路综合试验基地被国家电网公司列为共享实验室。深化信息化建设与应用，电网GIS空间信息服务平台首批上线试运行。构建标准化管理体系，制定发布了一批公司标准。

优质服务 深入推进“为民服务创先争优”活动，认真践行“你用电、我用心”服务理念，积极打造“95598”光明服务工程，全面贯彻落实国家电网公司新“三个十条”，扎实开展居民用电质量监管专项行动。深化“供电服务、情暖中原”活动，探索实施为重点客户提供用电安全知识培训等增值服务。在全省政风行风评议中，河南公司继续位居公共服务行业前列，荣获省政风行风建设先进单位称号，83个供电所被评为群众满意基层站所。

围绕中原经济区建设大局，高效服务重点工程建设，满足粮食主产区、产业集聚区、重点城镇区用电需求。完成石武高铁电源配套建设任务，投运了富士康配套110kV康贵、220kV航空输变电工程，南水北调16.2万名移民迁安供电及移民新村配套供电工程如期建成。新增通电农田机井3.9万眼，惠及中低产田232万亩。服务第七届全国农运会，编制保电方案，配套电网工程加快推进。

党的建设和精神文明建设 开展庆祝建党90周年系列活动，深化“电网先锋党支部”创建，推行党建工作标准化建设。争创“四好”领导班子，加强干部培养、选拔、使用、考核、监督全过程管理。完善“四建”联考，综合运用考评成果。严格执行“三重一大”决策制度，成立河南公司协同监督委员会，构建科学的管控与惩防体系，建立协同监督机制，强化廉政风险防控，营造“干事、干净”的良好氛围。开展精神文明建设活动，10家单位荣获或保持“全国文明单位”称号，河南公司获得“全国爱国拥军模范单位”称号。

宣贯国家电网公司《职工民主管理纲要》，开展合理化建议征集和职工代表巡视活动，首次从县供电企业聘任特邀总经理联络员。推进统一企业文化建设，开展“企业文化落地”主题实践活动。成立公司团委，开展各类岗位建功活动。出台生产一线津（补）贴标准，修订职工劳动防护用品管理规定和发放标准，建成鸭河口员工短期疗养培训基地，全面落实离退休老同志的政治、生活待遇，组织“健康知识进万家”、“金秋助学”、“爱心帮扶”活动。开展健康食堂创建工作，本部食堂被命名为国家电网公司首批健康食堂。完成宣传资源整合、清理和规范工作，顺利通过“国家电网”品牌标识标准化建设验收。加强与新闻媒体的联系沟通，强化舆情监测和应急处置，维护河南公司形象安全。河南公司和3家基层单位获得“全国模范劳动关系和谐企业”称号。

（胡宏伟）

【湖北省电力工业】

概况 2011年，湖北全省电力运行总体平稳有序，电力供应保障有力。全省电力行业抗击了3季连旱和旱涝急转等自然灾害，经受了电煤资源与运力持续紧张、煤价飞涨以及火电企业全面亏损等特殊困难的严峻考验，在全国18个省市尤其是周边省市都在拉闸限电的情况下，资源禀赋最差的湖北省打赢了保电这场硬战、恶战、苦战。截至年底，全省全口径装机容量5314.08万kW，同比增长8.28%，稳居全国第7位；全年发电量2101.67亿kWh，同比增长4.20%，居全国第7位，同比上升2位；全社会、工业用电量分别为1450.76、1046.01亿kWh，同比分别增长9.04%、8.60%。2011年湖北电网规模见表1。

表 1　2011 年湖北电网规模

指标名称	2010	2011	增　　幅
全口径发电设备装机容量合计（万 kW）	4906.05	5314.08	8.32%
水电	3085.19	3386.15	9.75%
火电	1814.61	1917.36	5.66%
风电	5.72	10.04	75.52%
其他	0.53	0.53	0
10～1000kV 公用变电站合计（座）	718	748	30
110kV	581	602	21
220kV	118	127	9
500kV	18	18	0
1000kV	1	1	0
110～1000kV 公用变压器容量合计（万 kVA）	9325.37	10 601.24	13.68%
110kV	3379.97	3681.44	8.92%
220kV	3238.5	3712.50	14.64%
500kV	2406.9	2607.30	8.33%
1000kV	300	600	100%
110～1000kV 输电线路回路长度合计（km）	38 948	40 972	5.20%
110kV	18 246	18 715	2.57%
220kV	10 764	11 054	2.69%
500kV	9592	10 541	9.89%
1000kV	662	662	0

注　1. 500kV 变电站不包括开关站和换流站。
2. 输电线路统计包括架空线路和电缆线路。

电力建设　全省发电能力大幅提高，全口径装机容量增长 8.28%。全省新投产主力发电机组包括三峡水电厂 4 台 70 万 kW 水电机组、国电青山热电厂 2 台 35 万 kW 热电联产火电机组，同时一大批小型热电联产火电机组和小型水电机组不断投运。电网升级改造步伐加快，输电能力和供电可靠性大大增加。2011 年，全省共投入电网建设、改造资金 100 亿元，完成特高压扩建工程，改扩建孝感等 4 座 500kV 变电站，新投产 220kV 电网项目 28 个，新增变电容量 914 万 kVA。解环 500kV 鄂东双环网络和中部电磁环网框架，形成 220kV 分区分片供电格局，供电可靠性大大增加。湖北电网通过 2 回 1000kV 特高压与华北相连，通过 500kV 直流与华东和南方电网相连，通过 14 回 500kV 交流线与河南、湖南、江西、川渝等省（市）相接，形成网间互济、省间交换的良好格局。

电力生产　全口径发电量稳步增长，发电计划执行情况良好。三峡水电厂全年发电 777.09 亿 kWh，下降 7.31%。不含三峡，全省发电 1324.58 亿 kWh，增长 12.58%。其中，水电 389.63 亿 kWh，下降 4.36%；火电 933.28 亿 kWh，增长 21.12%。厂网密切配合，全年发电量计划完成率 100.35%。其中，水电完成 100.41%，火电完成 100.28%。全年来水总体偏少，水电欠发严重。全年，湖北电网统调水电厂累计入库水量约 8500 亿 m^3，同比减少一成多。全年水电发电量 1166.72 亿 kWh，同比下降 6.35%，水电电量占全部发电量的 55.51%，同比下降近 10 个百分点。主力水电厂中，除葛洲坝受益于三峡调节年发电量略增外，三峡、丹江、水布垭、隔河岩等均不同程度减发，非统调小水电共计发电 79.97 亿 kWh，同比下降 12.97%。火电大幅增发，支撑全省电力供应。全年火电发电量 933.28 亿 kWh，增长 21.12%；火电机组平均利用小时 5049h，同比增加 543h，火电机组发电量和设备利用小时均创历史新高。在火电设备利用小时上升、煤耗下降的前提下，由于电煤资源及运力持续紧张，煤价居高不下，煤质普遍下降，全省火电企业普遍亏损严重，企业经营困难。四季度以后，水情及用电需求有所缓解，加之全力组煤，统调电厂存煤最高达 460 万 t，创历史最高纪录。

电力供应 全年售电量 1124.06 亿 kWh，同比增长 10.17%。线损率 6.46%，控制在计划值以内。电网频率越限（±0.20Hz）时间 0s，（50±0.2）Hz 累计频率合格率 100%，（50±0.1）Hz 累计频率合格率 100%。城市、农网供电可靠率（RS-1）分别达到 99.945%和 99.709%；城市、农网综合电压合格率分别达到 99.800%和 97.512%，均较年度目标有所提高。湖北电网继续保持安全稳定运行，没有发生主网稳定破坏和大面积停电事故，实现主网系统连续 29 周年安全稳定运行。电力供应企业克服年初电煤供应紧张困难，加强负荷预测，科学安排运行方式，缓解电力供应不足矛盾。面对历史罕见的全省 3 季连旱灾情，积极响应省委省政府号召，全力做好抗旱保春播电力供应工作，成立抗旱保电服务队，开辟抗旱用电报装绿色通道，累计输送抗旱电量逾 5 亿 kWh。湖北省电力公司被评为全省“抗灾夺丰收突出贡献单位”。迎峰度夏期间，湖北电网经受 3 轮高温大负荷考验，最大用电负荷（2483.4 万 kW）和最大日电量（5.00 亿 kWh）双双刷新历史最高纪录。电网调度部门通过丰枯置换、争取三峡增发电量等措施，千方百计组织电力资源，在周边省份大幅限电情况下，确保了全省电力可靠供应。圆满完成“庆祝建党 90 周年”、“纪念辛亥革命百年”等重要活动保电任务。电网企业统筹调配抢修力量，快速抢修襄阳、咸宁等局部地区自然灾害中受损的电力设施，及时恢复电力供应，保障抗灾救灾用电需要。

环保 电源结构多元化初具雏形。在装机容量不断扩大、发电能力大幅提高的同时，水电比重同比提高 0.86 个百分点，30 万 kW 级以上大型火电机组容量占火电总容量的比例高达 78%，同时，风电、生物质电、垃圾发电及太阳能发电等取得较快发展，产业结构不断升级优化的过程中，电源结构多元化初具雏形。强力推进淘汰落后产能工作。2011 年，全省强力推进小火电机组关停工作，全面完成国家下达的 4.2 万 kW 关停任务；积极创造条件，鼓励和支持企业开展关停小火电机组计划电量转移及火电机组“大代小”替代发电工作，安排关停小火电机组 20 亿计划电量由大机组代发。实施绿色电力调度，全省电力行业节能减排成效显著。全省严格落实国家节能减排政策，在电量计划安排上优先向低能耗、低排放大火电机组倾斜，从源头上落实减排目标；日常调度中科学调度水电机组出力，使有限水资源发挥最大经济效益。全年，火电机组平均供电煤耗 328g/kWh，同比下降 4g/kWh；60 万 kW 机组设备利用小时数超 30 万 kW 及以下机组 1330h，60 万 kW 级机组代发 30 万 kW 以下机组计划电量 6 亿 kWh。全省火电行业全年净节约标煤 105 万 t，减排二氧化硫 1.2 万 t。

电力消费 2011 年，电力需求前高后低总体呈稳步增长态势，前 3 季度全省用电持续保持两位数平稳较快增长，四季度后逐步放缓。从单月用电量绝对值来看，7 月全社会用电 144.85 亿 kWh，工业用电 108.16 亿 kWh，创历史最高纪录，其中 7 月全省工业用电量首次过百亿。2011 年全省全社会用电量构成见表 2。

表 2 2011 年全省全社会用电量构成

用电类别	2010	2011	增幅（%）
全社会用电量（亿 kWh）	1330.44	1450.76	9.04
第一产业用电量（亿 kWh）	19.23	19.05	−0.94
第二产业用电量（亿 kWh）	977.83	1061.56	8.56
第三产业用电量（亿 kWh）	138.85	159.12	14.60
城乡居民生活用电（亿 kWh）	194.52	211.03	8.49
其中：城市（亿 kWh）	133.94	144.57	7.94
乡村（亿 kWh）	60.58	66.47	9.72
人均用电量（kWh/人）	2324.31	2515.96	8.25
人均生活用电（kWh/人）	339.84	366.50	7.84

注 2011 年全省常住人口数 5758 万人。

全省全社会及工业用电量呈稳步增长态势。第一产业用电同比微降，第二产业用电、城乡居民生活用电保持稳步增长；第三产业呈现平稳较快发展态势。从工业用电内部结构看，全年轻工业用电（增长 12.68%）呈较快增长态势；重工业用电占工业用电比重 86.95%，增长 8.01%，其稳定的增速基本决定了全年工业用电增速。其他 7 大行业中，除农林牧渔业用电微有下降外，6 个行业不同程度增长。其中，公共事业用电（增长 3.22%）、建筑业用电（增长 6.04%）增速稳健；商业住宿餐饮业用电（增长 11.52%）态势良好；交通运输、金融房地产、信息传输用电呈现快速增长势头，3 者用电增幅分别为

24.78%、45.63%、41.93%。2011年，月均用电量超过1亿kWh的9个主要制造业中，除有色金属业、通用及专用设备制造业用电下降外，其他7个行业用电保持增长，与2010年相比，重化工业用电增幅均出现较大回落，分别回落4.13～24.76个百分点。各地区全社会年用电量前5位依次是：武汉、宜昌、荆州、襄阳、黄石。全省13个市（州）中，除神农架林区因部分磷矿企业停产用电下降外，其他12个市（州）不同程度增长，其中，随州、黄冈、孝感3市全社会用电增幅居全省前3位，当地新投产工业企业对用电增长起到极大拉动作用。

特高压“西纵”工程纳入全省经济和社会发展“十二五”规划 特高压是中国清洁能源发展的重要载体，能够实现水能、风能、太阳能等可再生清洁能源的大规模、远距离输送。“十二五”时期，是中国特高压电网发展的重要阶段，在特高压交流试验示范工程的基础上，将加快“三华”（华东、华中、华北）特高压交流同步电网建设，形成“三华”坚强受端电网。到2015年，“三华”特高压交流电网将建成“三纵三横”主干网架。锡盟、蒙西、张北能源基地通过3个纵向特高压交流通道向“三华”地区送电；北部煤电、西南水电通过3个横向特高压交流通道向“三华”地区送电。湖北电网处于“西纵、中纵、南横”3个特高压交流通道的交叉点上，得以在更大范围内输入外部电力资源，弥补省内资源不足，为电力供应提供了根本保障。

2月27日，湖北省十一届人大第四次会议通过了《湖北省经济和社会发展第十二个五年规划纲要》。《纲要》“能源产业”关于建设现代化坚强智能电网中明确提出“建设晋东南—南阳—荆门第二通道及荆门—武汉特高压通道”，标志着特高压“西纵”工程正式纳入全省经济和社会发展“十二五”规划。

智能电网建设稳步推进 随着智能电能表批量“上岗”、电动汽车充电站继续扩容、智能用电小区闪亮登场和首座220kV智能变电站投产送电，湖北智能电网建设进入重要阶段。

《湖北省电力设施建设与保护条例》颁布实施 9月29日，省十一届人大常委会第26次会议高票审议通过《湖北省电力设施建设与保护条例》（简称《条例》），12月1日《条例》正式实施。《条例》对全省电力设施建设与保护活动进行了规范，并首次针对特高压电网建设做出了一系列具有地方特色的具体规定。《条例》的颁布实施，标志着湖北省电力设施建设与保护迈入法制化管理新阶段，有利于营造全社会关心支持电力设施建设与保护的良好氛围，有利于为电力建设与保护工作营造良好的社会环境和法制环境，解决了电网企业在电力设施规划建设与保护工作中遇到的瓶颈问题。

获评“全国扶贫开发先进单位” 11月29日，中央召开扶贫开发工作会议。会上，湖北省电力公司获“全国扶贫开发先进集体”称号。该公司持续对湖北省中西部地区开展电力定点扶贫工作，16年累计投入扶贫资金6425万元，带动地方资金15 934万元，完成电力定点扶贫项目193个，涉及农网改造、文化教育、医疗卫生、道路交通、农村产业、人畜饮水、科技下乡等7大项。

电建铁军架设“电力天路” 按照国家电网公司统一部署，湖北省电力公司承担了青藏联网工程建设任务。其中750kV西格线、±400kV拉萨换流站平均海拔3800m以上，施工条件恶劣。建设期间，享有湖北电建铁军的湖北省输变电公司建设员工发扬“缺氧不缺斗志、缺氧不缺智慧、艰苦不怕吃苦、海拔高追求更高”精神，建设任务均较计划提前完成。12月9日，在青藏直流联网工程投运仪式上，国务院副总理李克强亲切接见了参建代表。

电网企业 湖北省电力公司（简称湖北公司）是国家电网公司全资子公司，注册资金53.5亿元，以电网建设、管理和运营为核心业务，直接为地方经济发展和人民生活提供电力保障。至2011年底，湖北公司资产总额670亿元，用工总量93 646人，有直属单位37个，代管单位10个；有用电客户1550万户，其中，专变客户14.4万户，居民客户1418.3万户，总营业户数居全国前列。全年，湖北公司投产110kV及以上输电线路1537km、变电容量1145万kVA；市场占有率94.02%，同比提高3.01个百分点；完成售电量1124.06亿kWh，同比增长10.17%。线损率6.46%，控制在计划值以内。

2011年，湖北公司为加快创建“两个一流”，锐意进取，务实创新，确保了安全生产局面持续稳定、各级电网建设稳步推进、全省电力供应可靠有序、经营管理质效进一步增强、集约化管理和信息化建设纵深推进、各项改革工作稳步推进、依法从严治企力度进一步加大、党的建设和精神文明建设富有成效，为“十二五”发展奠定了良好的基础。湖北公司先后获得“全国模范劳动关系和谐企业”、“全国扶贫开发先进集体”、“省级精神文明建设工作先进行业（系统）”、“湖北省抗灾夺丰收突出贡献单位”等多项国家及省部级荣誉，该公司系统已有13家单位步入全国文明单位行列。

领导班子

总经理、党委副书记：尹正民

党委书记、副总经理：梁国庆

党委委员、副总经理：曹世强

党委委员、副总经理兼武汉供电公司总经理、党委副书记：畅刚

党委委员、副总经理：杨光糯、彭建国

党委委员、工会主席：王文桃

党委委员、纪委书记：侯 春

总会计师：杨桂荣

总工程师：李 政

副局级调研员：易旺青、周世平

主要事件

1月1日，湖北公司新增国家电网公司系统外成建制划入电力供应类单位7家，分别为房县供电公司、竹山县供电公司、竹溪县供电公司、夷陵水电公司、远安县供电公司、长阳县电力公司、华中电力科技开发有限责任公司。新增国家电网公司系统内成建制划入电力供应类单位1家，即：中国超高压输变电建设公司。

2月1日上午，省委书记李鸿忠、代省长王国生等省市领导专程来湖北公司，亲切慰问全省电力员工，并对湖北公司为全省经济发展做出的重大贡献表示感谢。

3月10日，湖北省委书记李鸿忠一行在京拜会国家电网公司总经理刘振亚，双方就加强合作、保障湖北经济发展达成共识。

4月19日，中央电视台“身边的感动”栏目组专程赶赴随州采访左光满。左光满用12年“零投诉”的坚守和服务创新，感动无数用电客户，被誉为“百姓电工”。“五一”前夕，左光满被中共中央宣传部确定为全国劳动模范重大典型人物，人民日报、新华社等多家媒体对左光满先进事迹进行了集中宣传报道。

5月1日，湖北公司新增国家电网公司系统内成建制划入单位3家，分别为：华中电力科学研究院、华中电网有限公司培训中心、华中电网有限公司物流服务中心。

5月2日，500kV团林换流站正式开始商业运行，标志着三峡输变电工程圆满收官。

7月20日，湖北公司召开干部大会，宣布国家电网公司党组对公司领导班子调整的决定：尹正民任湖北省电力公司总经理、党委副书记；免去余卫国湖北省电力公司总经理、党委副书记职务，另有任用。

8月15日，湖北公司获“全国模范劳动关系和谐企业”称号。

10月14日，湖北公司与国网电力科学研究院在南京签署战略合作框架协议。双方将重点在科技创新、人才培养、项目咨询等领域开展合作。

11月29日，中央召开扶贫开发工作会议。会上，湖北公司获“全国扶贫开发先进集体”称号。湖北公司持续对湖北省中西部地区开展电力定点扶贫工作，16年累计投入扶贫资金6425万元，带动地方资金15 934万元，完成电力定点扶贫项目193个，涉及农网改造、文化教育、医疗卫生、道路交通、农村产业、人畜饮水、科技下乡等7大项。

12月1日，《湖北省电力设施建设与保护条例》正式生效实施。

12月9日，湖北公司与中国电力建设集团有限公司签署《湖北省电力公司所属分离企业国有产权无偿划转协议》。本次划转中，湖北公司成建制划出单位6家，分别为：湖北省电力建设第一工程公司、湖北省电力建设第二工程公司、武汉铁塔厂、湖北省电力公司汉口电力设备厂、湖北省电力勘测设计院、湖北宏源电力工程股份有限责任公司。划转资产总额26.26亿、职工4988人。划转基准日为2010年12月31日。

12月20日，全国精神文明建设工作表彰大会在北京举行。湖北公司所属武汉公司、咸宁公司、随州公司、黄龙滩水力发电厂和荆州潜江供电公司被授予“全国文明单位”称号。至此，湖北公司系统已有13家单位步入全国文明单位行列。

12月31日，2011年湖北省农村工作会在武汉东湖梅岭礼堂举行。会上，湖北公司被授予2011年全省“抗灾夺丰收突出贡献单位”。在抗灾夺丰收工作中，湖北公司采取有力措施，合理安排电网运行方式，对重点变电站、输配电线路及相关设备开展安全隐患排查，全面配合、支持地方政府做好抗灾工作，确保了防汛抗旱期间电力可靠供应。

同日凌晨6时43分，湖北省首座新建智能变电站——应城220kV智能变电站一次投运成功。

（杨 倞）

【湖南省电力公司】

企业概况 湖南省电力公司（简称湖南公司）是国家电网公司全资企业，主营业务为湖南省电网的规划、建设、运行、检修和营销。

湖南公司共辖本部1个，二级单位32个，控股县级供电企业6个，全资县级子公司9个，共48个单位（含本部）。另有代管县级供电企业19个。

2011年，湖南公司较好地完成了国家电网公司下达的资产经营考核任务。其中，全年售电量（省内）938.8亿kWh，同比增长12.7%；主营业务收入同比增长18.3%。

电网概况 截至2011年底，湖南电网系统拥有发电装机容量3114.26万kW。其中水电1341.52万kW，占43.08%；火电1748.73万kW（含并入广东电网190万kW），占56.15%；新能源等24.01万

kW。湖南电网拥有特高压线路 1 条 255.09km；500kV 变电站 17 座、变压器 26 台、主变压器总容量 2075 万 kVA，线路 50 条 4604.17km（含三广直流）；220kV 变电站 124 座、变压器 218 台、主变压器总容量 3223 万 kVA，线路 385 条 12 443.19km；110kV 变电站 656 座、变压器 1121 台、主变压器总容量 3372.94 万 kVA，线路 1334 条 22 337.62km；35kV 变电站 1031 座、变压器 1707 台、主变压器总容量 7399.69 万 kVA，线路 2302 条 26 063.61km。

2011 年全省发电量完成 1203.94 亿 kWh，比 2010 年增长 9.44%。其中，水电 304.38 亿 kWh，减少 18.76%；火电 891.91 亿 kWh，增长 24.03%；全年购外省电量 215.50 亿 kWh，增长 10.33%。全省社会用电量 1293.44 亿 kWh，增长 10.37%。其中，城乡居民生活用电 229.60 亿 kWh，增长 12.47%；第一产业用电 98.04 亿 kWh，增长 2.21%；第二产业用电 825.77 亿 kWh，增长 9.87%；第三产业用电 140.03 亿 kWh，增长 16.42%。全年电力需求继续保持增长，省网统调最大用电日负荷 1832 万 kW，最大日用电量 3.97 亿 kWh。

人力资源 编制“十二五”人力资源规划和人才规划。按照国家电网公司“大规划”体系建设要求，制定《湖南省电力公司“十二五”人力资源规划》和《湖南省电力公司“十二五”人才发展规划》。组织所属各单位开展“十二五”规划编制工作。

主辅分离改革全面完成。6 月 30 日，完成湖南省火电建设公司等 5 家辅业单位移交划转资料的收集、核实和上报。11 月 3 日，湖南公司与中能建公司草签《分离企业国有资产无偿划转移交协议》。12 月 9 日，正式签订协议。共计移交资产 15.8 亿元，人员 6337 人（含离退休人员）。

公司系统所有机构、岗位变动和人员调动事项纳入 ERP 工作流管理，由湖南公司统一在线审批。完成 2011 年劳动定员测算、核定和评价，定员与工资分配和岗位调配紧密挂钩。

制定出台《培训工作管理办法》和《技能实训管理办法》等制度，推进培训工作的标准化管理。利用 SGERP-HR 上线契机，对集中培训项目实施流程和培训资源、师资、项目等基础信息进行全面梳理，推进培训工作的规范化管理。举办生产管理人员春季轮训 11 期、处科级干部培训班 15 期、425 名新进大学生入职培训等重点培训项目。启动远程网络培训试点，加快实训基地和培训教材建设，培育兼职内训师队伍，完善培训保障体系。开展现场培训竞赛。

完成“ERP 基础信息规范化”、“ERP-管控系统接口”项目建设，通过国家电网公司验收。实现 ERP 与管控系统的融合。在 29 家代管公司开展 ERP 无差异推广工作。继续实施“ERP 优化提升”项目，保证人力资源业务从三级单位到省公司的纵向贯通。完成 SGERP-HR 系统第一批推广项目，10 月 23 日正式上线。

电网建设与发展 加强规划研究，编制完成湖南公司“十二五”发展规划。加强基建安全质量管理，推行标准化建设，电网工程质量和工艺水平明显提升。永州南 500kV 变电站荣获 2011 年度国家优质工程银质奖。年度电网建设目标全面实现。开工 110kV 及以上变电容量 721 万 kVA、线路 1473km，投产 655 万 kVA、1271km。加强对进度计划执行情况的检查、分析和考核。按月发布《电网建设动态》，重点通报电网建设当月完成情况、重点项目形象进度、项目滞后原因分析以及下月开工、投产计划，促进进度计划执行到位。深入推进“设计管理年”活动，开展设计单位同业对标，完善设计资信评价机制，与合同结算和设计招标挂钩，促进设计水平提高。推进技术创新和基建新技术应用，依托工程项目，开展城区变电站降噪研究、重冰区钢杆塔应用研究、重覆冰区 F 型紧缩型塔设计技术研究、智能变电站一体化平台研究、丘陵地区变电站总平面布置优化等，取得实效。

经营管理 开展依法从严治企，自查自纠。全面落实挖潜增效、扭亏增盈各项措施。

推进财务集约化工作。编制“十二五”财务发展规划，拟订湖南公司三年扭亏增盈的计划。推行标准成本管理，细化公务用车等六项费用支出标准和核算规则。按月通报经营动态，按季度开展预算执行情况及经济活动分析。初步建成农电财务集约化管理体系。

加快财务信息化建设。建立项目储备制度，推动各专业项目储备库实体运行。开发建立多维的资产管理指标分析体系，促进全寿命周期成本管理。提升财务与营销系统集成功能，在国家电网公司率先开发实现了电费账务自动集成。推进基建管控系统与 ERP 系统的集成，完善项目付款控制程序，为自动转资奠定基础。按月通报工程竣工决算完成情况，35kV 及以上项目完成率达 95%，220kV 及以上项目完成率 100%。深化会计集中核算，出台《会计基础工作规范》，实现合并财务快报“一键式”生成并单轨运行，提高凭证集成率及集团对账水平。优化决算体系与在线审核功能，提高决算编制质量与审核效率。

实施非普工业、非居民和商业用电同价工作，优化销售电价结构。加强电价执行监管，开展电价专项督查，规范电价行为。

安全生产 开展“无违章年”活动，排查治理安全隐患，各类安全风险得到有效管控。推进生产管理专业化、标准化、精益化和信息化，充分发挥“三大体系”（安全责任、保证、监督体系）的作用，严格执行“五类制度”（生产调控、计划检修、现场把关、安全稽查、设备主人制度），安全生产局面持续稳定。全年没有发生一般及以上人身、电网和设备事故，至2011年底电网安全稳定运行30年零8个月。应对雨雪冰冻、电煤紧张、来水偏少等严峻挑战，加强电网科学调度和运行维护，加大省外购电力度，强化有序用电措施，确保电网安全运行和电力有序供应。

抓好安全生产责任体系、监督保证体系建设，严格落实各级安全第一责任人的安全职责和各级管理人员的责任意识和执行力。落实关键环节的全面管控，强化电网安全分析，强化生产过程管理，强化现场工作监管。开展反违章工作，出台反违章管理制度，加大反违章奖惩力度。建立省、市、县（专业所）三级稽查队伍，对各个生产作业现场及生产、基建、农电多个工作领域进行不间断稽查。通过生产作业信息网上公布、稽查人员定期培训、标准化安全稽查等方式，确保现场安全稽查质量稳步提升。

营销工作 加快推进营销现代化建设。保持电费回收双结零；配网线损逐年下降，基本消灭高损台区。

按照“电量自动采集、电费预付结算、业务在线监控、服务实时响应”的营销现代化管理目标，不断深化营销信息系统、用电信息采集系统、智能化实时算费平台和稽查监控系统的建设和应用。稳妥推进低压集抄系统建设。制定并严格执行“采集系统技术标准、建设标准、运行标准”三大标准体系，坚持台区清理、台区改造、智能电能表质量监督、表计现场安装、宣传与沟通“五同步、五到位”。2011年新增智能电能表83万只，未出现一起客户投诉或媒体负面报道的事件，全省低压采集客户已达188.6万户，低压采集台区线损率下降到4.5%以内。建成全省集中式用电信息采集系统主站，实现系统功能分级应用和工作质量集中监控。规范各级监控中心管理，建立健全采集异常监测与处理工作体系，强化系统异常监测与处理，全面推行闭环管理。采集成功率从年初的91.9%上升到98.2%。开展“实用化年”活动，制定系统标准化作业指导书，将系统实用化指标纳入同业对标体系，系统自动抄表结算、预付费管理、线损分析、计量异常监测等功能得到全面应用。全省所有低压采集客户和95%专用变压器客户实现自动抄表结算；8800余专用变压器客户和35万低压客户实现预付费管理；配网线损实现按日统计分析，台区线损实现动态监测；现场计量装置实现24h在线监测，有效遏止了窃电现象的发生；系统费控功能和95598短信平台相结合，实行“不停电催费、零延时复电”，防范客户欠费风险，提升优质服务水平。

农电工作 启动全省农网改造升级工程，将农网改造升级工程纳入全省重大项目以及“为民办实事”项目进行月调度和监督考评，出台《关于实施新一轮农村电网改造升级工程的通知》等支持农网改造升级工程的优惠性政策和具体措施。加强农网工程调度，每月召开调度例会，通报农网工程进度综合排名和进展情况，协调解决困难和问题。开展常态化督查，成立2个农网工程督查组，重点检查工程组织、物资管理、工程进度、施工质量、档案资料及工程结算等。全面推行“项目部”制度，35kV工程实行三个项目部管理，10kV及以下农配网工程组建业主项目部、专业施工队和监理项目部，印发《农配网工程业主项目部标准化工作手册》和《农网改造升级工程责任追究办法》，强化各级人员履责。推广《农网35kV及以下工程通用设计》，应用“农配网工程管理信息系统”进行设计图绘制、工程量及设备材料信息统计等。编制《农配网工程施工工艺质量控制要点》，细化技术交底、土建、安装、关键隐蔽工程等重要工序的工艺质量要求。对于验收过程中发现的问题及时下达整改通知并督促整改到位，实现工程质量闭环管理。整治线路砍青扫障不到位、台架杆线对地距离不够等突出的装置性违章问题，对农配网设备隐患、配网线路“三牌”、防雷设施等影响线路可靠性问题进行专项整治，确保农村配电网的安全稳定运行。认真做好农网迎峰度夏工作，开展农网设备测温测负荷，加快实施大修技改和迎峰度夏项目，确保电力有序供应。抓好台区漏电保护的“三率”，台区漏电保护器安装率达95%，投运率达93%，正确动作率达90%。完善农网电压监测网络，加强三相负荷不平衡治理，及时调整相间负荷、配电变压器档位等管理措施，优化运行方式，加强需求侧管理。通过增加农网配电变压器布点、增加调压手段、优化无功补偿、缩短供电半径、实施配电线路改造等技术措施，提高农村到户电压合格率。在长沙县、赫山、韶山、澧县分别开展农村供电质量保障能力研究、农村110kV线路无功补偿研究、宽幅无载调压配电变压器应用研究、需求侧管理及三相负荷不平衡治理研究等课题研究，累计完成低压整治130万户。

科技与信息化 围绕信息化工作评价和现场培训竞赛，推进系统深化应用和支撑人财物集约化建设，建立健全调度运行体系，全年共安排部署37项重点工作。通过抓制度完善、信息化工作评价和现场培训竞赛等基础管理，健全信息化制度体系和工作机制，“以现场培训竞赛大力促进信息系统深化应用”入选国家电网公司信息化同业对标典型经验。开展ERP及相应管控系统的功能完善提升和主数据规范化，开展国家电网公司试点建设项目，公司PMS系统荣获电力行业“十一五”信息化十大成果奖，电网GIS平台和数据容灾建设获得国家电网公司信息化优质建设项目。开展信息系统应用月度对标，信息系统应用排名显著提升。明确运维层次流程，开展信息系统计划检修和调度运行管理。通过信息安全督查和信息安全等级保护评测工作的闭环管理，制定员工信息安全违章责任追究办法，实现互联网出口统一。

开展科技攻关和先进实用技术推广应用。“电网冰灾机理、防治关键技术研究及装备研制与应用”项目获湖南省科技进步一等奖，“在线准实时广域负荷建模方法及其技术支持系统”等2个项目获二等奖。开展群众性科技创新活动并着力推进深化成果应用。输变电设备防冰减灾技术重点实验室顺利通过国家电网公司考核评估。

完成国家电网公司2011年环保工作要点的各项工作要求，110kV及以上电网建设项目环评率和竣工环保验收率达到100%的年度目标。

优质服务　开展“为民服务创先争优”活动，全面落实《供电服务调度规定》，强化供电服务及异常的统一调度和闭环管理，强化95598服务调度指令的执行和考核。建立部门联动、全员参与的“大服务”工作体系，更大范围优化调配服务资源，服务能力显著提升。专用变压器客户停电通知率100%，客户欠费停电复电达标率99.8%，计划检修停电信息发布兑现率99.86%，服务调度指令执行率100%。贯彻落实《供电监管办法》和《供电服务规范》，针对客户重点关注的业扩“三指定”问题，开展专项治理，建立健全业扩报装内部稽查机制，推行新增业扩工程自查防控制度，严格业扩“三指定”责任追究，有效防范“三指定”行为的发生。强化“你用电、我用心”服务理念，创新服务举措。长沙、岳阳电业局主动为大客户提供能效服务，定期开展能效诊断，提供科学用电建议，帮助客户节能降耗。衡阳、娄底、长沙电业局深化低压集抄技术应用，推行短信服务和无现金缴费，倡导“不停电催费、零延时复电”，停电催费大幅减少。完善服务进社区便民措施，解决停电信息告知和客户缴费问题，打造“十分钟交费圈”。截至年底，全省已建立供电服务社区628个，服务社区居民110余万户。常德、益阳电业局组建党员流动服务小分队，针对重点企业、高危企业、农村用户开展上门服务，为客户用电排忧解难。

党的建设和精神文明建设　以庆祝建党90周年为契机，开展“为民服务创先争优”活动。大力加强“学习型党组织”、“四好”领导班子建设，各级领导班子的领导力、执行力稳步提高。构建科学的管控与惩防体系，加强党风廉政建设。持续强化全员培训，改进现场培训竞赛，坚持准军事化训练，全体员工的技能素质大幅提升。班组建设标杆单位创建工作不断深化，企业综合素质、管理水平明显提升。13个单位被评为全国文明单位，1个单位、2名员工荣获全国五一劳动奖状、奖章，1个集体荣获全国工人先锋号，5个单位被评为湖南省文明窗口单位，15个单位被评为国家电网公司文明单位。加强企业文化建设，加强企业民主管理，公司系统保持了和谐稳定。

（汤日成）

【江西省电力公司】

企业概况　江西省电力公司（简称江西公司）系国家电网公司全资子公司，担负江西电网的建设、管理和运营职责。江西公司所属单位25家（其中地市供电公司12家），控股、全资县级供电公司96家，服务客户1406万户。

2011年，江西公司完成售电量704.32亿kWh，同比增长15.87%；综合线损率7.11%，同比下降0.87个百分点。

电网概况　江西公司现有110kV及以上变电站454座，变电容量5860万kVA，其中，500kV变电站14座（含1座开关站），变电容量1600万kVA；220kV变电站94座，变电容量2349万kVA；110kV变电站346座，变电容量达911万kVA。110kV及以上输电线路1031条，长度21 380km，其中，500kV线路37条，长度2959km（含3回网间联络线江西境内长度）；220kV线路295条，长度8101km；110kV线路699条，长度10 954km。江西电网已形成500kV双回路主干网架，中部实现环网，通过3回500kV线路与华中电网联网。

人力资源　75家单位完成劳动定员贯标；绩效量化考核、员工素质模型建设初具成效，薪酬差异化分配机制入选国家电网公司典型经验库。

完成主辅分离。统计核实4家辅业单位划转移交资料，全面核对人员、社保等关键数据，移交工作进展顺利，分离企业无偿划转国有产权协议的商谈和草签圆满完成。

加强人才队伍建设。推荐并获选21名国家电网公司优秀专家人才，对历届50名国家电网公司级优秀专家人才进行考核。组织2011～2020年人才发展规划编制工作，研究制订“十二五”培训规划，开展省公司培训中心及实训设施整体规划工作。完成近3年的职称认定、确认工作，519人获得中级职称技术资格，166人获得高级职称技术资格，58人获得高级技师职业资格，1306人获得技师职业资格，4307人获得高级工职业资格。与省人社厅及省工信委合作，首次开展通信专业职业技能鉴定工作，249人获得通信专业工种高级工职业资格。"农电工岗位"、"10kV配网带电作业"、"供电服务"三项技能竞赛成功纳入"2011年省职业技能二类竞赛系列"，其中4名竞赛优胜者获得"江西省技术能手"荣誉称号。

组织省公司层面竞赛6项，调考17项。完善远程培训系统，将各类技能竞赛和集训培训视频及点评材料共享上网。应用变电运行仿真多媒体实训室在公司系统开展远程考试，完成12个地市公司电实训设施建设。加强试题库建设，完成32 160道试题入库。将各项考试、考核练兵、竞赛成绩和技能、学历提升情况载入培训档案。加强兼职培训师队伍建设，改进班组师徒培训模式。开展地市供电公司培训管理调研，加快地市供电公司员工培训管理转型。利用多媒体平台，开展特高压、智能电网专项培训、讲座，以及"三集五大"体系建设理论知识专项培训。加强带电作业资质培训工作，加大持证上网考核力度，推行职业资格准入制度。完成继电保护专业78名人员和营业用电专业1408名人员的持证上岗考试。与中国电科院签订电力培训仿真系统开发合作协议，与国网技术学院签署人才培养战略合作协议。

电网建设和发展 全年开工110kV及以上线路2533km，变电容量854万kVA；全年完成投产110kV及以上线路1315km，变电容量601万kVA。

取得赣州南等3项500kV输变电工程国家发改委核准文件，取得高安经楼等83项110kV及以上输变电工程省发改委核准文件，获得安福等52项110kV及以上输变电工程国家电网公司立项批准；省国土厅复函同意输电线路原则上不再办理用地预审。

加强城乡配电网建设，新建和改造城市配网10kV线路276km，配电台区370个。

智能电网建设。共青城智能电网综合示范工程被选为全国三个智能电网综合示范工程之一，列入国家重大科技支撑计划，中央财政将补助30%的资金。首座220kV智能变电站顺利投产，完成1座110kV变电站智能化改造，安装应用智能电能表193万只。全面推广应用标准工艺，输变电工程达标率100%，220kV变电站工程在华中区域流动红旗评比中实现"大满贯"，500kV石钟山变电站荣获"鲁班奖"。

经营管理 推进财务数据统一工作，完成电网固定资产清查。加大资金筹措和归集力度，资金集中管理入选国家电网公司典型经验库。不断扩大集中规模招标范围；统一仓库功能分区和设施标准，实施仓储"变电站式"管理，开展清仓利库工作。推进供电台区达标工作，10家市公司、5家县公司达到A级标准；推进自助缴纳电费，抚州、鹰潭和共青公司基本完成缴费网点的布点。落实国家节能减排政策，全年完成发电权交易电量31.07亿kWh，节约标煤24.7万t，减排二氧化碳64.1万t，二氧化硫7783t。

依法治企成效明显。建立协同监督机制，组织开展自查自纠；强化公务用车、公务接待、因公出国（境）和会议、庆典等管理，巩固"小金库"专项治理成果，开展供电服务、物资管理等效能监察。推进标准化建设，完成文件清理、业务名录确认、流程梳理优化等工作。顺利完成主辅分离和省公司层面主多分开工作。

开展QC小组活动。2011年，公司系统内质量管理小组提出合理化建议1617条，全年形成成果150多项。公司系统基层单位共有70项成果分获江西公司一、二、三等奖，有7项成果获全国电力行业优秀成果奖，有40项成果荣获江西省优秀成果奖，有4项成果荣获国家优秀成果奖，4项成果获得国家实用新型专利。

安全生产 以"抓执行、抓过程、建机制"为主线，认真落实《电力安全事故应急处置和调查处理条例》，执行保人身重点措施，开展基建安全管理，推广应用农电标准化作业支持平台，全年未发生一般及以上人身、电网、设备事故。

电力设施保护纳入全省社会治安综合治理考评，10家市公司和74家县公司成立电力警务中心（室）。细化运行方式控制策略，购入省外电力，在电网负荷达1357万kW时未拉闸限电，有力保证了全省居民生活用电。完善应急体系建设，完成"第七届全国城市运动会"等重大保电任务。

提升生产管理精益化水平。构建省市县一体化生产管理体系，推进调控一体化建设，建成500kV监控中心，110kV及以上变电站无人值班率达89.8%。加强线路巡视和跳闸预警分析，完成219处跨越铁路安全隐患整治，220kV及以上线路跳闸次数同比减少42.3%。加强配网运行管理，拓展带电作业范围，解决配电变压器过载烧损问题。

营销工作 按照"三集五大"建设总体部署，构建"一型五化"（客户导向型，机构扁平化、业务集约化、管理专业化、管控统时化、服务执同化）大营销体系。加强有序用电管理，引导企业错避峰让电，成功应对1357万kW负荷不拉闸。实施台区标准化建设，推进精益化管理，9个市公司通过台区A级标准化验收，所有县公司通过台区B级验收，地市公司台区线损率5.62%，较2010年下降2.53个百分点；县公司台区线损率7.58%，较2010年下降0.89个百分点。

电费回收按时结"零"。打造城市及乡镇"十分钟交费圈"和农村每个行政村一个交费点。完善多渠道缴费平台，推进试点建设。全省各市县供电公司共新增社会化代收网点4958个，其中城镇2261个，乡村 2697 个。新增收费终端 1379 台，其中自助缴费终端 111 台，POS 缴费终端 1268 台，撤销收费营业厅 16 个。完成 106 万只智能电能表改造任务，用电信息采集系统建设全面开展。

落实国家电网公司统一部署，率先成立江西省电动汽车服务公司和立达节能科技有限公司，开展新能源业务运营。促成南昌、宜春换电站工程开工建设，建成 360 根交流充电桩。立达节能科技公司通过国家发改委备案，正式进入国家节能服务单位行列。

农电工作 理顺农电管理职能定位和管理界面，构建农电统一管理工作机制。开展专题调研和工作督查，按月开展考核，按季度召开农电工作例会、编写《农电统一管理工作简报》。将县公司的专业工作纳入统一管理，对县公司开展现场专业指导和技术培训。

率先完成年度农网改造升级工程，新增 8 个电气化县、76 个电气化乡（镇）、782 个电气化村；完成农村“低电压”治理 132.8 万户，整治面达 98%。

开展专业化管理。制订《农电生产技术管理职责规范》和专业化管理实施方案，开展县公司无人值班试点工作，以强化高压和无功电压技术监督为抓手，全面推进农电生产统一管理；出台《营销专业化管理实施方案》，以 SG186 营销系统上线和台线达标为抓手，将营销专业延伸到县公司；制定《农网改造升级工程安全监督管理办法》，定期召开安全例会，组织对县公司开展安全性评价工作等；调度中心规范地县调度机构直调对象的持证上岗管理，开展继电保护和安全自动装置专项监督检查，帮助县调制定和完善年度运行方式等。

科技信息 转变科技管理方式，制（修）订 6 项制度规范管理，建立完善科技创新体系。编制江西公司“十二五”实验室建设规划，启动相关试验室建设工作，与华中科技大学、湖北电科院开展合作交流。完成年度环评计划任务。开展群众性创新活动，一批小创造、小发明发挥实效和作用。“基于 D-STATCOM 的配网动态电能质量综合控制技术研究及其应用”科技项目获省科技进步二等奖，“一体化农电生产管理系统”、“大型火电机组远程能耗监测和节能发电决策”、“数字化继电保护装置测试系统研究与应用”3 个项目获省科技进步三等奖。获专利授权 31 项、申请专利 46 项、软件著作授权 5 项，发表 SCI/EI/ISTP/ISR 论文 21 篇。

SG186 信息系统顺利通过应用化评价验收。‘低碳城市智能电网综合集成技术研究与示范”项目入选国家科技项目库，4 项 QC 成果荣获国家优秀成果奖。

优质服务 开展“塑文化、强队伍、铸品质”供电服务提升工程和“发展提升年”活动。紧扣人民群众关心的热点问题，推进“为民服务创先争优”活动，提升办事效能和服务水平。举办“走进国家电网”主题宣传活动，开展客户信誉回馈试点工作，规范供电企业信息公开管理。召开国家电网公司新“三个十条”宣贯电视电话会议，深刻理解供电优质服务内涵。加强营销员工业务培训，提升服务技能，规范服务行为，在国家电网公司供电服务技能竞赛中荣获团体三等奖。严格重大信息报送制度，强化供电服务监督考核，公司本部共受理供电服务投诉举报 54 件，同比减少 49 件，下降 48%。

党的建设和精神文明建设 推进为民服务创先争优活动，提升供电服务效能，江西公司经验做法成为全省先进典型并被推荐至中央创先争优活动领导小组办公室。开展“学党史、强党性，学法纪、守清廉，学业务、提素质，学管理、促效能”党员“四学”活动，加强和改进党组中心组学习，落实基层党支部学习会和党员述学评学制度，深化学习型党组织建设。消除无党员班组，加强基层党组织建设，开展庆祝中国共产党成立 90 周年活动，江西公司荣获省直机关党的工作特别优秀奖，公司直属单位党委和九江供电公司、抚州供电公司党委被评为全省先进基层党组织，2 个基层党支部被评为国家电网公司先锋党支部标兵。

开展“唱员工之歌、读员工誓词、述感恩故事”企业文化落地主题实践活动，推进“品质工作、品位生活、品牌形象”建设。5 个案例入选全国电力行业企业文化优秀案例、3 篇论文入选全国电力行业企业文化优秀论文。开展群众性精神文明建设和文明单位创建活动，9 家单位被评为全国文明单位，公司本部荣获第一批国家电网公司文明单位（本部）称号，13 家单位获评国家电网公司文明单位，83 家单位被评为江西省第十二届文明单位，4 名员工荣登年度“中国好人榜”。公司系统 3 个班组被授予“全国工人先锋号”，2 名职工荣获“全国五一劳动奖章”，4 名职工被评为“国家电网公司劳动模范”。

加强共青团和青年工作。“小红帽”光明服务队获团中央关爱行动典型案例，1 个基层团支部被评为中央企业“五四”红旗团支部，1 人获评全国优秀共青团员、1 人获江西省“五四”青年奖章。

（何志斌）

【四川省电力公司】

企业概况 四川省电力公司（简称四川公司）是国家电网公司全资子公司，主要负责四川境内国家电网的规划建设、运营管理和电力供应。四川公司有二级单位 46 个（其中发供电企业 22 个、直属单位 24 个）；上市公司及控股公司 8 个。21 家地市供电企业共有县级供电企业176个，其中直供直管70个，控股（代管）106个。

2011年，四川公司完成省内售电量1526.28亿kWh，同比增长16.37%。投产110kV及以上交流线路4198km、变电容量2594万kVA。

领导班子

总经理、党委副书记、党委委员、常委：王抒祥

党委书记、副总经理、党委委员、常委：刘　勤

副总经理兼工会主席、党委委员、常委：胡柏初

副总经理、党委委员、常委：王　平、陈修言

副总经理，党委委员、常委，成都电业局局长张福轩

纪委书记、党委委员、常委：甘和全

总会计师、党委委员、常委：潘贤芝（女）

总工程师、党委委员：张　伟

组织机构　2011年，四川公司有下属二级单位46个，包括21个供电企业，1个发电企业，24个直属单位和8个上市公司及控股公司。21家供电企业下辖县级供电企业176个，其中直供直管70个，控股（代管）106个。供电企业22个：成都电业局、乐山电业局、攀枝花电业局、德阳电业局、四川省电力公司眉山公司、绵阳电业局、宜宾电业局、内江电业局、广元电业局、达州电业局、自贡电业局、西昌电业局、泸州电业局、南充电业局、广安电业局、四川省电力公司资阳公司、四川省电力公司阿坝公司、四川省电力公司遂宁公司、巴中电业局、四川省电力公司雅安公司、四川省电力公司甘孜公司。发电企业1个：映秀湾水力发电总厂。直属单位24个：四川省电力公司电网规划中心、四川省电力公司会计集中核算中心、四川省电力公司新闻中心、四川省电力公司通信自动化中心、四川省电力公司营销运行监控中心、四川省电力公司应急中心（国家电网公司应急培训基地）、四川省电力公司95598投诉举报服务中心、四川省电力公司超（特）高压运行检修公司、四川电力科学研究院、四川电力工业调整试验所、四川电力物流集团公司（四川省电力公司物流服务中心）、四川电力超高压建设管理公司、四川电力工程建设监理有限责任公司、四川电力送变电建设公司、四川省电力公司管理培训中心（与公司党校合署办公）、四川省电力公司技术技能培训中心、四川电力医院（四川电力健康管理中心）、四川电力进出口公司、四川启明星物业管理有限公司（机关事务服务中心）、四川省电力公司定额质监管理中心、四川省电力公司本部离退休服务中心、四川省电力公司电动汽车服务公司、成都电力生产调度基地建设筹备处、四川启明星控股有限责任公司。上市公司4个：四川岷江水利电力股份有限公司、四川明星电力股份有限公司、乐山电力股份有限公司、四川西昌电力股份有限公司。控股公司4个：四川峨眉山电力股份有限公司、四川启明星铝业有限责任公司、四川启明星实业有限责任公司和四川启明星投资有限责任公司。

四川公司本部设：办公室、发展策划部、财务资产部、生产技术部（智能电网部）、安全监察部、营销部、基建部、特高压工程办公室、农电工作部、四川电力调度中心、审计部、经济法律部、人事董事部、人力资源部、四川电网电力交易中心、物资部（招投标管理中心）、科技信息部、离退休工作部、机关工作部、思想政治工作部（与团委合署办公）、纪检监察部、公司工会（四川电力工会）、国家电网公司成都援藏办（产业管理办公室）、国家电网公司企业管理协会四川省电力公司分会、四川省电力公司公安处（省公安厅直属二分局）、四川省电力公司社保中心、四川省电力公司证券资产管理中心。

电网概况　四川是国家电网与地方电网并存的省份之一，四川电网具有交直流混联电网运行特性。

2011年底，四川公司拥有110kV及以上输电线路3.618万km，变电站667座，变电容量1.304亿kVA。10kV城市配网配电线路1.36万km，配电变压器2.57万台，配电容量962万kVA。

截至2011年底，四川电网全口径装机容量4723.08万kW，其中水电3281.86万kW，占总容量69.49%；火电1439.62万kW，占总容量30.48%；风电1.6万kW，占总容量0.03%。电网统调装机容量3793.47万kW，发电厂站205个，机组571台，综合平均单机容量为6.6万kW，其中水电装机2549.05万kW，占总容量的67.20%；火电装机1235.32万kW，占32.56%；其他电源装机9.1万kW，占0.24%。电网日最大发电出力2810.5万kW，比2011年增加165.7万kW，增幅6.3%。全年外送电量122.99亿kWh，完成省外购电量57.45亿kWh，比2010年同期增加19.55亿kWh，同比增长51.58%。

人力资源　编制四川公司《“十二五”人力资源规划》和《2011～2020年人才发展规划》，构筑科学人力资源体系。

加强人才队伍建设，公开招聘处级干部。规范高校毕业生招聘及跟踪管理。加强青年干部上挂下派和交流任职，全面提升后备干部能力素质。实施“智桥工程”、“双千人才”计划和“521”人才援藏规划，搭建博士后创新实践基地等高层次人才培养平台，培养特高压、智能电网等高端紧缺人才420名。举办履职能力培训班465期、培训3.7万余人次。

电网建设与发展　2011年是四川公司灾后恢复

重建任务最为繁重的一年，四川公司全面完成了电网建设和灾后重建任务，工程质量稳步提升，工程造价控制成效明显，智能电网工程顺利推进。全年新开工110kV及以上交流线路6650km、变电容量2889万kVA。全年累计投运110kV及以上交流主变压器531台，线路816条，线路长度4198km、变电容量2594万kVA。

在±400kV青藏联网直流工程建设中，四川公司承担了拉萨换流站调试任务。在极度缺氧和严寒的施工环境下，率先于6月12日12时28分实现导线全线贯通。建成投运的重点工程有：±400kV青藏联网直流工程、220kV大面变电站全站停电改造工程、500kV康定—蜀州Ⅰ、Ⅱ回线路改接进甘谷地开关站工程、500kV东坡—南天—乐山东—沐川—叙府—复龙水电送出“西通道”工程等。

实现129项220kV及以上电压等级输变电工程项目达标投产，其中500kV变电站工程6个，220kV变电站工程25个，110kV变电站工程54个。500kV线路工程17个，220kV线路工程19个，110kV线路工程8个。其中21项220kV及以上电压等级输变电项目通过检查评比获得国家电网公司输变电优质工程命名，优质工程率80.77%。

完成23座变电站无人值班改造，新投无人值班变电站72座。四川公司35kV及以上变电站共1053座，实现无人值班942座，无人值班率为89.46%，较年初提高1.92个百分点。开展各电压等级带电作业13 568次，比2010年同期增长58%，减少了用户停电时间和次数，供电可靠性得到提高。

经营管理 全面推进精益化管理，继续贯彻落实增收节支、降本增效各项措施，确保了财务考核指标全面完成。2011年，四川公司电费回收率100%；线损8.78%。财务集约化管理年度任务完成率100%；基建工程竣工决算完成率100%。

四川公司主辅分离改革涉及10个企业，分离企业人员共4553人。顺利签订甘孜州电力整体改制协议；启动加快藏区县公司发展的各项措施；签订辅业资产无偿划转协议，所属10家分离企业实现平稳划转；12月9日，四川公司与中国能源建设集团有限公司在北京正式签订《四川省电力公司所属分离企业国有产权无偿划转协议》。

同业对标向管理纵深扩展，1项典型经验（电厂涉网安全全过程管控）入选国家电网公司典型经验库(另有8项入围)，四川公司荣获华中区域资产经营专业管理标杆单位称号。

安全生产 开展“两抓一建”安全风险管控年活动，开展“三个专项监督”，实施电网安全性评价和电网安全事故风险专项评估，梳理和整治电网安全风险和隐患，治理安全隐患287项，累计整治“小方杆”47.2万根。开展特高压交直流混联电网安全稳定特性研究。成功处置“7·5”特大暴雨泥石流和“7·18”川东洪灾等自然灾害和突发事件，及时发现并消除德阳换流站重大缺陷，确保跨区电网安全运行。推进设备状态检修和带电作业，全年开展带电作业16 060次，同比增长24.1%。实施城市配网和农网改造升级，改善中心城区电网“卡脖子”问题，电压合格率和供电可靠性实现“双提升”。开展输电线路抗冰差异化改造，500kV东坡、普提站直流融冰装置建成投运。深化生产管理信息系统应用，电网设备安全水平和信息化管理水平大幅提高。加强电力设施安全保护，输电通道安全隐患整治和预防查处外力破坏取得实效。

实施节能发电调度试点工作，全力保障风电、水电及其他可再生能源发电优先上网，火电则在以煤定电的基础上尽可能按节能调度排序发电，在负荷电量大幅增长、周边多个省市限电的情况下，四川连续三年实现枯水期不拉闸限电。

建成投运应急指挥中心和应急培训基地，组建国家电网首支专业应急救援大队，建立完善应急预案，初步建成国内一流的电力应急救援体系。制定四川公司总体应急预案和各单位总体预案35项、专项预案789项、现场处置方案8920项。实施覆盖全省21个地市应急指挥分中心建设，成功应对布坡线冰灾、攀枝花山火和西昌冕宁泥石流、川南旱灾、川东北洪灾等突发灾害，未发生安全考核事故，实现连续安全生产2329天。

营销工作 2011年，四川公司省内全口径售电量1526.28亿kWh，同比增长16.37%，其中母公司售电量1405.93亿kWh，同比增长16.56%。售电规模列跃升至国家电网公司第5位，售电量增长列国家电网公司第4位。市场占有率98.01%，同比提高3.71个百分点。

新增第三方购电网点3500个，实施电费回收行动，巩固电费回收“双结零”成果。

打造营销技术支撑平台，建成省级集约的5大系统。营销业务应用系统覆盖1800万客户、62个控股公司、536个供电所，数据质量排名全国前8位。用户信息采集系统覆盖593个关口、21 325个公用变压器台区、53 641个专用变压器、256万低压客户，城镇客户基本实现“全覆盖、全采集、全费控”，具备“自动抄表、自动计费、自动审核、自动发行”功能。视频监控系统覆盖340个供电营业网点、10个二级表库、1个智能小区、1座充电站。

落实重大项目特别服务机制，缩短业扩报装周期，确保双流仁宝项目等重大项目提前投运，全年新增直供客户数量 110.76 万户，新增容量 954.67 万 kVA，增加电量 20.3 亿 kWh。

加快节能服务体系建设、拓展节能服务产业新型业务，向社会提供规范、高效、专业的节能服务，各电业局（公司）均在 4 月底前成立能效服务活动小组，全省 21 个能效网络服务小组积极与用户沟通联系，主动了解用户生产、用电信息，针对用户用电特性，宣传、指导、配合用户开展节能工作。

截至 2011 年底，全省累计安装智能电能表 436 万只。4 个智能小区示范工程竣工，实现 2580 户电力光纤到户。组建电动汽车服务公司，新建 3 座充换电站和 300 个交流充电桩。2011 年 4 月，四川公司电动汽车服务公司正式挂牌，全面承担成都地区充换电设施的前期建设及运营管理。

农电工作 2011 年，四川公司农网综合供电电压合格率完成 97.519%；农村电网供电可靠率完成 99.456%；小方杆整治 47.2 万基；低电压台区治理完成 2.97 万个。未发生农电生产不安全事件和其他负同等责任及以上不安全事件，未发生小水电站垮坝事故。

眉山彭山供电公司和达州大竹供电局获得“国家电网公司 2010 年度一流县供电企业”命名，四川省新农村电气化县总数达到 20 个，绵阳城区供电局等 9 个单位被评为 2011 年新农村电气化建设先进单位，2 个县企通过国家电网公司一流县供电企业考评，2 个县企获得国家电网公司核准延长一流资格，建成 10 个省公司一流县供电企业。

科技与信息化 全面完成“十二五”科技发展规划和信息化规划。获国家电网公司和四川省科技进步奖 15 项。其中“智能变电站研究及工程应用”获得省科技进步一等奖，“750、1000kV 工频电压国家计量标准装置的建立”、“节能发电调度体系和关键技术研究及试点应用”获得国家电网公司科技进步一等奖。加强信息系统建设并实现全覆盖，SG186 系统通过实用化验收。完成信息系统调运检体系试点建设。强化信息安全专项督察，信息安全防范意识普遍提高。组建信息安全实验室。建立信息系统运行评价指标体系，内网覆盖率达到 100%。

承担国家电网公司“特高压交直流送端电网稳定控制及网架结构优化研究”、“激光雷达小型化及其在输变电系统中的应用研究”、“特高压交直流密集区输电线路走廊关键问题的研究”等 8 项重点课题研究。开展组建四川公司重点实验室和科技攻关团队的调研工作，制定《重点实验室管理办法》和《科技攻关团队管理办法》。

2011 年，四川公司申请专利 389 项、授权专利 196 项、国际专利（PCT）申请 4 项。累计拥有有效专利量 367 项。在中文核心期刊发表论文 160 篇，被四大检索机构收录 60 篇（其中 SCI2 篇）。软件著作权登记 5 件，出版科技专著 36 部，完成技术标准 8 项，承担 2 项电力国家标准英文版翻译工作。

优质服务 深入推进供电服务提升工程，实施管理客户期望等“6M”（即管理客户期望、管理客户满意、管理客户体验、管理关键时刻、管理服务风险、管理服务品质）专项行动。主动对接省重点招商引资项目用电，服务西博会等全省重点工程项目落地，对重大项目、民生项目开辟特别服务通道，提供快捷优质的服务，以最快速度投运仁宝项目等重点保电工程。开展第三方客户满意度测评，构建“十分钟交费圈”，通过网上购电、手机购电、ATM 刷卡购电、充值卡购电等手段，拓宽缴费渠道，全面打造“e 购电、购电易”和“你用电、我用心”服务品牌。实施农村低电压治理，完成 8 个电气化县建设。

优化智能电能表安装前、安装时、安装后配套服务。制订智能电能表应急服务流程，在 2 个月内实行“点对点”的延伸服务，专人上门、快速整改，引导客户熟练使用智能电能表，确保智能电能表大规模推广。

在深入推进供电服务“创新争优”活动中，四川公司“共产党员服务队”得到社会和各级领导的高度肯定。2011 年 8 月，国家副主席习近平在四川考察期间亲切慰问了成都电业局共产党员服务队，对共产党员服务队成立近 10 年来所取得的成绩给予充分肯定。

党的建设和精神文明建设 全力推动为民服务创先争优，组织公司共产党员服务队开展“我们的节日‘五个一’”、“时刻准备着、时刻在行动”、“电网先锋、党旗增辉”等活动。召开公司系统为民服务创先争优工作推进会，命名了“创先争优示范党支部、党小组、党员示范岗”，在青藏联网工程、藏区电网建设、抢险救灾等工作中涌现出一批先进典型。

各单位党委组织开展了参观爱国主义教育基地、重走长征路、走进灾区看变化、重温入党誓词等活动。在《西南电力报》开辟“我身边的共产党员”主题征文专栏，登载先进基层党组织和优秀共产党员的先进事迹。共产党员服务队成为全国创先争优的旗帜和标杆。公司系统 6 个单位被命名为全国文明单位，5 个单位保持全国文明单位称号。

试行《四川省电力公司党支部工作管理标准》，党支部标准化建设工作扎实推进。开展党员身边“三无”活动，通过党员的带头示范作用，促进了公司安全生产。规范“三重一大”集体决策，健全协同监督机制。党风廉政建设责任制考评连续 5 年被国家电网公司评定为“优秀”。

以国家电网公司"企业文化落地"主题实践活动为载体，推进四川公司企业文化建设。组织参加了四川省"文明之光"省级文明单位文艺汇演，选送的反映青藏联网工程的节目《在五道梁上》获一等奖。高度重视离退休、工会和团青工作，保持团结和谐的发展局面。

主要事件

1月6日，四川省人民政府省长蒋巨峰给公司发来慰问信。对公司在四川"十一五"期间，努力克服地震灾害和国际金融危机的双重不利影响，为四川"两个加快"作出积极贡献，向全省电力系统职工表示感谢和慰问。

1月8日18时58分，经过近两昼夜的奋战，四川电力送变电建设公司应急抢险队紧急修复布坡一、二线受损光纤，临时恢复了该线光纤线路运行，为四川电网调度通信提供了信息通信保障。

1月12日，四川公司向省委报送了"十一五"工作完成情况及"十二五"工作思路的报告。省委书记刘奇葆作出重要批示："5·12"抗震救灾以来，省电力公司本着支持救灾、电力为民的精神，开展了艰苦卓绝的重建工作，并在此基础上开始了新一轮的发展起跳，以适应四川和西部的跨越式发展，在保供电和建电网等方面都取得了重要突破，为四川大灾之后的恢复、发展和振兴作出了重要贡献。我们发自内心地表示感谢！"十二五"是四川全面建设小康的一个关键时期，进一步解决好能源电力保障问题至关重要，希望公司本着科学规划，继续艰苦努力，为四川和电力事业的发展作出更大贡献。

1月16日，四川公司四届五次职工代表大会暨2011年工作会议在管理培训中心开幕。四川公司总经理王抒祥作了题为《深化"两个转变"推动跨越发展为基本建成"一强三优"现代公司而奋斗》的工作报告。会议提出公司2011年工作总体要求。

1月22日，在四川省第十一届人民代表大会第四次会议上，省人大常委王抒祥从能源行业角度出发，建议四川尽快启动"疆电入川"特高压直流工程，以解决我省枯水期有效装机不足和电煤供应短缺的矛盾，满足四川经济社会高速发展对电力的需求。该建议由40余位代表联名提交，引起了大会和媒体的广泛关注。

1月31日，映秀群众在新建的映秀中滩堡社区广场，举行"迁新居、过新年　感恩千人坝坝宴"活动。活动结束后，省委书记刘奇葆、省长蒋巨峰亲切慰问了国家电网四川阿坝公司和成都电业局的保电人员。

2月1日上午，四川省省长、省委副书记蒋巨峰、副省长李成云一行在王抒祥等有关领导陪同下，来到成都电业局慰问节日期间坚守工作岗位的干部员工，代表省委、省政府向公司系统全体员工拜年。

2月9日，中共四川省委书记、省人大常委会主任刘奇葆在公司调度中心听取王抒祥汇报四川电网现状、"十二五"四川电网规划时，对通过特高压电网实施"疆电入川"的建议十分感兴趣，要求省委、省政府相关部门深入研究，大力支持，全力推进，尽快对"疆电入川"作专题调研。

2月25日，四川公司召开2011年行风监督员座谈会。公司领导与来自省精神文明办、省纠风办的领导及6名行风监督员座谈，认真听取大家对公司行风建设和供电服务的意见和要求。

2月28日凌晨4时20分，承担瀑布沟、深溪沟电站送出的500kV布坡一、二线，在遭受严重雨雪冰冻灾害后，经抢修具备带电条件正式恢复送电，比原计划提前3天。

3月2日，成都电网"腾飞工程"启动仪式暨石墙220kV变电站开工典礼在成都市高新区石墙镇220kV变电站施工现场举行。新华社、中新社、中央人民广播电台、华西都市报、四川卫视、四川资讯频道、四川日报、天府早报等10余家社会媒体对启动仪式进行了现场报道。

3月21日，王抒祥和公司有关部门出席了在康定召开的甘孜州电网建设暨电力体制改革汇报会。双方就共同关心的电价、甘孜电力应急抢险基地建设等问题深入交换了意见并达成共识。

3月31日，国家环保部在北京组织召开"向家坝—上海±800kV特高直流输电示范工程竣工环保验收会议"，向家坝—上海±800kV特高直流输电示范工程顺利通过竣工环保验收。

4月14日，四川省人民政府新闻办公室在锦江大礼堂举行新闻发布会，发布"5·12"汶川特大地震三周年四川电网恢复重建取得巨大成就。《人民日报》、新华社、《经济日报》、中央人民广播电台、中央电视台、香港《文汇报》等30多家媒体参加。四川公司共完成灾后恢复重建投资140亿元，建成投运35kV及以上变电站27座，建成投运35kV及以上线路约1200km。灾区电网的供电能力、电网结构、技术装备水平全面达到、部分超过震前水平。

5月5～6日，中共中央政治局常委、全国政协主席贾庆林莅临遂宁视察。遂宁公司迅速成立了保电领导小组和5个专业工作小组，对保电工作进行了周密部署，以应付突发事件，圆满完成保电任务。

5月8日，四川公司自行组织编印的《智能电表相关问题标准问答库》正式发布。

5月8～9日，温家宝总理前后到北川、德阳、映秀、都江堰等5·12地震重灾区视察灾后重建情况。四川公司高度重视、充分准备，圆满完成此次特级保电任务。

5月11日，王抒祥等一行与中共南充市委书记、市人大主任刘宏建，市委副书记、市长高先海等领导在南充市北湖宾馆，就共同推进“十二五”期间南充坚强智能电网建设举行会谈，并签署了《加快南充坚强智能电网建设战略合作协议》。

5月13日，四川公司圆满完成“5·12”地震三周年系列纪念活动保电任务。

5月25日，四川公司召开标准化委员会议暨标准体系发布会。公司企业标准体系已编写完成，共2667个标准。其中：技术标准1750个，工作标准547个，管理标准370个。

5月30日，王抒祥与中共眉山市委副书记、市长李静就加快推进“十二五”电网建设全力支持眉山市经济发展签署战略合作协议。

6月1日，四川公司企业标准正式发布并实施。

6月3日，中共四川省委副书记、省长蒋巨峰在国家电网四川省电力公司《关于当前电力供应形势的报告》上批示：“感谢省电力公司在国网公司的大力支持下，为四川经济社会发展和民生保障所作的艰辛努力和重大贡献。所提出的3个问题，请王宁、成云同志研究落实，尤其对疆电入川要制订具体的工作计划，尽快启动实施，争取早日实现。

6月27日，由国家电网四川绵阳电业局、绵阳电视台联合制作拍摄的电视剧《党员服务队的故事》（上下集）在绵阳电视三台《剧乐绵州》栏目与广大市民见面，在社会上引起了强烈反响。

同日，中共四川省国资委党委隆重召开纪念建党90周年暨先进表彰大会，中共四川省电力公司委员会荣获先进基层党组织称号。

6月29日，广元市地方电网居民生活用电与四川电网实现同价，将惠及广元市4个县区141个乡镇、1702个行政村或社区170.34万城乡居民，每年可减轻地方电网供区城乡居民电费负担6000万元，每年户平减轻电费负担110元。

6月30日，四川公司举行2011年四川电网迎峰度夏联合反事故演习。公司所属各电业局（公司），包括46个县调、185个变电站，以及部分并网电厂，共计337家单位、953人参加了本次演习。

7月22日晚22时左右，参加220kV汉朱二线、龚永二线因雷击造成线路故障跳闸抢险的乐山电业局抢险队员，经过昼夜抢险完成故障处理和隐患排查后返回途中，在金口河永胜乡顺河村3组抢险车不幸翻下山崖，车上共13人，造成5死8伤。

7月23日，四川公司因2010年经营业绩突出，被省委、省政府授予“四川省2010年度上（跨）百亿元台阶奖”。

7月26日，中央企业首批启用的大型专业应急培训基地——国网公司应急培训基地在四川龙泉湖揭牌。

7月27日，500kV嘉州—沐溪二线的成功带电，500kV嘉州、沐溪2个输变电工程的正式投运，有效地解决了乐山和眉山地区的瀑布沟、深溪沟等水电站的电能送出问题。500kV嘉州、沐溪输变电工程是四川电网“十一五”规划重点建设项目，总投资14.0651亿元。

7月30日，500kV石棉输变电扩建工程成功投运，川电外送又一重要通道正式形成。

8月9日，四川公司荣获中宣部和司法部全国法制宣传教育先进单位。

8月14日，映秀湾水力发电总厂耿达电站4号机组成功并网发电。映电总厂在经历了“5·12”汶川特大地震和“8·13”和“7·3”特大山洪泥石流三次“灭顶之灾”后，灾后重建恢复生产再传捷报。

8月15日，四川电网发用电指标均创历史新高：最大发电负荷2766万kW，同比增加4.57%；最大日发电量5.99亿kWh，同比增加5.81%；最大用电负荷2274万kW，同比增加9.22%；最大日用电量4.65亿kWh，同比增加9.59%。

8月20日，中共中央政治局常委、中央书记处书记、国家副主席习近平在四川省委书记刘奇葆、省长蒋巨峰，刘振亚等陪同下，考察了四川成都高新供电局共产党员服务队。

8月30日，中央创先办根据习近平副主席指示精神，于8月30日在《深入开展创先争优活动简报》（第1471期）刊发了公司共产党员服务队先进事迹。

9月8日，110kV实训智能变电站在四川公司技术技能培训中心温江校区建成启用。这是目前国内第一座可用于员工培训的智能化变电站。

9月13日，四川省省长蒋巨峰主持召开省政府第90次常务会议，审议通过《四川省“十二五”无电地区电力建设规划及实施方案》，计划用5年时间，基本解决无电地区用电问题，涉及无电人口112.37万，9个市（州）48个县（市）。

同日，经中共国家电网公司党组研究并征得中共四川省委同意，李锡成任中共四川省电力公司委员会委员、常委、副总经理。免去梁旭中共四川省电力公司委员会委员、常委、副总经理职务。

9月14日，经中共国网公司党组研究并征得中共四川省委同意，周群任中共成都电业局委员会委员、书记、副局长，免去李锡成中共成都电业局委员会委员、书记，副局长职务。

9月28日，映秀湾水力发电总厂迎来了40华诞。自1971年第一台机组发电至今，映电总厂累计发电647亿kWh。

11月4日，中共四川省委、省政府与国家电网公司共同举行"十二五"四川藏区电网项目集中开工暨启动仪式。四川藏区电网建设进入全面加速发展的崭新时期。

11月11日，由四川公司牵头编纂的中国电力工业志丛书《四川省电力工业志（1991～2002）》由中国电力出版社出版发行。《四川省电力工业志（1991～2002）》是中国电力工业志编纂委员会按照国家要求，统一规划组织编纂、单独出版的一部全省行业性的专业志书，全书96万多字。

同日，按照国网公司的统一部署和组织协调，国网公司系统26家网省公司与中国电力建设集团有限公司和中国能源建设集团有限公司在北京正式签订了所属分离企业国有产权无偿划转协议。公司与中国电力建设集团有限公司草签了《四川省电力公司所属分离企业国有产权无偿划转协议》。

12月6日，四川公司实现鉴定力度历史性的突破，公司有鉴定行业工种技师1443名；通用工种技师359名；鉴定行业工种高级技师合格人员299名；通用工种高级技师50名；高级工近5000名。

12月9日，青藏直流联网工程投入试运行仪式在北京人民大会堂举行，中共中央政治局常委、国务院副总理李克强出席，宣布工程投入试运行。四川公司下属的川电监理公司和四川送变电建设公司参加了直流线路工程建设。四川电力科学研究院承担了拉萨换流站的技术监督和站系统调试工作。

12月26日，四川省经济工作会议召开，中共四川省委书记刘奇葆、省长蒋巨峰在总结"十二五"开局之年工作时，充分肯定了四川公司对四川经济发展的贡献。

（程彦韬　梁　建）

【重庆市电力公司】

企业概况　重庆市电力公司（简称重庆公司）成立于1997年6月。经营区域覆盖全市38个区县，服务人口约3200万人。截至2011年底，重庆公司系统售电量537.09亿kWh，线损率7.85%。主网最高用电负荷1188万kW，最大日用电量2.41亿kWh。重庆电网于1998年1月1日实行独立调度，多年来为重庆经济建设、社会和谐提供了坚强的电力保障。

2011年，重庆公司先后获得中央精神文明建设指导委员会办公室"全国文明单位"、国家电网公司"三集五大"试点建设示范单位、重庆市人民政府"2011年度重庆市电力电煤保障工作先进集体"等荣誉。

电网概况　重庆电网是全国互联电网的重要组成部分之一，向西通过4回500kV线路与四川电网相连，向东通过4回500kV线路与湖北电网相连，向南通过2回220kV联络线与贵州电网相连。重庆电网最高电压等级为500kV，基本形成了220kV分片区运行的格局。

截至2011年底，重庆电网直调电厂33座，直调装机容量为1002.625万kW，其中火电591.6万kW，占总装机容量59.00%，水电403.950万kW，占总装机容量40.29%；风电及其他7.075万kW，占总装机容量0.71%。220kV及以上变压器共计169台，变电容量4452万kVA。其中500kV变电站11座（不含奉节串补站），变压器24台，变电容量1950万kVA；220kV变电站76座（含用户站），变压器145台，变电容量2502万kVA。500kV线路36条，长度2672.345km；220kV线路217条，长度5629.293 2km。

人力资源　开展"四个班子"考评。在"三集五大"体系建设中，加强干部管理，为"三集五大"体系建设配强班子，为"五大"体系建设做好干部预警管理。将"三集五大"体系建设工作纳入领导班子和干部业绩考核。结合"三集五大"体系建设开展理论研究，形成干部管理新体系。

2011年，重庆公司组队参加国家电网公司财务调考，获团体第6名。对新进大学生按照一线班组培养锻炼、搭建多维平台，加强新进大学毕业生培养锻炼。

根据国家电网公司"三集五大"建设方案，在公司层面，调整充实"三集五大"专业部门管理职能。

"三集五大"体系建设综合试点　2011年初，重庆公司作为"三集五大"体系建设综合试点单位。按照国家电网公司的决策部署，确定总体思路、主要目标和工作方针，对组织架构和职责分工进行调整，并同步实现各项业务的交接，信息系统适应性调整。"大规划体系"基本建成覆盖各电压等级、市区（县）两级管理、统一规划的大规划体系。"大建设体系"建成与公司发展战略相适应、满足坚强智能电网建设要求的"大建设"体系。"大运行体系"全面实现重庆电网调控一体化运行。"大检修体系"优化了生产业务流程，推行专业化检修和一体化运维，建成两级运检一体化生产组织体系。"大营销体系"以市场和客户为导向，建立起"一型五化"的营销管理体系。

人财物集约化建设。在人力资源管理方面，制订配套薪酬绩效方案；创新市场化用工管控模式，搭建"管理执行"和"市场化运作"两个平台，实施集约化管控、精益化管理、合法化运作；推进"五大体系”培训，公司层面举办专项培训165班期，11 761人次参加培训，基层单位举办专项培训900班期，63 379人次参加培训。在财务资产管理方面，全面完成资产移交，确保价值管理与会计主体一致，实物管理与运检主体一致；及时调整预算，适度紧缩非生产性和管理性成本，实现预算动态跟踪，及时下达调整计划，确保资金按时到位；开发智能财务中心，建立财务分析数据模型，构建凭证级财务分析体系，提升决策支持能力。在物资管理方面，建立以一个中心库为主体，两个区域库为支撑，多个基层单位周转库为依托的“1+2+N”现代仓储体系，提升物资调配能力和应急保障能力；打造电力物资调度指挥中心，构建实时监控、调度指挥、应急处置和优化决策“四位一体”的物资管控新模式；成功上线电子商务平台，完成ERP物资深化及业务融合功能开发，建成远程电子评标室，实现废旧物资网上竞拍。

配套保障体系建设。建立标准体系，按照《企业标准体系》系列标准和国家电网公司标准管理体系（SG9000）要求，坚持“全岗位参与、全领域覆盖、全过程管理、高效率运转”的工作思路，全面深化标准体系建设；健全制度体系，坚持“不立不破”，同步推进制度体系建设；实施量化考核，建立指标体系、评价体系、结果应用体系和制度保障体系；推行统一企业文化，把统一的优秀企业文化建设融入“三集五大”体系建设，通过文化引导员工思想转变，主动投身“三集五大”体系建设。

电网建设与发展 开工建设合川二期等重要电源送出工程，投运500kV思源、九盘输变电工程。建成投运荣昌和双桥220kV变电站，完成“一县一变”建设目标。全年投产110kV及以上变电容量1072.55万kVA，线路长度1409.38km。全市国家电网供区累计28个区县实现农网改造面100%。累计建成壁山等5个电气化县、87个电气化乡镇、867个电气化村。建成220kV双桥及2座110kV智能化变电站。500kV九盘变电站新建工程被命名为华中区域基建“标准工艺”示范工地，220kV板桥变电站—双桥变电站输电线路新建工程获得华中区域质量管理流动红旗。

经营管理 财务工作以集约化为主线，全力保障“三集五大”建设，全面完成下达的财务考核指标。会计集中核算、风险在线监控入选国家电网公司资产经营专业典型经验库，同时被评为华中区域标杆单位；《提升集约化管理水平的电网企业财务评价体系建设》获评重庆市企业现代化管理创新成果一等奖；汇票管理系统、企业财务信息管理系统、项目动态管理系统3个信息系统获得国家著作权；并再次被评为国家电网公司“财务工作先进单位”。

实现ERP系统计划提报全覆盖，建立物资需求“先利库、后采购”的常态机制和采购计划集中审查模式。实现标准物料选择、批次计划安排的系统自动锁止，计划报送合格率、合规率和物资标准化指标均达到99%以上。实现采购合同统一管理，国家电网公司标准合同范本使用率达到100%。

审计组织架构逐步完善。截至2011年底，公司系统下属45家基层单位中，有34家单位设立内部审计机构，比2010年增加5个。

安全生产 开展“两抓一建”等各项安全活动，推进应急体系建设，为“三集五大”体系建设提供安全保障，成功应对迎峰度夏（冬）高负荷和恶劣天气影响，确保电网安全运行和可靠供电。全年自查违章10 011件，处罚402.4万元，68人因违章降岗，6人因违章待岗。在全面排查各类事故隐患中，公司所属39个单位累计排查事故隐患248项，全部为一般事故隐患，完成整改228项，整改率91.94%，确保全年未发生生产、基建、农电人身重伤及以上人身伤亡事故，连续5年实现“八不发生”目标。

营销工作 2011年，新增高压客户容量895万kVA。全年市场占有率达到94.2%，较2010年提高0.54个百分点。

在“大营销”体系建设中，着力推进电能计量管理、用电信息采集系统建设，实现计量集约化管理，检定配送覆盖10个供电局和25个供电公司。根据“大营销”体系建设方案，各供电局客户中心成立计量部，实行计量业务集中管理，计量集约化管理更加高效。在计量技术创新方面达到国内领先水平，在全国电力系统中首次采用自动化立体仓库、AGV系统等先进物流技术，构建自动化物流系统；研制并启用电能表校验走字耐压一体化装置，减少了周转环节，提高检定效率；在自主研制电能表校验走字耐压一体化装置的基础上，成功研制新一代智能检定机器人，实现电能表自动化检定，提高工作效率；在国内首次成功研制电能表自动加封设备和新型金属封印，实现封印和封丝的自动供料、压封和扫描，提高工作效率和自动化水平，节省人工和材料成本。

农电工作 2011年，重庆公司新建成电气化县1个（潼南县），电气化乡镇20个，电气化村200个；累计建成电气化县5个，电气化乡镇87个，电气化村867个。25家县供电公司全年完成售电量153.79亿kWh，同比增长21.62%；农网综合供电电压合格率累计完成97.751%，同比提高0.395个百分点；农网供电可靠率累计完成99.722%，同比提高0.106 3个百分点；农网综合线损率完成6.63%，同比下降0.48个百分点。

科技与信息化 2011年，重庆公司获得省部级科技进步奖14项。首次获得中国电力科学技术奖2项，获得重庆市科技进步奖7项，国家电网公司科技进步奖5项。其中“小电流接地选线装置应用研究”和“大型电力变压器局部放电多频带监测与远程模式识别技术”获重庆市科技进步二等奖。“同杆（塔）多回线路误登闭锁装置”和“便携式电缆头剥切装置”获得全国电力职工技术成果三等奖，“城市变电站降噪方案设计优化及应用”获得国家电网公司职工技术创新优秀成果一等奖。

实施“电网GIS空间信息服务平台一期推广实施”等9项国家电网公司重点任务，新技术应用率达88.6%。首座220kV智能变电站（双桥站）投运。凤凰D座智能楼宇实现实用化，编制《重庆市“十二五”电动汽车充换电设施建设规划》，建成渝北空港充电站和100个充电桩，投运2条电动公交客车示范运营线路。开展科技成果推广，首次集中评估公司知识产权价值，试点推广“无重燃真空断路器”等10项科技成果。

优质服务 开展供电服务提升工程，供电服务热线“95598”提供24小时受理业务咨询、信息查询、服务投诉和电力故障报修不间断服务，实行服务关键节点过程管控、服务结果客户意见评价、服务改进闭环跟踪“三维度”结合。95598电话受理客户投诉后，1个工作日内联系客户，5个工作日答复处理意见；对投诉举报问题进行分析核查处理，及时跟踪处理进展情况，实现100%回访，确保服务质量。实施缴费服务创新工程，打造四个“十分钟交费圈”，客户缴费便捷度较2010年提高65%。

打造“国家电网红岩供电抢修服务队”品牌。在执行迎峰度夏、抢险救灾等任务时，40支红岩供电抢修服务队彰显“特别能战斗”风采，“红岩供电抢修服务队”品牌荣获国家电网公司、中电联企业文化优秀案例一等奖。

党的建设和精神文明建设 开展“五个好”党组织创建活动。重庆公司8个基层党委被中共重庆市国资委委员会命名为“五个好”党组织，315个党支部命名“五个好”党支部。推广“共产党员责任区”建设，建立“党员责任区”1299个，明确7项责任，承包急难险重项目1852项，将“五大”建设中的重点难点任务作为党员责任区任务承包重点，实现责任区内安全生产“零事故”、优质服务“零投诉”、抢险工期“零延误”、队伍稳定“零上访”的“四零”目标。

在“三集五大”体系建设中，配合机构调整及时调整党组织设置，合并组建市区供电局党委、电网检修分公司党委，新组建建设分公司党委，客户服务中心党委整体划转到电科院。加强生产一线党组织建设，进行大车间党群组织机构设置的调查研究，指导基层党委按照行政管理组织架构在大车间同步设置党（总）支部。党组织调整后，及时举办新任党（总）支部书记和政工干部培训班。

把企业文化建设纳入单位负责人年度业绩考核，进行综合检查考核。制定《“五大”体系建设中政工工作考评办法》，量化重点工作指标，开展月度评分，实施动态评估。开展纪念建党90周年企业文化优秀案例评选，评出特等奖3个、一等奖3个、二等6个、三等奖9个。公司案例《国家电网红岩供电抢修服务队“创先争优”实践》获国家电网公司企业文化优秀案例一等奖，《企业文化环境建设》获二等奖，《“阳光行动”员工心理援助》获三等奖。《用生命抒写忠诚》荣获“我身边的共产党员”演讲比赛国家电网公司决赛二等奖。

（方 立 何 莲）

2012 中国电力年鉴

西 北 地 区

【国家电网公司西北分部】

分部概况 2011年4月，西北电网有限公司（简称西北公司）按照国家电网公司调整区域电网公司功能定位工作统一部署，组建成立国家电网公司西北分部（简称西北分部），与西北电网有限公司一个机构，两块牌子。主要负责监督、检查国家电网公司重大决策在西北区域内的贯彻实施，负责西北区域电网规划、电力调度、安全监察、生产技术、营销交易、电网工程、审计财务监督、党群及综合行政等方面，对区域内省（区）公司发挥管理、协调、监督和服务作用。负责建设和运营西北跨省（区）750kV及330kV电网，实施西北电网（自2011年12月起含藏中电网）统一调度运行管理，履行黄河上游水库水量统一调度职责，指导、协调、监督西北电网安全生产，组织西北跨省（区）电力电量交易等。

电网概况 西北电网包括陕西、甘肃、青海、宁夏、新疆五省（区）电网，供电面积310万km^2，服务人口9658万。截至2011年底，西北五省（区）系统统调装机机组872台（座），容量93 755.98MW。其中，水电21 142.45MW，占总装机容量的22.6%；火电62 245MW，占总装机容量的67.4%；风电8198.1MW，占总装机容量的8.7%；光伏1609.33MW，占总装机容量的1.7%。

直接接入750kV及以上输电网络的机组13 900MW，占总装机容量的14.83%；直接接入330kV输电网络的机组38 093.5MW，占总装机容量的40.63%；直接接入220kV网络的机组21 028MW，占总装机容量的22.43%。

截至2011年底，西北五省（区）系统统调220kV及以上降压变变电容量152 486MVA。其中，750kV变压器容量为53 200MVA（25站29台），330kV降压变变电容量为75 056MVA（150站303台）；750kV线路长度为10 129.9km（59条），330kV线路长度为21 972.41km（421条）。直流线路2条，长度2076km。

领导班子

国家电网公司总经理助理、西北分部主任、党组书记、公司执行董事、总经理、党组书记：喻新强

西北分部副主任、党组成员、公司副总经理、党组成员：左玉玺

西北分部副主任、党组成员、公司副总经理、党组成员：曹福成

西北分部纪检组长、工会主席、党组成员（正局级）、公司纪检组长、工会主席、党组成员（正局级）：魏海平

西北分部副主任、党组成员、公司副总经理、党组成员、国家电网调控中心副主任：张磊

西北分部总审计师、党组成员、公司总审计师、党组成员：穆银安

副局级调研员：高凤林

副局级调研员：申宝峰

组织机构 西北分部本部内设10个职能处室（中心）：办公室、发展规划处、财务处、安全监察质量处、工程处、审计处、人力资源处、党群工作处、国家电网西北电力调控分中心、国家电网西北电力交易分中心。

下设3个直属单位：国家电网西北规划评审中心、信息公司、物业公司。

人力资源 组织分部166名员工分别参加国家电网公司组织的分部员工10期集中培训。按照总部干部交流锻炼的统一部署，完成总部到西北分部6名交流锻炼干部的工作安排等工作；分两批选送分部16名干部到总部交流锻炼。

与各省区积极沟通，抽调各省区专家，采取集中审查与各单位交叉审查相结合方式，完成对甘肃、宁夏公司深化人力资源集约化管理的现场督查工作，组织完成对陕西、甘肃、青海、宁夏、新疆、西藏六省（区）公司“十二五”人力资源规划和2011～2020年人才发展规划初审工作。组织对区域内各省区电力公司重点培训项目进行监督检查。建立分部年度业绩考核KPI指标库，确定各处室业绩考核KPI指标。

举办西北网调调度员上岗考试、水电调度、电网运行控制、直流调度培训等17期培训班，先后选送72名员工参加国家电网公司举办的各类专业培训班，组织陕西、甘肃、青海、宁夏、新疆、西藏六省（区）公司信息运维人员参加国家电网公司信息运维人员岗位技术资格考前强化培训及普考工作。采取集中培训与跟班实习相结合方式，完成新招录高校毕业生入职培训工作。组织开展“三华”同步电网相关知识及智能电网远程培训工作。

完成国家电网公司第三届优秀人才评选、国家电网公司优秀专家人才区域年度考核工作；完成国家电网公司“科技领军人才”、电力行业信用评价技术专家人选、“电力教育培训新星奖”推荐等工作。

电网建设与发展 2011年，西北区域全年投产110（66）kV及以上线路13 049.6km、变电容量3275.45万kVA；新开工110（66）kV及以上线路9337.22km、变电容量1378.1万kVA。

组织召开区域重点工程建设推进会和智能变电站试点工程建设协调推进会，开展工程里程碑计划梳理和专题监督检查，强化工程建设进度管理。建立基建信息报送制度，全面掌控区域重点项目建设进展情况。针对新疆与西北主网联网第二通道建设，研究制定具有区域特点的跨省输变电项目协调管理机制。10项750kV重点工程、7项智能变电站试点工程、青藏联网750kV交流输变电工程、青藏联网±400kV直流线路工程（青海段）全部按期投产。

开展基建安全大检查、交叉互查等专项检查。针对2011年极端天气增多情况，重点加强对坍塌、泥石流、坠落、触电等工程现场安全事故的预控。组织安全管理流动红旗竞赛，加强基建安全信息管理，强化基建安全风险综合管控，宁夏220kV西大滩变电站工程、西藏220kV郎唐—夺底线路工程获得国家电网公司安全管理流动红旗。全年未发生基建人身死

亡责任事故和因基建施工原因造成的电网事故、设备事故。

推进基建质量提升年工作，强化质量巡视。开展流动红旗竞赛，优质工程抽查工作，为西藏公司举办了基建安全质量管理培训班，召开了750kV洛川智能变电站建设经验交流会，促进了区域整体工程质量水平的提升。组织召开区域基建安全质量管理调研座谈会，加强了工程设计、设备采购、施工调试、启动验收等关键环节的安全质量控制。编制和出版了750kV工程竣工档案标准化范本。推广标准工艺深化应用，设立330kV永靖变电站为标准工艺示范点，促进工程实体质量稳步提升。宁夏220kV西大滩变电站工程、新疆220kV温泉—巩留线路工程获得国家电网公司质量管理流动红旗，区域工程建设质量稳步提高。

企业管理 充分发挥送端电网作用，建立电力外送丰枯电价机制，设立区域内部交易价区，开展西北送华中规范化交易试点，跨区跨省交易电量首次突破500亿kWh，跨区交易电量占国家电力市场“网对网”跨大区交易电量的40%，为缓解华东、华中地区供电紧张局面发挥了重要作用。组织77亿kWh电量解决青海用电缺口。统筹解决甘肃风电消纳、青海冬季购电问题，组织签订两省间风电、水电互济交易合约。消纳四川水电13.6亿kWh，实现了长江与黄河跨流域互济，全年累计消纳风电114亿kWh。推动“疆电外送”，新疆全年送出电量32亿kWh。超前开展青海电网“十二五”外购电策略、青藏联网电力交易、陕西内需外送保障方案等课题研究，促进青藏联网交易等工作的顺利实施。认真履行营销管理职能，定期开展市场营销分析，初审省（区）公司2012年营销储备项目。推广自备电厂规范化管理、电动汽车服务网络规划等典型经验。采取提高水能利用率、消纳风电和光伏发电等措施促进节能减排，全年折合节约标煤452万t，减排二氧化碳1287万t。

加强区域内省（区）公司间的协同运作。坚持电力交易周协调例会制度。完善网省公司不同层面、专业和工作内容的协调运作机制，营造和谐的交易运营环境。以西北电网跨区、跨省交易重大课题研究为依托，实现西北跨地区电能交易发电侧研究小组常态化交流。采取网厂联席会、联络员制度、走访电厂等方式，加强与发电企业及政府部门的沟通联系。

安全生产 统筹区域生产管理，加强区域共性问题研究。加强与各省区沟通联系，强化生产信息报送机制，及时了解全网输变电设备故障及异常，每季度召开区域运行分析会议，贯彻落实总部季度工作要求，分析区域生产管理存在的实际问题，并制定有效的防范措施；组织开展事故现场调查工作，分析事故原因，并跟踪整改落实；组织开展并网风电安全隐患专项排查，并对河西风电进行现场检查；组织西北电网输电线路现场技术交流会，对线路污闪、防雷、导线舞动、鸟害和防覆冰治理等工作存在问题或缺陷成因进行分析，提出治理方案或整治评价。

输变电设备管理。针对区域内30台750kV高压电抗器出现乙炔的情况，组织系统内专家和设备生产厂家进行技术分析，制定防范措施，并明确设备后期运行控制手段；完成上半年750kV输变电设备运行情况报告，对区域设备共性问题进行分析，特别是完成750kV高压电抗器故障原因分析及整改措施计划；组织对陕西、宁夏公司开展设备隐患排查，共总结典型经验19条，并提出问题及建议33条；针对7月输电线路连续雷击闪络跳闸情况，开展专题分析，制定针对性的防范措施，并组织对重点线路开展线路走廊雷害风险评价与易击段分析；继续加强区域750kV输变电工程投产前评估工作，完成新疆凤凰升压工程、陕西榆横工程、青藏联网工程青海省750kV交流系统工程投产前评估工作。

生产技改大修项目管理。组织完成西北区域及华东分部、山西和西藏公司2012大修、技改项目储备库评审工作，审查技改项目共计2829项、大修项目共计11 096项；完成西北区域2011年中大修新增成本销纳项目审查，共计1142项；组织对陕西、甘肃、青海、山东公司及华北电网有限公司进行2011年跨区电网大修技改项目督察，检查项目实施单位8家，现场检查项目38项；完成西北区域跨区电网2012年大修、技改及零购项目审查。

完成年度区域防汛工作。分两个阶段组织对西北区域各省（区）公司所属供电公司、水电厂共计10个单位进行现场检查，共发现隐患42条，并跟踪各单位隐患整改落实工作，确保汛前完成34条隐患整改；加强防汛管理和防汛值班督察工作，按时完成信息统计工作，共形成区域汛情周报15期；针对西北区域湿陷性黄土的特点，密切联系各省（区）公司，督促做好防滑坡、防泥石流、防沉陷及线路防雷工作，预防季节性事故的发生，确保西北区域电力设施安全度汛。

青藏联网生产准备工作。赴拉萨和格尔木进行生产准备工作现场调研，强化投产前技术监督，参加格尔木换流站换流变压器等设备的出厂型式试验；会同青海、西藏公司开展线路运行后电网安全隐患分析，督促编制事故应急和抢修预案。截至12月底，西北网调实现了4845天的长周期历史最好安全生产纪录。

科技与信息化 2011年，西北分部直接管理科技项目共11项，国家电网公司管理项目共4项。“750kV现场试验新技术研究”、“新疆与西北750kV

联网工程设备及系统特性研究”荣获陕西省科学技术进步奖二等奖；“750kV 电气主设备故障分析及预防措施研究”、“继电保护装置及整定计算系统研究与开发”荣获陕西省科学技术进步奖三等奖；“750kV GIS 试验新技术研究”、“新疆与西北 750kV 联网工程设备及系统特性研究”荣获国家电网公司科技进步奖三等奖。全年获得授权的专利共计 13 项，其中发明专利 4 项，实用新型 8 项，外观设计 1 项。

组织完成了西北区域 2011 年 500 万元以上非统一推广信息化项目的可研评审，完成 2012 年西北区域信息化项目储备库共计 305 个项目的初审。对区域内各省（区）公司信息化计划执行情况进行了检查。督促各省（区）公司完成 2006～2010 年信息化项目梳理工作，完成 2011 年信息化项目计划调整及 2012 年项目储备库及计划上报工作。选派人员参与为期 4 个月的国家电网公司统一推广的 46 个项目费用评审工作，参与 8 个项目的可研评审及 17 个项目的评标工作，参与总部项目及厂商评优工作，组织对浙江公司承担的 SG-ERP“六个更”（覆盖面更广、集成度更深、智能化更高、安全性更强、互动性更好和可视化更优）特征研究成果进行初步审查。举办西北区域信息运维人员上岗资格考试师资培训班。组织召开西北区域信息系统运维现场经验交流会，建立区域信息化专业年度工作会制度和评选先进制度。协助总部开展 IRS 系统在西北区域应用推进工作。

根据西北分部功能定位调整情况，及时完成人财物主数据与总部的纵向级联以及协同办公系统在总部的集中部署。开展基建工程档案梳理、审计、招投标管理等技术支持工作，针对用户新增需求自主研发 98 个程序，修改与优化提升程序 131 次，提高系统的易用性。

在一体化平台建设方面，更新了 ERP 系统与总部的级联方式，完成企业门户深化应用及内网网站平台建设，新内网网站上线运行。实现西藏公司与西北公司骨干数据网光纤宽带互联，高清视频会议系统顺利投运。

截至 2011 年底，西北分部信息系统安全运行 765 天。网络系统运行率 99.991%，应用系统运行率 99.869%，一体化平台系统运行率 99.776%。未发生信息系统事故、一类信息系统障碍和信息系统泄密事件，全面完成全年目标任务。

党的建设和精神文明建设 深入开展创先争优活动。组织开展党组织公开承诺活动；开展西北分部领导讲党课活动；组织召开西北区域省（区）公司党委（组）书记党建工作座谈会暨创先争优活动现场推进会，推动区域省（区）公司创先争优活动深入开展；组织举办“我身边的共产党员”主题演讲西北赛区复赛，来自西北五省（区）电力公司及西藏公司和青藏联网工程建设总指挥部的 14 名选手进行了激烈的角逐，推荐了 3 名优秀选手参加了国家电网公司决赛，西北分部荣获优秀组织奖；开展“两优一先”推荐评选和表彰工作，评选电网先锋党支部 11 个，优秀共产党员 24 人，优秀党务工作者 7 人。3 名党员分别获得国家电网公司、省国资委优秀共产党员称号，西北公司党组荣获省国资委先进基层党组织，机关党委荣获陕西省先进基层党组织。

建立健全西北分部党群组织机构，确保党群组织和机构变化同步发展；建立党群系统例会制度。组织开展纪念建党 90 周年系列活动；加强思想政治工作和企业文化建设，开展文明单位创建活动；抓好反腐倡廉教育工作，推动分部健康发展。

做好青藏联网工程现场慰问工作，组织现场演出 15 场；围绕青藏联网工程建设，组织开展了文学、摄影等艺术创作活动，出版了大型文献《跨越高原》报告文学集和摄影作品集；组织开展青藏联网工程“主题雕塑”设计制作的各项组织工作；筹备青藏联网工程先进人物事迹报告会，弘扬和展示联网工程建设者的感人事迹和精神风貌。

评选并表彰了“十一五”750 工程建设劳动竞赛先进集体和个人；组织开展五省区工人先锋号的评选表彰工作，共有 97 个一线班组获得“工人先锋号”荣誉；组织开展了五省区先进基层工会、优秀工会干部和先进女职工委员会、巾帼标兵岗的评选表彰。

按照国家电网公司团委《关于分区域开展团青课题结题初审工作的通知》，组织开展团青课题结题初审工作；组织“青春奉献 750”活动；组织开展“青春光明行”青年志愿者活动，宣传国家电网品牌形象，组织青年志愿者开展春季植树活动等。

主要事件

1 月 7～9 日，国家电网公司二届一次职代会暨 2011 年工作会议在北京召开，西北分部主任、总经理喻新强代表公司作大会发言。

1 月 12 日，中共青海省委常委、副省长骆玉林一行到公司调研，感谢公司为青海经济社会发展作出的贡献，希望公司保障青海冬季电力有序供应。西北分部主任、公司总经理喻新强，西北分部副主任、副总经理左玉玺、曹福成，工会主席魏海平，青海省经济委员会副主任董璞，青海电力公司总经理王怀明、党委书记邓永辉、副总经理李葛明等出席座谈会。

同日，750kV 吐鲁番—巴音郭楞输变电工程正式投入运行，750kV 电网首次延伸至新疆南部。

1 月 13～14 日，西北分部召开二届一次职代会暨 2011 年工作会议，贯彻落实国家电网公司“两会”精神，安排部署公司“十二五”和 2011 年重点工作。

西北分部主任、公司总经理喻新强出席会议并作工作报告和会议总结讲话。

1月18日，中共青海省委常委、副省长骆玉林在西宁会见了西北分部主任、公司总经理喻新强一行，对西北分部为青海玉树灾后重建、青藏联网工程建设等方面作出的贡献给予肯定，并表示“十二五”期间，青海省政府将全力支持国家电网公司系统在青海的建设项目，为工程建设创造良好的外部环境。

1月20日，宁夏回族自治区政府致信，感谢西北分部在保证宁夏电网安全稳定，推动宁夏电力外送等方面作出的贡献。宁夏回族自治区政府副秘书长曹志斌一行代表中共宁夏回族自治区党委、政府送来感谢信。西北分部副主任、公司副总经理李新建、总工程师韩悌，宁夏回族自治区政府经信委副主任赵小平、发改委副主任沈左权，宁夏电力公司总经理崔吉峰、党委书记邢峻生出席座谈会。

1月22日，西北分部被陕西省慈善协会授予“2010年陕西慈善明星企业”称号。

2月1日，西北电网风电并网装机容量达到500万kW（其中甘肃312万kW，新疆111万kW，宁夏77万kW），增速创历史新高。

2月11日，青藏联网工程作为能源供应保障工程纳入《西藏自治区“十二五”时期国民经济和社会发展规划纲要》。

2月15～16日，国家电网公司青藏交直流联网工程2010年土建攻坚第一阶段战役总结表彰暨2011年建设工作会议在西安召开。分析了工程建设面临的形势和任务，对2011年工程建设作出了部署，确保实现年内投运目标。国家电网公司副总经理、党组成员郑宝森出席会议并作重要讲话。青藏交直流联网工程总指挥部总指挥，西北分部主任、公司执行董事、总经理、党组书记喻新强作了总结讲话。

2月28日，宁东—山东直流输电工程极Ⅱ系统投运，西北电网外送能力达到811万kW。

3月1日，目前世界最高电压等级的智能变电站——750kV延安变电站建成投运，顺利接入西北电网，标志着国家电网公司智能变电站试点工程取得突破性进展。

3月5日，青藏交直流联网工程直流输电线路首基铁塔组立仪式在第2标段和第8标段同时进行，标志着该工程组塔架线第二阶段战役全面打响。

3月27日，西北分部完成酒泉风电基地已投风场安控装置实施工作，并实现全部接入西北—新疆联网安控系统，最大限度地提高联网通道输送能力，力保河西风电清洁能源安全送出。

3月28日，西北分部召开干部任免宣布大会，国家电网公司总经理助理，西北分部主任，西北电网公司执行董事、总经理、党组书记喻新强宣读了国家电网公司党组的任免文件：魏海平同志任西北分部（西北电网有限公司）纪检组组长，张磊同志任西北分部、西北电网有限公司副总经理、党组成员。根据工作需要，国家电网公司党组决定，李新建同志到国网交流建设分公司任副总经理、党组成员，王向红同志到陕西省电力公司任工会主席、党组成员。

4月19日，国家电网公司青藏交直流联网工程第二阶段战役建设协调会在格尔木召开。国家电网公司副总经理、党组成员郑宝森出席会议并作重要讲话。国家电网公司总经理助理，西北分部主任，西北电网公司执行董事、总经理、党组书记，青藏联网工程总指挥部总指挥喻新强主持会议，并就开展好下一步工程建设作了具体安排。

4月28日，中共西藏自治区党委书记张庆黎、自治区副主席董明俊带领自治区党委、政府及拉萨市政府有关部门负责人，到青藏交直流联网工程拉萨换流站视察指导工作。张庆黎要求：把“电力天路”建成西藏人民奔小康的惠民工程。国家电网公司总经理助理，青藏联网工程总指挥，西北分部主任，西北电网公司执行董事、总经理、党组书记喻新强作了工作汇报并陪同视察。

5月5日，陕西省科学技术大会在西安召开。西北电网公司6个科研项目荣获“2010年度陕西省科学技术奖”，其中《西北交直流混联电网继电保护应用研究》科技成果荣获“陕西省科学技术一等奖”。

5月9日，西藏自治区主席白玛赤林来到拉萨朗塘换流站，看望慰问青藏联网工程建设者，要求自治区和拉萨市有关部门积极做好工程建设的支持配合工作，为工程建设营造良好的施工环境，争取早日把青藏联网工程建设成“电力天路”。

5月15日，中共青海省委书记、省人大常委会主任强卫视察格尔木换流站，亲切慰问电网建设者，称赞国家电网是支持西部发展的模范中央企业。青海省委、省政协相关领导和省政府有关部门、海西州、格尔木市负责同志参加陪同考察。

5月26日，国家能源局以国能电力〔2011〕161号《国家能源局关于新疆哈密煤电基地及哈密—郑州输电工程开展前期论证工作的函》要求抓紧开展新疆哈密煤电基地开发及哈密—河南郑州±800kV特高压直流输电工程，标志着“疆电外送”工作获得重大突破，进入全面启动实施阶段。

5月31日，青藏联网工程直流线路2361基铁塔全部组立完成，提前一个月完成组塔任务，全面进入架线转序。同日，青藏联网工程首台750kV主变压器到达750kV柴达木变电站建设工地，标志着青藏联网工程进入主设备安装阶段。

6月15日，青藏交直流联网工程生产准备工作会议在拉萨召开。国家电网公司副总经理、党组成员帅军庆出席会议并作重要讲话。国家电网公司总经理助理，西北分部主任、党组书记，青藏联网工程建设总指挥部总指挥喻新强就下一步工程建设作了具体安排。

7月18日，国家电网公司副总经理、党组成员郑宝森一行视察青藏交直流联网工程拉萨换流站，代表国家电网公司党组和刘振亚总经理亲切看望并慰问工程建设者。国家电网公司总经理助理，西北分部主任、党组书记，青藏交直流联网工程建设总指挥部总指挥喻新强陪同视察。

7月31日上午，中国人民解放军总后勤部政委刘源上将到青藏联网工程现场视察，慰问青藏联网工程医疗保障官兵和电网建设者。

8月18日，西北电网有限公司和陕西省慈善协会联合举行750kV电网沿线及陕西革命老区贫困大学生助学捐赠仪式。西北分部爱心捐资50万元，资助陕西凤翔、凤县、乾县、洛川、吴起、志丹、镇巴等陕西7个县50名贫困大学新生。

9月1日，国家电网公司党组成员、副总经理郑宝森到青海格尔木换流站视察慰问，向坚守在一线的工作人员带去慰问品并致以节日的祝福。国家电网公司总经理助理，西北分部主任、党组书记，青藏联网工程建设总指挥喻新强陪同视察。

9月5日，全国总工会能源化学工会主席张成富、国家电网公司工会副主席史高社、翟民到青藏联网建设现场，慰问广大电网建设者。

9月8日，西北电网风电调度自动化系统通过国家电网公司组织的试点工程验收。

9月16日，国家电网公司总经理、党组书记刘振亚赴青海格尔木视察青藏联网工程建设情况，亲切看望和慰问施工及一线运行人员，并为参加工程建设的党员先锋队、青年突击队授旗，勉励他们加快工程建设，保质保量，确保青藏交直流联网工程务期必成。

9月22日1时32分，柴达木换流站750kV 2号主变压器330侧首次实现合环运行，日月山—海西—柴达木“四线一变”全部成功带电。

10月10日下午，国家电网公司党组成员、副总经理郑宝森与中共新疆维吾尔自治区党委书记张春贤举行会谈。双方表示将加强合作，携手推进特高压“疆电外送”工作。西北分部副主任左玉玺等参加会谈。

10月12日，国家电网公司党组成员、副总经理舒印彪与陕西省省长赵正永就陕西能源基地开发建设、特高压电网规划与建设、电力外送等举行会谈。双方表示继续加强战略合作，做好“十二五”陕西电网规划与建设，以特高压电网建设提升“陕电外送”规模。陕西省常务副省长娄勤俭，西北电监局局长王天才，国家电网公司总经理助理，西北分部主任、党组书记喻新强等参加会谈。

同日，国家电网公司党组成员、副总经理舒印彪到西北分部检查指导工作。舒印彪副总经理充分肯定西北分部成立以来所做的各项工作，代表国家电网公司党组、刘振亚总经理表示慰问。

10月14日，国家电网公司总经理助理、青藏交直流联网工程建设总指挥部总指挥，西北分部党组书记、分部主任喻新强出席青藏联网工程为藏区儿童“送知识、送健康、送温暖”公益活动捐赠仪式，为国家电网公司“电力天路图书屋”揭牌，并为宝库小学的孩子们赠送了图书、校服和体育用品。

10月23日，在陕西省慈善协会十五周年纪念大会上，西北分部被授予“陕西省慈善明星企业”称号。中共陕西省委书记、省人大常委会主任赵乐际出席大会并颁奖。

11月1日，青藏联网工程纪念碑在海拔5231米的唐古拉山口落成。

11月1～3日，西北电网连续72h紧急备战，圆满完成“神八”发射对接保电任务。

12月9日，青藏联网工程提前一年建成并投入试运行。中共中央政治局常委、国务院总理温家宝，中共中央政治局常委、全国政协主席贾庆林，中共中央政治局常委、国务院副总理李克强，中共中央政治局委员、国务院副总理张德江作出重要批示。工程投入试运行仪式在人民大会堂举行，李克强宣布工程投入试运行，并慰问广大工程建设者。中共西藏自治区党委书记陈全国、主席白玛赤林，青海省委书记强卫、省长骆惠宁，国家发改委主任张平，国务院副秘书长尤权，国资委主任王勇，国家电监会主席吴新雄，国家电网公司总经理刘振亚以及国务院有关部委、全国总工会和有关企事业单位的领导出席仪式。国家发改委副主任、国家能源局局长刘铁男主持仪式。国家电网公司总经理助理、西北分部主任、青藏交直流联网工程总指挥喻新强在拉萨换流站向北京人民大会堂会场汇报工程投运准备情况。

12月15日，中共青海省委常委、副省长骆玉林在西宁会见了国家电网公司总经理助理、西北分部主任、党组书记喻新强一行，双方就加快青海电网建设、保障青海电力供应等问题交换了意见。骆玉林代表青海省委、省政府对西北电网公司给予青海省的大力支持表示感谢，表示全力支持国家电网公司的发展，为青藏、新青联网工程建设运营创造良好环境和条件。

12月26日，2011陕西推动力总评榜揭榜，西北电网有限公司荣获“2011陕西推动力善德企业”。

（程军生）

【西北电网有限公司】

见国家电网公司西北分部。

【陕西省电力公司】

企业概况 陕西省电力公司（简称陕西公司）是国家电网公司的全资子公司，以陕西省电力建设、输送、销售为核心业务，担负着为陕西经济社会发展和城乡广大电力客户提供安全可靠电力供应的重要职责。2011年，陕西公司本部设22个职能部门，有直属单位26个。售电量完成741亿kWh。

电网概况 陕西电网位于西北电网最东部，是西北电网的重要组成部分，是一个水火并济以火电为主的电网，陕西电网最高电压等级为750kV。750kV电网宝鸡—渭南—延安—榆林的“L”形主网架已经形成，对关中和陕北电网起到重要支撑作用；330kV电网东起华阴，西至宝鸡，北至府谷，南到安康，覆盖全省10个地市，在关中环网运行。省际间有2回750kV线路和4回330kV线路与甘肃电网相联，分别为乾县—平凉双回、宝鸡—秦安、宝鸡—天水、宝鸡—眉岘、桃曲—西峰各1回。

陕西电网已形成3个外送输电通道，即陕西关口东部罗敷（信义）—灵宝直流背靠背工程、关中西部宝鸡—德阳±500kV直流输电工程，实现与华中电网联网；陕北神木—忻州双回和庙沟门—忻州1回500kV交流线路，实现陕北“点对网”向华北地区送电，电力外送规模总计771万kW。

2011年，全省发电总装机2767万kW，其中：水电266.24万kW，占比9.77%；火电2428.27万kW，占比89.08%；风电29.5万kW，占比4.62%；光伏2万kW，占比0.07%。总装机中，省调及以上装机2342.7万kW，占84.67%。陕西公司直属750kV送电线路14条1657km，500kV送电线路3条271km，330kV送电线路159条7891.3km，110kV线路922条15 387km，±660kV直流线路1条308km，±500kV直流线路1条294km。拥有750kV变电站5座，变电容量1470万kVA；330kV变电站48座，变电容量2598万kVA；110kV变电站409座，变电容量2659.05万kVA；500kV换流站1座，换流容量300万kW。（变电和线路均不含榆林供电局）

人力资源 编制“十二五”人力资源规划、2011～2020年人才发展规划，滚动修订人力资源三年工作规划，加强标准化建设和规范化管理，强化人力资源集约化管理，健全激励约束机制，不断提高干部员工队伍素质。

完成高校毕业生招聘录用工作，电工类专业比例达到74%，研究生比例提高到19.9%，毕业生招聘质量结构明显提高。制定《陕西省电力公司高校毕业生招聘管理实施细则》，有效规范毕业生招聘工作程序。完成安置复员退伍军人择优录用安置工作。

落实公司党组《关于进一步加强员工队伍建设，全面提高企业素质的意见》，加强干部培训，97名领导干部赴延安干部学院参加轮训；举办8期748名基层单位的科级干部轮训班。推进干部交流挂职锻炼，16名干部分赴国家电网公司总部和福建、81名基层干部到公司本部挂职锻炼。组织开展岗位能力测评、技能竞赛调考活动。加强本部建设，举办5期以“职业素养和能力提升”为主题的知识大讲堂，累计3300余人次参加；本部全体人员参加脱产集中封闭培训，提升本部管理水平和工作效率。全年共培训11.2万人次，全员培训率99.7%。

电网建设与发展 以提高电网发展质量为重点，科学编制、分步实施陕西电网“十二五”发展规划。与陕西各地市政府进行会谈并和8个地市签订了电网建设合作框架协议。110kV及以上新开工电网项目全部核准，330kV及以上项目核准量居国家电网公司系统第二。首座洛川750kV智能变电站提前投运，智能电网试点工程建设任务全部完成。投产750kV榆横输变电工程和宝鸡、秦岭电厂送出等4项工程，750kV主网架初步形成。建成户县330kV变电站等输变电工程，新增110kV及以上输电线路1618km、变电容量679万kVA。户县330kV变电工程首次夺得国家电网安全管理流动红旗，实现安全质量管理的突破。西安世园会智能电网展示项目接待参观18.7万人次。

经营管理 强化目标管控，建立月度经济活动分析机制，全程监控异动指标，及时诊断解决经营管理中存在的问题。加强财务资源管控、投资管理、成本管理和资金管理，完善财务标准体系。增强预算调控和综合计划管控能力，推进全口径投资项目储备库建设，完善储备项目分级评价机制。提升人财物集约化管理水平，通过国家电网统一平台公开招聘高校毕业生，规范劳动用工和劳动定员管理，完成年度定员贯标预评价工作；深化全面风险管理，提升财务管理水平；建成物资合同“一站式”签约服务大厅，物资管理电子商务平台上线运行，清仓利库工作取得阶段性成果。落实电费回收风险抵押金和呆坏账责任追究制度，应收电费余额月均下降1.1%。强化线损小指标监督，建立线损管理评价机制。

建立标准化基础标准，规范标准化建设工作；发动全员，认真梳理工作内容，编制覆盖公司全部业务的业务名录1362项，清晰各层级管理事项；完成本部全员、直属单位领导班子及供电企业典型岗位930

个岗位说明书编写；开展流程梳理，理清管理基础，绘制613项管理流程；编制190项标准，为“五大”体系建设奠定基础。

安全生产 加强生产计划管理，实施综合检修和带电作业，全年停电检修工作量同比下降43%，330kV非计划停电下降50%，重复停电同比减少60%。科学合理调度，安全迎峰度汛，电网最大负荷达到1370万kW、最大日用电量2.79亿kWh，安康水电厂发电量超过32亿kWh。应对电煤紧张、极端恶劣天气灾害和外力破坏挑战，加强应急管理、电煤协调和需求侧管理，完善有序用电方案，优化跨省区电力资源配置。完成航天发射、世园会等保电任务。学习贯彻《电力安全事故应急处置和调查处理条例》，加强电网安全性评价和重点设备运行监控，开展安全风险管控和基建安全主题活动，强化安全基础管理和隐患排查治理，查纠问题473条。完成应急指挥中心二期改造，组建应急基干分队，增强应对处置突发事件的能力。加强信访维稳工作，排查化解各类矛盾，确保企业和谐稳定。发生一般电网事故2起；发生设备一类障碍31起，同比减少21起。

营销工作 2011年，陕西公司完成售电量740.85亿kWh，同比增长10.49%。跨省区交易电量46.19亿kWh，当年电费回收率达到100%。关口电能计量装置现场检验合格率、轮换率100%。完成报装接电668万kVA，业扩报装接电完成率80.05%。市场占有率97.59%，同比提高0.17个百分点。

跟踪服务国家、省、市重点建设项目232个，超前建设供电工程，投运项目65个。深化营销信息化应用、供电所客户全部纳入“SG186”营销业务系统管理，实现电量、电价、电费等关键指标的全过程监控。成立电力节能服务公司，完成国家发改委第三批节能公司备案，成立10个地市能效服务小组，推进营销新型服务工作。建成投运西安世园会广运潭、西部大道2座电动汽车充电站。

“SG186”营销信息系统通过国家电网公司的验收。用电信息采集系统主站、密钥管理系统、售电系统上线运行。配合农电部实施农网用电信息采集项目，省级集中部署的稽查监控平台上线运行。

对11个计量中心进行法定计量检定机构内部核查，完成省质量技术监督局对公司3个法定计量检定机构授权单位监督考核，陕西公司系统8人获得省技术监督局表彰。组织开展省级计量中心和供电局计量中心间计量互感器检定能力比对活动；加强关口计量装置现场检测管理，协调规范了西北公司划转的2个750kV变电站电能计量装置管理。

开展“三指定”专项整治工作，建立防范“三指定”行为长效机制，在外部检查中没有发现“三指定”行为及涉嫌现象。制定营销部依法治企自查自纠活动和营销工程领域治理回头看相关办法，并完成依法治企营销管理有关问题的治理和整改。梳理营销服务专业目录650项，管理标准13项、工作标准16项、技术标准6项、业务流程30个、规章制度51项、法律法规148项。加强营销对标目标管理，营销指标对标提升到国家电网公司第11名、西北区域第1名。

农电工作 全年县供电企业完成售电量216.71亿kWh，同比增长8.16%；农网综合线损率8.09%，同比上升0.89%；电费回收率100%；农网综合电压合格率98.233%，同比提高0.037%；农网供电可靠率99.695%，同比提高0.028%。全年实现“农电安全平稳、涉农资金安全、农电队伍稳定”。陕西公司农电工作部荣获“国家电网公司‘十一五’先进农电工作部标兵”称号。

陕西公司加强农电管理，治理“低电压”农村客户10.62万户。建成新农村电气化县5个、乡39个、村302个，建成5个国家电网公司标准化示范供电所、143个陕西公司标准化供电所，标准化供电所率达到100%。蒲城智能农网综合试点项目通过国家电网公司验收。完成供电所“四定”工作。26个供电所被陕西省政府命名为“人民满意基层站所”，陕西公司和所属地市、县公司继续保持行风测评第一。

2011年，建成商洛山阳、丹凤、汉中略阳、安康白河、宝鸡金台区5个新农村电气化县（区）、39个新农村电气化乡（镇）、302个新农村电气化村，顺利通过陕西省发改委组织的验收。累计建成新农村电气化县29个、电气化乡镇232个、电气化村2281个。建成的新农村电气化村，月平均用电量和改造前同期相比增长23%，供电可靠率平均提高1.1%，电压合格率平均提高1.2%，低压线损率和建设前相比降低了2.1%。

科技与信息化 2011年，陕西公司“SG186”工程通过国家电网公司实用化统一评价，依照国家电网公司信息化深化应用工作要求，强化考评，持续通报，会同业务应用部门找问题，推进信息系统深化应用工作逐步提高。数据（容灾）中心建成运转，已实现陕西公司至北京容灾中心、西北五省至西安容灾中心的数据级容灾功能，日同步数据量达200G左右。创新信息项目管控模式，强化项目内控，完成电子商务平台的试点建设，保证国家电网公司总部电子商务平台的顺利上线。资产全寿命周期辅助决策系统推广建设项目完成数据清查、数据集成及系统建设工作，满足了资产全寿命周期管理工作的基本需要。电网环境实验室通过国家电网公司验收。完成接地系统运行状态评估实用化关键技术、配电自动化的系统测试技术研究、智能配电网自愈控制技术研究与开发、输电线路可听噪声提取技术及输变电工程降噪新结构、新材料研究等重点科技项目的研发工作。开展电网建设项目环保监督管理，新建 110kV 及以上输变电工程均按照法规要求履行环评报告、水保方案审批手续并在完工后及时进行环保验收，依法履行行政审批手续；组织完成“十一五”期间 105 项 110kV 输变电工程竣工环保验收。组织环境污染事件应急演练及观摩，提高系统环保应急处置能力。

优质服务 贯彻国家电网公司发布的“三个十条”，进行全员学习和考试，严格落实兑现；开展“塑文化、强队伍、铸品质”供电服务提升工程，开展“你用电、我用心”、打造“95598”光明服务工程、供电服务窗口“微笑大使”评选活动和岗位星级评选活动，举办“我是国家电网人”演讲比赛，新建营业厅 5 个，开通 3 家银行电话缴费业务，增加自助缴费终端 65 台。

党的建设和精神文明建设 以创建“电网先锋党支部”为主要载体，调整充实创先争优活动领导小组，3 个党支部获国家电网公司“电网先锋党支部”标兵。开展争创“世园先锋”活动，在全省“创先争优奉献世园”主题实践活动中荣获先进基层党组织 1 个、优秀共产党员 2 名。开展为民服务创先争优活动，制定 8 项措施，全力打造“你用电、我用心”、“95598 光明服务”工程。

制订建党 90 周年活动方案，召开纪念建党 90 周年暨先进表彰大会。1 个先进基层党组织、3 个电网先锋党支部、1 名优秀共产党员标兵、6 名优秀共产党员、3 名优秀党支部书记、2 名优秀党务工作者分别受到国务院国资委党委、陕西省党委、国家电网公司党组、陕西省国资委党委表彰。

试点推进党务公开，推行党支部标准化建设。不断推进学习型党组织建设，举办“电网先锋”讲坛，举办“职业素养与能力提升”大讲堂，在基层党组织中开展“弘扬延安精神增强党性观念坚持执政为民”主题教育活动，开展学习型党组织建设情况调研。

编制公司企业文化建设“十二五”规划，明确建设统一企业文化的基本原则、总体思路和发展目标。组织开展“企业文化落地”主题实践活动。开展企业文化建设优秀案例评选活动，《弘扬张思德精神，做为人民服务楷模》获国家电网公司和中电联表彰的一等奖。组织 11 场国家电网优秀企业文化巡回宣讲活动。制定规范标准，加快国家电网张思德电力服务队建设。加大统一企业文化培训力度，累计培训 540 人次。

开展员工队伍思想动态调研分析，建立对话交流机制，加强与员工思想交流，做好矛盾纠纷大排查、大化解工作，组织召开县级供电企业员工思想动态座谈会。

树立青年典型，表彰第六届“五四青年奖章”、“十大杰出青年”。引导青年爱岗敬业岗位成才，开展青年大讲堂暨“时光胶囊”活动。开展青年素质提升工程，承办陕西省青年职业技能大赛决赛并取得优异成绩。深化“五强五优五模范”团组织创先争优，启动“95598 光明服务”青年文明号示范行动。举办“永远跟党走”青年红歌赛。开展全国青年安全生产示范岗授牌暨经验交流活动，宝鸡供电局段家变电站荣获全国青年安全生产示范岗。完成国家电网公司团青课题调研，获国家电网公司团青指定课题调研二等奖和优秀组织单位。举办 2 次“缘来是你”单身青年联谊会。加强信息报送工作，在《国家电网青年网》发稿 270 余篇。

主要事件

1 月 18 日，国家电网公司副总经理栾军来到陕西公司检查指导工作并慰问电力职工。

1 月 20 日，中共陕西省委常委、省纪委书记郭永平专题听取陕西公司党风廉政建设工作汇报。随后做出批示：“陕西省电力公司党组高度重视反腐倡廉建设，认真落实党风廉政建设责任制，突出反腐倡廉制度建设，特别是高度重视行风建设，连续 5 年获得全省行风建设的第一名，各方面的工作都取得突出成绩，为陕西经济发展作出很大贡献。”

1 月 28 日，陕西公司总经理吕春泉在西安市政府与市长陈宝根进行友好会谈。双方在城市发展与电网建设的有机结合等方面达成共识，并表示愿相互协作，合力解决电网规划、建设及改造中遇到的难题，为建设坚强智能电网，实现西安建设国际化都市目标奠定了基础。

3 月 1 日，世界最高电压等级智能变电站——750kV 延安（洛川）智能变电站建成投运，它是国家电网公司首批智能变电站试点工程之一。变电站北距延安 95km，南距西安 200km，位于洛川会议旧址洛川县，于 2009 年 4 月 10 日开工建设，2011 年 3 月 1 日一期工程建成投运。本期建设 1 台 2100MVA 750kV 分相变压器、2 回 750kV 出线、4 回 330kV 出线；规划远期规模为 2 台 2100MVA 750kV 分相变压器、8 回 750kV 出线、12 回 330kV 出线。站内占地面积 12.24 万 m^2，工程动态投资约 5.8 亿元。

3 月 24 日，陕西公司召开领导班子调整宣布大会。总经理吕春泉主持并宣布王向红同志任中共陕西省电力公司党组成员、陕西省电力公司工会主席；免去马放瑞同志的工会主席职务，另有任用。

4 月 12 日，陕西公司总经理吕春泉、党组书记潘玉明陪同国家电网公司副总经理帅军庆与中共陕西省委常委、常务副省长娄勤俭会谈，并视察公司调度中心和电科院配网实验室、计量中心，公司领导班子成员参加。

4月18日，陕西公司荣获“陕西省2010年度政风行风建设优秀单位”称号，再次名列公共服务行业第一名，这是陕西公司连续5年获次殊荣。

4月29日，陕西公司总经理吕春泉参加陕西省庆祝“五一”国际劳动节座谈会并荣获全国“五一”劳动奖章。

5月5日，在陕西省科学技术大会上，陕西公司推荐的8项科技成果获得陕西省科学技术奖，其中一等奖1项、二等奖1项、三等奖6项，获奖数量和质量均创历史最好水平。

5月24日，国家电监会副主席王禹民带领全国各区域电监局局长一行莅临指导世园会国家电网智能电网展示项目及保电工作，充分肯定运营维护和展示接待工作。

同日，陕西公司总经理吕春泉陪同国家电监会副主席王禹民视察西安世园会保电工作，参观智能电网展示厅。

5月26日，陕西省副省长祝列克来到安康水电厂生产现场，听取水电站基本情况、汉江流域水雨情特点、机组运行状况、设备改造情况汇报，查看防汛设施，检查指导防汛工作。

5月30日，陕西公司总经理吕春泉陪同国家电网公司企协执行副理事长、秘书长许世辉一行视察陕西省电力行业协会，并主持召开调研座谈会，主席王向红、总工程师何晓英作相关工作汇报。

7月7日16时，汉中“7·5”特大暴雨累计造成汉中电网10kV及以下线路停运16条，停电配电变压器492台，10kV及以下配电网倒（断）杆3根，停电涉及12乡216个村19 366户。35kV及以上线路运行正常。

7月18日，中共陕西省委常委、常务副省长娄勤俭率省发改委、能源局、国土厅及物价局等有关部门，赴330kV西安草滩变电站实地了解西安电网运行情况，听取陕西公司关于迎峰度夏工作汇报，慰问一线职工，并在西安市政府召开西安电网升级改造调研座谈会，协调解决有关问题，陕西公司总经理吕春泉向娄省长及西安市委、市政府专题汇报了西安电网建设情况。中共西安市委书记孙清云、市长陈宝根等市政府领导出席了汇报会，陕西公司副总经理邬捷龙、李欣，西安局局长罗建仔陪同参加了慰问、调研和座谈。

7月20日，陕西省省长赵正永和副省长祝列克就加快推进引汉济渭工程进行专题调研，陕西公司总经理吕春泉陪同并汇报电力接入及施工用电情况。

8月5～6日，陕西公司总经理吕春泉到榆林供电公司检查调研，并与榆林市政府就市场开拓、供电质量和电价等问题进行座谈。

8月15日，陕西电网最高负荷达到1355万kW，追平1月7日创下的历史纪录，较2010年夏季最高负荷增长13.3%，当日用电量达到27 883万kWh，创出历史新高，较2010年夏季增长12.6%。

8月29日，陕西公司总经理吕春泉在陕西公司本部主持召开陕西公司2011年第7次总经理办公会，会议研究了关于调增西安高新区充电站建设项目计划的意见，审议了关于核销上海电气总公司西北公司股权投资项目的意见，审定了陕西公司2011年年中预算调整意见、陕西公司营销稽查监控体系建设的实施方案及陕西公司发供电单位依法治企督导检查实施方案。

9月20日，西北首座换流站±500kV宝鸡换流站安全运行700天。自2009年底投运以来，宝鸡换流站累计向四川电网输送电量124.8亿kWh，输入四川水电30亿kWh，有效支持四川地震灾后重建、华中地区防暑抗旱等保民生、促生产工作。同时，为缓解陕西电网高峰负荷压力、推动陕西电网跨区域电力外送发挥重要作用。

9月28日，国家电网公司总经理助理卢健一行就企业外部舆论环境及舆情应对情况来陕西公司专题调研。在听取陕西公司党组书记潘玉明的汇报后，卢健对陕西公司的外联新闻宣传工作给予高度评价，认为公司外联及新闻宣传工作启动快、起点高、思路清晰、卓见成效。

同日，中国能源建设集团公司在京揭牌。陕西公司下属12家辅业单位整体划转中国能源建设集团公司。

10月12日，国家电网公司副总经理、党组成员舒印彪在陕西省人民政府拜会了陕西省省长赵正永。双方就“十二五”电网规划、加快特高压建设、加快陕西电力外送通道建设、相互促进发展等进行了深入交流，一致表示将共同努力，加快电网建设，提高陕西电力外送能力，促进陕西资源优势向经济优势转化。

10月22日，陕西公司顺利完成西安世园会闭园供电保障任务。至此，从4月20日西安世园会试开园至闭园历时186天的世园会保电工作圆满结束。其中：一级保电25天，二级保电161天，保电人员11.1万人次，车辆1.7万次。西安世园会共接待游客1572万人次，国家电网智能电网展示中心共接待游客约18.7万人次。

11月7日，陕西公司总经理吕春泉在陕西公司本部会见了来访的国电西北分公司总经理武俊一行。双方就电网建设、电源点建设规划、新能源风电接入、电网迎峰度冬及发电企业安全生产等问题进行了广泛深入的交流座谈。

11月16日，首个试点充电设施项目（411路公交调度站内）建成，两辆纯电动公交车正式试运行。同时，西安市政府已向国家发改委等部委申请列入节能与新能源汽车试点城市。

11月21日，中央第四企业金融巡视组组长张中伟到陕西巡视检查工作。巡视组听取了陕西公司总经理吕春泉的工作汇报，先后到陕西公司下属户县电气化村、750kV洛川变电站、延安张思德服务队巡视指导工作，对陕西公司工作给予充分肯定。

11月28日，陕西省人民政府在西安隆重举行“陕西省首届十大杰出工人”表彰大会，宝鸡供电局职工赵二宝光荣当选，陕西省副省长吴登昌出席表彰会。

12月2日，国家电网公司总经理助理孙昕在陕西送变电公司负责人的陪同下，到陕西送变电公司承建的1000kV特高压淮上线首基浇制现场检查指导工作。

12月7日，陕西公司与中国能源建设集团在北京正式签署12家辅业单位分离协议。

（原增光）

【甘肃省电力公司】

企业概况 甘肃省电力公司（简称甘肃公司），是国家电网公司的全资子公司，领导共11人（援藏董事长1人），总经理助理及副总师6人，甘肃公司本部设21个职能部门，1个工会委员会，下设32个基层单位，其中发电类1个、地级供电企业14个、建设类公司3个、运行类1个、检修类公司4个、物资类2个、科研类院所2个、教育培训类学院中心2个、其他单位3个。以诚信履责、可靠信赖为理念承担着甘肃省12个地级市、2个自治州，4个县级市、17个市辖区、58个县、7个自治县的电网规划建设和供电服务任务，截至2011年底，全资控股资产总额419.2亿元，员工20 516人。甘肃省内售电量757.33亿kWh，跨区跨省售电量152.60亿kWh，电费回收率达100%，线损率达4.9%。

2011年，甘肃公司上下认真贯彻国家电网公司各项决策部署，紧密结合甘肃省情和公司实际，克服安全生产压力大、经营形势严峻和电网建设任务重等诸多困难，全面实施“十二五”规划，大力推进“两个转变”，安全生产保持平衡，各级电网协调发展，企业实力明显增强，发展环境有效改善，实现了“十二五”良好开局。

领导班子

总经理、党组副书记：黄　强

党组书记、副总经理：张世才

副总经理、党组成员：张建伟

副总经理、党组成员：周吉安

纪检组长、党组成员：张　柯

副总经理、党组成员：王永平

工会主席、党组成员：刘晋军

党组成员：周　凯

总会计师：潘培立

总工程师：王　多

组织机构 见甘肃省电力公司2011年末组织机构图。

电网概况 甘肃电网地处西北电网的中心，与宁夏、陕西、青海、四川和新疆电网联网运行。为适应甘肃省酒泉风电和陇东煤电等能源基地的开发，甘肃电网整体由330kV向750kV骨干网架转型升级，在西北电网的中心枢纽地位更加凸显。

2011年，为尽快建成交直流协调发展、结构合理的特高压骨干网架，适应大型能源基地建设和大量清洁能源外送消纳的要求，优化完善甘肃公司打造坚强“送出型”电网，完成“十二五”电网发展规划。甘肃全网风电发电量累计达71.19亿kWh，同比增长241.48%，在部分时段，风电发电量超过水电，成为第二大电源，结合甘肃省电力供需情况，扩大外送规模，提高清洁能源接入与消纳的能力，合理安排电网运行方式，提高电网安全稳定运行水平。截至2011年12月底，甘肃电网装机容量达2733.93万kW。甘肃公司管辖750kV变电站7座、其中750kV开关站1座，容量1350万kVA，750kV线路13条、长度共3629.84km。330kV变电站42座，容量2204万kVA，330kV线路140条、长度共7732.34km。220kV变电站9座，容量285万kVA，220kV线路39条、长度共957.14km。110kV变电站264座，容量1644.96万kVA，110kV线路773条、长度共17 207.32km，其中电缆21.3km。

人力资源 2011深化“三集”管理。有效管控员工入口，严格按计划招聘高校毕业生。优化机构设置，规范甘肃公司本部、基层单位机构设置和人员编制。完成西北电网公司功能调整成建制划转单位接收。实施技术学院、电力学校两校合并。实现嘉峪关、酒泉供电公司一体化运营。临夏公司上划获得国家电网公司正式批准。逐步规范农电用工、劳务派遣用工管理。贯彻落实国家电网公司关于建设“大规划、大运行、大检修、大营销”体系的意见，根据国家电网公司的管理变革要求，开展甘肃公司系统组织结构、劳动组织方式变革，提高人力资源配置效率研究，满足通用性和服务性岗位用工需求。实施应用绩效考核结果与重点工作、工资总额挂钩方法，修订完善《工资总额管理办法》，调整工资分配结构，改善分配体系，

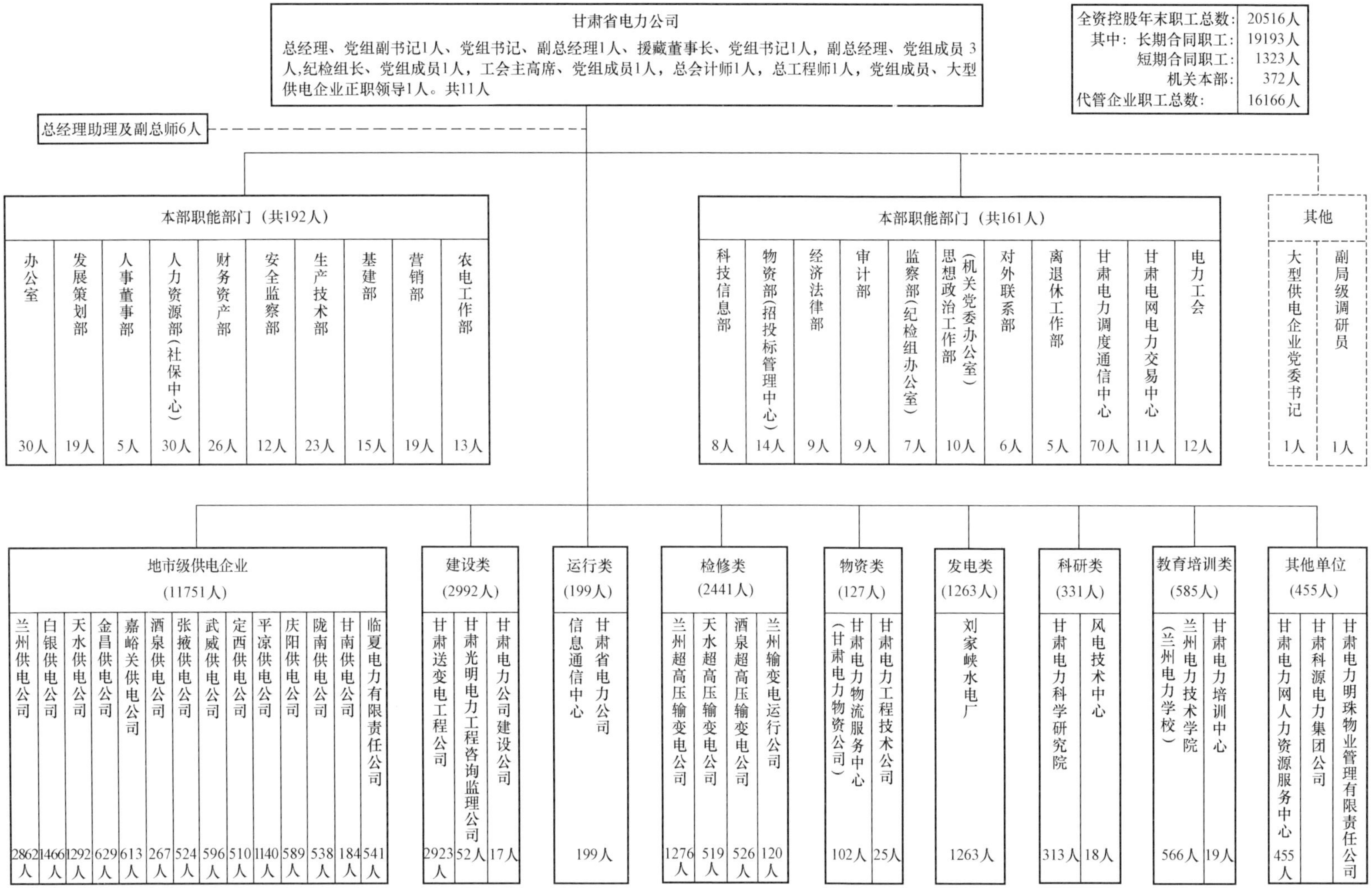

甘肃省电力公司2011年末组织机构图

研究制订通用性工种收入分配办法，逐步实施与市场接轨的工资分配政策。规范管理流程，及时准确办理各类社会保险业务，做好住房公积金归集支取工作，确保社会保险基金和住房公积金安全、实现保值增值。创新人才培养模式，依托科技攻关和重大项目建设，借助校企、社企、政企合作，加快培养高层次人才和紧缺人才。

建设领导班子和干部队伍，完善选人用人机制。努力建设年轻化、专业化、复合型的干部梯队。推行党政主要领导交叉任职和领导干部任职试用期制度，试点推进基层单位党政负责人“双向进入”机制、加强二线干部管理，规范基层科级干部选用管理，在市州公司设置专职领导管理农电，从组织保障上强化农电管理水平。开展干部选拔任用检查，选人用人进一步规范。构建多向挂职锻炼常态机制，到国家电网公司总部、浙江公司、甘肃公司本部和基层单位各层级挂职（交流）锻炼干部人数达 23 名。

建设员工队伍，推进劳动定员达标，统筹优化人力资源存量和增量配置，执行国家电网公司高校毕业生录用接收程序，解决结构性缺员，优先保障重点业务、关键岗位、紧缺专业的人力资源需求，实现对县供电企业用工的有效管控。优化整合两校培训资源，开展全员持证上岗工作和转岗培训，提高培训的针对性和有效性，提升了面向一线的实训水平，强化各级人才的培训。完善了管理和专业技术骨干挂职锻炼制度、全年培训 7.12 万人次。离退休工作制度化管理得到加强。用心用情关注离退休生活，落实甘肃省人力资源和社会保障厅《关于2011年调整企业退休（职）人员基本养老金有关问题的通知》的 2 项待遇。

电网建设与发展　2011 年，甘肃公司在电网建设方面坚持电网同地方经济社会发展规划双向融入，滚动修订“十二五”电网规划。陇湘两省签署《送电框架协议》，甘肃—湖南±800kV 特高压直流工程规划落地取得实质性进展。750kV 新疆—西北联网第二条通道建设工程通过科研评审并取得路条。酒泉风电基地一期送出工程竣工投运。加大配网建设与改造力度，有效解决局部供电“卡脖子”等问题。陇南电网恢复重建工程建成投运，舟曲电网灾后重建工程顺利推进。

2011 年，甘肃公司电网建设的各项目标任务，是以确保安全稳定为前提，提高发展质量和管理效率为着力点，建立电网发展统一规划、统筹计划、集中管理的一体化组织体系和联动机制。以规划为指导计划，逐年分解落实规划目标，统揽规划计划的编制与下达，实现各专业相互协调，各类投资项目有机衔接，保证规划计划在科学性、完整性和一致性下有序完成。

加大前期工作力度，确保将特高压直流输变电工程、330kV 项目纳入省重点建设项目，110kV 项目纳入市重点建设项目，全省重大建设项目配套供电工程纳入其子项目统筹管理。16 项 330kV 及以上工程于 2011 年内全部核准。建设中的甘肃酒泉—湖南±800kV 特高压直流工程、启动的陇东—江西±800kV特高压直流输电工程，服务“两个能源基地”发展战略，满足酒泉地区千万千瓦级风电基地和陇东煤电基地送出的需要，甘肃 750kV 网架向西、向东进一步延伸，建设 750kV 新疆与西北联网二通道、750kV 兰州东—天水—宝鸡输变电工程，建设 330kV 良平、灵台、社棠、黄泥湾等输变电工程，完善陇东 330kV、甘肃南部地区 330kV 主网架结构，解决甘肃局部地区 330kV 供电能力不足的问题。天祝、黄泥湾、社棠、良平、皋兰、兰州北及高台等 330kV 输变电工程开工建设。规范基建工程管理，按照“依法开工、有序推进、均衡投产”的建设方案，规范工程分包管理。落实前期策划、招标采购、建设施工、验收投产等各阶段质量管理责任，前期工作与依法开工的有序衔接，全面完成年度工程开工、投产任务。严格执行输变电工程激励实施细则，加强工程质量全过程管理。深化基建施工安全性评价，确保强制性条文执行。应用标准化工艺手册，实施样板引路，抓关键工序施工、抓设计质量，争取优质工程。完成开工 110kV 及以上线路 915km，变电容量 458 万 kVA，投产线路 2783km、变电容量 756 万 kVA。

随着配电网改造升级工作的规范开展，推荐配电自动化试点工程、初步完成兰州配网自动化项目建设，开展配网设备状态检测后，甘肃省配电网自动化水平和供电可靠性得到提升，110kV 电网互供转带能力和抗风险能力。完善和优化配电网网架结构，提升配网自动化水平，增强配电网互供转带负荷能力，推进 110kV 无人值守变电站改造，适应“五大”体系要求。

抓住国家实施农网改造升级工程的有利时机，大力实施农网改造升级工程，合理安排工程建设计划，严格执行农网建设与改造国家电网公司 9 项技术导则，规范农网改造资金、物资和工程管理，保证工程质量和进度，按照安全可靠、节能环保、技术先进、管理规范的新型农村电网的要求，不断加快农村电网建设。优先解决县域电网与主网连接薄弱、线路“卡脖子”、设备“过负荷”等突出问题，提高供电可靠性和电压合格率，实现结构更坚强、运行更灵活、安全可靠的 750/330kV 甘肃电网主网架。

舟曲灾后恢复重建规划电网项目共 5 项，总投资达 9005 万元，新建 110kV 县城变电站，扩建 110kV 喜儿沟变电站；新建 110kV 县城变电站至县城区

10kV 线路 2 条；重建舟曲县电力公司县级调度通信系统等。2011 年 4 月 22 日省公司在舟曲县城举行了 110kV 变电站奠基仪式，标志着舟曲电网灾后重建工作全面进入施工阶段。舟曲灾后恢复重建电网建设工程将按照《舟曲灾后恢复重建总体规划》，根据舟曲县城、峰迭新区、秦王川新区电网现状，统筹兼顾当前灾区重建、生产、生活电力需求和今后电网发展，进行电网的全面升级改造。

经营管理 2011 年，以注重提高电网发展质量，落实资产全寿命周期管理，强化生产环节的设备全寿命周期管理。严格投资管控，优化投资结构，控制投资风险，处理好省公司投资能力和电网发展的关系。推行统一标准，应用先进技术，提高投资回报率，切实降低电网建设成本为主要管理工作。对电网发展的全过程实施管控，完善电网建设的评价管控体系、强化“两库”管理（规划项目库、项目储备库）。深化前期论证、加强过程管控、优化项目建设时序，完善后期评估，着力提高电网发展质量，通过一流的技术、一流的设计、一流的施工、一流的管理持续提升甘肃电网整体运营能力。实现嘉峪关、酒泉供电公司一体化运营，一体化财务信息平台，“一键式”报表及电子支付等模块全面推广应用。完成电子商务平台、电子评标室建设。开展清仓利库工作，对县供电企业自有资产采购和废旧物资实行统一管理和处置。扩大物资集中招标范围，向非电力类物资和服务类项目延伸，构建物资供应保障体系，实行招投标全过程管控。通过细致工作、东西帮扶资金年内全部到位，资产负债率降低，获国家电网公司 2011 年资本集中运作“西北地区标杆单位”称号。

实现计划统一管理模式向基层单位的有效延伸。完善运营效益评价体系，系统分析经营指标完成情况，重点从增电量、调结构、降损耗 3 方面提高运营效益。完善内部电力市场模式，修订《内部利润管理办法》，加强集体企业管理，健全甘肃公司集体企业监督管理办法等制度，主辅分离工作平稳有序，4 家辅业单位、11.42 亿元资产、5710 名职工（含离退休）顺利划转中国能源建设集团公司，地（市）层面主多分开准备工作有序开展。

依法治企纵深开展，成立甘肃公司规章制度委员会，健全完善依法决策、依法经营的工作机制，《甘肃省电网建设和设施保护条例》完成立法草案。依据《甘肃省电力公司审计查处问题责任追究暂行办法》加大审计成果应用和审计发现问题责任追究力度。推广应用 ERP 业务审计系统，发挥监察、财务、审计及法律等部门的协同监督作用，实现对重点任务、重点领域的全方位监督和管理。

“两个转变”实现了体制机制创新，一是强化责任意识，对于国家政策法规明令禁止、公司三令五申要求整改的突出问题，坚持原则、严格执行。尤其在困难和阻力面前，不懈怠、不犹豫、不退却，以事业心、责任感和认真负责的态度，发扬“三吃一担”精神，为推动甘肃公司科学高效发展贡献力量。二是增强学习能力。深入研究世情、国情、社情、企情，努力将学习到的科学理念和思路转化为推进甘肃公司各项工作的观念和方法，面对繁重的工作任务和复杂的外部环境，运用战略思维，科学判断发展形势，准确把握能源和电力发展趋势，切实做到学以致用。三是提高创新能力。始终以发展的眼光、创新的思维、辩证的观点看待问题、在不断变化的环境和形势中抢占先机，赢得主动。

开展“执行力建设年”活动，讲究方法策略，创新管理机制，维护安全无生产事故、坚持统一品牌管理原则，促进电网与“两个能源基地”协调发展、完成新能源并网、开展风电规划和消纳能力的研究，增强全社会对加快电网建设的普遍认识，恳请政府出台有利于电网发展的政策，在征地、拆迁、补偿、走廊落实等项目前期工作方面给予有力支撑。构建地方企业协作配合的良好联动机制，加快推进甘肃省内特高压直流工程前期工作进度等措施，为河西和陇东两大能源基地电力外送提供坚强的网架支撑。开展“五大”准备工作，成立甘肃公司“五大”体系建设领导小组，多次召开专题党组会、总经理办公会，着重开展业务流程、管理模式和组织架构的细化研究，统筹协调、科学编制完成公司“三集五大”体系建设实施方案。

安全生产 2011 年以确保大电网安全为重点，贯彻《电力安全事故应急处置和调查处理条例》，在开展“两抓一建”（抓执行、抓过程，建机制）安全风险管控活动中，抓工区管理和班组建设，建立安全督导和检查风险管控体系，确保各项制度措施执行到位。引入量化评价工作机制，评价安全基础工作，提高控制能力，使影响安全生产的隐患得到治理，安全风险管控活动得到有效落实。截至 2012 年 1 月底，甘肃公司安全生产局面稳定，累计消除隐患 5640 项，其中 750kV 设备首检消除 1178 项。颁布安全生产“红线”，开展安全量化评价考核，推行安全警句唱诵，强化执行层级反违章规定，安全生产基础不断夯实。2011 年未发生人身事故和一般及以上电网、设备事故，一类障碍同比下降 30.56%。排查一般及以上电网事故风险 63 项，逐一制订防范措施。建立电网安全风险分析及闭环管控制度，累计向电力监管部门报备电网风险 26 次，发布电网风险预警 87 条。强化应急管理工作，推进甘肃公司文化建设，落实各层级安全责任，组建应急基层干部队伍，建成国家电网兰州应急物资储备仓库。完成"兰洽会"、"天宫一号"、"神州八号"发射等重要保电任务。推进安全监督、安全设施、安全作业标准化建设，落实"三个项目部"职责，开展分包专项治理和隐蔽工程隐患排查治理，调整工程启动投运管理关系，明晰定额站、质监站和规划评审中心机构设置和职能，深化"三通一标"应用，电网建设安全质量和工艺水平不断提升。认真总结充分汲取风电脱网教训，开展风电场并网安全性评价，风电机组具备低电压穿越能力，无功补偿装置运行可靠，加大缺陷和隐患整改力度，确保运行风电场满足并网技术规定。应用安全技能培训，提升员工安全防护和自我保护意识，开展农电企业安全管理体系建设，加强农网改造升级工程施工现场安全管控，着力提高农电安全管理水平。全方位构建应急预案体系，提升应急处置能力，加大优质服务安全监督力度。注重服务质量考核，确保供电服务优质、规范、高效，密切关注电网负荷、电煤供应、水库来水和风电并网情况，合理安排运行方式，强化统一调度，确保大电网安全稳定运行。

完善750kV设备管理规范和技术标准，试点设备检修成本标准化管理。落实750kV电网输变电设备运行维护保障机制。深化输变电设备状态检修、技术监督、隐患排查治理和标准化作业管理，强化动态跟踪和督导，开展主设备综合治理、从设计选型、调试验收、运行维护、技术改造各方面加强技术监督，做好季节性设备巡视与检查。开展老旧保护改造、主变压器低压侧防短路等专项整治工作、持续深化配网管理，全面推广配网带电作业。健全智能电网工作体系，规范智能项目管理，试点工程设计330kV永靖变电站和110kV三塬变电站投产，完善750/330kV甘肃主网架。

营销工作 2011年，甘肃公司营销工作充分认识利润总额调增带来的经营压力，加强市场分析预测，制订灵活有效的销售策略，挖潜增效、增收节支，不断巩固和开拓电力市场，确保完成全年经营任务。挖掘外送资源，扩大外送交易，争取外购电，保障甘肃省内电力供应。完成营销稽查监控体系建设，实现营销关键指标和工作质量实时监控。完成用电采集建设试点。多措并举开拓市场，全年净增客户9.68万户，净增报装容量391万kVA。市场占有率达到92.09%，同比提高0.13%。开拓省内用电市场，加强客户工程市场和服务管理，强化重点行业和大客户运行监测分析，全力保障重点行业和客户用电。密切关注33项重点报装项目，确保2011年内形成有效电量。开展集中抄表系统建设，建成两级稽查监控中心，有效提高营销业务管控能力和客户服务监督能力。落实电费回收责任制，确保电费"颗粒归仓"，应用用电信息系统建设、加快节能服务体系建设、健全完善智能电网工作体系，拓展节能服务市场。

农电工作 深化农电体制改革，71家代管向供电企业完成体改前期准备，敦煌市电力局等5家单位列入国家电网公司第三批上划名单。完成县供电企业突出矛盾和问题排查治理工作。强化综合计划、绩效和全面预算管理，加强风险管控，全省65家代管县供电企业实现盈利。开展农电"两统一、三提升"（统一农电管理、统一标准、统一农电信息系统，提升农电核心业务管理水平、提升农电干部队伍素质、提升农电信息化应用水平）工作，修订完善农电标准、制度、办法和指导意见50余项。完成县供电企业突出矛盾和问题排查治理，整改落实突出问题365项。开工建设2011年农网改造升级工程，完成1市、2县、10个乡镇、200个村电气化建设任务。强化农电现场安全管控，开展"走基层、察实情、促安全"等系列安全督查检查活动。完成农村"低电压"综合治理投资1.62亿元，治理农村"低电压"用户17.94万户。开展农电调控一体化和协同办公系统试点建设工作，永靖县电力公司获国家电网公司"资产运营标杆单位"称号，4家单位被命名为国网公司一流县供电企业。重视农电用工管理，规范机构设置，组织统一测算，核定下达定员标准，提高县供电企业劳动用工水平。

科技与信息化 2011年，甘肃公司科技工作构建以"大成果培育为导向"的管理体系，依托甘肃公司现有资源及优势，增强科技创新能力，完善项目申报、立项审查、绩效激励、成绩责任、成果转化及项目和经费监管机制，提升信息化工作水平。为高效发展提供持久动力，加强实验室管理，提高基础试验研究能力，大力推广应用新技术，统筹实施"首次、首套、首台"与适应性研究项目、依托降损节能技术实验室和风电并网工程技术中心，开展节能降损和风电接入等关键技术研究和示范工程建设，拓宽交流合作渠道，2011年，甘肃公司28项重点调研课题、1个重点实验室被列入国家电网公司"十二五"科技规划。"国家博士后科研工作站"、"甘肃省风电并网工程技术研究中心"落户甘肃公司。2011年，获省部级科技奖励14项，并首获甘肃省科技进步一等奖。同中国电科院、国网电科院签署战略合作框架协议，5位院士受聘为甘肃公司顾问，制定新能源接入、网源协调、电网稳定运行等关键领域研究框架34项，并首次申请国际专利。2012年度第一批国家"863"重大项目，750kV可控高抗、风电机组低电压穿越检测等重点研究成果得到工程应用。大厚度湿陷性黄土地基处理、风电预测预报等研究成果达到国际领先水平。

信息化工作，建设本部调度通信大楼信息机房，实现数据级容灾，开展SG-ERP、电网GIS、人财物集约化和大规模管理信息化支撑系统等项目建设及施工工作，顺利通过信息系统实用化评价。班组建设信息化系统成为开发建设蓝本，在国家电网公司系统推广。信息系统运行维护人员技术资格考试成绩位列国家电网公司系统第二。“信息系统黑启动”方案成为国家电网公司同业对标优秀典型经验。

优质服务　随着甘肃建设能源大省战略的实施，电网服务经济社会发展的功能进一步强化，甘肃电网不仅局限于单一性输电载体，而且成为支撑甘肃省经济发展的重要综合性能源配置平台。甘肃电网网架结构相对薄弱，设备健康水平低等问题仍然存在，大规模新能源接入和消纳又面临严峻挑战，在发展中统筹电网建设、投资效益与电网安全之间的关系，切实推进电网走科学发展质量强网的工作思路。2011年优质服务重电力供需形势分析，针对甘肃电网结构、特性等发生的重大变化，加强电网稳定分析，以河西大规模风电送出和消纳为突破口，争取新能源单独分配外送份额，研究制定运行控制策略，切实提高大电网驾驭能力。新能源大规模接入带来的安全控制和运行调节问题（风电并网是否需要具备低压穿越技术和动态无功补偿，2009年出台的风电并网技术国家标准没有解析），加强并网管理，制订新形势下新能源接入系统管理办法。开展大规模光伏发电并网运行试点。强化高危和重要客户安全用电管理，确保甘肃电网安全稳定可靠运行。加强电力需求预测，落实有序用电方案，加强对重要设备、重点部位及特殊区段巡视力度，加强电力设施保护工作，应对雷暴、洪涝、高温、高寒等恶劣气候，强化应急值守，最大限度减轻灾害影响和损失，优先保障重点地区、重要用户、居民和农业生产用电。全年外送电量152.6亿kWh，甘肃省火电年利用小时数基本达到5000h。开展“三公”调度，以服务为宗旨，严格执行风电新机组并网检测规定，开展“友好型风电场”创建试点市措施。服务电源企业建立甘肃省电煤供应预警预控保障体系，网厂协作共赢机制进一步完善，常规火电机组利用小时数较基数提高1517h，严格落实节能减排政策，截至2011年底完成发电权交易9.38亿kWh，减少二氧化碳排放12.1万t、二氧化硫排放8699t。城市、农村电压合格率99.582%、96.13%，同比提高0.16、0.408个百分点；城市、农村供电可靠率99.91%、99.5547%，同比提高0.048、0.063个百分点。

为提高甘肃坚强智能电网信息化、自动化、互动化的特征性，坚持一次系统、二次系统协调发展。针对通信、配网自动化薄弱的现状，加快二次系统的建设，做到二次系统与一次系统规划的有机衔接，二次系统与一次系统同步规划、同步建设。应用用电信息系统建设、加快节能服务体系建设、调研直购电实施细则和市场规模扩大产生的问题，务实开展直购电交易、坚持月购电计划、交易计划，调度计划会商制度推行新机制并网及商运“一站式”服务，开展“阳光”报装，着力提高报装服务透明度，“三指定”治理取得明显成效。配合省发改委完成两次销售电价、上网电价的调整并认真落实。与国电靖远发电二公司签署《电力购买与销售合同补充协议》，化解巨额补偿风险。协调出台趸售电价调整、窑街自备电厂转供电及电铁还贷加价政策，获省政府多项政策支持。建立大客户供电服务联动机制，满足重点客户用电需求，三新硅业、东兴铝业等重点用户工程按期投产。加强客户工程市场和服务管理，强化重点行业和大客户运行监测分析，全力保障重点行业和客户用电。

党的建设和精神文明建设　2011年全面提升企业整体素质，营造平安和谐的发展环境。推进学习型党组织和“四好”领导班子建设。党组织建设以“电网先锋党支部”创建活动为载体，以“党旗飘扬”系列主题活动为载体，推进“为民服务创先争优”活动，实施“95598光明服务工程”。开展“一诺三评三公开”活动，组建共产党员服务队，组织“支部书记讲党课”展评，举办政工人员技术比武。逐级落实维稳责任，确保企业和谐稳定，其中6家单位被评为全国文明单位、12家单位被评为国家电网公司文明单位，甘肃公司获全省思想政治工作先进集体、深入实施工业强省战略先进企业荣誉称号。

党风廉政建设，发挥协同监督作用，严格落实“一岗双责”，推行惩防体系“立体构建法”，纵深开展“廉洁文化建设年”活动，从规范内控机制、严格费用管理入手，加强公务接待、会议管理和公务用车管理，廉洁教育读本《公生明·廉生威》得到国家电网公司领导高度评价。

2011年企业文化建设，以宣贯“企业文化落地”为主题开展实践活动，以班组为重点，深化职工文化建设。构建“大宣传”格局，对外联络和新闻宣传一体化运作，提升了新闻宣传和政务信息工作水平，建立的省电力公司级政务信息平台，在2011年度信息排名中列西北五省第一。社会责任案例——藏汉双语服务获国家电网公司好评，国家电网公司首部数字电影《生命之舟》在国内全面上映，得到国资委和国家电网公司充分肯定。开展“品牌塑造年”、特高压与智能电网、“你用电、我用心”主题传播，品牌标识管理标准化和推广等活动，通过国家电网公司验收。借助第三方话语权提升社会责任研究和履行社会责任工作、舆情监控，对突发事件应急处置能力不断提高。维护了“国家电网”品牌形象。社会公益事业开展“三帮三助”树品牌、“关爱行动走进希望小学”活动，电力“支教”作为国家电网人履行社会责任的具体体现，在每位参与者的心中留下美好的记忆，共扶贫济困 34 250 人。

2011 年，工会工作以“创新班组传统管理模式，实现班组管理信息化、网络化”为重中之重，实施班组建设“563”里程碑计划和职工技能、体能文化素质“三提升”的先进管理经验，充分展现了甘肃公司创新班组管理模式，推进班组建设信息化、网络化进程，实现“班组固本、人才强企”战略目标的精神风貌，推动了企业的健康持续发展。该经验在国家电网公司 2012 年工会工作会议上，得到中国能源化学工会、国资委群工局领导和国家电网公司领导的高度评价，认为“班组信息化建设很好的围绕了企业管理模式的变革、班组工作效率的提升，职工素质的提升等创新要因，将先进的企业管理思想融入了生产经营实践，实现了班组建设由传统管理模式向现代化管理方式的转变，整体设计科学合理，既满足班组减负增效，又能有效提升管理效率和水平，是今后班组信息化建设和班组建设发展的方向”。在推动职工素质工程和劳动竞赛中有着深厚的文化积淀，2011 年，在部署“争做新女性、建功‘十二五’”系列活动中，温情操作、妙语润心，连推“天天悦读”、“锦绣前程”、“孝口常开”、“百合芬芳”、“一枝独秀”、“小荷露角”、“心心向荣”等 7 项主题活动。

2011 年，社团组织管理工作，按照国家电网公司“集团运作、归口管理、对口联系、协调服务”的原则，持续抓好社团组织管理工作，实现规范管理和有效运作。围绕甘肃公司“两个转变”和“四化”要求，推进企业管理创新工作。针对焦点、热点和难点问题，整合资源，开展调研，注重效率和质量，积极为甘肃公司改革发展建言献策。以标准化建设为龙头，总结经验，扬长避短，为甘肃公司的“四化”管理打造一个信息交流服务的平台。以史志工作为抓手，进一步加强协会建设、基础管理、信息工作和文化建设，增强企协分会的凝聚，提升影响力，扩大服务力。5 个社团组织，中国电力企业联合、甘肃省电机工程学会、中国计量测试学会、甘肃省价格学会和甘肃省内部审计师学会，2011 年底累计申报管理创新成果 79 项，其中 9 项获国家电网公司和中电联的表彰。有 9 项 QC 成果获全国电力行业表彰。有 12 篇优秀调研成果获国家电网公司优秀以上成果奖。有 3 家基层单位和 3 名企业负责人被中国电力行业协会评为优秀企业和优秀企业家。史志编纂工作成效显著，全面完成《甘肃电力工业志（1991～2002）》的初审、西北公司片审核和中国水利水电出版社排版印刷。初步形成以《甘肃电力工业志》为总卷，甘肃公司所属单位 18 本、甘肃火电工程公司 1 部分卷的丛书体系。出版了甘肃省委省政府重点行业图书《甘肃电力史话》，并获甘肃省地方史志编纂委员会、甘肃省地方史学，史志优秀成果一等奖。

2011 年，电机工程学会结合甘肃省清洁能源及电力发展的阶段性特点，召开以“甘肃水、电、矿产资源开发与利用”为主题，以“甘肃河西 750kV 超高压电网建设及大规模风电开发与送出”为电力专题的会议，主办学术报告一场和 100 人以上学术会议 2 次，其中承办“2011 甘肃省学术年会‘电力’分会场”和“甘肃省电机工程学会 2011 年学术年会”各 1 次。参加中国电机工程学会年会及各专业性学术会议 5 次，共计 300 多人次参加有关学术活动。制作清洁能源科普展板 12 个，购置科技下乡读物 1000 册。参加中国电机工程学会在银川举办的 2011 年科普工作会议及科技下乡活动。2010 年 9 月 15～16 日，在兰州召开学术年会，选择有代表性的优秀论文 34 篇进行了大会交流。向中国电机工程学会 2011 年度年会推荐论文 36 篇，录用 26 篇，其中由甘肃省风电技术中心何世恩、沈利平撰写的论文“河西 750kV 系统故障特征分析对保护的影响”获年会优秀论文二等奖。陶国龙被聘为甘肃省科学技术奖 2011 年评审委员会和奖励委员会成员，被推选为中国科协“八大”代表，并于 2011 年 5 月 27～30 日出席中国科协第八次全国代表大会。组织专家就“甘肃河西大规模风电健康持续发展”问题撰写并提交专家建议书，供省委省政府等决策部门参考。内容包括，①统一思想，努力促进河西大规模风电又好又快发展。②正确认识对大规模风电的接纳问题。③优化大规模风电健康持续发展的“产业生态”。④关于大规模风电的调峰问题。⑤关于风电电量及其他相关电量的消纳问题。⑥关于河西水资源对大规模风电持续开发的支撑能力问题。

主要事件

1 月 21 日，一部反映甘肃电力百年历史的图书《甘肃电力史话》在兰州举行首发式。

1 月 25 日，风电技术中心完成大规模风电送出及消纳相关技术 7 个方面的系统研究项目，通过了甘肃省科技厅科技成果鉴定，该项目包括大规模风电和光伏特性、甘肃电网风电接入后的系统稳定控制技术、风电接纳能力仿真评估平台、酒泉千万千瓦风电基地调峰调频问题、甘肃电网风电接入的经济性、大规模风的送出消纳政策以及智能电网提高电网接纳风电能力的技术方案。

2 月 28 日，推进创先争优向纵深发展“党旗飘扬”主题活动正式启动。

3月5日，景泰川电力提灌工程向民勤提调的黄河水经过十三级泵站481m的提升、从景电二期一泵站出水口流出，翻越山岭、穿越腾格里沙漠，流进石羊河流域的红水河河道，然后以自流的方式汇入民勤县红崖山水库，浇灌全县30万亩的耕地。

3月9日，甘肃公司“廉政文化建设年”主题活动拉开帷幕。

3月10日，兰州电网110kV西关什么字电缆采用“浅埋暗挖”施工法评估会在兰州召开。该项目的设计和施工有效地减小由于地层损失而引起的地表移动变形等环境问题，具有很好的社会效益和环境效益。

3月11日，特高压与智能电网主题传播新闻发布会在兰州举行。

3月13日，首部描写电力职工的长篇小说《大三线》在兰州举行首发式。

同日，中央电视台《经济半小时》专题报道了甘肃酒泉千万千瓦级风电基地及配套电网建设情况。

3月21日，刘家峡水电厂送出改造工程竣工水电大发正式启动。该工程分二期建设，220kV系统改建工程是自2006年8月第一期330kV系统改建工程的之后的第二期改建工程，2010年11月16日，工程开工建设，于2011年1月31日完成全部试验项目、3月1日，刘联回线正式并网归调。

4月6日，甘肃电科院首个3千峰瓦配网接入屋顶的光伏电站试验室成功投运。

4月11日，甘肃、湖南两省在长沙举行两地经济社会发展交流会，签署《甘肃湖南两省送电框架协议》，这表明被纳入国家电网公司“十二五”规划的甘肃—湖南±800kV特高压直流输电工程有了实质性进展，预示着“陆上三峡”千万千瓦级风电基地建设将进入一个新的发展阶段，甘肃将成为名副其实的新能源外送大省。

4月18日，国家电网公司副总经理郑宝森现场视察了青藏联网±400kV直流线路工程甘肃送变电公司西大滩施工点工程建设进展情况。

4月19日，首座配电级超导变电站在甘肃白银市建成投运。该站2009年正式启动建设，容量为630千kVA，电压等级105kV。超导变电站包括高温超导限流器、高温超导储能系统、高温超导变压器和高温超导电缆等多种超导电力装置、集成了中国在超导电力技术近10年来的最新研究开发成果。

4月20日，甘肃公司举行舟曲110kV变电站奠基仪式，这标志着舟曲110kV变电站建设和喜儿沟110kV变电站扩建项目正式开工，舟曲电网灾后从建工作已全面进入了施工阶段。

4月28日，北京人民大会堂，甘肃省电力公司总经理、党组副书记尹正民作为国家电网公司系统优秀员工代表、甘肃省“全国‘五一’劳动奖章”获得者代表、舟曲抗击泥石流灾害先进单位及个人代表登台领奖。甘南供电公司变电工区主任张建成同时获得“全国‘五一’劳动奖章”，天水供电公司获得“全国‘五一’劳动奖状”、酒泉超高压输变电公司750kV酒泉变电站获得“全国工人先锋号”。

甘肃省“‘五一’劳动奖章”获得者潘培立、王勤、关铁力、阎文彦；甘肃省“‘五一’劳动奖状”获得的单位张掖供电公司、甘南供电公司、甘肃电力明珠集团有限公司、张掖山丹县电力有限责任公司；“甘肃省工人先锋号”获得的单位有张掖供电公司调度通信中心调度组、白银供电公司调度通信中心调控组、刘家峡水电厂运行分场运行一值。

5月5日，兰州供电公司新建首座汽车充电设施通过验收。该充电站在段家滩变电站南侧，采用10kV供电，配置充电设备6台，其中3台直流充电机，中型充电机1台、小型充电机2台，交流充电桩3台，电可供6辆不同类型电动汽车进行整车充电。

5月11日，由甘肃省科技厅组织对省公司牵头完成的750kV超高压大规模清洁能源外送输变电建设技术研究及工程应用项目进行了科技成果鉴定。

5月13日，甘肃电网首台10kV磁控式电抗器在白银供电公司110kV冶金路变电站顺利启动。10kV磁控式电抗器采用全新的技术和工艺，以功率因数控制为目标，采用电网电压上限、电网电压下限，比例调节、积分调节、微分调节等方式，通过磁控硅堆控制无功功率补偿，动态跟踪调节可控电抗器容量使系统的整体功率因数达到最优。

5月18日，国网公司电网降损节能实验室配网分实验室在武威供电公司揭牌。该实验室重点研究无功窜流、电磁环网、不同运行方式的调增对线损的影响，研究超高压线路线损的形成机理，研究不同海拔、不同工况下电晕对线损的影响。

5月23日，昆仑山口青藏交直流联网工程格尔木—拉萨±400kV直流线路放线现场，甘肃送变电工程公司研发的SD—G280型高原遥控氢气飞船首飞成功。

6月16日，电影《生命之舟》开机，12月2日在北京举行电影数字院线上映仪式，12月23日在兰州举行首映式。

6月24日，甘肃电力科学院博士后科研工作站揭牌。

7月18日，国内首台750kV可控高压并联电抗器在敦煌变电站安装调试。敦煌变电站是新疆与西北联网的枢纽变电站。750kV可控高压并联电抗器主要经行电压无功有载调节。

7月19日，国网调整甘肃公司主要领导职务，黄强同志任甘肃省电力公司总经理、党组副书记。

8月18日，甘肃公司对干河口北风场升压站进行并网验收。

9月16日，甘肃公司总经理黄强调研舟曲电网灾后重建项目，重建完成后的舟曲电网将实现县城110千伏“双线双变”，10千伏双电源供电。

同日，国家电网组织对省公司承担的“大厚度自重湿陷性黄土湿陷变形特性、评价方法和地基处理问题研究”项目进行了验收。该项目的研究成果已应用于兰州南330kV变电站，良平330kV变电站玉井110kV变电站等输变电工程，有效节省低级处理费用。

9月25日，被誉为“电力天路”的青藏交直流联网工程的交流工程750kV西宁—格尔木输变电工程投产运行，为下阶段±400kV格尔木—拉萨直流输变电工程的投运奠定了基础，该项目2010年7月29日开工建设。

9月29日，随着中国载人航天工程总指挥宣布“天宫一号”发射成功，省公司圆满完成“天宫一号”发射保供电任务。

10月17日，甘肃公司与四川省电力公司签订电能交易协议。

10月18日，国网公司在兰州召开哈密—郑州800kV特高压直流输电线路（甘肃段）建设协调会议。

11月1日，“神八”飞天成功，甘肃公司总经理黄强现场指导飞船发射保电工作。

11月7日，甘肃公司与国网电科院签署战略合作框架协议，通过深化合作，解决甘肃电网作为西北电网枢纽和能源通道所面临的难题，保障电网安全稳定运行。

11月8日，由甘肃公司老领导张明喜精心编纂的廉政教育读本《公生明　兼生威》举办首发式并与读者见面。

12月1日，国家发展改革委员会对甘肃电网上的销售电价经行调整。

12月2日，国网公司兰州应急物资储备仓库建成。

12月21日，甘肃公司举行国家高技术研究发展（863）计划“风电场、光伏电站集群控制系统研究与开发项目”启动仪式。

（苟　晖　赵艳玲　冯宇欣）

【青海省电力公司】

企业概况　青海省电力公司（简称青海公司）是国家电网公司的全资子公司，主要负责青海省内的电网规划、建设、运营和电力供应，承担着为青海经济发展提供安全、可靠、优质电力供应的任务。青海公司供电面积44.1万km^2，占全省总面积的61％。2011年，青海公司全面完成国家电网公司下达的各项考核指标，年销售电量507.9亿kWh，同比增长20.3％；实现主营业务收入增长19.96％；连续18年获全省财政支柱企业称号。

领导班子

总经理、党委副书记：王宏志

党委书记、副总经理：李葛明

党委委员、副总经理：全生明

党委委员、副总经理：李生海

党委委员、副总经理：董京营

党委委员、副总经理：祁太元

党委委员、副总经理：韩　悌

党委委员、工会主席：张智民

党委委员、纪委书记：李　生

总会计师：高　浦

副局级调研员：陈永浩

机构设置　公司本部设办公室、发展部、财务资产部、安监部、生技部、营销部、农电部、科信部、基建部、物资部、政工部、审计部、经法部、人资部、监察部、后勤离退休部、调度中心、交易中心、工会委员会。

电网概况　青海电网覆盖西宁市、海东地区以及海南、海北、黄南3个自治州和果洛州、海西州大部，共计3市28县1行政委员会。截至2011年底，青海电网发电总装机容量1416.84万kW，110kV及以上变电容量3026.3万kVA，110kV及以上输电线路14 594.4km，拥有750kV变电站4座，330kV变电站22座，110kV变电站93座，35kV变电站112座。随着青藏交直流联网工程的建成，青海电网由西北终端电网变为交直流混合的枢纽电网，各级电网联络日趋紧密，输变电设备水平进一步改善，配电网供电能力和可靠性进一步提高，满足了全省经济发展需要。

人力资源　2011年青海公司培训33 518人次，全员培训率95.84％。

完善干部管理制度体系。强化对基层企业干部选拔任用工作的监督，规范基层企业的干部选拔任用工作，组织完成基层企业干部选拔任用工作。组织完成青海公司党校第五期青年干部培训，培训青年干部40人；完成4期科级干部培训，培训科级干部163人；选送13名青年骨干分别赴国家电网公司、国网交直流建设公司和江苏省电力公司培养锻炼。

编制完成青海公司“五大”体系建设组织机构设置和人员配置实施方案。组织实施农电工管理调研，编制农电工三年规划意见。择优接收26名复转军人，完成西北输变电（建设）公司划转人员的接收安置工作。

完成公司系统全员绩效管理体系建设，绩效考评分值与组织薪酬、员工薪酬核算结合更加紧密，强化“分配靠贡献”的绩效激励导向。

开展“实名制”技能培训，将技能培训的主动权交由各基层单位掌控，提高学员到课率。逐级推荐产生的33人被聘任为公司级兼职培训师；遴选出地市公司级专家111名，公司级专家21名，并对45名公司专家进行年度考核。

电网建设与发展 2011年，青海公司投产110kV及以上输电线路3516.4km，变电容量580.9万kVA；开工110kV及以上输电线路1016.8km，变电容量40.5万kVA。

作为青藏交直流联网工程主要参建单位，青海公司负责建设的750kV乌兰开关站和±400kV直流线路（青海段）两个项目，分别获得国家电网公司基建质量和项目管理流动红旗，日月山750kV变电站获中国建设工程“鲁班奖”。9月25日，西宁—格尔木750kV输变电工程提前投入运行。11月11日，格尔木—拉萨直流输电工程带电投运。青海公司被国家电网公司授予“青藏交直流联网工程先进单位”荣誉称号。

快速推进玉树电网恢复重建工程。玉树州内结古、下拉秀、称多、囊谦四项110kV输变电工程，隆宝、巴塘、相古三项35kV输变电工程按期建成，玉树东部3县实现110kV联网。承担结古镇10kV配网及部分农牧民安置点通电工程，结古镇10kV配网全面建成，104个安置点实现通电，确保了玉树各族人民群众安全度冬。青海公司灾后重建工作得到省委省政府和省重建指挥部高度评价。

滚动调整青海电网主网架五年规划和配电网规划，编制完成青海省“十二五”电力规划、东部城市群电力保障规划、西宁“一区四园”和德令哈工业园区供电规划，完成青海新能源消纳能力及接入电网研究。新疆—格尔木750kV输变电工程（新疆与西北联网第二通道750kV输变电工程）获准开展前期工作。官亭750kV变电站扩建、丁香330kV输变电工程、西格电铁供电工程等一批重点项目按期建成。新一轮农村电网升级改造工程实现全年进度目标。完成西宁配网自动化等5项智能电网试点，首座高海拔110kV智能变电站、全省首个智能小区建成投运。

大规模光伏发电并网运行控制试点工程率先通过国家电网公司验收。超常规推进光伏发电送出工程建设，建成330kV聚明汇集站，实现40座共100.3万kW光伏电站年底前并网的目标。

经营管理 国家电网公司东西帮扶资金全部落实到位，增强了青海公司发展能力。青海省政府两次出台外购电加价配售政策，拨付经济调节资金，基本弥补外购电价差。提高资金运作效益，提前归还贷款。电费回收保持“月结月清”，预付费率由18%上升至51%，国家电网公司系统首家电费资金电子对账系统和省地两级营销稽查监控系统上线运行。深化“六统一、五集中”财务集约化管理体系，财务集约化、信息化工作保持在国家电网公司系统前列；完成电子商务平台试点建设和仓储可视化项目建设，清仓利库盘活物资，实现库存物资信息“一本账”。加强同业对标管理，128项指标中42项进入A段，107项可比指标中67项同比提升，青海公司被评为国家电网公司系统同业对标综合管理进步单位，西宁公司成为大型供电企业资产经营专业标杆单位。

完成省公司层面主多分开和主辅分离改革。集体企业加强自身经营管理，特别是在青藏交直流联网工程等重点工程物资供应、后勤保障等方面发挥了重要作用。深入排查用户受电工程重点环节，完善防范“三指定”的长效机制。开展公务用车专项治理。深化工程建设领域突出问题专项治理工作取得成效。建立健全两级监督工作委员会，初步形成协同监督工作机制。严肃财经纪律，强化审计监督，存在问题得到有效整改。青海公司荣获全国“五五”普法先进单位称号。

安全生产 贯彻国务院《电力安全事故应急处置和调查处理条例》，落实电网安全稳定控制策略，全面梳理电网事故风险，提出电网补强方案。开展“两抓一建”安全风险管控活动，推进安全风险管控体系建设及承载力分析。治理违章，累计检查工程和作业现场3362个。全面排查治理电网安全隐患，推进输变电设备状态检修。组建青海公司应急救援基干队伍和应急专家队伍，建成4个地市级应急指挥中心。克服172项新建及改扩建项目启动投运、100万kW光伏电站大规模集中并网接入、电力供需矛盾突出等困难，保持了安全生产局面的稳定，全年未发生人身及电网事故，发生一般设备事故1起，同比减少13起，下降92.8%；发生设备一类障碍37起，同比减少30起，下降44.7%。

营销工作 青海公司充分发挥大电网配置资源的优势，通过国家电力交易市场跨区跨省购入电量79.6亿kWh，保障了全省电力可靠供应。全年共投运110kV及以上客户64户，投运容量223.63万kVA。青海电网日最大用电量达到16 090万kWh，最大负荷710万kW。2011年青海公司电费回收100%；综合线损率完成3.58%，同比降低0.7个百分点。

编制《“三指定”专项治理工作实施方案》、《“三指定”问题全过程风险防范措施手册》，出台“三指定”专项治理问责制，逐级签订治理工作责任状，建立“省控地、地控县、县控班、班控人”常态化四级控制制度，初步建立“三指定”专项治理长效工作机制。

依托用电信息采集技术，开展台区线损降损成效显著，高损台区下降5.7个百分点，台区综合线损率下降0.3个百分点。建立健全营销信息化应用常态沟通、评价、考核机制，开展营销信息实用化与深化应用工作，基础数据可用率从2011年98.26%上升到98.92%，营销信息化综合排名连续6个月保持国网系统前10名。

组建青海电力节能服务有限公司并通过国家发改委第三批节能服务公司审核备案，进入财政补贴、税收减免绿色通道；对19家有节能潜力的高耗能企业出具诊断报告，与北京坤诚有限公司建立项目合作关系，与民和天利、互助中力等4家企业签订节能技术改造项目，全年完成节能量1.5亿kVA（折合1.8万t标准煤），超额完成年度节能量指标。完成省为首个智能用电小区建设，实现了智能化、互动化的目标。组建青海电动汽车服务公司，举办青海省首届电动汽车发展交流研讨会，与省、市政府有关部门建立常态沟通、汇报机制，定期报送《电动汽车充换电设施建设信息动态》，编制修订《青海省电动汽车智能充换电服务网络“十二五”发展规划》，配合政府开展电动公交、电动环卫车运营可行性研究，为电动汽车在青海省的推广应用创造有利环境。

农电工作　农牧区10kV及以下电网未发生农电人身、电网和设备事故，湟源县公司获得国家电网公司农电安全管理标杆单位称号。完成农网供电可靠率RS-1 99.65%，同比提升0.11个百分点；完成农网综合电压合格率98.062 5%，同比提升0.032 4个百分点。2011年下达的农牧区10kV及以下农网改造升级工程项目开工率100%，其中海拔3500m以下项目年底前全部完工。

建立农电基础数据统计工作常态机制，创新配网运行评价工作，完成28个县域农配网运行水平和供电能力评估，为农配网科技进步、建设与改造提供依据。开展“三个一”农电安全宣教、农电特色品牌服务及农电人物主题宣传活动，发放宣传资料27 000份、安全宣传片450套，进校园讲课30次。

提升青海农网科技水平。平安县新农村电气化县建设通过省发改委组织验收，年内完成海晏县、德令哈市电气化县工程建设任务；推广“三通一标”，修改完善农牧区配网配电箱安装和下户线改造典型设计标准，2011年农网改造升级工程中应用节能型非晶合金配电变压器300台；完成配网集中监控系统建设前期工作，建成化隆、共和等6个县的配网在线监控系统，农网线路故障定位系统推广应用工作进一步展开。推进农村用电信息采集建设，提高农网自动化水平；开展农村低电压综合治理技术研究与应用，完成了格尔木35kV配电化科技项目建设、互助县调容型配电变压器试点项目。

完成六期180名农电员工配电业务基础培训和技能鉴定，6名农电工被国家电网公司命名为优秀人才。开展代管光伏电站运维工作，完成108座光伏电站三次巡检工作，消除缺陷和隐患666条，配合中国电科院完成离网光伏电站在线监测、风光互补试点科技项目。

科技与信息化　全面推进关键课题科研攻关，重点开展青藏交直流联网工程电气设备检测关键技术、电网安全稳定问题及对策研究。高海拔超高压输变电系统安全保障技术研究及应用项目荣获全省科技进步一等奖。申请专利27项，获得专利授权12项。应用紧凑型输电线路、节能变压器等先进适用技术成果，新技术推广应用率达到80%。梳理完善技术标准体系，编制完成青藏直流设备巡视规范等30项标准。开展信息系统应用提升年活动，信息化整体应用在国家电网公司系统综合排名由年初的第23名提升至前10名。

全面完成国家电网公司下达的智能电网试点任务，包括试点项目5项、推广示范项目3项，其中“大规模光伏发电并网运行控制试点工程”项目率先通过国家电网公司验收；电力光纤到户、智能小区项目的实施，为推广智能用电起到了较好的引领示范作用；首座高海拔智能变电站建成投运，为推广建设积累了宝贵经验。组织智能电网知识竞赛，荣获国家电网公司“优秀组织奖”。

优质服务　完成建党90周年、环青海湖国际公路自行车赛等重大保电任务。实施客户服务三年提升、五年创优计划，贯彻国家电网公司新“三个十条”，大客户报装时间缩短12天，贵强硅业、西部水电40万t大板铝等64家大客户供电工程按期投运，新增用电容量224万kVA。在国家电网公司系统内首家开发大客户一体化服务平台，并于10月21日成功上线，实时监控大客户生产经营情况，为VIP客户、重要及高危客户提供个性化、差异化服务，创新大客户服务管理模式和手段。95598集中运营优势开始显现，故障报修到达和修复超时率分别下降20、77个百分点。强化客户安全用电服务，首次与政府联合发文，开展高危及重要客户安全隐患排查治理，排查出安全隐患136条，并促请政府下发整改通知书，督导客户进行整改，对未整改安全隐患书面报送政府主管部门；践行“保姆式”服务理念，保障大客户安全可靠用电，主动协助西部锌业、青海宜化抢修设备，为客户挽回近千万元设备损失；充分发挥95598集中运营优势，建立“日报告、周分析、月通报”管控机制，故障报修到达现场超时限率、修复超时限率比2011年分别下降19.9%和76.6%；开展“两个十条”学习月活动，策划实施“供电服务面对面”、“大客户接待日”等沟通平台，主动走访政府和重点客户，虚心听取意见并落实整改。

党的建设和精神文明建设 开展纪念建党90周年系列活动及“为民服务、创先争优”活动，策划推出创先争优“115”特色工程和精品工程建设，命名20个标杆党员示范岗、20个标杆党员责任区、10个标杆突击队；在青藏交直流联网工程中，开展“筑电力天路攻坚克难、为党旗增辉创先争优”“攻坚”活动，涌现出了电网先锋党支部——青海送变电工地临时党支部和“祁萍服务班”、“杜金玉突击队”班站，涌现出了杨记宁、钱建华、张子跃、刘军等优秀共产党员和劳动模范。举办党组织党员风采事迹展览、“电网先锋论坛”和“双先双优”评选表彰活动等，开展“我身边的共产党员”征文、演讲活动和“向杨记宁同志学习”活动。公司2人的先进事迹入选国家电网公司青藏联网工程先进事迹报告团，杨记宁当选“十大感动青海人物”。

实施企业文化传播工程，组织编写青海公司企业文化“十二五”规划，编印“高原阳光文丛”，策划树立“青藏联网工程八个一”、“青海人物·杨记宁”等一批有影响力的成果案例。持续开展文明单位创建活动，西宁公司等7家单位获得国家电网公司文明单位称号，海南公司、信通公司获得全国文明单位称号。青海公司荣获“全国五一劳动奖状”。建成果洛公司、海西公司等基地，为高海拔地区基地加装电梯，改善边远地区员工的生产生活条件；组织开展“阳光心态、健康生活”员工心理健康教育活动，在本部和基层单位共举办了12场次员工心理健康辅导和团队训练活动。

开展“为民服务创先争优——共青团在行动”和“遇问题即改善，青年先行”活动，开展“五强五优五模范”共青团创先争优和立功竞赛活动等；开展青年安全示范岗、“青年突击队”、“为民服务——诚信计量服务队”和“号、手”建设；开展“青春光明行”志愿者服务活动；举办团青干部培训班和青年学习大讲堂，强化对团员青年的思想教育引导。

在西宁公司等五家单位试点创建以劳模或技术能手命名的职工创新工作室，收集各类成果42项，国家专利4项。2011年征集职工技术创新成果65项，2项获得国家专利，高海拔、寒冷地区超长GIS设备基础施工工法同时获得国家级二级工法及国家电网公司职工技术创新优秀成果二等奖，2项获得国家电网公司职工技术创新优秀成果三等奖。

主要事件

1月1日，青海三新农电有限公司正式运营，标志着青海电力公司积极研究探索农电管理新体制和新模式实现重大突破。

1月24日，国家电网公司党组决定：邓永辉任青海省电力公司总经理、中共青海省电力公司委员会副书记；李葛明任中共青海省电力公司委员会书记；董京营、祁太元任青海省电力公司副总经理，中共青海省电力公司委员会委员；免去王怀明的青海省电力公司总经理、党委副书记、委员职务；免去刘卫东总会计师职务。

1月，青海智鑫监理公司荣获2010年度全国建设监理先进单位。

4月6日，在中国电力建设企业协会发布2011年度中国电力科学技术成果会上，青海公司系统9项科技成果喜获该奖项。其中，由青海电力科学试验研究院申请的《高海拔外绝缘配置技术规范》、《GIS设备综合检测技术研究》2项成果获得一等奖。

4月15日，玉树电网恢复重建项目110kV称多和下拉秀输变电工程开工建设。

4月28日，青海公司被中华全国总工会授予全国“五一”劳动奖状；海南供电公司高原雄鹰河卡用电服务队荣获“全国工人先锋号”称号；超高压运检公司职工钱建华被授予全国“五一”劳动奖章。

5月5日，中央宣传部、司法部联合授予青海省电力公司“2006～2010年全国法制宣传教育先进单位”。

5月14日，在青海省科学技术奖励大会上，公司选报的《高海拔超高压输变电系统安全保障技术研究及应用》项目获“2010年度青海省科学技术进步一等奖”。

5月25日18时40分，国电龙源格尔木光伏电站并网发电。

5月，青海省平安县电气化建设项目通过省发改委组织的专家组验收，实现了青海省电气化县零的突破。

6月1日，青海公司车辆GPS动态管理系统正式启用。

6月15日，青海电力科学试验研究院成立电网规划研究中心。

6月23日，青海公司报送的《青藏联网工程“八个一”主题传播》荣获国家电网公司企业文化优秀案例一等奖。

7月18日14时，青藏联网工程±400kV直流线路全线贯通；7月20日，该工程（青海侧）验收工作全面启动。

7月18日，国家电网公司决定，王宏志任青海省电力公司总经理、中共青海省电力公司委员会副书记，免去邓永辉总经理、党委副书记、委员职务。

8月2日，青海劳动竞赛委员会，省总工会授予青海送变电工程公司等8个单位青海高原“工人先锋号”称号，成为首度荣膺青海高原“工人先锋号”的先进集体。

9月12日，青藏联网交直流段光纤通信电路全线开通。

9月16日，国家电网公司总经理刘振亚慰问青藏联网工程建设广大参战员工并听取工程建设情况汇报。

9月25日，西宁—格尔木750kV输变电工程投产运行。

同日，青海联网工程日月山—海西—柴达木750kW双回线路、750kV柴达木换流站2号主变压器投运，并开始试运行。

10月20日，青海首座智能变电站—西宁城东110kV变电站经智能化改造后投入运行。

10月21日，国家电网公司系统首个大客户一体化服务平台在青海公司上线运行；11月17日，该服务平台通过验收。

10月24日，青海公司“三集五大”体系建设综合协调办公室成立，“三集五大”体系建设全面启动。

10月26日，“国家电监会西北电监局青海电力监管业务办公室”挂牌成立。

11月3日，青海送变电员工杨记宁被评为“天佑德杯”十大感动青海人物。

11月7日，由青海公司超高压建设公司、青海送变电公司承建的日月山750kV变电站工程荣获全国建设工程质量最高荣誉“鲁班奖”，这是公司继西宁750kV变电站之后，三年内两获“鲁班奖”。

11月18日，青海官亭750kV变电站五期扩建工程投运。

12月9日，世界上海海拔最高，高寒地区建设规模最大，施工难题最多的输变电工程——青藏联网工程提前一年建成并投入运行。

12月15日，海西格尔木光伏电站并网的关键性工程——由省电力公司负责建设的聚明330kV变电站（原河东变电站）全部建成竣工，至此，青海公司负责的所有光伏电站接网工程已全面完成。

12月23日，国家电网公司党组决定：李生任中共青海省电力公司委员会委员、中共青海省电力公司纪律检查委员会书记（试用期一年），免去陈永浩中共青海省电力公司委员会委员、纪律检查委员会书记职务，任青海省电力公司副局级调研员。

12月30日，玉树州内结古、下拉秀、称多、囊谦四项110kV输变电工程、隆宝、巴塘、相古三项35kV输变电工按期建成。玉树东部3县实现110kV联网。玉树电网实现历史性跨越。

12月31日，青海公司系统内10座330kV变电站式实施少人值班运行模式。

（尹兰英）

【宁夏电力公司】

企业概况 宁夏电力公司（简称宁夏公司）是国家电网公司的全资子公司，是宁夏电网的建设者、经营者和管理者，是关系宁夏能源安全和经济社会发展的国有重要骨干企业。营业面积10万km^2（含陕西定边地区），用电客户226.48万户。

宁夏公司本部设置23个职能部室，下辖6个地市级供电局（银川、吴忠、石嘴山、中卫、宁东、固原），管理26个县级供电企业，共有6个专业分公司和2个全资子公司。

领导班子

总经理、党委副书记：张福轩

党委书记、副总经理：邢峻生

党委委员、副总经理：郭少锋

党委委员、副总经理：房　喜

党委委员、副总经理、工会主席：马家斌

党委委员、副总经理：佟卫东

党委委员、纪委书记、机关党委书记：靳　昶

党委委员、副总经理：刘运龙

党委委员，银川供电局局长：马林国

党委委员，总会计师：李　英

总工程师：葛　俊

组织机构

宁夏公司现行的组织结构采用以行政区划设置各级供电企业和以专业化管理设置分公司（机构）相结合的组织模式。公司系统全民职工总数8850人，本部共设置22个职能部室，下辖6个地方级供电局，管理26个县级供电企业，全部以直供到户模式服务各类用户；设置6个专业化分公司，主要承担电网建设、运行、计量、科研、电动汽车和节能服务等任务；2个全资子公司，主要从事送变电工程施工、监理等业务。

电网概况 宁夏电网以750kV/330kV/220kV三个电压等级构成区内主网架，并根据地域特点在银川以南构建330kV环网，在石嘴山地区构建了220kV环网，围绕西电东送工程，建成了“Y”字型750kV网架。宁夏公司拥有220kV及以上电压等级线路164条，其中750kV线路10条（包括2条省际联络线），

长度662km；330kV线路60条（包括5条省际联络线），长度2484km；220kV线路92条，长度1931km；±660kV宁东直流输电线路双回，长度2670km。

2011年，宁夏电网统调发电总装机容量1832万kW，其中水电42.23万kW，占2.3%；火电1608万kW，占87.8%；风电142万kW，占7.8%；光伏发电39.4万kW，占2.1%。统调发电量1003亿kWh，统调用电量735亿kWh，统调最大负荷966万kW。全年外送电量254.076亿kWh，其中直流送出253.217 7亿kWh。

人力资源　深化人力资源集约化管理，优化各级机构设置和人员配置，不断深化绩效考核体系建设，全员劳动生产率稳步提升。加强人才队伍建设，选聘5名首席技术专家和39名优秀专家，各级专家总数近200人，年度新增技师超过400人，新增中高级资格人员245人，加强干部队伍建设，提高各级干部的执行力；完善干部选拔任用和交流工作程序，全年共举办处级干部公开竞聘会4次，参加竞聘人员达148人。加强年轻干部的培养，选派10名青年骨干赴山东省电力集团公司挂职锻炼，并向国家电网公司推荐1名援藏青年干部。全年组织各类培训项目237个，参培36 282人次，全员培训率98.82%；加强员工入口管理和培训，招聘毕业生中研究生比例达到23%，电工类比例达75%，开展人力资源管理专项治理活动，提前一年实现了劳动定员达标和解决一线结构性缺员工作目标。

电网建设与发展　编制完成《宁夏电力公司“十二五”发展规划》，确定宁夏电力第二外送通道方案，促成宁夏—浙江±800kV直流工程取得“路条”，靖边—连云港特高压、宁夏智能电网建设分别纳入了国家及自治区“十二五”发展规划，为电网规划实施创造条件。全年共组织完成各电压等级项目可研评审39项，获批220、110kV输变电项目38项，全年共取得220kV及以上电网项目各级核准支持性文件30余项，取得750kV项目核准批复3项，取得220、110kV项目核准批复30项，确保2011、2012年电网建设顺利进行；组织完成13项用户供电方案、34项发电项目接入系统评审。

实现宁东—山东±660kV直流输电示范工程双极投运。解决±660kV电压等级过电压与绝缘配合、电磁环境与外绝缘、直流系统成套设计、阀厅设计和不同技术路线融合等技术难题，首次独立实现新电压等级直流系统的自主设计、主设备自主研发、自主成套、自主建设和自主调试运行；成功研制世界单台容量最大的换流变压器、容量最大的单12脉动换流阀（200万kW）、耐受电压最高的单12脉动换流阀组（660kV），在国内首次应用1000mm^{2}大截面导线。将西部资源优势转化为经济优势，促进了西部地区经济发展，为山东经济社会发展提供了可靠的电力保障。

开元110kV智能变电站、河滨220kV智能变电站按期优质投运，实现了一次设备智能化、信息交换标准化、系统高度集成化、运行控制自动化。参与并完成国家电网公司2011版输变电通用设计工作，宁东—山东±660kV直流输电线路、宁安迎水桥330kV线路、蒋家南330kV变电站等三项工程获优秀设计奖。全年投产110kV及以上变电容量404万kVA、线路500km；220kV及以上优质工程率100%，银川东变电工程入选国家30年经典工程；银川配电自动化通过国家电网公司实用化验收。

经营管理　全年累计完成业扩报装22.97万户，新增用电容量603.02万kVA，宁夏公司负荷最高达966万kW，全年售电量614.62亿kWh。市场占有率100%。累计外送电量258.96亿kWh。

规范会计核算行为，会计集中核算和“一键式”快报基本实现；推进大额资金集中运作，实现票据在线闭环管理，资金集中管理程度有效提升。修订标准化成本体系。

在“五大”体系建设方面，成立“三集五大”体系建设组织机构，准确把握建设原则、目标和任务，开展工作调研、思想动员、制度梳理、人员培训等工作，推行适应“三集五大”体系运转的管理模式，共梳理完善各类标准和管理制度499项。编制总体实施方案和14个专项方案，顺利通过国家电网公司审批。

在同业对标方面，加强对标结果诊断分析，以对标成果促进管理创新。组织开展同业对标典型经验推广工作，制定并印发《宁夏电力公司同业对标典型经验管理办法》，规范与细化典型经验管理。2011年，宁夏公司被国家电网公司评为综合进步先进单位，综合管理再获西北区域标杆单位，安全管理、资产经营、人力资源、电网建设4个专业荣获西北区域专业标杆单位，其中资产经营首获国家电网公司专业标杆。

在依法治企方面，全面启动“六五”普法工作，促成《宁夏回族自治区供用电条例》颁布实施，规范电力市场行为。完成国家电监会“三指定”专项检查、国家电网公司审计专项检查和财务专项督查等各项迎检工作，积极整改，确保实效。巩固“小金库”、工程领域等突出问题专项治理成果，规范公务用车、公务接待和会议管理。深化协同监督机制，加强廉政风险防控，落实领导干部“一岗双责”，强化廉洁从业教育，建立了覆盖全区的“四位一体”反腐倡廉教育基地网络，完成年度党风廉政建设考核目标。加强集体资产运营，提升集体企业盈利能力。按照国家电网公司统一部署，主辅分离有序完成。

安全生产 以“两抓一建”安全风险管控为载体，开展“三查四防”、“三抓一巩固”等各类安全生产专项活动。开展设备隐患排查治理和作业现场风险辨识，排查整改各类重大安全隐患112起。面对“超高压、交直流、大机组、大外送”复杂电网，开展电网安全风险校核与分析，提升电网安全管控水平。完善资产全寿命周期管理评估体系，持续推进资产全寿命周期管理。深化状态检修工作，发挥可靠性指标对检修计划的指导作用，着力提高设备可用系数和供电可靠性。开展设备带电监测工作，为提高设备状态评价水平提供技术保障。完善应急体系，组建应急救援基干分队，发布21项应急预案，组织开展迎峰度夏、地震灾害救援、数据级灾备等专项演练24次；完成第二届中阿经贸论坛及国庆节等重大节日、重要活动保电任务。实施配电设备改造和通信通道建设，加大配电网改造升级力度，解决“卡脖子”问题。加强带电作业管理，在国家电网公司首届配网带电作业比武中获得西北地区第一名。

2011年，宁夏公司未发生电网稳定破坏事故，未发生大面积停电事故，未发生人身伤亡事故，未发生设备损坏事故，未发生高危企业和重要用户供电事故，未发生重特大及以上交通、火灾事故，未发生对公司和社会造成重大影响的安全事故（事件）。全年共发生设备一类障碍6次，同比减少9次；基建、农电无人身伤亡事故。

营销工作 加强售电量分析预测，密切跟踪负荷变化，明确负荷波动的原因，主动服务经营决策，拉负荷、保电量、避风险，保持了售电量持续稳步增长。建立市场开拓长效机制。提高日统计、周分析、月报告的及时性和准确度，按月编制《宁夏电力公司负荷发展报告》，对全部140多家高耗能用户及80多家新增重点用电项目深入调研、持续跟踪，分析电力供需形势，巩固现有市场，拓展新兴市场。利用SG186营销业务系统做好电费回收的全程监管，对发现的欠费隐患及时预警，有效确保了当年电费回收率100%。

加快节能服务体系和电动汽车智能充换电服务网络建设，组建节能服务公司、电动汽车服务公司。编制《公司“十二五”电动汽车充换电服务网络发展规划》。宁东灵州换电站建成投入运行；银川简易换电站、中卫沙坡头换电站已进入工程设计阶段；试点开展电动自行车充电桩建设项目。能效服务网络初步形成，开展合同能源管理等服务项目，分别与天达、瀛海等12家企业签订能效服务合作意向书，实施并完成了大有冶炼有限公司无功补偿节能服务项目。推进智能用电小区试点建设，完成1066台多元化缴费设备安装，建成湖映康晨智能用电小区。加快用电信息采集系统建设，完成1.65万公用变压器、0.86万专用变压器、102万居民及一般工商业用户的年度建设任务，采集覆盖率达到62.71%。开展实用化自评价工作，提升营销业务应用系统的实用化水平，顺利通过国家电网公司实用化测评。

农电工作 2011年，宁夏公司新建和扩建53座35kV变电站，新增主变压器容量213 700kVA，新建改造35kV线路308.98km。新建改造农网10kV线路997.02km，新增及更换配电变压器233 605kVA / 2484台，新建改造农网低压线路3771.11km，全面完成农网改造升级工程既定目标任务。加强农网运维管理，开展配电台区合理性评价，加强农网资产的规范化管理，完善农网应急抢修预案，提升农网运行维护水平。建立线损管理常态机制，在贺兰、青铜峡、中宁供电局开展农网综合降损辅助决策系统试点工作，推行线损“五分”管理，共计对58条10kV线路、2608个台区进行辅助降损理论计算，实施了5条线路和98个台区的降损建议。

推进农电标准化建设工作，将原有309个供电所（站）优化整合为219个供电所和90个营业网点。完成84个供电所达标建设，达标率100%，建成5个国家电网级、8个公司级“标准化示范供电所”。实施农电员工绩效管理。开展农电工教育培训和技能鉴定工作，全年举办各类培训班24期，培训农电工1120人，完成2100多名农电工的技能鉴定工作，取证高中级工777人，占农电工总数的21.47%。

科技与信息化 开展重大科研攻关。特高压交直流、多直流协调控制系统研发及示范通过评审，大规模光伏并网发电科技及应用取得新突破。电网GIS平台上线运行，在国内首次开展同杆双回线零序环流对继电保护的影响研究，电网统一视频监视平台成功试点，集中式信息容灾系统全面建成，为电网安全运行提供可靠的技术保障。首次通过风光一体功率预测系统，实现超短期功率预测。《大容量炉变差动保护解决方案》获自治区科技成果重点推广项目，2项成果获国家电网公司2011年科技进步奖，62项专利获国家授权。全年累计完成申请专利受理57项，完成国家电网公司年度基本指标的127%；获得专利授权41项，完成年度计划的117%。

在信息化建设方面，创新信息化管理五项机制，推进一体化信息调度运行体系建设，信息化水平不断提升。开展信息系统权限集中管理，加强系统深化应用培训，推进信息系统深化应用及实用化评价，信息化应用水平继续位居国家电网公司前列。2011年，宁夏公司信息广域网可用率100%，信息局域网可用率 99.997%；在运信息系统共计 60 个，总体运行率为 99.978%；未发生信息系统各类事故及障碍。

优质服务 坚持“你用电、我用心”服务理念，开展“建功勋、创十佳”为民服务创先争优活动。梳理并完善营销服务业务流程和管理制度，为加快构建“大营销”体系夯实基础。以真诚服务热线客户、推行营业窗口光明服务、提升社区服务水平、全面提速故障报修、服务民生满意工程五项举措，加大推进 95598 光明服务工程建设。制定《宁夏电力公司供电服务评价实施方案》，对供电营业厅、95598 供电服务热线、故障报修、业扩报装、投诉举报五个重点服务项目 59 个测评指标开展监督和评价。全面启动供电服务标准化体系建设，组织实施 30 个城市供电营业厅标准化分级创建。全面落实国家电网公司新“三个十条”和供电服务“十项新举措”，精心打造 95598 光明服务工程，全力做好发电企业服务工作。

支持新能源项目建设，年内接入风力发电 355.9MW，光伏发电 351MW，实现新能源电力的全额保障性接纳。积极支持社会公益事业，全年向自治区生态移民工程、希望工程等捐款共 267 万元。加强新闻宣传力度，全年对外宣传刊发总量同比增长 41%。

党的建设和精神文明建设 开展纪念建党 90 周年系列活动，不断深化“走在前、作表率”党建主题实践活动和“为民服务创先争优”活动。开展“讲学习、抓执行、强服务”主题教育活动，全员学习能力、执行能力和服务能力有效提升。开展“百名政工干部下一线，万名员工群众评党员”活动，着力打造“组织强、班子好、党员优”的党建品牌。深化“四好”领导班子建设，严格执行“三重一大”决策制度，提高科学决策水平。

推进“五统一”企业文化建设，开展“企业文化落地”主题实践活动，13 项成果分获国家电网公司和中电联表彰。宁夏公司机关和所属中卫供电局获第三批全国文明单位，3 个单位荣获 2009～2010 年度国家电网公司文明单位，4 个单位继续保持“全国文明单位”称号。

加强工会工作，创立职工技术、班组文化等 9 个创新工作室，建成 133 个“国家电网公司达标班组”、521 个“公司级达标班组”；2 个班组获国家电网公司“工人先锋号”。深化“青”字号品牌活动，30 余项“五小”成果运用于生产实践，“功能团小组搭建青年成才新平台”荣获国家电网公司基层团建创新奖；服务离退休老同志，开展健康食堂创建活动。

主要事件

宁夏公司受自治区人民政府表彰。1 月，宁夏回族自治区人民政府专门发文通报表彰宁夏电力公司。文件充分肯定了宁夏公司过去一年取得的成绩，褒奖了公司为自治区经济社会发展作出的积极贡献。

1 月，总投资 2035 万元的银川市贺兰县农网配电自动化工程竣工，实现了地区配网、县城调度业务集成融合。农村电网智能化建设储备了技术，积累了经验。

1 月 17 日，银川海宝电动汽车充电站顺利竣工投运。此项工程是推动电动汽车进入生产、生活领域的基础设施。

1 月 27 日，中共宁夏回族自治区党政主要负责人在银川会见国家电网公司副总经理郑宝森。自治区党委政府对国家电网公司实施跨区电网建设，促进宁夏电力外送，助力民族地区经济发展表示感谢。双方在会谈中还就共同推进建设宁夏电力规模外送第二条通道达成共识。

1 月 28 日，宁东—山东±660kV 直流输电工程正式投运。宁夏回族自治区政府主席王正伟和国家电网公司副总经理郑宝森共同下达了工程投运指令。

3 月 8 日，经过自治区车辆管理部门核准的宁夏首辆纯电动汽车正式挂牌，标志着自治区电动汽车及配套产业扶持政策初见成效。

5 月 16 日，宁夏电网实现安全运行 4000 天、11 年无事故，创造了宁夏电力安全生产史上的最好成绩。

5 月 30 日，宁夏首座智能变电站——开元 110kV 变电站建成投运。该站采用先进、可靠、集成、低碳、环保的智能电气设备，以信息数字化、通信网络化、共享信息标准化为基本要求，具有自动采集分析数据，自动监测、控制等能，在技术和设计上起到示范作用。

8 月 5 日，《宁夏回族自治区供用电条例》获宁夏回族自治区十届人大常委会表决通过，并于 10 月 1 日起正式实施。

9 月 6 日，国家电网公司总经理、党组书记刘振亚在北京与到访的中共宁夏回族自治区党委书记张毅、自治区人民政府主席王正伟举行会谈。双方在发挥特高压跨区电网优势、加大宁电外送、促进资源优势向经济优势转化等方面达成共识，希望促成宁夏—浙江±800kV 直流工程、竣边—连云港特高压等重要项目列入国家“十二五”发展规划。

9 月 27 日，宁夏首座 220kV 智能变电站—石嘴山河滨 220kV 变正式建成投运。

11 月，宁夏电网外送电量突破 200 亿 kWh。

12 月 1 日，宁夏电网日外送电量突破 1 亿 kWh。

（胡光泽）

【新疆电力公司】

企业概况 新疆电力公司（简称新疆公司）是国

家电网公司的全资企业，是以经营新疆电网为核心业务的国有企业。新疆公司本部设 20 个职能部（室、中心）及新疆电力工会，所属供电企业 13 家，所属建设、科研和教育培训等单位 11 家。

领导班子

总经理、党组副书记：王风雷

党组书记、副总经理：杨玉林

党组成员、副总经理：沙拉木·买买提

党组成员、副总经理兼工会主席：侯立强

党组成员、副总经理兼乌鲁木齐电业局局长、党委副书记：谭洪恩

党组成员、副总经理：施学谦　叶　军

党组成员、总会计师：张宁杰

党组成员、纪检组长：开赛江

总工程师：金　炜

总经济师：许传辉

组织机构　办公室，发展策划部，特高压疆电外送办公室，人力资源部，财务资产部，安全监察部，生产技术部，基建部，营销部，农电工作部，科技信息部，物资部（招投标管理中心），审计部，监察部，思想政治工作部，离退休工作部，新疆电力调度通信中心，新疆电网电力交易中心，机关工作部武装保卫部（公安处、武装部），新疆电力工会。

电网概况　截至 2011 年底，新疆公司拥有 750kV 线路 8 条 2038.49km，变电所 5 座 700 万 kVA；220kV 线路 155 条 10 060.54km，变电站 63 座 1574.6 万 kVA；110kV 线路 524 条 15 362.83km，变电所 255 座 1354.75 万 kVA。新疆公司统一调度的新疆电网已覆盖自治区全部 14 个地州（市）。

人力资源　完善"十二五"人力资源规划及人才发展规划。严把员工入口关，公司系统劳动用工审批率达到 100%。全面推进和田电力公司等 4 家试点单位绩效管理工作，班组绩效积分制试点经验得到国家电网公司好评。开展公司本部机构改革和竞聘上岗工作，为提升公司本部绩效水平打下基础。编印领导干部三项管理制度，加大对领导干部、后备干部的考核评价力度。新疆公司配电带电作业实训基地顺利通过验收，率先在西北 5 省中取得培训资质。提高全员培训率，累计培训 14 万余人次。完善新疆公司远程培训系统，初步建成新疆公司网络培训学院。组织参加国家电网公司配电带电作业等 4 项专业竞赛和知识大赛，取得了个人前 10 名的成绩。选派 13 名青年管理和技术骨干赴总部和先进单位挂职实践锻炼。

电网建设与发展　电网规划和前期工作成效显著。加强网架结构、大电源接入和电网薄弱点等问题研究，及时修订完善电网规划，全年累计取得 110～220kV 项目前期工作路条 495 个，核准批复项目 209 个。提前部署 2012 年电网建设任务，下达 2013 年及 2014 年前期工作计划。

"疆电外送"工作取得重要进展。哈密南—郑州 ±800kV 特高压直流外送工程各项前期和建设准备工作全部完成。新疆与西北 750kV 联网第二通道工程取得国家发改委路条。

各级电网建设快速协调推进。加快建设 750kV 骨干网架，吐鲁番—巴音郭楞输变电工程和凤凰—乌北升压工程顺利投产；准东五彩湾、凤凰变电站扩建、哈密南—郑州特高压直流送端配套等 3 项工程获得国家发改委路条；凤凰—乌苏—伊犁输变电工程获得国家发改委核准。加大 220kV 和 110kV 项目建设力度，开工 109 项，投产 93 项。220kV 尉犁、沙湾、靖远、巩留等迎峰度夏工程按期投产。加强工程质量管理，220kV 及以上输变电工程优质率达 81%。

重点项目和民生工程顺利完成。超前完成准东区域湖北宜化等 4 家大型企业供电任务。塔中—且末—若羌工程按期投运，结束了且末、若羌两县电网孤网运行历史，新疆大电网已覆盖全疆所有县域。协调政府建立农网工程建设协调机制，农网改造升级和无电地区电力建设等民生工程超前全面完成，完工项目 422 个，惠及全疆 400 余万农牧民，解决了 2.2 万户、8.95 万人的无电问题。

经营管理　完成主辅分离工作，3 家单位平稳移交。加大规范管理力度，理顺监理、信通和物资公司等单位的管理关系。落实"六统一、五集中"各项措施，强化全面预算管理，提高预算执行和调控能力。推进全面风险管理，完成财务大检查工作，风险在线监控获国家电网公司西北区域标杆单位。规范物资计划申报流程和审核，完善物资计划管理机制。加大集中规模招标力度。加强质量过程管控，强化设备质量和供应商资质监督，充分发挥质量检测中心的作用，保证设备质量可靠。

安全生产　开展"两抓一建"安全风险管控活动，落实安全生产责任制和各项反事故措施。强化现场风险管控和管理人员到岗到位监督，提高风险管控能力。严肃事故调查和责任追究，加大奖惩力度，人员责任事故同比下降 15.2%。开展隐患排查治理和各类安全检查，发现缺陷和隐患 13 052 项，已整改 10 787 项。加强应急体系建设，提升应急保障能力。发挥警企合作优势，加强防外力破坏和反窃电工作。重视大电网安全管理，强化了电厂、重要用户设备和电网二次系统等重要环节的安全监控。加强设备和电网运行管理。开展电网设备整治，设备技术装备水平和健康状况持续提升。完善变电站无人值班管理，无人值班化率达到 79%。开展设备带电监测，完成 310 座 110kV 及以上变电站带电监测工作，保障电网安

全稳定运行。认真制定落实迎峰度夏（冬）方案，妥善应对增幅达 31.2%的负荷高峰，顺利完成迎峰度夏（冬）任务。备用调度中心建成投运，新疆电网调度容灾能力进一步提升。

营销工作 电力市场开拓取得新进展。规范自备电厂管理，提出“统一收购、定向销售”的市场模式，引导中泰化学、信发铝业等 21 家 385.3 万 kW 自备机组参照公用机组方式结算。加强与兵团、石油、水利系统的合作，与农一师、农七师、农八师等 6 个师建立新型供电合作关系，伊河建管局、天富南下线 220kV 资产移交公司。加大业扩报装流程管理，累计完成报装接电 1093.7 万 kVA，同比增长 78.4%。加大电费回收管控力度，电费回收率达到 100%。全面推行付费购电结算模式，12 家供电单位取得政府支持性文件。拓展电费缴费渠道，新增购电网点 199 个，方便客户缴费。

农电工作 推进县级供电企业管理，察布查尔等 3 家单位获得国家电网公司一流县供电企业称号。夯实供电所基础管理，4 个供电所获得国家电网公司标准化示范供电所称号。重视县级供电企业队伍建设，举办县公司负责人、供电所所长等各层面培训班。研究建立农村供电所正向激励机制，为农电工队伍成长搭建平台。投入 4115 万元建设、修缮 30 个基层供电所，改善一线生产生活环境。

科技与信息化 编制新疆公司“十二五”科技发展规划，明确科技工作发展方向。加大科技攻关力度，完成科研项目 34 项，荣获自治区（省部级）科技奖项 3 项。深化与国家电网电力科学研究院合作，建立科技工作长期合作框架，提升科技发展潜力。加强信息化建设，开展系统深化应用工作，加快营销、生产等业务系统升级完善，拓展系统应用深度和覆盖范围。

优质服务 建立健全供电保障工作机制，完成首届中国—亚欧博览会、“神八”发射等重要保电任务。高效应对伊犁巩留县、喀什伽师县地震灾害，供电保障和抗震救灾工作获得国家电网公司、地方党委政府和广大群众好评。完成 95598 岗位人员培训、技能大赛和抽调考工作，提高窗口服务的规范化水平。做好客户受电工程“三指定”专项治理工作。开展营销稽查监控系统建设，公司本部和 13 个地州供电单位全部上线运行。推进用电信息采集系统建设，整体采集覆盖率达到 40%。完善对发电企业的“一站式”服务机制，交易服务工作获得国家电网公司和发电企业好评。开展“民生电网建设”主题宣传，展现责任央企的良好形象。认真履行社会责任，开展对口策勒县扶贫工作，新疆公司获得自治区党委扶贫工作先进单位称号。

党的建设和精神文明建设 深化“为民服务创先争优”和“我为党旗添光彩”主题实践活动。制定《新疆电力公司基层党组织工作条例》，新疆公司所属 3 个党支部被国家电网公司评为“电网先锋标兵党支部”。

编印《新疆电力公司反腐倡廉体系文件汇编》。推进以职能部门纵向监督和监督委员会横向指导相结合的工作模式，提升协同监督效果。严格履行“三重一大”决策程序，修订完善《中共新疆电力公司党组议事规则》、《新疆电力公司工作规则》等制度。开展依法治企和规范管理自查自纠活动，查出并整改问题 91 个。组织中层干部撰写心得，开展廉政考试，强化廉洁从业意识。开展“小金库”、“工程建设领域突出问题”、“严肃财经纪律”等专项治理工作。推进县供电企业突出矛盾和问题排查治理，查出问题 809 条，已整改 796 条，提升县供电企业规范运作水平。

推进精神文明创建及企业文化“三大工程”，乌鲁木齐电业局等 5 家单位荣获全国文明单位。评选表彰新疆公司“十大劳模”，集中选树、宣传全国劳模姜淑华、“感动电力人物”赛里别克、中国金牌最美供电所——驼峰供电所等一批先进典型。

主要事件

1 月 10 日，新疆公司投资建设的 750kV 吐鲁番—巴音郭楞输变电工程投入运行，新疆电网向南疆五地州电力输送能力由 27 万 kW 提高至 54 万 kW。该工程是继 2010 年 11 月 3 日新疆与西北 750kV 联网工程后，新疆投入运行的第二条 750kV 输变电工程，总投资 13 亿元，线路全长 335km（单回架设）。

1 月 15 日，新疆公司五届一次职工代表大会暨 2011 年工作会议召开，新疆公司总经理苏胜新作了题为《励精图治，努力超越，为建设新疆坚强智能送端电网而奋斗》的工作报告。

1 月 24 日，新疆维吾尔自治区政府下发《关于 2010 年自治区安全生产目标管理考核情况的通报》，新疆公司连续 3 年荣获新疆维吾尔自治区安全生产目标管理“先进单位”称号。

1 月 27 日，新疆公司邀请新疆发电企业召开网厂联谊会。

2 月 12 日，国家电网公司党组调整公司领导班子，王风雷任新疆电力公司总经理、党组副书记，杨玉林同志任新疆电力公司党组书记、副总经理，苏胜新调国家电网公司任职。2 月 25 日，新疆公司召开大会宣布了相关文件。

2 月，新疆公司在 2010 年国家电网公司党风廉政建设责任制考核中荣获“优秀单位”称号。

3 月 2 日，新疆伊犁河流域开发建设管理局 220kV 电力资产移交新疆公司，新疆维吾尔自治区政府副秘书长徐斌、办公厅副主任李峪杨，伊犁州副州长李成，伊河建管局领导李世新、侯继东，新疆公司副总经理叶军出席了移交签字仪式。

同日，新疆公司所属新疆送变电工程公司完成新疆与西北电网联网工程——750kV（甘肃敦煌—新疆哈密）Ⅰ回输电线路644号铁塔带电更换R销及加装碗头抱箍作业，这是新疆公司首次成功实施750kV带电作业。

3月4日，国家电网公司总经理、党组书记刘振亚在国家电网公司总部与到访的新疆维吾尔自治区党委书记张春贤，自治区党委副书记、自治区主席努尔·白克力，自治区党委副书记、新疆生产建设兵团党委书记、政委车俊一行举行会谈。双方强调，“十二五”期间，在满足新疆自治区内用电的基础上，着力加大“疆电外送”力度，推动新疆资源优势向经济优势转化。

3月18日，新疆公司召开2011年政工工作会议暨“我为党旗添光彩”主题实践活动启动大会。

3月23日，新疆公司与新疆电网内各发电企业签订第一期跨区跨省外送购售电合同，3～7月新疆电网将向其他省区送电12亿kWh。

3月26日，西北电网有限公司乌鲁木齐建设（运行管理）公司人员、资产和在建工程成建制划转新疆公司。

4月2日，新疆维吾尔自治区党委副书记、自治区主席努尔·白克力，自治区政协副主席、经信委主任王永明一行视察新疆公司所属750kV哈密变电站了解新疆与西北联网工程投运后的电网运行情况。

4月15日，新疆维吾尔自治区发改委召开哈密—河南、准东—重庆两条特高压直流工程前期工作启动会议，全面展开工程可行性研究。

4月18日，以国家电网公司工会副主席史高社为组长的国家电网公司职工代表巡视检查组一行来新疆公司，对贯彻落实国家电网公司“两会”精神等11项重点工作开展情况进行巡视。

4月22日，新疆公司所属阿勒泰电力公司哈巴河供电公司铁热克提乡供电所长赛力别克·哈楞别克荣获中国电力报社和中国电力报刊协会“2010感动电力人物奖”称号。

4月27日，新疆公司召开2011年劳动模范表彰大会，授予乌鲁木齐电业局变电检修工区二次专责贵新民、昌吉电业局客户服务中心营业厅负责人赵雪莲、奎屯电业局客户服务中心主任缪志勇、塔城电力公司配电运检工区主任仲军、疆南电力公司塔什库尔干县供电分公司红其拉甫供电所所长加沙来提·卡斯木、阿勒泰电力公司哈巴河供电公司铁热克供电所所长赛力别克·哈楞别克、阿克苏电力公司变电检修工区班长阿巴拜克热·吾布力、新疆电力教育培训中心教师祖平文、新疆送变电工程公司国际公司经理张惠玲、天山电力股份有限公司燃运公司经理彭跃等10人“新疆电力公司劳动模范”荣誉称号。

5月3日，新疆公司调整特高压疆电外送领导小组成员，下设特高压疆电外送办公室暂按公司本部部门建制设置。

5月5日，中共中央政治局常委、中央政法委书记周永康，中共中央政治局委员、中央政法委副书记王乐泉和中央有关部门负责人，在新疆维吾尔自治区党委书记张春贤，自治区主席努尔·白克力，国家电网公司党组成员、副总经理舒印彪和新疆公司总经理王风雷、党组书记杨玉林陪同下视察公司所属750kV哈密变电站，看望和慰问生产一线员工。

5月9日，国家电网公司总经理、党组书记刘振亚来公司视察工作，召集公司主要负责人和随行领导就特高压“疆电外送”、新疆750kV主网架和各级电网规划等重点问题深入讨论研究。

5月16日，新疆公司发布《网络信息系统突发事件处置应急预案》，5月17日发布《大风沙尘暴灾害处置应急预案》、《雨雪冰冻灾害处置应急预案》。

5月23日，国家电网公司党组成员、副总经理杨庆，营销部主任苏胜新等在新疆公司领导王风雷、谭洪恩、金炜等陪同下往公司所属乌鲁木齐电业局视察，看望和慰问生产一线员工。后与新疆维吾尔自治区党委副书记、自治区主席努尔·白克力就加快电网发展进行会谈。

5月26日，国家能源局批准开展±800kV新疆哈密—河南郑州特高压直流输电工程前期论证工作。

5月27日，国家电网公司发展策划部副主任吕健带领50余人的专家组在新疆公司副总经理沙拉木·买买提陪同下，前往哈密实地踏勘规划中的±800kV哈密—郑州特高压直流输电工程初步选定的换流站——陶家宫、红旗村北、烽火台和花园乡站址。

6月2日，新疆维吾尔自治区成立“疆电外送”工程协调工作领导小组，组长由自治区党委常委、自治区常务副主席黄卫担任；副组长由自治区党委常委、自治区副主席库热西·买合苏提，自治区政协副主席、自治区经济和信息化委员会主任王永明，自治区政协副主席、自治区发展和改革委员会主任刘晏良，新疆军区副司令员来策义，生产建设兵团副政委雪克来提·扎克尔等担任；自治区发改委、国土资源厅、环境保护厅等16个有关厅局，昌吉州、哈密地区领导和新疆公司总经理王风雷担任成员。

6月8日，新疆公司投资2700万元建设的35kV白杨河无电发地区通电工程竣工，塔城地区托里县乌雪特乡白杨河区域4个行政牧业村1600多户、7000多名哈萨克农牧民用上了电。

6月13日，国家电网公司副总经理、党组成员杨庆在新疆公司总部与到访的新疆自治区党委常委、副主席库热西·买合苏提一行举行会谈。双方表示，将共同推进“疆电外送”特高压工程建设，促进新疆资源优势转化为经济优势。

6月27日，新疆公司召开纪念建党90周年“创先争优”表彰大会。公司总经理王风雷主持会议，公司党组书记杨玉林讲话，公司电网先锋党支部、优秀共产党员、优秀党务工作者受到表彰，会后举办了纪念建党90周年文艺演出和书法美术摄影作品展。

7月8日，新疆公司邀请国家电网公司建设部高理迎副主任举办《特高压直流输电技术创新与实践》专题讲座。

7月19日，新疆公司2011年年中工作会议召开。公司总经理王风雷作了题为《团结奋进，创新发展，确保完成全年工作任务》的工作报告，党组书记杨玉林主持会议并传达国家电网公司年中工作会议精神。

7月22日，新疆公司首次采用竞价匹配交易方式在新疆电网电力交易中心签订发电权替代交易合同，此合同将网上停产、部分停产的小火电机组发电权，采用竞价匹配交易方式转让，由网上高效环保机组替代低效高污染机组发电。

7月29日，新疆公司荣获新疆维吾尔自治区重点扶持“100户优强企业”称号。

7月，新疆公司所属全部县级公司已与公安机关联合成立“打击涉电犯罪办公室”。

8月11日18时06分，喀什地区伽师县西克尔库勒镇发生里氏5.8级地震，同时伴有冰雹、大风、暴雨，导致新疆公司所属疆南电力公司35kV伽卧线13基电杆倒覆，243户村民约2260人用电中断。新疆公司20时30分启动突发事件应急响应，公司应急领导小组研究决定：疆南电力公司启动应急预案，集结由40人组成的抢险队伍，调集抢修车辆、抢修物资和2台应急电源车，迅速赶赴受灾区域，向临时搭建的居民救助点和政府抗震救援指挥部供电。8月13日9时40分，伽师县的卧里托格拉克乡、古勒鲁克乡、西克尔镇地震灾区电力供应全部恢复。8月16日，国家电网公司副总经理帅军庆在新疆公司关于伽师县灾区恢复电力供应情况汇报材料上批示：“对新疆公司抗震抢险、恢复供电工作予以充分肯定。”

8月27日，国家电监会副主席史玉波一行在国家电网公司总经理助理孙佩京、新疆公司党组书记杨玉林、副总经理兼乌鲁木齐电业局局长谭洪恩、副总经理施学谦陪同下，来新疆公司新疆电力调度中心、亚欧博览会主场馆及重要变电所检查调研，对公司亚欧博览会保电工作给予充分的肯定。国家电监办有关部门负责人，新疆电监办专员曹继耀，国家电网公司安全监察质量部副主任王利群等随同调研。

9月5日，中国电力工程顾问集团公司在北京召开±800kV哈密—郑州特高压直流输电工程可行性研究报告评审会。国家能源局、国家电网公司、新疆能源局、河南省能源局和工程沿线相关各省（区）电力公司及相关可行性研究设计单位参加会议。线路自新疆哈密南湖乡烽火台换流站起，途经新疆、甘肃、陕西、宁夏、山西、河南6省（区），至河南郑州中牟县大孟换流站止，全长约2207km，动态投资225亿元。

9月7日，±800kV哈密—郑州特高压直流输电工程换流站（预）初步设计启动动员会在哈密召开。国家电网公司建设部副主任高理迎、新疆电力公司副总经理沙拉木·买买提、哈密地区人大工委主任樊庆魁出席会议。

9月8日，共青团新疆公司团委印发通知，在各级团组织中开展“基层团组织比作为，争当服务大局的先锋队；青年文明号集体比服务，争做优质服务的排头兵；共青团员比奉献，争做科学发展的生力军”的“三比三争”为民服务创先争优主题活动。

9月14日，中共新疆维吾尔自治区党委书记张春贤，自治区党委常委、秘书长白志杰，自治区政协副主席、发改委主任刘晏良等来公司视察。在新疆公司电力调度中心了解电网运行情况，听取了公司总经理王风雷的工作汇报，赞扬电力员工是一支顾全大局、训练有素、能打善冲的队伍。

10月8日，新疆公司召开本部内设机构改革、全员竞聘上岗动员大会，根据业务职能类别和编制情况，各职能部室和电力工会统一内设职能处室68个。

10月10日，国家电网公司党组成员、副总经理郑宝森与新疆维吾尔自治区党委书记张春贤举行会谈，双方表示将加强合作，携手推进特高压“疆电外送”工作，实现中央提出的“十二五”疆电外送规模达到3000万kW的目标。

10月24日，新疆公司总经理王风雷与来访的中国能源建设集团有限公司副总经理兰春杰一行，就新疆电力设计院、新疆电力建设公司、新疆新能实业公司3家辅业单位划转移交工作进行会谈。按照国资委要求。

10月27日，新疆公司总会计师张宁杰与中国能源建设集团有限公司筹备宣传组组长吴毅强草签了《新疆电力公司所属分离企业国有产权无偿划转协议》。

同日，新疆公司副总经理叶军受公司党组委托，在古尔邦节前夕往公司对口支援的策勒县固拉哈玛乡慰问贫困农民，为他们送上节日的祝福、慰问金和慰问品，并向固拉哈玛乡赠款5万元。

11月18日，新疆公司党组理论学习中心组组织专题学习，结合新疆电网、公司发展实际，研讨建设和弘扬统一的企业文化工作。

12月2日，新疆公司召开建设和弘扬统一企业文化推进会。

12月3日，110kV乌恰县乌鲁克恰提输变电工程投运，标志着公司2011年投资25.27亿元建设的422项电力民生工程提前一个月全部竣工，总计新建和改造220kV变电所2座、线路270km，110kV变电所36座、线路622km，35kV变电所88座、线路817km，配电变压器1822台、10kV线路3584km、0.4kV线路2232km，完成户表改造127 927户，惠及400多万农牧民。

同日，新疆公司在本部、乌鲁木齐电业局、奎屯电业局、阿克苏电力公司设立4个考场，对党组管理的209名领导人员进行党风廉政建设知识闭卷考试。

12月27日，新疆公司在轮台县举行220、110kV轮台—塔中—且末—若羌输变电工程投运仪式，公司党组书记杨玉林主持仪式，新疆维吾尔自治区党委副书记、自治区主席努尔·白克力，自治区政府副秘书长、办公厅主任王慧林，巴音郭楞州委书记彭家瑞、州长史建勇，公司总经理王风雷、副总经理沙拉木·买买提及自治区发改委、国土资源厅、环保厅、建设厅、办公厅、经信委等有关厅局领导出席仪式。工程投资近10亿元，220kV轮台—塔中段工程已于2010年10月投运，此次投运的塔中—且末—若羌段工程新建220kV变电所和3座110kV变电所，建设110kV以上输电线路587km。

12月28日，位于奎屯电业局的新疆电网备用调度中心投运，以有效提高新疆电网调度抵御各类事故、自然灾害和社会突发事件的能力。

12月31日，国家发改委核准750kV凤凰—乌苏—伊犁输变电工程（发改能源〔2011〕3200号）。工程总投资21亿元，规模为新建750kV伊犁变电站1座，主变压器容量150万kVA；新建750kV乌苏开关站1座；新建750kV凤凰—乌苏—伊犁线路416km。

同月，国家能源局批复新疆750kV准东五彩湾输变电工程、750kV凤凰变电所扩建工程、哈密—郑州特高压直流送端750kV配套工程、哈密南—甘肃沙洲（新疆与西北750kV联网第二通道）4项工程开展前期工作。

同月，新疆公司荣获新疆维吾尔自治区第三轮部门包村定点扶贫工作先进集体称号。

（旷路明）

南方五省区

【广东电网公司】

企业概况 广东电网公司前身是广东省广电集团有限公司，2002年12月29日，国家电力体制实施重大改革，广东省广电集团有限公司划归中国南方电网有限责任公司。根据《国务院关于组建中国南方电网有限责任公司有关问题的批复》（国发〔2002〕5号）和国家发改委批准的《中国南方电网有限责任公司组建方案》规定，并经广东省人民政府同意，2005年3月31日，广东省广电集团有限公司完成工商登记注册，更名为广东电网公司，4月18日正式挂牌并运作。

广东电网公司是中国南方电网有限责任公司的全资子公司，注册资金480亿元。截至2011年底，企业资产总额2682.22亿元，资产负债率57.4%。

截至2011年底，全省共有35kV及以上输电线路（含电缆）72 307km，变电站2297座、主变压器4740台、变电容量38 513万kVA。其中：500kV线路8255km，变电站40座、主变压器90台、容量8325万kVA；220kV线路19 926km，变电站318座、主变压器749台、容量14 525万kVA；110kV线路33 899km，变电站1603座、主变压器3371台、容量15 396万kVA；35kV线路10 226km，变电站336座、主变压器530台、容量267万kVA。目前已形成以珠江三角洲地区500kV主干内环网为中心、向东西两翼及粤北辐射，与贵州、云南、广西、湖南、香港、澳门电网互联的全国最大的省级电网。

广东电网公司负责广东电网的统一规划、统一建设、统一管理。依法对所辖电网以及并网的电厂实施统一调度，负责电网的安全、稳定、经济、优质运行；经营管理广东电网，经营广东省内外和境内外的电力购销，经营电力过网和电力交易等服务业务；通过产权转让、资产收购、兼并、租赁、股份制改造等方式开展资本经营；经营电力工程的建设，包括工程总承包、设计、施工、调试、物资供应、工程监理及造价咨询等；经营依托电力通信网发展的有关信息产业的业务，电力设备、电力物资器材的修造和销售；经批准开展国内外融资、投资和国际合作业务，同时从事科研开发、技术贸易、进出口、房地产开发经营、信托、金融、证券、保险、咨询服务、培训等业务和其他第三产业经营。

至2011年底，广东电网公司直管21个地市级供电局，31个县（市、区）供电局，551个镇供电所；50个县级供电子公司，755个镇供电所。供电面积17.8万km^2。

组织机构 广东电网公司本部设有办公室（与党委办公室合署，增挂外事办公室牌子）、人事部、人力资源部等19个部门，下辖广州、深圳、佛山等21个地市供电局，广东电网电力调度控制中心（与系统运行部合署），广东电网公司电力科学研究院（广东电网公司器材检验中心、广东电网公司计量中心）等17个中心机构和子公司。

人力资源 2011年末，广东电网公司共有职工118 641人，其中拥有博士94人，硕士2002人，本科21 703人，专科26 684人。拥有正高级职称39人、副高级职称2129人、中级职称7513人、初级职称15 832人，高级技师488人、技师3404人、高级工20 210人、中级工32 478人、初级工7125人。

领导班子

总经理、党委副书记：廖建华

党委书记、副总经理：金基民

巡视员、党委委员、副总经理：于俊岭

党委委员、副总经理：王江、罗辑、张文峰、陈山

党委委员：张卓

党委委员、纪委书记：赵树华

党委委员、工会主席：顾广平

总会计师：莫锦和

电网发展 对广东电网“十一五”规划执行情况进行系统总结，完成全省各地市2011年度主、配网滚动规划工作。组织编制广东省“十二五”农网改造升级规划，对馈线自动化试点工作情况进行总结，结合广东电网实际情况确定了配网自动化技术路线。

开展中长期目标网架规划、粤东电源外送方案、电网组团方案、规划评价指标体系等专题研究，解决目前存在的远景目标网架不清晰、电网发展中存在的技术瓶颈、电源电网发展不协调、缺少科学有效的规划评价指标体系等问题，构建适合公司、具备国际先进水平的规划评价指标体系。

积极开展新能源、分布式能源、智能电网规划研究和试点工作，制订相关发展思路原则，组织开展“十二五”新能源规划、珠海万山区综合能源规划、中新知识城综合能源规划、广东LNG调峰电源规划、广东海上风电规划等规划研究编制工作，配合做好珠海横琴、广州中新知识城等地区的智能配网示范区建设工作。

完成48项220kV变电站站址审批，254项110kV及以上项目可行性研究审批，230项110kV及以上项目上报核准。全面铺开“十二五”规划内的共计724项110kV及以上输变电工程前期工作。利用规划管理信息系统管控110kV及以上项目13 813个前期工作节点。促成广州、深圳市政府与网公司签订战略框架协议，中山、佛山、清远与省公司签订战略框架协议，21个供电局与当地政府签订电网建设考核书。修订完成《广东电网公司中低压配电网基建项目管理办法（2011年版）》，形成中低压配电网基建项目管理新机制。首次组织按县区下达2011年度中低压配电网项目前期工作计划，组织指导地市局开展2012年配网项目的可研工作；制定《广东电网公司2012年配电网基建项目可研报告评审指导意见》，统一规范配电网基建项目可行性研究报告评审工作。

根据南方电网公司2011年固定资产投资项目后评价计划和工作要求，完成21个供电局2009年度配网项目后评价报告的编制及评审。完成2010年110kV及以上输变电工程造价分析报告以及中间评审工作。

组织开发广东电网公司大计划管理信息系统，实现系统单轨运行完成2011年计划调整及2012年计划编制工作。下达两批公司电网建设重点工程和重点前期项目计划，编制上报2011年广东省农村电网改造升级工程投资计划。完成2011年电网建设投资计划调整工作，重点对10（20）kV及以下配电网工程项目投资计划作了调整。启动2012年计划编制和审查工作，下达2012年新建项目投资预安排计划，为尽快开展新建项目有关工作赢取时间。

引入小型基建前期计划管理模式，将项目管理划分为前期工作和工程建设两大阶段。开展小型基建项目建设标准及造价标准专题研究，重新核定广东电网公司各类型小型基建的建设控制标准。

重点工程进度良好，大运会保供电工程圆满完成。2011年重点电网建设项目有24项，其中南方电网公司重点项目5项，本年度投产9项。

2011年共投产35kV及以上项目180项（不含仅投产配套线路项目），其中：500kV项目7项，220kV项目46项，110kV项目99项，35kV项目28项。新增35kV及以上输电线路（含电缆）4534.72km，新建35kV及以上变电站63座，新增主变压器156台、变电容量1613.92万kVA。其中：500kV线路1170.84km，变电站3座、主变压器5台、容量500万kVA；220kV线路1009.42km，变电站9座、主变压器25台、容量524万kVA；110kV线路2125.18km，变电站46座、主变压器109台、容量579.40万kVA；35kV线路229.28km，变电站5座、主变压器17台、容量10.52万kVA。

严把安全质量关，着力打造精品工程。500kV圭峰变电站工程、500kV胪岗变电站工程、500kV嘉应—上寨第一、二回线路工程、220kV农园变电站工程、220kV珠玑变电站工程、220kV榄州变电站工程、220kV凌霄变电站工程、220kV青塘变电站工程、220kV堤岸变电站工程、110kV平西变电站工程、110kV畔山变电站工程、110kV上下川岛联网供电工程和上川岛风电场一期接入系统工程获“广东电网公司优质工程”称号。220kV农园变电站工程、220kV珠玑变电站工程、220kV堤岸变电站工程、110kV上下川岛联网供电工程（海底电缆及大跨越段）获“广东省优良样板工程”称号。500kV圭峰变电站工程、500kV胪岗变电站工程、500kV嘉应至上寨第一回线路工程“南方电网公司优质工程奖”、“2010年中国电力优质工程奖”。

以创先为载体，扎实推进7个一体化管理，建立“三级管理、五级服务”的物资管控模式，职能管理力度的进一步加强。2011年，广东电网公司完成一级物资计划申报110.99亿元，需求计划准确率为92.99%，列全网五省（区）第一。7大类主要设备准时交货率99.8%，准时供货率99.8%，超过年度满分值，重点工程物资实现100%及时供应。获得南方电网仓库和物资管理评比总体第一。

电网运行与安全生产 2011年是近10年来供电最为紧张的一年，全省电力供应持续紧张，广东电网统调负荷6次创新高，最高达到7475万kW（8月17日），同比增长7.5%，统调负荷需求最高达到7990万kW（8月30日），同比增长11.1%。全年最大错峰负荷达740万kW（8月30日），同比增长105.6%。全年有313天需错峰，自觉错峰率达到100%。

广东电网公司全力以赴，保障电力供应，把缺电对社会的影响降到最低，实现了公司购售电量的平稳增长。充分利用南网大平台，积极争取西电、国网电、港电等省外电力支援。度夏期间最大增购国网电100万kW，全年增购港电14.5亿kWh，提高供电能力60万kW。通过优化机组检修安排、推动政府加大9E机组补贴力度等措施，共增加200万kW供应能力。按照网公司部署，安排先建机组顶峰发电，增加250万kW供应能力。狠抓祯宝工程施工建设，工程提前投运，增加供应能力近450万kW。加强需求侧管理，“保居民、保民生、保重要用户”，强化有序用电，实现全省电力的有序有效供应。2011年广东电网日平均负荷预测准确率达97.7%，同比提高0.2个百分点，节假日平均负荷预测准确率95.85%。

加强厂网协调，与69家发电厂签订并网调度协议84份，并网调度协议签订率达到100%。积极配合新机组投产，完成11台共620万kW的新机组并网发电。

精心部署防风防汛工作，出色应对“纳沙”、“尼格”等4次台风的袭击。5月3日，组织召开了大运会保供电倒计时100天誓师大会暨开幕式场馆主体通电仪式。6月30日前，组织各供电局完成关键设备预试、定检、状态检测工作，度夏前完成了重要设备紧急、重大缺陷的处理工作。7月，广东电网公司成立了大运会保供电总指挥部。8月1～23日，圆满完成大运保供电任务。2011年共启动防风防汛应急响应Ⅱ级1次，Ⅲ级响应4次，Ⅳ级响应4次，发布电网Ⅲ级风险12项、Ⅳ级风险25项。

通过把握“七个一体化”工作契机，以风险管控为主线，推进风险体系落地，着力开展县级子公司体系建设，全面提升安全生产风险体系运转水平。截至2011年，广东电网公司共有16家地市级单位获得南方电网3钻及以上有效的审核认证，首次在50个县级子公司开展风险体系评级，并取得了县级子公司88%达两钻（55分）及以上成绩，体系运转整体水平在南方电网保持前列。

应急管理软硬件全面升级。编制完成公司应急体系建设“十二五”规划。加强应急平台建设维护，率先在广东省部门级单位中完成与省政府应急平台的互联互通，并利用该平台成功举办南方区域2011深圳大运会保电联合应急演练。2011年，共完成公司层面17个专项预案、各供电局层面21个总体预案，315个专项预案、2372个现场处置方案的修编、评审和备案。

安全监督管理水平迈上新台阶，2011年全力推行以风险体系为核心的安全督查，针对南网总调和公司发布的三级电网预警风险，开展了28次督查。注重县级子公司人身安全管理，评估出高风险105项，中风险2971项，低风险9178项，提出控制措施，进一步提升县级子公司人身风险管控能力。

大力推进安全文化建设。组织举办安全生产风险管理体系知识竞赛活动，提高了员工对体系的认知度。组织开展“安全生产月”活动，通过安全生产大讨论等活动内容，促进了“分享与互助”企业安全文化的逐步形成，获得了2011年“全国安全生产月活动优秀单位”称号。

系统总结供电可靠性金牌企业经验，制定实施《供电可靠性创先重点措施实施指导意见》。建立主配联动的综合停电管理机制，提升综合停电管理水平，2011年10kV线路实现了零重复停电，临时停电率、延时停送电率分别为0.50%、0.36%。10kV带电作业实施规模和实施技术达到国内领先水平，2011年全年共实施带电作业13 175次，减少用户平均停电时间2.39h，是国内第一个10kV带电作业实施次数超过10 000次的省级电网公司。2011年，广东公司城市用户平均停电时间2.12h，比2010年减少2.54h，减幅达54.55%；农村用户平均停电时间7.71h，比2010年减少4.89h，减幅达38.81%；50个县级供电子公司用户平均停电时间15.25h，比2010年减少22.06h，减幅达59.12%。广东公司全口径用户平均停电时间8.39h，比2010年减少8.47h，减幅达50.23%。广东公司城市用户年平均停电时间指标在全国省级电网公司中排名第一。

加强重要设备特殊运行维护，确保设备可靠运行。制订重要输变电设备特殊运行维护工作方案模板和巡视指导意见，顺利完成了500kV祯宝工程、五狮工程及大运会等重要保供电工作，确保了电网稳定运行，避免了电网事故的发生。

顺利完成迎峰度夏工作。按计划完成319台500kV主变压器、高抗绝缘油普查，完成避雷器带电测试，完成近5470基线路杆塔接地电阻检测，完成603基杆塔地网开挖检查，共处理不合格地网460基。

开展提高GIS可靠运行的专项工作，制定了专项工作方案，从“监造、安装、监理、试验、验收”等5个方面加强GIS设备管理。

开展输电线路防外力破坏专项工作，下发各供电局2011年防外力破坏控制指标，开展防止外力破坏专项检查，及时消除了线行下的超高树木隐患点455处、砍伐修剪超高树木达到13 660棵。清理线行下的防火隐患点共269处，面积达到23万m^2。2011年，共发生外力破坏导致的输电事故4起，同比减少5起，降幅达55%。

每月开展设备缺陷、事故分析，及时制定反事故措施，开展设备专项检查。

加大力度开展防冰抗冰工作，按照线路覆冰时“110kV及以上线路不倒一基塔，县城及以上中心城市不能断电”的要求，对粤北电网防冰抗冰能力进行重新评估，提出了20项防抗冰项目，并按计划于冰期前全面完成。

成功完成年度科技项目研究开发费用税前加计扣除申报，通过率居全省第一，为广东电网公司减免税收1145万元。成功举办公司第二届技术论坛。2011年，广东电网公司获得南方电网科技进步二等奖23项，三等奖21项；获得广东省科技进步一等奖1项（第一完成单位），二等奖3项、三等奖2项，其中一等奖是历史上首次突破。自主创新能力持续提高，获得专利授权96项，其中发明专利15项。

2011年，广东电网公司安全生产技术指标完成情况良好，电网频率合格率100%，城市居民端电压合格率99.23%；城市用户平均停电时间2.12h，城市用户平均停电次数0.655 4次，全口径用户平均停电时间8.39h；500kV架空线路可用系数99.778%，500kV变压器可用系数99.993%，500kV断路器可用系数99.996%；220kV架空线路可用系数99.899%，220kV变压器可用系数99.966%，220kV断路器可用系数99.988%；220kV及以上电压等级保护正确动作率99.94%，500kV保护正确动作率100%；生产实时控制业务通信通道平均中断时间0.417min。

2011年，广东电网公司实现了安全生产“三个确保、三个杜绝”的安全生产目标。广东电网连续安全运行突破16年，杜绝了本单位人身死亡事故，连续2年杜绝了恶性误操作事故。全年没有发生对社会和公司造成重大不良影响的生产安全事故，重大及以上电网和设备事故，没有发生电网稳定破坏事故。安全事故总数共28起，实现了连年下降，同比下降31.7%；其中外力破坏事故大幅下降，降幅45%；一般电网事故3起，同比减少1起；一般设备事故24起，同比减少12起，下降33.3%。

以建设信息化企业为目标，固化精益化管理成果。在网公司信息化重点任务考核中获得满分，全部供电局信息化水平达到国资委评价A级，11个达到A+级；所有县级子公司信息化水平达到B+级，27个达到A级。

市场营销 2011年，完成全口径购电量4265亿kWh，同比增长9.4%；售电量4046亿kWh，同比增长10.9%。实增客户装接容量1466万kVA，同比增长8.7%。“一站式”服务比例84.9%，同比提升0.3个百分点。客户停电时间6.62h，少于年度计划5.88h。当年电费回收率99.95%，高于年度计划0.15个百分点；陈欠1年、2～3年及3年以上的电费回收率分别为88.15%、49.83%和23.66%，分别高出年度计划28.15、9.83和13.66个百分点。

“一站妥”客户服务体系建设取得新进展，建立了第三方满意度动态监控机制，将客户感知分为8个二级维度向责任部门量化传递。连续6年蝉联广东十大服务行业居民评价满意度第一，连续3年获得广东省地方政府公共服务评价桂冠，客户服务工作得到广大客户和社会各界的充分肯定。

完成2.7万条馈线线损的精确比对和18万个台区线损的趋势分析。完善管理线损异常处理流程，初步实现闭环管理。全年为客户提供了节电建议11万个，节能告知7.5万户，为1815个客户进行专业节能诊断，组织实施了31个合同能源管理项目，各项工作共为客户节约电量1.3亿kWh。与佛山、中山等6个地市政府签订了充电设施建设战略合作框架协议。新建充换电站4座、充电桩2415个。开展网公司重点科技项目——电动汽车与电网互动研究，完成省、市两级运营主站的技术规范编制及充电设施检测平台的硬件采购，进行“换电为主，充换结合”的技术路线下电动汽车运营模式的研究。

完成省、地两级“一部四中心”的组建工作，市场营销组织架构基本调整到位。

加强计量运行现场管理，全年共开展10.5万次计量现场校验，发现并处理计量差错1.6万个，追回电量2.41亿kWh。制定计量自动化实用化运行考评指标体系，购电量自动抄表率达到95.03%，售电量自动抄表率达到83.71%，计量自动化系统实用化水平显著提升。

完善营销系统的稽查、业扩配套项目管理、客户服务等功能模块。建成地市级电费集中核算体系，电费风险管控上了新水平。

率先开展省公司层面的常态稽查，每月选取若干供电局进行检查，加大营销稽查监督力度。全面梳理完善营销领域风险控制库，制订措施防范营销业务风险。全年累计发现并纠正营销业务差错5417件，查处窃电及违约用电行为8793宗，追回电量3676万kWh，追回电费及违约金1.11亿元。

组织研究开发新旧电价过渡算费模型，梳理电价调整工作各个关键环节，逐一制定详细的解决措施及业务操作指引，为地市局提供有力支持和指导。

人力资源管理 调整和充实公司本部部门和直属单位领导班子，全年调整配备干部186人，其中提拔干部86人、交流干部97人，新提拔干部平均年龄43岁。

全面启动公司人才发展“六大工程”，启动技术专家选聘工作，打通专业技术人才发展第二通道。截止2011年底，广东电网公司系统累计选聘技术专家6人，助理技术专家94人。制订海内外高层次人才引进工作计划，明确了第一阶段里程碑要求。

针对劳动用工管理存在的问题，以“审慎决策、周密部署、稳定推进、确保稳定”为原则，按照“变身份管理为岗位管理”的总体思路，启动了规范劳动用工管理工作，通过深入调研，并对历史形成的劳动用工复杂情况全面摸底，分析潜在风险，制定了公司规范用工实施方案。规范统一公司各级组织机构设置，进一步理顺管理职能，划清职责界面。岗位体系标准逐步健全，编制供电企业岗位说明书，覆盖所有的1649个岗位。2011年公司获得“广东省劳动用工守法标杆企业”和“广东省雇主责任示范企业”荣誉。

认真落实南方电网公司工资分配结构调整工作要求，印发《广东电网公司工资方案》和《广东电网公司工资支付管理实施细则》，实行统一的工资制度，建立以绩效为导向的工资晋升机制。不断优化完善员工绩效管理体系，制定《广东电网公司员工业绩考核应用实施细则》，统一员工考核周期、考核内容框架、考核方式、考核结果确定及分布方式、业绩考核积分管理方式、考核结果应用等。

加大投入，重点建设清远、肇庆培训基地，加快远程教育培训平台建设，整合利用培训资源，降低培训成本。开发技能类课件236门、管理类课件100门，1000多个电子课件逐步上线，初步实现员工网络自主学习。健全“5+1”人才评价体系，制订人才评价E化平台规划，逐步实现人才评价信息化管理。加快人才队伍建设，年度评审通过专业技术资格正高级8人、副高级421人、中级1153人，培养高级技师158人、技师1024人、高级工8260人、中级工7924人、初级工839人。2011年，广东电网公司全员培训率达到99.82%，同比提升0.78%，一线员工培训率连续4年达到100%。

经营管理 按照“全球视野定标杆、结合实际寻路径、持之以恒求实效、持续改进上台阶”要求，主动接轨国际先进，积极探索新形势下的企业发展新道路。积极开展国内外先进企业对标工作，丰富科学治企理念，与新加坡新能源、香港中华电力等先进同行开展对标，与美国纽约电力、芝加哥电力公司在智能电网等领域深入交流，通过大胆应用现代管理理论和国际最佳实践，不断完善企业发展思路和管理方法，推动公司发生广泛而深刻的变化。全面加快安全生产、规划建设、市场营销、人力资源、财务管理、物资管理及信息化管理7个领域的一体化实施工作，着力向县级子公司、班组延伸，在各业务领域基本建立起一套打通岗位、制度、流程、表单、标准、指标、信息系统等管理要素的一体化管理体系。大幅提高关键业绩指标，广东电网公司13项战略指标持平或优于2010年同期值，部分指标达到国内国际先进或领先水平。深圳、中山、佛山、江门、广州局位列全国20家供电可靠性金牌企业行列，入选数量连续2年全国排名第一。地市局和调控中心风险体系评级全部达到2钻或以上水平，其中12个单位达到3钻或以上水平。营造更加顺畅的外部发展环境。2011年，广东电网公司继续蝉联十大服务行业满意度和地方政府公共服务公众评价调查第一名，盖洛普第三方客户满意度调查结果为74.3分，同比增长2分，客户关系处于良好水平。

资产全生命周期管理推广实施。完成主网资产的现场清查和实物贴标，全省基本实现主网资产的账卡物一致，圆满解决长期困扰公司的管理难题。企业级资产管理信息系统在各供电局全面应用，应用深度和实用化程度进一步提高。

全面预算管理体系不断完善。建立部门预算管理体系，形成“横到边、竖到底”的预算责任网络；完善成本标准化管理体系，修订54项供电成本编制标准，解决成本标准在全省各地存在不合理差异和预算审查中信息不对称的问题。

以集约化管理为主线，全面整合财务资源，财务集中管控能力逐步增强。资本管理方面，通过清理低效无效投资，收回资金5449.21万元，资本增值率达61.09%。完成直供范围农电资产清查，启动县级子公司债转股工作，研究县级子公司“子改分”试点，推进主辅分离改革财务工作。

直供直管范围86家农电机构接管圆满完成。在广东省委、省政府和南方电网公司的坚强领导下，广东电网公司按照《关于印发广东电网直供直管范围农电体制改革工作方案的通知》（粤经信电力〔2010〕1127号）和《关于印发广东电网直供直管农电机构体制改革人员接收方案的通知》（粤经信电力〔2011〕464号）等文件精神，严格政策标准和规定程序，积极部署、稳妥推进改革各项工作。截至2011年11月28日，86家农电机构资产无偿划转协议签署完毕，共接收农电资产150.32亿元和农电人员25 254名。县级供电企业基础管理水平不断提升。2011年，26个单位通过县级供电企业基础管理达标南网考评验收，超出年度计划10个，年度达标率32.17%，累计共40个基础管理达标创建单位获南方电网公司授予“县级供电企业基础管理达标优秀企业”称号，累计达标率49.38%。

加大农网改造升级力度。编制完成广东电网公司农网改造3年规划（2010～2012）和广东省农村电网改造升级“十二五”规划。2011年，全年农网基建投资完成70.01亿元，重点解决危及电网安全运行及低电压等问题，优先对农网中电能损耗严重的10kV线路等进行更新和改造。

抓好以风险管理为核心的内控体系建设，全面落实四大内控管理运作机制。完成内控管理信息系统的升级完善，在10个非供电单位和24个具备条件的县级子公司的推广应用。对广东电网公司及各单位内控体系进行整体评价，全公司内控体系整体评分为87.05分（四星）。完成各类审计项目438项、审计调查124项，提出建议2662条，促进增收节支4592.52万元。广东电网公司审计部获得国家审计署“2008～2010年度全国内部审计先进集体”荣誉称号，佛山、珠海、清远供电局监察审计部获得广东省内审协会“全省内部审计先进集体”荣誉称号。广东电网公司在南方电网公司组织开展的2011年内部审计工作考核中，排名第一。

2011年，广东电网公司本部增设法律事务部。全省直属21个地市局法律工作基本实现归口企业管理部管理。2011年，法律工作实现企业规章制度审核率、经济合同审核率、重要决策审核率、历史遗留重大案件解决率、合同管理信息化率、普法验收合格率6个百分百，法制工作第二个3年规划目标任务圆满完成。全年共处理新发诉讼案件149宗，办结案件201宗，胜诉率89%，避免及挽回经济损失24.56亿元。负有责任的案件数下降64.59%，负有责任的经济损失额下降42.7%，全年未发生新的负有责任的重大案件。广东电网公司荣获全国及全省“‘五五’普法先进单位”、“南网法律工作特别贡献奖”，下属12个地市供电局获得省、市以上法律工作先进荣誉称号25项。

2011年编制完成“十二五”节能减排规划，配合南方电网公司制定了支持低碳省试点工作方案。大力实施节能发电调度，继续推进线损精细化管理，支持电动汽车发展，举办首届节能论坛，积极树立广东电网公司的绿色低碳形象。2011年，广东电网公司节能发电调度累计节省标煤52万t，减排二氧化碳114万t。

党建和精神文明建设 以“学党史、强党性、转作风”为主题，通过举办各类党史教育、革命传统教育、大型表彰晚会，开展“历史永远铭记”大型采编工作、向50年以上党龄的老党员发放纪念章。

深入推进为民服务创先争优活动。各级党组织以“牵手行动”为载体，牵头组建1773支服务队，走进农村、社区、学校、医院、企业、困难家庭提供免费检修、宣传等服务8万余次，集中力量为客户解决各类用电难题6460个。认真落实1637万元预算资金大力支持广东省扶贫开发“双到”工作，帮助4281户贫困户脱贫，脱贫率达81.2%，赢得广东省扶贫开发领导小组充分肯定。

认真贯彻落实中宣部、国资委《关于加强国有及国有控股企业思想政治工作的意见》，构建公司“大政工”格局，形成宣传思想政治工作合力。

围绕企业改革发展的重点、难点和热点问题，大力加强思想政治工作研究，广东电网公司19项成果分获中电联优秀论文、优秀案例奖；17项成果分获南网优秀特色成果和研究成果奖；6单位、9个人分获南网党建思想政治工作研究先进集体和个人；佛山供电局获推荐“中央企业思想政治工作先进集体”。

全面贯彻落实《中国共产党党员领导干部廉洁从政若干准则》和《国有企业领导人员廉洁从业若干规定》，深入开展“以人为本强作风、廉洁从业守规矩”为主题的纪律教育月学习活动1768次、电视报告会280场，教育10.4万人次，实现全员覆盖。修编完善《广东电网公司党风廉政建设责任制工作考核评分标准》，形成党风廉政建设责任制有效传递与闭环管理机制。公司系统共签订责任书3869份；齐抓共管，将纪检监察工作要点细化分解到各部门。

2011年，完成南方电网公司委托及公司招标监督项目192次。组织开展工程建设领域专项治理、“三重一大”决策制度贯彻落实、物资采购招标等效能监察项目180项，提出监察建议213项，增加经济效益9559万元。

完善廉洁风险控制库，梳理廉洁风险101项，制订业务部门管控措施204项。对广东电网公司现有377份管理制度进行全面评价评级，形成风险源头治理的制度保障防线。

深化企业民主建设，依法维护员工的合理权益。2月9日召开了广东电网公司工作会议暨一届五次职工代表大会，职工代表提案落实率达到了100%。继续开展厂务公开贯标认证，全年共有东莞、韶关、梅州、珠海、清远等5家单位获得了广东省厂务公开贯标认证证书。完成公司系统评优工作，评选表彰公司2010年度先进工作者48名、技术能手45位、“工人先锋号”单位38个、“安全在岗位”先进班组98个。2011年，广东电网公司系统共有29人获得省、部级以上个人荣誉，31个单位获得集体荣誉，其中广东电网公司荣获全国“五一”劳动奖状。公司（本部）、肇庆供电局、梅州供电局、江门新会供电局等4个单位获“全国文明单位”称号；中山供电局获推荐‘中央企业企业文化示范单位”；电力调度控制中心获“全国青年文明号”称号；省输变电公司、阳江供电局、揭阳供电局等10个单位获“广东省文明单位”、“文明窗口”称号。

坚持党建带团建，引导广大团员青年积极投身到公司中心工作之中，充分发挥生力军作用。2011年，各级团组织共获得地市级及以上荣誉76项，其中集体荣誉30项，个人荣誉46项。广东电网公司团委荣获“广东省五四红旗团委”称号和“广东省直团工委五四红旗团委”称号，广东电网电力调度控制中心调控室荣获“全国青年文明号”称号。

主要事件

1月12日，广东省省情调查研究中心发布了“2010年广东省地方政府公共服务公众评价”大型民意调查结果，公众对供电服务的满意度最高。与此同时，广东电网公司已连续5年蝉联广东省十大服务行业公众满意度第一。

8月17日，广东电网统调负荷达到7475万kW，同比增长7.5%。统调负荷需求最高达到7990万kW，同比增长11.1%。2011年是近10年来供电最为紧张的一年，全省电力供应持续紧张，统调负荷6次创新高，全年有313天需错峰，最大错峰负荷达到740万kW。

8月23日，广东电网大运会保供电完美落幕。大运期间，广东电网公司共投入技术人员273 330人次、安保人员221 370人次坚守保电一线。

8月25日，广东电网公司全面启动“为民服务创先争优”活动，作为活动重要载体的“牵手行动”也同步展开。直属21个供电局、50个县级子公司广泛参与，“社会服务活动日”、“六走进”等系列活动全面铺开。

12月7日，广东电网公司与中国能源建设集团有限公司在广州签署了《广东电网公司所属分离企业国有产权无偿划转协议》。协议签署后，广东省电力设计研究院等5家在粤分离企业正式脱离南方电网公司进入中能建。

12月16日，南方低碳年度标杆2011颁奖盛典在广州举行，广东电网公司获得“南方低碳年度标杆企业”荣誉称号。

同日，广东电网实现了连续安全运行16周年。

12月20日，揭阳供电局举行年供售电量“双破百”工作会议，至此，广东电网公司供电量超百亿的供电局达到12家，为广东社会经济发展和“双转移”战略实施提供了强力支撑。

12月31日，南方电网公司正式批复同意广东电网直供直管范围86家农电机构资产及人员接收。至此，历时两年，涉及农电资产150.32亿元，农电人员25 254人的直供直管范围86家农电机构体制改革工作完满完成。

（钱永兵）

【广西电网公司】

企业概况 广西电网公司（简称广西公司）是中

国南方电网公司的全资子公司，注册资金 37.83 亿元。截至 2011 年底，资产总额 491.1 亿元，同比增长 4.6%；资产负债率 76.37%；全年亏损 4.02 亿元，经济增加值（EVA）－5.35 亿元。拥有 35kV 及以上输电线路长度为 3.83 万 km，公用变电容量 6392.4 万 kVA，其中：35kV 输电线路长度为 1.31 万 km，35kV 公用变电站 558 座，容量 463.2 万 kVA；110kV 输电线路长度为 1.23 万 km，110kV 公用变电站 317 座，容量 2226.9 万 kVA；220kV 输电线路长度为 1.17 万 km，220kV 公用变电站 114 座，容量 2877.3 万 kVA；500kV 输电线路长度为 1222km，500kV 公用变电站 7 座，容量 825 万 kVA。全年电网建设投产 110kV 及以上线路长度为 1461km，投产变电站 47 座（含扩建），新增变电容量 502.3 万 kVA。

广西电网责任频率合格率 100%，同比持平；综合电压合格率 99.50%，同比上升 0.02 个百分点；城市居民端电压合格率 99.43%，同比提高 0.05 个百分点。城市供电可靠率 RS－1 为 99.856%，同比下降 0.05 个百分点，220kV 及以上继电保护正确动作率 99.87%，同比下降 0.03 个百分点。

2011 年，广西公司电网完成基建投资 66.57 亿元，其中电网建设项目完成投资 62.88 亿元，完成年计划投资 70.43 亿元的 89.28%；达到了南网公司的考核要求。小型基建项目完成投资 3.69 亿元，完成年计划投资 4.5 亿元的 81.94%。

领导班子

总经理、党组副书记：黄进平（法定代表人）

党组书记、副总经理：刘启宏

副总经理、党组成员：李一平

副总经理、党组成员：韦家森

副总经理、党组成员：黄家林

副总经理、党组成员：王　淼

副总经理、党组成员：何朝阳

纪检组长、党组成员：林　辉

工会主席、党组成员：瞿佳兵

总会计师：王晓锦

巡视员：赖崇能（2011 年 5 月 19 日任南网公司咨询委员会委员）

组织机构　广西电网公司总部设 19 个职能部室，3 个挂靠单位和 7 个直属机构，下辖 20 家分公司、46 家子公司和 1 家控股公司。见广西电网公司 2011 年组织机构图。

电网规划　2011 年，完成了广西“十二五”电力系统设计和二次系统“十二五”规划，开展了广西中长期调峰电源规划和新能源发展“十二五”规划研究工作，为广西经济社会发展提供安全、经济、充足、可靠的优质电力保障打下基础。首次实现了广西电网公司与广西 14 个地市政府全部签订“十二五”电网发展战略合作框架协议，明确了电网规划纳入城市“两规”，电缆管沟与道路同步建设等，为“十二五”广西“智能、高效、可靠、绿色”电网的建设以及电力体制的理顺奠定了坚实的基础。试点开展了南宁青秀、五象电力管线规划，柳州、钦州、桂林、贵港城市等电力专项规划 6 项，与政府共同开展电力专项规划，使电网规划纳入城市总体规划和土地利用规划中，确保政府规划中预留变电站用地和线路走廊。完成广西 13 个地市“十二五”配电网规划的修编、评审及批复工作。编制《加快广西电力建设、确保“十二五”及中长期电力供应》报告，从单位 GDP 能耗、能源消费总量及电力需求等方面，综合分析广西未来的用电需求，为政府决策提供参考。同时，广西电网公司与广西水利电业集团有限公司签订《构建和谐电网备忘录》，开创了企业合作的全新局面，树立了大小电网和谐发展、共同发展、互利共赢的典范。

提早启动前期工作，加快电网建设。首次开展配网项目可行性研究，建立规范的配网前期工作管理体系，提前 2～3 年开展前期工作，严控可行性研究、用地、环境评估、水保及核准等节点，实施“红绿灯”动态管理。全年共 250 项 110kV 及以上电网项目开展前期工作，完成 110kV 及以上项目可行性研究批复 100 项，核准 90 项，35kV 及以下项目储备额 22 亿元，储备率 1.2。为了加快 500kV 主电网建设，根据一次系统设计评审意见，及时组织材料申报了第七批 500kV 项目开展前期工作的路条。通过与南方电网公司、国家能源局反复进行沟通协调，争取到了 500kV 梧州二、桂平输变电工程、沙塘变电站扩建、平果—永安、百色—靖西 5 项工程列入本次申报项目中，并由广西公司负责承建、运营。全年共完成 100 项可行性研究、42 项接入系统专题审查，可行性研究批复 119 项、接入系统批复 35 项，进一步提高了项目审批质量和效率。

电网建设　2011 年，广西电网基建项目投资计划 70.43 亿元，实际完成投资 62.88 亿元，完成年计划的 89.28%。全年电网建设投产 110kV 及以上线路 1461km，其中 220kV 线路 623km，110kV 线路 838km。投产变电站 47 座（含扩建），新增变电容量 502.3 万 kVA，其中 500kV 变电站 1 座，容量 75 万 kVA；220kV 变电站 11 座，容量 225 万 kVA；110kV 变电站 35 座，容量 202.3 万 kVA。完成南方电网重点工程 3 项，总投资 4.44 亿元，建设规模主变容量 90 万 kVA、线路长度 215km，完成率 100%。

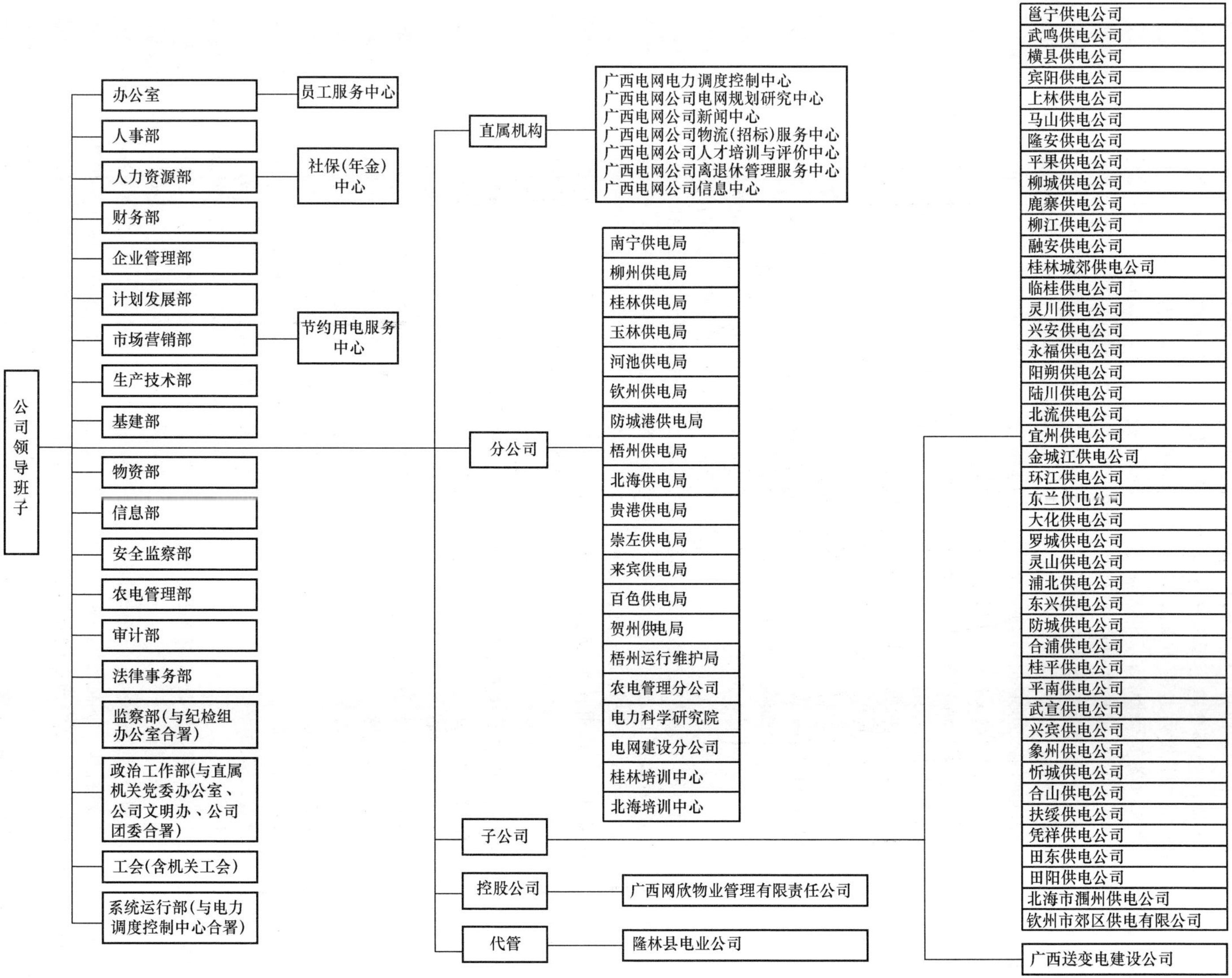

广西电网公司 2011 年组织机构图

2011 年，500kV 海港送变电工程先后荣获“南方电网公司达标投产工程”、“南方电网公司 2010 年度基建优质工程”、“2011 年度中国电力优质工程”以及“2011 年度国家优质工程银质奖”；220kV 云灵变电站等 9 项工程获“2011 年广西优质工程”。

电网运行 2011 年，广西电网电力供需形势变化较大。1 月初，由于 2010 年节能减排安排关停或限产的用户陆续恢复生产，加上受寒潮影响全区大部地区气温骤降，广西电网统调负荷迅猛增长，1 月下旬电网电力供应出现短时不足，开始错峰限电。但进入 6 月后，随着气温不断升高，空调负荷大幅增长以及工业企业产能进一步释放，加上全区主汛期干旱少雨，主要水电站龙滩、岩滩出现主汛期来水偏少近 80%的罕见旱灾，致使全网水电出力严重不足、部分火电厂电煤供应不足、机组故障增加等原因，全网供电能力严重不足，广西电网出现近 20 年来最严重的缺电局面，缺额超过 30%，全区开始严格执行有序用电措施。全年广西电网统调负荷 5 次创新高，最高负荷 1375.9 万 kW（1 月 6 日），同比增长 10.57%；日电量 9 次创新高，最大达 2.85 亿 kWh（6 月 3 日），同比增长 9.19%。广西电网日最大错避峰负荷 412 万 kW，错避峰影响电量 78.79 亿 kWh。201i 年广西公司统调发受电量达 975.15 亿 kWh，增长率 9.45%，其中：区内统调火电发电量 505.25 亿 kWh，同比增长 10.74%；统调水电发电量 244.14 亿 kWh，同比减少 9.46%，购区外电量 192.43 亿 kWh，同比增长 40.12%。

截至 2011 年底，广西电网的统调装机容量（含龙滩 50%份额、含境外）2074.42 万 kW。2011 年广西电网中调及以上统调电厂机组发电利用小时 5049h，增加 174h，同比增长 3.56%。其中水电 3528h，同比降低 9.12%；火电 6239h，同比增长 11.13%。

2011 年广西电网调度系统经受了严峻考验。广西电网内挖潜力、外寻支援，充分发挥南方电网总调大平台的作用，实施“灵活、快速”的调度措施，加大跨省区电力资源优化配置力度。全年广西电网获得南方电网最大电力支援 410 万 kW，电量支援 79.8 亿 kWh。同时，根据火电机组健康状况灵活安排火电机组检修，按“保民生、保重点、保稳定”的要求做好错避峰措施，确保了电力有序供应，将缺电造成的损失及影响降到最低限度。

2011 年来，水量整体偏枯 3～6 成，开展各种优化调度和节能发电调度，加强水电精细化经济运行，根据旱情发展趋势和下游区间来水变化及时调整梯级发电及蓄水计划，合理发挥水电调节作用，提高了火电发电负荷率，增加了吸纳外省支援电力空间。通过采取节能发电调度技术措施，全网实现水电优化增发电量约 10.8 亿 kWh，相当于节约标煤 33.49 万 t。优化增发水电及降低火电煤耗共节约标煤 38.11 万 t，减少二氧化硫排放 2.36 万 t。并连续 5 年保持“零”调峰弃水电量损失。

安全生产 2011 年，广西公司安全生产形势总体平稳态势，主要安全指标完成情况较好。没有发生一般及以上电网事故，没有发生较大及以上设备事故，没有发生恶性误操作事故，发生一般设备事故 8 起，同比下降 38.5%；发生一类障碍 121 起，同比下降 19.3%。但未能有效杜绝外包工程、农电人身死亡事故。

2011 年，广西公司认真贯彻落实国务院办公厅、国家电力监管委员、南方电网公司 2011 年继续深化“安全生产年”活动的要求，深入开展“安全生产年”活动，树立“大安全”的系统理念，按照“更细、更实、更到位”要求，将各项活动有机融入安全生产一体化建设中。通过推进安全生产一体化管理，深化体系化、规范化建设，进一步夯实了广西公司安全生产基础。

开展 5 回 500kV 主网线路（久玉线、海邕线、海久线、防海甲线、防海乙线）运行维护及南方电网公司 2011 年风险控制措施任务 58 项措施的监督检查。认真贯彻落实国务院 599 号令《电力安全事故应急处理和调查处理条例》，开展分析和评估各级电网在正常运行方式下发生典型故障的风险，评估发现重大事故风险 2 个，较大事故风险 4 个，一般事故风险 18 个，单线单变故障可能造成县城全停的风险 13 个，提出风险预控措施和整改计划。开展承包商和人员资质、安全教育、安全技术交底、危险施工区域交底、安全管理协议签订、方案审批及作业现场安全措施监督检查。突出抓好人身风险控制监督工作，分层分级落实四级监察机制，加强对重大停电、重大施工现场等作业的隐患排查，狠抓现场违章作业、违章指挥、违反劳动纪律行为的查处，有效遏制人员责任事故的发生。加强对供电局服务指导力度。广西电网公司体系建设分批次到 15 个供电局（运维局）开展体系服务指导工作，全年累计 276 人次，服务 1269d，发现问题、解决问题 2520 多个。全年共有 10 个供电局在第三方审核达 3 钻，2 个达 2 钻。同时，广西电网公司在 15 个县级供电企业全面推行体系试点工作，有 6 个达 2 钻，8 个达 1 钻，圆满完成了南方电网公司下达的体系建设重点目标任务。

编制广西公司安全管理一体化创先工作方案，确定未来 10 年安全管理一体化工作思路和工作目标。突出抓好“三个体系一个机制”的建设，全力推进安全生产风险管理体系和安全生产规范化管理。完成南方电网公司安全监督一体化管理流程、管理制度建设任务。编制10项制度，35项业务流程，逐步形成以风险控制为核心的安全监督体系。规范了省、地两级体系化规范化建设组织机构，成立安全技术指导中心。明确体系建设“三步走”工作目标和83项具体措施，将51个要素责任分解到广西公司各有关部门，体系建设实现由条块分割向协同高效的根本性转变。抓好关键要素策划，发布基于5W1H、PDCA闭环管理要求的核心业务流程范本。开展“两票”和“四措”执行、防高空坠落装置安装、计算机五防解锁率及万能钥匙管理、安全工器具使用维护、配网接线图标识与现场设备一致性、临时接地线等各项工作的监督检查。编制地区电网风险评估模板，从省、地、县三级开展电网风险评估，督促落实电网风险预控措施。

市场营销 2011年，广西电网公司完成购电量935亿kWh，增加81亿kWh，同比增长9.4%。完成售电量886亿kWh，同比增长9.4%。其中区内售电量827亿kWh，同比增长11%；售广东电量17.1亿kWh，同比增长5.6%；龙滩转送广东电量43.9亿kWh；售越南电量0.84亿kWh。电费回收按合并口径，全年回收率完成99.87%，陈欠电费回收率完成39.7%，超额完成任务，在获满分8分基础上，获考核加分1.39分。

全面提高供电可靠性，努力缩短客户停电时间。2011年内新增营业厅4个，改建营业厅19个。24小时自助营业厅、移动营业厅、自助服务终端、电力“一卡通”实现了地市供电局全覆盖。自助服务终端延伸至44家县级供电企业的县城营业厅。组织开展了电费账单电子邮件投递服务，服务客户约50万。广西电网公司直供（不含县级供电企业）客户平均停电时间完成16.45h/户（剔除电源性缺电因素），达到考核目标16.5h/户考核要求，获考核分9.93分。客户满意度76.8分，比满分值73.8分高3分，获考核分满分。在政府机构客户满意度评价方面，广西壮族自治区政府部门对广西公司的评价为“非常满意”。全年受理用户服务电话约2.5万人次，受理IT事件1.15万个，客户满意率达100%。全年安排1000万元资金配置负荷管理终端，实现100kVA及以上专用变压器客户全覆盖；大力推广计量自动化“四合一”系统，提高软件实用化水平；通过夯实管理基础，获得广西壮族自治区技术监督局3年计量整体授权；开展“十二五”电能计量规划编制与电能计量集中配送和检定试点工作。

开展2次丰枯水期交界抄表专项稽查工作。14个供电网区共对趸售用户的抽查率达100%，对大工业用户的抽查率达30%，对其他用户的抽查率超过10%。开展重要用户用电安全普查和隐患排查，共完成466户特级、一级重要用户的用电安全普查，出具《用电检查整改通知书》165份，整改通知书书面报当地政府安监部门备案，报备率达100%。全年稽查各类营业样本10.95万个，查处营业差错749起，追补金额163.5万元；查处违约、窃电行为632起，追补金额643.4万元。

物资管理 2011年，广西电网物资系统以一体化为工作主线，以建设“集约、规范、高效”的现代化供应链体系为职能战略目标，扎实推动物资管理。物资“七个一体化”构成了完整的体系，上半年完成广西电网公司、供电局、县级供电企业3级组织架构调整，遵循70个业务流程开展工作，将所有业务流程逐步固化到物资管理信息系统；完成10个B类管理制度的制定发布工作；完成南方电网公司分配的合成绝缘子、变电站钢结构等5类技术标书编写任务，按照219个一级物资采购标准技术标书组织好需求上报工作；全面推行南方电网公司发布的40份所有作业指导书，应用在178项监造、仓储实际工作中，推广覆盖面达100%；依照全网统一的12个关键指标为基准的物资管理指标体系，完成广西电网公司、供电局两个层面的关键指标统计、分析、对比、评价工作。打通了物资管理信息系统与财务FMIS系统接口，系统实现了由孤网运行向综合利用的转变。在年底的物资管理信息实用化评价中，广西公司在南方电网参评单位中名列第一。完成广西公司物资管理职能规划，制定5大项职能提升举措。制定了38类不同岗位的物资工作手册。

推动“两级采购”模式步入正轨，提高了广西公司总体效益，使招标价格降低10%，全年累计节约成本2.8亿元。加强合同履约的集中管理，组织集中签订一级物资合同921份，二级物资合同2598份。开展了149项监造任务，完成塔材、电缆、电能表等物资246个样品抽检工作，发现了4类物资9个质量缺陷，均进行了妥善处理，保证了将近2000万金额设备质量，实现主设备质保期内故障率全年保持为零。积极探索“零库存”仓储管理模式，完成南网“一、二级仓库+急救包”管理在广西的2个试点工作。完成广西首个电力物资超市试点工作。开展清仓利库，全年累计减少闲置物资金额6024万元，有效缓解了库存压力和经营压力。全年拍卖报废物资金额1850万元，比保留价高出388万元，实现了国有资产保值增值。

经营管理 2011年，广西公司制定《广西电网公司财务一体化管理推进工作方案》、《农村低压电网维护费预算管理暂行规定》、《供电成本其他费用标准》、《车辆油耗和检修维护管理标准》、《技改修理项目库管理办法》、《营销资金管理办法》、《供电局营业厅装修与设备配置标准》、《办公用房建设及办公家具电子办公设备配置管理办法》和《劳动防护用品配备标准》等。颁发《广西电网公司绩效管理考核评价办法》、《广西电网公司所属单位业绩考核办法》、《广西电网公司总部职能部门考核办法》及相关配套的各项考核评价细则。分解下达了2011年度绩效考核指标，广西公司各级党政一把手层层签订了年度绩效考核目标责任状，层层落实了绩效责任。开展制度汇编工作，颁布《管理制度管理实施细则》。出台《广西电网公司固定资产报废预算管理暂行规定》和《广西电网公司一体化管理推进工作方案》。全年共梳理、收集19个专业的制度框架，2947个B、C类制度；完成修订颁发56份，现行B类制度371份，C类制度2576份；同时废止949份B、C类管理制度。

资金管理 以“资金收支两条线管理”为核心，以多级收支账户体系为基础，完成了资金集中管理框架的搭建，全面建立了工、农、中、建、交、邮储六大银行的集团账户资金池，分公司月度资金归集率达95%，县级供电企业资金归集率达90%。以“收入资金实时归集，支出资金日间透支、日终补足”为手段，建立分公司账户“零余额”管控。加大银行冗余账户的清理力度，账户总数由年初的1146个降低至423个。启动了财务风险管控体系建设。通过流程梳理、实地调研和资料查找等方式对广西公司财务管理领域的风险管控体系建设进行了研究，并以南宁供电局为试点单位，在收入管理、采购与付款管理、存货与工程物资管理、工程项目管理等11个方面开展了针对业务流程的风险点梳理，共查找出风险点243个，涉及岗位53个，拟订风险防控措施347项，为进一步制定《财务风险管理岗位操作手册》奠定了良好的基础。

2011年，广西公司面对严重缺电和购电成本大幅度上升的局面，主动向广西壮族自治区党委、政府及有关部门汇报当前电力供需形势和电网经营困难，成功推动政府出台《保障电力供应临时调节措施》，获得政府净补贴10.6亿元。电网企业获得政府巨额补贴，这在南方电网公司乃至全国都是首创，得到南方电网公司主要领导的高度赞扬。抓住2011年末国家调整电价的机会，多次向国家发改委价格司和广西壮族自治区物价部门反映广西公司2011年以及“十二五”期间的经营困难，努力争取到0.001元/kWh的电网输配电价，2011年增加收入0.26亿元。申请停止执行丰枯季节性电价并获得广西壮族自治区政府同意。

审计管理 2011年，完成审计项目4780项，完成经济合同签证审计7316份，参与招标监督794次，共查出并督促纠正违规金额2326万元，审减工程价款、促进增收节支和减少投资风险5987万元，有效发挥了审计的监督与保障作用，为企业经营发展、强化控制、防范风险、规范管理发挥了积极作用。广西公司审计部连续17年荣获“全区内部审计工作先进集体”荣誉称号。

法律工作 2011年3月，广西公司法律事务部成立，紧紧围绕“服务、管理、维权、监督”的工作定位。编制《法律职能规划》，制订广西公司《法律职能领域创先工作方案》、《法律同业对标工作方案》和《法律职能领域一体化工作方案》。作为南方电网公司法律工作一体化管理制度组长单位，编写完成《南方电网公司法律工作管理规定》等9个一体化管理制度，并通过南方电网公司评审。制订《法律风险管理子方案》并组织实施。全程参与广西公司主辅分离工作，出具主辅分离尽职调查及法律风险评估报告。2011年广西公司新发案件29起，办结案件19起，其中办结负有责任的法律纠纷案件3起，挽回或避免经济损失368.9万元，案件胜诉率85.5%，负有责任的法律纠纷案件总数同比下降75%，负有责任的法律纠纷案件经济损失额同比下降30%。

广西公司配合广西壮族自治区法制办成立了《广西壮族自治区电力设施保护办法》起草领导小组和工作组，先后8次组织召开立法论证会议，组织起草小组成员到供电局和县级供电企业调研征求意见，经过反复修改完善，2011年11月，《广西壮族自治区电力设施保护办法》经广西壮族自治区人民政府第94次常务会议审议通过，并将于2012年1月1日正式颁布实施。

体制改革 2011年，广西公司体制改革取得重大突破。与百色市政府就百色供电体制达成了一致意向，双方共同拟定《百色电网股份制改革方案》、《百色市人民政府、广西电网公司关于组建百色供电有限公司协议书》及组建备忘录已审定通过。双方对组建方案、协议、备忘录的具体内容基本已无异议，待双方完成内部程序后即可签约。

主辅分离工作按照南方电网公司的统一部署，制定《广西电网公司主辅分离改革实施工作方案》，明确推进主辅分离改革有关工作的指导思想、基本原则、有关工作要求。一是构建主辅分离改革实施工作组织架构及工作机制，启动并加强政策宣传和引导发动工作，保证主辅分离工作信息传递顺畅。二是组织各专项工作组进行调查研究，使各专项工作组成员对广西公司改革成本及改革涉及的关键要素做到心中有数。在南方电网公司与中能建签署划转移交总协议后，立即组织财务、人资及法律人员对广西公司与中能建拟签的分协议进行了多次修改、完善。12月16日，与中能建签订了国有产权无偿划转协议，完成主辅分离的顺利交接。

农电工作 2011年底，广西公司完成修编《县级供电企业农村电工管理办法》及有关农电工用工招聘、绩效考核及薪酬管理等4个配套文件。深入开展县级供电企业基础管理达标创优工作，编制创建基础管理达标优秀企业工作规划和《县级供电企业基础管理达标创优工作指引》，将企业达标工作纳入年度考核目标，融入日常管理，落实到具体岗位。建立了广西公司达标人才专家库，加强各层级人员培训，通过召开季度专题例会、网站定期通报和发布达标动态等形式推广达标工作经验。各县级供电企业对照标准完善制度，理顺管理流程，健全资料台账，基础管理不断巩固，邕宁、武鸣等14家县级供电企业顺利通过南方电网基础管理达标优秀企业考评验收。编制《县级供电企业创先工作方案》，以横县、宜州、临桂3家标杆单位作为创先试点，围绕供电可靠性、线损管理、客户服务3个专题开展创先工作，创先单位主要指标不断优化。编制完成广西电网农电职能规划。对广西公司本部、供电局农电管理机构与职能进行了调整，全面修编各专业部门农电管理职责，明确了供电局作为所辖县级供电企业的直接管理单位和责任主体，突出了县级供电企业作为营销及配电运营具体执行者的功能定位。按照《南方电网公司一体化管理推进总体工作方案》，着力推进“七个一体化”在县级供电企业落地。

广西公司县级供电企业农电职工人数21 155人，其中：农村电工8549人，占在册职工人数的40.41%；大专学历以上人数7897人；中级及以上职称人员869人；高级技能人才3515人。实现主营收入96.12亿元，利润2.56亿元。县级供电企业110kV及以上线路428.8km，变电站17座，主变压器28台，主变容量96.75万kVA；35kV线路1.09万km，变电站547座，主变压器882台，变电容量440.86万kVA；35/0.4kV配电变压器593台，容量134.98万kVA；3～10/0.4kV配电变压器10.27万台，容量1183.08万kVA；3～10kV线路7.87万km；低压线路18.37万km。供电区域涉及560个乡镇，7452个行政村，农户638.56万户、人口2305.59万人。

2011年，县级供电企业完成供电量208.7亿kWh，售电量194.42亿kWh，同比增长11.65%。主营收入96.12亿元，利润2.56亿元。资产总额160.96亿元（包括农网建设与改造形成的资产117.58亿元），负债总额12.38亿元，资产负债率28.54%，同比下降2.16个百分点。农电供电可靠率99.27%，电压合格率97.77%，综合线损率6.85%。全年县级供电企业获国家级先进单位5个，先进个人4人；获南方电网公司先进单位18个，先进集体2个，先进个人27人；获广西壮族自治区先进单位29个、先进集体8个、先进个人17人。

人力资源管理 截至2011年底，广西公司人力资源总数52 967人，其中大专及以上学历员工占员工总数45.8%。拥有专业技术资格人员13 791人，其中高级职称（含教授级）888人，中级职称2987人，初级职称9916人。拥有技能等级人员11 375人员，其中高级技师、技师、高级工等高技能人才共5546人，占技能人员的38.7%，同比增长5%。

制定《广西电网公司人才培养实施意见》，修订完善《广西电网公司所属单位领导班子和领导人员综合考核评价办法（2011年版）》，全年调整充实干部队伍共180名，其中提拔82名、交流和职务变动98名，进一步加大了地市供电局与县级供电企业干部双向交流力度，对在关键岗位任职时间较长的干部进行了交流。选拔了一批年富力强、德才兼备的优秀年青干部，为广西公司发展注入了新的血液。开展广西公司机关总部科长、主管岗位的公开选聘工作，全年选聘科长和主管人员118名，为提升机关总部的控制力和决断力提供了人才支持。

按照南方电网公司《进一步规范劳动用工管理指导意见》和《劳动用工管理办法》，全面盘查分析劳动用工现状和存在问题，摸清劳动用工的现状。制订2012年的用工计划，计划新增用工1093人，其中劳动合同制679人，扩大了劳动合同制用工的招聘，为循序推行规范劳动用工管理打好基础。继续发挥“培训、评价、使用、待遇”一体化机制的作用，加大培训评价结果使用的力度。2011年，继续将优秀的劳务派遣人员、县级供电企业自聘人员招聘为劳动合同制员工，将两次评价不合格的员工安排转岗、解除劳动合同或劳务派遣协议，其中劳务派遣制员工招聘为劳动合同制员工489人。

2011年，举办副处级干部公共必修课培训班、县级供电企业领导班子人员专题轮训班、优秀干部培训班。全年累计完成3222名六薪及以上技能员工首轮“三年一评”考核评价工作，开展3534名六薪以下员工“一年一评”工作。2011年度员工考核评价范围，评价工种达36个，参加评价人数同比增长22%。制定56个管理、专业技术岗位的评价标准和题库并用于评价工作。评价方式由“入门”级粗放型评价向“分等级”、差异化、精细化评价改进。广西公司荣获“第十届国家技能人才培育突出贡献奖”，广西电网公司“评价与培训、使用、待遇形成有效的联动机制”荣获全国电力企业管理创新成果一等奖。

党建和精神文明建设 2011年，广西公司党组深化“堡垒工程”，以创先争优为龙头，以支部联建为重点，统筹推进员工辅导计划、学习型党组织建设、党建信息化、班组建设和全国文明单位争创活动，取得了可喜的成绩。南方电网公司总经理钟俊到广西进行领导点评活动时，肯定广西公司在创先争优活动中抓创新、重结合、求实效，做到了精心组织、有序推进、扎实有效。积极探索党建创先一体化工作，初步搭建了规范、高效的党建思想文化管理体系。主动在党建思想文化领域向先进对标，形成了创先一体化方案，集中修编管理制度 32 项，业务流程 27 项，初步实现了组织架构、业务流程、管理制度、作业标准、指标体系和信息系统 6 个方面的一体化，有力提升了广西公司党建科学化水平。

广西公司党组在为民服务创先争优活动中以提高供电能力、提升第三方客户满意度为落脚点，明确 4 项目标，重点解决关系群众用电的 5 个问题，扎实开展真情“六走进”、用心服务“5 到位”，并结合实际推进了“支部联建”和农网“三示范”建设，努力争创优质服务品牌，争当为民服务标兵，取得了良好成效。全年为民办实事 1600 多件，圆满完成了“两会一节”等重大活动保供电任务。得到中共广西壮族自治区党委书记郭声琨的批示表扬，中央电视台、《广西日报》等主流媒体先后予以专题报道。全年广西公司系统有 1 名同志被评为全国优秀党务工作者，有 12 个基层党组织、12 名党员、6 名党务工作者荣获省部级以上表彰。

广西公司纪检监察工作紧紧围绕战略落地、电力供应、维护稳定等中心工作，稳步推进惩治和预防腐败体系建设，反腐倡廉建设各项工作取得了新进展，全面完成了党风廉政建设责任制目标。广西公司年度党风廉政建设责任制考核在南方电网公司系统排名第一。荣获广西壮族自治区纠风办阳光在线节目“十佳上线单位”，被中国水电质协评为“全国电力行业用户满意服务”称号。抓好领导干部廉洁教育，举办领导人员廉洁从业研讨班 3 期，共 700 多名领导干部参加。开展领导人员述廉议廉工作，领导人员廉洁承诺 1666 人，述廉议廉 591 人。加强对新任职、岗位交流等领导人员的任前廉洁教育，对 180 名领导人员进行了任职前谈话或集体谈话。开展专题学习 244 场，6218 人参加了培训；举办廉洁从业报告会 38 场，5925 人参加了学习；开展警示教育 213 场，8960 人接受了教育。开展效能监察 97 项，避免和挽回经济损失以及节约资金共 266.6 万元。

把开展企业文化和精神文明建设，作为一项“永不竣工的工程”，坚持长抓不懈。开展公司中长期发展战略和企业文化发展战略宣贯，深入推进“实施南网战略，建设幸福南网”主题文化活动，有力推动南方电网中长期发展战略在公司落地。全年举办各类企业文化培训班 207 个，参陪人员达 1.6 万人次；在各单位建立文化活动展馆、活动室 103 个，开辟专题网站、论坛 75 个，年累计点击数 9.6 万次。加强“幸福南网”建设，通过集中座谈、小组讨论、个别访谈、感言征集等形式，了解广西公司经营管理政策和措施对员工幸福感的影响效果，发动广大干部员工献计献策，共建共享“幸福南网”。开展“创先争优——身边人身边事”创作大赛，组织发动员工挖掘自己身边的真实故事和感人事迹。选送 34 个作品参加南方电网公司创作评比，有 23 个作品分获一、二、三等奖。继续深化文明创建工作，广西公司通过“全国文明单位”复核，南宁、柳州、梧州、贵港、钦州供电局等 5 家单位被中央文明委作为第三批“全国文明单位”进行公示，广西公司精神文明建设工作再上新台阶。积极推进和谐企业建设，广西公司及下属单位共 24 家单位被授予广西第一批“九大和谐建设”先进单位，是全区获奖最高的行业系统。广西公司荣获“全国法制宣传教育先进单位”、“广西企业 100 强”、“广西十佳企业”、“广西壮族自治区和谐企业”、“广西优秀劳动关系和谐企业”、“全区国有企业创先争优活动示范单位”、“广西企业文化建设先进单位”、“自治区 2009～2010 年度整村推进定点扶贫工作先进单位”、“服务西部大开发突出贡献集体奖”等省部级以上荣誉；全系统有 83 人获得省部级及以上级别个人表彰。

规范履行职代会各项职责，组织职工通过职代会参与企业民主管理，审议企业行政、工会和财务、审计报告，民主评议领导干部。凡是公司重大决策部署，特别是涉及职工切身利益的重大事项，都提交职代会进行审议。全年职代会共征集职工代表提案 220 多件，已全部办理和答复。在职代会闭会期间，还召开了二届职代会 3 次、4 次联席会议，审议通过《广西电网公司企业补充医疗保险实施办法》、《广西电网公司工资结构调整实施方案》及其实施细则等。规范集体合同制度，构建和谐劳动关系。广西公司工会重视创建“劳动关系和谐企业”工作，积极推进通过平等协商签订集体合同，各单位基本建立了集体合同制度，成立劳动争议调解委员会，使职工的合法权益得到有效维护。广西公司机关工会与广西公司行政续签了 2011～2013 年的《集体合同》、《工资集体协议》、《女职工特殊权益保护专项集体合同》。2011 年自治区总工会、人力资源和社会保障厅、广西企业与企业家联合会召开了全区国有企业构建和谐劳动关系座谈会，充分肯定了广西电网公司在构建和谐劳动关系方面的成绩。2011 年，柳州、桂林、贵港等供电局被评为“广西劳动关系和谐企业”，广西公司荣获“广西优秀劳动关系和谐企业”称号。继续深入推进和完善厂务公开工作，全年广西公司所属各单位厂务公开达 58 项共 3600 多条。在全区厂务公开民主管理工作检查中，广西公司系统多个供电局获得检查组充分肯定，桂林供电局在全区深化创新厂务公开民主管理工作经验交流会上作了典型发言，成为厂务公开民主管理的窗口和示范单位。同时，广西公司工会还深入实施女职工建功立业素质提升工程，争创“巾帼文明示范岗”，支持和鼓励女职工在各自的工作岗位上发挥优势建功立业，2011年广西电网公司有3个集体荣获“全国‘五一’巾帼标兵岗”，2人荣获“全国‘五一’巾帼标兵”称号。

共青团工作 广西公司团委工作以“三个凝聚、一个融入”为工作主线（即以事业凝聚青年、提升团组织在公司发展中的贡献力，以思想凝聚青年、提高青年理想信念教育的感召力，以责任凝聚青年、增强青年志愿者服务的影响力；融入安全生产，注入青年安全文化活动的推动力）。加强引导，搭建舞台，鼓励基层团组织积极拓展团青工作载体，全面激发广西公司系统共青团组织活力。扎实推进了青年创新创效活动、“安全生产，青年争先”青年安全文化活动和青年志愿者行动等重点工作，为实现广西公司科学改革发展贡献青春力量。2011年，广西公司团委系统青年个人和集体先后荣获“2009～2010年度全国青年文明号”、2010年度“全国青年安全生产示范岗”；“中央企业青年文明号”、“中央企业五四红旗团支部”、“中央企业五四青年奖章提名奖”1人、中央企业青年岗位能手1人；第一届中国南方电网公司“青年安全生产示范岗”3个；2010年度广西“五四红旗团委”3个、2010年度广西“五四红旗团支部”2个、2010年度广西优秀共青团干部4名、2010年度广西优秀共青团员3名等23项省部以上荣誉，充分展示了广西公司共青团工作的良好发展态势。

科技创新 2011年，广西公司科技计划项目120项，投入资金1.23亿元，同比增长20.77%。“科技项目平均完成率达标”完成值96.8%，高于达标值90%。承担的南方电网2个重点科技项目已完成开题报告评审。重点项目《输电线路综合状态在线监测系统研究开发》已完成项目建设并通过鉴定，实现了覆冰监测、微风振动监测、山火监测及污秽监测等输电在线监测数据在3D输电GIS平台的展示。推进广西电网十大重点实验室建设，与武汉大学联合建立了“SF_6设备故障诊断实验室”，与IBM中国公司就建设“AMI（高级量测体系）联合实验室”已达成一致意见。2011年，“灵活互动的智能用电关键技术研究”科研项目获得科技部批准，这是广西公司首次承揽国家高技术研究发展计划（863计划）重点科研项目。随后申报的《微网群高效可靠运行关键技术及示范》项目也通过科技部审查入库，已完成实施方案及任务书的编制并通过答辩。2011年，信息化项目投资计划1.09亿元，全年完成投资1.09亿元，完成年计划的100%。技改项目（含生产、营销、农电、其他技改）投资计划9.18亿元，实际完成投资7.52亿元，完成年计划的81.87%。

2011年，广西公司获得南方电网科技进步奖11项，其中二等奖1项，三等奖10项；获南方电网技改贡献奖三等奖3项；获广西壮族自治区科技进步二等奖1项，三等奖3项。在自主知识产权申报方面，2011年度，广西公司共获得受理专利申请25项，其中9项为发明专利，获实用新型专利授权14项，获得计算机软著证书12项，超额完成了南方电网公司下达的年度指标。

新闻工作 2011年，广西电网新闻宣传工作紧紧围绕中心、服务大局，以“三个创新”、“三个主动”。通过创新重大主题策划，在中央级媒体发稿质量和数量创历史之最；创新推进网络宣传，率先在南方电网建立了舆情工作体系；创新工作格局构建，“走基层、转作风、改文风”工作扎实有效推进。主动把握电力供应紧张时期的话语权，树立了低调务实的良好企业形象；主动围绕“创先争优”活动主题，打造了强大的“红色舆论场”；主动把笔头和镜头对准基层一线，激发了广大员工宣贯战略的热情，做到了“内聚人心、外树形象”，为南方电网公司实现“服务好、管理好、形象好”提供了舆论支持。

2011年，广西公司系统对外发稿5578篇，增加2431篇，同比增长77.3%。其中：中央级媒体发稿537篇（8次上中央电视台，人民日报发稿5篇，经济日报发稿9篇，新华社发稿238篇），增加265篇，同比增长97.4%，首次在中央电视台播出时长20多min的专题，在中央级媒体的报道质量和数量均创历史最好纪录。中央“重量级”媒体发稿“活跃”，带动了广西壮族自治区主流媒体发稿再创佳绩。

主要事件

1月11日，中共广西壮族自治区党委书记、自治区人大常委会主任郭声琨到桂林检查广西电网抗冰工作，并充分肯定了广西公司为全力做好电力供应工作采取的抗冰保电措施和取得的成绩。2月3日（大年初一），郭声琨到广西电网南宁供电局，亲切看望慰问春节期间坚守工作岗位的电网干部员工，并代表自治区党委、政府向全区节日期间坚守一线的广大电力干部员工致以新春祝福和诚挚问候。

1月25日，广西公司2011年工作会议暨二届二次职工代表大会在南宁召开。

3月29日，南方电网公司总经理、党组副书记钟俊到广西公司点评创先争优活动。钟俊称赞广西公司领导班子顾大局、讲实效，是和谐、团结、高效的班子；肯定广西公司创先争优活动抓创新、重结合、求实效，做到了精心组织、有序推进、扎实有效。

4月29日，广西公司召开宣贯《南方电网公司中长期发展战略》会议，标志着贯彻落实南方电网公司中长期发展战略工作在广西电网全面启动。

7月1日，广西公司在南宁召开创先、一体化工作推进会，明确了创先、一体化工作的总体思路、工作目标和主要任务，标志着广西公司创先、一体化工作在总部、分公司和县级供电企业的全面推进。

2011年，广西公司与14个地市政府、广西壮族自治区国土资源厅等建立了战略合作伙伴关系，营造了和谐的电网发展环境，促进了政企合作共赢，为“十二五”广西“智能、高效、可靠、绿色”电网的建设奠定了坚实的基础。

12月16日，广西水利电力建设集团国有产权无偿划转签字仪式在南宁举行，协议的签订标志着广西电网主辅分离改革工作圆满完成。

2011年，广西公司积极配合广西壮族自治区法制办开展《广西壮族自治区电力设施保护办法》起草和调研工作，并推动《广西壮族自治区电力设施保护办法》的发布，从2012年1月1日起正式施行，对广西电力设施保护发挥了重要作用。

2011年，广西公司积极应对广西近20年来最严重的缺电局面，从服务广西经济社会发展大局出发，及时沟通汇报，促成广西壮族自治区政府出台《保障电力供应临时调节措施》，确保了电网安全运行和电力平稳有序供应。

2011年，广西公司出色完成了深圳大运会、亚洲政党专题会议、“中国—东盟博览会”、“中国—东盟商务与投资峰会”、“南宁国际民歌艺术节”以及国家领导人在广西考察等多项重大活动的保供电工作，得到了上级领导及社会各界的肯定和赞扬。

（廖业明）

【云南电网公司】

基本情况 2011年云南电网公司（简称云南公司）完成售电量1313.59亿kWh，同比增长11.23%。其中，省内售电量950.81亿kWh，同比增长17.46%；西电东送电量323.03亿kWh；对越南送电39.76亿kWh。

完成固定资产投资130.67亿元。其中，电网建设投资109.91亿元，小型基建投资4.49亿元，技改投资14.37亿元。实现营业收入545.11亿元，同比增长10.06%。实现利税49.36亿元。完成经济增加值（EVA）6.03亿元。截至2011年底，云南公司资产总额达到769.4亿元。资产负债率77.15%。云南公司在南方电网公司2011年责任制考核中排名第一。

领导班子

总经理、党组副书记：廖泽龙（法定代表人）

党组书记、副总经理：张慧清

党组成员、纪检组长、工会主席：江兴国

党组成员、副总经理：王文

党组成员、副总经理：杨卓

党组成员、副总经理：吴宝英

党组成员、副总经理：赵炳松

党组成员、昆明供电局局长：庞骁刚

总会计师：周正风

组织机构 公司本部设办公室、企业管理部、计划发展部、人事部、人力资源部、财务部、市场营销部、生产技术部、基建部、物资部、信息部、安全监察部、农电管理部、国际合作部、审计部、法律事务部、监察部（与纪检组办公室合署）、政治工作部（与机关党委、公司团委合署）、工会、系统运行部（与云南电力调度控制中心合署）等20个部门，云南电力调度控制中心、电网规划研究中心、物流服务中心、培训与评价中心、信息中心、离退休管理服务中心、云南省公安厅防范和打击涉电违法犯罪中心等6个中心，下设昆明供电局等17个州（市）供电局、外经贸分公司等23个分公司，以及包括州（市）供电公司、县级供电单位在内的96个子公司。截至2011年底，公司职工总人数为70 216人。

电力生产 全年完成发电量1555.13亿kWh，同比增长13.94%，全年全社会用电量为1204.07亿kWh，同比增长19.9%。统调电厂完成发电量1249.73亿kWh，比2010年的1137.73亿kWh增加电量112.0亿kWh，增长9.84%；其中火电完成479.59亿kWh，比2010年同期的490.06亿kWh减少电量10.47亿kWh，降低2.14%；水电完成760.21亿kWh，比2010年同期的643.62亿kWh，增加电量116.58亿kWh，增长18.11%。风电完成9.67亿kWh，比2010年同期的3.92亿kWh增加电量5.75亿kWh，增长146.44%。太阳能发电完成2616.1万kWh，同比增长114.22%。

电力营销 完成售电量1313.59亿kWh，同比增长11.23%。其中，省内售电量950.81亿kWh，同比增长17.46%；西电东送电量323.03亿kWh对越南送电39.76亿kWh。

电网建设 全年110kV及以上项目开工75项、投产63项（变电容量683.3万kVA、线路长度1918.45km），直供区配网项目开工198项、完工170项；初设审查完成101项、批复96项；500kV功果桥水电站送出、惠历和220kV瑞丽等3项南方电网重点项目顺利投产；38项2010年中央投资110kV项目全部完成；小龙潭矿务局炸药库搬迁工作按期完成。基建安全总体平稳，质量工艺水平纵向对比提高较大，造价控制率18.11%，没有超投资现象发生，

- 云南电网公司
  - 本部门、中心
    - 1.办公室
    - 2.企业管理部
    - 3.计划发展部
    - 4.人事部
    - 5.人力资源部
    - 6.财务部
    - 7.市场营销部
    - 8.生产技术部
    - 9.基建部
    - 10.物资部
    - 11.信息部
    - 12.安全监察部
    - 13.农电部
    - 14.国际部
    - 15.审计部
    - 16.法律事务部
    - 17.监察部 (与纪检组办公室合署)
    - 18.政治工作部 (与机关党委、公司团委合署)
    - 19.工会
    - 20.系统运行部 (与云南电力调度控制中心合署)
    - 20.云南电力调度控制中心
    - 21.电网规划研究中心
    - 22.物流服务中心
    - 23.培训与评价中心
    - 24.信息中心
    - 25.离退休管理服务中心
    - 26.防范和打击涉电违法犯罪中心(保卫处)
  - 分公司
    - 1.昆明供电局
    - 2.曲靖供电局
    - 3.红河供电局
    - 4.玉溪供电局
    - 5.大理供电局
    - 6.楚雄供电局
    - 7.普洱供电局
    - 8.临沧供电局
    - 9.昭通供电局
    - 10.西双版纳供电局
    - 11.文山供电局
    - 12.保山供电局
    - 13.丽江供电局
    - 14.德宏供电局
    - 15.怒江供电局
    - 16.迪庆供电局
    - 17.瑞丽供电局
    - 18.外经贸分公司
    - 19.建设分公司
    - 20.技术分公司
    - 21.带电作业分公司
    - 22.云南电网公司农电局
    - 23.电力教育中心
  - 子公司
    - 1.文山电力股份有限公司
    - 2.德宏供电有限公司
    - 3.怒江供电有限公司
    - 4.丽江供电有限公司
    - 5.丽江古玉供电有限公司
    - 6.云南电力试验研究院(集团)有限公司
    - 7.电力研究院
    - 8.云南省送变电工程公司
    - 9.云南电力建设监理咨询有限公司
    - 10.云南电网公司电力建设公司
    - 11.云南水利电力有限公司
    - 12.峨山供电有限公司
    - 13.江川供电有限公司
    - 14.南华供电有限公司
    - 15.姚安供电有限公司
    - 16.建水供电有限公司
    - 17.开远供电有限公司
    - 18.弥勒供电有限公司
    - 19.个旧供电有限公司
    - 20.马龙供电有限公司
    - 21.晋宁供电有限公司
    - 22.大理市供电有限公司
    - 23.墨江供电有限公司
    - 24.石屏供电有限公司
    - 25.澄江供电有限公司
    - 26.易门供电有限公司
    - 27.陆良供电有限公司
    - 28.勐海供电有限公司
    - 29.景洪供电有限公司
    - 30.江城供电有限公司
    - 31.镇沅供电有限公司
    - 32.永仁供电有限公司
    - 33.普洱供电有限公司
    - 34.呈贡供电有限公司
    - 35.安宁供电有限公司
    - 36.南涧供电有限公司
    - 37.弥渡供电有限公司
    - 38.华宁供电有限公司
    - 39.元江供电有限公司
    - 40.鹤庆供电有限公司
    - 41.宾川供电有限公司
    - 42.永平供电有限公司
    - 43.洱源供电有限公司
    - 44.景谷供电有限公司
    - 45.石林供电有限公司
    - 46.宜良供电有限公司
    - 47.嵩明供电有限公司
    - 48.禄丰供电有限公司
    - 49.寻甸供电有限公司
    - 50.临沧供电有限公司
    - 51.凤庆供电有限公司
    - 52.禄劝供电有限公司
    - 53.曲靖供电有限公司
    - 54.双柏供电有限公司
    - 55.元谋供电有限公司
    - 56.巍山供电有限公司
    - 57.祥云供电有限公司
    - 58.云龙供电有限公司
    - 59.漾濞供电有限公司
    - 60.鲁甸供电有限公司
    - 61.巧家供电有限公司
    - 62.水富供电有限公司
    - 63.盐津供电有限公司
    - 64.永善供电有限公司
    - 65.大关供电有限公司
    - 66.彝良供电有限公司
    - 67.威信供电有限公司
    - 68.孟连供电有限公司
    - 69.宁洱供电有限公司
    - 70.耿马供电有限公司
    - 71.云县供电有限公司
    - 72.楚雄州供电有限公司
    - 73.大姚供电有限公司
    - 74.新平供电有限公司
    - 75.屏边供电有限公司
    - 76.红河县供电有限公司
    - 77.河口供电有限公司
    - 78.双江供电有限公司
    - 79.永胜供电有限公司
    - 80.剑川电力有限公司
    - 81.罗平供电有限公司
    - 82.宣威市供电有限公司
    - 83.富民供电有限公司
    - 84.元阳供电有限公司
    - 85.勐腊供电有限公司
    - 86.绿春供电有限公司
    - 87.绥江供电有限公司
    - 88.会泽供电有限公司
    - 89.富源县供电有限公司
    - 90.师宗县供电有限公司
    - 91.通海供电有限公司
    - 92.华坪供电有限公司
    - 93.宁蒗供电有限公司
    - 94.平远供电有限公司
    - 95.牟定供电有限公司
    - 96.昆明辰华供电有限公司

云南公司组织机构图

云南公司基建综合指标均符合年度目标值。

农电体制改革 国务院国资委正式审批了富民、罗平、宣威、元阳、绿春、绥江、会泽和云南水利电力有限公司等8家地方供电企业国有产权无偿划转云南公司。按照国家的相关法律法规，认真履行工商变更等各项手续，组织完成了富民等8家地方供电企业产权登记、工商注册等相关手续，完善了出资人权益，并账后资产经营管理平稳运行，资产经营活动合规合法。

继续推进地方供电企业的国有产权划转工作，重点部署安排农电管理体制改革工作，主要采取了以供电局为责任主体，依托云南公司体制改革工作小组为后台支撑并及时指导、协调、帮助等方式开展工作。通过各方攻坚克难，共同努力，富源、师宗、华坪、宁蒗及古玉（黑白水）等5家地方供电企业国有产权无偿划转云南公司待国务院国资委审批。

2011年，在全省103家独立核算供电企业中，云南公司管辖102家，其中：全资92家，控股4家（文山电力、平远、辰华、河口），参股1家（临沧地方电网），准代管5家（泸西、金平、马关、麻坡、广南）。云南公司农电管理的90家并账县级供电企业年度售电量334.9亿kWh，占云南公司省内售电量950.81亿kWh的35.22%。

社会用电 2011年，云南省全社会用电量1204.1亿kWh，同比增长19.92%（全国增长11.74%），增速比2010年加快7.3个百分点，其中，第二产业完成966.0亿kWh，增长22.53%；第三产业完成93.6亿kWh，增长43.79%。

云南公司直接供电的主要行业中，不少用电行业增幅比较大，其中黑色金属和矿采选业104%、铁合金59.34%、铅锌57.33%、电石45.46%、煤炭开采和洗选业36.22%，增幅都在30%以上；也有不少行业用电呈负增长，负增长较大的有：金属制品业−36.42%、烧碱−17.05%、造纸及纸制品业−16.28%、电锡−11.04%。

对外合作 对越南送电4条线路累计结算电量49.19亿kWh（两条220kV对越南送电线路累计结算电量为39.76亿kWh），完成送电指标48.6亿kWh的101.21%，同比2010年减少11.05%。全年对越送电超（少）计划罚金共计334.6万美元。

2004年9月25日～2011年12月31日，对越南送电累计电量为213.95亿kWh。

2011年，115kV对老挝送电累计结算电量为1.04亿kWh。

2009年12月6日～2011年12月25日，对老挝送电累计电量为1.66亿kWh。

2011年，自缅甸瑞丽江水电站购电21.51亿kWh。

2008年12月～2011年12月25日，自缅甸瑞丽江水电站累计购电电量为52.05亿kWh。

2011年，自缅甸太平江电站购电2.73亿kWh。

2010年8月～2011年12月25日，云南电网累计自缅甸太平江水电站购电5.13亿kWh。

云电外送 2011年云南电网向南方电网送电323.03亿kWh，同比增长0.11%，最大外送电力达到8718.4MW。6～10月云南电网发电主汛期集中外送电量为202.6亿kWh，占全年外送电量总量的62.72%。全年送越南电量39.76亿kWh，同比减少28.33%，最大电力为1069.35MW。

安全生产 2011年，云南公司系统累计发生事故总数19起（同比减少20起）。发生一般人身事故1起，同比增加1起；发生一般电网事故1起，同比减少9起；发生一般设备事故17起，同比减少12起。2011年云南公司事故发生情况见下表。

2011年云南公司事故发生情况

序号	指标名称	指标单位	完成情况	同比	备注
1	本单位人身死亡事故	人	1	1	火电建设公司“2·24”人身死亡事故
2	承包商人身死亡事故	人	1	1	“11·11”承包商人身死亡事故
3	重大及以上电网事故	起	0	0	
4	重大及以上设备事故	起	0	0	
5	重大及以上火灾事故	起	0	0	
6	有责任的较大电网事故	起	0	0	
7	有责任的较大设备事故	起	0	0	
8	恶性误操作事故	起	0	−2	
9	因违反调度纪律而造成的事故	起	0	0	
10	电厂垮坝和水淹厂房事故	起	0	0	
11	严重社会影响的电力生产安全事件	起	0	0	
12	电力生产人身重伤事故	人	0	0	
13	有责任的一般电网、设备事故	起	8	−11	

续表

序号	指标名称	指标单位	完成情况	同比	备注
14	因违反调度纪律事件、一般误操作事故、断路器或保护拒动造成事故	起	2	1	西双版纳供电局“3·19”一般误操作事故 大理供电局“6·3”一般误操作事故
15	有人员重伤及以上的负同等及以上责任的重大及以上交通事故	起	0	0	
16	重伤及以上人身事故，一般及以上电网、设备事故总数	起	19	−20	
17	一类障碍数	起	142	−58	

节能减排　按照南方电网公司的统一要求，对云南公司线损管理流程进行了调整。完成了《云南电网公司“十二五”节能降损规划》并经过云南公司审查，修编工作完成后将正式上报南方电网公司组织评审。深化节能发电调度，可再生能源发电比例达61.62%。火电同比增发117亿kWh，节约标煤363万t。推进合同能源管理，为用户节约电量近3000万kWh。

结合云南省“十二五”配电网规划修编工作，在规划设计中充分贯彻“提高供电可靠率、降低线损”的技术要求，认真做好“十二五”解决重载线路、高损配电变压器更换等降损措施方案，按区、县对“十二五”末配电网线损率进行了理论评估，不断促进云南电网向更加节能、绿色方向转变。

第一次开展公司全电网口径、全资产口径理论线损率计算分析工作，3个口径的计算结果基本反映了云南公司线损率水平和分布情况，为下一步降损措施的制定、降损工作的有效开展提供了依据。

为充分体现云南公司积极开展节能减排工作，服务经济社会发展的良好形象，围绕“节能我行动低碳新生活”为主题，于6月组织开展了2011年度节能宣传周活动并取得了良好的社会效益。

科研　在2011年南方电网公司科学技术奖评选中，云南公司获得了4项一等奖中的3项，分别是“电源集中送出电网振荡扰动定位及振荡解列控制技术的研究与实施”、“35kV超导限流器的研制和应用”、“面向服务体系架构（SOA）的企业信息集成平台研究及建设应用”。另外还获得科学技术二等奖3项、三等奖7项、技改贡献奖7项。25项成果取得国家专利，其中12项首获中国专利优秀奖。在云南省2011年度科技进步奖公示中，“云南电网低频振荡安全预警及辅助决策系统”被评为二等奖，另有3个项目被评为三等奖。

同时做好国家电网公司科技进步奖的申报组织及初审。申报2010年度国家电网公司科技进步奖的共有云南公司18个单位的79项成果，经初审有74个科技成果符合评奖条件。经开展科技进步奖网络评审、召开云南公司2010年度科技进步奖专家评审会和组织召开了2010年度云南公司科技进步奖评审委员会会议，共评出52个获奖项目，其中一等奖6项，二等奖11项，三等奖35项。

主要事件

1月4日，云南电网启动一体化调度运行管理系统建设前期项目，新一代调度运行管理技术支持系统进入项目建设准备阶段。

1月13日3时，500kV云电送粤主通道，砚（砚山）—崇（崇左变电站）甲线恢复供电，标志云电送粤主通道抗冰加固攻坚战全面告捷。

1月17日以来的连续两场暴雪，使云南昭通凝冻灾害加剧，电网覆冰雪上加霜，重冰区线路覆冰厚度迅速增加到30mm，220kV大镇线、110kV马家支线、镇威Ⅱ回T线，大永Ⅱ回T线等4条线路相继出现险情。云南公司17日在昭通成立云南公司抗冰抢险昭通现场指挥部，调集各方力量支持昭通抗冰抢险，玉溪供电局、楚雄供电局等兄弟单位，广东送变电、河南送变电等20支外援巡抢共3000余人迅速奔赴昭通抗冰抢险主战场。

1月20日，昭通电网主网全部正常运行，因冰灾受损的49条35kV及以下线路已全部抢修恢复。

1月25日，云南公司首次在抗冰抢险期间召开输电线路抗冰技术研讨会。会议就输电线路抗冰措施进行研讨，并就下一步防冰抗冰工作做出安排部署。云南电网公司抗冰抢险昭通现场指挥部、带电作业中心、电力研究院、电力设计院、红河供电局、送变电工程公司及昭通供电局的30余名专家参加会议。会议由云南公司抗冰抢险昭通现场指挥部副总指挥周海主持。

1月29日，普洱供电局引进先进固定翼无人机试飞巡线，取得成功，为下一步开展线路应急救援工作，提供详、细、实的第一手参考资料打下基础。

2月12日，云南公司总经理廖泽龙一行来到官渡区大板桥，检查昆明新机场供电配套建设工作，并与昆明新机场建设指挥部就新机场配套项目供电及迁改事宜进行会谈。

3月10日，盈江县发生5.8级地震，经过云南公司积极抢修，11日11：00，震后仅22小时，地震灾区梁河、盈江县城恢复正常供电。该项工作得到了国家有关部委和省委省政府领导的高度赞扬。

3月17日，南方电网公司在昆明组织召开“35kV超导限流器的研制和挂网运行”科技项目成果鉴定会。会上，鉴定专家高度评价在昆明供电局普吉变电站实施的科技项目“35kV超导限流器的研制和挂网运行”，认为项目研制的35kV超导限流器取得多项创新成果，处于国际领先水平。

3月24日，云南公司配合“地球一小时日”全球节能活动，发起主题为“一小时，点亮希望”的节能环保活动。为号召市民节约用电，倡导“科学用电、节约用电”的绿色低碳环保理念。启动当天用电客户在云南公司各营业厅举行签名承诺活动。

5月6日，从云南电网2011年一季度节能发电调度工作会议上获悉，一季度云南电网节能发电调度成效显著，全网可再生清洁能源发电比例大幅提升，一共节约标煤219.35万t，云南电网实行节能发电调度3年共节约标煤约1140万t。

5月9日，亚洲首辆移动式高电压、大容量发电车落户昆明供电局。昆明供电局针对10kV配电网重要用户及敏感客户较多的情况，为降低和减少因10kV配电网设备故障抢修及临时停电工作对重要用户及敏感客户的停电时间，而引进此台10kV 2000kW高压发电及负荷转移车。

5月19日，由云南公司建设分公司承建的500kV永丰输变电工程获得“2011年度中国电力优质工程奖”。500kV永丰输变电工程是云南公司“北通道”工程的重要组成部分。工程于2008年12月15日正式开工建设，于2010年1月15日顺利竣工投产，历时13个月，项目总投资11.745 5亿元。

5月20日，南方电网区域内最大电力缺口超过400万kW，云南作为清洁能源基地的作用日益凸显，云南公司采取积极措施，不仅保证枯期省内电力供应，还不断加大西电东送力度，有力支持广东、贵州等省区共渡电荒。

5月30日，中共云南省委、省政府发文表彰“十一五”扶贫开发先进集体，云南电网公司荣获“先进集体”称号。

6月3日，云南送广东负荷首次突破800万kW，近期已3次创新高。

6月30日，随着金安桥水电站第二台机组正式投产发电，云南电网省调直调发电装机容量突破3000万kW，达到3005.5万kW。

7月12日，怒江供电局召开“以榜样就在我身边，与‘雪山雄鹰’同行”的座谈会。

同日，《人民日报》06版刊登“为了万家灯火，他们日复一日地用脚板丈量着350多km长的巡线路。这条路，最低海拔1205m，最高海拔4000m，途经50多km的无人区和原始森林。他们，是南方电网云南公司怒江工作站的14名年轻巡线工。”

8月19日，在云南公司“为民服务、创先争优”活动现场，30名党、团员代表举行庄严的公开承诺宣誓，6支由基层单位党支部、党员代表和基层班组组成的“六走进”服务小分队从总经理廖泽龙手中接过旗帜，廖泽龙宣布云南公司“为民服务创先争优”活动正式开始。

8月26日，在云南公司“为民服务、创先争优”活动现场，30名党、团员代表举行庄严的公开承诺宣誓，6支由基层单位党支部、党员代表和基层班组组成的“六走进”服务小分队从总经理廖泽龙手中接过旗帜，廖泽龙宣布云南公司“为民服务创先争优”活动正式开始。

9月3日，全省统调发电量实现今年第10次创新高，8月31日达到4.48亿kWh，比2010年最高发电量4.15亿kWh增长8%。上周，云南省内供电量需求也逐渐攀高，9月1日，出现2011年第13次创新高，创历史新高数为2.51亿kWh，比2010年最高日供电量2.27亿kWh增长了10.58%；省内网供负荷实现第8次创新高，9月3日网供负荷为1156.7万kW，比2010年最高供电负荷1107.2万kW增长4.47%。

11月4日，中央电视台综合频道在《身边的感动》栏目中，播出反映南方电网公司服务独龙族、帮扶云南省贡山县独龙江乡的新闻片《点亮独龙江》。新闻片时长4分钟，以生动的镜头语言展示公司员工在极其艰苦的环境中为无电人口通电所付出的种种努力。这是央视记者继“南网雄鹰”后在南方电网发现的又一关注点和兴奋点。

12月7～9日，2011年南方电网技术论坛在广州召开，云南公司共有19篇论文被评为优秀论文，其中云南电力试验研究院（集团）有限公司10篇，昆明供电局7篇，曲靖和大理供电局各1篇。

（贺　凡　何瑜琳）

【贵州电网公司】

基本情况　2011年，贵州电网公司（简称贵州公司）以南方电网公司中长期发展战略为统领，以实现“两个转变”为目标，以企业创先工作为载体，以创先争优活动为动力，紧紧围绕“一体化、保供应、抓建设、强队伍、促和谐”5个重点，努力完成各项工作任务。全年完成售电量1090亿kWh，同比降低0.07%；其中省内818亿kWh，同比增长11.91%。完成固定资产投资170亿元；主营业务收入473亿元，增长4.17%；资产总额580.7亿元，增长15.39%；资产负债率82.55%；城市供电可靠率99.90%。

全年公司生产系统没有发生安全目标考核事故，成功应对了贵州历史上最为严峻的电力供应危机，再次蝉联贵州省百强企业榜首，实现了“十二五”良好开局。

人员状况　2011 年末，贵州公司系统共有员工 54 529 人，其中：劳动合同制员工 35 062 人，占员工人数的 64.3%；劳务派遣制员工 9771 人，占员工人数的 17.9%；非全日制员工 9696 人，占员工人数的 17.8%。

领导班子

贵州电网公司总经理（法人代表）、党组副书记　唐斯庆

党组书记、副总经理：杨晋柏

党组副书记、纪检组长：孙兆媛

副总经理、党组成员：晁剑

副总经理、党组成员：廖新和

副总经理、党组成员：邱跃丰

副总经理、党组成员、贵阳供电局局长：尚春

副总经理、党组成员：陈真

工会主席：张帆

总会计师：周祖斌

组织机构　见组织机构图。

电网规划与建设　完成贵州电网“十二五”系统设计、地区配电网“十二五”规划、贵州省农村电网改造升级“十二五”规划等编制。建立“十二五”电网规划和二次系统规划项目库。编制贵州电网县城全停风险电网建设方案，根据《电力安全事故应急处置和调查处理条例》，梳理出贵州电网 110kV 及以上可能导致一般及以上事故的风险点 38 个，编制电力安全事故风险规划实施解决方案，其中 19 个风险点已列入 2011、2012 年投资计划解决。

完成电网建设投资共计 129.09 亿元，重点完成兴义电厂 500kV 送出、都匀电厂 220kV 送出、毕节 110kV 小坝输变电工程，毕节迤那镇、梅花山片区农村电网改造，220kV 渔安输变电工程等 5 项第九届全国少数民族传统体育运动会保电重大工程建设任务。全年共计投产变电容量 6800MVA，线路长度 31 073km。其中 500kV 变电容量 750MVA，线路长度 100km；220kV 变电容量 2400MVA，线路长度 547km；110kV 变电容量 2690MVA，线路长度 919km。500kV 贵阳东（醒狮）变电站荣获“2011 年国家优质工程银奖”称号。

电网运行　2011 年，贵州电网统调装机容量达 2893 万 kW，其中火电装机容量 1739 万 kW，水电装机容量 1149 万 kW（含统调小水电），风电装机容量为 5 万 kW。

2011 年底，贵州电网输变电设备情况见表 1。

表 1　2011 年底贵州电网输变电设备情况

电压等级（kV）	变电站数量（座）	变压器数量（台）	变压器容量（MVA）	线路数量（条）	线路长度（km）
500	12*	19	14 000	45	3106.353
220	71	126	21 480	209	7613.544
110	337	579	23 740	600	11 804.978
合计	420	724	59 220	854	22524.9

* 500kV 不含超高压公司青岩变电所、黎平变电所，含八河开关站。

2011 年，电网频率合格率 100%，同比持平，比南方电网公司下达的考核指标高 0.000 4 个百分点；城市供电可靠率 99.884 5%，同比上升 0.062 个百分点，比考核指标高 0.055 个百分点；综合电压合格率 99.46%，同比上升 0.12 个百分点，比考核指标高 0.20 个百分点；500kV 输电线路可用系数 99.806%，同比上升 1.62 个百分点，比考核指标高 3.96 个百分点；220kV 及以上继电保护正确动作率 99.85%，同比下降 0.03 个百分点，比考核指标高 0.20 个百分点。

全网共计 95 座集控中心，500kV 变电站均为有人值守变电站；220kV 变电站有 52 座实现无人值守，占 220kV 变电站总数的 73%；110kV 变电站有 257 座实现无人值守，占 110kV 变电站总数的 76%。全省 110kV 及以上变电站和纳入集控管理的 35kV 变电站全部实现变电运行标准化管理。

开展“城市配网综合改造”技改工作，全年共完成项目投资 1.3 亿元，项目整合了配电网对供电可靠性、电能质量、线损、技术技改、反措、安措等方面的综合需求。全年共计开展 10kV 带电作业 1746 次（同比增加了 428 次），减少停电 75 051 时户，多供电量 1342 万 kWh。继续开展配网自动化试点工作，截至 2011 年底，贵阳供电局配网自动化站点覆盖率达到 26.7%，遵义供电局配网自动化站点覆盖率达到 30.1%。

安全生产　深入推进安全生产风险管理体系建设，50%地区供电局达南方电网公司“3 钻”水平；启动 86 家县级供电企业安全生产风险管理体系建设，完成 16 家内部评审工作，均达到贵州公司“2 钻”水平。加强县级供电企业安全生产专业化管理，梳理完成 267 项制度，修编完善 188 份业务指导书、240 个流程、500 余项表单。加强岗位风险分析，编制岗位安全风险分布图，制定 883 个岗位风险控制措施。2011 年初雪凝灾害，贵州公司和所属各单位成立抗冰保电应急指挥部，启动自然灾害应急预案应急响应，出台 220kV 及以上线路保塔、保证重要用户、保

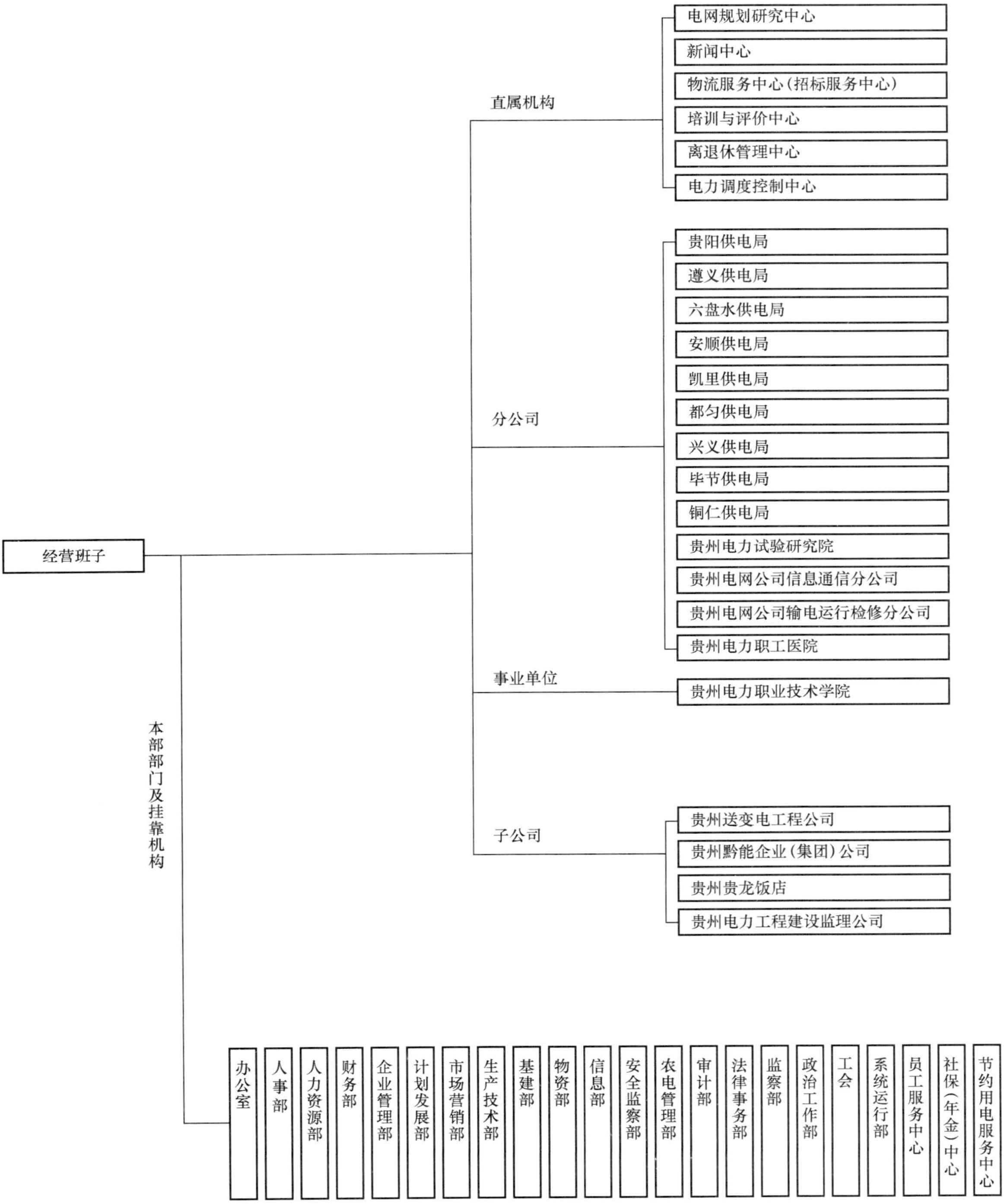

注　1.系统运行部与电力调度控制中心合署办公，物流服务中心与招标服务中心合署办公。
2.员工服务中心挂靠办公室，社保(年金)中心挂靠人力资源部，节约用电服务中心挂靠市场营销部。
3.贵州电网公司电力工程设备监造部(子公司性质)与物流服务中心合署办公，不单独描绘。
4.贵州中试电力特种设备检验中心有限公司(子公司性质)挂靠贵州电力试验研究院管理，不单独描绘。
5.另有79家子公司性质的县级供电企业，不在本图中描绘。

贵州电网公司 2011 年组织机构图

证县城安全供电等工作方案，有效指导了抗冰保电工作。

2011 年，贵州公司系统未发生较大及以上事故，发生一般事故 17 起，同比减少 8 起，降幅 32%。其中，人身事故 0 起，同比持平；电网事故 6 起（均为A类），同比增加 3 起；设备事故 11 起（6 起 A 类、5 起 B 类），同比减少 11 起。全年共发生一类障碍 95 起，同比减少 50 起，降幅 34.5%。其中，电网障碍 0 起，同比减少 2 起；设备障碍 95 起，同比减少 48 起。连续两年实现事故、障碍双降。

科技创新 继续加大科技投入，2011 年全年共安排科技计划 156 项，下达计划资金 4 亿元，围绕提升贵州电网安全稳定运行为核心，与清华大学、中国电力科学研究院等单位合作，开展 15 项年度重点创新项目的实施，部分项目的关键技术处于国内先进水平。

按照南方电网公司科技管理办法规定，经贵州公司科学技术进步奖评审委员会评审，共有 48 个项目获得 2011 年度贵州公司科技成果奖，其中一等奖 7 项，二等奖 18 项、三等奖 23 项。“贵州电网广域测量系统的建设与动态安全性评估应用技术研究”、“大集中模式的 IT 运维服务体系研究与实践”等 6 项目获得科技开发一等奖、“贵州电网防冰技术的研究应用”项目获得技改贡献一等奖。同时，获得南方电网科技进步二等奖 1 项，三等奖 14 项。获得贵州省科技奖励 6 项。宣传贯彻南方电网公司知识产权管理办法，贵州电网公司全年共新申报专利 28 项，获得专利授权 20 项，形成了一批具有自主知识产权的科研成果。

节能减排 2011 年贵州电网通过节能发电调度节约标准煤 29.58 万 t（折合原煤 45.85 万 t），相应减排二氧化硫 1.834 万 t，减排二氧化碳 92.46 万 t。2011 年监测的脱硫机组共产生 200.46 万 t 二氧化硫，排放二氧化硫 7.66 万 t，减排 192.8 万 t，平均脱硫效率为 96.18%。

加大线损“四分”管理力度。8 家地区供电局线损“四分”管理网级达标，1 家地区供电局和所有县级供电企业省级达标。2011 年母公司口径线损率完成 3.94%，所有县级供电企业综合线损低于 15%。

2011 年，贵州省关停小火电机组 40 万 kW，贵州电网公司按照省发改委要求积极做好关停机组电网配套建设工作，累计电网配套建设投资 3183 万元。认真落实政府的淘汰落后产能部署，对贵州省 2011 年淘汰落后产能计划所涉及的钢铁、铁合金、水泥、焦炭、电石、磨料、黄磷、造纸及电力等 9 个行业的 77 家企业，严格按照省政府工作要求停止供电。

信息化建设 按照南方电网“十二五”信息化规划的整体部署，抓好南方电网公司信息化重点工作任务落实。年度重点信息化项目建设成效明显，系统及网络运行安全稳定，各项信息化工作任务圆满完成。在南方电网公司年度信息化重点任务考评中取得了满分的优异成绩。

编制完成《贵州电网公司十一五信息化实施计划》，提前开展信息系统大集中条件下的技术结构调整准备和基础管理准备工作，围绕技术支持、技术服务、安全管理，完成了《贵州电网信息硬件资源调整规划》、《贵州电网信息网络及安全调整规划》、《IT 运维服务体系咨询规划》3 个调整规划。

2011 年，贵州电网公司信息化项目 147 个，全年项目完成率达到 100%。其中，“协同办公系统试点建设”提前完成了 5 个试点单位系统上线，完成了 60 个流程、123 张表单的固化，实现 300 余项功能点。“IT 运维服务两级三线试点建设”项目建立了全网统一的 IT 服务流程及体系，“IT 安全审计系统”项目建立了全网统一的信息安全审计平台，“数据资源管理系统”项目建立了全网统一的企业级数据管理体系。同时，“配网生产管理系统推广”已完成 9 个地区供电局城区分局系统上线运行。“营销监控指挥中心推广”以省级集中的模式完成了 9 个地区局的系统建设。

市场营销 2011 年，贵州电网累计购电 1144.84 亿 kWh，同比增长 0.59%。其中购统调火电 910.73 亿 kWh，同比增长 5.24%；购统调水电 198.83 亿 kWh，同比下降 17.81%；购统调风电 5517 万 kWh；供电局自购电量 34.63 亿 kWh，同比增长 14.03%；购周边电量 1032 万 kWh，同比下降 76.17%。

2011 年，贵州电网售电量完成 1090.28 亿 kWh，同比下降 0.07%，完成年计划售电量 1231 亿 kWh 的 88.55%。其中，省内完成 818.25 亿 kWh，同比增长 11.91%，完成年计划售电量 845 亿 kWh 的 96.83%。2011 年，西电东送完成 272.03 亿 kWh，同比下降 24.41%，完成年计划 386 亿 kWh 的 70.47%。其中，送广东电量 266.41 亿 kWh，同比下降 24.74%；送广西电量 5.62 亿 kWh，同比下降 3.68%。

2011 年，受冰雪凝冻、电煤供应不足和汛期特大旱灾影响，省内在不同阶段开展了大范围的有序计划用电。在全年黔电送粤计划调减 119 亿 kWh 的情况下，贵州省内错峰限电 84 亿 kWh。

2011 年，全省实施差别电价的高耗能企业共 334 户，与 2010 年底相比减少 4 户。全省差别电价企业 2011 年用电量为 7002.57 万 kWh，同比下降 42.90%。其中，限制类 23 家，用电量为 234.68 万 kWh，同比下降 49.78%，占总用电量的 3.35%；淘汰类 311 家，用电量为 6767.9 万 kWh，同比下降 42.65%，占总用电量的 96.65%。

2011 年，全网用户 1012.37 万户，容量 8007.51 万 kVA。累计实增 52.39 万户，容量 731.27 万 kVA，其中居民 46.27 万户，容量 368.35 万 kVA，分别占总接电户数和接电容量的 88.32%和 50.37%；商业 2.35 万户，容量 50.65 万 kVA，分别占总接电户数和接电容量的 4.49%和 6.93%；非工业、普通工业 2.23 万户，容量 126.95 万 kVA，分别占总接电户数和接电容量的 4.26%和 17.36%；大工业 477 户，容量 156.03 万 kVA，分别占总接电户数和接电容量的 0.09%和 21.34%。

制定《贵州电网公司电费回收考核实施细则》，加强电费回收风险管控，对有高风险的用户严格采取预购电制。贯彻《贵州省人民政府办公厅关于采取应急临时调节措施保障电力供应和电煤生产供应的通知》（黔府办发电〔2011〕268 号）文件精神，落实电煤补贴资金管理办法，确保电煤补贴资金应收尽收。加强银行承兑汇票收费管理，在保证电费回收的基础上，每月收取银行承兑汇票总数比例不得超过本单位本月实收电费的 30%。加强县级供电企业电费回收管理，新上划 19 家县级供电企业的电费相关报表于 7 月进行合并。

2011 年末，省内应收电费余额 51 969 万元，比年初数下降 4873 万元，其中地区供电局应收电费余额比年初增加 1753 万元，62 家全资县级供电企业应收电费余额比年初下降 1799 万元，合并抵消数比年初增加 4827 万元。省内当年电费回收率 99.91%，回收省内旧欠电费 8986 万元，旧欠回收率 15.77%。其中回收 1 年陈欠电费 2267 万元，回收率 83.9%；回收 2～3 年陈欠电费 3726 万元，回收率 45.89%；回收 3 年以上陈欠电费 2993 万元，回收率 6.48%。

2011 年 11 月，《贵州电网公司、所属地市供电局节约用电服务中心机构设置建议方案》通过审批，完成全省煤层气、余压余热、炉窑尾气综合利用情况的调研，建立全省节能诊断客户项目库，启动实施了贵阳供电局电动汽车充电桩项目。帮助客户节能诊断 97 次、受益企业 80 户；客户节能培训 22 次、参与企业 660 户、参与人数 660 人次。

做深做细有序用电工作，编制了《贵州电网有序用电服务指南》、《贵州各行业用户有序用电建议指导书》，对客户免费发放 5 万余份。按照“保居民、保民生、保重要用户”的原则，积极配合贵州省经信委、贵州省电监办，制订《贵州省 2011 年有序用电方案》和每旬有序用电计划，下发了《关于加强有序用电风险管控工作的通知》，主动走进限电企业，做好宣传引导，化解矛盾，引导客户主动参与有序用电。

积极更换淘汰型电能表，确保计量装置准确可靠运行，完成更换 45 万只淘汰型电能表及配套计量装置改造，实现县城及以上的低压单相用户到期轮换表计电子化、电能表资产自有化。

2011 年，计量资产自有化率 69%，其中直管供电局 98%，子公司 60%。电能表抽检合格率 98.1%、现场检验合格率 99.92%、Ⅰ～Ⅳ类电能计量装置配置合格率 98.6%、检定计划完成率 100%，电能计量准确率 99.99%。省内电能计量故障出现 1126 次，共计追补电量 2038 万 kWh，电能计量故障差错率 0.012%。

2011 年，营销技改项目投资计划总项目为 205 项，总投资 2 亿元，年度投资完成率达到 98.5%。推进计量自动化终端建设，开展 338 座中小型水电站在线监测系统与 21 座变电站电能量采集、6374 户大用户负控终端和 15.8 万户电力客户低压集抄建设。其中，贵阳、遵义、安顺、都匀、兴义供电局营销自动化系统覆盖所有 35kV 及以上变电站、100kVA 及以上容量专用变压器大客户和城市电网公用变压器，安顺、都匀地区城市等实现 70%以上低压用户集抄。

突出抓好营销稽查中心和营销工作质量内控机制的建设，实现对营销与服务工作的全过程管理。稽查样本共计 29.2 万件，存在问题的样本数量为 3715 件，出现问题最多的是业务扩充和抄核收，业务扩充 1289 件，占 34.7%，抄核收 949 件，占 25.5%，计量管理 462 件，占比 12.4%，其余占 27.4%。

2011 年，用电检查客户 194.50 万户，计划完成率 105.04%。查处违章户 651 户，涉及违章电量 154.07 万 kWh；查处窃电户 932 户，追补窃电电量 297.83 万 kWh。在查处的违章用户中，大工业占 9.1%，非工业和普通工业占 19.4%，商业用户占 5.5%，居民生活占 55.3%，非居民占 1.5%，农业生产占 0.3%；在查处的窃电用户中，居民用户占 76.2%，商业占 8.2%，非工业和普通工业占 10.8%，农业生产占 1.9%。

加强客户安全用电管理，完成 2686 户重要客户的梳理、风险等级评估及应对工作，对 8093 个具有自备电源或双（多）电源的客户开展了自备电源、双（多）电源清理工作，签订“用电客户自备电源、双（多）电源管理协议”3164 份，50 户低压用户自行撤除了自备电源装置。为实现重要用户用电安全管理常态化，启动以贵阳供电局为试点的重要客户用电安全风险评价系统建设。规范客户停电时间的统计，依托营销信息系统建立了统一的客户停电管理统计模块，全面覆盖县级供电企业，客户平均停电时间完成 26.9h/户，同比下降 23.1%。全面开展第三方客户满意度测评工作，组织并指导地区供电局收集各类客户资料185万份，完善客户档案，综合客户满意度79.4分，其中客户第三方测评满意度74.2分，政府机构对贵州电网公司的年度评价结果为“非常满意”。全省社情民意调查满意度位列七大行业第一名。

财务管理 紧紧围绕南方电网公司确定的资金管理工作要点和贵州公司重点工作，着力实施南方电网公司资金集中管理工作部署，进一步加强资金管理工作。一是全面推进资金集中管理。制定下发《贵州电网公司资金集中管理实施细则》，与五大银行的省分行和南方电网财务公司完成《资金监控及现金管理服务协议》签订，于4月底按照实施细则进度安排全面实现资金集中管理模式上线运行，年度资金集中率达93.05%，实现了资金集中率超90%年度目标。二是注重资金安全管理，着力强化预算分析和监控，加强资金管控，开展2011年“小金库”专项治理和资金安全管理专项检查工作，通过资金管理薄弱点查找和治理，提高资金安全风险防范能力。三是着力实施资金计划管控，将县级供电企业纳入资金计划管理范围，贵州公司月资金计划准确率均超过90%。加强银行承兑汇票管理，出台银行承兑汇票收取考核，共贴现和托收承兑汇票47.11亿元，有效缓解公司资金周转压力；滚动编制筹、融资预算，累计融入资金84.43亿元。

2011年，贵州公司纳入合并范围的总户数101个，其中，全资子公司94个，控股公司6个，事业单位1个。由于主辅分离改革合并范围减少贵州电力建设第一工程公司、贵州电力建设第一工程公司、贵州电力设计研究院3家全资子公司，调整减少年报期初数，贵州公司承担分离成本21 961万元给中国电力建设集团有限公司，已列入2011年营业外支出，影响当期损益。另外无偿接收县级供电企业增加1户威宁供电局作为全资子公司，纳入到贵州公司核算，调增了期初数。

2011年，国家发改委先后两次启动电价调整，根据《贵州省物价局关于调整贵州电网上网电价和销售电价的通知》（黔价格〔2011〕111号、黔价格〔2011〕217号）文件精神，其中上网侧：自2010年1月1日起，火电上网电价上调0.24分/kWh，2011年4月10日起，上网电价火电再上调1分/kWh、水电0.3分/kWh。自2011年12月1日起火电上调4分/kWh、水电1.7分/kWh；销售侧：自2010年1月1日起西电东送电价上调0.2分/kWh、自2011年6月16日起贵州电网省内销售电价平均上调1.36分/kWh，自2011年12月1日起省内销售电价平均上调4.99分/kWh、西电东送电价上调2.7分/kWh。为合理补偿燃煤电厂脱硫成本，自2011年4月10日起，省内燃煤发电机组脱硫加价标准提高到2.16分/kWh。

积极落实农村电网维护管理费增值税免税政策，免征增值税1.1亿元。继续执行15%的企业所得税税率，完整享受了第一轮西部大开发企业所得税优惠政策，当年所得税汇算中共获得税收优惠1977万元，其中：节能设备投资抵减企业所得税1248万元，研发费加计扣除4081万元取得所得税优惠612万元，安置残疾人员工资加计扣除782万元取得所得税优惠117万元。

农电建设 至2011年底，贵州电网农电系统共86个县级供电企业，其中分局7个、子公司76个、股份公司1个、代管2个。86个县级供电企业完成售电量436.7亿kWh，同比增长13.1%，占省内售电量的53.4%；完成综合线损率6.4%，同比降低0.36个百分点。全部县级供电企业综合线损降到15%以下，完成南方电网公司下达的农电降损目标任务。

基础管理达标创优工作取得阶段性成效。15家县级供电企业被授予南方电网公司2010年度“县级供电企业基础管理达标优秀企业”称号。

继续推进代管县级供电企业上划工作，18家县级供电企业取得了国资委国有产权无偿划转批复，成为贵州公司的全资子公司，截至2011年底，贵州公司纳入分公司、子公司和控股公司管理的县级供电企业84个，占全省的98%。

2011年，贵州公司启动理顺农电用工管理工作。编制了总体工作方案，明确工作思路及指导原则，从合法性、合理性、可行性、可控性4个方面进行全面、认真的社会稳定风险评估，在确认风险总体可控的前提下，选择凯里供电局全部15家县级供电企业先行试点、积累经验。在试点工作中，根据南方电网公司一体化管理有关要求，对县级供电企业组织架构及岗位体系进行调整规范。2011年9月，凯里供电局试点如期完成，1832名农电工与县级供电企业签订了劳动合同，真正实现了“变身份管理为岗位管理”。凯里供电局试点完成以后，及时进行总结，制订推广计划，启动了全省推广工作。通过召开专题会议，举办研讨班，加强政策宣讲和现场答疑，积极营造氛围，统一思想，提高认识。对推广中出现的新问题积极研究，不断完善工作方案。2011年底，都匀供电局完成了推广工作，1041名农电工与县级供电企业签订了劳动合同。

2011年，县级电网工程投资累计完成投资676 409万元，完成计划的101.4%，按电压等级分：110kV完成239 949万元、35kV完成95 620万元、10kV完成340 840万元。建成投产110kV变电站25

座（容量179万kVA)、35kV变电站35座（容量31万kVA)、10kV配电变压器5466台（容量45万kVA)、110kV线路662km、35kV线路688km、10kV线路5291km、低压线路20 162km。至年末农村电网网改率提升到93%。

人力资源管理 将科学发展观和南方电网公司中长期发展战略作为干部教育培训的中心内容，中长期发展战略专题培训干部参培率100%；全年提拔处级干部47人，其中正处18人、副处29人。加大竞争性选拔力度，推行综合知识测试、岗位素质测试、履历分析、无领导小组测试、半结构化面试等“五位一体”测试方式，完成本部4个、地区供电局3个副处级职位竞争上岗工作，公推直选15名党支部书记。注重年轻干部的视野拓展培养和实践锻炼，由基层单位选优推荐17名年轻干部到贵州公司本部采用挂实职、导师制的方式培养。

开展干部培训需求调研，更加有针对性地开展干部培训工作。重点加强党性教育，提升干部履职能力和优化干部知识结构。举办各类干部培训38期，培训1667人次，举办优秀年轻干部培训班，实现新提拔副处级干部100%培训，分6批对273名县级供电企业领导班子副职进行履职能力提升轮训，参培率100%。

印发《贵州电网公司2011～2015年全员培训与人才评价规划》，全面指导“十二五”期间公司培训与评价工作，开展《贵州电网公司2011～2015年教育培训基地规划》的修编。依托教育培训管理信息系统建立师资库，管理师资档案4482人；举办各类内训师培训班58期，培训1807人次；选聘认证继电保护等17个岗位技术技能类内训师116名。

贵州公司系统共举办各类培训班3974期，培训员工396 011人次，全员培训率达99.2%。共完成脱产集中培训项目229个322期，分类分层培训学员13 233人次，同比增长13%；完成培训网络培训项目56个114期，培训47 438人次。

制订公司人才发展工程实施方案，明确经营管理后备人才培养、科技领军人才开发、技术专家培养选聘、高技能人才培养、外部高层次人才引进、本部人才建设及优秀毕业生选聘等7项人才发展工程未来十年总体规划及措施，并启动实施。开展技术专家选聘工作，选拔出5名三级技术专家；实施公司本部人才建设工程，开展本部岗位公开组选聘工作，甄选出101名同志充实公司本部。

印发《贵州电网公司专业技术资格确认管理办法》等，编制人才评价工作流程12个，完成公司166个岗位培训评价标准和公司36个技能岗位试题库、13个助责岗位专业维度题库的编制工作，出版发行《配电线路运行与检修》等13个技能岗位培训教材。开展员工岗位胜任力评价工作，完成546名入企新员工、72名在岗员工的岗位胜任能力评价工作；推进助理专家、高级作业师选聘工作常态化管理，完成38名助理专家2010年度工作考核，选聘2011年度助理专家28名、高级作业师34名；2010年度专业技术资格申报人数1585人，通过1510人，通过率95.3%。完成10 467人的技能鉴定工作，其中县级供电企业技能鉴定人数为8034人，占鉴定总数76.76%。完成农电配电设备检修人员和农电营销服务人员4585人的技能普考和1263名变电检修、送电线路和调度自动化厂站端运行维护等人员的素质测评工作。

党建和精神文明建设 紧紧围绕“为民服务创先争优——满意在电网”活动主题，以抗旱救灾、做好电力有序供应为重点，真情开展“六走进”、“五到位”活动，100%走进364户限电企业，解决实际用电问题875个。贵州公司在南方电网公司2011年度党建责任制考核、省国资委党建目标责任制考核中均荣获一等奖。积极开展党建扶贫，投资1706万元帮扶对威宁县迤那镇14个村全面实施农村电网升级改造，出资43.12万元帮助大山村、双营村修建220m^2的村支两委办公活动室，贵州公司所在的扶贫工作队被2011年度贵州省直机关赴农村党建扶贫先进工作队。实施“中心工作我承诺，创先争优做表率”先锋工程，27个重点党支部、846名党员围绕年度中心工作公开承诺3041条，践诺率达99%。制定、修订党建思想政治业务流程19个，制度11项。以“五好”创“四强”、以“六先”争“四优”，命名25个党支部为公司“五好”基层党组织，达标率为93.6%；所属47个基层党组织、92名党员和15名党务工作者获国务院国资委党委、南方电网公司党组、贵州省委、省国资委党委和贵州公司直属党委表彰。

制作员工辅导计划自助手册与辅导员工作手册，充分发挥辅导员政策宣传员、心理辅导员、工作联络员的“三大员”作用，开展小组辅导563次，个人辅导256次，辅导8225人次。以“员工心理和谐工程”为抓手，在供电局推广员工辅导计划。召开“员工心理和谐工程”启动会，举办“阳光心态”心理健康讲座。制定“员工心理和谐工程”实施意见，为436名供电局部分生产管理者和继电保护一线员工进行心检服务；建立辅导员队伍1073人，举办员工辅导计划培训班67个，2142人参加培训。开展个案辅导2317次，小组辅导1721次，辅导人数26 334人。开展“实施发展战略，建设幸福南网”大家谈活动，征集观点158条，意见建议134条，通过开展“为党旗增辉、建幸福南网”主题活动、“人人安全、幸福南网”

安全文化系列活动等形式，深入推进幸福南网建设。

制订下发《贵州电网公司宣贯南方电网公司中长期发展战略员工教育活动方案》，开展“化战略为行动”主题宣贯活动，开展企业文化主题活动 224 次，举办企业文化培训班 224 个，培训 13 988 人次。建立文化展馆、活动室 88 个，建立 15 个企业文化专题网站和 10 个企业文化专题论坛，举办企业文化专题讲座 61 次。制定《贵州电网公司“满意在电网”主题活动实施纲要（2011～2015 年）》和《贵州电网公司 2011 年“满意在电网”活动方案》，在贵州省“满意在贵州”主题活动领导小组办公室组织的 2011 年“满意在贵州”群众满意度调查中，贵州电网公司在七大类重点服务行业中名列第一。贵州电网公司本部等 5 家单位荣获“全国文明单位”，兴义供电局等 14 家单位荣获“全省文明单位”。

开展“永远跟党走”主题纪念活动，强化青年思想引领。围绕企业中心任务，深入开展青年突击队、青年创新创效、青年安全生产示范岗等青字号活动，获贵州省优秀青年岗位能手 1 名，中央企业岗位能手 2 名。大力开展青工技能竞赛、“电网发展与青年成长”主题活动创意成果等活动，服务青年成长成才。加强团组织自身建设，深入开展共青团创先争优活动，2011 年，贵州公司荣获南方电网公司青工安全网络知识竞赛团体二等奖；500kV 福泉变电所等 3 个青年集体荣获“南方电网公司青年安全生产示范岗”称号。

十件大事

（1）深入宣贯，扎实推进南方电网中长期发展战略落地。5 月，贵州公司发布子战略推进总体方案，明确了贯彻落实南方电网公司中长期发展战略的“1114”总体思路。全年共完成代表流程关系体系顶层设计的流程关系总图以及本部共计 484 个流程的制定修订工作，为实现“管理制度化、制度流程化、流程表单化、表单信息化”，积极推进一体化管理打下了坚实基础。

（2）以创先为载体，加快实现“两个转变”。贵州公司总结各试点单位的创先经验，在 10 月发布了创先工作总体方案、创先指标体系、本部流程以及对贵阳、遵义供电局创先工作支持方案，初步搭建了贵州公司以创先为战略实施载体、全面贯彻落实南方电网公司中长期发展战略的整体框架。

（3）千方百计挖掘潜力、全力保障电力供应。2011 年，贵州省内经济快速增长，用电需求大幅上升。南方电网公司全年累计调减“黔电送粤”电量 144 亿 kWh 支持贵州抗旱救灾，最大限度地缓解了贵州电力供应紧张局面。贵州省委、省政府积极应对，多次召开电煤供应、电力供应协调会，出台了保障电煤供应的“三个机制”和一系列电煤供应应急临时调节措施。通过各方共同努力，省内电力供应得到有力保障。全年省内售电量达到 818 亿 kWh，同比增长 12%，为全省经济 GDP 增长 15%、规模以上工业经济增长 20%目标的实现提供有力支撑。

（4）固定资产投资创新高，为贵州“十二五”经济社会快速发展奠定基础。先后完成《贵州电网“十二五”系统设计》、《贵州省“十二五”产业园区配套电网规划》等多项重大电网规划，全年完成固定资产投资近 170 亿元。其中，城市电网投资 15 亿元，农村电网投资 68 亿元，建成投产 35kV 及以上输变电工程 185 个，投运输配电线路 28 033km（低压20 504km），投产变电容量 612 万 kVA。

（5）理顺农电用工管理试点成功，深化农电体制改革取得创新性成效。南方电网公司于 2011 年 1 月批复同意贵州公司开展深化农电体制改革、理顺农电用工管理工作。贵州公司选择凯里供电局 15 家县级供电企业进行试点，并于 3 月 18 日下达了试点工作计划。9 月，凯里供电局试点如期完成，1832 名农电工与县级供电企业签订了劳动合同，真正实现“变身份管理为岗位管理”。

（6）积极稳妥推进主辅分离改革，完成 3 家分离企业的无偿划转工作。精心编制实施《贵州电网公司主辅分离改革总体工作方案》。12 月 13 日，与中国电力建设集团有限公司签署《贵州电网公司所属分离企业国有产权无偿划转协议》，贵州电网公司所属电力设计院、电建一公司、电建二公司三家基建单位正式成建制划入中国电力建设集团有限公司。划转的 3 家分离企业，涉及职工 3300 余人、离退休人员 2800 余人。

（7）持续推进科技创新，打造“智能、高效、可靠、绿色”电网。全年新增知识产权 28 项，有 20 项知识产权获得授权，其中，发明专利 6 项，软件著作权 9 项，形成了一批具有自主知识产权的科研成果；获南方电网公司科技奖励 15 项；获省科技奖励 6 项；贵州公司级科技奖项 48 项。

（8）变“抗”为“防”，贵州电网防冰能力显著提高。贵州公司从 2008 年冰灾后，先后投入上百亿元加强电网防冰抗冰建设，建立了以技术融冰为主的防冰体系，完成了 913 条线路加固；建成 24 套固定直流融冰装置、20 套车载移动融冰装置和 30 台融冰变压器，可直接对全网 58%的 500kV 线路、60%的 220kV 线路、57%的 110kV 线路进行技术融冰。在 2011 年 1 月出现的冰灾中，贵州 83 个县市区受灾，全网 10kV 及以上线路覆冰 1528 条，最大覆冰厚度达 40mm。按照“保民生、保生产、保稳定”总体要求，贵州电网公司完成 2378 条 10kV 及以上线路的融冰、除冰工作，确保了电网安全稳定和电力供应。

（9）围绕“满意在电网”，为民服务创先争优活动成效显著。扎实开展“一深入”、“六走进”，形成了全网齐动抗旱保电的生动局面。组织1220支党团突击队、工人先锋号深入田间地头；组织1009支服务小分队走进农村、社区、学校、医院、企业和困难家庭1616次，解决广大用户的实际用电问题875个。在2011年贵州省创先争优活动工作推进会上，贵州公司作为全省国有企业唯一单位进行了经验交流发言。

（10）创新选人用人机，不断推进人才强企。制订《贵州电网公司人才发展工程实施方案》，面向公司系统开展了7个副处级岗位的竞争上岗工作和15名党支部书记的公推直选，选派17名年轻干部到公司本部挂实职进行锻炼，选送13名优秀年轻干部参加南方电网公司“百名年轻干部”培训并强化后续实践锻炼管理。根据岗位胜任力模型、培训与评价标准，完成546名新员工和57名在岗员工的岗位胜任力评价工作。

（蔡靖波）

【海南电网公司】

基本情况 海南电网公司是中国南方电网有限责任公司的全资子公司，负责经营南方电网在海南投资的国有电网资产，承担国有资产保值增值责任；对海南电网实行“统一规划、统一建设、统一调度、统一管理”，负责全省电网的安全生产工作，保证全省电网的安全、稳定、经济、优质运行，不断提高供电可靠性和服务质量；依法统一调度与省电网联网的电厂，并监督和指导电厂的安全生产工作。

2011年，海南电网公司紧紧围绕网公司中长期发展战略落地的工作主线，瞄准创建与国际旅游岛相适应的国际先进电网企业目标，着力推进客户服务能力、电网运营能力、电网发展能力、价值创造能力、发展支持能力等“五个核心能力”建设，在改革创先、强网保电、为民服务等方面取得良好成效。

截至2011年末，全省统调装机总容量355万kW，统调最高负荷260万kW。完成售电量137.95亿kWh，同比增长13.82%，资产总额达141.09亿元。海南电网已形成环岛220kV主网架，并通过178km 500kV福港线（其中海底电缆32km）与南方电网主网联网运行，结束海南孤网运行历史。公司建成投运220kV变电站18座、容量422万kVA，220kV线路总长2159.5km，110kV线路总长2986.9km，35kV线路总长2398.8km。35～110kV电网已覆盖全省各市县及主要乡镇。公司供电客户202万户，乡镇、行政村和自然村的通电率均已达到100%。公司在海南享有较高的企业知名度和社会美誉度。

2011年末，海南电网公司共有在岗员工10 486人。其中，研究生及以上89人，大学本科1717人，大学专科2646人，中专及以下6034人。公司员工中，有高级职称201人，中级职称487人，初级职称2265人；技师15人；高级工1615人，中级工1957人，初级工1643人。全公司离退休人员2727人。

领导班子

2011年末海南电网公司领导班子成员：

董事长、党组书记：刘映尚

董事、总经理、党组成员：揣小勇

党组成员、副总经理：吴建宏

党组成员、纪检组长：潘超

党组成员、副总经理：张勉荣

党组成员、副总经理：张弥

党组成员、海口供电局局长：詹晓晖

总会计师：唐炜

工会主席：林芳泽

总法律顾问：唐远东

组织机构 海南电网公司本部设置17个职能部门，包括办公室、人事部、人力资源部、财务部、企业管理部、计划发展部、市场营销部（农电管理部）、生产技术部、基建部、物资部、信息部、安全监察部、审计部、监察部（纪检组办公室）、政治工作部（直属党委办公室、团委）、工会、系统运行部。设置直属机构8个，包括电力调度控制中心、物流服务中心、培训与评价中心、信息中心、离退休管理中心、电网规划研究中心、新闻中心、营销稽查中心。

海南电网公司公司下辖28个二级单位，包括18个供电局（即海口、三亚、儋州、琼海、文昌、澄迈、万宁、东方、昌江、乐东、陵水、临高、定安、屯昌、保亭、琼中、白沙、五指山供电局），2个计划单列供电公司（洋浦供电公司、老城供电公司）；6个全资子公司（海南省电力物资公司、海南送变电电力工程公司、海南电力线路器材厂、海南电力置业有限公司、海南电力通信自动化公司、海南电力物业有限公司），1个分公司性质的通信资产运维公司（海南电网信息通信公司），1个按分公司管理的技术学校（海南省电力学校），1个调峰调频直属发电厂（海南电网清澜电厂）和1个试验研究单位（海南电力技术研究院）。

电网规划与建设 2011年，海南电网公司立足于服务海南国际旅游岛建设，紧密结合创建国际先进电网企业的新形势，全面深入开展电网规划研究。围绕“智能、高效、可靠、绿色”的目标，按照“双回路跨海联网、双环网沿海覆盖、三通道东西贯通、三区域重点加强”的思路，全面完成《海南电力建设“十二五”规划》、《海南省新能源发展“十二五”规划》、《海南电网“十二五”电力系统设计（一次部分)》、《海南电网二次系统“十二五”规划》以及全省18个市县电网“十二五”主网和配电网规划，科学指导海南省电力工业发展。基本完成海南国际旅游岛电力工业发展战略、海南电网配电自动化战略规划等多项专题研究。同时，在省委省政府的大力支持下，在公司的积极推动下，西南部电厂成功落户乐东。

引导电源建设方面，海南电网公司积极支持并参与各电源项目前期工作，及时协调解决电源项目并网有关问题。全年组织审批了昌江核电外辅助电源、海南抽水蓄能电站施工用电等8个项目接入系统方案及时办理了小水电、风电等项目并网手续，有力地推动了清洁能源的发展。

服务大客户用电方面，公司紧密跟踪海南省大项目建设进展情况，及时掌握客户用电需求，主动提供供电方案咨询，精心做好项目供电服务。全年组织审批了东方精细化工（DCC）项目、洋浦精对二甲苯酸（PTA）项目、澄迈汉能光伏等10个大项目接入系统设计（供电）方案。严格把关享受省政府供电到厂界优惠政策的项目审批，尽可能控制公司出资额。公司优质的服务受到大项目业主的好评。

为确保电力基建有序推进，公司及时转变工作方式，一切均以满足申报投资计划要求时间为节点，想尽办法加快前期工作进度。全年共完成119项35kV及以上项目前期工作，2718项10kV及以下配网新开工项目可行性研究批复，争取到中央预算内投资资金3亿元。另外，海南电网公司结合海南扁平化管理特点，提出了海南电网计划发展一体化管理基本框架，积极推进网公司“一体化、规范化”管理在海南落地。

2011年，海南电网公司积极发扬“四千精神”(千言万语，千辛万苦，千方百计，千山万水)，全力以赴推进重点工程项目建设。成立了重点工程推进工作小组，与政府部门签订了《海南电网建设跨越铁路问题协调会议备忘录》和《解决电网建设与公路有关问题协调会议备忘录》，为电网建设的顺利推进奠定了重要基础。调动各方力量，协调解决了海口大英山220kV线路跨越东环铁路的历史遗留问题。4月26日，东方龙北、儋州大成220kV输变电重点工程项目开工建设，标志着总投资230亿元的海南电网“十二五”电网建设正式拉开序幕。6月26日，总投资约6209万元的网公司重点工程——220kV官红Ⅱ线于提前竣工投产。7月27日，110kV茅通线路改造工程比原计划提前15天竣工送电。9月28日，110kV营根—乘坡线路工程竣工投产，标志琼中黎族苗族自治县电网主网实现与海南东部电网连接，成功打通了将琼中绿色能源——小水电富余电量往东部用电负荷地区输送的通道。11月18日，总投资1.85亿元的东部220kV双环网线路工程建成投运，标志着海南电网220kV主网架完成了从“单环网”到“双环网”跨越，宣告海南主网迈进“双环网”时代。

海南电网公司全面实施基建“7＋6”一体化管理。组建业主项目部28个，建立片区督导制度，3973个建设项目全部推行里程碑进度计划，完成率99.01%。35kV及以上新建项目全部推广南网标准设计和典型造价。儋州、昌江局通过一体化示范工程带动基建管理水平整体提高。深入推进物资管理“7＋2”工作。仓库分级管理、物资超市化试点进入试运行阶段。按计划有序开展了库存盘点、物资清理处置。建立起物资需求申报预审机制，进一步提高了物资需求准确率，实现同批项目一、二级物资同步完成招标供应。大力推行“班车制”招标管理，变随机申报招标为按计划批次申报招标，全年物资采购金额14.46亿元，采购集中度99.4%，物资招标规模效益进一步提高。

电网运行与安全生产 2011年，海南电网统调负荷和日发电量屡创新高。其中，统调负荷9次创历史新高，最高达259.5万kW，同比增长13.07%；统调日发受电量5次创历史新高，最大达5502万kWh，同比增长10.73%。面对最大电力缺口达18万kW的紧张供电形势，海南电网公司充分挖掘供电潜力，科学编制有序用电预案，全年仅因发电机组故障紧急实施有序用电4次，没有发生电网原因引起的拉闸限电，实现了电力有序供应。

针对海南孤网运行方式下的“大机小网”与联网运行方式下的“网间弱联系”两种系统特性，公司着重加强了系统运行控制管理，制定了《防止海南电网大面积停电和确保县城安全供电的风险防范措施》、《500kV福港线停电期间海南电网调度运行方案》，及时修编了《海南电网台风期间调度运行方案（2011版)》和《海南电网黑启动调度运行实施方案（2011年版)》，全面落实9大类92项风险预控措施，保证了全网频率100%合格，电网实现安全稳定运行。

2011年，海南电网公司突出加强了地县调的专业管理，有针对性地部署了34项系统运行专业重点工作，并深入现场指导各地县调完善各类运行方案、电网风险预防方案以及防止大面积停电预案。尤其是重点加强二次系统管理，组织修编二次系统专业制度标准，实施表单化管理，开展220kV及以上并网电厂继电保护普考、电厂二次专项巡查，通过“检查—反馈—整改”闭环管理，有效推动了省、地、县调二次系统运行管理水平的提升。在国庆台风期间，调度自动化系统全部正常运行，110kV及以上继电保护动作共 958 次，正确动作率达到 100%，有力确保了主网安全稳定运行。公司在近 4 年内 3 次（2008、2010、2011）实现 220kV 及以上继电保护正确动作率 100%。

2011 年，由于 500kV 福港线海底电缆开展抛石保护施工，海南电网孤网运行长达 159 天，给电网安全生产带来了前所未有的压力和挑战。海南电网公司紧紧抓住“全网不停、县城不黑”安全底线，一方面着力加强电网运行风险闭环管理，及时发布安全运行风险预警 38 次，落实各类风险预控措施 92 项；另一方面结合实际及时调整防范电网大面积停电的控制目标，跟踪落实重点线路、重要设备的特巡特维和重大安全隐患治理，有效应对海缆停运 159 天的严峻考验，实现海南长时间孤网运行期间电网保持安全。

2011 年，海南电网公司立足海岛电网实际，有计划、有步骤、有针对性地加强了安全生产管理。针对高温、高湿、高盐密海岛气候特点，大力开展设备消缺整治，一般事故和一类障碍同比减少 36.9% 和 31.9%。针对频发的雷暴、台风等自然灾害特点，开展 11 条 220kV、5 条 110kV、29 条 35kV 线路防雷综合整治，对 110kV 加泮线、35kV 文坡线和龙九线、10kV 南港线进行防台风提级试点改造，35kV 以上线路全部建立树障档案。针对配网调度手段落后运行效率低的特点，积极开展调配一体化建设，解决配网管理中存在的“盲调”、“盲管”问题。针对安全管理薄弱环节，组织编制了《劳务外包派遣工安全管理办法》，根据风险评估结果分层分级开展现场安全督察，并对 132 个承包商共 1082 人进行了安规考试。

市场营销　海南电网公司深刻反思三亚“2·2”停电事件暴露出的客户用电安全管理问题，组织开展了全省 349 家重要客户（包括 18 家特级客户、132 家一级客户、142 家二级客户、57 家临时客户）用电安全检查评估，提出综合治理建议，协助客户开展整改，有效提高需求侧安全用电水平。创新客户停电时间管理，在率先实现以 220V/380V 电压受电的客户进行停电时间统计的基础上，结合创先工作规划，制订《客户平均停电时间指标控制方案》，出台《海南电网公司客户停电时间统计考核细则》，建立跨专业客户停电管理协调机制。同时，在 18 家供电局全面推行可靠性“预分配”制度，坚决执行“先算再停”的停电计划管理。2011 年城市供电可靠率达 99.88%，同比上升 0.03 个百分点。

2011 年 4 月，海南电网公司相继迎来金砖国家领导人第三次会晤和博鳌亚洲论坛 10 周年年会等重大国事活动保电。公司充分借鉴广州亚运会保电经验，将所有保电任务分解为 10 大单元 50 项专题工作，全面实施规范化、流程化、表单化保电。220 名保电人员进驻用户配电房保电到灯头，1.1 万人连续奋战 4 个月，力保 61 家重要客户、178 条保电线路零跳闸、零事故、零停电，兑现了“零差错、万无一失”的庄严承诺，圆满完成重大国事活动特级保电任务，被省委省政府授予“金砖国家领导人第三次会晤和博鳌亚洲论坛年会服务保障工作先进单位”。

国庆节前后，海南接连遭受海棠、纳沙、尼格 3 个台风袭击，其中台风纳沙的强度高达 14 级，为近 6 年登陆海南的最强台风。大灾面前，海南电网公司坚持以领导、责任、措施“三到位”，确保应急预案、运行方式、物资队伍、安全检查“四落实”。投入人员 31 460 人次，车辆 2715 台次，连续 7 天昼夜抢修复电，兑现了“3 天内恢复城镇以上电网供电，5 天内恢复全岛供电”的承诺。国庆抗风保电期间，在全省广大干部员工的共同努力下，公司实现了“不发生主网安全稳定事故，不发生人身伤亡事故，不发生大面积停电事故”三大目标，得到了网公司和省委省政府的充分肯定。

2010 年是海南国际旅游岛建设开局之年，各种大型活动、体育赛事、政要会议多于往年，保电任务十分艰巨。公司按照保电工作常态化、专业化管理的要求，结合每项保电任务的特点，有针对性开展电网及用户设备专项检查，预案编制及措施落实等工作，出动应急发电车、UPS 电源车 152 辆次，投入保电人员 6940 多人次，确保了全年 138 次保电万无一失。高质量完成国际旅游论坛、博鳌亚洲论坛和习近平副主席海南调研等重大活动保电，得到了海南省委省政府的充分肯定。尤其是在广州亚运会期间，海南电网公司先后派出 3 支队伍 100 多人赴穗支援亚运保电，并首次将体系化、规范化、指标化管理融入到保电工作中，实现了“全力以赴，万无一失”的庄严承诺，获得了网公司领导的高度评价。

2011 年，海南电网公司把小区抄表收费到户作为有效提升供电服务的一项重点民生工程来抓，确定了三亚供电局为新建住宅小区抄表收费到户先行先试单位。在省物价局和三亚市政府的大力支持下，三亚市新建住宅小区抄表到户工作在年底实现突破。12 月 13 日，三亚市政府第七十次常务会议审议通过《三亚市新建住宅小区供配电设施建设维护管理办法》、《三亚市新建住宅小区供配电设施建设技术规定》和《三亚市新建住宅小区供配电设施建设维护收费标准》，于 2012 年 1 月 1 日起正式执行。自此，三亚市新建住宅将率先在全省行业内实现用电抄表到户、收费到户的收费模式，对解决三亚市住宅小区电费差价等问题起到积极的促进作用。

2011 年，海南电网公司紧紧抓住营销管理关键环节，深入开展“五进台区”（线损管理、电费回收、计量管理、客户停电管理、优质服务）管理。印发《关于推进营销精细化管理工作的通知》和《营销精细化管理工作考核评价标准》，在全省设置43个营销台区精细化管理监控点，以台区为单元将营销管理责任和指标进行分解，实行量化考核。通过43个标杆典型引路，带动公司营销管理水平整体提升，走出了一条海南特色营销精益管理之路，得到网公司的充分肯定。8月9～10日，网公司乡镇供电所规范化建设暨“五进台区”现场交流会在海南文昌召开，来自五省区100多名代表参观学习了“五进台区”管理，这是加入南方电网公司以来首次在海南举办的大型专业交流会。

海南电网公司以营销信息系统为支撑平台，统一电费收取及账务处理过程中业务操作工作规范。制订《陈欠电费营销账与财务账差异问题解决方案》，以“账销案存”为主要手段，辅助采用“补记收入”办法，在南网率先实现省级电网财务账与营销账一致。大力推行“电费零风险”管理，针对高风险行业客户量身定做电费回收措施。与地方政府和检察院开展联合行动，通过法律途径加大陈欠电费回收追缴力度，解决了钉子户和钉子村的历史欠费问题。2011年，公司陈欠电费同比多回收4097万元，创6年来最好成绩。琼中等3家供电局实现历史无欠费，澄迈等6家供电局实现当年无欠费。

按照网公司的统一部署，全省18家供电局于8月26日同时启动为民服务创先争优活动。144支服务小分队主动走进村庄、社区、学校、医院、企业和困难家庭开展为民服务803次；发放安全用电、节能服务手册等宣传资料4.1万册，答复客户咨询0.42万次；调整低压线路81处，更换客户破旧导线2.2km；帮助109家客户检查了用电设施，消缺98处；利用周休日到交通不便的农村开展“流动营业厅”下乡服务42次。另外，公司还隆重举办了客户座谈会，真诚听取客户意见，组织完成了《海南电网公司优质服务及营销策略研究》课题研究，为践行核心价值观，更好为民服务提供方向性指导。通过真情开展“六走进”，用心做到“五到位”，全面提升了公司的服务水平和整体形象。海口供电局客户服务中心等5家单位荣获服务国际旅游岛“微笑窗口”称号。省内社情民意调查机构对公司评价结果为“非常满意”。

科技创新与节能降耗 2011年，海南电网公司紧密结合海岛电网特点，编制完成了海南电网中长期科技发展规划。在电网防灾技术领域，围绕“三防”、“三高”进行专项研究，开展220kV智能化输电线路故障监测平台建设；在信息集成控制领域，开展智能远动机技术、生产运行信息展示平台等应用研究。积极配合网公司有序推进西沙微网国家科技支撑计划项目。在南网内首次开展省级集中配网GIS系统应用试点。“多类型新能源发电消纳关键技术”和“区域电网综合集成示范”分别入选国家863计划和国家科技支撑计划2012年预备项目库，即将出库立项。电研院承担的输电线路参数带电测量系统、培训中心承担的教育培训管理信息系统等5个科技项目荣获南网科技三等奖。信息化“6+1”工程进度可控在控，物资管理信息系统顺利上线运行，人力资源管理信息系统实现人员100%覆盖，营销低压集抄系统处于全网领先水平，全年信息网络可用率为99.94%，关键应用系统可用率达99.99%，公司信息化重点任务考评达A级水平。

海南电网公司积极推动节能减排工作，编制完成“十二五”节能减排和节能降损规划，制订了“十二五”节能减排综合性工作方案及配套实施计划，确定公司2011年35项节能减排重点工作。认真落实节能降损措施，建立线损“讲清楚”制度与降损任务清单，按月进行线损绩效工作考核，公司全年综合线损率达8.32%，其中白沙供电局顺利完成了网公司下达的线损整治目标。积极开展节能服务，为重点企业（厂矿）量身制定节电合理化建议书400份；配合政府做好高耗能企业停电整治和节能灯推广工作；为海口市100辆新能源出租车建成交流充电桩42个。严格按照节能发电调度规则安排机组发电，2011年海南统调燃煤机组平均发电用标准煤耗率303.18g/kWh，同比下降2.72g/kWh，相当于节省电煤2.81万t。水、风、垃圾发电量分别比2010年同期增加2.27、1.89、0.30亿kWh，相当于节省电煤13.99万t，减少二氧化碳排放59万t，为全省节能减排作出了积极贡献。

经营管理 2011年，海南电网公司以提高财务管控能力为目标，不断深化财务集约化管理。建立本部部门主导控制、基层单位抓落实的成本管控责任机制，按月监督预算指标实施状况，全面预算管理迈向精细化。突出抓好资金集中管理，在保证安全的基础上统筹资金收支管控，对分公司收支账户实施零余额管理；设置标准化账户182个，比网公司要求少21个，资金集中度达99%，在全网保持前列。强化资金回收，应收电费回收周期同比缩短0.5天，确保资金安全迅速归集至省公司。用好用足有关政策，国家两次上调上网电价（累计5.03分/kWh）均得到了有效疏导；4.03亿元一二期农网国债转资本金降低负债率2.68个百分点。有效应对银根紧缩，利率大幅上升的局面，通过筹措低成本资金带动财务费用比预算减少5000万元。获得国家税务总局批准同意电网企业接收用户出资建设供电配套资产免征企业所得税，为公司节税 0.19 亿元。全力配合网公司做好公司股份制改造工作。完成昌江核电配套工程电价测算，提前与政府沟通争取合理电价。完成海南电网输配电价课题研究，对海南输配电价机制的形成做了理论探索。

海南电网公司坚持“全面审计，服务大局，围绕中心，突出重点”的工作方针，树立“大审计”理念，进一步扩大审计监督范围，重点审计固定资产投资、大修技改、关联交易等重点领域和关键环节，强化过程监督。海南电网公司全年共开展类审计 54 项，发现问题 342 条，提出整改建议 230 条。同时，公司按照“审而必究、审而必改、审而必用”的审计工作要求，特别加强了后续审计的落实工作，对重要审计项目和审计建议实行连续追踪审计，并将审计整改纳入公司考核范围，安排专人跟踪落实审计整改执行情况，有效促进了公司依法经营、规范经营水平的提升。积极做好《内部审计规范手册》的宣贯，有效提高了基层单位审计工作规范化水平。审计管理信息系统正式上线运行，标志着公司审计信息化建设步伐向前迈进了一大步。

2011 年是南方电网的战略元年，海南电网公司采取了一系列措施确保南方电网中长期发展战略在海南平稳落地。按照电网公司董事会试点工作部署，海南电网公司董事会于 10 月 25 日正式成立，紧接着相应修改了公司章程、编制了工作规则，标志公司向建立现代企业法人治理结构迈出了关键步伐。编制完成《海南电网公司子战略》，进一步明确了公司未来十年的战略定位、战略目标、战略举措及管控方式，为电网公司中长期发展战略海南落地提供了有力支撑。深入推进一体化管理，本部 17 个部门、8 个直属机构和 18 家供电局一体化组织架构全面调整到位，与电网公司实现对接，一体化组织管控力度进一步加强。在充分提炼基层管理经验的基础上，完成了 2093 项制度清理，实现制度优化、流程简化，自上而下搭建起一体化管理制度体系。

2011 年是创先工作由全面谋划转入全面实施之年。海南电网公司成立了电网发展、客户服务、可靠供电、信息支撑、经营管理、综合工作等六大创先专项工作组，全力推进创先。编制出台创先总体纲要和业务流程、人力资源、内控管理等 16 项创先专题规划，建立月度创先计划跟踪机制，配套出台创先关键指标控制方案，通过抓执行、抓考核，带动创先指标稳步提升。截至 2011 年，安全生产风险管理体系儋州试点达内审 3 钻水平；百万客户投诉量 324 次，同比下降 55.9%；全省客户年平均停电时间 29.4h，同比降低 8h；单位供电可控成本完成 104.41 元/MWh，同比降低 3.87 元/MWh；综合线损率 8.32%。文昌、屯昌、昌江供电局被评为南网基础管理达标优秀企业。

按照国务院国资委和网公司的统一部署，海南电网公司成立了主辅分离改革领导小组，相继印发了《主辅分离改革实施意见》、《主辅分离改革任务分解计划》以及《关于支持重组企业改革发展的通知》，平稳有序地推进改革重组工作。12 月 14 日，海南电网公司与中国电力建设集团有限公司在海口共同签署国有产权无偿划转协议，海南电力设计研究院和海南电力设备厂两家直属单位的国有资产及员工整体划转给中国电力建设集团有限公司，标志历时 10 个月的海南电网主辅分离改革工作全面完成。深入开展公司“厂办大集体企业”基本情况摸底调查，提出大集体企业改革工作思路、目标和举措，计划用 3～5 年完成厂办大集体改革。

5 月 31 日，由公司提出立法建议、历经 4 年、30 多次修改的海南首个电力建设与保护地方立法——《海南省电力建设与保护条例》（简称《条例》）经海南省第四届人民代表大会常务委员会第二十二次会议审议通过，并于 2011 年 8 月 1 日施行。其中，海底电缆保护在全国地方立法中属创举。《条例》的出台，为预防和打击窃电违法犯罪，保障电网安全及正常供用电秩序提供了有力的法规保障，为海南省电力事业的快速、健康发展创造良好的法制环境。积极推进组织架构、规章制度、工作标准、指标体系和信息系统等五个方面的法律工作一体化，进一步加强法律风险管理，全年案件胜诉率同比上升 15 个百分点，累计挽回经济损失 1168 万元，有效维护公司的合法权益，顺利通过网公司法制工作 3 年（2008～2010）规划检查验收。

人力资源管理 海南电网公司坚持重点把好用人导向关、源头基础关、考察识别关、酝酿决定关、任职试用关等五个关键环节，大力选拔政治上靠得住、工作上有本事、作风上过得硬、人民群众信得过的优秀干部，配强各级领导班子。全年共调整交流本部和基层干部 105 人，干部知识结构得到进一步优化，公司管理的干部大学及以上学历人数占 80.54%，本部处级干部大学及以上学历人占 91.07%，副高及以上职称占 91.35%。从公司战略发展需要出发，首次公开选拔“百名 80 后”年轻干部到 17 个供电局挂职基层所（站）长锻炼，并提拔 8 名优秀年轻干部进入基层领导班子任职锻炼。这是公司有史以来规模最大、培养对象最年轻、平均学历最高的一次干部选拔培养，得到了网公司的充分肯定。公司干部队伍也逐步形成老中青梯次配备的合理结构。在系统内公开选聘 14 位正副科长（平均年龄 35.86 岁）和 38 位专责（平均年龄 28.79 岁）充实到公司本部工作。面向系统公开竞争选聘本部11个部门副职职位，面向全国公开招聘技术专家及管理人员，进一步拓宽了选人用人视野。

2011年，海南电网公司在南网率先完成覆盖全省18家供电局涉及7524人的劳动用工制度改革。通过加强用工管理，规范用工形式，优化用工结构，实现由身份管理走向岗位管理的转变，初步建立起因事设岗、以岗定人、人岗匹配、适岗胜任的人力资源配置机制，逐步形成规范有序、公正合理、和谐稳定的劳动关系，海南电网公司被评为海南省“模范劳动关系和谐企业”。对本部167个岗位、供电局301个岗位开展岗位价值评估，建立规范的岗位管理体系，为建立“以岗定薪、岗变薪变、按绩取酬”分配机制提供保障。按3个阶段、7个环节稳步实施工资分配结构调整，推进工资预算管理一体化、薪酬管理精益化。制定《海南电网公司员工业绩考核应用管理办法》，将员工个人业绩与组织业绩进行匹配，实现业绩与工资增长、岗位调整等方面的联动，有效拓宽了员工的职业发展通道。首次面向社会公开定向、定岗招聘一线技能人员，做出了有效解决一线技能岗位结构性缺员的新尝试。

海南电网公司围绕年度工作重点及生产经营管理新要求，科学编制了年度教育培训计划，从源头提升教育培训的针对性和实效性。以服务基层，推动创先为目标，深入开展分层分类培训。采取“送出去”的方式，组织配电、继保技术骨干到顺德和苏州培训，将先进的“表单化、模块化作业”引入海南。采取“请进来”的方式，聘请广东电网湛江、茂名供电局的技术专家担任培训师及技术教练，快速解决了基层供电局对电缆头制作检修人员匮乏的问题。启动人才加速培养工作，选拔29名近年新入企的大学生到公司专业技术力量较强的部门现场跟班培训，为基层单位培养核心专业紧缺人才。加强教育培训网络建设，增设安全生产、财务管理网上考场，完成一线生产作业标准等14个电子课件开发，初步搭建起海南电网公司网上营销学院。在积极推进文昌培训基地建设的同时，将儋州兰洋基地定位为输配电培训实操基地，并纳入“十二五”小型基建规划加以建设，与东部的文昌基地形成区位互补。按照网公司要求完成了公司系统人才评价专家库建设。2011年公司共举办各类培训班847期，培训员工4.3万人次，其中培训班组长5800人次，113人获得中央企业班组长岗位管理资格能力认证，员工岗位胜任能力有效提升。

党建和精神文明建设 2011年，海南电网公司紧密结合海南实际，以落实网公司中长期发展战略、推进一体化管理落地及创建国际先进电网企业等中心工作为切入点和着力点，全面推进创先争优活动深入开展。8个党委、18个党总支、182个党支部以及2099名在岗党员签订了承诺书。认真召开“密切联系群众为民服务”领导班子专题民主生活会，并将征集到的70条意见建议列入为民服务整改内容。以“六跟进”推动为民服务创先争优活动深化开展。党员“一带二”、“双创建、双连心”等党建品牌工程，为创先争优活动增添了新活力。4月，网公司党组转发了《海南电网公司党员“一带二”活动实施办法》，在全网进行推广学习。召开公司“创建国际先进电网企业”主题理论研讨会，全面推进学习型党组织建设。试点开展党支部书记公推直选和党支部书记持证上岗工作。出台《2011年员工辅导计划推广工作方案》，编制《员工辅导员技能训练学习手册》，在海口、文昌、东方3个试点的基础上，将范围扩大到三亚、儋州、琼海、万宁，从提高员工对企业满意度和员工个人修养两个维度，加强幸福海南电网建设。

4月，海南电网公司以“创先争优促‘三好’”为主题，从8个方面扎实推进创先争优活动。一是抓调查研究，用单位汇报、查看资料、党员回答提问三种方式下基层掌握第一手资料，为活动深入开展提供依据。二是抓公开承诺，从3个环节（承诺一句话，体现实打实的作风；措施硬碰硬，体现过程管理理念；目标好又高，体现“跳起来摘桃子”标准）入手，做到承诺事项具体化，可操作，可评估。三是抓特色活动，开展了党性党史教育、党员创新增效、党员身边‘三无’、党员志愿服务、党员亮牌示范等五项特色活动。四是抓载体搭建，以公司“双创建、双连心”为母本，各单位结合实际制定了党员“一带二”、“支部赛马、党员亮剑”等丰富的主题活动载体。五是抓典型引路，树立了琼海供电局党委“一带二”先锋工程、万泉供电所党支部和海口美兰供电所党支部三个典型。六是抓项目管理，将创先争优活动分为3个阶段26个项目进行评定，动态跟踪，过程管理。七是抓督导点评，采取事先不打招呼的方式，到基层党支部突击抽查，直接与基层党员对话，督导点评。八是抓交流互动，召开1次经验交流会，举办5场现场观摩会，交流经验，推进工作。

海南电网公司大力推进廉政建设。研究制定本部部门正职、各单位党政一把手党风廉政建设责任通知书，明确一把手必须履行党风廉政建设责任。深入开展以“干正事、行正风、做正人”为主题的“正风年”活动，举办了加入南网以来的第一次公司领导人员廉洁从业研讨班，组织副处级以上干部40多人参观全国检察机关惩治与预防渎职侵权犯罪海南巡回展，全年累计开展警示教育36场次，举办廉洁从业报告会28场，企业廉洁文化活动58场，领导人员作反腐倡廉专题报告30人次。扎实推进惩防体系建设，围绕中心工作开展50项效能监察，突出抓好领导干部违规收送礼金、小金库、用户受电工程“三指定”等5个专项治理。全年自查案件4起，诫勉谈话26人，党纪政纪处分25人，发挥了案件查办的治本功能。继续深化廉洁文化“五进”活动，文昌、屯昌、保亭供电局被海南省纪委命名为第二批海南省廉政文化进企业示范点。

2011年，海南电网公司组织召开了工会二届一次全委（扩大）会，顺利完成工会换届选举工作。充分发挥职代会民主管理作用，审议通过《公司工资分配结构调整实施方案》，有力促进了劳动用工制度改革的顺利实施。提交网公司职代会的6项职工代表提案全部被采纳，位居五省区前列。重点对基层单位厂务公开制度、平等协商和集体合同制度、劳动保护制度执行情况对开展了专项检查，推动厂务公开民主管理向基层纵深发展，得到网公司职代会代表巡视检查组的充分肯定。组织召开公司联络员、离退休职工代表、民主党派代表联谊会，进一步拓展民主管理渠道，搭建起倾听民众心声的沟通交流平台。积极落实职代会审议通过的为职工办实事事项，提高职工门诊医疗补助标准，支持职工保障房建设。

海南电网公司出台《创建文明单位管理办法》，进一步深化文明单位、文明班组、文明职工创建，积极践行“海南省文明大行动”，争当海南国际旅游岛文明行业排头兵。三亚、万宁、儋州供电局获全国文明单位称号。冯娟等7名员工荣获服务国际旅游岛“微笑使者”称号。着力增强南网品牌宣传，全年对外发稿656篇，化解新闻危机68起，“责任南网，绿色同行”首个社会责任日活动取得良好社会效果。有效疏导劳动用工、主辅分离、农电体制改革等信访矛盾，全年信访量同比下降21%，维护了公司发展稳定大局。深入开展“学党史、创先进”、“颂歌献给党”等丰富多彩的纪念建党90周年活动。组织开展“文化惠职工”、“幸福家庭户外登山”等形式多样的职工文娱活动，海南电网公司编排的《椰林春韵》荣获全省职工庆“五一”文艺汇演舞蹈类一等奖。大力实施送温暖工程，走访慰问困难职工461人。团建工作有声有色，文昌供电局清澜监控中心被授予“全国青年安全生产示范岗”称号，琼海供电局团委被授予“中央企业五四红旗团委创建单位”称号，海口供电局郑鹏程被评为网公司第四届“十大杰出青年”。搭建女职工建功立业平台，琼海供电局电费结算中心荣获全国总工会“‘五一’巾帼标兵岗”。

主要事件

1月20日，位于海口市海府路的4个电动汽车充电桩安装完毕，正式投运，标志着海南首批电动汽车充电设施正式投入使用。

1月21日，海南电网公司召开干部大会，海南电网公司副总经理王良友出席会议并讲话。会上，海南网公司人事部副主任王新新宣布了网公司党组关于张勉荣等9位同志的职务任免：聘任张勉荣为海南电网公司副总经理、党组成员；聘任张弥为海南电网公司副总经理、党组成员；聘任唐炜为海南电网公司总会计师；聘任詹晓晖为海南电网公司党组成员、海口供电局局长；聘任林芳泽为海南电网公司工会主席。庞准、杨卓不再担任海南电网公司副总经理、党组成员职务，莫锦和不再担任海南电网公司总会计师职务，潘超不再担任海南电网公司工会主席职务。

4月13～16日，海南电网公司按照亚运保电标准对金砖国家领导人第三次会晤和博鳌亚洲论坛2011年年会实施特级保电，保电级别创博鳌亚洲论坛历年之最。1.1万人奋战4个月，以零跳闸、零事故、零停电兑现了“零差错、万无一失”的庄严承诺，被省委省政府授予“金砖国家领导人第三次会晤和博鳌亚洲论坛年会服务保障工作先进单位”。

4月26日，海南电网儋州大成220kV输变电工程和东方龙北220kV输变电工程同时开工建设，标志着总投资230亿元的海南电网公司“十二五”电网建设正式拉开序幕。

5月31日，海南省第四届人民代表大会常务委员会第二十二次会议，表决通过了《海南省电力建设与保护条例》，将于2011年8月1日施行。其中，海底电缆保护在全国地方立法中属创举。

国庆前后，海南电网公司面对海棠、纳沙、尼格3个台风（其中，纳沙的强度高达14级，为近6年登陆海南的最强台风）袭击，坚持以领导、责任、措施“三到位”，确保应急预案、运行方式、物资队伍、安全检查“四落实”，31 460人连续奋战7天，兑现了“3天内恢复城镇以上电网供电，5天内恢复全岛供电”的承诺，实现“不发生主网安全稳定事故，不发生人身伤亡事故，不发生大面积停电事故”三大目标，得到了网公司和省委省政府的充分肯定。

10月25日，海南电网公司召开干部大会，网公司董事长、党组书记赵建国，海南省委组织部常务副部长梁飞出席会议并讲话。会上，网公司总经理助理、人事部主任江毅宣布了南方电网公司关于建立海南电网公司董事会及刘映尚、揣小勇等同志职务任免等决定（刘映尚任海南电网公司董事长、党组书记；揣小勇任海南电网公司董事、总经理）。

11月18日，海南电网公司举办海南电网220kV双环网工程竣工投产总结大会，海南省副省长李国梁，海南电网公司董事长、党组书记刘映尚等5位领导在220kV万宁红石变电站共同按下海南电网220kV双环网工程启动投运球，标志着海南电网220kV主网架完成从“单环网”到“双环网”历史性跨越。

12月13日，三亚市政府第七十次常务会议审议通过《三亚市新建住宅小区供配电设施建设维护管理办法》、《三亚市新建住宅小区供配电设施建设技术规定》和《三亚市新建住宅小区供配电设施建设维护收费标准》，标志三亚市新建住宅将率先在全省行业内实现用电抄表到户、收费到户的收费模式。

12月14日，海南电网公司与中国电力建设集团有限公司在海口共同签署国有产权无偿划转协议，海南电力设计研究院和海南电力设备厂整体划转给中国电力建设集团有限公司，标志着历时10个月的海南电网主辅分离改革工作全面完成。

其 他 地 区

【西藏电力有限公司】

企业概况 西藏电力有限公司是国家电网公司和西藏自治区人民政府为加快西藏电力工业建设，促进西藏自治区经济社会发展，根据国家发展改革委员会《关于组建西藏电力有限公司有关问题的批复》（发改能源〔2007〕61号），2007年7月在原西藏电力公司基础上成立了由国家电网公司控股、西藏自治区人民政府参股的西藏电力有限公司（简称西藏公司）。

西藏公司统一规划、统一建设、统一管理地市电网，经营相关的发输配电业务；按照国家统一规划，合理有序开发西藏电力资源，投资或参与投资建设相关电源项目，促进国家规划电源基地的开发和前期工作的开发；制定并组织实施西藏公司的发展规划和重大生产经营决策；开展电力建设项目前期工作和其他工作。

截至2011年底，西藏公司经营管理范围为中部（包括拉萨市、日喀则市、山南地区、那曲地区、林芝地区）、昌都、阿里狮泉河三个地市电网。管理机组完成发电量21.66亿kWh，同比增长11.87%；完成售电量20.12亿kWh，同比增长17.90%。全年未发生重大及以上电网、设备事故。

西藏公司本部设置18个职能部门。共有20个基层单位，其中供电企业7家、发电企业7家、直属单位6家。

电网概况 西藏电网由3个独立的地市级主电网构成，形成西藏中部电网（覆盖拉萨、山南、日喀则、那曲和林芝）、昌都电网和阿里电网“一大两小”的电网格局。主电网以外的县级及以下的小水电和太阳能光伏电站分别由自治区水利部门、自治区科技厅负责规划建设，建成后移交当地县级电管机构管理，均是独立的一县一网。

截至2011年底，全区地市电网发电装机容量97.227万kW，其中常规水电装机容量44.874万kW，抽水蓄能装机容量9万kW，火电35.975万kW，地热机组装机容量2.618万kW，光伏及其他4.01万kW。西藏公司管理机组装机容量89.567万kW，其中常规水电装机容量42.174万kW，抽水蓄能装机容量9万kW，火电35.975万kW，地热机组装机容量2.418万kW。西藏电网35kV及以上变电站143座，变电容量303.33万kVA，其中±400kV换流站1座，换流变压器容量70.60万kVA；220kV变电站3座，变电容量60万kVA；110kV变电站28座，变电容量141.53万kVA；35kV变电站111座，变电容量31.20万kVA。35kV及以上线路178条，长度7344.11km，其中±400kV直流线路1条422.89km（西藏公司运行维护）；220kV线路10条539.28km；110kV线路38条2568.45km；35kV线路129条3813.48km。

人力资源 2011年，以“四支队伍建设”为载体，实施队伍素质提高工程；以机构编制标准化工作为基础，提高人力资源集约化水平；以深化工资收入分配为手段，发挥薪酬激励导向作用；以稳步推进全员绩效考核管理为依托，完善员工考核激励机制。

加强队伍建设。滚动修订、完善西藏公司“十二五”人力资源规划，编制《“队伍素质提高”工程三年规划（2011～2013年）》和《“队伍素质提高”工程2011年推进计划》；对西藏公司13家基层单位、8个部门的班子进行充实、调整，交流干部29人，提拔使用24人。举办2011年度处级干部培训班和青年干部培训班，培训处级干部68人、青年科级干部36人，选派11名管理、技术骨干赴国家电网公司本部和安徽公司、新源公司挂职锻炼。通过“双向选择、公开竞聘”，选聘33名干部充实本部岗位。

编制完成2012年高校毕业生需求计划（共240人，其中电工类181人）；开展人才受援工作。2011年共协调选派40名帮扶人员和8名短期帮扶人员进藏帮扶，暂时缓解管理、技术人才匮乏矛盾，充实管理技术力量。

完善人才培养机制。2011年公司系统共实施各类培训项目453个，全员培训率81%；培训中心建设稳步推进，内设机构和管理运行准备工作有序开展。全年共举办6期68个工种的职业技能鉴定工作。启动技师等级职业技能鉴定工作，44人通过理论、实操考试。开展西藏公司第三届职业技能竞赛，130人参加供电服务、电气值班员和电气试验工三个竞赛科目。配合国家电网公司和西藏自治区专业技术职称评审、考试工作，开展公司系统初级职称认定工作。制定并实施《西藏电力有限公司专业技术资格认定（确认）管理办法（试行）》，275人申请，180人获得初级专业技术资格。组织开展评标专家资格审核，445人入选评标专家库。

电网建设与发展 2011年，西藏公司新开工110kV及以上线路657km、变电容量19.7万kVA；投产110kV及以上线路574km、变电容量45万kVA。

认真贯彻落实国家电网公司决策部署，将青藏联网工程作为西藏公司头等大事，7月中旬，提前完成由西藏公司承建的直流线路七标段建设任务。线路全长103.97km，路径沿线海拔在4600～5300m之间，地形地质（其中山地占65%，平地及泥沼占35%）、气象条件复杂恶劣，共有塔基236基，率先实现直流线路西藏段全线贯通，为青藏联网工程提前一年建成投产奠定坚实基础。加快藏中220kV骨干环网建设。6月底提前完成作为配套工程的藏中220kV骨干环网工程建设任务，确保在青藏电力联网工程投运前建成并投入运行，实现了西藏电网主网架从110kV到220kV的重大升级跨越。

乃琼—多林220kV输变电工程实现年度建设里程碑计划。加强110kV电网结构，优化电网网络结构，配电网供电能力和安全可靠性不断提高。老虎嘴电站建成投产，西藏全区装机容量突破100万kW。研究西藏电网对大规模光伏电站的接纳能力和应对策略，为新能源发展全年接纳光伏电站4万kW。

加强基建标准化建设，推广两型三新、两型一化、三通一标等标准化成果应用，加强设计招标、设计评审、设计合同签订等关键环节管控，强化对工程设计全过程管理。认真贯彻国家电网公司《关于进一步提高工程建设安全质量和工艺水平的决定》，落实70项要求。发挥规划设计指导作用，建立健全工程质量管理体系，开展“达标创优”工作、“三抓一巩固”基建安全主题活动，加大质量监督检查力度，有效预防和控制建设风险。夺底—朗塘220kV线路工程首次荣获国家电网公司输变电工程项目流动红旗竞赛安全管理流动红旗。

根据《国家电网公司支持西藏电力发展和重大项目若干意见》，滚动修编西藏电网“十二五”发展规划。落实西藏电网“十二五”规划项目，满足建设需要。完成拉萨220kV环网工程和格尔木—拉萨（朗塘换流站）直流受端220kV接入及日喀则—拉萨主网加强工程支持性文件补办工作；完成“十一五”期间所有电网项目支持性文件的补办工作。成立与发展部合署办公的智能电网办公室，提升智能电网建设管理协调能力、控制能力和整体执行力。

经营管理 加强综合计划管控，严肃计划的刚性。充分发挥计划对生产经营组织的指导作用，健全月度计划经营、统计分析和季度管理调控的工作机制，加强计划执行的考核。加强规划、设计、基建全过程管理，严格投资控制和投资管理。深化全面预算管理，强化预算执行分析考核。深入推进人财务集约化管理，财务集约化建设通过国家电网验收，人财物核心资源一体化管理格局基本形成。加强资金和资产管理，加大资金运作力度；落实财政燃油补贴。坚持依法从严治企，加大审计监察工作力度，完成国家审计署开展的财务收支审计、“户户通电”审计调查等迎审工作，开展工程建设领域、业扩工程“三指定”、公务用车等专项治理。

安全生产 加强安全工作的组织领导，全面落实各级安全生产责任制；以“三个不发生”为目标，“抓执行、抓过程、建机制”，安全风险管控工作成效显著；强化“两票三制”执行，落实反事故措施，开展生产安全管理和隐患排查整治，发电设备、输变电设备的可靠性和电网运行管理水平明显提高。公司系统全年没有发生人身事故、重大及以上电网事故和恶性误操作事故。针对青藏直流工程、藏中220kV骨干环网和9E联合循环机组的投产任务，提前安排生产准备工作，完成直流调试、环网运行和9E燃机投运等任务，顺利接收青藏联网工程（西藏段）的运行维护工作，确保了电网安全运行，大幅度提高了西藏公司输变电设施以及发电设备的运行维护能力。

营销工作 开展营销整顿工作，对营销队伍、业扩报装、营销基础数据、营销抄核收和95598客户服务规范及标准的执行情况进行检查和治理。加强营销指标管控，对营销各项指标坚持日跟踪、月分析和通报制度，强化过程监督与控制。落实电费回收责任制，加强电费结算协议签订管理，拓展收费渠道，加快电费回收。加强线损管理，查找线损管理漏洞，开展反窃电活动，有效降低管理线损。

规范业扩报装业务，对照供电服务“十项承诺”，开展业扩报装全过程的自查，强化业扩报装环节的过程监控和考核管理。加快用电信息采集系统的建设，2011年安装完成1470户专用变压器采集终端，上线率达95%以上。加强95598服务标准规范工作，加强抢修及95598值班力量。完成“三大”节日、自治区“两会”、雪顿节、自治区第八次党代会的电力保障工作。全年共完成各项重要保电任务410次。

农电工作 组织完成“十二五”农网发展规划、农网改造升级工程规划、无电地区电力建设工程规划和农村配电网滚动规划。“十二五”期间，西藏公司供电范围将从32个县延伸到58个县。计划解决和改善13.43万户（其中新增7.24万户）约66.57万人的用电问题。针对“十一五”户户通电工程管理存在的问题，制定并下发《西藏电力有限公司农村电网改造升级工程项目管理办法（试行）》等8项管理办法与规定，规范工程建设基本程序，明确管理流程和技术标准。做好农网项目建设前期工作，组织完成班戈县、错那县等12个县的施工设计及审查工作。完成班戈县、措美县、隆子县、萨迦县施工设计和监理招标工作。完成“十一五”期间“户户通电”工程收尾工作，完成二期、三期农网及“户户通电”工程项目结算审批工作。配合指导协调帮助地方县级供电部门做好农电管理工作。

科技与信息化 参与高海拔地区输电线路带电作业试验研究和应用研究，完成750、330、220kV三个电压等级的零海拔数据和各电压等级塔型资料收集及汇总工作。完成海拔高度3000、4300m的校验实施方案；完成750kV电压等级在海拔4300m时直线塔高、中相安全距离试验和直线塔底相组合间隙试验；组织开展“掏挖式基础典型施工方法”的研究，编制掏挖式基础典型施工方法。其中“高原冻土旋挖成孔基础典型施工方法”子课题研究形成具有高原特点的高原冻土地带旋挖成孔基础施工方法。推进电动汽车高原运行特性研究。完成西藏电网24台发电机组励磁系统、20台发电机组调速系统参数实测、12台机组的一次调频试验及PSS的投运工作，完成30条110kV线路参数实测校核，为系统稳定分析及电网日常生产调度提供计算依据。完成阿里电网光伏接入系统稳定控制策略研究项目，通过西藏自治区科技厅组织的成果鉴定，并申请国家发明专利1项。

全面完成SG186建设任务，实现35个业务系统上线运行。完成西藏至西安灾备中心数据级容灾项目建设。加强信息运维管理和安全管理，编制完善6个运维规范管理制度，完成23个业务系统的应急预案编制工作。深化信息化应用，在国家电网公司的帮助指导下，西藏公司一体化平台统一评价及协同办公、生产管理专业评价通过国家电网公司实用化评价验收。

重要活动电力保障 深刻认识建党90周年和西藏和平解放60周年庆祝活动期间电力保障工作的重要性，将大庆保电工作作为西藏公司上半年一项重要的政治任务和中心工作来抓。加强保电的指挥协调，制定保电工作方案，实施完成一大批大庆保电项目，提高安全供电水平。加强应急演练，加大电力设施保护工作力度。对重要用户、重点场所、重要活动制定一对一的供电保障方案和应急预案。进入7月中下旬保电关键时期，实施用户保电延伸服务，共安排重要用电现场服务工作人员611人次，外围工作人员3130人次，各种车辆219台次。大庆期间，累计完成特别重要保电75次。在大庆保电关键时期，做到了电网“零故障”、用电“零闪变”、服务“零投诉”、维稳“零事件”，实现大庆电力保障工作万无一失的目标。

亚东抗震救灾 2011年9月18日20时40分，印度锡金发生里氏6.8级地震，靠近地震点的西藏亚东县受灾严重，全县电力瘫痪。9月19日清晨，西藏公司在接到自治区“负责支援亚东县开展电力设施抢修工作，尽快恢复供电”的指示后，立即启动地震灾害应急响应，成立西藏公司抗震救灾恢复电力供应领导小组，公司主要负责人率队于9月19日上午赶赴日喀则地区亚东县。到达现场后，迅速成立现场指挥部，详细了解电力设施损毁情况，制定抢修工作方案，明确职责分工。确定“边普查、边处理，集中恢复电站生产、抓紧抢修10kV主线、立即恢复重要用户供电、尽快完成高压线路抢修送电”的工作原则，逐项开展相关工作。

19日21时25分，已先后通过移动发电车向县委、县府和抗震救灾指挥部、县医院和藏医院等重要用户恢复供电。9月19日连夜开展嘎林岗电站—县城开关站10kV电源送出线路抢修消缺工作，9月20日19时12分，10kV电源送出线路带电运行，19时29分，完成10kV开关站Ⅱ、Ⅲ、Ⅳ回线路全部带电（累计恢复10kV线路送电70%以上），县城内供电负荷恢复至震前的70%～80%，全部重要用户恢复供电。9月21日18时58分，亚东县10kV主网全部恢复带电运行。21时15分，完成县城部分62台配电变压器（占88.6%）恢复送电工作，当晚晚高峰最大负荷825kW（占震前最大负荷的72.2%）。9月22日12时43分，完成剩余8台配电变压器恢复送电工作，亚东县电网10kV主网和所有70台配电变压器全部恢复带电运行。圆满完成9月19日自治区安排的支援抗震救灾恢复供电全部任务。此次抢修工作，西藏公司累计投入抢险人员152人，调集移动发电设备10台、额定发电出力1320kW，投入各类抢险抢修车辆26台（不含发电车）。投入价值190余万元的物资和器材参与抢修工作。

党的建设和精神文明建设　开展创先争优强基础惠民生活动，派出22支驻村工作队、68名驻村工作人员赴偏远、艰苦地区，帮助群众解决实际困难。严格落实党风廉政建设责任制，加快构建科学的管控和惩防体系。以“青年文明号”、“青春光明行”等为载体，开展“号、手、队、岗”主题系列活动。

全面贯彻落实企业文化“五统一”要求，以青藏电力联网主题传播为载体，弘扬“青藏联网”顽强作风。

开展反分裂斗争教育，西藏公司系统局势保持持续稳定。贯彻《国家电网公司职工民主管理纲要》，提高企业民主管理水平。开展扶贫帮困送温暖活动。加强精神文明建设，西藏公司荣获2011年“全国职工职业道德先进单位”称号，1个基层单位获“全国精神文明单位”称号，系统2人获国家电网公司劳模称号。

（乔存友）

科研、教育与学术团体

【中国电力科学研究院】

单位概况 中国电力科学研究院（简称中国电科院）成立于1951年，是国家电网公司直属科研单位，是中国电力行业多学科、综合性的科研机构。拥有12个研究所、9个部级质量检验测试中心、1个研究生部、1个博士后流动站、1个博士后工作站和1个杂志社。建有主要实验室40个，其中包括6个国家级实验室（研究中心），2个北京市重点实验室，2个北京市工程技术研究中心，6个国家电网公司重点实验室，3个国家电网公司实验室。

在科研方面，中国电科院主要从事特高压交直流输电关键技术、大电网安全稳定与控制技术、智能电网关键技术以及新能源、新材料、能源转换、信息与通信、杆塔结构及基础施工等技术研究，研究范围涵盖电力科学及其相关领域的各个方面；在产业发展方面，中国电科院在电力电子、直流输电、信息化、电网自动化、智能变电站、电动汽车充换电设施、电厂与工业控制技术、智能配电、电力系统稳定控制系统、高压电气设备、智能芯片、新能源及能源转换、输电线路在线监测、施工设备、施工机具、电站辅机等高新技术产业领域，拥有众多自主知识产权的重大科技成果，并已经培育出一定的产业规模。

2011年，中国电科院荣获“国家电网公司‘十一五’科技工作先进单位”、“特高压扩建工程先进单位”、“青藏交直流联网工程先进单位”称号。获第十三届中国专利优秀奖1项。获省部（行业）级科技奖励42项，其中一等奖7项。获国家电网公司科技进步奖32项，其中特等奖1项、特别奖1项、一等奖9项。1人荣获何梁何利基金2011年度“科学与技术进步奖”。

人力资源 截至2011年底，中国电科院拥有中国科学院院士1人，中国工程院院士3人，国家级有突出贡献的中青年专家14人，“百千万人才工程”国家级人选6人，享受国务院政府特殊津贴的专家132人，中央直接联系的专家8人。全年共开展专题管理和技术培训301项，培训班次613次，全年共培训12 379人次，全员培训率达94.24%。

经营管理 有序整合各业务板块。编制完成《中国电科院创新发展规划纲要》，推进各专业研究所和产业公司业务类别和专业领域的分类重组整合。成立战略发展研究中心、中电普瑞电网监控技术分公司。重组整合电力系统研究所和电力系统分公司，成立新的电力系统研究所。

加强人财物集约化管理。建立职能部门职级岗级序列，完善全员绩效管理制度。扎实推进财务集约化深化应用，完善财务标准，优化业务流程，构建完整的财务标准化管理体系；深化项目预算管理，实现项目储备库与财务预算的衔接。制（修）订9项物资集约化规章制度。

推进信息化建设。ERP系统全面推广上线，顺利通过国家电网公司信息系统实用化评价验收。经法系统、协同办公系统在二级单位推广应用，员工报销系统、检测管理系统上线试运行，财务管控系统基本完成集成。

完成各项审计任务。配合国家电网公司完成对中国电科院原负责人的离任审计；对中国电科院近五年主要经营业绩、遵守法律法规及规章制度、财务收支情况等方面进行检查。全年共完成各类科技项目审计196项。

加强安全质量管理。院“三标”管理体系（质量管理体系、职业健康安全管理体系、环境管理体系）及5个独立认证的质量子体系通过认证审核。完成计算机系统集成一级资质再认证。完善安全质量规章制度，加强重点项目过程质量监控。开展“安全月”和“质量月”活动。开展安全检查，强化隐患治理整改力度。

建院60周年 2011年10月18日，中国电科院召开建院60周年庆祝大会，回顾发展历程，展望美好未来。

建院60年来，中国电科院肩负着促进电力科技进步、为电力工业建设和发展提供坚强技术支撑的重要历史使命。在中国电力工业发展的各个标志性阶段，都提供了大量的技术支撑，做出了积极贡献。围绕电力科学及其相关领域的各个方面，攻克了一系列重要核心技术，显著提升了自主创新能力，在中国电力事业的发展过程中发挥了不可替代的作用。先后承担了“973计划”、“863计划”、国家自然科学基金等重大基础研究项目，参与了中国首个330、500、750kV交流输变电工程，首个±500、±660kV直流输电工程，以及具有世界领先水平的1000kV特高压交流、±800kV特高压直流等重大工程的研究建设，攻克了一大批电力领域的世界性关键技术难题，创造了众多具有自主知识产权的重大产业成果，培养造就了大量学科带头人和工程技术专家。

自建院以来，中国电科院获得国家科技进步奖78项（其中一等奖8项，2007～2010年连续四年获得国家科技进步一等奖），获得中国专利金奖3项，获得国家专利896项，出版专著196部，发表学术论文3400余篇。

科研工作 特高压及输变电领域关键技术。特高压串联补偿装置在特高压交流试验示范工程扩建工程中顺利投运。具有完全自主知识产权的世界首个±1100kV/5000A特高压直流换流阀通过型式试验。完全掌握柔性直流输电关键技术，建成亚洲首条柔性直流输电示范工程。±1100kV特高压直流输电关键技术研究和特高压多端直流输电技术研究取得阶段性成果。特高压可控并联电抗器单相成套设备通过型式试验。成功研制35kV移动式百兆乏级STATCOM（静止同步补偿器）工业样机和直升机施工配套工器具。自主开发完成架空输电线路基础设计软件。

大电网技术攻关。完成大电网安全分析、预警及控制系统研制。依托国家电网发展及安全性的重大问题研究提出国家电网的合理构建模式，为中国“十二五”能源及电力规划提供有力支撑。构建大电网分布式仿真计算、数据整合、研究和测试平台，促进大电网在线安全分析技术实用化。紧密结合“三华”同步电网建设进程，重点研究特高压发展初期过渡方案，提出提高电网安全稳定水平和送电能力的措施建议。具有国际领先水平的节能发电调度技术支持系统在福建、东北等地投入应用。

智能电网建设。智能电网调度技术支持系统试点项目上线运行。完成用电信息密钥管理系统研发。提出基于云计算技术的智能电网在线分析系统总体技术方案。成功开发智能配电网自愈控制系统。完成浙江等地农网智能化综合试点工程。完成新一代充电桩控制器研发和测试。开发电力需求侧能效测评系统及热泵仿真系统。光纤电流互感器工程样机通过全部型式试验。

新能源、新材料领域研究。参与建设的国家风光储输示范工程一期工程顺利投产。建成数值天气预报运行中心，成为国家电网公司系统首个进入国内TOP100的超级计算中心。研制成功移动式风电机组低电压穿越测试系统并在甘肃等地投入使用。基于D5000平台的风电功率预测系统在吉林等地上线运行。完成新型变电站吸声材料的研制并进行试点应用。成功开发电池储能电站监控系统和高性能锂离子电池模块。

专利申请。获专利授权273项，其中发明专利89项。出版科技专著26部，发表科技论文616篇，登记软件著作权92项。提交10项PCT（国际专利合作条约）国际专利申请。

标准化工作。共承担4项IEEE（美国电气和电子工程师协会）标准、1项ISO/IEC（国际标准化组织/国际电工委员会）标准、6项国家标准、102项电力行业标准、186项国家电网公司企业标准的制（修）订任务，82项标准发布实施。协助国家电网公司成立IEC PC118（国际电工委员会用户接口项目工作委员会）。向IEC SG3（国际电工委员会第三战略工作组—智能电网战略工作组）提交智能电网标准路线图。

科技支撑体系建设。电力系统仿真国家工程实验室、电网安全与节能国家重点实验室通过验收。推进国家能源智能电网技术研发（实验）中心建设。国家电网公司系统首个100kW级风光储微电网实验平台正式投入运行。建成芯片可靠性测试及失效分析实验室。联合申请的无线网络安全国家工程中心获批立项。新增1个北京市重点实验室、2个工程技术研究中心和1个中关村开放实验室。正式启动PLM（产品生命周期管理）建设工作。《中国电机工程学报》再获“中国百种杰出学术期刊”殊荣，《电网技术》在动力与电力工程类期刊中影响因子排名第一。成为“高校与科研院所联合培养博士研究生试点单位”。

技术服务 2011年，中国电科院为国家电网公司19个部门提供225项技术服务，工作量共计12.45万人天。签订技术服务合同26份。

参与国家电网公司“十二五”电网规划专题研究。完成智能电网全面建设行动计划、智能电网技术标准体系的修编。配合国家电网公司完成公司系统各单位“十二五”科技规划评审。

完成特高压交流试验示范工程扩建工程、宁东—山东±660kV直流输电示范工程、中俄黑河背靠背直流联网工程等重大工程的技术研究、系统调试、质量监督及设备监造工作。完成锦屏—苏南±800kV特高压直流输电工程铁塔、导地线、金具等产品的监造及质量监督检查。完成国调EMS、DTS、调度交易计划、在线稳定预警等系统的技术支持与维护。配合国家电网公司开展输变电设备运行维护、技术监督、事故调查分析等工作，完成配电自动化试点工程验收及评估工作。开展电能计量标准设备、智能电能表、用电信息采集设备的常规监督检测工作。

在参与青藏联网工程建设中，开展一系列高海拔条件下线路外绝缘及电磁环境、高原及冻土工程设计和施工、联网后系统稳定分析等重点攻关课题。配合整个工程的设计和施工进程，完成十多项关键技术研究，为工程建设提供了技术支撑。

产业发展 电力电子先进适用技术与设备推广应用不断扩大，成为中国电科院特色产业，世界首例750kV电压等级可控高压并联电抗器工程完成验收；特高压直流换流阀在锦屏—苏南±800kV特高压直流输电工程等多个重大工程中得到应用。中标哈萨克斯坦220kV可控并联电抗器项目。芯片产业主营业务收入大幅提升，已成为中国电科院发展最快的新兴产业，自主研发的安全芯片、光通信芯片成功流片，智能芯片业务跨入金融领域，智能互动感知系统在厦门应用，成功承担英大支付卡业务。开展“三集五大”信息技术研究开发工作，企业基础信息平台成功应用于重庆公司和江苏公司，计量生产运营系统成功应用于蒙东公司，为国家电网公司信息化和“五大体系”试点建设提供有力支撑。电力系统仿真程序市场占有率达90%以上，实时仿真装置在20家网省公司和高校推广应用，特高压失步解列装置投入运行，大型城市配电自动化主站系统和配电网信息交互总线在成都、武汉投入运行。国内首套±800kV全场景直流特高压培训仿真系统开发成功，CC-2000A调度自动化系统成功打入老挝市场。国电谏壁和国华徐州2×1000MW超超临界机组国产DCS工程项目投入商业运行。承建北京市充电设施运营管理系统，成功总包宁夏中卫电动汽车充换电站项目。输变电状态监测系统在重庆等12家网省公司成功部署。澳大利亚干排渣项目通过验收并交付使用，俄罗斯、印度尼西亚、印度和土耳其干排渣项目进入系统设计阶段。

党的建设和精神文明建设 深入开展创先争优活动，在海拔5000m的青藏联网工程试验现场成立临时党支部，创建重大输变电工程系统调试党员突击队。选举成立中国电科院第一届直属党委和直属纪委。完善基层党组织机构，开展党务工作者培训，推进党建标准化工作。结合纪念建党90周年，开展党史网络知识答题、主题征文、红歌比赛等系列活动，建设和弘扬统一的企业文化。

开展首都文明单位创建活动。开展与员工的沟通交流，坚持进行员工思想动态调研。依托8个文体协会，开展篮球、象棋、马拉松等丰富多彩的群众性文体活动。举办统战人士中秋联谊活动。关心、关注老同志，组织文体活动和健康老人评选，促进离退休队伍和谐稳定。推进后勤服务标准化和规范化，进一步改善员工工作环境和生活条件。

2011年，中国电科院高压所荣获“全国青年文明号”称号。富通公司荣获“北京市节能攻坚突出贡献企业”称号。电力系统所系统规划技术研究室荣获公司“工人先锋号”称号。1个党支部、2名党员、2名党支部书记分别被评为国家电网公司系统“电网先锋党支部标兵”、“优秀党支部书记”、“优秀共产党员”；8个基层党组织、15名党员、11名党支部书记分别被评为国家电网公司总部及在京直属单位“先进基层党组织”、“优秀共产党员”和“优秀党务工作者”。

（吕 刚 杨 亮）

【西安热工研究院有限公司】

单位概况 2011年，西安热工研究院有限公司（简称热工院）在中国华能集团公司的正确领导和统一部署下，认真学习和贯彻落实党的十七大、十七届历次全会精神，深入贯彻落实科学发展观，特别是下半年以来，确定了“以改革为动力、以科研为引领、以技术服务为基础、以产业发展为支撑”的工作思路，坚持科研为本，强化技术服务，提高经营能力，着力改革管理体制和机制，谋划科技产业化发展，攻坚克难，扎实工作，全面完成了华能集团公司下达的安全、经营、党建等各项绩效考核目标。

领导班子

院长、党组副书记：林伟杰

党组书记、副院长：刘 伟

党组纪检组长：屈 芒

副院长、党组成员：纪世东 王月明 汪德良

副院长：范长信

组织结构 职能管理部门和服务部门中，原承担后勤服务职能的发展公司更名为后勤部。专业技术中心不变。原21个专业部门调减为17个：原绿色煤电技术部和循环流化床锅炉技术部划转至华能集团公司清洁能源技术研究院有限公司；原锅炉系统及设备技术部和锅炉环保技术部整合为锅炉设备及环保事业部；原电站优化检修及软件技术部撤销，人员并入电站信息及监控技术部。二级子公司新增1家：西安西热节能技术有限公司；更名改组1家：原西安国电热工发展有限公司更名改组为西安西热锅炉环保工程有限公司。分公司不变。截止2011年末共有二级子公司9家(其中全资子公司7家,控股子公司2家),分公司2家。

人员组成。2011年末全部在岗职工人数1336人。其中：博士34人、硕士344人；高级工程师及以上人员259人（包括研究员121人）。

科研工作

1. 科研奖项

获2011年度中国电力科学技术奖12项：①燃煤电厂12万t/年二氧化碳捕集装置研制及工程示范（一等奖）；②提高空冷机组凝结水精处理系统水质的关键技术研究（二等奖）；③超临界塔式锅炉燃用褐煤技术的开发及应用（二等奖）；④海水循环冷却水处理试验研究（二等奖）；⑤单支承结构轴系汽轮发电机组振动特性分析及现场振动处理措施（三等奖）；⑥电站管道振动机理与控制技术的研究与应用（三等奖）；⑦汽轮机通流部分实用状态评价与故障诊断技术研究（三等奖）；⑧火力发电厂凝汽器及其他热交换器换热管选材试验研究（三等奖）；⑨火力发电厂水汽系统热力设备防腐防垢核心标准的制定与应用（三等奖）；⑩火力发电厂金属技术监督规程（三等奖）；⑪600MW等级超临界锅炉高温蒸汽氧化腐蚀治理技术研究及应用（三等奖）；⑫自主知识产权的烟气海水脱硫技术研发与示范（三等奖）。

获2010年度国家能源科学技术奖6项：①燃煤电厂12万t/年二氧化碳捕集装置研制及工程示范（一等奖）；②DSB低NOx旋流煤粉燃烧器研制与工程应用

(二等奖);③P91蒸汽管道寿命监督试验研究(二等奖);④大容量循环流化床锅炉自主研制(二等奖);⑤电站安全高效洁净用煤燃烧性能的研究及应用(三等奖);⑥现场总线控制系统首次在国内百万千瓦超超临界燃煤机组的全面应用(三等奖)。

获2011年度陕西省科技进步奖3项:①超超临界锅炉寿命管理系统研发(二等奖);②面向电力应用的实时/历史数据库平台研究与开发(二等奖);③现场总线技术首次在国内大型超临界火电机组上全范围系统的应用研究(三等奖)。

获2011年度贵州省科技进步奖1项:节能发电调度煤耗在线监测系统研究与应用(三等奖)。

获2011年度中国电力建设科学技术成果奖2项①双进双出磨煤机60万kW超临界机组主汽温度控制策略优化(二等奖);②66万kW超超临界无电泵机组利用邻机给水系统启动调试(三等奖)。

获2011年度西安市科技成果与产业化奖1项:电厂设备优化检修技术的工程应用研究。

获2011年度中国华能集团公司科学技术进步奖19项(名称略)。

2. 专利

2011年共获得授权专利33项。其中:主持研发的发明专利16项:①一种烟气流量非平衡控制的烟气系统;②实时计算循环流化床锅炉炉膛内料层高度和存料量的方法;③一种通过测试燃煤灰的色差值检测燃煤结渣性的方法;④带飞灰分离的急转烟道K型均流装置;⑤一种煤气洗涤净化装置及工艺;⑥整体机翼型均流与分区可调喷氨装置;⑦带有异型分隔墙的紧凑型循环流化床锅炉;⑧抽低温炉烟干燥乏气热风复合送粉烟煤贫煤普适型制粉系统;⑨燃用高水分褐煤的中速磨煤机直吹式制粉燃烧系统;⑩均流气动换热床;⑪一种可调温度的煤粉爆炸试验方法;⑫一种复合炉型的循环流化床锅炉;⑬汽轮机通流部件水蚀损伤修复与防护工艺;⑭一种实时计算煤质元素和工业成分的方法;⑮一种滤元离线化学清洗装置;⑯脱硫废水挥发性重金属泥渣减量处理系统及处理方法;与其他单位联合研发的发明专利5项(名称略);研发的实用新型专利12项(名称略)。

3. 软件著作权

2011年度取得软件著作权16项。包括:①区域公司与厂级联合实时节能对标管理系统;②西屋OVATION系统虚拟DCS软件;③远程集中仿真系统调度管理软件;④Abb Symphony系统虚拟DCS软件;⑤Foxboro I/A系统虚拟DCS软件;⑥GE新华XDPS400系统虚拟DCS软件;⑦火电厂凝结水精处理混床运行性能诊断及优化专家系统;⑧FCS165现场总线控制系统APID调节软件;⑨FCS165现场总线控制系统步序控制软件;⑩FCS165现场总线控制系统设备驱动软件;⑪汽轮机冷端性能在线监测、诊断及运行优化系统;⑫图形化计算平台模块组态软件;⑬图形化计算平台计算组态软件;⑭图形化计算平台计算引擎软件;⑮图形化计算平台计算显示控件软件;⑯超临界循环流化床(CFB)仿真系统控制模型软件。

4. 专著和论文

2011年,由热工院专业人员主编的《离子交换树脂标准选编》和《超(超)临界机组启动运行与控制》2部专著由中国电力出版社正式出版发行;在2011年度的各类学术期刊、国内外学术会议上,热工院专业人员共发表论文100余篇。

5. 院级科技成果奖

院内评出2011年度院级科技成果奖共77项(一等奖8项,二等奖32项,三等奖37项)。(名称略)。

6. 2011年资质证书

热工院的高新技术企业证书通过复审,获得陕西省科技厅、财政厅、国税局、地税局联合颁发的新证;电力工程调试资质从甲级升为特级,获得中国电力建设企业协会颁发的调试特级资质证书;环境工程设计乙级资质通过复审,获得陕西省住房和城乡建设厅换发的新证;热喷涂企事业资格通过复审,获得全国热喷涂协作网换发的新证。热工院计量中心的温度、压力、振动计量证书通过复审,获得国家质检总局换发的新证。

7. 纵向科研项目

全年新签纵向科研合同43项,其中:国家科技部科研项目及课题6项,国家能源局科技项目1项,国家和行业标准制修订项目25项,华能科技项目11项。加上结转项目,全年在研项目达到80余项。编写的700℃超超临界技术、提高高参数机组再热蒸汽温度等节能技术的应用与发展情况专项报告和相关研发建议得到国家能源局和政府高层的重视,随后开展了若干重大项目的研发。其中,"700℃发电技术"已启动了高温金属材料的性能研究,取得一系列重要的材料性能数据;"二次再热技术"已完成技术经济论证;"1200MW等级大容量超超临界技术"已与华能股份公司以及设计、制造单位共同开展研发,取得可工程应用的技术方案,正在积极争取国家有关部委的支持,落实示范工程。完成6项行业标准的制修订并通过评审,经国家能源局审批后,于2012年正式发布实施。

8. 科研平台建设项目

经国家科技部批准设立,由热工院与华能集团公司清洁能源研究院有限公司国联合组建的"煤基清洁能源国家重点实验室"按计划进行了实验室的建设和有关项目研发工作,通过了国家科技部组织的中期审查。

热工院申报的“国家能源清洁高效火力发电技术研发中心”建设项目于2011年9月28日获得国家能源局批文，准予设立。

热工院申报的“陕西省燃煤电站锅炉环保工程技术研究中心”建设项目于2011年12月27日获得陕西省科技厅批文，准予组建。

9. 横向技术服务项目

全年新签横向经营服务类技术项目合同2157项，项目涉及火电技术领域的各个专业，以及风电、水电、核电、煤炭、石化、有色金属以及市政等领域的有关专业；其中：技术服务类1342项，技术产品和设备销售类514项，工程承包类176项，技术开发、咨询、转让类108项，其他17项。各项目工作得到广泛好评，收到来自国内外客户、项目合作方等发来的表扬信、感谢信共30多份，充分肯定了热工院的专业水平和服务质量。

热工院在2011年进一步开展了节能减排和技术监督工作，在节能降耗方面，全年完成华能玉环等21家电厂58台总容量2888万kW机组的节能诊断以及节能降耗措施落实情况专项回访；完成华能金陵等21家电厂33台机组共40个性能试验项目；同时完成大唐10台机组、华电2台机组、中电投8台机组的节能诊断。在设备监造方面，对华能11家电厂18台火电机组、54个风电场、7个水电站实施了设备监造，并正在承担华能石岛湾核电站设备监造工作；积极参与建立华能企业的设备监理标准，初步形成了一整套设备监造过程管控体系，为新建机组的设备制造质量把好关发挥了积极的作用。在电站调试方面，承担华能天津IGCC示范电站、北京热电厂燃气热电联产工程等调试项目16项，北京热电厂两台国际先进的联合循环机组已于2011年底以优良指标投产。在技术监督方面，全年对华能系统29家电厂开展了技术监督动态检查，共发现问题和提出建议2147项；协助集团公司建立统一的技术监督标准体系，已发布火电11项、水电12项专业监督标准，起草了风电8项专业监督标准。

另外，在参建的电力工程项目中，热工院负责调试的项目获得2011年国优工程银奖2项、中国电力优质工程奖5项；第三次获得“全国电力建设优秀调试企业”称号。

10. 技术报告

全年完成各类技术报告1000余份、质检报告800余份。

其他荣誉　2011年，热工院荣获“全国电力行业优秀企业”、华能集团公司“先进企业”和“企业文化建设示范单位”、陕西省“文明单位”和“厂务公开民主管理先进单位”等荣誉。院领导班子再次荣获华能集团公司“四好领导班子”；监督电建党支部荣获华能集团公司“四强党支部”、自动化党支部荣获陕西省国资委“四强党支部”。

朱立彤、高海东荣获华能集团公司“先进个人”；吕怀安、张学延荣获华能集团公司“四优党员”；郭俊文荣获陕西省国资委“优秀党员”；宋敬霞荣获全国首届“中央企业青年五四奖章”；周虹光荣获陕西省国资委“十大杰出青年”。

三大绩效

1. 安全绩效

安全形势保持稳定，未发生重大及以上事故，生产、经营、政治和形象安全得到有效保障。全面完成年度安全绩效考核目标。

2. 经营绩效

合同总额创历史新高，营业收入、利润总额创近年来最好水平。全年累计签订合同总额12.77亿元，同比增加1.56亿元，增幅14.0%，完成年度目标的102.2%；其中横向项目12.00亿元，纵向项目0.77亿元。全年累计实现主营业务收入10.11亿元，完成年度指标的111.6%；实现利润总额1.58亿元，完成年度指标的116.0%；实现经济增加值8653万元，完成年度指标的118.4%。一批科研成果通过国家省部级科技进步奖等奖项的评审和获得奖励，以及获得专利授权、软件著作权，行业技术服务满意度超过85%。超额完成集团公司下达的各项科研指标。

3. 党建绩效

党和国家的方针政策得到全面贯彻落实；紧密结合科研经营，深入推进创先争优活动并取得实效；领导班子和干部队伍建设、基层党组织和党员队伍建设进一步加强；未发生企业领导人员和经营人员违法、违纪案件；职工队伍保持稳定。全面完成年度党建绩效考核目标。

国际合作与交流　2011年度，热工院进一步加强国际合作；与日本煤炭能源中心（JCOAL）在国家发改委和日本经济产业省等在北京主办的“第六届中日节能环保综合论坛”上签署了《中日促进燃煤机组高效环保合作意向书》；承担或参与执行的中德、中澳、中美、中法、中日等政府和机构间国际科技合作项目进展顺利，与美国、德国、丹麦、澳大利亚等国有关科研机构和企业开展了20多次技术交流活动；在西安承办的电力行业“清洁高效燃煤发电技术协作网2011年会”取得圆满成功。

热工院在国外8个国家开展了30余项技术服务和工程项目：在日本、白俄罗斯开展了设备监造，在印尼、越南开展了机组调试，在印度、巴基斯坦开展了性能试验、轴系振动检测和调整，在土耳其等国开展了控制系统组态，在危地马拉等国开展了水处理设备系统项目；项目的技术水平和服务质量获得业主的广泛好评。

全年接待了日本煤炭能源中心（JCOAL）、法国ALSTOM等25批93人次外宾来院访问；派遣国（境）外出访57批93人次执行国外技术服务或工程项目、考察交流以及参加国际学术会议。

挂靠的学会、行业质检中心、标委会、硕士点、博士后站、专业期刊

中国电机工程学会火力发电分会按2011年工作计划举办了多次学术研讨会、技术交流、标准审核和宣贯、论文评选、成果推广等科技活动，取得良好成效，再度获得中国电机工程学会授予的“先进专委会”称号。2011年内，按照中国电机工程学会的统一部署，基本完成了“一分为四”的组建工作（火力发电分会划分重组为四个专委会：火力发电专业委员会、电站金属材料及焊接专业委员会、热工自动化与信息化专业委员会、清洁低碳发电专业委员会）。

电力工业热力发电设备及材料质量检验测试中心的工作有序进行，面向电力行业开展了电力树脂、电力用油、水处理药剂、水处理设备、电站金属材料、冷却塔部件填料等方面的专业检测工作。

电力工业热工计量测试中心发挥电力行业热工最高计量标准的职能，按计划完成了对各省、市、自治区电力系统热工标准的量值传递任务，为电力系统热工量值的标准化工作提供了专业的技术保障。

电站锅炉煤的清洁燃烧国家工程研究中心继续按照“开发煤清洁燃烧技术、形成高技术的工程化成果”的目标，进行了脱硫、脱硝、除尘等技术的研发以及科研成果的推广和工程应用，并为电力行业、火电企业提供了大量技术服务。

4个国家标准化技术委员会机构（全国电气化学标委会、全国电站过程监控及信息标委会、全国环保产品标委会水处理设备分技术委员会、全国燃气轮机标委会联合循环发电工作组）和7个电力行业标准化技术委员会（电站锅炉标委会、电站汽轮机标委会、电厂化学标委会、电站金属材料标委会、电站阀门标委会、热工自动化标委会、联合循环发电标委会），均按计划组织开展了标准的制（修）订、审查和宣贯工作。

硕士学位授予点：热工院在拥有“热能动力工程”二级学科硕士学位授予权的基础上，经国务院学位委员会批准，2011年获得“动力工程及工程热物理”一级学科硕士学位授予权，该学科涵盖6个二级学科。年内，硕士学位授予点研究生毕业并获硕士学位者6人，在读研究生23人。

博士后科研工作站：2011年，热工院博士后科研工作站顺利通过国家人资社保部和全国博士后管委会组织的综合评估；年内进站1人，在站1人。

由中国电机工程学会火力发电分会与西安热工院共同主办的专业期刊《热力发电》：2011年全年按计划完成编辑出版12期。2011版的工业技术类期刊高被引指数影响因子从0.352上升至0.458，上升幅度显著。

主要事件

1月10日，热工院召开2011年安全生产工作会议，传达了集团公司安委会2011年第一次（扩大）会议精神，并对热工院2011年安全生产工作作出部署。

1月25日，热工院召开了2011年工作会议，总结热工院2010年度各项工作以及“十一五”取得的主要成就，分析存在的不足和面临的形势，明确“十二五”发展思路，研究部署2011年工作任务，并表彰先进集体、优秀项目组、优秀干部和优秀职工。

1月26日，热工院召开三届八次职代会，会议讨论通过了赵毅院长2011年工作报告以及有关负责人所作的职代会工作报告、财务工作报告等报告，并征集了职工建议与意见。

3月18日，热工院党组书记刘伟与来访的国家环保部总量司副司长刘炳江就国内火电厂氮氧化物排放情况和脱硫装置运行情况等进行了技术交流，探讨了今后在火电厂环保领域的技术合作。

4月11日，热工院院长赵毅与来访的丹麦福思公司总裁Ernst Tiedemann就风电机组制造、运行和维护技术及加强交流合作事宜进行了探讨。

4月15日，在中国自动化学会主办的“第六届中国自动化产业世纪行（CAIE2011）”活动上，热工院承担的“华能金陵电厂百万千瓦级超超临界火电机组现场总线技术应用项目”荣获“2010年度中国自动化领域十大最具影响力工程”。

5月17日，热工院院长赵毅与来访的PCC能源集团亚太区总裁就火电行业高参数发电机组管材技术及今后在该领域的合作事宜进行了交流与商讨。

6月21日，中国华能集团公司在热工院召开干部大会，宣布热工院主要负责人调整决定：林伟杰任热工院院长、党组副书记，赵毅调任集团公司科技环保部主任。集团公司副总经理、党组成员胡建民作了重要讲话，提出要正确认识这次干部调整，介绍了两位调整干部的简况，并对调整后的热工院领导班子提出了希望和要求。

6月24日，热工院院长林伟杰参加国家能源局组织的700℃超超临界技术创新联盟第一次理事会暨技术委员会会议。热工院为参加该联盟专家人数最多、涉及专业范围最广的理事会成员单位，有1名理事、1名技术委员会副主任委员和4名委员。

6月30日，热工院召开了庆祝中国共产党成立90周年暨创先争优活动表彰大会，总结了热工院创先争优活动的开展情况，并表彰了“四强”党支部、“四优”党员及优秀党务工作者。

7月27～29日，热工院院长林伟杰、副院长纪世东一行先后到国网电力科学研究院和上海发电设备成套设计研究院调研，与两家研究院就科研管理体制、科技产业发展以及加强技术合作等问题进行了深入交流。

8月1～2日，热工院院长林伟杰，副院长纪世东、王月明一行先后赴各大电集团和有关部委进行工作访问，分别与华电集团副总经理任书辉、中电投集团副总经理田勇、大唐集团副总经理金耀华、国电集团副总经理于崇德、能源局科技司司长李冶和科技部高新司有关负责人，就热工院搞好“三个服务”、做好前沿科技开发和开展科技产业化事宜，进行了探讨和协商。

10月14日，热工院院长林伟杰、副院长纪世东、王月明、汪德良等与来访的中国电机工程学会常务副理事长陈峰一行就推进行业技术发展、火电分会改组工作等事宜进行了交流。

11月9日，热工院院长林伟杰、副院长纪世东一行到西安交通大学能动学院进行工作访问，与学院院长丰镇平、党委书记王树众围绕构建技术合作平台、加强高层次专业技术人员培养及重大科研项目合作交换了意见，并达成共识。

11月25～26日，热工院院长林伟杰、副院长纪世东一行赴北京，参加了国家发改委和日本经济产业省等主办的“第六届中日节能环保综合论坛”及相关技术交流会。热工院与日本煤炭能源中心在会上签署了《中日促进燃煤机组高效环保合作意向书》。

12月9日，华能在陕企业工作座谈会在热工院召开。集团公司总经理曹培玺出席会议并作重要讲话，通报了集团公司生产经营情况，分析了当前形势，听取了陕西公司总经理李富民和热工院院长林伟杰所作的工作汇报。

12月15日，集团公司副总经理那希志到热工院调研，听取了热工院院长林伟杰所作的工作汇报。

12月26日，由热工院自主研发的、具有自主知识产权的“FCS165现场总线控制系统大型工业化示范工程”在华能秦岭电厂600MW机组全厂主控及辅控系统全范围应用取得圆满成功。该系统实现了电厂控制系统一体化，有效降低了运行维护成本，系统提供的数字量信息为设备诊断、优化检修以及数字化电厂建设奠定了基础。

（姚惠珍）

【中国水利水电科学研究院】

单位概况 中国水利水电科学研究院（简称中国水科院）是以水利水电公益型研究和应用技术科学研究为主，面向全国的专业齐全的综合性科研机构，是全国水利水电科学技术研究的中心。它着重解决水利、水电建设中的重大关键技术问题，承担行业基础和应用基础研究及新技术、新成果的推广。

主要研究领域包括水资源、水环境、防洪减灾、高效节水灌溉、牧区水利、河流水库泥沙、高坝水力学、高坝结构、新型建筑材料、岩土工程及地基加固、工程抗震、遥感、高效水轮机及水泵、电站计算机监控和水情测报自动化系统、电站通信及自动化设备、火电核电站冷却水及环境、试验仪器及水利史研究等方面。同时还进行水利水电工程经济、环境问题的咨询及评估、工程安全监测及缺陷处理、工程安全鉴定、工程监理等。

中国水科院是国家“水利工程”一级重点学科单位，设有8个硕士、8个博士学科授予点，并设有2个一级学科博士后流动站。设有国家节水灌溉工程技术中心、部防洪抗旱减灾工程技术中心、水工程建设与安全重点实验室、水沙科学与江河治理重点实验室和工程环境评价中心。

中国水科院具有国家核准的安全评价机构资质证书、工程咨询资格甲级证书、水文、水资源调查评价甲级、建设项目环境影响评价甲级、编制开发建设项目水土保持方案资格甲级、建设工程地震安全性评价许可甲级、监理队伍资质甲级、设计乙级、施工二级资质证书，以及通过国家质量监督检验检疫总局的计量认证。

目前在职人数1341人，其中中国科学院、中国工程院院士7人，高工441人（含教授125人）人。具有博士、硕士学位300余人。固定资产6亿元，具有国内外先进水平的大型试验设备有：三维六自由度震动试验台、450gt土工离心试验机、大型减压厢、高精度水力机械试验台等大型设备120台（套），水力学、冷却水、泥沙、岩土、结构与材料、抗震、水利、水力机械、计算机监控、水情测报及调速器等综合试验室32座，科研设备总值近1亿元。

中国水科院与国外著名科研机构、高等院校以及国际上重要的学术团体有广泛的交流与合作。国际泥沙研究培训中心、中国大坝委员会秘书处、中国灌排委员会秘书处、国际水利工程和研究协会中国会员联络组、世界泥沙研究学会等均设（挂靠）在中国水科院。

领导班子

党委书记、院长：匡尚富

党委副书记、纪委书记：陈祥建

副院长：贾金生、杨晓东、刘之平、胡春宏、汪小刚

2011 年的主要工作

1. 突出重点、攻坚克难，力争实现“六个一”新目标

“十二五”期间，中国水科院实现“六个一”发展目标为：一是加强学科领军人才培养，努力新增一名院士；二是加强国际复合型高层次人才培养，努力新增一名国际学术组织主席；三是加强科技创新，努力争取获一项国家科技进步一等奖；四是加强重点学科突破，努力争取一个国家重点实验室；五是加强科研平台建设，努力新增一个国家工程研究中心；六是加强科研条件投入，努力加快一个新实验基地建设。

（1）学科建设。①争取获得 1 项国家科技进步一等奖；②重点支持 10 项基础及应用基础研究、10 项新技术新产品及软件研发、10 项前瞻性及宏观战略研究；③7 个学科达到国际领先或国际先进水平；④9 个学科达到国内领先或国内先进水平；⑤年均发表科技论文 500～600 篇，其中至少 20%被三大检索系统（EI、SCI、ISTP）收录；出版专著 30～40 部；获批专利 10～20 项；累计获得国家科技奖 5～8 项，省、部级奖 50～80 项。

（2）人才队伍建设。①新增科学院院士或工程院院士 1 人；②新增全国杰出专业技术人才、新世纪百千万人才工程国家级人选、享受国务院政府特殊津贴专家、水利部青年科技英才等荣誉获得者 2～4 人；③加强国际复合型高层次人才培养，新增 1 名国际学术组织主席；④在国际学术组织、团体和机构任正副主席、秘书长、理事等职务的专家达到 13 名；⑤在国内学术团体任正副主任、正副会长、正副理事长、秘书长的专家达到 55 名。

（3）实验室建设。①新建新能源实验室、江河水利志收藏馆等 2 个专业实验室；②建成 1 个国家重点实验室并顺利通过验收。

（4）基础设施建设。①加强科研条件投入，加快延庆实验基地建设，完成实验基地基础设施改造等；②完成南、北院两块科技园区的总平面规划立项、设计及申报等。

（5）信息化发展。①基本完成数字水科院建设；②实现科研信息资源的高效开发利用；③围绕信息化能力、信息化平台和具有自主知识产权的水利水电专业应用软件研发等重点任务展开研究和建设，完善全院统一布局和协调一致的信息化综合体系。

2. 抓住机遇、迎接挑战，2011 年各项工作开启新局面

（1）纵向项目立项取得新进展。积极向科技部、国家自然基金委及水利部等争取纵向项目支持取得新进展。积极参与国家“十二五”科技计划项目的顶层设计，加强重大项目的凝练与项目建议书的组织编写。加强基础理论和应用基础理论研究，积极申报国家自然科学基金项目。积极承担水利行业重大项目任务，内容覆盖防洪抗旱减灾、严格水资源管理、中小河流治理、水生态环境保护等水利中心工作及其条件平台建设和基础设施建设投入等。

（2）横向项目合同取得新突破。广泛开拓水利水电科技市场取得新突破，全年新签横向合同额 8.44 亿元。其中，三峡集团、水电顾问集团及水电建设集团等委托的项目合同额占 31.1%。

围绕大型水利水电工程建设对科技的需求，重点新承接了溪洛渡、向家坝、梨园、旁多等水电站的自动化监控系统，河南河口村水库、新疆齐热哈塔尔水电站等工程安全监测，呼和浩特抽水蓄能水电站上水库沥青混凝土防渗、肯斯瓦特水利枢纽工程大坝混凝土面板止水材料及一体化施工，锦屏、溪洛渡、白鹤滩等大型工程的温控仿真与防裂研究，三峡水库、石门水库等工程泥沙问题研究，乌东德、白鹤滩水电站等拱坝动力模型试验等。

（3）实验平台体系建设取得新突破。“流域水循环模拟与调控国家重点实验室”获得了科技部批准筹建授牌，填补了中国水科院国家级实验室建设的空白。中国水科院已搭建了由 1 个国家级重点实验室、2 个部级重点实验室和 18 个专业实验室的实验平台体系。重点实验室筹建工作进展顺利，公开选拔竞聘了重点实验室主任，新成立了重点实验室筹建办公室，完成了重点实验室人员配备、建设任务分解等，制定了 11 项管理规章制度，召开了第一次重点实验室学术委员会会议，对重点实验室进行阶段性咨询指导等。

专业实验室不断升级改造。新购置了一批先进仪器设备，总金额 3872 万元，不断提高实验仪器的精度与水平。1500t 大型动态材料试验机目前已完成安装调试，成为中国大坝全级配混凝土动态试验主要科研设施；离心机大型双向振动台完成了安装与调试，开展振动试验 30 多次；数值模拟与可视化仿真实验室不断升级，为一大批重要工程的数值模拟计算提供了快速高效的计算条件与演示平台。

（4）科研机构平台体系建设取得新进展。联合华能澜沧江水电有限公司和中国华能清洁能源研究院，组织申报的“国家能源水能高效利用与大坝安全技术研发中心”获得国家能源局批准建设，为加强与水能领域研发机构的科技合作搭建了新的平台。

（5）科研资质建设得到新加强。为加强新资质的建设和已有资质的维护工作，新颁发了《关于加强我

院专业资质建设的决定》和《关于加强我院工程咨询资质建设的决定》；新获得了商务部“对外承包工程资格（非工程类）”、水利工程质量检测（岩土类）甲级资质，申报全国水利建设市场主体信用等级评价，已通过初审；原有的水利水电工程咨询、建设项目环境影响评价、水土保持、水文水资源调查评价等11项甲级资质和国家计量认证、ISO 9000质量体系认证等共10项资质在我院争取项目中发挥了重要作用。

（6）高层次国际复合型专家培育取得新突破。高占义教授成功当选新一届国际灌排委员会（ICID）主席，加上目前在任的国际大坝委员会（ICOLD）主席，中国水科院已有涉水国际组织主席2人，并有9位专家担任世界泥沙协会理事、秘书长，世界水土保持协会理事、秘书长等国际学术组织职务，极大提升了中国专家在国际涉水事务的话语权和影响力。

（7）研究生招生与培养取得新进展。严格程序和要求，新招硕士研究生35名、博士研究生35名，新进站博士后20名、新接收西部之光访问学者7名。加强教育与管理，34位硕士研究生和34位博士生完成毕业论文答辩，15名博士后出站，毕业研究生就业率达到95%以上。

（8）多方拓展、深度交流，科技兴水增加新合力。加强了与国内外兄弟单位及相关机构的交流合作。与西藏水利厅新签订了科技合作与对口援助协议，与德国、美国、意大利、荷兰等4个国家的涉水机构建立了新的合作备忘录。固定的交流互访机制，更深层次地促进了双方的学术交流、经验共享与科技合作。

加强了国际间水利科技学术交流。随着中国影响不断扩大，来访中国水科院的境外专家日益增多，2011年中国水科院选派161人次前往42个国家和地区参与国际交流。

深度参与了涉水国际组织活动。匡尚富院长带团出席了在伊朗召开的国际灌排委员会（ICID）62届执行委员会大会；贾金生副院长作为国际大坝委员会主席，主持了在瑞士召开的国际大坝委员会第79届执行会议；陈厚群院士荣获国际大坝委员会荣誉会员（是2011年度唯一一位获奖人员）。

顺利承办了长江三峡工程综合效益高层论坛、2011中国水战略与水安全高层论坛、高坝大库安全建设与风险管理高端论坛，中日河工坝工会议、中韩两院学术交流会、海峡两岸水利科技交流会等固定机制的双边学术会议。通过广泛的学术研讨，对许多重大问题形成了新的认识，加强了新的联络，谋求了新的合作。

主要事件

1月4日，美国自然遗产研究所总裁格列高里·托马斯先生访问中国水科院，副院长贾金生会见了来宾。

1月5日，日本土木研究所国际水灾风险管理中心研究员阿里·沙佛山博士访问中国水科院。受院长匡尚富委托，副院长贾金生会见了来宾。水利部水文局、清华大学以及中国水科院国际合作处、水资源所、防洪抗旱减灾所以及泥沙所等有关专家和负责人参加会见。

3月18日，中国水科院副院长汪小刚会见巴基斯坦空间和上层大气研究委员会空间应用部门主管拉赫迈图拉·吉拉尼先生。国际合作处、减灾所、水利所、岩土所、遥感中心等部门的负责人和专家参见会见。

3月22日，“应对气候变化的地下水管理研讨会”在北京召开。会议由水利部与联合国儿童基金会合作项目“气候变化对地下水的影响研究”项目负责人高占义主任主持。中国水科院副院长杨晓东出席会议并致词。研讨会由中国水科院和水利部地下水监测中心主办，全球水伙伴中国委员会、中国国家灌溉排水委员会、国家节水灌溉北京工程技术研究中心协办。

4月7～9日，中国长江三峡集团公司和中国水科院联合承办的UNESCO/IHA水库温室气体中国地区国际会议在宜昌召开。中国水科院副院长、国际大坝委员会主席贾金生教授出席会议并致词。

4月15～16日，“2011中国水战略与水安全高层论坛”在清华大学隆重举行。论坛由中国工程院和水利部联合主办，中国工程院土木、水利与建筑工程学部、中国水利学会、清华大学和中国水科院共同承办。水利部陈雷部长、中国工程院周济院长、全国人大财经委员会汪恕诚副主任委员出席并作重要讲话。水利部胡四一副部长、中国工程院原副院长沈国舫出席论坛。清华大学党委书记胡和平、中国水利学会理事长敬正书、中国水科院匡尚富院长分别作大会致词。雷志栋院士主持开幕式。

5月23日，科技部、教育部、中科院、中国工程院和自然科学基金委员会共同主办的全国基础研究工作会议在北京召开，中共中央政治局委员、国务委员刘延东出席会议作重要讲话，并为新建的国家重点实验室代表授牌。中国水科院副院长胡春宏代表中国水科院参加会议，并上台接受中国水科院申请建设的“流域水循环模拟与调控国家重点实验室”的授牌。

6月1日，中国工程院院士、中国水科院教授级高工陈厚群获国际大坝委员会荣誉奖，为2011年度此奖项的唯一获奖人。

6月22日，中央国家机关工委在人民大会堂召开中央国家机关先进基层党组织、优秀共产党员、优秀党务工作者表彰大会。中国水科院党委被授予“中央国家机关先进基层党组织”荣誉称号，院党委书记、院长匡尚富参加表彰大会并受到温家宝总理接见。

7月13日，国际灌排委员会（ICID）主席钱德拉·马卓默特先生率领节水灌溉与粮食安全国际研讨会参会代表访问中国水科院。中国水科院党委书记、院长匡尚富会见代表团一行。副院长贾金生、杨晓东、胡春宏副、国际泥沙研究培训中心副主任高占义等参加会见。

7月26日，国际能源署海洋能源系统执行协议执委会主席、新西兰波浪与潮汐能源协会总裁约翰·哈克比博士访问中国水科院。副院长杨晓东会见来宾。

8月22日，巴基斯坦水利电力开发署（WAPDA）巴莎大坝项目顾问伊扎尔·乌勒·哈克（IzharUlHaq）博士率巴基斯坦水电咨询项目代表团应邀访问中国水科院。副院长汪小刚会见来宾。

9月23日，由中国水科院与国际水电协会共同举办的《水电可持续性评估规范》发布推介会在北京隆重召开。院党委书记、院长匡尚富主持发布推介会。水利部副部长胡四一及国家能源局等相关单位领导出席。来自环保部、世界自然基金会等国内外有关部门和机构的领导和专家共80余人参会。

10月22日，在伊朗首都德黑兰召开的国际灌排委员会第62届执行理事会上选举产生了新一届国际灌排委员会主席。中国水科院教授高占义成功当选国际灌排委员会主席。

10月24日，由中国水科院和台湾大学工学院主办、美华水利协会协办、长江科学院承办的第十五届海峡两岸水利科技交流研讨会在武汉开幕。大会组委会主席、中国水科院党委书记、院长匡尚富在开幕式上发表讲话。副院长胡春宏主持研讨会闭幕式。

10月24～25日，第十五届国际水利与环境工程学会冷却塔及空冷国际会议暨中国电机工程学会火力发电分会工业冷却塔专业委员会2011年学术年会在北京召开。中国水科院副院长杨晓东应邀出席会议并致词。IAHR中国分会主席高季章教授主持开、闭幕式。

10月27日，第二届堆石坝技术国际研讨会在巴西里约热内卢召开。中国派出以水利部副部长刘宁为团长、中国水科院副院长贾金生为副团长的代表团参加研讨会。副院长贾金生作大会主旨报告。

11月16～18日，全国党建研究会科研院所专委会召开2011年度党建调研课题交流会。党委副书记陈祥建参会。中国水科院党委《加强科研院所党内人文关怀的探索和思考》调研课题荣获全国党建研究会科研院所专委会优秀成果一等奖。

【国网电力科学研究院】

单位概况 国网电力科学研究院（简称国网电科院）是国家电网公司直属综合性科研单位，主要从事电力系统自动化、交直流高电压技术、水利水电工程测控、通信与信息工程、一次设备及其智能化、电力电子、轨道交通及工业控制技术的研究、开发和应用，是国家科技部设立的“国家电力自动化工程技术研究中心”、国家发改委设立的“电力系统自动化系统控制和经济运行国家工程研究中心”、国家质检总局设立的“国家高电压计量站”、国家能源局设立的“国家能源太阳能发电研发（实验）中心”、国家电网公司“特高压交流试验基地”及“智能用电研究检测中心”的依托单位。设有“电力工业电气设备质量检测中心”、“电力工业电力系统自动化设备质量检测中心”和“电力工业通信设备质量检测中心”。

南瑞集团公司是国网电科院的主要经营实体，与国网电科院实行一体化运行和管理，具有计算机信息系统集成一级资质，是第二批国家创新型企业和“国家认定企业技术中心”。注册商标“南瑞”是中国驰名商标，“南瑞”牌产品是中国名牌产品。由南瑞集团公司发起设立的“国电南瑞科技股份有限公司”在上海证券交易所上市（股票代码：600406），位列“2010年度中国上市公司市值管理百佳”前十位，“央视财经50指数·十佳回报公司”第一位。

国网电科院实行院长负责制，下设14个职能部门、9个研究单位、17个产业公司，设有研究生部及博士后科研工作站。在南京、武汉、合肥、北京、上海、深圳、徐州、淮安、无锡、泰州、福州、重庆等地建立了科研和产业基地，形成了电网自动化及继电保护、信息通信、中低压一次设备、电线电缆、新能源及水利水电自动化、轨道交通及工业控制自动化六个技术优势明显、主营业务突出的产业群，拥有40余个系列、200多个具有自主知识产权的高新技术产品。

2011年，国网电科院荣获第三批全国文明单位、江苏省五一劳动奖状、江苏省企业创新先进单位等荣誉。南瑞集团名列“2011中国软件业收入前百家企业”（第11位）和“2011中国自主品牌软件产品前十家企业”（第3位），连续十届进入中国软件企业百强，连续六届成为中国十大创新软件企业，连续五届成为中国自主品牌软件产品十强企业。

人力资源 截至2011年底，国网电科院拥有中国工程院院士4人（含外聘院士2名）、国家级有突出贡献中青年专家2人、“新世纪百千万人才工程”国家级人选5人、享受国务院政府特殊津贴专家25人、江苏省“333”高层次人才培养工程人选24人、国家电网公司优秀专家人才26人。2011年，新增

"千人计划"人才2人、国家电网公司科技领军人才2人、国家电网公司优秀专家人才7人、江苏省"333"高层次人才培养工程人选15人。

规范组织架构与岗位体系设置，严格新员工任职标准与入口审批，完成全民劳动关系调整，构建经营管理、科研技术、市场营销、生产技能岗位系列及职业发展通道。全年交流干部48人次，外派董事、监事56人次；选送328人次参加国家电网公司专项培训、6人到国家电网公司总部挂职锻炼。强化全员教育培训，举办第一期领导干部及青年干部培训班，全员培训率达98.2%。

经营管理 2011年，国网电科院合并报表口径新签合同额较2010年增长57%，实现主营业务收入较2010年增长53.37%，资产总额较2010年增长71.23%，超额完成国家电网公司下达的业绩责任目标任务。

加强计划预算管理，发布院产品线目录，完善内部计划指标体系，实施全过程跟踪和动态管理。深化月度现金流预算管理，全面推广标准成本核定，完善预算管理体系。

实现全院"一本账"、"一键式"财务报表生成，深化资金集中管理，完成所属上市公司的资金归集。建立全院统一招标体系，组织集中招标采购305项。大研发体系试点推进集成产品开发管理体系建设；大生产体系制定精益生产布局方案；大营销体系完成5家区域营销服务中心组建并投运；大基建体系初步建立工程进度考核体系。完成院"十二五"信息化和网络规划编制，ERP系统全面上线运行，建成覆盖全院高清视频会议系统。

开展"两抓一建"安全风险管控活动，组建安全监察队伍，深入开展隐患排查治理，全年未发生安全生产责任事故。开展"质量月"活动，加强产品质量监督检查，强化供应商管理，启动院集中监造。组建内审员专家库，通过"四标"整合管理体系现场审核。信息安全防护进一步加强，未发生信息安全事件。

发布规章制度56项、企业技术标准101项，3项成果获国家电网公司及电力行业管理创新成果奖。开展审计检查、财务督查、工程建设领域治理，以及风险防控专项和"小金库"专项治理。配合完成三峡输变电工程竣工决算审计、国务院国有资产监督管理委员会财务检查、国家电网公司直属单位审计等专项检查。完成依法从严治企突出问题专项治理整改。推广效能监察，强化公务用车、公务接待、因公出国和会议、庆典等管理。荣获国家电网公司"五五"普法及省级机关法制宣传教育先进单位称号。完善月度例会制度，健全督查督办体系，加强国网电科院本部办公秩序管理，获国家电网公司第一批文明单位（本部）称号。

重点工作 重大科技项目攻关。大电网安全稳定在线评估及协调控制、特高压紧凑型输电、多端直流及柔性直流输电、云计算等基础性、前瞻性研究取得阶段性成果。"三华"特大电网协调控制与优化、柔性交流输电、新能源接入协调控制、风电场控制等关键技术取得突破，完成世界首例特高压直流6×700MW孤岛试验。成功研制世界首支特高压干式油气套管、国际首套光伏电站移动检测平台、国内首套无线传感器监测系统。

研制电动汽车换电设施运营管理系统、新一代调度技术支持系统、大容量无源光网络设备样机，新一代直流保护控制系统在青藏联网工程投运，电力变压器智能组件样机挂网运行，工业以太网交换机实现系列化，复合材料杆塔通过性能测试，光纤复合电缆及碳纤维复合芯导线完成试制。新型消弧线圈成套装置实现成果转化。

全年获各类科技奖励63项，其中国家科技进步一等奖1项，中国电力科学技术奖13项，国家电网公司成果奖33项，获奖数量及等级位列国家电网公司系统首位。获专利授权237项，其中发明专利77项。获软件著作权82项。入选2010年度百件优秀中国专利1项，获2011中国十大创新软件产品2项。制订国家标准、行业标准、国家电网公司企业标准共计86项，出版学术专著5部，发表学术论文1265篇，其中核心期刊483篇，2篇论文入选"2010年中国百篇最具影响国内学术论文"。薛禹胜院士荣获首届江苏省科学技术突出贡献奖。《电力系统自动化》和《高电压技术》入选第二届中国精品科技期刊。主办"智能电网与能效"国际学术会议。

产业发展。签约国内首个省级电网输变电设备状态监测主站系统，承接多个智能变电站项目和华北智能电网调度技术支持系统试点项目，集成建设国家风光储输示范工程和南京、太原等配电自动化试点项目。推广应用输变电状态监测、信息运维综合监管系统，建成国家电网公司集中式信息系统容灾中心（上海）数据级容灾系统。自主研发国内首套300MW等级抽水蓄能电站调速器系统、以可编程控制器为核心的计算机监控系统首次实现工程应用，承建的国内首个智能化水电厂项目投运。电线电缆产品首次中标特高压直流输电工程。雷电定位系统在全国电力系统应用，海迅实时数据库成功应用于智能电网调度技术支持系统，轨道交通综合监控系统连续中标大型集成项目。光伏设备、电线电缆、低压开关柜首次实现海外出口，光伏逆变器在西欧市场取得突破。

中标首个海外500kV变电站控制保护及通信系

统二次总包、10MW光伏系统集成和风电场工程总承包项目，取得首个智能小区EPC项目突破，成功实施金太阳示范工程总承包项目。中新天津生态城智能电网综合示范工程项目建成投运。

检测试验。组建输变电设备状态评价指导中心、国家电气设备检测与工程能效测评中心（武汉）。能效测评中心入围国家首批第三方节能审核机构，国家高电压计量站再获计量诚信评比最高荣誉。率先在国际上开展光伏电站低电压穿越现场测试和国内实验室测试。拓展智能电网设备检测、智能变电站系统级测试、国调数据网络设备测试、输变电事故分析、节能服务等新兴业务。全年出具检测报告3595份，试验报告399份，计量检定校准报告3364份。

技术服务。完成青藏联网、特高压交流试验示范工程等国家电网公司重大工程的设备监造、现场试验等任务，开展大规模风机脱网事故分析和策略研究，保障电网安全稳定运行。牵头修订智能电网关键设备研制规划，支撑服务2011智能电网国际论坛，承办9期国家电网公司特高压及智能电网技术培训。支撑国家电网公司“五大”体系试点，承建的信息化项目通过验收。完成技术服务量逾10万人天，同比增长31%。与9家省电力公司签订战略合作协议，深入推进智能电网、电动汽车、新能源等领域科技合作，为省电力公司电网规划、设计、建设、生产运行提供了坚强支撑。

完成南京院区布局规划和武汉院区布局规划。国家电网公司智能电网（南京）科研产业基地一期工程全面封顶，完成整体内装设计。国家电网公司（宵州）电气设备检测中心一阶段主体工程完工，完成二阶段初步方案。江苏南瑞淮胜电缆工程技术中心一期、江苏帕威尔成品库建成投运。电力智能输变电一次设备及状态检修基地一期主体完工，安徽电力继远软件园二期主体封顶。南瑞继保智能化电气装备产业园、风电控制系统生产基地、江苏宏源电气有限责任公司厂区扩建项目开工建设。动热稳定实验室、高压计量站实验室改造项目竣工验收。

党的建设和精神文明建设 认真学习贯彻胡锦涛总书记“七一”重要讲话精神，开展纪念建党90周年系列活动，持续推进“六个一”（党组织书记一个月读一本书、一季度写一篇心得体会、一年公开发表一篇文章、一年讲一次党课、一年做一次述职述学、一年保证一周脱产学习）、“一四二”（党员每年制定一份学习计划、读四本书、撰写两篇学习心得）活动，进一步加强学习型、文化型党组织建设。新组建1个党委、7个直属党总支、12个直属党支部，完成党员发展计划及基层党组织“公推直选”试点。围绕“强管理、控风险、增效益”主题，深入开展创先争优活动，设立党员示范岗、党员责任区，组建党员科技攻关组、党员先锋队，开展党群结对共建。两个党支部获国家电网公司“电网先锋党支部标兵”称号，朱金大被授予“中央企业优秀共产党员”称号。构建科学的管控与惩防体系，形成齐抓共管的协同监督工作格局。

学习贯彻党的十七届六中全会精神，建设和弘扬统一的企业文化。深化企业文化主题实践活动，全面落实“五统一”要求。推进宣传资源整合，在各级媒体发布报道1139条，彰显企业良好形象。加强新并购企业文化融合，推动国家电网公司文化全面落地，获国家电网公司企业文化优秀案例一等奖。

开展“五小”等群众性创新和劳动竞赛。国网电科院工会荣获“全国教科文卫体系统先进工会组织”，国网电科院团委荣获“全国五四红旗团委”，1人获“国家电网公司劳动模范”，2个班组获江苏省“工人先锋号”，3人获江苏省先进工作者和劳动模范称号。切实加强餐饮、保卫等后勤服务，落实离退休老同志政治待遇和生活待遇。

（苏发亮）

【国网北京经济技术研究院】

单位概况 国网北京经济技术研究院（简称国网经研院）成立于1999年，是国家电网公司电网规划和工程设计技术归口管理单位，为国家电网公司和电网发展提供技术支撑和智力支持。国网经研院主要负责研究编制国家电网和区域电网发展规划，评审省级电网发展总体规划和专项规划；牵头国家电网公司重大工程方案论证和预可研，负责直流工程的成套设计，负责330kV及以上和跨省电网项目可研内审，负责330kV及以上电压等级电源接入系统设计内审，负责220kV及以上电网项目初步设计评审、结算监督及定额管理；开展电网工程科研、标准编制及数据信息管理等业务，对省级经研院提供技术指导，归口协调外部设计单位。建有国家电网规划研究平台、工程设计评审平台、技术经济实验室，服务国家电网公司电网规划、项目可研、工程设计、竣工结算等全过程统筹优化和集约管理。拥有“工程设计电力行业专业甲级资质”证书和“工程咨询甲级资格”证书。

国网经研院具有专业配置齐全、人员结构合理的专业规划设计咨询团队，拥有输电网规划中心、设计咨询中心、技术经济中心（承担国家电网公司定额站办公室职能）、徐州勘测设计中心等业务部门。下设子公司1个，为北京华建网源电力设计研究所；挂靠单位2个，为中国电机工程学会热电专业委员会和中国电力发展促进会。

人力资源 建立完善人才培养机制，编制完成

《“十二五”人力资源规划》，明确“十二五”期间人力资源工作的总体思路、发展目标、重点任务和主要措施。进一步完善人力资源制度体系，制订《能级序列管理办法（试行）》等规章制度，引导各类人才的职业发展。加大人才培养力度，全年共组织各类培训36项，3000余人次。

经营管理 经营管理工作。加强项目全流程闭环管理，梳理、总结、修订项目管理流程，强化项目执行情况反馈机制的互动性、实时性。以ERP系统平台为基础，做好多专业、跨部门项目的信息共享和信息集成，建立风险预控制度。以财务集约化深化应用为抓手，深入推进“六统一、五集中、三保障”各项措施的贯彻落实和深化应用，完善管控手段，不断提升优化财务信息化水平。提升后勤服务管理水平。

依法从严治企。制订《“三重一大”决策实施办法》和《“三重一大”决策主要事项》，进一步完善“三重一大”决策制度体系。开展财务专项督查，查找经营管理中的薄弱环节，完成自查自纠并整改落实。贯彻落实国家电网公司党组关于公务用车、因公出国、会议接待、薪酬福利等方面的制度规定和工作要求，坚持勤俭办企业，厉行节约、从严管控。加强预算管理和计划管理，强化过程控制，切实发挥财务审计和纪检监察作用，加大审计监督和专项检查力度。

重点工作 电网规划研究。开展特高压电网深化研究，编制完成《特高压交直流建设时序研究》等6项专题研究报告，研究重大电源基地开发布局及外送，提出“强交强直、先交后直”的特高压电网发展原则，进一步验证“三华”同步电网构建方案技术经济优越性。完成国家能源局委托的“未来中国电源电网协调发展研究”、“西部电源电网协调发展关系研究”等工作，论证国家五大综合能源基地电源建设和国家电网公司电网建设的协调关系。开展皖电东送、锡盟—南京、溪洛渡—浙西等特高压重点工程方案论证。开展“疆电外送”方案论证，形成“疆电外送”项目储备。加强配电网工作，协助国家电网公司建立职能清晰的配电网规划管理体系，强化国家电网公司配电网的统筹规划与建设管理。牵头开展“国家电网公司农村电网改造升级‘十二五’规划”等工作，贯彻“横到边、纵到底”的要求，加强对省级电力公司规划报告的审查与把关，提升配电网规划管理精细化水平。开展配电网规划设计相关规章制度与技术标准研究，推动国家电网公司建立全面统一的配电网标准体系。完成“配电网规划管理调研”以及相关政策研究。落实国家电网公司“十二五”电网智能化规划，牵头完成“智能电网全面建设行动计划”研究。承担国家电网公司智能电网试点项目总结与评价，将全寿命周期管理理念引入评价过程，量化评价试点工作成效。组织开展“电动汽车及智能充换电服务网络发展研究”、“中外智能用电理念及实践对比研究”等。

特高压设计工作。以工程方案的可行性和技术方案优化为重点，完成哈密南—郑州、酒泉—湖南、准东—四川、宁东—浙江、哈密北—重庆5个特高压工程预可研工作，深入论证工程建设必要性和送受端接入系统方案，对工程站址和路径进行初选；以路径方案为重点，开展哈密南—郑州，准东—四川、靖边—连云港3个特高压工程可研工作，进行技术方案论证，确定设计原则，优化路径，合理控制工程投资；以技术方案优化为重点，牵头完成溪洛渡—浙西、哈密南—郑州2个特高压直流工程初步设计选线工作，完成锡盟—南京特高压交流工程初步设计。以施工图检查为重点，牵头特高压交流试验示范工程扩建工程施工图设计监理，加强过程管理，促进了工程按期顺利投运。拓展特高压工程环评水保业务，完成淮南（南京）—上海等5个特高压工程环评水保报告书的内审工作。服务青藏联网工程建设，完成以冻土基础为主的全方位技术服务及申报科技进步奖的组织策划工作。编制完成《风电场电气系统典型设计》、《110（66）kV～500kV变电站通用设计（2011年版）》、《110（66）kV～750kV智能变电站通用设计》、《电动汽车充换电站典型设计》。推进勘测设计业务，完成连云港北500kV输变电工程初步设计。

项目评审工作。推进“项目评审上水平年”活动，健全完善评审标准，统筹人力资源安排，科学制定评审计划，持续开展业务培训，量化评审考核管理，全面提升评审能力和水平。全年完成各类项目评审396批次，核减投资额171.4亿元，核减比例7.1%。首次作为评审单位完成哈密南—郑州±800kV特高压直流输电工程初步设计评审，完成国家风光储输示范工程评审任务。通过项目评审，落实《国家电网公司“十二五”电网规划》，技术方案优化覆盖95%的评审项目，通用设计、通用设备应用率分别达到90%和94%，“两型一化”和“两型三新”导则要求在项目中得到贯彻，新建工程智能变电站方案采用率达100%，动态无功补偿技术、直流融冰技术、铁塔高强钢、新型导线、节能金具等一大批新技术、新材料得到推广应用。

技术经济工作。完成《国家电网公司输变电工程造价分析（2011年版）》编写任务。开展“电网工程设备材料价格预测模型研究”、“特高压交直流工程主要设备价格趋势研究”等前瞻性课题。牵头开展“智能化变电站定额及费用标准体系研究”，完成“输变电工程全面造价管理研究”。承担向家坝—上海等5项直流工程后评价工作。履行国家电网公司定额站办公室职能，开展定额站制度建设、计划管理、价格水平测算等工作。

国际业务发展和对外合作交流。成立国际工程工作小组，参与国家电网公司巴西、委内瑞拉等国际工程项目。完成巴西美丽山直流输电工程±800kV直流线路概念设计及工程经济分析。开展委内瑞拉托库玛—乌里帮托及扩展输变电工程项目设计，编制完成工程概念设计报告。参与巴西博马500kV绿地工程竞标工作，提出投标设计的关键点和难点。参加2011智能电网国际论坛、第一届中国—南非电力技术研讨会、国际大电网会议系统环境专题研讨会等国际学术交流活动，作为技术支撑机构参与中美分布式能源合作项目，宣传国家电网公司特高压和智能电网发展理念。

科研工作　在特高压方面，开展“直流输电电压等级序列优化研究”、“特高压同步电网形成时机研究”和“电网规划量化评估技术及评价方法研究”，提出各电压等级直流额定容量和经济输电距离、特高压电网建设初期交直流协调配合原则，优化电网规划方案比选量化指标。在智能电网方面，开展“智能电网设计技术体系研究”，构建智能电网设计标准体系，明确关键设计技术。在配电网方面，开展“输配电压序列协调发展评价指标研究”、“电网主设备改造和规划协同优化模型与规划技术研究”，完善配电网规划的理论和实践基础。加强与知名高校、科研机构交流合作，与北京四方继保自动化股份有限公司、天津大学签订战略合作协议。《国家电网构建模式及安全性研究》获国家电网公司科技进步一等奖，《七个千万千瓦级风电基地输电系统规划设计》获2011年度电力行业优秀工程咨询成果一等奖。

建成国家电网公司总部及24个省级电力公司工程设计评审平台，完成平台系统8个模块主要功能开发，通过国家电网公司验收。利用工程设计评审平台完成输变电工程初步设计评审231项，占国家电网公司总部初步设计评审工作的56%，节约直接费用4600万元。推进国家电网公司一体化电网规划设计信息平台建设，完成平台“大规划”体系应用以及设计工作，在国家电网公司总部层面和江苏、重庆试点单位进行平台部署，将为国家电网公司各级电网规划提供全面准确的数据服务和先进的研究手段。拓展技术经济实验室功能，开发完善输变电工程结算管理平台功能，构建国家电网公司系统技经专业开放式、数字化的研究试验环境，依托实验室强大的计算功能和海量工程数据积累的技术优势，开展多项前瞻性课题研究。

党的建设和精神文明建设　2011年，国网经研院党的建设和精神文明建设不断加强。进一步加强党的组织建设，组织召开全体党员大会，选举产生了中共国网北京经济技术研究院直属委员会和纪律检查委员会。深入推进创先争优活动，以创建“电网先锋党支部”为抓手，做好公开承诺、领导点评、群众评议工作，激励广大党员履职尽责创先进，立足本职争优秀。围绕建党90周年开展系列活动，组织“我身边的共产党员”征文和演讲比赛，召开庆祝建党90周年大会，举办“永远跟党走”红歌会，组织党员、入党积极分子赴革命传统教育基地参观学习。

贯彻落实国家电网公司“十二五”企业文化建设规划，开展“企业文化落地”主题实践活动，宣传先进典型的优秀事迹，营造凝心聚力、干事创业的良好氛围。贯彻落实国家电网公司“品牌塑造年”活动安排，促进品牌建设与业务工作的融合。组织团员青年和广大职工开展丰富多彩的文体和学习教育活动，组织退休老同志开展调研活动，营造企业文化建设的良好氛围。

（樊纪超）

【国网能源研究院】

单位概况　网能源研究院（简称国网能源院）是国家电网公司的全资子公司，是国家电网公司从事软科学研究及重大决策咨询服务的直属科研单位。

国网能源院前身是1984年成立的北京水利电力经济研究所（1995年更名为北京动力经济研究所），于1999年与中国电力科学研究院电力技术经济研究所等机构合并组建国家电力公司动力经济研究中心，后更名为国电动力经济研究中心，2006年更名为国网北京经济技术研究院。根据国家能源发展和国家电网公司发展的需要，2009年8月，国家电网公司批准国网北京经济技术研究院实施业务分立，以软科学研究力量为主组建国网能源研究院。2009年10月25日，国网能源研究院正式挂牌成立。国网能源院与国电动力经济咨询有限公司合署办公。国网人才评价中心、国家电网公司电力前期工作周转金管理中心由国网能源院管理。

国网能源院业务范围涉及能源电力发展与能源经济研究、能源体制机制与政策研究、电网电源协调发展与智能化研究、企业战略与经营管理研究4大研究领域，覆盖了能源电力与经济社会发展关系研究等30个专业研究方向。

近年来，国网能源院承担并完成国家电网公司“十二五”发展规划研究、国家电网“十二五”发展规划专题研究，以及政府部门委托的能源电力规划研究、中央电力企业发展规划研究等“十二五”规划重大课题，同时承担了坚强智能电网、电力体制改革、阶梯电价机制等能源电力发展重大问题研究任务，许多研究成果获得国家有关部门和国家电网公司奖励，一批重大决策咨询建议得到政府和企业采纳。涉及发展跨区输电、促进风电科学发展、追踪日本核电事故等内容的多篇决策参考文章，经国家电网公司上报获得中央领导重要批示。

截至2011年底，国网能源院下设5个职能部门：办公室、科研发展部、财务资产部、人力资源部、思想政治工作部（监察审计部）；7个业务部门：企业战略研究所、能源战略与规划研究所（国家电网公司科技项目咨询中心，《能源技术经济》杂志社）、经济与能源供需研究所、智能电网研究所、新能源与统计研究所（能源观察网编辑部）、企业管理咨询研究所、财会与审计研究所（《电力财务会计》编辑部）；2个代管机构：国网人才评价中心、国家电网公司电力前期工作周转金管理中心（与财务资产部合署办公）；1个子公司：北京兴业动经科技有限公司。

领导班子

院长、党组副书记：张运洲

党组书记、副院长：俞学豪

党组副书记、纪检组长、工会主席：牛忠宝

副院长、党组成员：胡兆光

副院长：蒋莉萍

总经济师：李　英

总工程师：葛旭波

人力资源　截至2011年底，国网能源院拥有享受政府特殊津贴专家3人，国家电网公司科技领军人才1人，有突出贡献的中青年专家1人，国家“千人计划”引进人才1人，国家“青年千人计划”引进人才1人，国家电网公司级优秀专家人才5人，高级咨询2人，特聘高级顾问7人，特聘研究员1人，外籍荣誉高级顾问1人。

经营管理　2011年，国网能源院全面完成了国家电网公司下达的年度经营业绩考核指标。项目完成率、咨询建议采纳、影响力评价、党风廉政建设、安全稳定等指标全面完成。

明确国家电网公司智库和非营利机构的角色定位。制订、完善《国网能源院科研成果奖励暂行办法》、《国网能源院实物资产管理办法》、《国网能源院公务车辆管理规定》等50余项规章制度。落实国家电网公司深化人财物集约化管理的有关部署，实现各项业务的有效集成，初步形成统一的人财物集约化管控平台。ERP系统实现集成上线和整体应用。推进信息系统建设与应用，通过国家电网公司实用化综合评价。健全员工职业发展管理序列和专业技术序列“双通道”，全员绩效考核体系进一步优化。

重点工作　学术论坛、研讨会。举办第三届“能源·经济·发展”论坛、电力科学发展研讨会等重大学术交流活动，承办国家电网公司“十二五”电网发展专家咨询座谈会。

成果转化和对外展示。通过重点课题《研究专报》、《国网内参》、《决策参考》和为国家电网公司战略研究与运行分析月度例会提供材料等多种形式，向国家电网公司领导报送研究成果和分析材料，采纳数量较2010年翻了一番，其中《日本大地震引发的核电事故对中国核电和电网发展的启示》、《中国风电发展亟须统一规划》等有关建议，经国家电网公司上报，得到国务院领导的高度重视和重要批示。

出版《2050中国经济发展与电力需求探索》等专著3部，发布基础研究年度报告9部，与丹麦维斯塔斯公司出版联合研究专著《风电与电网协调发展综合解决策略》（中英文版）。《发展清洁能源——构建现代能源产业体系重要一步》、《缺电问题缘何存在》等345篇文章、论文在《人民日报》、《光明日报》、《经济日报》等国家级重要报纸和期刊上发表。国网能源院专家接受各类媒体采访173人次，其中，中央电视台15人次，新华社9人次，《人民日报》5人次。参加“全球智库峰会”等高层论坛发表演讲46人次。

对外合作交流。赴德国、波兰、美国等国家开展智能电网、风电发展等方面的调研、交流。受邀加入国际能源署（IEA）风能相关研究工作组。与西门子公司、中石油经研院等企业签订战略合作协议，推进智能电网、天然气发电等领域的合作研究。接待国际能源署、麻省理工学院、澳大利亚国会、摩根斯坦利公司等国际机构专家来访交流。聘请美国Nexgen能源公司总裁、UWIG执行董事J. Charles Smith先生为国网能源院荣誉高级顾问。

基础能力建设。电力供需研究实验室通过国家电网公司中期评估检查，国家电网公司经营与财务仿真实验室通过国家电网公司验收。启动国家电网公司管理咨询案例库建设。推进海外高层次引进人才创新创业计划，完成清洁能源、智能电网发展战略两大决策支持系统的功能设计。

“报告质量年”活动。举办学术沙龙主题活动，多次邀请国家电网公司系统内外有关领导和专家来院举办专题讲座。完成年度优秀课题负责人评选，开展经验交流。遴选能源院优秀报告范本。

科研成果　2011年，国网能源院围绕国家电网公司发展、改革、经营、管理等方面重大问题以及能源电力行业热点、难点问题开展研究项目645项，成果丰硕。

战略课题研究取得成果。承担并完成十项国家电网公司重大战略课题研究任务，包括《“一强三优”现代公司发展战略内涵及国际一流企业指标体系研究》、《电力改革重大问题系统深化研究》、《国家电网公司科学的管控模式和管理机制研究》、《“十二五”能源发展格局及电网功能作用研究》、《能源消费总量控制对电力需求和国家电网公司发展影响研究》、《促进资源优化配置和高效利用的科学电价体系与机制研究》、《新能源发展对国家电网公司和电网发展影响深化研究》、《智能电网发展对国家电网公司经营和服务模式的影响及政策需求研究》、《加快国家电网公司国际化创新发展研究》和《加快建设国际一流企业集团总部研究》。以战略课题为核心，建立一体化研究模式，在协同工作、信息互通、人才培养等方面形成常态机制。

能源电力发展与能源经济研究。跟踪分析经济发展和电力供需形势，研究能源电力需求格局演变趋势。开展能源电力重大问题研究，承担国家电网公司“十二五”电网规划滚动研究专题任务，完成能源综合运输体系分析、大型能源基地开发和电源布局研究等课题。

能源体制机制与政策研究。开展输配电管理体制适应性、电网监管、售电侧市场放开等相关专题研究，分析省直管县改革对国家电网公司发展的影响。研究国际电力市场化改革经验和趋势，研究坚强智能电网下的管理体制机制问题。跟踪分析农电体制改革，开展居民阶梯电价相关研究。

电网电源协调发展与智能化研究。编写《风电发展白皮书》，定期发布风电发展月报，参与建设风电信息平台。研究风电、太阳能发电并网与输送、系统调峰电源建设等问题，为新能源高效消纳提供解决方案。承担坚强智能电网与经济社会发展战略、坚强智能电网综合评价体系、国家电网电动汽车智能充换电服务网络发展规划等研究项目。跟踪国际智能电网发展趋势，研究微电网、分布式电源关键问题，服务国家电网公司坚强智能电网建设。

企业战略与经营管理研究。开展国家电网公司“五大”体系运行评估方法研究，开展“大运行”、“大检修”及“大后勤”、“大值班”等专项研究，承担国家电网公司总部分部一体化相关研究任务，服务国家电网公司体制机制创新。分析国家电网公司发展经营环境，滚动修订国家电网公司发展规划，开展国际化战略、电网投资主体多元化等课题研究。完成同业对标、电网企业成本管理、审计评价体系和预算管控等项目，为国家电网公司经营管理创新提供支撑。

应急研究。承担迎峰度夏（冬）及未来两年电力供需形势分析、电力电量平衡及电力流研究、电力负荷预测研究等临时性重大研究任务，为国家电网公司提供了及时有效的决策支撑。

承担政府委托项目。2011 年，国网能源院共承担政府部门委托项目 54 项。受国家发改委委托，完成智能电网经济社会效益、电力企业节能服务体系建设研究，开展输配电价研究测算。承担国家能源局委托的能源消费总量控制、电力需求与供应格局、智能能源体系、电网接纳分布式发电能力研究等重点课题，服务“十二五”能源及电力规划编制和政策制定。承担国资委委托的中央电力企业“十二五”发展规划、央企国际化战略、煤炭与电力企业重组相关方案研究等课题，为央企改革发展提供决策参考。承担国家财政部委托的电价对经济社会影响的理论与模型、电力行业开展碳交易研究等项目。承担国家住建部委托的电网行业建设项目财务基准收益率研究课题。受国家科技部委托，与清华大学等机构联合承担“973”项目——《2020 年 GDP 二氧化碳排放强度下降 40％～45％目标的分解与实施方案》和“863”项目——《电动汽车规模化充电对电网经济性的影响分析》两大项目。同时，积极服务行业发展，完成中电联委托的电力工业“十二五”规划专题研究等项目。

研究项目获奖层次提升。2011 年，国网能源院累计获得国家电网公司及以上等级研究奖项 38 项。其中，获得国家能源科技进步奖 1 项，国家能源局软科学研究优秀成果奖 5 项，中国电力科学技术奖 3 项，国家电网公司科学技术进步奖 17 项，国家电网公司管理咨询优秀成果奖 10 项，电力行业企业管理创新成果奖 1 项，国家电网公司优秀调研成果奖 1 项。

党的建设和精神文明建设 2011 年，国网能源院不断深化党风廉政建设，完善能源院“三重一大”决策实施程序和内容。修订能源院《加强惩治和预防腐败体系建设责任分解暂行办法》、《党风廉政建设责任制实施细则》，强化科学管控和惩防体系建设，落实“一岗双责”。建立协同监督机制，成立能源院监督工作委员会，建立廉政建设监督员制度。以公开承诺、领导点评和群众评议工作为主线，深入开展创先争优活动。选举成立国网能源院第一届直属党委和纪委，成立共青团支部，完成国网能源院“青年岗位能手”评选。第八党支部获评国家电网公司党组“电网先锋党支部”标兵，魏玢等 5 位同志分获国家电网公司党组和直属党委表彰。落实国家电网公司企业文化建设“五统一”要求，开展丰富多彩的企业文化创建活动，打造“新年新起点”文体竞赛、“挑战新高度”篮球赛、职工秋季运动会、新春联谊会等文体活动品牌，强化“爱院如家、与院共进、院兴我荣”的理念。“党员之家”、“职工之家”、“青年之家”揭牌并正式启用。贯彻落实国家电网公司《职工民主管理纲要》，构建“双路径、三保障”职工民主管理体系。

主要事件

1月19日，国网能源院在北京召开一届二次职工代表大会暨2011年工作会议。

2月14日，《人民日报》在第23版头条位置发表了国网能源院院长张运洲等专家的署名文章《发展清洁能源——构建现代能源产业体系重要一步》。

3月16日，国网能源院在北京举行“党员之家”、“职工之家”、“青年之家”正式启用揭牌仪式。

3月25日，国网能源院获评国家电网公司2010年度品牌建设工作先进集体。

4月15日，国网能源院获评国家电网公司2010年度信息工作先进集体。

5月19日，国网能源院与中国石油集团经济技术研究院在北京举行战略合作框架协议签字仪式。

6月7日，国网能源院选举成立中国共产党国网能源研究院第一届直属委员会和直属纪律检查委员会。

7月6日，国网能源院与西门子（中国）有限公司在北京举行智能电网合作研究备忘录签字仪式。

7月22日，国网能源院在北京举办电力科学发展研讨会暨2011年基础研究年度报告发布会。国家电网公司副总经理、党组成员、工会主席王敏出席会议并讲话。

8月17日，《人民日报》第23版以整版的篇幅，刊发了国网能源院张运洲院长等专家围绕风电开发利用有关问题撰写的《大基地，大电网》等四篇文章。

9月5日，国网能源院首次申报并获得工程咨询单位乙级资质。

10月23日，国网能源院在北京举办第三届“能源·经济·发展”论坛，主题为“能源新格局与电力角色”。国家能源局副局长吴吟出席论坛并讲话，国家电网公司副总经理、党组成员、工会主席王敏出席论坛并致辞。

（柴　莹　黄剑楠）

【国网信息通信有限公司】

公司概况　国网信息通信有限公司（简称信通公司）是国家电网公司的全资子公司，承担着国家电网公司一级骨干通信网和信息网的建设运营和经营管理任务；承担着智能电网信息通信和智能配用电技术研发与产业化任务。依托国家电网公司丰富的信息通信资源，利用多年在电力、信息、通信行业积累的丰富经验与技术优势，面向国家电网公司提供信息通信保障服务；面向电力企业提供信息通信综合应用服务；面向社会提供电信增值业务、工程集成、技术支持、信息资源等多种服务。承担并完成青藏联网工程通信配套工程、国家电网公司信息灾备北京中心等工程建设；参与国家电网公司信息化SG-ERP工程建设实施；承担智能用电小区试点、无锡国家电网公司物联网展区等智能用电展示项目建设。信通公司拥有信息网络实验室、信息资源实验室、电力线通信应用技术实验室、通信传输技术实验室、电力云仿真实验室等技术先进、覆盖全面、功能完善、对外开放的综合性实验室。信通公司通过ISO 9001质量管理体系认证、ISO 20000信息技术服务管理体系认证和ISO 27001信息安全管理体系认证，为高新技术企业。截至2011年底，信通公司设有9个职能部门、11个业务中心，下属3家直属单位。

信通公司坚持“立足电网，面向社会”的战略定位，面向“三个层面”，即建设“四个中心”、发展“五大业务板块”，打造具有电力系统特色的信息通信产业链。面向“三个层面”，即面向国家电网公司、面向电力行业、面向社会提供优质的信息通信服务。建设“四个中心”，即建设国家电网公司信息通信系统的运维中心、工程中心、云计算与资源中心、技术与研发中心，为信息通信安全生产和信息化建设提供支持与保障。发展“五大业务板块”，即发展壮大运行维护与服务、规划设计、工程集成、研发推广、智能电网产品与服务五大板块业务，助推产业发展上规模、上水平。

人力资源　2011年，信通公司参加或自行组织各类培训项目共计281个，参加培训人数达13 225人次，包含3期技术管理人员英语培训班、4期德鲁克专题培训班以及“三华”同步电网、智能电网知识培训等。组织开展国网信通青年学术论坛启动会暨青年讲坛，着力培养青年同志勤于思考、乐于分享、勇于实践，自发组织开展各类学习，推动信通公司成长为“学习型、创新型、知识型”企业。同时，国网信通公司积极参与多方合作，与H3C合作组建电力系统授权培训中心，秉承“立足电力，服务社会”的愿景使命，坚持“提高行业信息化运行维护队伍水平”的理念，面向国家电网公司，面向电力系统提供优质且贴近电力行业特点的网络技术培训。

2011年，信通公司面向所有符合条件的员工招聘，最大限度地放宽了工龄、学历和身份等招聘条件，完成2次、4个处室共计8个副处长或处长岗位的公开竞聘工作。

安全生产　信通公司负责运行管理的国家电网公司一级骨干通信网光缆长度23 457km，信息骨干网实现了与全部网省公司和直属单位的安全、可靠、高效互联。

2011年，国家电网公司一级骨干通信网、信息骨干网及信息系统运行安全稳定，国网一级骨干通信电路平均运行率99.999%，国调直调范围内保护、安控通信业务通道可用率99.999%，国调调度数据通信业务通道可用率100%，国家电网公司总部本地网运行率99.999%，国家电网公司信息骨干网运行率99.998%，综合数据网运行率99.999%，国家电网公司总部业务系统运行率99.999%，最大限度地为电网安全稳定生产运行提供了强有力的支撑。

2011年，完成青藏联网工程“通信保障体系”的建设管理和运行维护、配套通信工程建设管理两项工作。在配套通信工程建设管理中实现多项技术创新，如国内OPGW光缆中第一次使用−55℃光纤油膏、国内OPGW光缆金具中第一次使用耐低温−60℃的硅橡胶、在电力工程建设期间第一次建立通信保障体系、在国内第一次使用超低损耗光纤(ULL)、国内第一次对高海拔地区光纤熔接工艺进行现场试验研究。在工程建设管理方面，第一次成立项目部管理现场、第一次在工程建设管理过程中进行创国家优质工程策划、第一次建设“保温、防风、防沙”全封闭式通信中继站、第一次组织SDH设备预调试、第一次为工程总指挥部信息通信系统及通信保障体系提供运行维护服务等。

12月9日，完成青藏联网工程试运行投运仪式的会议通信保障工作。

经营管理 完成包括统一会计科目、统一会计政策在内的“六统一”工作，并进行相应的系统固化，逐步统一规范了财务基础工作、管理标准、工作流程和组织架构，初步建成了一套完善的财务政策标准体系。通过财务管控系统的全覆盖，实现集团“一本账”，由账到表的“一键式”生成合并财务报表，使财务数据能够第一时间真实反映各单位经营情况，并将ERP项目建设推广到所有二、三级子公司，进一步提高对财务业务和管理口径的覆盖面。

科技与信息化 与重庆、吉林、山西、山东、江西等25家试点单位开展智能小区合作，配合试点单位进行小区选址，可行性方案、建设方案和设计方案的编制，并开展工程建设，共计48个试点工程建设项目，覆盖用户5.6万户。探索运营模式研究与实践工作，实现电力光纤到户商业运营实践的突破，完成首个智能小区试点——北京莲香园小区的整改和商业化运营投运工作，以期对两年的技术研发进展和商业运营研究成果进行验证。

3月，电力云计算仿真实验室通过了中国电机工程学会组织的专家组鉴定，陆续开发出具有自主知识产权的云计算产品，取得了7项软件著作权，申请了6项发明专利。8月，与浪潮公司签署了战略合作协议，双方联合开发的电力云虚拟化管理平台1.0版于当月获得了由国家知识产权局颁发的计算机软件著作权证书。

9月26日，信通公司携电力线通信技术、光纤复合低压电缆、电力无线宽带系统等最新电力通信技术和产品亮相2011中国国际信息通信展会，演绎信息通信技术所带来的智能用电新时代的美好生活。完成“2011智能电网国际论坛”国家电网公司展区主展厅的设计、搭建、布展、翻译，以及信息通信分论坛的组织工作。信通公司总经理刘建明、党组书记王广辉在智能电网国际论坛信息通信分论坛上分别作题为《信息通信技术支撑智能电网，电力光纤到户倡导智能生活》、《智能用电的研究与实践》的讲演，诠释了信息通信技术在未来智能电网中从支撑转变为引领的意义。

在SG-ERP建设方面，组织开展直属单位企业门户的整改工作。已完成了集中部署直属单位门户目录系统的硬件扩容和门户登录后桌面改造，直属单位统一内容管理平台搭建，开展了业务应用单点登录与待办接入工作。开展直属单位企业门户系统的全覆盖工作，承担国网技术学院、中国电力技术装备有限公司、国网英大国际控股集团有限公司等单位新增企业门户目录系统建设任务，推动各网省公司、直属单位门户目录项目的验收和技术支持服务。

党的建设和精神文明建设 开展庆祝建党90周年系列活动。举办了5讲业余党校学习活动，组织党员干部学习《先进和优秀是中国共产党人的特征和追求》等9篇文章。在庆祝建党90周年党员大会上，表彰35名优秀党员、24名优秀党务工作者和8个先进基层党组织。团员青年走访慰问50年以上党龄的老党员。开展“我身边的共产党员”主题征文演讲活动与党建理论小组学习活动。共收到各党支部、党总支提交的征文36篇，19名选手参加演讲。先后编发《理想凝聚奋进的信通人》、《让科学发展的旗帜在信通公司高高飘扬》等学习胡锦涛同志“七一”讲话辅导材料。

完善惩防体系建设，召开2011年反腐倡廉工作会议，下发信通公司2011年反腐倡廉工作计划。4月，成立信通公司监督工作委员会及办公室，推进信通公司协同监督机制建设；完善“三化三有”特色惩治和预防腐败体系。落实党风廉政建设责任制，印发《国网信息通信有限公司党风廉政建设责任制实施细则》，明确各级领导班子、领导干部在党风廉政建设中的责任。重新制定信通公司“三重一大”决策实施细则并严格落实，共召开党组会议21次，按照程序进行“三重一大”决策183项。开展反腐倡廉宣传教育，推荐学习《反腐倡廉10个热点问题》一书，党员领导干部撰写学习心得体会98篇并上网交流。组织干部、员工分4批参观华北电网公司反腐倡廉教育培训基地，收看警示教育片，除参与重点工程出差的人员外，受教育面达到100%。

2011年，信通公司将成长活动的主题定为“心灵成长”，举办《冠军的梦想与追求》等专题讲座9场，“信通人讲信通”专题讲座3场，组织“团队沟通”培训和物联网参观实践，推荐《信通公司要成为信任员工的榜样》等文章64篇。团委自发组织编写《30年信通人·风雨同舟》及描述青藏联网工程的《雪域信通人》两本书，教育信通广大员工学习身边榜样。

（孙雨潇）

【南方电网科学研究院有限责任公司】

单位概况 南方电网科学研究院有限责任公司（简称南方电网科研院）是南方电网公司的控股子公司，按照南方电网公司的管理要求自主经营，主要负责为南方电网公司及其下属分子公司提供科学研究、技术服务、咨询和工程集成、产品研发以及经南方电网公司批准或授权的其他业务。南方电网科研院注册资本（金）1亿元人民币，各股东持股比例为：南方电网公司70%，广东电网公司10%，云南电网公司、贵州电网公司、广西电网公司各6%，海南电网公司2%。截至2011年底，南方电网科研院资产总额11 153万元，营业收入27 135万元，员工134人。

南方电网科研院围绕南方电网规划建设、安全稳定运行以及自主创新能力提升，开展了大量技术服务、科研攻关和工程集成工作，已累计拥有专利113项，其中发明专利66项，完成了20多项国际、国家和行业标准的编制，获得国家科技进步奖一等奖1项，二等奖1项，以及多项省部级科技奖励。

领导班子

南方电网科研院领导班子成员组成如下：

董事长、党组副书记：余建国

党组书记、副董事长、纪检组组长：魏善淇

院　长：饶　宏

副院长：刘智宏

副院长：曾勇刚

副院长：李　鹏

组织机构 南方电网科研院内设四部六所，综合管理部、计划财务部、人事政工部、技术部、系统研究所、直流输电技术研究所、电网仿真与控制技术研究所、高电压技术研究所、智能电网研究所、技术情报所。

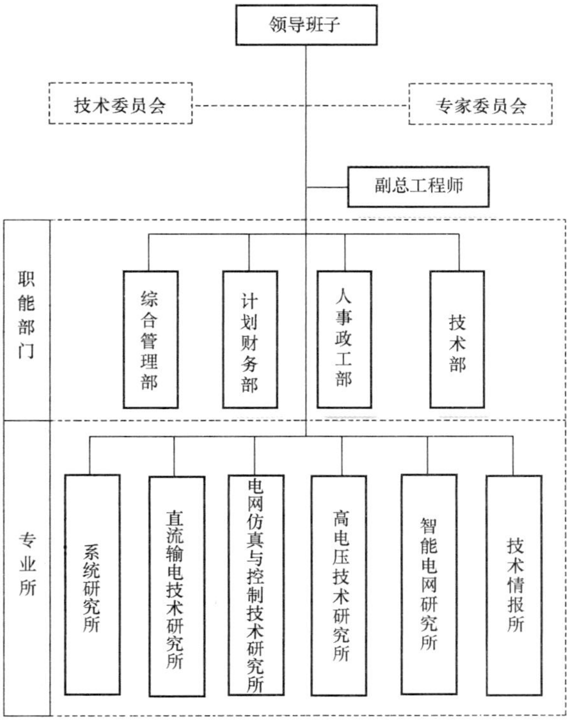

电网安全运行技术支持与服务 构建了七大全网性技术支持中心。在公司生技部的统筹协调下，南方电网科研院与各省区电科院密切配合，克服困难，确保了南方电网七大技术支持中心2011年底上线运行。七大技术支持中心整合了各省区设备运行数据并实现深度挖掘，搭建起南方电网统一的设备运行高级应用决策支持平台，为南方电网设备运行资源整合打下坚实的基础。其中，仿真实验中心明确三大发展目标及技术发展路线，建立南方电网安稳及云广直流孤岛机网协调控制技术、储能及STATCOM仿真试验系统，开展了机电电磁混合仿真实用化技术攻关。技术监督中心及设备状态检测中心完成了系统架构和初级功能模块开发，为诊断分析全网性故障缺陷、评估设备状态监测有效性、检查预试定检计划完成情况等奠定了基础。雷电监测中心在原有系统的基础上，集成调度自动化系统相关信息，实现线路雷击跳闸自动查询、快速定位、性质判别以及雷击故障短信告警等功能，更加贴近生产运行实际需要，促使南方电网防雷工作迈上新台阶。覆冰监测预警中心完成覆冰监测装置技术规范和原有覆冰监测系统升级改造，查清了157个前端监测装置存在的技术问题并改进完善，冰期及时发布月报、日报等预警信息，有针对性地指导相关单位开展线路融冰工作，为2011年春节冰期南方电网安全稳定运行提供了重要技术保障。电能质量监测中心实现了可视化分析和报表自动生成，制定了监测布点原则，为南方电网电能质量总体评估及综合治理奠定了基础。技术情报中心建成了大型企业及情报资源共享库，实现了网、省、地、县互联及访问，可提供全方位的技术情报支持服务，初步建立了南方电网技术情报协同运作机制及情报工作联动体系。

电网安全稳定和设备安全可靠运行技术支持和服务更加有效。自主开展楚穗直流孤岛及联网方式技术研究，完成楚穗直流安稳系统及孤岛运行稳定性、楚穗直流投运后广域测量多直流协调控制、南方电网主网失步解列控制等 RTDS 仿真实验研究，全面完成了双极四阀组联网方式 109 项调试项目以及孤岛运行方式 17 项调试任务，为世界第一回特高压直流具备孤岛运行方式条件打下了良好的基础，进一步增加南方电网运行调控的灵活性。深入开展高肇直流“5·10”测距故障引起直流连续闭锁、楚穗直流“6·5”双极闭锁分析及仿真实验，查清了雷击故障导致跳闸的原因，为进一步开展直流输电线路行波保护配合原则和整定计算方法研究打下良好的基础。提出了 2011 年南方电网交直流相互影响初步应对措施，为调度部门开展电网稳定计算和方式安排提供了重要技术依据。完成“输电线路防强台风综合措施研究”、“同塔多回输电线路风险评估分析与防范措施研究”等解决电网安全生产重大风险及隐患的专题研究。完成上海 MWB 公司电流互感器典型缺陷普查及事故产品解体、德宏站 ABB 500kV 断路器故障分析、500kV 罗百Ⅰ回线路复合绝缘子断裂分析，提出了相应的运行、维护及更换的技术建议，为公司下一步开展设备整治及技改决策提供了重要技术支撑。

“两渡”、“金中”直流工程系统研究和成套设计按期推进。“以我为主”全面开展了溪洛渡、糯扎渡工程系统研究和成套设计，完成两渡直流工程前三批系统研究项目和全部设备规范书，完成换流变、平波电抗器等设备的设计冻结工作，完成阀厅、控制楼的基础开挖图、阀厅电气布置图、主控楼上部结构图等成套设计图，全面开展了设备监造，满足现场施工进度要求。按期完成金中直流换流站站址污秽调查和预测以及外绝缘研究等前期专题报告，并顺利通过公司计划部组织的评审验收。提前启动了金中直流工程总体技术方案、主设备招标技术规范编制，完成主设备规范编制的 7 个专题研究报告，具备提请业主审查条件。“两渡”工程以我为主开展工作，通过云广直流工程，进一步提升了科研院自主系统研究和成套设计水平，在总结云广的基础上进行了改进和完善，如在噪声措施方面，吸取经验，采取了切实可行的方法，满足噪声控制的要求，此项工作得到公司生技部的大力支持，将专门设立科研课题开展噪声和控制策略研究。

技术咨询业务取得新突破。依托自身核心技术优势，积极拓展技术咨询业务，完成了南方电网远景直流输电规模研究，在交直流混合复杂电网的分析方法和稳定机理等关键技术取得突破，对南方电网西电东送发展路线的决策具有非常重要的作用，同时为中国大电网技术发展方向提供了重要的技术依据。系统所前期组织开展的 2030 年直流输电规模研究成果得到了公司计划部的高度认同，目前按公司的有关要求，补充开展 2015 年和 2020 年直流送电规模研究。与荣信公司合作为中海油投运了国内首回柔性直流输电工程。完成了兴义电厂次同步振荡、澳门电网与广东电网新建 220kV 联网工程分析、风电接入对贵州电网稳定运行的影响及应对措施等承接项目。

技术标准、科技、情报管理支持与服务稳步开展。在南方电网公司的大力支持下，成功获得中国电机工程学会直流输电与电力电子专委会和中电联电力电容器标准化委员会秘书处挂靠南方电网科研院，这是南方电网公司实现技术专业委员会和标准化技术委员会的两个首次突破。协助公司生技部完成 81 项公司企业技术标准审查、1940 个科技项目入库评审、2011 年公司科技奖励评审、南方电网技术论坛论文评审等工作。全年编辑出版 12 期《国内外电力科技发展动态》，完成 13 份竞争情报编制、8 份情报专题分析报告编撰和 27 份专业技术报告翻译。

与沙特国家电力公司、英国电网公司等开展了 RTDS 技术、智能电网等国际技术交流 16 场，举办了 RTDS 实时仿真技术培训班、电力系统安全稳定分析技术等各类培训讲座近 60 场。成功举办了中国工程科技论坛——电力发展论坛暨直流输电技术研讨会、中国电机工程学会直流输电与电力电子专委会成立会议。加强与系统相关单位的交流与合作，与南方电网传媒公司、海南电网公司、广东电网公司佛山供电局签订战略合作协议，进一步扩大了南方电网科研院影响力。

科技创新 科技创新成绩突出。2011 年，南方电网科研院承担的 4 类 26 个国家级科技项目、63 项公司科技项目总体进展情况良好，科技项目验收计划完成率 97%。国家“十一五”科技支撑计划项目通过了科技部验收，南方电网科研院承担的“±800kV 直流输电关键技术研究和直流工程关键设备研制”受到专家组的高度评价，获得了科技部颁发的执行优秀团队奖。首个 863 项目分布式冷热电联供及微网示范工程顺利通过科技部验收。“南方电网公司电池储能系统关键技术研究”通过公司验收，目前国内第一个 MW 级电池储能站运行已有 1 年多，整体运行工况良好，达到了预期目标。“特高压直流输电关键技术与系统集成”获得 2011 年公司科学技术奖一等奖。申报的 22 个 2012 年科技项目入库率达 100%，其中

8个被推荐为A级、13个被推荐为B级入库科技项目。

科技创新机制建设初显成效。全面推行项目管理模式，实施科技项目经理负责制，初步建立与国际接轨的项目管理模式。采用“两表一图”加强了科技项目的过程管控，确保科技项目按期推进。全面梳理业务流程，明晰主要业务管理界面，颁布了《南网科研院科技奖励办法》等一批科技管理办法，进一步加大了科技成果的奖励力度，鼓励科技人员积极参与科技研究与开发。成立南方电网科研院技术委员会和专家委员会，建立了技术咨询和技术决策机制。

科技创新平台建设取得新进展。制订了南方电网科研院“十二五”实验室和平台建设计划，完成总部生产科研综合基地国家能源大电网技术研发实验中心和生产技术支持中心建设可行性研究报告评审，组织编制了智能电网重点实验室、信息通信安全及软件测评实验室、计量中心实验室和国家能源风光储并网研发（实验）中心可行性研究报告。

2011年南方电网科研院的科技成果首次荣获国家级大奖，在关键核心技术方面取得了重大突破，充分集中展示了南方电网科研院直流输电、系统稳定、电网仿真等科研团队的技术实力，这是南方电网研究中心成立以来一直坚持自主创新，走“产学研用”科技研发道路，组织国内外知名科研机构为我所用，所结出的丰硕成果。

内部管理 贯彻落实公司中长期发展战略，根据生产运行、科技研发等职能战略以及公司“十二五”科技发展规划要求，提出了南方电网科研院发展子战略初稿，初步明确了南方电网科研院“一个主体、四个中心”的战略定位，“技术服务、科技研发、咨询及工程集成”的三大核心发展业务，努力使科研院成为技术服务优质、科研能力过硬、管理体系健全的一流科研机构。

进一步完善法人治理结构，按照要求及时召开南方电网科研院第二次股东大会、第一届董事会第二次会议、第一届董事会2011年临时会议，改选了部分董事会、监事会成员、表决聘任新增领导班子成员。组织编制了《南网科研院“三重一大”事项决策实施细则》等12类108项管理制度，初步建立了南方电网科研院较为完善的制度体系。进一步加大内部资源整合力度，优化调整专业所设置，理清部所之间的管理界面，建立了部所之间、专业所之间更加高效的配合协同工作机制。编制完成南方电网科研院“十二五”信息化规划，启动了科研综合管理系统建设工作。完成了基于工作业绩和重点工作完成效果的部所绩效考核。

制订《为民服务创先争优实施方案》，明确了“两个提高”的工作目标和“四个提升”的主要措施，深化“为民服务创先争优”活动。“五个一”特色活动扎实有效推进，各党支部共举办技术讲座及培训35次，开展专题技术交流活动10多次，捐助贫困户13户，设立党员攻关项目18个。成立科研院直属党委、直属纪委，调整完善了7个党支部。组织开展纪念建党90周年系列活动，对全体党员开展了“弘扬西柏坡精神，建设科研院明天”革命传统与党的辉煌历程教育。深入开展对外宣传，人民日报、中央电视台等多家中央主流媒体采访报道直流输电技术创新成绩，加强七大中心、创先争优建设等宣传报道，进一步树立南方电网科研院技术品牌形象。

制定了《南网科研院关于加强和改进新形势下思想政治工作的意见》。成立党建思想政治工作研究会，赴江西铜业集团考察学习，举办了党支部建设及创先争优“五个一”活动研讨。选举产生了科研院第一届工会委员会和工会经费审查小组。召开首届职工代表大会。选举了新一届的共青团支部委员，制定《“科研攻关献青春，服务南方电网比奉献”共青团主题活动方案》，开展了“扬革命传统，做创新先锋”的活动。

制定了《南网科研院建立健全惩治与预防腐败体系及治理商业贿赂长效机制的实施意见》，明确了贯彻实施的具体举措。认真查找廉洁风险点，将惩防体系建设融入日常工作流程。开展了“以人为本强作风，廉洁从业守规矩”的纪律教育月活动，组织召开了领导班子民主生活会和述廉议廉会议，班子成员开诚布公、实事求是地提出了班子建设的建议，赢得了总部有关部门负责人的高度肯定。2011年南方电网科研院没有发生违法和违纪的问题，全面完成了年度党风廉政建设责任目标。

按照南方电网公司的统一部署，启动了院内技术专家选拔工作。与清华大学、华中科技大学、华南理工大学等签订了校企合作协议，加大项目合作力度，共建企业研究生工作站，落实院内有经验、有水平的技术专家担任企业导师，想方设法创造良好条件促使技术人员尽快成长为权威技术专家。

2011年新增各类人才61人，其中从国内科研单位引进系统规划、电网安全稳定与控制、直流输电、电网仿真、高电压技术、信息及通信等人才43名，海外人才3名，引进的人才基本具备硕士及以上学历和高级职称，且具备丰富的工作经验。与英国电网公司高级人才达成引进协议，并通过了国家“千人计划”人才评审，是公司第2名国家“千人计划”人员。通过多渠道积极引进人才，科研院人才队伍同比增长87%，科技人员结构更加合理，科技人才队伍得到了进一步充实。直流所获得了2011年度“感动南网”优秀团队荣誉称号，黄莹、贾磊分别获得南方电网公司 2011 年度“十大杰出青年”和技术能手称号。

【中国大唐集团技术经济研究院】

单位概况 中国大唐集团技术经济研究院（简称研究院）是中国大唐集团公司（简称集团公司）投资设立的全资子公司和直接管理的技术经济研究机构，与中共中国大唐集团公司党校、中国大唐集团干部培训学院实行“三位一体”管理。主要承担政策与战略研究、技术咨询与服务、技术情报收集与研究、干部培训及管辖资产的运营及管理、项目投资与服务等。经国家工商总局批准同意于 2009 年 3 月 4 日正式登记成立，注册资本 5000 万元，管理资产 10 个亿。

研究院以“成为能源行业一流技术经济研究院”为愿景，认真把握“酒店经营、教育培训、技术经济研究”三大功能定位，坚持“经营型、服务型、市场化、产业化”的发展模式，发扬“务实和谐，同心跨越”的企业精神，全心全意服务集团公司发展。

面对新的形势、新的使命和新的要求，我们将按照集团公司建院决定的指示精神和赋予的主要职能，坚持以科学发展观为统领，认清使命，把准定位，明确方向，发挥优势，积极创新，努力发展成为能源行业一流技术经济研究院。

领导班子

党组副书记、副院长（主持工作）：杨俊平

党组成员、副院长：王海忠

机构设置 研究院实行院长负责制，设有综合管理部、人力资源部、财务资产部、党建研究部、技术经济开发部、培训教务部、项目管理部、北京唐韵山庄酒店有限责任公司、北京唐韵园林有限责任公司、北京唐韵旅行社有限责任公司。

酒店及相关业务经营 按照国资委有关非主营酒店业务中央企业进行酒店重组文件精神和集团公司的要求，北京唐韵山庄酒店资产和经营在委托管理到期后实现了顺利移交。酒店自主经营以来，按照集团公司三级企业管理体制和现代公司制度要求，进一步夯实管理基础，加强市场营销，接待服务水平显著提高。北京唐韵园林公司园林绿化业务和北京唐韵旅游公司境内旅游、车辆租赁、票务代理业务已开展起来，拉长了研究院经营服务链条。

干部培训 作为集团公司党校、干部培训学院以及中共中央党校教学基地，认真实施集团公司“人才强企”战略，强化管理，提升品质，为培养适应集团公司发展需求的高素质干部队伍做了大量工作。将培训业务流程细分出市场开发、教学研究、教学质量督导 3 块，制定了培训业务考核激励办法，教学管理人员的服务意识及学员培训质量明显提高。面对 2011 年集团本部培训班次大幅下降减少的不利局面，“走出去、沉下去”，不等不靠，大力拓展集团系统内培训市场，先后承办了大唐国际、广西桂冠、湖南华银、安徽、山西、黑龙江、吉林等分、子公司的 10 期中层干部及班组长履职能力培训班。开发形成了以企业领导人、中青年干部、业务技能、岗前认证培训为主要单元的模块化培训课程体系 24 个，打造了一批“人无我有，人有我精”的精品培训班。

技术经济研发及咨询服务 研究院作为集团技术经济研究与咨询机构，积极履行集团战略规划研究、建设项目内部审查、项目后评价等职责，全面开展了项目初设原则及初步设计审查优化和可行性研究内审，围绕火电、煤矿、燃机、供热、码头、褐煤提质等项目，确保集团新建项目管理的规范化、标准化，技术经济指标达到先进水平；开展了建设项目造价咨询，确保工程造价可控在控，全年实现核减投资约 6 亿元；开展了煤矿项目施工组织设计审查，取得了积极效果。在火电和风电项目后评价中应用“五确认，一兑现”评价方法和经济增加值（EVA）评价，为集团公司项目决策科学化奠定了基础；编制出版了集团风电项目后评价工作手册，为集团制订投资计划、产业方向和技术方案提供了依据。编制完成了“推动中国绿色发展的重大战略及技术问题研究”子课题《电力行业减排方案及其机制研究》第一篇；配合集团有关部门完成了集团公司“十二五”科技产业规划编制、管理创新项目汇总整理、全面风险管理体系建立及相关制度的制定等，有效提高了研究院重大课题研究能力和服务水平。开展了与电规总院、中节能等院所及公司的战略合作，共享信息资源及科技成果。同时作为发电企业代表参与了世界银行项目——火电效率之节能调度试点评估工作。

双增双节、赢利攻坚 加强了全面计划和全面预算管理，研究院经济活动纳入计划和预算范围，基本杜绝了无预算或超预算支出。院属各单位、本部各部门认真落实院“双增双节、赢利攻坚”行动计划，自我加压，迎难而上，细化措施，落实到位。研究院本部开展了“厉行节约从我做起、从点滴做起、从现在做起”竞赛；唐韵山庄酒店“开源”与“节流”并举，一方面加强营销，扩大客源，增加收入，另一方面加强油、气、水、电消耗成本和食品原材料、客房用品采购及食品加工成本控制，效果显著。一年来，研究院基本完成了集团公司下达的经营收入目标与管理费用控制目标。

管理机制 一是从制度、标准、流程等方面进行细化和强化，对各种经营行为进行了有效约束和规范，同时又注意从薪酬、岗位、荣誉等方面对各种积极行为进行激励，全院工作处于协调、有序的状态。

二是坚持“全院一盘棋、管控一体化、效益最大化”理念，在市场、信息、人才、资金等方面统筹酒店、技经研发、培训各项业务，努力实现资源利用和效益的最大化。三是瞄准行业一流水平，制定了“三线”标准，出台了“两全”工作方案和相应管理办法，为2012年“两全”工作全面推开打下了基础。四是认真开展公开招投标和“阳光化”采购，对研究院以及酒店资产状况、经营情况和会计工作进行了专项审计，摸清家底，堵塞了漏洞。

人才队伍建设 研究院从打造能源行业一流技术经济研究院目标出发，遵循“大唐大舞台、尽责尽人才”人才理念，通过人才引进和岗位技能培训，为持续发展提供有力的智力支撑。目前，院系统共411名职工中，博士后2人，硕士12人，大学学历33人，大专学历102人，中专学历169人。集团公司“112人才”4人，2人在2011年还分别被评为集团公司优秀党员和集团公司青年岗位能手。

创先争优与党风廉政建设 成立了院直属党委、酒店党总支部，院党群组织建设得到加强。结合研究院实际，按照“五确认、一兑现”“四个凡事”的要求，精心设计创先争优活动方案和“阳光、绿色、快乐”三大工程行动计划，认真执行领导干部基层联系点、领导干部点评创先争优制度和创新争优公开承诺制度。全体党员努力做到“树旗帜、立榜样，有热情、讲责任，提能力、创一流”，为推动各项工作顺利完成发挥了先锋模范作用。开展了全员业绩考评和全员民主评议工作，干部职工能力和作风建设水平有了新的提高。

组织开展了党风廉政建设宣传教育月系列活动，进行了燃油采购、培训业务专项效能监察，党风廉政建设责任目标较好完成。努力办好研究院“精神家园”，开办了“蓝光”电影放映室、举办了一系列文化体育活动，丰富了职工文化生活，突出了“唐韵特色”，“同心文化”较好融入到经营管理工作中，成为全院职工的共识和自觉行动。

企业文化 研究院秉承“务实和谐、同心跨越”的大唐精神，立足唐韵沃土，形成了有鲜明特征的“团结一心，开拓进取，勤勤恳恳，任劳任怨，攻坚克难，无私奉献”的“唐韵精神”，这种精神将不断为研究院发展注入新的活力，增添新的动力。

主要事件

1月14日，研究院与神华集团管理学院、华电集团政策研究室进行友好会晤。

1月28日，研究院召开2011年度党组中心组（扩大）专题学习会议，传达学习中央纪委六次全会精神以及中央企业反腐倡廉建设工作会议精神。

2月15日，研究院2011年工作会议隆重召开。

3月8日，集团公司总法律顾问培训班在集团公司干部培训学院开班。

3月29日，研究院召开武安发电项目执行概算审查会。

4月27日，研究院正式启动党风廉政宣传教育月活动。

5月12日，研究院直属党委第三党支部召开“创先争优”学习专题会议。

8月25日，集团公司在京召开技术经济研究院本部全体人员大会，宣布了技术经济研究院领导班子调整决定。

10月15日，中国大唐集团技术经济研究院与中节能咨询有限公司在北京签署《战略合作协议》。

11月23～25日，研究院组织召开大唐新疆呼图壁河石门水电站项目执行概算审查会。

11月30日～12月1日，研究院组织召开大唐清苑热电项目执行概算审查会。

【国电科学技术研究院】

单位概况 2011年是国电科学技术研究院（环境保护研究院）（简称国电电科院）“十二五”规划的开局之年，也是该院三年夯实发展基础战略规划的收官之年。在中国国电集团公司（简称集团公司）的正确领导下，国电电科院上下按照“提高服务能力、提升科研水平、增强综合实力”的总体目标，“巩固转型成果、夯实服务基础、打造研发平台、优化专业板块、推进产业进程、加强科学管理”的工作主线，深入贯彻落实科学发展观，改革创新、锐意进取，技术服务能力明显提升，科技研发取得丰硕成果，综合实力稳步提升，圆满完成集团公司年初下达的各项考核目标。

技术服务工作 2011年是国电电科院开展技术服务工作的第一年，均顺利完成集团公司下达的全年各项工作任务。

五项评价。一是完成了46家发电企业的安全性评价工作，整理出水电、风电项目安全管理、劳动安全与作业环境等存在的共性问题并提出应对策略。二是完成了18家发电企业44台机组的节能评价工作，促进了发电企业节能降耗，提升安全经济运行水平。三是完成了15家发电企业49台机组的环保评价工作。四是制定下发了《中国国电集团公司火电机组技术监督动态检查评价标准》等标准，组织完成22家发电企业的技术监督检查评价工作，提高了各发电企业机组运行的可靠性。五是制定下发《中国国电集团公司燃料采制化工作评价办法》及《评价细则》，完成了集团公司22家发电企业煤炭采制化评价。此外，为加强业务交流，反映评价情况，还编制了服务手册和工作简报。

基建技术服务。一是对集团公司12个基建项目进行精细化管理检查，编印了《精细化管理专刊》4期，并举办了两期精细化管理培训班，提高了集团公司工程精细化管理水平。二是完成国电宝鸡第二发电有限公司基建工程调试项目。三是完成4家发电企业8台机组的新建机组性能考核试验，协助新建电厂消除基建遗留缺陷，快速稳定机组运行，提高新投机组指标。

技术培训。举办了14期培训班，培训人员1279人，特别是于2011年6月圆满完成集团公司工委交办的煤质化验人员技能竞赛工作，得到了集团公司领导和有关部门的充分肯定并被授予“特殊贡献奖”。

技术咨询。积极参与集团公司各发电企业重大生产技改项目的可行性研究、立项等技术咨询服务工作，签订合同14项，执行项目29项。环境影响评价业务在不断巩固火电环评和输变电环评两个优势业务的同时，重点开拓了输变电竣工环境保护验收调查、移动基站环评、水土保持等工作。

其他技术服务。完成喷嘴组与汽封技术改造项目、机组运行优化及性能试验、机组节能诊断、奥氏体钢管内堆积氧化皮检测等技术服务工作，确保了发电企业机组安全稳定运行，并根据集团公司、分（子）公司和发电企业的来函及时完成日常技术支持与服务工作66项，得到了发电企业的好评。

科技创新工作 2011年国电电科院技术创新能力显著增强、科技研发能力明显提高，成为集团公司第一批创新型企业和国家级高新技术企业，并获得国家能源科技进步二等奖3项，集团公司科技进步奖二等奖1项、三等奖1项。被评为集团公司“十一五”科技工作先进单位，授予“国电一级奖状”。另外，4名科研骨干被评为集团公司“十一五”科技工作先进个人。

国家能源研发（实验）中心建设。中心建设工作全面展开，已经完成了项目整体设计、招标等工作，正在进行土建施工，从工程质量、安全、进度等方面实施一系列有效控制，全力确保项目按照计划在2012年底完成主体建设，同时，组织编写了研发（实验）中心发展规划并上报国家能源局。

专利工作。2011年，国电电科院持续重视知识产权保护工作，取得了该院成立来的最好成绩，全院共获得授权国家专利12项，其中《固定源氨选择性催化还原氮氧化物系列催化剂》等3项是发明专利，这是国电电科院实施《专利管理办法》以来取得的重要突破。

新业务领域。一是为适应“十二五”期间国家大力发展分布式能源的趋势，该院建立了新能源研究所，并充实资金、人员，已经与国电电力在江苏等地开展合作，密切跟踪燃气热电联产项目，为业主提供优质技术支持。同时，与国电南方公司、国电电力等单位签署了战略合作协议。二是积极拓展合同能源管理业务，与国电濮阳热电有限公司就1、2号机组供热改造项目签订合同，项目实施后机组供电煤耗可下降40g/kWh。

科技项目。一是“863”项目取得进展，海水脱硫项目已通过科技部组织的专家验收，脱硫脱硝一体化项目已具备验收条件。二是“燃煤电厂烟气污染控制技术对汞等有害污染物减排规律的研究”等2项环保公益项目正持续开展实验室研究、现场监测、分析研究等工作。三是完成科技部2012年研究开发“燃煤电站多污染物综合控制技术与装备研究”等项目的申报工作。四是承担中国工程院主持的“中国煤炭清洁高效可持续开发利用战略研究”中有关污染物控制的两个子课题的战略研究，取得了阶段性成果。

国家和行业标准编制。按计划有效开展环境保护标准《火电厂烟气治理设施运行管理技术规范》；电力行业标准《燃煤电厂固体废弃物贮存处置场污染控制技术规范》、《燃煤电厂耗能状况评价技术规范》等多项标准有序进行。

技术人才队伍建设。一是加大人才引进力度。继续引进热机、电气、金属等高层次紧缺人才和专业带头人21人，为该院各学科的发展充实了力量。完成了江苏省“高层次创新创业人才引进计划”、第四期“333高层次人才培养工程”、南京市“紫金人才计划”等人才项目组织申报工作。二是高度重视人才培训工作。下发制度鼓励在职人员攻读博士、硕士学位，组织开展了20期跨专业技术交流讲座，完成了华北电力大学项目管理领域工程硕士研究生班相关工作，其中有16名职工通过了全国工程硕士研究生入学资格考试及复试，被华北电力大学成功录取。此外，还大力开展新进员工素质拓展训练、师带徒等活动，提升了员工素质。

产业化工作 作为国电电科院科技成果转化的核心企业，南京国电环保设备有限公司（简称设备公司）2011年圆满完成了年初制订的经营目标。在2011年9月，设备公司迁入位于南京高新技术开发区的高频电源产业化基地，总占地108亩，未来建筑面积可达7万m^2，生产能力可由原来的1000台（套）/年提高到2000台（套）/年。目前，高频电源项目已经在集团公司内大规模推广，涵盖135～1000MW等各个机组等级，同时成功开拓华电集团、华能集团等集团外市场，且份额逐渐扩大。2011年以来，高频电源项目先后获得国家能源科技进步二等奖、全国电力职工技术成果奖、江苏省优秀环保工程奖等奖项，设备公司相继成为高新技术企业、南京市成长型企业等。全国首家高频电源工程技术研究中心也于2011年落户设备公司。

企业转型工作 作为“三年夯实发展基础”的收官之年，国电电科院持续推进转型工作，按照业务发展需要进一步深化内部机构调整，分别新设了生产技术部、新能源研究所、质检中心、电力安全环境工程技术中心、北京国电蓝天节能科技开发有限公司等机构，并不断优化人员配置，截至目前，已经形成技术服务、技术咨询、基建调试等横向业务板块化，院本部、二级公司、控股公司等纵向架构集团化的格局，基本实现了从建院初期的大量承担环保工程项目到承接发电企业技术服务、科技研发等为主的转型目标，按集团公司要求圆满完成了任务。此外，结合板块逐渐稳定、业务业已明晰的实际，制定了多项适应新发展、新变化的制度，并将建院以来的各项制度进行汇编整理，以制度指导各项工作的开展，以此巩固转型的成果。

企业管理工作 一是持续开展“质量与节约”年活动。在“质量”方面，将电站调试所、电站材料研究所纳入院三标管理体系，环保板块增加工程建设施工企业质量管理规范，组织编写了新版质量手册、程序文件，编制年度三标管理体系分解目标，建立院三标管理体系考核制度。在“节约”方面，相继出台了《接待管理办法》、《关于公务接待住宿餐饮实行定点的有关通知》等，规范了机票购买渠道，财务费用管理通过办理银行票据结算等方式，全年节约400余万元。同时，进一步加强节电节水工作，通过行之有效的措施使人均用电量同比减少17%，水费同比减少15%。二是安全管理上台阶。建立健全适应综合性电力科研院所的安全管理体系，组建了院安全生产委员会，成立了院安全监督机构。积极开展了“安全生产月”活动，大力宣传安全生产相关内容，以工程建设单位安全隐患排查治理工作为抓手，全方位营造活动氛围，并组织了全院的安全法律法规有奖答题活动。三是持续推进信息化建设。协同办公系统得到深化应用，共进行业务流程调整45次，新增流程21个，重点推进系统的扩展功能。同时，设计、开发了院英文网站，扩大该院国际影响。实施综合档案系统软件升级，提升院档案管理水平。

党建和精神文明建设 一是深入开展创先争优活动。在2010年的基础上，继续开展了党员公开承诺、党员模范岗、副处级以上干部主题调研、“双百访谈”等活动，得到了广大群众的拥护，在群众测评工作中，满意率达98%以上。同时，重大科研项目攻关、跨专业技术交流、党员群众结对等3项特色活动也取得了优异的成绩。二是完善党的组织建设。成功召开了国电电科院第一次党代会，严格按照有关程序选举产生了院党委和纪委领导班子，并按业务发展需要加强支部组织建设。三是开展庆祝建党90周年活动。开展了“红色歌曲大家唱”等“十个一”系列庆祝活动。四是继续推进精神文明建设。积极宣贯集团公司企业文化理念，并进一步加强新闻宣传工作，累计在集团公司网站、报纸发表新闻40余篇，特别是结合电科院组建三周年，拍摄了宣传片、制作了宣传栏，树立了良好的品牌形象。五是加强工会和共青团建设。获得“全国教科文卫体系统模范职工之家”荣誉称号，环境科学研究所输变电及广电通信环评室和南京电力设备质量性能检验中心环保部获得江苏教科系统“工人先锋号”荣誉。共青团获得了江苏省“省级机关五四红旗团委”称号，并开展了“赠书促学”等活动。六是落实党风廉政建设责任制。成立了党风廉政建设领导小组，逐步建立和完善防治“小金库”的长效机制，加强对关键岗位人员的监督，健全完善院所两级招投标组织机构和管理制度，坚持不懈开展反腐倡廉宣传教育，开展上一堂廉洁课等“八个一”活动。

【华北电力大学】

学校概况

（一）学科建设

华北电力大学以申请“985”优势学科平台建设为契机，扎实推进“211工程”三期项目建设，并取得阶段性成果；在2010年新增2个一级学科博士学位授权点和13个一级学科硕士学位授权点，破格申报的核科学与技术一级学科硕士授权点也顺利获批。至此，华北电力大学一级学科博士学位授权点达到5个，二级学科博士授权点达到27个，一级学科硕士学位授权点达到22个，二级学科硕士授权点达到120个；此外，华北电力大学新增2个北京市重点学科、3个河北省重点学科；新增4个硕士专业学位授权点和1个工程硕士领域；“新能源材料与器件”等四个本科专业获准建设。

（二）教育教学工作

2010年初召开了本科教学工作会议，进一步确立了本科教学工作的中心地位；成功入选教育部首批卓越工程师教育培养计划，在高等工程教育改革领域取得新的突破；《电力行业高水平大学创新人才培养模式改革》获准成为国家教育体制改革首批试点项目，为华北电力大学构建“多元化、个性化”的创新人才培养体系提供了难得的机遇；华北电力大学全面推进质量工程“国字头”战略，“风能与动力工程”等4个专业被评为国家级特色专业，“工程项目管理教学团队”被评为国家级教学团队，《新能源概论》被评为国家级双语教学示范课程，40个项目被列为国家级大学生创新性实验计划项目等。华北电力大学正式成为北京学院路地区“教学共同体”19所高校之一，实现了校际间的学科优势互补。

华北电力大学不断加大研究生培养机制的改革与创新，实行与科学研究紧密联系的导师资助制，通过研究生“三助”机制改革增加资助面，促进研究生综合素质全面提高。

校党政负责人

党委书记：吴志功

校　　长：刘吉臻

党委副书记：张金辉、李双辰（兼纪委书记）、郝英杰

副校长：安连锁、李和明、雷应奇、杨勇平、孙平生、孙忠权

校长助理：张粒子、尹成群、米增强、郭孝锋、律方成、黄国和

机构设置

1. 党政工团

党委办公室、校长办公室

纪委办公室、监察处、审计处

党委组织部、党委统战部、党校

党委宣传部、新闻中心

党委学生工作部、人民武装部、学生处

党委研究生工作部、研究生院 、学位办公室

挂靠：专业学位教育中心

党委保卫部、保卫处

工会

团委

人事处、博士后管理工作办公室

计划财务处

学科建设办公室、211工程办公室　优势学科创新平台管理办公室

国际合作处

教务处　卓越工程师培养办公室

科学技术处

校企合作办公室　理事会工作办公室

挂靠：校友工作办公室挂靠

重大项目管理办公室

基建处、校园规划办公室

后勤与资产管理处

产业管理处

离退休工作办公室

期刊出版部

档案馆

国际教育学院

成人教育学院

培训学院

艺术教育中心

信息化建设与管理办公室

后勤管理处（原后勤集团）

招标中心

2. 院系设置

电气与电子工程学院

能源动力与机械工程学院

经济与管理学院

控制与计算机工程学院

人文与社会科学学院

环境科学与工程学院

外国语学院

数理学院

可再生能源学院

核科学与工程学院

思想政治理论课教学部

体育教学部

3. 科研机构

现代电力研究院

高教研究所

新能源电力系统国家重点实验室

生物质发电成套设备国家工程实验室

国家火力发电工程技术研究中心

资源与环境研究院

4. 教辅部门

图书馆

网络与信息中心

工程训练中心

校医院

2011年工作　2011年，华北电力大学设有直属学院10个，教学部2个，另设有国际教育学院、研究生院、成人教育学院、培训学院、艺术教育中心和工程训练中心各1个。

2011年，华北电力大学新增2个北京市重点学科、3个河北省重点学科；学校新增2个一级学科博士学位授权点和15个一级学科硕士学位授权点，新增4个硕士专业学位授权点和1个工程硕士领域，4个本科专业获准建设，至此学校拥有一级学科博士学位授权点5个和二级学科博士授权点30个，一级学科硕士学位授权点22个和二级学科硕士授权点123个，本科专业56个；学校拥有国家级重点学科2个、国家级工程实验室1个、国家工程技术研究中心1个、教育部重点实验室3个、教育部工程研究中心1个、北京市重点实验室2个、北京市工程技术研究中心1个，另有北京市省部级哲学社会科学研究基地1个，博士后科研流动站4个。

2011年，华北电力大学在平台建设方面，1个国家重点实验室（新能源电力系统国家重点实验室）被列入科技部2010年新增国家重点实验室指南，1个

国家重点实验室（生物质发电成套设备国家工程实验室）获批开建，1个部级重点实验室（区域能源系统优化教育部重点实验室）正式立项，1个省市级中心（北京市电力信息技术工程研究中心）立项建设，新增2个省部级科技创新平台。学校4个专业被评为国家级特色专业，1个教学团队（工程项目管理）获评国家级教学团队，1课程（新能源概论）获评国家级双语教学示范课程，学校有40个项目被列为国家级大学生创新性实验计划项目。3人获得省部级教学名师荣誉称号。

2011年，华北电力大学有教职工2918人，其中，专任教师1761人，包括教授312人、副教授501人。学校有中国工程院院士5人（含双聘院士4人），有“千人计划”专家4人，其中新增3人，新增3名教育部新世纪优秀人才，新增国家外专局“引进海外高层次文教专家重点支持计划项目”和教育部“海外名师项目”2个国家级引智项目。国家级教学名师奖获得者1人，长江学者讲座教授1人，获国家“杰出青年科学基金”资助人员4人，入选国家“百千万人才工程”人员7人，“973计划”首席科学家4人，“国家有突出贡献专家”5人，教育部“新世纪优秀人才支持计划”人员28人，全国模范教师2人，全国优秀教师2人，入选“中科院百人计划”7人，4个创新团队入选教育部“长江学者和创新团队发展计划”。2011年度共引进65名教师。其中59人具有博士学位，7人从海外知名高等学校毕业或博士后研修。

截至2011年底，华北电力大学共有35个党总支、10个直属党支部、434个基层党支部，其中学生党支部255个、在职教职工党支部173个、离退休职工党支部16个。截至2011年底，华北电力大学共有中共党员8267名，其中在职教职工党员1920名、离退休教职工党员436名、本科生党员2793名、研究生党员3118名。共发展中共党员2242人，转正党员1567人。有民主党派成员101名。

2011年，华北电力大学有毕业生10 240人，其中，研究生1456人（博士生116人，硕士生1340人），普通本专科生5041人（本科生5041人，无专科生），成人教育本专科生3743人。招生12 436人，其中，研究生2297人（博士生194人，硕士生2103人），普通本专科生5314人（本科生5314人，无专科生），成人教育本专科4632人。在校生33 643人，其中，研究生6845人（博士生889人，硕士生5956人），普通本专科生20 550人（本科生20 550人，无专科生），成人教育本专科生15 055人。留学生毕业175人，招生193人，在校生289人。2011年学校中外合作办学项目在读本科学生达1098人。

2011年新生入学成绩大幅提高，全国文理科录取平均分分别高出重点线32.9分和71.7分，同比2010年再创新高；大学生国家英语四级考试一次通过率高达92%，位居全国高校前列。本科生一次就业率超过96%。博士录取比2010年增长5%（全国平均2.5%），硕士录取比2009年增长10.4%（全国平均5%）；研究生工作站由12个增至45个，学校获得北京市优秀博士学位论文1篇。

2011年，华北电力大学承担各类科技项目经费总额达5.06亿元，比2010年增长24.12%，其中，纵向项目经费为1.64亿元，比2010年增长了41.59%，再创历史新高。在所承担的各类国家级科技项目当中，获得纵向立项项目405项；“973”计划项目1项，国家自然科学基金重点项目66项；另有“973”子课题5项，国家科技支撑计划子课题项目7项，国家科技重大专项子课题5项，国家高技术发展计划（“863”计划）项目2项。

2011年，华北电力大学获得省部级科技成果奖励14项，申请发明专利653项，实用新型182项，2011年度共获得授权专利260项，授权及申请专利数均有大幅度提高；科技论文三大检索总量2115篇。

2011年，华北电力大学与各企事业单位签订横向合同711项，合同经费总额为28 853.552 3万元，比2010年增长了19.22%，再创历史新高。华北电力大学继续严格对2011年签订的横向合同进行了审查，加强知识产权的保护，对148项合同进行了技术认定，认定金额8994.95万元；办理合同免税117项，免税金额3710.77万元。

2011年，华北电力大学获国家级科技奖励1项；省、部级科技成果奖励20项：其中获2011年度国家科技进步奖二等奖1项，高等学校科学研究优秀成果奖（科学技术）一等奖1项，国家安全监管总局第五届安全生产科技成果奖一等奖1项；2010年度中国电力科学技术奖二等奖1项、三等奖2项，国家能源局软科学研究优秀成果奖一等奖1项、二等奖1项，国家能源科学技术进步奖一等奖1项、三等奖1项，河北省科学技术奖三等奖2项，吉林省科学技术奖二等奖1项，安徽省科学技术奖二等奖1项、三等奖1项，广东省科学技术奖二等奖1项，中国石油化工自动化科技进步奖二等奖1项。

2011年，华北电力大学完成科技成果鉴定6项。2011年，华北电力大学申报各类科技奖共72项：其中2011年度中国电力科学技术奖9项，教育部科技奖3项；北京市科技技术奖1项；全国教育科学研究优秀成果奖1项；山西省科学技术奖2项；国家能源局软科学研究优秀成果奖3项；河北省科学技术奖6项；河北省社科基金优秀成果奖2项；保定市第十届社会科学优秀成果奖 19 项；湖北省科学技术奖 1 项；内蒙古自治区科技进步奖 1 项；国家电网公司科学技术进步奖 7 项；申报第七届河北省社会科学基金项目优秀成果奖 11 项；申报各省市电力科技奖 6 项。

2011 年，华北电力大学获专利授权 260 项，其中发明专利 86 项，实用新型 105 项，软件著作权登记 62 项，外观设计 7 项；申请专利 653 项，其中国际发明专利 1 项，国内发明专利 381 项，实用新型 182 项，计算机软件著作权 89 项。华北电力大学学术委员会对 2010 年度科技成果进行了评奖，共评出重大科技成果奖 14 项，年度校科技成果奖 15 项（其中一等奖 6 项、二等奖 9 项）。

2011 年，华北电力大学资助各类学术报告会 151 场次（其中院士 3 场次），资助教师参加国际学术会议 16 人次；缴纳各类专委会会费 61 000 元。推荐各类专家 60 人次，更新和补充国家科技奖励评审专家 72 人次、教育部科技奖励评审专家 323 人次，更新北京市科技奖励评审专家 6 人次。

根据《青年海外高层次人才引进工作细则》的规定，海外高层次人才引进工作专项办公室组织实施了第一批“青年千人计划”申报评审工作，华北电力大学何理教授入选国家首批“青年千人计划”。

2011 年华北电力大学有 1 教材（《热能与动力工程专业英语》）入选国家级精品教材称号，3 教材（《企业财务分析》、《理论力学》和《新能源与分布式发电技术》）被评为市级精品教材。

2011 年，华北电力大学立足电力、面向社会开展培训 110 期，培训学员共 10 200 人次，共实现培训收入 6063 万元，其中针对电力企业的培训 99 期，共培训电力职工 8100 人。

2011 年，华北电力大学校本部图书馆馆舍面积 15 500m^2，阅览座位 1900 个，拥有纸质馆藏文献 81.82 万册，其中图书 75.68 万册，期刊合订本 6.14 万册。电子图书和电子期刊的馆藏量分别达到了 128.07 万册和 11.81 万册。2011 年，图书馆完成年度购置经费 570.71 万元，其中购置中外文图书 240.39 万元，中外文报刊 46.68 万元，电子文献 283.64 万元。年进新书量为 56 792 册，订阅中外文报刊 1161 种。完成已订中外文数据库的重新审核和续订工作，新增《万方数据资源系统》、IEL 电子书、ASME 电子书和论文集等资源，网络数据库总数达 44 个。向读者推荐和宣传试用数据库 30 余个。接收应届博士生、硕士生学位论文 1212 册，本科生论文 2500 册。

2011 年，华北电力大学校本部图书馆主页访问量达 61.4 万人次，比 2010 年增加 6 万人次；进馆总人数达 129.23 万人次，比 2010 年增加 5.46 万人次，是 2010 年的 1.04 倍；借还书 35.1 万余册；读者网上预约到架图书 2163 册次，借出 922 册；电子阅览室全年读者使用机时约 2.5 万 h，无线上网注册新用户约 2000 人次。

2011 年，华北电力大学校部校园网 IPV4 出口总带宽 1500Mbit/s，出口平均流量 700Mbit/s，其中教育网出口带宽 1000Mbit/s，平均流量 400Mbit/s；公网出口带宽 500Mbit/s，平均流量 300Mbit/s；IPV6 出口带宽 1000Mbit/s，平均流量 650Mbit/s。共有 IPV6 地址 42 026 个，全国高校排名第 21 位，IPV4 地址 36 864 个，信息点 12 600 余个。

2011 年，华北电力大学有多媒体教室 364 间，多媒体教室座位数约 49 000 个（含保定约 26 000 个）。计算机教学机房 12 间，共有计算机 836 台。

2011 年（截至 2011 年 12 月 31 日），资产总额 315 004 万元、固定资产 261 967 万元、净资产总额 263 099 万元，总收入 142 053 万元，总支出 128 856 万元。

2011 年，华北电力大学校园占地面积 1 000 863m^2，总建筑面积 978 168m^2，教学用图书馆建筑面积 30 057m^2，藏书约 193.81 万册。外网网址：www.ncepu，edu，cn。

国家重点实验室获批立项建设 科技部办公厅 3 月 29 日颁布《关于组织制定国家重点实验室建设计划的通知》（国科办基〔2011〕20 号），已同意华北电力大学申报的“新能源电力系统国家重点实验室”立项，并将其列入国家重点实验室 2011 年制订建设计划。“新能源电力系统国家重点实验室”，面向中国规模化新能源开发利用重大需求，聚焦新能源电力系统重大科技问题，将以多学科交叉为基础开展创新性研究。

主要事件

1 月 9 日，经教育部（教高函〔2011〕8 号）批准。华北电力大学可再生能源学院的能源工程及自动化专业获批为国家级特色专业。专业顺应国家节能减排和发展可再生能源、清洁能源政策需要，培养能源工业急需掌握清洁能源（特别是太阳能、风能的大规模利用）、发电技术、节能技术相结合的复合型人才。

1 月 10 日，在首次全国工程硕士研究生教育特色工程领域评选活动中，华北电力大学经管学院项目管理领域工程硕士以特色鲜明的办学理念和办学特色，获得“全国工程硕士研究生教育特色工程领域”荣誉称号。全国共有 13 家高校的项目管理领域获得此项殊荣。

2 月 15 日上午，以华北电力大学为第一承担单位、华北电力大学徐进良教授为首席科学家的国家重点基础研究发展计划“973”项目“锅炉低温烟气余热深度利用的基础研究”启动仪式在华北电力大学国际交流中心多功能厅举行。科技部基础研究司李非博士、教育部科技司基础处副处长杨华、科技部联络专员墨宏山博士，华北电力大学校长刘吉臻、副校长杨勇平，可再生能源学院院长徐进良，“锅炉低温烟气余热深度利用的基础研究”“973”项目责任专家、项目专家组成员、各课题的负责人及研究生代表参加了启动仪式。

2 月 18 日，华北电力大学第五届第五次教职工代表大会召开。刘吉臻校长作了题为《贯彻学校党代会精神，科学规划“十二五”蓝图，开创高水平大学建设新局面》的工作报告，吴志功书记在闭幕式上作了重要讲话。大会通过了《华北电力大学第五届第五次教职工代表大会决议》。

3 月 6 日，在华北电力大学国际会议中心召开了由能源动力与机械工程学院张照煌教授负责研发的“全断面岩石掘进机盘形滚刀三维设计理论及应用”科研成果技术鉴定会。鉴定委员会主任委员由工程院院士、中国水利水电科学研究院王浩教授担任，副主任委员由水利部发展研究中心李仕森教授担任，参与鉴定会的有丁继辉、路金喜、王书芳、王宁、马怀发等有关专家。认为该科研成果整体技术达到国际领先水平。

3 月 29 日，教育部科技司组织专家组对华北电力大学“区域能源系统优化”教育部重点实验室建设计划进行了论证。论证会由教育部科技司明媚副处长主持。专家组由中国水利水电科学研究院王浩院士等 7 人组成，王浩院士任专家组组长。

3 月 30 日，在国家会议中心举行的 2011 年南京江宁智能电网（北京）产业投资推介会上，学校与江宁区人民政府签署产学研合作框架协议。根据协议，双方将在电力自动化与智能电网领域开展合作，重点在大电网安全稳定、智能调度系统、电力系统继电保护等领域开展合作。

3 月，加拿大自然资源部能源研究所（NRCan）Lufei Jia 博士来访华北电力大学并作了题为《Oxy-fuel combustion tests in a 0.8MWth pilot-scale circulating fluidized bed》的学术报告。

4 月 7～20 日，应北京能源发展研究基地主任周凤翱教授的邀请，英国邓迪大学能源、石油和矿业法律与政策研究中心前主任、资深国际能源安全问题和中国能源战略研究专家 Philip andrews－speed 教授再次来到华北电力大学，在北京能源发展研究基地进行了为期两周的访问、讲学和学术交流活动。在访问期间，Philip 教授通过开展教学、举办讲座、进行座谈等形式，与能源基地全体人员以及华北电力大学的相关研究领域的老师、研究生进行了广泛和深入的学术交流。

4 月 8 日，华北电力大学生物质发电成套设备国家工程实验室与国核电力规划设计研究院工程设计中心签署合作协议。

4 月 11 日，英国曼彻斯特大学商学院全球首席执行官 Mr. Nigel Banister、国际项目中国区主管 Mr. Chris Higgins、工程项目副主任 Mr. Pete Naude 等 3 人访问华北电力大学并到 MBA 教育中心进行了参观。国际合作处处长、国际教育学院常务副院长刘永前、副院长段春明、MBA 教育中心常务副主任闫庆友接待了来访客人。

4 月 14 日，华北电力大学与领步电气集团“风电机组状态监测与故障诊断系统”战略合作签字仪式在华北电力大学隆重举行。华北电力大学党委副书记郝英杰、原党委书记徐大平、控制与计算机工程学院院长刘石、科学技术处副处长刘明军、课题组负责人吕跃刚教授、领步电气集团总裁冯卫国等参加了签字仪式。此次华北电力大学与领步电气集团本着优势互补、共同发展“双赢”的原则，在风力发电设备状态监测及其相关技术领域，结合华北电力大学的研究力量和条件与领步电气集团在风力发电及其相关领域产业与市场的优势，就“风电机组状态监测与故障诊断系统”展开合作。

4 月 15 日，香港城市大学林群声副校长，城大海洋污染国家重点实验室副主任陈荔教授、林忠华主任一行 3 人来华北电力大学参观访问，同行的还有北京大学讲席教授陈峰、中国科学院青岛海洋研究所王云峰。华北电力大学刘吉臻校长接待了香港客人。

4 月 19 日，台湾国立高雄应用科技大学土木所营建管理系黄忠发教授应邀来华北电力大学访问讲学，为经济与管理学院工程管理等专业的师生做了一场题名为“营建业企业社会责任与工程伦理之现状与实证分析”的学术报告。报告分为营建业企业社会责任和工程伦理两个部分。

2011 年陈诺夫教授主持申报的国家高技术研究发展计划“863”重点项目——“兆瓦级高倍聚光化合物太阳电池产业关键技术”获得国家批准，资助金额 1159 万元，成为 2011 年度科研方面的标志性重大项目。

4 月 22～23 日，根据国家知识创新工程总体部署，结合培育战略性新兴产业的具体要求，科技部太阳能光热产业技术创新战略联盟与华北电力大学可再生能源学院联合举办了“2011 年科技部太阳能光热产业技术创新战略联盟研究生学术研讨会”。会议展示了太阳能相关领域中各方面的发展与最新成就，探讨了国际上太阳能热利用的现状和发展趋势，为国内外的科学家、学者和研究生提供一个交流探讨的平台，促进了中国在该领域的科学技术进步和产业发展。

5月18日～6月14日，华北电力大学成功举办了“发展中国家电网及输变电站运行管理与维护研修班”。研修班参加人数为33人，学员为来自巴勒斯坦、斐济、加纳、喀麦隆、黎巴嫩、尼泊尔、尼日利亚、苏丹、乌干达、叙利亚、约旦、埃及等12个国家的电力系统司处级官员。

5月19日，华北电力大学经济与管理学院王志成老师在“第七届北京青年教师教学基本功比赛（高校）”中荣获一等奖。本次比赛由北京市教育工会和教育部全国高校教师网络培训中心共同主办，设文史类和理工类两个类别，分别由中国人民大学和中国农业大学承办。文史类比赛于2011年5月17～19日在中国人民大学举办。

5月30日，华北电力大学承担的科技部先进制造技术领域“863”重点项目“火电行业重大工程自动化成套控制系统”三个课题在江苏镇江谏壁发电厂通过了科技部组织的技术验收。验收专家组由浙江大学副校长褚健教授任组长。华北电力大学校长刘吉臻教授，中国国电集团科技与综合产业部副主任钟鲁文参加了会议。

5月30日，华北电力大学与国网电力科学研究院在南京举行战略合作框架协议暨研究生工作站签约仪式。根据协议，双方将建立长期稳定的合作机制，在智能电网、新能源等领域的科学研究、人才培养、科技创新、资源共享等方面展开广泛、全面、深层次的合作。

6月7日，科技部发布了“关于确定中国技术交易所有限公司等68家机构为第三批国家技术转移示范机构的通知”（国科发火〔2011〕201号），确定了包括华北电力大学技术转移中心在内的68家机构为第三批国家技术转移示范机构。

6月，工业和信息化部聘任北京能源发展研究基地主任、华北电力大学教授周凤翱为《中华人民共和国原子能法》立法工作专家组副组长。

7月13日，现代电力研究院组织召开“智能电网”研讨会，特邀美国得克萨斯大学Arlington分校电气工程系李伟仁教授出席。校长助理、现代电力研究院常务副院长张粒子教授，国际教育学院刘永前教授，电气与电子工程学院副院长马进教授、苏州研究院副院长李鹏教授、可再生能源学院田德教授等出席了研讨会。

8月29日，国家科技部在其网站发布了《关于国家重点基础研究发展计划2011～2012年项目立项的通知》（国科发基〔2011〕383号），刘吉臻教授作为首席科学家申报的《智能电网中大规模新能源电力安全高效利用基础研究》获立项。截至目前，华北电力大学作为首席科学家单位获得立项资助的“国家重点基础研究发展计划”973计划项目已达3项。

9月1日，华北电力大学13号学生宿舍楼建成并投入使用。该楼位于华北电力大学4号学生宿舍北侧，结构形式为剪力墙结构，设计使用年限50年。总建筑面积11 267.4m^2，地上建筑面积9792.9m^2，地下建筑面积1474.5m^2（其中人防面积440m^2），建筑高度21.75米。13号学生宿舍计划总投资3836万元，设计单位为北京都林国际工程设计咨询有限公司，施工总承包单位为北京新兴建宇建筑工程公司，监理单位为北京国金管理咨询有限公司。3号学生宿舍建成为研究生为研究生提高床位约716个，为留学生提高床位约360个。

9月8日，全国田径锦标赛暨奥运会达标赛在合肥市奥体中心拉开战幕，华北电力大学学生李志珑在比赛中以49.47s的个人最好成绩获得男子400m栏冠军，同时也达到了伦敦奥运会a标（49.50s），拿到了伦敦奥运会的入场券。

9月10日，以杨勇平教授为第一负责人，华北电力大学为第一承担单位申报的“大型火电机组空冷系统优化设计与运行关键技术及应用”获2011年度国家科技进步奖二等奖。

10月10日，华北电力大学杨勇平教授牵头申报的“煤的清洁转化与高效利用创新引智基地”被列入“十二五”首批“高等学校学科创新引智计划”（简称“111计划”）新建引智基地建设项目。这是学校获得立项的第二个创新引智基地。

10月11日，华北电力大学与德国魏德米勒公司签署战略合作协议。魏德米勒亚太区学院开幕仪式暨与高校战略合作协议签约仪式在上海举行，华北电力大学等高校领导出席。

10月14日上午，第二届复杂科学管理暨智能信息系统国际会议在华北电力大学召开。

10月19日，北京高科大学联盟成立大会在北京钓鱼台国宾馆隆重举行。教育部副部长杜玉波，科技部副部长陈小娅，原中国工程院常务副院长、中国工程院院士朱高峰，国家自然科学基金委员会副主任、中国工程院院士孙家广，全国政协委员、国务院国有重点大型企业监事会主席解思忠，北京市委教育工委副书记、北京市教委主任姜沛民，以及教育部、工业和信息化部、铁道部等相关部委代表出席了大会。党委书记吴志功和校长刘吉臻代表华北电力大学，与联盟其他高校代表一起出席大会。北京高科大学联盟，由华北电力大学与北京邮电大学、北京交通大学、北京科技大学、北京化工大学、中国地质大学（北京）、中国矿业大学（北京）、中国石油大学（北京）、北京林业大学、西安电子科技大学、哈尔滨工程大学，共11所高校共同组建。在学科设置上，成员高校涵盖了电子信息、交通、冶金、化工、电力、地质、矿业、石油、林业、核工业等重要工程领域，每一所高校都具有突出的学科群优势和鲜明的办学特色。迄今为止，北京高科是全国规模最大的进行全方位合作的高校联盟。

同日，在第十二届“挑战杯”全国大学生课外学术科技作品竞赛暨西安世园会专项竞赛中，学生取得优异成绩，共取得特等奖1项、二等奖1项、三等奖1项。其中，由马卫华、徐保云老师指导，王兴华等同学提交的作品《城市居民绿色出行的调查研究》获得第十二届全国“挑战杯”大学生课外学术作品竞赛西安世园会专项竞赛特等奖；由马卫华、徐保云老师指导，颜行志等同学提交的作品《北京农村绿色节能建筑的调查研究——挂甲峪等10个村为例》获得二等奖。

10月29日，华北电力大学隆重举行华北电力大学校友会注册成立大会暨揭牌仪式。民政部民间组织管理局副局长贾晓九，教育部办公厅副主任安钰峰，共同为华北电力大学校友会揭牌。中国国电集团公司党组成员、副总经理张成杰、中国电力投资集团公司总工程师袁德、中国华电集团公司总经济师王日文、中国大唐集团公司总经理助理兼办公厅主任王欣、华能国际电力股份有限公司总经理刘国跃等理事单位领导出席仪式。

10月，由华北电力大学经管学院乌云娜教授主持的“新能源电力项目组合管理体系及决策支持系统”科研项目获全国电力行业企业管理创新成果一等奖。

11月6～9日，由华北电力大学主办、江南大学继续教育学院承办的“第23届教育部直属高校成人高等教育协作组年会”在无锡召开。教育部高校学生司本专科招生处处长范卫宏、江苏省教育厅高教处副处长俞向东及教育部46所直属高校的80余名代表参加了会议。

11月27日，华北电力大学大学生干雪在首届半程马拉松邀请赛中夺得半程马拉松女子组亚军。该赛事在常熟尚湖举办，来自美国、英国、芬兰、肯尼亚、日本、韩国、印度等10多个国家和地区的600多名选手参加了此项赛事。

11月28日，由工程管理教研室牵头代表华北电力大学经济与管理学院与中国房产信息集团克尔瑞（中国）信息技术有限公司签订了本科生和研究生实习基地协议。克尔瑞公司副总经理王秀玲博士并为学院研究生做了题为《中国房地产市场的现状和趋势》的报告。

12月11日，华北电力大学大学生运动员在北京市大学生田径精英赛上打破两项纪录并获得女子团体第三名，华北电力大学运动员以3金3银1铜的成绩获得女子团体奖牌榜第三名的好成绩，并一举打破了男、女4×400m接力赛会记录。电气学院吴海燕同学夺得女子400m金牌。北京市大学生第二十八届田径精英赛在北京市先农坛田径馆举办。

12月12日，华北电力大学与中科院电工所签署战略合作协议。校长刘吉臻、副校长安连锁、副校长杨勇平、电工所所长肖立业、副所长李耀华、副书记张福宽等共同出席了签字仪式。

12月17～18日，中国电力企业联合会2011年第二次理事长会议、中电联第五届理事会第三次常务理事会议、2011年电力企业高峰会在海口召开。刘吉臻校长参加了会议。在本次会议上，华北电力大学被增补为中电联第五届理事会副理事长单位，刘吉臻校长当选为中电联第五届理事会副理事长。

【中共国家电网公司党校】

单位概况 中共国家电网公司党校、国家电网管理学院、国家电网公司高级培训中心（简称党校、管理学院、高培中心）是国家电网公司直属教育培训单位，承担着国家电网公司领导干部教育培训和高级管理人才培养的任务。

中共国家电网公司党校前身是成立于1980年10月的中央党校中央国家机关分校电力部班。1994年12月，正式成立中共电力工业部党校。1998年9月，更名为中共国家电力公司党校。国家电网公司高级培训中心前身是成立于2000年5月的国家电力公司高级培训中心。2002年12月，随着国家电网公司的组建，中共国家电力公司党校更名为中共国家电网公司党校，国家电力公司高级培训中心更名为国家电网公司高级培训中心。国家电网管理学院于2009年12月正式成立，2010年8月13日揭牌开学。国家电网公司领导力开发研究中心于2011年11月成立，挂靠国家电网管理学院，由国家电网公司人事董事部进行业务指导。

党校、管理学院、高培中心实行一体化管理，共有7个部门，分别是综合管理处、教务管理处、教学研究处、教学培训处、思想政治处、财务资产处和后勤保障处；设置机关党委1个，党支部7个，机关团委1个，团支部5个。

人力资源 利用首都的地理和人才优势，整合师资资源，党校、管理学院、高培中心建立了一支由中央国家机关高层领导、国内外研究机构专家、著名高校教授、知名企业家以及国家电网公司系统内部优秀管理专家、技术专家等组成的师资队伍，截至2011年底，拥有600余位客座教授，确保了培训业务的拓展和培训质量。

经营管理 策划、组织培训项目249个，培训量为103 600人天。其中，完成国家电网公司总部培训项目120个，培训量为67 138人天；完成网省公司和直属单位培训项目112个，培训量为25 452人天；完成其他培训项目17个，培训量为11 010人天。新开发项目完成率100%，培训质量满意率为99%，综合服务满意率为91%。

重点工作 提升培训精益化管理水平。按照培训管理流程开展工作，推进培训项目的闭环管理。在落实培训计划上，加强沟通协调，合理引导培训需求，提高培训资源管理水平，提升资源利用率 。在丰富培训内容上，拓展培训需求调研渠道，挖掘组织需求和学员需求，紧密围绕当前国家形势政策、国家电网公司重点工作，策划培训方案，提升培训的针对性和实效性。在创新培训方法上，加大参与式教学和现场教学的力度，采用行动学习、模拟教学、学员论坛等多种教学方式，调动学员主观能动性，聚焦企业问题，探究解决方案。在加强学员管理上，坚持从严治校、从严施教、从严管理，突出党性修养和党性锻炼，开展读书活动，发挥学员在教学培训中的主体作用，引导学员自我教育、自我管理、自我提升。在完善培训评估上，健全培训评估机制，以调查问卷、座谈会及行为事件访谈等方式，开展一级评估和二级评估。根据评估结果，优化培训方案，完善师资配置改进综合服务。在创新培训管理体系上，编制《班主任工作手册》，明晰培训工作流程，规范培训工作内容，健全培训工作标准，加强培训工作考核，构建覆盖培训全过程的、科学规范的培训管理体系，提升培训组织管理工作的标准化和规范化水平。此外，做好国家电网公司各类会议及招聘考试的组织服务。做好国家电网公司参加中央企业项目管理创新大赛赛前组织服务工作。

提高教学研究能力。完善科研管理机制，细化课题管理流程和办法，明确科研管理主体和职责分工，启用年轻员工担任项目组长，强化项目进度监控。研究建立具有电网特色的培训课程体系。完成国家电网公司高级经营管理人员培训课程体系建设及数字化校园研究与开发课题任务。推进思想库和案例库建设，与国家电网公司外联部合作开展国家电网公司2011年社会责任实践优秀案例研究、分析与评选，形成《国家电网公司2011年度优秀社会责任实践案例汇编》。开展师资体系建设研究。搭建师资管理数字化平台，健全师资基础数据，初步形成数据准确、结构完善、储备丰富的师资资源库。建立师资开发机制及管理流程，开展定量与定性相结合的师资分析，建立学员评估、班主任评价、干部巡视反馈的“三位一体”师资评价制度。做好研究成果的转化应用。将开发的新课程、新师资、新方式有针对性地应用于培训项目，通过实践检验课题成果，提升研究能力。

加强基础管理。建立健全覆盖教务管理、教学研究、教学培训、后勤服务和行政管理的各项内控制度，形成用制度规范行为、按制度办事、靠制度管人的有效机制。加强综合计划和预算管理，严控各项成本费用支出。加强关键领域、关键环节、关键节点的风险防范，构建全面风险管控体系。初步建成两院区标准成本体系。加强人力资源管理。纳入国家电网公司总部干部挂职培养锻炼体系，严格员工入口管理，做好员工劳动合同签订，规范劳动用工，完善后勤用工机制和考核机制。加强档案规范管理。系统梳理制定管理制度和办法，加强档案分类，强化监督检查。加强档案室硬件建设，提升档案管理水平。加快信息化建设。通过信息化建设和数字化校园平台，进一步固化了管理流程，实现了培训项目的全过程数字化管理，确保了教学资源和后勤资源的优化配置、集约共享，提升了管理的规范化和标准化水平。数字化校园系统累计运行数据同比增长50%。加强财务管理等信息系统的深化应用，通过国家电网公司信息系统实用化考核评价。多媒体教室改造完成，26间教室和会议室具备直播课堂功能。

后勤保障及基础建设。完善物资采购管理制度，坚持“按需采购、适度库存”，规范采购程序。加强招标管理，严格履行招标程序，加大前期调研力度，准确掌握市场动态，确保采购安全，降低采购成本。加大对基础设施设备的管理力度，建立健全设备台账，加强设备日常维护，提高设备健康运行水平。通过开展技能比武、建立学习小组等形式，强化后勤员工的服务意识，提高服务技能，提升服务质量。

推进管理学院二期工程和党校学员宿舍改造工程建设。优化基建工作流程，加快前期手续办理，完善设计方案。加强工程组织管理，对施工各环节进行全程管控，严格施工现场安全管理，严格控制施工工艺，在保证质量、安全的前提下，确保工程进度。

提升干部队伍素质。开展“读党章、学党史、强党性”、“感动高培：我身边的人和事”等主题活动，提升干部员工的责任意识、质量意识和执行意识，增强工作积极性和主动性。组织开展“读益书、增才干、强能力”主题读书活动，开展政治理论、形势政策和综合素质教育，组织学习中央和国家电网公司决策部署，学习特高压、智能电网相关知识，提升干部员工的政治、专业和文明素质。强化干部员工的岗位实践锻炼，以“大研究”为载体推动能力素质提升，做好对新员工的“传、帮、带”，开展后勤“学技能、负责任、强服务”活动，增强中层干部、专业管理和后勤服务队伍的能力。

党的建设和精神文明建设 深入开展创先争优活动。以纪念建党90周年为主线，以加强“三个三”建设为重点，通过“提诺、审诺、亮诺、践诺”完成公开承诺，制作公开承诺墙；通过“三亮三比三评”（亮身份、亮职责、亮承诺，比觉悟、比技能、比作风，领导点评、党员互评、群众测评），激励广大党员干部创一流服务、创一流队伍、创一流形象；通过宣传吕清森、江小金等典型人物先进事迹，选树高培中心先进典型，调动党员干部投身活动的积极性和主动性。

建设和弘扬统一的企业文化。采用“五觉法”（听觉、视觉、感觉、知觉和自觉），从不同角度、不同层面拓宽统一的企业文化传播与落地途径，使国家电网公司企业文化走进员工、学员内心。利用校园媒体，宣传国家电网公司统一的企业文化。在各类培训班中开设企业文化专题，增强国家电网公司决策部署的穿透力。向外聘专家、教授宣传国家电网公司企业文化，促进国家电网公司品牌推广与价值提升；开展《国家电网公司2010社会责任报告》赠阅工作，广泛宣传国家电网公司履行社会责任的情况，增进社会各界对国家电网公司的了解和关注。

做好党建和精神文明建设。加强思想政治建设。做好入党积极分子的学习教育培养和党员日常教育，加强组织建设。推行使用《基层党组织工作一本通》，提高党建标准化水平。开展员工思想动态调研，做好思想政治工作。开展爱心帮扶和送温暖活动，积极履行社会责任。开展“青春光明行”主题实践活动，引导团员青年关爱社会。加强文明单位创建，争做“首都精神文明单位”。

加强依法治企和反腐倡廉建设。健全完善“三重一大”集体决策制度，明确决策程序、范围和重点。建立协同监督机制，明确任务职责，强化监督意识。严肃财经纪律，开展财务自查自纠和专项审计，开展“小金库”和工程建设领域专项治理，提升依法治企水平。推进廉洁文化“五进”（进班子、进处室、进班组、进家庭、进培训班）活动，深化廉洁从业意识，形成“干事、干净”的浓厚氛围。

（王长春）

【国家电网公司管理学院】

见中共国家电网公司党校。

【国家电网公司高级培训中心】

见中共国家电网公司党校。

【中共中国南方电网有限责任公司党校】

单位概况 中共中国南方电网有限责任公司党校（简称南方电网党校）和中国南方电网有限责任公司干部学院（简称南方电网干部学院）是南方电网公司党组为加强公司各级领导班子和党员干部队伍建设，切实提高企业领导干部政治理论水平和战略思考、系统思维能力，牢固树立“以高素质的党员领导干部队伍引领企业发展”的价值理念，搭建的一个公司领导干部提高党性修养和综合素质的高端教育培训平台，成立于2011年4月8日。

中国南方电网有限责任公司教育培训评价中心（简称南方电网培训中心）是南方电网公司党组按照“集团化管理模式，一体化管理制度”的总体要求，为整合系统培训资源，提升培训工作的系统性，于2011年7月27日根据《关于调整公司南方电网培训中心等机构设置的通知》正式成立，南方电网党校、南方电网干部学院与南方电网培训中心合署办公，实行分公司管理模式，实体化运作，2011年9月16日完成工商注册登记。

南方电网培训中心是公司人才培养的高端平台，主要承担公司下达的各类教育培训和人才评价任务，协助公司开展教育培训和人才评价体系的研究和建设工作。

南方电网党校主要负责轮训培训公司党员领导干部，开展党的理论知识的宣传与研究工作，承担公司系统副处级及以上党员干部和中青年后备党员干部的轮训培训，着重培养党员干部的党性修养和党的理论知识。

南方电网干部学院主要负责培养公司高层次经营管理人才和政策研究人才，承担公司系统副处级及以上干部和部分优秀中青年后备干部的培训工作，着重加强干部的政治思想和管理能力的培训。

南方电网培训中心主要经营范围包括从事与电网经营和电力供应有关的科学研究、技术开发、咨询服务和培训业务，以及经营国家批准或允许的其他业务。

组织机构 南方电网培训中心、南方电网党校和南方电网干部学院合署办公，日常管理实行一体化运作，设置一套内部机构，配置一套工作人员。根据现阶段工作实际，内部机构设为综合管理处、教学管理处、学员培训管理处、在线教育培训处和员工测评处5个处室。

南方电网党校校长由南方电网公司党组书记赵建国董事长兼任，第一副校长由公司张晓东副总经理兼任，赵杰任常务副校长兼任南方电网干部学院院长和南方电网培训中心主任。

4月8日，举行南方电网党校和干部学院成立揭牌仪式暨公司2011年百名优秀年轻干部培训班开班仪式。南方电网公司党组书记、董事长、党校校长赵建国出席仪式并作重要讲话，公司副总经理、党校第一副校长张晓东对培训班做了动员讲话。

5月26日，南方电网公司总经理钟俊到党校调研并指导工作，党校常务副校长赵杰就党校的开办工作和百名优秀年轻干部培训班的有关情况作了翔实的汇报。钟总对党校在非常困难的条件下所取得的成绩给予充分肯定，并对党校的未来发展寄予殷切希望。

6月22日，召开了“公司党校和干部学院工作座谈会”，邀请了公司有关部门的领导和系统内外的专家参加会议，共同探讨党校和干部学院的办学思路和未来发展的方向。

7月27日，南方电网公司发文《关于调整公司南方电网培训中心等机构设置的通知》（南方电网人资〔2011〕42号），正式成立中国南方电网有限责任公司教育培训评价中心，与南方电网党校和干部学院合署办公，按分公司模式管理。

8月25日，中央党校国资委分校黄健副校长一行莅临南方电网党校和培训中心指导工作，对南方电网党校提出的纳入中央党校国资委分校教学序列的申请进行专项检查。黄健副校长听取了南方电网党校工作情况及未来的办学思路，考察了我校的办学环境，对我校工作给予充分肯定，对今后工作提出了积极建议。

9月16日，中国南方电网有限责任公司教育培训评价中心完成办理工商注册手续，具备了实体化运作的基本条件。

9月27日，公司2011年百名优秀年轻干部培训班举行毕业典礼。公司董事长、党组书记、党校校长赵建国为优秀学员颁发荣誉证书，为学员代表颁发毕业证书，并与学员们进行亲切座谈，对学员们未来的工作和职业发展指明了方向；公司副总经理、党校第一副校长张晓东出席典礼。

9～11月，组织开展了面向公司系统内外的公开招聘工作。

12月30日，南方电网党校正式获批纳入中央党校教学序列管理，取得了承办中央党校青干班的资格。这是公司致力于提升干部教育培训工作层次和水平的重要里程碑。

发展思路与战略目标

使命

服务公司战略发展，传播先进管理知识，培养企业高端人才。

培训理念

启迪思维，增进学识，提升能力，解决问题。

功能定位

高端人才发展中心，知识管理服务平台，企业文化传承渠道。

战略目标

搭建具有南方电网特色的“服务型、开放型、项目组织型”高端教育培训平台，打造国内领先、国际一流企业大学，为实现公司战略发展提供人才保障和智力支持。

“三步走”战略

第一步（2011～2012年）：整合资源强基础。通过调研、对标、学习和专题研究等手段，创新培训理念和发展思路，规范培训管理制度和流程，实现培训资源的积累与整合，形成一套简单、高效、实用的人才培养方法和标准，提升培训系统性，基本满足企业发展的人才培养需求。

第二步（2013～2015年）：创新培训树品牌。建设功能齐全、设施先进的培训基地，构建门类齐全、专业适用的课程体系，建立素质优良、结构合理的师资体系，搭建资源丰富、互助共享的在线教育培训平台，大力开展人才评价体系建设，树立南方电网的培训品牌，打造国内领先的企业大学。

第三步（2016～2020年）：科学发展创一流。与国际一流的企业大学对标，以更高的标准打造具有南方电网特色的教育培训和人才评价体系，进一步创新培训理念和方法，将党校和培训中心打造成为国际一流的企业大学，真正成为企业变革的推动者。

服务公司人才发展“六大工程” 2011年党校共承办15期培训班，培训各级领导干部873人次，其中厅级干部115人次，处级及以下人员758人次。

（1）圆满完成公司首期百名优秀年轻干部培训班。来自公司系统各级单位的107名年轻干部参加了历时6个月的培训班，系统接受了学习党性教育、管理基础理论培训、综合管理能力培训、专业知识技能培训、创先体验学习、培训考察、军训及拓展训练等7大模块的培训。创新培训理念，采取独特的教学模式组织实施，取得了良好效果，得到了公司党组和中组部、国资委等上级单位的充分肯定，并在公司系统起到了良好的示范作用，圆满完成了公司党组交给我们的第一份作业。

（2）圆满完成领导干部财务经营管理专题培训班。针对公司系统干部大多是电力专业出身，知识结构相对单一，在财务和经营方面急需专业学习的特点，10月，公司举办了领导干部财务经营管理专题培训班。培训班在课程设计上突出围绕“财务管理”主题，通过财务管理的基本概念和电力行业专项财务管理学习、国家相关政策和国内外金融形势研究等，使学员们掌握了现代财务管理工作的理论和实务工具，学会了用好财务信息和数据指导经营管理活动，进一步优化领导干部的知识结构，提升综合管理素质和能力。

（3）圆满完成处级及以上领导干部战略轮训班。有198名处级及以上领导干部参加了轮训班，系统学习了战略管理的基础理论、发展历史、各大流派的思维模式、一体化、信息化、资产管理、项目管理、目标管理等知识，夯实了领导干部战略管理基础。通过分享英国国家电网、新加坡新能源公司、香港中华电力等国内外企业的管理经验，开拓了领导干部眼界，拓展了思维，能以新的视角和思维方式来看待、分析、思考和解决问题，并不断开拓创新。

（4）圆满完成 2011 年度县区级及以上企业领导班子专题轮训班。按照公司三年内完成 2600 名县区级及以上企业领导班子专题轮训，全面提升党性修养和依法经营能力的要求，2011 年共举办了 11 期专题轮训班，有 538 名领导干部参加了培训。重点学习了党风廉政教育、供电企业法律风险管理、电力财务管理基础、突发事件应急管理与舆论应对等四个方面的内容。轮训班按照“统一课程、统一师资、统一教材”的方式统筹实施，通过加强培训管理、严格考核评价，确保培训出成效。

调研学习 联合公司人事部和人资部，先后赴中央党校国资委分校、国家三大干部学院、国网高培中心、国网技术学院、中电投高培中心、中粮集团忠良书院、中航大学等优秀教育培训单位开展调研，认真学习其先进的管理模式，先进的培训理念和经验，以及先进的建设规划，深入探讨党校和培训中心的管理模式、功能定位、教学体系和长远规划。由培训中心领导带队对广西、贵州、云南电网公司的培训资源进行调研，摸清了系统内培训资源的现状，掌握了各级培训基地的布局和专业特色，听取了各级单位对党校和培训中心未来发展的意见和建议，为下一阶段全面整合公司系统高端培训资源，提升培训和评价工作的系统性打下坚实基础。组织召开了“教育培训工作专题研讨会”，邀请公司有关部门的领导和系统内外的专家参加会议，共同探讨党校和培训中心的办学思路和未来发展的方向。积极与公司有关部门汇报沟通，理清培训管理纵向界面，梳理各业务模块的管理流程，为今后各项工作高效率开展奠定了良好基础。

队伍建设 南方电网党校、南方电网干部学院和培训中心在充分调查研究的基础上，提出了机构设置与人员岗位配置建议方案，并得到公司的基本认可。根据公司确定的机构调整方案，党校与培训中心合署办公，明确了 5 个处室和 60 人的总编制，按照分公司模式进行实体化管理。为了能够更好地完成公司下达的各项任务，党校和培训中心积极开展竞争性人才选拔，在公司系统内外开展了处室负责人和主管岗位的公开选聘，有效提升员工队伍的整体素质和业务能力。建立健全党组织，成立了党校党支部，并通过公推直选的方式产生了党支部书记和委员，建立党支部学习常态机制，加强党员的党性修养和党风廉政建设。

内部管控 按照公司一体化管理战略部署，参照公司的管理制度体系，结合实际编制并出台了一系列管理制度、流程和表单，促进了培训中心各项业务的科学化、规范化管理。明确了各处室的工作界面和业务关系，编制了各岗位的岗位说明书，确保培训中心各项业务高效有序开展。建立培训中心的各类财务信息系统，保障了日常办公及各项培训任务的顺利实施，确保了培训经费基本收支平衡。

【中国南方电网有限责任公司干部学院】

见中共中国南方电网有限责任公司党校。

【中国南方电网有限责任公司教育培训评价中心】

见中共中国南方电网有限责任公司党校。

【中国电机工程学会】

单位概况 中国电机工程学会（简称学会）是全国电机工程科学技术工作者自愿组成并依法登记成立的非营利性的学术性法人社会团体。1934 年 10 月 14 日创建于上海，原名为中国电机工程师学会，1958 年改名为中国电机工程学会，同年加入中国科协，办事机构设在北京。

中国电机工程学会先后召开了九届全国会员代表大会，第一届 1958 年，刘澜波任理事长；第二届 1963 年，程明陞任理事长；第三届 1980 年、第四届 1984 年，毛鹤年任理事长；第五届 1988 年、第六届 1994 年，张凤祥任理事长；第七届 1999 年、第八届 2004 年、第九届 2009 年，陆延昌任理事长。

中国电机工程学会下设组织、学术、科普、外事、编辑、咨询、青年和教育、名词术语 8 个工作委员会，有覆盖电机工程各个专业的 33 个专委会，33 个省、直辖市、自治区均有地方电机学会组织。学会拥有个人会员 13 万余人。其中高级会员 9463 名，荣誉会员 208 名，单位会员 651 个。

工作综述 中国电机工程学会 2011 年在自身建设、学术交流、国际交流与合作、科普、咨询、奖励、编辑出版等各方面取得了显著成效，具体工作如下。

一、自身建设

2011 年学会工作总部直接发展单位会员 7 家，发展普通会员 579 人，其中学生会员 140 人，发展高级会员 40 人。建立并启用会员信息管理系统，完成 9.6 万名会员信息的收集和入库工作。利用网站为会员提供会刊电子版、会议论文检索、会议预报等信息。为单位会员提供科技咨询、学术交流、评价推荐等服务项目。

开展了首届会士遴选工作，遴选出蔡洋等 42 位中国电机工程学会会士。

召开了学会第九届第四次常务理事会会议和第九届第二次理事会会议，审议通过了关于学会第九届理事会理事、常务理事和副理事长变更的决议。

完成了电力土建、电力环境保护、水电设备、电力系统自动化、电力通信、继电保护等6个专委会的换届工作。召开了组织、学术、科普、咨询、青年、编辑等工作委员会会议。

在中国科协召开的第八次全国代表大会上，学会被授予“全国科协系统先进集体”，学会理事长陆延昌被授予中国科协荣誉委员，常务副理事长陈峰当选为中国科协第八届全国委员会委员，学会工作总部周缨同志荣获“全国科协系统先进工作者”称号。

二、学术交流

2011年学会共举办学术会议74次，其中国际会议7次，高端前沿学术会议14次，参加人数共计8238人次，交流论文3600篇。

主办了以“科技引领—节能低碳煤电技术创新与经验”为主题的2011清洁高效燃煤发电技术协作网年会、以“电力安全与绿色发展”为主题的2011年中国电机工程学会年会；承办了第十三届中国科协年会第15分会场暨大规模储能技术的发展与应用研讨会，并被评为第十三届科协年会优秀分会场；与中国电工技术学会联合主办了2011年电气工程学院院长论坛、与中国水力发电工程学会和中国长江三峡集团公司联合主办了2011年发电设备技术创新研讨会；举办了分布式能源系统发展研讨会等富有影响力的学术活动。

学会各专委会举办了一系列专题学术会议和活动。如第一届9E型燃气轮机发电机组运行值班员职业技能竞赛、输变电工程电磁环境及电磁影响专题研讨会、火电厂袋式除尘技术应用与发展研讨会、低碳经济与电力土建学术研讨会、2011电力行业信息化年会、清洁能源与智能电网研讨会。

三、国际交流与合作

2011年学会组织参加在境外举办的学术会议4次，组织境内国际学术交流活动3次，联合举办海峡两岸技术论坛1次。

学会陆延昌理事长率团参加了在德国法兰克福召开的国际供电会议组织2011年大会（CIRED 2011）；组团赴香港参加了ICEE2011电机工程国际会议；中国作为国际大电网组织亚太区域理事会轮值主席国，在泰国清迈举办了国际大电网组织亚太区域理事会会议，并邀请专家学者作了题为《中国能源发展与战略》、《中国建筑能源现状》、《清洁煤发电及应用》和《中国风能面临的挑战及解决方案》的报告。

学会与中国台湾智慧型电网产业协会共同主办了“海峡两岸智慧电网研讨会”；与国际电工委员会（IEC）联合举办了2011亚洲智能电力国际峰会；国际大电网会议（CIGRE）中国国家委员会（其秘书处设在中国电机工程学会）联合国际大电网旋转电机专委会A1在北京举办了旋转电机的新发展技术研讨会，联合CIGRE B1专委会主办了以“未来电网中的电缆”为主题的CIGRE绝缘电缆专委会2011年技术研讨会；与清华大学联合主办了2011年继电保护与电力系统自动化国际会议（APAP2011）。

组织翻译了印度输电报告、美国电科院2010技术发展概况、CIGRE工作组研究报告以及工程能力建设指南等技术文件，总计46万余字。

四、技术咨询和技术服务

2011年学会共完成咨询报告9篇，举办决策咨询专家论坛3次。

完成了“国家电网2030技术路线图”、“发电企业本质安全管理体系研究”、“中国大规模风电科学发展战略研究”和“风电安全发展”等课题研究和专项技术咨询。

完成了《电力安全事故应急处置和调查处理条例》的名词解释修订意见；修改完成《发电机组并网安全条件及评价》标准，并报国家标准委员会审查。

学会完成的《地震对电力设施影响及应对调研报告》和《中国大规模风电科学发展的战略研究》分别获2011年度中国科协优秀调研报告一、二等奖。

完成科技成果技术评价102项，其中电气类成果68项、发电类成果34项。

五、科普活动

2011年学会共组织科普活动13次，科普讲座32次，科普展览18次，受众6388人次。

组织了主题为“电厂节水专题交流及展示会”的2011年全国科普日分会场活动；举办了主题为“低碳生活、绿色社会”的科普展览，展览以展板、模型、科普短片、科普知识问答以及科普小册子等形式，涵盖了“十一五”电力行业减排成果、能源消耗与气候变暖、智能家居与用电安全等内容。

赴宁夏贺兰县金贵回民中学举行了科普下乡和科普大篷车下乡活动，有近千人参与了此次活动，期间向贺兰县金贵回民中学和西吉县吉强镇夏寨小学进行了捐赠。

开展2009～2010年度优秀科普作品评选活动，“爱心促科普”图书募捐活动，共收到11家单位共计2656本新旧科普图书，全部捐赠给宁夏西部中小学校。

六、科技奖励与人才举荐

2011年，中国电力科学技术奖的授奖项目113项，其中一等奖7项，二等奖30项，三等奖76项。2011年对《中国电力科学技术奖励办法》进行了修订。经学会推荐，有2项电力优秀科技成果获得2011年度国家科学技术进步奖，其中一等奖1项、二等奖1项。

设立了“中国电机工程杰出青年工程师奖”，任雁铭、吴小辰、吴文传、周虹光、赵丙镇5位同志获得首届中国电机工程杰出青年工程师奖。

举行了第二届顾毓琇电机工程奖颁奖典礼，楼家法教授获奖，此奖项由中国电机工程学会与美国电气电子工程师学会电力与能源分会（IEEE PES）共同设立。

七、继续教育工作

承办了由人力资源社会保障部专业技术人员管理司、中国科学技术协会学会学术部主办的“风力发电技术现状与发展”专题研修班，115人取得了人力资源和社会保障部颁发的《专业技术人员高级研修班结业证书》。

八、出版工作

《中国电机工程学报》获得2011年度“中国出版政府奖期刊奖提名奖”，连续4年总被引频次全国排名第一，连续6年获得中国科协精品期刊资助，连续9年被评为中国百种杰出学术期刊。学会会刊《动力与电气工程师》免费为会员发放18 000册。英文刊物《Electricity》经新闻出版总署批准，正式由季刊改为双月刊发行。

2011年1月正式启动《中国电力百科全书》（简称《电百》）（第三版）的修编工作，陆延昌理事长任《电百》三版编委会主任委员兼主编。

经全国科学技术名词审定委员会批准成立了“第四届电力名词审定委员会”，审定《电力名词》（第三版）工作已经进行。

举办了2011“远东杯”诗书画大赛，面向电力系统征集作品千余件，编辑出版了诗词集《电火诗花》以及书画作品集。

九、会议工作

1. 清洁高效燃煤发电技术协作网2011年会

2011年10月13～14日，在西安召开了以“科技引领—节能低碳煤电技术创新与经验”为主题的“清洁高效燃煤发电技术协作网2011年会”，会议回顾了火电行业“十一五”期间的发展经验，展望了“十二五”期间行业面临形势和能源技术发展趋势，讨论了在更为严格的火电厂大气污染物排放标准的新形势下，火电行业如何实现健康的、可持续的发展和增强自主创新能力，并围绕超临界、节能减排和清洁煤利用等方面的技术进行了探讨。中国华能集团公司副总经理胡建民、国电环境保护研究院副院长朱法华、清华大学姚强教授、东京电力公司清洁煤研究所副社长石桥喜孝、中国神华国华电力分公司副董事长秦定国分别就火电行业“十一五”经验和“十二五”展望、火电厂大气污染物排放标准、中国先进能源技术发展、日本250MW IGCC项目以及富氧燃烧技术作了报告。中国科学院陶文铨院士作了《电厂冷凝器强化传热》报告。年会共征集论文550篇，录取294篇，评出了30篇优秀论文，其中一等奖2名、二等奖11名、三等奖17名。

2. 2011年会

11月27～29日，在贵州省贵阳市举办以“电力安全与绿色发展”为主题的2011年中国电机工程学会年会，会议共征集论文1300余篇，录用880余篇，评选出优秀学术论文24篇和优秀论文张贴海报6篇。参会超过600人。会议目的是探讨如何通过技术创新和发展方式的转变来推动能源生产和利用方式的变革，促进经济社会发展与环境相协调，走可持续发展之路。

中国电机工程学会陆延昌理事长，常务副理事长、国家电网公司总经理助理陈峰，中组部人才局副局长宋永华，郑健超院士、周孝信院士、薛禹胜院士、蒋洪德院士、叶奇蓁院士等出席会议。中国科协学会学术部副部长刘兴平、科技部高新技术发展及产业化司能源处处长郑方能、中国电机工程学会（台湾地区）理事长李嗣涔、香港工程师学会会长陈福祥、薛禹胜院士、日本电气学会会长大久保仁、叶奇蓁院士、日本核能安全组织（JNES）前主席成合英树教授，分别作了题为《科技社团与社会管理》、《中国能源现状及面临的挑战和能源科技发展战略》、《台湾能源处境与对策》、《智能电网的展望》、《以风险观点来应对小概率的多米诺事件》、《日本电力系统现状及在东部大地震之后的恢复》、《后福岛时期中国核电的发展》、《福岛核电站事故真相及经验》的8个主旨报告。著名经济学家茅于轼作了题为《经济学与人生》的报告。

会议组织国内外的知名专家学者就“智能、高效、可靠的绿色电网”、“清洁能源与分布式能源”、“火力发电的安全经济与节能环保”、“大规模风电并网技术”、“中国水电大发展”等5个专题进行了研讨。安排了7组论文宣讲，167篇论文张贴交流，涵盖电机工程各个技术领域。

会议为获得2009～2010年度优秀科普作品的一、二等奖获得者颁奖，并同期举办了新技术展示和科普展示。

中国电机工程学会（台湾地区）理事长李嗣涔和澳门机电工程师学会理事长邝伟文的出席，首次实现了中国台湾、香港、澳门和内地电机学会（工程师学会）理事长的历史性会面。学会陆延昌理事长、陈峰常务副理事长、秦定国副理事长、李若梅秘书长与中国电机工程学会（台湾地区）、香港工程师学会、澳门机电工程师学会，日本电气学会的代表分别举行了会谈。澳门IEEE分会李晓东博士受邀参会。

十、评奖、获奖情况

1. 中国电机工程杰出青年工程师奖评审

“中国电机工程杰出青年工程师奖”于2011年度设立，第一次共有38人获得提名，经青年工作委员会评选出任雁铭、吴小辰、吴文传、周虹光、赵丙镇等5位同志为拟获奖人。11月29日，在贵州举行了首届中国电机工程杰出青年工程师奖颁奖典礼。奖项设立的目的是为了表彰奖励在电机工程技术领域取得突出成绩、创新性成果，获得良好社会效益或经济效益的青年专家。对于促进电力青年科学技术人才成长，鼓励电力科技领域的创新，推动中国电机工程科技进步和学会事业的蓬勃发展具有十分重要的意义。

2. 第二届顾毓琇电机工程奖颁奖

10月25日晚，中国电机工程学会和美国电气电子工程师学会电力与能源分会（IEEE PES）在陕西西安举行了第二届顾毓琇电机工程奖颁奖典礼。IEEE PES主席Alan C. Rotz、中国电机工程学会常务副理事长陈峰、顾毓琇博士的次子顾慰庆、本届顾毓琇电机工程奖得主楼家法等出席颁奖典礼。IEEE PES秘书长Patrick Ryan主持典礼。楼家法是原西安电力机械制造公司总工程师，是中国高压开关、断路器设计领域杰出的领导者和技术权威，设计研制了中国第一台15kV高压断路器，为中国输变电设备制造工业的发展作出了巨大贡献。

3. 诗书画大赛

为弘扬中华传统文化，反映中国电机工程学会会员及广大电力、电气制造及动力职工丰富多彩的业余文化生活，中国电机工程学会组织举办了2011“远东杯”诗书画大赛。征集作品千余件，评选出诗词作品：一等奖2名，二等奖5名，三等奖10名，优秀奖20名。书法作品（含篆刻作品）：一等奖2名，二等奖4名，三等奖6名，优秀奖10名。美术作品：一等奖1名，二等奖3名，三等奖4名，优秀奖10名。2012年1月8日，举行了“远东杯”诗书画大赛的颁奖仪式。学会陆延昌理事长等为获奖者代表颁发了奖状。

【中国水力发电工程学会】 2011年是国家“十二五”规划开局之年，中国电力能源继续保持多元化健康可持续发展，截至2011年底全国电力总装机已突破10亿kW大关，其中水电装机达2.2亿kW左右，保持了较好的发展势头。中国水力发电工程学会（简称水电学会）积极开展各项工作和任务，取得了一定的成绩，重点完成了六届学会向七届学会的换届工作，努力开创学会工作和发展新局面。

一、第七次全国代表大会胜利召开，新一届理事会选举产生

2011年10月28日，中国水力发电工程学会第七次全国代表大会在北京召开。全国人大常委会原委员长李鹏、中国政协原副主席钱正英分别给大会发来了贺信；中国科协、国家能源局、国家电力监管委员会、水利部、国务院南水北调办公室等上级领导、政府有关部门对这次会议给予了大力支持，有关领导亲自到会并作热情洋溢的讲话。来自180多家会员单位的258名代表出席了大会。

大会听取和审议通过了第六届理事会理事长周大兵所做的《积极促进水电开发，服务低碳经济发展，为建设创新型国家、全面推进构建和谐社会而奋斗》的工作报告。报告充分肯定了六届理事会五年的工作成绩，明确提出了今后5年学会工作的指导意见和主要任务。

大会审议通过了中国水力发电工程学会章程修改草案，对学会章程做了一些必要的修改，使学会业务范围和所担负任务的表述更加完善，学会的定位更加准确，学会的组织体系更加明确，学会的运作程序更加规范。

大会通过民主选举，产生了中国水力发电工程学会第七届理事会，在大会期间召开了七届理事会第一次会议，选举产生了七届理事会领导班子。新当选的七届理事会231位理事分别来自规划设计、投资建设、施工运行、制造安装、科研院校等192家会员单位，平均年龄不超过50岁。

大会期间召开了第七届理事会第一次会议，选举产生了七届理事会的领导和常务理事会。张基尧为理事长，李菊根为常务副理事长兼代秘书长，丁焰章等19人为副理事长，马海晨等77人为常务理事。大会提名通过了三位副秘书长名单：吴义航（常务）、李新、张博庭。

大会表彰了开展活动积极和工作成绩突出的30个学会先进集体和50名优秀学会工作者。宣读了《潘家铮水电科技基金扩资倡议书》，希望各单位和个

人积极支持，共同努力实现基金本金达到4000万～5000万元的扩资预期目标，一起把基金做得更大、更好、更有影响力，促进水电科技创新与进步。

第七届理事会理事长张基尧在大会闭幕式上作了重要讲话。他总结了大会取得的成果；充分肯定了六届理事会取得的成绩，表示一定会在前几届理事会工作的基础上，与大家一起把水电学会的各项工作再向前推进一步，充分发挥出水电学会在推动中国水电事业又好又快发展进程中的积极作用。关于新一届理事会今后五年的工作，张基尧理事长强调：一要认清形势，努力为构建社会主义和谐社会做出贡献；二要发扬优良传统，在继承中不断创新工作机制；三要进一步强化服务意识，努力提升整体服务水平；四要进一步加强自身建设，提高自我发展能力；五要进一步发挥桥梁纽带作用，共同推动水电事业发展。

二、加强组织建设

2011年初召开了学会专业委员会秘书长工作会议，就各专委会和各省级学会2010年度工作总结和2011年工作思路进行了探讨和交流，就如何更好地推进水力发电学会系统机构的整体发展、促进中国水电事业可持续发展建言献策。会议充分肯定各专委会一年来所取得的成绩，进一步明确了各单位今后的工作要突出几个方面：一要继续加大水电宣传力度，努力宣传好水电的形势，攻克难题，继续开创水电开发的新局面；二要努力抓好省级学会和各专业委员会的换届工作，搞好自身建设，不断壮大和完善服务功能；三要切实抓好“四为”服务工作，主要是为社会服务、为政府服务、为企业服务、为广大水电工作者服务；四要努力促进水电科技进步，做好课题攻关，注重结合工程实际建设和生产运行管理来解决一些具体问题；五要创新工作思路，改革工作模式，加强相互间的联络交流，探索联合办会、充分整合资源新方式，实现各单位之间的平衡发展；六要努力总结好水电发展成果和经验，尤其是总结技术和管理的经验，积累各自的技术和管理财富。

水电学会与中国水利水电建设集团公司联合成功举办了2011年中国水电新春联谊会。作为中国水电界一年一次的重要盛会，同时也是全国各水电有关单位和新老水电工作者最重要的联络交流平台，水电新春联谊会已经连续召开了17年。

认真落实中国科协关于专业委员会有关工作要求，完成了有关专委会的变更报批材料和换证工作。完成了水电学会年度年检和学会期刊年检等一系列报批工作。

2011年适逢四川、湖南、云南、安徽、天津等省（直辖市）学会换届，秘书处派员参加了换届会，加强了与省（直辖市）学会的联系。

三、促进学术繁荣

继续围绕水电建设与科技进步的重点、热点和难点问题，积极构建学术交流和技术传播平台，激发广大水电科技工作者积极参与学术交流和研讨活动，努力促进中国水电事业的科技创新与进步。

4月，水电学会与中国电机工程学会、中国三峡集团在宜昌联合举办了“2011年发电设备技术创新研讨会”。此次会议的主题为“创新与合作——可持续发展的中国电力技术”，会议总结改革开放以来电力设备自主创新宝贵经验，不断提升中国发电设备整体技术水平，为推动中国电力事业的可持续发展贡献力量。有关电网公司、国内制造厂家、设计单位、科研院所、高等学校等单位210多位领导和专家出席了会议。

11月，水电学会与中国岩土力学与工程学会在西双版纳共同举办了“高堆石坝筑坝与工程安全技术研讨会”，就高堆石坝筑坝与工程技术安全的相关技术问题进行研讨，交流高堆石坝筑坝与工程安全技术的最新研究成果和工程经验。共有来自全国各地65家设计、施工、科研和建设单位的256位专家、学者和工程技术人员参加了研讨会。收到有关高堆石坝的基础理论与实验研究、抗震研究、设计、工程实践等方面的论文105篇。

水电学会在中国科协的指导下，积极服务国家外交大局，发挥民间科技交流的积极作用，开展了多项国际科技交流工作。

1月，水电学会与挪威顾问集团、挪威鲍威尔公司以及挪威船级社进行了技术交流，鉴于中国水电的良好发展形势，挪威公司希望了解中国中小水电的政策，发展现状、趋势及规划，探讨参与中国中小水电发展和建设的可能和机会。双方就所关心的问题进行了友好的讨论和交流。

2月，挪威船级社（中国）有限公司DNV可持续发展中心与水电学会就水电风险管理有关问题进行了交流，风险管理专委会参与了交流活动。

6月，国际水电协会（IHA）“促进水电可持续发展”2011世界水电大会在巴西伊瓜苏市召开，水电学会应邀组织8人专家团组参加了此次大会。代表团在会议上散发了学会简介和《中国水电可持续发展的成就与展望》资料，介绍中国水电开发在战略规划、技术装备、移民安置、环境保护、国际交流合作等方面取得的辉煌成就，以及未来5～10年内水电开发目标和可持续发展途径。通过积极开展与国际水电界的交流，了解了世界水电的最新发展动态和建设情况，扩大了中国水电的影响，为今后的国际交流与合作奠定了基础。

四、加强水电宣传

水电学会始终坚持把开展水电科普宣传和舆论宣传摆在工作突出位置，以传播水电科技知识和营造良好舆论环境为己任，努力促进水电健康有序开发。

面对造谣诬蔑怒江水电开发的炒作，为了回答社会各界对水电开发中的地质和地震问题的疑问，3月，水电学会与中国大坝协会共同举办了《绿色能源——水库大坝与环境保护论坛》，邀请了中国地震局地质研究所的地震专家深入浅出地说明了怒江地区的地震问题和地震与水电开发的关系，借助与会媒体的力量，加大正面宣传力度，对环保组织造谣诬蔑怒江水电开发的阴谋给予有力回击，还公众积极正面的水电舆论氛围。

3月，水电学会与《能源》杂志联合开展了“中国绿色水电行”大型实地参访考察和宣传报道活动，参访团沿大渡河逆流而上，先后考察国电大渡河公司旗下的深溪沟、瀑布沟和大岗山水电站，继而折向川西，进入雅砻江流域，顺流而下，实地调研二滩公司旗下锦屏一二级、官地、二滩和桐子林电站。在近10天的时间内，“中国绿色水电行”辗转上千公里，参访了8座水电站。4月，《能源》杂志根据参访情况作了《水电困局调查》的系列报道，努力从体制、技术、舆论成因和开发模式等角度，客观而立体地为中国水电正名，向公众传达被淹没的水电真相。

为了搞清社会上极为关注的水电开发与地质减灾的问题，水电学会承接了中国科协的“水电开发与地质减灾”的科普活动资源包项目课题，课题组根据清华大学用消能的方式成功治理泥石流灾害的经验，组织专家对水电开发与地质减灾的作用进行了调研，同时根据调研结果摄制了科普电视专题片，并于11月在京举办了有关水电开发与地质减灾问题的《绿色能源一科普论坛》。科普调研表明：减少泥石流地质灾害的关键在于消能，而水电开发就是要提取和利用河水的能量，如方法得当绝对应该有利于减少地质灾害。即使对于季节性的山洪，如果能注意采用水电站的消能结构，也能减少甚至杜绝泥石流灾害的发生。

继续管理和维护好水电学会网站《中国水电网》，做到学会新闻和行业动态及时更新，学会重大活动实现网络直播。加强与能源网、人民网、中国网等众多权威网络媒体合作，以发表文章和评论的形式，客观公正地宣传中国水电，及时对各种不实报道和文章加以澄清。

五、推进科研服务

水电学会始终注重持续更新完善服务理论、丰富服务内容、提升服务水平，努力为政府、行业、企业和会员提供服务。充分利用行业影响力和专家群体优势，不断加强与各大电力集团、流域开发公司和水电企业的交流与合作，深入开展科研课题、技术咨询服务。

组织开展《锦屏一级、锦屏二级水电站调度模式与电力电量消纳方案研究》、《官地水电站调度模式与电力电量消纳方案研究》课题，努力做好锦屏官地电力电量的消纳工作，科学合理调度，实现发电和供电的协调、电力和电量的协调、水利和电力的协调、上下游电站的协调，从而充分发挥雅砻江下游梯级水电站的水能资源综合利用效益，为国家节能减排和地区经济社会发展提供优质清洁能源。组织开展《金沙江中游梯级水电站流域电价研究》、《金沙江中游梯级水电站统一调度、统一运行模式研究》课题，不断将近几年学会重点开展的流域梯级联合优化调度研究、实践和推广应用引向深入，并努力为水电工程争取合理上网电价。受挂靠单位中国水电顾问集团委托，开展《红水河流域综合开发调查研究》课题。水电学会组织20余位中国工程院院士和专家开展的国家“十一五”科技支撑重点项目“特大型梯级水利水电工程安全及高效运行若干关键技术问题研究”咨询课题取得重大进展，目前已进入课题结题阶段。红水河梯级水电站联合优化调度研究、乌江梯级水电站优化调度效益评价体系研究及软件开发、新疆伊犁喀什河吉林台一级水电站技术咨询服务等课题顺利进入结题阶段。

组织编制行业标准规范，促进完善行业管理体系建设。为提升水电站建设项目和企业安全生产水平，组织编制《大中型水电项目风险管理技术标准》，11月在杭州召开了标准征求意见稿审查会，计划于2012年上半年完成终稿并上报有关部门批准发布。随着中国水电开发的有序推进，不断形成的流域梯级水电站群格局对水电站调度控制提出了新的更高的要求，为提高水资源综合利用效率和水电站运行效益，组织编制《流域水电站梯级集中控制技术标准》，目前有关工作正在有序推进中。

六、力促科技创新

潘家铮水电科技基金进入良性运作阶段。基金自2008年成立以来，每年组织召开一次基金理事会和基金秘书长工作会议，探索完善基金章程和各项实施办法，不断寻求基金在保障本金安全基础上的良性运作，保证了基金每年的合理收益，能够支撑几个奖项的有效运作。12月在浙江大学隆重召开了“第三届潘家铮水电奖学金颁奖典礼”，与会领导为43位获奖学生颁奖，同时组织国际大坝委员会主席、中国水科院副院长贾金生为到会150余位师生做了题为《世界大坝建设与进展》的精彩专题报告。

圆满完成了2011年度“水力发电科学技术奖”评审工作。该奖项于2009年8月获得国家科学技术奖励办公室审批通过，设立了中国水电行业第一个社会力量奖项（等同于省部级奖），以鼓励自主创新和应用推广先进科学技术成果，推动水力发电科学技术不断向前发展。本年度评奖活动得到了业内各企业单位的积极响应，共收到全国水力发电勘测设计、制造、施工、生产运行、科研等单位推荐的120余个项目，按照规定程序经过严格评审、在“中国水电网”公示后，正式向社会公布了首届水力发电科学技术奖获奖项目，共评出一等奖8项，二等奖9项，三等奖26项，并于2012年水电新春联谊会上隆重举行了颁奖典礼。

应贵州省科协要求，根据中国科协的通知，围绕贵州省“工业强省”10大产业问题，水电学会向贵州省科协推荐了水电领域的科技专家，支持和参与贵州省科协重点工作，为西部地区经济社会跨越式发展服务，助推西部工业产业振兴。水电学会作为“贵州工业强省十大产业一院士专家论坛暨引聘科技专家洽谈活动”支持单位之一，8月组织水电界院士和专家参与了这项活动。参与了教育部的工程教育专业认证工作，水利类专业认证专家分委员会包括四个专业：文与水资源工程、水利水电工程、港口航道与海岸工程、农业水利工程，其秘书处挂靠在中国水利学会，水电学会参与了该项工作，推荐了水工专家，是秘书处成员之一。根据科协《关于推荐提名中国科学院和中国工程院院士候选人的通知》的要求，及时将通知及相关文件转发会员单位，成立提名院士候选人工作小组，制定了学会提名中国工程院院士候选人的办法和工作程序，按要求将4名提名候选人的材料报送科协。2011年，水电学会推荐了3名中国青年奖候选人和1名光华奖候选人。

七、抓好出版工作

在年鉴编委会全体专家的努力下，继续顺利完成了《中国水力发电年鉴》（2010年卷）的编撰出版工作，并于2012年水电新春联谊会上发送与会领导和来宾。继续支持和管理好学会会刊《水力发电学报》，全年共刊登论文200多篇，被国际权威检索机构EI检索的收录率高达99%，美国《工程索引》自2008年起将本刊定为核心收录期刊，学报影响因子逐年提高，被中国科协期刊评审机构评为第一档次“内容质量较好”的期刊。

2012 中国电力年鉴

大 事 记

2011 重大事件

【电价调整、阶梯电价政策出台】 继2011年4月全国多个省份上网电价上调之后，6月1日起，国家发改委再次调整电价，15个省份工商业、农业用电价格平均每千瓦时上调1.67分，居民用电价格不变。时隔半年，当年的第三次电价调整方案出台：自12月1日起，将全国燃煤电厂上网电价平均每千瓦时提高约2.6分，居民生活用电试行阶梯电价制度，80%的居民用电价格不作调整。此次除上调上网电价外，还将随销售电价征收的可再生能源电价附加标准由原来每千瓦时0.4分提高至0.8分；对安装并正常运行脱硝装置的燃煤电厂试行脱硝电价政策，每千瓦时加价0.8分。6月3日，国务院批转了国家发改委《关于2011年深化经济体制改革重点工作的意见》（简称《意见》）。《意见》要求，加快输配电价改革，择机实施居民用电阶梯电价等。各地实行居民用电阶梯电价的具体方案，由各省级价格主管部门履行价格听证程序后实施。

【青藏联网工程建成投运】 2011年12月9日，世界上海拔最高、高寒地区建设规模最大、施工难题最多的输变电工程——青藏联网工程投入试运行。

青藏联网工程自2010年7月29日开工建设，由西宁—格尔木750kV输变电工程、格尔木—拉萨±400kV直流输电工程、藏中220kV电网工程三部分组成，从西宁到拉萨线路全长2530km，总投资超过160亿元。工程历经16个月建成，比原计划提前一年。

工程的建成，结束了西藏电网长期孤网运行的历史，从根本上解决了制约西藏发展的缺电问题；标志着中国内地电网全面互联，为从根本上满足西藏城乡居民生活和工农业生产用电打下了基础。

【《电力安全事故应急处置和调查处理条例》施行】 2011年7月7日，国务院总理温家宝签署第599号中华人民共和国国务院令：《电力安全事故应急处置和调查处理条例》（简称《条例》）已经2011年6月15日国务院第159次常务会议通过，自2011年9月1日起施行。

《条例》包括总则、事故报告、事故应急处置、事故调查处理、法律责任和附则共六章37条，并附“电力安全事故等级划分标准”。《条例》规定，国务院电力监管机构应当加强电力安全监督管理，依法建立健全事故应急处置和调查处理的各项制度，组织或者参与事故的调查处理。国务院电力监管机构、国务院能源主管部门和国务院其他有关部门、地方人民政府及有关部门按照国家规定的权限和程序，组织、协调、参与事故的应急处置工作。电力企业、电力用户以及其他有关单位和个人，应当遵守电力安全管理规定，落实事故预防措施，防止和避免事故发生。

《条例》就事故报告、事故应急处置、事故调查处理、法律责任等进行了明确规定。《条例》指出，任何单位和个人不得阻挠和干涉对事故的报告、应急处置和依法调查处理。

【新一轮农网改造升级服务新农村建设】 2011年5月16日，国家发改委发布《关于实施新一轮农村电网改造升级工程的意见》，明确了农网改造升级的主要目标：“十二五”期间，全国农村电网普遍得到改造，农村居民生活用电得到较好保障，农业生产用电问题基本解决，县级供电企业“代管体制”全面取消，城乡用电同网同价目标全面实现。

2011年，国家电网公司农网改造升级工程年度任务如期完成，年内，农村“低电压”治理提速，1446.7万户低电压问题得到综合治理；农网供电可靠性、综合供电电压合格率分别提高0.029和0.211个百分点。

【中国电力建设集团有限公司挂牌成立】 2011年9月29日，中国电力建设集团有限公司在北京正式挂牌成立。标志着历时多年的电网主辅分离改革重组取得重大进展，标志着中央电力企业布局结构调整迈出重要步伐。

新成立的中国电力建设集团有限公司（中国电建）是经国务院批准，由国务院国资委履行出资人职责，按照《中华人民共和国公司法》登记注册成立的国有独资公司。中国电力建设集团有限公司由中国水利水电建设集团公司、中国水电工程顾问集团公司和国家电网公司、南方电网公司河北、吉林、上海等14个省（区、市）公司所属辅业单位重组而成，2010年营业收入达到1600亿元，资产总额1960亿元，在职职工数20.27万人。新集团公司的组建，实现了规划设计、工程施工、设备制造、项目运营一体化整合，使中国电力建设行业具备了全产业链国际竞争能力，有效增强了电力建设企业的综合实力和开拓国际市场能力。

【中国能源建设集团有限公司挂牌成立】 2011年9月29日上午，中国能源建设集团有限公司揭牌暨电网分离企业划转移交大会在国务院国资委隆重举行，标志着国家进一步深化电力体制改革，推进中央电力企业布局结构调整迈出重要步伐。

国资委主任、党委书记王勇，国家发改委副主任彭森，国资委副主任黄淑和，能源局副局长钱智民，财政部企业司副司长陆庆平，国家电网公司总经理刘振亚，南方电网公司总经理钟俊和中国能源建设集团有限公司董事长杨继学共同为新公司揭牌。国资委副主任邵宁主持会议并宣读了国务院关于组建中国能源建设集团有限公司的批复。国资委副主任金阳宣读了国资委关于中国能源建设集团有限公司干部任命文件，任命杨继学为董事长、党委常委、战略咨询委员会主任，汪建平为党委书记、副董事长、丁焰章为总经理、党委副书记、董事，张羡崇为党委常委、副总经理，赵洁为党委常委、副总经理，聂凯为党委常委、副总经理，户海印为党委副书记、纪委书记，吴春利为党委常委，唐红键为党委常委，向永忠为副总经理，于刚为副总经理，周厚贵为副总经理，兰春杰为副总经理。

会上，国家电网公司、南方电网公司与中国能源建设集团有限公司负责人分别代表本企业签署了电网分离企业整体划转移交协议。

【世界最大电动公交车充换电站试运】 2011年7月11日，山东青岛薛家岛电动汽车智能充换储放一体化示范电站投入试运行。这是目前世界上功能最全、规模最大、服务能力最强的电动公交车充换电站，也是国内外首次建成集公交车充换电、乘用车电池集中充电、储能应用于一体的电动汽车充换电站，在电动汽车充换电设施建设中具有里程碑意义。

该站位于连接青岛与黄岛的胶州湾海底隧道黄岛侧出口，由位于薛家岛公交枢纽站内的公交车充换电站以及相邻的北庄变电、集中充电站，电池配送站3部分组成，能为280辆电动公交车提供充换电服务，同时为黄岛区电动乘用车发展提供集中充电和电池配送服务。

薛家岛充换电站开发建成了国内首家省级电动汽车智能充换电服务网络运营管理系统。该系统实现对全省电动汽车充换电设施运营情况的实时监控管理，具有客户服务管理、计量计费管理、收费账务管理、充电卡管理、资产管理、物流配送管理、运营监控等功能，可实现充换电服务网络跨区域服务。

其自动多箱快换设备采用高速机械视觉技术定位，可自动跟踪车辆，每车次换电时间约6～8min，实现了电池箱更换过程的安全可靠、实用高效。

同时，该站提出了全面的计量计费系统思路。采用的电池租赁模式，车辆与电池分开，降低用户购车成本，有利于电动汽车推广。对电池的集中管理维护和梯次使用，延长了电池使用寿命。

【国家电监会通报“2·24”甘肃酒泉风电事故】 4月1日，国家电监会在北京召开事故通报会，对西北电网“2·24”甘肃酒泉风电机组大规模脱网事故相关情况进行通报，并对风电发展中已出现或可能面临的安全等相关问题进行专题研讨。

2月24日，西北电网甘肃酒泉风电基地因桥西第一风电场35kV电缆馈线电缆头三相短路故障，导致598台风电机组脱网，损失出力84万kW，并造成西北主网频率最低至49.854Hz。这次事故是近几年中国风力发电发生的对电网影响最大的一起事故。

通报会认为，当前风电发展过程中主要存在4个方面的安全问题：一是在设备制造方面，已投运风电机组多数不具备低电压穿越能力，在电网出现故障导致系统电压降低时容易脱网；二是在风电场建设方面，部分项目业主工程质量管理不严，一些施工单位施工质量管理以及监理单位对工程施工质量的监督管理不到位；三是在风电场接入方面，大规模风电场接入电网整体安全性研究亟须加强，部分基层电网企业对风电场接入管理不严，擅自允许未通过并网安全性评价的风电场接入电网运行；四是在风电场运行方面，一些风电场安全管理制度不健全，现场运行规程不完善，无功管理和二次系统管理不满足电网安全要求，电力调度机构还需进一步加强对风电场的调度管理。

【国家发改委表示“十二五”期间节能减排将实施问责制】 8月9日在第二届“低碳发展低碳生活”公益摄影展开幕式上，国家发改委副主任解振华表示，“十二五”节能减排指标已下发到各省市，未完成任务的地方政府将被问责。

中国节能减排指标评价考核体系已建立，考核结果将向社会公告，并纳入政府绩效管理，对于未完成任务的地区将实施问责制。为了提高经济增长的质量，“十二五”期间国内经济增速降到7%～8%，节能减排的约束性指标包括单位GDP能耗下降16%以及碳强度减少17%。国家发改委此前发布上半年各地节能减排完成情况晴雨表显示，内蒙古等八地预警等级为最高级别一级预警。

8月31日，《国务院关于印发“十二五”节能减排综合性工作方案的通知》（国发〔2011〕26号）明确指出，对节能减排工作，要加强组织领导，狠抓监督检查，严格考核问责。

【国家发改委等四部委发布天然气分布式能源指导意见】 10月9日，国家发改委公布了《关于发展天然气分布式能源的指导意见》（简称《指导意见》），对天然气分布式能源发展的目标和扶持政策做出了规划。按照规划，“十二五”期间将建设1000个左右天然气分布式能源项目，并拟建设10个左右各类典型特征的分布式能源示范区域。

在项目类型上，《指导意见》将重点放在区域分布式能源系统和楼宇分布式能源系统上，包括城市工业园区、旅游集中服务区、生态园区、大型商业设施等。

在设备方面的计划是，2015年前完成天然气分布式能源主要装备研制。通过示范工程应用，当装机规模达到500万kW，解决分布式能源系统集成，装备自主化率达到60%；当装机规模达到1000万kW，基本解决中小型、微型燃气轮机等核心装备自主制造，装备自主化率达到90%。到2020年，在全国规模以上城市推广使用分布式能源系统，装机规模达到5000万kW，初步实现分布式能源装备产业化。

在政策扶持方面，《指导意见》称中央财政将对天然气分布式能源发展给予适当支持，各省、区、市和重点城市可结合当地实际情况研究出台具体支持政策，给予天然气分布式能源项目一定的投资奖励或贴息。符合条件的，可享受相关税收优惠政策。在确定分布式能源气价时要体现天然气分布式能源削峰填谷的特点，给予价格折让。

各地和电网企业则被要求加强配电网建设，将天然气分布式能源纳入区域电网规划范畴，解决天然气分布式能源并网和上网问题。

【中国风电规模超美国跃居世界第一】 2011年1月12日，从“2010年中美风电发展谁更给力?”的论坛上了解到，中国成为全球最大风电装机国，截至2010年底，中国全年风力发电新增装机达1600万kW，累计装机容量达到4182.7万kW，首次超过美国，跃居世界第一。

这一论坛由中国资源综合利用协会可再生能源专业委员会和国际环保组织绿色和平共同组织。

据了解，从2005年开始，中国的风电总装机容量连续5年实现翻番。2009年，中国以2580万kW的总累计装机容量超过德国，成为世界第二，但与排名第一的美国仍有近1000kW的差距。2010年，中国风电发展势头迅猛，总装机容量比2009年增长约62%。而美国新增容量仅为500万kW左右。中国首次登上世界第一的位置。

中国资源综合利用协会可再生能源专业委员会秘书长李俊峰称，这是中国可再生能源发展的里程碑—中国已经成为全球风电装备最大的消费者和生产者。风电已经成为中国经济发展的亮点，并具备主导世界市场的潜能。

主 要 事 件

【国家电力监管委员会主要事件】

1月20～21日 2011年电力监管工作会议在北京召开。

1月21日 电监会在北京召开电监会系统2010年重大保电工作表彰大会。

2月18日 电监会召开全国电力安全生产电视电话会议。

3月24～25日 电监会在北京召开2011年输电供电监管工作会。

3月25日 电监会和国家能源局在广州联合召开南方电网区域节能发电调度经济补偿办法制定工作会议。

3月31日～4月1日 电监会在北京召开2011年电力业务资质管理工作会议。

4月8日 电监会在广州召开电力调度监管工作座谈会。

4月20日 全国电力监管标准化技术委员会一届三次会议在福州召开。

5月5日 电监会在北京发布《电力监管年度报告（2010）》。

5月13日 电监会和中国电力企业联合会在北京联合召开2011年电力可靠性指标发布会。

5月30日　中央决定：吴新雄同志任国家电力监管委员会党组书记、主席；免去王旭东同志国家电力监管委员会党组书记、主席职务。

6月28日　电监会在北京召开会议，表彰电监会直属机关2006年以来涌现出的先进基层党组织、优秀共产党员和优秀党务工作者。

7月5日　电监会党组书记、主席吴新雄主持召开党组会议，认真学习胡锦涛总书记在庆祝中国共产党成立90周年大会上的重要讲话精神。

7月14～15日　电监会党组书记、主席吴新雄赴广东检查指导第26届世界大学生夏季运动会的保供电工作。

7月21日　电监会在北京召开干部大会。

8月10日　电监会召开宣传贯彻《电力安全事故应急处置和调查处理条例》电视电话会议。

8月31日　电监会在北京发布《2010年度全国电力交易与市场秩序监管报告》。

9月30日　电监会发布第30号令，《电力争议纠纷调解规定》自2012年1月1日起施行。

10月12日　电监会办公厅印发《发电机组进入及退出商业运营管理办法》。

10月13日　电监会帮扶甘肃通渭农网改造升级电力扶贫工程竣工，同时另一项电力扶贫项目——华能通渭县华家岭风电场工程奠基。

10月20日　电监会召开党组（扩大）会议，学习传达党的十七届六中全会精神，部署下一步学习贯彻工作。

同日　电监会在北京发布《2011年供电监管报告》。

10月25日　电监会在北京召开电力节能减排监管工作会议。

同日　电监会启动“开展居民用电服务质量监管专项行动”。

10月26日　电监会印发《关于加强跨省跨区电能交易监管工作的意见》。

11月2日　电监会印发《输配电成本监管暂行办法》。

11月24日　电监会在深圳召开第26届世界大学生夏季运动会保电工作总结表彰会议。

12月8日　全国电力成本与价格监管工作会议在北京召开。

12月9日　电监会、国家安全监管总局在山东联合召开全国电力安全生产标准化工作会议。

同日　电力监管机构“六五”普法工作会议暨法制工作研讨会在北京召开。

12月15日　华北电监局天津电力监管业务办公室揭牌仪式在天津市举行。

12月22日　中共国家电监会直属机关第二次代表大会召开。

12月30日　电力监管国家标准《风电场接入系统技术规定》正式颁布。

【中国电力企业联合会主要事件】

1月10日　召开中电联本部2011年工作会议，总结2010年工作成果，安排部署2011年重点工作，表彰2010年度先进集体和优秀职工。

1月27日　发布《中国燃煤电厂大气污染物控制现状2010》报告。中电联秘书长王志轩、美国环保协会负责人以及国内有关专家出席了发布会。该报告反映了2009年度中国电力工业发展、燃煤电厂污染物排放控制及相关法规政策出台情况，对全球应对气候变化形势和温室气体减排评价模型进行了分析和介绍。

1月28日　完成2010年全国电力行业统计快报，并为国家节能减排“十一五”能耗电耗提出了分省核算方案要求。

同日　完成《2010～2011年全国电力供需与经济运行形势分析预测报告》，对全年电力消费形势的分季度变化情况进行预测，提出了相关建议。

同日　中电联门户网站升级改版正式上线。网站改版后，加强了信息服务水平，对提升中电联对外整体形象起到推动作用。

2月22日　与日本煤炭能源中心共同举办中日燃煤电厂节能环保技术交流会。国内外数十家发电企业、电力设备厂商的代表就项目合作进展、中日两国低碳社会建设、燃煤电厂节能技术等议题进行了研讨。

3月26～27日　召开2011年经济形势与电力发展分析预测会。来自电力企业、新闻媒体的代表及部分资深专家共300余人参加了会议。

4月22日　组织中电联本部全体职工趣味运动会。

4月25日　召开中电联2011年第一次理事长会议。会议审议并通过了《关于中电联服务电力企业“走出去”工作方案》、《关于开展电力工业“十二五”规划滚动研究工作》、《“全国电力行业核心价值体系”建设情况》报告。中电联理事长、副理事长单位主要领导及与会代表对中电联的工作给予了高度评价，同时，就落实国家“十二五”规划，加强电力行业“十二五”规划滚动研究等方面提出了意见和建议。

5月13日　举办2010年度电力可靠性指标发布会。会上发布了2010年度电力可靠性指标，表彰了2010年度全国发电可靠性金牌机组和供电可靠性金牌企业。

5月24～25日　王志轩接受中央电视台、新华社等记者的采访，就当前电力供需形势、电力设备利用率、缺电与窝电等问题进行剖析。

5～6月 组织调研组，赴西南水电基地，甘肃风电基地，陕西、甘肃煤电基地，就煤炭资源、风电、水电等开发现状和存在的问题展开调研。

6月3日 印发《电力行业应对气候变化工作指导意见》，重点分析了电力行业应对气候变化面临的形势，明确了指导思想、主要任务、工作原则和机制保障，对推进电力行业应对气候变化工作有序开展起到规范和指导作用。

6月6～9日 2011年非洲能源和发电国际商务会议及非洲能源与发电国际展览会在南非召开。王志轩出席会议、演讲并为展会剪彩。与会代表就可持续能源技术推动绿色发展为主题进行交流。来自南非能源部、电力公司等各类企业和机构的近100名代表出席会议。国内6家电力企业赴南非参展。

6月22日 《全国电力行业核心价值公约》正式向理事单位颁布。

6月22～24日 举办“2011中国清洁电力论坛暨中国国际清洁能源博览会”。本届论坛以“清洁电力、多元发展”为主题，设一个主论坛和六个分论坛。同期举办的博览会有来自19个国家和地区的320多家参展商展示了清洁能源行业的最新产品和科技。

6月27日 完成2010年电力行业统计年报和《中国电力行业年度发展报告2011》，并发布《电力行业2010年发展情况综述》。

7月26～27日 中电联和国家电网公司联合在大连举办“中国电力企业管理年会·2011”。各大电力企业400多名代表参加会议。

7月28日 《全国电力行业核心价值公约》在北京发布。

8月12日 对外联络部组织“电力行业媒体青藏联网工程联合采访”活动。

9月21～23日 会展部在上海举办第八届国际电力设备及技术展览会。同期召开了“2011中国智能电力系统技术大会”和专题研讨会。

9月下旬 孙玉才率电力企业代表团出访墨西哥和古巴，就两国能源电力投资政策、投资机会、投资项目等进行交流考察。

10月11日 中电联和光明日报社联合举行了全国电力行业核心价值体系理论研讨会。

10月14～15日 技能鉴定与教育培训中心在武汉召开2011年电力行业仿真培训工作暨仿真培训协作网全体委员会议。

10月18日 电力文协在杭州召开电力文学艺术协会代表大会。会议表决通过了电力文协章程，产生了新的领导机构，选举确定了电力文协新的领导成员。同时成立了电力摄影家协会。

10月26～29日 中电联和台湾展盟展览有限公司在台北世界贸易中心，共同主办了2011年海峡两岸电力工业展览会。魏昭峰率大陆电力代表团参加本届展览会。展出面积近1000m^2。

10月31日 孙玉才率团出席2011年亚太电协CEO会议。中电联代表中国大陆会员单位出席亚太电协常务理事会暨理事会会议。

11月23日 国际合作部在北京举办“走近中国电力2011”驻华使节座谈及参观活动。主要国家驻华使领馆商务参赞、欧盟及各国能源电力与贸易投资代表出席座谈会。

11月25日 中电联组织对电力行业各省（区、市）可再生能源（电力部分）利用情况进行了专题统计调查、汇总分析和研究，并确定了相关指标数据方案，以《关于报送2012年国民经济和社会发展计划（草案）可再生能源（电力部分）利用指标的函》报送国家发改委。

12月17日 中电联2011年第二次理事长会议在海口召开。刘振亚主持会议。孙玉才汇报了2011年中电联本部重点工作情况；魏昭峰汇报了行业重大问题研究成果；王志轩汇报了五届三次常务理事会议安排及有关议案。副理事长单位主要负责人参加会议，并就会议议题和有关行业企业的重大问题及中电联的下一步工作发表了重要意见。

12月18日 中电联第五届理事会第三次常务理事会议暨2011年电力企业高峰会在海口召开。刘振亚主持了上午会议并讲话；孙玉才作《2011年中电联工作报告》；魏昭峰作《关于中电联2011年预算执行情况和2012年预算草案的报告》；王志轩就《中国电力企业联合会派驻制实施办法（草案）》起草进行了说明，并向大会汇报了26家单位入会议案、关于增补理事单位、常务理事单位、副理事长单位和理事、常务理事、副理事长的议案。大会表决通过了《中电联第五届理事会第三次常务理事会议决议》。

12月19～21日 会展部在海南主办2011中国国际电动汽车及充电装置、储能技术展览会、智能电网主题展。

12月中旬 国际合作部出版《中国电力行业数据概要》（中英文版）。

12月 行业发展规划部完成了西南水电等9个大型电源基地调研报告及《电力工业“十二五”规划滚动研究报告》。

【国家电网公司主要事件】

1月 国资委评选通报了中央企业业绩考核工作

先进单位，国家电网公司被授予“中央企业2010年度经营业绩考核工作先进单位”荣誉称号。

1月7～9日　公司召开第二届职工代表大会第一次会议暨2011年工作会议。中共中央政治局常委、全国人大常委会委员长吴邦国，中共中央政治局委员、国务院副总理张德江分别对公司工作作出重要批示。公司总经理、党组书记刘振亚作了题为《努力超越　追求卓越　为加快建成“一强三优”现代公司而奋斗》的工作报告。

1月14日　国家科学技术奖励大会在北京召开。国家电网公司申报的“三峡输电系统工程”项目获得国家科学技术进步奖一等奖，中共中央总书记、国家主席、中央军委主席胡锦涛为公司颁发了一等奖证书，帅军庆副总经理代表公司上台领奖。

1月20日　中共中央政治局常委、中央书记处书记、国家副主席习近平考察丰满发电厂。

1月26日　由中国电机工程学会主办的2010年度中国电力科学技术奖颁奖仪式在北京举行。国家电网公司申报的“特高压交流输电关键技术研究、设备研制及在试验示范工程中的应用”获中国电力科学技术奖一等奖。

2月23日　向家坝—上海±800kV特高压直流输电示范工程顺利通过水利部2011年全国生产建设项目水土保持示范工程评定，被授予“全国生产建设项目水土保持示范工程”称号。

3月1日　世界电压等级最高的智能变电站——750kV延安智能变电站在陕西延安顺利投运。

4月8～9日　国家电网公司召开2011年反腐倡廉工作会议暨二季度工作会议，刘振亚总经理作了题为《构建科学的管控与惩防体系　加快建设“一强三优”现代公司》的工作报告。

4月28日　经中国工业经济联合会联合10家全国性行业协会（联合会）组织评定，国家电网公司1000kV晋东南—南阳—荆门特高压交流试验示范工程在第二届中国工业大奖表彰大会上获中国工业大奖，刘振亚总经理出席表彰大会并作大会发言，王敏副总经理代表公司领奖。

5月5～6日　中央政治局常委、中央政法委书记周永康到新疆哈密750kV变电站和国网能源大南湖电厂考察。

5月12～13日　刘振亚总经理陪同全国人大常委会副委员长、民建中央主席陈昌智到河北承德丰宁满族自治县考察抽水蓄能电站，舒印彪副总经理参加。

5月24日　公司荣获“国资委2010年度保密工作先进单位”称号。

5月31日～6月1日　在国资委中央企业节能减排工作会议上，公司荣获“‘十一五’中央企业节能减排优秀企业”称号。

6月21日　中共中央政治局委员、国务院副总理回良玉在浙江新安江水电厂检查指导防汛工作。

6月28日　由世界品牌实验室组织的2011年第八届世界品牌大会暨中国500最具价值品牌发布会在北京召开，国家电网公司以1876.96亿元的品牌价值，再次蝉联“中国500最具价值品牌排行榜”第二名。

7月7日　美国《财富》杂志发布了2011年全球财富500强企业排名，国家电网公司以2262.94亿美元的营业额排名第7名，比2010年提升了1位。

7月10日　中共中央政治局常委、全国政协主席贾庆林考察丰满发电厂。

7月10～13日　公司召开2011年年中工作会议，刘振亚总经理作了题为《改革创新　科学发展　确保完成全年各项任务》的工作报告。

7月15日　公司在民政部主办的第六届中华慈善奖表彰大会中，荣获2010年度中华慈善奖。

7月25日　亚洲首个柔性直流输电示范工程——上海南汇风电场柔性直流输电工程投入正式运行。

8月4日　国资委公布了中央企业负责人2010年度经营业绩考核结果，国家电网公司经营业绩考核为A级。自2004年国资委实施经营业绩考核制度以来，公司已连续七年两个任期获得考核A级。

8月20日　中共中央政治局常委、中央书记处书记、国家副主席习近平在四川省委书记刘奇葆、四川省省长蒋巨峰，国家电网公司总经理、党组书记刘振亚的陪同下，考察了国家电网公司四川成都高新供电局共产党员服务队。

9月19日　国际上覆盖区域最广、功能最齐全的智能电网示范区——中新天津生态城智能电网综合示范工程成功投运。

9月28～29日　国家电网公司与美国电气和电子工程师协会（IEEE）联合主办的2011智能电网国际论坛在北京举行，论坛的主题是“坚强智能电网——21世纪能源发展驱动力”，来自国际电工委员会（IEC）、国际电信联盟等国际组织和亚洲、欧洲、南北美洲的16个国家的政府部门、行业组织、电力企业、研究机构、设计单位、制造厂家、高等院校的500余位代表参加论坛，中共中央政治局委员、国务院副总理张德江向论坛发来贺信，对论坛的成功举办表示祝贺，公司总经理刘振亚出席论坛并作题为《建设坚强智能电网　推动21世纪能源可持续发展》的主旨发言，公司副总经理郑宝森、舒印彪、栾军、帅军庆参加。

9月29日　刘振亚总经理、曹志安副总经理参加中国电力建设集团有限公司和中国能源建设集团有限公司揭牌暨电网辅业单位划转移交大会，刘振亚总经理发表了讲话，曹志安副总经理代表公司与两家新公司签署《电网分离企业整体划转移交协议》。

10月20～21日　公司在北京召开2011年第四季度工作会议，刘振亚总经理作了题为《认真学习贯彻党的十七届六中全会精神　确保完成全年各项任务》的报告。

10月23～25日　公司在上海召开“2011高压直流输电用户国际会议”，来自23个国家和地区的约160名代表出席会议，本次会议主题为“共享直流输电技术经验　促进直流输电创新发展”。

11月8日　在中国社科院经济学部、中国社科院社会发展研究所共同发布了2011《企业社会责任蓝皮书》，国家电网公司排名中国100强企业社会责任发展指数前三位。

11月22日　在首届可持续发展与企业竞争力年会上，公司《2010社会责任报告》荣获2011年联合国全球契约·中国企业社会责任典范报告“杰出成就奖”。

12月9日　公司在人民大会堂举行青藏联网工程试运行投运仪式，中共中央政治局常委、国务院总理温家宝，中共中央政治局常委、全国政协主席贾庆林，中共中央政治局常委、国务院副总理李克强，中共中央政治局委员、国务院副总理张德江作出重要批示，肯定成绩，要求确保工程安全稳定运行，发挥好工程作用。中共中央政治局常委、国务院副总理李克强宣布工程投入试运行，并慰问广大工程建设者，公司总经理、党组书记刘振亚，公司副总经理、党组成员郑宝森、舒印彪参加投运仪式。

同日　国家电网公司分别与中国能源建设集团有限公司、中国电力建设集团有限公司举行产权无偿划转签约仪式，曹志安副总经理出席并讲话。

12月16日　国家电网公司举行特高压交流试验示范工程扩建工程投产仪式，扩建工程自2010年12月经国家发展改革委核准建设，于2011年1月开工、10月全面竣工，12月9日完成系统调试（含500万kW大负荷试验）和168h试运行，扩建后，具备稳定输送500万kW电力的能力，公司总经理刘振亚，副总经理郑宝森、舒印彪、栾军出席。

12月22日　2011年度（第八届）“世界品牌500强”排行榜在美国纽约揭晓，国家电网公司位列第82位，比2010年（第86位）排名提升4位。

12月27日　“国家优质工程奖”建立30周年纪念大会在北京举行，1000kV晋东南—南阳—荆门特高压交流试验示范工程、向家坝—上海±800kV特高压直流输电示范工程入选“国家优质工程奖30年经典工程”。

12月31日　国家电网公司第一个国际直流输电项目——中俄直流联网黑河背靠背换流站工程完成全部系统调试项目，正式投入试运行。

【中国南方电网有限责任公司主要事件】

1月17日　南方电网公司党组追授因抗冰保电殉职的贵州电建一公司王军同志为“优秀共产党员”、“中国南方电网公司劳动模范”，号召公司系统广大党员、干部和员工向其学习。

1月19～20日　南方电网公司在广州召开2011年工作会议暨一届四次职工代表大会，吴邦国、温家宝、李源潮、汪洋、张德江等中央领导作出重要批示，广东省副省长招玉芳以及中组部、国资委、国家电监会、审计署、中电联等有关单位领导同志出席会议，公司赵建国董事长作了题为《坚持科学发展　创建国际先进电网企业》的重要讲话，钟俊总经理作了题为《推进战略管理　强化集团管控　实现“十二五”良好开局》的工作报告。

2月11日　《中国南方电网有限责任公司中长期发展战略》正式印发，明确公司2020年建成服务好、管理好、形象好的国际先进电网企业。

2月14日　南方电网公司与广西壮族自治区人民政府签署了“十二五”电力发展战略合作框架协议。中共广西壮族自治区党委书记、自治区人大常委会主任郭声琨，南方电网公司董事长、党组书记赵建国出席签字仪式并致词，广西壮族自治区主席马飚、南方电网公司总经理钟俊代表双方在协议上签字。

2月14～16日　南方电网公司举办首次领导人员廉洁从业研讨班，邀请了国资委、广东省检察院、审计署驻广州特派办有关领导和专家做了主题辅导报告，公司领导班子成员与总部各部门负责人，各分、子公司及特大型企业党政主要负责人集中参加了研讨。

2月22日　中共中央组织部、中央创先争优活动领导小组发出表彰决定，对“广州亚运会创先争优先进基层党组织”和“广州亚运会创先争优优秀共产党员”进行了表彰，南方电网公司系统内有广东电网公司党委、贵州电网公司直属党委、广州供电局党委被授予“广州亚运会创先争优先进基层党组织”称号。

3月1日　中共中央政治局委员、广东省委书记汪洋在深圳进行大运会专题调研期间，专程前往深圳供电局福田电动汽车充电站视察，要求积极探索有良好市场前景的电动汽车运营商业模式。

3月10日 云南省盈江县发生5.8级地震，导致4个110kV和12个35kV电压等级全站失压，盈江县和梁河县全城停电，涉及用户11.7万户。经过云南电网公司的全力抢修，11日11时，距地震发生仅22h，梁河、盈江县城全部恢复正常供电。

3月31日 海南省政府与南方电网公司在海口签署了“十二五”电力发展战略合作框架协议。中共海南省省委书记、省人大常委会主任卫留成出席签约仪式，海南省省长罗保铭，公司董事长、党组书记赵建国致词，海南省省委常委、常务副省长蒋定之和公司总经理钟俊代表双方签署协议。

4月1日 云南电网公司成功实现直升机在500kV紧凑型输电线路上开展带电更换间隔棒作业。这是全国首次实现高海拔地区直升机带电作业，也是全国首次实现500kV紧凑型输电线路直升机带电作业。

5月12日 国家电监会发布了2010年20家供电可靠性金牌企业名单，深圳、中山供电局获得“A级金牌企业”称号（全国共5家A级金牌企业），佛山、江门、广州供电局获得“B级金牌企业”称号。

5月20日 南方电网公司开展首个社会责任日活动，在广州发布了2010年社会责任报告和南方电网公司绿色发展报告，其中社会责任报告被中国社科院企业社会责任研究中心评定为国内第一份5星级报告。五省区电网公司同步发布了本企业社会责任实践报告，广州、深圳、南宁、昆明、贵阳、海口等25个重点城市同步开展了社会责任日互动活动。

6月12日 南方电网公司年度头号重点工程、深圳大运会保供电重点工程——500kV祯州—宝安线路工程比计划提前18天顺利投产。

6月15日 调峰调频发电公司举行惠州抽水蓄能电站8×30万kW机组投产仪式，标志着目前世界上一次性建成、装机容量最大的抽水蓄能水电站全面投产。

6月29日 南方电网公司召开纪念建党90周年暨创先争优活动表彰大会，表彰先进，总结和部署公司党建工作。

同日 “同心结南网、同声歌颂党”南方电网公司庆祝建党90周年歌咏会暨2010年度“感动南网一线员工”颁奖典礼隆重举行。

7月7日 2011年《财富》世界500强企业排行榜发布，南方电网公司排名第149位，较2010年上升7位。

7月25日 南方电网统调负荷创年度新高，达1.13亿kW，同比增长8.5%。

8月12日 南方电网圆满完成深圳大运会开幕式特级保供电任务。至23日，深圳大运会闭幕式特级保供电及整个深圳大运会保供电工作圆满完成。

8月13日 在深圳大运会保供电的关键时刻，国务院国资委主任、党委书记王勇到南方电网公司检查指导工作，对公司圆满完成深圳大运会开幕式保供电工作表示祝贺。

9月15日 首届粤港澳电力企业高峰会在澳门举行。本届峰会由中国南方电网有限责任公司倡议，澳门电力公司主办。澳门电力公司总裁魏立民主持会议，南方电网公司董事长、党组书记赵建国，香港中华电力公司总裁兼首席执行官包立贤出席峰会并致辞。峰会期间，三方共同签署了《谅解备忘录》，建立高层沟通联络机制。

9月20日 南方电网公司董事长、党组书记赵建国，总经理钟俊等领导与前来考察的国家电网公司总经理、党组书记刘振亚一行举行会谈，双方就电网发展和规划、智能电网建设、企业管理和改革等工作进行了沟通交流。

9月29日 中国电力建设集团公司、中国能源建设集团公司揭牌暨电网分离企业划转移交大会在北京举行，公司范围内相关设计、施工、修造等辅业单位正式划转至中国电力建设集团公司、中国能源建设集团公司。南方电网公司总经理钟俊出席大会。

10月8日 深圳抽水蓄能水电站项目核准申请报告顺利通过国务院常务会议审议，标志着该项目开工建设前的国家审查基本完成。

10月13日 南方电网公司成立以来规格最高、规模最大的一次公开招聘高级管理人员工作圆满结束，7名党组管理副职干部、2名处级干部全部到位履职。

11月24日 国家电监会在深圳召开第26届世界大学生运动会保电工作总结暨表彰会议，南方电网公司系统内深圳供电局、广东电网公司生技部2家单位获得“大运保电突出贡献奖”，南方电网电力调度控制中心等8家单位获得“大运保电先进单位奖”。

12月2日 “十二五”期间国家重点工程——南方电网公司云南普洱—广东江门±800kV直流输电工程、溪洛渡右岸水电站送电广东双回±500kV直流输电工程开工仪式在云南普洱举行。南方电网公司董事长、党组书记赵建国出席开工仪式，副总经理祁达才主持开工仪式，国家能源局、五省区政府相关负责人莅临。这两项工程总投资达330亿元，建成后将新增西电东送能力1140万kW。

12月12日 由南方电网公司和以色列Better Place公司合作的首个配备全自动换电系统的电动汽车体验中心在广州珠江新城亮相。

12月17日 ±500kV高肇直流地线融冰改造项目取得成功，填补了国内500kV架空地线直流融冰领域的空白。

12 月 20 日 南方电网公司正式发布供电服务承诺、员工服务准则和“三公”调度措施三项承诺，统一全网服务标准，规范服务行为，深化“三公”调度。

【中国华能集团公司主要事件】

1 月 16～18 日 中国华能集团公司 2011 年工作会议在北京国谊宾馆召开。会议全面回顾总结了华能集团 2010 年及“十一五”期间的工作，明确了“十二五”发展目标和任务，部署了 2011 年重点工作。

2 月 18 日 科技部召开 2011 年全国科技工作会议，表彰“十一五”国家科技计划实施过程中涌现出的先进集体和个人，中国华能集团公司因“十一五”期间科技工作组织优秀，荣获“十一五”国家科技计划执行优秀团队奖。

2 月 25 日 国务院国资委召开中央企业参与 2010 年上海世博会总结表彰大会视频会议，总结、表彰在上海世博会上作出突出贡献、取得优异成绩的中央企业集体和个人。股份公司、上海石洞口一厂等分别荣获国资委 2010 年上海世博会荣誉集体、荣誉个人。

3 月 1 日 华能石岛湾高温气冷堆示范工程经国务院常务会议审议通过。

3 月 19 日 国家重点工程、云南境内装机容量最大水电站——华能糯扎渡水电站通过国家发改委核准。该项目总装机容量 585 万 kW，总投资约 450 亿元，是澜沧江流域工程规模和调节库容最大的水电站，是一座世界级的水电工程。

3 月 21 日 在新加坡举办的第十四届世界电力电气亚洲国际会议上，中国华能集团公司被授予“年度电力公司”奖。该奖是根据电力公司一年来在商业计划、拓展、财务和社会贡献方面作出突出的贡献，由主办方组织亚洲电力企业高层管理人员投票评选产生。华能因在电力行业影响力强、业绩良好、发展迅速、社会责任履行好而获此殊荣。

4 月 1 日 中国华能集团公司与清华大学签署了《利用脱硫副产物改造盐碱地合作协议》。根据协议，在未来 15 年内，华能的燃煤电厂将免费向清华大学提供脱硫石膏，用于改造盐碱地。

4 月 6 日 中国华能集团公司与中国铝业公司在公司总部签署战略合作框架协议。根据协议，在“十二五”期间，双方将利用各自优势和资源，在国内外电源项目建设、投资，矿产资源开发和铝电联营等方面进行全面的战略合作。

同日 由中国核能行业协会主办的第九届中国国际核电工业展览会在深圳会展中心举办。中国华能集团公司以“发展绿色电力，奉献清洁能源”为主题参加了本次展览，重点展示了由中国自主设计、被列入国家科技重大专项的高温气冷堆示范工程。

4 月 7 日 中国华能集团公司成功发行 2011 年度第一期中期票据 25 亿元，期限 5 年，发行票面利率为 5.39%。4 月 12、13 日，相继成功发行 2011 年度第一期、第二期短期融资券，总额为 70 亿元，期限 1 年，发行票面利率为 4.42%。

4 月 11 日 中国华能集团公司和广东省粤电集团有限公司联合宣布，其合资的海外国际兴业有限公司以 12.32 亿美元的股权价值，成功收购印度 GMR 集团在国际电力公司（InterGen）中持有的 50% 股权。

4 月 22 日 由中国电力报社、中国电力报刊协会举办的 2010 感动电力人物·团队颁奖典礼在人民大会堂举行，华能援藏阿里项目部荣获“2010 感动电力团队奖”称号。

5 月 26 日 中国华能集团公司参加“2011 中国工业经济行业企业社会责任报告发布会”，向社会公开发布了《2010 年可持续发展报告》。

6 月 10 日 华能新能源股份有限公司（“华能新能源”，代号：00958）在香港联合交易所开始挂牌交易。华能新能源股份有限公司本次全球发行 24.85 亿股，每股 2.50 港元定价，共募集资金总额 7.99 亿美元（约 62 亿港元）。

6 月 15 日 国资委下发《国资委关于表彰“十一五”中央企业节能减排优秀企业的决定》，授予中国华能集团公司等 32 家中央企业“‘十一五’节能减排优秀企业”称号。其中，华能排名第十，在发电企业中保持领先。

7 月 7 日 《财富》杂志中文官方网站发布了 2011 年《财富》世界企业 500 强排行榜，中国华能集团公司排名 276 位，比 2010 年上升了 37 位，营业收入达到 336.81 亿美元。

7 月 14 日 中国华能集团公司日发电量再创历史新高，完成单日发电量 19.63 亿 kWh，同比增长 28.52%。

8 月 2 日 国务院国资委网站公布了 2010 年度中央企业负责人经营业绩考核结果，中国华能集团公司获评 A 级企业。

8 月 18 日 中国华能集团公司与申能（集团）有限公司在上海签署了战略合作框架协议及合作备忘录，明确了近期重点合作项目，确定了双方长期合作的机制和领域。

8 月 28 日 采用华能清洁能源研究院自主研发技术的同煤国电王坪发电有限责任公司 2×21 万 kW 循环流化床（CFB）机组 1 号锅炉顺利通过 72+24h 试运行，标志着清能院循环流化床技术研发又上了一个新台阶，总体技术达到国际先进水平。

8 月 31 日 中国华能集团公司人才创新创业基地开工仪式在北京市昌平区未来科技城举行。

9 月 28 日 国家能源局下达通知，西安热工院申报的“国家能源清洁高效火力发电技术研发中心”和华能澜沧江公司、华能清洁能源研究院与中国水利水电科学研究院共同申报的“国家能源水能高效利用与大坝安全技术研发中心”获准成立。至此，中国华能集团公司已有 5 个国家级研发平台。

9 月 29 日 2010 年度国家能源科学技术进步奖终审结果公示结束，中国华能集团公司申报的“燃煤电厂 12 万 t/年二氧化碳捕集装置研制及工程示范”等 5 个项目，分别获得国家能源科技进步一等奖 1 项，二等奖 2 项，三等奖 2 项。

9 月 30 日 华能国际电力股份有限公司与北京安策投资公司签订股权转让协议，收购湖北恩施马尾沟流域水电发展有限公司（总装机容量 5.5 万 kW）100%股权。

10 月 2 日 华能天津 IGCC 示范工程燃机燃油工况一次点火启动成功、一次定速成功，被德国西门子专家称为“创造了西门子燃机启动的奇迹”。

10 月 17 日 内蒙华电非公开发行股票获得证监会发审委无条件审核通过。

10 月 31 日 华能功果桥水电站 4 号机组（首台机组）顺利完成 72h 试运行，正式投入商业运行。12 月 26 日，该水电站 3 号机组投入商业运营。至此，功果桥水电站顺利实现了“一年双投”目标。功果桥水电站装机容量 90 万 kW（4×22.5 万 kW），是云南“十二五”期间投产的首个大型水电站。

11 月 8 日 由华能碳资产公司运营管理的“建信·华能碳资产开发投资基金”在北京成立。该基金是国内第一只专门投资碳减排的私募基金，基金规模为 5000 万元。

同日 中国华能集团公司与云南省人民政府在昆明签署《加快中国面向西南开发重要桥头堡建设战略合作框架协议》。

11 月 11 日 中国华能集团公司与中国大唐集团公司在北京签订西安天竣能源投资管理有限公司 100%股权转让协议。

11 月 24 日 由大公报主办，北京上市公司协会、上海市股份公司联合会、香港中国企业协会、香港中资证券业协会、香港特许秘书公会共同举办的中国证券金紫荆奖颁奖仪式在香港举行。华能国际荣获“最受两地投资者欢迎的上市公司”奖。

12 月 2 日 第十一届中国年度管理大会在北京召开，中国华能集团公司等 16 家公司被评选为“2011 年度具价值管理榜样”。

12 月 15 日 华能左权电厂一期工程 1 号机组顺利通过 168h 满负荷连续试运行，是中国华能集团公司首台投运的间接空冷燃煤机组。

12 月 17 日 第四届中国企业社会责任峰会暨《中国企业社会责任报告白皮书 2011》发布会在京举行。白皮书对国内企业发布的所有社会责任报告进行评级排名，华能的可持续发展报告名列前茅。

12 月 20 日 全国精神文明建设工作表彰大会在北京举行。华能系统共有 12 家单位被中央文明委授予第三批“全国文明单位”称号，分别是：集团公司（总部），股份公司淮阴电厂、平凉电厂，北方公司、上都电厂、达拉特电厂、呼和浩特热电厂、乌拉山电厂、兴安热电公司，澜沧江公司小湾水电厂，伊敏煤电公司，宁夏公司大坝电厂。

12 月 22 日 华能华亭煤业 60 万 t 煤制甲醇项目竣工投产暨 20 万 t 聚丙烯项目奠基仪式在甘肃平凉举行。该项目为华能第一个煤化工项目。

12 月 23 日 “千万千瓦发电工程暨华能两江燃机项目开工仪式”在重庆两江新区国际云计算产业园区隆重举行。

12 月 26 日 华能秦岭电厂四期“上大压小”扩建工程 7 号 60 万 kW 超临界间接空冷机组顺利通过 168h 满负荷连续试运行，正式建成投产。该工程是华能首个集循环水冷却、排烟、脱硫为一体的“三塔合一”工程。秦岭电厂控制系统采用西安热工研究院研发的具有自主知识产权的 FCS165 现场总线系统，是国内首个采用该技术的燃煤电厂。

同日 华能北京热电厂燃气热电联产扩建工程通过了机组整套 168h 满负荷连续试运行，圆满完成年底前机组投产的任务。

【中国大唐集团公司主要事件】

1 月 7 日 在中国电力企业联合会举行的 2010 年全国电力行业文化与管理创新论坛暨表彰大会上，中国大唐集团公司 7 家企业荣获“全国电力行业优秀企业”称号，10 家企业负责人被授予“全国电力行业优秀企业家”称号。在中电联评出的全国电力行业管理 452 项创新成果中，集团公司摘得 55 项。

1 月 9 日 中国大唐集团公司在疆开发建设座谈会在乌鲁木齐召开。中共新疆维吾尔自治区党委书记张春贤，自治区党委副书记、自治区主席努尔·白克力与大唐集团董事长、党组书记刘顺达出席座谈会。

1 月 20 日 中国大唐集团公司 2011 年工作会议在京召开。会议全面总结了大唐集团 2010 年工作，分析了大唐集团内外部形势，确定了“十二五”发展总体要求，部署了 2011 年工作。会议确定 2011 年为集团公司“争创年”。

1 月 23 日 中国大唐集团公司组建以来在境外

投资的第一个项目——缅甸太平江一级水电站举办投产庆典仪式。

2月17日 国务院派驻中国大唐集团公司监事会主席李志群一行到大唐新能源股份有限公司检查指导工作。

2月27日 中国大唐集团公司与辽宁省政府在沈阳签署《战略合作框架协议》。

3月2日 甘肃省政府与中国大唐集团公司等39家央企签署项目合作协议。

3月4日 中国大唐集团公司与吉林省政府在大唐集团公司本部签署《关于加快实施能源领域战略合作框架协议》。

3月9日 中国大唐集团公司与云南省人民政府在北京钓鱼台国宾馆签署战略合作框架协议。

3月13日 中国大唐集团公司与陕西省政府在北京两会代表驻地签署能源战略合作协议。

3月14日 广东省政府与中国大唐集团公司等70家央企签署项目合作协议。

3月16日 辽宁省委副书记、省长陈政高到辽宁大唐国际阜新煤制天然气项目调研。

3月21日 中国大唐集团新能源股份有限公司在香港举行2010年度业绩发布会。

3月22日 中共中央政治局常委、国务院副总理李克强在内蒙古自治区党委书记胡春华、自治区主席巴特尔的陪同下，到内蒙古大唐国际再生资源开发有限公司深入生产一线考察并慰问干部职工。

3月23日 国家安全生产监督管理总局首次评定“安全文化示范企业”，大唐国际张家口发电厂和大唐三门峡发电有限责任公司入选其中。

3月24日 大唐国际发电股份有限公司2010年度业绩发布会在香港举行。

4月7日 国家发改委副主任、国家能源局局长刘铁男一行到中国大唐集团公司调研。

4月9日 中国大唐集团公司与内蒙古自治区人民政府战略合作框架协议签字仪式在呼和浩特举行。

4月13日 中国大唐集团公司与清华大学战略合作框架协议和利用脱硫副产品改造盐碱地合作协议签字仪式在大唐集团公司本部举行。

同日 大唐新能源股份公司与西班牙歌美飒能源公司签署合作协议。

4月14日 中国大唐集团公司“信息共享平台及辅助决策支持系统”和电力行业其他9项成果荣获由中电联和电力行业信息化推进办公室颁发的“电力行业‘十一五’信息化十大成果奖”。

4月22日 2010“感动电力”人物·团队颁奖典礼在人民大会堂举行。大唐洛阳首阳山发电厂设备维护部焊工班女子队荣获2010“感动电力”团队·岗位贡献集体奖，兰州西固热电公司荣卫民获2010“感动电力”人物提名奖。

5月4日 中国大唐集团有限公司第一届董事会第一次会议在大唐集团公司总部召开，标志着大唐集团建设规范董事会工作进入了实质性运作阶段。

5月9日 中国大唐集团公司党组研究决定，授予王巍、王鹏宇、刘永强、李红（女）、张浩、陈玉娟（女）、易晓波、夏尊美、唐燕（女）、谢卫江10名同志第三届“中国大唐集团公司十大杰出青年”称号。

5月12日 人力资源和社会保障部发文公布了2010年享受政府特殊津贴人员名单，大唐吉林发电有限公司的方文霞，大唐国际发电股份有限公司的安洪光，大唐广西桂冠电力股份有限公司的戴波等3名同志获此殊荣。

5月13日 在国家电监会和中国电力企业联合会联合召开的2011年电力可靠性指标发布会上，大唐安阳发电厂1号机组、大唐洛阳首阳山发电厂3号机组获30万kW等级金牌机组，内蒙古大唐国际托克托发电公司4、8号机组获60万kW等级金牌机组。

5月19日 在第二届节能中国宣传表彰活动发布仪式上，中国大唐集团公司获得“节能中国十大贡献单位奖”。

5月26日 以“安全电力，可靠伙伴”为主题的中国大唐集团公司第五届企业开放日在河北、山西、内蒙古等15个省、市、自治区的16家电厂举办，活动邀请了社会各界人士走进企业，“零距离”观察电力生产过程、安全管理和环保举措。

5月31日 国务院国有资产监督管理委员会在上海召开中央企业节能减排工作会议。会上，中国大唐集团公司被授予“十一五”“节能减排优秀企业”称号。

6月2日 黑龙江省与中央企业交流合作项目签约仪式在北京人民大会堂举行。国务院国资委主任、党委书记王勇，黑龙江省委副书记、省长王宪魁出席仪式并讲话。中国大唐集团公司董事长、党组书记刘顺达，总经理陈进行出席签约仪式。

6月3日 河南省政府与中国大唐集团公司签署战略合作协议书。中国大唐河南分公司与郑煤集团签订《煤炭资源开发及物流项目战略合作协议书》。

同日 由国家电监会主办、中国大唐集团公司承办的全国电力行业“安全生产月”启动仪式暨2011年电力应急演练观摩活动在大唐阳城发电公司举行。国家电监会副主席史玉波在仪式上讲话并宣布全国电力行业“安全生产月”活动启动，中国大唐集团公司总经理陈进行、山西省副省长任润厚、国家安全生产应急救援指挥中心副主任王晋中出席仪式并讲话。

6月10日 青海省政府与中国大唐集团公司签署能源投资合作协议。

6月13～17日 全国政协副主席张梅颖在全国政协委员、中国大唐集团公司高级顾问翟若愚陪同下到山西省就“资源型经济转型”进行调研。

6月23日 中组部组织一局局长张国隆一行到中国大唐集团公司调研创先争优活动开展情况。

6月27日 中国大唐集团公司庆祝中国共产党成立90周年视频大会在总部隆重召开。会议回顾了党的90年光辉历程，总结了大唐集团创先争优活动的经验和成效，安排部署了创先争优活动以及大唐集团当前和今后一个时期的主要工作。

6月30日 河北省政府与中国大唐集团公司签订战略合作框架协议。

7月7日 在《财富》杂志发布的2011年度世界500强排行榜上，中国大唐集团公司再度入选世界500强企业，以259.154亿美元的营业收入位居374位，比2010年度的412位提升了38位。

7月8日 原国家能源部部长黄毅诚一行视察大唐国际陡河发电厂。

7月25日 中国大唐集团公司发布《2010年社会责任报告》，这是集团公司连续发布的第5份年度报告。

7月26日 中国大唐集团公司党组决定，在系统各企业中广泛开展向七台河发电公司学习的活动。

7月28日 中国大唐集团公司－华创风能公司战略重组签约仪式在青岛举行。

8月25日 中国大唐集团公司系统主要负责人会议在北京召开。这次会议是在新阶段、新体制、新机构、新形势下召开的一次全局性会议，会议要求全体干部员工认真落实国资委、监事会的要求和大唐集团董事会的决议，发扬创先争优精神，大干4个月，坚决打赢“一保一降”攻坚战，确保全年各项任务的完成。

9月6日 辽宁省委书记王珉在中国大唐集团公司党组成员、副总经理王森的陪同下，视察了大唐阜新煤制天然气项目。

9月8日 国家电力监管委员会主席吴新雄一行到中国大唐集团公司总部调研。

9月9日 中国大唐集团公司召开全系统视频动员大会，全面启动竞争性选拔领导人员和总部员工工作。

9月21日 中国大唐集团公司与阿尔斯通在北京签署合作谅解备忘录。根据谅解备忘录的约定，双方将结成长期战略伙伴并携手在华开发碳捕集与封存示范项目。

11月7日 中国大唐集团公司与法国阿尔斯通集团在北京签署合作开发大庆富氧燃烧CCS示范项目可行性研究协议。

11月8日 中国大唐集团公司在藏首个项目——西藏林芝波堆水电站举行开工仪式。

11月11日 中国大唐集团公司与中国华能集团公司在北京签订了西安天竣能源投资有限公司100%股权转让协议。

11月24日 由大公报联合香港、大陆两地证券业权威机构举办的“中国证券金紫荆奖”颁奖典礼在香港隆重举行。中国大唐集团公司董事长、党组书记、大唐国际发电股份有限公司董事长刘顺达荣获本次大会的最高奖项——“最具影响力领袖”奖。大唐国际发电股份有限公司获得“‘十二五’期间最具投资价值上市公司”奖。

12月3日 在广西钦州召开的第四届中国绿色发展高层论坛上，中国大唐集团公司被评为“中国十佳绿色责任企业”，大唐集团董事长、党组书记刘顺达被评为“中国十佳绿色新闻人物”。

12月6日 在中国电力企业联合会召开的2011年全国电力行业文化与管理创新经验交流暨表彰大会上，中国大唐集团公司系统所属大唐国际发电公司、吉林发电公司、黑龙江发电公司、七台河发电公司四家企业荣获“全国电力行业优秀企业”称号。

12月20日 第十四届中国留学人员广州科技交流会开幕式暨第三批海外高层次人才创新创业基地授牌仪式在广州举行。中共中央政治局委员、中央书记处书记、中组部部长李源潮，中共中央政治局委员、广东省委书记汪洋等领导出席开幕式，并为第三批海外高层次人才创新创业基地授牌。中国大唐集团公司被授予国家第三批“海外高层次人才创新创业基地”称号。

12月25日 中国大唐集团公司与重庆市人民政府能源战略合作框架协议签字仪式在重庆市武隆县举行。

12月26日 柬埔寨王国首相洪森在中国大唐集团公司总经济师吴静的陪同下视察了建设中的斯登沃代一级水电站工地。

同日 中国大唐集团公司与浙江省人民政府签署战略合作协议。

12月27日 中国大唐集团公司所属内蒙古大唐国际锡林浩特矿业公司胜利东二号露天煤矿一期工程荣获2010～2011年度国家优质工程金质奖。这是国家优质工程奖创立30年来，首个露天煤矿工程获此殊荣。

【中国华电集团公司主要事件】

1月18～19日 中国华电集团公司2011年工作

会议在北京召开。中共中央政治局常委、国务院副总理李克强，中共中央政治局委员、国务院副总理张德江分别对集团公司工作作出重要指示。国务院国资委主任王勇，国家电监会主席王旭东，国家发改委原副主任、国家能源局原局长张国宝分别作出批示。华电集团总经理云公民作了题为《加快转型促发展，狠抓落实见成效，全面推进集团公司做强做优》的工作报告，华电集团党组书记李庆奎作了总结讲话。

3月18日 内蒙古华电辉腾锡勒2号库伦风电场CDM项目正式通过黄金标准审查，以年碳减排量471 803t成为全球注册规模最大的黄金标准CDM项目，同时也是2011年全球首个注册的该类项目。

3月27日 世界首个煤制芳烃示范项目——陕西华电榆横煤制芳烃示范项目正式开工建设。

4月25日 华电宁夏灵武发电有限公司二期工程4号机组顺利通过168h满负荷试运行。宁夏灵武公司二期工程2台百万千瓦超超临界空冷机组全部建成投产，成为全国最大的空冷发电基地。

4月26日 中国华电集团公司发布国内首份水电报告——《华电集团水电可持续发展报告》。会议同期发布了集团公司《2010年社会责任报告》，这是华电集团连续第四年发布社会责任报告。

5月23日 中国华电集团公司与陕西省榆林市人民政府签署陕西榆林天然气化工有限公司重组协议。

6月12日 ABB（中国）有限公司与国电南京自动化股份有限公司合资成立南京国电南自自动化有限公司签约仪式在北京举行。

6月16日 在国家主席胡锦涛和俄罗斯总统梅德韦杰夫的见证下，中国华电集团公司与俄罗斯第二地区电力公司在俄罗斯首都莫斯科签订了关于华电捷宁斯卡娅燃机项目公司股东协议。

6月30日 中国电力企业自主开发建设的第一座千万吨级特大型现代化煤矿——华电内蒙古蒙泰不连沟煤矿在鄂尔多斯市举行竣工投产仪式。

7月18日 中国华电集团科学技术研究总院有限公司、中国华电集团物资有限公司在北京成立。

7月18～19日 中国华电集团公司2011年年中工作会议在北京召开。华电集团总经理云公民作了题为《狠抓落实，务求实效，确保完成全年目标任务》的工作报告。华电集团党组书记李庆奎作了总结讲话。

8月1日 国电南京自动化股份有限公司与美卓能源与环境集团合资成立南京国电南自美卓控制系统有限公司签约仪式在北京举行。

8月12日 中共中央政治局常委、全国政协主席贾庆林在陕西榆林调研时视察了华电榆横发电厂。

8月22日 江苏华电句容发电有限公司“上大压小”2×1000MW机组工程正式开工建设。

8月23日 中国华电集团公司与美国通用电气（GE）公司关于航改型燃机合资合同暨合资项目落户上海签约仪式在上海举行。

9月7日 华电捷宁斯卡娅燃气—蒸汽联合循环供热电站项目在俄罗斯雅罗斯拉夫尔州正式开工。

10月11日 江西华电九江分布式能源站项目开工建设。该工程是胡锦涛总书记访美期间，中国华电集团公司与美国GE公司签署的轻型燃机国际战略合作项目，建设规模为8.7万kW燃气—蒸汽联合循环机组，并配套建设供热/冷管网，计划于2012年12月竣工投产。

10月12日 中国华电集团公司修订发布《华电宪章》。

10月13日 中国华电集团公司与印度尼西亚达莫水电公司签署印尼水电项目合作框架协议。

11月8日 中国社会科学院权威发布的2011年《企业社会责任蓝皮书》显示，中国华电集团公司社会责任发展指数首次进入中国100强企业前十名。

11月14日 中国华电集团公司与GE能源集团分布式能源项目轻型燃机采购合同签约仪式在集团总部举行。

12月19日 华电内蒙古蒙泰不连沟煤业有限公司矿井原煤产量突破1000万t，标志着由中国电力企业第一个自主开发建设和运营管理的千万吨级特大型煤矿顺利实现当年投产、当年达产的目标。

【中国国电集团公司主要事件】

1月10日 国电集团被国资委授予“中央企业2010年度经营业绩考核工作先进单位”荣誉称号。

1月12日 由北京国电龙源环保工程有限公司承建的国内首台冷却塔、烟囱、脱硫岛“三塔合一”的脱硫工程——陕西国电宝鸡第二发电厂5号66万kW机组与主机组同步完成168h满负荷试运，同时顺利通过陕西省环保厅的环保验收。

同日 国电太原第一热电厂工会被中华全国总工会授予2010年“全国模范职工之家”荣誉称号。

1月13日 国电集团党组书记、副总经理乔保平，副总经理、党组成员于崇德在集团本部会见了来访的东方电气集团有限公司总经理、东方电气股份有限公司董事长斯泽夫，东方电气集团有限公司党组成员、东方电气股份有限公司总裁温枢刚一行。

1月18日（美国当地时间） 国电集团与美国UPC管理集团在美国华盛顿签署了《风电领域战略合作框架协议》。国电集团总经理朱永芃、美国UPC管理集团总裁费博恩在合作协议上签字。中国政协全国委员会副主席、中国科技部部长万钢，中国国家发改委副主任、国家能源局局长张国宝，美国能源部部长朱棣文等见证协议签署。

1月19日（美国当地时间） 国电集团总经理、党组副书记朱永芃出席在华盛顿举行的第二届中美清洁能源务实合作战略论坛，并发表了题为《发展清洁能源，实现互利共赢》的演讲。

1月23～25日 国电集团一届三次职工代表大会暨2011年工作会议在北京召开。

2月11日 国电集团与中国电力工程顾问集团公司、上海电气集团股份有限公司《二次再热紧凑型超超临界机组技术研究》合作协议签字仪式在北京举行。

2月17日 国家能源局副局长钱智民一行赴集团公司调研。国电集团总经理、党组副书记朱永芃作工作汇报，党组书记、副总经理乔保平，副总经理、党组成员高嵩、米树华出席汇报会。

2月22日 国电集团2011年审计工作会议在本部召开。国务院派驻国有重点大型企业监事会第23办事处监事罗世友、李勤应邀出席会议。乔保平在会上讲话，郭瑞廷主持会议并作总结讲话。

同日 国务院国资委正式批准国电资本控股有限公司以国电财务公司为主体投资石嘴山银行，成为石嘴山银行第一大股东。

2月25日 国电集团2011年党建思想政治工作暨反腐倡廉建设工作会议在本部召开。朱永芃主持会议并讲话，乔保平在会上讲话，张成杰宣读《关于表彰2009～2010年度课题研究优秀成果和优秀组织单位的决定》，郭瑞廷作反腐倡廉建设工作报告。

2月28日 红岭水利枢纽工程开工典礼暨国电海控新能源有限公司揭牌仪式在海南省琼中县举行。水利部部长陈雷；国电集团总经理、党组副书记朱永芃，副总经理、党组成员米树华；海南省委书记卫留成，省委副书记、省长罗保铭，省委常委、常务副省长蒋定之等出席开工仪式。

3月1日 国电集团与国家开发银行“十二五”战略合作协议签约仪式在集团本部举行。国电集团总经理、党组副书记朱永芃，国电集团副总经理、党组成员米树华；国家开发银行董事长陈元，副行长郑之杰出席签字仪式。米树华、郑之杰分别代表双方在合作协议上签字。

3月2日 国电集团与甘肃省人民政府战略合作框架协议和项目合作协议签约仪式在北京举行。国电集团总经理、党组副书记朱永芃，副总经理、党组成员米树华与甘肃省委书记陆浩、省长刘伟平、副省长石军出席签约仪式。朱永芃与刘伟平分别代表双方在合作协议上签字。

同日 国电安徽宿松华港49.5MW风电项目获安徽省能源局批复同意开展前期工作，标志着国电安徽电力有限公司首个风电项目建设取得实质突破。

3月7～13日 国电集团总经理、党组副书记朱永芃，党组书记、副总经理乔保平，副总经理、党组成员米树华在北京先后会见了湖南、安徽、内蒙古、河南、贵州、陕西、吉林等省主要领导；并签署部分战略合作框架协议。

3月12日 国电集团总经理、党组副书记朱永芃，副总经理、党组成员高嵩应邀出席浙江省人民政府在北京举办的“浙江省‘三位一体’港航物流服务体系建设推介会”。会上，国电集团与舟山市签署了投资建设能源设施等项目战略合作框架协议。

同日 国电内蒙古新能源公司与鄂尔多斯市杭锦旗签订合作开发光伏发电项目的框架协议。该项目远期规划总装机容量为30万kW，总投资54亿元，其中一期建设装机容量为5万kW。

3月14日 广东省与中央企业战略合作座谈会深圳签约仪式在北京举行。米树华、许勤分别代表国电集团和深圳市政府签订了战略合作框架协议。

同日 广东省与中央企业战略合作座谈会暨签约仪式在北京举行。国电集团党组书记、副总经理乔保平，副总经理、党组成员米树华出席会议。米树华分别与韶关、阳江、肇庆、清远、河源等五市市长签订了项目合作协议。

3月16～18日 国务院派驻集团公司监事会主席武保忠在国电集团总会计师、党组成员张国厚的陪同下，赴国电华中分公司和长源电力股份有限公司调研。武保忠一行听取了华中分公司、长源公司的工作汇报，并与两家公司负责人进行了深入的座谈。

3月29日 国电电力与中国双维投资公司合资成立国电双维内蒙古上海庙能源有限公司签约仪式在北京举行。

同日 《人民日报》（2011年3月29日16版）刊发了国电集团党组书记、副总经理乔保平署名文章《把思想政治工作优势转化为发展优势》。

4月7日 国电集团总经理、党组副书记朱永芃，副总经理、党组成员米树华在集团本部会见了来访的吉尔吉斯共和国第一副总理巴巴诺夫·O·T。中国外交部有关领导陪同会见。

4月10～22日 国电集团总经理、党组副书记朱永芃率代表团访问瑞士、德国、比利时能源企业和欧洲理事会。

4月11日 综合丹麦BTM咨询公司2010年3月的统计资料，2010年，集团公司风电装机容量达到8950MW，跃居世界第二。

4月15日 国家发改委副主任、国家能源局局长刘铁男一行赴国电集团调研，听取了汇报。

4月23日 内蒙古自治区兴安盟20多个项目和国电集团等大型央企投资建设的重点项目集中开工。国电集团党组书记、副总经理乔保平，副总经理、党组成员高嵩；中共内蒙古自治区党委书记、人大常委会主任胡春华，自治区党委常委、自治区副主席潘逸阳，自治区副主席赵双连出席重点项目开工奠基仪式。

4月29日 国家能源局在北京举行超（超）临界火电机组关键阀门和四大管道联合研发协议签约仪式，国电集团与华能集团、内蒙古北方重工集团、西安热工院、江苏南通电厂共同签署了《超（超）临界火电机组四大管道国产化联合研发协议》。

5月3日 国电集团在本部举办第二届“机遇与挑战 责任与使命”青年论坛暨2011年“五四”表彰会。国电大渡河深溪沟水电有限公司团委等11个集体、国电太原第一热电厂团委副书记吴锐等21名个人受到中央企业团工委表彰；国电浙江北仑第一发电有限公司团委等50个集体、国电菏泽发电有限公司郭蕊等51名个人受到集团公司团委表彰。

5月9日 国电集团在本部召开反腐倡廉案件剖析和警示教育视频会议。

5月19日 国电集团总经理、党组副书记朱永芃，副总经理、党组成员米树华应邀出席了在重庆市举办的第十四届中国（重庆）国际投资暨全球采购会，朱永芃在当天下午召开的2011年世界新兴产业合作会议上发表题为《发展风电产业，推动能源变革》主旨演讲。

5月21日 国电集团与重庆市人民政府能源项目战略合作协议签约暨国电重庆分公司成立揭牌仪式在重庆市举行。集团公司总经理、党组副书记朱永芃，副总经理、党组成员米树华；重庆市副市长童小平出席仪式。米树华、童小平分别代表双方在协议上签字。

5月23日 国电集团与哈萨克斯坦“祖国之光”人民民主党代表团座谈会在北京召开。

5月31日 国电集团荣获国资委中央企业“十一五”“节能减排优秀企业”称号。

6月3日 河南省与中央企业交流合作项目签约仪式在北京人民大会堂举行。朱永芃、陈雪枫分别代表双方在合作协议上签字。

6月16日 西藏尼洋河流域综合治理与保护控制性工程多布水电站施工准备工程奠基仪式和国电西藏分公司揭牌仪式在西藏自治区林芝地区举行。国电集团总经理、党组副书记朱永芃，副总经理、党组成员杨海滨、高嵩；西藏自治区党委书记张庆黎，党委副书记、主席白玛赤林，党委副书记、常务副主席郝鹏，副主席丁业现；武警水电指挥部主任岳曦出席工程奠基仪式，并共同为多布水电站施工准备工程奠基。

同日 国电内蒙古公司乌兰察布市四子王旗40MWp光伏项目获内蒙古自治区发改委核准。该项目是目前国内单项核准容量最大的光伏电站项目，标志着国电内蒙古公司在新能源开发领域取得了实质性的突破和重大进展。

6月21日 国内首个海上（潮间带）示范风电项目——龙源江苏如东150MW海上（潮间带）示范风电场开工仪式在南通市举行。

同日 国电集团与美国麻省理工学院（MIT）就国电集团加入MIT全球工业联盟合作协议签字仪式在集团本部举行。国电集团副总经理、党组成员张成杰与麻省理工全球工业联盟高级副主任格里高利·奥尔纳托夫斯基（Gregory Ornatowski）分别代表双方在合作协议上签字。

6月22日 国电平煤尼勒克能源化工有限公司年产40亿m^3煤制天然气项目奠基仪式在新疆自治区伊犁州举行。

6月24日 龙源电力格尔木一期20MW光伏项目全部投产发电，这是目前青海地区已投产的装机容量最大的光伏发电项目，也是龙源电力集团股份有限公司已投产的最大的光伏项目。

6月29日 国家“十五”重点建设项目——国电大渡河深溪沟水电站最后一台机组成功投入商业运行。至此，该水电站4台机组全部建成投入汛期发电。国电大渡河公司发电装机容量由此达到560万kW。

7月5日 国电集团召开领导班子务虚会。国电集团领导班子全体成员出席会议并分别讲话。国务院派驻集团公司监事会主席武保忠，监事会23办事处副主任李惠敏应邀出席会议。

7月6日 国电科学技术研究院所属南京国电环保设备有限公司获批组建“南京市电除尘器高频电源工程技术研究中心”，这是国内首家筹建的电除尘器高频电源工程技术研究中心。

7月7日 美国《财富》杂志公布了2011年度世界500强企业最新排名，国电集团以240.164亿美元的营业收入位列第404位，较2010年上升73位。

7月13日 龙源电力所属龙源加拿大可再生能源公司与加拿大梅兰克森电力公司加拿大风电项目股权收购协议签约方式在北京举行。国电集团总经理、党组副书记朱永芃，党组书记、副总经理乔保平，副总经理、党组成员米树华；国家能源局总工程师吴贵辉、国务院国资委综合局局长刘南昌；加拿大驻华大使马大维，驻华商务公使麦德安，加拿大梅兰克森电力公司董事长约翰·基德等出席签约仪式。

7月21日　在中国电力企业联合会、中国能源化学工会全国委员会共同举办的全国火电300MW级机组能效对标及竞赛第四十届年会上，国电东胜发电公司一号机组获得2010年全国300MW级空冷机组能效对标及竞赛一等奖，这是东胜公司连续两年再次荣获此项殊荣。

同日　国电大渡河深溪沟公司工程建设处被国务院国资委和共青团中央命名为2009～2010年度“全国青年文明号”。

8月2日　国电集团荣获国资委2010年度中央企业负责人经营业绩考核A级。

8月5日　国电集团与内蒙古锡林郭勒盟战略合作协议签字仪式在锡林浩特市举行。国电集团总经理、党组副书记朱永芃，副总经理、党组成员高嵩；中共内蒙古自治区党委副书记、政协主席任亚平，党委副秘书长胡丰；锡林郭勒盟盟委书记白向群，盟长刘俊臣等出席签字仪式。高嵩、刘俊臣代表双方在协议上签字。

同日　国电平庄煤业重组并购蒙东能源签约仪式在锡林浩特市举行。国电集团总经理、党组副书记朱永芃出席签约仪式并讲话，副总经理、党组成员高嵩主持仪式。平庄煤业、蒙东能源负责人代表双方在协议上签字。

8月16日　国电集团与上海银行股份公司战略合作协议签约仪式在北京举行。国电集团总会计师、党组成员张国厚，上海银行副行长贺青出席签约仪式。

8月18日　国电电力发展股份有限公司公开发行55亿元可转换公司债券网上推介会在北京举行。国电集团总经理、党组副书记、国电电力董事长朱永芃，集团公司总会计师、党组成员、国电电力董事张国厚等及国电电力管理层出席推介会。

8月20日　国务院国资委“中央企业产业援疆推介会”在乌鲁木齐市召开。国电集团副总经理、党组成员米树华出席会议，并代表国电集团与新疆自治区党委常委、政府副主席库热西·买合苏提签署了《自治区人民政府与中国国电集团公司“十二五”项目建设协议》。

8月24日　国电锡林河能源化工有限公司首次股东会暨董事会在内蒙古自治区呼和浩特市召开，标志着国电集团第一个褐煤低温热解项目正式启动。

9月8日　国家电监会主席吴新雄，总监谭荣尧一行赴集团公司调研。国电集团总经理、党组副书记朱永芃，副总经理、党组成员杨海滨，总会计师、党组成员张国厚，副总经理、党组成员张成杰，党组成员、纪检组组长郭瑞廷出席汇报会。朱永芃作工作汇报。

9月8～21日　国电集团党组书记、副总经理乔保平率团赴斯洛文尼亚参加“布莱德战略论坛”，并对古巴、委内瑞拉进行了考察访问。

9月19日　湖北省与中央企业深化合作会议暨项目签约仪式在武汉市举行。国电集团总经理、党朱永芃与王国生分别代表双方在合作协议上签字。

9月26日　国电集团与河北省战略合作框架协议签字暨国电河北分公司成立揭牌仪式在石家庄市举行。国电集团总经理、党组副书记朱永芃，党组书记、副总经理乔保平，副总经理、党组成员米树华；河北省委副书记、代省长张庆伟，省委常委、常务副省长赵勇出席仪式。朱永芃、乔保平、张庆伟、赵勇共同为河北分公司成立揭牌。米树华、赵勇分别代表双方在协议上签字。

9月30日　国资委对国电集团综合分析情况通报会在国电集团公司本部召开。国务院派驻国有重点大型企业监事会主席武保忠出席会议，通报了国资委对国电集团综合分析情况，并作总结讲话；国电集团总经理、党组副书记朱永芃，党组书记、副总经理乔保平出席会议并讲话。

10月12～13日　国电集团水电开发建设座谈会在西安召开。国电集团总经理、党组副书记朱永芃，党组书记、副总经理乔保平，副总经理、党组成员杨海滨、于崇德、高嵩、米树华，国务院派驻国有重点大型企业监事会23办事处副主任李惠敏，专职监事李勤出席会议。

10月18日　国电集团总经理、党组副书记朱永芃在集团本部会见了来访的GE公司副董事长、GE能源集团总裁兼首席执行官克雷尼奇一行。

10月18～21日　国电集团首届水轮发电机值班员技能竞赛在四川省乐山市举行。国电集团副总经理、党组成员、工委主任杨海滨，中国能源化学工会主席张成富，国资委群工局副局长张相红出席会议并讲话。

10月20日　国务院派驻国有重点大型企业监事会主席武保忠，国电集团党组书记、副总经理乔保平，副总经理、党组成员高嵩赴国电新能源技术研究院工程基建现场调研。在听取新能源技术研究院工程建设情况汇报、察看施工现场、并参观有关展厅后，武保忠对国电新能源技术研究院工程建设和研究院筹备工作给予了充分肯定。

10月27日　“非洲经济与社会发展研究”学者研修班赴国电联合动力（保定）公司考察访问，并与国电集团在国电科技环保集团股份有限公司举行座谈会。国电集团党组书记、副总经理乔保平，副总经理、党组成员米树华，中国社会科学院研究生院党委书记黄晓勇出席座谈会。

10 月 31 日　国电集团 1 亿 kW 装机暨风电装机容量突破 1000 万 kW 授牌仪式在南通市举行。国电集团总经理、党组副书记朱永芃，副总经理、党组成员米树华；国家电力监管委员会江苏电监办专员顾毓芳；中国电力企业联合会党组成员、秘书长王志轩；南通市委书记丁大卫，江苏省能源局副局长陈勇等出席仪式，并共同启动标志性风机。

11 月 11 日　国电集团总经理、党组副书记朱永芃应邀出席 2011 中国能源企业高层论坛，并发表题为《自主创新，转型升级，推动电力工业发展方式转变》的主题演讲。论坛上，朱永芃荣获“2010～2011 能源年度人物奖”，国电集团荣获“社会责任突出贡献奖”，龙源电力获得“能源企业低碳之星奖”。

11 月 15 日　江苏南通电厂一期 2×1000MW 项目暨南通市重大项目集中开工仪式在南通市举行。国电集团总经理、党组副书记朱永芃，华能集团总经理曹培玺，江苏省委常委、常务副省长李云峰，南通市委书记丁大卫出席仪式，并共同为项目揭牌。

11 月 16 日　国电大渡河猴子岩水电站开工仪式在四川省成都市举行。国电集团副总经理、党组成员高嵩，四川省副省长王宁出席仪式，并共同启动项目开工发令装置。

11 月 25 日　国电集团总经理、党组副书记朱永芃应邀出席了在河北省石家庄市举行的“央企走进河北战略合作恳谈会”，朱永芃作为央企代表致词，并与河北省委副书记、常务副省长赵勇代表双方签署《深化战略合作框架协议》。国务院国资委主任、党委书记王勇，河北省委副书记、代省长张庆伟出席仪式并讲话。

12 月 4 日　国电集团公司党组书记、副总经理乔保平应邀出席在北京召开中国能源化学工会第三届全国委员会第一次全体会议开幕式，并作为电力行业代表致词。中华全国总工会党组书记、副主席、书记处第一书记王玉普出席开幕式并讲话，中国能源化学工会主席张成富作了主题报告。

12 月 5～6 日　国务院派驻国有重点大型企业监事会主席武保忠赴国电浙江北仑第一发电有限公司调研。调研期间，武保忠重点考察了机组的生产运营情况、电力市场情况和煤炭供应情况，听取了浙江分公司和北仑公司负责人关于 2011 年生产经营状况汇报。

12 月 20 日　第七次全国环境保护大会在北京召开，国电集团总经理、党组副书记朱永芃出席会议并代表集团公司与环境保护部部长周生贤签署了《中国国电集团公司“十二五”主要污染物总量减排目标责任书》。

12 月 30 日　国电科技环保集团股份有限公司（简称“国电科环”，股份代号 01296）在香港联合交易所有限公司主板成功上市。

【中国电力投资集团公司主要事件】

1 月 24～25 日　中电投集团 2011 年工作会议在北京隆重召开。这次会议，是在中电投集团胜利完成“三步走”第一阶段主要目标任务，进入发展第二阶段的关键时期召开的一次十分重要的大会。

2 月 11 日　中电投集团与国家核电技术公司在北京举行了山东海阳核电项目 3、4 号机组、江西彭泽核电项目一期工程核岛承包合同框架协议、江西彭泽核电项目一期工程役前检查框架协议签字仪式。

2 月 20 日　中电投集团与广西壮族自治区政府举行“十二五”时期加强能源战略合作协议签字仪式。

4 月 20 日　中电投集团与中国农业银行股份有限公司《战略合作协议》签约仪式在北京举行。

6 月 10 日　中电投集团管控一体化工作部署会议在北京召开。会议的主要目的是全面部署集团公司管控一体化工作，统一思想，明确任务，确保管控一体化工作顺利推进。

7 月 1 日　中电投集团在总部召开纪念建党 90 周年暨“两优一先”表彰大会。

7 月 7 日　中电投集团党组中心组召开（扩大）学习会，专题学习胡锦涛总书记在庆祝中国共产党成立 90 周年大会上的重要讲话精神。

8 月 11 日　中电投集团与西藏自治区政府在拉萨举行能源项目开发座谈会，并签署战略合作框架协议。

9 月 16 日　中电投集团党组书记、总经理陆启洲在上海拜会了几内亚总统阿尔法·孔戴先生一行。

9 月 20 日　中央第三企业金融巡视组进驻中电投集团开展巡视工作动员会在中电投集团总部召开。

10 月 21 日　中电投集团党组中心组召开（扩大）学习会，传达学习党的十七届六中全会精神。

12 月 3 日　中电投集团与协鑫（集团）控股有限公司在南京举行能源项目战略合作框架协议签字仪式。

【国家核电技术公司主要事件】

1 月 12 日　国家核电正式收到中国银监会“关于国家核电技术公司筹建企业集团财务公司的批复”，同意公司组建财务公司。

1 月 13 日　国家核电股东会第四次会议审议并通过了公司增加注册资本金议案。公司的注册资本金由 40 亿元人民币增加到 100 亿元人民币。

1 月 18 日（美国当地时间）国家核电与西屋公司在华盛顿续签了为期两年的战略合作协议。双方将继续在 AP1000 核电建设、维护服务、技术开发、

战略投资以及合作开发海外市场等领域开展合作。（推荐）

3月11日　国家核电举行与中核集团公司、中广核集团公司AP1000技转分许可协议签字仪式。

同日　日本发生9级地震，危及核电站安全。国家核电于3月12日启动应急机制。公司专家分别赴中央电视台、中央人民广播电台等媒体进行科普和专业分析。

4月12日上午　中共中央政治局委员、国务院副总理张德江在国务院副秘书长肖亚庆、国务院国资委主任王勇的陪同下到国家核电视察调研。张德江勉励国家核电坚持创新精神，总结经验，再接再厉，取得更好的成绩，为中国核电事业的安全可持续发展作出应有贡献。

5月　根据中共中央、国务院和国资委关于顾军同志任职的相关文件，顾军同志任国家核电技术有限公司党组成员、董事总经理。

7月8日　国家核电在未来科技城的科研创新基地开工。

7月22日　《中国银监会关于国核财务有限公司开业的批复》（银监复〔2011〕272号）批准国核财务有限公司开业。

9月28日　国家能源局批准由软件中心依托国家核电申请的"国家能源核电软件重点实验室"成为核能领域内唯一获此殊荣的国家级重点实验室。

10月27日　上海发电设备成套设计研究院无偿上划国家核电。

10月31日　国核（北京）科学技术研究院揭牌成立。

（杨剑非）

【中国电力建设集团公司主要事件】

9月29日　中国电力建设集团有限公司在北京正式挂牌成立，首次干部大会在北京隆重召开。

10月18日　中国水电（股票代码601669）首次公开发行A股上市仪式在上海证券交易所举行。

11月7日　中国电建所属水电股份公司4项国内工程、2项境外工程获鲁班奖。得奖工程分别为上海世博会中国馆、杭州湾跨海大桥、黄河小浪底水利枢纽工程、汶川县第一中学工程、埃塞俄比亚泰克泽水电站工程、博茨瓦纳大学综合教学楼工程。水电股份公司鲁班奖总数增至27个。

11月16日　中国电建所属水电顾问集团被授予"2011年中国工程设计企业60强"荣誉证书，并荣列第1名。其所属成都院（排名第14）、华东院（排名第16）、西北院（排名第18）、昆明院（排名第21）、中南院（排名第29）、贵阳院（排名第36）等6家子公司均进入2011年"中国工程设计企业60强"并被授予荣誉证书。

11月22日　中国电建与中国建设银行在北京签署《战略合作协议》。

11月23日　中国施工企业管理协会2010年度科学技术奖评选工作结束，中国电建所属水电股份公司共有18项科技成果获得科技创新优秀成果一、二等奖，4个单位被评为科技创新先进企业，10人评为科技创新先进个人。

12月8日　中国电建所属水电七局承建，水电八局、水电（马来西亚）有限公司参建的马来西亚巴贡水电站与水电十一局、水电十四局参建的胜利东二号露天煤矿一期工程分别荣获2010～2011年度海外工程与国内工程国家优质工程金质奖。巴贡水电站是中国第一个海外工程国家优质工程金质奖，也是中国电建所属水电股份公司获得的第一个海外工程国家优质工程金质奖。水电八局参建的江苏如东二期风电特许权项目一期（100.5MW）扩建工程获国家优质工程银质奖。

12月9日　中国电建与国家电网公司所属网省公司在京正式签署国有产权无偿划转协议，标志着电网主辅分离改革及电力设计、施工一体化重组工作取得了重大进展。

12月16日　中国电建与中国银行在北京签署《战略合作协议》。

【中国能源建设集团公司主要事件】

9月29日　中国电力建设集团有限公司、中国能源建设集团有限公司揭牌暨电网分离单位划转移交大会在北京举行，标志着历时多年的电网主辅分离改革重组取得重大进展，标志着中央电力企业布局结构调整迈出重要步伐。国资委主任、党委书记王勇、国家发改委副主任彭森出席会议并讲话，电监会、财政部、国家能源局、工商总局等有关部委负责同志出席，国资委副主任黄淑和出席，邵宁宣读了国务院有关批复，国资委副主任金阳宣布了有关人事任命。会上，国家电网公司、南方电网公司与两家新公司签订了分离企业整体划转移交协议。

同日　中国能源建设集团有限公司所属单位主要负责人会议在北京中国职工之家召开。国务院国资委企业领导人员管理二局、企业改革局相关负责人分别宣布了中国能源建设集团有限公司领导任职通知和公司组建方案。会议统一了集团上下对改革重组的思想认识，明确了中国能建近期内要实现两大目标，回答了干部职工普遍关心的热点问题，对下一步工作进行了安排部署。

11月25日　杨继学、汪建平、丁焰章一行拜会广东省代省长朱小丹。双方就广东省与中国能建在更高层次、更广领域开展战略合作进行了洽谈。

11 月 26 日 杨继学、汪建平、丁焰章一行拜会南方电网公司董事长赵建国，就双方共同关心的电网分离企业资产划转移交等有关问题进行了深入交流。

12 月 9 日 中国能源建设集团有限公司与国家电网所属 12 个网省公司在北京签署分离企业国有产权无偿划转协议。此举标志着中国能建对电网划入企业的接收工作取得突破性进展。

12 月 14 日 中国建筑业协会在北京召开庆祝协会成立 25 周年暨 2010 年度中国建筑业企业“双百强”发布会，正式发布中国建筑业企业竞争力百强和最具成长性百强（简称“双百强”）名单，中国能建所属中国葛洲坝集团公司位列 2010 年度中国建筑业企业竞争力百强第一名。

12 月 16 日 中国能源建设集团有限公司与广西电网公司在南宁举行广西电网公司所属分离企业国有产权无偿划转协议签字仪式。此举标志着南方电网主辅分离改革重组工作在广西顺利完成。

同日 中国能建所属中电工程华东院参与设计的世界上运行电压最高、输电能力最强的交流输变电工程——1000kV 晋东南—南阳—荆门特高压交流试验示范工程扩建工程正式投运，标志着中国在世界上率先掌握了特高压大容量电网建设技术，运行水平已经处于世界先进行列。

12 月 20 日 中央文明委召开全国精神文明建设工作表彰大会，隆重表彰第三批全国文明城市、文明村镇、文明单位，中国能建所属中国电力工程顾问集团公司（本部）被授予“全国文明单位”荣誉称号，标志着该公司精神文明建设工作跨越了新台阶。

12 月 25 日 中国能建参建的世界上规模最大，集风电、光伏发电、储能、智能输电于一体的新能源综合利用平台——国家风光储输示范工程在河北省张北县建成投产。

12 月 28 日 中国能建所属甘肃省电力设计院设计的 750 千伏可控高抗成功启动，标志着中国首台 750 千伏可控高抗已通过各项测试，正式挂网运行。

12 月 28～30 日 中国能建在北京召开 2012 年工作研讨会。国务院国有企业监事会主席武保忠参加会议。会议传达了中央经济工作会、中央企业负责人会议精神，对中国能建 2012 年工作和未来发展进行了研讨。

重 要 文 献

国 务 院 文 件

《电力安全事故应急处置和调查处理条例》颁布

（国务院第 599 号令）

《电力安全事故应急处置和调查处理条例》已经2011 年 6 月 15 日国务院第 159 次常务会议通过，现予公布，自 2011 年 9 月 1 日起施行。

总理　温家宝
2011 年 7 月 7 日

电力安全事故应急处置和调查处理条例

第一章　总　　则

第一条　为了加强电力安全事故的应急处置工作，规范电力安全事故的调查处理，控制、减轻和消除电力安全事故损害，制定本条例。

第二条　本条例所称电力安全事故，是指电力生产或者电网运行过程中发生的影响电力系统安全稳定运行或者影响电力正常供应的事故（包括热电厂发生的影响热力正常供应的事故）。

第三条　根据电力安全事故(简称事故)影响电力系统安全稳定运行或者影响电力(热力)正常供应的程度，事故分为特别重大事故、重大事故、较大事故和一般事故。事故等级划分标准由本条例附表列示。事故等级划分标准的部分项目需要调整的，由国务院电力监管机构提出方案，报国务院批准。

由独立的或者通过单一输电线路与外省连接的省级电网供电的省级人民政府所在地城市，以及由单一输电线路或者单一变电站供电的其他设区的市、县级市，其电网减供负荷或者造成供电用户停电的事故等级划分标准，由国务院电力监管机构另行制定，报国务院批准。

第四条　国务院电力监管机构应当加强电力安全监督管理，依法建立健全事故应急处置和调查处理的各项制度，组织或者参与事故的调查处理。

国务院电力监管机构、国务院能源主管部门和国务院其他有关部门、地方人民政府及有关部门按照国家规定的权限和程序，组织、协调、参与事故的应急处置工作。

第五条　电力企业、电力用户以及其他有关单位和个人，应当遵守电力安全管理规定，落实事故预防措施，防止和避免事故发生。

县级以上地方人民政府有关部门确定的重要电力用户，应当按照国务院电力监管机构的规定配置自备应急电源，并加强安全使用管理。

第六条　事故发生后，电力企业和其他有关单位应当按照规定及时、准确报告事故情况，开展应急处置工作，防止事故扩大，减轻事故损害。电力企业应当尽快恢复电力生产、电网运行和电力（热力）正常供应。

第七条　任何单位和个人不得阻挠和干涉对事故的报告、应急处置和依法调查处理。

第二章　事　故　报　告

第八条　事故发生后，事故现场有关人员应当立即向发电厂、变电站运行值班人员、电力调度机构值班人员或者本企业现场负责人报告。有关人员接到报告后，应当立即向上一级电力调度机构和本企业负责人报告。本企业负责人接到报告后，应当立即向国务院电力监管机构设在当地的派出机构（以下称事故发生地电力监管机构）、县级以上人民政府安全生产监督管理部门报告；热电厂事故影响热力正常供应的，还应当向供热管理部门报告；事故涉及水电厂（站）大坝安全的，还应当同时向有管辖权的水行政主管部门或者流域管理机构报告。

电力企业及其有关人员不得迟报、漏报或者瞒报、谎报事故情况。

第九条　事故发生地电力监管机构接到事故报告后，应当立即核实有关情况，向国务院电力监管机构报告；事故造成供电用户停电的，应当同时通报事故发生地县级以上地方人民政府。

对特别重大事故、重大事故，国务院电力监管机构接到事故报告后应当立即报告国务院，并通报国务院安全生产监督管理部门、国务院能源主管部门等有关部门。

第十条 事故报告应当包括下列内容：

（一）事故发生的时间、地点（区域）以及事故发生单位；

（二）已知的电力设备、设施损坏情况，停运的发电（供热）机组数量、电网减供负荷或者发电厂减少出力的数值、停电（停热）范围；

（三）事故原因的初步判断；

（四）事故发生后采取的措施、电网运行方式、发电机组运行状况以及事故控制情况；

（五）其他应当报告的情况。

事故报告后出现新情况的，应当及时补报。

第十一条 事故发生后，有关单位和人员应当妥善保护事故现场以及工作日志、工作票、操作票等相关材料，及时保存故障录波图、电力调度数据、发电机组运行数据和输变电设备运行数据等相关资料，并在事故调查组成立后将相关材料、资料移交事故调查组。

因抢救人员或者采取恢复电力生产、电网运行和电力供应等紧急措施，需要改变事故现场、移动电力设备的，应当作出标记、绘制现场简图，妥善保存重要痕迹、物证，并作出书面记录。

任何单位和个人不得故意破坏事故现场，不得伪造、隐匿或者毁灭相关证据。

第三章 事故应急处置

第十二条 国务院电力监管机构依照《中华人民共和国突发事件应对法》和《国家突发公共事件总体应急预案》，组织编制国家处置电网大面积停电事件应急预案，报国务院批准。

有关地方人民政府应当依照法律、行政法规和国家处置电网大面积停电事件应急预案，组织制定本行政区域处置电网大面积停电事件应急预案。

处置电网大面积停电事件应急预案应当对应急组织指挥体系及职责，应急处置的各项措施，以及人员、资金、物资、技术等应急保障作出具体规定。

第十三条 电力企业应当按照国家有关规定，制定本企业事故应急预案。

电力监管机构应当指导电力企业加强电力应急救援队伍建设，完善应急物资储备制度。

第十四条 事故发生后，有关电力企业应当立即采取相应的紧急处置措施，控制事故范围，防止发生电网系统性崩溃和瓦解；事故危及人身和设备安全的，发电厂、变电站运行值班人员可以按照有关规定，立即采取停运发电机组和输变电设备等紧急处置措施。

事故造成电力设备、设施损坏的，有关电力企业应当立即组织抢修。

第十五条 根据事故的具体情况，电力调度机构可以发布开启或者关停发电机组、调整发电机组有功和无功负荷、调整电网运行方式、调整供电调度计划等电力调度命令，发电企业、电力用户应当执行。

事故可能导致破坏电力系统稳定和电网大面积停电的，电力调度机构有权决定采取拉限负荷、解列电网、解列发电机组等必要措施。

第十六条 事故造成电网大面积停电的，国务院电力监管机构和国务院其他有关部门、有关地方人民政府、电力企业应当按照国家有关规定，启动相应的应急预案，成立应急指挥机构，尽快恢复电网运行和电力供应，防止各种次生灾害的发生。

第十七条 事故造成电网大面积停电的，有关地方人民政府及有关部门应当立即组织开展下列应急处置工作：

（一）加强对停电地区关系国计民生、国家安全和公共安全的重点单位的安全保卫，防范破坏社会秩序的行为，维护社会稳定；

（二）及时排除因停电发生的各种险情；

（三）事故造成重大人员伤亡或者需要紧急转移、安置受困人员的，及时组织实施救治、转移、安置工作；

（四）加强停电地区道路交通指挥和疏导，做好铁路、民航运输以及通信保障工作；

（五）组织应急物资的紧急生产和调用，保证电网恢复运行所需物资和居民基本生活资料的供给。

第十八条 事故造成重要电力用户供电中断的，重要电力用户应当按照有关技术要求迅速启动自备应急电源；启动自备应急电源无效的，电网企业应当提供必要的支援。

事故造成地铁、机场、高层建筑、商场、影剧院、体育场馆等人员聚集场所停电的，应当迅速启用应急照明，组织人员有序疏散。

第十九条 恢复电网运行和电力供应，应当优先保证重要电厂厂用电源、重要输变电设备、电力主干网架的恢复，优先恢复重要电力用户、重要城市、重点地区的电力供应。

第二十条 事故应急指挥机构或者电力监管机构应当按照有关规定，统一、准确、及时发布有关事故影响范围、处置工作进度、预计恢复供电时间等信息。

第四章 事故调查处理

第二十一条 特别重大事故由国务院或者国务院

授权的部门组织事故调查组进行调查。

重大事故由国务院电力监管机构组织事故调查组进行调查。

较大事故、一般事故由事故发生地电力监管机构组织事故调查组进行调查。国务院电力监管机构认为必要的，可以组织事故调查组对较大事故进行调查。

未造成供电用户停电的一般事故，事故发生地电力监管机构也可以委托事故发生单位调查处理。

第二十二条 根据事故的具体情况，事故调查组由电力监管机构、有关地方人民政府、安全生产监督管理部门、负有安全生产监督管理职责的有关部门派人组成；有关人员涉嫌失职、渎职或者涉嫌犯罪的，应当邀请监察机关、公安机关、人民检察院派人参加。

根据事故调查工作的需要，事故调查组可以聘请有关专家协助调查。

事故调查组组长由组织事故调查组的机关指定。

第二十三条 事故调查组应当按照国家有关规定开展事故调查，并在下列期限内向组织事故调查组的机关提交事故调查报告：

（一）特别重大事故和重大事故的调查期限为60日；特殊情况下，经组织事故调查组的机关批准，可以适当延长，但延长的期限不得超过60日。

（二）较大事故和一般事故的调查期限为45日；特殊情况下，经组织事故调查组的机关批准，可以适当延长，但延长的期限不得超过45日。

事故调查期限自事故发生之日起计算。

第二十四条 事故调查报告应当包括下列内容：

（一）事故发生单位概况和事故发生经过；

（二）事故造成的直接经济损失和事故对电网运行、电力（热力）正常供应的影响情况；

（三）事故发生的原因和事故性质；

（四）事故应急处置和恢复电力生产、电网运行的情况；

（五）事故责任认定和对事故责任单位、责任人的处理建议；

（六）事故防范和整改措施。

事故调查报告应当附具有关证据材料和技术分析报告。事故调查组成员应当在事故调查报告上签字。

第二十五条 事故调查报告报经组织事故调查组的机关同意，事故调查工作即告结束；委托事故发生单位调查的一般事故，事故调查报告应当报经事故发生地电力监管机构同意。

有关机关应当依法对事故发生单位和有关人员进行处罚，对负有事故责任的国家工作人员给予处分。

事故发生单位应当对本单位负有事故责任的人员进行处理。

第二十六条 事故发生单位和有关人员应当认真吸取事故教训，落实事故防范和整改措施，防止事故再次发生。

电力监管机构、安全生产监督管理部门和负有安全生产监督管理职责的有关部门应当对事故发生单位和有关人员落实事故防范和整改措施的情况进行监督检查。

第五章 法 律 责 任

第二十七条 发生事故的电力企业主要负责人有下列行为之一的，由电力监管机构处其上一年年收入40%至80%的罚款；属于国家工作人员的，并依法给予处分；构成犯罪的，依法追究刑事责任：

（一）不立即组织事故抢救的；

（二）迟报或者漏报事故的；

（三）在事故调查处理期间擅离职守的。

第二十八条 发生事故的电力企业及其有关人员有下列行为之一的，由电力监管机构对电力企业处100万元以上500万元以下的罚款；对主要负责人、直接负责的主管人员和其他直接责任人员处其上一年年收入60%～100%的罚款，属于国家工作人员的，并依法给予处分；构成违反治安管理行为的，由公安机关依法给予治安管理处罚；构成犯罪的，依法追究刑事责任：

（一）谎报或者瞒报事故的；

（二）伪造或者故意破坏事故现场的；

（三）转移、隐匿资金、财产，或者销毁有关证据、资料的；

（四）拒绝接受调查或者拒绝提供有关情况和资料的；

（五）在事故调查中作伪证或者指使他人作伪证的；

（六）事故发生后逃匿的。

第二十九条 电力企业对事故发生负有责任的，由电力监管机构依照下列规定处以罚款：

（一）发生一般事故的，处10万元以上20万元以下的罚款；

（二）发生较大事故的，处20万元以上50万元以下的罚款；

（三）发生重大事故的，处50万元以上200万元以下的罚款；

（四）发生特别重大事故的，处200万元以上500万元以下的罚款。

第三十条 电力企业主要负责人未依法履行安全生产管理职责，导致事故发生的，由电力监管机构依照下列规定处以罚款；属于国家工作人员的，并依法给予处分；构成犯罪的，依法追究刑事责任：

（一）发生一般事故的，处其上一年年收入30%的罚款；

（二）发生较大事故的，处其上一年年收入40%的罚款；

（三）发生重大事故的，处其上一年年收入60%的罚款；

（四）发生特别重大事故的，处其上一年年收入80%的罚款。

第三十一条 电力企业主要负责人依照本条例第二十七条、第二十八条、第三十条规定受到撤职处分或者刑事处罚的，自受处分之日或者刑罚执行完毕之日起5年内，不得担任任何生产经营单位主要负责人。

第三十二条 电力监管机构、有关地方人民政府以及其他负有安全生产监督管理职责的有关部门有下列行为之一的，对直接负责的主管人员和其他直接责任人员依法给予处分；直接负责的主管人员和其他直接责任人员构成犯罪的，依法追究刑事责任：

（一）不立即组织事故抢救的；

（二）迟报、漏报或者瞒报、谎报事故的；

（三）阻碍、干涉事故调查工作的；

（四）在事故调查中作伪证或者指使他人作伪证的。

第三十三条 参与事故调查的人员在事故调查中有下列行为之一的，依法给予处分；构成犯罪的，依法追究刑事责任：

（一）对事故调查工作不负责任，致使事故调查工作有重大疏漏的；

（二）包庇、袒护负有事故责任的人员或者借机打击报复的。

第六章 附 则

第三十四条 发生本条例规定的事故，同时造成人员伤亡或者直接经济损失，依照本条例确定的事故等级与依照《生产安全事故报告和调查处理条例》确定的事故等级不相同的，按事故等级较高者确定事故等级，依照本条例的规定调查处理；事故造成人员伤亡，构成《生产安全事故报告和调查处理条例》规定的重大事故或者特别重大事故的，依照《生产安全事故报告和调查处理条例》的规定调查处理。

电力生产或者电网运行过程中发生发电设备或者输变电设备损坏，造成直接经济损失的事故，未影响电力系统安全稳定运行以及电力正常供应的，由电力监管机构依照《生产安全事故报告和调查处理条例》的规定组成事故调查组对重大事故、较大事故、一般事故进行调查处理。

第三十五条 本条例对事故报告和调查处理未作规定的，适用《生产安全事故报告和调查处理条例》的规定。

第三十六条 核电厂核事故的应急处置和调查处理，依照《核电厂核事故应急管理条例》的规定执行。

第三十七条 本条例自2011年9月1日起施行。

附件：电力安全事故等级划分标准（略）

国务院办公厅关于继续深化“安全生产年”活动的通知

（国办发〔2011〕11号）

各省、自治区、直辖市人民政府，国务院各部委、各直属机构：

为贯彻落实党的十七届五中全会、中央经济工作会议和全国安全生产电视电话会议精神，进一步加强安全生产工作，有效防范和遏制重特大事故，经国务院同意，现就继续深化“安全生产年”活动有关事项通知如下：

一、总体要求

深入贯彻落实科学发展观，坚持“安全第一，预防为主，综合治理”的方针，牢固树立以人为本、安全发展理念，以落实《国务院关于进一步加强企业安全生产工作的通知》（国发〔2010〕23号）精神为核心，以强化企业安全生产主体责任为重点，继续深入开展“安全生产年”活动，加强基础建设，加强责任落实，加强依法监督，深化安全生产执法、治理、宣教“三项行动”和法制体制机制、保障能力、监管监察队伍“三项建设”，有效防范和坚决遏制重特大事故，促进安全生产形势进一步稳定好转，确保“十二五”时期安全生产工作开好局、起好步。

二、深化企业主体责任落实，加强安全管理和监督

（一）全面落实企业安全生产主体责任。各企业要健全安全管理机构，完善安全生产规章制度，把安全生产作为强基固本的重要举措纳入本企业发展战略，确保安全投入、安全管理、技术装备、教育培训等措施落实到位。要强化法定代表人、实际控制人安全生产第一责任者的责任，严格落实企业领导干部现场带班制度，及时现场解决安全生产中遇到的突出问题。不断完善企业绩效工资制度，加大与安全生产挂钩比重。加强对境外中资企业安全生产工作的指导和管理，严格落实境内投资主体和派出企业的安全生产

监督责任。

（二）强化政府和部门监管责任落实。地方各级人民政府要把安全生产作为加强经济社会管理、保障改善民生的重要内容，认真落实省、市、县、乡各级行政首长安全生产负责制和领导班子成员安全生产"一岗双责"制度，建立完善安全生产责任联系点和例会制度，重点抓好县、乡两级政府安全监管责任的落实。各有关部门要认真履行安全生产监督管理和指导职责，及时纠正查处非法违法、违规违章行为。综合监管部门要加强对本级政府相关部门、下级政府安全生产工作的指导协调和监督检查。要充分发挥各级安全生产委员会及其办公室作用，加强协调联动，抓好督促落实。

（三）严格安全生产责任考核和追究。完善安全生产控制指标体系，严格目标责任考核，增加干部政绩业绩考核中安全生产的权重。认真落实重大事故查处挂牌督办制度，采取约谈、通报和召开现场会等措施，加大警示问责和督导整改力度，限期反馈督办事项整改情况。坚持"四不放过"（事故原因未查清不放过、责任人员未处理不放过、整改措施未落实不放过、有关人员未受到教育不放过）和依法依规、实事求是、注重实效的原则，严格事故调查和责任追究，除依法应当保密的外，所有事故查处结果都要及时向社会公布。对瞒报、谎报、迟报、漏报事故及事故后逃逸的行为，依法从重处理。要严肃查处生产安全事故背后的腐败行为。

三、深化依法监管，持续严厉打击违法行为

（一）明确打击重点。持续严厉打击煤矿、非煤矿山、交通运输、建筑施工、危险化学品、烟花爆竹、易爆物品、冶金等行业领域的非法违法生产经营建设行为。对非法违法行为突出的地区和企业，有关部门要与司法机关密切配合，加强部门之间、地区之间联合执法，统一周密部署，增强打击实效。

（二）加大惩治力度。加强和改进安全生产行政执法工作，强化执法责任和手段措施，对较大以上非法违法事故查处实行跟踪督办，并切实做到"四个一律"，即对非法生产经营建设和经停产整顿仍未达到要求的，一律关闭取缔；对非法违法生产经营建设的有关单位和责任人，一律按规定上限予以处罚；对违法生产经营建设的单位，一律依法责令停产整顿，并严格落实监管措施；对触犯法律的有关单位和人员，一律依法严格追究法律责任。

（三）加强跟踪监管。强化地方政府特别是县、乡两级政府打击非法违法行为的责任，查清并斩断非法生产原料供应和产品销售的经济链条，彻底铲除非法违法行为背后的"保护伞"和安全生产领域的黑恶势力，防止前纠后犯。对打击不力的，要依法依规追究有关地方政府和监管部门的责任。

（四）强化社会监督。建立非法违法行为举报奖励制度，依法落实职工群众对安全生产的参与权和监督权，对媒体和群众举报的各类非法违法行为，要及时查处，兑现奖励。抓紧建立全国安全生产信息联网查询系统，对存在非法违法生产经营建设行为的企业，向社会公开曝光。

四、深化专项整治，狠抓隐患排查治理

（一）继续深入开展安全专项整治。以事故总量和重特大事故相对集中的煤矿、非煤矿山、道路交通、铁路交通、建筑施工、烟花爆竹、危险化学品、易爆物品、工矿商贸其他及消防等行业领域为重点，持续加大安全专项整治力度。要继续推进矿产资源开发整合，完善非煤矿山建设项目安全核准制度，取缔关闭不具备安全生产条件的矿山。从严整治超载超限超速和酒后、疲劳驾驶等道路交通违法违规行为。进一步加强铁路运输安全管理。深入推进构筑社会消防安全"防火墙"工程，以人员密集场所、高层和地下建筑、使用易燃可燃外墙保温材料建筑、"三合一"及"多合一"生产经营场所为重点，持续开展消防安全排查、整治，及时消除火灾隐患，完善消防安全设施。继续推进化工装置自动控制系统改造，健全完善危险化学品道路运输安全区域联合监控机制，加快城市地下易燃易爆品管线隐患排查治理。全面落实烟花爆竹和民爆物品的生产、经营、运输、储存、使用等各环节安全措施，深入开展"三超一改"（超范围、超人员、超药量和擅自改变工房用途）和礼花弹等高危产品专项治理。严密防范建筑施工坍塌坠落以及农业机械、水上交通、渔业船舶、冶金等其他各行业领域安全事故。

（二）突出加强煤矿安全治理。深化煤矿瓦斯防治，严格落实瓦斯治理利用政策和综合防突措施，切实加强高瓦斯矿井、煤与瓦斯突出矿井和水害、火灾严重等矿井的安全管理，做到瓦斯抽采不达标不生产，水害、火灾等防治措施不到位不生产。继续推进小煤矿整顿关闭、兼并重组、整合技改，支持大型煤炭企业通过收购、兼并、控股等多种方式整合小煤矿，淘汰落后生产能力。

（三）实现隐患排查治理制度化。要将隐患排查治理纳入安全监管和企业日常生产的重要内容，完善各级各类危险源、事故隐患动态监控及预警预报体系，建立跟踪督促整改制度，对重大隐患层层挂牌督办，切实做到整改措施、责任、资金、时限和预案"五到位"。要进一步强化源头治理，严格执行安全生

产许可制度、建设项目安全设施“三同时”（同时设计、同时施工、同时投产和使用）制度和行业安全准入，抓紧制定出台安全技术标准和高危行业从业人员资格标准，不具备安全条件不准投入生产和建设。

（四）扎实推进职业危害防治。各级安全监管监察、卫生、社会保障等部门和工会组织要进一步协调配合，认真贯彻执行国家职业病防治规划，加强监管队伍、技术装备、工作制度建设，强化监督检查，有效防范治理职业危害。

五、推进科技进步，提高安全保障和应急救援能力

（一）大力推进安全科技创新。加强安全生产科技机构建设，进一步建立完善以企业为主体、以市场为导向、政产学研用相结合的安全技术创新体系。加快推进安全生产关键技术及装备的研发，在煤矿典型灾害防治、矿山事故预防预警与控制、粉尘与高毒物品职业危害防控、事故快速抢险与应急处置等方面推出一批具有自主知识产权的科技成果。

（二）积极推广应用先进适用技术装备。加快国发〔2010〕23号文件确定的各项安全系统和装备建设，确保按期投入应用。要进一步落实安全生产专用设备企业所得税优惠政策，抓紧制定各行业领域落后技术装备淘汰目录，促进安全设施装备更新改造，引导高危行业企业提高机械化、自动化、信息化生产水平。

（三）加快建设高效实用的应急救援体系。依托大型企业，在中央预算内基建投资支持下，加快7个国家矿山应急救援队建设，保障必要的运行维护费用。推进公路交通、铁路运输、水上搜救、船舶溢油、油气田、危险化学品等行业领域国家救援基地和队伍建设。鼓励支持各地区、各部门、各行业依托大型企业和专业救援力量，加强服务周边的区域性应急救援能力建设。加快全国安全生产应急平台体系建设，建立应急物资储备体系和调用机制，完善应急预案，加强应急演练，切实提高事故救援实战能力。

六、推进安全达标，强化安全基层基础

（一）有序推进企业安全标准化达标升级。在工矿商贸和交通运输企业广泛开展以“企业达标升级”为主要内容的安全生产标准化创建活动，着力推进岗位达标、专业达标和企业达标。组织对企业安全生产状况进行安全标准化分级考核评价，评价结果向社会公开，并向银行业、证券业、保险业、担保业等主管部门通报，作为企业信用评级的重要参考依据。各有关部门要加快制定完善有关标准，分类指导，分步实施，促进企业安全基础不断强化。

（二）加快推进班组安全建设。充分发挥班组安全生产的基础作用，切实加强各行业领域班组安全建设，不断提高班组安全管理水平，强化现场安全管理责任和措施落实，有效抵制违章指挥、违章作业和违反劳动纪律的行为。

（三）加大安全培训力度。大力开展职业教育培训、岗前培训、全员培训和专业技能培训，企业主要负责人和安全生产管理人员、特种作业人员一律要严格考核、持证上岗，职工必须全部经过培训合格后上岗。进一步落实校企合作办学、对口单招、订单式培养等政策，加强安全学科建设，大力发展职业教育，努力培养高素质的安全专业人才。

（四）加强安全宣传教育。深入开展以“安全责任、重在落实”为主题的第十个全国“安全生产月”和“安全生产万里行”活动，大力宣传安全生产法律法规和政策措施。积极创建安全发展示范城市和安全文化建设示范工程，扶持发展安全文化产业。做好重特大生产安全事故新闻发布和舆论引导工作。

七、推进长效机制建设，构建安全生产防范体系

（一）编制实施安全生产规划。根据国民经济和社会发展“十二五”规划纲要，抓紧制订和实施安全生产“十二五”规划和煤矿、道路交通安全等重点行业领域专项规划，明确安全生产目标、任务和重点建设项目，促进安全基础的不断强化。各地区、各部门制订的各专项规划，要充分考虑安全生产工作的要求，与安全生产“十二五”规划保持密切衔接。

（二）进一步完善落实各项经济政策。认真落实安全费用提取使用、安全风险抵押金等制度，完善道路交通事故社会救助基金制度。贯彻落实社会保险法和新修订的工伤保险条例，推进各类用人单位参加工伤保险，认真落实各项工伤保险待遇，研究制订工伤预防费的使用管理办法，加强工伤预防工作。研究制订扶持发展农村公共道路客运交通政策，落实高瓦斯、煤与瓦斯突出矿井税费优惠减免政策。研究制定安全产业政策，加快高危行业企业整合重组，提高行业安全发展水平。

（三）继续加强安全法制建设。加快有关安全生产的法律法规制定、修订。加强技术标准体系建设。进一步强化基层和生产经营单位的法制教育，普及法律知识和安全生产、应急避险、职业健康等知识。各地区、各部门要健全完善安全生产地方性法规、部门规章和相关政策制度，为安全生产提供法制保障。

（四）加强安全监管监察队伍建设。进一步创新安全监管工作机制，改进工作方式，充实基层监管力量，切实做到严格公正、科学廉洁执法。组织制定并实施安全生产监管监察能力建设规划，进一步提升安

全监管监察效能。县级以上地方政府要依照有关规定，建立健全安全生产监管机构，乡镇街道也要结合本地实际加强安全生产监管，确保安全生产工作事有人管、责有人负。

国务院办公厅（印）
2011 年 3 月 2 日

国务院办公厅转发发改委关于实施新一轮农村电网改造升级工程意见的通知

（国办发〔2011〕23 号）

各省、自治区、直辖市人民政府，国务院各部委、各直属机构：

发改委《关于实施新一轮农村电网改造升级工程的意见》已经国务院同意，现转发给你们，请认真贯彻执行。

实施新一轮农村电网改造升级工程，是贯彻落实《中共中央国务院关于加大统筹城乡发展力度进一步夯实农业农村发展基础的若干意见》（中发〔2010〕1 号）要求，加强农村电力基础设施建设，加快改善农村民生，缩小城乡公共事业发展差距的重要举措，各有关部门和地方各级人民政府要高度重视，加强组织领导，完善工作机制，落实责任，周密安排，扎实工作，切实完成好农村电网改造升级各项任务。

国务院办公厅（印）
2011 年 5 月 10 日

附件：关于实施新一轮农村电网改造升级工程的意见

发改委

农村电网是农村重要的基础设施，关系农民生活、农业生产和农村繁荣。自 1998 年实施农村电网改造、农村电力管理体制改革、城乡用电同网同价以来，中国农村电网结构明显增强，供电可靠性显著提高，农村居民用电价格大幅降低，为农村经济社会发展创造了良好条件。但是，受历史、地理、体制等因素制约，目前中国农村电网建设仍存在许多矛盾和问题。中西部偏远地区农村电网改造面低，农业生产供电设施以及独立管理的农场、林场、小水电自供区等电网大部分没有改造，部分地区还没有实现城乡用电同网同价，一些已改造过的农村电网与快速增长的用电需求不相适应，又出现了新的线路“卡脖子”和设备“过负荷”问题。必须抓紧实施新一轮农村电网改造升级工程，进一步提升农村电网供电可靠性和供电能力，满足农民生活、农业生产用电需要。现就新一轮农村电网改造升级工作提出以下意见。

一、总体思路和主要目标

（一）总体思路。以邓小平理论和“三个代表”重要思想为指导，深入贯彻落实科学发展观，统筹城乡发展，适应农村用电快速增长需要，按照统一规划、分步实施，因地制宜、突出重点，经济合理、先进适用，深化改革、加强管理的原则，加快农村电网建设和改造，深化农村电力体制改革，实现城乡用电同网同价目标，构筑经济、优质、安全的新型农村供电体系，促进农村经济社会持续健康发展。

（二）主要目标。“十二五”期间，全国农村电网普遍得到改造，农村居民生活用电得到较好保障，农业生产用电问题基本解决，县级供电企业“代管体制”全面取消，城乡用电同网同价目标全面实现，基本建成安全可靠、节能环保、技术先进、管理规范的新型农村电网。

二、工作重点

（一）对未改造地区的农村电网（包括农场、林场及其他独立管理地区的电网），按照新的建设标准和要求进行全面改造，彻底解决遗留的农村电网未改造问题。

（二）对已进行改造，但因电力需求快速增长出现供电能力不足、供电可靠性较低问题的农村电网，按照新的建设标准和要求实施升级改造，提高电网供电能力和电能质量。

（三）根据各地区农业生产特点和农村实际情况，因地制宜，对粮食主产区农田灌溉、农村经济作物和农副产品加工、畜禽水产养殖等供电设施进行改造，满足农业生产用电需要。

（四）按照统筹城乡发展要求，在实现城乡居民用电同网同价基础上，实现城乡各类用电同网同价，进一步减轻农村用电负担。

三、配套政策措施

（一）加大资金支持力度。中西部地区农村电网改造升级工程项目资本金主要由中央安排，东部地区农村电网改造升级工程项目资本金由项目法人自筹解决。鼓励项目法人加大资金筹措力度，加快农村电网改造升级步伐。

（二）完善农网还贷资金管理。继续执行每千瓦时电量加收 2 分钱的农网还贷资金政策，专项用于农村电网建设与改造升级工程贷款的还本付息。有关部门要加强监管，指导督促电网企业严格按照国家有关规定征收、使用农网还贷资金，同时，要积极研究农网还贷资金统筹使用机制，加强对中西部地区的扶持，建立对农村电网建设改造、运营维护持续投入的长效机制。

（三）深化农村电力体制改革。全面取消县级电网企业“代管体制”，按照建立现代企业制度要求和公平自愿原则，通过无偿划转、股份制改造等多种形式，建立有利于促进农村电力健康发展的体制机制。地方管理的电网企业也要深化改革，鼓励与大电网企业通过各种形式的合作或融合，提高供电能力和服务水平。

四、工作要求

（一）编制改造升级规划。各省（区、市）人民政府要根据本地区农村经济社会发展需要，按照因地制宜、实事求是、量力而行的原则，编制农村电网改造升级“十二五”规划，明确发展目标、工作任务、建设重点、建设方案和投资需求，对本地区农村电网改造升级工作作出周密部署。

（二）加强工程质量管理。发展改革委要制定农村电网改造升级项目管理办法和技术规范，加强项目监管和质量抽查，确保工程质量。国家电网公司、中国南方电网有限责任公司及有关地方电网企业要加强项目前期工作，严格执行基本建设程序和相关管理制度，努力把农村电网改造升级建成精品工程。

国务院关于印发“十二五”节能减排综合性工作方案的通知

（国发〔2011〕26号）

各省、自治区、直辖市人民政府，国务院各部委、各直属机构：

现将《“十二五”节能减排综合性工作方案》印发给你们，请结合本地区、本部门实际，认真贯彻执行。

一、“十一五”时期，各地区、各部门认真贯彻落实党中央、国务院的决策部署，把节能减排作为调整经济结构、转变经济发展方式、推动科学发展的重要抓手和突破口，取得了显著成效。全国单位国内生产总值能耗降低19.1%，SO_2、化学需氧量排放总量分别下降14.29%和12.45%，基本实现了“十一五”规划纲要确定的约束性目标，扭转了“十五”后期单位国内生产总值能耗和主要污染物排放总量大幅上升的趋势，为保持经济平稳较快发展提供了有力支撑，为应对全球气候变化作出了重要贡献，也为实现“十二五”节能减排目标奠定了坚实基础。

二、充分认识做好“十二五”节能减排工作的重要性、紧迫性和艰巨性。“十二五”时期，中国发展仍处于可以大有作为的重要战略机遇期。随着工业化、城镇化进程加快和消费结构持续升级，中国能源需求呈刚性增长，受国内资源保障能力和环境容量制约以及全球性能源安全和应对气候变化影响，资源环境约束日趋强化，“十二五”时期节能减排形势仍然十分严峻，任务十分艰巨。特别是中国节能减排工作还存在责任落实不到位、推进难度增大、激励约束机制不健全、基础工作薄弱、能力建设滞后、监管不力等问题。这种状况如不及时改变，不但“十二五”节能减排目标难以实现，还将严重影响经济结构调整和经济发展方式转变。

各地区、各部门要真正把思想和行动统一到中央的决策部署上来，切实增强全局意识、危机意识和责任意识，树立绿色、低碳发展理念，进一步把节能减排作为落实科学发展观、加快转变经济发展方式的重要抓手，作为检验经济是否实现又好又快发展的重要标准，下更大决心，用更大气力，采取更加有力的政策措施，大力推进节能减排，加快形成资源节约、环境友好的生产方式和消费模式，增强可持续发展能力。

三、严格落实节能减排目标责任，进一步形成政府为主导、企业为主体、市场有效驱动、全社会共同参与的推进节能减排工作格局。要切实发挥政府主导作用，综合运用经济、法律、技术和必要的行政手段，加强节能减排统计、监测和考核体系建设，着力健全激励和约束机制，进一步落实地方各级人民政府对本行政区域节能减排负总责、政府主要领导是第一责任人的工作要求。要进一步明确企业的节能减排主体责任，严格执行节能环保法律法规和标准，细化和完善管理措施，落实目标任务。要进一步发挥市场机制作用，加大节能减排市场化机制推广力度，真正把节能减排转化为企业和各类社会主体的内在要求。要进一步增强全体公民的资源节约和环境保护意识，深入推进节能减排全民行动，形成全社会共同参与、共同促进节能减排的良好氛围。

四、要全面加强对节能减排工作的组织领导，狠抓监督检查，严格考核问责。发展改革委负责承担国务院节能减排工作领导小组的具体工作，切实加强节能减排工作的综合协调，组织推动节能降耗工作；环境保护部为主承担污染减排方面的工作；统计局负责加强能源统计和监测工作；其他各有关部门要切实履行职责，密切协调配合。各省级人民政府要立即部署本地区“十二五”节能减排工作，进一步明确相关部门责任、分工和进度要求。

各地区、各部门和中央企业要按照本通知的要求，结合实际抓紧制定具体实施方案，明确目标责任，狠抓贯彻落实，坚决防止出现节能减排工作前松后紧的问题，确保实现“十二五”节能减排目标。

国务院（印）
2011年8月31日

国家发展和改革委员会文件

国家发改委等部门就2009年、2010年全国关停小火电机组发出联合公告

（国家发改委、国家能源局、环境保护部、电监会2011年第6号公告）

中华人民共和国国家发展和改革委员会　国家能源局 中华人民共和国环境保护部 国家电力监管委员会 公　告

加快淘汰落后小火电机组，是电力行业贯彻落实科学发展观、实现可持续发展的重要途径。2007年，国务院明确提出“十一五”关停5000万kW小火电机组的目标。4年来，在有关部门、地方政府和电力企业的共同努力下，全国累计关停小机组7682.5万kW，超额53.6%完成关停任务，为实现“十一五”全国节能减排目标发挥了重要作用。

目前，“十一五”关停机组中，已分批次向全社会公告了6634.3万kW，现将剩余的1048.2万kW关停机组予以公布，接受社会各界监督。

附表1　2009年9～12月全国关停小火电机组表（略）

附表2　2010年8～12月全国关停小火电机组表（略）

国家发改委
国家能源局
环境保护部
电　监　会
2011年4月6日

国家发改委等四部委联合印发《清洁发展机制项目运行管理办法》

（第11号令）

中华人民共和国国家发展和改革委员会 中华人民共和国科学技术部 中华人民共和国外交部 中华人民共和国财政部 令

为进一步推进清洁发展机制项目在中国的有序开展，促进清洁发展机制市场的健康发展，我们对《清洁发展机制项目运行管理办法》进行了修订。现予发布，自发布之日起施行。2005年10月12日施行的《清洁发展机制项目运行管理办法》同时废止。

国家发改委主任：张　平
科技部部长：万　钢
外交部部长：杨洁篪
财政部部长：谢旭人
2011年8月3日

附件：

清洁发展机制项目运行管理办法（修订）

第一章　总　　则

第一条　为促进和规范清洁发展机制项目的有效有序运行，履行《联合国气候变化框架公约》（简称《公约》）、《京都议定书》（简称《议定书》）以及缔约方会议的有关决定，根据《中华人民共和国行政许可法》等有关规定，制定本办法。

第二条　清洁发展机制是发达国家缔约方为实现

其温室气体减排义务与发展中国家缔约方进行项目合作的机制，通过项目合作，促进《公约》最终目标的实现，并协助发展中国家缔约方实现可持续发展，协助发达国家缔约方实现其量化限制和减少温室气体排放的承诺。

第三条 在中国开展清洁发展机制项目应符合中国的法律法规，符合《公约》、《议定书》及缔约方会议的有关决定，符合中国可持续发展战略、政策，以及国民经济和社会发展的总体要求。

第四条 清洁发展机制项目合作应促进环境友好技术转让，在中国开展合作的重点领域为节约能源和提高能源效率、开发利用新能源和可再生能源、回收利用甲烷。

第五条 清洁发展机制项目的实施应保证透明、高效，明确各项目参与方的责任与义务。

第六条 在开展清洁发展机制项目合作过程中，中国政府和企业不承担《公约》和《议定书》规定之外的任何义务。

第七条 清洁发展机制项目国外合作方用于购买清洁发展机制项目减排量的资金，应额外于现有的官方发展援助资金和其在《公约》下承担的资金义务。

第二章 管 理 体 制

第八条 国家设立清洁发展机制项目审核理事会（简称项目审核理事会）。项目审核理事会组长单位为国家发展改革委和科学技术部，副组长单位为外交部，成员单位为财政部、环境保护部、农业部和中国气象局。

第九条 国家发展改革委是中国清洁发展机制项目合作的主管机构，在中国开展清洁发展机制合作项目须经国家发展改革委批准。

第十条 中国境内的中资、中资控股企业作为项目实施机构，可以依法对外开展清洁发展机制项目合作。

第十一条 项目审核理事会主要履行以下职责：

（一）对申报的清洁发展机制项目进行审核，提出审核意见；

（二）向国家应对气候变化领导小组报告清洁发展机制项目执行情况和实施过程中的问题及建议，提出涉及国家清洁发展机制项目运行规则的建议。

第十二条 国家发展改革委主要履行以下职责：

（一）组织受理清洁发展机制项目的申请；

（二）依据项目审核理事会的审核意见，会同科学技术部和外交部批准清洁发展机制项目；

（三）出具清洁发展机制项目批准函；

（四）组织对清洁发展机制项目实施监督管理；

（五）处理其他相关事务。

第十三条 项目实施机构主要履行以下义务：

（一）承担清洁发展机制项目减排量交易的对外谈判，并签订购买协议；

（二）负责清洁发展机制项目的工程建设；

（三）按照《公约》、《议定书》和有关缔约方会议的决定，以及与国外合作方签订购买协议的要求，实施清洁发展机制项目，履行相关义务，并接受国家发展改革委及项目所在地发展改革委的监督；

（四）按照国际规则接受对项目合格性和项目减排量的核实，提供必要的资料和监测记录。在接受核实和提供信息过程中依法保护国家秘密和商业秘密；

（五）向国家发展改革委报告清洁发展机制项目温室气体减排量的转让情况；

（六）协助国家发展改革委及项目所在地发展改革委就有关问题开展调查，并接受质询；

（七）企业资质发生变更后主动申报；

（八）根据本办法第三十六条规定的比例，按时足额缴纳减排量转让交易额；

（九）承担依法应由其履行的其他义务。

第三章 申请和实施程序

第十四条 附件所列中央企业直接向国家发展改革委提出清洁发展机制合作项目的申请，其余项目实施机构向项目所在地省级发展改革委提出清洁发展机制项目申请。有关部门和地方政府可以组织企业提出清洁发展机制项目申请。国家发展改革委可根据实际需要适时对附件所列中央企业名单进行调整。

第十五条 项目实施机构向国家发展改革委或项目所在地省级发展改革委提出清洁发展机制项目申请时必须提交以下材料：

（一）清洁发展机制项目申请表；

（二）企业资质状况证明文件复印件；

（三）工程项目可行性研究报告批复（或核准文件，或备案证明）复印件；

（四）环境影响评价报告（或登记表）批复复印件；

（五）项目设计文件；

（六）工程项目概况和筹资情况说明；

（七）国家发展改革委认为有必要提供的其他材料。

第十六条 如果项目在申报时尚未确定国外买方，项目实施机构在填报项目申请表时必须注明该清洁发展机制合作项目为单边项目。获国家批准后，项目产生的减排量将转入中国国家账户，经国家发展改革委批准后方可将这些减排量从中国国家账户中转出。

第十七条 国家发展改革委在接到附件所列中央企业申请后，对申请材料不齐全或不符合法定形式的申请，应当场或在五日内一次告知申请人需要补正的全部内容。

第十八条 项目所在地省级发展改革委在受理除附件所列中央企业外的项目实施机构申请后二十个工作日内，将全部项目申请材料及初审意见报送国家发展改革委，且不得以任何理由对项目实施机构的申请作出否定决定。对申请材料不齐全或不符合法定形式的申请，项目所在地省级发展改革委应当场或在五日内一次告知申请人需要补正的全部内容。

第十九条 国家发展改革委在受理本办法附件所列中央企业提交的项目申请，或项目所在地省级发展改革委转报的项目申请后，组织专家对申请项目进行评审，评审时间不超过 30 日。项目经专家评审后，由国家发展改革委提交项目审核理事会审核。

第二十条 项目审核理事会召开会议对国家发展改革委提交的项目进行审核，提出审核意见。项目审核理事会审核的内容主要包括：

（一）项目参与方的参与资格；

（二）本办法第十五条规定提交的相关批复；

（三）方法学应用；

（四）温室气体减排量计算；

（五）可转让温室气体减排量的价格；

（六）减排量购买资金的额外性；

（七）技术转让情况；

（八）预计减排量的转让期限；

（九）监测计划；

（十）预计促进可持续发展的效果。

第二十一条 国家发展改革委根据项目审核理事会的意见，会同科学技术部和外交部作出是否出具批准函的决定。对项目审核理事会审核同意批准的项目，从项目受理之日起 20 个工作日内（不含专家评审的时间）办理批准手续；对项目审核理事会审核同意批准，但需要修改完善的项目，在接到项目实施机构提交的修改完善材料后会同科学技术部和外交部办理批准手续；对项目审核理事会审核不同意批准的项目，不予办理批准手续。

第二十二条 项目经国家发展改革委批准后，由经营实体提交清洁发展机制执行理事会申请注册。

第二十三条 国家发展改革委负责对清洁发展机制项目的实施进行监督。项目实施机构在清洁发展机制项目成功注册后十个工作日内向国家发展改革委报告注册状况，在项目每次减排量签发和转让后 10 个工作日内向国家发展改革委报告签发和转让有关情况。

第二十四条 工程建设项目的审批程序和审批权限，按国家有关规定办理。

第四章 法 律 责 任

第二十五条 本办法涉及的行政机关及其工作人员，在清洁发展机制项目申请过程中，对符合法定条件的项目申请不予受理，或当项目实施机构提交的申请材料不齐全、不符合法定形式时，不一次告知项目实施机构必须补正的全部内容的，由其上级行政机关或者监察机关责令改正；情节严重的，对直接负责的主管人员和其他直接责任人员依法给予行政处分。

第二十六条 本办法涉及的行政机关及其工作人员，在接收、受理、审批项目申请，以及对项目实施监督检查过程中，索取或者收受他人财物或者谋取其他利益，构成犯罪的，依法追究刑事责任；尚不构成犯罪的，依法给予行政处分。

第二十七条 本办法涉及的行政机关及其工作人员，对不符合法定条件的项目申请予以批准，或者超越法定职权作出批准决定的，由其上级行政机关或者监察机关责令改正，对直接负责的主管人员和其他直接责任人员依法给予行政处分；构成犯罪的，依法追究刑事责任。

第二十八条 项目实施机构在清洁发展机制项目申请及实施过程中，如隐瞒有关情况或者提供虚假材料的，国家发展改革委可不予受理或者不予行政许可，并给予警告。

第二十九条 项目实施机构以欺骗、贿赂等不正当手段取得批准函的，国家发展改革委依法处以与项目减排量转让收入相当的罚款，罚款收入按照《行政处罚法》等有关规定，就地上缴中央国库。构成犯罪的，依法追究刑事责任。

第三十条 项目实施机构在取得国家发展改革委出具的批准函后，企业股权变更为外资或外资控股的，自动丧失清洁发展机制项目实施资格，股权变更后取得的项目减排量转让收入归国家所有。

第三十一条 项目实施机构在减排量交易完成后，未按照相关规定向国家按时足额缴纳减排量交易额分成的，国家发展改革委依法对项目实施机构给予行政处罚。

第三十二条 项目实施机构伪造、涂改批准函，或在接受监督检查时隐瞒有关情况、提供虚假材料或拒绝提供相关材料的，国家发展改革委依法给予行政处罚；构成犯罪的，依法追究刑事责任。

第五章 附 则

第三十三条 本办法中的发达国家缔约方是指《公约》附件一中所列的国家。

第三十四条 本办法中的清洁发展机制执行理事会是指《议定书》下为实施清洁发展机制项目而专门

设置的管理机构。

第三十五条 本办法中的经营实体是指由清洁发展机制执行理事会指定的审定和核证机构。

第三十六条 清洁发展机制项目因转让温室气体减排量所获得的收益归国家和项目实施机构所有，其他机构和个人不得参与减排量转让交易额的分成。国家与项目实施机构减排量转让交易额分配比例如下：

（一）氢氟碳化物（HFC）类项目，国家收取温室气体减排量转让交易额的65%；

（二）己二酸生产中的氧化亚氮（N_2O）项目，国家收取温室气体减排量转让交易额的30%；

（三）硝酸等生产中的氧化亚氮（N_2O）项目，国家收取温室气体减排量转让交易额的10%；

（四）全氟碳化物（PFC）类项目，国家收取温室气体减排量转让交易额的5%；

（五）其他类型项目，国家收取温室气体减排量转让交易额的2%。

国家从清洁发展机制项目减排量转让交易额收取的资金，用于支持与应对气候变化相关的活动，由中国清洁发展机制基金管理中心根据《中国清洁发展机制基金管理办法》收取。

第三十七条 国家发展改革委已批准项目2012年后产生的减排量，须经国家发展改革委同意后才可转让，项目实施按照本办法管理。

第三十八条 本办法由国家发展改革委商科学技术部、外交部、财政部解释。

第三十九条 本办法自发布之日起施行。2005年10月12日起实施的《清洁发展机制项目运行管理办法》即行废止。

附件：可直接向国家发改委提交清洁发展机制项目申请的中央企业名单（略）

国家发改委关于做好安全生产保持经济平稳运行的紧急通知

（发改电〔2011〕199号）

北京、河北、吉林、江西、河南、西藏、陕西省（区、市）、新疆生产建设兵团发展改革委，天津、山西、内蒙古、辽宁、黑龙江、上海、江苏、浙江、安徽、福建、山东、湖北、湖南、广东、广西、海南、重庆、四川、贵州、云南、甘肃、宁夏、新疆、青海省（区、市）经信委（经贸委、经委、工信委、工信厅），煤电油气运保障工作部际协调机制有关成员单位，中国煤炭工业协会，国家电网公司、南方电网公司、神华集团有限责任公司、中煤能源集团有限公司：

7月27日，国务院常务会议进一步明确要求采取坚决措施，以交通、煤矿、建筑施工、危险化学品等行业领域为重点，全面加强安全生产。为落实国务院常务会议精神，切实做好安全生产工作，促进经济平稳运行，现就有关事项通知如下：

一、高度重视安全生产工作。各有关单位要充分认识做好当前安全生产工作的重要性和紧迫性，牢固树立科学、安全、可持续的理念，积极支持、配合各级安全生产监管部门、行业管理部门和广大企业，把安全生产放在第一位。全面落实主要领导负总责、分管领导负专责，各岗位责任到人的安全生产责任制，在生产、经营、管理全过程，将各项防范措施落到实处，防止各类安全生产事故发生，为经济平稳运行创造良好的安全生产环境。

二、积极配合全面排查和消除安全隐患。各级经济运行调节部门要配合安全生产监管部门、有关行业管理部门加强督促检查，及时发现安全隐患，采取彻底治理措施。特别是要对煤矿为重点的矿山，以铁路、公路、桥梁为重点的交通运输，以危险化学品为重点的石油化学工业领域等，进行全面、系统、彻底的隐患排查。支持、配合有关方面抓好基层企业和作业现场安全生产各项措施的落实，限期整改存在的各类问题，停产整顿或依法关闭不具备安全生产条件的生产经营企业，停用存在安全隐患的各类设施，并继续加强依法打击非法、违法生产经营行为。

三、切实做好煤电油气运的安全生产和供应。当前正值“迎峰度夏”的关键时期，连续高温酷暑，发用电屡创新高，工业生产增速仍在高位运行，电力需求还将继续攀升，加大了煤电油气运生产供给压力。各有关单位在生产经营活动中，要坚决贯彻“安全第一，预防为主，综合治理”的方针，处理好质量速度效益的关系，当安全生产与其他工作发生矛盾时，首先要把安全放在第一位，坚决守住安全生产这条红线。在煤电油气运生产、供应、使用和需求侧管理等各个方面、各个环节落实安全生产责任制，采取坚决措施，努力消除运行过程中的安全隐患，有效防范重特大安全事故发生，确保煤电油气运安全稳定可靠供应。

四、扎实做好主汛期的安全生产工作。要针对主汛期强降水、洪水、台风、泥石流、雷电等自然灾害多发的特点，立足防大汛、抢大险、救大灾，把各项措施抓好、抓实，防范和应对自然灾害引发安全生产事故。尤其要落实大坝安全责任制，严加防范自然灾害损害发输变电设施引发安全生产事故，要重点防范矿山、尾矿库、海上石油平台作业、交通运输、危险化学品生产经营和使用等重点领域企业的安全生产事故。

五、继续完善应急预案。加强与气象、海洋、地震、水利等部门的联系，完善监测预警机制，健全信息传递渠道，实现协调联动，有效防范和应对突发事件。要坚持“预防与应急并重，常态与非常态相结合”的原则，针对当前经济运行所面临的安全风险，进一步完善应急预案，落实应急队伍和物资，经常开展演练，确保一旦发生事故，能够做到应急响应快速、指挥保障有力、处置行动高效，严防人身伤害，最大限度避免和减少突发事件及次生、衍生灾害带来的损失和对煤电油气运保障供应的影响。

国家发改委（印）
2011 年 7 月 29 日

国家发改委关于做好 2011 年电力运行调节工作的通知

（发改运行〔2011〕662 号）

各省、自治区、直辖市发展改革委、经贸委（经信委、经信厅、工信委、工信厅、经委）、物价局，江西、吉林能源局，中国电力企业联合会，国家电网公司、中国南方电网有限责任公司，中国华能集团公司、中国大唐集团公司、中国华电集团公司、中国国电集团公司、中国电力投资集团公司、中国长江三峡集团公司、神华集团公司、国家开发投资公司：

2010 年，为应对复杂的电力供需环境和严重的自然灾害挑战，全国经济运行调节系统和电力企业准确研判形势，及早周密部署，确保了电力供需平稳有序。2011 年是“十二五”开局之年和建党九十周年，也将是近几年电力供需形势相对偏紧的一年。各地区、电力企业要认真贯彻落实中央经济工作会议、全国发展改革会议的重要部署，切实增强忧患意识，及早谋划应对措施，确保电力供需平稳，为保证经济平稳较快发展，加快转变经济发展方式和推进经济结构调整创造良好环境。现就做好 2011 年电力运行调节工作通知如下。

一、强化电力运行监测分析

受用电需求增长较快，少数地区电源、电网建设相对滞后，以及电煤、来水等不确定因素共同影响，2011 年大部分地区电力供需形势偏紧，年初已有 20 个省（区、市）实施了有序用电，预计夏季高峰期华东、华北、南方供需缺口较大。有关地区和电力企业要全面加强发用电走势的监测分析。

各地经济运行调节部门要加强对水电来水、火电存煤、天然气供应以及发电企业经营情况的监测；密切关注、综合分析经济形势和重点行业用电变化情况，准确把握本地区年度、季度、月度电力供需形势，特别要高度重视气候变化、自然灾害对电力供需的影响，及时发现苗头性、倾向性问题，并提出相关政策建议；完善报告制度，月度分析、重点时段分析和突发情况及时报我委。电力行业协会要加强电力供需形势预测和统计分析报告。电网企业要进一步提高中短期电力需求预测水平，及时提供电力运行信息，提出供需平衡有关建议。发电企业要加强生产运营情况监测分析。

二、努力增加电力供应

为缓解 2011 年的电力供需矛盾，各有关方面要强化生产管理，加强运行调节，充分挖掘潜力，优化资源配置，提高供应能力。

（一）挖掘供应潜力。发电企业要加强运行维护，保持较好的设备健康水平，减少非计划停运，努力稳发满发，做好电煤采购和储存，保证发电需要。电网企业要加快重点联络线的建设步伐，加大薄弱环节的改造力度，努力消除卡脖子现象；科学安排电网运行方式，优化调度方案，严肃调度纪律，妥善安排设备检修；合理组织跨省跨区电能交易，充分利用地区间的电源结构、用电峰谷时段差异，实现余缺互济；同时做好供电优质服务，全力满足用电需要。

（二）加强运行调节。各地经济运行调节部门要加强煤电运综合协调，充分运用发电量安排、调整等调控手段，强化发电企业运行管理考核；细化完善不同时期火电厂储煤目标，动态监控电煤库存情况，督促电厂多储煤；组织好天然气资源，充分发挥燃气机组顶峰发电作用；做好最大可调出力管理，合理提高机组出力水平；积极推进热电联产在线监测，减缓冬季低谷调峰压力；协调金融机构帮助火电企业解决资金紧张问题。

（三）发挥平台作用。各地经济运行调节部门要充分运用电能交易信息披露会、厂网协调例会等信息交流平台，及时沟通情况、反映问题、协调矛盾、研究政策，调动各方积极性，共同做好电力运行调节工作。同一区域的，要相互支持配合，建立完善定期会商机制，组织有关电力企业，妥善解决本区域内的有关矛盾和问题。

三、全面加强电力需求侧管理

各地经济运行调节部门和电力企业要按照国家关于“合理控制能源消费总量，抑制高耗能产业过快增长，提高能源利用效率”的要求，围绕2011年电力供需偏紧的形势，认真贯彻落实《电力需求侧管理办法》，保障电力供需平衡。

（一）精心组织有序用电。为妥善应对迎峰度夏、度冬，各地要摸清用电负荷变化规律，加强负荷预测；总结以往工作经验，借鉴先进做法，完善工作流程，充分运用电力负荷管理系统等技术手段，及早制订不同负荷水平下的有序用电方案，明确预警信号等级，完善预警发布机制；根据需要适时启动有序用电方案。要制定建党九十周年、深圳大运会有关活动的保电方案，确保电力供应万无一失。各地应于5月底前将有序用电方案报我委经济运行调节局备案。

（二）坚持有保有限。在电力保障过程中，要确保居民生活、医院、学校、铁路、交通枢纽、供水供热、广播、电信、金融机构、农业生产、石油天然气生产输送等涉及公众利益和国家安全重要用户的用电需求；努力保障战略性新兴产业、服务业和能耗低、污染少优势产业的用电需要；继续利用“倒逼”机制，严格控制“两高”企业和产能过剩行业用电，压减不合理用电需求，促进经济发展方式转变和结构调整。

（三）完善配套政策。各地要因地制宜研究电力需求侧管理配套政策，适时出台实施细则；积极争取建立电力需求侧管理资金，并加强管理，专款专用；鼓励支持电网企业开展电力需求侧管理工作；配合我委开展工作目标考核评测和电力需求侧管理电价政策研究。

（四）组织试点示范项目。已开展电力需求侧管理项目的地区，要及时总结经验，进一步优化工作机制和项目实施方式。其他地区要通过学习借鉴，利用国家有关激励政策，尽快开展试点示范项目。项目开展过程中，做好资源潜力调查、市场分析，拓宽资金渠道、引入社会资本，开展项目预评估、后评估，确保实施效果。各地要配合我委和有关部门开展电力需求侧管理城市综合试点等工作。

（五）大力开展宣传培训。要充分利用新闻媒体、电网企业客户服务热线、展示厅，有关网站和杂志等渠道加强宣传；针对电力运行调节、电网营销人员开展专项培训、轮训；通过电网营销队伍组织用户交流经验；加强案例积累和分析研究，总结项目实施经验。

四、有力提升电力应急保障能力

经济运行调节部门和电力企业要增强忧患意识，认真总结近年来应对各类自然灾害、突发事件的经验，进一步加强制度建设和能力建设，完善各类应急预案，保证紧急情况下电力供应的安全可靠。

（一）努力增强应急能力。各地经济运行调节部门要立足于2011年情况复杂、供需偏紧的实际，本着未雨绸缪、关口前移的原则，制定完善电力应急预案，积极应对可能出现的各类自然灾害和突发事件。组织必要的预案演练，及早发现并消除各类隐患，增强预案的针对性和可操作性。特别要强化电力应急与社会综合应急的衔接，着力提高应急指挥能力和综合协调水平，督促重点用电单位配备必要的自备保安电源、应急照明设施。电力企业应进一步提升应急指挥水平，加强应急队伍、物资储备、移动发电设备、应急通讯等行业内部的能力建设，完善信息报告和披露机制，全面提高电力应急处置能力。

（二）做好重点应急工作。在汛期，要重点做好防汛抗灾准备，保障水电大坝安全；在冬季，要着重做好应对低温雨雪冰冻灾害的准备，配备好融冰装置，安排好融冰方案，加强电煤储备，发挥好煤炭应急储备的积极作用。在抗旱应急用电方面，要特事特办，第一时间满足新增用电需求，加强供电抢修，确保农业用电。

五、积极推动发电领域节能减排

2011年乃至“十二五”期间，节能减排仍将是转变发展方式、调整经济结构、推动科学发展的重要抓手。发电行业作为节能减排的重点领域，要继续采取有效措施，充分挖掘节约潜力，努力降低煤耗和污染物排放，为完成节能减排任务作出应有贡献。

（一）做好节能发电调度试点工作。试点地区要继续完善方案，加快技术支持系统建设，提出利益补偿机制建议，妥善解决中小机组减发后暴露的矛盾和问题。

（二）合理制定差别电量计划。要根据本地供需实际，综合考虑本地上网电量、外送电量、外购电量，科学制定电力电量平衡方案。全额安排可再生能源上网电量；优先安排大型水电、核电、热电联产、资源综合利用机组发电；综合考虑燃料供应、设备健康水平、机组参数、脱硫、脱硝、供暖等因素，在火电机组中推行差别电量计划；做好大用户直购电的组织衔接工作。

（三）大力推进替代发电。实施过程中，要完善机制，充分发挥市场在资源配置中的基础性作用，鼓励替代双方自主协商，鼓励高端能源替代低端能源；在电煤价格偏高影响替代效果时，加强运行调节，最大限度挖掘降低煤耗的潜力。

六、做好行政执法和相关法规修订工作

各地经济运行调节部门要按照职责分工，做好有关电力行政执法工作，积极推进地方性电力法规体系建设。会同有关部门加大对盗窃破坏电力设施、危害电力安全、盗窃电能等违法行为的打击力度；探索行

之有效的管理模式，减少外力破坏事故的发生；加强供电营业区管理，维护供区秩序。配合我委开展《电网调度条例》、《电力供应与使用条例》，以及有关配套规章的修订工作。

各地经济运行调节部门、电力企业要针对2011年电力运行的新形势，加强组织领导，创新工作机制，完善政策措施，及早发现并妥善解决运行中出现的各种矛盾和问题，确保电力供需形势平稳有序，为保持经济平稳较快发展，促进经济发展方式转变和经济结构调整提供可靠的电力保障。

国家发改委（印）
2011年3月28日

国家发改委关于印发《有序用电管理办法》的通知

（发改运行〔2011〕832号）

北京市、河北省、河南省、陕西省发展改革委，各省、自治区、直辖市工信委（经信委、工信厅、经贸委、经委）、物价局，吉林省、江西省能源局，国家电网公司、中国南方电网有限责任公司，中国华能集团公司、中国大唐集团公司、中国华电集团公司、中国国电集团公司、中国电力投资集团公司、中国长江电力股份有限公司、中国神华集团公司、国家开发投资公司：

为贯彻落实国务院要求，加强电力需求侧管理，做好有序用电工作，我委制定了《有序用电管理办法》，现印发给你们，请按照执行。

附件：有序用电管理办法

国家发改委（印）
2011年4月21日

附件：

有序用电管理办法

第一章　总　　则

第一条　为落实科学发展观，加强电力需求侧管理，确保电网安全稳定运行，保障社会用电秩序，根据《中华人民共和国电力法》、《电力供应与使用条例》、《电网调度管理条例》等法律法规，制定本办法。

第二条　本办法适用于中华人民共和国境内有序用电管理工作。

第三条　本办法所称有序用电，是指在电力供应不足、突发事件等情况下，通过行政措施、经济手段、技术方法，依法控制部分用电需求，维护供用电秩序平稳的管理工作。

第四条　有序用电工作遵循安全稳定、有保有限、注重预防的原则。

第五条　国家发展和改革委员会负责全国有序用电管理工作，国务院其他有关部门在各自职责范围内负责相关工作。

县级以上人民政府电力运行主管部门负责本行政区域内的有序用电管理工作，县级以上地方人民政府其他有关部门在各自职责范围内负责相关工作。

第六条　电网企业是有序用电工作的重要实施主体；电力用户应支持配合实施有序用电。

第二章　方　案　编　制

第七条　各省级电力运行主管部门应组织指导省级电网企业等相关单位，根据年度电力供需平衡预测和国家有关政策，确定年度有序用电调控指标，并分解下达各地市电力运行主管部门。

第八条　各地市电力运行主管部门应组织指导电网企业，根据调控指标编制本地区年度有序用电方案。地市级有序用电方案应定用户、定负荷、定线路。

第九条　各省级电力运行主管部门应汇总各地市有序用电方案，编制本地区年度有序用电方案，并报本级人民政府、国家发展和改革委员会备案。

第十条　编制年度有序用电方案原则上应按照先错峰、后避峰、再限电、最后拉闸的顺序安排电力电量平衡。

各级电力运行主管部门不得在有序用电方案中滥用限电、拉闸措施，影响正常的社会生产生活秩序。

第十一条　编制有序用电方案原则上优先保障以下用电：

（一）应急指挥和处置部门，主要党政军机关，广播、电视、电信、交通、监狱等关系国家安全和社会秩序的用户；

（二）危险化学品生产、矿井等停电将导致重大人身伤害或设备严重损坏企业的保安负荷；

（三）重大社会活动场所、医院、金融机构、学校等关系群众生命财产安全的用户；

（四）供水、供热、供能等基础设施用户；

（五）居民生活，排灌、化肥生产等农业生产用电；

（六）国家重点工程、军工企业。

第十二条　编制有序用电方案应贯彻国家产业政策和节能环保政策，原则上重点限制以下用电：

（一）违规建成或在建项目；

（二）产业结构调整目录中淘汰类、限制类企业；

（三）单位产品能耗高于国家或地方强制性能耗限额标准的企业；

（四）景观照明、亮化工程；

（五）其他高耗能、高排放企业。

第十三条 各级电力运行主管部门和电网企业应及时向社会和相关电力用户公布有序用电方案，加强宣传并组织演练。

第十四条 有序用电方案涉及的电力用户应加强电能管理，编制具有可操作性的内部负荷控制方案。电网企业应充分利用电力负荷管理系统等技术手段给予帮助指导。

第十五条 重要用户应按照国家有关规定配置应急保安电源。

第十六条 本地区电力供需平衡发生重大变化时，省级电力运行主管部门应及时调整年度有序用电方案。

第三章 预 警 管 理

第十七条 各级电力运行主管部门应定期向社会发布电力供需平衡预测、有序用电方案、相关政策措施等供用电信息，并可委托电网企业披露月度及短期供用电信息。

第十八条 各省级电网企业应密切跟踪电力供需变化，预计因各种原因导致电力供应出现缺口的，应及时报告相关省级电力运行主管部门。

第十九条 各级电力运行主管部门和电网公司应及时向社会发布预警信息。原则上按照电力或电量缺口占当期最大用电需求比例的不同，预警信号分为四个等级：

Ⅰ级：特别严重（红色、20%以上）；

Ⅱ级：严重（橙色、10%～20%）；

Ⅲ级：较重（黄色、5%～10%）；

Ⅳ级：一般（蓝色、5%以下）。

第四章 方 案 实 施

第二十条 各省级电力运行主管部门应根据电力供需情况，及时启动有序用电方案，并报告本级人民政府、国家发展和改革委员会。

第二十一条 有序用电方案实施期间，电网企业应在电力运行主管部门指导下加强网省间余缺调剂和相互支援。发电企业应加强设备运行维护和燃料储运。电力用户应加强节电管理，有序用电方案涉及的用户应按要求采取相应措施。

第二十二条 电网企业应依据有序用电方案，结合实际电力供应能力和用电负荷情况，合理做好日用电平衡工作。

第二十三条 在保证有序用电方案整体执行效果的前提下，电网企业应优化有序用电措施，在电力电量缺口缩小时及时有序释放用电负荷，尽量满足用户合理需求，减少限电损失。

第二十四条 紧急状态下，电网企业应执行事故限电序位表、处置电网大面积停电事件应急预案和黑启动预案等。

第二十五条 除第二十四条情况外，在对用户实施、变更、取消有序用电措施前，电网企业应通过公告、电话、传真、短信等方式履行告知义务。

第二十六条 有序用电方案实施期间，电网企业应开展有序用电影响用电负荷、用电量等相关统计工作，并及时报电力运行主管部门。

第五章 奖 惩 措 施

第二十七条 各地可利用电力需求侧管理等方面的资金，对除产业结构调整目录中淘汰类、限制类企业外实施有序用电的用户给予适当补贴。

第二十八条 鼓励有条件的地区建立可中断负荷电价和高可靠性电价机制。省级价格主管部门会同电力运行主管部门，可按照收支平衡的原则，确定可中断负荷电价和高可靠性电价标准，按规定报批后执行。

第二十九条 电网企业可与除产业结构调整目录中淘汰类、限制类企业外的电力用户协商签订可中断负荷协议、高可靠性负荷协议，在有序用电方案实施期间，执行可中断负荷电价、高可靠性电价。电网企业因执行上述电价政策造成的收支差额，纳入当地销售电价调整统筹平衡。

第三十条 对积极采取电力需求侧管理措施并取得明显效果的电力用户，可适度放宽对其用电的限制。

第三十一条 有序用电方案实施期间，各地电力运行主管部门应对方案执行情况组织监督检查。

（一）对执行方案不力、擅自超限额用电的电力用户，要责令改正；情节严重的，可按照国家规定程序停止供电。

（二）对违反有序用电方案和相关政策的电网企业，要责令改正；情节严重的，可通报批评。

（三）对非计划停机或出力受阻的发电企业，省级电力运行主管部门应加大考核力度，可相应调减其年度发电量。

（四）对违反有关规定的电力运行管理人员，要责令改正；情节严重的，依法给予行政处分。

第六章 附 则

第三十二条 本办法下列用语的含义：

（一）错峰，是指将高峰时段的用电负荷转移到其他时段，通常不减少电能使用。

（二）避峰，是指在高峰时段削减、中断或停止用电负荷，通常会减少电能使用。

（三）限电，是指在特定时段限制某些用户的部分或全部用电需求。

（四）拉闸，是指各级调度机构发布调度命令，切除部分用电负荷。

（五）电力缺口是指某一时间点，所有用户错峰、避峰、限电、拉闸负荷之和。

（六）电量缺口是指某一时间段内，所有用户避峰、限电、拉闸影响电量之和。

（七）本办法有关数量的表述中，“以上”含本数，“以下”不含本数。

第三十三条 本办法由国家发展和改革委员会负责解释。

第三十四条 各省级电力运行主管部门可结合本地区实际情况，制定相关实施细则。

第三十五条 本办法自2011年5月1日起施行。

国家发改委关于适当调整电价有关问题的通知

（发改价格〔2011〕1101号）

各省、自治区、直辖市发展改革委、物价局、电力公司，各区域电监局、省电监办，国家电网公司、南方电网公司，华能、大唐、华电、国电、中电投集团公司，三峡集团公司：

为补偿火力发电企业因电煤价格上涨增加的部分成本，缓解电力企业经营困难，保障正常合理的电力供应，经商国家电力监管委员会、国家能源局，决定适当调整电价水平。现将有关事项通知如下。

一、适当提高火电企业上网电价

（一）重点提高山西等15个省（市）统调火电企业上网电价。综合考虑煤炭价格上涨对火电成本的影响及发电设备利用情况等因素，对山西等15个省（市）统调火电企业上网电价适当提高。具体提价标准每千瓦时分别为：山西3.09分钱、青海3分钱、甘肃2.68分钱、江西2.62分钱、海南2.53分钱、陕西2.52分钱、山东2.45分钱、湖南2.39分钱、重庆2.28分钱，安徽、河南、湖北各2分钱，四川1.5分钱、河北1.49分钱，贵州1.24分钱（其中0.46分钱用于提高脱硫加价标准）。上述省市燃煤发电企业标杆上网电价同步调整。甘肃、陕西、安徽三省高于标杆电价的燃煤发电企业上网电价具体调整标准由省级价格主管部门确定。

（二）对上述15个省(市)以外的其余省(区、市)统调火电企业上网电价小幅提高，燃煤发电企业标杆上网电价同步调整。其中，广西、云南省(区)燃煤发电企业脱硫加价标准每千瓦时分别提高0.5分钱和0.3分钱；北京、上海、江苏、浙江4个省(市)燃气发电企业上网电价每千瓦时分别提高1分钱、3.6分钱、3.6分钱和3.6分钱；青海、广东、福建省燃气发电企业上网电价暂不调整。其他省(区、市)燃气发电企业上网电价提价标准与当地燃煤发电企业相同。

（三）酌情提高部分省（市）经营困难的统调电厂上网电价。对吉林等部分省（市）低于当地标杆电价的统调电厂上网电价适当多调。广东省云浮、韶关、坪石电厂上网电价提价标准最高不超过每千瓦时1.5分钱，具体由广东省物价局下达。为鼓励河南义马铬渣电厂按规定焚烧铬渣，减少对当地环境的损害，将该电厂上网电价每千瓦时提高3.0分钱（必须按规定焚烧铬渣）。

有关发电企业上网电价具体调整标准见附件一、附件二。

（四）适当提高跨省、跨区域送电价格标准。具体见附件三。

二、核定和调整部分水电企业上网电价

（一）核定贵州石垭子、海南大广坝二期水电站临时结算上网电价每千瓦时分别为0.293元和0.39元。

（二）三峡地下电站投入商业运营后，三峡电站送湖北上网电价调整为每千瓦时0.250 6元，送其他地区上网电价每千瓦时提高0.19分钱。三峡电站送电至各地的落地电价相应调整。

（三）为缓解水电企业经营困难，将贵州省统调水电站上网电价每千瓦时提高0.3分钱；湖南省挂治、三板溪水电站上网电价调整为每千瓦时0.36元，凌津滩、洪江、碗米坡水电站上网电价调整为每千瓦时0.336元；广西岩滩、甘肃大唐麒麟寺、重庆中电狮子滩水电站上网电价分别调整为每千瓦时0.161 2元、0.26元和0.3元。

三、调整部分省市销售电价

（一）山西等15个省(市)火电企业上网电价调整后，销售电价相应调整。具体提价标准每千瓦时分别为：山西2.4分钱、山东2.29分钱、陕西2.14分钱、海南2.1分钱、湖南2分钱、江西2分钱、安徽2分钱、河南1.81分钱、重庆1.53分钱、湖北1.48分钱、河北南部地区1.41分钱、贵州1.36分钱、河北北部地区1.26分钱、甘肃0.9分钱、青海0.63分钱、四川0.4分

钱。其中，居民用电价格暂不调整，调价金额由其他用户承担。上述地区具体销售电价表见附件四。

（二）其余地区销售电价不作调整。

（三）同意河南省暂停执行上网侧峰谷分时电价政策，并适当调整销售侧峰谷分时电价政策，其中销售侧尖峰时段电价、高峰时段电价与平时段电价之比由 1.7 倍、1.5 倍分别调整为 1.77 倍和 1.57 倍。

（四）同意湖南省暂停执行上网侧峰谷分时、丰枯季节电价政策和销售侧丰枯季节电价政策，并适当调整销售侧峰谷分时电价政策。其中，销售侧尖峰时段电价、高峰时段电价在平时段电价基础上每千瓦时分别上浮 0.25 元和 0.15 元，低谷时段电价每千瓦时下浮 0.2 元。

（五）同意山西省将原 1 分钱电源基地建设基金并入销售电价，相应用于提高火电企业上网电价及疏导省内其他电价矛盾。

（六）为支持农村饮水安全工程建设和运行，对农村饮水安全工程供水用电执行居民生活或农业排灌用电价格。具体电价类别和执行时间由各省（区、市）根据实际情况确定。

四、执行时间

（一）利用取消高耗能优惠电价等因素提高的上网电价标准，自 2010 年 1 月 1 日起执行。通过销售电价调整相应提高的上网电价标准，山西等 12 个省（市）自 2011 年 4 月 10 日起执行；湖南、江西、安徽三省自 2011 年 6 月 1 日起执行。

（二）山西等 15 个省（市）销售电价调整自 2011 年 6 月 1 日起执行。

五、有关要求

（一）各电网经营企业和发电企业要严格执行国家电价政策，不得擅自提高或者降低国家规定的电价水平。要切实加强管理，挖潜降耗，保证正常生产经营，确保电力供应安全稳定。

（二）有关部门要切实加强电煤供应，强化价格监管。进一步加大电煤产运需协调力度，适当增加华中等电煤短缺地区的供应；组织开展电煤合同履约情况及电煤价格政策落实情况专项检查，督促煤炭企业严格执行 2011 年度电煤合同价格，不得提高或变相提高电煤重点合同价格。

（三）各地不得超越价格管理权限，擅自对高耗能企业实行优惠电价措施；不得擅自降低或变相降低发电企业上网电价和电力用户用电价格，维护国家电价政策的权威性和严肃性。

（四）价格主管部门要精心组织，周密安排，认真做好本次电价调整工作，确保相关政策及时落实到位。价格主管部门和电力监管机构要加强对电价政策执行情况的指导和监管，发现问题及时报告。

附件 1　各省（区、市）统调火电企业上网电价调整表（略）

附件 2　有关省（市）部分统调发电企业上网电价表（略）

附件 3　有关跨省、跨区域送电价格调整表（略）

附件 4　山西等 15 个省市销售电价表（略）

国家发改委（印）
2011 年 5 月 27 日

国家发改委关于整顿规范电价秩序的通知

（发改价检〔2011〕1311 号）

各省、自治区、直辖市发展改革委、物价局、电力公司，国家电网公司、南方电网公司，华能、大唐、华电、国电、中电投集团公司：

为严格电价管理权限、进一步落实电价管理政策，充分发挥电价调控政策对转变经济发展方式、调整产业结构、促进节能减排的重要作用，各地价格主管部门要继续加强电价监管，加大对违法行为的查处力度，采取切实措施整顿规范电价秩序，确保国家电价政策贯彻执行。现将有关事项通知如下：

一、坚决制止各地自行出台优惠电价措施

2010 年开展的节能减排电价大检查，在国家发展改革委、监察部等六部门的有力督促下，22 个省区市自行出台的对高耗能企业电价优惠措施已全部纠正，各类企业已经严格执行规定的目录电价。但是，目前一些地方采取各种方式试图恢复优惠电价。为坚决遏制各地越权优惠电价措施出现反弹，巩固 2010 年节能减排电价大检查成果，现再次重申：

（一）凡是未经我委批准，地方政府及其相关部门超越价格管理权限，擅自制定调整电价管理政策，自行出台并实施优惠电价措施的；未经我委、国家电监会、国家能源局批准，擅自开展大用户直供电试点，或者以其他名义变相降低企业用电价格的，要立即停止执行。对有令不行、有禁不止，继续出台优惠电价措施，阻挠国家宏观调控政策和节能减排措施落实的地方和部门，将发现一起，查处一起，绝不姑息。

（二）对各级电网公司依据地方越权文件规定对企业实施优惠电价措施的要予以严肃处理。对相关优惠金额部分按无违法所得给予相应罚款处理；对因实

施优惠电价而压低上网电价的金额，要依法退还有关发电企业或收缴财政，并处相应罚款。

对各地越权出台优惠电价的行为，我委将视情节严重程度分别给予通报批评和公开曝光，并提请有关部门追究相关责任人的行政责任。

此外，停止执行《国家计委关于利用二滩水电站富余电量直供高耗能企业用电问题的批复》（计基础〔1999〕1138号）等文件关于四川省攀枝花钒钛产业园区和川投电冶（黄磷厂）向发电企业直接购电，以及供电价格由供需双方直接协商确定的规定。攀枝花钒钛产业园区和川投电冶（黄磷厂）用电价格调整方案由四川省发展改革委报我委。

二、严格执行国家上网电价政策

（一）统调机组上网电价管理权限在我委。任何单位不得以任何名义擅自改变发电企业上网电价水平。

（二）大用户直供电试点应按照国家电监会、国家发展改革委、国家能源局《关于完善电力用户与发电企业直接交易试点工作有关问题的通知》（电监市场〔2009〕20号）进行规范。任何单位不得以任何名义强制规定电力直接交易的对象和电价标准。未经三部门联合审批，擅自开展大用户直供电，变相降低发电企业上网电价的，按价格违法行为处理。

（三）根据国家发展改革委、国家电监会、国家能源局《关于规范电能交易价格管理等有关问题的通知》（发改价格〔2009〕2474号）规定，发电机组进入商业运营后，除跨省、跨区电能交易及国家另有规定的以外，其上网电量一律执行政府价格主管部门规定的上网电价。发电机组进入商业运营前，其调试运行期上网电价按照当地燃煤机组脱硫标杆上网电价的一定比例执行。其中，水电按50%执行，火电、核电按照80%执行，水电以外的可再生能源发电机组自并网发电之日起执行价格主管部门批复的上网电价。

（四）严禁以跨省、跨区电能交易，以及开展电力市场单边、多边交易等形式，压低发电企业上网电价。除国家另有明确价格规定外，对于跨省、跨区电能交易，送端电网企业必须严格按照价格主管部门核定的上网电价与发电企业结算，与受端电网企业协商确定送电价格。

（五）未经国务院价格主管部门批准，实行峰谷、丰枯分时电价的地区不得自行改变峰谷电价、丰枯电价的时段和电价标准。未按规定执行的，按价格违法行为予以处理。

三、严格落实燃煤发电机组脱硫电价政策

（一）按照国家发展改革委、原国家环保总局《燃煤发电机组脱硫电价及脱硫设施运行管理办法（试行）》（发改价格〔2007〕1176号）和国家发展改革委、国家电监会、国家能源局《关于规范电能交易价格管理等有关问题的通知》（发改价格〔2009〕2474号）规定，符合环保规定建设并运行脱硫设施的燃煤发电机组，其全部上网电量应执行我委公布的脱硫标杆上网电价或脱硫加价。燃煤发电机组安装脱硫设施、具备在线监测功能且运行正常的，已经环保部门验收合格的，自环保部门验收合格之日起执行脱硫加价；环保部门不能按时验收的，由省级价格主管部门商环保部门通知电网企业，自发电企业向环保部门递交验收申请之日起30个工作日后执行脱硫加价；经环保部门验收不合格的，相应扣减已执行的脱硫加价。

（二）按照国家发展改革委、原国家环保总局《燃煤发电机组脱硫电价及脱硫设施运行管理办法（试行）》（发改价格〔2007〕1176号）规定，享受脱硫加价的发电企业必须保证脱硫设施正常运行，未同步运行脱硫设施的，由省级价格主管部门扣减发电企业脱硫电价款并上缴财政，其他单位或电网企业不得扣减。考核发电企业脱硫设施投运率按年度进行。脱硫设施投运率在90%以上的，扣减停运时间所发电量的脱硫电价款；投运率在80%～90%的，扣减停运时间所发电量的脱硫电价款并处1倍罚款；投运率在80%以下的，扣减停运时间所发电量的脱硫电价款并处5倍罚款。

（三）各地要严格按照发改价格〔2007〕1176号、发改价格〔2009〕2474号文件相关规定进行自查自纠。凡是地方出台的文件与国家规定不符的，应立即停止执行。未按规定自行纠正的，国家发展改革委将责令改正，并予以通报批评。电网企业必须及时、足额支付发电企业脱硫电价款，对电网企业自行扣减脱硫电价款的，作为变相压低上网电价的违法所得予以收缴，并给予相应罚款。

国家发改委（印）
2011年6月20日

国家发改委关于完善太阳能光伏发电上网电价政策的通知

（发改价格〔2011〕1594号）

各省、自治区、直辖市发展改革委、物价局：

为规范太阳能光伏发电价格管理，促进太阳能光伏发电产业健康持续发展，决定完善太阳能光伏发电

价格政策。现将有关事项通知如下：

一、制订全国统一的太阳能光伏发电标杆上网电价。按照社会平均投资和运营成本，参考太阳能光伏电站招标价格，以及中国太阳能资源状况，对非招标太阳能光伏发电项目实行全国统一的标杆上网电价。

（一）2011年7月1日以前核准建设、2011年12月31日建成投产、我委尚未核定价格的太阳能光伏发电项目，上网电价统一核定为每千瓦时1.15元（含税，下同）。

（二）2011年7月1日及以后核准的太阳能光伏发电项目，以及2011年7月1日之前核准但截至2011年12月31日仍未建成投产的太阳能光伏发电项目，除西藏仍执行每千瓦时1.15元的上网电价外，其余省（区、市）上网电价均按每千瓦时1元执行。今后，我委将根据投资成本变化、技术进步情况等因素适时调整。

二、通过特许权招标确定业主的太阳能光伏发电项目，其上网电价按中标价格执行，中标价格不得高于太阳能光伏发电标杆电价。

三、对享受中央财政资金补贴的太阳能光伏发电项目，其上网电量按当地脱硫燃煤机组标杆上网电价执行。

四、太阳能光伏发电项目上网电价高于当地脱硫燃煤机组标杆上网电价的部分，仍按《可再生能源发电价格和费用分摊管理试行办法》（发改价格〔2006〕7号）有关规定，通过全国征收的可再生能源电价附加解决。

国家发改委（印）
2011年7月24日

国家发改委办公厅 财政部办公厅关于进一步加强合同能源管理项目监督检查工作的通知

（发改办环资〔2011〕1755号）

各省、自治区、直辖市及计划单列市、新疆生产建设兵团发展改革委、经信委（经贸委、工信委、工信厅）、财政厅（局）：

我们对各地报来的2010年财政奖励合同能源管理项目情况进行了初步书面审查。现就审查中发现的问题和加强合同能源管理项目监督检查有关事项通知如下。

一、存在的主要问题

从审查情况看，财政奖励的合同能源管理项目主要存在以下问题：

（一）节能量计算不正确，部分项目节能量明显偏大，个别项目节能量严重失实。

（二）节能量不符合要求。个别项目节能量在100t标准煤以下，或1万t标准煤以上。

（三）合同签订时间不符合要求。个别项目合同签订时间为2010年6月1日以前。

（四）改造内容不属于支持范围。部分项目如煤炭储运扬尘覆盖技术、搬迁改造、瓦斯发电、太阳能热利用等不属于支持范围。

（五）项目未在项目实施地申报，而是在节能服务公司所在地申报。

（六）部分项目节能服务公司投资比例不足70%。

（七）财政奖励资金占项目总投资的比例偏高，部分项目财政奖励资金甚至高于项目总投资。

（八）项目技术经济指标明显不合理。个别项目每节约一吨标准煤投资达3.5万元，有的甚至达6万元，与一般节能改造2000～5000元/t标准煤的投资强度相比，明显偏高，节能服务公司根本无法收回投资。

（九）项目信息不全。有的项目没有填报项目名称、改造内容、节能量等。

（十）部分项目与中央财政节能技改项目重复。

二、有关要求

（一）请各地节能主管部门会同财政部门立即组织对本地区已支持的合同能源管理项目进行自查，严格按照财政部印发的《合同能源管理财政奖励资金管理暂行办法》（财建〔2010〕249号）、《国家发展改革委办公厅、财政部办公厅关于财政奖励合同能源管理项目有关事项的补充通知》（发改办〔2010〕2528号）等文件的相关要求，对项目的真实性、节能量、技术经济指标、合同签订时间、项目改造内容等进行认真审查和现场核查。各地节能主管部门、财政部门要对审核工作承担责任，节能服务公司和第三方审核机构要对上报信息的真实性承担责任。自查后，对不符合支持条件的项目要及时收回奖励资金，节能量偏大的项目要如实核减节能量和奖励资金。自查结束后，请各地节能主管部门会同财政部门结合奖励项目及资金调整情况，将本地区已支持的合同能源管理项目清算汇总表和每个项目的基本情况表（见附表）、合同复印件以及第三方节能量审核报告（第三方节能量审核报告需详细列明节能量计算方法和过程）复印件于7月31日前报送国家发展改革委（环资司）、财政部（经建司）。

（二）各地自查工作结束后，国家发展改革委会同财政部将对各地区已支持的合同能源管理项目进行认真审查，并组织第三方审核机构对部分合同能源管理项目进行现场抽查。根据审查和抽查结果，视情况进行相应处理。对把关不严、审查失职的地区，暂停安排该地区合同能源管理项目财政奖励资金；对弄虚作假套取财政奖励资金的节能服务公司，将收回该公司所有合同能源管理项目奖励资金，并取消其节能服务公司备案资格；对节能量审核明显失职的第三方审核机构，将取消其审核资格。

（三）请各地节能主管部门、财政部门严格按照《合同能源管理财政奖励资金管理暂行办法》（财建〔2010〕249号）的要求，于每季度结束10日内，将本地区合同能源管理财政奖励资金安排使用情况季度统计表、新安排项目的基本情况表、合同复印件以及第三方节能量审核报告复印件及时报送财政部、国家发展改革委。

（四）鉴于部分地区还存在合同能源管理财政奖励资金具体实施办法尚未出台、地方配套奖励资金不到位、对外地节能服务公司在本地区实施的合同能源管理项目不予奖励等问题，请这些地区务必按照财政部、国家发改委的有关要求立即予以整改。对2011年8月15日前没有整改到位的地区，将暂停安排其合同能源管理项目财政奖励资金，并予以通报。

附件：财政奖励合同能源管理项目基本情况表（略）

国家发展改革委办公厅
财 政 部 办 公 厅
2011年7月20日

关于发展天然气分布式能源的指导意见

（发改能源〔2011〕2196号）

各省、自治区、直辖市及计划单列市、副省级省会城市，新疆生产建设兵团发展改革委、能源局、财政厅（局）、住房城乡建设厅（局），国务院有关部门、直属机构，有关中央企业：

为提高能源利用效率，促进结构调整和节能减排，推动天然气分布式能源有序发展，现提出如下指导意见。

一、发展天然气分布式能源的重要意义

天然气分布式能源是指利用天然气为燃料，通过冷热电三联供等方式实现能源的梯级利用，综合能源利用效率在70%以上，并在负荷中心就近实现能源供应的现代能源供应方式，是天然气高效利用的重要方式。与传统集中式供能方式相比，天然气分布式能源具有能效高、清洁环保、安全性好、削峰填谷、经济效益好等优点。

天然气分布式能源在国际上发展迅速，但中国天然气分布式能源尚处于起步阶段。推动天然气分布式能源，具有重要的现实意义和战略意义。天然气分布式能源节能减排效果明显，可以优化天然气利用，并能发挥对电网和天然气管网的双重削峰填谷作用，增加能源供应安全性。目前，中国天然气供应日趋增加，智能电网建设步伐加快，专业化服务公司方兴未艾，天然气分布式能源在中国已具备大规模发展的条件。

二、指导思想和目标

（一）指导思想

以提高能源综合利用效率为首要目标，以实现节能减排任务为工作抓手，重点在能源负荷中心建设区域分布式能源系统和楼宇分布式能源系统。包括城市工业园区、旅游集中服务区、生态园区、大型商业设施等，在条件具备的地方结合太阳能、风能、地源热泵等可再生能源进行综合利用。

（二）基本原则

一是统筹兼顾，科学发展：统筹天然气资源、能源需求、环境保护和经济效益，科学制订发展规划，确保天然气分布式能源健康、有序发展。

二是因地制宜，规范发展：合理选择建设规模，优化系统配置，原则上天然气分布式能源全年综合利用效率应高于70%，在低压配电网就近供应电力。发挥天然气分布式能源的优势，兼顾天然气和电力需求削峰填谷。

三是先行试点，逐步推广：在经济发达、能源品质要求高的地区(包括国家规划设立的生态经济区等)或天然气资源地鼓励采用热电冷联产技术，建立示范工程，通过示范工程积累经验，为大规模推广奠定基础。

四是体制创新，科技支撑：创新天然气分布式能源政策环境和机制，鼓励多种主体参与；加强技术研发，推动产学研结合，推动技术进步和装备制备能力升级。

（三）主要任务和目标

主要任务："十二五"初期启动一批天然气分布式能源示范项目，"十二五"期间建设1000个左右天然气分布式能源项目，并拟建设10个左右各类典型特征的分布式能源示范区域。未来5～10年内在分布式能源装备核心能力和产品研制应用方面取得实质性突破。初步形成具有自主知识产权的分布式能源装备产业体系。

目标：2015年前完成天然气分布式能源主要装

备研制。通过示范工程应用，当装机规模达到500万kW，解决分布式能源系统集成，装备自主化率达到60%；当装机规模达到1000万kW，基本解决中小型、微型燃气轮机等核心装备自主制造，装备自主化率达到90%。到2020年，在全国规模以上城市推广使用分布式能源系统，装机规模达到5000万kW，初步实现分布式能源装备产业化。

三、主要政策措施

（一）加强规划指导

国家发展改革委、能源局根据能源总体规划及相关专项规划，会同住房城乡建设部等有关部门研究制定天然气分布式能源专项规划。各省、区、市和重点城市发改委和能源主管部门会同住房城乡建设主管部门同时制定本地区天然气分布式能源专项规划，并与城镇燃气、供热发展规划统筹协调，确定合理供应结构，统筹安排项目建设。

（二）健全财税扶持政策

中央财政将对天然气分布式能源发展给予适当支持，各省、区、市和重点城市可结合当地实际情况研究出台具体支持政策，给予天然气分布式能源项目一定的投资奖励或贴息。通过合同能源管理实施且符合《关于促进节能服务产业发展增值税、营业税和企业所得税政策问题的通知》（财税〔2010〕110号）要求的天然气分布式能源项目，可享受相关税收优惠政策。在确定分布式能源气价时要体现天然气分布式能源削峰填谷的特点，给予价格折让。

（三）完善并网及上网运行管理体系

各地和电网企业应加强配电网建设，电网公司将天然气分布式能源纳入区域电网规划范畴，解决天然气分布式能源并网和上网问题。国家发改委、能源局会同有关部门、电网企业及单位研究制定天然气分布式能源电网接入、并网运行、设计等技术标准和规范；价格主管部门会同相关部门研究天然气分布式能源上网电价形成机制及运行机制等体制问题。

（四）充分发挥示范项目带动作用，坚持自主创新

国家能源局要会同住房城乡建设部推进和指导天然气分布式能源示范项目的实施。加大国家对示范项目的支持力度，依托示范项目推动天然气分布式能源装备自主化，加大示范项目自主化考核，引导推动分布式能源装备产业化。进一步推动产、学、研、用相结合发展创新，建立有效的研制和发展机制，加强核心技术研究与验证，促进成果转化，加大分布式能源基础研究和应用研究投入，紧密跟踪世界前沿技术发展，加强交流合作，提升技术创新能力。

（五）鼓励专业化公司发展，加强科技创新和人才培养

鼓励和引导技术咨询和工程设计单位进行技术创新，提高系统集成水平。鼓励专业化公司从事天然气分布式能源的开发、建设、经营和管理，探索适合天然气分布式能源发展的商业运作模式。加强专业化人员培训和国际交流。

国家发改委
财政部
住房城乡建设部
国家能源局
2011年10月9日

国家发改委印发关于居民生活用电试行阶梯电价的指导意见的通知

（发改价格〔2011〕2617号）

各省、自治区、直辖市发展改革委、物价局、电力公司，各区域电监局、各省电监办，国家电网公司、南方电网公司：

为了促进资源节约型和环境友好型社会建设，逐步减少电价交叉补贴，理顺电价关系，引导居民合理、节约用电，经商国家电监会，国家发展改革委制定了《关于居民生活用电试行阶梯电价的指导意见》（简称《指导意见》），现印发你们，请按照执行。

各地价格主管部门要按照《指导意见》要求，结合这次电价调整制定居民阶梯电价具体实施方案，履行价格听证程序后试点推行。试点过程如遇相关问题和情况，请及时报告。

附件：关于居民生活用电试行阶梯电价的指导意见

国家发改委（印）
2011年11月29日

附件：

关于居民生活用电试行阶梯电价的指导意见

一、试行居民阶梯电价的必要性

居民阶梯电价是指将现行单一形式的居民电价，

改为按照用户消费的电量分段定价，用电价格随用电量增加呈阶梯状逐级递增的一种电价定价机制。

长期以来，中国对居民电价采取低价政策。近年来中国能源供应紧缺、环境压力加大等矛盾逐步凸显，煤炭等一次能源价格持续攀升，电力价格也随之上涨，但居民电价的调整幅度和频率均低于其他行业用电，居民生活用电价格一直处于较低水平。从而造成用电量越多的用户，享受的补贴越多；用电量越少的用户，享受的补贴越少，既没有体现公平负担的原则，也不能合理体现电能资源价值，不利于资源节约和环境保护。为了促进资源节约型和环境友好型社会建设，逐步减少电价交叉补贴，引导居民合理用电、节约用电，有必要对居民生活用电试行阶梯电价。

二、试行居民阶梯电价遵循的原则

试行阶梯电价要遵循以下原则：一是补偿成本与公平负担相结合。居民用电价格总体上要逐步反映用电成本，同时，兼顾不同收入居民的承受能力，用电少的居民少负担，用电多的居民多负担。二是统一政策与因地制宜相结合。国家制定阶梯电价政策总体框架和指导性意见，各地结合当地自然地理环境、经济发展程度、居民收入和用电水平等情况，确定具体实施方案。三是立足当前与着眼长远相结合。阶梯电价近期应着力于建立机制，保证大多数居民电价基本稳定；长远目标要逐步反映电力资源价值，引导居民节约用电。四是试点先行与逐步完善相结合。各地选择符合条件的地区先进行试点，期间不断总结经验完善方案，条件成熟后再全面推广阶梯电价。

三、居民阶梯电价的电量分档和电价确定

（一）分档电量和电价

居民阶梯电价将城乡居民每月用电量按照满足基本用电需求、正常合理用电需求和较高生活质量用电需求划分为三档，电价实行分档递增。其中：

第一档电价原则上维持较低价格水平，一定时期内保持基本稳定。

第二档电价逐步调整到弥补电力企业正常合理成本并获得合理收益的水平。

第三档电价在弥补电力企业正常合理成本和收益水平的基础上，再适当体现资源稀缺状况，补偿环境损害成本。最终电价控制在第二档电价的 1.5 倍左右。

（二）起步阶段指导性方案

阶梯电价政策以省（自治区、直辖市）为单位执行。

各地第一档电量，原则上按照覆盖本区域内 80%居民用户的月均用电量确定，即保证户均月用电量在该档电量范围内居民户数占居民总户数的比例达到 80%，起步阶段电价维持较低水平，3 年之内保持基本稳定。同时，根据各地经济发展水平和承受能力，对城乡“低保户”和农村“五保户”家庭每户每月设置 10kWh 或 15kWh 免费用电基数。

第二档电量，按照覆盖本区域内 95%居民用户的月均用电量确定（即覆盖率 80%～95%的电量）；起步阶段电价提价标准每千瓦时电不低于 5 分。

第三档电量，为超出第二档的电量；起步阶段电价提价标准每千瓦时电为 0.3 元左右。

（三）各地阶梯电价具体试点方案，由省（区、市）人民政府按照本指导意见确定。相邻省份之间要做好衔接工作，同档电量偏高或偏低的地区应进行适当调整。

四、实施范围

（一）居民阶梯电价执行范围为省级电网供电区域内实行“一户一表”的城乡居民用户。其中，使用预付费电能表的居民用户，在实现远程自动抄表前，可按购电量以年为周期执行阶梯电价；其他“一户一表”居民用户，在实现远程自动抄表前，应按供电企业抄表周期执行阶梯电价。供电企业抄表周期原则上不超过两个月。

（二）对未实行“一户一表”的合表居民用户和执行居民电价的非居民用户（如学校等），暂不执行居民阶梯电价。电价水平按居民电价平均提价水平调整。

五、其他事项

（一）对于居民用电季节性差异、家庭人口数量差异等问题，由各地根据当地实际情况，因地制宜地研究处理办法。

（二）具备集中供暖条件的地区，国家不鼓励实行电锅炉和电地热采暖；对于不具备集中供暖条件、已采用电锅炉或电地热采暖的居民用户，各地可通过适当提高采暖季用电量标准等方法处理。

（三）鼓励居民用电实行峰谷分时电价。各地在推行居民阶梯电价的基础上，可同时制订居民用电峰谷分时电价办法。是否执行峰谷分时电价，由居民自行选择。选择执行峰谷分时电价的居民用户，其峰谷分时计量表计由电网企业免费安装。

（四）实行阶梯电价后电网企业增加的收入，主要用于弥补发电企业燃料成本上涨、弥补燃煤机组脱硫等环保成本增加、可再生能源发电补贴、居民用户电表改造等项支出。

（五）居民用户原则上以住宅为单位，一个房产证明对应的住宅为一“户”。没有房产证明的，以供

电企业为居民用户安装的电表为单位。

（六）省级以下电网供电范围内的居民用电也应实行阶梯电价，具体办法由省级价格主管部门参照本指导意见制定。

六、有关要求

（一）居民阶梯电价在国家统一指导下由各地进行试点后推行。各省（区、市）根据本地情况选择全部或者部分地区进行试点。条件成熟后全面推行。

（二）对居民生活用电实行阶梯电价，事关广大人民群众的切身利益，各省（区、市）价格主管部门应予以高度重视，组织专门力量，会同有关部门积极稳妥地制定本地区居民阶梯电价试点方案。

（三）各地在制定居民阶梯电价试点方案过程中，要充分听取社会各方面意见，对阶梯电价的实施范围、档次划分、“户”的认定等方面进行认真论证。试点方案形成后，应按《政府制定价格听证办法》规定进行价格听证后实施。

（四）各地要加快对居民合表用电户“一户一表”改造，电网企业要提高抄表到户率，为推行居民阶梯电价创造条件。“一户一表”改造过程中，电网经营企业不得再向居民用户收取电表改造费用。

国家发改委关于调整南方电网电价的通知

（发改价格〔2011〕2618号）

广东、广西、云南、贵州、海南省（区）发展改革委、物价局、电网公司，南方电监局，云南、贵州电监办，南方电网公司：

为适当疏导电价矛盾，保障电力供应，支持可再生能源发展，促进节能减排，经商国家电监会、国家能源局，决定适当调整电价水平。现将有关事项通知如下：

一、适当提高火电企业上网电价

为疏导煤炭价格上涨对发电成本的影响，适当提高有关省（区）统调燃煤发电企业上网电价，提价标准（含税，下同）每千瓦时分别为：广东省2.3分钱、广西自治区3.65分钱、云南省2.6分钱、贵州省4分钱、海南省2.5分钱。上述省（区）燃煤发电企业标杆上网电价同步调整。广东省经营困难的云浮、韶关、坪石、鲤鱼江电厂上网电价每千瓦时多提1.5分钱。

二、核定和调整部分水电企业上网电价

（一）核定云南省龙江、三江口、太平江、金安桥和功果桥水电站临时结算上网电价每千瓦时分别为0.26元、0.26元、0.26元、0.273元和0.3元，自投入商业运营之日起执行。

（二）为缓解水电企业经营困难，将贵州省统调水电站上网电价每千瓦时提高1.7分钱，云南省以礼河、鲁布革、绿水河、大寨、六郎洞、大盈江四级、马鹿塘二期、云鹏、赛珠水电站上网电价每千瓦时提高1.8分钱，广西自治区西津水电站上网电价每千瓦时提高1分钱，海南省牛路岭水电站上网电价每千瓦时提高1分钱。

三、调整“西电东送”送电价格

将贵州省、云南省向广东省送电价格每千瓦时提高2.7分钱，落地电价相应调整。

四、开展脱硝电价试点

为鼓励燃煤发电企业落实脱硝要求，广东省、海南省安装并运行脱硝装置的燃煤发电企业，经国家或省级环保部门验收合格的，报省级价格主管部门审核后，试行脱硝电价，电价标准暂按每千瓦时0.8分钱执行。

五、提高可再生能源电价附加标准

根据可再生能源发展需要，按照《可再生能源法》和我委印发的《可再生能源发电价格和费用分摊管理试行办法》（发改价格〔2006〕7号）有关规定，将向除居民生活和农业生产以外的其他用电征收的可再生能源电价附加标准提高至每千瓦时0.8分钱。

六、提高电网销售电价

有关省（区）销售电价平均提价标准每千瓦时分别为：广东省2.65分钱、广西自治区3.53分钱、云南省1.8分钱、贵州省4.99分钱、海南省2.5分钱。各类用户调价后具体电价标准见附件1～5。其中，对居民生活用电试行阶梯电价制度，具体方案由省级价格主管部门根据我委下发的《关于居民生活用电试行阶梯电价的指导意见》组织价格听证后实施。

七、执行时间

以上电价调整自2011年12月1日起执行。

八、有关要求

（一）各省（区）价格主管部门要精心组织，周密安排，认真做好本次电价调整工作，确保相关政策及时落实到位。

（二）各电力企业要严格执行国家电价政策，切实加强管理，挖潜降耗，保证正常生产经营，确保电力供应安全稳定。

（三）各地不得超越价格管理权限，擅自对高耗能企业实行优惠电价措施；不得擅自提高或降低发电企业上网电价和电力用户用电价格。价格主管部门和电力监管机构要加强对电价政策执行情况的指导和监管，发现问题及时报告。

附件1　广东省电网销售电价表（略）
附件2　广西自治区电网销售电价表（略）
附件3　云南省电网销售电价表（略）
附件4　贵州省电网销售电价表（略）
附件5　海南省电网销售电价表（略）

国家发改委（印）
2011年11月29日

国家发改委关于调整华北电网电价的通知

（发改价格〔2011〕2619号）

北京、天津、河北、山西、内蒙古、山东省（区、市）发改委、物价局、电力公司，华北电监局，山西、山东电监办，华北电网公司：

为适当疏导电价矛盾，保障电力供应，支持可再生能源发展，促进节能减排，经商国家电监会、国家能源局，决定适当调整电价水平。现将有关事项通知如下。

一、适当提高火电企业上网电价

（一）为疏导煤炭价格上涨对发电成本的影响，适当提高有关省（区、市）统调燃煤发电企业上网电价，提价标准（含税，下同）每千瓦时分别为：北京市1.95分钱、天津市2.8分钱、河北北部电网2.3分钱、河北南部电网2.83分钱、山西省2.95分钱、山东省2.5分钱、内蒙古西部电网2.3分钱。上述省（区、市）燃煤发电企业标杆上网电价同步调整。河北省南部地区经营困难的马头电厂7号机组和兴泰电厂8、9号机组上网电价每千瓦时多提0.62分钱。

（二）适当提高北京市燃气发电临时结算上网电价。将北京京丰燃气发电有限责任公司、华润协鑫（北京）热电有限公司、北京太阳宫燃气热电有限公司、华电（北京）热电有限公司、北京正东电子动力集团有限公司燃气发电临时结算上网电价调整为每千瓦时0.573元。

二、调整部分水电企业上网电价

为缓解水电企业经营困难，将北京市华电水电站和京西水电站容量电价每千瓦每月分别提高6元和10元；河北省潘家口水电站1号机组上网电价每千瓦时提高2分钱，华电黄壁庄水电站和岗南蓄能电站容量电价每千瓦每月分别提高11.6元和6.7元；黄河万家寨水电站向内蒙古西部电网送电价格调整为每千瓦时0.3元。

三、调整跨省、跨区域送电价格

山西、内蒙古西部电网向京津唐电网送电价格分别提高到每千瓦时0.388 7元和0.375元。山西电网向河北南部电网送电价格每千瓦时提高2.95分钱。山西、内蒙古西部地区向京津唐电网直接送电的电厂上网电价分别提高到每千瓦时0.386 6元和0.373 1元。山西王曲电厂向山东电网送电价格提高到每千瓦时0.416 9元。河北北部地区同时向京津唐电网送电的大唐陡河等五个电厂上网电价每千瓦时提高2.71分钱。陕西锦界电厂、府谷电厂向河北省南部电网送电价格提高到每千瓦时0.37元。

四、开展脱硝电价试点

为鼓励燃煤发电企业落实脱硝要求，北京、天津、河北、山西、山东省（市）安装并运行脱硝装置的燃煤发电企业，经国家或省级环保部门验收合格的，报省级价格主管部门审核后，试行脱硝电价，电价标准暂按每千瓦时0.8分钱执行。

五、提高可再生能源电价附加标准

根据可再生能源发展需要，按照《可再生能源法》和国家发改委印发的《可再生能源发电价格和费用分摊管理试行办法》（发改价格〔2006〕7号）有关规定，将向除居民生活和农业生产以外的其他用电征收的可再生能源电价附加标准提高至每千瓦时0.8分钱。

六、提高电网销售电价

（一）有关省（区、市）销售电价平均提价标准每千瓦时分别为：北京市3.3分钱、天津市4.13分钱、河北北部电网2.93分钱、河北南部电网3.44分钱、山西省3.69分钱、山东省2.84分钱、内蒙古西部电网3.11分钱。各类用户调价后具体电价标准见附件一至附件七。其中，对居民生活用电试行阶梯电价制度，具体方案由省级价格主管部门根据国家发改委下发的《关于居民生活用电试行阶梯电价的指导意见》组织价格听证后实施。

（二）同意天津市将非居民照明用电和一般工商业用电合并为一般工商业及其他用电类别。

七、执行时间

以上电价调整自2011年12月1日起执行。

八、有关要求

（一）各省（区、市）价格主管部门要精心组织，周密安排，认真做好本次电价调整工作，确保相关政策及时落实到位。

（二）各电力企业要严格执行国家电价政策，切实加强管理，挖潜降耗，保证正常生产经营，确保电力供应安全稳定。

（三）各地不得超越价格管理权限，擅自对高耗能企业实行优惠电价措施；不得擅自提高或降低发电企业上网电价和电力用户用电价格。价格主管部门和电力监管机构要加强对电价政策执行情况的指导和监管，发现问题及时报告。

附件1 北京市电网销售电价表(略)
附件2 天津市电网销售电价表(略)
附件3 河北省北部电网销售电价表(略)
附件4 河北省南部电网销售电价表(略)
附件5 山西省电网销售电价表(略)
附件6 山东省电网销售电价表(略)
附件7 内蒙古自治区西部电网销售电价表(略)

国家发改委（印）
2011年11月29日

国家发改委关于调整东北电网电价的通知

（发改价格〔2011〕2620号）

辽宁、吉林、内蒙古、黑龙江省（区）发改委、物价局、电力公司，东北电监局，东北电网公司：

为适当疏导电价矛盾，保障电力供应，支持可再生能源发展，促进节能减排，经商国家电监会、国家能源局，决定适当调整电价水平。现将有关事项通知如下。

一、适当提高火电企业上网电价

为疏导煤炭价格上涨对发电成本的影响，适当提高有关省（区）统调燃煤发电企业上网电价，提价标准（含税，下同）每千瓦时分别为：辽宁省2.2分钱、吉林省3分钱、黑龙江省2.3分钱、内蒙古东部电网1.7分钱。上述省（区）燃煤发电企业标杆上网电价同步调整。对电价水平偏低、经营困难的统调燃煤发电企业上网电价适当多调，有关发电企业具体电价水平见附件一。

二、调整部分水电企业上网电价

为缓解水电企业经营困难，将中朝界河电厂销售东北电网各省（区）的电价每千瓦时提高0.5分钱。

三、核定和调整跨省、跨区域送电价格

（一）核定呼辽直流输电工程有关电价。呼伦贝尔电厂、伊敏电厂三期、鄂温克电厂上网电价为每千瓦时0.318元；输电价格为每千瓦时0.062 3元，输电线损率5%，实际输电线损率超过或低于5%带来的风险或收益均由国家电网公司承担；通过呼辽直流工程输电到辽宁的落地电量结算价格为每千瓦时0.397元。

（二）将内蒙古东部地区其他机组向辽宁省、吉林省、黑龙江省送电价格每千瓦时分别提高2.2分钱、3分钱、2.3分钱；将东北电网向京津唐电网送电价格每千瓦时提高2.6分钱，吉林省、黑龙江省向辽宁省送电价格每千瓦时提高3.1分钱，黑龙江省向内蒙古东部电网送电价格每千瓦时提高2分钱。上述送电价格提高后，上网电价和落地电价相应调整。

四、提高可再生能源电价附加标准

根据可再生能源发展需要，按照《可再生能源法》和国家发改委印发的《可再生能源发电价格和费用分摊管理试行办法》（发改价格〔2006〕7号）有关规定，将向除居民生活和农业生产以外的其他用电征收的可再生能源电价附加标准提高至每千瓦时0.8分钱。

五、提高电网销售电价

（一）有关省（区）销售电价平均提价标准每千瓦时分别为：辽宁省3分钱、吉林省3.6分钱、黑龙江省3.2分钱、内蒙古东部电网2.58分钱。各类用户调价后具体电价标准见附件二至附件五。其中，对居民生活用电试行阶梯电价制度，具体方案由省级价格主管部门根据国家发改委下发的《关于居民生活用电试行阶梯电价的指导意见》组织价格听证后实施。

（二）同意黑龙江省进一步推进城乡各类用电同价工作，将农村一般工商业用电到户价格每千瓦时降低0.1元。

六、执行时间

以上电价调整自2011年12月1日起执行。

七、有关要求

（一）各省（区）价格主管部门要精心组织，周密安排，认真做好本次电价调整工作，确保相关政策及时落实到位。

（二）各电力企业要严格执行国家电价政策，切实加强管理，挖潜降耗，保证正常生产经营，确保电力供应安全稳定。

（三）各地不得超越价格管理权限，擅自对高耗能企业实行优惠电价措施；不得擅自提高或降低发电企业上网电价和电力用户用电价格。价格主管部门和电力监管机构要加强对电价政策执行情况的指导和监管，发现问题及时报告。

附件1 东北电网部分发电企业上网电价表(略)
附件2 辽宁省电网销售电价表(略)
附件3 吉林省电网销售电价表(略)
附件4 黑龙江省电网销售电价表(略)
附件5 内蒙古自治区东部电网销售电价表(略)

国家发改委（印）
2011年11月29日

国家发改委关于调整西北电网电价的通知

（发改价格〔2011〕2621号）

陕西、甘肃、宁夏、新疆、青海省（区）发改委、物价局、电力公司，西北电监局，甘肃、新疆电监办，西北电网公司：

为适当疏导电价矛盾，保障电力供应，支持可再生能源发展，促进节能减排，经商国家电监会、国家能源局，决定适当调整电价水平。现将有关事项通知如下：

一、适当提高火电企业上网电价

为疏导煤炭价格上涨对发电成本的影响，适当提高有关省（区）统调燃煤发电企业上网电价，提价标准（含税，下同）每千瓦时分别为：陕西省3.02分钱、甘肃省2.6分钱、青海省3分钱、宁夏自治区1.84分钱。上述省（区）燃煤发电企业标杆上网电价同步调整。宁夏自治区经营困难的大武口热电、六盘山热电上网电价每千瓦时多提1分钱。

二、核定和调整部分水电企业上网电价

（一）核定青海省积石峡水电站临时结算上网电价为每千瓦时0.25元，自投入商业运营之日起执行。

（二）为缓解水电企业经营困难，将陕西省大唐石泉水电站上网电价每千瓦时提高2分钱，其他统调水电站上网电价每千瓦时提高1分钱；甘肃省盐锅峡、八盘峡和大唐碧口水电站上网电价每千瓦时提高1.4分钱；宁夏自治区青铜峡水电站上网电价每千瓦时提高3分钱。

三、调整跨省、跨区域送电价格

通过宁东直流工程送山东电量在宁东换流站结算价格每千瓦时提高2.2分钱，有关发电企业上网电价相应调整，其中华电灵武二期、京能水洞沟、鲁能鸳鸯湖电厂送山东电量上网电价相应提高到每千瓦时0.323元。宁东送电到山东落地电量结算价格调整为每千瓦时0.437 4元。

四、开展脱硝电价试点

为鼓励燃煤发电企业落实脱硝要求，甘肃省、宁夏自治区安装并运行脱硝装置的燃煤发电企业，经国家或省级环保部门验收合格的，报省级价格主管部门审核后，试行脱硝电价，电价标准暂按每千瓦时0.8分钱执行。

五、提高可再生能源电价附加标准

根据可再生能源发展需要，按照《可再生能源法》和国家发改委印发的《可再生能源发电价格和费用分摊管理试行办法》(发改价格〔2006〕7号)有关规定，将向除居民生活和农业生产以外的其他用电征收的可再生能源电价附加标准提高至每千瓦时0.8分钱。

六、提高电网销售电价

有关省（区）销售电价平均提价标准每千瓦时分别为：陕西省3.58分钱、甘肃省2.11分钱、青海省2.16分钱、宁夏自治区2.11分钱。新疆自治区暂不调整。各类用户调价后具体电价标准见附件一至附件四。其中，对居民生活用电试行阶梯电价制度，具体方案由省级价格主管部门根据国家发改委下发的《关于居民生活用电试行阶梯电价的指导意见》组织价格听证后实施。

七、执行时间

以上电价调整自2011年12月1日起执行。

八、有关要求

（一）各省（区）价格主管部门要精心组织，周密安排，认真做好本次电价调整工作，确保相关政策及时落实到位。

（二）各电力企业要严格执行国家电价政策，切实加强管理，挖潜降耗，保证正常生产经营，确保电力供应安全稳定。

（三）各地不得超越价格管理权限，擅自对高耗能企业实行优惠电价措施；不得擅自提高或降低发电企业上网电价和电力用户用电价格。价格主管部门和电力监管机构要加强对电价政策执行情况的指导和监管，发现问题及时报告。

附件 1 陕西省电网销售电价表（略）
附件 2 甘肃省电网销售电价表（略）
附件 3 青海省电网销售电价表（略）
附件 4 宁夏自治区电网销售电价表（略）

国家发改委（印）
2011 年 11 月 29 日

国家发改委关于调整华东电网电价的通知

（发改价格〔2011〕2622 号）

上海、江苏、浙江、安徽、福建省（市）发改委、物价局、电力公司，华东电监局，江苏、浙江、福建电监办，华东电网公司：

为适当疏导电价矛盾，保障电力供应，支持可再生能源发展，促进节能减排，经商国家电监会、国家能源局，决定适当调整电价水平。现将有关事项通知如下：

一、适当提高火电企业上网电价

（一）为疏导煤炭价格上涨对发电成本的影响，有关省（市）统调燃煤发电企业上网电价，提价标准（含税，下同）每千瓦时分别为：上海市 2 分钱、江苏省 2.5 分钱、浙江省 2.5 分钱、安徽省 1.8 分钱、福建省 2.74 分钱。上述省（市）燃煤发电企业标杆上网电价同步调整。对电价水平偏低、经营困难的统调燃煤发电企业上网电价适当多调，有关发电企业具体电价水平见附件一。福建省经营困难的龙岩坑口、漳平、永安电厂上网电价每千瓦时多提 1.5 分钱。

（二）华东电网公司联络线口子统销电量基价调整为每千瓦时 0.386 2 元。

（三）“皖电东送”燃煤发电企业上网电价每千瓦时提高 2.7 分钱；山西阳城电厂一、二期送江苏省上网电价每千瓦时提高 3 分钱，阳城送江苏输电价格每千瓦时下调 0.5 分钱。

二、调整部分水电企业上网电价

为缓解水电企业经营困难，适当提高部分水电企业的上网电价。江苏省、安徽省统调水电站上网电价每千瓦时分别提高 2 分钱、1.8 分钱。有关发电企业具体电价水平见附件 1。

三、开展脱硝电价试点

为鼓励燃煤发电企业落实脱硝要求，上海、浙江、江苏、福建省（市）安装并运行脱硝装置的燃煤发电企业，经国家或省级环保部门验收合格的，报省级价格主管部门审核后，试行脱硝电价，电价标准暂按每千瓦时 0.8 分钱执行。

四、提高可再生能源电价附加标准

根据可再生能源发展需要，按照《可再生能源法》和国家发改委印发的《可再生能源发电价格和费用分摊管理试行办法》（发改价格〔2006〕7 号）有关规定，将向除居民生活和农业生产以外的其他用电征收的可再生能源电价附加标准提高至每千瓦时 0.8 分钱。

五、提高电网销售电价

（一）有关省（市）销售电价平均提价标准每千瓦时分别为：上海市 3.5 分钱、江苏省 3.54 分钱、浙江省 3.4 分钱、安徽省 2.4 分钱、福建省 3.5 分钱。各类用户调价后具体电价标准见附件二至附件六。其中，对居民生活用电试行阶梯电价制度，具体方案由省级价格主管部门根据国家发改委下发的《关于居民生活用电试行阶梯电价的指导意见》组织价格听证后实施。

（二）进一步完善销售电价结构。同意上海市将铁合金、电石、烧碱用电和离子膜烧碱用电合并为铁合金、烧碱（含离子膜）用电类别；浙江省将非工业与一般工商业用电合并为一般工商业及其他用电类别；福建省将氯碱生产和电石、农药生产用电类别进行合并。适当提高上海、江苏、安徽省（市）两部制电价中基本电价的比重。

（三）进一步完善分时电价政策。同意上海市适当拉大季节性电价差价；江苏省将除居民生活以外的其他用电低谷时段电价每千瓦时提高 2 分钱；安徽省暂停执行上网侧峰谷分时电价政策，并适当调整销售侧峰谷分时电价政策，高峰时段电价在平时段电价基础上上浮 55%，其中 7～9 月高峰时段电价在平时段电价基础上上浮 65%。

六、执行时间

以上电价调整自 2011 年 12 月 1 日起执行。

七、有关要求

（一）各省（市）价格主管部门要精心组织，周密安排，认真做好本次电价调整工作，确保相关政策及时落实到位。

（二）各电力企业要严格执行国家电价政策，切实加强管理，挖潜降耗，保证正常生产经营，确保电力供应安全稳定。

（三）各地不得超越价格管理权限，擅自对高耗能企业实行优惠电价措施；不得擅自提高或降低发电企业上网电价和电力用户用电价格。价格主管部门和电力监管机构要加强对电价政策执行情况的指导和监管，发现问题及时报告。

附件 1　华东电网部分发电企业上网电价表（略）
附件 2　上海市电网销售电价表（略）
附件 3　江苏省电网销售电价表（略）
附件 4　浙江省电网销售电价表（略）
附件 5　安徽省电网销售电价表（略）
附件 6　福建省电网销售电价表（略）

国家发改委（印）
2011 年 11 月 29 日

国家发改委关于调整华中电网电价的通知

（发改价格〔2011〕2623 号）

湖北、湖南、河南、江西、重庆、四川省（市）发改委、物价局、电力公司，华中电监局，河南、湖南、四川电监办，华中电网公司：

为适当疏导电价矛盾，保障电力供应，支持可再生能源发展，促进节能减排，经商国家电监会、国家能源局，决定适当调整电价水平。现将有关事项通知如下：

一、适当提高火电企业上网电价

（一）为疏导煤炭价格上涨对发电成本的影响，适当提高有关省（市）统调燃煤发电企业上网电价，提价标准（含税，下同）每千瓦时分别为：湖北省 3.3 分钱、湖南省 3.7 分钱、河南省 2.8 分钱、江西省 3.7 分钱、四川省 4 分钱、重庆市 3.8 分钱。上述省（市）燃煤发电企业标杆上网电价同步调整。对电价水平偏低、经营困难的统调燃煤发电企业上网电价适当多调，有关发电企业具体电价水平见附件一。

（二）将河南中原燃气发电有限公司和郑州燃气发电有限公司临时结算上网电价调整为每千瓦时 0.553 元。

二、核定和调整部分水电企业上网电价

（一）核定湖北省老渡口、周家垸、崔家营航电枢纽、三里坪和潘口水电站临时结算上网电价每千瓦时分别为 0.38 元、0.38 元、0.38 元、0.395 元和 0.38 元，四川省泸定、深溪沟、鸭嘴河和毛尔盖水电站临时结算上网电价每千瓦时分别为 0.3 元、0.3 元、0.32 元和 0.32 元，重庆市草街航电枢纽、银盘水电站临时结算上网电价每千瓦时为 0.33 元，自投入商业运营之日起执行。

（二）为缓解水电企业经营困难，适当提高湖北、湖南、河南、四川省部分水电企业的上网电价。葛洲坝电厂送湖北基数电量上网电价调整为每千瓦时 0.195 元，其余电量上网电价调整为每千瓦时 0.255 元。贵州省三板溪、挂治水电站送湖南落地电价调整为每千瓦时 0.39 元。重庆市装机总容量 5 万 kW 以上水电站上网电价调整为每千瓦时 0.32 元。有关发电企业具体电价水平见附件一。

三、开展脱硝电价试点

为鼓励燃煤发电企业落实脱硝要求，四川省安装并运行脱硝装置的燃煤发电企业，经国家或省级环保部门验收合格的，报省级价格主管部门审核后，试行脱硝电价，电价标准暂按每千瓦时 0.8 分钱执行。

四、提高可再生能源电价附加标准

根据可再生能源发展需要，按照《可再生能源法》和国家发改委印发的《可再生能源发电价格和费用分摊管理试行办法》（发改价格〔2006〕7 号）有关规定，将向除居民生活和农业生产以外的其他用电征收的可再生能源电价附加标准提高至每千瓦时 0.8 分钱。

五、提高电网销售电价

（一）有关省（市）销售电价平均提价标准每千瓦时分别为：湖北省 3.52 分钱、湖南省 3.7 分钱、河南省 3.37 分钱、江西省 3.56 分钱、四川省 2.71 分钱、重庆市 3.78 分钱。各类用户调价后具体电价标准见附件二至附件七。其中，对居民生活用电试行阶梯电价制度，具体方案由省级价格主管部门根据国家发改委下发的《关于居民生活用电试行阶梯电价的指导意见》组织价格听证后实施。

（二）进一步完善销售电价结构。同意重庆、湖南、四川省（市）将非居民照明、商业与非普工业用电合并为一般工商业及其他用电类别。适当提高湖北

省两部制电价中基本电价的比重。

六、执行时间

以上电价调整自2011年12月1日起执行。

七、有关要求

（一）各省（市）价格主管部门要精心组织，周密安排，认真做好本次电价调整工作，确保相关政策及时落实到位。

（二）各电力企业要严格执行国家电价政策，切实加强管理，挖潜降耗，保证正常生产经营，确保电力供应安全稳定。

（三）各地不得超越价格管理权限，擅自对高耗能企业实行优惠电价措施；不得擅自提高或降低发电企业上网电价和电力用户用电价格。价格主管部门和电力监管机构要加强对电价政策执行情况的指导和监管，发现问题及时报告。

附件1　华中电网部分发电企业上网电价表（略）
附件2　湖北省电网销售电价表（略）
附件3　湖南省电网销售电价表（略）
附件4　河南省电网销售电价表（略）
附件5　江西省电网销售电价表（略）
附件6　四川省电网销售电价表（略）
附件7　重庆市电网销售电价表（略）

国家发改委（印）
2011年11月29日

财 政 部 文 件

关于做好2011年金太阳示范工作的通知

（财建〔2011〕380号）

各省、自治区、直辖市、计划单列市财政厅（局）、科技厅（委、局）、发展改革委（能源局），新疆生产建设兵团财务局、科技局、发展改革委：

为进一步扩大国内光伏发电应用规模，促进战略性新兴产业发展，中央财政将继续安排资金支持实施金太阳示范工程。根据市场形势和产业发展状况，现将2011年金太阳示范工作有关事项通知如下：

一、支持范围

（一）在可利用建筑面积充裕、电网接入条件较好、电力负荷较大的经济技术开发区、高新技术开发区、工业园区、产业园区集中连片建设的用户侧光伏发电项目，装机容量原则上不低于10MW。

（二）利用工矿、商业企业以及公益性事业单位既有建筑等条件建设的用户侧光伏发电项目，装机容量不低于300kW。

（三）利用智能电网和微电网技术建设的用户侧光伏发电项目。

（四）在偏远无电地区建设的独立光伏发电项目。

二、支持条件

（一）项目实施单位必须是自建自用的电力用户、专业化的能源服务公司、配电网（微电网）投资经营主体之一，且项目资本金不低于总投资的30%。其中，项目实施单位与项目所在建筑业主为不同主体的，必须以合同能源管理方式签订长期协议。独立光伏发电项目业主单位，必须具有保障项目长期运行的能力。

（二）申请集中连片示范项目的经济技术开发区、高新技术开发区、工业园区、产业园区，必须由园区管委会结合区域内各项基础条件进行统筹规划，成立专门的管理机构，指定专人协调项目建设、电网接入、运行管理等方面的工作，并制定相应配套支持政策。

（三）示范项目必须经济效益较好，设计方案合理，项目规模、安装方式与建筑、电网条件基本匹配，并且建筑屋顶易于改造，改造投资较低，对与新建厂房整体规划建设的项目优先支持。

（四）项目并网设计符合规范，发电量原则上自发自用。

（五）项目采用的关键设备（包括光伏组件、逆变器、蓄电池）由实施单位自主采购，性能要求见附件 1。

（六）独立光伏发电项目要以县（及以上）为单位整体实施。

（七）已获得相关政策支持的项目不得重复申报。

三、补助标准

（一）采用晶体硅组件的示范项目补助标准为 9 元/W，采用非晶硅薄膜组件的为 8 元/W。

（二）独立光伏发电项目的补助标准另行确定。

四、项目申报和资金下达程序

（一）项目实施单位按《财政部　科技部　住房城乡建设部　国家能源局关于加强金太阳示范工程和太阳能光电建筑应用示范工程建设管理的通知》（财建〔2010〕662 号）有关要求编制项目实施方案，按属地原则上报省级财政、科技、能源主管部门。

（二）省级财政、科技、能源主管部门对项目申请材料进行严格审核，将符合条件的项目按类别汇总（格式见附件 2）后，联合上报财政部、科技部、国家能源局。

（三）财政部、科技部、国家能源局组织对项目进行评审，公布示范项目目录。

（四）列入目录的集中连片示范项目和 2MW 及以上的用户侧光伏发电项目，完成审核备案等前期工作后，提交补助资金申请报告。财政部核定补助金额，按 70%下达预算，并于 2012 年 6 月 30 日前进行清算；对未按规定期限完工、清算的项目，原则上将收回奖励资金，并不再予以安排。

对 2MW 以下的用户侧光伏发电项目，不再采取预拨方式，由项目单位在 2012 年 6 月 30 日前完成竣工验收后，财政部一次核定并下达补助资金。

五、加快 2009 年和 2010 年示范项目执行的要求

（一）已纳入示范目录，但尚未安排资金的项目，财政部按本通知规定拨付资金；无法实施的要申请取消。已完工项目要按照《金太阳示范项目管理暂行办法》（国能新能〔2011〕109 号）的有关要求，及时进行竣工验收，并提出资金清算申请。

（二）已安排资金但尚未完工的项目，必须详细填报进度计划（格式见附件 3），报财政部、科技部、国家能源局备案。其中，《财政部关于下达 2009 年金太阳示范工程财政补助资金预算指标的通知》（财建〔2009〕984 号）和《财政部关于下达 2010 年金太阳示范工程财政补助资金预算指标的通知》（财建〔2010〕590）中下达资金的项目必须在 2011 年 9 月 30 日前完成竣工验收，并提出资金清算申请。《财政部关于下达 2010 年金太阳示范工程财政补助资金预算指标的通知》（财建〔2010〕965 号）中下达资金的项目必须在 2011 年 12 月 31 日完成竣工验收，并提出资金清算申请。对未按规定期限完工项目，一律收回补助资金；对由于客观原因确实难以按期完工的项目，要明确完工时间，但也不得晚于 2012 年 6 月 30 日，同时补贴标准按 2011 年标准执行。

（三）对示范项目建设进展较慢的地区和企业，原则上不再安排新项目。

各地财政、科技、能源等主管部门要依据本通知及有关文件规定，抓紧组织编制 2011 年示范项目申报材料、2009 年和 2010 年度尚未安排资金项目的资金申请报告、已完工项目资金清算申请报告以及未完工项目的进度计划，于 2011 年 7 月 5 日前报财政部、科技部和国家能源局，一式三份，逾期不予受理。

附件 1　金太阳示范工程关键设备基本要求（2011 年）(略)

附件 2　金太阳示范项目汇总表(略)

附件 3　金太阳示范项目进度计划表(略)

财政部　科技部　国家能源局

2011 年 6 月 26 日

国务院国有资产监督管理委员会文件

关于印发《中央企业2011年效能监察工作指导意见》的通知

（国资纪发〔2011〕3号）

各中央企业纪委（纪检组）、监察局（部、室）：

为深入贯彻第十七届中央纪委六次全会精神，认真落实中央企业反腐倡廉建设工作会议部署，进一步推动中央企业深入开展效能监察工作，我们制定了《中央企业2011年效能监察工作指导意见》。现印发给你们，请结合本企业实际情况认真贯彻执行。

国务院国资委纪委
监察部驻国资委监察局
2011年2月12日

附件：

中央企业2011年效能监察工作指导意见

2011年中央企业效能监察工作，要深入贯彻落实科学发展观，坚持围绕中心、服务大局，标本兼治、纠建并举，着眼提高企业生产经营管理的效率、效益、效果，着力解决影响企业科学发展的重大问题，促进企业规范管理行为，切实提升制度执行力，促进企业持续健康快速发展，为做强做优中央企业提供坚强保证。

一、切实抓好统一立项效能监察工作

（一）围绕工程治理整改工作的落实情况开展效能监察。为深入推进中央部署的工程建设领域突出问题专项治理工作，2011年，各中央企业要按照国资委印发的《关于中央企业工程建设领域突出问题专项治理整改工作的指导意见》（国资发纪检〔2010〕171号）要求，针对查找出的各类突出问题的整改落实情况开展效能监察。切实纠正项目决策、审批、招标、物资采购、资金安排使用管理、质量安全管理等方面存在的违规行为，深入分析整改不落实的原因，有针对性地提出监察意见或建议，督促企业健全项目管理责任体系和管理制度，加强内部控制，积极推进项目标准化、精细化、规范化和扁平化管理，从源头上完善工程建设项目监管长效机制，有效管控风险，消除隐患和安全死角。严格落实责任追究，提高工程治理整改工作成效，避免出现违规违纪问题，实现“工程优质、人员优秀”的目标。

（二）围绕“三重一大”决策制度的贯彻落实情况开展效能监察。为深入贯彻中办、国办《关于进一步推进国有企业贯彻落实“三重一大”决策制度的意见》（中办发〔2010〕17号）和《国资委党委关于贯彻落实〈关于进一步推进国有企业贯彻落实“三重一大”决策制度的意见〉的通知》（国资党委纪检〔2010〕177号）要求，2011年，各中央企业要对所属企业落实“三重一大”决策制度的情况开展效能监察。重点监督检查“三重一大”决策制度的建立情况、执行情况、监督情况、决策考核评价及失误责任追究情况，研究分析贯彻落实“三重一大”决策制度过程中遇到的困难、问题及其原因，有针对性地提出监察建议，促进企业健全法人治理结构，规范用权行为，防止决策失误，防范决策风险。

二、努力做好自选项目效能监察工作

（一）针对企业境外资产管理，自主选题立项开展效能监察。重点加强对境外企业的内控机制建设、投资决策管理、资金运作使用、资产质量及收益、风险管控等情况的监督检查。督促企业在加快“走出去”发展战略步伐的同时，进一步完善内控机制建设，加强全面风险管理，科学决策，规范运作，建立健全网络实时监控系统，切实加强对境外资产的监管，防止境外国有资产流失。

（二）针对企业财务资金管理，自主选题立项开展效能监察。结合国资委部署的“小金库”专项治理工作，通过开展财务资金管理效能监察，重点加强对企业营业收入来源、成本费用开支渠道、货币资金流向、工程项目资金管理、生产营销合同等的监督检查，清理隐匿收入、虚增支出、转移资产以及其他形

式形成的“小金库”，促进企业规范财务管理，严肃财经纪律，巩固“小金库”专项治理工作成果。

（三）针对企业节能减排管理，自主选题立项开展效能监察。重点加强对企业生产经营过程中管理粗放、能源资源浪费等问题的监督检查。提出合理建议，督促企业制定改进措施，规范操作流程，堵塞管理漏洞，纠正“跑、冒、滴、漏”等浪费行为，切实落实节能减排责任，提高能源资源利用效率，降低生产经营成本，改善管理效能，形成低投入、低消耗、低排放和高效率的资源节约型、环境友好型增长方式。

另外，各中央企业纪检监察机构还要按照2010年国资委纪委监察局印发的《关于开展中央企业非主业宾馆酒店分离重组强化经营管理效能监察的通知》（国资纪发〔2010〕19号）要求，继续针对企业非主业宾馆酒店分离重组工作，自主选题立项开展效能监察，加强过程监督，及时纠正和查处违规违纪行为，确保分离重组工作规范有序进行，防止国有资产流失，维护企业和职工队伍稳定。

三、工作要求

（一）要明确工作定位。在开展效能监察过程中，纪检监察部门要找准位置，搞好组织协调，分清职责，明确任务分工，充分发挥监督合力。既不能越俎代庖，代替业务部门完成工作任务，也不能把业务部门正常履职行为当作效能监察工作。要处理好效能监察与企业管理的关系，既不能脱离企业管理，也不能取代企业管理，要通过开展效能监察，切实发现管理漏洞和存在问题，促进企业规范管理，提高管理效能。

（二）要做深做实做细。要强化责任意识，抓好过程监督，提好监察建议，求真务实，不搞形式，不走过场，切实把效能监察工作做深做细做扎实，督促被查单位认真整改，纠正管理行为偏差，健全完善管理制度，优化业务流程，强化内部控制，严格落实责任，严肃责任追究，避免和挽回经济损失，提高经营管理效益，如实上报数据。

（三）要加强队伍建设。效能监察工作涉及面广，工作任务重，质量要求高。要选配政治素质好、责任心强、精通企业经营管理的同志充实效能监察人员队伍。要加大对效能监察工作人员的培训力度，积极探索建立效能监察工作的激励和保障机制，不断提高效能监察人员的业务素质和工作积极性，为效能监察工作提供应有保障。

（四）要及时总结推广工作成果。各中央企业纪检监察机构要深入调查研究工作中遇到的新情况、新问题，组织开展多种形式的研讨和交流，努力探索创新效能监察工作的新途径、新方法。要注意发现总结效能监察工作中的好经验好做法，认真搞好优秀项目评审工作，及时宣传推广工作成果，不断提高效能监察工作整体水平。

国资委纪委监察局将适时对各企业开展效能监察的情况进行巡查。各中央企业纪检监察机构请于2011年12月10日前将效能监察工作总结报送国资委纪委监察局执法监察室。

国资委印发《关于中央企业继续深入开展工程建设领域突出问题专项治理工作的通知》

（国资纪发〔2011〕11号）

各中央企业：

为贯彻落实中央纪委、中央治理工程建设领域突出问题工作领导小组《关于印发〈2011年工程建设领域突出问题专项治理工作要点〉的通知》（中纪发〔2011〕12号）要求，完成好2011年工程治理各项任务，现就中央企业继续深入开展工程建设领域突出问题专项治理工作通知如下：

一、工作要点

（一）认真做好工程建设项目排查及问题整改。一是继续深入抓好项目排查工作。对新开工项目，要滚动摸排、跟踪督查；对在建项目，要动态监管、全程监督；对竣工项目要抓紧组织验收。要加强对配套资金落实情况的监督检查，防止出现“半拉子”工程；要加强对项目建设管理和工程质量的监督检查，严格执行基本建设程序和强制性标准，坚决杜绝“豆腐渣”工程。二是按照《关于中央企业工程建设领域突出问题专项治理整改工作的指导意见》（国资发纪检〔2010〕171号）要求，针对排查出的各类问题，制定整改措施，落实整改责任，把握政策界限，抓好分类处理，确保每个问题都整改到位、不留隐患。

（二）加大重点环节治理力度。一是着力治理招标投标活动中的违法违规行为。要进一步规范招投标活动，严禁围标串标等违法行为；对挂靠借用资质投标、收取管理费出借资质等违法违规行为，要重点治理。二是着力规范工程建设项目实施管理。建设单位要落实责任，禁止肢解发包、违规指定分包人、转包和违法分包，以及超出资质等级认可范围承揽工程。要严格执行施工许可证和开工报告制度，禁止无证开工。施工总承包企业要落实责任，按照合同约定对工地现场管理负总责，确保安全生产各项保障措施落实到位。建设单位要根据合同履约情况及时支付工程款。三是着力规范工程建设项目质量安全管理，治理质量低劣等问题。严禁建设单位任意压缩合理工期、压缩合理安全生产费用，或授意设计单位、施工单位违反工程建设强制性标准、降低工程质量。要强化施工单位工程质量责任，严格执行工程质量终身责任制，严禁擅自修改工程设计、偷工减料、以次充好。要强化工程监理机构责任，对监理机构和监理人员不履行合同约定、监管不力的，要严肃纠正，并按有关规定记入不良行为记录。

（三）严肃查办工程建设领域违纪违法案件。一是进一步加大查办案件的工作力度，要从排查出来的问题入手，深挖细查违规行为背后隐藏的官商勾结、权钱交易和商业贿赂等腐败行为，以及重特大安全事故背后的腐败问题。二是突出查办案件的重点，严肃查办领导干部违规插手干预工程建设项目谋取私利、索贿受贿、失职渎职的案件；严肃查办招标投标、物资采购、项目实施、工程质量、资金使用等环节中的违纪违法案件，以及与监管部门工作人员恶意串通等案件。三是认真梳理分析工程建设领域发案特点和规律，分析原因，堵塞漏洞，创新制度，开展警示教育，发挥案件治本功能。四是全面系统清理工程建设领域发生的违纪违法案件，编写案件要情。

（四）切实抓好长效机制建设。一是进一步梳理各项管理制度，重点完善项目决策、招投标、物资采购、资金使用管理、质量安全和项目实施管理等制度，切实提高制度的合法性、配套性、可控性和实用性。二是推进工程建设项目信息公开和诚信体系建设，按信息公开要求如实提供项目建设管理信息和从业单位、主要从业人员行为信息，配合项目所在地行业主管部门收集、审核、记录和公布在项目建设中信用情况。三是强化制度执行力，建立健全考核机制和责任约束机制，积极开展项目管理效能监察和监督检查，及时纠正各种违法违规行为。四是认真总结项目管理和工程治理工作中的经验做法，并进行广泛宣传推广，用典型引路，不断提高项目管理水平。

二、工作要求

（一）高度重视，加强组织领导。2011 年是工程治理工作攻坚之年。各中央企业要进一步提高认识，增强政治责任感和工作紧迫感，紧密结合企业实际，周密部署，狠抓落实，确保各项任务圆满完成。各级工程治理工作领导小组要认真履行职责，协调解决重点难点问题，坚持并完善党政统一领导、纪检监察机构组织协调、有关业务部门配合，分工协作、分级负责、上下联动的领导体制和工作机制，不断把工程治理工作引向深入。

（二）突出重点，落实工作责任。工程治理工作涉及面广，要把精力放在突出重点、突破难点上，通过重点突破带动全面工作，通过集中治理推进长效机制建设。2011 年提出了对挂靠借用资质和收取管理费出借资质等问题进行专项治理的新任务，要及时制订方案，研究具体措施。要进一步落实工作责任，明确责任单位、责任人员、工作标准和完成时限，做到每项工作都有人抓、有人管。

（三）周密部署，加强监督检查。要加强对重点领域、重点项目和重点环节的监督检查，及时发现存在的问题和薄弱环节，有针对性地提出改进措施。要积极探索监督检查工作的新思路、新办法、新举措，把全面检查、专项检查、随机抽查、挂牌督办等方式结合起来，督促落实工作责任，保证工作效果。要改进监管方式，深入研究和改进电子监察等手段和方法，加强对工程建设项目特别是境外项目的实时监控。要拓宽监督渠道，注重发挥职工群众民主监督的作用，增强监督实效。

各中央企业纪检监察机构请于 2011 年 6 月 30 日前将工程治理工作开展以来立案和结案的案件要情报送国务院国资委纪委监察局；2011 年 11 月 20 日前将 2011 年工程治理工作年度总结报送国务院国资委纪委监察局。

国务院国资委开展工程建设领域突出
问题专项治理工作协调小组
2011 年 5 月 16 日

国务院国资委关于认真执行《中央企业安全生产禁令》的通知

（国资发综合〔2011〕15 号）

各中央企业：

为进一步规范中央企业安全生产工作，坚决遏制中央企业重特大生产安全事故，近日，国资委针对中央企业安全生产工作的突出问题和主要矛盾，公布了《中央企业安全生产禁令》（国资委令第 24 号，简称《禁令》）。为切实做好《禁令》的贯彻执行工作，现将有关要求通知如下：

一、认真做好《禁令》的学习宣传工作

（一）深刻领会《禁令》的重要意义。

《禁令》的公布是国资委深入贯彻科学发展观和党的十七届五中全会精神的重要举措，是落实《国务

院关于进一步加强企业安全生产工作的通知》（国发〔2010〕23号）的具体行动。各中央企业要严格遵守《禁令》的九条规定，将执行《禁令》作为做好安全生产工作、最大限度防范事故发生的重要保障，作为中央企业安全生产工作必须遵守的基本要求，进一步强化安全生产的各项基础工作。

（二）加强《禁令》的宣传学习。

中央企业要增强学习贯彻《禁令》的自觉性和主动性，加强组织领导，层层宣传学习《禁令》的内容，各级企业负责人和管理人员要做学习遵守《禁令》的表率，每个员工要牢记《禁令》的要求，遵守《禁令》的各项规定。

（三）进一步推进安全生产文化建设。

中央企业要以贯彻执行《禁令》为契机，加强企业安全生产文化建设，广泛宣传"要安全的效益、不要带血的利润"的安全理念，使安全文化深入人心，得到广大干部员工的理解和认同，成为企业广大干部员工共同的安全需求和价值取向，促进安全生产由"全员参与"向"全员责任"转变，由"被动执行"向"主动负责"转变，由"要我安全"向"我要安全"、"我会安全"转变，将安全生产作为企业核心价值融入企业文化建设体系。

二、贯彻执行《禁令》，防范生产安全事故发生

（一）落实责任，完善相关制度措施。

各中央企业要严格执行《禁令》的要求，逐级落实责任，并结合企业实际，进一步完善相关的安全生产管理制度，细化本单位的各项要求，制定各层级必须遵守的行为准则，划出不可逾越的"红线"。

（二）对照《禁令》，查找安全管理漏洞。

各中央企业要对照《禁令》的九条规定，开展一次自查，查找企业生产经营活动中有无违反《禁令》的行为。要将各级企业负责人、关键岗位人员、从事特殊工种的人员作为自查的重点，对查找出来的违反《禁令》行为，要立即予以整改纠正，坚决杜绝重复发生。

（三）突出重点，加强安全生产检查。

各中央企业要密切关注《禁令》的贯彻落实情况，及时开展专项检查，督促各级企业把《禁令》的要求落实执行到位，不留死角。建筑企业要坚决杜绝使用无资质、假冒资质、借用资质的承包商和分包商，杜绝层层转包、以包代管、包而不管的现象。煤炭企业要坚决禁止超能力、超强度、超定员组织生产。各中央企业要严把制度落实关、严把人员培训关，坚决杜绝违章指挥、违章操作、违反劳动纪律，坚决杜绝冒险作业。

三、严格对违反《禁令》的责任追究

（一）严格追究违反《禁令》相关单位和责任人的责任。

各中央企业要按照国家生产安全事故管理的有关规定，结合落实《禁令》要求，加大惩处力度，严肃追究相关企业和责任人的责任。中央企业及各级子企业和有关管理人员违反《禁令》的，中央企业要对有关负责人和有关管理人员给予相应的经济处罚和行政处分。对违反《禁令》的从业人员给予相应的经济处罚和行政处分，直至解除劳动合同；对连续发生较大以上生产安全责任事故或发生重大生产安全责任事故的基层单位（厂、矿、项目等），除执行有关安全生产责任追究规定以外，要对基层单位主要负责人予以免职；对连续发生重大生产安全责任事故或发生特别重大生产安全责任事故的企业，除执行有关安全生产责任追究规定以外，要追究上一级企业主要负责人责任。

中央企业要在下一年度一月底前，将上年度较大以上生产安全责任事故对相关责任人的追究情况以书面形式报国资委综合局，对有关责任人未按规定追究责任的，国资委将严肃查处。

（二）加大对中央企业安全生产的考核和责任追究。

国资委将在《中央企业安全生产监督管理暂行办法》（国资委令第21号）的基础上，进一步严格中央企业的安全生产考核，对违反《禁令》的中央企业，从严、从重执行扣分和降级标准；对连续发生重大生产安全责任事故或发生特别重大生产安全责任事故并负主要责任的中央企业，国资委将依法依规追究有关中央企业有关负责人责任，对后果特别严重、影响特别恶劣的，国资委将依据干部管理权限对有关中央企业主要负责人采取组织处理。

违反党纪政纪的，由纪检监察部门依照有关规定进行处分，涉嫌犯罪的，依法移送司法机关处理。

国务院国有资产监督管理委员会（印）
2011年2月10日

国资委印发《关于加强中央企业科技创新工作的意见》的通知

（国资发规划〔2011〕80号）

各中央企业：

为深入贯彻落实科学发展观，加快推进中央企业

转变发展方式，全面提升自主创新能力，我们研究制定了《关于加强中央企业科技创新工作的意见》，现印发你们，请认真贯彻落实。

国务院国有资产监督管理委员会
2011 年 6 月 15 日

关于加强中央企业科技创新工作的意见

为深入贯彻落实科学发展观，加快推进中央企业转变发展方式，大力实施科技创新战略，全面提升自主创新能力，不断提高发展的质量和效益，实现又好又快发展，现就加强中央企业科技创新工作提出以下意见。

一、指导思想、基本原则和总体目标

（一）指导思想。坚持以科学发展观为指导，贯彻落实“自主创新、重点跨越、支撑发展、引领未来”的方针，围绕做强做优、培育世界一流企业的目标，以自主创新能力建设为中心，以体制机制创新为保障，以国家技术创新工程为依托，大力实施科技创新战略，全面提升企业核心竞争力，推动企业转型升级，在创新型国家建设中发挥骨干带头作用，实现创新驱动发展。

（二）基本原则。坚持市场导向与国家发展需要相结合。企业科技创新活动要坚持以市场为导向，发挥市场在资源配置中的基础性作用。要根据国民经济发展规划和产业政策，将国家发展与企业发展紧密结合，统筹创新布局，在涉及国家安全和国民经济命脉的重要行业和关键领域、战略性新兴产业发挥引领和骨干作用。

坚持科技创新与体制机制创新相结合。要把握企业科技创新的内在规律，加强科技规划导向，确保组织机构落实、科技投入增长和重要研发平台建设。要努力突破科技创新的体制机制性障碍，激发科技创新体系中各要素的创新活力，增强企业创新的内生动力。

坚持立足当前和谋划长远相结合。要围绕主导产业，针对制约企业发展的技术瓶颈，确定科技创新方向，突破关键核心技术，满足企业当前发展需要。要结合国内外科技发展趋势，着眼提升长远竞争力，注重前瞻性、战略性和应用基础研究，加强技术储备，促进企业可持续发展。

坚持掌握核心技术与提高系统集成能力相结合。要坚持有所为有所不为，选择具有良好发展基础的重点领域，集中优势资源，实现重点突破，掌握一批具有自主知识产权的核心技术。要注重系统集成能力的提升，完善企业功能和业务链，推动商业模式创新，增强工程化能力，实现从单项技术创新向系统化、集成化创新的转变。

（三）总体目标。通过实施科技创新战略，到“十二五”末，中央企业创新能力明显提升，科技投入稳步增长，创新体系和体制机制更加完善，一批中央企业成为国家级创新型企业，一批重大科技成果达到世界先进水平，科技进步贡献率达到 60%以上，在部分领域实现从技术跟随到技术引领的跨越。

科技投入稳步提高。基本建立科技投入稳定增长的长效机制。科技投入占主营业务收入的比重平均达到 2.5%以上，其中研发投入的比重达到 1.8%以上；制造业企业科技投入占主营业务收入的比重达到 5%。创新型企业研发投入比重达到国内同行业先进水平，部分创新型企业达到或接近国际同行业先进水平。

研发能力明显增强。建成一批具备国际先进水平的实验室和试验基地，国家级研发机构达到 340 家以上，工业企业普遍建立国家级企业技术中心。研发人员占从业人员比例大幅提升。研发周期明显缩短，研究开发成功率、新产品产值率居行业先进水平。

科技创新体系更加完善。企业为主体、市场为导向、产学研相结合的开放式科技创新体系基本确立。企业科技发展战略和规划目标清晰、定位准确。科研组织架构进一步健全，科研管理制度进一步完善，研发运行机制高效顺畅，科技人才队伍结构合理，科技成果转化高效，知识产权管理规范，良好的企业创新文化和创新环境基本形成。

科技创新成效显著。重点行业的一批关键技术取得重大突破，核工业、航天、航空、新能源、新材料、信息通信及智能电网、油气勘探、高速铁路、海洋工程等领域的一批科技成果居国际领先水平，实现产业化和工程化。形成一批具有自主知识产权的国际知名品牌。累计拥有有效专利数明显增加，专利质量显著提高，2015 年发明专利授权量较 2010 年翻一番。

二、加强科技创新工作的重点任务

（四）加强科技发展战略与规划管理。企业要将科技创新作为集团公司发展的核心战略，做好顶层设计和总体谋划，坚持突出主业的方针，确立企业科技创新的发展路线，制定科技发展规划，依据企业不同的发展阶段，明确科技工作的目标、方向和任务。加强重点产业技术领域研究，确定重点科技专项和优先发展技术项目，切实做好科技规划的组织实施和跟踪评价。创新型（试点）企业要加强与国际一流企业的

全面对标，制订并落实创新型企业建设方案。

（五）进一步建立健全企业研发体系。建立适合企业发展需要的研发体系，明确集团公司、子（分）公司、基层技术研发部门在创新链条中的职责定位，形成工艺及技术开发、应用研究、基础研究相配套的梯次研发结构。加强企业内部研发机构建设和科研基础条件建设，提升试验研发手段。有条件承担国家重点研发任务的企业，要做好国家级基础和共性技术研发平台建设。积极探索高效顺畅的研发运行机制，推动研发、设计、工程及生产的有机结合，促进科研成果向现实生产力的转化。支持有条件的企业组建“中央研究院”。转制科研院所要充分发挥技术优势，打造行业共性技术平台，更好地为行业发展提供技术服务。

（六）优化配置企业科技资源。进一步加强企业科技资源的优化配置、高效利用和开放共享，实现内外部资源有机结合。加大内部科技资源整合力度，着力解决企业科技资源分散、专业交叉重叠和技术重复开发等问题，完善创新链条，实现科技力量的有效协同。积极利用外部科技资源，通过合作研发、委托研发、并购等方式获取创新资源。积极吸收利用海外优质科技资源，探索建立海外研发机构，开展国际化研发。

（七）着力突破一批关键核心技术。围绕企业总体发展规划，按照“创新储备一代、研究开发一代、应用推广一代”的原则，选择重点领域，集中力量，加大投入，组织联合攻关，掌握一批具有自主知识产权的核心技术。增强原始创新、集成创新和引进消化吸收再创新的能力，鼓励企业根据国家重大战略需求积极承担国家重大研发任务，突破制约行业发展的技术瓶颈，引领行业技术进步。重点支持企业围绕节能环保、新一代信息技术、新能源、新材料、电动车、高端装备制造、生物医药等战略性新兴产业开展技术研发，取得重大技术成果并实现产业化，培育新的经济增长点。

（八）全面提高知识产权工作水平。坚持科技创新与加强知识产权工作相结合，贯彻落实《国家知识产权战略纲要》，制定实施企业知识产权战略，提升知识产权创造、应用、管理和保护能力。完善知识产权管理的运作模式和工作机制，推动专利、专有技术等知识产权的集中管理。保持专利数量快速增长，提高发明专利比重。在主导产业和关键技术领域形成一大批核心专利与自主知识产权成果。建立知识产权信息检索、侵权预警和风险防范制度，探索建立“专利池”，有条件的企业要研究专利布局策略。加强知识产权成果运用，重视知识产权转让和许可，提高知识产权成果的资本化运作水平。

（九）加强主要领域技术标准的研究与制定。发挥中央企业具备的标准工作基础和优势，推动科技创新活动与标准工作的良性互动，支持具有创新成果的企业联合开展标准的研究与制定，促进创新成果的转化和应用推广。推动自主知识产权的技术上升为技术标准，在国家标准和行业标准制定中发挥主导作用。积极参与国际标准制定，增强国际标准话语权。

（十）加强合作创新。加强产学研结合，建立合作的长效机制，推动产业技术创新战略联盟健康发展。加强企业间、产业链上下游的合作创新，形成优势互补、分工明确、成果共享、风险共担的开放式合作机制，提高创新效率，降低创新风险。加强国际科技合作，与国外企业开展联合研发，引进先进技术消化吸收再创新。发挥中央科技型企业在行业共性技术和检验检测、认证等方面的技术优势，更好地为行业发展和中小企业服务。鼓励中央企业间加强合作。

（十一）加强服务创新。建立服务创新技术支撑体系，以客户需求为导向，综合集成各领域先进技术，持续开展商业模式创新，提高市场应变能力。制造业企业要加大科技创新和服务创新的融合，实现由产品制造向系统设计集成和提供整体解决方案转变，推动生产性服务业快速发展。服务业企业要围绕传统产业改造升级加快发展现代服务业，加快服务产品和服务模式创新，提高研发、信息、物流等综合支撑能力。

（十二）进一步加强科技人才队伍建设。大力实施人才强企战略，加快建设一支结构合理、素质优良、创新能力强的科技人才队伍。完善科技人才评价、选拔、培养、使用和激励机制，对科技人才与经营管理人才实行分类管理，健全科技人才技术职务体系。加强对青年科技人才和高技能人才的培养。通过重大科技项目实施及深化产学研合作，培养造就一批具有世界前沿水平的科技领军人才和创新团队。建立健全科技带头人和科技专家制度。逐步加大对科技人才的激励力度，对作出突出贡献的科技人才给予特殊奖励。做好中央企业创新创业基地建设，吸引海内外高层次科技人才。

（十三）进一步提高科技管理水平。健全科技管理制度，完善工作流程，提升科技管理的效率和水平。加强科技统计调查分析、技术档案管理、科技情报、知识管理等基础性工作。加强技术经济等软科学研究，准确把握创新方向，提高科技管理的前瞻性和针对性。加强创新模式与方法的研究，提高创新效率。采用新技术、新工具改进科技管理。推广先进科学管理方法，加强科技政策的培训与交流，增强科技管理人员和财务人员对创新政策的把握和理解。做好中央企业科技创新信息平台的建设与管理，促进中央企业之间科技信息资源的"共建、共享"。

（十四）加强企业创新文化建设。积极开展群众性创新文化建设活动，鼓励群众性技术革新和技术发明，调动群众积极性，群策群力，解决生产中的技术难题。大力弘扬敢于创新、勇于竞争、诚信合作、宽容失败的精神，着力营造尊重知识、尊重人才、尊重劳动、尊重创造的文化氛围。把鼓励创新作为企业文化建设的重要内容，发扬企业家开拓创新精神，培养研发人员潜心研究、甘于奉献的精神，激发科技工作者创新热情和活力。

三、推进中央企业科技创新工作的政策与保障措施

（十五）加强组织领导。要把科技创新工作摆在企业改革与发展的突出位置，加强和改进对科技创新工作的组织领导。企业领导班子要将科技工作纳入重要议事日程，领导班子中要有专人负责科技创新工作，明确分工，落实领导责任。企业党政主要负责同志要从战略高度认识科技创新的重要意义，加强创新理论知识学习，提高工作的自觉性。科技、规划、投资、财务、人力资源、法律等部门要加强协调联动，采取有效措施，明确并落实责任，形成合力，推动重点科研任务的落实。切实加强对子企业创新工作的分类指导与监督管理。

（十六）建立健全科技组织管理机构。加强科技管理组织机构建设，做到机构编制落实、制度健全。根据企业科技创新工作需要，设立专职科技管理部门，明确职责定位。大型企业集团要发挥科技部门专业管理优势，强化统一管理，提高集团公司科技管控能力。加强科技决策的科学化和程序化，根据需要设立科学技术委员会、专家咨询委员会等科技决策和咨询机构。企业董事会组成人员中应考虑聘任熟悉科技工作的外部董事。

（十七）完善企业科技创新的体制机制。加大改革力度，加强体制机制创新。建立科技投入稳定增长的长效机制，确保企业研发投入随营业收入的增长而不断加大。将科技投入纳入全面预算管理，建立科技发展专项资金制度。完善科技考核指标体系，探索将重大科技成果和成果应用与转化纳入企业负责人的业绩考核。企业赋予科技管理部门一定比例的业绩考核权重。探索建立对骨干科技人员的中长期激励机制，落实管理、技术等重要生产要素按贡献参与分配的制度，有条件的企业开展股权、期权、分红权等激励试点工作。完善科技评价和奖励制度，设立科技奖励专项资金，表彰作出突出贡献的先进集体和个人。企业还可以结合自身实际情况，进一步探索、完善推动科技创新的有效机制。

（十八）进一步拓宽科技投入的资金渠道。在确保企业研发投入持续稳定增长的基础上，积极争取国家资金支持。创新科技投入体制机制，广泛利用社会资金。加强科技与金融的合作，探索利用风险投资基金、企业债券、保险基金和私募股权基金等方式，筹集科技投入资金。优化项目运作方式，提升科技管理水平。推动科技型企业引入民间投资、外资等战略投资者或利用国内外资本市场筹集资金。

（十九）进一步加强国资委对中央企业科技创新工作的指导与管理。结合中央企业布局结构调整，积极推进转制科研院所与大企业集团、中央企业之间科技资源的调整重组。组织协调中央企业围绕重大科技难题和行业共性技术，开展联合攻关。研究提出中央企业科技创新能力评价指标体系和办法，开展创新能力评价。探索并适时开展科技创新奖励活动。建立国资委科技专家库和科技咨询制度。组织开展国家重点科技计划项目的推荐与申报工作。发挥创新型企业的示范作用，总结推广先进经验，推进企业科技创新交流常态化。进一步加强与国家有关部门的沟通协调，推进科技创新政策的完善与落实，在项目和资金安排上争取更多支持，为企业科技创新营造良好的政策环境。

（二十）进一步完善国资委支持中央企业科技创新的政策措施。在企业负责人业绩考核指标体系中，进一步完善将中央企业研发费用视同业绩利润的考核政策，按国家有关规定，统一规范中央企业科技投入口径、范围。根据企业主业特点，强化对科技投入和产出的分类考核；根据创建国际一流企业的要求，研究提出进入A级企业科技投入的基本条件。探索建立企业科技创新的中长期激励机制，在符合条件的科技型上市公司中开展股票期权、限制性股票等激励试点；在符合条件的科技型非上市企业，开展分红权激励试点。对科研设计企业在工资总额方面实施分类调控。加大国有资本经营预算对科技创新的支持力度，以资本性支出为主，重点支持围绕国家发展战略和国民经济发展的重大科技创新活动，培育和发展战略性新兴产业。

关于中央企业国有产权置换有关事项的通知

（国资发产权〔2011〕121号）

各中央企业：

为规范中央企业国有产权置换行为，进一步推动企业资源整合，提高核心竞争力，根据《中华人民共

和国企业国有资产法》、《企业国有资产监督管理暂行条例》（国务院令第378号）等法律、行政法规和国有产权管理的有关规定，现就中央企业国有产权置换有关事项通知如下：

一、本通知所称国有产权置换，是指中央企业实施资产重组时，中央企业及其全资、绝对控股企业（以下统称国有单位）相互之间以所持企业产权进行交换，或者国有单位以所持企业产权与中央企业实际控制企业所持产权、资产进行交换，且现金作为补价占整个资产交换金额比例低于25%的行为。

二、本通知所称实际控制企业，是指中央企业虽未直接或者间接绝对控股，但为第一大股东并通过章程、董事会或者其他安排能够实际支配，且其他股东不构成一致行动人的企业。

三、国有产权置换应当遵循以下原则：

（一）符合国家有关法律法规和产业政策的规定；

（二）符合国有经济布局和结构调整的需要；

（三）有利于做强主业和优化资源配置，提高企业核心竞争力；

（四）置换标的权属清晰，标的交付或转移不存在法律障碍。

四、国有单位应当做好国有产权置换的可行性研究，认真分析本次置换对经营业绩和未来发展的影响、与中央企业结构调整和发展规划的关系，并提出可行性论证报告；如涉及职工安置和债权债务处理等事宜，应当制订相关解决方案。

五、国有单位应当按照有关法律法规以及企业章程的有关规定，履行内部决策程序，并形成书面决议。

六、置换双方应当委托具有相应资质的资产评估机构，对相关置换标的进行资产评估，并按照规定办理评估备案手续。经备案的资产评估结果，作为确定置换价格的依据。

七、置换双方协商一致后，应当签订置换协议。置换协议应当明确置换价格及补价方式、置换标的交割、违约责任和纠纷解决方式以及协议生效条件等。

八、国有产权置换事项由中央企业按照内部决策程序审议后批准或者出具意见，同时抄报国务院国资委；其中，实际控制企业为上市公司的，由国务院国资委审核批准或者出具意见。

九、对国有产权置换进行批准或者出具意见，应当审查以下文件资料：

（一）关于置换的请示及相关决策文件；

（二）置换的可行性论证报告；

（三）置换双方签订的置换协议；

（四）资产评估备案表；

（五）其他。

十、国有单位为公司制企业，且置换事项需由股东会、股东大会作出决议的，应当在中央企业或者国务院国资委出具意见后，提交股东会、股东大会审议。

十一、中央企业之间、中央企业与地方国资委监管企业之间的产权置换，置换双方应为国有及国有绝对控股企业，并遵守本通知和有关法律法规，由中央企业报国务院国资委批准；其中，中央企业与地方国资委监管企业之间的产权置换，地方国资委监管企业应事先报经地方国资委批准。

十二、中央企业应当严格遵守有关法律法规及本通知的规定，落实工作责任，完善管理制度，明确内部程序，健全档案管理，不得自行扩大国有产权置换范围和下放审批权限。

十三、国务院国资委每年对部分中央企业国有产权置换工作情况进行监督检查。对于违反有关法律法规及本通知规定的中央企业及相关责任人员予以通报批评；导致国有资产损失的，依法追究相关人员的责任。

十四、国有单位以所持上市公司股份进行置换，国有单位与上市公司之间置换并涉及国有单位所持上市公司股份发生变化的，按照相关规定办理。

国务院国有资产监督管理委员会（印）
2011年9月7日

国资委印发《关于完善厂网合同电量形成机制有关问题的通知》

国家电网公司，南方电网公司，华能、大唐、华电、国电、中电投集团公司，内蒙古电力（集团）公司，各有关电力企业：

为适应电力工业快速发展的新形势，落实国务院关于节能减排的战略部署，进一步优化发电资源配置，经研究，建立厂网合同电量分层优化机制。现就有关问题通知如下：

一、在竞争性电力市场建立之前，各地制定发电企业年度发电量预期目标时，应认真听取电网企业和发电企业的意见，按照国家产业政策、发电设备状况、电网传输能力以及用电负荷分布情况，合理安排各发电企业年度电量目标。

二、增强发电企业内部发电能力统筹功能，优化上网电量形成机制。年度发电量预期目标形成后，在同一电网内，鼓励发电企业将本企业所属发电机组的年度目标电量汇总后提出内部优化调剂的建议。优化建议报电力调度机构安全校核通过后，厂网双方据此签订年度购售电合同。经校核不符合电网运行约束条件的，由调度机构与发电企业协商，并根据情况进一步做出调整。厂网双方分歧较大不能形成一致意见的，由电力监管机构或政府有关部门组织研究和协调。

三、协商一致后确定的电量应在年度购售电合同中分解到月，执行中根据实际情况进行调整。发电企业不能完成当月电量的，在满足电网运行约束条件的前提下，可在发电企业内部调整发电计划或在发电企业之间开展发电权交易。在事故或紧急情况下，电力调度机构可调整各机组发电计划，由此导致的电量偏差在后续月份滚动平衡。年度合同电量全年执行偏差一般不大于2%。

四、当年度发电量预期目标与实际需求发生较大偏差时，应同比例调整发电企业年度合同电量，将实际需求电量全部纳入调整范围。

五、建立流域梯级水电站电量优化机制，提高水资源利用效率。鼓励发电企业（含流域梯级集控中心，下同）对梯级水电站上网电量实行统一优化，提出年度或阶段梯级优化方案，经电力调度机构安全校核后实施，并严格按照水库调度规程操作。

六、在有条件的地区，探索不再每年分配发电量指标，水电机组试行按多年平均上网电量作为年度预期电量，其他发电机组试行按同类机组三年或多年平均上网电量作为年度预期电量，新建机组参照同类机组确定。在此基础上，按照上述工作程序开展内部优化调剂，形成年度合同电量。

七、鼓励发电企业开展符合节能减排要求的基于年度合同电量的发电权交易（包括水火置换），按照《发电权交易监管暂行办法》（电监市场〔2008〕15号）执行。

八、电力调度机构应按年度定期公布电网运行约束条件。电力调度交易信息网站应保留五年以内的历史信息，并向发电企业提供前一日各台机组负荷曲线及发电量、省区内主要输电断面及省区间联络线的功率曲线、直属地区用电负荷曲线等必要信息。

九、实施节能发电调度的地区，结合本地节能发电调度的具体规定执行。

十、电监会各派出机构应加强对厂网合同电量形成过程的指导和监管，组织建立必要的工作机制，做好督促落实，及时总结实施效果，协调解决实施过程中出现的问题。重大事项及时报告国家电监会（各省电监办应同时抄报区域电监局）。

2012 中国电力年鉴

国家能源局文件

国家能源局关于加强风电场并网运行管理的通知

（国能新能〔2011〕182号）

各省（区、市）发改委（能源局）、国家电网公司、南方电网公司、华能集团公司、大唐集团公司、华电集团公司、国电集团公司、中电投集团公司、神华集团公司、中广核集团公司、中节能集团公司、水电水利规划设计总院、华锐风电科技公司、金风科技公司、东方汽轮机公司、湘电集团公司、北京鉴衡认证中心：

2011年以来，中国发生多起大规模风电机组脱网事故，对电网运行安全和风电产业持续健康发展造成了不利影响。为吸取教训，防止类似事故再次发生，现就加强风电并网运行管理通知如下：

一、加强风电场建设施工管理。各开发企业应加强对参与风电场建设的施工企业与人员资质的管理和现场质量监督与检查验收。各风电场应严格按照相关标准和规程进行试验和投产验收，要针对风电场内电缆头、电压互感器等设备故障频发问题开展专项隐患排查。因设备质量和工程施工质量引发大范围事故的风电场，要立即检查评估和整改，再经测试和验收后，方可并网运行。

二、加强风电场并网运行管理。风电开发企业应规范风电场无功补偿装置运行管理，按照要求配备无功补偿和调节装置并保障其正常运转，确保所属各风电场严格按照国家和行业相关标准并网运行，并具备承受一定过电压的能力。要深入研究和完善改造场内升压站，实现风电场汇集线单相故障的快速切除、避免故障扩大。

三、提高并网运行风电机组的低电压穿越能力。新核准并网运行的风电机组应严格按照《风电机组并网检测管理暂行办法》的要求，具备低电压穿越能力并通过有关机构的检测认证。已并网运行的风电机组，具备低电压穿越能力的应在年底前完成调试，确保该功能正常开放；不具备低电压穿越能力的机组和风电场，开发企业应会同设备制造企业尽快制订切实可行的技术方案，在一年内完成设备或风电场的改造，使其符合并网运行要求。未按规定完成改造的风电机组和风电场，不得并网运行。

四、加强电力系统安全运行管理。电网企业应根据风电并网运行特点和电网安全运行的有关要求，制定合理的风电场接入电力系统技术规定，加强对风电场接入方案的审查和并网验收。各级电网调度机构要加强即时监控，优化电网运行管理，同时制定有效的反事故预案，确保电网安全稳定运行。

五、国家风电技术检测研究中心要提高低电压穿越监测能力，加快开发方便适用的低电压穿越技术和测试系统，满足风电并网运行和管理的需要。各风电场应尽快委托有资质的检测机构测试风电机组的低电压穿越能力，直到取得检测认可。

六、加强风电并网运行设计规范和反事故措施的研究。水电水利规划设计总院会同国家电网公司，深入研究事故原因，国家电网公司尽快制定风电并网运行反事故措施和相关管理要求，水电水利规划设计总院研究提出优化和规范风电场设计和建设施工的相关建议，增强风电场与电网协调运行的能力。

请各有关单位按上述要求，进一步提高风电建设和运行管理水平，杜绝类似事件发生，保障电网安全稳定运行。

国家能源局（印）
2011年6月11日

国家能源局关于分散式接入风电开发的通知

（国能新能〔2011〕226号）

各省（区、市）发改委（能源局），新疆生产建设兵团发改委，中国气象局，国家电网公司、中国南方电网公司，华能集团公司、大唐集团公司、华电集团公司、国电集团公司、中电投集团公司、神华集团公司、中广核集团公司、中节能集团公司，水电水利规划设计总院、电力规划设计总院：

随着中国风电产业迅速发展，技术水平不断提高，建设成本不断降低，风能资源技术经济可开发范围不断拓展。根据中国风能资源和电力系统运行的特点，借鉴国际先进经验，在规模化集中开发大型风电场的同时，因地制宜、积极稳妥地探索分散式接入风电的开发模式，对于中国风电产业的可持续发展意义重大。现将有关工作和要求通知如下：

一、请各省、自治区、直辖市能源主管部门组织气象部门、相关技术单位和投资企业，在已有风电规划的基础上，进一步调查评价分散式风电开发所需的风能资源，分析当地电网网架结构、电力负荷特点、110kV及以下电压等级的配电设施数目、分布及运行情况，提出本地区2011～2012两年分散式风电开发初步方案，报国家能源局备案。

二、省级能源管理部门负责分散式风电开发的组织和建设等程序管理，以依法合规、实事求是、提高效率、方便企业的原则，从分散式接入系统的实际特点出发，合理简化管理程序，探索分散式风电项目开发建设管理的规律和经验。

三、近期分散式风电开发的主要思路与边界条件：

1. 以分散方式多点接入低电压配电系统的风电机组，设计上应满足国家有关技术标准、运行安全、环境保护和土地使用等规定，其运行服从电网系统的统一调度。

2. 分散式开发风电机组接入的配电设施布局分散、数量较多，宜采用分地区或分县域打捆开发的方式，初期适当限制投资方数量，确保项目开发的有序进行和电力系统的运行安全。

3. 初期阶段仅考虑在110kV（东北地区66kV）、35kV和10kV 3个电压等级已运行的配电系统设施就近布置、接入风电机组，不为接入风电而新建变电站、所，不考虑升压输送风电，风电装机容量原则上不高于接入变电站的最小负荷水平。风电机组的单机容量可视具体情况灵活选用。

4. 电网企业对分散式多点接入系统的风电发电量应认真计量、全额收购。风电发电量的电价补贴执行国家统一的分地区补贴标准。

四、请水电水利规划设计总院会同电力规划设计总院、国家电网公司、中国南方电网公司及其所属科研、技术单位，抓紧研究提出与风电分散接入系统相关的技术标准规范要点，报我局审核后印发，指导各地分散式风电的开发建设。

国家能源局（印）
2011 年 7 月 12 日

国家能源局关于进一步做好抽水蓄能电站建设的通知

（国能新能〔2011〕242 号）

各省、自治区、直辖市发改委、能源局，国家电网公司、南方电网公司：

抽水蓄能电站具有调节电力系统峰谷差、确保电力系统安全可靠运行等多种功能。为有序建设和发展抽水蓄能电站，国家发改委于 2004 年印发了《关于抽水蓄能电站建设管理有关问题的通知》（发改能源〔2004〕71 号），有效规范了抽水蓄能电站的建设与管理。随着中国经济的快速发展和能源结构的调整步伐加快，对电力系统运行的安全性和可靠性要求越来越高，适度加快抽水蓄能电站建设步伐十分必要。针对近年来抽水蓄能电站规划建设中出现的问题，为进一步规范建设管理，现将有关要求通知如下：

一、坚持为系统服务的原则。抽水蓄能电站建设应纳入整个电力系统的发展规划统筹考虑，以整体提高电力系统的安全性和经济性为原则，做好抽水蓄能电站的选点和建设规划，有序推进各项前期工作，避免简单为电源项目配套而建设，杜绝单纯为促进地方经济发展上项目、建抽水蓄能电站。

二、坚持"厂网分开"的原则。要按照国家电力体制改革和电价市场化形成机制改革的有关规定，原则上由电网经营企业有序开发、全资建设抽水蓄能电站，建设运行成本纳入电网运行费用；杜绝电网企业与发电企业（或潜在的发电企业）合资建设抽水蓄能电站项目；严格审核发电企业投资建设抽水蓄能电站项目。

三、坚持建设项目技术可行、经济合理的原则。新规划、建设的抽水蓄能电站，必须具有经济性，其效益应体现在整个电力系统经济性的提高。在现行销售电价水平下，不得因建设抽水蓄能电站给电力消费者增加经济负担或推动全社会电价上涨。

四、坚持机组设备自主化的原则。在技术引进、消化吸收的基础上，以大型抽水蓄能电站建设为依托，继续推进机组设备自主化，着力提高主辅设备的独立成套设计和制造能力；逐步引入竞争机制，放开机组设备市场。

五、坚持科学合理调度的原则。抽水蓄能电站具有调峰、填谷、调频、调相和事故备用等多种功能，兼有动态和静态效应。要根据电网运行特性和电力系统安全要求，科学制定调度规则，合理调度运行蓄能机组，充分发挥抽水蓄能电站在电力系统中的综合效益。

请各省（区、市）发改委、能源局和有关电力企业，按照上述原则，认真做好抽水蓄能电站的规划、建设和管理，继续执行好发改能源〔2004〕71 号文件的有关要求，促进抽水蓄能电站建设健康有序发展。

国家能源局（印）
2011 年 7 月 31 日

国家能源局关于印发水电工程验收管理办法的通知

（国能新能〔2011〕263 号）

各省、自治区、直辖市发改委、能源局，国家电网公司、南方电网公司、中国国电集团公司、中国华电集团公司、中国华能集团公司、中国大唐集团公司、中国电力投资集团公司、国家开发投资公司、中国长江三峡集团公司、中国水利水电建设集团公司、葛洲坝集团公司，水电水利规划设计总院：

为加强水电工程建设管理，规范验收工作，保障水电工程安全及上下游人民生命财产安全，促进水电建设持续健康发展，根据国家基本建设管理有关规定，我局制定了《水电工程验收管理办法》，现予印发，请遵照执行。

附件：水电工程验收管理办法

国家能源局（印）
2011 年 8 月 13 日

附件：

水电工程验收管理办法

第一章　总　　则

第一条　为加强水电工程建设管理，规范验收工作，保障水电工程安全及上下游人民生命财产安全，根据《水库大坝安全管理条例》、《建筑工程质量管理条例》和国家有关法规，制定本办法。

第二条　本办法适用于企业投资的，在主要河流上建设的水电工程项目、总装机容量25万kW及以上的水电工程项目和抽水蓄能电站项目（以下简称水电工程）。企业投资的其他水电工程可参照执行。

第三条 水电工程验收包括阶段验收和竣工验收。

阶段验收分为工程截流验收、蓄水验收和水轮发电机组启动验收。截流验收和蓄水验收前应进行建设征地移民安置专项验收。

工程竣工验收在枢纽工程、建设征地移民安置、环境保护、水土保持、消防、劳动安全与工业卫生、工程决算和工程档案专项验收的基础上进行。

第四条 水电工程在截流、蓄水、机组启动前以及工程完工后，必须进行验收。

第五条 水电工程验收工作，应当做到科学、客观、公正、规范。

第六条 国家能源局负责水电工程验收的管理、指导、协调和监督。

各级能源主管部门按规定权限负责和参与本行政区域内水电工程验收的管理、指导、协调和监督。

第七条 工程蓄水验收、枢纽工程专项验收和工程竣工验收由国家能源局负责，并委托有资质单位作为验收主持单位，会同工程所在地省级发改委、能源局共同组织验收委员会进行。

工程截流验收由项目法人会同工程所在地省级发改委、能源局共同组织验收委员会进行；水轮发电机组启动验收由项目法人会同电网经营管理单位共同组织验收委员会进行，具体要求按相关规定执行。

建设征地移民安置、环境保护、水土保持、消防、劳动安全与工业卫生、工程决算和工程档案验收按相关法规办理。

第八条 水电工程验收的主要依据是：

（一）国家有关法律、法规及行业有关规定。

（二）国家及行业相关规程规范与技术标准。

（三）项目审批、核准、备案文件。

（四）经批准的可行性研究设计、施工图设计、设计变更及概算调整等文件。

（五）工程建设的有关招标文件、合同文件及合同中明确采用的质量标准和技术文件等。

第九条 项目法人应组织协调设计、施工、监理、监测、设备制造安装、运行、安全鉴定、质量监督等单位提交验收所需的资料，协助验收委员会开展工作。

以上单位对各自在工程验收中所提交资料的真实性负责。

第二章 工程蓄水验收

第十条 项目法人应根据工程进度安排，在计划下闸蓄水前6个月，经工程所在地省级发改委、能源局初审并提出意见，向国家能源局报送工程蓄水验收申请。属于计划单列企业集团或中央管理企业的项目，还须经所属计划单列企业集团（或中央管理企业）报送验收申请。工程蓄水验收申请报告应同时抄送验收主持单位。

第十一条 工程蓄水验收申请材料应包括以下主要内容：

（一）项目基本情况。包括工程开发任务、建设规模、建设方案、投资规模、主要投资方、项目审批（核准）情况等。

（二）项目进展情况。包括工程进度、形象面貌、投资完成情况及其安全度汛措施等。

（三）蓄水验收计划安排。

（四）建设征地移民安置实施情况。

（五）工程蓄水安全鉴定单位建议。

第十二条 验收主持单位收到工程蓄水验收申请材料后，应会同工程所在地省级发改委、能源局，并邀请相关部门、项目法人所属计划单列企业集团（或中央管理企业）、有关单位和专家共同组成验收委员会进行验收。必要时可组织专家组进行现场检查和技术预验收。

验收委员会主任委员由验收主持单位有关负责同志担任，副主任委员由工程所在地省级发改委、能源局和计划单列企业集团（或中央管理企业）有关负责同志担任。

第十三条 通过水电工程蓄水验收应当具备的基本条件：

（一）工程形象面貌满足水库蓄水要求，挡水、引水、泄水建筑物满足防洪度汛和工程安全要求。

（二）近坝区影响工程安全运行滑坡体、危岩体、崩塌堆积体等地质灾害已按设计要求进行处理。

（三）与蓄水有关的建筑物的内外部监测仪器、设备已按设计要求埋设和调试，并已测得初始值。需进行水库地震监测的工程，其水库地震监测系统已投入运行，并取得本底值。

（四）已编制下闸蓄水施工组织设计，制定水库调度和度汛规划，以及蓄水期事故应急救援预案。

（五）安全鉴定单位已提交工程蓄水安全鉴定报告，并有可以下闸蓄水的明确结论。

（六）建设征地移民安置已通过专项验收，并有不影响工程蓄水的明确结论。

第十四条 验收委员会完成蓄水验收工作后，应出具工程蓄水验收鉴定书。验收主持单位应在下闸蓄水前将验收鉴定书报送国家能源局。国家能源局认为不具备下闸蓄水条件的，应在5个工作日内通知验收主持单位和项目法人。

验收主持单位应在下闸蓄水1个月后、3个月内，将下闸蓄水及蓄水后的有关情况报国家能源局。

第十五条 水电工程分期蓄水的，可以分期进行验收。

第三章 枢纽工程专项验收

第十六条 项目法人应根据工程进度安排，在枢纽工程专项验收计划前3个月，经工程所在地省级发改委、能源局初审并提出意见，向国家能源局报送枢纽工程专项验收申请。属于计划单列企业集团或中央管理企业的项目，还须经所属计划单列企业集团（或中央管理企业）报送验收申请。枢纽工程专项验收申请报告应同时抄送验收主持单位。

第十七条 验收申请报告应包括以下主要内容：

（一）项目基本情况。

（二）项目建设情况。包括工程进度、工程面貌、投资完成情况等。

（三）工程运行情况。包括工程蓄水、水轮发电机组和各单项工程运行情况、工程运行效益情况等。

（四）枢纽工程专项验收计划安排。

第十八条 验收主持单位收到枢纽工程专项验收申请材料后，应会同工程所在地省级发改委、能源局，并邀请相关部门、项目法人所属计划单列企业集团（或中央管理企业）、有关单位和专家共同组成验收委员会进行验收。必要时可组织专家组进行现场检查和技术预验收。

验收委员会主任委员由验收主持单位有关负责同志担任，副主任委员由工程所在地省级发改委、能源局和计划单列企业集团（或中央管理企业）有关负责同志担任。

第十九条 通过水电工程枢纽工程专项验收应当具备的基本条件：

（一）枢纽工程已按批准的设计文件全部建成，工程重大设计变更已完成变更手续。

（二）施工单位在质量保证期内已及时完成剩余尾工和质量缺陷处理工作。

（三）工程运行已经过至少一个洪水期的考验，多年调节水库需经过至少两个洪水期考验，最高库水位已经达到或基本达到正常蓄水位，全部机组均能按额定出力正常运行，每台机组至少正常运行2000h（含电网调度安排的备用时间），各单项工程运行正常。

（四）工程安全鉴定单位已提出工程竣工安全鉴定报告，并有可以安全运行的结论意见。

第二十条 验收委员会完成枢纽工程专项验收工作后，应出具枢纽工程专项验收鉴定书。验收主持单位应及时将验收鉴定书报送国家能源局。

第二十一条 水电工程分期建设的，可根据工程建设进度分期或一次性进行验收。

第四章 竣工验收

第二十二条 项目法人应在工程基本完工或全部机组投产发电后的1年内，开展竣工验收相关工作，单独或与枢纽工程专项一并报送开展工程竣工验收工作的申请。

单独报送的，须经工程所在地省级发改委、能源局初审并提出意见，向国家能源局报送验收申请。属于计划单列企业集团或中央管理企业的项目，还须经所属计划单列企业集团（或中央管理企业）报送验收申请。竣工验收申请报告应同时抄送验收主持单位。

第二十三条 验收申请报告应包括项目基本情况、工程建设运行情况、专项验收计划及竣工验收总体安排等内容。

第二十四条 验收主持单位收到竣工验收申请材料后，应会同工程所在地省级发改委、能源局，并邀请相关部门、项目法人所属计划单列企业集团（或中央管理企业）、有关单位和专家共同组成验收委员会进行验收。必要时可组织专家组进行现场检查和技术预验收。

验收委员会主任委员由验收主持单位有关负责同志担任，副主任委员由工程所在地省级发改委、能源局和计划单列企业集团（或中央管理企业）有关负责同志担任。

第二十五条 枢纽工程、建设征地移民安置、环境保护、水土保持、消防、劳动安全与工业卫生、工程决算、工程档案等专项验收完成后，项目法人应对验收工作进行总结，向验收委员会提交工程竣工验收总结报告。

工程竣工验收总结报告应包括项目基本情况，各专项验收鉴定书的主要结论以及所提主要问题和建议的处理情况，遗留单项工程的竣工验收计划安排等。

第二十六条 水电工程通过竣工验收的条件：

（一）已按规定完成各专项竣工验收的全部工作；

（二）各专项验收意见均有明确的可以通过工程竣工验收的结论；

（三）已妥善处理竣工验收中的遗留问题和完成尾工；

（四）符合其他有关规定。

第二十七条 验收委员会完成竣工验收工作后，应出具竣工验收鉴定书。验收主持单位应及时将工程竣工验收总结报告、验收鉴定书及相关资料报送国家能源局。

第二十八条 国家能源局在收到工程竣工验收总

结报告和验收鉴定书后，对符合竣工验收条件的水电工程颁发竣工验收证书（批复）。

第二十九条 水电工程竣工验收完成后，项目法人应当按国家有关规定办理档案、固定资产移交等相关手续。

第五章 附 则

第三十条 验收结论应当经三分之二以上验收委员会成员同意，验收委员会成员应当在验收鉴定书上签字。验收委员会成员对验收结论持有异议的，应当将保留意见在验收鉴定书上明确记载并签字。

第三十一条 验收过程中如发生争议，由验收委员会主任委员协调、裁决，并将验收委员会成员提出的涉及重大问题的保留意见列入备忘录，作为验收鉴定书的附件。主任委员裁决意见有半数以上委员反对或难以裁决的重大问题，应由验收委员会报请验收主持单位决定，重大事项应及时上报国家能源局。

第三十二条 水电工程验收管理的其他有关要求按《水电站基本建设工程验收规程》执行。

第三十三条 本办法由国家能源局负责解释，自发布之日起施行。

国家能源局关于印发水电工程勘察设计管理办法和水电工程设计变更管理办法的通知

（国能新能〔2011〕361号）

各省、自治区、直辖市发改委、能源局，国家电网公司、南方电网公司、中国国电集团公司、中国华电集团公司、中国华能集团公司、中国大唐集团公司、中国电力投资集团公司、国家开发投资公司、中国长江三峡集团公司、中国水利水电建设集团公司、葛洲坝集团公司，水电水利规划设计总院：

为加强水电工程勘察设计管理，规范勘察设计和设计变更行为，保证设计质量和工程安全，根据水电工程建设管理实际，我局组织制定了《水电工程勘察设计管理办法》和《水电工程设计变更管理办法》。现印发你们，请遵照执行。

附件1 水电工程勘察设计管理办法
附件2 水电工程设计变更管理办法

国家能源局（印）
2011年11月3日

附件1

水电工程勘察设计管理办法

第一章 总 则

第一条 为加强水电工程勘察设计管理，保证勘察设计质量和工程安全，根据《中华人民共和国可再生能源法》、《建设工程勘察设计管理条例》和《建设工程质量管理条例》等法律法规，制定本办法。

第二条 本办法适用于在主要河流上建设的水电工程项目、总装机容量25万kW及以上的水电工程项目和抽水蓄能电站项目（以下简称水电工程）。其他水电工程参照执行。

第三条 本办法所称水电工程勘察设计是指根据水电工程建设要求，查明、分析和评价工程场地地质条件，分析论证技术、经济、资源和环境相关情况，确定工程设计方案，编制勘察设计文件的活动。

第四条 水电工程建设应坚持“先勘察、后设计、再施工”的原则。

水电工程勘察设计应与社会经济发展水平相适应，做到安全可靠、技术先进、经济合理、资源节约和环境友好，实现水电开发的经济效益、社会效益和环境效益相统一。

第五条 水电工程勘察设计阶段分为河流水电规划（或抽水蓄能电站选点规划）、预可行性研究、可行性研究、招标设计及施工详图设计等五个阶段。勘察设计单位应分阶段开展工作，提出符合相应阶段规程规范要求的勘察设计文件。

第六条 勘察设计单位应依法进行工程勘察设计，严格执行工程建设强制性标准，确保勘察设计文件的完整性、真实性和准确性，并对勘察设计的成果质量负责。

第七条 国家能源局负责水电工程勘察设计活动的监督管理。

各级地方能源主管部门按规定权限负责和参与本行政区域水电工程勘察设计活动的监督管理。

第八条 发挥设计咨询的作用，鼓励在大型水电工程勘察设计工作中开展工程设计咨询，提高设计水平，优化设计方案，保证设计质量。

第二章 资质与合同

第九条 从事水电工程勘察设计活动的单位应具有国家规定的相应资质。勘察设计单位应在其资质等级许可的范围内承揽工程勘察设计业务。

禁止勘察设计单位超越其资质等级许可的范围或

者以其他勘察设计单位的名义承揽工程勘察设计业务。禁止勘察设计单位允许其他单位或者个人以本单位的名义承揽勘察设计业务。

第十条 勘察设计单位从事大型水电工程勘察设计应具有工程勘察和工程设计甲级资质（水力发电）；承担坝高200m及以上水电工程和地震基本烈度Ⅷ度及以上高坝水电工程的勘察设计单位应具有大（1）型水电工程勘察设计业绩。

第十一条 水电工程勘察设计依法实行招标发包或直接发包。发包工作一般应在河流水电规划或抽水蓄能电站选点规划批准后进行。

第十二条 建设单位不得将工程勘察设计业务发包给不具有相应资质和业绩的勘察设计单位。勘察设计单位不得将所承揽的勘察设计业务转包或违法分包。

第十三条 建设单位应依法与勘察设计单位签订勘察设计合同，对勘察设计工作范围、内容、深度、进度、质量及服务进行约定，保证合理的勘察设计周期，执行国家有关勘察设计收费标准。

建设单位不得强迫或暗示勘察设计单位违反工程建设强制性标准，降低工程质量。

第十四条 两个及以上单位承担同一工程勘察设计的，合同中应明确主体勘察设计单位。主体勘察设计单位负责总体策划、组织协调和设计集成。其他勘察设计单位负责向主体勘察设计单位提供资料和成果，并对其成果质量负责。

第三章 技术要求

第十五条 勘察设计单位应做好勘察设计工作策划，确定勘察设计的重点以及相关技术路线，编制勘察设计科研工作大纲，合理配置与勘察设计任务相适应的资源和专业技术人员。

第十六条 勘察设计单位应收集并分析勘察设计工作所需的地形地质、水文气象、生态环境、移民安置、经济社会发展等基础资料，所采用资料应真实、有效。

第十七条 工程地质勘察应涵盖枢纽工程建设区、水库淹没影响区和移民安置区。勘察设计单位应重视对断层、滑坡体、堆积体、泥石流、岩溶、崩塌等不良地质现象的调查分析，保证选址的合理性和建筑物地基的安全性。

第十八条 勘察设计单位应根据工程需要，组织开展重大技术问题研究和科技攻关工作，科学论证工程设计方案，确保工程安全可靠。

第十九条 勘察设计单位应会同地方政府按阶段要求开展移民安置规划设计工作。移民安置规划设计应以资源环境承载力为基础，与当地国民经济和社会发展规划以及土地利用总体规划、城市总体规划、村庄和集镇规划等相适应，听取移民和安置区居民以及建设单位的意见。

可行性研究阶段，移民安置规划设计文件应达到枢纽工程同等设计深度。

第二十条 勘察设计单位应依据批复的项目环境影响评价报告、水土保持方案报告和安全预评价报告，开展环境保护措施设计、水土保持措施设计和劳动安全与工业卫生设计。

第二十一条 勘察设计单位应以审定的可行性研究报告为依据开展招标设计，复核、深化和细化设计方案，满足招标文件编制的要求。

第二十二条 勘察设计单位负责编制施工详图阶段设计文件，满足工程施工要求。施工图设计文件应对涉及工程质量和施工安全的重点部位注明有关安全质量方面的提示信息，对防范工程安全质量风险提出指导意见。

第二十三条 勘察设计单位应建立健全技术质量管理体系，落实技术质量责任制，对勘察设计产品进行分级管理，按规定履行勘察设计文件校审制度，并做好勘察设计文件的归档工作。

第四章 技术审查

第二十四条 国家对水电工程勘察设计文件实行技术审查制度，委托行业技术管理单位对勘察设计文件进行技术审查。技术审查包括河流水电规划报告（或抽水蓄能电站选点规划报告）审查、预可行性研究报告审查、可行性研究报告以及有关专题报告审查。

第二十五条 技术审查内容主要包括：检查勘察设计工作是否执行国家法律法规和工程建设强制性标准；评价勘察设计范围、内容和深度是否满足规程规范的要求；审议勘察设计采用基础资料是否全面准确、重大技术问题是否论证充分、结论是否正确；审定工程主要特征参数及工程设计方案和移民安置方案；协调工程综合利用等有关问题。

第二十六条 审查单位应坚持技术决策的独立性、公正性和科学性，组织有关单位和专家开展技术审查工作，听取有关部门、地方政府以及建设单位的意见，形成技术审查意见，并对审查结论负责。

技术审查工作完成后，审查单位应及时将审查意见上报国家能源局，并印送建设单位和有关单位。

第二十七条 经审查的勘察设计文件是后续勘察设计工作的基础。

可行性研究报告及其审查意见是项目核准和建设的技术依据。

第五章 现场服务

第二十八条 工程施工阶段，勘察设计单位应设立现场设计代表机构，及时派驻相应的技术人员，制定相关工作制度，提供现场技术服务，满足工程建设要求。

第二十九条 现场设计代表应做好技术交底；跟踪现场施工情况，研究并及时解决工程建设有关技术问题；参与隐蔽工程和关键部位的检查验收；配合工程质量检查、质量监督、安全鉴定和工程验收等工作。

第三十条 现场设计代表应按照有关要求，开展地质编录和工程地质条件预测预报；根据开挖揭露的地质条件和工程其他实际情况，加强工程重大技术问题解决方案的复核，及时完善设计方案和施工技术要求。

第三十一条 现场设计代表发现不按设计文件要求施工、野蛮施工、弄虚作假或偷工减料等情况，应及时以书面形式向建设单位反映。必要时，应报告质量监督机构和国家能源局。

第六章 设计变更

第三十二条 招标设计和施工详图设计阶段，对审定的工程特征参数、工程设计方案和移民安置方案进行的调整、补充和优化均属设计变更。

第三十三条 工程设计变更分为一般设计变更和重大设计变更。一般设计变更由设计单位负责编制设计变更文件。重大设计变更由建设单位组织设计单位编制专题报告，报原审查单位审查。

水电工程设计变更管理办法另行制定。

第七章 设计回访

第三十四条 勘察设计单位应定期开展枢纽工程设计回访，检查评价枢纽建筑物和主要设施设备的安全性、适用性。根据工程实际需要，开展必要的设计复核，总结勘察设计经验，并为工程安全运行提供技术支持。

第三十五条 枢纽工程设计回访分为全面设计回访和专项设计回访。全面设计回访至少每10年一次。首次全面设计回访，应在工程投入运行后的5年之内进行。专项设计回访视需要进行。

建设单位或运行管理单位应为设计回访提供必要的工作条件。勘察设计单位应向建设单位或运行单位提交设计回访报告。

第八章 附则

第三十六条 本办法由国家能源局负责解释，自发布之日起施行。

附件2

水电工程设计变更管理办法

第一条 为加强水电工程设计和建设管理，规范设计变更行为，保证工程安全和质量，依据《建设工程勘察设计管理条例》和《水电工程勘察设计管理办法》，制定本办法。

第二条 本办法适用于在主要河流上建设的水电工程项目、总装机容量25万kW及以上的水电工程项目和抽水蓄能电站项目（以下简称水电工程）。其他水电工程参照执行。

第三条 设计变更是指在招标设计阶段和施工详图阶段，对审定的工程主要特征参数、工程设计方案和移民安置方案等所进行的改变，包括调整、补充和优化。

第四条 设计变更应坚持科学求实的原则，符合国家有关法律法规和工程建设强制性标准的规定，做到先论证、后审查（或审核）、再实施。

第五条 设计变更分为一般设计变更和重大设计变更。重大设计变更是指涉及工程安全、质量、功能、规模、概算，以及对环境、社会有重大影响的设计变更。除此之外的其他设计变更为一般设计变更。

水电工程重大设计变更的界定见附件。水电工程概算调整管理办法另行制定。

第七条 设计单位应结合工程建设实际，复核工程设计方案和主要参数，及时提出必要的设计变更文件。建设单位、监理单位和施工单位可以提出变更设计的建议，设计单位应考虑施工水平和管理水平的影响，对变更设计的建议进行技术、经济论证。确需变更的，由设计单位编制设计变更文件。

第八条 重大设计变更文件应达到或超过可行性研究阶段的深度要求。内容主要包括：

（一）工程概况；

（二）重大设计变更的缘由和必要性、变更的项目和内容、与设计变更相关的基础资料及试验数据；

（三）设计变更与原勘察设计文件的对比分析；

（四）变更设计方案及原设计方案在工程量、工程进度、造价或费用等方面的对照清单和相应的单项设计概算文件；

（五）必要时，还应包含设计变更方案的施工图设计及其施工技术要求。

第九条 工程建设过程中，因抢险救援或应急处置导致的设计变更，应由参建各方代表签字确认。属于重大设计变更的，建设单位应及时组织设计单位编制设计变更文件，并按规定程序报审。

第十条 审查单位在收到建设单位重大设计变更审查申请后，负责组织开展审查工作，提出审查意见，报送国家能源局。

第十一条 经审定的重大设计变更一般不得再次变更。确需再次变更的，建设单位须组织设计单位先进行必要性论证，报原审查（或审核）单位同意后，再行编制设计变更文件，履行相关程序。

第十二条 严禁借设计变更变相扩大工程建设规模、增加建设内容，提高建设标准；严禁借设计变更，降低安全质量标准，损害和削弱工程应有的功能和作用；严禁肢解设计变更内容，规避审查。

第十三条 本办法由国家能源局负责解释，自发布之日起施行。

附：水电工程重大设计变更范围目录

水电工程重大设计变更范围目录

（一）设计条件和安全标准

1. 工程开发方式、开发任务及工程规模的变化；
2. 水库特征水位、水库调度运行方式重大改变；
3. 工程等别及主要建筑物设计安全标准的变化。

（二）工程布置及主要建筑物

1. 坝、厂址及其主要建筑物场址的变化；
2. 主要建筑物的布置或结构方案的改变；
3. 增加或取消重要的单体水工建筑物；
4. 主要筑坝材料料源方案的改变；
5. 施工导流方式或导流建筑物方案的变化；
6. 工程总进度及主要控制进度的变化。

（三）机电及金属结构设备

1. 电站接入系统方式和电气主接线方案的变化；
2. 机组型式、单机容量和重要技术参数的变化；
3. 高压配电装置和高压引出线设计方案的变化；
4. 电站控制运行方式及继电保护方案的重大变化；
5. 金属结构设备布置方案及设备型式的重大变化。

（四）环境保护和水土保持

1. 环境保护和水土保持工程措施的重大变化；
2. 环境保护和水土保持工程项目的增加或取消。

（五）移民安置

1. 征地范围调整及重要实物指标的较大变化；
2. 移民安置方案与移民安置进度的重大变化；
3. 城（集）镇迁建和专项处理方案重大变化。

国家能源局关于印发分散式接入风电项目开发建设指导意见的通知

（国能新能〔2011〕374号）

各省（区、市）发改委（能源局），国家电网公司、南方电网公司、华能集团公司、大唐集团公司、华电集团公司、国电集团公司、中电投集团公司、三峡集团公司、神华集团公司、中广核集团公司、中国节能环保集团公司、水电水利规划设计总院、华锐风电科技股份有限公司、金风科技股份有限公司、东方汽轮机股份有限公司、湘电集团公司、北京鉴衡认证中心：

为优化风电开发布局，促进分散风能资源的合理开发利用，促进风电产业持续健康发展，制定了分散式接入风电项目开发建设指导意见，现印发你们，请结合有关工作参照执行。

附件：分散式接入风电项目开发建设指导意见

国家能源局（印）
2011年11月17日

附件：

分散式接入风电项目开发建设指导意见

一 总 则

1.1 为规范和指导分散式接入风电项目的开发建设，促进风电产业健康有序发展，根据《可再生能源法》、《行政许可法》、《企业投资项目核准暂行办法》和《风力发电开发建设管理暂行办法》，制定本指导意见。

1.2 分散式接入风电项目是指位于用电负荷中心附近，不以大规模远距离输送电力为目的，所产生的电力就近接入电网，并在当地消纳的风电项目。

分散式接入风电项目应具备以下条件：

（1）应充分利用电网现有的变电站和线路，原则上不新建高压送出线路和110kV、66kV变电站，并尽可能不新建其他电压等级的输变电设施；

（2）接入当地电力系统110kV或66kV降压变压器及以下电压等级的配电变压器；

(3) 在一个电网接入点接入的风电装机容量上限以不影响电网安全运行为前提合理确定，统筹考虑各电压等级的接入总容量，并鼓励多点接入；

(4) 除示范项目外，单个项目总装机容量不超过5万kW。

1.3 国务院能源主管部门负责全国分散式接入风电项目的开发规划和建设管理。各省（区、市）能源主管部门在国务院能源主管部门的组织和指导下，负责本地区分散式接入风电项目的开发规划和建设管理。

1.4 分散式接入风电项目的开发规划和建设管理包括项目场址选择、前期工作及建设条件论证、项目核准、并网运行和竣工验收管理等工作。全国风电技术归口管理单位应会同电网经营单位对分散式接入风电项目的开发规划和建设进行技术指导。鼓励通过先试点示范、再综合规划的方式，逐步扩大分散式接入风电的开发规模。

1.5 各省（区、市）能源主管部门会同有关部门，简化分散式接入风电项目的核准流程，以及项目核准所需的支持性文件。电网企业应针对分散式接入风电项目设立简便高效的流程。

1.6 鼓励开发企业将位于同一县域内的多个电网接入点的风电机组打捆成一个项目统一开展前期工作，办理相关支持性文件，进行项目核准和开发建设，单个打捆项目的规模不超过5万kW。

二 项目选址、前期工作与核准

2.1 场址宜选择荒地和未利用地、距离拟接入电网现有变电站较近，少占或不占耕地，对外交通方便、施工安装条件较好的地区。项目场址应避开军事、自然环境保护、文物保护、噪声控制等敏感区域，并与交通、通信和管线等基础设施保持合理距离。

2.2 场址距离最近的建筑物原则上应不小于300m，噪声控制应符合国家相关标准限值。

2.3 开发企业在选定项目场址后，应向当地县级政府的能源、土地、环保、规划等相关部门确认场址，能源主管部门负责协调落实有关建设条件，并确认企业的开发方案。开发方案包括项目场址位置、范围、建设规模和拟接入电网的变电站。

2.4 项目开发方案确认后，企业可组织开展项目建设条件论证工作，并根据各省（区、市）关于分散式接入风电项目的具体要求，进行项目的可行性研究。

2.5 项目完成可行性研究并取得相应职能部门的支持性文件，项目开发企业负责编制项目核准申请报告，按程序报省级投资主管部门或其委托的地级、县级投资主管部门申请核准。请各省级能源主管部门商各相关部门按简便高效的原则确定各支持性文件的部门级别。

2.6 分散式风电项目获得核准后，须报国务院能源投资主管部门备案，并将核准文件抄送全国风电建设技术归口管理单位。开发企业应按照核准文件的要求进行建设，未经省级能源主管部门或核准项目的投资主管部门许可，不得转让项目的开发主体资格。

2.7 分散式接入风电项目须经过核准后方可开工建设。项目核准后两年内不开工建设的，可按照国家相关规定由原核准单位收回项目。项目开工以第一台风电机组基础开挖为标志。

三 接入系统技术要求与运行管理

3.1 风电机组应具备满足国家标准及能源行业标准所规定的低电压穿越能力和有关电压偏差、闪变、谐波等技术要求，并根据项目建设条件，因地制宜选择安装的风电机组的类型和单机容量。

3.2 机组接入系统设计

(1) 风电机组与电网的产权分界点为风电机组集电线路所接入的变电站主变低压侧或所连接线路的连接点，电量计量点原则上位于产权分界点，在技术条件复杂时可由开发企业与当地电网企业协商确定。

(2) 机组接入系统一次设计应根据拟接入变电站的电压等级与负荷水平，明确其送出集电线路的电压等级、回路数量和线径。

(3) 机组接入系统二次设计应包括与电网连接线路在系统侧的分段式相间和接地故障保护设计；配备远程监控系统、故障记录装置和风电运行信息传送系统。

3.3 接入系统设计评审与接入电网意见函

(1) 省级电网企业负责分散式接入风电项目的接入系统设计评审并简化评审流程，可自行或委托其所属地级电网经营单位开展接入系统评审工作。

(2) 省级电网经营单位或其委托的地级电网企业应根据省级能源主管部门或投资主管部门相关批复或备案、接入系统审查意见与风电机组满足分散式接入技术条件的技术证明文件，及时出具项目的接入电网意见。

3.4 并网申请与并网验收

获得省级能源投资主管部门核准的项目，应在投产前三个月函告省级电网经营单位，并提供项目法人营业执照复印件、项目核准文件、项目接入系统批准文件、项目联系人、联系方式等材料，由省级电网经营单位审定其主体资格后签订并网调度协议和购售电合同，并根据本指导意见所规定的具体内容组织并网验收。

3.5 并网运行管理

电网企业应保障项目的并网运行、电量计量和所发电量的全额收购。

分散式接入风电项目原则上根据其所用的风电机组技术特性运行，由项目业主进行远程监控，并与电网调度部门建立可靠的实时信息通道。电网调度部门可根据电网安全运行需要对风电机组执行切机策略，但应及时告知风电开发企业并解释原因。

鼓励电网企业或集中打捆的项目企业开展功率预测预报工作。对分散的小型项目企业不要求建立风电功率预测预报系统，电网企业可根据当地电网运行需要，统一建立覆盖本地区的功率预测预报体系，各项目单位应积极配合。

项目业主应按照《风电信息管理暂行办法》要求，做好分散式风电项目建设、运行信息的收集和上报，未经批准项目运行实时数据不得向境外传送，也不得向无关的单位和人员提供项目运行数据。

四 工程建设和验收

4.1 项目经过核准后，项目单位按规定办理土地使用手续，落实环境保护、安全生产措施；与电网企业做好接入电网的衔接工作，签订并网调度协议和购售电合同。

4.2 项目单位要建立完善的工程建设管理体制，依照有关法律法规及技术标准，按照审定的工程方案组织工程建设，对工程建设质量和安全生产负总责。施工单位、监理单位和勘测设计单位及参与人员应具有相应资质。

4.3 项目所在地的省级能源主管部门负责指导和监督项目竣工验收，协调和监督电网企业与项目单位签订并网调度协议和购售电合同。项目建成后，项目企业应办理好各专项验收，并组织项目竣工验收，将验收结果报省级能源主管部门备案，抄送全国风电技术归口管理单位。省级能源主管部门汇总上报国务院能源主管部门备案。

五 附 则

本指导意见由国家能源局负责解释，自发布之日起供各相关单位参照执行。

国家电力监管委员会文件

电监会颁布《电力争议纠纷调解规定》

（国家电监会第30号令）

《电力争议纠纷调解规定》已经2011年9月20日国家电力监管委员会主席办公会议审议通过，现予公布，自2012年1月1日起施行。

主 席 吴新雄
2011年9月30日

电力争议纠纷调解规定

第一条 为了规范电力争议纠纷调解行为，完善电力争议纠纷调解制度，及时解决电力争议纠纷，根据国家有关规定，制定本规定。

第二条 国家电力监管委员会及其派出机构（以下简称电力监管机构）调解电力争议纠纷，适用本规定。

第三条 电力监管机构调解电力争议纠纷，遵循下列原则：

（一）在当事人自愿、平等基础上进行调解；

（二）不违背法律、行政法规和国家政策，公平合理；

（三）尊重当事人的权利，不得因调解而阻止当事人依法通过仲裁、司法等途径维护自己的权利。

第四条 当事人可以向电力监管机构申请调解，电力监管机构也可以主动调解。当事人一方明确拒绝调解的，不得调解。

第五条 当事人向电力监管机构申请调解，应当符合下列条件：

（一）申请人与电力争议纠纷有直接利害关系；

（二）有明确的被申请人；

（三）有具体的调解请求、事实和理由；

（四）争议纠纷事项属于电力监管机构管辖。

第六条 电力监管机构收到调解申请后，应当在七日内决定是否受理并且通知当事人。

第七条 符合本规定第五条规定条件的调解申请，被申请人同意调解的，电力监管机构应当受理。电力监管机构主动调解的，双方当事人同意即为受理。

第八条 调解申请有下列情形之一的，电力监管机构不予受理：

（一）被申请人明确拒绝调解的；

（二）已经就争议纠纷事项提起仲裁或者诉讼的；

（三）不符合本规定第五条规定条件的。

电力监管机构决定不予受理的，应当向当事人说明理由。

第九条 电力监管机构调解电力争议纠纷，应当根据争议纠纷复杂程度和争议纠纷标的大小，指定一名或者三名调解员进行调解。

第十条 调解员进行调解工作，不得偏袒一方当事人，不得利用调解工作的便利牟取不正当利益，不得泄露当事人的商业秘密和个人隐私。

调解员应当由公道正派、熟悉电力、法律、经济等业务知识的人员担任。

调解员的具体管理办法另行规定。

第十一条 当事人认为调解员与电力争议纠纷有利害关系或者其他关系可能影响公正调解的，可以向电力监管机构申请调解员回避。调解员认为自己与电力争议纠纷有利害关系或者其他关系，可能影响公正调解的，应当自行申请回避。

调解员是否回避，由电力监管机构负责人决定。

第十二条 当事人可以委托代理人参加调解。委托代理人代理的，被委托人应当提交授权委托书。授权委托书应当由委托人签名或者盖章，载明委托代理人姓名、性别、年龄、身份证明、联系方式、委托期限和代理权限。

第十三条 电力争议纠纷涉及第三人的，应当通知第三人参加。

第十四条 调解员可以采取下列方式调解电力争议纠纷：

（一）根据已掌握的情况向当事人提出争议纠纷解决建议；

（二）单独会见一方当事人或者同时会见各方当事人；

（三）以书面或者口头方式征求一方当事人或者各方当事人的意见；

（四）要求当事人提出争议纠纷解决建议或者方案；

（五）经当事人同意，聘请与争议纠纷各方无利害关系的专家或者机构对争议纠纷事项提供咨询建议或者鉴定意见；

（六）有利于当事人达成一致的其他方式。

第十五条 调解过程中，当事人应当如实陈述事实，遵守调解秩序，尊重调解员和对方当事人。

第十六条 调解过程中，当事人有下列情形之一的，电力监管机构可以终止调解：

（一）隐瞒重要事实、提供虚假情况的；

（二）故意拖延时间的；

（三）无正当理由缺席或者以其他方式表明退出调解的；

（四）就电力争议纠纷事项提起仲裁或者诉讼的；

（五）影响调解正常进行的其他情况。

第十七条 调解结果涉及第三人利益的，应当征得第三人同意。第三人不同意的，终止调解。

第十八条 调解应当自受理之日起 3 个月内结案。因情况复杂，在规定时间内不能结案的，可以适当延长，但最长不超过 6 个月。

第十九条 调解达不成协议的，终止调解。

第二十条 调解达成协议的，电力监管机构可以制作调解书。调解书可以载明下列事项：

（一）当事人的基本情况；

（二）电力争议纠纷的主要事实、争议纠纷事项以及各方当事人的责任；

（三）当事人达成调解协议的内容，履行的方式、期限。

调解书应当由调解员以及当事人签名或者盖章，并且加盖电力监管机构印章。电力监管机构应当将调解书及时送达当事人。

第二十一条 当事人应当履行调解书。调解书中有关民事权利义务的内容，具有民事合同的性质，法律另有规定的除外。

具有民事权利义务内容的调解书，当事人可以申请有管辖权的人民法院确认其效力。

第二十二条 具有给付内容的调解书，当事人可以按照《中华人民共和国公证法》的规定申请公证机关依法赋予强制执行效力。债务人不履行或者不适当履行具有强制执行效力的公证文书的，债权人可以依法向有管辖权的人民法院申请执行。

第二十三条 具有给付内容的调解书，债权人可以依据《中华人民共和国民事诉讼法》，向有管辖权的人民法院申请支付令。

第二十四条 参与调解的人员应当依法保守在调解过程中获知的涉及国家秘密、商业秘密和个人隐私的信息。

第二十五条 电力监管机构调解电力争议纠纷不收取任何费用。

第二十六条 发电厂与电网并网、电网与电网互联，并网双方或者互联双方达不成协议引起的争议纠纷，依照《电力并网互联争议处理规定》处理。

第二十七条 本规定自2012年1月1日起施行。2005年3月28日国家电力监管委员会发布的《电力争议调解暂行办法》同时废止。

关于印发《电力负荷管理系统安全防护补充技术规定》的通知

（办安全〔2011〕9号）

各派出机构，国家电网公司，南方电网公司，各有关电力企业：

随着电力需求侧管理工作不断强化，电力负荷管理系统利用公网传输控制指令的情况日益普遍，负荷系统面临来自公共网络攻击的风险增大。为了防范风险，指导和规范电力负荷管理系统安全防护工作，我会组织制定了《电力负荷管理系统安全防护补充技术规定》，现印发你们，请依照执行，执行中如有问题和建议，请及时告电监会。

附件：电力负荷管理系统安全防护补充技术规定（略）

2011年3月

关于印发《电力二次系统安全管理若干规定》的通知

（电监安全〔2011〕19号）

各派出机构，国家电网公司，南方电网公司，华能、大唐、华电、国电、中电投集团公司，各有关电力企业：

为加强电力二次系统安全管理工作，保证电力系统安全稳定运行，依据相关法律法规，我会组织制定了《电力二次系统安全管理若干规定》，已经2011年9月20日主席办公会议通过，现印发你们，请依照执行。

附件：

电力二次系统安全管理若干规定

第一条 为加强电力二次系统安全管理，确保电网安全稳定运行，依据相关法律法规，制定本规定。

第二条 电力调度机构（以下简称调度机构）和电网、发电、规划设计、监理等电力企业及相关电力用户等各相关单位依据本规定开展电力二次系统安全管理工作。

第三条 本规定所称电力二次系统包括继电保护和安全自动装置、发电机励磁和调速系统、电力通信和调度自动化系统（以下简称二次系统）；所称涉网二次系统是指发电厂及相关电力用户中与电网安全稳定运行有关的二次系统。

第四条 调度机构负责所辖系统内的二次系统专业管理工作。

第五条 电力监管机构依法对二次系统管理工作实施监管。

第六条 规划设计管理

（一）二次系统规划设计应满足国家和行业相关技术标准和有关规定。

（二）二次系统规划设计应满足电网安全稳定运行要求。

（三）二次系统规划设计应征求调度机构意见。

第七条 设备入网管理

（一）二次系统设备选型及配置应满足国家和行业相关技术标准，以及设备技术规程、规范的要求。

（二）二次系统设备应选择有相应资质的质检机构检验合格的产品。

（三）涉网二次系统设备选型及配置应征求调度机构意见，并满足调度机构相关管理规定及反事故措施的有关要求。

第八条 建设管理

（一）电力企业及相关电力用户负责本单位二次系统建设工作。

（二）二次系统安装、试验、验收应满足国家和行业相关标准、规范及调度机构有关规程和管理制度的要求。

（三）二次系统项目建设完成应由项目监理单位出具相关质量评估报告，其中涉网二次系统应经调度机构确认。

第九条 运行管理

（一）调度机构负责调度管辖范围内二次系统的运行管理工作。组织或参与发电厂及相关电力用户涉网二次系统的安全检查工作，参与发电厂及相关电力用户涉网二次系统的电力安全事故调查工作，参与发电厂及相关电力用户涉网二次系统的事故分析工作，制定反事故措施。

（二）电力企业及相关电力用户应按照国家、行业标准及调度机构相关规程和管理制度组织二次系统的定期检查和日常维护工作。

（三）二次系统设备、装置及功能应按照相关规定投退，不得随意投入、停用或改变参数设置。属调度机构调度管辖范围内的二次系统设备、装置及功能因故需要投入、退出、停用或改变设置的应报相应调度机构批准同意后方可进行。

（四）电力企业及相关电力用户应对不满足电网安全稳定运行要求的二次系统及时进行更新、改造，并进行相关试验。需要进行联合调试的，调度机构负责安排相关运行方式为联合调试创造条件。

（五）电力企业及相关电力用户所进行的影响电网安全及二次系统运行的重要设备投运和重大试验工作，应严密组织，防止引发电网事故和设备事故；调度机构应提前将有关投运和试验安排通知相关单位，并报告电力监管机构。

（六）已运行的二次系统（包括硬件和软件）需要改造升级的，应满足第七条的规定。

第十条 继电保护及安全自动装置定值管理

（一）电网安全运行要求加装的安全自动装置的控制策略与定值由调度机构负责下达。

（二）与电网有配合关系的继电保护及安全自动装置定值由调度机构负责管理，管理方式包括：

1. 由调度机构下达；

2. 由发电厂及相关电力用户按调度机构的给定限值要求整定，并报调度机构审核和备案。

（三）发电厂及相关电力用户负责整定的与电网安全运行有关的继电保护及安全自动装置定值应报调度机构备案。

（四）继电保护整定工作原则上应由本企业专业人员具体负责；如需外委，应委托经认证的单位承担。

（五）调度机构应及时将影响涉网二次系统运行和整定的系统阻抗等有关变化情况，书面通知发电厂及相关电力用户；发电厂及相关电力用户应及时与调度机构沟通，调整二次系统的运行方式和有关定值。

第十一条 发电机励磁与调速系统参数管理

（一）发电厂应按调度机构要求提供系统分析用的发电机励磁系统（包括电力系统稳定器 PSS）和调速系统的数学模型和实测参数。

（二）发电厂的发电机励磁系统和调速系统定值和参数应报送调度机构备案。

（三）发电厂应根据电力系统网络结构变化及发电机励磁系统和调速系统变化，进行相关试验，并根据试验结论和调度机构的技术要求调整发电机励磁系统和调速系统定值参数，满足电力系统安全稳定运行要求。

（四）调度机构应指导发电厂做好发电机励磁系统与调速系统的参数优化和管理工作，并配合发电厂进行相关试验工作。

第十二条 电力通信与调度自动化管理

（一）电力企业及相关电力用户应相互配合，共同做好电力通信与调度自动化系统的设计、安装和调试工作。

（二）电力企业及相关电力用户各自负责所属电力通信与调度自动化系统的运行维护工作。

（三）调度机构应对各相关单位的电力通信与调度自动化系统的技术管理工作进行业务指导。

第十三条 异常与事故处理

（一）电力系统发生异常与故障后，各相关单位应依据调度规程和现场运行规程的有关规定，正确、迅速地进行处理，保全现场的记录、资料，并及时向调度机构报告相关一次设备及二次设备状态和处理情况。

（二）各相关单位应加强沟通，相互提供有关资料，积极查找异常与故障原因，并配合相关部门进行电力安全事故调查。

（三）各相关单位应分别制定整改措施，并负责落实。

第十四条 专业人员管理

（一）各相关单位应当配备足够的二次系统专业技术人员，并保证人员的相对稳定。

（二）调度机构应组织并督促二次系统专业技术培训和技术交流工作。

第十五条 综合管理

（一）调度机构应组织各相关单位贯彻执行国家和行业有关二次系统的标准、规程和规范。

（二）调度机构应组织制定（修订）调度管辖范围内二次系统的规程、规范和相关管理制度，并将与电力监管相关的事项报电力监管机构备案。

（三）调度机构应定期组织召开二次系统专业会议；组织开展二次系统运行统计分析工作，及时发布分析报告。

第十六条 技术监督

（一）电力企业及相关电力用户应依据国家和行业相关标准、规程和规范开展二次系统技术监督工作。

（二）调度机构应指导和参与二次系统技术监督工作。

第十七条 各相关单位应按电力监管机构的要求及时报送与电力监管相关的二次系统运行、管理等方面资料。

电力监管机构可对各相关单位二次系统相关工作进行现场检查，对检查中发现的违规行为，有权当场予以纠正或者要求限期改正。

第十八条 电力监管机构可以依据相关规定对二次系统管理工作中的有关争议进行调解或裁决。

第十九条 电力监管机构可以以适当形式发布二次系统管理工作情况。

第二十条　违反本办法有关规定的，由电力监管机构依法追究其责任。

第二十一条　电监会各派出机构可根据情况制定相应的实施细则。

第二十二条　各相关单位应按照本规定和相关实施细则及时修订相关规程和管理制度。

第二十三条　本规定自发布之日起施行。

关于印发《发电机组进入及退出商业运营管理办法》的通知

（电监市场〔2011〕32号）

各派出机构，国家电网公司，南方电网公司，华能、大唐、华电、国电、中电投集团公司，内蒙古电力公司，有关电力企业：

自《新建发电机组进入商业运营管理办法（试行)》（办市场〔2007〕40号）印发以来，新建发电机组转商业运营工作逐步规范。我会在总结该办法试行经验并充分听取有关方面意见的基础上，对该办法进行了修订。现将修订后的《发电机组进入及退出商业运营管理办法》印发你们，请依照执行。执行中有何问题和建议，请及时告电监会。

国家电力监管委员会（印）
2011年10月12日

附件：

发电机组进入及退出商业运营管理办法

第一章　总　　则

第一条　为规范新建（包括扩建、改建，以下统称新建）发电机组进入商业运营及在役机组退出商业运营管理，维护电力企业和电力用户的合法权益，促进电力系统安全稳定运行，根据《电力监管条例》及国家有关规定，制定本办法。

第二条　本办法适用于按照国家有关规定经核准的与地（市）级及以上电网并网运行的火力、水力、风力发电机组。

其他类型发电机组可按照相应技术验收规程参照本办法执行。

第三条　发电机组进入及退出商业运营的相关工作应坚持公开、公平、公正、高效的原则。

第二章　新建机组并网调试工作程序和要求

第四条　新建发电机组并网调试应遵循以下工作程序：

（一）机组首次并网前，发电企业应将建设和调试进度情况向相关电力调度机构（或电网企业，下同）通报。

（二）发电企业与电力调度机构签订并网调度协议，并按协议向相关电力调度机构提出机组并网调试运行申请，抄报相应电力监管机构。

（三）电力调度机构自接到发电企业申请后10个工作日内安排并网调试运行。对涉及电网安全稳定运行的相关试验，原则上应自发电企业提出申请后20日内完成。电力调度机构因故不能及时安排或不能按时完成并网调试运行的，应书面向发电企业说明原因，并抄报相应电力监管机构备案。

第五条　发电机组并网调试运行工作应遵循国家电力监管委员会《电网运行规则（试行)》的有关规定。

第三章　新建机组进入商业运营的条件和程序

第六条　新建发电机组进入商业运营前应当完成以下工作：新建火力发电机组按《火力发电建设工程启动试运及验收规程》（DL/T 5437—2009）要求完成分部试运、整套启动试运。新建水力发电机组按《水电站基本建设工程验收规程》（DL/T 5123—2000）要求完成带负荷连续运行、可靠性运行。新建风力发电项目按《风力发电场项目建设工程验收规程》（DL/T 5191—2004）要求完成单台机组调试启动试运、工程整套启动试运。

第七条　新建发电机组进入商业运营应具备下列条件：

（一）签署机组启动验收交接书或鉴定书。

（二）完成并网运行必需的试验项目，电力调度机构已确认发电机组和接入系统设备（装置）满足电网安全稳定运行技术要求和调度管理要求。

（三）通过电力监管机构组织的并网安全性评价。

（四）签订并网调度协议和购售电合同（或大用户直接交易合同），并报相应电力监管机构备案。

（五）取得电力业务许可证（发电类）。

（六）水电站大坝已经国家认定的机构注册或备案。

第八条　新建发电机组进入商业运营的程序：

（一）发电机组经并网调试运行满足规定的条件后，向相应电力监管机构提交进入商业运营的申请及相关文件。

（二）电力监管机构受理发电企业申请及相关文件

后10个工作日内完成审核。电力监管机构经审核认定符合条件的，出具同意新建发电机组进入商业运营的意见书（以下简称商转意见书），并通知相关电网企业。

第九条 有关各方应在新建发电机组满足第六条要求后90日内完成相关工作，并取得商转意见。

第十条 新建水电、火电机组自并网调试运行满足第六条要求时点起纳入并网运行管理考核和辅助服务管理补偿范畴，水电以外的可再生能源发电机组自并网发电之日起纳入。

第四章 新建机组调试运行期上网电量的结算

第十一条 新建发电机组满足第六条要求后90日内取得商转意见书的，调试运行期自机组首次并网的时点起，至满足第六条要求的时点止。因发电企业自身原因在满足第六条要求后90日内未取得商转意见的，调试运行期自机组首次并网的时点起，至取得商转意见书之日的24时止。

第十二条 新建发电机组调试运行期上网电价（简称调试电价）按照当地燃煤发电机组脱硫标杆上网电价的一定比例执行。其中，水电按照50%执行，火电按照80%执行；水电以外的可再生能源发电机组自并网发电之日起执行价格主管部门批复的上网电价。调试期间如国家调整标杆上网电价，则调价时点后的调试电价按照调整后价格的相应比例执行。

第十三条 新建发电机组调试运行期差额资金的50%纳入并网发电厂辅助服务补偿资金，其余计入电网企业收入。电网企业应做好差额资金的统计工作，按规定管理使用辅助服务补偿资金，按年度向相应电力监管机构备案。

新建发电机组调试运行期差额资金是指由于新建发电机组调试电价与政府价格主管部门制定的上网电价差而形成的盈余部分，按照以下公式计算：

新建发电机组调试运行期差额资金=（政府价格主管部门制定的上网电价－调试电价）×调试运行期上网电量

第十四条 尚未建立辅助服务补偿机制的地区，应按年度将新建发电机组调试运行期差额资金的50%补偿给为新建发电机组调试运行提供辅助服务的发电企业，具体补偿办法由所在电网企业商有关发电企业提出，报相应电力监管机构备案。

第五章 在役机组退出商业运营的条件和程序

第十五条 在役发电机组因故需要中止商业运行时，可向相应电力监管机构申请退出。

第十六条 在役发电机组退出商业运营前应与有关各方完成相关合同、协议的清算和解除工作。

第十七条 电力监管机构根据国家有关政策、系统运行情况以及发电企业状况等做出同意退出商业运营的决定。

第十八条 在役发电机组退出商业运营后，不再进行并网运行管理考核和辅助服务管理补偿。

第十九条 退出商业运营的发电机组再次进入商业运营的，按照本办法履行新建机组进入商业运营的条件、程序并执行有关结算的规定。

第六章 附 则

第二十条 发电企业与电网企业、电力调度机构对发电机组进入及退出商业运营发生争议的，应本着平等、自愿、诚信的原则协商解决；不能达成一致意见的，由电力监管机构按有关规定进行协调和裁决。

第二十一条 国家电力监管委员会派出机构可根据本办法，结合辖区实际情况细化相关条款或制订实施细则。

第二十二条 本办法自2011年11月1日起施行。《新建发电机组进入商业运营管理办法（试行）》（办市场〔2007〕40号）同时废止。

电监会印发《电力调度机构信息报送与披露办法》

（办输电〔2011〕65号）

为了加强电力调度监管，规范电力调度机构的信息报送与披露行为，维护电力市场秩序，根据《电力企业信息报送规定》和《电力企业信息披露规定》等法律法规，制定《电力调度机构信息报送与披露办法》。电力调度机构应按本办法，遵循真实、及时、完整、透明的原则报送与披露信息。本办法适用于省级及以上电力调度机构。

一、电力调度机构信息报送

（一）报送内容

1.电力调度机构应按年、按月事前向电力监管机构报送管辖范围内以下调度信息：

（1）电力平衡计划：预计最高负荷，跨地区联络线送受电力，辖区内机组铭牌出力，最高负荷时的检修容量、受阻容量及原因、最大可调出力、备用容量。

（2）电量平衡计划：预计用电量、跨地区联络线送受电量，辖区内机组发电量。

（3）设备检修计划：辖区内发电设备检修计划、输变电设备检修计划及对电网运行方式的影响。

（4）设备投产和退役计划；辖区内发电设备投产和退役计划，输变电设备投产和退役计划。

（5）电网阻塞情况、原因及措施。

2. 电力调度机构应按年、按月事后向电力监管机构报送辖区内以下调度信息：

（1）设备投产和退役情况，总装机容量，220kV及以上输电线路规模及参数，220kV及以上变电设备规模及参数。

（2）电力平衡情况：最高负荷，跨地区联络线送受电力，最高负荷时的检修容量、受阻容量及原因、最大可调出力、备用容量。

（3）电量平衡情况：用电量、跨地区联络线送受电量，辖区内机组发电量。

（4）发电设备利用情况：每台机组平均负荷率、最高负荷日负荷率、最低负荷日负荷率，全网平均运行备用容量，最大运行备用容量，最小运行备用容量。

（5）需求侧管理情况：错峰、避峰、限电、拉电容量及由此带来的损失电量。

（6）设备检修情况：辖区内未按计划执行的发电设备检修、输变电设备检修及原因。

（7）电网输电线路和断面的超稳定限额运行情况、变压器超控制限额运行情况。

（8）可再生能源电厂受阻电量及原因。

（9）发电、电网设备故障情况：设备故障次数，故障时间。

（10）主要输电线路最大潮流、平均潮流。

（二）报送方式

国家电力调度中心向电监会报送信息，南方电网总调向南方电监局报送信息。内蒙古电力公司调度中心向华北电监局报送。国家电网公司所属区域、省级电力调度机构分别向所在区域电监局和省（市、区）电监办报送。未设立省（市、区）电监办的，直接向区域电监局报送。

电力调度机构通过正式公文方式报送相关信息。每年3月20日前上报上年事后信息和本年事前信息；每月8日前上报上月事后信息和本月事前信息。

二、电力调度机构信息披露

（一）披露内容

1. 电力调度机构应事前向发电企业每日披露辖区内以下调度信息：

次日全网负荷预测情况、全网发电预测情况、各电厂发电计划情况、关键输电断面预测情况、省际联络线预测情况等。

2. 电力调度机构应事后向发电企业每日披露辖区内以下调度信息：

上日全网负荷情况、全网发电情况（如果执行峰平谷，应区分峰平谷时段发电量）、各电厂发电量情况、关键输电断面情况、省际联络线情况等。

（二）披露方式

电力调度机构披露信息应通过电力生产调度系统向发电企业披露相关信息。每年3月底之前披露上年事后信息和本年事前信息；每月15日前披露上月事后信息和本月事前信息；每日9时前披露上日事后信息和本日事前信息。

三、其他事项

电力监管机构对电力调度机构信息报送与披露情况进行不定期检查并发布专项监管报告。

其他部委和企业重要文件

关于做好当前工业领域电力需求侧管理工作的紧急通知

各省、自治区、直辖市及计划单列市、新疆生产建设兵团工业和信息化主管部门：

随着中国工业经济的快速增长，电力需求持续增加，2011年3月，中国工业用电量同比增长13.8%，高于全社会用电量增幅0.4个百分点。由于用电量的急剧增加，以及电煤供应紧张等原因，一些地方出现了电力供应紧张状况，且不同程度采取了拉闸限电措施，影响了工业正常运行。为确保全社会电力有序供应和工业经济平稳运行，现就有关事项通知如下：

一、认清形势，大力推进工业领域电力需求侧管理工作。中国工业规模大，结构不尽合理，能耗相对较高，能源需求侧特别是电力需求侧管理的任务艰巨。当前，中国工业经济运行的外部环境复杂，中东、北非的动荡及日本福岛核泄漏事故，加剧了全球能源供应紧张。中国工业用电量占全社会用电量比重已超过70%，随着夏季用电高峰期来临，电力供应缺口将进一步扩大，工业用电面临的矛盾更加突出。各地工业和信息化主管部门要从贯彻落实科学发展观、统筹经济社会和谐发展的高度，按照《关于做好工业领域电力需求侧管理工作的指导意见》（工产业政策〔2011〕第5号公告发布，以下简称《指导意见》）要求，大力推进本地区工业领域电力需求侧管理工作，确保工业经济平稳运行，保障全社会电力正常供应。

二、统筹兼顾，确保电力供需基本平衡。要按照《指导意见》要求，对本地区电力资源总量和用电总负荷进行统筹平衡。正确研判本地区用电规律，在努力增加电力供应的同时，采取多种措施调整工业用电结构。按照“以最少的能源消耗创造尽可能大的工业增加值产出”的原则，安排好供用电顺序。加强工业用电需求增长情况预测，处理好现有电力需求与新增需求的关系。及时发现苗头性、倾向性的问题并采取有效应对措施，努力缓解电力供需矛盾。

三、优化结构，抑制不合理的电力需求。要按照全社会电力供应平稳有序的原则，整合电力资源配置，积极推进用电结构调整，优化电力消费结构，控制工业用电增速。严格执行国家产业政策，坚决抑制高电耗产业过快增长，限制产能过剩行业的用电需求。充分发挥差别电价政策在淘汰落后产能中的作用，促进电力资源向国家鼓励类产业和企业配置。要把当前电力资源硬约束变为结构调整的动力，采取有效措施，将工业领域电力需求侧管理与工业结构调整结合起来，从根本上缓解工业发展过度依赖电力投入的压力。

四、狠抓落实，制订完善的有序用电方案。根据本地区实际情况，结合2011年的迎峰度夏工作，制订好有序用电方案。优先保障居民用电、公共事业用电，引导企业错峰用电，尽力避免拉闸限电。如遇特殊情况必须拉闸限电时，应尽力提前告知企业，避免发生安全事故和不必要的经济损失。要制订好工业用电应急预案，完善应急响应机制，努力提高综合保障水平。

五、加强协调，确保各项措施及时到位。各地工业和信息化主管部门要按照本通知要求，在当地政府的统一领导下，精心组织好工业领域电力需求侧管理工作，加强有关部门协调沟通，建立行之有效的工作机制，确保电力供应平稳有序和迎峰度夏任务圆满完成。如遇重大情况，请及时报工业和信息化部。

工业和信息化部
2011年5月10日

关于开展节能和高耗能落后机电设备(产品)名录推荐工作的通知

各省、自治区、直辖市、计划单列市、新疆生产建设兵团工业和信息化主管部门、行业协会及各有关单位：

为落实科学发展观和节约资源基本国策，促进经济结构调整和发展方式转变，根据《节约能源法》和国务院《关于印发节能减排综合性工作方案的通知》（国发〔2007〕15号）、《关于进一步加强淘汰落后产能工作的通知》（国发〔2010〕7号）文件精神，工业和信息化部组织编制印发了《节能机电设备（产品）推荐目录（第一批）、（第二批）》和《高耗能落后机电设备（产品）淘汰目录（第一批）》。为进一步推广高效节能机电设备，加快淘汰高耗能落后机电设备，2011年拟继续发布第三批《节能机电设备（产品）推荐目录》（以下简称《推荐目录》）和组织编制《高耗能落后机电设备（产品）淘汰目录》（以下简称《淘汰目录》）。现将有关事宜通知如下：

一、推荐范围

本次推荐工作立足当前市场需求，选择在国民经济建设中广泛使用的工业锅炉、电机、变压器、电焊机、泵阀、风机、压缩机、制冷空调设备、内燃机、热处理设备、塑料机械、农业机械、重型机械、机床、低压电器、电炉等机电设备产品。

二、推荐原则

（一）推荐节能机电设备原则

1. 满足当前和今后一个时期中国节能减排市场重点需求，有比较广阔发展前景的设备产品；

2. 有较高的技术含量，能效比高，节能效果显著，能促进该产业结构优化和升级，提高企业经济效益的设备产品；

3. 制造过程中节材效果明显的设备产品；

4. 生产技术与工艺比较成熟的，并具有批量供货能力的设备产品。

（二）推荐淘汰的高耗能落后机电设备原则

1. 国家产业发展政策明令淘汰（限制）的产品

设备；

2. 技术落后或已有新技术可以替代高能耗的设备；

3. 能源效率低于准入值的设备。

三、申报材料

（一）推荐节能机电设备申报材料

1. 填报《节能机电设备产品推荐表》（见附件1）；

2. 拟推荐设备产品的鉴定材料和检测报告；

3. 拟推荐设备产品的用户使用情况证明材料；

4. 企业营业执照、质量保证体系认证等方面资料；

5. 其他相关证明和技术资料等。

（二）推荐淘汰的高耗能落后机电设备申报材料

1. 填报《淘汰的高耗能落后机电设备产品推荐表》（见附件2）；

2. 相关证明和技术资料等；

3. 可替代设备产品的鉴定材料和检测报告。

四、申报要求

（一）各单位按照推荐原则，结合本行业和企业的实际情况，认真组织和落实申报工作。

（二）提交的书面材料（一式两份）和电子文档报送我司，并抄送机械工业节能与资源利用中心。

（三）报送时间截至2011年8月15日，延时报送的设备产品将作为下一批目录的材料。

我司委托机械工业节能与资源利用中心组织有关专家对推荐的机电设备产品进行论证和审议，最终形成《推荐目录》和《淘汰目录》。

各单位可就落实目录工作，研究提出相关政策建议，一同上报。

附件1 节能机电设备（产品）推荐表（略）

附件2 淘汰的高耗能落后机电设备（产品）推荐表（略）

工业和信息化部节能与综合利用司

2011年5月16日

环保部关于印发《环境保护和污染减排政策措施落实情况监督检查方案》的通知

（环函〔2011〕171号）

各省、自治区、直辖市环境保护厅（局），新疆生产建设兵团环境保护局：

根据中央纪委《关于开展加快转变经济发展方式监督检查的意见》精神，环境保护部负责牵头环境保护和污染减排政策措施落实情况监督检查。为有序推进监督检查工作开展，我部成立了以周生贤部长为组长的环境保护部监督检查工作领导小组。

近日，中央加快转变经济发展方式监督检查工作领导小组批准了我部制订的《环境保护和污染减排政策措施落实情况监督检查方案》。现将方案印发给你们，请结合实际认真贯彻执行，积极做好配合工作。

我部将会同各成员单位组成检查组，拟于2011年9月开展本年度监督检查工作，重点检查内蒙古、江苏、浙江、江西、河南、湖北、湖南、广东、广西、四川、云南、陕西、甘肃、青海等14个省（区），请以上14省（区）于2011年8月31日前将自查报告报环境保护部。

环境保护部（印）

2011年6月29日

附件：

环境保护和污染减排政策措施落实情况监督检查方案

为推动各地加快经济发展方式转变，根据中央纪委《关于开展加快转变经济发展方式监督检查的意见》（以下简称《意见》）精神，制订本方案。

一、指导思想

以科学发展观为指导，围绕主题主线新要求，按照中央关于加快经济发展方式转变的总体部署，将环境保护作为推动经济发展方式转变的切入点和重要抓手，努力提升环境保护工作水平，推进主要污染物减排，解决突出环境问题，促进各地环境质量改善，确保人民群众身体健康。

二、监督检查内容

（一）重点行业环境污染是否得到有效治理。主要检查稀土、铅蓄电池、钢铁、制革、柠檬酸、味精、酿酒、淀粉、淀粉糖等重污染行业企业环保核查开展情况，上市公司环保核查工作开展情况，重点企业强制性清洁生产实施情况。

（二）环境影响评价制度执行情况。主要检查“两高一资”、产能过剩重点行业及涉及重金属污染的有色金属行业等建设项目环评执行情况，重点区域、流域和重点行业的规划环评执行情况。

（三）重金属污染防治是否符合规划要求。主要检查规划任务目标分解落实、工程措施和资金投向情况，年度实施、检查和考核组织情况，重点行业污染治理、环境安全保障和应急处置情况。

（四）重点流域水污染防治是否符合规划要求。主要检查海河、淮河、辽河、松花江、黄河中上游、太湖、巢湖、滇池、三峡库区及上游、长江中下游水污染防治规划落实情况。

（五）饮用水安全保障。主要检查集中式饮用水水源保护区划分管理、水源水质状况和《全国城市饮用水水源地环境保护规划》落实情况。

（六）大气污染联防联控。主要检查规划目标和任务完成情况，保障措施落实和规划项目建设情况。

（七）化学品环境风险防控。主要检查有毒化学品进出口环境管理登记及后续监管情况，POPs规划编制、报批和实施情况，重点行业的二噁英污染防治情况，危险化学品生产使用企业环境安全隐患排查整治及环境安全保障情况。

（八）危险废物处置。主要检查各项法律法规落实情况，危险废物产生单位、经营单位规范化管理情况，危险废物和医疗废物处理处置及配套设施建设情况等。

（九）污染减排政策措施落实情况。政府污染减排“十二五”规划编制和目标责任制是否落实、措施是否完善，资金投入是否到位，重点区域、行业和企业的污染减排措施是否到位，污染减排目标是否完成，产业结构调整和淘汰落后产能是否符合国家要求。

三、检查组成员单位

环境保护部、发改委、科技部、工业和信息化部、公安部、监察部、财政部、国土资源部、住房城乡建设部、交通运输部、水利部、商务部、卫生部、审计署、人民银行。

四、责任分工

环境保护部负责对监督检查工作进行总体协调和组织。

（一）环境保护政策措施落实情况

1. 重点行业环境污染是否得到有效治理：环境保护部负责，发改委、监察部、国土资源部、商务部、审计署、人民银行配合。

2. 环境影响评价制度执行情况：环境保护部负责，发改委、工业和信息化部、监察部配合。

3. 重金属污染防治是否符合规划要求：环境保护部负责，发改委、科技部、工业和信息化部、监察部、财政部、国土资源部、水利部、商务部、卫生部、人民银行配合。

4. 重点流域水污染防治是否符合规划要求：环境保护部负责，发改委、科技部、工业和信息化部、监察部、财政部、国土资源部、住房城乡建设部、交通运输部、水利部、审计署、人民银行配合。

5. 饮用水安全保障：环境保护部、发改委、住房城乡建设部、水利部、卫生部负责，监察部、财政部、国土资源部、交通运输部配合。

6. 大气污染联防联控：环境保护部负责，发改委、科技部、工业和信息化部、交通运输部配合。

7. 化学品环境风险防控：环境保护部负责，科技部、工业和信息化部、公安部、交通运输部、商务部、卫生部配合。

8. 危险废物处置：环境保护部负责，公安部、国土资源部、住房城乡建设部、交通运输部、商务部、卫生部配合。

（二）污染减排政策措施落实情况

1. 政府污染减排“十二五”规划编制和目标责任制落实情况：环境保护部负责，发改委、科技部、工业和信息化部、监察部、财政部、住房城乡建设部、审计署配合。

2. 污染减排政策措施完善情况：环境保护部负责，发改委、监察部、财政部、住房城乡建设部、审计署配合。

3. 污染减排资金投入到位情况：环境保护部、发改委、监察部、财政部、审计署负责。

4. 重点区域、行业和企业的污染减排措施到位情况：环境保护部负责，工业和信息化部、监察部、住房城乡建设部、交通运输部、审计署配合。

5. 污染减排目标是否完成：环境保护部负责，发改委、工业和信息化部、监察部、住房城乡建设部配合。

6. 产业结构调整和淘汰落后产能情况：工业和信息化部、发改委负责，环境保护部、监察部配合。

五、监督检查的组织方式（主要措施和方法步骤）

监督检查采取日常专项检查和综合检查相结合的方式进行。

（一）日常专项检查，包括各成员单位现已组织开展的、与“环境保护和污染减排政策措施落实情况监督检查”内容密切相关的专项检查，包括污染物减排总量核查、环境影响评价审批工作专项执法检查、整治违法排污企业保障群众健康环保专项检查、重点流域水污染防治专项规划实施情况考核、重金属污染防治规划实施情况考核、城市集中式饮用水水源环境状况评估、城市环境综合整治定量考核、重污染行业企业环保核查工作开展情况等。

（二）综合检查，每年组织开展一次，由环境保护部统一组织，会同各成员单位组成联合检查组，通过听取情况介绍、现场检查、查阅档案资料三种方式，分期分批对各省（区、市）的环境保护政策措施落实情况进行检查。

1. 环境保护部或有关部门领导担任检查组长，每个组设专家组。

2. 每年拟检查的省（区、市）根据年度检查计划确定；原则上“十二五”期间对每个省（区、市）至少进行2次综合检查。

3. 接受检查的省（区、市）首先进行自查，并于综合检查启动前1个月提交自查报告。

4. 检查以抽查为主，每次检查中各地抽查的地级以上城市（州、盟）不少于2个；每个省（区、市）检查时间为7天左右。

5. 每个省（区、市）检查完成后，检查组向地方党委、政府反馈意见。

6. 综合检查后由环境保护部汇总检查情况，形成年度综合检查报告。

六、检查结果报告

根据中央加快转变经济发展方式监督检查领导小组第一次会议的要求，每次检查后要向中央领导小组提交报告，每半年集中汇报检查工作进展情况。

各专项检查组织部门负责起草专项检查的有关报告、半年工作进展报告，报中央加快转变经济发展方式监督检查工作领导小组办公室（监察部）和环境保护部。

环境保护部负责汇总各部门工作进展情况并起草半年工作进展报告，负责汇总综合检查情况并起草综合检查报告。

七、协调机制

建立完善环境保护和污染减排政策措施落实情况监督检查的协调机制，成立监督检查部际协调小组，环境保护部领导任组长，各成员单位相关司局负责同志为成员。部际协调小组负责环境保护和污染减排政策措施落实情况监督检查有关工作安排的部门间协调。

八、2011～2012年检查工作计划（综合检查）

（一）2011年检查计划

1. 重点检查的省（区、市）：

内蒙古、江苏、浙江、江西、河南、湖北、湖南、广东、广西、四川、云南、陕西、甘肃、青海14个省（区），其他省份抽查。

2. 时间安排：8月31日前，各相关省（区）进行自查，并将自查报告报环境保护部；9月，环境保护部会同各成员单位组成7个检查组，由环境保护部或有关部门领导带队，赴上述14个省（区）进行检查。

3. 检查方式：通过听取情况介绍、现场检查、查阅档案资料三种方式进行。

4. 检查内容：

重金属污染防治是否符合规划要求，环境影响评价制度执行情况，重点行业环境污染是否得到有效治理，饮用水安全保障情况，污染减排政策措施落实情况。

（二）2012年检查计划

1. 主要检查的省（区、市）：

北京、天津、河北、山西、辽宁、吉林、黑龙江、上海、安徽、福建、山东、海南、重庆、贵州、西藏、宁夏、新疆等17个省（区、市）和新疆生产建设兵团，其他省份抽查。

2. 检查时间：2012年6月。

3. 检查方式：通过听取情况介绍、现场检查、查阅档案资料三种方式进行。

4. 检查内容：

重点流域水污染防治规划落实情况，重点行业环境污染是否得到有效治理，大气污染联防联控，化学品环境风险防控，危险废物处置情况，污染减排政策措施落实情况。

2012年具体检查方案届时另行通知。

环保部关于印发《污染减排政策落实情况绩效管理试点工作实施方案》的通知

（环函〔2011〕230号）

各省、自治区、直辖市环境保护厅（局），新疆生产建设兵团环境保护局，国家电网公司、华能、大唐、华电、国电、中电投集团公司，中国石油化工集团公司，中国石油天然气集团公司：

根据监察部《关于开展政府绩效管理试点工作的意见》精神，环境保护部具体承担污染减排政策落实情况绩效管理试点工作。为有序推进试点工作的开展，我部制订了《污染减排政策落实情况绩效管理试点工作实施方案》，并已报送政府绩效管理工作部际联席会议办公室备案。现将方案印发给你们，请结合实际认真贯彻执行，积极做好配合工作。

环境保护部（印）
2011年8月29日

附件：污染减排政策落实情况绩效管理试点工作实施方案（略）

中电联印发《电力行业应对气候变化工作指导意见》

（中电联环资〔2011〕179号）

为促进电力行业转变发展方式，推进电力行业应对气候变化工作，根据中国电力企业联合会第五届理事会第一次理事长会议纪要，中电联印发了《电力行业应对气候变化工作指导意见》（中电联环资〔2011〕179号）。该指导意见重点分析了电力行业应对气候变化面临的形势，明确了指导思想、主要任务、工作原则和机制保障等，将对推进电力行业应对气候变化工作有序开展起到规范和指导作用。

电力行业应对气候变化工作指导意见

应对气候变化是电力行业发展战略的重要组成，是电力行业实现科学发展和促进资源节约型、环境友好型社会建设所肩负的历史使命。为全面贯彻落实科学发展观，集中行业智慧，形成行业共识，开展行业行动，引导电力企业践行中国政府对国际社会做出的应对气候变化的庄严承诺，促进电力行业转变发展方式，实现安全发展、经济发展、清洁发展、高效发展，现就推进电力行业应对气候变化工作提出如下指导意见。

一、认清形势，明确任务

（一）中国政府高度重视应对气候变化问题。按照“共同但有区别的责任”原则，制订了应对气候变化国家方案，成立了国家应对气候变化领导小组，提出了2020年前中国应对气候变化的战略目标和一系列重大措施，并将“非化石能源占一次能源消费比重达到11.4%”和“单位国内生产总值二氧化碳排放降低17%”作为约束性指标列入《中华人民共和国国民经济和社会发展第十二个五年规划纲要》。

（二）电力行业在应对气候变化中起着举足轻重的作用。应对气候变化的核心是减少温室气体的排放和增加碳汇，其中，减少能源生产、转换、消费过程中产生的二氧化碳是重大措施之一。电力行业在能源转换过程中排放的二氧化碳约占全国排放总量的50%，是二氧化碳减排的关键部门之一。同时，电力行业也是实现全社会、各行各业减排的重要桥梁。通过电力结构调整、节能降耗和建设应用智能电力系统，可以在转变电力发展方式的同时，促进工业和民用领域加快应用低碳技术和全社会节能减排。

（三）电力行业必须在发展中解决应对气候变化问题。改革开放以来，中国电力工业得到长足发展，基本满足了国民经济和人民生活水平的需要。但同发达国家人均装机水平和人均发电量水平相比，仍存在较大差距。中国正处在工业化、城镇化快速发展的关键阶段，电力需求快速增长，保障电力充足、安全、稳定供应是电力行业的首要职责，发展仍然是中国电力行业的首要任务，必须在发展的前提下和发展的过程中解决应对气候变化问题。

（四）电力行业面临温室气体减排的巨大挑战。一方面，中国“富煤、缺油、乏气”的资源禀赋条件决定了一次能源构成中以煤为主的状况将长期存在，以煤电为主的格局难以发生重大变化。另一方面，中国的水能、风能、太阳能等可再生能源资源大多处于边远地区，需要走集中开发、规模外送、大范围消纳和因地制宜、分阶段开发、就地消纳相结合的发展道路，对电网的资源优化配置能力和智能化水平提出了很高要求。同时，由于中国煤电机组供电煤耗和电网线损率已达到或接近国际先进水平，节能减排空间逐步缩小，降低二氧化碳排放强度空间有限。面对严峻挑战，电力行业必须提高认识，凝聚共识，共同应对，在全行业的平台上明确工作任务，创新工作机制。

（五）转变发展方式、提高发展质量是电力行业应对气候变化的战略任务。

一是要加大非化石能源发电比重。在保护生态环境的前提下，优先开发水电；在确保安全的基础上，大力发展核电；积极推进风能、太阳能和生物质能等可再生能源发电，提高非化石能源比重。

二是要优化发展煤电。推行煤电一体化开发，加快建设大型煤电基地，坚持输煤输电并举。鼓励发展热电联产，统一规划高参数、环保型机组和符合国家政策的热电联产项目。推进煤电绿色开发，大力推行洁净煤发电技术。

三是加强电网建设，发展智能电网。加快特高压交直流后续工程建设，构建坚强主网架，促进大型能源基地集约化开发和清洁能源高效利用，推动电源与电网、电源基地与输电通道、各电压等级电网、一次系统与二次系统协调发展。依靠现代信息、通信和控制技术，加快建设智能电网，适应未来可持续发展要求。

四是采取综合措施，提高能源效率。优化机组和电网运行方式，推行节能发电调度，开展发电权交易，重视调峰电源建设；继续推进“上大压小”工作，淘汰落后产能；实施重大节能项目技术改造，广泛应用先进的节能技术，持续提高机组的能源利用水平。

五是因地制宜、统筹协调安全、环保、应对气候变化和提高能效的各种措施，实现可持续发展能力最优化。

二、积极应对，有序行动

（六）电力行业需积极应对气候变化。国家已经开始全面规划应对气候变化工作，电力行业要以科学发展观为统领，积极、全面、有序开展应对气候变化的系统研究和能力建设，承担相应的责任和义务，探索建立行业组织和电力企业应对气候变化的战略体系和行动方案，为实现国家应对气候变化战略目标而努力。

（七）坚持政府主导、行业自律的原则。应对气候变化是国家战略，要立足国家需求，顾全大局，在政府部门领导和指导下，依法开展；应对气候变化也是电力行业发展战略的重要组成，对行业和企业影响巨大，必须统一认识，共同行动，加强行业自律，形成电力行业共同应对气候变化的强大合力。

（八）坚持统一规划、综合协调的原则。应对气候变化应立足当前，着眼未来，超前谋划。在规划的指导下，统一组织，综合协调、策划和实施电力行业应对气候变化工作。

（九）坚持科技创新、标准引导的原则。科技创新是实现低碳发展的前提和基础，必须全面推进理论创新、技术创新、管理创新。同时，建立电力行业应对气候变化标准体系，通过标准的规范和引导，提高能源利用效率，减少低水平技术的重复使用。

（十）坚持示范先行、政策推动的原则。重大碳减排技术的应用，必须坚持示范先行。通过示范，认真总结经验，全面评估安全、经济、技术的可行性。同时，要积极研究财税、金融、价格等政策，发挥政策引领作用，有序推进温室气体减排技术的应用。

三、建立机制，提高能力

（十一）建立健全工作机制。建立电力行业应对气候变化的信息交流共享机制、重大问题协调机制、共同研究开发机制、国际交流合作机制、宣传与培训机制。

1. 依托行业现有统计平台和体系，建设电力行业二氧化碳排放统计网络，建立电力二氧化碳排放数据库。

2. 依托行业现有节能环保工作体系及与应对气候变化相关的部门和研究机构，组织开展电力行业温室气体控制目标及控制战略研究，开展行业宣传与培训等。研究电力行业二氧化碳排放现状、控制能力、控制空间，研究提出中长期控制目标和技术路线，研究符合中国国情的碳排放交易市场体系和碳金融体系的建立原则和路径。

3. 依托行业标准管理平台和体系，组织制定二氧化碳减排技术标准体系，规范二氧化碳排放的核算、统计和考核方法。

4. 依托行业国际交流与合作平台，加强与国际组织的信息交流和项目合作，积极争取国际资金资助。

（十二）形成企业为主体、产学研用共同参与的创新体系。强化科技创新力度，显著提升电力行业应对气候变化研发能力和核心竞争力。在行业应对气候变化的统一规划下，充分发挥核心企业的作用，积极促进企业和科研机构引进先进成熟的、适合国情的低碳发电技术和二氧化碳减排技术。推进组建国家级电力二氧化碳控制研发（实验）中心，开展关键技术攻关研究并推动工程应用。

（十三）发挥行业协会在应对气候变化领域的主渠道作用。积极参与法规制定、反映企业诉求、提出行业建议。针对影响和制约电力行业应对气候变化的重点和难点问题，组织开展具有科学性、指导性和前瞻性的技术政策研究，为政府宏观决策提供重要参考依据；积极反映电力行业在应对气候变化中的可承受能力，为国家制定电力行业温室气体约束性指标及其他宏观决策，提出代表全电力行业的建议和意见；积极反映电力企业在应对气候变化行动中的合理诉求，维护电力企业的合法权益。

（十四）成立电力行业应对气候变化协调委员会。协调委员会由中国电力企业联合会领导和有代表性的企业负责人组成。主要职责是：研究提出电力行业应对气候变化的战略和重大措施及相关工作计划；研究电力行业应对气候变化的自律性机制建设；在政府指导下，协调电力行业参与国际上应对气候变化的行动；审议电力行业发布的应对气候变化的相关报告、信息等。

（十五）成立电力行业应对气候变化专家委员会。主要任务是：在电力行业应对气候变化协调委员会的领导和指导下，提出电力行业拟向国家有关部门反映的政策建议以及电力行业内部的重大措施和行动建议，指导电力行业应对气候变化工作。

（十六）电力企业应重视应对气候变化的组织体系建设。电力企业要充分认识开展应对气候变化工作的重大意义，建立健全组织体系，扎实开展应对气候变化的重点工作，使应对气候变化的各项工作目标明确、责任落实、措施到位。

（十七）建立应对气候变化经费保障机制。应对气候变化是一项长期性、基础性、具有重大影响力的工作，应有专门的工作经费，以保障各项工作顺利进行。中国电力企业联合会应根据工作目标、任务需要，建立经费保障机制和经费的使用机制。

关于印发《国家电网公司防止直流换流站单、双极强迫停运二十一项反事故措施》的通知

（国家电网生〔2011〕961号）

各有关单位：

为进一步提高直流输电系统运行可靠性，公司生产技术部在全面总结2003年以来直流输电系统运行经验并广泛征求设计、制造、施工、物资及生产运行单位意见的基础上，组织制定了《国家电网公司防止直流换流站单、双极强迫停运二十一项反事故措施》，现予以印发（详见附件）。请各单位在设计、制造、建设、生产运行中认真贯彻落实。执行中有何意见和建议，请及时反馈公司生产技术部。

原《国家电网公司预防换流站单双极闭锁反措（试行）》（国家电网生〔2009〕1449号）同时废止。

附件：国家电网公司防止直流换流站单、双极强迫停运二十一项反事故措施（略）

2011年7月5日（印）

2012 中国电力年鉴

统 计 资 料

电力行业统计资料

2011年电力工业基本数据一览表

指　标　名　称	单　位	2011年	2010年	同比增长（±、%）
全口径发电装机容量	万kW	106 253	96 641	9.95
水　电	万kW	23 298	21 606	7.83
火　电	万kW	76 834	70 967	8.27
核　电	万kW	1257	1082	16.15
风　电	万kW	4623	2958	56.32
其　他	万kW	241	28	760.71
全口径发电量	亿kWh	47 306	42 278	11.89
水　电	亿kWh	6681	6867	−2.71
火　电	亿kWh	39 003	34 166	14.16
核　电	亿kWh	872	747	16.67
风　电	亿kWh	741	494	49.91
其　他	亿kWh	8.7	3	190
全社会用电量	亿kWh	47 026	41 999	11.97
6000kW及以上供电标准煤耗	g/kWh	329	333	−4
6000kW及以上电厂发电设备利用小时	h	4730	4650	80
水　电	h	3019	3404	−385
火　电	h	5305	5031	274
核　电	h	7779	7840	−81
风　电	h	1875	2047	−172
线路损失率	%	6.52	6.53	−0.01
基建新增发电装机容量	万kW	9436	9124	3.42
基建新增110kV及以上输电线路长度	km	66 903	76 574	−12.63
基建新增110kV及以上变电设备容量	万kVA	30 593	35 335	−13.42
35kV及以上输电线路回路长度	km	1 409 698	1 337 076	5.43
35kV及以上变电设备容量	万kVA	397 811	361 742	9.97
电力工程建设投资完成	亿元	7614	7417	2.65
电源工程建设投资完成	亿元	3927	3969	−1.06
其中：水电	亿元	971	819	18.48
火电	亿元	1133	1426	−20.53
核电	亿元	764	648	17.97
风电	亿元	902	1038	−13.02
电网工程建设投资完成	亿元	3687	3448	6.92

2011 年全国分地区发电装机容量

万 kW

地区	合计			水电			火电			核电			风电			其他
	2011	2010	同比(%)	2011	2010	同比(%)	2011	2010	同比(%)	2011	2010	同比(%)	2011	2010	同比(%)	2011
全国	**106 253**	**96 641**	**9.9**	**23 298**	**21 606**	**7.8**	**76 834**	**70 967**	**8.3**	**1257**	**1082**	**16.1**	**4623**	**2958**	**56.3**	**241.0**
北京	634	631	0.4	105	105		514	514	−0.2				15	11	31.6	
天津	1097	1094	0.3	1	1		1083	1091	−0.7				13	3	415.4	
河北	4450	4215	5.6	179	179		3810	3664	4.0				447	372	20.0	14.7
山西	4987	4429	12.6	243	182	33.6	4651	4210	10.5				90	37	143.6	2.7
内蒙古	7506	6460	16.2	85	85		5955	5402	10.2				1457	973	49.8	8.7
辽宁	3400	3228	5.4	147	147		2851	2772	2.9				402	308	30.4	
吉林	2305	2035	13.3	433	427	1.5	1587	1387	14.4				285	221	29.2	
黑龙江	2087	1965	6.2	96	94	1.2	1737	1679	3.4				255	191	33.3	
上海	1966	1858	5.8				1943	1843	5.4				21	14	48.1	1.4
江苏	7004	6470	8.2	114	114		6480	5998	8.0	212	212		158	137	15.1	39.6
浙江	6063	5721	6.0	971	969	0.2	4626	4360	6.1	433	367	18.0	32	25	29.3	0.8
安徽	3179	2933	8.4	200	169	18.2	2959	2763	7.1				20			0.4
福建	3717	3473	7.0	1125	1111	1.3	2510	2307	8.8				82	55	48.2	
江西	1806	1706	5.9	411	404	1.7	1382	1294	6.8				13	8	58.9	0.7
山东	6805	6248	8.9	106.9	106.7	0.2	6448	6002	7.4				246	138	78.6	3.7
河南	5324	5057	5.3	395	365	8.3	4919	4687	4.9				11	5	120.5	
湖北	5314	4906	8.3	3386	3085	9.8	1918	1815	5.6				10	6	75.5	0.3
湖南	3112	2912	6.9	1337	1299	2.9	1765	1609	9.7				10.6	4	179.2	
广东	7624	7113	7.2	1302	1260	3.3	5635	5287	6.6	612	503	21.6	74	62	19.0	0.8
广西	2707	2533	6.9	1526	1494	2.1	1177	1039	13.2				5			
海南	423	392	7.9	81	75	7.5	315	297	6.0				25	21	24.1	2.5
重庆	1296	1167	11.1	598	488	22.5	694	674	2.9				5	5		
四川	4787	4327	10.6	3342	3070	8.9	1441	1258	14.8				2			
贵州	3901	3409	14.4	1866	1655	12.7	2030	1753	15.8				4			
云南	4047	3605	12.3	2842	2435	16.7	1133	1133	0.2				67	34	98.0	2.0
西藏	97	78	24.6	54	44	23.2	37	31	19.8							6.6
陕西	2460	2358	4.3	232	221	4.9	2215	2137	3.7				10			2.0
甘肃	2745	2075	32.3	655	611	7.1	1524	1324	15.1				555	139	298.6	11.1
青海	1422	1262	12.7	1096	1068	2.6	230	193	19.1				2			93.8
宁夏	1848	1374	34.5	43	43		1640	1271	29.0				117	51	127.4	49.1
新疆	2138	1607	33.0	327	299	9.6	1623	1172	38.5				188	136	37.9	

2011 年全国分地区发电量

亿 kWh

地区	合计			水电			火电			核电			风电			其他
	2011	2010	同比（%）	2011	2010	同比（%）	2011	2010	同比（%）	2011	2010	同比（%）	2011	2010	同比（%）	2011
全国	**47 306**	**42 278**	**11.9**	**6681**	**6867**	**−2.7**	**39 003**	**34 166**	**14.2**	**872**	**747**	**16.7**	**741**	**494**	**49.9**	**8.7**
北京	266	270	−1.6	4.5	4.3	3.4	258	263	−1.7				3.1	3.1	1.5	
天津	613	556	10.3	0.14	0.12	14.8	612	556	10.1				1.4	0.1	993.0	
河北	2250	2063	9.0	9.0	8.0	7.9	2151	1998	7.7				89	57	56.3	0.4
山西	2344	2151	9.0	35	37	−5.3	2296	2108	8.9				13	6	137.7	0.1
内蒙古	3135	2600	20.6	18	20	−7.4	2889	2407	20.0				227	174	31.0	0.1
辽宁	1423	1340	6.2	41	57	−27.3	1316	1236	6.4				66	47	40.6	
吉林	705	658	7.2	74	103	−28.4	592	522	13.4				40	33	20.2	
黑龙江	834	791	5.6	16	22	−27.3	775	736	5.3				44	33	32.9	
上海	1026	944	8.7				1022	942	8.6				4	2	86.6	0.14
江苏	3933	3499	12.4	13	14	−9.6	3731	3305	12.9	161	157	2.4	27	23	19.2	1.0
浙江	2790	2568	8.7	156	224	−30.2	2343	2082	12.5	286	257	11.4	6	5	21.1	0.1
安徽	1655	1463	13.1	28	37	−23.7	1624	1426	13.9				2			0.03
福建	1579	1356	16.4	285	454	−37.1	1272	891	42.8				22	12	82.5	
江西	742	639	16.1	75	101	−25.2	665	537	23.7				2.2	1.4	49.3	0.04
山东	3172	3091	2.6	1.1	0.6	88.0	3129	3064	2.1				42	27	58.7	0.4
河南	2598	2284	13.8	98	85	15.4	2498	2198	13.7				1.7	1.1	60.7	
湖北	2102	2017	4.2	1167	1246	−6.3	933	771	21.1				1.5	0.7	133.1	0.03
湖南	1204	1100	9.5	304	375	−18.8	899	725	24.0				0.5	0.4	24.1	
广东	3696	3146	17.5	209	268	−21.9	3046	2535	20.2	425	334	27.5	16	10.2	58.9	0.01
广西	1052	1032	1.9	415	475	−12.7	637	557	14.3				0.1			
海南	189	162	16.6	26	20	26.8	158	139	13.2				5.3	2.4	119.4	0.2
重庆	534	475	12.5	146	143	1.7	387	331	17.0				1.0	0.5	88.4	
四川	1857	1704	9.0	1261	1139	10.7	596	565	5.5				0.2			
贵州	1416	1340	5.6	393	384	2.2	1022	956	7.0				1			
云南	1555	1365	13.9	1009	814	23.9	536	546	−1.9				10	3.9	146.4	0.3
西藏	23	20	13.0	17	15	9.1	4.64	3.8	21.7							1.8
陕西	1179	1032	14.2	94	75	26.3	1084	958	13.2				1			
甘肃	1068	875	22.1	282	263	7.2	714	591	20.8				71	21	241.5	0.6
青海	490	472	3.9	367	363	1.0	122	109	12.1				0.03			1.4
宁夏	999	599	66.8	17	18	−6.1	967	572	69.0				13	8	58.7	1.9
新疆	875	665	31.6	122	103	17.8	725	539	34.6				28	23	23.1	

2011年全社会用电量情况

地 区	用电量(亿 kWh)	同比(%)
全 国	**47 026**	**11.97**
北 京	822	1.46
天 津	695	7.65
河 北	2985	10.90
山 西	1650	13.04
内蒙古	1864	21.29
辽 宁	1862	8.53
吉 林	630	9.22
黑龙江	802	7.23
上 海	1340	3.38
江 苏	4282	10.80
浙 江	3117	10.49
安 徽	1221	13.29
福 建	1516	15.27
江 西	835	19.21
山 东	3635	10.21
河 南	2659	12.96
湖 北	1451	9.04
湖 南	1293	10.37
广 东	4399	8.35
广 西	1112	11.98
海 南	185	16.52
重 庆	717	14.46
四 川	1751	13.07
贵 州	944	13.02
云 南	1204	19.92
西 藏	24	16.46
陕 西	982	14.34
甘 肃	923	14.79
青 海	561	20.53
宁 夏	725	32.51
新 疆	839	26.76

2011年度全国100万kW超超临界火电机组能效指标

序号	电厂简称	机组编号	容量（万kW）	投产日期	供电煤耗（g/kWh）	厂用电率（%）	油耗（$\times10^{-4}$g/kWh）	耗水率（kg/kWh）
1	国电浙江北仑	6	100	2008.12.20	283.5	3.66	0.12	0.25
2	华能广东海门	1	100	2009.06.07	284.35	3.78	0.12	0.13
3	华能浙江玉环	1	100	2006.11.28	284.69	4	36.45	0.26
4	国电浙江北仑	7	100	2009.06.02	285.5	31.15	0.28	0.25
5	大唐广东潮州	1	100	2010.05.01	285.99	4.01	8	0.19
6	华电山东邹县	8	100	2007.07.05	286.05	4.37	1.42	2.17
7	国电江苏泰州	2	100	2008.03.31	287.04	4.15	0	0.1
8	华能南京金陵	1	100	2009.12.23	287.36	4	45.75	0.27
9	国电江苏泰州	1	100	2007.12.04	287.5	4.24	0	0.2
10	华电山东邹县	7	100	2006.12.04	287.54	4.19	0.95	2.17
11	华能广东海门	2	100	2009.09.27	288.19	3.94	0.11	0.13
12	华能浙江玉环	4	100	2007.11.25	288.89	4.32	39.79	0.26
13	国华浙江宁海	6	100	2009.09.21	288.94	4.28	0.08	0.19
14	华能浙江玉环	2	100	2006.12.30	289.35	4.43	226.3	0.26
15	华能浙江玉环	3	100	2007.11.11	289.38	4.49	21.93	0.26
16	国投天津北疆	2	100	2009.11.30	290.55	4.91	183	0.29
17	国投天津北疆	1	100	2009.09.24	291.25	4.95	205	0.29
18	国电江苏谏壁	13	100	2011.05.22	292.35	3.84	60.32	0.21
19	国华辽宁绥中	3	100	2010.02.12	293.13	4.83	0.01	0.37
20	国华浙江宁海	5	100	2009.10.14	293.36	4.63	0.15	0.19
21	华润徐州彭城	6	100	2010.07.07	294.57	4.78	60.84	2.05
22	华润徐州彭城	5	100	2010.06.23	294.89	4.87	183.5	2.05
23	国华辽宁绥中	4	100	2010.05.18	298.05	4.79	0.05	0.37
24	大唐广东潮州	2	100	2010.05.01	305.42	4.11	9	0.19

注 数据来源于中国电力企业联合会全国发电机组技术协作会。

2011年度全国60万kW超超临界火电机组能效指标

序号	电厂名称	机组编号	容量（万kW）	投产日期	供电煤耗（g/kWh）	厂用电率（%）	油耗（$\times10^{-4}$g/kWh）	耗水率（kg/kWh）
1	浙能温州二厂	4	66	2010.07.25	291.66	4.5	125	0.26
2	大唐福建宁德	1	66	2009.06.27	292	4.2	54	0.25
3	华电安徽芜湖	2	66	2008.12.20	292.35	4.27	0.65	0.39
4	大唐福建宁德	2	66	2008.12.31	292.35	4.27	0.65	0.39
5	浙能温州二厂	3	66	2010.03.30	292.57	4.47	277	0.26
6	大唐河南华豫	3	66	2009.03.23	292.67	3.86	0.87	1.53
7	华能福建福州	6	66	2010.11.15	292.79	4.5	624	0.32
8	华电江苏望亭	3	66	2009.06.27	293	5.27	158	0.45
9	华能上海石二	3	66	2009.11.16	293.7	4.8	319	0.35
10	大唐江苏吕四港	4	66	2010.06.06	294.24	4.46	59	0.2
11	大唐江苏南京	2	66	2010.12.15	295.12	4.72	79	0.58
12	华能福建福州	5	66	2010.07.22	295.27	4.79	565	0.31
13	华电安徽芜湖	1	66	2008.06.24	295.29	4.34	0.57	0.39
14	华能山东威海	5	68	2010.12.01	295.78	4.06	10	0.12
15	大唐江苏南京	1	66	2010.06.05	296.72	4.49	118	0.58
16	华能上海石二	4	66	2009.12.15	297.4	5.11	200	0.35
17	华能山东威海	6	68	2011.01.01	297.91	4.43	35	0.12
18	大唐江苏吕四港	3	66	2010.03.14	298.88	4.58	50	0.22
19	大唐河南禹州	3	66	2009.06.30	299.27	4.33	354.99	1.98
20	华电湖北西塞山	3	68	2010.12.23	301.3	4.77	1	0.1
21	华能辽宁营口	4	60	2007.10.14	303.26	4.85	53.2	0.38
22	华能江西井冈山	4	66	2009.12.25	304.09	4.25	0	1.93
23	大唐河南禹州	4	66	2009.12.29	304.26	4.69	404.79	1.98
24	中电投江西新昌	1	66	2009.12.14	304.68	4.31	141.5	1.26
25	华能江西井冈山	3	66	2009.11.19	306.84	4.4	0	1.94
26	华能辽宁营口	3	60	2007.08.31	306.9	5.07	32.3	0.38
27	华电辽宁铁岭	5	60	2008.07.04	311.32	6.61	120	3.43
28	华电辽宁铁岭	6	60	2008.12.22	313.98	6.38	678	3.43

注　数据来源于中国电力企业联合会全国发电机组技术协作会。

2011年度全国60万kW级超临界火电机组能效指标

序号	电厂名称	机组编号	容量（万kW）	投产日期	供电煤耗（g/kWh）	厂用电率（%）	油耗（$\times10^{-4}$g/kWh）	耗水率（kg/kWh）
1	大唐山东黄岛	6	66	2007.11.14	295.83	4.02	0	0.18
2	大唐浙江乌沙山	2	60	2006.07.09	296.62	4.05	19.7	0.23
3	中电投安徽田集	2	63	2007.10.15	296.91	3.5	0	1.63
4	华润安徽阜阳	1	64	2006.06.20	298.07	4.36	0.06	1.82
5	国电江苏常州	2	63	2006.11.30	298.68	4.5	0	0.35
6	申能上海外二	5	90	2004.04.20	298.94	3.87	0.92	0.55
7	中电投湖北黄岗	2	64	2008.09.27	300.29	3.96	258	1.98
8	中电投湖北黄岗	1	64	2008.05.24	300.33	3.99	226	1.98
9	国电福建江阴	1	60	2007.07.26	300.46	4.14	0	0.21
10	国电福建江阴	2	60	2007.10.14	300.52	4.21	4	0.21
11	国电山东聊城	3	60	2009.02.27	301.01	5.3	570	2.1
12	国电山东聊城	4	60	2009.08.31	301.27	5.25	995	2.2
13	国投江苏沙洲	1	63	2006.03.30	301.58	4.08	0	0.12
14	华电福建可门	3	60	2006.12.04	301.65	4.58	0	0.29
15	华电山东潍坊	4	67	2007.06.09	301.74	5.09	2	1.93
16	浙能安徽凤台	2	60	2008.09.29	301.76	4.69	114	2.16
17	中电投河南开封	1	60	2008.12.18	301.85	4.24	55.3	1.29
18	国电辽宁庄河	2	60	2007.11.05	301.98	5.34	32.5	0.38
19	中电投河南姚孟	5	60	2007.10.26	302.03	4.29	196	2.29
20	国信江苏场州二	4	63	2007.01.26	302.17	4.47	406	2.25
21	中电投安徽平圩	3	64	2007.12.24	302.48	4.7	188	1.97
22	国电辽宁庄河	1	60	2007.08.06	302.62	5.42	62.5	0.38
23	华能安徽巢湖	2	60	2008.11.24	302.73	4.17	0.03	1.75
24	申能上海外二	6	90	2004.09.22	302.85	4	1.61	0.55
25	华电福建可门	1	60	2006.08.03	302.92	4.69	0.04	0.29
26	华润安徽阜阳	2	64	2006.03.30	302.93	4.53	0.09	1.83
27	华能上海石二	2	60	1992.12.26	302.94	3.47	249	0.37
28	华电安徽宿州	1	63	2007.09.02	303.07	4.91	0.05	0.23
29	华润江苏常熟	1	65	2005.03.03	303.11	4.32	12	0.28
30	华能江苏太仓	3	63	2006.01.19	303.19	4.52	69	0.36
31	中电投安徽平圩	4	64	2007.03.19	303.21	4.66	115	1.96
32	华能山东日照	4	68	2008.12.19	303.48	4.77	0.33	0.18
33	国电江苏常州	1	63	2006.05.23	303.64	4.34	0	0.35
34	国电安徽蚌埠	1	63	2008.12.30	303.67	4.73	0	1.55

续表

序号	电厂名称	机组编号	容量（万 kW）	投产日期	供电煤耗（g/kWh）	厂用电率（%）	油耗（$\times10^{-4}$g/kWh）	耗水率（kg/kWh）
35	华电湖北襄樊	6	60	2007.05.23	303.78	3.75	0.02	0.26
36	华能山东日照	3	68	2008.12.07	303.82	4.75	0.22	0.18
37	国投江苏沙洲	2	63	2006.08.13	303.88	4.05	0	0.12
38	华能安徽巢湖	1	60	2008.08.09	303.98	4.6	0.01	1.72
39	国电安徽蚌埠	2	63	2009.04.20	304	4.81	0	1.55
40	华润河南首阳山	1	60	2006.05.05	304.3	4.65	143	1.62
41	华电湖北襄樊	5	60	2007.01.25	304.45	3.97	0.02	0.26
42	大唐安徽马鞍山	1	66	2008.12.15	305.2	4.57	0	0.18
43	华润江苏常熟	2	65	2005.06.16	305.21	4.72	47	0.26
44	大唐河南三门峡	3	60	2006.06.29	305.33	4.31	0.06	2.16
45	大唐浙江乌沙山	3	60	2006.09.30	305.41	4.09	8.25	0.23
46	华能河南沁北	2	60	2004.12.13	305.5	4.6	580	1.8
47	大唐安徽马鞍山	2	66	2008.12.30	305.73	4.67	0.13	0.18
48	国电安徽铜陵	2	60	2008.09.28	305.77	4.36	29	0.36
49	华能河南沁北	1	60	2004.11.23	305.78	4.69	385	1.8
50	国电郑州荥阳	2	60	2011.11.29	306	4.08	2.1	2.05
51	浙能安徽凤台	1	60	2008.08.06	306.02	4.73	129	2.16
52	国电河南民权	2	60	2008.11.06	306.02	4.64	0.18	1.9
53	大唐安徽洛河	6	60	2007.11.30	306.21	4.31	60	1.9
54	大唐福建宁德	4	60	2006.06.06	306.39	4.66	87	0.25
55	浙能浙江乐清	2	60	2008.09.10	306.41	4.93	548	0.26
56	国华江苏太仓	7	63	2006.01.20	306.45	4.6	419	0.13
57	国电江西黄金埠	2	60	2007.07.31	306.5	4.81	0	2.15
58	华润河南首阳山	2	60	2006.10.06	306.5	4.68	90.1	1.65
59	粤电广东金湾	4	60	2007.02.10	306.58	4.59	1155	0.22
60	国电安徽铜陵	1	60	2008.07.28	306.61	4.43	0	0.36
61	大唐安徽洛河	5	60	2007.12.08	306.7	4.26	69	1.9
62	大唐山东黄岛	5	66	2006.11.08	306.8	4.56	2.06	0.18
63	华能河南沁北	4	60	2007.12.12	306.87	4.82	99.3	1.8
64	中电投河南姚孟	6	60	2007.12.29	306.88	4.54	253	2.29
65	华能河南沁北	3	60	2007.11.20	306.95	4.79	133	1.8
66	华电山东潍坊	3	67	2006.10.24	307.05	5.23	2.2	1.93
67	浙涌浙江乐清	1	60	2008.09.09	307.19	5.22	418	0.26
68	华电安徽宿州	2	63	2007.11.10	307.25	4.73	0.06	0.24
69	河南省投鸭河口	3	60	2007.12.18	307.31	4.98	215	2.23
70	国电江西黄金埠	1	60	2007.03.15	307.45	4.79	0	2.15

续表

序号	电厂名称	机组编号	容量（万kW）	投产日期	供电煤耗（g/kWh）	厂用电率（%）	油耗（$\times 10^{-4}$g/kWh）	耗水率（kg/kWh）
71	国华江苏太仓	8	63	2005.11.08	307.49	4.45	381	0.14
72	国电河南民权	1	60	2008.08.23	307.5	4.77	0.31	1.9
73	大唐广东三百门	2	60	2006.05.22	307.66	4.28	21	0.19
74	河南鹤壁丰鹤	2	60	2008.01.14	307.68	4.71	360	1.8
75	浙能浙江兰溪	1	60	2006.04.19	307.69	5.14	649	2.32
76	大唐浙江乌沙山	1	60	2006.04.01	307.89	4.12	18.7	0.23
77	华润江苏常熟	3	65	2006.12.04	307.96	4.68	46.1	0.3
78	华能内蒙古伊敏	5	60	2011.01.13	308.03	4.66	732	1.94
79	国华河北沧东	4	66	2009.11.27	308.12	4.47	0	0.22
80	浙能浙江兰溪	2	60	2006.08.23	308.21	5.39	628	2.32
81	华能内蒙古伊敏	6	60	2010.12.03	308.29	4.78	464	1.94
82	中电投河南开封	2	60	2009.02.27	308.36	4.33	232	2.03
83	国电湖北荆门	6	60	2006.12.29	308.37	4.58	7	1.91
84	粤电汕尾红海湾	1	60	2008.01.27	308.5	4.93	0.1	0.2
85	浙涌浙江兰溪	3	60	2006.12.28	308.67	5.07	624	2.32
86	新力江苏利港	6	63	2006.12.22	308.7	4.19	19	0.38
87	华能江苏太仓	4	63	2006.02.22	308.7	4.5	28	0.33
88	中电投安徽田集	1	63	2007.07.26	309.04	4.24	91.5	1.01
89	国电山东费县	1	65	2007.02.02	309.04	4.24	91.5	1.01
90	国电山东费县	1	65	2007.08.05	309.44	4.18	85.6	1.01
91	大唐河南三门峡	4	60	2006.08.27	309.46	4.56	0.13	2.16
92	华能广东汕头	3	60	2005.10.20	309.52	4.39	21	0.22
93	华润江苏镇江	5	63	2005.07.12	309.54	4.68	73.4	0.36
94	粤电汕尾红海湾	2	60	2008.02.11	309.57	5.06	0.27	0.25
95	浙能浙江兰溪	4	60	2007.05.22	309.68	4.8	456	2.32
96	河南省投鸭河口	4	60	2008.04.24	309.93	5.52	304	2.23
97	大唐浙江乌沙山	4	60	2006.11.08	309.95	4.1	8.75	0.23
98	大唐福建宁德	3	60	2006.09.08	309.97	4.46	100	0.25
99	河南鹤壁丰鹤	1	60	2007.09.29	310.09	4.61	385	1.85
100	国电湖北荆门	7	60	2007.06.06	310.85	4.66	9	1.91
101	国电辽宁康平	1	60	2008.12.08	310.86	4.5	310	2.58
102	国电湖南益阳	4	63	2008.06.26	310.9	4.9	173	0.16
103	华能上海石二	1	60	1992.06.12	311.11	3.75	460	0.37
104	国网山西王曲	1	60	2006.08.09	311.23	4.93	0.06	2.17
105	大唐湖南湘潭	3	60	2006.03.30	311.24	5.83	0	0.21
106	国电湖南益阳	3	63	2007.12.13	311.32	4.7	189	0.16
107	华润江苏镇江	6	63	2005.11.11	311.44	4.66	135	0.36

续表

序号	电厂名称	机组编号	容量（万 kW）	投产日期	供电煤耗（g/kWh）	厂用电率（%）	油耗（$\times10^{-4}$g/kWh）	耗水率（kg/kWh）
108	粤电广东金湾	3	60	2007.02.17	311.48	4.89	616	0.22
109	华电河南新乡	1	66	2007.04.19	311.65	5.35	457	1.92
110	国网山西王曲	2	60	2006.08.31	311.73	4.96	0.07	2.17
111	新力江苏利港	5	63	2006.12.09	312.2	4.55	13	0.38
112	华电河南新乡	2	66	2007.08.22	312.59	5.46	332	1.29
113	国华河北沧东	3	66	2009.03.27	312.92	4.29	0.21	0.22
114	大唐广东三百门	1	60	2006.07.25	312.98	4.24	10	0.19
115	大唐湖南湘潭	4	60	2006.11.03	323.36	5.84	0	0.21
116	江西省投丰城	5	70	2007.01.16	313.52	4.7	0.07	0.23
117	江西省投丰城	6	70	2007.05.13	313.52	4.7	0	0.23
118	国投广西钦州	2	63	2007.07.05	314.5	5.17	0	0.29
119	河北省投西柏坡	5	60	2006.08.19	315	5.27	0.08	2.12
120	国投广西钦州	1	63	2007.11.02	320.78	5.27	0	0.29
121	河北省投西柏坡	6	60	2006.11.24	321	5.49	0.23	2.12

注 数据来源于中国电力企业联合会全国发电机组技术协作会。

2011年底全国各省份电网企业和发电企业单位数

单位：家

地 区	电网企业	发电企业	其 中				合 计
			火电企业	水电企业	核电企业	其他能源发电企业	
总 计	1554	2822	1191	1152	7	472	4376
北 京	6	13	9	3		1	19
天 津	9	21	16			5	30
河 北	116	110	65	3		42	226
山 西	4	64	56	3		5	68
内蒙古	87	164	73	3		88	251
辽 宁	4	87	40	8		39	91
吉 林	39	77	24	16		37	116
黑龙江	70	79	40	6		33	149
上 海	3	21	18			3	24
江 苏	3	168	138	2	1	27	171
浙 江	70	175	104	52	3	16	245
安 徽	61	54	38	10		6	115
福 建	68	142	25	107		10	210
江 西	97	51	16	34		1	148

续表

地　区	电网企业	发电企业	其　中				合　计
			火电企业	水电企业	核电企业	其他能源发电企业	
山　东	119	185	142	1		42	304
河　南	112	85	61	15		9	197
湖　北	19	98	27	59		12	117
湖　南	77	181	18	154		9	258
广　东	86	181	83	75	3	20	267
广　西	86	92	16	74		2	178
海　南	18	10	5	4		1	28
重　庆	28	46	13	31		2	74
四　川	84	260	23	236		1	344
贵　州	78	68	17	51			146
云　南	117	128	11	110		7	245
西　藏		3		3			3
陕　西	5	72	52	19		1	77
甘　肃	65	94	17	43		34	159
青　海	1	16	2	14			17
宁　夏	1	20	14	3		3	21
新　疆	21	57	28	13		16	78

注　数据来源于国家统计局。

2011 年底全国各省份电网企业和发电企业平均从业人数

单位：人

地　区	电网企业	发电企业	其　中				合　计
			火电企业	水电企业	核电企业	其他能源发电企业	
总　计	1 306 784	978 214	717 473	220 991	6964	41 786	2 293 998
北　京	28 628	5813	5104	669		40	34 441
天　津	11 010	12 170	11 131			1039	23 180
河　北	83 911	36 703	34 123	359		2221	120 614
山　西	33 091	33 564	32 066	1235		263	66 655
内蒙古	42 568	53 568	47 785	1088		4695	96 136
辽　宁	48 282	33 017	28 895	2275		1847	81 299
吉　林	62 677	25 025	18 711	3736		2578	47 702
黑龙江	47 492	100 27	397 351	1507		1415	147 765
上　海	12 390	6940	6828			112	19 330
江　苏	37 919	57 104	52 346	274	1608	2876	95 023

续表

地　区	电网企业	发电企业	其　中				合　计
			火电企业	水电企业	核电企业	其他能源发电企业	
浙　江	25 280	34 343	25 683	3268	4236	1156	59 623
安　徽	33 329	27 137	24 858	1844		435	60 466
福　建	387 749	21 029	6517	13 668		844	59 778
江　西	52 020	13 705	8875	4847		82	65 725
山　东	102 792	80 146	74 746	77		5323	182 938
河　南	87 169	82 904	76 367	5038		1499	170 073
湖　北	44 648	33 925	12 491	20 296		1138	78 573
湖　南	57 375	37 968	11 790	24 670		1508	95 343
广　东	79 264	42 796	27 257	12 996	1120	1423	122 060
广　西	64 174	21 835	6199	15 418		218	86 009
海　南	8384	2989	2201	761		27	11 373
重　庆	26 649	14 140	7034	7021		85	40 789
四　川	63 285	63 244	12 726	5435		83	126 529
贵　州	38 727	20 108	9907	10 201		58 835	
云　南	54 030	20 263	6952	13 043		268	74 293
西　藏		3395		3395			3395
陕　西	35 505	33 641	31 131	2250		260	69 146
甘　肃	43 917	29 023	12 669	6922		9432	72 940
青　海	7125	11 894	641	11 253			19 019
宁　夏	11 648	10 936	10 596	213		127	22 584
新　疆	24 746	17 616	14 493	2331		792	42 362

注　数据来源于国家统计局。

2011 年电网企业生产经营数据

指标名称	单位	国家电网公司		中国南方网有限责任公司		内蒙古电力(集团)有限责任公司		陕西省地方电力(集团)有限公司	
		2010 年	2011 年	2010 年	2011 年	2010 年	2011 年	2010 年	2011 年
总资产	亿元	20 775.2	22 115.9	4908	5275	364.3	445.6	136.63	158.84
主营业务收入	亿元	15 158.6	15 590.8	3665	3894	395.5	457.0	92.94	115.39
电网建设投资总额	亿元	2911.21	3302.92	831.88	697.07	53.9	85.5	39.21	27.88
主营业务利润总额	亿元	450.7	537.8	206	173	33.8	56.3	1.36	2.57
公司合并净利润	亿元			72	48	14.4	39.4	1.54	2.47
上缴税金	亿元	981.4	1024.2	249	289	25.9	36.9	4.55	6.72

续表

指标名称		单位	国家电网公司		中国南方网有限责任公司		内蒙古电力(集团)有限责任公司		陕西省地方电力(集团)有限公司	
			2010 年	2011 年	2010 年	2011 年	2010 年	2011 年	2010 年	2011 年
所有者权益		亿元			1586	1822	101.9	166.5	35.28	44.41
资产负债率		%			67.7	65.5	72.03	62.63	75.02	72.04
资本保值增值率		%	104.42	104.32	104.4	103	118.22	138.63	106.45	107.04
全员劳动生产率		万元/人年					104.14	109.3	18.22	22.73
控股发电装机容量		万 kW	3439.36	3946.62	657	687				
其中	1. 水电装机容量	万 kW	2474.10	2603.99	642	672				
	其中：抽水蓄能装机容量	万 kW	1098.25	1218.25	450	480				
	2. 火电装机容量	万 kW	922.04	1284.18						
	其中：生物质能发电装机容量	万 kW								
	3. 风电装机容量	万 kW	43.22	58.45						
	4. 光伏发电装机容量	万 kW								
控股发电装机发电量		亿 kWh	969.54	971.67	128.21	112.49				
年售电量		亿 kWh	26 891.18	30 924.99	6027.30	6667.71			215.68	262.41
综合电压合格率	1. 城市	%	99.751	99.759	99.32				96.41	96.55
	2. 农村	%	97.477	97.688	95.21	94.33			96.31	96.43
供电线损		%	5.98	6.53	6.28	5.35	3.48	3.58	6.34	6.24
供电可靠率(RS-1)	1. 城市	%	99.906	99.921	99.924	99.940 6			99.67	99.94
	2. 农村	%	99.636	99.665	99.830 2	99.862 3			99.63	99.75

注 根据各电网企业提供的资料汇总。

2011 年部分大型发电企业生产经营数据

单位名称	主要指标	总资产	收入		利润总额			公司合并净利润	上缴税金	所有者权益	所有者权益收益率	资产负债率	净资产收益率	资本保值增值率	全员劳动生产率
			综合业务收入	电力业务收入	综合利润总额	电力业务利润总额	火电业务利润总额								
	单位／年份	亿元	亿元	亿元	亿元	亿元	亿元	亿元	亿元	亿元	%	%	%	%	万元/人年
中国华能集团公司	2010 年	6624	2277	1775	78	32	−15	43	173	1043				92.3	
	2011 年	7513	2703	2196	61	1.9	−60	20	204	1129				104.0	

续表

单位名称	主要指标 / 年份	总资产	收入：综合业务收入	收入：电力业务收入	利润总额：综合利润总额	利润总额：电力业务利润总额	利润总额：火电业务利润总额	公司合并净利润	上缴税金	所有者权益	所有者权益收益率	资产负债率	净资产收益率	资本保值增值率	全员劳动生产率
	单位	亿元	亿元	亿元	亿元	亿元	亿元	亿元	亿元	亿元	%	%	%	%	万元/人年
中国大唐集团公司	2010年	5206	1754	1387	15	3.4	−28	−1.45	115	636	−0.24	87.77	−23.2	79.2	40.18
	2011年	6161	1872	1595	16	−58	−74	2.96	125	755	2.1	87.75	−6.98	92.4	35.92
中国华电集团公司	2010年	4446	1302	1092	22	−15	−34	13	91	567	2.33	87.26	2.6	104	38
	2011年	5228	1705	1347	22	−46	−46	5.4	113	629	0.78	86.76	0.85	100	39
中国国电集团公司	2010年	5358	1626	1258	62	17	−16	40	147	969	4.67	81.92	4.67	106.5	158.8
	2011年	6460	2143	1499	61	−9	−59	32	182	1060	3.12	83.59	3.12	105.7	
中国电力投资集团公司	2010年	4434	1270	819	50	19	−31	33	106	672	4.85	84.85	5.07	103.7	39.11
	2011年	5034	1576	983	26	−34	−73	−6.32	117	708	0.89	85.93	0.92		44.97
中国核工业集团公司	2010年	1247							35						
	2011年	1483							43						
中国长江三峡集团公司	2010年	2862	297	220	143	103		108	91	2061	5.5	28	4.57	105.1	150.2
	2011年	3143	314	211	157	93		119	82	2121	5.71	32.5	5.18	104.9	159.12
神华集团有限责任公司	2010年	5509	2196	519	585	69	65	469	417	3392		38.44	13.04	116.4	80
	2011年	6351	2820	676	750	92	85	696	520	3914		38.36	15.4	115.4	100
中国广东核电集团有限公司	2010年	1920	193	141	91	67	0.2	82	34	555	14.78	71.12	14.78	115	93.27
	2011年	2455	291	214	56	87	6.3	49	63	689	7.1	71.92	7.1	124.3	101.89
广东省粤电集团有限公司	2010年	1177	430						52	539	9.01	54.22	8.05	108.1	336
	2011年	1322	534						53	541	5.32	59.08	4.14	104.1	418.3
浙江省能源集团有限公司	2010年	1072	470	373	53	31	27	42	43	499	8.38	53.46	8.71	108.3	363.57
	2011年	1111	593	455	52	22	21	42	43	532	7.90	52.09	8.16	106.6	404.17
国投华靖电力控股股份有限公司	2010年	1258	247	246	7	8	−10	3	24	186	1.93	85.20	1.93	89.82	17.66
	2011年	1477	291	285	16	13	−3	14	24	247	3.22	83.25	3.22	101.03	5
华润电力控股有限公司	2010年	1216	423	366	57	41		43	45	428	12.08	64.86	12.30	111.3	13 429
	2011年	1365	504	422	57	30		37	51	499	10.05	63.43	9.93	110.8	13 615
北京能源投资(集团)有限公司	2010年	900	171	169	20	15	8.19	17	18	251	6.45	65.70	5.29	86.86	57.32
	2011年	1024	223	194	24	18	8.22	17	22	240	6.83	68.83	5.34	96.82	50.94
河北省建设投资集团有限责任公司	2010年	672	139	79	9	3	2	8	8	289	2.1	57.04	3.06	103.1	
	2011年	779	151	99	10	4	0.8	8	9	303	1.33	61.09	2.1	101.1	

续表

单位名称	主要指标 单位/年份	总资产	收入 综合业务收入	收入 电力业务收入	利润总额 综合利润总额	利润总额 电力业务利润总额	利润总额 火电业务利润总额	公司合并净利润	上缴税金	所有者权益	所有者权益收益率	资产负债率	净资产收益率	资本保值增值率	全员劳动生产率
		亿元	亿元	亿元	亿元	亿元	亿元	亿元	亿元	亿元	%	%	%	%	万元/人年
山西国际电力集团有限公司	2010 年	189	50	48	5	4	0.4	3.6	3.9	105	4.02	44.63	3.59	105	2.12
	2011 年	238	107	63	8	5	0.02	4.5	7.8	114	5.95	52.36	5.74	106	
申能股份有限公司	2010 年	359	191	67	22			19	9.8	236	8.82	34.32	8.82	116	
	2011 年	353	228	80	22			19	11	246	7.81	30.32	7.81	105.4	
甘肃省电力投资集团公司	2010 年	300	24	23	0.5			0.34	4.07	141	0.3	53	0.3	100.2	22.4
	2011 年	378	34	33	2.3			1.8	4.9	172	0.7	54	0.7	101.6	23.8

注 根据各发电企业提供的资源汇总。

2011 年电力辅业集团生产经营数据

指标名称		单位	中国电力工程顾问集团公司 2010 年	中国电力工程顾问集团公司 2011 年	中国水电工程顾问集团公司 2010 年	中国水电工程顾问集团公司 2011 年	中国水利水电建设集团公司 2010 年	中国水利水电建设集团公司 2011 年	中国葛洲坝集团公司 2010 年	中国葛洲坝集团公司 2011 年
总资产规模		亿元	162	177.37	192	233	1234.65	1653.3	558.32	675.8
总营业收入		亿元	125	133.75	105	128	1014.82	1135.91	370.43	471.3
其中	国内业务营业收入	亿元	113	121.17	96	118	751.66	847.32	319.50	399.90
	国际业务营业收入	亿元	12	12.58	9	11	263.16	288.49	50.93	71.40
当年签订的合同额		亿元	276	199.26	168	196			556.1	725.3
年底合同存量		万元	220	253.18					746.4	1000.7
总利润		亿元	12.83	14.09	18.14	21.84	38.17	48.43	19.91	22.38
其中	国内业务利润	亿元	11.63	12.35	17.96	20.85			15.08	17.51
	国际业务利润	亿元	1.20	1.74	0.03	0.67			4.83	4.87
公司合并净利润		亿元	11	12	15	19	30.10	37.91	15.41	17.82
上缴税金		亿元	6	7	9	10	49	57	17.38	23.50
所有者权益		亿元	43.88	53.16	49	67	168.27	342.02	40.41	45.85
所有者权益收益率		%	27.40	23.99	29.52	32.72	19.66	14.86	38.13	38.87
资产负债率		%	72.87	70.03	72.65	71.34	86.37	79.31	77.55	79.65
净资产收益率		%	27.40	23.99	35.4	32.30	19.66	14.86	15.15	14.10
资本保值增值率		%	131.85	121.15	150.9	139.56	124.87	115.27	116.31	115.02
全员劳动生产率		万元/人年	101	104	25.11	41.23			94.72	121.44
控股发电装机容量		万 kW			65	114			124.85	124.85
其中	水电	万 kW			55	73			124.85	124.85
	火电	万 kW			0	0				
	风电	万 kW			9.9	40.6				
	太阳能发电	万 kW			0	0				

续表

指标名称		单位	中国电力工程顾问集团公司		中国水电工程顾问集团公司		中国水利水电建设集团公司		中国葛洲坝集团公司	
			2010 年	2011 年	2010 年	2011 年	2010 年	2011 年	2010 年	2011 年
控股发电装机的发电量		亿 kWh			21.44	35.72			5.3	5.3
权益发电装机容量		万 kW			69.16	69.16			123.48	123.48
其中	水 电	万 kW			68.94	68.94			123.48	123.48
	火 电	万 kW			0	0				
	风 电	万 kW			0.22	0.22				
	太阳能发电	万 kW			0	0				
权益发电装机的发电量		亿 kWh							4.46	2.35

注 根据各辅业集团提供的资料汇总。

2011 年底装机容量超过 500 万 kW 的大型发电企业装机容量及发电量

单位名称	装机容量(万 kW)						累计发电量(亿 kWh)				
	合计	其 中					合计	其 中			
		水电	火电	核电	风电	其他		水电	火电	核电	风电
中国华能集团公司	12 538	1133	10 672		726	6	6046	443	5503		99
中国大唐集团公司	11 103	1641	8772		676	14	5080	455	4528		97
中国华电集团公司	9410	1595	7491		313	11	4181	330	3808		43
中国国电集团公司	10 672	1071	8351		1226	24	4770	364	4241		164
中国电力投资集团公司	7680	1795	5576		271	38	3260	514	2711		35
中国核工业集团公司	645			645			447			447	
中国长江三峡集团公司	2493	2405			87	1	968	956			12
神华集团有限责任公司	4653		4352		300	2	2210		2171		39
中国广东核电集团有限公司	998	82	69	612	217	18	517	28	23	431	34
广东省粤电集团有限公司	2481	214	2252		15	0	1266	43	1221		3
浙江省能源集团有限公司	2203	82	2119		1		1145	13	1132		0
华润电力控股有限公司	2524	21	2376		127		1365	4	1340		20
国投电力公司	1695	532	1111		45	7	909	244	656		8
北京能源投资(集团)有限公司	1231	32	1067		130	1	556	9	521		26

续表

单位名称	装机容量(万 kW)						累计发电量(亿 kWh)				
	合计	其中					合计	其中			
		水电	火电	核电	风电	其他		水电	火电	核电	风电
河北建设投资集团有限责任公司	730		644		86		393		376		17
申能(集团)有限公司	625		625				304		304		
深圳市能源集团有限公司	544		527		17		298		296		2
湖北省能源集团有限公司	556	365	185		6		172	70	101		1
江苏省国信资产管理有限公司	537	10	520		7		271	2	268		1

注 数据来源于中电联2011年电力行业统计年报。

2011年底水电、火电装机容量分别排全国前十位的电厂

排序	项 目 名 称	省 份	装机容量(万 kW)	排序	项 目 名 称	省 份	装机容量(万 kW)
水 电				火 电			
1	三峡水电厂	湖北	2110	1	大唐托克托发电公司	内蒙古	480
2	龙滩水电开发有限公司	广西	490	2	浙江国华浙能发电有限公司	浙江	440
3	华能澜沧江水电有限公司小湾电站	云南	420	3	浙江嘉华发电有限公司	浙江	440
4	汉源瀑布沟水电站	四川	360	4	华阳后石电厂	福建	420
5	拉西瓦水电厂	青海	350	5	华能玉环电厂	浙江	400
6	二滩水电厂	四川	330	6	华能北方正蓝旗上都发电公司	内蒙古	372
7	构皮滩发电厂	贵州	300	7	绥中发电有限责任公司	辽宁	360
8	葛洲坝水电厂	湖北	272	8	伊敏发电厂	内蒙古	340
9	广州抽水蓄能电站	广东	240	9	沁北电厂	河南	340
10	惠州抽水蓄能电站	广东	240	10	华电宁夏灵武发电有限公司	宁夏	320

2011年电力企业融资情况

代 码	公司名称	发行日期	融资方式	融资额(亿元)	主承销商	期 限(年)
0958.HK	华能新能源	2011.06.10	首次发行	59.3	摩根士丹利	
0579.HK	京能清洁能源	2011.12.21	首次发行	15.5	高盛等	
首次发行合计				74.8		

续表

代 码	公司名称	发行日期	融资方式	融资额（亿元）	主承销商	期 限（年）
600886.SH	国投电力	2011.11.07	公开发行	21.8	瑞银证券	
公开增发合计				21.8		
002039.SZ	黔源电力	2011.01.05	定向	10.8	中信证券	
000531.SZ	穗恒运 A	2011.04.28	定向	11.8	华泰证券	
601991.SH	大唐发电	2011.05.30	定向	67.4	招商证券	
600780.SH	通宝能源	2011.06.22	定向	15.4	西南证券	
000602.SZ	金马集团	2011.08.16	定向	50.3	华泰联合证券	
定向增发合计				155.7		
股权融资合计				252.3		
110013.SH	国投电力	2011.01.25	可转债	34.0	中金公司	6.00
110016.SH	川投能源	2011.03.21	可转债	2.0	瑞银证券	6.00
110018.SH	国电电力	2011.08.19	可转债	55.0	申银万国	6.00
可转债合计				91.0		
1180039.IB	湘电集团	2011.03.03	企业债	5.5	海通证券	7.00
1180177.IB，122770.SH	国家电网	2011.12.09	企业债	100.0	中信证券	10.00
1180178.IB，122771.SH	国家电网	2011.12.09	企业债	50.0	中信证券	15.00
企业债合计				155.5		
1181012.IB	华能国际	2011.01.12	短期融资券	50.0	建设银行	1.00
1181022.IB	国电大渡河	2011.01.18	短期融资券	6.0	工商银行	1.00
1181028.IB	中电投蒙东	2011.01.19	短期融资券	10.0	建设银行	1.00
1181034.IB	山西国际电力	2011.01.21	短期融资券	4.0	光大银行	1.00
1181048.IB	中广核集团	2011.02.14	短期融资券	40.0	国开行	1.00
1181049.IB	重庆能投	2011.02.15	短期融资券	7.0	光大银行	1.00
1181058.IB	申能集团	2011.02.17	短期融资券	15.0	中金公司	1.00
1181059.IB	惠天热电	2011.02.17	短期融资券	2.0	兴业银行	0.75
1181066.IB	五凌电力	2011.02.24	短期融资券	5.0	建设银行	1.00
1181077.IB	长江电力	2011.03.02	短期融资券	35.0	建设银行	1.00
1181095.IB	桂冠电力	2011.03.08	短期融资券	12.0	光大银行	0.49
1181093.IB	华电集团	2011.03.08	短期融资券	60.0	光大银行	1.00
1181096.IB	云南电投资	2011.03.09	短期融资券	3.0	中国银行	1.00
1181098.IB	四川水电投资	2011.03.09	短期融资券	6.0	光大银行	1.00
11811111.IB	秦山联营	2011.03.17	短期融资券	6.0	国开行	1.00
1181117.IB	华能澜沧江	2011.03.22	短期融资券	40.0	中国银行	1.00
1181122.IB	五凌电力	2011.03.23	短期融资券	5.0	建设银行	1.00
1181165.IB	国电集团	2011.04.07	短期融资券	89.0	建设银行	1.00
1181163.IB	浙能集团	2011.04.07	短期融资券	20.0	光大银行	1.00

续表

代　码	公司名称	发行日期	融资方式	融资额（亿元）	主承销商	期　限（年）
011106001.IB	国家电网	2011.04.08	短期融资券	100.0	工商银行	0.25
1181169.IB	华能集团	2011.04.12	短期融资券	30.0	工商银行	1.00
1181176.IB	华能集团	2011.04.13	短期融资券	40.0	建设银行	1.00
011106002.IB	国家电网	2011.04.14	短期融资券	100.0	建设银行	0.25
1181178.IB	中电投集团	2011.04.14	短期融资券	58.0	光大银行	0.25
1181189.IB	天生桥一级	2011.04.21	短期融资券	12.0	民生银行	1.00
1181190.IB	中广核集团	2011.04.21	短期融资券	40.0	国开行	1.00
011106003.IB	国家电网	2011.04.25	短期融资券	100.0	中国银行	0.25
1181238.IB	苏龙热电	2011.05.16	短期融资券	6.0	兴业银行	1.00
1181241.IB	二滩水电	2011.05.17	短期融资券	12.0	中国银行	1.00
1181248.IB	三峡集团	2011.05.20	短期融资券	100.0	工商银行	1.00
1181263.IB	深圳能源	2011.06.01	短期融资券	20.0	招商银行	1.00
1181274.IB	国电集团	2011.06.10	短期融资券	75.0	招商银行	1.00
1181283.IB	大唐集团	2011.06.16	短期融资券	40.0	农业银行	1.00
1181287.IB	中电投集团	2011.06.21	短期融资券	47.0	光大银行	1.00
1181298.IB	中电投集团	2011.06.22	短期融资券	35.0	光大银行	1.00
1181309.IB	山西国际能源	2011.07.05	短期融资券	7.0	中信银行	1.00
1181313.IB	韶能集团	2011.07.07	短期融资券	6.0	兴业银行	1.00
1181318.IB	甘肃电力投资	2011.07.07	短期融资券	8.0	浦发银行	1.00
1181315.IB	长江电力	2011.07.08	短期融资券	40.0	建设银行	0.50
011106004.IB	国家电网	2011.07.11	短期融资券	100.0	农业银行	0.74
1181323.IB	华能集团	2011.07.13	短期融资券	40.0	中国银行	1.00
1181328.IB	浙能集团	2011.07.20	短期融资券	20.0	光大银行	1.00
1181350.IB	镇江发电	2011.08.09	短期融资券	6.0	民生银行	1.00
011107001.IB	南方电网	2011.08.10	短期融资券	50.0	建设银行	0.49
1181355.IB	华电国际	2011.08.11	短期融资券	20.0	工商银行	1.00
1181358.IB	中广核集团	2011.08.12	短期融资券	30.0	农业银行	1.00
1181372.IB	国电集团	2011.08.24	短期融资券	82.0	国开行	1.00
041161001.IB	华电集团	2011.09.02	短期融资券	20.0	光大银行	1.00
041156001.IB	大唐新能源	2011.09.06	短期融资券	20.0	国开行	1.00
041159003.IB	北方联合电力	2011.09.13	短期融资券	8.0	中信银行	1.00
041154002.IB	长江电力	2011.09.14	短期融资券	65.0	建设银行	1.00
041153002.IB	华能国际	2011.09.16	短期融资券	50.0	中国银行	1.00
041161003.IB	中电投集团	2011.09.16	短期融资券	58.0	光大银行	1.00
041161004.IB	山西国际电力	2011.09.22	短期融资券	5.0	光大银行	1.00
041161006.IB	桂冠电力	2011.09.23	短期融资券	17.7	光大银行	1.00

续表

代码	公司名称	发行日期	融资方式	融资额（亿元）	主承销商	期限（年）
041152001.IB	国电集团	2011.09.28	短期融资券	125.0	农业银行	1.00
041156004.IB	安徽能源集团	2011.10.10	短期融资券	10.0	国开行	1.00
041159005.IB	福建能源集团	2011.10.18	短期融资券	6.0	中信银行	1.00
041151004.IB	华能集团	2011.10.18	短期融资券	40.0	工商银行	1.00
041161007.IB	中电投集团	2011.10.19	短期融资券	45.0	光大银行	1.00
041151006.IB	华电国际	2011.10.20	短期融资券	15.0	工商银行	1.00
011107002.IB	南方电网	2011.10.26	短期融资券	50.0	中国银行	0.74
041156005.IB	托克托发电	2011.10.28	短期融资券	10.0	国开行	1.00
041151008.IB	国家电网	2011.11.09	短期融资券	100.0	工商银行	1.00
041154011.IB	潮州发电	2011.11.11	短期融资券	4.0	建设银行	1.00
041152012.IB	大唐集团	2011.11.24	短期融资券	40.0	农业银行	1.00
041159025.IB	福建能源集团	2011.12.16	短期融资券	4.0	中信银行	1.00
041158021.IB	岱海发电	2011.12.16	短期融资券	4.0	招商银行	1.00
041156013.IB	国家电网	2011.12.23	短期融资券	100.0	国开行	1.00
041161019.IB	山西国际电力	2011.12.28	短期融资券	6.0	光大银行	1.00
041151014.IB	京能热电	2011.12.28	短期融资券	3.0	工商银行	1.00
短期融资券合计				2444.7		
1182048.IB	中核电力股份	2011.02.24	中期票据	20.0	招商银行	5.00
1182051.IB	三峡水利	2011.02.25	中期票据	1.9	中信证券	5.00
1182055.IB	吉电股份	2011.03.04	中期票据	7.0	中信银行	3.00
1182066.IB	宝新能源	2011.03.11	中期票据	4.0	工商银行	5.00
1182067.IB	安徽能源集团	2011.03.15	中期票据	5.0	建设银行	3.00
1182072.IB	中核电力股份	2011.03.16	中期票据	20.0	招商银行	5.00
1182081.IB	粤电集团	2011.03.22	中期票据	30.0	工商银行	3.00
1182093.IB	重庆能投	2011.03.24	中期票据	20.0	光大银行	5.00
1182090.IB	甘肃电力投资	2011.03.24	中期票据	15.0	浙商银行	7.00
1182115.IB	华能集团	2011.04.07	中期票据	25.0	中国银行	5.00
1182141.IB	新华水利水电	2011.04.28	中期票据	6.0	南京银行	5.00
031102001.IB	国电集团	2011.05.03	中期票据	50.0	光大银行	3.00
1182146.IB	凯迪电力	2011.05.04	中期票据	12.0	农业银行	7.00
1182151.IB	湖北能源集团	2011.05.06	中期票据	14.5	招商银行	3.00
1182182.IB	上海电力	2011.06.17	中期票据	10.0	兴业银行	5.00
1182184.IB	中电投集团	2011.06.22	中期票据	27.0	光大银行	3.00
1182197.IB	华能集团	2011.07.12	中期票据	30.0	国开行	5.00
1182207.IB	华能集团	2011.07.20	中期票据	15.0	中国银行	5.00
1182208.IB	国家电网	2011.07.21	中期票据	100.0	交通银行	3.00

续表

代　码	公司名称	发行日期	融资方式	融资额（亿元）	主承销商	期　限（年）
1182212.IB	三峡集团	2011.07.27	中期票据	50.0	中信证券	3.00
031104001.IB	华能集团	2011.08.26	中期票据	50.0	光大银行	5.00
1182236.IB	安徽能源集团	2011.08.26	中期票据	12.0	招商银行	3.00
1182241.IB	四川水电投资	2011.09.06	中期票据	5.0	光大银行	5.00
1182243.IB	京能国际	2011.09.07	中期票据	20.0	华夏银行	3.00
1182242.IB	中广核集团	2011.09.07	中期票据	50.0	国开行	5.00
031107001.IB	大唐集团	2011.09.23	中期票据	30.0	交通银行	5.00
1182278.IB	华能集团	2011.10.18	中期票据	20.0	农业银行	5.00
1182287.IB	三峡集团	2011.10.25	中期票据	80.0	中信证券	3.00
1182289.IB	国家电网	2011.10.25	中期票据	100.0	农业银行	5.00
1182290.IB	南方电网	2011.10.25	中期票据	50.0	工商银行	5.00
031102002.IB	国电集团	2011.11.01	中期票据	50.0	光大银行	5.00
1182303.IB	华润电力	2011.11.02	中期票据	40.0	中信证券	7.00
031117001.IB	华能国际	2011.11.04	中期票据	50.0	建设银行	5.00
031118001.IB	中电投集团	2011.11.17	中期票据	50.0	光大银行	5.00
1182360.IB	华电集团	2011.11.29	中期票据	30.0	工商银行	5.00
031120001.IB	龙源电力	2011.12.08	中期票据	10.0	兴业银行	3.00
031121001.IB	国投电力	2011.12.13	中期票据	15.0	农业银行	5.00
1182386.IB	宁夏发电集团	2011.12.13	中期票据	6.0	国开行	3.00
1182405.IB	粤电集团	2011.12.28	中期票据	30.0	工商银行	5.00
031102003.IB	国电集团	2011.12.28	中期票据	40.0	上海银行	3.00
中期票据合计				1200.4		
122064.SH	龙源电力	2011.01.25	公司债	20.0	瑞银证券	10.0
122063.SH	龙源电力	2011.01.25	公司债	10.0	瑞银证券	5.00
122066.SH	大唐发电	2011.04.22	公司债	30.0	中金公司	10.00
112040.SZ	建投能源	2011.08.30	公司债	4.5	银河证券	6.00
122106.SH	大唐新能源	2011.11.10	公司债	42.0	广发证券	5.00
122108.SH	新天绿色能源	2011.11.22	公司债	10.0	银河证券	6.00
122109.SH	新天绿色能源	2011.11.22	公司债	10.0	银河证券	7.00
112048.SZ	凯迪电力	2011.11.24	公司债	11.8	民族证券	7.00
112054.SZ	湖北能源	2011.12.21	公司债	16.0	广发证券	3.00
分司债合计				154.3		
债权融资合计				4045.9		
融资合计				4298.2		

资料来源：Wind 资讯、中信证券研究部。

2011年部分大型电力企业发生的重大并购(出售)活动项目

一、电力产业方面的并购(出售)

序号	单 位	项目名称	项目状况	交易性质	交易金额(亿元)	装机容量(万kW)	占项目的股权比例(%)
1	中国大唐集团公司	信阳华豫发电公司、信阳发电公司	已投产	出售	2.3	96	50
		野马寨发电厂	已投产	收购	24	60	51
2	中国华电集团公司	四川活兴投资有限公司、四川协兴投资有限公司	在建	收购	16.9	32.4	100
			前期			111.6	
		贵州清水河水电有限公司	已投产	收购	0.303 7	35	21
3	中国电力投资集团公司	云南滇能(集团)控股公司、云南滇能禄劝电磷开发有限公司	已投产	收购	10	118	滇能控股45.53、禄劝电磷58.29
			在建			60	
		瓜州风电项目	已投产	收购	4.95	20.1	51
4	中国长江三峡集团公司	朱日和风电场	已投产	收购	1.12	4.95	100
		伊春老白山风电场	已投产	收购	0.94	5.1	100
		商都天润风电场	投产	收购	1.28	9.9	50
		青岛润莱风电场	在建	收购	0.39		50
		大安风电场	在建	收购	0.68		76
5	神华集团有限责任公司	孟津电厂	已投产	收购	9.5	120	51
		舟山电厂	已投产	收购	2.79	56	51
		安庆皖江发电公司	已投产	收购	6.21	64	51
		池州九华发电公司	已投产	收购	2.81	64	51
		马鞍山万能达发电公司	已投产	收购	8.24	129	511
6	中国广东核电集团有限公司	阳江核电公司	在建	转让	13.4		24
7	广东省粤电集团有限责任公司	阳江核电项目	在建	收购	9.54		17
8	国投华靖电力控股股份有限公司	广东蓄能发电有限公司和惠州蓄能发电有限公司	已投产	出售	7.6	480	23
		安徽安庆皖江发电有限责任公司	已投产	出售	0.596 2	64	10
		安徽池州九华发电有限责任公司	已投产	出售	0.128	60	5
9	北京能源投资(集团)有限公司	四川水电	已投产	收购	22.5	18	100
		深圳钰湖燃气发电	已投产	收购	13.5	36	90
		内蒙古华宁热电项目	已投产	收购	1.5	30	80
10	电能股份有限公司	安徽池州九华发电有限公司	已投产	收购	0.512	60	20
11	甘肃省电力投资公司	敦煌凯腾电力有限责任公司	停产	出售	2		43

二、煤炭产业方面的并购

序号	单 位	项目名称	交易性质	交易金额（亿元）	产能（万t/年）	产量（万t/年）	占项目的股权比例（%）
1	中国华能集团	甘肃沙井子煤矿	出售	56.88			100
2	中国大唐集团公司	西安天竣能源投资管理有限公司	收购	56.98	1090		100
		鄂尔多斯市银河鸿泰煤电有限公司股权	出售	43.19			39.42
3	中国华电集团公司	内幕古浩源煤炭有限公司	收购	7.15	120	30	85
		甘肃万胜矿业公司	收购	13.41	300		60
		云南兴远煤业公司	收购	1.98	45		64
		云南兴和煤业公司	收购	0.2	30		64
		云南海峰煤业公司	收购	0.81	30		64
		贵州安顺华荣公司	收购	18	312	267	51
		陕西富华矿业公司	收购	8.29	300		51
4	华润电力控股有限公司	山西亚美大宁能源有限公司	收购	6.69	400	125	56

三、其他方面的并购

序号	单 位	项 目 名 称	交易性质	交易金额（亿元）	占项目的股权比例（%）
1	中国华电集团公司	喀什地区热网资产	资产收购	7.58	
		与国电南自重组设立江苏上能新特变压器有限公司	资产重组	0.54	51
		与国电南自重组设立国电南自能源设计研究院	资产重组	0.27	70
2	中国电力投资集团公司	百瑞信托项目	收购	6.8	25.33
		山西晋北铝业	收购	34.28	96.54

2011年部分大型电力企业的煤炭、电解铝、天然气、煤化工、运输物流等项目在建情况

一、煤炭项目在建情况

序号	单 位	总产能（万t/年）	2011年新开工项目产能（万t/年）	动态总投资（亿元）	2011年新开工项目总投资（亿元）	2011年底累计完成投资（亿元）	2011年完成投资（亿元）
1	中国华能集团公司	3400	800	270.68	106.69	151.15	25.47
2	中国大唐集团公司	2090		283.68		69.94	24.33
3	中国华电集团公司	1010	510	47.58	23.30	24.23	17.80

续表

序号	单位	总产能（万 t/年）	2011 年新开工项目产能（万 t/年）	动态总投资（亿元）	2011 年新开工项目总投资（亿元）	2011 年底累计完成投资（亿元）	2011 年完成投资（亿元）
4	中国国电集团公司	6295	420	275.94	39.12	92.48	45.39
5	中国电力投资集团公司	4655		212.85		133.28	18.94
6	广东省粤电集团有限公司	840		2.96		1.03	0.45
7	华润电力控股有限公司	2489		116.73		52.29	17.96
8	甘肃省电力投资集团公司	2000	2000	150	150		

二、电解铝、天然气项目在建情况

序号	单位	领域	总产能（万 t/年、亿 m³/年）	2011 年新开工项目产能（万 t/年、亿 m³/年）	动态总投资（亿元）	2011 年新开工项目总投资（亿元）	2011 年底累计完成投资（亿元）	2011 年完成投资（亿元）
1	中国大唐集团公司	电解铝	74		143.42		41.39	4.82
2	中国电力投资集团公司	电解铝	100.5		132.14		106.13	17.24
3	广东省粤电集团有限公司	天然气			114		38	9.6
		LNG	300		4.7		1.38	
4	山西国际电力集团有限公司	天然气	15	15	32	32	0.5	0.5

三、煤化工、运输物流等项目在建情况

序号	单位	领域	动态总投资（亿元）	2011 年新开工项目总投资（亿元）	2011 年底累计完成投资（亿元）	2011 年完成投资（亿元）
1	中国华能集团公司	运输物流	31.53		8.69	1.43
2	中国大唐集团公司	煤化工	714.68		407.04	104.17
		运输物流	12.05		1.17	1.10
		其他	102.63	20.93	48.84	16.76
3	中国电力投资集团公司	运输物流	139.82		62.97	22.46
		其他	9.83		1.80	1.80
4	神华集团有限公司	煤化工	2.01	2.01	1.23	1.23
5	广东省粤电集团有限公司	运输物流	3.9		2.1	2.10
6	华润电力控股有限公司	运输物流	20		0.88	0.60
7	北京能源投资（集团）有限公司	运输物流			5.7	3.57

2011 年部分大型电力企业投运的煤炭、电解铝、天然气总体情况

序号	单 位	领 域	2011 年总产量（万 t、亿 m^3）	截至 2011 年总产能（万 t/年、亿 m^3/年）	其中 2011 年新增煤炭产能（万 t/年）	总资产（亿元）	利润总额（亿元）
1	中国华能集团公司	煤炭	6406	6817	405	432.74	13.83
2	中国大唐集团公司	煤炭	1449.38	1480	180		
3	中国华电集团公司	煤炭	2260	2560	1245		29.40
		电解铝	48	51			
4	中国国电集团公司	煤炭	6505	5676	1994	160	32.5
5	中国电力投资集团公司	煤炭	6066	7350	75	151.58	9.66
		电解铝	152	156.73		176.09	10.19
6	广东省粤电集团有限公司	煤炭	350	486			
		LNG	680	654			
7	华润电力控股有限公司	煤炭	1450	1613	521	178	10.46
8	山西国际电力集团有限公司	天然气	1.7 亿 m^3	15 亿 m^3		14.1	−0.7

2011 年电力板块上市公司基本情况

证券代码	证券简称	总股本（亿股）	总市值（亿元）	A 股流通市值（不含限售股）（亿元）	类 型
000027.SZ	深圳能源	26.43	161.22	161.22	火电
000037.SZ	深南电 A	6.03	21.58	12.13	火电
000531.SZ	穗恒运 A	3.43	22.51	17.51	火电
000534.SZ	万泽股份	2.55	10.36	8.42	火电
000539.SZ	粤电力 A	27.97	147.71	105.00	火电
000543.SZ	皖能电力	7.73	39.04	39.04	火电
000600.SZ	建投能源	9.14	40.20	40.20	火电
000601.SZ	韶能股份	9.26	30.27	27.43	火电
000602.SZ	金马集团	5.05	121.10	25.07	火电
000690.SZ	宝新能源	17.27	52.66	51.74	火电
000692.SZ	惠天热电	2.66	12.20	12.20	火电

续表

证券代码	证券简称	总股本（亿股）	总市值（亿元）	A股流通市值（不含限售股）（亿元）	类型
000695.SZ	滨海能源	2.22	13.26	13.24	火电
000720.SZ	*ST能山	8.63	20.55	20.55	火电
000767.SZ	*ST漳电	13.24	48.18	48.18	火电
000875.SZ	吉电股份	8.39	24.84	19.54	火电
000883.SZ	湖北能源	20.68	99.25	19.91	火电
000899.SZ	*ST赣能	6.47	26.38	12.44	火电
000958.SZ	ST东热	2.99	9.28	6.10	火电
000966.SZ	长源电力	5.54	18.73	18.73	火电
000993.SZ	闽东电力	3.73	23.72	23.72	水电
001896.SZ	豫能控股	6.23	29.17	20.12	火电
002039.SZ	黔源电力	2.04	26.94	16.33	水电
600011.SH	华能国际	140.55	751.96	535.00	火电
600021.SH	上海电力	21.40	101.21	101.21	火电
600027.SH	华电国际	67.71	220.74	169.20	火电
600098.SH	广州控股	20.59	142.29	142.29	火电
600101.SH	明星电力	3.24	28.88	28.88	电网
600116.SH	三峡水利	2.68	34.59	32.01	电网
600131.SH	岷江水电	5.04	25.56	20.15	电网
600167.SH	联美控股	2.11	16.35	16.35	火电
600236.SH	桂冠电力	22.80	86.43	42.74	水电
600310.SH	桂东电力	2.76	35.82	35.82	电网
600396.SH	金山股份	3.41	22.41	22.41	火电
600452.SH	涪陵电力	1.60	14.24	6.89	电网
600505.SH	西昌电力	3.65	32.30	32.30	电网
600509.SH	天富热电	6.56	51.47	51.47	火电
600578.SH	京能热电	7.87	56.21	49.13	火电
600642.SH	申能股份	47.29	217.05	217.05	火电
600644.SH	乐山电力	3.26	27.13	27.13	电网
600674.SH	川投能源	9.33	104.49	61.31	水电
600719.SH	大连热电	2.02	11.85	11.85	火电
600726.SH	华电能源	19.67	51.72	18.95	火电

续表

证券代码	证券简称	总股本（亿股）	总市值（亿元）	A股流通市值（不含限售股）（亿元）	类型
600744.SH	华银电力	7.12	25.55	17.03	火电
600758.SH	红阳能源	2.08	15.41	8.49	火电
600780.SH	通宝能源	11.47	72.00	54.82	火电
600795.SH	国电电力	153.95	429.51	389.32	火电
600863.SH	内蒙古华电	19.81	164.44	47.55	火电
600864.SH	哈投股份	5.46	33.00	33.00	火电
600868.SH	ST梅雁	18.98	38.34	38.34	火电
600886.SH	国投电力	23.45	139.77	83.72	火电
600900.SH	长江电力	165.00	1049.40	468.35	火电
600969.SH	郴电国际	2.10	31.52	13.85	电网
600979.SH	广安爱众	5.93	27.10	27.10	电网
600982.SH	宁波热电	1.68	16.70	16.70	火电
600995.SH	文山电力	4.79	32.73	32.73	电网
601991.SH	大唐发电	133.10	686.80	464.11	火电
板块合计			5794.13	4036.08	
市场合计			249 108.48	163 427.86	
板块占比			2.3%	2.5%	

资料来源：Wind资讯、中信证券研究部。

2011年电力对外投资总额5000万美元及以上项目

企业名称	项目名称（含国家、地区）	2011年实际完成投资额（万美元）	股比（%）	投资模式	投资领域	经营起止时间	项目投资规模及简况
中国华能集团公司	美国国际电力公司（Inter Gen）50%股权	84 760	60	股权并购	电力	2011.04	华能集团出资60%、粤电出资40%。该公司发电资产，涉及在荷兰、英国、墨西哥、澳大利亚和菲律宾5个国家的12个在运营电厂，总装机容量814.6万kW，净权益容量为631.2万kW
中国大唐集团公司	柬埔寨金边—菩萨—马德望输变电线路	5044	51	股权并购	输变电		294km
	柬埔寨斯登沃代水电站	8172	51	股权并购	水电		12万kW

续表

企业名称	项目名称（含国家、地区）	2011年实际完成投资额（万美元）	股比（%）	投资模式	投资领域	经营起止时间	项目投资规模及简况
中国华能集团公司	额勒赛下游338MW水电站	7300	100	绿地投资	水电	2010.04	总装机33.8万kW
	印尼TJK巴淡2×65MW燃煤电厂项目	13 000	54	绿地投资	火电	2011.03	总装机13万kW
中国电力投资集团公司	密松水电站（缅甸）	39 360	80	BOT	水电	特许经营期50年	600万kW建设项目
	其培水电站（缅甸）	5378	80	BOT	水电	2019～2069	340万kW建设项目
中国长江三峡集团公司	大唐新能源股份有限公司（香港）	5000	2.29	股权	新能源		参与大唐新能源H股IPO投资
	葡萄牙电力公司（EDP）21.35%股权	79 920	21.35	股权并购	电力行业	2012.05	投资总额约26.9亿欧元
神华集团有限责任公司	神华国华印尼南苏发电公司（印度尼西亚，南苏省）	8900	70	绿地投资	火力发电	2011～2041	2×13.5万kW
中国广东核电集团有限公司	维奥公司（香港上市公司）	13 068	50.11	股权并购	矿产资源		总投资13 068万美元，打造中广核铀业境外上市平台
	韩国栗村燃气电厂二期	6032	100	绿地投资	火电（气电）		装外规模94.6万kW，预计2013年建成投产
广东省粤电集团有限公司	美国国际电力公司（Iner Gen）50%股权	38 440	40	股权并购	电力	2011.04.11完成股权收购	项目股权总投资12.32亿美元，其中粤电集团投资3.84亿美元
中国电力建设集团公司	柬埔寨甘再水电站项目	5353	100	绿地投资	水电	建设期：2008.03～2012.03 运营期：2012.03～2052.03	项目总装机19.41万kW，总投资30 350万美元，特许经营期44年，其中施工期4年，商业运行期40年
	老挝南俄5水电站项目	9827	85	绿地投资	水电	建设期：2008.10～2012.12 运营期：2013.01～2037.03	项目总装机12万kW，总投资额为1.997 5亿美元，计划建设期4年，商业运行期25年

2011 年电力企业新签大型对外承包工程项目

企业名称	项目名称（含国家、地区）	合同额（万美元）	承包方式	项目简况
国家电网公司	苏丹尼罗河州项目输变电工程	2600	分包	尼罗河州项目输变电工程 AT 及 DONGOLA 线路安装工程，环网变电站及线路土建、安装工程
	埃塞俄比亚 400kV 送电工程	1020	分包	2 条 400kV 输电线路
	苏丹富拉 220kV 输电线路施工项目	1100	分包	EI Obied-Alfula-Babanosa 220kV 双回双分裂输电线路工程
	吉尔吉斯斯坦南部电网改造项目Ⅰ、Ⅱ标段	1415	分包	吉尔吉斯斯坦南部电网改造项目Ⅰ标段工程（220kV 送电工程），Ⅱ标段工程（500kV 变电工程）
	肯尼亚 LOT3/LOT4 电网扩建工程	1368	施工分包	100km 220kV 输电线路，220kV 变电站 3 座
	埃塞俄比亚 CIBEⅢ线路工程	1632	施工分包	196km 400kV 输电线路
	巴基斯坦 ADB53 500kV 线路项目	1324	EPC 工程总承包	执行中
	缅甸 BAL 输变电工程项目	2166	EPC 工程总承包	
	肯尼亚阿西河 80MW 重油发电厂项目	10 000	EPC 工程总承包	发电厂项目
	吉尔吉斯斯坦南部电网改造项目Ⅲ标段工程	1126	分包	吉尔吉斯斯坦南部电网改造项目Ⅲ标段工程
中国华电集团公司	越南海阳 2×600MW 燃煤电厂项目	200 000	EPC 工程总承包	项目总投资约为 20 亿美元，业主为马来西亚捷拓集团
	越南沿海（Duyen Hai）二期 2×600MW 燃煤电厂项目	160 000	EPC 工程总承包	项目总投资约为 16 亿美元，由马来西亚 Janakuasa 控股公司投资建设，计划于 2016 年发电
中国长江三峡集团公司	几内亚凯乐塔水电站建设工程	44 620	EPC 工程总承包	总装机容量 24 万 kW，RCC 重力坝
	老挝南椰 2 水电站项目	28 019	EPC 工程总承包	总装机容量 18 万 kW，黏土心墙土石坝
	厄瓜多尔托阿奇—比拉童水电站	26 935	施工总承包	总装机容量 25.4 万 kW，混凝土重力坝
	喀麦隆隆潘卡尔水电治理工程	19 569	施工总承包	主坝：碾压混凝土坝，副坝：土坝
	加纳农村电气化四期工程附加工程	17 000	EPC 工程总承包	1650km

续表

企业名称	项目名称（含国家、地区）	合同额（万美元）	承包方式	项 目 简 况
中国长江三峡集团公司	加纳上西部省电气化工程	9000	EPC工程总承包	1450km
	尼泊尔上垂树里—加德满都输电线路	2553	EPC工程总承包	132kV和220kV双回路输电线路所有铁塔设计、形式实验、生产、供货等
	马来西亚沐若水电站补充合同	18 500	EPC工程总承包	2008年10月1日正式开工，总装机容量94.4万kW，引水式发电
中国电力建设集团公司	印度尼西亚东加里曼丹2×110MW火电站	15 099	EPC工程总承包	项目业主为印尼国家电力公司；由中国水电建设集团国际工程有限公司与印尼Adhi公司组成的联合体中标承建。合同总工期为33个月
	委内瑞拉新卡夫雷拉燃气电站项目	21 739	EPC工程总承包	属补充合同，装机由原来的2套GE LMS 100PA燃机(容量2×10万kW)，变更为2台GE7FA燃机(容量为2×19.1万kW)。项目业主为PDVSA委内瑞拉国营石油公司；EPC合同模式，项目原合同额3.16亿美元，现合同额5.33亿美元，合同总工期为12个月
	哥斯达黎加楚卡斯水电站	9236	施工总承包	项目装机容量5万kW，项目业主为意大利楚卡斯水电项目公司，合同工期30个月
	老挝南坎2水电站工程	31 460	EPC工程总承包	项目装机容量2×6.5万kW，项目业主为老挝电力公司，合同工期54个月
	赞比亚伊泰兹水电站	15 600	EPC工程总承包	电站装机容量120万kW，项目业主为伊泰兹电力有限公司，合同工期53个月
	洪都拉斯帕图卡Ⅲ项目一期	5050	工程总承包（DB）	装机容量10.4万kW，业主为洪都拉斯国家电力公司，工程分两个阶段实施，一期开工日期2011年5月30日，工期1年
	加蓬利伯维尔电网改造项目	14 148	施工总承包	项目业主为加蓬政府能源和水力资源部，主要工程内容：新建3座变电站、复建2座现有变电站、架设5条总长130km输电线路。合同工期为24个月
	刚果金宗戈二期水电站项目	37 650	EPC工程总承包	电站装机容量15万kW，项目业主为刚果民主共和国能源部，工程范围：溢流坝、非溢流坝、引水隧洞、主厂房内、开关站、220kV双回架空线。合同工期36个月
	加纳布维水电站增资合同	16 840	EPC工程总承包	原合同额5.79亿美元，增资后达7.65亿美元。项目装机容量40.3万kW，业主为加纳能源部，项目主要内容包括：一座碾压混凝土主坝、一座黏土芯墙堆石坝、一座均质土坝、厂房、永久桥、输变电线路及两座变电站。项目于2008年12月2日正式开工。总工期57个月
	安哥拉罗安达Rocha Pinto 40MW紧急电厂	5641	施工总承包	工期7个月

续表

企业名称	项目名称（含国家、地区）	合同额（万美元）	承包方式	项目简况
中国电力建设集团公司	安哥拉卢班戈工厂区40MW紧急电厂项目	6680	施工总承包	主要工作内容包括4万kW的机组供货、安装，能满足15天使用的燃油池，15kV的变压器，以及电厂用的办公楼、围墙等辅助设施，另外包括一条15kV输电线路的建设。业主为安哥拉国家电力公司，工期7个月
	缅甸密松水电站泄洪建筑物上游土建工程	23 437	施工承包	该项目是中电投集团投资兴建的缅甸伊洛瓦底江上游干流流域7个梯级电站中的第一座，由中电投与缅甸第一电力部及缅甸亚洲世界公司共同投资开发，装机容量8×75万kW。原计划2017年首台机组发电。该工程在2011年6月由于缅甸与业主方面原因停工
	缅甸密松水电站兰家坡砂石加工系统建设与运行管理	7638	施工承包	
	缅甸密松水电站兰家坡石料场开采及运输工程	12 540	施工承包	
	老挝南椰2水电站项目	15 098	施工总承包	该项目为中水对外公司投资开发的特许经营项目，电站装机容量为18万kW
	厄瓜多尔德尔西水电站总承包	19 100	EPC工程总承包	
	尼日利亚KAINJI水电站机组改造工程	8175	设备成套总承包	KAINJI水电站5、6、12号机组改造
	赞比亚MCL燃煤电站总承包项目	40 000	EPC工程总承包	项目装机容量为2×30万kW
	曼巴矿业自备电厂一期(赞比亚南部省锡纳宗圭)	35 800	交钥匙总包	2台15万kW循环硫化床锅炉燃煤机组项目
	埃及BANHA燃机岛项目	12 984	联合体承包	山东电建三公司与GE以联合体方式承包的项目
	埃及GIZA NORTH燃机岛项目	22 600	联合体承包	山东电建三公司与GE以联合体方式承包的项目
	老挝洪沙3×626MW燃煤电厂项目	15 980	电厂建筑施工承包及管理合同	项目装机容量为3×62.6万kW，项目业主为洪沙电力公司(HPC)，中国东北电力设计院设计

企 业 风 采

联邦电缆有限公司

联邦电缆有限公司是由宜昌高新区招商引资的一家具有独立法人资格的高科技企业。公司于2010年1月29日成立，注册资本5.5亿元。公司主要生产：1100kV特高压、500~750kV超高压电力电缆、110~500kV海底电缆、碳纤维导线、核电力电缆、风能电缆、特种电缆等国家级重点工程急需的高精尖环保型产品。

项目总投资25亿元，投产后，年产值可达120亿元，税收8亿元，可容纳2200人就业。公司占地面积1200亩，将建成国内外同行业中电压等级最高、工艺技术最先进、设备最精良、生产能力最强的现代化、专业化、低碳环保、高科技的电缆制造企业。

公司车间总占地面积为42万m^2，其中二厂区车间面积为30万m^2，立塔车间占地面积约为20万m^2。二厂区车间从2010年12月开工建设，计划2012年12月全部建设完成。本项目的1100kV特高压VCV立式生产车间高度为180m，为世界同行业立式生产车间之最。立塔车间主要生产产品为1100kV特高压、500~750kV超高压电力电缆、110~500kV海底电缆等一批长期需要从国外进口的高压电缆产品。

2011年3月8日，联邦电缆与德国斯凯特机械公司、瑞士布斯公司在北京钓鱼台国宾馆举行中德·中瑞合资合作项目签约仪式，投资20.2亿元的高分子电缆材料及新型电缆设备制造项目将落户宜昌国家级高新区湖北深圳工业园。项目包括物流公用型保税仓库、海底电缆设备制造和110~500kV高压电缆料生产项目。项目建成投产后年销售收入超过100亿元，税收10亿元，新增就业岗位3000多个。

一厂区车间占地面积12万m^2，于2010年6月18日奠基，经过三个多月的筹备建设，占地面积6万m^2的超导车间已于2010年11月18日成功试生产，现已具备生产能力。

公司市场定位于立足国内面向全球，重点服务于电网建设、轨道交通、国防建设、核电工程、水电工程、发电厂、石油石化、船舶及重大工程。公司将成为全世界电缆用户最可信赖、拥有专有技术和丰富经验的电缆制造商。

公司在技术上与芬兰、瑞士、德国、西班牙、法国及国内多家科研院所，多家厂商成为长期合作伙伴，共同致力于高科技电力电缆的研发，以引领世界电缆新潮流，推动电缆行业的创新和革命，并为我国电缆事业跨入世界电缆强国之列而奋斗！

宜昌联邦电缆有限公司集团主席郑保祯与卡布里公司签订合作协议

联邦电缆集团董事局主席郑保祯（二排左八）随同国家副主席习近平出国访问

中共湖北省委书记李鸿忠、省长王国生到公司参观

原中央政治局委员杨汝岱参观宜昌联邦电缆有限公司

原全国政协副主席王忠禹参观联邦电缆

副省长段轮一在市委书记（现任副省长）郭有明等市领导、宜昌联邦电缆有限公司集团主席郑保祯等陪同下视察联邦电缆公司

CJ CHANGJIANG CABLE 长江高科电缆

用全球市场经济意识
铺设长江高科电缆发展之路

集结团队的聪明才智
创造丰厚的成果以回报社会

董事长 郑浩

长江高科电缆有限公司坐落于世界水电之都湖北省宜昌市夷陵区，距葛洲坝10km、三峡大坝25km、机场30km，环境优美，交通便利。公司是国家重点新产品研发单位、湖北省重点龙头企业、湖北省高新技术企业、湖北省名牌企业。公司所生产的产品50%出口，现已销往中东、北美、欧洲、非洲等国家和地区。

长江高科成立于2004年，注册资金35000万元。公司占地面积20万m^2，其中主车间5万多m^2。公司成立以来，坚持以德治厂，尊重知识、尊重人才，重视科研人才的培养。公司每年都选送一批优秀的科技人员及管理人员到国内外进修学习，并和高校达成长期培训协议，培训电缆方面的专业人才，以提高全员整体素质，为公司整体发展奠定坚实的基础。

公司目前拥有从德国引进的3条世界最先进的35~500kV超高速悬链生产线、4条橡套连硫生产线。悬垂控制采用无接触模糊控制技术，从而保证绝缘线芯在管道中的高度稳定性。同时从德国引进6条高速一步法硅烷交联生产线。硅烷注射系统采用德国CONSTAB和INOGIX技术，除湿干燥系统采用日本KAWATA旋转真空干燥技术及露点在线检测技术。拥有处于国内先进水平的关键设备600余套。专业生产超高压、高/中/低压交联电缆，PVC电力电缆，低烟低（无）卤电缆，耐火、阻燃电缆，架空绝缘电缆，控制电缆，铝绞线，钢芯铝绞线，镁铝合金导线，新型尼龙碳纤维导线，特种电缆，矿用电缆，电工圆铜杆，电缆附件，电缆料等，共有20000多种规格，形成了系列化、规模化、成套化的产品群体，具备了为国内外各级重点工程提供全面、全方位服务的能力。

公司坚持以市场为导向、以营销为龙头的经营战略，建立了遍及全国、面向世界的营销服务网络。以用户需求为目标，具备了产品全面的售前售中售后服务体系。公司全面推行5S管理方法和6西格玛管理模式，使长江高科成为高信誉度、高美誉度的企业。

目前，长江高科已跨入世界同行高科技企业之列，丰富的企业文化和先进的管理机制得到广大用户的普遍认可和支持。敬业勤为本，待友诚当先，与世人同行，与世界同步，为国内外提供安全、可靠、环保、稳定的电线电缆产品，为用户提供超值的服务，是长江高科电缆有限公司的永恒追求，公司本着“为人类送光明”的宗旨，真诚欢迎各界朋友的光临和指导，为民族工业的振兴携手奋进，共同迈进美好的明天！

董事长郑浩（左一）陪同原全国政协副主席王忠禹（右一）一行视察生产车间

湖北省委副书记、省长王国生到长江高科电缆调研

湖北省政协主席、党组书记杨松来公司考察指导工作

苍南电力有限责任公司简介

苍南县位于浙江省南部，素有浙江“南大门”之称，隶属中国浙江省温州市，全县陆地总面积1261.08km²，户籍人口118万，是温州模式的主要发源地之一。

苍南电力有限责任公司于2000年12月在原苍南县供电局基础上改制组建的浙江省电力公司全资子公司。公司下设9个职能部室、工会办公室、10个二级机构和14个供电营业所，共有职工1037人。2011年，公司实现售电量44.21亿kWh，供电客户50.33万户。至2011年底，苍南电网拥有220kV变电所3座，变电容量120万kVA，110kV变电所12座，容量107.15万kVA，35kV变电所8座，容量19.23万kVA，累计安全生产无事故纪录达2295天。

近年来，苍南公司坚定不移地推进“一强三优”（电网坚强、资产优良、服务优质、业绩优秀）现代供电企业建设，成效显著。公司先后荣获“温州市文明单位”、“浙江省文明单位”、“国家电网公司文明单位”、“浙江省一流县级供电企业”和“国一流县供电企业”等荣誉称号。

“十二五”期间，苍南公司将按照浙江省电力公司和温州电力局的要求，扎实稳妥推进“三集”（人、财、物集约化管理）、“五大”（大规划、大建设、大运行、大检修、大营销体系）的落实，以率先建成“一强三优”现代供电企业为引领，以安全稳定为基础，以加强“三个建设”（党的建设、企业文化建设、队伍建设）为保证，以变革创新为动力，深入推进企业发展方式和电网发展方式“两个转变”，全面提升企业经营管理水平，为实现浙江省电力公司科学发展和苍南经济社会平稳较快发展作出新的更大的贡献！

新农村电气化建设

员工书屋

企业文化活动掠影

中电力咨询
sinopower

北京中电力企业管理咨询有限责任公司创建于1998年4月，是经国家认监委批准的从事国际标准管理体系认证咨询的备案机构(批准备案号为CNCA-Z-01Q-2006-057)，是中国企联管理咨询委员会执行委员单位，中国认证认可协会理事单位，北京企联2004年首批推荐的12家优秀咨询公司之一，中国企联推荐的“2005年具有影响力中国管理咨询机构100家”之一，2008年获“中国管理咨询业十佳品牌”称号，2010年获“全国电力行业管理咨询客户满意最佳典范品牌”称号。

公司坚持“诚信、创新、卓越、共好”的理念，经过15年的发展，建立了规范、高效的咨询服务体系，建设了一支年轻化、专业化、高素质的咨询师队伍，与相关政府部门、高等院校、研究机构建立了广泛的合作关系。公司积极倡导并持续致力于管理创新与IT的有机结合，探索出了卓有成效的“中电力咨询”模式。公司以严谨的工作和优质的服务，先后为国家电网公司、江苏省电力公司、山东电力集团公司、山西省电力公司、国网新源控股有限公司、浙江省电力公司、安徽省电力公司、福建省电力公司、黑龙江省电力有限公司、中国长江电力股份公司、海南电网公司、广东粤电发电集团等近700多家企业提供了高品质的咨询服务，并赢得他们的认可和赞誉，在中国认证咨询、管理咨询行业树立了良好的形象，公司已发展成为具有较高知名度的综合性管理咨询公司。

公司文化

公司愿景：成为中国标准化咨询的一面旗帜
公司战略：打造强势品牌 赢得优质客户
提供优良服务 创造优秀业绩
公司宗旨：诚信 创新 卓越 共好
公司使命：用标准化助推中国企业做强做优
公司理念：以人为本 忠诚企业 服务客户 奉献社会
咨询价值观：创新 先进 融合 实效

业务范围

标准化建设咨询
流程管理咨询
国际标准认证咨询
能源管理体系建设咨询
工程项目管理咨询
客户满意度测评
标准化管理信息系统开发

诚邀管理专家、技术专家、市场精英加盟中电力！

北京中电力企业管理咨询有限责任公司
BEIJING ZHONGDIANLI ENTERPRISE MANAGEMENT CONSULTING CO.,LTD

地址：北京市西城区广安门内大街311号
祥龙商务大厦2号楼601室
邮编：100053
服务热线：400 056 6688
传真：010-83548321
E-mail：zdl688@163.com
招聘邮箱：zdl_hr@163.com

2012 中国电力年鉴

索　　引

内容索引

说 明

本索引是全书条目和条目内容的主题分析索引。索引主题按先数字大小，再字母顺序，最后汉语拼音字母的顺序，并辅以汉字笔画、起笔笔形顺序排列。同音时，按汉字笔画由少到多的顺序排列，笔画数相同的按起笔笔形一（横）、丨（竖）、丿（撇）、丶（点）、㇕（折，包括㇆ ㇗ ㇛等）的顺序排列。第一字相同时，同原则按第二字排列，余类推。

A

B

C

D

E

F

G

H

J

K

L

M

N

P

Q

R

S

T

W

X

Y

Z

《中国电力年鉴》编辑出版人员

责任编辑　肖　兰　胡顺增　穆智勇

于小然

图片编辑　李雅婧

封面设计　杨晓东

版式设计　张秋雁

责任校对　黄　蓓　罗凤贤

出版印制　蔺义舟